财产犯研究

主　编：刘艳红
副主编：周少华　欧阳本祺

东南大学出版社
·南京·

图书在版编目(CIP)数据

财产犯研究/刘艳红主编. —南京:东南大学出版社,2017.5
ISBN 978-7-5641-7068-4

Ⅰ.①财… Ⅱ.①刘… Ⅲ.①侵犯财产罪-中国-文集 Ⅳ.①D924.354-53

中国版本图书馆 CIP 数据核字(2017)第 046957 号

财产犯研究

出版发行:东南大学出版社
社　　址:南京四牌楼 2 号　邮编:210096
出 版 人:江建中
责任编辑:刘庆楚
网　　址:http://www.seupress.com
经　　销:全国各地新华书店
印　　刷:兴化印刷有限责任公司
开　　本:787mm×1092mm　1/16
印　　张:38.5
字　　数:961 千字
版　　次:2017 年 5 月第 1 版
印　　次:2017 年 5 月第 1 次印刷
书　　号:ISBN 978-7-5641-7068-4
定　　价:128.00 元

本社图书若有印装质量问题,请直接与营销部联系。电话:025-83791830

《东南法学文存》

总　　序

　　东南大学法学院承三江、中央之学脉,恢复法科教育已逾廿载。本年,正值复建学院十岁,气象初成。立院之本,在育人海海,不厌其倦;求道之志,在为学旦旦,不厌其精。院龄尚短,但朝气蓬勃;资历虽浅,贵求是创新。

　　办学之路艰,偏隅之处更甚。幸东南法学学人多年来孜孜以求,不懈励进,东南大学法学院已发展为法学学术研究重镇。学院立基宪法与行政法、刑事法学等传统法学学科领域上深厚理论、实践优势,笃志交叉学科办学、科研之积淀,于工程法、交通法以及医事法等特色领域辟径拓新,为我国法科教育和法学研究事业贡献良多。大学之所谓,实汇大师矣。学院一贯注重优秀学人的吸纳培养,以"双江双杰"为代表的高端人才优势尤为突出。多人次入选国家百千万人才工程、教育部新世纪优秀人才支持计划、江苏省"333高层次人才培养工程"、江苏省教育厅"青蓝人才工程"、东南大学"校优青计划"等。有名士,更聚英才。东南大学法学院教学科研队伍的年轻化、国际化建设成效显著,先后引进多位专业领域内知名学者,同时吸引了一大批海内外知名高校优秀博士毕业生。中青年教师已逐渐成为学院教学、科研工作的中坚力量,人才梯队的层次构筑更加合理化,这为学术人才长期储备、学术研究可持续奠定了坚实基础。

　　秉人才适其才、尽其用的科研组织管理理念,响应国家关于推动高校智库建设的指导方针,东南大学法学院致力于科研活动的平台化建设。在传统法学学科教研室组织构架的基础上,发挥自身交叉学科研究的优良传统,不囿传统学科分野,聚焦问题,有的放矢。先后创建"反腐败法治研究中心""交通法治与发展研究中心""中国法治发展评估研究中心"等国内具有较大影响力的专业化学术研究平台。通过各个学术研究平台,更加科学高效地整合配置院内科研力量,引导多元化的科研团队建设,初步形成各学科教研室与各专门研究平台的多维度、立体化管理,实现科研人才在既有传统学科类别的基本框架下,充分挖掘个人研究的兴趣专长,在更加多样的科研团队间相互自由流动,更加有力地促进了学院内研究者之间的交流与沟通。为各个研究者开拓研究视野,创新研究思路,实现学术研究资源、信息的共享,不同观点、思想的碰撞,提供了更多的机会与便利,营造出法学院浓厚的学术氛围以及良性竞争的学术环境。

　　立足自身法学学术研究的深厚基础,以交叉学科、特色领域研究为着眼点,法学院一直致力于积极推动相关领域的学术交流、研讨活动。广邀海内外博学有志之士,共议善治良法之题。先后举办"海峡两岸工程法治""城市停车治理论坛""法治发展量化评估研讨会""刑事法治指数的指标构建与修订研讨会""员额制与司法改革实证研讨会""医疗纠纷预防与处理法律机制研究"等一系列法学学术或实践议题研讨活动,为国内外相关领域研究打造优质的学术交流平台,获得积极的社会反响和良好的学术声誉。

当然,孤芳自赏必固步自封。兴办论坛研讨,绝非单纯搭台唱戏。热闹止于一时,深思方存长久。东南大学法学院希冀借此文存,将共同参与学术探究诸君的所思所言,付梓文牍。一来,为不吝赐言的海内外专家学者记录下观点交锋、思想碰撞之盛况,力图重现那一场场精彩绝伦的学术盛宴。二来,记录亦为传播。结集成书,将精彩涂墨于文卷,便于重复研读,反复思虑,为没能即时参与的研究者提供可资借鉴的材料,为今后更加深入细致的探讨研究提供有益的帮助,为进一步开展交流讨论提供论题论理的文献基础。最后,也是满足东南大学法学院的一点小小私心,记录下学院学术研究走过的道路,厘清本院法学学术上论理学养发展变迁的脉络。不为流芳,但求自我审视,自我检讨,自我激励。

一言可蔽之:治学明德,止于至善。

是为序。

东南大学法学院
2016 年 5 月

序

陈兴良

《财产犯研究》一书是2015年10月24—25日在东南大学法学院召开的第十届"海峡两岸暨内地中青年刑法学者高级论坛"的论文集。值此出版之际,主编者邀请我为该书写序,我欣然接受。

财产犯虽然是一个刑法分则类罪问题,但因为财产犯所具有的常见性、疑难性和复杂性,成为长盛不衰的研究课题。尤其是近些年来,随着德日刑法教义学的引进,刑法分则理论的教义学化程度也逐渐提升,这主要就表现在财产犯的研究成果上。第十届"海峡两岸暨内地中青年刑法学者高级论坛"以财产犯作为研讨的主题,是我和我国台湾高雄大学陈子平教授经过充分协商以后确定的题目。该次研讨会分如下四个议题,对财产犯进行了深入的研讨:第一个议题是"财产犯的保护法益",第二个议题是"财产犯的'占有(持有)'概念",第三个议题是"财产犯的'不法所有意图'",第四个议题是"不法原因给付与侵占罪、诈骗罪"。这四个主题基本上囊括了财产犯中较为复杂的问题。各位报告人事先都对各个议题进行了精心的论文准备,评论人也在阅读论文的基础上事先撰写了评论文章。这些论文和评论就成为本书的主体内容。除此以外,其他作者也对相关问题进行研究,并撰写了论文,也同时收入论文集。可以说,本书汇集了海峡两岸关于财产犯的最新研究成果,是未来对财产犯进行理论研究时无法绕过的学术重镇。

财产犯的保护法益虽然是一个较为抽象的学理问题,但它对于正确认识财产犯的性质具有重要意义。关于财产犯的保护法益,也就是所谓财产犯罪的侵害客体问题,我国传统观点是所有权说,认为财产犯侵害的是公私财产的所有权。当然,在个别情况下也包括财产的使用权。这套关于财产犯的保护法益的话语在一般情况下,是能够解决财产犯的性质问题的。但在某些情况下,所有权说也是存在一定问题的。例如,对于黑吃黑的案件,如何理解抢劫赌资案件的侵害客体,就成为难以解释的一个问题。因此,近些年来,我国学者在财产犯的保护法益问题上也开始引入德日学说。值得注意的是,德日在这个问题上的叙述话语并不相同。其中,德国刑法学者是围绕着经济财产说、法律财产说以及法律—经济财产说展开争论的,而日本学者则是围绕着本权说、占有说以及中间说而展开讨论的。正如本单元的评论人陈家林教授所指出的那样,这两套关于财产犯的保护法益的话语是存在差异的,法律财产说、经济财产说以及法律—经济财产说侧重于说明什么是财产犯罪中的财产,即某种物或者利益是否值得刑法加以保护。例如,违禁品、赃物是否属于财产犯罪所说的财产。如果属于,对其的侵害就可能构成相应的财产犯罪;如果否定其财产属性,就不可能构成财产犯罪。而本权说、占有说以及中间说才是真正关于财产犯罪法益的学说,即财产犯罪究竟侵犯的是所有权等本权还是占有。两类学说虽然会存在比较多的交叉状况,但侧重点毕竟不同。从目前的情况来看,继受德国学说的学者都采用经济财产说、法律财产说以及法律—经济财产说这套话语,而继受日本学说的学者则采用本权说、占有说以及中间说这套话语。对于我国学者来说,当务之急还是要真正理解这两套话语体系之间的差异,如何为我所用。

财产犯的占有(持有)概念是财产犯认定中的一个核心问题,尤其关系到占有转移型财产犯与非占有转移型财产犯之间的区分问题。因此,这个问题历来为我国刑法学界和司法实践所关注。围绕着财产的占有,我国学者也曾经进行了充分的研讨,为本次学术研讨会奠定了理论基础。在财产犯的占有问题上,主要争论还是在于占有的事实性与规范性的问题。刑法上的占有概念应当以事实性占有为基础、以规范性占有为补充,看似成为报告人的主要观点。尽管如此,事实性占有还是规范性占有之间的争论还是客观存在的,例如马寅翔教授就旗帜鲜明地提出了规范性占有的命题,并做了详尽的论证,不无道理。当然,也不可否认,事实性占有说和规范性占有说之间的争论呈现出缓和的趋势以及折中的倾向。对此,梁根林教授作出了正确的评论:事实性占有概念与规范性占有概念之争,既不是学术上的伪命题,也非刑法学者自娱自乐的益智游戏,对于具体占有问题的解决,具有重要的教义学解释功能。无论是事实性占有概念的教义学展开,还是规范性占有概念的体系性建构,抑或事实与规范二重性占有概念的证立,都是值得高度肯定的学术努力。我相信,这种学术争论还将会延续下去。

财产犯的不法所有意图是一个财产犯的主观违法要素的问题。在我国传统的刑法理论中表述为以非法占有为目的的问题,这也是财产犯中占有型财产犯罪与毁坏型财产犯罪以及使用型财产犯罪之间的区分之所在。就这个问题而言,也同样反映出德日刑法学之间的区分。日本刑法学是肯定不法所有目的的,在此基础上讨论各种财产犯之间的差异。例如通过赋予不法所有目的以利用意思,使占有型财产犯罪区别于毁坏型财产犯罪;通过赋予不法所有目的以排除意思,使占有型财产犯罪区别于使用型财产犯罪。这种学说被留日学者引入我国以后,对于我国刑法理论和司法实践都产生了较大的影响。但目前我国留德学者开始否定不法所有意思,也就是非法占有目的。例如陈璇教授的论文的题目就是财产罪中非法占有目的要素之批判分析,其否定性观点可见一斑。陈璇教授的基本结论是:(1)取得罪与毁弃罪的区分不应以行为人是否具有利用意思为标准,即便行为人是出于毁损的意图而取得财物的占有,也应以取得犯罪论处。(2)用于划定取得犯罪与不可罚的使用行为之间界限的,不是排除意思,而是推定的被害人承诺的原理;也没有必要试图用排除意思来区分取得罪与挪用罪,因为两者并非相互排斥,而是处在法条竞合的关系之中。(3)因此,没有必要将非法占有的目的作为取得型财产犯罪的独立的构成要件要素。可以看出,这种否定财产犯罪的非法占有目的的观点在我国的学术影响力正在逐渐扩大。例如肯定使用盗窃的可罚性观点,都开始在我国刑法学界获得一席之地。这次研讨会较为集中地展示了财产犯的不法所有意图的否定说,这对于引发对财产犯罪的主观违法要素的争论具有积极意义。

不法原因给付与侵占罪、诈骗罪这个专题在我国刑法学界以外的讨论中是较少涉及的,也可以说是一个极为冷僻的话题。不法原因给付是一种民法制度，在基于不法原因而给付的情况下，给付人的返还请求权将被剥夺。在刑法学中研究不法原因给付，当然不是为了解决给付人的返还请求权是否剥夺问题，而是关注其对于侵占罪、诈骗罪是否成立问题。王刚博士从民法角度对不法原因给付进行了深入的研究，并将这种研究成果引入刑法，指出：不法原因给付虽然原则上排除给付者的所有物返还请求权和不当得利返还请求权，但却并不妨碍其侵权损害赔偿请求权。因此，在给付者因受受领人欺骗而为不法原因给付时，仍然可以基于侵权责任要求受领人返还所给付之财物。正是由于给付者享有民事上的返还请求权，受领人若将骗取的财物占为己有，仍然有成立侵占罪的余地。当然，此时受领人往往已经因欺骗行为构成诈骗罪，即便认定其再成立侵占罪，也应当评价为不可罚的事后行为，最终对其仅以诈骗罪论处。应该说，这一论证还是相当具有说服力的。通过对不法原因给付这样具有跨越刑民关系的法律问题的研究，可以促进刑法理论在借鉴其他部门法学说的基础上得以不断拓展。

本次研讨会的参与者可谓是两岸学者荟萃一堂，尤其是中青年学者已经占据了主角的地位，这是值得欣慰的。在研讨会上，无论是报告人，还是评论人，主要都是年轻学者。尤其是从德日留学回国的年轻学者居多，这是我国刑法学界的新鲜血液和新生力量，是我国刑法学的希望之所在。我和陈子平教授多年合作，倡导两岸刑法的学术交流，促进了两岸刑法学者之间的深入了解，对于推动两岸刑法学的发展都发挥了一定的作用。本书煌煌然九十余万言，并非一人之著，而是群体之说，值得庆贺。

最后，我还要感谢东南大学法学院刘艳红院长以及她领导下的团队，为本次学术研讨会的成功举办投入了巨大的人力与物力，使得这次研讨会成果丰硕。东南大学法学院的刑法学科在刘艳红院长的带领下，近年来在学术研究方面取得了令人瞩目的成就，也为这次海峡两岸的学术研讨提供了必要的学术氛围。会议结束以后，东南大学法学院的老师和同学又对会议论文进行编辑，终于使论文集以目前的面目展现在我们面前。对此，感激之情油然而生。

是为序。

谨识于昆明滨江俊园寓所

2016年8月8日

目 录

第一议题　财产犯的保护法益

从财产犯罪的构成要件结果类型重新检视财产法益概念
　　——以取财型与得利型为中心 …………………………………… 谢煜伟/003
财产犯的保护法益 ……………………………………………………… 江　溯/023
关于两篇"财产犯罪保护法益"主报告的评论 ………………………… 陈家林/044
财产罪法益的解释机理
　　——刑民关系解释论的归结 ……………………………………… 童伟华/051
财产犯保护法益新探 ………………………………… 马荣春　白星星/076
财产犯罪竞合中的法益同一性判断 …………………………………… 王彦强/084

第二议题　财产犯的"占有（持有）"概念

刑法上的持有概念 ……………………………………………………… 周漾沂/105
论财产罪中的占有概念 ………………………………………………… 梁云宝/138
占有概念的事实性与规范性 …………………………………………… 梁根林/160
窃取之持有要素的法理准据 …………………………………………… 古承宗/171
占有概念的二重性：事实与规范 ……………………………………… 车　浩/178
规范性的占有概念之提倡 ……………………………………………… 马寅翔/230
选言式而非连言式
　　——财产犯中占有概念的界定路径 ……………………………… 孙运梁/258
论占有型财产犯罪之"财物控制" ……………………………………… 彭文华/273
论不作为的诈骗罪 ……………………………………………………… 王　刚/281

第三议题　财产犯的"不法所有意图"

一时使用他人之物与不法所有意图 …………………………………… 黄士轩/295

财产罪中非法占有目的要素之批判分析 …………………………… 陈　璇/335
财产犯罪与不法意图 …………………………………………………… 徐育安/353
关于财产犯的"非法占有目的" ……………………………………… 周少华/360
财产罪中非法占有目的要素之批判分析 …………………………… 徐凌波/365
盗窃罪立法之比较 ……………………………………………………… 夏　勇/383
财产罪的非法占有目的 ………………………………………………… 张开骏/392
非法占有目的内涵之再界定 …………………………………………… 王　俊/403
盗窃罪中"非法占有目的"刍议 ……………………………………… 李　婕/410
租赁汽车质押借款型诈骗案件的"非法占有目的"问题 ………… 杨　扬　姜　涛/416

第四议题　不法原因给付与侵占罪、诈骗罪

不法利益与刑法中的财产概念 ………………………………………… 王效文/439
不法原因给付与侵占罪、诈骗罪 ……………………………………… 王　钢/457
不法原因给付的刑法意义 ……………………………………………… 冯　军/490
法律保护"黑吃黑"吗？
　　——从不法原因给付论民、刑法律效果之交错适用 ………… 林钰雄/499
"截贿"行为的刑法性质辨析 ………………………………………… 孙国祥/514
对不断出现"许霆案"的反思：急需修订侵占罪 …………………… 李晓明/525
被害人怀疑对诈骗罪认定影响研究 ………………………… 黎　宏　刘军强/541
不法原因给付与侵占罪的认定 ………………………………………… 胡东飞/554
事后抢劫罪法条性质二分说的提倡与应用 …………………………… 周啸天/564
不法原因给付之于诈骗罪问题探讨 ………………………… 时　方　郭　研/577
对诈骗罪中"处分"的理解
　　——以唐某某诈骗一案为援引 ………………………… 贾文宇　甘鸿翔/591
当前经济犯罪面临的新情况新问题
　　——以西部G省为例 ………………………………………………… 陈立毅/597

会议概述

第一议题　财产犯的保护法益

从财产犯罪的构成要件结果类型重新检视财产法益概念

——以取财型与得利型为中心

谢煜伟*

绪　论

众所周知,在当代宪政国家中,宪法所保障的权利核心除了生命以及各种自由权之外,也包含了以个人财产制度为前提的财产权。一般认为,财产作为社会实践的物质性基础,对于个人在社会中的生存以及自我实现扮演着不可或缺的角色,因此,无论是在宪法层次或者民刑法的层次,都可以看到财产(权)以及财产制度保障的相关规定。任何一本刑法(分则)教科书皆开宗明义揭示财产与其他如生命、身体、自由、名誉等都是刑法所保障的个人法益的核心类型。不过,虽然概略以"财产"相称,实际上,财产的概念并非一成不变,刑法所保障的"财产法益"不可能完全脱离系争社会所建构的财产制度与规范体系,而随着社会的演进,财产法益的内涵自然也会随之调整。

今日财产犯体系的历史背景有三:(一)商品交换社会全面性的展开(市场经济的展开);(二)透过法律提供稳定而明确的游戏规则以支撑商品交换社会的运作(财产法制的建立);(三)资本主义国家的成立。在这样的社会及国家条件的背景下,近代财产法下所有权的特征可以进一步整理为以下三点:一是所有权的权利行使仅委诸所有者之自由意思;二是所有权的实现具有绝对性;三是所有权之彰显不以对物直接占有(持有)为必要,亦即,即使物为他人占有,所有人仍不失其所有权。[1] 当然,我们可以发现,这样的特征描述都是环绕在具体的"财物"上;现行物权法所设定的规范客体原则上仍是有体物,并且以物权,特别是所有权来规范财产的归属关系。不过这样的规范框架自18世纪法国大革命建立近代物权法体系以来,并没有太大的转变。然而,另一方面,在高度发达的资本主义社会当中,传统的财产性质,亦即有体物的"财物"与"财产(上利益)"之间的关系不但产生了新的变化,同时,也不断面临新形态财产上利益的出现。依学者之见,可以将上述的变化过程称之为"财的多样化"[2]。关于传统财产(财物)性质的变化,主要从财物的两种层面:利用价值与交

---

* 台大法律学院,助理教授。

[1] [日]生田胜义等著:《刑法各论讲义》(第四版),有斐阁2010年版,第90、91页。

[2] [日]吉田克己:《财产多样化和民法学的课题——鸟瞰整理的尝试》,载[日]吉田克己,片山直也编:《财产多样化和民法学》,商事法务2014年版,第2-61页;吉田克己:《财产多样化和民法学的课题——理论的考察的尝试》,《NBL》2014年1030号,第10-21页。

换价值来思考,就着重利用价值的财物出现了"去商品化"(利用财的去商品化),而着重交换价值的财物则出现了"再商品化"(交换财的再商品化)的现象。

首先,就利用财的去商品化,第一,强调财物与支配者(所有或持有者)之间的关系性,物本身因支配者加入了人格价值而使得该物之利用以实现人情感上寄托为目的(情感财),常见如宠物、书信、纪念品等。而另一种则是对自然环境、文化环境的保存目的优越于财物的利用目的,因此做出对财物相当高程度的利用限制。此际往往超出原本财产法体系的射程范围,而成为其他特别法如环境保护或文化资产保护等法规所处理的客体。第三,则是针对丧失财产价值之财物,所产生之去商品化问题。这种丧失财产价值的"负财物",以核废料等放射性废弃物,以及其他废弃物(垃圾)为其典型例。由于废弃物必须依照相关法令规范(如《废弃物清理法》)才能丢弃,当违法丢弃废弃物时,为了追究丢弃者事后的责任,也会倾向于解释丢弃行为不生抛弃所有权之效果。[1]

此时可以对照的是有关"不融通物"的处理,在民法学说上,禁制物可进一步分成两种,一是禁止转让但不禁止持有之禁制物,又称为"不融通物",此类禁制物虽然不能成为交易之标的,但得为所有权等权利客体,故可称为"相对禁制物",所有人仍受法律上权利人之保护,例如猥亵之文书图画遭窃或毁损,其所有人仍得请求返还或请求赔偿其损害;相对的,禁止转让亦禁止持有之物为"绝对禁制物",如毒品、枪炮弹药等。[2]就"不融通物"来说,虽然禁止成为交易的对象,但所有权的保护并没有打折扣。不过废弃物的情况有点不同,因为废弃物虽仍能成为所有权之权利客体,但物本身已无经济或交易价值,刑法究竟对于这种"负财物"有无保护的必要? 保护的强度是否应与一般的财物相同? 即成为问题。亦即,可以试想:当丢弃废弃物却不生抛弃所有权效果的时候,若他人将该废弃物据为己有,是否会成立窃盗或侵占脱离物罪,将之毁坏是否会成立毁损罪?

另一方面,关于"交换财的再商品化"倾向,主要可举出两个层面,一是不动产证券化,此以不动产证券化条例为其典型。亦即,借由发行得以表彰财产权益的证券,将主体(持有或所有者)与客体(财物)之间的归属关系抽离开来,财物的利用与交换价值不以持有或所有该土地为必要,财产本身的价值从有体物存在的实体转变为表示该存在之媒体(证券)。物的"财产价值"不以物本身的实体价值为限,财物(证券)背后所表彰的经济价值成为评估财物价值(乃至于得利或损害)的重要依据。关于交换财再商品化的第二层面则是"债权的证券化",亦即从无形体的"财产上利益"(债权)转换为有形体的"财物"(证券),透过传统上对财物的保护,间接地保护该证券背后所表彰的财产上利益。

至于多样化的新形态财产,像是智慧财产权、资讯、身体器官等来自人体物质、人或物体外观或名称具有商业利用价值之衍生财产、竞争利益、消费者利益、环境利益乃至于独占利益(例如容积率移转、碳排放权)不一而足。在古典的财产概念框架下,物(things)能否成为

---

[1] [日]吉田克己:《财产多样化和民法学的课题——鸟瞰整理的尝试》,载[日]吉田克己,片山直也编:《财产多样化和民法学》,商事法务2014年版,第21、22页。
[2] 邱聪智:《民法总则(上)》,三民书局2005年版,第412、413页。

财（goods），需端视对于该物有无排他的支配关系（所有或占有），然而在这些新形态的财产概念之下，是否需要有别于古典的财产保护架构，赋予新的要件加以保护？若答案为肯定，则第三者（市场）与国家的政策意向将会扮演重要的角色。以资讯情报为例，两人之间的"小秘密"仅是无体物而非财产（上利益），必须要有第三者也肯认该秘密之价值，赋予其对价性之际，该秘密才会成为财产（例如营业秘密）。而国家则是拥有指定物为财（例如碳排放权）或不为财（如人体器官）的权力，借由特定的法规范形塑关于该等利益状态的秩序关系。[1]

透过上述简要的分析可知，在产业革命带来高度经济活动之前，传统社会中对于财产的保障着重在对物品现实性的支配，而制度上则是注重经济交易惯习的维持（职业团体的利益保障）。因此财产犯的类型也较为单纯，集中在夺取（窃盗、强盗等）、毁损等类。而随着经济活动的复杂化，财产的概念也由对有形物事实上、现实上的支配发展到想象上、观念上的支配，这也意味着"对物支配"概念的规范化，例如不以时间、空间为绝对标准的对物支配形态也因此出现。此外，仿造（有形）财物的概念形象所衍生出来的（无形）财产也大量增加，举凡劳务、能量、权利（债权、物权、无体财产权等），乃至于资讯（如营业秘密）等也都进一步加以"财产化"。此处所谓的财产化，并非指单纯"化体为财物"（财物化）而已，因为在对应到传统以对物支配为前提的犯罪要件中，可能会面临过度扩张文义解释范围而有违反罪刑法定原则之疑虑。因此除非像是我国台湾地区"刑法"第323条直接将电能、热能及其他能量拟制为"动产"，否则仍旧必须通过其他新形态的犯罪要件才能加以规制。

另一点需要厘清的是，与财产犯罪不同但有高度关联的"经济犯罪"领域。所谓经济犯罪，其包摄范围相当广泛，大至金融、证券交易市场、政府采购市场的保护，小至营业秘密、消费者保障，都可以算是经济犯罪的处理范畴。大抵而言，经济犯罪主要的关注重点在于既有经济体制或各种交易制度的确保。因此，前述有关新形态财物，如营业秘密、消费者利益、竞争利益等，既可以从个人的法益保护观点，亦即从"财产利益之保护"的观点构思，也可以从经济制度、交易制度的整体观点来加以理解。此际，财产犯罪与经济犯罪的射程范围相互交错[2]。质言之，这种制度整体的"顺畅运作与秩序"往往成为一种特殊的利益，成为经济刑法的保护重点，不过也由于制度运作秩序过于抽象，立法技术上要不就是注重对"非常态行为"的打击，要不就是透过传统关于财物、财产上利益的中介（亦即"危险判断的中介项目"），以"财产损害"作为判断"对制度的攻击"的辅助工具，用以将经济刑法的犯罪构成要件明确化、具体化。当然，关于经济刑法的问题，尚涉及抽象危险犯、超个人法益犯罪类型的正当化基础，事关重大，无法于本文处理之。在此，我们需要留意的是，传统的财产（包括财物以及财产利益）在现今各种多样的犯罪类型脉络下，可能存有多样化的解释面貌。

过去以来，讨论财产犯的保护法益问题，其实也就是在处理刑法与民事法等其他法领域

---

[1] [日]吉田克己：《财产多样化》，《法律时报》2011年第83卷8号，第89、90页。
[2] 普通背信罪与特别背信罪是堪称最能说明这种交错关系的例子，详细讨论，参见 吴志强：《经济刑法之背信罪与特别背信罪的再建构》，2014年。

间的关系[1]。因此,当我们要探讨刑法所应保护的财产法益为何之际,也必须要注意刑法与财产法、刑法与经济法之间的关系。在财产法、经济法的内涵不断变动的情形下,势必会连带影响到刑法保护法益的构成以及犯罪构成要件的解释。那么向来学说上关于财产法益的诸种论争,是否果真能有助于我们厘清上述关系的新内涵呢?再者,"单一的财产法益概念"是否果真能适用于现行复杂而多样的财产犯罪类型呢?针对个别的构成要件结果,例如"取得他人之物(或动产)""取得他人之财产("台湾刑法典",下同,§339—3)""得财产上不法之利益""取得重利(§344)""致生损害于本人之财产或其他利益(§342)""致生财产上损害(§355)"究竟应如何做出合乎保护法益目的的解释?以下,本文首先简要陈述:传统以来,德国学界与日本学界中的财产法益论述偏重在法律评价与法秩序冲突之解决以及经济价值的衡量,而目前较新的理论方向则是着重在重新强调财产与人之间的联结关系,以"自由支配财物"而非"财物价值本身"作为刑法保护的标的。笔者将依序检讨这些新旧说法的优缺点,最后提出本文见解。

向来的财产犯保护法益论

学说上关于财产犯罪的保护法益论,向来有两种讨论路径:一种是从最上位的财产概念分析具备哪些性质的财产才是刑法值得保护的标的,而第二种则是以夺取财物为要件的窃盗罪作为思考中心,探究保护标的应落在所有权(本权说)还是现实上持有状态(持有说)。前者在德国的讨论已具有悠久的历史,主要是为了处理不法原因给付以及诈欺罪财产损害要件的解释问题[2];而后者则是在日本成为探讨财产犯罪保护法益论的主要关注重点[3]。由于这些争议问题都已经具备相当程度的讨论,本文毋需多耗费篇幅进行无谓的整理与赘述,以下仅简单将"民事上权利与经济利益之间"以及"所有权与现实上持有状态之间"具有学说讨论重要性的见解摘要整理如下。

刑法上的财产理论

众所周知,关于刑法所保护的财产向来有从民事上权利思考的"法律财产说"、从物的经济价值作为衡量标准的"经济财产说"以及立基于经济财产说之下排除不合乎法秩序一致性考量的"法律经济财产说"三说之间的对立。

首先,就值得以刑法保护之财产性质而言,持"法律财产说"的观点认为,刑法所应保护

---

[1] [日]林干人:《财产犯的保护法益》,东京大学出版会1984年版,第6页。

[2] [日]林干人:《财产犯的保护法益》,东京大学出版会1984年版;林东茂:《一个知识论上的刑法学思考》,中国人民大学出版社2001年版,第270、271页。

[3] [日]铃木享子:《财产犯的保护法益》,载[日]阿部纯二等编:《刑法基本讲座》(第5卷),法学书院1993年版,第11、21页;陈子平:《财产罪的保护法益》,《月旦法学教室》2010年第88期,第55、56页;陈子平:《刑法各论(上)》,元照出版社2015年版,第369、373页。

的是民事上的财产权（物权），刑法所要关注的财产秩序，完全以民事法所架构的权利框架为依归，未受民事法保护的经济利益受到侵害之际，仍不属于刑法所保障的财产法益。[1] 然此说的缺点是，未编入（如占有）或尚未编入（如前述之新形态财产）民事法体系，承认其权利之地位前，都将被排除在刑法的保护范围外，同时，在计算财产损害之际，亦不考虑财产价值之危险性。

而"经济财产说"则从刑法独自保护经济利益的观点来立论，只要具有经济价值的物质利益都可以称之为财产（纯粹经济观点的财产法益），就算是违反民事法或者民事法所不保障者，仍旧可以属于刑法上应保护之财产法益。因此重点在于该财物或利益的经济价值，而毋需考虑其价值的来源是否正当；刑法对于财产的保护应独立于民事上财产秩序，有独自的保护意义。本说与"法律财产说"最大的不同在于，针对不法原因的财物，如盗赃物、违禁物等具有一定经济交易价值却欠缺关于该物使用收益处分的正当泉源时，本说仍认为应列入刑法所保护对象，因此若第三人夺取、破坏盗赃物，仍有成立窃盗罪、毁损罪之余地，而又如白嫖等骗取应召者性劳务之举也可论以诈欺罪。有学者从贯彻刑法秩序的一致性、防止私力救济两项理由支持此见解。[2]

至于折衷的"法律经济财产说"则是以合法的经济价值或利益作为财产罪的保护法益，在经济的财产概念上辅以法律规范的观点，保护对象不仅限于民事法上的"权利"，更进一步扩张到具有价值的物及利益。此说于1940年代 Nagler 提出之后，即成为目前的主流见解。为了避免法秩序产生矛盾或冲突，此说认为违反强制或禁止规定而形成的经济利益或价值应排除在刑法所要保护的财产概念之外，例如无效债权、不法劳动力（性劳务等）并不是刑法要保障的财产，因此白嫖行为亦不成立诈欺。[3] 可以说，原则上不法原因取得之物或利益，按此说的观点也不受刑法所保护，不过，仍须视其他法规范禁制的面向及程度来决定刑法保护的范围。这也导致本说存在着一个较为关键的缺点，亦即：刑法应在何种条件下参照其他法规范的违法评价而排除保护，可能不单是法规范秩序一致性与否的问题，而是刑事政策的问题。例如，第三者盗取或诈取盗赃物，是否会构成窃盗或诈欺罪，即使采取折衷的"法律经济财产说"也有不同结论，有见解认为既然因不法原因而持有盗赃物，自然不受刑法保护，不过另有见解认为，窃贼对盗赃物的占有仅不能对抗具有本权之人，但对第三人而言仍受到民法上一定程度的保护，因此仍为受刑法保护的财物。[4] 更进一步思考排除保护的例外情形，例如，猥亵图书等不融通物，按照法规范禁制的程度，仅禁止了贩卖等散布行为而未禁止单纯持有（所有）或私下让与之行为。因此，窃取或毁损他人的猥亵图书仍应成立窃盗罪、毁损罪，但若考虑到法秩序禁止流通的层面，以诈术透过买卖交易方式使他人交付猥亵图书，

---

[1] 关于法律财产说的详细说明，请参见 [日] 林干人：《财产犯的保护法益》，东京大学出版会1984年版，第13、41页。

[2] 林东茂：《刑法综览》（第七版），中国人民大学出版社2012年版，第2-171页。

[3] 陈子平：《刑法各论（上）》，元照出版社2015年版；林山田：《刑法各论（上）》（第五版），北京大学出版社2005年版，第459页。

[4] [日] 林干人：《财产犯的保护法益》，东京大学出版会1984年版，第153、154页。

既然交付行为违背法律禁制规定,则不应列入诈欺罪之处罚范围内。如果在这种情形下又认为应以诈欺罪处罚的话,应要有更坚实的理论依据。

除了上述传统的三种财产概念论争之外,德国学界有从其他角度切入,认为刑法所保护的财产法益,并不是着眼于其经济价值之衡量以及与整体法秩序一致性的调节,而是在于人与物之间的支配关系。例如 Bockelmann、Otto 等人提出的人的财产概念(personaler Vermögensbegriff),主张财产是人对于得单独作为经济交换客体的经济上支配力,因此相对应的,财产损害并不光是指财物本身价值的减损,而是支配主体对客体的经济上支配力的减损;不合乎目的的情形(Zweckverfehlung),也属于一种财产损害,如不合乎获取收益的目标等支出。另外像是 Eser 提出的动态财产概念(dynamischer Vermögensbegriff),主张财产是人对于财务上之资产做出最合乎经济理性之运用的事实上能力与可能性,因此,所谓财产损害便是侵害资产运用于经济活动的能力。而 Kindhäuser 提出功能财产概念(funktionaler Vermögensbegriff),认为财产是个人对于法律上归属给自身且可让予他人之财的处分权限,因此在考虑财产损害时,不合乎目的的处分行为也会该当于损害。另外,Pawlik 也提出类似见解,认为诈欺罪所要保护的法益为"财产管理自由"。[1]

无论是人的财产概念、动态财产概念还是功能财产概念,都不是关注在财产本身的性质,如利用或交易价值,而是偏重在财产与人之间的关系性的构筑,并且说明财产损害是有关财产处分的自由、经济活动的自由以及财产管理的自由之侵害。当然,上述学说的提出,主要是为了处理诈欺罪的保护法益,以及德国刑法诈欺罪中"财产损害"要件之解释。这些理论可否直接运用在解释我国台湾地区的财产犯罪,仍有疑问。最主要的理由在于,我国刑法诈欺罪之规定并没有像德国刑法具有"财产损害"之明文,况且是否要将诈欺罪理解为整体财产法益侵害之罪,亦有解释之空间。不过,值得深究的是,上述这些理论上的新动向毋宁是重新将财产犯罪的评价重心从"经济利益的减损"移至"关于财产支配(使用、收益、处分)自由的侵害",换言之,财产犯罪即成为一种侵害"财产上自由"的犯罪形态。

本权说与持有说

另外一条讨论财产犯保护法益的脉络是从财产犯罪的典型——窃盗罪作为切入点,具体检讨窃盗罪的保护客体究竟为何,并且从此处延伸至强盗、诈欺、背信、恐吓取财等罪。众所周知,关于窃盗罪的保护法益论述不外乎是"本权说"(保护所有权、质权、留置权等物权本

---

[1] 以上整理自[日]足立友子:《诈欺罪中的"欺罔"和"财产的损害"的考察——着眼于损害概念的多义性和中间结果的错误》,收于 川端博等编:《理论刑法学的探究6》,成文堂2013年版,第150-151页。同样认为财产保护应为支配而非物本身之价值者,见 许恒达:《公职诈欺与财产损害——以台湾高等法院2010年瞩上易字第二号刑事判决为讨论中心》,《月旦法学杂志》2013年第217号,第28页;张天一:《对财产犯罪中"财产概念"之再建构(上):以"支配关系"所形成之财产概念》,《月旦法学杂志》2009年第164期,第263-279页;张天一:《对财产犯罪中"财产概念"之再建构(下):以"支配关系"所形成之财产概念》,《月旦法学杂志》2009年第165期,第202-217页。

身或者依附于本权而存在的持有)以及"持有说"(保护现实上持有状态)两说之间的争执。这一条脉络主要是从日本法上的讨论而来,不过须留意的是,日本早期在大审院时代的判例倾向主要是以"本权说"为主,然而随着时代更迭,日本最高法院也逐渐开始重视对财物事实上支配的保护,可谓具有从接近"本权说"的立场逐渐向"持有说"靠拢的情况。[1] 实务立场的转变也成为学说重新检讨财产犯保护法益论的契机。

首先就"本权说"的学说光谱而言,最传统的"本权说"认为,刑法并非保护占有(权),而是保护所有权及其他物权,而透过"基于合法泉源之占有"的破坏,来表彰本权的侵害状态。这也是日本早期实务与通说之见解。[2] 而就"持有说"的学说光谱而言,最极端的"持有说"认为,对财产的持有现状就是刑法单独要保障的利益,任何有关"事实上持有状态"的破坏皆属法益侵害,至于持有者是否具有合法的泉源不是问题的重点。因此无论是盗赃物、违禁物或者其他不法原因的持有物,亦无论破坏持有的主体是具本权之人(如追索盗赃物)或第三者(如黑吃黑)皆同,一律可成立窃盗罪。[3] 不过这种极端的"持有说"较不能合理解释窃盗等财产犯罪中具备的"不法所有意图"要件[4],因为即便在欠缺所有意图的"使用窃盗"之例,也的确破坏了现实上的持有状态。

在极端的"本权说"与极端的"持有说"之间,存在着许多折衷、修正性的见解,关键的差异在于,折衷见解认为,刑法的保护对象不是权利本身或者持有状态本身,而是"基于合法泉源的持有状态"。例如有从"本权说"的立场向中间靠拢的见解,认为刑法所保护者为"大致有理由的持有""大致上呈现有本权作为依据的持有"或"以所有权或者以法律经济财产观点下的财产利益为内容的持有",亦有从"持有说"向中间靠拢的见解,认为刑法保护的是"平稳持有"或者"一般人或行为人之立场来看可大致认为属平稳之持有"[5]。不过严格而论,无论所使用的叙述字眼为何,实际案例的结论多半大同小异,例如,盗赃物等不法原因的持有对于其他第三人仍有保护的必要,但若侵夺者为所有权或具本权之人,则不法原因之持有应退让,换言之,本人追索盗赃物的情形并不会构成窃盗罪[6],惟差别在于不成立之原因是构

---

[1] 详细说明,参见[日]品田智史:《财产犯论:财产犯における判例の变容》,法学セミナー,705号,2013年10月,第17—20页。另请参考[日]西田典之:《刑法各论》(第六版),弘文堂2012年版,第151-153页。西田分析,战后最高法院乃为了维持财产秩序的立场而采取持有说的立场,只有例外情形下才会承认有违法阻却之余地。其背后也存在着原则上欲回避民事上权利关系判断的政策立场。

[2] 例如,[日]泷川幸辰:《刑法各论》,世界思想社1968年版,第119页;[日]小野清一郎:《刑法讲义各论》,有斐阁1953年版,第235页。

[3] 例如,[日]牧野英一:《刑法各论·下卷》,有斐阁1951年版,第593-595页;[日]木村龟二:《刑法各论》,法文社1971年版,第106页。

[4] 当然,日本刑法典的窃盗罪并没有"意图不法之所有"之明文规定,因此也容有不需要要求要有"不法所有意图"的解释空间。

[5] 以上各种折衷式的见解整理,参考 陈子平:《刑法各论(上)》,元照出版社2015年版,第371-373页;[日]铃木享子:《财产犯的保护法益》,收于[日]阿部纯二等编:《刑法基本讲座(第5卷)》,法学书院1993年版,第11-16页;[日]西田典之:《刑法各论》,弘文堂2012年版,第153页。

[6] 学说结论的细微差异,参见 陈子平:《刑法各论(上)》,元照出版社2015年版,第376页。

成要件不该当,或者是违法性阻却。[1]而至于违禁品的持有是否应受保护,则端视禁制程度以及持有状态的外观来决定是否应受刑法保障,关于窃取违禁物的行为,一般也认为在尚未经过法律正当程序没收之前,其财物性仍值得肯定,其持有亦值得保护。[2]

综上所述,虽然日本和我国学说上后续也提出了各自朝中间靠拢的"修正本权说""修正持有说"等见解,但大抵而言,这些修正性的意见都已经不属于纯粹的"经济财产说",也不是"法律的财产说",而是在法律经济财产概念的范畴内。差异仅在于,在众多种类的财物利用或支配状态下,哪一种利用或支配状态可归属为值得以刑法保护的经济利益。就此,是否值得以刑法保护一事不可能仅从单纯的经济(交易)价值来决定,最重要的参照基础便是其他法领域的规范评价,特别是民事财产法。不过,刑法所考量的利益观点终究与民法并不相同。例如刑法中的"财产上损失",注重的是被害者是因为行为人的实行行为以致蒙受财产上的不利益(损失),然而,民法上所注重者则包括被害者是否得以遵循适切的请求权基础请求损害赔偿或恢复原状。对刑法评价而言,不会因为民事上的损害赔偿请求权仍具完全实现之可能性,就因而认为被害者没有"财产上损失"。假若可以考虑侵害后的事后填补机制,那么越完善的事后填补机制,就越容易使得犯罪(既遂犯)不易成立,这并不合乎犯罪评价的基本精神。[3]因此,当我们要进一步确认财产法益的定义、内容以及下位类型,其实也在探询刑法与民法之间的交错关系。刑法应否介入财产秩序?若应介入,则介入的程度究竟到哪里?这些问题必须进一步检视。[4]

既有学说的检讨

自力救济之禁止与民事程序之利用?

首先,财产犯罪的可罚性基础是否真的仅因为侵害了占有的事实状态就足够了?无论是纯粹的"占有说",或者立于"本权说"与"占有说"之间的折衷见解(中间说)都认为,原则上,民事上的财产秩序不能借由自力救济的行为加以解决,必须透过法律上的纷争解决制度,借由法律规范的指引,寻求财物持有状态争议的最适处理。如此一来,无论是"占有说"或者"折衷说",实质上来看,与其说保护的是个人财产(的持有状态),不如说保护的是民事

---

[1] [日]木村光江:《财产犯论的研究》,日本评论社1988年版,第507-510页。

[2] 实务也认为,窃取鸦片等违禁品仍可成立窃盗罪。参见 我国台湾地区司法行政机关"司法院"院字2348号解释:"窃盗罪之标的物,不以非违禁物为限。鸦片虽系违禁物品,窃之者仍应成立刑法第三百二十条第一项之罪。"以及民国1936年度决议(三):"窃取他人之违禁物(如鸦片烟土),应依第三百二十条第一项处断,其有强盗、诈取、侵占违禁之物者,亦依各该本条论科。"

[3] 另外,像是因诈欺或胁迫所为之意思表示,按照我国台湾地区"民法"规定乃得撤销,在尚未行使撤销权之前,意思表示仍有效力,但也不可能因此认定诈欺、恐吓或强盗行为在取财或得利后仍不成立既遂。因为无论被害者有无依照我国台湾地区"民法"相关规定行使撤销权,财物或财产上利益的现实上分配状态仍已受到改变。因此,至少就计算财产损失的场合,我国台湾地区"刑法"有其独自考量的必要性,无须将两者完全连动。

[4] [日]林干人:《财产犯的保护法益》,东京大学出版会1984年版,第4-6页。

法上的纷争解决机制。换言之,隐藏在持有状态底下的是民事财产制度的运作秩序利益。不过,即使在市民社会中,一套完善运作的私法纷争解决机制确实有保护之必要,但私人之间是否选择以法律途径解决财产纷争一事并无强制,法体系内的纷争解决机制本身未必非以刑法加以保护不可。[1] 在此,笔者初步认为,虽然现代国家崇尚以民事程序等法律救济途径保障权利,禁止自力救济,然而刑法不应过度介入财产秩序的维持。当所有权人不想采取民事诉讼途径,而是以自力救济的方式,像是夺回盗赃物、借用人逾期未归还的财物等等的行为,并不值得以刑法加以处罚。[2] 纵使借用人(被夺回财物之人)事实上平稳地占有该物,这个"平稳"占有该财物的状态毋宁说只是表象,因为在逾期未归还之后,借用人的持有确实造成所有权人对于该财物支配、利用可能性的侵害。犯罪的不法内涵从来就不是以安稳平顺无争执或暴力行使的表象为判准,因此,以所谓维系"平稳"占有或持有状态为理由的说法,其实并没有真正掌握财产犯不法评价的核心意涵。

财产利用状态复杂,故应采持有说

从历史发展背景立论,认为当经济不发达,财产秩序稳定单纯时,适合采"本权说",反之,若于经济发达,财产利用状态复杂化,财物持有与所有分离的状态趋于平常之际,则会强化持有的保护,亦即"持有说"将占上风。[3] 不过这种说法很明显有推论上的漏洞,因为在财产秩序相对单纯、所有与持有并非总是分离的情境之下,事实上的持有状态即彰显了所有权人对财物的支配地位,无论保护持有或所有都不会造成认定上过大的混乱;另一方面,在经济发达、财物利用状态复杂多元、持有与所有者总是分离的情境下,委由民商法更细腻的处理远较由刑法处理更佳。此际,刑法作为最后手段性的法律,只需保护最终极的权利状态(所有权),似乎亦无不可。纵使在财产支配模式不断推陈出新、日新月异的社会趋势下,也未必能推导出刑法必然需保护事实上、现实上的支配。相反的,这种观念上的财物支配状态(如间接占有、信托等)本即可借由保障所有权及其衍生而来的(物权)权利状态加以确保,同时,只要针对行为人与所有人之间信赖关系的破坏进行规制,也能发挥一定的作用。因此,"本权说"抑或"持有说"的二元对立,并无法从经济发展背景当中找寻论证的基础,关键点还是在于现实上的财物持有状态究竟值不值得以刑法加以保护,以及其保护的程度应到哪里。

应以维护财产支配自由的观点保护具合理理由的持有

更重要的是,不可能完全自外于现存法律体系(特别是私法体系)的规范秩序而存在一套独立的"刑法意义的财产概念"。特别是当我们将"法益"简单定义为"值得以法律保护的利益"的时候,更必须思考,此处所谓"值得",必然会包含与现有制度搭配的协调性的考量。例如,学说上几乎一面倒地认为窃盗、强盗、恐吓取财罪等罪的个别财物不需要要求"财产上损害"。亦即,即使夺取财物伴随着相对应对价的支付,例如于窃取财物之际给予被害者相当之价额作为填补之情形,纵使对个人整体资产而言并没有实质减损,但仍旧成立窃盗罪。

---

[1] [日]林干人:《刑法各论》(第二版),东京大学出版会2007年版,第163、164页。
[2] [日]西田典之:《刑法各论》,弘文堂2012年版,第154、155页。
[3] 台湾学界典型的说法,请参见 甘添贵:《刑法各论(上)》,三民书局2009年版,第204-205页。

如果这个结论是可以被大家所接受的,那么我们就可以进一步推论,实际上,这些以保护"财物"为要件,不要求"财产上损害"的财产犯罪,所保护的并不仅只是该财物的经济价值,而是包括对该特定财物之支配自由。亦即,所保护的不啻是持有者所拥有对财物如何使用、收益、处分之决定权限。当行为人以窃取、强胁或恐吓方式破坏了上述对物的财产上决定权限,无异是侵害了持有人的(财产)支配自由。[1] 换句话说,取财罪所保护的并不仅是财物本身的财产价值,而是包括对财物的管理、支配自由。不过需留意的是,上述关于财物管理与支配的自由,并不以拥有所有权等本权为前提,只要实质上对于该财物具有管领力,在持有的状态下自然就能建立管理与支配的关系,进而享受到该物所带来的利益。但这种自由支配与管理财物的权限并不是放诸四海皆准,仍然必须根据不同社会中各自考量的财产秩序来决定其限度。因此具有合理理由的持有才是应保护的法益。[2]

简言之,有学说从个人对财产(特定财物)的支配形态以及行为人以何种手法影响或侵夺被害者的财产支配地位或权限(财产犯罪的实行行为类型)来建立财产犯罪的不法内涵,应可参考。[3] 就此,我们甚至可以夸张一点说,保护个别财产的犯罪类型,跟妨害性自主罪章相似,都是妨害意思自由(强制罪)的特殊形态。当然,财物的财产价值在这些犯罪当中不具其他特殊意义? 也不尽然。笔者认为,财产支配自由仅是形构财产犯罪不法内涵的一部分,而非全部,而且在行为不法的层面中,"窃(未经同意)取""诈术致陷错误""强胁、恐吓手段取财""违背信托"等实行行为本身已经可以表达对于财产支配或管理自由的压制或侵害程度。此外,尚应留意,在结果不法的层面中需另行考量财物本身的价值以及其减损的程度。若要维持窃盗罪作为财产犯罪的基本性格,除了财产的管理与支配自由的侵害之外,也必须要将财物本身价值的因素考虑进去。[4]

关于财物价值的衡量,向来有"主观价值说"与"客观价值说"的争论。然而,这项争论或许在判断"财产损害"时有其意义,在取财罪当中,由于规制的行为客体是"动产"或"物",立法者已经预设只要符合取得"动产"或"物",就侵害了该物支配者的支配、管理权利。不过,对物的支配或管理之所以值得保护,是因为透过支配与管理才得以彰显该物的利用价值或

---

[1] 详细说明,可参见 张天一:《对财产犯罪中"财产概念"之再建构(下):以"支配关系"所形成之财产概念》,《月旦法学杂志》2009 年第 165 期,第 202 - 217 页。

[2] 因此,[日]西田典之:《刑法各论》(第六版),弘文堂 2012 年,第 153 页之见解可兹赞同。虽然[日]松原芳博:《财产罪的保护法益》,《法学研讨会》2012 年第 57 卷,第 122 页,批评"合理理由"仍不明确,不过笔者认为,即使是采取修正的本权说,在裁判中,相对人仍须证明自己的持有乃具有合法泉源,就此,在实体法的层次里其实已经没有太大的差异,差别在于诉讼法上的证明强度。

[3] 我国台湾地区法院实务上也曾出现类似以财物支配作为保护法益的字眼。例如我国台湾地区高等法院花莲分院 2014 年上易字第 101 号判决:"'使用窃盗'对原管领支配之人的法益,仍造成一定程度之损害(如使用窃盗期间,原管领支配之人无法使用该物之损害),仅因行为人自始无不法所有意图,而成为窃盗罪之例外,因此其认定之标准不宜过宽,更不宜单以行为人事后有将所窃之物归于原位,径认为'使用窃盗',而忽略该行为对法秩序所造成之破坏。"

[4] 参见[日]内田幸隆:《关于窃盗罪中的窃取行为》,收于[日]高桥则夫等编:《曾根威彦先生·田口守一先生古稀祝贺论文集》,2014 年,第 130 - 136 页。

交换价值,亦即,由单纯的"物(things)"转变为"财(goods)"。刑法所保障的正是人人皆可以透过对物的管理与支配借以彰显一定价值的状态。

反过来说,我们也可以从财物本身的价值取向偏重在利用抑或交易(利用财或交换财),来划定出财物支配自由的界限。举例而言,若该财物作为交换财的属性极端强烈,例如货币或依特定交易习惯下的财物(如报摊贩卖的报纸),则财物支配自由的空间应随之缩小,即使行为符合"财物取得"之外观,仍然必须实质考虑有无相对应的对待给付,若有,即不该当于窃取财物。例如行为人窃走他人皮夹中的新钞,并以同等数额但没那么新的旧钞取代之,并不会构成窃盗;未经报摊老板同意就留下相当金额并取走报纸,若从当时交易情境下判断,老板对于报纸的支配方式就只是等着顾客拿钱来换,则也不会构成窃盗。[1] 惟应注意,这里所说的"对待给付"并不仅看经济价值的对应性,还必须注意相对人对于所换得的财产是否也具备相同的支配或管理自由?因此,若行为人窃走他人皮夹的钞票后摆放相当价值的商品给该他人,纵使经济价值相当,仍可构成窃盗罪。

现行的财产犯体系是随着不同的行为客体与实行态样做出相对应的犯罪评价,严格而论,很难以单一的财产法益概念包括性地解释所有的财产犯类型。关于"本权说"或"持有说"的论争,都是以"财物"作为讨论的对象,然而检讨"财产上利益"时,由于欠缺一个所有或持有概念可以依附的对象(劳务或债无法所有亦无法持有),争论保护法益是所有或持有其实没有意义。而引入"支配或管领自由"的概念,虽然可以将无形的财产上利益涵括进来,例如债权人对于债务人行使所具有的诸种请求权,即为财产利益的支配或管领自由的表征。不过,作为财产上利益的"劳务""服务"(甚至有争议的"身份、地位")要如何成为人"支配或管领"的对象?此外,意志驱动身体,身体的作为或不作为在资本主义社会的逻辑下又可以变成具有经济价值的"劳务""服务",由是观之,强制罪、剥夺行动自由罪、性犯罪的大多数事例皆可以转而评价为强盗得利、恐吓得利,甚至诈欺得利罪。例如,强迫他人与自己或第三人为性行为,论以比强制性交罪更重的强盗得利罪,也不是不可能的事情。在此,我们可以设想一个简单的例子:非常喜欢偶像团体 AKB48 的某甲,以强胁手段迫使公关公司的某乙交付一张 AKB48 握手会的"握手券",以便在握手会时和心仪的偶像某丙握手。由于需要购买足够数量的商品才能换得"握手券",握手券属于具有经济价值之财物。在这个案例中,当某乙交付握手券给某甲之际,甲就会成立强盗既遂罪。如果某甲不是强迫要握手券,而是要求某乙在握手会当天放水,让他进入会场与偶像握手,则当某乙承诺之际,甲仅能成立强盗得利未遂,必须等到握手会当天,握到手的当下犯罪才会既遂。那么,如果某甲跳过某乙的中介,握手会当天直接闯到偶像某丙面前,强行与某丙握手,又应该如何评价?论以强盗得利罪?抑或强制罪?

上述根本的质疑在于,"劳务/服务的提供或享受"与"作为/不作为的自由"之间的界限模糊化的问题应如何处理?原本被归类为自由的利益,是否果真皆能透过换价、估算而转换

---

[1] 有学者认为,不区分财物性质,只要提供相当之对价就不会构成窃盗罪。[日]林干人:《刑法各论》(第二版),东京大学出版会 2007 年版,第 146 页。而多数见解则反对这种看法,参见 [日] 前田雅英:《刑法各论讲义》(第五版),东京大学出版会 2011 年版,第 238 页。

为财产上利益[1]？抑或，我们应该从其他观点限缩刑法保护"财产上利益"的范围？换言之，即使刑法所要保护的财产法益是人对于财产的支配与管理权限（自由），也必须进一步思考这样的法益组成与其他罪章之间的关系。前已述及"财"的多样化、复杂化的趋势，从有形物的利用转换到无形的利益，而无形的利益又可以再度化体为有形物（证券化、凭证化等）加以呈现。在财产犯罪仍旧以财产损害为核心思考的前提下，财产上利益客体本身的属性究竟为何？而得利型的保护法益内涵又应该做何等理解？

"财产上利益"作为财产犯行为客体的意义

三种有关财产犯罪的构成要件结果类型

财产犯罪的分类基准众多，大抵而言，有从关于作为行为客体的财产形态的观点加以分类，亦有从侵害行为的态样加以分类。在此，本文试图以财产犯的构成要件结果类型来作为检讨财产法益内涵的切入点。从各个财产犯罪的构成要件结果来看，例如，有"取得他人之动产（物）（§320）""取得他人之财产（§339—3）""使交付本人或第三人之物（§339、§341）""得财产上不法之利益""取得重利（§344）""致生损害于本人之财产或其他利益（§342）""毁损他人之物（§354）""致生财产上损害（§355）"这几种表述方式。归纳起来，可分成取财—交付型、得利型、致损害型这三种[2]。

这三种结果态样并不能当然对应到关于"侵害个别财产"与"侵害整体财产"的区分。依笔者之见，现行财产犯的体系下，保护整体财产法益的仅有背信罪［致损害（于整体财产）型］。然而，即使背信罪被称之为侵害整体财产之罪，并不代表在判断背信罪是否成立之际就无需考虑个别的财物或财产上利益。因为，所谓侵害整体财产之罪，必须要比较本人资产的流出（减少额）与流入（增加额）之间的差。[3] 在评估背信罪的财产利益损害时，并不会考虑本人对于这些财产上利益的事实上支配自由的侵害，因为真正有意义的是总资产状态的增减。是以在判断是否构成背信罪的损害结果时，必须要注意财物与利益之间交错复杂的流动关系，并且也必须考虑总资产额度在时间上的变化，究竟应该以哪一个时间点作为评估资产减损的时点，以及，是否应运用会计原理或财经原理，将过去或未来的资产状态还原至现在时。在资本市场的蓬勃发展之下，已经有许多相关的资产评估工具，可以用风险评估的方式将未来潜在的损失可能性于评估时点中展现，这些方式都会将在行为时点中尚未实现的仍属"财产损害的危险性"转化为具体的扣减额度，而成为广义的财产损害的一部分。

---

[1] 例如，有学说认为，财产犯当中能够当于"财产上利益"的劳务，必须具有任意性（非受强暴胁迫），因此基于强胁下的劳务提供不能成立强盗得利罪。［日］林干人：《判例刑法》，东京大学出版会2011年版，第341页。不过，这种限缩手法势必会面临如何解释强盗得利与诈欺得利罪行为客体标准不一致的质疑。况且，受骗上当而提供的劳务为何属于具"任意性"的劳务呢？

[2] 关于财产犯的分类，受到［日］生田胜义等编：《刑法各论讲义》（第四版），有斐阁2010年版，第85-88页。

[3] ［日］品田智史：《财产上的各种损害概念与背信罪的"损害"要件》，收于［日］川端博等编：《理论刑法学的探究》，成文堂2013年版，第175页。

相对的,多有见解认为,其他即便是以无形的财产利益为中心的"得利型"应属保护整体财产,本文认为仍应属于保护个别财产。[1] 最主要的原因还是在于:现行法的架构是从"取得他人财物"这个古典意义的财产犯态样为中心逐渐衍生而来的。关于"得利型"以及"交付型"的条文逻辑仍旧是依附在"取财型"之上。而最受争议的诈欺罪,由于我国台湾地区没有"财产损害"的明文规定,而仅有交付财物而已,因此与德国学说实务解释脱钩,从而也有理解为个别财产犯罪的余地。就此,日本法的诈欺罪规定与我国台湾地区相同,日本学说与实务近年对于诈欺罪解释的反省,对我们也有参考作用。

得利型:依附于取财型的"二项犯罪"

在以具体"财物"为讨论客体的取财——交付型当中,采取以财产支配自由为核心的保护法益论调的确具有相当程度的说服力,但是这种说法却未必能充分解释以"财产上利益"为核心的得利罪的保护法益。因为"得利与否"未必与侵害某人之财产支配自由有关,"得利"与"财产损害"之间也未必具有当然的转换关系,行为人得利未必当然代表被害者受有财产(支配自由之)损害,反之亦然[2]。因此,当我们要设定刑法保护"财产上利益"的界限时,首先必须要弄清楚:同为财产犯罪的行为客体,"财物"和"财产上利益"各自内涵为何。

对财物的攻击态样,包括对财物持有状态或本权的攻击(夺取类)、对财物存续的攻击(毁损)以及对财物利用状态的攻击。典型的财物犯罪例如窃盗,当发生财物的夺取,亦即将财物由原持有人移转至行为人或其他第三人之际,就意味着利益侵害。就此,由于财物具备有体性、拥有一定质量、占有空间,在一般情况下可以直接接触并加以支配。因此,一旦财物被侵夺,本来的持有者就不可能对该财物进行直接的支配(不可复制性)。当然,持有既然意味着管理支配权能的展现,持有在具有事实意义同时也具有规范意义。换言之,针对持有仍可进行程度上的区别;为了要处理"窃盗或侵占"的罪名适用问题,仍可在多重持有状态下区分其持有力的高低[3]。无论如何,对"财物"的攻击态样其实相对明确,行为人取得财物之际即代表原财物支配者对于该物支配状态的破坏。

相对的,现行法中财产犯罪的体系除了有以夺取他人财物为内容的取财罪之外,尚有以取得其他财产上利益的得利罪,由于通常立于取财罪之后项,故通常称其为"二项犯罪"[4]。

---

[1] 或者像是诈欺取财罪,是以"给付—对待给付"为前提的"交付型",但学说上也多参考德国立法例,将之解释为整体财产法益的犯罪。这一点本文也持反对立场。笔者认为,仍应理解为个别财产法益之犯罪。[日]生田胜义等编:《刑法各论讲义》(第四版),有斐阁2010年版,第86-88、110页。

[2] 除非在解释策略上,将对财产处分或支配自由的侵害注入"得财产不法利益"之解释中,例如可以在"不法"处延伸此概念。那么如此一来,也可能会大幅限缩得利罪的成立空间。

[3] 最常举的例子为卖场老板与员工对于商品的支配/持有力,甚至会进一步区分大卖场或小卖场之不同,前者老板对个别商品的持有力更薄弱,因此若员工侵吞商品则可能构成侵占而非窃盗。反之,则成立窃盗。

[4] 关于二项犯罪,参见[日]中森喜彦:《二项犯罪》,收于[日]中山研一等编:《现代刑法讲座(第4卷)》,成文堂1982年版,第297页以下;[日]佐久间修:《财产犯中利得罪的意义》,《名古屋大学法政论集》1988年第123号,第261页以下;[日]曾根威彦:《二项犯罪》,收于[日]阿部纯二等编:《刑法基本讲座(第5卷)》,法学书院1993年版,第152页以下;[日]木村光江:《二项犯罪》,《法学教室》2011年第371号,第34页以下;[日]中森喜彦:《以名称由来为中心浅议二项犯罪》,《法学论丛》1974年94卷,第215-227页。

今日，由于财产的利用状态以及持有状态愈发复杂多样，保护财产上利益的必要性也随之提高。不过，就如学说上对于窃盗得利行为不罚所提出的理由一般，若将所有财产上利益的攻击皆以刑法加以保护，那么不但财产犯罪的处罚范围将过度扩张（例如：故意的债务不履行皆具备刑事不法性），而且处罚时点也可能会过度前置。"得利型"的规定毋宁说是居于填补"取财型"不足的补充性地位，要从保护法益观点合理解释"得财产上利益"的时候，必须先对"得利型"的补充性格有初步的认识。诚如学说上所指出的，作为财产罪客体的"财产上利益"并不及于所有具有经济价值的利益，而必须限定在"相当于取得财物的具体利益移转"（移转性说）[1]。在此，我们可以见到上述限定解释充分反映了"二项犯罪需以一项犯罪为参照基准"的特性。

在我国台湾地区"刑法"当中处罚这种得利类型的二项犯罪，共计7条，分别是§328Ⅱ之强盗得利罪、§339～§339—3的诈欺得利诸罪、§341重利罪、§346恐吓得利罪。[2] 而于我国台湾地区"特别法"当中也存有若干诈欺得利罪的特殊类型，例如我国台湾地区的

---

[1] [日]曾根威彦：《二项犯罪》，《刑法基本讲座（第5卷）》，1993年版，第157页。相较于移转性说可能无法合理解释劳务提供以及地位身份无法符合移转性之要求的缺点，学说上提出另一种限缩"得财产上利益"内涵的方案是，该利益必须具备现实性、具体性。但概念界限却不明确，也留下各级法院恣意执法的空间。参见[日]林干人：《二项犯罪的现状》，收于[日]高桥则夫等编：《曾根威彦先生·田口守一先生古稀祝贺论文集》，2014年版，第141-144页。

[2] 我国台湾地区"刑法"第328条："Ⅰ意图为自己或第三人不法之所有，以强暴、胁迫、药剂、催眠术或他法，致使不能抗拒，而取他人之物或使其交付者，为强盗罪，处五年以上有期徒刑。Ⅱ以前项方法得财产上不法之利益或使第三人得之者，亦同。犯强盗罪因而致人于死者，处死刑、无期徒刑或十年以上有期徒刑；致重伤者，处无期徒刑或七年以上有期徒刑。Ⅲ第一项及第二项之未遂犯罚之。Ⅳ预备犯强盗罪者，处一年以下有期徒刑、拘役或三千元以下罚金。"

第339条："Ⅰ意图为自己或第三人不法之所有，以诈术使人将本人或第三人之物交付者，处五年以下有期徒刑、拘役或科或并科五十万元以下罚金。Ⅱ以前项方法得财产上不法之利益或使第三人得之者，亦同。Ⅲ前二项之未遂犯罚之。"第339-1条："意图为自己或第三人不法之所有，以不正方法由收费设备取得他人之物者，处一年以下有期徒刑、拘役或十万元以下罚金。Ⅱ以前项方法得财产上不法之利益或使第三人得之者，亦同。Ⅲ前二项之未遂犯罚之。"

第339-2条："Ⅰ意图为自己或第三人不法之所有，以不正方法由自动付款设备取得他人之物者，处三年以下有期徒刑、拘役或三十万元以下罚金。Ⅱ以前项方法得财产上不法之利益或使第三人得之者，亦同。Ⅲ前二项之未遂犯罚之。"

第339-3条："Ⅰ意图为自己或第三人不法之所有，以不正方法将虚伪资料或不正指令输入电脑或其相关设备，制作财产权之得丧、变更纪录，而取得他人之财产者，处七年以下有期徒刑，得并科七十万元以下罚金。Ⅱ以前项方法得财产上不法之利益或使第三人得之者，亦同。Ⅲ前二项之未遂犯罚之。"

第341条："Ⅰ意图为自己或第三人不法之所有，乘未满十八岁人之知虑浅薄，或乘人精神障碍、心智缺陷而致其辨识能力显有不足或其他相类之情形，使之将本人或第三人之物交付者，处五年以下有期徒刑、拘役或科或并科五十万元以下罚金。Ⅱ以前项方法得财产上不法之利益或使第三人得之者，亦同。Ⅲ前二项之未遂犯罚之。"

第346条："Ⅰ意图为自己或第三人不法之所有，以恐吓使人将本人或第三人之物交付者，处六月以上五年以下有期徒刑，得并科一千元以下罚金。Ⅱ以前项方法得财产上不法之利益，或使第三人得之者，亦同。Ⅲ前二项之未遂犯罚之。"

"银行法""信用合作社法""金融控股公司法""票券金融管理法""信托业法""农业金融法"等[1]。这些特别法当中的诈欺得利罪皆是仿造普通的我国台湾地区"刑法"§339-3的规定而来,故不做特别讨论。

按照通说,二项犯罪的行为客体"财产上之利益"系指财物以外之一切财产利益,包括积极的利益取得,如取得债权、享受劳务服务等。但不仅于此,尚包括消极的获利,如债务之免除或期限利益之延长等。[2]然而,这样的说明只不过是指出财产利益范畴的最外围,实际上,得以成为值得以二项犯罪加以保护的"财产上利益"(具需保护性的财产上利益),仍必须做一定程度的限缩。

其中,特别是强盗得利罪的要件解释更加困难。理由在于,同样属二项犯罪的诈欺得利、恐吓得利因为是属于交付类型的财产犯(被害者将利益"交付"予行为人),可以透过被害者(具有瑕疵的)意思展现在客观上的处分行为(及交付行为)上,相对的,强盗罪既有交付类型也有夺取类型,而就夺取类型,既然是违反被害者意思下所为之财产移转,并非以处分行为为前提。深入来看,强盗得利罪的设置在立法例上并非毫无争议。虽然日本现行刑法与我国台湾地区"刑法"一样设有强盗得利罪,但是在日本旧刑法时代强盗罪的客体仅限"财物"[3]。《德国刑法》249条1项强盗(Raub)之客体亦以动产为限,至于以强胁手段取得利益者为《德国刑法》255条所处理的范畴,其并非典型的强盗罪,而是科以强盗之刑(Raöuberische Erpressung),也可说是一种加重的恐吓罪。如学者所指摘,强盗得利罪与加重恐吓罪之间的发展脉络并不相同[4]。

另一方面,德国的财产犯体系当中,窃盗罪、侵占罪的客体限定在个别财物,乃保护个别财产之罪;而诈欺、恐吓、加重恐吓、背信罪等以被害者交付财产为要件的类型,则是保护整体财产之罪。因此除了有利得之外也必须具备"财产损害"始能成立既遂。利得与损害之间必须具备素材上的同一性。不过解释上只需要有"利益与损害基于同一处分行为而产生",而不需要求内容上必须同一。[5]可以说,限定解释的重点放置在"财产损害"。

近年来,日本实务上发生一连串与二项犯罪要件解释有关的案件,引起学界广泛的关注,并且质疑实务的认定结果会使得二项犯罪解释过度扩张,除了侵蚀其他财产犯罪的守备范围外,更有将原本属于预备或未遂阶段的行为提前以二项犯罪既遂罪加以处罚的疑虑。

---

[1] 仅以我国台湾地区"银行法"§125-3为例:"Ⅰ意图为自己或第三人不法之所有,以诈术使银行将银行或第三人之财物交付,或以不正方法将虚伪资料或不正指令输入银行电脑或其相关设备,制作财产权之得丧、变更纪录而取得他人财产,其犯罪所得达新台币一亿元以上者,处三年以上十年以下有期徒刑,得并科新台币一千万元以上二亿元以下罚金。Ⅱ以前项方法得财产上不法之利益或使第三人得之者,亦同。Ⅲ前二项之未遂犯罚之。"

[2] 陈子平:《刑法各论(上)》,元照出版社2015年版,第367页。

[3] 相关说明,参见[日]木村光江:《二项强盗罪的问题点》,《现代刑事法》2002年第44号,第4页;[日]中森喜彦:《以名称由来为中心浅议二项犯罪》,《法学论丛》1974年第94卷,第216页。

[4] [日]中森喜彦:《二项犯罪》,收于[日]中山研一等编:《现代刑法讲座(第4卷)》,成文堂1982年版,第310页。

[5] [日]照沼亮介:《德国的诈欺罪现状》,《刑事法杂志》2012年第31号,第34页。

因此,也相对应地提出限缩"得财产上利益"解释的具体方案。在立法结构相同的情形下,日本法上的学理发展值得我们参考借鉴。以下分析之。

身份、地位作为一种财产上利益?

日本法近来动向

过去日本实务对于二项犯罪的成立采取消极、谦抑的态度,不过近期出现若干重要的裁判例,似乎对得利罪的射程范围予以较宽松的解释,将抽象的交易条件、身份地位解释为"财产上利益"。例如,隐匿自己是黑道帮派成员的身份承租房屋或者进入高尔夫球场打球,日本实务出现论以诈欺得利罪之见解。[1] 而关于强盗得利罪,最著名的案例是行为人先窃走被害者的提款卡,然后再以强胁手段迫使被害者说出提款密码(以下简称"提款密码案"),法院判决认为就强迫说出密码的行为时点即可成立强盗得利罪[2]。其他像是以不正方法取得电子钱包的使用权之行为也被论以电脑诈欺得利罪(《日本刑法》§246-2)。

特别值得说明的是前述的提款密码案。该案第一审法院认为,所谓"可随时提款之地位"并不能属于"与取财同等程度的具体且现实上的财产上利益",况且即使行为人知悉密码,只不过是资讯的共有而已,并非代表被害者的利益(提款地位)就当然消失。换言之,知道密码一事与财物取得不同,并没有具备利益的移转性,因此无法论以强盗得利罪。相反的,二审法院撤销一审判决,认为强盗得利罪之成立,不代表该利益需从被害人直接移转到行为人(不采移转性说),以若采取移转性说的立场将不当限缩二项犯罪的处罚范围为由,撤销原判决,改论以强盗得利罪[3]。

过去二项犯罪的论罪数量之所以不多,根据学者的分析,主要因为日本实务倾向以有形的财物作为犯罪评价的对象,有称之为"财物概念的肥大化"[4]。财物本身的价值微不足道,但是透过"财物"表彰出一定的财产利益,因此直接以"财物"作为客体,适用一项犯罪之要件即可。这样的解释手法,在我国台湾地区实务学界也不陌生,像是提款卡、存折、债权凭证等都是运用"作为财产利益表征的财物"等概念,将真正考量的对象依附在卡片、纸张等"物体"之上。但问题在于:那个"物"与"利益"之间的联结关系,会根据不同的交易模式以及科技发展而有各种不同的形态。货币或者有价证券固然可以清楚地将物品所承载的利益内容及价值表彰出来,但是有些可能仅仅只是作为开启交易机制的钥匙,甚至只是单纯的债权证明,即使销毁、移转或遗失,也不会导致所表彰之财产上利益的消灭。例如某人在机场柜台向地勤人员办理报到之际,隐瞒要将登机证交给第三人使用登机的事情,而受领登机证

---

[1] 针对帮派成员伪装身份打高尔夫球的行为,由于日本各地方政府有制定关于黑道帮派防治法规,要求餐饮交通旅游等各业者不要让帮派成员进入消费,因此帮派成员会隐藏其身份租屋、搭车、投宿旅馆或去娱乐场所。帮派成员隐瞒身份消费之行为,认为会成立诈欺得利罪的判决如最决平成二十六年3月28日刑集68卷3号,第646页,而认为不会成立诈欺得利罪的有:最判平成二十六年3月28日刑集68卷3号第582页、最决平成二十六年3月28日裁判集刑313号,第329页。

[2] 东京高判平成二十一年11月16日判时2103号,第158页。

[3] 东京高判平成二十一年11月16日判时2103号,第158页。

[4] [日]木村光江:《关于财产上利益的意义》,《法曹时报》2015年第67卷,第2页。

之案例,日本法院也曾经判决认为"登机证"属于可表彰"事实上得搭乘飞机的利益"的财物,因此论以诈欺取财罪[1]。不过,登机证是否具有如此明确的利益性质,令人感到怀疑。况且,这么一来也等于是将评价重心从"获得最终目标的财产利益(搭机)"提前到"获取该利益的地位、可能性",处罚时点也自然提前了。

更棘手的问题是,当"地位"或"利益利用可能性"没有化作有形物来呈现,而是仍以抽象或者无形体的方式让行为人享有的时候,究竟能否该当于二项犯罪当中的"财产上利益"?像是信用卡卡号、授权码、账号密码等有利用价值的资讯,一旦让行为人取得,固然是让行为人立于一个得以利用获得最终财产上利益的"地位",但地位果真应成为得利型的财产上利益?所谓的"地位"或"利用可能性",不过是在一连串的因果历程中,介于起点与最终利益之间的中间阶段而已。如果将取得财产的可能性解释为财产上利益,无异是将未遂阶段既遂犯化。可以类比的是德国实务与学界就公职诈欺(Verbeamtungsbetrug)或巧取公职(Amtserschleichung)的解释态度[2]。例如,公职诈欺,当行为人透过诈术取得公职时,即使采取"欠缺忠诚关系或必要资格者所提供之服务具有瑕疵"的说法,上开瑕疵所造成的价值减损毋宁说仅只是于缔约时形成资产上的危险性或危险状态而已,充其量仅能说成立诈欺未遂,但德国实务界认定构成既遂。同时,德国学界亦有批评,原先肩负起限定处罚范围的财产损害要件,也因为实务上的理解变得宽松模糊[3]。

依笔者之见,现行的财产犯体系并没有出现以保护"财产上利益"为核心的普通规定,二项犯罪的解释适用仍然需受限于一项取财罪。然而,当时立法的时空背景与现今社会的复杂度有一定差距,未来,在越来越多电子化、线上化的交易模式下,关于财产上利益的得利型犯罪将可能通盘逆转,不再"从属于"一项犯罪之后。甚至像我国台湾地区"刑法"第 339-1 及 339-2 条,学说多认为以不正当方法透过收费设备或自动付款设备取得财产上利益,根本已经带有窃盗得利罪的影子。在这个介于旧立法与新解释之间的尴尬时代,时常出现两者间关系紧张的局面。是以,笔者认为有必要从财产法益论的意义再一次反思"财产上利益"的适当解释。

从财产法益论的意义反思"财产上利益"

如果要强调法益论的体系批判功能,那么就不能仅在现行条文的框架下讨论财产犯罪的保护法益。我们应该以超越现行法的立法者视角,在应然秩序之下,设定一个值得动用刑法保护的利益,例如可设定以保护财产支配自由为法益,或者以财产的经济价值为保护法

---

[1] 最决平成二十二年 7 月 29 日刑集 64 卷 5 号,第 829 页。

[2] 许恒达:《公职诈欺与财产损害——以我国台湾地区高等法院 2010 年瞩上易字第二号刑事判决为讨论中心》,《月旦法学杂志》2013 年第 217 号,第 22-24 页;另参见 薛智仁:《巧取公职之诈欺罪责》,《月旦法学杂志》2013 年第 212 期,第 200-224 页。

[3] 许恒达:《公职诈欺与财产损害——以我国台湾地区高等法院 2010 年瞩上易字第二号刑事判决为讨论中心》,《月旦法学杂志》2013 年第 217 号,第 24-25 页。当然,随之而来为实务解套的方法是延后财产损害的观察时点,亦即,不仅仅只看缔约时,还要观察后续行为人是否提供符合既有预期的职务内容,再来决定有无财产损害(第 27 页)。

益,并分别从立法论以及解释论上重新建构或诠释符合应然秩序的法规范。

例如,从保护财产支配自由的观点出发,将财产犯罪与妨害性自主罪并列,成为广义的妨害自由罪,或者从保护财产利益的观点出发,改变以"财物取得"为核心的古典财产犯立法模式,重新以"财产上利益之减损"为中心设计普通财损罪(窃盗罪、侵占罪与普通毁损罪将合而为一),并且根据实行手段的类型上危险性进一步配置诈欺、抢夺、强胁手段的加重财损罪规定。

上述发想或许在打造全新"刑法典"之际具有相当重要的价值,然而在现行法解释与法适用的前提下,仍然必须考虑财产犯罪制度的路径依存性(path dependency),法益论在稳固运作的规范体系当中,所能存有的体系批判功能毋宁是有限的。[1] 我们可以清楚观察到,众多财产法益概念的折衷见解,往往是先确立了符合"常理"的结论,再反过来去修剪财产法益概念的内涵与边界。在现行财产犯体系相对稳固的运作之下,我们可以做的是注重财产法益论的体系内解释功能,并且在大致合乎现行法的框架下,进行目的性、体系性的解释,至多在立法论上进行条文上的微调。

在此立论前提下,得利型的财产犯,解释上不能无限制认为只要行为人取得任何一种具有经济价值的利益就可以称作是行为人得利。得利罪的立法乃模仿取财罪的要件结构而来,"得财产上利益"与"财产损害"各自具有不同的内涵,与财物移转相异,行为人得利未必当然代表被害者受有相对应的财产损害,反之,被害者受有一定之财产上损害与行为人得利也没有必然的连带关系。单纯从财物移转的外观来类比利得与利益损害的关系并不妥适。常见的犯罪现象是如此,并不代表犯罪成立的逻辑上必然会是如此。如果真的要贯彻"得利罪类比取财罪"的逻辑,则得利结果之成立必须以"行为人得利必然引发被害人受到与利得相同程度之财损"为前提,亦即,两者间具有转换性。这样一来,例如像是债务免除或者期限利益的延长才有可能成立得利罪。如果是一般"给付"与"对待给付"不均等的问题,除非如前述一般,该财产上利益作为交换价值的属性极端强烈,须实质考虑有无相对应的对待给付的情况者外,其与"财物移转的取财型"或者"类比于财物移转的得利型"并不相同,既不该当于取财罪之要件,也不该当于得利罪的要件,会涉及的是"整体财损型"的问题。在现行法并未设有普通财损罪的前提下,"给付"与"对待给付"不均等的问题,至多成立背信罪,而不应成立诈欺、强盗、恐吓等罪。

结 论

关于财产法益的讨论,传统上多半将重心放在"客观上的市场交易价值(纯粹经济上的财产概念)是否就值得以刑法加以保护抑或应考虑财产法秩序做出调和"上,或者以"窃盗罪

---

[1] 固然法益概念本身也有难以彻底解决的问题,在一个新兴的刑事立法领域,例如动物保护、人体试验或基因复制、网路等相关领域的刑罚法规中,法益论的体系批判功能或指导功能,毋宁说仍然是相当重要的。

的保护客体究竟是所有('本权说')抑或持有('持有说')"为讨论的大前提,最终以各种折衷式见解作结。不过,透过前述的讨论可知,从财产犯罪的发展脉络与处罚模式来看,单单经济利益或物质利益并不足以支撑财产法益内涵。就此,关于不法原因给付的问题,学说上所考量的已经不是财物性质本身的需保护性,而是以财物性质问题为外衣,实际考量财产法制运作秩序与刑法规范秩序之间的调和。此际,采取法律经济财产概念固然是理所当然的结论,不过问题并没有因此而结束,相反的,关于"刑法究竟应保护至何等程度?介入多少程度才属合宜"的问题单纯从法律经济财产概念并无法得出进一步的解答。在财产概念趋于复杂多样、财产再商品化(如证券化)的潮流下,财物背后所表彰的财产上利益往往才是关心的重点,财物利用或交换价值的增减不能仅靠有形的财物持有状态变化来衡量,财物与财产上利益之间的区隔界限也将趋于模糊。若要维持现行法以"取财""得利""致损害"三种不同结果态样来思考的话,势必要在经济价值的观点之外,找寻新的立基点。

究此,有学说从个人对财产(特定财物)的支配形态以及行为人以何种手法影响或侵夺被害者的财产支配地位或权限(财产犯罪的实行行为类型)来建立财产犯罪的不法内涵,应可参考。不过,财产支配自由仅是形构财产犯罪不法内涵的一部分而非全部,而且在行为不法的层面中,"窃(未经同意)取""诈术致陷错误""强胁、恐吓手段取财""违背信托"的实行行为本身已经可以表达对于财产支配或管理自由的压制或侵害程度,因此应留意在结果不法的层面中考量物本身价值减损的程度。此际,原则上应从财产本身的利用价值(利用财)或交换价值(交换财)来衡量经济价值的侵害程度。若该财物作为交换财的属性极端强烈,例如货币或依特定交易习惯下的财物(如报摊贩卖的报纸),则财物支配自由的空间随之缩小,即使行为符合"财物取得"之外观,仍然必须实质考虑有无相对应的对待给付,若有,即不该当于窃取财物。

此外,现行的财产犯罪框架下,行为客体包括财物及财产上利益,上述强调人与财产之间的联结关系而将保护法益转化为"财产支配/管理自由"的说法固然在"财物"的犯罪类型具有一定程度的说服力,却未必能完整说明以"得财产上利益"为构成要件结果的财产犯罪。关键在于财产上利益的解释,如果仅以"财物以外所有具有财产价值之无形利益"来定义的话,固然可以顺利地将劳务、债权等权利,甚至一定之资格地位网罗进来,但行为人得利未必当然代表被害者关于某特定财产或利益的支配、管理自由受到侵害。同时,扩大解释得利犯罪也可能造成处罚范围过广,或者变相将原本应论以取财未遂或预备的行为提前以得利既遂罪来处罚。我们只要观察条文结构与我国台湾地区几乎雷同的日本近期几则有关二项犯罪的实务见解,即可明白这点。

如果要强调法益论的体系批判功能,那么就不能仅在现行条文的框架下讨论财产犯罪的保护法益。应该以超越现行法的立法者视角,设定一个值得动用刑法保护的利益,并分别从立法论以及解释论上重新建构或诠释符合应然秩序的法规范。例如,从保护财产支配自由的观点出发,将财产犯罪与妨害性自主罪并列,成为广义的妨害自由罪,或者从保护财产利益的观点出发,改变以"财物取得"为核心的古典财产犯立法模式,重新以"财产上利益之减损"为中心设计普通财损罪(窃盗罪、侵占罪与普通毁损罪将合而为一),并且根据实行手段的类型上危险性进一步配置诈欺、抢夺、强胁手段的加重财损罪规定。

不过,上述发想或许在打造全新"刑法典"之际具有相当重要的价值,在现行法解释与法适用的前提下,仍然必须考虑保护法益论的路径依存性(path dependency),强调法益论的体系内解释功能,在大致合乎现行法的框架下,进行目的性、体系性的解释,至多在立法论上进行条文上的微调。当前主要的财产法益论述皆可谓是立于这条脉络下而来的产物。在此前提下,得利型的财产犯解释应作重新的思考。得利罪的立法乃模仿自取财罪的要件结构而来,因此,"得财产上利益"之成立必须以"行为人得利必然引发被害人受到与利得相同程度之财损"为前提,亦即两者间具有转换性,这样一来,例如像是债务免除或者期限利益的延长才有可能成立得利罪。

财产犯的保护法益

江　溯[*]

摘　要： 财产犯罪的保护法益是财产，但对于什么是财产，在理论上存在"法律的财产说""经济的财产说"和"法律—经济的财产说"。从我国刑法典和司法实践中可以看出，我国关于财产犯罪采取的是"法律—经济的财产说"。对于违禁品是否为财产、所有和合法占有的分离与财产犯罪、财产关系的相对性与财产犯罪、不法原因给付与财产犯罪以及权利行使与财产犯罪等具体问题，都应当在分析相关财产犯罪的构成要件的基础上，从"法律—经济财产说"的角度考察被害人是否遭受财产损失，以此判断相关财产犯罪是否成立。

关键词： 法律财产说　经济财产说　违禁品　不法原因给付　权利行使

财产犯罪是司法实践中最为常见、多发的犯罪类型，由于我国刑法规定本身缺乏足够的明确性，加上司法解释对于各种财产犯罪的规定较为复杂，因此财产犯罪成为我国司法实践中争议较多的一个领域。为了合理地解决司法实践中的这些问题，近年来，我国学者通过引入德日刑法理论，围绕财产犯罪的保护法益以及与之相关的具体解释论展开了丰富多彩的讨论，试图为司法实践中相关问题的处理提供较为明确的理论指引。本文将在我国立法、司法实践和现有理论学说的基础上，对财产犯罪的保护法益及其相关具体问题进行一个初步的探讨。

一、财产犯罪中的财产概念

当今刑法理论普遍认为，法益对于具体犯罪的解释具有重要意义。对此，林山田教授指出，法益通过对构成要件的解释得来，并规范着解释者对罪名的解读和罪与罪之间的区分，"并非每一个不法构成要件均能轻易立即可以看出其所要保护的法益，亦即有些不法构成要件是无法直接从单一构成要件所使用的构成要件要素看出其所要保护的法益，而是必须通过单一构成要件与其他同一类型并列在同一个罪章的不法构成要件的刑法解释工作，才能得知。……法益乃成为解释和适用不法构成要件所不可或缺的指引，唯有通过构成要件所要保护的法益，才能妥适而明确地解释不法构成要件，正确无误地把握不法构成要件本所要掌握的犯罪行为，精确地界定各个不相同的单一构成要件彼此间的界限"。[1] 财产犯罪的

---

[*] 北京大学法学院副教授，法学博士。感谢徐凌波、赵冠男、蔡桂生、王钢、王静、焦露漪等各位朋友在本文写作过程给予的各种指点和支持，当然，文责自负。

〔1〕 林山田：《刑法各罪论（上册）》（第五版），北京大学出版社2012年版，第10页。

保护法益是财产,如果不明确什么是这里的财产,就根本无法展开关于财产犯罪保护法益的讨论。但是,什么是财产犯罪中的财产,无论是在实务还是在理论上,却不无争议。在德国司法实务和刑法理论上,主要存在"法律的财产说""经济的财产说"与"法律—经济的财产说"这三种学说。[1]"法律的财产说"认为,所谓财产就是财产性权利的总和。不为以民法为核心的法律所承认的主张或利益,不能被认定为财产。"法律的财产说"采取的是刑法从属于民法的立场,即刑法上财产性权利的判断完全由民法来决定。"在法律的财产说"看来,民法上认为不法的财产不是财产犯罪所保护的财产权;对于意图不支付报酬而欺骗他人提供卖淫服务,或者以欺骗手段雇佣他人犯罪而不支付报酬的,不构成诈骗罪;所有权人从盗窃犯那里偷回或者骗回财物的,不构成盗窃罪或者诈骗罪。"法律的财产说"源于德意志帝国法院早期的判决,但因为其过分强调个人的主体权利而受到批评,在当今德国已经没有支持者。"法律的财产说"有时候过分宽泛,因为并不是所有的主体权利都具有财产权的特征,而另一方面又过于狭窄,因为许多财产利益并没有以财产权利的形式而存在,例如客户信息、商业秘密、劳动力等。[2]

与这种"法律财产说"对立的是"纯粹的经济财产说",认为所谓财产就是所有具有经济价值的物或者利益。即便是通过非法或者违反公序良俗的行为所获取的物或利益,只要其具有一定的经济价值,依然是刑法上的财产。"经济财产说"首先为德意志帝国法院所承认,二战后被德国联邦最高法院所继承。根据"经济的财产说",没有金钱价值的财产,即使作为民事权利,也不是财产,侵害这种财产的行为不是财产犯罪;不法的财产利益例如卖淫女应该获得的嫖资,虽然在民法上得不到保护,但由于其具有经济价值,因此也是刑法上的财产。由此可见,"经济的财产说"是以刑法完全独立于民法的思想为基础的。从刑事政策的角度上看,经济的财产说似乎具有优越性,因为除了不具有经济价值财产,其认为其他所有财产都值得刑法保护,对于这些财产的侵害行为,均构成财产犯罪,这样一来,在财产犯罪的领域就不存在法外空间了。[3] 但"经济的财产说"无视刑法在法益保护方面的辅助性,过度地扩张财产犯罪的成立范围,甚至将民法上合法的行为认定为刑法上的犯罪行为,这是完全不可接受的。

---

[1] 除了上述三种主要学说以外,还有德国学者主张"人的财产说"和"功能的财产说"。"人的财产说"认为,财产是人格发展的基础,是人所具有的经济潜能或者说对作为社会共同体经济交往之客体的支配性。Vgl. Alwart, Über die Hypertrophie eines Unikums (§265a StGB), JZ 1986, 563, 564 f. "功能的财产说"认为,诈骗罪中财产的概念必须与欺骗罪构成要件的功能相一致,所谓财产,是指一个人所拥有的对其在法律上归属于自己的、可移转(即具有财产价值的)利益进行支配的力量的总和。功能的财产说一方面强调这种利益应当是在法律上归属于个人的,因而与传统的法律财产说较为接近,但另一方面其与传统的法律财产说不同,刑法所保护的并不是形式的法律地位本身,而是与这种法律地位相对应的产生的对利益或使用可能性的事实上的处分可能性。Vgl. Kindhäuser, in: Nomos Kommentar-StGB, 4. Aufl., 2010, §263, Rn. 35, 38.

[2] Kindhäuser, in: Nomos Kommentar zum StGB, 4. Aufl., 2010, §263, Rn. 19; Tiedemann, in: Leipziger Kommentar zum StGB, 12Aufl., 2010, Bd. 9, §263, Rn. 128.

[3] Krey/Hellmann, Strafrecht BT, Band 2 Vermoegensdelikte, 15. Aufl., §11, Rdn. 433-435.

处于"法律财产说"与"经济财产说"之间的是"法律—经济的财产说",这一学说虽然原则上认为有经济价值的物或者利益都是财产,但是同时又要求相应的物或利益必须为法秩序所承认。[1]"法律—经济的财产说"符合法秩序统一性的原理,即刑法最重要的任务在于保护法益,而保护法益必须得到法秩序的承认,违反法秩序的利益,即使从纯粹经济的角度上看是有价值的,也不值得刑法的保护。总体而言,当前德国司法判例的立场比较接近"法律—经济的财产说"。根据德国司法判例,有经济价值的物或利益原则上都是财产。另一方面,为维护法秩序的统一性、避免与民事法律规范的冲突,德国司法判例又会在一些场合基于法律规定限缩财产的范围。根据德国司法判例,违反公序良俗、非法的尤其是应当受到刑事处罚的劳动或服务,即便是有偿提供的,也不能被认定为财产。[2]

问题是,我国刑法对于财产犯罪采取了哪一种财产理论呢?对于这一问题的回答,显然不能脱离我国的立法规定和司法实践。首先,与德国和日本不同的是,我国《刑法》第91条和第92条明文规定了公私财产的概念。第91条规定,(第1款)本法所称公共财产,是指下列财产:(一)国有财产;(二)劳动群众集体所有的财产;(三)用于扶贫和其他公益事业的社会捐助或者专项基金的财产。(第2款)在国家机关、国有公司、企业、集体企业和人民团体管理、使用或者运输中的私人财产,以公共财产论。第92条规定,本法所称公民私人所有的财产,是指下列财产:(一)公民的合法收入、储蓄、房屋和其他生活资料;(二)依法归个人、家庭所有的生产资料;(三)个体户和私营企业的合法财产;(四)依法归个人所有的股份、股票、债券和其他财产。根据《刑法》第101条的规定,本法总则适用于其他有刑罚规定的法律,但是其他法律有特别规定的除外。因此,第91条和第92条当然适用于《刑法》第五章"侵犯财产罪",对该章各罪的构成要件中所规定的"公私财物",就应当根据《刑法》第91条和第92条来解释。根据传统的见解,侵犯财产罪侵犯的客体(即保护法益)主要是国家、集体和公民的财产所有权。[3] 这里所谓的财产所有权,当然是指合法的财产所有权,这是因为:一方面,《刑法》第92条对于公民私人所有的财产的规定,明确要求必须是"合法的";另一方面,虽然《刑法》第91条没有对公共财产做出这样的限定,但按照通常的理解,合法性是公共财产的当然属性。无论是哪一种财产,其成为财产犯罪之对象的前提是具备合法性,即并非法秩序所禁止之物或利益。由此可见,我国《刑法》对于财产犯罪采取的是一种类似于法律财产说的财产理论。

---

[1] 参见 王钢:《德国判例刑法分论》,北京大学出版社2015年版。

[2] 值得注意的是,在2001年之前,德国司法判例根据当时的法律认为,嫖妓和卖淫违反公序良俗,因此,嫖客谎称事后会向妓女支付酬劳,欺骗对方提供性服务的,不成立诈骗罪。因为当时性服务由于违反公序良俗不能被认定为财产。基于同样的理由,谎称会支付报酬骗取所谓的电话性服务的,当时也不构成诈骗。但是,为了保护妓女的权益,2001年德国立法者颁布了《卖淫法》,承认嫖客和妓女之间有关嫖资的自愿约定有效,从而否定了性服务违反公序良俗的性质。因此,妓女所提供的性服务也属于法秩序所认可的财产。这意味着,行为人谎称支付嫖资或报酬骗取性服务的,同样构成诈骗罪。参见 王钢:《德国判例刑法分论》,北京大学出版社2015年版。

[3] 参见 高铭暄主编:《新编中国刑法学》(下册),中国人民大学出版社1998年版,第756页。

其次，不可否认的是，我国《刑法》所规定的"公私财产"的规范内涵并不是非常清晰，在司法实践中难以直接为案件裁判提供明确的指引。因此，通过司法解释和司法实践来廓清"公私财产"的规范内涵是极其必要的。一方面，从最高司法机关关于盗窃罪、抢劫、抢夺罪以及诈骗罪的司法解释中可以看出，凡有经济价值之物，无论其为合法所有或占有之物，抑或事实上占有之非法财物（例如毒品等违禁品），皆被认为是"公私财物"；[1]另一方面，从司法实践上看，许多案件的判决理由中指出，公私财物必须具有"一定的经济价值，这里的经济价值既包括可公开的法律予以认可的价值，也包括非公开交易不为法律所认可甚至为法律所禁止的价值，如违禁品"。[2]而且，在我国司法解释和司法实践中，通常要求财产犯罪的既遂以存在财产损失为前提。[3]由此可见，我国司法解释和司法实践对财产犯罪采取的是"经济财产说"。

通过上述简要分析可以看出，我国《刑法》与司法解释和司法实践所秉持的财产概念是有所不同的，即存在"法律财产说"与"经济财产说"之间的分歧。应当承认的是，为了回应社会生活的变化以及处罚犯罪的需要，适当地扩大公私财物的范围，将凡是有经济价值之物或利益纳入财产犯罪的保护范围，这不仅是必要的，而且是《刑法》本身所允许的。但是，司法解释和司法实践完全无视《刑法》第91条和第92条对公私财产之合法性的要求，将非法之物（例如毒品等违禁品）也纳入财产犯罪的保护范围，就明显违背了罪刑法定原则。[4]本文认为，从立法和司法两个角度出发，我国刑法上财产犯罪的对象应当是具有经济价值且为法律所认可（即并非法秩序所禁止）之物或利益。在这个意义上，我国刑法对于财产犯罪的保护法益采取的是"法律—经济财产说"。[5]因此，对于财产犯罪相关问题的探讨，应当以"法律—经济财产说"作为理论基础。

二、违禁品作为财产犯罪的对象

在毒品交易中，如果一方抢劫了另一方持有的毒品，或者盗窃他人非法持有的毒品，是否构成抢劫罪或者盗窃罪？对此，我国最高司法机关的回答是肯定的，即盗窃、抢劫毒品等违禁品的行为构成盗窃罪或者抢劫罪。例如，2000年最高人民法院《全国法院审理毒品犯罪案件工作座谈会纪要》指出：盗窃、抢劫毒品的，应当分别以盗窃罪或者抢劫罪定罪。认

---

[1] 周旋：《我国刑法侵犯财产罪之财产概念研究》，上海三联书店2013年版，第110页。
[2] 《程稚瀚盗窃案》，载《刑事审判参考》（总第72集），法律出版社2010年版，第38页。
[3] 陈洪兵：《经济的财产说之主张》，《法学论坛》2008年第1期。
[4] 在理论上，有学者主张应当废除《刑法》第91条和第92条的规定（参见 周旋：《我国刑法侵犯财产罪之财产概念研究》，上海三联书店2013年版，第102页）；另外有学者则完全无视《刑法》第91条和第92条之规定，直接主张经济财产说（参见 陈洪兵：《经济的财产说之主张》，《法学论坛》2008年第1期）。在本文看来，这两种见解都不符合刑法教义学的基本原理。
[5] 采取相同见解的，例如蔡桂生：《论诈骗罪中财产损失的认定及排除》，《政治与法律》2014年第9期；王钢：《不法原因给付与侵占罪、诈骗罪》，未刊稿。

定盗窃罪的数额,可以参考当地毒品非法交易的价格。2005年最高人民法院《关于审理抢劫、抢夺刑事案件适用法律若干问题的意见》第7条规定:(第1款)以毒品、假币、淫秽物品等违禁品为对象,实施抢劫的,以抢劫罪定罪;抢劫的违禁品数量作为量刑情节予以考虑。抢劫违禁品后又以违禁品实施其他犯罪的,应以抢劫罪与具体实施的其他犯罪实行数罪并罚。(第2款)抢劫赌资、犯罪所得的赃款赃物的,以抢劫罪定罪,但行为人仅以其所输赌资或所赢赌债为抢劫对象,一般不以抢劫罪定罪处罚。构成其他犯罪的,依照刑法的相关规定处罚。2013年最高人民法院、最高人民检察院《关于办理盗窃刑事案件适用法律若干问题的解释》第1条规定:盗窃毒品等违禁品,应当按照盗窃罪处理的,根据情节轻重量刑。对于司法解释的这一立场,我国绝大多数学者持赞成态度,但各自的理由却有所不同。

传统的见解是从社会危害的角度来说明盗窃、抢劫毒品等违禁品构成盗窃罪或抢劫罪的。传统的见解指出,违禁品是按法律规定是不准许私人持有的物品,例如军用枪支、弹药、假币、鸦片、海洛因等毒品、淫秽物品等,除法律另有规定以外,可以成为侵犯财产罪的对象。例如,盗窃他人持有的毒品,构成盗窃罪。这不是为了保护持有人的所有权。《刑法》第64条规定:"违禁品和供犯罪所用的本人财物,应当予以没收。"如果允许任何人非法占有他人手中的违禁品,就会使这类物品继续留在社会发挥其危害社会的作用,构成在社会上的隐患。[1]既然传统的见解认为财产犯罪的客体(保护法益)是财物的所有权,而这一见解中承认毒品的持有人并不享有毒品的所有权,那么符合逻辑的结论应当是毒品根本就不是财产犯罪的对象,因此盗窃、抢劫毒品等违禁品的行为就不能成立财产犯罪。换言之,既然毒品本身不是财产犯罪的对象,财产犯罪的保护法益怎么可能受到侵害呢?正所谓"皮之不存,毛将焉附"!

有学者认为所有权说可以为上述司法解释提供合理根据。例如,陈兴良教授认为,在我国刑法中,并没有专门的盗窃毒品罪。对于盗窃毒品的行为,只能认定为盗窃罪。毒品虽然是一种违禁品,国家不允许个人持有,更不允许流通,但不能就此否认毒品可以成为盗窃对象。因为毒品是违禁品,不受国家法律的保护,但不能认为谁都可以任意占有,更不能以盗窃等手段占有。根据法律规定,违禁品应当没收归国家所有。因而,盗窃毒品的行为侵犯的不是毒品持有人的所有权,而是侵犯国家对毒品的所有权,因而可以构成盗窃罪。[2]

针对上述两种观点,张明楷教授提出了批评意见。对于传统的见解,张明楷教授认为其否定了毒品持有人的所有权,但没有回答盗窃毒品究竟侵犯了什么法益。根据传统的见解,盗窃违禁品时,就不属于侵犯财产罪,而是单纯的行政犯罪。而对于陈兴良教授的观点,张明楷则指出:首先,国家并非对所有违禁品都享有所有权,例如,国家追缴淫秽物品后会予以销毁,但这不是以所有人的身份行使对财产的处分权。其次,即使国家对部分违禁品可能享有所有权,但在国家还没有没收该物品时,国家对该物品实际上也没有所有权。因为没收

---

[1] 参见 高铭暄:《新编中国刑法学》(下册),中国人民大学出版社1998年版,第758页。
[2] 陈兴良:《盗窃罪研究》,载 陈兴良主编:《刑事法判解》,法律出版社1999年版,第13页;陈兴良:《规范刑法学》(第三版),中国人民大学出版社2013年版,第835、836页。

是一种原始取得所有权的方式,但只有国家现实地实施了没收行为时,才取得对所没收之物的所有权;在国家应当没收而还没有没收的情况下,国家对应当没收之物实际上并没有所有权。既然如此,盗窃他人持有的毒品的行为,尚未侵犯国家的财产所有权。基于以上批评,张明楷教授指出:尽管违禁品是国家禁止任何人持有的物品,但并不意味着任何人都可以非法取得他人占有的违禁品;换言之,对于他人占有的违禁品也必须通过法定程序予以追缴或者没收,故他人对违禁品的占有仍然属于需要通过法定程序恢复应有状态的占有,是刑法所保护的法益;盗窃或者抢劫他人占有的违禁品的行为,仍然能侵害刑法所保护的法益,分别成立盗窃罪和抢劫罪。[1]

应当说,张明楷教授针对传统见解和陈兴良教授的批评是不无道理的,但这并不意味着其所主张的所谓"需要通过法定程序恢复应有状态的占有"这一观点就无懈可击。正如有学者所批判的那样,如果按照张明楷教授的观点,销毁他人非法持有的毒品等违禁品也侵害了占有,应该按照故意毁坏财物罪来处理,但很显然,这种行为是对社会有益的行为,不应作为犯罪来处理。既然如此,为什么这种销毁毒品的行为不构成犯罪,抢劫、盗窃毒品等违禁品的行为却要按照侵犯财产罪来处理呢?此外,按照张明楷教授的观点,毒品的非法持有状态是刑法所保护的法益,则毒品的持有者为保护自己的持有状态而对侵夺毒品的人实施反击就应当构成正当防卫,但这显然无法得到公众的接受。[2]

由此可见,无论按照上述哪一种观点,都无法对盗窃、抢劫毒品等违禁品的行为构成盗窃罪或抢劫罪做出合理的解释。事实上,上述三种观点的根本问题在于,既然盗窃罪或抢劫罪是财产犯罪,那么首先必须明确毒品等违禁品是否属于我国《刑法》侵犯财产罪的对象。如果毒品等违禁品根本就不是财产犯罪的对象,那么侵夺这些违禁品的行为就根本不可能符合相关财产犯罪的构成要件。本文认为,由于我国刑法对财产概念采取的是法律—经济财产说,因此应当根据这一学说来判断毒品等违禁品是否属于我国法律所允许且具有经济价值之物。不可否认的是,毒品等违禁品仍然具有一定的经济价值,但在被国家没收之前,其不仅在民法上无法成为任何人的所有权对象,而且也是行政法上禁止私人持有的物品,因此并不属于我国刑法侵犯财产罪的对象。正如刘明祥教授所言:"作为财产罪侵害对象的财产,必须能够体现财产所有权关系。法律禁止私人所有、持有的物品,如毒品、伪造的货币等物品,由于不能体现财产所有权关系,因而不能成为财产罪的侵害对象。采用盗窃等手段夺取这类物品,虽然也可能构成犯罪,但却不宜定为财产罪。惩罚这类犯罪所要保护的也并非是财产所有权。"[3]当然,盗窃、抢劫毒品等违禁品的行为并非不构成犯罪,而是完全可能构

---

[1] 参见 张明楷:《法益初论》,中国政法大学出版社 2000 年版,第 582-584 页。黎宏教授表达了与张明楷教授类似的观点,参见 黎宏:《论财产犯罪的保护法益》,载于 顾军主编:《侵财犯罪的理论与司法实践》,法律出版社 2008 年版,第 52 页。

[2] 参见 高翼飞:《侵犯财产罪保护法益再探究——为本权说辩护》,《中国刑事法杂志》2013 年第 7 期。

[3] 刘明祥:《德日刑法学中的财产罪保护法益问题之比较》,《华中理工大学学报(社会科学版)》2000 年第 1 期。

成故意伤害罪、故意杀人罪等罪名,在行为人取得毒品后又贩卖、运输或者持有的,可以构成贩卖毒品罪、运输毒品罪或者非法持有毒品罪。[1]

三、所有和合法占有的分离与财产犯罪

在所有和合法占有同属一人的情况下(例如甲从乙家里窃得一台笔记本电脑),实施侵害财产行为的人当然构成财产犯罪。但是,当所有和合法占有发生分离的时候,侵害人是否构成相关的财产犯罪,则存在极大的争议。从司法实践的情况来看,所有和合法占有发生分离的情形主要包括以下两种:

(一)所有人擅自取回由公权力机关依法查封、扣押的财产

在司法实践中,所有人擅自取回由公权力依法查封、扣押的财产案件是时有发生的,下面以几则典型的案例来加以说明。

案例1:(王彬故意伤害案[2])被告人王彬自己所有的三轮车因无证驾驶而被交警扣押,被告人在潜入交警大院准备将车偷开走的时候,与值班人员发生冲突,被告人殴打值班人员并将其捆绑致其窒息死亡。一审法院认为被告人王彬的行为构成抢劫罪。被告人王彬以公诉机关指控的犯罪(故意杀人罪)定性不准为由提起上诉。二审法院认为被告人王彬行为符合故意伤害罪的构成要件,依法作出改判。裁判理由指出:被告人王彬主观上是想取回自己被公安机关查扣的车辆,也就是自己拥有所有权的财产,而不是非法占有不属于自己的财产,不具有非法占有目的。因此,被告人王彬盗取自己被扣机动车的行为不属于盗窃,这也就决定了其在盗取自己被扣车辆过程中致人死亡的行为不能认定为抢劫。

案例2:(江世田妨害公务案[3])被告人江世田与张信露等合伙购买了卷烟机和接嘴机用于制售假烟,后该设备被相关部门组成的联合打假车队查获。张信露、江世田得知后,纠集了数百名不明真相的群众拦截、围攻打假人员。被告人黄学栈与江传阳等人乘机开走载有制假设备的3部农用车。随后,张信露与江世田又聚集鼓动黄学栈、黄海兵等人,毁损、哄抢执法人员的摄像机、照相机等设备,并殴打执法人员。一审法院认定被告人江世田犯聚众哄抢罪,二审法院经审理认定江世田的行为构成妨害公务罪。裁判理由指出:本案被告人并不是要非法占有公私财物,只是不法对抗国家机关的扣假执法公务活动,意欲夺回被国家机关工作人员依法查扣的制假设备。制假设备是犯罪工具,虽属不法财产,但毕竟为被告人所有,抢回自有物品与强占他人所有或公有财物显然不同。被告人不具有非法占有的目的,只有妨害公务的目的。

---

[1] 参见 高翼飞:《侵犯财产罪保护法益再探究——为本权说辩护》,《中国刑事法杂志》2013年第7期;蔡桂生:《论诈骗罪中财产损失的认定及排除》,《政治与法律》2014年第9期。
[2] 《刑事审判参考》(总第16辑),法律出版社2001年版,第18—21页。
[3] 最高人民法院刑事审判庭编:《中国刑事审判指导案例》(妨害社会管理秩序罪),法律出版社2012年版,第34页。

案例3：(陆惠忠、刘敏非法处置扣押的财产案[1])被告人陆惠忠因未按期支付贷款,其所有的轿车被法院扣押。被告人到法院停车场,乘无人之机,擅自撕毁封条,将被依法扣押的轿车开走,并藏匿于某停车场内。法院最终认定被告人构成非法处置扣押的财产罪。裁判理由指出：盗窃他人占有的本人财物的行为,如果有证据证明行为人窃取法院扣押的财物后,有向法院提出索赔的目的或者已经获得赔偿的情况,则应当以盗窃罪定罪处刑。本案被告人陆惠忠、刘敏在法院发出执行令以后,非法转移并隐藏了已被司法机关依法扣押的轿车,属于非法转移扣押财产的行为。

案例4：(叶文言、叶文语等盗窃案[2])被告人叶文言驾驶与叶文语、林万忠共同购买的一辆桑塔纳轿车从事非法营运业务,轿车被辖区交通管理所查扣。随后叶文言、叶文语与被告人王连科、陈先居、叶启惠乘停车场门卫熟睡之机将轿车开走并出售。后又以该车被盗为由,向交通管理所申请赔偿。经多次协商,获赔11.65万元,后案发。法院最终认定被告人盗窃罪。裁判理由指出：本人所有财物在他人合法占有、控制期间,能够成为盗窃的对象,但这并不意味着行为人窃取他人占有的自己财物的行为都成立盗窃罪,还应结合行为人主观目的而定。如果行为人秘密窃取他人保管下的本人财物,是借此向他人索取赔偿,这实际上是以非法占有为目的,应以盗窃罪论处。相反,并无借此索赔之意的,不以盗窃罪论处。在本案中,既有针对被盗车辆所作的鉴定价格9.2万元,又有销赃所得2.5万元,还有赔偿数额11.65万元。由于赔偿数额实质上体现了行为人因盗窃而给他人造成的财产损失,因而应当认定为盗窃数额。

从上述这几则案例可以看出,我国司法机关对于所有人擅自取回由公权力机关依法查封、扣押的财产案件的立场是相当明确的,即如果所有人只是擅自取回公权力机关依法查封、扣押的财产,没有进一步的索赔行为,那么所有人就不构成相关的财产犯罪；相反,如果所有人有后续的索赔行为,那么就构成相关的财产犯罪。这一立场的理由在于：在所有人只是擅自取回而没有后续索赔行为的情况下,其由于欠缺非法占有目的而不构成财产犯罪；相反,如果所有人在擅自取回之后实施了后续索赔行为,则因为具备非法占有目的而构成财产犯罪。这一立场得到了我国学界一些学者的支持。例如,陈兴良教授认为："如果是所有人窃取他人占有的本人之物,则不能仅仅因有窃取行为就构成犯罪,还要看事后有无索赔行为……之所以强调只有在具有事后的索赔行为时才能构成盗窃罪主要是因为这种窃取处在他人保管之下的本人财物的行为,如果只是将财物窃回但并不向他人索赔,则他人财产不可能遭受损失,这表明行为人主观上不具有非法占有目的。"[3]于志刚教授等也认为："以盗窃为例,如果窃取自己所有而为他人占有的财物之后提出索赔,已经不单纯是窃取自己的财物

---

[1] 最高人民法院刑事审判庭编：《中国刑事审判指导案例》(妨害社会管理秩序罪),法律出版社2012年版,第171页。

[2] 最高人民法院刑事审判庭编：《中国刑事审判指导案例》(侵犯财产罪),法律出版社2012年版,第322页。

[3] 陈兴良：《规范刑法学》(第三版),中国人民大学出版社2013年版,第837页。

而是具备了非法占有他人财物的目的,侵犯了他人的财产所有权,应当以盗窃论处。如果仅仅窃取自己的财物,而没有其他行为,由于存在所有权,所以不是对自己财物的非法占有,也没有侵犯他人的财产所有权,故不以盗窃等侵犯财产罪论处。"[1]与此相对,有一些学者则不同意司法实践的上述立场。例如,张明楷教授认为:"当自己所有的财物被他人合法占有时,他人对财物的占有就是财产犯罪的法益。因此,行为人盗窃他人占有的该财物的,当然成立盗窃罪。"[2]黎宏教授也认为:"在行为人的财物被司法机关依法扣押的场合,尽管该财物不属于司法机关所有,但也是被司法机关具有合法根据所占有的财物。这种占有关系也是值得刑法以财产犯罪加以保护的对象,因此,侵犯这种占有关系的行为,毫无疑问应当被作为财产犯罪加以处罚。"[3]

本文认为,无论是赞成还是反对司法实践上述立场的观点,均存在一定的问题:首先,就赞成司法实践立场的观点而言,其问题在于以所有人事后索赔的行为来回溯性地建构一个其擅自取回所有之财物时的非法占有目的,显然不符合主观目的与客观行为必须同时存在的原理。换言之,要证明行为人在擅自取回所有之财物时具备非法占有目的,必须以其实施该行为时的事实加以判断,而不能用事后的索赔行为来加以解释,因为此时行为人的行为已经实施完毕。当然,行为人事后索赔的行为的确可以说明其具备非法占有目的,但这一非法占有目的并不是针对自己被扣押的财物,而是针对公权力机关的财物即赔偿款。[4] 其次,就反对司法实践立场的观点而论,其问题在于直接将公权力机关的占有认定为财产犯罪的保护法益。正如车浩教授所指出的那样:占有只是转移占有型的财产犯罪的一个隐形的构成要件要素,而不是财产犯罪的保护法益。对于财产犯罪的认定,应当根据各自的构成要件要素来加以判断。在上述四则案件中,在客观构成要件的检验阶段,虽然被告人均打破了他人对涉案财物的占有状态并建立了新的占有关系,但因为行为客体符合"公私(所有的)财物"而应当排除聚众哄抢罪、盗窃罪或抢劫罪的成立。即使不将这里的"公私财物"解释为"公私所有的财物"而是解释为"公私占有的财物",认定上述案件中的被告人已经符合相应财产犯罪的客观要件,仍然可以通过主观构成要件的"非法占有目的"来出罪,因为上述案件中的被告人均属于财物所有人,而所有人不可能对属于自己所有的财物具有"非法占有目的"。[5]

本文基本赞成车浩教授的观点,即对于财产犯罪的判断,应当立足于各个构成要件要素

---

[1] 于志刚、郭旭强:《财产罪法益中所有权说与占有说之对抗与选择》,《法学》2010年第8期。

[2] 张明楷:《法益初论》,中国政法大学出版社2000年版,第605页。

[3] 黎宏:《拿走被依法扣押财物定盗窃罪:法理充足,实践认可》,《检察日报》2010年12月14日第003版。

[4] 类似见解,参见 车浩:《占有不是财产犯罪的法益》,《法律科学》2015年第3期;姚万勤:《盗窃罪保护法益的理论嬗变与司法抉择——新修正的所有权说之提倡》,《时代法学》2014年第4期。

[5] 参见 车浩:《占有不是财产犯罪的法益》,《法律科学》2015年第3期。车浩教授将这里的"非法占有目的"解释为"非法所有的目的",可能过于狭窄。我国财产犯罪中的"非法占有目的"应当为"非法获利的目的",即排除权利人(不限于所有人,也包括特定情况的其他合法权利人)并加以利用的目的。

的检验和判断,而不是根据本权说或者占有说的立场来加以确定,否则就会架空犯罪论体系的功能。但是,应当指出的是,我国的转移占有型财产犯罪的客观构成要件与德国有所不同,除了"打破他人的占有并建立新的占有"这一核心要件以外,我国的转移占有型财产犯罪还要求有财产损失。对于这一财产损失的判断,应当根据法律—经济的财产说来进行。在上述案件中,被告人的行为不构成聚众哄抢罪或者盗窃罪,其根本原因在于公权力机关并未遭受财产损失。从表面上看,在所有人擅自取回被公权力依法扣押、查封的财物之时,公权力机关的"财物"的确遭受了损失,但从本质上看,公权力机关与依法扣押、查封的财物之间并不是一种财产关系,而是一种公法上的行政管理关系,因此,虽然因为所有人擅自取回被公权力依法扣押、查封的财物,公权力机关无法正常维持这种行政管理关系,但并不能因此说公权力机关的"财物"遭受了损失。〔1〕当然,由于公权力机关对依法扣押、查封的财物的管理秩序遭受破坏,被告人当然构成非法处置查封、扣押、冻结的财产罪。至于被告人事后的索赔行为,由于其采取了虚构事实和隐瞒真相的方式,使公权力机关陷入认识错误并基于认识错误而积极给予赔偿,从而遭受财产损失,因此完全符合诈骗罪的构成要件。〔2〕

(二) 所有人擅自取回他人基于质押、抵押、留置等合法占有的财产

在司法实践中,除了上述所有人擅自取回由公权力依法查封、扣押的财产案件以外,还存在所有人擅自取回他人基于质押、抵押、留置等合法占有的财产案件。对于这些案件,又应当如何处理呢?下面是司法实践中的几则案例。

案例5:(孙潇强盗窃案〔3〕)2001年,孙潇强通过朋友曹原向曹原的同宿舍的郝辉借钱,郝辉借给孙潇强人民币600元,同时孙潇强将自己的VCD机作为质押物交给了郝辉。郝辉将该影碟机锁在了自己的床头柜中。某晚,孙潇强借宿于曹原处,曹原下班后未回宿舍。次日上午,孙潇强乘郝辉外出之机,用一铁片将郝辉的床头柜撬开,盗走该VCD机,又顺手盗走一部手机。经鉴定,VCD机的价格为1890元,手机价格为1200元。法院认为,孙潇强以非法占有为目的,秘密窃取他人所有的或保管的财物,数额较大,其行为构成盗窃罪。

案例6:(郭玉敏盗窃案〔4〕)郭玉敏、王新春夫妇与吕鸣山原在同一单位工作,双方素有经济来往。郭玉敏夫妇因为女儿出国向吕鸣山借款人民币86 000元,但其女儿未能成行。王新春将署名郭玉敏的面值10 000美元的尚未到期的存单交给吕鸣山,并说明等其女儿再

---

〔1〕《刑法》第91条第2款规定:在国家机关、国有公司、企业、集体企业和人民团体管理、使用或者运输中的私人财产,以公共财产论。这一规定的立法原意在于:"因为这部分财产虽然属于私人所有,但当交由国家机关、国有公司、企业、集体企业和人民团体管理、使用或者运输时,上述单位就有义务保护该财产,如果丢失、损毁,就应当承担赔偿责任。"(郎胜主编:《中华人民共和国刑法释义》,法律出版社2011年版,第112页)。因此,本条的规定并未改变相关私人财产的权利归属。

〔2〕 参见 车浩:《占有不是财产犯罪的法益》,《法律科学》2015年第3期;姚万勤:《盗窃罪保护法益的理论嬗变与司法抉择——新修正的所有权说之提倡》,《时代法学》2014年第4期。

〔3〕 最高人民法院中国应用法学研究所编:《人民法院案例选》2002年第4辑(总第41辑),人民法院出版社2003年版,第64-65页。

〔4〕 最高人民法院中国应用法学研究所编:《人民法院案例选》2003年第1辑(总第43辑),人民法院出版社2003年版,第31-35页。

次办理出国事宜时再将存单取回,将来用人民币归还借款。吕鸣山将该存单放置于单位的更衣箱内。1999年11月14日下午,郭玉敏携带改锥、钳子、应急灯来到单位更衣室,趁无人之机,撬开吕鸣山的更衣箱,将该存单及现金20 000元人民币窃走。法院认为,虽然该存单署名为郭玉敏,在形式上所有权并未转移,但事实上该存单已为吕鸣山合法占有,故该存单应视为吕鸣山的合法财产。被告人郭玉敏以非法占有为目的,采取秘密窃取的方式非法占有了吕鸣山的合法财产,其行为显系盗窃犯罪行为,故该存单的款额应计入盗窃数额。

案例7:(孙伟勇等盗窃案[1])2010年,被告人孙伟勇与梁建强、刘古银(均另案处理)预谋,由梁建强向其亲戚借来一辆小汽车,并伪造了汽车相关的文件以及登记证书,由刘古银与孙伟勇一起将该车质押给被害人薛春强。三人平分质押款后,并于同年用事先另配的钥匙从薛春强处将车盗走后归还给真正车主,后案发。一审法院认为,被告人孙伟勇秘密窃取他人财物,且数额巨大,认定其构成盗窃罪。

案例8:(赵海军盗窃案[2])2005年,被告人赵海军将自己的汽车作为质押物从金波处借款若干。次年,其用备用钥匙将该质押汽车盗走后并再次质押给滁州市信和典当行,得款若干。又于同年使用相同方法窃取汽车时被抓获。一审法院认为,被告人赵海军构成盗窃罪。

从这些案例看,我国司法实践对所有人擅自偷回债权人基于质押而合法占有的财产案件的立场是比较一致的,即所有权人构成盗窃罪。本文赞成这一立场,因为这些案件中所有权人的行为符合盗窃罪的构成要件:首先,所有权人通过偷回质押给债权人的财产,破坏了债权人对质押的财物的合法占有,同时建立了自己对该财物新的占有。更为重要的是,所有权人的窃取行为对基于质押而合法占有财产的人造成了财产损害,因为质押权是民法保护的担保物权,其效力优先于所有权,债务人将其财产出质或留置于债权人之后,其所有权的行使就受到担保物权的限制。所有权人未经债权人的同意将质押物取回,使得债权人由于丧失对质押物的占有而丧失对质押物的质押权(质押权的行使以占有质押物为前提),而这种质押权显然是法律所保护的财产("法律—经济的财产说")。其次,所有权人在未经债权人同意的情况下将质押物取回,显然具备非法占有目的,即排除作为权利人的债权人并对财产加以利用的目的。[3] 因此,所有人擅自偷回债权人基于质押而合法占有的财产,应当按照盗窃罪来处理。同理,所有人擅自取回他人基于抵押、留置等合法占有的财产,应当作相同的处理。

---

[1] 最高人民法院刑事审判庭编:《刑事审判参考》(第84辑),法律出版社2012年版,第44页。

[2] (2011)魏刑初字第81号。

[3] 陈子平教授指出,窃盗罪的成立要求行为人主观上意图为自己或者第三人所有,这种不法所有包括两种内涵,一是排除所有权人或者其他权利人权利的意图,二是根据物品的经济价值加以使用的意图。不法所有意图并不是所有权意义上的所有,而是拥有的意思。例如,将已典当给当铺的手表又偷盗回来,想再度拥有,仍然构成不法所有意图。本文认为,这一观点是完全正确的。参见 陈兴良、陈子平著:《两岸刑法案例比较研究》,北京大学出版社2010年版,第83页。

四、财产关系的相对性与财产犯罪

第三人从盗窃犯甲那里将甲从乙家中窃取的财物窃走,是否构成盗窃罪?关于这个问题,"本权说"和"占有说"的学者之间存在争议。[1] 按照"本权说"的观点,由于盗窃犯甲并不享有赃物的本权,因此只能将第三人的窃取行为解释为再度侵害了乙的所有权,因此构成盗窃罪。[2] 这一观点的问题在于:盗窃罪的构成要件是破坏他人的占有,而建立自己新的占有。既然认为第三人所侵害的是乙的所有权,符合逻辑的结论是第三人在此所破坏的是乙的占有,但问题是,由于第三人的窃取行为之前,占有赃物的是盗窃犯甲而非所有权人乙,因此根本不存在乙的占有被破坏的可能性。依据"占有说"的观点,无论是合法占有还是非法占有,都是财产犯罪的保护法益,因此,在上述场合,由于第三人侵害了盗窃犯甲的占有,因此并不妨碍其成立盗窃罪。但是,"占有说"的基础是"纯粹的经济财产说",与我国刑法的"法律—经济财产说"并不吻合,因此这一观点并不可取。

这里的问题核心仍然在于:当第三人从盗窃犯甲那里将甲从乙家中窃取的财物窃走之时,作为非法占有人的甲是否有财产损失?按照"法律—经济的财产说",由于甲的占有是非法的,因此并非法秩序所保护的财产,因此第三人的行为并未造成甲的财产损失,从而不构成盗窃罪。但是,被害人的财产是否受法秩序保护,应当在考虑与行为人的关系的基础上加以确定。法律—经济的财产说立足于法秩序的统一性,即只有民法上合法保护的利益才是刑法上的财产,但上述财产关系相对性的观点并不违反法秩序的统一性原理。这是因为,在民法上,是否合法这一问题也是相对的。例如,A从B处借书,但借期已过,A并未将书归还给B,在这种情况下,对于B而言,A对该书的占有就是民事法上的违法行为;但对于与A和B毫无关联的第三人,A对该书的占有仍然是合法的,这一占有在民法上仍然受保护。既然如此,刑法上财产占有的合法性也可以说是相对的。这意味着,在上述第三人窃取赃物的场合,对于所有权人乙而言,甲的占有当然是违法的;但对于第三人而言,甲的占有仍然是合法的,值得法秩序予以保护。因此,第三人的窃取行为造成了法秩序所保护的财产受到损失,当然构成盗窃罪。[3]

五、不法原因给付与财产犯罪

所谓"不法原因给付",是指基于违反强制性法律法规或公序良俗的原因而为之给

---

[1] 由于在本权说和占有说内部存在许多折中的学说,因此日本关于这个问题的讨论极其复杂。
[2] 参见[日]西田典之:《刑法各论》(第三版),弘文堂2005年版,第139页。
[3] 参见[日]林幹人:《刑法各论》(第二版),东京大学出版会2007年版,第157、158页。我国有类似观点者,参见 何荣功:《财产法益新论》,《甘肃政法学院学报》2012年第1期。

付。[1] 为了解决不法原因给付所涉及的财产犯罪问题,首先有必要对民法上不法原因给付的含义及其法律后果有所了解。根据王钢博士的研究,不法原因给付要求给付者有意识、有目的地将财产终局性地给予受领人,这种给予必须是出于不法原因,而且给付人必须对不法原因有所认知。按照这一理解,不法原因给付的构成要件包括:第一,给付是给付者有意识、有目的地将财产终局性地给予受领人,包括积极增加受领人的财产或者减少其消极财产。其中,特别需要注意的是所谓的"终局性标准",即只有在使受领人终局性地获得财产时,才能构成给付。相反,如果给付者只是意图使受领人暂时性地获取财产利益或者使之在特定时间范围内支配或利用相应财物,则其并未将相应财产给予受领人,从而不构成民法意义上之"给付"。这意味着,在民法上,不法原因给付与不法原因委托是不同的。第二,给付是出于不法原因,这里的不法原因是指给付目的主观的不法,即动机不法,而不法的判断标准是违反法律法规(特别是强制性法律法规)或者违反公序良俗。第三,给付者主观上认识到了给付原因的不法性。[2] 不法原因给付的法律后果主要是排除给付人的不当得利返还请求权和所有物返还请求权,但在给付人因受到受领人的欺骗而实施不法原因给付之时,给付人并不丧失损害赔偿请求权。[3] 根据民法上对于不法原因给付的上述理解,以下对刑法上不法原因给付与侵占罪、不法原因给付与诈骗罪以及不法原因给付与抢劫罪的问题进行探讨。

(一) 不法原因给付与侵占罪

就侵占罪而言,不法原因给付主要涉及两种情形:第一,甲出于行贿的目的将10万元交付给国家工作人员乙,但乙在得款后并未帮甲办事,而且将该10万元拒不退还;第二,甲为了向乙行贿,于是找到与乙关系较好的丙,将10万元交给丙,但丙并未将该笔款项交给乙,而是自己私自留下,拒不退还给甲。[4] 在上述两种情况下,行为人除了构成相关贿赂犯罪以外,是否还构成侵占罪?很显然,第一种情形完全符合不法原因的构成要件,因此甲就丧失了该10万元的返还请求权,乙因此成为该笔款项的所有权人(赃物没收的问题暂且不论)。既然如此,根据"法律—经济财产说",乙对该笔款项的所有权是值得法秩序保护的财产,其拒不退还的行为就不构成侵占罪。第二种情形如何处理,在理论上存在争议。如果承认不法原因给付与不法原因委托之间的区别,那么由于甲并未丧失该笔款项的所有权,因此对于行为人而言,其仍属于他人财物;虽然甲与乙之间并无委托信任关系,但仍然可以认定为"代为保管"。因此,乙拒不退还他人代为保管的财物,当然构成侵占罪。但是,如果不承

---

[1] 参见 谭启平:《不法原因给付及其制度构建》,《现代法学》2004年第3期。
[2] 王钢:《不法原因给付与侵占罪、诈骗罪》,未刊稿。
[3] 王钢:《不法原因给付与侵占罪、诈骗罪》,未刊稿。
[4] 通常国内关于这一种情况的设例是盗窃犯将赃物委托给他人代为保管,受托人占为己有;或者受托人将赃物卖掉之后占有所得价款。参见 王昭武:《法秩序统一性视野下违法判断的相对性》,《中外法学》2015年第1期;王钢:《不法原因给付与侵占罪、诈骗罪》,未刊稿。

认不法原因给付与不法原因委托之间的区别,则会得出与上述第一种情形同样的结论。[1]

本文赞成上述王钢博士对于民法上不法原因给付的研究,认为在第二种情形下,由于行为人缺乏终局性的给付意思,因此并非不法原因给付而是不法原因委托,行为人应当构成侵占罪。在我国司法实践中,存在上述第二种情形的案例。例如,被告人李华2006年6月至2008年5月任河南省某县旅游接待局副局长。2007年2月的一天,时任某县宣传部副部长的张挺为谋取某县粮食局局长的职位,利用被告人李华与时任某县县委书记赵钧的密切关系,委托李华向赵钧行贿20万元,后被赵钧拒绝。案发前李华归还张挺现金5万元,将15万元据为己有,拒不退还。[2] 本案争议的焦点在于被告人李华到底是构成受贿罪(斡旋型)、利用影响力受贿罪还是介绍贿赂罪(未遂),除此以外,一个值得探讨的问题就是李华拒不退还15万元钱的行为是否构成侵占罪。对此,最高人民法院的一位法官给予了肯定回答。[3] 虽然这不代表司法实践的普遍立场,但至少说明"肯定说"还是有一定实践作为支撑的。

(二) 不法原因给付与诈骗罪

不法原因给付与诈骗罪的问题可以分为几种类型:第一,骗取不法服务型,例如没有支付报酬的意思而骗妓女为其提供卖淫服务,或者骗他人去杀害自己的仇人;第二,骗免不法债务型,例如开始有提供杀人酬金或者嫖资的意思,但事后采取欺骗方法免除该酬金或嫖资;第三,骗取财物型,例如没有替人杀人的意图而骗取杀人酬金,或没有提供卖淫服务的意图而骗取他人的金钱。根据"法律—经济的财产说",在骗取不法服务型和骗免不法债务型的情况下,由于所涉及的不法服务或者不法债务并非法秩序所保护的财产,因此不能认为被害人存在财产损失,行为人不构成诈骗罪。有争议的是骗取财物型,由于在这种情形下,被害人处分财物是基于一个不法的目的,因此符合不法原因给付的构成要件,问题是,这是否意味着行为人同样不构成诈骗罪呢?

关于骗取财物型的不法原因给付,在我国司法实践中出现较多的是明知是假毒品而加以贩卖与设置圈套设立赌局而骗取他人财物("骗赌")的案件。对于前一种类型的案件,最高司法机关的态度比较一致,即肯定行为人构成诈骗罪。例如,1991年4月2日最高人民检察院《关于贩卖假毒品案件如何定性问题的批复》(高检发研字〔1991〕2号,已失效)指出,对贩卖假毒品的犯罪案件,应根据不同情况区别处理:明知是假毒品而以毒品进行贩卖的,应

---

[1] 日本刑法学者林干人主张不法原因给付与不法原因委托的区别(参见〔日〕林干人:《刑法各论》(第二版),东京大学出版会2007年版,第149-153页),而民法学者则不以为然(〔日〕佐伯仁志、道桓内弘人:《刑法与民法的对话》,有斐阁2001年版,第43页以下)。在我国学界,采取区分说的,参见 王钢:《不法原因给付与侵占罪、诈骗罪》,未刊稿;采取不区分说的,参见 王昭武:《法秩序统一性视野下违法判断的相对性》,《中外法学》2015年第1期。

[2] 引自 牛克干:《介绍贿赂未实现但拒不交还财物行为人的处理》,《中国审判新闻月刊》(总第84期),2013年2月3日版。

[3] 牛克干:《介绍贿赂未实现但拒不交还财物行为人的处理》,《中国审判新闻月刊》(总第84期),2013年2月3日版。

当以诈骗罪追究被告人的刑事责任;不知是假毒品而以毒品进行贩卖的,应当以贩卖毒品罪追究被告人的刑事责任,对其所贩卖的是假毒品的事实,可以作为从轻或者减轻情节,在处理时予以考虑。1994年12月20日最高人民法院《关于执行〈全国人民代表大会常务委员会关于禁毒的决定〉的若干问题的解释》(法发〔1994〕30号,已失效)第17条规定,对明知是假毒品而以毒品进行贩卖的,应当以诈骗罪追究被告人的刑事责任。

而在"骗赌"的情况下,最高人民法院的立场是比较明确的,即对于设置圈套诱骗他人参赌获取钱财的案件,通常按照赌博罪来处罚,而不认为是诈骗罪。例如,1991年3月12日最高人民法院研究室《关于设置圈套诱骗他人参赌获取钱财的案件应如何定罪问题的电话答复》(已失效)认为:"对于行为人以营利为目的,设置圈套,诱骗他人参赌的行为,需要追究刑事责任的,应以赌博罪论处。"1995年11月6日最高人民法院《关于对设置圈套诱骗他人参赌又向索还钱财的受骗者施以暴力或暴力威胁的行为应如何定罪问题的批复》(法复〔1995〕8号)也提出相同意见,行为人设置圈套诱骗他人参赌获取钱财,属赌博行为,构成犯罪的,应当以赌博罪定罪处罚。参赌者识破骗局要求退还所输钱财,设赌者又使用暴力或者以暴力相威胁,拒绝退还的,应以赌博罪从重处罚;致参赌者伤害或者死亡的,应以赌博罪和故意伤害罪或者故意杀人罪,依法实行数罪并罚。在司法实践中,一些判决遵循了最高人民法院的上述立场,例如"王某等赌博案"(湖南省长沙市中级人民法院〔2014〕长中刑二终字第00853号)、"张某赌博案"(黑龙江省哈尔滨市道外区人民法院〔1997〕外刑初字第8号)等。但是,绝大多数判决则认为"骗赌"的情况下,行为人构成诈骗罪而非赌博罪,例如"李海波、李海涛、吴文昌、张长旭诈骗案"(上海市第二中级人民法院〔2004〕沪二中刑终字第514号)、"谢某某诈骗案"(山西省运城市中级人民法院〔2014〕运中刑二终字第167号)、"高某甲等诈骗案"(河北省沧州市运河区人民法院〔2013〕运刑初字第126号)、"桑海意诈骗案"(河南省郑州市中原区人民法院〔2012〕中刑初字第461号)、"陈建新等赌博案"(浙江省杭州市高级人民法院〔2008〕杭刑终字第365号)等。

暂且不论"骗赌"的情况下是否成立诈骗罪,先看看这种情况下是否成立赌博罪。所谓赌博罪,是指以营利为目的,聚众赌博或者以赌博为业的行为。赌博行为的本质是凭偶然之事实决定输赢,其目的在于通过赌博达到营利的目的(至于是否实际营利,并不影响赌博行为的性质);而在"骗赌"的情况下,行为人与被害人不是以偶然因素来决定输赢,而且行为人的目的在于非法占有被害人的财物。由此可见,在"骗赌"的情况下,行为人的行为根本不符合赌博罪的构成要件。[1]

那么,明知是假毒品而加以贩卖以及"骗赌"的案件中,行为人是否构成诈骗罪呢?如前所述,不法原因给付的法律后果主要是排除给付人的不当得利返还请求权和所有物返还请求权,但是,在给付人因受到受领人的欺骗而实施不法原因给付之时,给付人并不丧失损害赔偿请求权。在明知是假毒品而加以贩卖以及"骗赌"的案件中,给付人正是因受领人的欺骗而实施不法原因给付,因此给付人并未丧失损害赔偿请求权。这意味着,给付人所给付的

---

〔1〕 参见 张明楷:《法益初论》,中国政法大学出版社2000年版,第584页。

财产仍然是法秩序保护的财产,其因受到欺骗而遭受了财产损失,行为人因此应当构成诈骗罪。退一步说,即使在明知是假毒品而加以贩卖以及"骗赌"的案件中,给付人因不法原因给付而丧失了返还请求权或者损害赔偿请求权,行为人构成诈骗罪的结论仍然不受影响。这是因为,诈骗罪的保护法益不是给付人的返还请求权或者损害赔偿请求权,而是法秩序所保护的财产。在明知是假毒品而加以贩卖以及"骗赌"的案件中,如果没有行为人的欺骗行为,给付人就不会陷入错误。给付人虽然是基于不法原因给付财产,但是在给付之前,其财产仍然是受法秩序保护的合法财产,而给付人所处分者正是这一受法秩序保护的合法财产,因而遭受财产损失。按照这样的分析,行为人的行为是完全符合诈骗罪的构成要件的。

(三) 不法原因给付与抢劫罪

在我国司法实践中,除了上述与不法原因给付相关的侵占案件和诈骗案件以外,还存在与抢劫罪相关的案件。下面是一则刊登在《刑事审判参考》上的典型案例。

案例9:(赖忠等故意伤害案[1])2002年2月20日中午,被告人赖忠携带人民币1万元,伙同孙志坚到赣州市章贡区沙河镇东坑村一荒山上与被害人谢春生及夏慈秀等人赌博。被告人赖忠及孙志坚在赌博中输给谢春生人民币9 500元。被告人赖忠怀疑谢春生在赌博中作弊,即回到城区内,邀集被告人李海、苏绍俊、徐旭明等人,携带砍刀等凶器乘坐出租车返回沙河镇东坑村,欲强行索回输掉的9 500元。下午3时许,赖忠、李海、苏绍俊、徐旭明等人乘坐的出租车在沙河镇公路上与谢春生、夏慈秀等人相遇。赖忠要求谢春生退回输掉的9 500元,遭到谢春生的拒绝。赖忠遂持刀朝谢春生头部砍击,李海、苏绍俊、徐旭明等人也持刀砍谢春生肩部和腿部,并将谢春生砍倒在地。夏慈秀等人见状,遂凑足9 500元交与赖忠一伙,赖忠等人收钱后,即逃离现场。经鉴定,被害人谢春生的损伤程度为轻伤甲级,伤残八级。2002年3月,徐旭明、赖忠主动到公安机关投案。一审法院认为:被告人赖忠、李海、苏绍俊、徐旭明索回的财物仅是自己输掉的赌资,主观上不具有非法占有的目的,不符合抢劫罪的构成要件,不构成抢劫罪。被告人赖忠、李海、苏绍俊、徐旭明为索回输掉的赌资,共同伤害他人身体,致人轻伤甲级,均已构成故意伤害罪。一审判决后检察院抗诉,认为被告人均构成抢劫罪。在二审过程中,检察院申请撤回抗诉,二审法院裁决准许撤回抗诉。

应当指出,本案的裁判依据是最高人民法院《关于审理抢劫、抢夺刑事案件适用法律若干问题的意见》[2005]第7条第2款规定:抢劫赌资、犯罪所得的赃款赃物的,以抢劫罪定罪,但行为人仅以其所输赌资或所赢赌债为抢劫对象,一般不以抢劫罪定罪处罚。构成其他犯罪的,依照刑法的相关规定处罚。按照这一司法解释,由于被告人赖忠采用暴力手段夺回自己所输的赌资,因此不构成抢劫罪而构成故意伤害罪。[2]但问题是,这一司法解释是否具有合理性? 设想一下,甲乙丙与丁赌钱,三人均输了3 000元给丁,如果甲将9 000元赌资全部从丁那里抢回来,那么甲就构成抢劫罪(抢劫数额如何计算);但如果甲只是将自己输掉

---

[1] 最高人民法院刑事审判庭编:《刑事审判参考》(总第38集),法律出版社2004年版。

[2] 在本案中,虽然被告人赖忠怀疑被害人谢春生在赌博中作弊,但由于没有证据加以佐证,因此不能认为本案是一个"骗赌"案件。

的3 000元抢回来,那么甲就无罪(如果抢夺行为本身构成其他犯罪,另当别论)。必须承认,这9 000元全都是通过赌博这种不法原因给付给丁的钱款,为什么甲全部抢走就构成抢劫,而只抢回3 000元就不是犯罪呢?唯一合理的解释是:司法解释认为该3 000元的所有权仍然属于甲,而超过部分则不归其所有。这显然违反了不法原因给付的基本原理,即给付人不再具有该笔赌资的返还请求权,更不要说对该笔赌资具有所有权了!既然如此,无论甲是抢回9 000元还是抢回3 000元,都应当构成抢劫罪,因为其所侵害的正是受领人丁的所有权。

六、权利行使与财产犯罪

在民事法律上有权取得财产者通过威胁等非法手段实现该权利的,是否成立财产犯罪,这就是权利行使与财产犯罪的问题。[1] 根据王昭武教授的分类,权利行使与财产犯罪包括两种情形:一是"所有权实现型",即所有权人通过威胁等手段取回为对方所非法占有的自己之物,例如所有权人从盗窃犯家里将自己的笔记本电脑取回;二是"债权实现型",即债权人通过威胁等手段实现其合法债权的情形,例如甲欠乙78万元,但一直不还,于是乙想办法将甲骗出,对甲进行威胁,并从甲驾驶的汽车上拿出55万元,又令甲写下"尚欠乙23万元"的欠条。[2] 在我国司法实践中,权利行使主要涉及敲诈勒索罪,以下是几则相关案例。

案例10:(夏某理等敲诈勒索案[3])被告人夏某理等由于对拆迁、迁坟等赔偿款不满,以及其他家庭原因,产生了重新向开发区管委会等单位索取拆迁、迁坟相关损失赔偿费等的想法。2005年12月底,夏某理先后起草了一份要求开发区管委会、香港某公司与浙江某集团有限公司等单位赔偿住宅和祖坟毁坏及精神损失费计61万元的索赔材料,一封举报香港某公司与浙江某集团有限公司、开发区在项目开发过程中存在违规、违法行为的举报信,交由夏某云修改打印,将索赔材料交给开发区管委会,并将举报信交给县信访局。2006年1月13日晚,拟成立的旅游公司的执行总裁唐某某得知夏某理举报该公司开发的项目后,担心对工程进展不利,通过开发区有关人员了解到联系方式,打电话约见被告人夏某理等。次日,夏某理等与唐某某见面,并将举报信和索赔材料交给唐某某,夏某理声称"不满足我们的要求,要举报这个项目不合法,要这个项目搞不下去"。唐某某考虑到该项目已大量投资,为不使举报行为对项目产生不利影响,答应对夏某理赔偿。最终确定唐某某方赔偿给夏某理等人民币共计25万元。1月19日,夏某理等在一份由唐某某起草的关于愿意支付人民币25万元、夏某理不再举报该项目的承诺书上分别签字后,收到唐某某首期支付的10万元。

一审法院判决被告人构成敲诈勒索罪,二审法院改判无罪,裁判理由指出:虽然三被告人以要挟为手段索赔,获取了巨额钱财,但被告人夏某理、夏某云的索赔是基于在房屋拆迁、坟墓搬迁中享有一定的民事权利提出的,故在认定三被告人具有敲诈勒索罪构成要件中"以

---

[1] 王昭武:《法秩序统一性视野下违法判断的相对性》,《中外法学》2015年第1期。
[2] 王昭武:《法秩序统一性视野下违法判断的相对性》,《中外法学》2015年第1期。
[3] 最高人民法院刑事审判庭编:《刑事审判参考》总第64集,法律出版社2008年版。

非法占有为目的"的主观故意上证据不足,不能认定三被告人有罪。具体而言,首先,夏某理等人对拆迁补偿费存在争议,其虽然已经取得一定补偿费但并不排除还可以继续要求取得补偿费。其次,夏某理等人可以依法向开发商提出重新索取拆迁补偿费的要求。虽然夏某理等人的拆迁、迁坟问题是与开发区之间发生的,但鉴于开发可能存在不合法因素,对拆迁人所造成的损失也应由引起拆迁的开发区和开发商来共同承担责任,被告人可以选择任一主体要求赔偿。夏某理等人向开发商重新索赔拆迁补偿费用,并非法律禁止。因此,夏某理等人重新索取拆迁补偿费用属于被拆迁方对拆迁补偿重新提出主张,属于法律许可的范畴。夏某理等人重新索取拆迁补偿费,虽然数额巨大,但并非没有任何事实依据地提出,也就是说,争议的补偿费并非明显地不属于夏某理等人所有,而是处于不确定状态。对于这样的争议利益,夏某理予以索取,实际上是行使民事权利的一种方式,不属"以非法占有为目的"。

案例11:(王明雨敲诈勒索案[1])被告人王明雨与张爱华于1981年9月30日登记结婚,1982年育有一子,现在美国留学。2003年2月17日在延庆县法院提起离婚诉讼,延庆法院2004年3月27日判决离婚。法院判决离婚时并未就财产分割及子女抚养问题进行处理。王明雨于2005年9、10月间,以语言及寄信等手段,称不解决经济问题则向检察机关检举揭发张爱华的行贿行为,开始索要人民币2 000万元,后经张爱华的律师陆宏达谈判,数额降至人民币300万元,陆宏达称先支付人民币20万元,王明雨表示同意。2005年10月16日11时许,被告人王明雨在丰台区左安门宾馆接受张爱华委托陆宏达送给其的人民币20万元后,被当场抓获。经查:张爱华与王明雨在婚姻关系存续期间以张爱华个人名义购买的房产以及以两人名义合办的公司总资产达数亿之多;张爱华、王明雨在婚姻关系存续期间的尚未分割的其他财产不详。

北京市丰台区人民法院认为被告人王明雨的行为不构成敲诈勒索罪。该案的评析意见指出:敲诈勒索罪要求行为人必须有非法占有的故意,客观上有非法占有的行为。我们不仅要注意故意与行为,还要注意到被告人对于财产的占有必须是非法的状态。本案中,被告人与被害人之间婚姻关系虽然已经结束,但二人之间有大量财产并未分割。尽管被告人在索要财产的过程中采取了敲诈的手段,但其对所得财产(20万元)的占有,在二人财产关系得到明确划分之前无法确定为是非法占有状态,故不宜认定被告人犯有敲诈勒索罪。

案例12:(孙吉勇敲诈勒索案)被告人孙吉勇在得知妻子任燕和宋新华发生不正当性关系后,精神上受到了很大的打击。其为了让自己痛苦的心得到解脱,决意报复宋新华,将宋新华约至自己家中,提出了四个解决的方案,并将手枪和子弹放在茶几上,其行为给宋新华造成极大恐慌和心理压力,迫使宋新华在前三个解决方案根本不可能做到的情况下,选择用十万元钱来解决此事,并迫使宋新华按其意思打下欠任燕54 800元的欠条。之后被告人孙吉勇又给宋新华继续打电话索要款项,在与其无法联系的情况下,任燕把宋新华起诉到法院,并向五家渠垦区人民法院提起诉讼要求宋新华偿还借款54 800元,并于当日申请法院对宋新华的住房采取财产保全措施。五家渠垦区法院在宋新华未到庭的情况下,缺席作出了

---

[1] 北京市丰台区人民法院〔2005〕丰刑初字第1785号(2006年5月17日)(未上诉)。

判决,判决宋新华偿还任燕借款54 800元,并承担诉讼费用2 822元。法院依据任燕申请财产保全的要求,查封了宋新华的住房。由于宋新华一直不出现,被告人孙吉勇向其发出极具恐吓性的信息,宋新华无奈之下报警。一审法院判决被告人孙吉勇构成敲诈勒索罪(未遂),二审法院维持原判。裁判理由指出:被告人孙吉勇不仅主观上具有了非法占有的主观故意,客观上又实施了用枪恐吓、逼使被害人出具借款54 800元的借条的行为,侵害了被害人的财产权益和人身权益,其行为构成敲诈勒索罪。

在上述夏某理等敲诈勒索案和王明雨敲诈勒索案中,由于被告人具有相应的民事权利(获得拆迁补偿的权利和分割夫妻共同财产的权利),因此,虽然采取了举报或者检举揭发等不当方式实现权利,但法院认为其缺乏非法占有目的,因此不构成敲诈勒索罪。而在孙吉勇敲诈勒索案中,被告人在没有债权的事实基础的情况下,要求被害人出具欠条,并依据欠条主张债权,由于其并非权利行使行为,因此具备非法占有目的,从而构成敲诈勒索罪。由此可见,司法实践的立场是比较明确的:权利行使的行为一般不构成财产犯罪;相反,并非权利行使的行为则可能构成财产犯罪。

司法实践的这种立场得到了我国学界的普遍赞同。例如,陈兴良教授认为:"财产犯罪的有因与无因的问题,即我们通常所说的有无纠纷。如果客观上采取了属于财产犯罪的手段,但之前存在经济纠纷或其他特殊的原因,在这种情况下,行为人即使实施了刑法所规定的某些财产犯罪手段取得了财物,也不能构成财产犯罪。这在认定财产犯罪上是一个重要的因素,也是财产犯罪与某些民事纠纷相区分的标志。……从法律上讲行使权利的行为是不构成犯罪的。即当行使权利获得某种财产性利益时不构成财产罪。如果行为人不当地行使权利,其手段触犯了刑法其他罪名,应当按照手段行为定罪,而不能按财产犯罪定罪,这是一个基本原则。"[1]张明楷教授则指出:"债务人对财物的占有相对于所有权人而言不是财产犯罪的法益。所有人即使索回财物的手段是法律所不允许的,但是,我国没有规定胁迫罪,故对此种行为只能以无罪论处。如果行为人采取的非法手段触犯刑法规定的其他罪名,则理当以其他犯罪论处,但不能以财产罪定罪量刑。"[2]王昭武教授则从法秩序统一性的角度认为,刑事违法性的判断从属于民事违法性,行为人有无合法的债权、"被害人"有无实质性财产损失,才是判断是否成立财产犯罪的本质要素,因此,若行为人在行使债权的目的之下实现了民法上的合法债权,就不能认定行为人的行为具有财产犯罪的违法性。[3] 此外,即使是主张"纯粹的经济财产说"的陈洪兵教授,一方面认为,即便行为人享有所有权或者债权,其使用非法手段行使权利的,也是对对方占有权的侵犯,也给对方造成了经济上的财产损害。但另一方面认为,在实行行为性的判断上,可以比没有权利义务关系的情形进行更严格的判断,即不是因为行使权利致使对方的财产原则上不值得刑法保护,而是可以根据具体

---

[1] 陈兴良:《论财产犯罪的司法认定——在北京德恒律师事务所的演讲》,《东方法学》2008年第3期。
[2] 张明楷:《法益初论》,中国政法大学出版社2000年版,第607、608页。
[3] 王昭武:《法秩序统一性视野下违法判断的相对性》,《中外法学》2015年第1期。

情形否定诈骗、敲诈勒索罪的实行行为性从而否定财产罪的成立。例如以投诉或者起诉相威胁而不是以杀人、放火、伤害、毁坏名声相威胁,一般来说应排除敲诈勒索罪的实行行为性。[1]

但是,司法解释并不完全认同司法实践和刑法理论关于权利行使和财产犯罪问题的立场。例如,《刑法》第238条第3款的规定,该款规定,"为索取债务非法扣押、拘禁他人的",不构成绑架罪。2000年7月13日最高人民法院《关于对为索取法律不予保护的债务非法拘禁他人行为如何定罪问题的解释》指出,这里的债务包括"高利贷、赌债等法律不予保护的债务"。按照这一司法解释的理解,即使行为人为了索取高利贷、赌债等法律不予保护的债务,也适用《刑法》第238条第3款的规定,不构成绑架罪。但问题是,既然高利贷、赌债并不是我国法律所保护的债务,那么行为人的行为就不是权利行使,如何解释这种并非权利行使的行为不构成绑架罪呢?这是司法解释无法回答的问题。因此,妥当的解释方案是将《刑法》第238条第3款中的"债务"解释为不包括高利贷、赌债等非法债务的合法债务。[2]

本文支持司法实践和刑法理论关于权利行使和财产犯罪问题的立场。根据"法律——经济的财产说",在行为人行使权利的情况下,之所以不构成财产犯罪,其理由在于:在这种情况下,行为人在民事法上具有要求他人返还财物或者偿还债务的权利,而他人则负有返还财物或者偿还债务的义务。由于在民事法上他人不履行返还财物或者偿还债务的义务是违法的,因此在该权利义务的范围内就没有值得财产犯罪加以保护的法益;另一方面,在他人不履行上述义务的情况下,即使行为人采取威胁等方法行使权利,也不能认为他人受法秩序保护的财产遭受了损害。此外,正如上述案件的判决所指出的那样,由于行为人是在行使权利,因此无法认定其具备"非法占有目的"。因此,行为人的权利行使在实质上不符合财产犯罪的构成要件。对于这一观点,持"经济财产说"的学者可能会提出反对意见,认为在权利行使之时,当事人之间的权利义务关系尚不明确,如果就此认定行为人符合财产犯罪的构成要件,无异于是在纵容私力救济。[3] 在国民认为自己的权利遭受侵害的情况下,不应该选择私力救济,而是应该提起民事诉讼来维护自己的权利。毫无疑问,法治社会原则上禁止私力救济,但是这并不意味着没有合法地通过民事诉讼来行使权利的行为人应当作为财产犯罪来处理,这是因为:首先,行为人是否具有相应的民事权利,是由法官在审判时来加以判断的,即使是在权利行使之时权利义务尚不明确,但法官在审判时完全可以予以明确化的。[4]如果审判之时明确了行为人的权利是合法存在的,那么就应当判定行为人无罪;如果审判之时无法排除合理怀疑地证明行为人是否有合法权利,应当按照"存疑时有利于被告"的原则,

---

[1] 陈洪兵:《论经济的财产损害:破解财产罪法益之争的另一视角》,载 陈兴良主编:《刑事法评论》(第32卷),北京大学出版社2013年版,第555页。

[2] 王昭武:《法秩序统一性视野下违法判断的相对性》,《中外法学》2015年第1期。

[3] 事实上,即使是主张经济的财产说,也不会马上得出权利行使构成犯罪的结论,而是会转向考虑违法性层面的私力救济,从而排除权利行使的违法性。但是,由于私力救济是一种超法规的违法性阻却事由,其适用条件比较严格,而且在实务中适用的频率极低,因此往往无法起到排除权利行使的犯罪性的作用。

[4] [日]林干人:《刑法各论》(第二版),东京大学出版会2007年版,第163页。

作出对行为人有利的无罪判决。事实上,在上述夏某理等敲诈勒索案和王明雨敲诈勒索案的判决理由和评析意见中,已经包含着这样的观点,在夏某理等敲诈勒索案中,裁判理由指出,"由于争议的补偿费,并非明显地不属于夏某理等人所有,而是处于不确定状态",因此应当作出有利于被告人的判断;在王明雨敲诈勒索案的评析意见中则指出,"被告人尽管在索要财产的过程中采取了敲诈的手段,但其对所得财产(20万元)的占有,在二人财产关系得到明确划分之前无法确定为是非法占有状态,故不宜认定被告人犯有敲诈勒索罪。"其次,财产犯罪所保护的是财产,而不是民事诉讼制度,行为人没有选择民事诉讼而是采取私力救济,不能当然作为财产犯罪来加以处罚。

当然,应当指出的是,权利行使是应当有一定限度的,超过限度仍然可能构成财产犯罪。实际上,在夏某理等敲诈勒索案和王明雨敲诈勒索案中已经对权利行使的限度有所讨论:在夏某理等敲诈勒索案的裁判理由中,法院实际上强调了权利行使的方式(被告人没有采取过激的方式)和权利的范围(被告人没有超过其应得的数额索要赔偿);而在王明雨敲诈勒索案的评析中则指出,如果王明雨要求财物的数额超出其应得数额,超出部分达到数额较大的,应该定敲诈勒索罪。权利行使毕竟是一种私力救济行为,因此司法判决作出这样的限定是完全正确的。

关于两篇"财产犯罪保护法益"主报告的评论

陈家林*

随着社会的发展,财产关系日益复杂化,财产犯罪保护法益的内涵也随之演化,形成了聚讼纷纭的学说对立状况。本次"海峡两岸暨第十届内地中青年刑法学者高级论坛"邀请了两位学养深厚的青年才俊——台湾大学法律学院助理教授谢煜伟先生和北京大学法学院副教授江溯先生,作为"财产犯的保护法益"这一复杂议题的主报告人,相信他们精彩的报告一定会给我们很多启迪。受论坛负责人的委托,笔者有幸担任上述议题的主评论人。由于收到主报告后留待撰写评论文章的时间非常有限,加之才疏学浅,导致这篇仓促而就的主评论是极其肤浅和片面的。不当之处,还请两位主报告人和各位专家批评指正。

一、谢煜伟教授报告的主要内容

谢煜伟教授的大作在概述德国、日本学界有关财产法益论述的变迁基础之上,指出目前较新的理论方向在于重新强调财产与人之间的联结关系,以"自由支配财物"而非"财物价值本身"作为刑法保护的标的。并依序检讨这些新旧说法的优缺点,最后提出了自己的见解。全文由四个部分组成,约2.6万字。

在绪论部分,谢教授概要介绍了财产法益内涵随社会演进所做的调整。其中既包括"财的多样化",也包括"利用财的去商品化"和"交换财的再商品化"。谢教授指出,讨论财产犯的保护法益问题,其实也就是在处理刑法与民事法等其他法领域间的关系。因此,当我们要探讨刑法所应保护的财产法益为何之际,也必须要注意刑法与财产法、刑法与经济法之间的关系。在财产法、经济法的内涵不断变动的情形下,势必会连带影响到刑法保护法益的构成以及犯罪构成要件的解释。在此基础上,进而提出了其文章所要解决的主要问题,即传统学说关于财产法益的争论是否真有助于我们厘清各种法律关系之间的新内涵,"单一的财产法益概念"是否真能适用于现行复杂而多样的财产犯罪类型,针对个别的构成要件结果,究竟应如何做出合乎保护法益目的的解释?

在"向来的财产犯保护法益论"部分,谢煜伟教授首先以德国法为中心,检讨了关于财产内涵的"法律财产说""经济财产说"以及"法律经济财产说"三种学说,并进而介绍了德国新近的"人的财产概念""动态财产概念"以及"功能财产概念"。谢教授指出,德国刑法理论上的新动向,是重新将财产犯罪的评价重心从"经济利益的减损"移至"关于财产支配(使用、收益、处分)自由"的侵害,换言之,财产犯罪成为一种侵害"财产上自由"的犯罪形态(类型)。

---

* 武汉大学法学院教授。

其次,谢煜伟教授以日本法为中心,梳理了"本权说""持有说"以及各种"中间说"。强调虽然无论日本还是我国台湾地区的各种修正学说,大体上都已经不属于"纯粹的经济财产说",也不是"法律的财产说",而在法律经济财产概念的范畴内。谢教授指出,无论是占有说还是各种中间说,实质上来看与其说保护的是个人财产(的持有状态),不如说保护的是民事法上的纷争解决机制。但以所谓维系"平稳"占有或持有状态为理由的说法,其实并没有真正掌握财产犯不法评价的核心意涵。同时,"本权说"抑或"持有说"的二元对立,并无法从经济发展背景当中找寻到论证的基础,关键点还是在于现实上的财物持有状态究竟值不值得以刑法加以保护,以及其保护的程度应到哪里的问题。谢教授指出,应从维护财产支配自由的观点保护具合理理由的持有。同时,谢教授认为,财产支配自由仅是形构财产犯罪不法内涵的一部分而非全部,而且在行为不法的层面中,"窃(未经同意)取""诈术致陷错误""强胁、恐吓手段取财""违背信托"的实行行为本身已经可以表达对于财产支配或管理自由的压制或侵害程度,因此应留意在结果不法的层面中,考虑物本身价值减损的程度。此时,原则上应从财产本身的利用价值(利用财)或交换价值(交换财)来衡量经济价值的侵害程度。若该财物作为交换财的属性极端强烈,则财物支配自由的空间随之缩小。这种引入"支配或管领自由"的观点,就产生了如何理解和解释"财产上利益"的问题。

在"'财产上利益'作为财产犯行为客体的意义"部分,谢教授归纳了三种财产犯罪构成要件结果类型,即"取财—交付型""得利型""致损害型"。其中"以财产支配自由"为核心的保护法益理论面临的最大难题在于如何解释"得利型"犯罪的保护法益。问题关键在于财产上利益的解释,如果仅以"财物以外所有具有财产价值之无形利益"来定义的话,固然可以顺利地将劳务、债权等权利,甚至一定之资格地位网罗进来,但行为人得利未必当然代表被害者关于某特定财产或利益的支配、管理自由受到侵害。同时,扩大解释得利犯罪也可能造成处罚范围过广,或者变相将原本应论以取财未遂或预备的行为提前以得利既遂罪来处罚。谢教授指出,如果要强调法益论的体系批判功能,那么应该以超越现行法的立法者视角,设定一个值得动用刑法保护的利益,并分别从立法论以及解释论上重新建构或诠释符合应然秩序的法规范。例如,从保护财产支配自由的观点出发,将财产犯罪与妨害性自主罪并列,成为广义的妨害自由罪,或者从保护财产利益的观点出发,改变以"财物取得"为核心的古典财产犯立法模式,重新以"财产上利益之减损"为中心设计普通财损罪(窃盗罪、侵占罪与普通毁损罪将合而为一),并且根据实行手段的类型上危险性进一步配置诈欺、抢夺、强胁手段的加重财损罪规定。但在现行法的解释与适用的前提下,则应在大致合乎现行法的框架下,进行目的性、体系性的解释,至多在立法论上进行条文上的微调。得利罪的立法乃模仿自取财罪的要件结构而来,因此,"得财产上利益"之成立必须以"行为人得利必然引发被害人受到与利得相同程度之财损"为前提,亦即两者间具有转换性。

二、江溯教授报告的主要内容

江溯教授的大作以"法律—经济的财产说"为基础,主张在分析相关财产犯罪的构成要件的基础上，对于违禁品是否财产、所有与合法分离与财产犯罪、财产关系的相对性与财产犯罪、不法原因给付与财产犯罪以及权利行使与财产犯罪等具体问题作出判断。全文由六个部分组成，约2.2万字。

在"财产犯罪中的财产概念"部分，江溯教授同样分析了"法律的财产说""经济的财产说"与"法律—经济的财产说"三种学说的优劣，指出当前德国司法判例的立场比较接近"法律—经济的财产说"。至于我国刑法对于财产犯罪采取了哪一种财产理论？江教授分析了我国《刑法》第91、92条的规定以及司法解释和司法实践的立场，认为我国刑法对于财产犯罪采取的是一种类似于"法律财产说"的财产理论，而司法解释和司法实践对财产犯罪采取的是"经济财产说"。江教授指出，从立法和司法两个角度出发，我国刑法上财产犯罪的对象应当是具有经济价值且为法律所认可（即并非法秩序所禁止）之物或利益。在这个意义上，对于财产犯罪的保护法益应采取"法律—经济财产说"。

在"违禁品作为财产犯罪的对象"部分，江教授指出，我国司法解释和司法实务认为盗窃、抢劫毒品等违禁品的行为可以构成盗窃罪或者抢劫罪。理论上有的学者认为所有权说可以为上述司法解释提供合理根据；有的学者则基于"需要通过法定程序恢复应有状态的"占有说来支撑上述司法解释。江教授则认为，无论按照上述哪一种观点，都无法对盗窃、抢劫毒品等违禁品的行为构成盗窃罪或抢劫罪做出合理的解释。基于"法律—经济财产说"，毒品等违禁品虽然具有一定的经济价值，但在被国家没收之前，其不仅在民法上无法成为任何人的所有权对象，而且也是行政法上禁止私人持有的物品，因此并不属于我国刑法侵犯财产罪的对象。

在"所有和合法占有的分离与财产犯罪"部分，江教授以司法案例为核心，集中论述了两类情况的定性。一是"所有人擅自取回由公权力机关依法查封、扣押的财产"。司法实务对此的立场是，如果所有人只是擅自取回公权力机关依法查封、扣押的财产，没有进一步的索赔行为，那么所有人就不构成相关的财产犯罪；相反，如果所有人有后续的索赔行为，那么就构成相关的财产犯罪。江教授指出，无论是赞成还是反对司法实践上述立场的观点，均存在一定的问题。对于财产犯罪的判断，应当立足于各个构成要件要素的检验和判断，而不是根据"本权说"或者"占有说"的立场来加以确定。我国的转移占有型财产犯罪的客观构成要件与德国有所不同，还要求有财产损失。对于这一财产损失的判断，应当根据法律—经济的财产说来进行。公权力机关与依法扣押、查封的财物之间并不是一种财产关系，而是一种公法上的行政管理关系。所有人擅自取回被公权力依法扣押、查封的财物，并不意味着公权力机关的"财物"遭受了损失。二是所有人擅自取回他人基于质押、抵押、留置等合法占有的财产。江教授指出，所有权人通过偷回质押给债权人的财产，破坏了债权人对质押的财物的合法占有，同时建立了自己对该财物新的占有。更为重要的是，所有权人的窃取行为对基于质押而合法占有财产的人造成了财产损害，因而构成相应财产犯罪。

在"财产关系的相对性与财产犯罪"部分，针对诸如第三人从盗窃犯甲那里将甲从乙家中窃取的财物窃走，是否构成盗窃罪的问题。江教授否定了本权说与占有说，认为问题的核心仍然在于：当第三人从盗窃犯甲那里将甲从乙家中窃取的财物窃走之时，作为非法占有人的甲是否有财产损失？基于"法律—经济的财产说"的立场，并提倡财产关系相对性，江教授认为第三人的窃取行为造成了法秩序所保护的财产受到损失，当然构成盗窃罪。

在"不法原因给付与财产犯罪"部分，江教授分别探讨了不法原因给付与侵占罪、不法原因给付与诈骗罪、不法原因给付与抢劫罪三个问题。关于不法原因给付与侵占罪，江教授区分了不法原因给付与不法原因委托，以此展开论证。关于不法原因给付与诈骗罪，江教授认为，骗取不法服务型和骗免不法债务型的情况，由于所涉及的不法服务或者不法债务并非法秩序所保护的财产，因此不能认为被害人存在财产损失，行为人不构成诈骗罪，骗取财物型则构成诈骗罪。关于不法原因给付与抢劫罪，江教授通过对赖忠等故意伤害案的探讨，认为其是可以构成抢劫罪的。

在"权利行使与财产犯罪"部分，江教授明确支持司法实践和刑法理论关于权利行使和财产犯罪问题的立场。认为根据"法律—经济的财产说"，在行为人行使权利的情况下，之所以不构成财产犯罪，其理由在于：在这种情况下，行为人在民事法上具有要求他人返还财物或者偿还债务的权利，而他人则负有返还财物或者偿还债务的义务。由于在民事法上他人不履行返还财物或者偿还债务的义务是违法的，因此在该权利义务的范围内就没有值得财产犯罪加以保护的法益；另一方面，在他人不履行上述义务的情况下，即使行为人采取威胁等方法行使权利，也不能认为他人受法秩序保护的财产遭受了损害。此外，由于行为人是在行使权利，因此无法认定其具备"非法占有目的"。因此，行为人的权利行使在实质上不符合财产犯罪的构成要件。

三、异同之比较

毫无疑问，谢煜伟教授和江溯教授的大作都是上乘佳品，展示了两位学者对于财产犯罪保护法益问题的深入思考和非凡功力。在此，笔者仅就两位教授的大作的异同之处做些不全面的比较。

笔者认为，谢教授和江教授的报告在以下几个方面具有相同之处：

第一，逻辑框架相同。两位教授事实上都是在借鉴德、日刑法理论研究成果的前提下，结合我国大陆、我国台湾地区法律的规定和司法运作状况来对问题进行深入剖析。在两篇报告中，无论是德国流行的以诈骗罪为核心展开的"法律财产说""经济财产说""法律经济财产说"三种学说，还是日本流行的以盗窃罪为中心展开的"本权说""持有说"以及各种"中间说"，都成为论述的基石或批评的对象。这对我国台湾地区学者而言，或许是毋庸置疑的先验前提，但对我国刑法学研究而言，则是一个在前辈们不断努力后方能实现的法教义学的结果。

第二，部分论点类似。就财产的概念而言，江教授明确主张"法律—经济财产说"，并以此为核心展开对各种具体犯罪类型的论述。谢教授也认为，"从财产犯罪的发展脉络与处罚模式来看，单单经济利益或物质利益并不足以支撑财产法益内涵。就此，关于不法原因给付的问题，学说上所考虑的已经不是财物性质本身的需保护性，而是以财物性质问题为外衣，实际考虑财产法制运作秩序与刑法规范秩序之间的调和。此际,采取法律经济财产概念固然是理所当然的结论……"。又如,谢教授反对以禁止私力救济和利用民事程序作为"占有说"或"折衷说"的论据,江教授也认为,财产犯罪所保护的是财产,而不是民事诉讼制度,行为人没有选择民事诉讼而是采取私力救济,不能当然作为财产犯罪来加以处罚。

第三,论说方式相同。两位教授都提倡结合财产犯罪的具体类型,来具体探讨财产犯罪的保护法益问题。谢教授指出"本文试图以财产犯的构成要件结果类型来作为检讨财产法益内涵的切入点"。江教授也认为,对于财产犯罪的判断,应当立足于各个构成要件要素的检验和判断,而不是根据"本权说"或者"占有说"的立场来加以确定,否则就会架空犯罪论体系的功能。

在笔者看来,谢教授和江教授的报告也存在明显差异:

第一,问题意识不完全相同。尽管两位教授的报告试图解决的问题同为财产犯罪的保护法益究竟是什么。但谢教授比较多地结合我国台湾地区有关规定与日本刑法中有关财产上利益的"二项规定"展开论述,以此来说明传统见解上的不足。而江教授则更多地探讨了不法原因给付以及财产犯罪损害要件的地位与作用的问题。这或许反映出两岸在设立有关规定和实务上侧重点的差异。

第二,论述方法不同。谢教授的大作注重逻辑演绎,通过条分缕析的说明层层推进,侧重于在继承既有观点的基础上"接着讲",去构建自己关于财产犯罪保护法益的理论体系。江教授的大作则注重以例说法,善于使用具有细微差别的设例进行分析论证,侧重点在于接受既有的某一种观点后"如何用",使文章很接地气。

第三,主要结论不同。两位教授的大作都提到了德国学者所主张的"人的财产说""功能的财产说"等观点,但江教授并未采纳这些学说,而以"法律经济财产说"为核心展开论文的论述。谢教授则虽不反对法律经济财产概念,但认为这些理论的新动向是将财产犯罪的评价重心从"经济利益的减损"移至"关于财产支配(使用、收益、处分)自由"的侵害,即将财产犯罪视为一种侵害"财产上自由"的犯罪形态。谢教授在相当程度上采纳了这种看法,并结合"二项犯罪"来具体论证,从而体现出与"法律经济财产说"不尽相同的理论风貌。又如,关于"本权说""持有说"以及各种"中间说"的争论,谢教授认为各种修正说其实都属于法律经济财产的概念范畴,并提倡应以维护财产支配自由的观点保护具合理理由的持有,事实上采取的是修正的占有说。而江教授对于"本权说""持有说"以及各种"中间说"的争论并未直接给出自己的意见,而是在各种具体案例中加以涉及。从行文看,似并不赞成占有说,但也非本权说。

四、私　　见

笔者对财产犯罪保护法益问题并无深入研究,受两位教授大作的启发,略谈一点个人的看法。

首先,有必要明确区分财产与财产罪法益这两个概念。如两位教授指出的那样,理论上研究财产犯罪的保护法益,有两种不同的路径。即以德国法为中心的"法律财产说""经济财产说"以及"法律经济财产说"等学说,以及以日本法为中心的"本权说""持有说"、各种"中间说"等学说。江溯教授似倾向于以法律经济财产说来理解财产犯罪的法益。不过笔者认为,作为财产犯罪犯罪对象(行为客体)的财产与作为财产犯罪保护法益的财产权利还是存在差异的。"法律财产说""经济财产说"以及"法律经济财产说"侧重于说明什么是财产犯罪中的财产,即某种物或者利益是否值得刑法加以保护。例如,违禁品、赃物是否属于财产犯罪所说的财产。如果属于,对其的侵害就可能构成相应的财产犯罪,如果否定其财产属性,就不可能构成财产犯罪。而"本权说""持有说"、各种"中间说"等学说才是真正关于财产犯罪法益的学说,即财产犯罪究竟侵犯的是所有权等本权还是占有。两类学说虽然会存在比较多的交叉状况,但侧重点毕竟不同。

其次,占有说不能覆盖整个财产犯罪的保护法益。财产犯罪的对象是财产,这里的财产,既包括财物也包括财产性利益。德、日以及我国台湾地区"刑法"对于财产犯罪,往往"将一定的财物罪规定在一项(这里的项即我国刑法所说的款——笔者注)之中,而将得利罪规定在二项。所以常常称之为一项犯罪或者二项犯罪"[1]。我国《刑法》分则第五章虽然在法条中使用的是"财物",但刑法理论和相关司法解释都认为财产性利益包括在财产之中。这就产生一个问题,如果占有是财产犯罪的法益,那么财产上的利益能否被占有?对此,谢教授在报告中指出"关于'本权说'或'持有说'的论争,都是以'财物'作为讨论的对象,然而检讨'财产上利益'时,由于欠缺一个所有或持有概念可以依附的对象(劳务或债无法所有亦无法持有),争论保护法益是所有或持有其实没有意义"。我国大陆也有学者认为,"占有只能与物相搭配,不宜扩展到'占有利益',至少在法律专业的术语层面,占有与利益之间的搭配是含糊不清的,因而也缺乏精准性和专业性。占有概念的解释力只有当犯罪行为指向物的时候才能显示,而当犯罪对象为利益时就无能为力了。既然如此,占有概念在财产犯罪中的适用范围就是有局限的,它不是一个通用于所有财产犯罪中的概念,更不能成为一个所有的财产犯罪共同指向的保护法益"[2]。笔者认为这种意见是正确的。

再次,各种"中间说"都存在同样的问题,即认为非法占有的事实值得保护。例如,有的学者认为:"有些不具有本权根据的占有状态,在民法上虽然属于非法占有,但作为一种事实状态,也有保护的必要。"[3]还有的学者明确指出"根据本书的观点,可能导致这样的现象:在民法上属于非法占有,而刑法却予以保护。但是,即使是民法上的非法占有,也不意味着该占有本身不受法律保护。诚然,在与所有人相对抗的意义上说,行为人的占有确实是非法的,但法律并不允许他人任意侵害行为人非法占有的财物"[4]。不过,认为刑法保护非法占有的事实或状态或利益终究让人难以接受。例如,A将B从C处偷来的电脑盗走,此时认

---

[1] [日]山中敬一:《刑法各论》(第二版),成文堂2009年版,第227页。
[2] 车浩:《占有不是财产犯罪的法益》,《法律科学》2015年第3期。
[3] 黎宏:《刑法学》,法律出版社2012年版,第714页。
[4] 张明楷:《刑法学》,法律出版社2011年版,第838页。

为刑法在保护B的非法占有,或者认为B的非法占有也是一种利益,这显然抵触一般人的法感情。事实上,法律此时只是不允许第三者再任意地加以侵害。而禁止他人任意侵害行为人非法占有的财物,并不能完全等同于对非法占有的保护。换言之,法律所保护的不是非法占有这一事实,而是在保护一种财产的变更秩序。因此,笔者倾向于认为财产犯罪的保护法益应该是财产的所有与变更秩序。当然,如同两位教授所指出的那样,不应过度夸大财产犯罪法益的作用。最终能否构成某一财产犯罪,仍需要结合犯罪成立的具体条件逐一检验。

财产罪法益的解释机理
——刑民关系解释论的归结

童伟华*

摘　要：在财产罪法益的解释论中，刑法与民法的关系是解释的原点和基础，而刑法与民法的关系，在违法判断的领域得以最充分地体现，故而在刑民关系基础上对违法判断的几种基本模式进行分析，择善而从，可为财产罪法益提供解释的基本方向。缓和的违法一元论既坚持了法秩序的统一性，又考虑了各个不同法律领域的特定目的和机能，应为财产罪法益解释的基础。缓和的违法一元论主张在财产罪法益解释的基本构造上，应以民法依存模式为基础，适当考虑刑法的目的和机能，即民事法取向模式。对于所有权的本体含义及所有权他人性的解释，也应当坚持法秩序统一性的原则，在此前提下，刑法与民法既有一致的地方，也可以有所不同；就占有而言，刑法与民法无论是关于占有保护的理由，还是占有的构成要素以及占有的观念化，其实都不存在刑法学通说所主张之差别，只是在占有的类型上刑法与民法有所不同。

关键词：财产罪法益　刑民关系　违法一元论　民事法取向模式　所有权与占有

财产罪法益是财产罪某一方面的解释原理和理论系统，涉及一些深层次的分析机理，其中如何看待刑法与民法的关系，对财产罪法益的解释论就有很大影响。

刑法与民法的关系，主要是指相对民法来说刑法应该具有从属性还是独立性，对这一问题的理解不同，会影响到违法的统一性（即违法一元论）与违法的相对性（或违法多元论）的判断；如果主张刑法对民法具有从属性，一般会主张违法一元论；反之，如果主张刑法相对民法具有独立性，则会主张违法相对论。刑法相对民法的从属性抑或独立性，与违法一元论抑或违法多元论在某种程度上是对应的概念。而主张违法一元论还是违法多元论，对财产罪法益的解释具有重大的影响。例如，如果将刑法的从属性或者违法一元论贯彻到底，一般会主张"法律的财产说"或者严格意义上的"本权说"；如果将刑法的独立性或违法多元论贯彻到底，一般会主张"纯粹经济财产说"或者"占有说"。

同时需要指出的是，对财产罪制裁的理念不同，也会影响到对财产罪法益的解释，例如：如果强调权利保护，一般会持"法律的财产说"或者"本权说"；如果强调秩序维持，一般会持经济的财产说或者占有说。当然，秩序维持还是权利保护的观念，无疑也是和刑法与民法的关系相关的问题。

对于上述问题，我在以前的文章中已有涉及。正如我在以前的文章中所提到的，无论是在财产罪法益的本体论还是财产罪的对象部分，以及不法原因给付与财产犯罪、权利行使与

---

* 海南大学法学院副院长，教授，博士生导师。

财产犯罪部分,都涉及违法一元论与违法相对论、秩序维持与权利保护的关系。毋庸置疑,这些对立关系范畴的存在,在某种程度上是刑法与民法关系的折射(从另一个角度来讲,也许是因为对上述关系范畴的不同理解,才影响到对刑法与民法关系的看法)。换句话说,在财产罪法益的解释论中,刑法与民法的关系都是解释的原点和基础,而刑法与民法的关系则是在违法判断的领域得到最充分的体现,因此本文拟在刑民关系基础上对违法判断的几种基本模式进行分析,择善而从,以为财产罪法益提供解释的基本方向。在此前提下,本文拟在刑民关系背景下选择财产罪法益的具体解释模式。最后,考虑到所有权与占有是财产罪法益论中的核心概念,本文也将在刑民关系的背景下以确立的财产罪法益解释模式对此进行解析,以进一步深化对财产罪法益的认识。

一、缓和的违法一元模式:刑民关系视角下财产罪法益解释的基础

关于行为违法的判断,有违法一元论与违法相对论的对立。所谓违法一元论或者违法相对论,是指违法性概念应当在所有的法领域做统一的理解,还是在各个不同的法领域可以有不同的理解。根据日本刑法学家前田雅英教授的观点,与违法性相关的判断可以分为三种类型:(1)严格的违法一元论;(2)缓和的违法一元论;(3)违法相对性论。[1]

严格的违法一元论与缓和的违法一元论虽然有些差别,毕竟都是一元论,故上述三种类型实质上可以概括为两类违法模型,即违法一元论与违法相对论。持违法一元论还是违法相对论,可能会影响到对以下命题的看法:(1)该当构成要件的行为在民法或者行政法容许的场合下,是否在刑法上也应认可其正当性;(2)民法或者行政法上禁止的行为该当构成要件的场合,该行为是否在刑法上也具有违法性或者可罚性。[2]以下,本文拟从违法性判断的不同模型出发,对上述问题进行探讨。

(一)违法一元论

如上所述,违法一元论内部有严格的违法一元论与缓和的违法一元论之分,两者对具体问题的看法不完全相同。

1. 严格的违法一元论

严格的违法一元论主张,作为犯罪成立条件之一的违法性判断,应当在全体法秩序中进行一元的判断。在某一法领域违法的行为在其他法领域不能被认为是正当的;反之,某个法领域适法的行为在别的法领域不能被解释为违法行为。违法一元论的思想基础是法秩序的统一性。所谓法秩序的统一性是指宪法、刑法、民法等多个法律领域构成的法秩序不能相互矛盾,更准确地说,是这些不同的法领域在解释上不能相互矛盾和冲突。如果法领域之间不协调,如民法上容许的行为在刑法上却是被处罚的事由,国民就会不知所措。从这个意义上

---

[1] [日]前田雅英:《刑法的基础——总论》,有斐阁1993年版,第151页。
[2] [日]曾根威彦:《刑事违法论研究》,成文堂1998年版,第74页。

说,法秩序的统一性意味着违法的一元论。[1]

严格的违法一元论在德国是压倒性的多数说,正如有的日本学者所言,"德意志违法一元论的观念非常强烈,甚至认为所谓可罚的违法性的想法都是对违法的统一性的破坏"[2]。德国之所以强调违法的统一性,主要是因为将法视为行为规范,而作为行为规范的法必须是统一的。

日本某些判例也承认违法一元论,如日本最高裁判所曾经判示道,"在符合犯罪构成要件的前提下判断有无违法性阻却事由之时,应当考虑争议行为当时的事实,该行为的具体状况以及其他事项,从法秩序的全体判断是否应当被允许"。[3]

从严格的违法一元论出发,可以得出如下结论:(1)该当构成要件的行为在民法或者行政法容许的场合下,刑法上也应认可其正当性;(2)民法或者行政法上禁止的行为该当构成要件的场合,在刑法上也具有违法性或者可罚性。

如果从严格的违法一元论出发,在(2)的场合下即便对于民事上轻微的违法行为,只要符合犯罪构成要件,都可能会作为犯罪来处理,这被认为不合适。绝对的违法一元论主张民法或者行政法上禁止的行为该当犯罪构成要件的场合,该行为在刑法上也具有违法性或者可罚性,完全没有考虑各个不同法律领域的特定目的机能以及不同法律效果性质上的差异,有所不妥。正因如此,才有缓和的违法一元论的提出。[4]

2. 缓和的违法一元论

倡导缓和的违法一元论的学者,在日本刑法学界有宫本英修和佐伯千仞等人。宫本英修认为作为一般规范违反的违法性在法秩序全体中是单一的,刑法和民法的违法概念是同一的。在一般规范的违法性基础上再加上可罚的违法性就是犯罪行为。[5]佐伯千仞进一步发展了宫本英修的理论,他一方面主张刑事违法性判断应就全体法秩序进行统一评价,另一方面认为违法在不同的法领域有不同的表现形式或者处于不同的阶段,不同法领域有不同的目的,所要求的违法性的质和量也有所不同[6]。

如果坚持缓和的违法一元论立场,结论是:(1)该当构成要件的行为在民法或者行政法容许的场合下,刑法上也应认可其正当性;(2)民法或者行政法上禁止的行为该当构成要件的场合,在刑法上不一定具有违法性或者可罚性,这是与严格的违法一元论的不同之处。如围绕公务员参与劳动争议行为的刑事处罚问题,严格的违法一元论认为既然公务员参与的劳动争议行为为法律所禁止,又符合刑法规定的构成要件,就没有讨论正当性界限的余地,应该对现职公务员的行为予以刑事处罚。与此相对,缓和的违法一元论者认为,劳动法上违

---

[1] [日]松宫孝明:《刑法总论讲义》,成文堂1997年版,第99页。
[2] [日]京藤哲久:《法秩序的统一性和违法性判断的统一性》,载《平野龙一先生古稀祝贺论文集(上卷)》,有斐阁1990年版,第195页。
[3] 日本最高裁判所1973年4月25日判决,载日本《最高裁判所刑事判例集》第27卷第3号第41页。
[4] 实际上在日本即便采纳违法一元论的学者,基本上都主张缓和的违法一元论。
[5] [日]宫本英修:《刑法学粹》,成文堂1985年版,第511页。
[6] [日]佐伯千仞:《修订刑法讲义(总论)》,有斐阁1974年版,第176页。

法的行为在刑法上也有正当化的余地,公务员的行为在欠缺可罚的违法性的前提下应无罪。[1]

(二) 违法相对论

1. 违法相对论的含义

违法相对论认为,刑法上的违法性应以是否值得刑罚处罚这一判断为前提。刑法上的违法性判断与民法上的违法性判断不同,违法的判断应是相对的。如违法相对论的主张者前田雅英教授认为,就财产犯的保护法益而言,财产犯的成立范围由民法直接规定的考虑方法应该予以否定。各个法领域应随着社会的发展独自展开,刑法上也应以"值得处罚"作为独自的实质的判断标准。他还认为,长时间等待民事上所有权关系确定的判断,以此决定财产犯是否成立是不合理的。[2]

一言以蔽之,违法相对论者认为,所谓违法性在民法、刑法、行政法等领域是相对的或者多义的,相应的,法秩序也应具有多义性。

从违法相对论的立场出发,可以得出如下结论:(1) 该当构成要件的行为在民法或者行政法许可的场合下,也有成立犯罪的可能性;(2) 民法或者行政法上禁止的行为该当构成要件的场合下,在刑法上也可能不具有违法性或者可罚性。

问题是,结论(1)与整体法秩序发生了赤裸裸的冲突,故违法相对论的主张者如前田雅英教授也主张应当适当考虑法秩序的统一性问题,他认为作为国家意思的适法还是违法的判断,在全体法秩序可能的限度内不应该发生冲突[3]。违法相对论的主张者同时认为应尽可能回避法领域相互违法评价的矛盾。[4]

2. 违法相对论与缓和的违法一元论

目前日本刑法学说上主要是违法相对论和缓和的违法一元论的对立。缓和的违法一元论主张应在维持一般违法性的基础上再根据刑法的特性判断行为违法与否,相对的违法一元论则主张应首先根据刑法的违法特性进行判断。

缓和的违法一元论之所以强调以一般违法性为前提,主要是因为重视法秩序统一性的要求。但是违法相对论批判道,现实的法包含着各种各样的矛盾,没有必要全部消除这些矛盾,只要在法秩序目的所必要的范围内、在可能的前提下消除矛盾就够了。[5] 违法相对论认为,即便某一法律规范命令为某种行为而另一法律规范命令不要为同种行为,也没有必要绝对排斥这样的规范冲突。例如在民事上违法、刑事上不一定违法的场合下,国民也有选择

---

[1] [日]佐伯千仞:《可罚的违法性》,《法学教室》1931 年第 1 期,第 56 页。
[2] [日]前田雅英:《刑法讲义各论》,东京大学出版会 1991 年版,第 194 页。
[3] [日]前田雅英:《可罚的违法性论的研究》,东京大学出版会 1982 年版,第 385 页。
[4] [日]京藤哲久:《法秩序的统一性和违法性判断的统一性》,载《平野龙一先生古稀祝贺论文集(上卷)》,有斐阁 1990 年版,第 196 页。
[5] [日]前田雅英:《刑法的基础——总论》,有斐阁 1993 年版,第 158 页。

考虑的自由。[1]

缓和的违法一元论认为可罚的违法性的前提是作为"一般规范违反"的一般违法性,违法相对论批判道,具体的违法行为只可能违反具体的规范,作为法秩序整体的"一般规范"在现实生活中根本不存在,也不可能存在违反"一般规范"的违法行为。[2]

另外,缓和的违法一元论认为刑法上的违法性相比民法上的违法性不法程度更高,但违法相对论认为即便欠缺民事违法也不一定就可以否定刑事违法性。违法相对论举例道,没有经过患者同意的专断的医疗行为在医学上是成功的,民法上也否定损害赔偿义务,但是刑法上仍然具有违法性。不同的法领域有不同的法律效果,作为其要件的违法性也不相同,不同法领域的违法不是量的不同而是质的不同。违法相对论认为,作为上位概念的一般违法性没有任何意义。[3]

(三) 缓和的违法一元论之肯定

1. 违法一元论的理论前提——作为行为规范的法

就违法一元论和违法相对论而言,违法一元论似乎更易受到批判。例如,民法上作为损害赔偿原因的民事不法行为不限于构成犯罪的行为,如过失轻伤行为负民事损害赔偿责任但不成立犯罪,由此可以看出民法上的不法不等于刑法上的不法,违法应该是相对的。同时,即便成立犯罪的行为也不一定承担民事责任,如故意杀人未遂。另外,刑法上作为犯罪成立条件的违法性判断,确实要考察"是否值得科处刑罚"这些刑法特有的目的。如此一来,似乎很容易得出"刑法上的违法性与其他法领域中的违法性不同"的结论,即导出违法相对性的结论。

那么,能否以此为由否定违法一元论呢？违法一元论的前提是将法视为行为规范。行为规范就是行为准则,即对人的行为的要求。法秩序为了确立国民的行为基准,应该统一规定国民应该实施的行为和不应该实施的行为,如果一个行为在被禁止的同时又被允许,周围的人是否可以制止该项行为、被害者是否有反击的权利都不是非常明确,无法调整人参与的社会关系,从这个角度说,"统一的一般的违法性的观念是有用的,并且是不可欠缺的"[4]。以正当防卫为例,正当防卫的前提是不正的侵害,所谓不正,只需要具备一般的违法性就够了,没有理由要求达到犯罪构成要件的程度,即便是针对不符合构成要件的侵害私生活的行为,也可以实施正当防卫。例如窃盗一张纸的行为即使不符合窃盗罪的构成要件,也应该承认针对该行为的正当防卫权。[5] 如果一方面认为上述行为在民法上是不法行为,另一方面又否定针对不法行为的正当防卫权,国民就会手足无措,法也就失去了作为行为规范的机能。

---

[1] [日]京藤哲久:《法秩序的统一性和违法性判断的统一性》,载《平野龙一先生古稀祝贺论文集(上卷)》,有斐阁1990年版,第203、204页。
[2] [日]前田雅英:《刑法的基础——总论》,有斐阁1993年版,第159页。
[3] [日]前田雅英:《现代社会和实质的犯罪论》,东京大学出版会1992年版,第106页。
[4] [日]井田良:《刑法总论的理论构造》,成文堂2005年版,第142页。
[5] [日]井田良:《刑法总论的理论构造》,成文堂2005年版,第142、143页。

违法相对论认为,违法一元论的理论前提是法是行为规范,违法相对论的理论前提是法是裁判规范。[1]本文的看法是,如果法只是作为裁判规范而不是作为行为规范,实质上是允许甚至鼓励司法的专断,违法相对论之所以有所不妥,最根本的原因即在于此。法既是行为规范,又是裁判规范,但首先是作为行为规范。

2. 违法一元论的根基——一般规范的存在

违法相对论认为不存在违法一元论所主张的一般规范,对这一问题可以从两个层面来分析,一是实定法的层面,二是理论层面。从实定法的层面来看,宪法是根本法,是一切部门法赖以制定的终极法源,如刑法和民法都保护财产权就是以宪法为根据。宪法作为一般规范,应当得到承认。违法相对论的主张者前田雅英教授也认为,刑法上违法性的本质就是法益侵害,这样解释直接反映了宪法的理念。[2]从宪法中寻求立法和解释的正当性,是对各个法领域的共同要求。当具体的实定法不一致的时候,应当根据相应的规则寻求规范的统一性,如下位法服从上位法,新法优先于旧法,特别法优先于一般法。这些规则的存在就是为了寻求规范的统一性。

从理论层面来看,虽然各个法领域的法文表现形式不一,但规范的意义未必有冲突。如刑法规定盗窃他人财物的成立窃盗罪,民法规定侵犯他人财产权的承担相应的民事责任,规范前提和方向都是一致的,即不得侵犯他人财产权。实定法的所谓"一般规范"主要是指作为法律条文前提的规范,而不是法文自身。

违法相对论认为,各个法领域的规范之所以可以不一,是因为各个法领域都有独自的目的。但众所周知,各个法领域的共同目的都是为了保护法益,刑法如此民法也是如此。刑法和民法的根本差别不是目的,而是手段。刑法主要以刑罚手段保护法益,民法主要以承担民事责任的方式保护法益。民法和刑法的根本目的没有不同,但刑法以刑罚手段保护法益,刑罚的目的是预防犯罪,是否需要以刑罚处罚违法行为,应当考虑刑罚的目的。同样,民法以承担民事责任的方式保护法益,使受到损害的权利尽可能恢复到本来的状态,民事责任的目的是恢复受到损害的权利。是否需要就不法行为承担民事责任,应当考虑民事责任的目的。

例如,专断的医疗行为在医学上是成功的,民法上否定损害赔偿义务,是因为没有对患者造成现实的生理的或者经济的损害,该种情形下民法上的权利不需要通过承担民事责任的方式来恢复。专断医疗行为的实施者尽管不承担损害赔偿的民事责任,在民法上同样是违法行为。同样,(按照日本刑法)对医师之所以可能追究刑事责任,是因为通过刑事制裁可以预防他人实施专断的医疗行为或者预防本人下次实施同样的行为。刑法和民法在目的、功能上的差别,主要是这种意义上的差别。总之,就违法的判断而言,刑法和民法是同一的,至少不冲突。

总之,对于一定范围的事实的违法性的有无及其程度的判断,应该从法秩序全体进行统一的判断。所谓违法性,就是对于一定的事实由国家进行否定的价值判断,既然国家意思本

---

[1] [日]前田雅英:《刑法的基础——总论》,有斐阁1993年版,第152页。
[2] [日]前田雅英:《刑法的基础——总论》,有斐阁1993年版,第12页。

来只有一个,对于同一事实,不能以法律目的等方面不同为理由,在违法判断上采取相对的立场。

3. 违法一元论之限定——缓和的违法一元论之合理性

但是,法秩序的统一性或者违法一元论并不排斥在不同的法律领域针对不法行为可以规定不同的法律效果。不同的法律领域有不同的政策判断和各自的目的,就刑法而言,某一行为是否应当犯罪化,应该规定什么程度的法定刑,应基于刑事政策考量来决定。单纯债务不履行或者通奸之类的行为,即便在民法上是违法行为在刑法上也不是犯罪,但这不过是表明法律效果的相对性,不是为了否定违法一元论。单纯的债务不履行或者通奸行为违反了规范,在整个法领域都是违法行为,只是民法上应当承担损害赔偿责任或者能够作为离婚的法律原因,在其他法律领域没有规定法律效果而已。另外,开枪杀人未遂(甚至未受伤)的行为,并非只是在刑法上违法而在民法上适法,开枪杀人未遂行为应该看作是违反所有法秩序的违法行为,只不过是在刑法上规定了刑罚这样一种法律效果而已。"认为杀人行为在民法或者其他法律领域是适法行为,在刑法上是违法的行为,理论上是不正确的"[1]。

因此,违法一元论的立场大体上是可取的,但绝对的违法一元论不可取。根据绝对的违法一元论,民法或者行政法上禁止的行为符合构成要件的场合下,在刑法上也被认为具有违法性或者可罚性,如盗窃他人一分钱的行为在民法上是不法行为,在刑法上也应该被视为是符合构成要件的违法犯罪行为,这显然不妥当。如上所述,刑法上的违法性应当是在质和量上达到一定程度的违法行为[2],缓和的违法一元论既坚持了法秩序的统一性,又考虑到各个不同法律领域的特定目的和机能,是可取的。

(四) 缓和的违法一元论之适用

那么,缓和的违法一元论应当在什么地方坚持违法的一元性或者法秩序的统一性,在什么地方缓和(相对性)呢?

例如,前所述盗窃他人人民币一元的即便民法上是侵权行为,也不能认为具有作为盗窃罪成立要件上的违法性,从这个角度说法秩序是相对的;与此相对,某种行为是为了救助某种利益的时候,应就同一事实内容进行违法性衡量,从法秩序全体的观点出发进行统一的判断。如正当防卫和紧急避险之所以不具有违法性,主要是因为从利益衡量的角度来看不应认为该类行为背离了整体法秩序,从这个角度来说法秩序具有统一性。

又如,即便民法上或者行政法上违法也不一定在刑法上违法,法秩序具有相对性,如果

---

[1] [日]井田良:《刑法总论的理论构造》,成文堂2005年版,第143页。
[2] 从来就只有刑法的谦抑性而没有所谓民法的谦抑性。这是因为作为民事不法后果的民事责任主要是为了填补损害或者恢复被害的权利,对加害人而言民事责任的承担不会造成如同刑事责任一样的负面后果影响。相比之下刑法主要是为了决定处罚问题,对加害人利益影响甚大且客观上刑罚的效果具有波及他人(如家人)的后果。刑法的目的是为了保护法益,但作为保护手段的刑罚具有较高的成本。刑法应该在尽量降低成本的前提下保护法益,这是刑法谦抑性的依据之一。对于轻微的侵害法益行为,由于刑罚的成本过高,不应认为成立犯罪,甚至不宜认为具有构成要件的定型性。

民法上适法的话就不能认为在刑法上违法,从这个角度来说法秩序具有统一性[1],但是,就某种事实而言没有发生民法或者行政法上的效果,仍然可能具有作为犯罪成立前提的违法性。如贿赂罪的场合,不能说在民法或者行政法上适法,只是刑法上违法。受贿罪,即便不发生民法上或者行政法上的效果,从全体法秩序来看也是违法的行为,在此意义上受贿在民法或者行政法上也可以说是违法的行为。犯罪的违法性,不仅仅限于刑法上的违法性,对法秩序全体来说都具有违法性。

总的来说,缓和的违法一元论应当坚守的底线是,无论是刑事违法还是民事违法,作为其上位的违法性的判断应当是统一的,违反任何一个法领域的不法行为应认为在整体法领域都具有违法性,在解释论上不能得出性质相反的结论,违法的判断应是统一的,例如民法不保护的违法行为,就不应该获得刑法的保护。

但是在法益保护这一根本目的相同的前提下(这是法秩序统一性的实质根据),仍然必须承认不同的法律领域有不同的政策考量,同一行为在不同法律领域法律效果未必完全相同。同时,也由于各个法律领域的学术传统不同、解释技术不同,对同一概念或者术语,可能会有不同的理解,这不能被认为是背离了法秩序的统一性。如,不能以违法一元论为依据,就认为刑法上的所有权与民法上的所有权必须一致。在违法一元论的前提下,也未必得出这一结论。承认刑法上所有权归甲,民法上所有权归乙,不会影响保护应当保护的正当利益。如甲将金钱委托给乙保管,乙将其据为己有。刑法上承认所有权归甲,才能追究乙侵占罪的刑事责任,保护乙的民事权利。如果在刑法上主张金钱的所有权已经转移到乙,就无从追究乙侵占罪的刑事责任,在刑法上也无法保护甲的法益,因为在刑法上侵占罪的法益是他人财物的所有权。相反,在民法上即使不承认甲对金钱拥有所有权,而仅仅承认甲对乙的金钱债权,同样也可以保护甲的权利;即使承认甲对乙保管的金钱拥有所有权(按照民法规定也不可能),由于金钱具有一般等价物的功能,民法也不能提供比债权更有力的保护。刑法上承认甲对金钱的所有权,民法上承认乙对金钱的所有权,在法益保护这一根本点上并没有任何差别。坚持法秩序的统一性,应该着眼于法益保护这一根本目的而不是概念之间的统一性,这是缓和的违法一元论所包含的另一方面意义。

违法一元论与违法多元论(或相对论)的对立,是对法秩序整体与各法律领域关系、各法律领域相互之间关系的深层次认识,就论述的素材而言,更多的是围绕刑法与民法的关系而展开。围绕违法一元论与多元论的学说,在财产罪法益解释上有实际的意义。财产罪,顾名思义是针对财产的犯罪,在法的领域财产问题主要是作为民法问题。当财产同时作为刑法保护法益的时候,财产的刑法保护与民法保护的关系就成其问题。如果坚持违法一元论,在财产法益的解释领域就必须以民法对财产权的规定为根本,反之,如果坚持违法相对论,财产法益领域可能会成为刑法独有的领域。

如前所述,本文认为,违法性的评价上应坚持缓和的违法一元论立场。但是缓和的违法一元论所划定的底线,主要是指不同法律领域违法性的判断不能相互冲突,即民法上不保护

---

[1] 参见[日]平野龙一:《刑法总论》,有斐阁1975年版,第218页。

的利益刑法不应该保护[1]。缓和的违法一元论承认不同法律领域手段、机能等方面的差别，承认民法和刑法在解释技术上的相异之处。问题是，缓和的违法一元论在财产法益解释上如何具体体现。既允许刑法和民法之间必要的差别，又必须遵循统一的违法基准，这就是从缓和的违法一元论出发解释财产罪法益时必须坚守的。这种财产罪法益的解释模式，就是民事法取向模式。

二、民事法取向模式：刑民关系视野下财产罪法益解释的基本构造

民事法取向模式是解释财产罪法益的折中模式。本来，关于财产罪法益的解释模式存在"民法依存模式"和"秩序维持模式"的对立，两者的根本差别在于财产罪法益的解释是否须从民法预定的财产上的权利义务关系出发。"民法依存模式"认为，财产罪的成立与否取决于民法上的权利义务关系，只有严重违背民法予定的权利义务关系的行为，或者说只有侵犯民法上的财产权的行为才有可能成立财产犯。"秩序维持模式"认为，财产罪的成立与民事实体法上权利义务关系没有必然的关联，财产罪不一定侵犯民法上确定的权利，财产秩序乃至财产安排的社会规则是否受到侵犯，才是财产犯成立与否的准则。在两者的对立之中，产生了民事法取向模式。[2] 为了便于更全面地认识民事法取向模式，先对民法依存模式和秩序维持模式进行说明。

(一) 民法依存模式与秩序维持模式的对立

民法依存模式认为财产罪的保护法益是民事权利，它与"法律的财产说"基本上处于同一立场。"法律财产说"的代表人物 Bingding 认为财产犯的保护法益是民法上规定的民事权利，刑法对财产法益的解释完全依附于民法。他明确说道："财产权何时受到侵害，不应由作为保护法的刑法来决定，而应当由财产法来决定。离开了民法、公法对财产权、债权的规定，刑法对财产权、债权便一无所知。因此，认定是否对这种权利产生侵害时，刑法完全从属于财产法。"[3]

根据民法依存模式，财产罪法益的认定完全从民法角度解释。具体而言，行为侵犯了民法上规定或者承认的财产权利才有可能成立犯罪。通常情况下，这种解释既简单也合理。刑法作为民法的保障法，同时也是作为第二性的法律，民事权利只有在民法难以保护的前提下才能由刑法保护。相反，刑法保护民法没有涉及的财产，多少给人"过分介入"的感觉。此外从法律解释技术来说，迄今为止刑法关于财产尚未形成系统的学说，立法上也未有完备的规定。民法对财产权利的类型、内容有详细的规定或相应的解释论，刑法完全不顾民法上财

---

[1] 但是不能说民法保护的利益一定要以刑罚手段保护，因为民法与刑法的目的机能不同。这不是法秩序不统一的问题。法秩序的统一性体现为不能对立，而不是完全一致。

[2] [日]井田良：《刑法和民法的关系》，载[日]山口厚、井田良、佐伯仁志：《理论刑法学的最前线 II》，岩波书店2006年版，第61页。

[3] Vgl. Binding, Handbuch des Strfrecht, Erster Band, 1985, S. 9f. 转引自 张明楷：《法益初论》，中国政法大学出版社2000年版，第540页。

产的规定和学说,能否完整清晰地释明财产的含义不是没有疑问。更重要的是,"民法依存模式"毕竟全面地体现了法秩序的统一性要求,对于保持法律体系的完整性具有重要意义。

但"民法依存模式"也有问题,缺陷之一是在财产罪中完全照搬民法的解释。从直接效果来看,刑法主要是惩罚犯罪的法律,民法是保护权利的法律,虽然从根本上说刑法也保护法律上的利益,但相比民法刑法对法益的保护是抽象的、间接的。换而言之,刑法并不具有民法那样的救济功能,如果说民法是权利人中心,刑法则是行为人中心。民法学是"救济的科学",那么刑法学是"惩罚的科学"。正因如此,刑法和民法在概念的含义、在解释论体系上未必需要一致,如民法上的金钱所有权和刑法上的金钱所有权可以有所不同。

缺陷之二是,刑法规定财产罪,固然是为了保护他人财产,这也是刑法的首要任务。但与民法相比刑法维持社会秩序的机能更为浓厚,在财产罪法益解释上刑法如果完全依附于民法,可能会忽视刑法的社会秩序维持机能,一定程度上背离社会秩序所期待的普遍规则。

正是因为民法依存模式存在上述缺陷,才有"秩序维持模式"的提出。"秩序维持模式"认为,为了保护财产而发动的对财产犯的处罚规定,是基于遏止全体法秩序意义上的一般的违法行为的目的。刑法对财产犯的处罚,以保护财产权为起点,并向某种公益的保护拓展,归根到底是保护纯粹的、抽象的法律秩序。"秩序维持模式"认为对财产犯规定的解释与民法没有多少关系。[1]

一般认为"秩序维持模式"是违法相对论或者违法多元论的结果。因为违法相对论或者违法多元论特别强调刑法独自的目的和机能,即刑法独自的个性。与民法相比刑法更为鲜明的个性是秩序维持。如果说民法中的侵权被视为针对个人权利的行为的话,刑法中的犯罪往往被看作首先是针对社会的不法。所谓违法相对论或者违法多元论的理论依据,主要即在于此。从违法相对论或者违法多元论很容易得出"秩序维持模式"的结论。

但是,坚持秩序模式往往会忽视法秩序的统一性。例如,对于侵害民法上不保护的经济利益,日本裁判所常常从秩序维持模式出发,认可财产罪的成立。如对于受到地下金融业者还款督促的债务人为逃避还款企图杀害金融业者的行为,辩护人认为,地下金融业者对被告人的贷款行为是暴利行为,违反公序良俗因而无效,且根据利息限制法的规定债务不存在。日本大津地方裁判所驳回了辩护人的这一主张,认定成立强盗利得罪的未遂犯。该裁判所的理由是,"即便被害人在民法上没有值得法律保护的利益,如果容忍不法手段扰乱财产法律秩序,会导致私人财产上的正当权利、利益不能实现,因此免除偿还暴利行为所生的债务这种利益,也可以解释为强盗利得罪的客体。"[2]

上述基于"秩序维持模式"的裁判立场,结论的妥当性暂且不予置评,但从裁判所的说理来看,似乎忽视了法秩序的统一性。因为该裁判所明确宣示,"即便被害人在民法上没有值得法律保护的利益"也同样可以成立财产罪。

---

[1] [日]井田良:《刑法和民法的关系》,载[日]山口厚、井田良、佐伯仁志:《理论刑法学的最前线Ⅱ》,岩波书店2006年版,第61页。

[2] 日本大津地方裁判所2003年1月31日判决,载日本《判例タイムズ》第1134号,第311页。

如果将"秩序维持模式"贯彻到底还可能导致处罚边界的扩大,例如被请求支付卖淫对价的嫖客以欺骗、胁迫等方式逃避债务履行的,日本裁判所也判决成立诈欺利得罪。[1] 尽管卖淫女没有值得法律保护的财产性利益,如果以抽象的秩序维持作为理由,就有成立财产犯的余地。单纯因秩序维持而发动刑法,以不正当手段行使权利的行为可能全部会受到财产罪的处罚,这显然有所不妥。

(二) 民事法取向模式的提出及其合理性

由于"民法依存模式"和"秩序维持模式"存在上述缺陷,缓和的违法一元论主张在财产罪法益解释上,应当以民法依存模式为基础,适当考虑刑法的目的和机能,此即所谓"民事法取向模式"。

例如,《日本刑法》第242条规定:虽然是自己的财物,但由他人占有或者基于公务机关的命令由他人看守时,视为他人的财物。民事法取向模式认为,事实上的占有作为一种法益也被扩张进刑法的保护范围之内,"民事法取向模式"认为这样的解释并非遵循了"秩序维持模式",因为"秩序维持模式"只要是基于维持秩序的需要就认可财产罪的成立,而事实上的占有本身是一种民法上的利益。[2]

"民事法取向模式"认为,对于并非民法权利的事实上的占有,禁止权利人采取擅自夺取等私力救济措施,无非是体现了这样一条法律原则:在没有经过法的程序确认权利关系基础上,就不得夺取该物。换言之,在经过民事程序法确认之前,占有者拥有正当的利益。虽然这和民法保护财产权的立场不完全相同,但也不是和民法无关的利益,即不外乎是现行法秩序之下"民事法上的利益",该种利益也可以包含在刑法的保护法益之中。"民事法取向模式"认为,《日本刑法》第242条扩张处罚的依据即在于此。[3]

"民事法取向模式"认为财产罪特别是夺取罪的规定,不能完全无视当事者间具体的利益关系,不能一律禁止当事者变更占有的现状,应在对利益进行权衡的基础上,分析占有者和夺取占有者哪一方有更值得刑法保护的利益。盗窃犯人对被盗赃物的占有,在行为刚实施完毕的时间内,不能对所有者主张"如果没有经过法律程序确认权利关系就不能夺取占有"。但是,如果经过了相当的时间,盗窃犯人的占有归于稳定,则不容许所有权人夺取占有。概而言之,"民事法取向模式"认为夺取罪法益不是完全从属于民事权利义务关系,是在此前提下的进一步扩张。[4] 这一主张可以说体现了"民事法取向模式"的特点。"民事法取

---

[1] 日本名古屋高等裁判所1955年12月13日判决,载 日本《刑事裁判特报》第2卷第24号第1276页。

[2] [日]井田良:《刑法和民法的关系》,载 [日]山口厚、井田良、佐伯仁志:《理论刑法学的最前线Ⅱ》,岩波书店2006年版,第61页。

[3] 即便依据民法依存模式也可以得出同样的结论,但是民法依存模式似乎侧重于从实体方面说明占有的法益属性,民事法取向模式同时从程序法的角度说明占有的法益属性。

[4] 山口厚教授也认为,有些案件,被民事法上承认的占有者的占有保持的利益是否存在,许多情况下非经民事诉讼法难以确定。擅自从占有者处取回财物的行为是不妥当的,应强制利用法的纷争解决制度。他认为,如果可能合理地存在民事法上承认的利益,就可以扩张成为刑法保护的对象。参见 [日]山口厚:《刑法各论》,有斐阁2005年版,第191页。这一解释似乎是以民事法取向模式为基础。

向模式"之所以不同于"民法依存模式",就是因为"民事法取向模式"在民法依存模式的基础上对财产罪法益进一步扩张保护。根据"民事法取向模式",只要存在民事法上值得保护的利益,就可以承认财产罪的法益。但是所谓"民事法上值得保护的利益",包含了不属于本来意义上的民事权利或者民事利益(如程序上的利益或者其他利益),在解释的范围上还有一些需要明确的地方。

"民事法取向模式"既适用于财物罪也适用于财产利得罪。对于债权拥有者不经过法律程序采用不法的手段强制债务人履行债务,"民事法取向模式"认为可以成立财产利得罪,如日本的判例就认为,债权人为了行使权利对债务人使用恐吓手段的,即便在债权的范围内,如果行使权利的方式或手段超出了社会通念上一般可以容许的范围,也构成恐吓罪[1]。因为民事法取向模式认为,债务人至少拥有如果不经过诉讼程序就不得被强制的正当利益,可以认为债权人的行为侵犯了某种民事上的正当利益。如果根据"民法依存模式",债权人至少在正当的债权额以内不成立敲诈勒索罪,因为民法上债权人拥有实体上的权利,债务人在实体上应承担义务。"民事法取向模式"与"民法依存模式"的这一差别主要是基于:"民法依存模式"着眼于实体上的民事权利,民事法取向模式同时认为民事程序上的利益也应该得到保护。

在财产罪法益解释上,"民事法取向模式"比"民法依存模式"更具有扩张力。例如对于一房二卖,即不动产的所有权人在将不动产出卖后在未办理过户登记之前再次出卖的,第二让受人虽然有对抗第一让受人的权利,但即便第二让受人根据物权法上对抗要件制度取得民事上受保护的地位,在取得权利上仍有种种的障碍,至少有可能卷入纷争。对于这种情形,"民法依存模式"认为第二受让人依据登记取得了对抗性的权利,可以说其权利根本没有受到侵害。但"民事法取向模式"认为,尽管依据对抗制度得到民法上的保护,也伴随卷入纷争的风险,这就是财产上的损害。[2]换而言之,根据"民事法取向模式",财产罪中的财产法益损害,不以民法上的权利是否受到现实损害为据,而是考虑被害者权利遭到的风险或者处境情况,将此视为刑法上的损害。

"民事法取向模式"认为,即便民法上根据被害者保护制度或者第三者保护制度可以回避权利损害,也不能据此否定刑法上财产法益遭受了损害。虽然民法上受到诈欺的被害者可以撤销意思表示请求返还财产,但刑法上仍然可以认定有损害结果的发生。根据民法上被害者保护或者第三者保护制度进行的补偿或救济,并不意味着刑法上没有发生财产法益损害,凡是危及权利取得或者有卷入纷争的一定程度以上的风险,都可以作为刑法上的损害。[3]

---

[1] 参见 日本最高裁判所 1958 年 5 月 6 日判决,载 日本《最高裁判所刑事判例集》第 12 卷第 71 号第 336 页。
[2] [日]土本武司:《新订民事和刑事交错的刑事案件》,立花书屋 1997 年版,第 15 页。
[3] [日]井田良:《刑法和民法的关系》,载 [日]山口厚、井田良、佐伯仁志:《理论刑法学的最前线 Ⅱ》,岩波书店 2006 年版,第 68 页。

确实,与"秩序维持模式"相比,民事法取向模式以是否存在正当的民事利益为依据寻求处罚的实体化。山口厚教授就说,"在欠缺值得保护的实质的场合否定财产犯的成立这一点,是'民事法取向模式'与'秩序维持模式'的分水岭"[1]。"民事法取向模式"至少可以部分克服秩序维持模式在财产罪法益解释问题上过于空洞化和抽象化的缺陷。

与"民法依存模式"相比,"民事法取向模式"对财产罪的保护法益明显有所扩大,在实体民法权利之外至少还包括其他两个方面的法益:其一,民事程序法上的利益,如债权人以恐吓手段行使权利时债务人的程序利益;其二,民事权利之外的实质上的民事利益,如不动产二重让渡中具有对抗权的第二买受人没有卷入民事纷争的风险的利益。

综上,"民事法取向模式"保持了合理而富有弹性的解释力,在维持处罚的实体性这一前提下,相当程度上避免了处罚的空缺,不能不肯定其价值。如果说"民法依存模式"基本上体现了"法律财产说"的立场,"民事法取向模式"似乎与"法律的—经济的财产说"比较接近。总的来说"民事法取向模式"是可取的。

但是"民事法取向模式"也存在明确性方面的问题,例如不动产的二重让渡中具备登记对抗要件的第二买受人卷入纷争的风险这种利益是否值得刑法保护就不是没有疑问。正如有的学者所言,"仅仅负担一定的风险就肯定财产犯的成立不是过于宽泛了吗?交易可以说就是伴随着风险,如果不进行一定程度的限定,处罚范围就会过于扩大"。[2]此外,在债权人以暴力、胁迫等手段行使权利的场合下,"民事法取向模式"认为债务人实体上存在值得保护的利益,肯定行使权利的行为成立财产罪,这在结论上与"秩序维持模式"没有什么两样,也是难以被接受的。

总之,"民事法取向模式"重视实体利益的保护,可以避免处罚的空洞化,但"民事法取向模式"在处罚的范围上仍然有探讨的余地。如果过于向民事权利之外的边缘扩展,"民事法取向模式"与"秩序维持模式"在实质上就不会有什么差别,故本文认为"民事法取向模式"保护的财产法益应当是民事实体权利,以及民法虽然没有明确保护但至少在刑法上根据刑法的特性和机能值得保护的、具有民事性质的利益。

三、所有权与占有:刑民关系视野下财产罪法益解释论的展开

所有权与占有是民法学中的重要概念,所有权是基本的物权类型,占有是物权法的基础概念。同时在刑法各论中,财产罪的法益虽然包括其他本权[3],最主要的仍然是所有权。此外刑法学界认为占有在某种场合下也是财产罪的法益,故所有权和占有在财产罪中也具有重要意义。

---

[1] [日]山口厚、井田良、佐伯仁志:《理论刑法学的最前线Ⅱ》,岩波书店2006年版,第86页。
[2] [日]山口厚、井田良、佐伯仁志:《理论刑法学的最前线Ⅱ》,岩波书店2006年版,第87页。
[3] 本权是日本刑法中的概念,指所有权及其他财产权,如他物权、承租权、债权等。大体而言,具有财产内容的民事权利都可以称为本权。本权这一概念,也逐渐被我国刑法学采用。

既然所有权和占有涉及民法和刑法两个部门,所有权与占有的刑、民关系就成为值得研究的问题。一般认为,如果主张刑法中所有权与占有的意义与民法相同,即在财产罪的解释论上坚持严格的违法一元论,就不会发生刑法与民法解释上的冲突,因为一切都以民法学的意义为准;如果一切都以民法学的意义为准,如后所述,在财产罪的解释上也会面临一些难以说明的问题。反之,如果主张刑法中的所有权与占有不同于民法中的所有权与占有,即坚持违法相对论,尽管可以根据财产罪解释的需要赋予所有权和占有以特别的意义,但如果过度扩张,可能会导致如下的状况:侵犯民法中的所有权不一定侵犯了刑法中的所有权,或者侵犯刑法中的所有权不一定侵犯了民法中的所有权,由此而造成法秩序的对立。正因如此,本文主张在缓和的违法一元论的背景下解释财产罪的法益,并以此为据分析财产罪中的所有权与民法中的所有权、财产罪中的占有与民法中的占有,以究明所有权与占有在两大部门法的共性及其差别。

(一)民法中的所有权与刑法中的所有权

民法中的所有权与刑法中的所有权,主要涉及两方面关系,一是所有权的本体含义是否相同,二是所有权的他人性是否一致。

所谓所有权的本体含义,是指民法中的所有权与刑法中的所有权各自的内容与意义。所谓所有权的他人性问题,在本文中主要是指刑法所有权的主体与民法所有权的主体在判断上是否须一致。

1. 关于所有权的本体含义

一般认为,民法中的所有权是指人对特定的物直接全面支配的权利。所谓全面支配,是指所有者对于物原则上可以自由处置,即行为人对特定物享有占有、收益、使用和处分等全面支配的权利。

但是关于刑法的所有权含义,刑法学内部存在分歧,这主要是源于刑法学者对财产罪保护法益有不同的观点。根据"法律财产说"或者"本权说",财产是民法上的权利,在财产罪的解释上刑法相对于民法具有从属性,民法的所有权含义适用于刑法;根据"经济财产说"或者"法律—经济财产说",刑法中的财产首先是可以支配的经济利益,与民法上的财产可以有所不同,相应地也不要求刑法中的所有权与民法中的所有权含义一致。

尽管刑法学说关于所有权的含义有不同观点,但多数国家的刑事立法都没有完整明确地概括揭示刑法所有权的内容,如德国、日本等国刑法典就没有明确规定所有权的含义。

我国刑事立法虽然没有全面规定财产所有权的含义,但规定了刑法中所有权的内容,如我国《刑法》第92条规定,本条所称"公民私人所有的财产",是指下列财产:(1)公民的合法收入、储蓄、房屋和其他生活资料;(2)依法归个人、家庭所有的生产资料;(3)个体户和私营企业的合法财产;(4)依法归个人所有的股份、股票、债券和其他财产。反之,我国民法在相关方面的表述就有所不同,如《民法通则》第75条规定"公民的个人财产",包括公民的合法收入、房屋、储蓄、生活用品、文物、图书资料、林木、牲畜和法律允许公民所有的生产资料以及其他合法财产。《刑法》表述的是"公民私人所有的财产",而《民法通则》表述的是"公民的个人财产"。也就是说,《刑法》第92条规定的财产范围是公民私人所有权的对象,而《民法通则》第 75 条仅仅列举了"公民的个人财产"范围,这一财产范围也并非"公民个人所有的财产"的对象。

上述立法上的细微差别在某种程度上也意味着我国刑法所有权的含义与民法所有权有所不同。例如,根据《刑法》第 92 条,储蓄存款可以成为所有权的对象,而根据《民法通则》第 75 条储蓄存款只是公民的个人财产,而不是所有权的对象。立法上的这一差别充分体现了民法财产权学理的基本要求,是非常妥当的。例如储蓄一般表现为存折(或具有储蓄功能的信用卡),存折体现的是存款人与银行之间的债权债务关系,不是民法上的所有权(当然在民法上也可以说对作为债权载体的存折有所有权,但这种层面上的所有权的意义可以忽略不计)。股份、股票、债券等也是如此。股份和股票,体现的是股权性质的权利。股权的性质虽有争议,一般也认为不是所有权。至于债券,本身就是债权的载体,性质也类似于存折。可以说,我国《刑法》92 条规定的所谓私人所有权,有相当部分并非民法上的所有权,而是其他财产权类型。

不仅我国刑事立法赋予刑法上的所有权以特别的意义,司法解释也是如此,如 1997 年最高人民法院发布的《关于审理盗窃案件具体应用法律若干问题的解释》(简称《解释》)第 5 条规定盗窃有价支付凭证、有价证券或有价票证的,按照被盗当日或者相应的时间点计算盗窃价额。可以认为,《解释》对民法上的债权或股权在刑法上也是作为所有权看待的。

民法中的债权或股权,在此似乎相当于刑法中的价值所有权,而与本来意义上民法所有权的概念大相径庭。民法中的所有权具有如下特性:其一,民法上的所有权是自物权,权利人可以直接地、不经任何中介和无条件地占有、使用、收益和处分其物,权利主体具有排他的支配属性;其二,民法上所有权指向特定的对象(包括特定物和特定化的种类物),而不是指向物的金钱价值。

民法所有权的上述属性,刑法在许多场合下不具备。根据我国刑事立法及司法解释,受到犯罪侵害的是物权还是债权,在一些场合下并无严格区分的必要,对于财产罪的成立与否也没有太大影响,这些权利具有多大的金钱价值才是至关重要的。也就是说,这些金钱价值归谁拥有或者支配,谁就在刑法上具有所有权。从这个角度说,民法上的所有权是具体的,刑法上的所有权是抽象的;民法上的所有权是实物性的,刑法上的所有权是价值性的。最终,虽然不能简单地说刑法上的所有权包括民法上的所有权,至少在外延上刑法上的所有权要大于民法上的所有权。

因此,根据我国刑事立法和刑事司法,即便不能说确立了刑法上独立的所有权概念,至少可以说对民法所有权的意义进行了某些修正。从我国刑事立法和刑事司法来看,刑法上所有权的实体是与物有关的利益的包括的、排他的归属,而民法上的所有权是对具体物的排他的支配和处分,这也许是民法上的所有权与刑法上的所有权的重要差别之一。

当然,这并不说明刑法上的所有权与民法上的所有权在任何场合下都存在上述差别,只是在某些场合可以承认上述差别的存在。并且须要特别指出的是,上述刑法与民法解释论上的差别应该以承认法秩序的统一性为前提,也就是说,即便刑法上的所有权的意义可以不同于民法,也不能发生侵犯民法上的所有权而在刑法上被正当化或者侵犯刑法上的所有权而在民法上合法的情况。行为违法还是合法,在民法和刑法的判断上不能发生对立,这是缓和的违法一元论的根本要求,也是确立刑法所有权意义的底线。至于违法的类型或者违法的原因,刑法和民法在解释上可以有所不同,这是刑法和民法不同的目的和不同的特性使然,也是财产罪法益解释中"民事法取向模式"的具体体现。对此,在所有权的他人性部分将有进一步的说明。

2. 关于所有权的他人性

财产罪须侵犯"他人的财物",在通常语义上,"他人的财物"多是指他人所有的财物,如盗窃他人财物一般是指盗窃他人所有的财物,故意毁坏公私财物一般是指故意毁坏他人所有的公私财物。问题是,民法上不归被害人所有或者所有的归属存在争议的财物,能否在刑法上视为他人财物?

日本刑法学界有的主张从"民法依存模式"出发解释刑法中所有权的他人性,有的主张从"秩序维持模式"出发予以判断。日本最高裁判所采纳了"秩序维持模式",在一个判例中认为,民事上物的所有权归属发生争议时,即便将来根据民事裁判否定了被害者的所有权而肯定行为者方面具有所有权,在民事上的所有权归属最终被确定以前,刑法上也承认这是他人的物。该判例涉及的具体案情是:被告人在与长崎县渔业协同组合联合会(以下简称"县渔联")的鲍鱼买卖中,承诺将自己所有的建筑物作为货款债务担保设定抵押。其后"县渔联"为实现抵押权申请将建筑物竞卖,最终也由"县渔联"中标。执行官为了执行不动产的转让命令来到现场之时,被告人竟然将建筑物损坏,并且在执行官走后继续实施同样的行为。被告人认为,对本建筑物设定抵押的意思表示因"县渔联"职员说"设定抵押权仅仅是形式不可能实行之类"产生了误信,在损坏建筑物之前已经取消了设定抵押的意思表示,因此本建筑物的所有权在损坏当时依然归自己所有。第一审判决认为,行为人损坏建筑物时建筑物的"他人性"并没有达到不容合理怀疑的程度,以此认定被告人无罪。日本最高裁判所认为,要成为《日本刑法》260条所说的"他人的"建筑物或者"他人的所有权",不需要达到将来民事诉讼中没有否定可能性的程度。如果考虑本案的事实关系,即便第一审判决指出不能否定诈欺成立的可能性,本建筑物也应该属于他人的建筑物[1]。

有的日本学者如井田良教授赞同上述观点,认为上例中刑法所有权的他人性之所以相比民法应有所扩张,主要是基于两方面理由:第一,民法上的所有权的归属发生争执之时,有保持建筑物现状的必要;第二,如果完全基于民法认定所有权,当对民法上的所有权归属发生误解时,侵犯了他人所有权的人却因为事实上的认识错误阻却故意,这可能会弱化权利保护。[2]

---

[1] 参见 日本最高裁判所 1986 年 7 月 18 日判决,载 日本《最高裁判所刑事判例集》第 40 卷第 5 号第 438 页。

[2] [日]井田良:《刑法和民法的关系》,载 [日]山口厚、井田良、佐伯仁志:《理论刑法学的最前线 Ⅱ》,岩波书店 2006 年版,第 70 页。此外,松宫孝明也持同样的观点,对此可参见 [日]松宫孝明:《法秩序的统一性和违法性阻却》,《立命馆法学》1995 年第 238 号,第 133 页。

但有的日本刑法学者坚持所有权的他人性的从属性,认为所有权原本是民法上的概念,所有权的归属基本上也是根据民事实体法来决定的,如果认为刑法的运行是对"民法上的权利关系的补强",那么判断财产罪成立与否时须首先确认民法上的权利义务关系。显然是基于"民法依存模式"〔1〕。

我国刑法通说也从"民法依存模式"出发,认为财产罪主要侵犯的是公私财产所有权,应从民法的角度认定所有权的他人性。〔2〕但我国也有学者认为,刑法对财产所有权的保护毕竟有不同于民法的一面,某些情况下,判断是否有民法上的所有权,要通过民事诉讼由法院作终审判决后才能确定,民事诉讼是有期限的,不可能由法院作出民事判决再来审理刑事案件。因此,刑法上所有权他人性的确定不能依赖于民法。〔3〕这可以说是基于"秩序维持模式"的立场。

但是这一观点似乎值得商榷,第一,刑事审判可能剥夺被告人人身乃至生命权益,民事审判往往只涉及当事人的财产权益,孰重孰轻,一目了然,不能以诉讼期限有限制为由,在不明了所有权归属的前提下轻率地判定行为人成立犯罪;第二,如果认为成立财产罪的前提是侵犯他人民法上的所有权,为什么不能在明确所有权归属的前提下再对被告人定罪量刑呢?根据《中华人民共和国刑事诉讼法》的规定,在案情不清的情况下(包括所有权归属不明),人民检察院可以撤回补充侦查,或者有关当事人可以提起刑事附带民事诉讼来确认权利归属。如果最终所有权归属不明,根据疑罪从无的原则,应当判决无罪。此外,更为重要的是,如果认为刑法上所有权的他人性本来就不同于民法,就应当提供本体论上的依据。

所谓本体论上的依据,是指刑法规定财产罪到底是为了保护什么,是为了保护财产权还是为了维持财产秩序。如果认为刑法规定财产罪是为了维持财产秩序,而不是为了保护具体的财产权利,所有权的他人性自然可以不以民法上的规定为归依。从维持法秩序出发,民法上所有权的归属发生争执之时,作为民事上权利保护的前提,保护物的现状是必要的。所有权归属的争议应当是在维持现状的基础上协商解决,或通过民事诉讼程序确认。在归属不明的情况下擅自毁坏财物的,理当作为财产犯罪来处理。

但是,无论从立法规定还是学理上看,如果不以民法为据确定所有权的归属,有可能得出不合情理的结论。如我国《刑法》275条规定的故意毁坏公私财物罪,实际上是指毁坏他人所有的财物。如果毁坏的财物在民法上最终判断归自己所有,就不能说侵犯了他人的财产法益。回顾上述日本最高裁判所的判例,有学者就指出,权属发生争议但根据生活事实可以明确否认他人的所有权的情况下,如果认为行为人毁坏了"他人的建筑物"明显不妥当。特别是,民事裁判上最终所有权归行为人的判决确定以后,司法机关追溯处罚行为人以前实

---

〔1〕 批判日本最高裁判所的决定并考虑采纳民法依存模式的,有[日]浅田和茂:《建筑物的他人性》,载[日]芝原邦尔等编:《刑法判例百选Ⅱ各论》,有斐阁2003年版,第146页以下;[日]岛田聪一郎:《所谓"刑法上的所有权"》,《现代刑事法》2004年第6卷第6号,第17页以下;等等。

〔2〕 高铭暄、马克昌主编:《刑法学》,北京大学出版社2007年版,第556页;王作富主编:《刑法》,中国人民大学出版社2004年版,第396页。

〔3〕 刘明祥:《财产罪比较研究》,中国政法大学出版社2001年版,第30页。

施的损坏行为,会产生不协调的感觉。[1]

诚然,当所有权归属尚不明之时,行为人有维持物的原状并等待法院作出判决确定所有权归属的义务,物的所有权归属不明确的前提下行为人毁坏财物确实存在侵犯他人权利之虞。但是,如果行为人事实上毁坏的是自己的物,却又要作为毁坏他人的物来处罚,无非是因为行为人侵犯了程序法秩序。财产犯的法益主要是实体的财产权利,即使特殊情况下程序利益值得法律保护,也只能是与实体法益相关的程序利益,纯粹的程序利益不能作为独立的财产罪法益予以保护。

也许有人认为,《日本刑法》第103条规定的藏匿犯人罪或者我国《刑法》第310条规定的窝藏包庇罪,也不要求藏匿或者窝藏包庇的"犯人"就是真正的犯人,只要因嫌疑成为侦查对象的人就被认为是"犯人",即便以后刑事审判表明藏匿对象不是真正的犯人,也不影响行为人成立本罪。因此,刑法上的所有权也不一定是严格依照民事法确定的所有权。但是,窝藏犯罪或者包庇犯罪的法益本身是司法权的正常行使,即便行为人藏匿或者包庇的不是真正的犯人,也侵犯了窝藏或者包庇犯罪的法益,这与所有权的他人性涉及的问题有所不同。

基于上述理由,本文主张所有权的他人性纯粹是实体上的概念,虽然实体上的权利往往需要程序的保障,但纯粹程序上的权利不能被认定为财产罪的法益。从实体上确定所有权的归属,应当成为民法和刑法最大的公约数。

从实体上确定所有权的归属,虽然在一般场合下意味着刑法上"物的他人性"应以民法上的所有权的他人性为依据,但不意味着在一切场合下都要以民法上所有权的归属为依据。有的场合下,如金钱寄托的场合就应当承认刑法上所有权的他人性不同于民法上的他人性。详言之,寄托金钱的人尽管不占有金钱,刑法上仍认为金钱的所有权归寄托者,对于受托者而言,这是"他人财物",将其据为己有的,可能成立侵占罪。这种解释,无疑是基于"民事法取向模式"的立场。"民事法取向模式"关注处罚的实体利益,在解释技术上则不完全以民法的规定为准。

根据"民事法取向模式",金钱寄托的场合下在刑法上可以承认所有权归寄托者。众所周知,金钱是交易媒介物,又是最大众化的种类物,不具备其他特定物的个性(也难以将其与特定主体联系起来),从交易安全的角度出发,通常情况下民法上金钱占有的所在即所有权的所在,占有金钱即推定其为所有者。但是,刑法上并没有坚持"占有即所有"这一原则,刑法根据当事者的意思,考虑与物有关的总括的利益归属应该属于谁,来决定金钱所有权的所在。肯定金钱寄托者、委任者对金钱有所有权的根据是:依据契约的旨趣寄托者或委托者的总体利益的物权归属应得到承认,这是对民法上基于交易安全确定的所有权的修正。[2]

---

[1] [日]山口厚:《刑法各论》,有斐阁2005年版,第351页。
[2] 但是在金钱所有权方面,日本民法中"占有即所有权"的解释逐渐走向缓和,基于委托的旨趣承认委托者所有权的可能性也得到承认。这样一来,刑法和民法在这方面的冲突就不会时时发生(参见[日]佐伯仁志、道垣内宏人:《刑法和民法的对话》,有斐阁2005年版,第6页以下)。当然,仍须承认二者在程度方面有差别。

这一考虑同样是基于刑法保护实体利益的需要,如果刑法上不承认寄托金钱的所有权归委托人,即便受托者将其侵占也没有侵犯委托人的所有权,从而没有成立侵占罪的余地,这显然有背刑法规定侵占罪的旨趣。刑法上认为委托人或寄托人是委托或寄托金钱的所有权人,民法上认为委托者或者寄托者是债权人,委托者或者寄托者的权利才能获得刑法和民法的双重保护,并且在最终的违法性判断上也不会发生冲突,正可谓殊途同归。

由此看来,刑法中所有权的"他人性"有时与民法完全一致,有时并不一致。但是着眼于民事实体利益的保护,则是刑法与民法的共同之处,也是"民事法取向模式"的根本立场和底线。只是由于民法和刑法保护财产利益的方式不同,才会在某些场合产生解释论上的差别,但这种差别是法秩序统一性前提下的差别。

(二) 民法中的占有与刑法中的占有

1. 民法和刑法保护占有的理由

民法中的占有是指对物事实上的支配或者所持。大多数国家的民法都认为占有是一种事实状态而不是权利,"日本民法通说"则认为根据"日本民法典"的规定,占有应当是一种物权。也有人持与"日本民法通说"不同的意见,认为"占有是否是物权,甚至是否承认占有权这一概念并不重要,相比之下,探讨对何种事实支配赋予何种法的效果才是重要的"[1],主张对于物的事实上支配赋予一定的法的效果的场合就是占有,只不过就其效果而言可以称为占有权而已。也就是说,在某人的占有被他人侵害的场合,占有者对侵害者可以依据占有诉权,防御自己的占有。在此意义上,占有权不过是占有保护请求权或者占有诉权。

我国《物权法》第五编共计五个条文专门规定了占有。《物权法》第241条规定,基于合同关系等产生的占有,有关不动产或者动产的使用、收益、违约责任等,按照合同约定;合同没有约定或者约定不明确的,依照有关法律规定。这条主要是说明物权法调整的占有关系的范围,没有给占有下定义。我国《物权法》规定的占有究竟是权利还是事实,《物权法》也没有明确规定,但通说认为占有是事实而不是权利。此外,《物权法》第245条也规定了占有诉权。

总之,从实体上看占有就是一种事实上的支配,不同于其他物权具有实体内容。如所有权具有占有、使用、收益、处分四项实体上的权能,占有则不具有任何权能。所谓占有诉权,只是请求停止占有妨害或者物的返还请求,虽然占有者在对方有故意或者过失的前提下可以请求对方支付恢复占有所需要的费用,但不能基于实体上的权利提起损害赔偿之诉。例如,在对方侵夺占有的场合下,即便占有者因为失去占有而蒙受损失,如果其占有不是基于本权(如所有权),就不能请求对方赔偿损害。由此可见占有在实体上不具有权利性质。

既然占有不是一种实体权利,为何民法还要保护占有呢?第一,从保护法秩序出发,不论现在的占有是否正当,他人凭借私力夺取占有原则上不被允许;第二,权利的救济本来应该依据权利本身来主张,但是否有本权在证明上比较困难,占有的证明相对比较容易,基于占有诉权可以救济本权保护的不足。第三,租赁人利用物的场合下,由于租赁人只有债权没

---

[1] [日]铃木禄弥:《物权法讲义》,创文社1988年版,第51页。

有物权无以对抗第三人对占有的侵害,为了保护租赁权人的利益,必须赋予租赁权人占有诉权。[1]

民法如此,刑法保护占有的理由又是什么?基于刑法在保护法益的同时比民法更强调秩序维持的功能,上述民法保护占有的第一点理由即秩序维持的理由也许是刑法保护占有的最主要的理由。从法益保护的角度来说,占有在民法上尚且不具有实体性的权利,很难说在刑法上具有实体的性质。[2] 因此,刑法保护占有归根到底是为了维持秩序。但是,财产罪的法益应具有实体的内容,所以只能认为财产罪保护本权是原则,保护占有是例外。例如,在占有违禁品的场合,虽然占有者的本权在法律上难以成立,如任他人夺取禁制品,也会造成社会不安,从秩序维持出发刑法有必要例外地保护占有。

2. 民法中的占有要素和刑法中的占有要素

虽然民法与刑法都保护占有,但刑法学者普遍认为刑法中的占有与民法中的占有至少存在如下区别:第一,民法中的占有需要为自己的意思,刑法中的占有不需要为自己的意思,为他人的意思也可;第二,与民法中的占有相比,刑法中的占有更强调事实上的支配。

但是上述见解并非天经地义,刑法中的占有与民法中的占有是否确实存在上述区别,只有在分别考察民法和刑法中的占有要素以后才能得出结论,以下就民法与刑法占有中的主、客观要素进行比较。

关于民法上的占有要素,有"主观说"和"客观说"的对立。"主观说"认为作为占有的要件,除了所持之外还需要占有的意思。理由是,第一,从罗马法占有的沿革来看就需要占有的意思;第二,《日本民法》第180条规定占有权的取得必须"为了自己的意思持有物",采纳"主观说"是对法律条文的忠实。[3] 这种观点可称之为"严格的主观意思说"。对于"严格的主观意思说",有批判认为,"所持者的意思随时在变化,在一定时点占有意思的状况无以从外部得知,所持者自身也难以证明这一点,因此如果将占有中意思的要件作严格解释,会发生不适合的结果,纯粹从形式上采纳'主观说'会导致一些困难"。[4] 这种观点可以称为"缓和的主观意思说"。"缓和的主观意思说"认为:第一,占有的意思应该根据占有的原因的性质客观地决定,如日本民事判例认为,为了承租人的利益出租人临时管理空屋的场合,出租人基于所有权对侵害者可以行使占有诉权[5];第二,只要是潜在的占有意思就够了,例如在收件人不知情的情况下投递给住宅的邮件也认定收件人的占有成立;第三,在自己的责任范围内对物的持有也认为有占有的意思。例如,受托者和遗失物拾得者也是占有者;第四,占有意思在取得占有时虽然必要,在占有持续的时候则没有必要,如

---

[1] [日]铃木禄弥:《物权法讲义》,创文社1988年版,第59-61页。
[2] 也许有人认为保护占有归根到底就是为了保护本权。如果这样解释的话,实质上否定了占有本身就是法益。
[3] [日]铃木禄弥:《物权法讲义》,创文社1988年版,第78页。
[4] [日]铃木禄弥:《物权法讲义》,创文社1988年版,第78页。
[5] 日本最高裁判所1952年2月19日判决,载 日本《最高裁判所民事判例集》第6卷第2号,第95页。

在遗失刚买的物的场合也应认为遗失者成立占有。[1]"缓和的主观说"几乎在多数场合下否定了占有意思的意义。

相比之下,"客观说"更是明确地主张只要有事实上的支配就是占有。"客观说"的理由是尽管民法条文有必要提出占有的意思,但这是为了说明占有不是单纯的物理场所接近,而是一定社会关系下的占有。应从这样一种广泛的意义上去理解占有的意思。

"客观说"和"缓和的主观说"实际上的差异在于法人或者没有意思能力的自然人的占有。"缓和的主观说"认为该种场合下仍然需要占有的意思,无意思能力的自然人不能取得占有,如果有法定代理人则通过法定代理人的直接占有而取得间接占有,如果没有法定代理人则完全不能取得占有。对于法人,"缓和的主观说"认为欠缺理事或者董事等法人代表的情况下不能取得占有。"客观说"认为这一结论难以接受,主张只有根据"客观说"来认定占有的有无才是妥当的。[2] 现在日本民法学界已经很少有人主张"主观说",多摇摆于"缓和的主观说"和"客观说"之间。我国《物权法》没有规定占有的要件,但通说认为占有是对物事实上的支配和控制,应该认为是采纳了"纯粹的客观说"。

对于占有的主观要素,刑法学界普遍主张必须具有占有的意思,即"管理支配的意思"。[3] 所谓"管理支配的意思",不一定要具有对个别财物特定的、具体的意思,对在自己支配的场所里存在的财物有包括的、抽象管理的意思就够了。[4] 例如,对在自宅里放置的财物原则上可以说有占有的意思,对外出不在家时邮箱里接收的邮件物也可以说有占有的意思。另外,占有的意思不要求是不间断的、明确的、积极的意思,只要没有主动放弃财物的意思,一般情况下就应该认为有占有的意思。[5]

这样看来,刑法中的占有和民法中的占有在主观意思上已经没有什么差别,两者对占有意思的要求都非常稀薄。正因如此,民法学者认为强调刑法中的占有和民法中的占有的主观意思的差别是不妥当的。[6] 实际上无论刑法还是民法,都着眼于在社会关系的意义上把握占有的主观要素的含义,至少都采取相对缓和的意思主义。刑法学者认为民法强调占有

---

[1] [日]铃木禄弥:《物权法讲义》,创文社1988年版,第79页。

[2] [日]铃木禄弥:《物权法讲义》,创文社1988年版,第80页。

[3] 日本最高裁判所1957年1月24日决定,载 日本《最高裁判所刑事判例集》第11卷第1号第270页。

[4] [日]泉二新熊:《日本刑法各论(第42版)》,有斐阁1931年版,第682页。

[5] 日本东京高等裁判所1956年5月29日判决,载 日本《高等裁判所刑事裁判特报》第3卷第11号第586页。

[6] 在东京大学民法教授道垣内弘人与刑法学教授佐伯仁志的对谈中,道垣内弘人教授指出,在读过刑法各论教科书后,他认为刑法学者关于占有的刑、民差别的认识存在误解。道垣内弘人提出,民法典中"为了自己的意思"即便是作为占有的要件之一,也不过是极为形式化的并不太重要的要件。刑法学者强调刑法与民法占有中主观要件的差别,未必真的妥当。对此可参见[日]佐伯仁志、道垣内弘人:《刑法和民法的对话》,有斐阁2005年版,第160页。

的主观要素,可能是基于对《日本民法》第180条的误解。[1]

关于占有的客观要素,民法中占有的客观要素是所持。民法学者认为,所谓所持也应当从社会观念上把握,一般是指人事实上支配物的客观关系。[2]某人对物是否有值得法律保护的支配关系,取决于具体的社会关系。无论对物的实力支配关系如何,只要"根据社会秩序的力承认人对物的支配"就行[3]。例如,在外旅行的人持有家中的物[4]、山林的买主将树木打上标记后在各个场所建有标牌的,应当认定对树木的持有[5]。

同样,要成立刑法上的占有,占有者必须对财物存在事实上的支配关系,在事实上的支配不可能的场合下不能承认对财物的占有。但是财物的支配除了在占有者在物理上所及的场所存在之外,社会观念上可以推定财物的支配者在一定场合也可以肯定财物的占有。[6]日本的判例认为,将狐狸赶到岩洞后用石块堵住洞口的人,是狐狸的占有者[7]。日本最高裁判机构也认为,成立占有不一定需要现实的握持或者财物处于自己的监视之下。[8]例如,自家的走廊上放置的鞋子或者门前的道路上停放的自行车,都归放置者或者停车者占有。[9]另外,珍珠的养殖业者在养殖场放置的幼贝,归养殖者占有[10];饲养的家禽有回家

---

[1] 民法上占有的意思原本分为"所有者意思说""支配者意思说"和"为自己的意思说"。三种不同的学说对占有意思的要求程度各不相同。"所有者意思说"认为占有者必须具有作为所有者的支配意思,这一说为Savigny在其名著《占有论》中所提倡,在德国曾经处于支配性的地位。"支配者意思说"是对所有者意思说的修正,为德国学者Windsheid所提倡,认为只要有对物的支配的意思就可以说有占有的意思。"为自己的意思说"是更为缓和的意思论,为德国学者Dernburg所提倡,认为只要有为自己所持的意思就可以说有占有的意思。十九世纪初的《法国民法》第228条、229条以及《奥地利民法》第309条采纳"所有者意思说",后来的《日本民法》第180条采纳"为自己意思说"。由于伴随经济交易的发展,应该受到占有诉权保护的对物的事实支配的范围进一步扩张成为社会的需要,德国学者Jhering于1889年在其所著《占有意思论》中明确提出客观说,认为占有就是所持,不要求任何特别的占有意思。如果说此说还包含有所持的意思要求的话,Bekker提出的纯粹客观说进一步认为,占有就是纯粹的客观事实支配状态。十九世纪末至二十世纪初的德国民法,虽然在草案中采纳了主观说,后来又改为客观说(第854条),《瑞士民法》第919条也采纳客观说(参见[日]柚木馨、高木多喜男:《判例物权法总论》,有斐阁1973年版,第327、328页)。日本学者川岛武宜等人也认为,占有制度与本权制度分离,本来就是为了保护事实的支配状态,占有应该纯粹从客观的事实来决定。正因如此,日本即使坚持主观说的民法学者,对主观要素也最大限度地予以缓和的解释,川岛武宜甚至认为在解释上应该完全无视意思的要素(参见[日]松板佐一:《民法提要:物权法》,有斐阁1976年版,第107、108页)。如果刑法学者了解占有中意思学说的来龙去脉,应该不至于得出上述结论。

[2] [日]舟桥淳一:《物权法》,有斐阁1960年版,第281页。

[3] [日]我妻荣:《物权法》,岩波书店1952年版,第314页。

[4] [日]川井健:《民法概论(物权)》,有斐阁2005年版,第105页。

[5] 参见 日本大审院1926年12月12日判决,载 日本《判例拾遗(1)民事》第11页。

[6] [日]大塚仁:《注释刑法(增补第二版)》,青林书院新社1977年版,第1049页。

[7] 参见 日本大审院1926年6月9日判决,载 日本《大审院刑事判例集》第4卷378号。

[8] 参见 日本大审院1925年3月11日判决,载 日本《大审院刑事判例集》第3卷第2号第3页;日本最高裁判所1957年1月24日决定,载 日本《最高裁判所刑事判例集》第1卷第1号,第270页;日本最高裁判所1957年11月8日判决,载 日本《最高裁判所刑事判例集》第11卷,第306页。

[9] 参见 日本名古屋高等裁判所1956年3月5日判决,载 日本《高等裁判所刑事裁判特报》第3卷第6号,第252页。

[10] 参见 日本大审院1912年12月25日判决,载 日本《大审院刑事判例集》第5卷,第603页。

的习惯的,其占有仍归饲养主。[1]

由此看来,刑法中的占有与民法中的占有都主张从社会关系观念上认定事实支配的有无,在事实支配这一客观要素上也没有什么差别。

3. 所谓"占有观念化"问题

尽管在占有的主客观要素上刑法与民法几乎不存在差别,刑法学者仍然认为民法中的占有比较观念化。民法中的代理占有、间接占有,以及占有的继承移转在刑法上都不被承认。甚至刑法学上有人主张以"所持"或者"管理"代替民法上的占有用语。[2]但是,刑法中的占有与民法中的占有相比是否确实存在上述差别,是首先需要检讨的。

不可否认,"占有的观念化"在民法学中确实存在。所谓"占有的观念化",是指对物的事实支配并不是物理上的力的问题,应在一定的社会关系下把握。例如,某人放在电车行李架上的行李,不是归行李架下的乘客占有,而是归行李的主人占有。在此意义上与其说占有是一种事实倒不如说占有是一种社会观念。另外,随着社会组织的复杂化,占有的效果往往归于物的现实支配者以外的人,占有问题在某种程度上已经与现实支配的问题分离。

占有辅助者的占有以及间接占有就是民法占有观念化的一个重要视角。所谓占有辅助,例如某乙是某甲家的保姆,现实上是某乙支配财物,但是某乙事实支配的独立性比较弱,法律上不认为某乙是占有者,而认为某甲是占有者。又如,店员对财物的占有也属于辅助占有,店员没有被承认占有者的地位,店主才是占有者。辅助占有的场合下法律效果全部归于占有者而不是占有辅助者。

所谓间接占有,如租借人乙从出借人甲处取得物并使用保管的场合,乙不仅仅是现实地支配物并且对物的事实支配的独立性也比占有辅助者强得多,法律上乙可以作为直接占有者(也被称为他主占有)。另一方面,甲也可以作为占有者对待,甲的地位是间接占有者(也被称为自主占有)。占有的效果,归于甲乙两人。[3]

从占有辅助的情形来看,真正占有者的占有固然有事实支配的要素,但更重要的是社会观念的评价。至于间接占有,基本上是社会观念(或者制度上)拟制的占有,不包含事实支配的因素。

民法上"占有观念化"的另一种情况是占有的继承。也许民法上有人对于占有的继承还有不同意见,但至少被继承人和继承人同居的场合,被继承人死亡的同时学说上承认继承人事实上取得了对物的支配即继承了占有。被继承人和继承人不同居的情况下,被继承人死亡时继承人由于没有直接支配被继承人的财产,这时是否应当承认继承人的占有可能存在

---

[1] 参见 日本大审院1917年5月1日判决,载 日本《大审院刑事判决录》第22辑,第672页;日本最高裁判所1957年7月16日判决,载 日本《最高裁判所刑事判例集》第11卷第7号,第1829页。

[2] [日]牧野英一:《刑法各论(下)》,有斐阁1951年版,第562页;[日]泉二新熊:《刑法各论》,有斐阁1931年版,第678页;[日]木村龟二:《刑法各论》,法文社1957年版,第107页。

[3] 日本民法上有人将间接占有称为代理占有,将间接占有人称为代理人,将直接占有称为自己占有,直接占有者也称本人。但是这种场合下直接占有者和间接占有者没有基于意思表示的代理关系,代理占有之类的用语不适当(参见[日]铃木禄弥:《物权法讲义》,创文社1988年版,第69页)。

疑问。但是如果认为继承人没有继承被继承人的占有，至少会发生两个问题：第一，被继承人基于占有而进行的取得时效中断；第二，被继承人死亡后继承人现实支配财产之前，第三者窃盗遗产的，继承人由于当时没有取得占有而不能对窃盗者主张诉权，这是不合适的。

此外，在物权变动中，常常存在略式交付即简易交付、占有改定和指示交付。[1] 上述情况下虽然发生了"交付"，但占有的外形没有发生变动，物的事实上的支配的状态依旧。这是民法"占有观念化"的又一种形式。

与上述民法中"占有的观念化"相比，刑法学者一般从更现实的角度出发，不承认间接占有，也不承认在继承的场合下占有当然移转到继承人。[2] 如对于民法上动产的所谓间接占有，刑法上认为该种场合下只有事实上的支配才有意义，只承认对物的直接占有。

刑法原则上不承认动产的间接占有，主要是与侵占罪（即日本刑法中的横领罪）有关。刑法学界认为，（委托物）侵占罪的场合，作为所有人的委托者不是占有人，受托人才是占有人。[3] 这主要是由于，如果认为委托者是占有者的话，受托者的侵占行为同时也是侵夺占有的盗窃行为，受托者在成立侵占的同时也成立窃盗罪，由于盗窃罪通常情况下法定刑高于横领罪，受托者最终按照盗窃罪处理，没有成立横领罪的余地。

至于刑法为何否认占有的继承，按照日本刑法学者佐伯仁志教授的解释主要是因为在继承人全然不知情的情况下就认定继承人的占有，过于观念化。[4] 但另一方面死者的占有在一定场合又得到承认，如杀害他人以后杀人者又临时起意取走被害人财物的，日本最高裁判所在一个判例中认为，在和杀人者的关系上，被害人生前的占有在其死亡后仍然值得继续保护[5]，行为人在成立杀人罪的同时也成立盗窃罪。但是如果第三者窃取死者财物的，日本判例和学说一般认为死者的财物属于占有脱离物，第三者只成立占有脱离物横领罪。

但是，死者已经失去了事实上的支配力，刑事判例在杀人者夺取财物的场合下仍然承认死者的占有，不能不说是"占有的观念化"。另外，为何杀人者夺取死者财物的场合下死者的占有被得到承认，而第三者夺取死者财物的场合下又否定死者的占有，委实令人费解。因为除了没有实施杀人行为之外，第三者的夺取行为与杀人者的夺取行为并无差异。刑法学者一方面以过于观念化为由反对占有的继承，同时又在某些情况下甚至连死者的占有都认可，这说明刑法自身对于"占有的观念化"并不排斥。

---

[1] 简易交付是指让与之前受让人已经占有物，让与人转让物权时无需现实交付。占有改定是指物的让与人在让与动产后因某种原因继续占有物，这样让与人成了直接占有人，受让人以所有人的身份成为间接占有人。指示交付是指甲将物让与乙，但物在让与时实际上由丙占有，甲将物的返还请求权让与乙以代替交付。这三种交付形式都是观念性的，没有发生现实的物的支配转移。

[2] [日]大塚仁：《注释刑法（增补第二版）》，青林书院新社1977年版，第1049页

[3] [日]佐伯仁志、道垣内弘人：《刑法和民法的对话》，有斐阁2005年版，第164页（佐伯仁志发言部分）。

[4] [日]佐伯仁志、道垣内弘人：《刑法和民法的对话》，有斐阁2005年版，第164页（佐伯仁志发言部分）。

[5] 参见 日本最高裁判所1966年4月8日判决，载 日本《最高裁判所刑事判例集》第20卷第4号第207页。

既然如此，就不能说刑法中的占有只能是现实性的占有，民法中的占有可以是观念性的占有。"占有的观念化"无论在民法还是刑法中都存在，充其量只是程度有别。故有的刑法学者也说，"虽然对财物的现实支配是刑法上占有的要点，但现实握持财物的人常常不是占有者，应该说刑法中的占有概念在某种程度上已经观念化了"[1]。

其实，单纯强调刑法中的占有比较现实化、民法中的占有比较观念化并无太多实益。也许总体来说刑法中的占有比民法中的占有更加现实，但既然刑法在某种场合下也承认观念化的占有，就不宜泛泛地谈论这一问题，而应结合具体事例，提供实质的理由。

4. 小结

通过上述分析，可以认定刑法中的占有与民法中的占有没有一般刑法学者所言之差别。就占有的构成要素而言，刑法与民法基本相同。刑法与民法在占有上的差别不是含义和构造上的差别，而是在某种场合下，刑法是否承认某些民法占有类型（如间接占有）。既然如此，一般场合下刑法占有的有无完全可以根据民法中的占有理论来确定，而无须突出刑法占有的特性。

---

[1] [日]大塚仁：《注释刑法（增补第二版）》，青林书院新社1977年版，第1051页。

财产犯保护法益新探

马荣春　白星星[*]

摘　要：在我国刑法理论中，有关财产犯保护法益的理论主要存在所有权说、本权说、占有说、新占有说以及态度和缓的中间说。在学说论证与实践应用中弊漏尽显的所有权说依然占据通说地位的情形下，其余各学说针对其漏洞开启了在理论博弈进程中的自我推广之路，但因诸理论学说自身所具有的或多或少之缺陷，我国财产犯法益保护理论始终未能在学说论争中有所突破。国外有关财产犯保护法益的学说亦存在本权说、占有说以及中间说，其理论的发展与完善对我国刑法理论无疑具有借鉴意义。在遵循财产法法益保护认定原则的基础上，我国财产犯的保护法益当采以本权说为基础的中间说，即我国财产犯的保护法益应当是财产之所有权、本权以及不受整个法秩序责难的占有。

关键词：财产犯　保护法益　所有权说　本权说　占有说

引　言

财者，才贝也。"储备待用"谓之"才"，"钱币"谓之"贝"，故储备待用之钱币即"财"之本义也。《说文》有云，"财，人所宝也"。俗语亦有云，"人为财死，鸟为食亡""君子爱财，取之有道""财能通天，势能压人"。凡此种种皆表达了"财"之于人的重要意义。然而，财物既然能为人类带来美好的生活，其同样会因自身之宝贵而为个人乃至社会招致灾祸。发生于现实生活中的种种侵财行为便是人们源于财物的恶念在人类生存与发展的历程中所开的"恶之花"，而这浑身散发着贪欲的"恶之花"终会以其毒性剧烈的"恶果"为世人乃至整个社会带来无尽的祸患。为了遏制侵财行为的肆意涌现，针对严重危害社会的侵财行为之罪与刑便应运而生。具体到我国财产犯罪行为之规制即我国现行《刑法》将侵财类犯罪作为独立章节加以规定，足见其对我国公民公私财产之保护力度。然而，强有力之财产法益保护并不能满足财产犯罪理论的发展。对财产犯罪之理论研究，首当其冲之问题便是《刑法》中独立成章的侵犯财产罪所保护的法益究竟为何物？在学说立场上究竟该支持所有权说还是本权说？占有说还是各自以本权或所有权为基础的各种中间说？另一方面，一直以来被人们所推崇的所有权说在财产犯保护法益论争中的"肌无力"以及多种学说的"强势崛起"又使得刑法理论

---

[*] 马荣春（1968—），男，江苏东海人，扬州大学法学院教授，硕士研究生导师，刑法学博士后。研究方向：刑法基本理论与实践。白星星（1990—），女，山西临县人，扬州大学法学院2013级刑法学硕士研究生。研究方向：刑法基本理论与实践。

中财产犯保护之法益愈加模糊。此时,在众多学说的论争中寻求一种理论或者逻辑上的突破以指导司法实践便成为财产犯罪理论研究的重中之重。

一、我国财产犯保护法益之理论介评

(一) 我国财产犯保护法益之理论介绍

一直以来,我国刑法学界在财产犯的理论问题研究上存在着所有权说、本权说、占有权说以及各自以本权说或占有权说为基础而派生出的种种修正说。然而,学说的繁杂并未造就财产犯罪理论的成熟化与系统化,浅尝辄止、蜻蜓点水式的探讨总有隔靴搔痒之感,欲尽兴却"意犹未尽"。

首先兴起的是"所有权说",亦即"限制的本权说",其是我国刑法学理论中关于财产犯最为传统之学说,其贯穿于我国刑法条文与司法实践之中,对我国刑法理论与司法实践影响颇深。该说基于我国民法中的所有权制度,认为财产犯罪保护的客体(即法益)是国家、集体以及公民的财产所有权,其包括占有、使用、收益、处分四种权能,而其中的处分权能居于核心地位,即财产所有权人可以根据自己的意志对自己所有之财产任意作出处置。易言之,只有财物之上的所有权才是财产罪的保护法益,只有侵害财物所有权的行为才能成立侵害财产罪。[1]

另外,该学说亦认为,财产犯保护的法益——财产所有权虽然是民法所承认之所有权,但其在本质上仍然与财产犯保护法益之本权说有所区别,在我国《刑法》所规定的侵犯财产罪中"除挪用资金罪、挪用特定款物罪以外,其他犯罪都是对所有权全部权能的侵犯,是对所有权整体的侵犯,是绝大部分财产罪的本质特征"。[2] 该说在我国刑法理论与实践中一度占据了重要地位,但随着其他理论学说的强势崛起,所有权说愈发为诸多刑法学者所诟病。

针对"所有权说"而兴起的是"本权说"。在该说看来,"所有权说"亦即"限制的本权说"并不能充分保护公私财产之合法权益,因为财产权并不仅仅代表所有权,其还包括物权、债权、租赁权等等其他权利。而在财产犯保护法益的立场上坚持"本权说"则可以将所有权以外的其他权利悉数囊括,如此财产权之保护将更加全面,从而克服了"所有权说"保护范围过于狭窄之弊端。

"占有说"是继所有权说与本权说之后的又一大学说。持该说的学者认为:"盗窃罪的客体只能是他人对于公私财物的占有权,不论行为人盗窃的是所有权人的财物还是非所有权人的财物,占有权的行使都受到了妨害,对于侵犯财产的犯罪行为而言,刑法所保护的应该是被占有财物的财产秩序,而这一点是所有权所无法完全包涵的。"[3] 易言之,侵犯财产罪对公私财产的保护首先必须保护财产之占有本身,且无论该占有是善意还是恶意都应当一

---

[1] 冯春萍,张红昌:《财产罪的保护法益探究》,《法学杂志》2012年第12期,第45页。
[2] 王越:《财产犯罪法益探微》,2014年山东大学硕士学位论文,第19页。
[3] 蔡英:《盗窃罪犯罪客体及对象研究》,《西南政法大学学报》2005年第4期,第96页。

律加以保护。如此,财产之占有关系便可得以稳定,国家、集体或者公民个人的财产权益才能得以更好的保护。

在占有说之基础上,有学者提出了"新占有说",即侵犯财产罪保护的客体是对财物之占有本身,且行为人主观上必须具有"非法占有"的目的。[1]

"中间说"是刑法理论界就财产犯保护法益问题所提出的一种相对和缓的学说,其包括基于本权说的中间说和基于占有说的中间说。基于本权的中间说为我国刑法学者张明楷教授与黎宏教授所持,张明楷教授认为:"财产犯的法益首先是财产所有权和其他本权,其次是需要通过法定程序恢复应有状态的占有。但在相对于本权者的情况下,如果这种占有没有与本权者对抗的合理理由,对于本权者恢复权利的行为而言,则不是财产犯的法益。这里的'财产所有权'可以根据民法的规定来确定,即包括财产的占有权、使用权、收益权和处分权,而且将其作为整体来理解和把握。'本权'包括合法占有财物的权利以及债权;'需要通过法定程序恢复应有状态'既包括根据法律与事实,通过法定程序恢复原状,也包括通过法定程序形成合法状态。"[2]黎宏教授则对张明楷教授的观点进行了批判与借鉴,其认为财产犯之保护法益需在法规范整合性原则与坚持保护法益的原则下予以认定,即财产犯罪的保护法益,首先是公私财产的所有权以及租赁权、借贷权等本权,其次是"未经法定程序不得没收的利益"。其理由在于,除了所有权之外,租赁、借贷等合法权利也值得刑法作为法益加以保护。另外,有些不具有本权根据的占有状态,其在民法上虽然属于非法占有,但作为一种事实状态,也有保护之必要。[3]基于占有说的中间说源于日本刑法理论中合理对抗本权的占有说,二者在逻辑思路上并无二致,其认为财产犯的保护法益以占有本身的独立保护价值为前提,财产犯的保护法益即"限定后的占有",亦即有条件的占有,能够"合理对抗本权的占有",而在"占有"能否合理对抗本权的认定上则需在行为人与占有人之间进行法益衡量。[4]

(二)我国财产犯保护法益之理论评述

财产犯保护法益诸理论之论争固然丰富了财产犯之理论内涵,促进了财产犯自身之发展完善,然而上述理论学说却并非个个严密周详。

"所有权说"虽然出现最早、影响最甚,但其弊端同样难以忽视。若从"所有权说",行为人骗取或劫取由他人合法占有之自身合法所有财产之行为将无法以诈骗罪或抢劫罪论处,财物合法占有人之权益将无法保护。另外,若行为人骗取的是为他人占有之毒品或违禁品,依所有权说亦无法以诈骗罪论,而这明显与司法实践乃至刑法之目的相悖。再者,现代社会属于市场经济体制,财物不再是农耕文明时代的占有与所有基本合二为一之状态。社会分工的专门化加剧了财产的流转,所有与占有相分离成为社会充分利用社会资源的一种科学发展方式。此时,若仍然欲通过保护财产之所有权来保护财产所承载的所有权益,那么财产

---

[1] 陈洪兵:《财产罪法益上的所有权说批判》,《金陵法律评论》2008年春季卷,第136页。
[2] 张明楷:《刑法学》,法律出版社2007年版,第702页。
[3] 黎宏:《论财产犯罪的保护法益》,《人民检察》2008年第23期,第27页。
[4] 王越:《财产犯罪法益探微》,2014年山东大学硕士学位论文,第20页。

利用人之合法权益便会成为财产所有权人法益保护下的牺牲品,这显然不是刑法立法与理论之初衷,故于财产犯保护法益上"所有权说"实难自持。

源于国外刑法理论的"本权说"将财产法益之保护延伸到了所有权以外的其他权利,弥补了"所有权说"权利保护范围过窄的漏洞,但纯粹意义上的"本权说"却会因为一个"权"字将非法占有排除在财产犯的保护范围之外,而使得在民事上难以称为权利的单纯经济利益场合中行为人之行为难以按财产犯罪论,进而有违刑法保护法益之目的。另外,"本权说"对夺取违禁品的行为在司法实践中成立财产犯罪的认定难以作出明确合理之解释亦是该理论为人所诟病的"硬伤"。

针对"所有权说"法益保护范围过于狭窄之弊端而衍生的"占有说"着实纠正了"所有权说"法益保护范围过窄的问题,但该说却在纠正一个极端的时候走向了另一个极端,使得财产犯保护法益的过分扩大。该说认为,占有本身就是法益,不管是非法占有还是合法占有,刑法都应该予以保护。此种说法直接导致以保护公私财产为目的的财产犯异化成为维护财产秩序的工具。如此一来,被害人从行为人处夺回自己财产之自救行为便会以盗窃罪或抢劫罪论,这显然有违常理。另外,在不可罚的事后行为问题上,"占有说"难以自圆其说。如行为人将盗窃所得之财物毁损,那么按照"占有说",盗窃罪并不能将该行为人的盗窃行为与财物毁损行为全部评定,而应当以盗窃罪和故意毁坏财物罪数罪并罚。如此,显然与刑法的谦抑性相悖,可见"占有说"在财产犯保护法益的衡量上同样有欠妥适。

新占有说之提法固然新颖,但其将行为人主观上"非法占有"之故意强行纳入法益保护之中,混淆了财产犯之客体与主观方面,着实不可取。

中间说相对于前述几种学说显然要和缓谨慎得多,张明楷教授的中间说既有"本权说"的可取之处,又符合社会公众的一般认识,具有较强的实践操作性。纵然此种中间说将占有与本权相列,二者之实体仍不失同一性,然张明楷教授所持之中间说以"需要通过法定程序恢复应有状态的占有"概括财产犯保护的除所有权和本权以外的法益在无形中否定了被害人的自救行为,亦为不妥。黎宏教授所持的中间说认为财产犯所保护的法益除了所有权和其他本权之外还应当包括未经法定程序不得没收的利益,其将不为民法所承认的单纯经济利益以及非法占有概括为"利益"虽然避免了层次上的混乱,但相较而言仍然不太妥当。

二、国外财产犯保护法益之介评

(一)国外财产犯保护法益之理论介绍

德日刑法理论中财产犯保护法益之争论亦是争锋相对、如火如荼,而其所围绕的主要是夺取型财产犯的保护法益。在德日刑法理论中,所谓夺取型财产犯,最为典型的便是盗窃罪,主要是指行为人排除他人对财物之占有而转为自己占有的犯罪。[1]在该类犯罪保护法益问题的论争中,德日刑法学界主要存在以下几种理论。

---

[1] 黎宏:《论财产犯罪的保护法益》,《人民检察》2008年第23期,第25页。

其一,"本权说"。该说是近代市民社会"所有权神圣不可侵犯"法律思想下的完善性学说。在所有权居于神圣地位的近代市民社会,诸多刑法学者认为,以盗窃罪为代表的夺取型财产犯罪是以侵害财产的他人占有为手段进而侵犯他人财产之所有权的犯罪,故财产犯的保护法益除了财产之所有权之外还应当包括借贷、质押、留置等权利。因为若在财产犯法益保护的过程中仅将所有权作为保护客体,那么行为人擅自窃取或夺取借给他人之财物的行为将难以以财产犯罪论处,以占有为基础的借贷权、质押权、留置权就会成为财产犯保护法益的保护盲区,这明显与法理相悖。因此,财产犯的保护法益当为财产所有权以及所有权以外的其他本权,该说法便形成了德日刑法理论中的本权说。

其二,"占有说"。于二战前为日本刑法学家牧野英一博士所倡导的"占有说"在一定程度上适应了高度发展的资本主义经济状况,故在日本刑法学界盛极一时。该说认为,于民法领域中的占有既然可以从本权中脱离出来进而被独立保护,那么刑法领域中的持有同样可以作为独立之法益为财产法所保护。就具体的财产犯罪而言,如盗窃罪,其犯罪客体与其说是财产之所有权,倒不如说是财产的他人持有之本身。如此,纵然行为人没有侵害财物之所有权或其他本权,刑法同样能以财产犯罪规制行为人。另外,在资本主义高度发达的现代社会,占有这种事实状态本身应当受到保护,为通过禁止私力救济维持财产秩序,无论占有是否具有民法上的权源都应当受到保护。[1]

其三,"中间说"。该说作为刑法上的保护法益原则和民法上的禁止自救原则的协调手段而提出的折中方案,由于在形式上似乎将上述二者达成了统一,因此得到了多数人的支持。[2]"中间说"以修正的占有说和修正的本权说为主要理论支撑,但修正的占有说和修正的本权说却在财产犯保护法益的立场上有异曲同工之效:同属中间说的两种观点皆以"占有"为财产犯的保护法益,且该"占有"并不仅限于民法中的合法占有权,而是包含了民法意义上合法占有的更广义上之占有。但二者又承认了自救行为的合法性,认为财产所有权人从盗窃行为人处夺回自己的财产并不会侵害盗窃行为人对财物的占有,因而不构成财产犯罪。

英美刑法理论中,财产犯的保护法益同样围绕着"占有"展开。以盗窃罪为例,英美刑法中,"成立盗窃罪,要求行为人在攫取财产时,该财产必须是有主物,即属于他人。……根据英国《1968年盗窃罪法》第5条和香港《盗窃罪条例》第6条的特别法律解释,任何人占有或控制财产,或者对财产享有所有权或权益(不是仅根据转让或授予权益协议而受衡平法保障的权益),财产即属于该人所有。这就意味着,'他人的财产'不限于他人对财产享有所有权的情形,其范围被延伸至他人对财产享有占有权或控制权的场合"。[3] 由此可见,英美刑法中盗窃罪之犯罪构成要件同样包含了财产"属于他人"。这便意味着,就该财产而言,他人具有财产所有权或者他人对财物享有合法占有权。据此,英美刑法中财产法的保护法益理论

---

[1] [日]松原芳博:《财产犯罪的保护法益》,《法学研讨会》2012年第10期,第123页。
[2] [日]大谷实:《刑法讲义各论》,中国人民大学出版社2008年版,第175页。
[3] 赵秉志:《英美刑法学》,科学出版社2010年版,第342页。

与德日刑法理论中的本权说并无二致。

(二) 国外财产犯保护法益之理论评述

国外发达的刑法理论并未为财产犯保护法益理论的论争增添多少异样的色彩,相关理论之发展路径同样未能摆脱为世人所诟病的命运。

首先,"本权说"纵然在德日曾盛极一时,但随着刑法理论的纵深性发展以及经济交往的复杂化,人们越来越意识到"本权说"的弊漏。且不说"本权说"是否符合社会发展之现状,仅就其在对侵害单纯经济利益之行为的定性上,该说便大有违背刑法保护法益之目的的嫌疑。如按照"本权说",行为人侵害他人难以称得上民事权利的单纯经济利益之行为便无法被认定为财产犯罪。此种情形显然有违"常识、常理、常情"[1],实非刑法在保护法益的进程中所意欲看到的局面。因此,本权说在国外刑法理论中的由盛转衰亦是情理之中了。

其次,"占有说"于二战之后以压倒之势盖过"本权说"而迅速走红,其根本原因在于大量非法获取财产性利益的犯罪于二战之后粉墨登场,此时保护与所有权无关的财物之占有便成为刑法恢复财产秩序的必由之路。与此同时,以占有为财产犯之保护法益的司法判例层出不穷,而这更加速了"占有说"的问世。然而,"占有说"迅速替代"本权说"占据了德日刑法理论的通说地位并不意味着该说在逻辑论证或理论推演上完美无缺。或言之,"占有说"在刑法理论中发展的最大弊漏便在于其对自救行为的严厉禁止。详言之,财产所有权人从盗窃者或抢劫者处盗回原本属于自身所有之财产的行为在"占有说"的理论之下将被认定为财产犯罪。此种认定显然荒唐至极,其无异于以刑法强制之力保护犯罪行为人而使得被害人之合法权益被弃若敝屣,无人问津。"占有说"以维护社会秩序为先、保护财产法益在后的做法着实有违刑法对公私财产权益保护之宗旨,故该说亦欠妥适。

最后,"中间说"是对纯粹本权说与纯粹占有说折衷的结果,其作为刑法上的保护法益原则和民法上的禁止自救原则的协调手段而提出的一种折衷方案,在形式上取得了刑法上的法益保护原则与民法上的禁止自救原则的统一。固然该说克服了纯粹本权说与纯粹占有说"极端"之弊漏,但其在经济利益和法律利益的考量上却显得有些暧昧不清,刑法财产法益保护和民事财产秩序维护兼顾下财产法益保护的范围如何界定以及在维护整体法秩序与保证刑法独立性的情形下,财产法益的保护范围又该如何限定?"中间说"并未进一步对此作出阐释,故"中间说"同样有待进一步完善。

英美刑法中财产犯法益保护之理论与德日刑法财产法益保护理论中的"本权说"并无二致,故其理论的优缺点亦与上述之"本权说"如出一辙,此处不再赘述。

三、我国财产犯保护法益之落脚

国内外财产犯保护法益之理论论争并未改变该理论发展之乱象。财产犯所保护的法益

---

[1] 常识、常理、常情:是指为一个社会的普通民众长期认同,并且至今没有被证明是错误的基本的经验、基本的道理以及为该社会民众普遍认同与遵守的是非标准、行为准则。陈忠林:《常识、常理、常情——一种法治观与法学教育观》,《太平洋学报》2007年第6期,第16页。

究竟是什么？相关之理论学说皆未能在论争之后给出一个相对权威的说法。事实上，财产犯保护法益之认定仅仅依靠单纯的法益权衡并不能真正解决问题，而从根本上把握财产犯保护法益之认定应当遵循的原则，方能使得财产犯保护法益之判断更加科学、严密。

（一）财产犯保护法益之认定原则

其一，只有不被整个法秩序所责难的利益才是刑法所保护的利益。刑法纵然是一个相对独立的部门法范畴，其理论的发展也不应依附于其他理论，但刑法既然是社会成员的行为规范，是合法利益得以维护、社会秩序得以保障的利器，是人们长期以来形成的并为社会公众所普遍接受的正义观念之规范性体现，则其自当以符合常识、常理、常情为前提对相关利益进行保护。由此，非法利益便会因其自身之非法性而被排除在刑法法益保护范围之外。依据此一原则，占有说对非法占有的保护显然不符合刑法保护合法生活利益的条件。另外，刑法是后盾之法，某些生活利益纵然不被民法以权利的形式承认，但只要这些生活利益不违法，刑法都应当予以保护。易言之，刑法所保护的利益是客观的。据此，"本权说"将不被民法所承认的单纯经济利益排除出刑法法益的保护范围亦是其理论逻辑构建上的疏漏。

其二，纯粹的社会秩序不应是财产犯保护之法益。财产犯是围绕财产权所设立的犯罪，其行为归根结底是对个人法益的侵害，将纯粹的社会秩序强行纳入财产犯的保护范围只会让个人法益沦为社会秩序的牺牲品，而个人法益的牺牲又会加剧社会公众对法的不信任进而造成社会的不稳定，若社会不稳定，社会秩序又何以维系？因此，个人法益的维护无疑是财产犯法益保护的主要任务。前述之占有说严厉禁止自救行为、变相保护非法占有显然是着眼于社会秩序的维护，其对个人法益的忽视直接导致了财产法益保护的名存实亡。

其三，财产犯保护法益之认定不应走向范围过宽或过窄的极端。刑法所保护的法益尤其是财产犯所保护的法益代表了刑法在规范意义上的价值取向，其具体表现便是刑法对公民财产权益的保护力度。保护范围过宽或过窄将意味着保护力度的过大或过小。刑法对公民财产的保护力度过大则会造成公权力对公民生活的过分干预，而保护力度过小则又会使得公民财产的存续失去应有的保障。此时，在轻重之间做到恰当的拿捏便显得尤为重要。"所有权说"的过分谨慎与占有说的过度宽泛都使得财产犯难以恰到好处地保护公民之财产权。纯粹的本权说虽然克服了"所有权说"保护范围过窄的弊端，也未过分扩大财产犯的法益保护范围，但其仍然有所疏漏。因此，在"本权说"的基础上对其遗漏的部分进行增补是财产犯法益保护理论的最佳出路。

（二）财产犯保护法益之理论"去从"

从前述的理论对比中不难发现，国内外财产犯保护法益之理论发展路径有惊人的相似之处，且其中每个相对应的具体理论亦是大同小异，但如今国外刑法理论中的中间说受到多数刑法学者支持的情形让我们不得不反思我国财产犯保护法益主流理论胶着难产、趋向难见的局面。"所有权说"的根深蒂固使得财产犯法益保护理论的发展总有束手束脚之感；"占有说"则作为刑法理论发展中的"后起之秀"，以全新的理论迅速吸引了诸多刑法学者的眼球,然而其"形式大于内容,求新胜于求真"的发展方式却并不能从真正意义上求得财产法保护之法益;从国外刑法理论借鉴而来的本权说纵然在一定程度上克服了所有权说保护范围过窄的弊病,亦避免了占有说保护范围过宽的缺陷,但在单纯经济利益的保护上仍然显得力不从心。此时,以本权说为基础,将不为民法所承认的客观单纯之经济利益纳入财产犯法益保护范围的以本权说为基础的中间说便可以恰到好处地保护公民之财产法益,而不至于让社会秩序的维护挤占了刑法保护公民合法权益的空间。

财产犯罪竞合中的法益同一性判断

王彦强*

摘　要：我国刑法中"特别法惟轻"的法条竞合现象，的确有部分是因为错将想象竞合当作法条竞合造成的。区分法条竞合与想象竞合的实质标准是法益同一性。属于同类法益的具体法益之间未必具有同一性，而不属于同类法益的具体法益之间也未必不具有同一性。当判断竞合关系涉及侵害复合法益的犯罪时，不能忽视必要保护之次要法益，次要法益与它罪法益亦可能具有法益同一性；不能混淆次要法益与附随法益，误将附随法益当作次要法益，将导致法条竞合现象的不当扩张；法益是否同一除考虑法益性质和内容外，也受制于法益保护范围和程度，即保护相同法益，但在保护程度或范围存在轻重大小之别的条文之间，亦可认为法益不同一，而成立想象竞合。

关键词：法条竞合　想象竞合　法益同一　同类法益　次要法益　附随法益

一、问题的提出

刑法竞合论（Konkurrenzlehre）问题之复杂难解，使其不仅成为学理上无奈的痛，亦成为实务上生怕碰触的伤痕。"竞合问题仍旧纠缠着刑法学理，仍旧是刑法大陆中的百慕大三角洲，依然是刑法领域中的危险丛林地带。"[1]而"自然犯与法定犯一体化的立法体例""立法定量——罪量因素""（不属于封闭特权条款的）特别法惟轻"等"中国元素"的加入，使得这一"危险丛林"更显深邃幽暗。中国式竞合论的争点主要集中在法条竞合特别关系[2]的处理上：即在我国刑法中，当适用特别法条处罚明显轻于普通法条时，是依然坚持"特别法条优于普通法条"之法条竞合一般适用原则还是可以（补充）适用"重法优于轻法"原则？当行为程度尚未达到立法或司法解释所确定的特别法条罪量起点，但已超出普通法条罪量标准时，能否转以普通法条定罪处罚？例如，刑法理论一般认为，盗窃罪与盗伐林木罪系特别关系法

---

* 王彦强（王强），南京师范大学法学院副教授，法学博士。
[1] 柯耀程：《刑法竞合论》，中国人民大学出版社2008年版，第2页。
[2] 通说一般将法条竞合分为"特别关系""补充关系"和"吸收关系"三种（另有部分学者提到的择一关系已基本不被承认），形成"特别法条优于普通法条""基本法条优于补充法条""吸收法条优于被吸收法条"三个适用原则。不过，诚如学者所言：不同关系间并非绝对，仅是观察角度不同，所赋予的概念差异而已。"特别关系"与"补充关系"，不过是构成要件体系之静态观察角度不同而已，"吸收关系"亦可谓为"特别关系"在具体适用时之相对应关系，"吸收关系"可以说就是一种"特别关系"或者"补充关系"。详见柯耀程：《刑法竞合论》，中国人民大学出版社2008年版，第136-152页；张明楷：《刑法分则的解释原理》（第二版），中国人民大学出版社2011年版，第686-701页。如此，以特别关系涵盖法条竞合关系之全部，亦不为过。

条竞合,倘若行为人盗伐林木的行为尚未达到盗伐林木罪"数量较大"的罪量标准,但林木价值已超出盗窃罪"数额较大"标准时,是仅按盗伐林木之一般违法处置,还是转以盗窃罪论处?倘若行为人盗伐的林木已达到盗伐林木罪数量标准,同时林木价值也已超出盗窃罪数额标准,是依特别法条——盗伐林木罪处置,还是需要比较两罪刑罚轻重,择一重罪处罚?再比如,对于诈骗罪、合同诈骗罪、集资诈骗罪之特别关系法条竞合,根据司法解释,集资诈骗罪成立的数额起点为10万元,倘若行为人集资诈骗9万元,是集资诈骗的一般违法,还是转以诈骗罪(或合同诈骗罪)处理?倘若行为人集资诈骗10万元以上,是直接按集资诈骗罪定罪处罚,还是应当比较集资诈骗罪与合同诈骗罪(或诈骗罪)之刑罚轻重,从一重罪处罚?

就此,学理上形成"特别法绝对优先论""重法补充适用论""重法绝对优先论(包括不必区分法条竞合与想象竞合的'大竞合论')"的理论争议。本文无意再就诸说做具体评议,笔者仍坚持"特别法绝对优先论"的基本立场。[1] 本文感兴趣的是,在这场争论中,"重法优先论"("重法补充适用论"与"重法绝对优先论")对"特别法优先论"的修正甚至否定,都是基于"罪刑相适应(罪刑均衡)"的考量;而"特别法优先论"则几乎一致反击"重法优先论"有违"罪刑法定"。在此,为何同为刑法基本原则的"罪刑法定"与"罪刑均衡"变得有点关系紧张?要知道,在大陆法系刑法理论中,"罪刑均衡"经常被视为罪刑法定原则的应有之义。[2] 在我国也承认"虽然我国现行刑法将罪刑相适应原则独立于罪刑法定原则之外,但后者事实上可以包含前者"。[3] 对分则条文的解释,"既不能仅遵守罪刑法定原则而忽略罪刑相适应原则,也不能仅遵守罪刑相适应原则而违反罪刑法定原则"[4]。如此看来,这种紧张关系未免让人困惑。

重法优于轻法原则,实质就是将想象竞合犯"从一重罪处断"的处罚原则适用于法条竞合。[5] 可明明是法条竞合关系,明明有一个评价更充分、更完整的特别法条,为何选择适用该特别法条却会导致罪刑失衡呢?而倘若补充适用甚至替代适用想象竞合的处罚原则,选择以普通法条(重罪)论处,难道仅一个"处罚更重"就可以成为我们放弃适用在犯罪宣告层面明显评价更充分、更完整的特别法条的充足理由吗?如此颇有些犯罪宣告与刑罚处置的两难境地。

何以会陷入两难窘境?为何在坚持竞合论基本法理与实现罪刑均衡二者间不能两全?除问责于立法,站在解释学的立场,还有一种可能就是,或许在源头上我们就已经犯下错误,即:是否一开始我们将争议条文理所当然地视为法条竞合关系,本身就是一个错误!"长期

---

[1] 诸说的具体评议及笔者主张,参见 王强:《法条竞合特别关系及其处理》,《法学研究》2012年第1期。
[2] 参见[日]山口厚:《刑法总论》(第二版),有斐阁2007年版,第21页;[日]松宫孝明:《刑法总论讲义》(第4版),成文堂2009年版,第26页;[日]西田典之:《刑法总论》(第二版),王昭武、刘明祥译,法律出版社2013年版,第47页。
[3] 张明楷:《刑法原理》,商务印书馆2011年版,第36页。
[4] 张明楷:《自然犯与法定犯一体化立法体例下的实质解释》,《法商研究》2013年第4期。
[5] 车浩:《强奸罪与嫖宿幼女罪的关系》,《法学研究》2010年第2期。

以来,我国刑法学存在的一个重大问题是将大量的想象竞合归到法条竞合中的特别关系。"[1]如果这一判断为真,那么,那些富有争议的例证,多数可能本不应该存在争议。"或许,问题的根本解决还取决于如何合理划定特别关系的法条竞合的范围。"[2]如此看来,重新评估争议条文之间的竞合关系,的确是消除至少是缓解上述窘境的当务之急。

二、"'异质竞合条款'想象竞合化"的观点

重新评估争议条文间的竞合关系,也就是要否定这些条文之间的法条竞合关系,将其解读为想象竞合。这种"'异质(法条)竞合条款'想象竞合化"的观点[3],其实早有学者提出。例如吕英杰博士认为,法条竞合不仅是法条之间的形式上的逻辑关系,具有包含或者交叉关系的法条还必须是为了保护同一法益的目的而设立时方能构成。对于某些形式上存在包含、交叉关系的法条,以"法益不同一"为由,否定法条竞合关系,而认定为想象竞合,适用从一重处断原则,既能防止适用特别法条造成的轻判现象,又避免与立法"本法另有规定的,依照规定"的法条竞合适用规定之间的冲突。例如,侵犯个人法益的过失致人死亡罪与侵犯国家法益、公共或社会法益的玩忽职守罪、交通肇事罪和医疗事故罪之间;侵犯个人法益的诈骗罪与侵犯社会法益的合同诈骗罪、金融诈骗罪之间,都不是法条竞合,而是想象竞合,应当从一重处断。如此,我们常见的普通法与特别法间存在法定刑轻重倒置现象的法条竞合事例,实则想象竞合关系。[4]

张明楷教授亦表达了类似的主张。张教授认为,在当前我国自然犯与法定犯一体化立法体例下,对犯罪之间关系的判断必须重视两点:第一,对犯罪之间关系的判断必须考虑法条的法益保护目的。刑法分则条文的目的决定了对构成要件的解释,也决定了法条竞合与想象竞合的区分。我国刑法理论上所讲的特别关系几乎没有边际,其中一个重要的原因就是刑法理论没有充分检讨立法者制定刑法分则条文的目的。一个保护公法益的法条与一个保护个人法益的法条不可能形成法条竞合关系,当一个行为同时触犯保护公法益的法条与保护个人法益的法条时,唯有认定行为同时侵害了公法益和个人法益,进而认定成立想象竞合犯,才符合立法者制定刑法条文的目的,才能充分全面地评价该行为。第二,对犯罪之间

---

〔1〕 张明楷:《自然犯与法定犯一体化立法体例下的实质解释》,《法商研究》2013年第4期。

〔2〕 陈洪兵:《以罪刑相适应原则破解刑法中的注意规定——以生产销售伪劣商品罪的相关规定为切入点》,《政治与法律》2013年第2期。

〔3〕 理论界存在广泛争议的"普通法与特别法间存在罪刑轻重倒置现象(简称'特别法唯轻')的法条竞合事例",如盗窃罪与盗伐林木罪之间,诈骗罪与合同诈骗、金融诈骗罪之间,竞合的二个法条(罪名)分属侵犯个人法益犯罪与侵犯社会法益(公法益)犯罪,属于不同类罪下的具体个罪,姑且称其为"异质的、不典型的法条竞合"。与之对应的是发生在同类罪下的二个法条(罪名)之间的"同质的、典型的法条竞合"。在此,有观点主张将这种刑法理论一般认为属于法条竞合的异质法条之间的关系,解读为想象竞合。本文将其称为"'异质竞合条款'想象竞合化"的观点。

〔4〕 参见 吕英杰:《刑法法条竞合理论的比较研究》,载 陈兴良主编:《刑事法评论》(第23卷),北京大学出版社2008年版,第482页以下。

关系的判断必须考察刑法适用的后果。"法条竞合,不是构成要件符合性判断的问题,而是犯罪成立后的刑罚法规(法条)的适用问题。"[1]既然是法条适用问题,那么就不能不考量其适用后果是否公正、合理。当将某种事项确定为法条竞合必然得出不公正的结论时,就必须否认法条竞合,进而试图采取其他路径,确保刑法适用后果的公正性。基于以上两点,当刑法分则中较轻的法定犯规定中包含较重的自然犯时,在行为符合自然犯犯罪构成的前提下,应当运用想象竞合犯的原理对该行为以自然犯论处,而不应当以法定犯论处。据此,诸如非法采矿罪与盗窃罪、嫖宿幼女罪[2]与奸淫幼女型强奸罪、盗伐林木罪与盗窃罪、抽逃出资罪与职务侵占罪等存在争议的犯罪关系,都不是法条竞合,而是想象竞合。[3]

"异质竞合条款"的想象竞合化,将饱受争议的"异质法条竞合特别关系"事例解读为想象竞合,这样,既维护了法条竞合特别关系及其"特别法条优于普通法条"处置原则的基本法理,也避免了特别法条适用时的刑罚轻重倒置现象;既不违背罪刑法定,又实现了罪刑均衡。的确可谓完美的解释论方案。

三、法益同一与同类法益

不过,"异质竞合条款"之所以可以"想象竞合化",前提必须是这些条款关系原本就不符合法条竞合的特征。倘若是将实为法条竞合的条款关系强行解读为想象竞合,那么,这种解决方案不仅无助于问题解决,而且必将激起更基础性的矛盾冲突,对刑法基本原则、基本原理的冲击,较之相对折衷的改良方案,更有过之而无不及。因此,法条竞合与想象竞合的区分标准,即是检验这一方案成立与否的理论基础。

法条竞合和想象竞合的区分,可谓一直困扰学界的理论争点。尤其是,"法规竞合总是不断地向想象竞合的法律后果靠近。在文献中,在部分颇为严厉的说法中指出,这种司法判决使得区别'几乎失去了意义',这种区分的意义'几乎减少到零'"。[4]法律后果的趋同,使得法条竞合与想象竞合区分的必要性也备受质疑。不过,"法官的审判工作,并不只在判一个刑就好了,而是也要让人知道,行为人错在哪里。犯罪宣告的本身,同时也就是在宣示,什么事情是错的,是不被容许发生的。从此一观点出发,到底行为人做错了什么事,我们必须有清楚的交代"。[5]刑事判决不止于刑罚决定,首当其冲的乃是犯罪宣告,昭告"行为人做错了什么事"。"所谓行为人做错了什么事,从刑法保护法益的目的来看,所指的也就是行为人侵害了什么法益。因此,对行为人行为的犯罪宣告,就必须把每一件侵害法益的事情讲出

---

[1] [日]井田良:《讲义刑法学·总论》,有斐阁2008年版,第524页。原文注。
[2] 嫖宿幼女罪已为2015年8月29日通过的《刑法修正案(九)》废除。
[3] 参见 张明楷:《自然犯与法定犯一体化立法体例下的实质解释》,《法商研究》2013年第4期。
[4] 参见[德]克劳斯·罗克辛:《德国刑法学总论》(第2卷),王世洲等译,法律出版社2013年版,第650页。
[5] 黄荣坚:《基础刑法学(下)》(第四版),元照出版社2012年版,第898页。

来。"[1]而法条竞合与想象竞合之间的差异正集中在"犯罪宣告"上。法条竞合乃一行为侵害一法益而触犯数罪名,想象竞合则是一行为侵害数法益而触犯数罪名。[2]详言之,法条竞合,乃一行为侵害了一个法益,惟刑法中保护此一法益者设置了数个罪名可资适用,此时只能选择其一(最能反映该行为不法全貌者)宣告,否则即是对同一法益侵害事实的重复评价;而想象竞合,则是一行为侵害了数个法益,非刑法某一罪名单独适用可以完整涵盖,惟数个罪名同时宣告,方能完整评价其不法全貌。可见,法条竞合可谓"一行为一罪一罚",想象竞合则是"一行为数罪一罚"。在罪名宣告、法条援引上,法条竞合是一个刑法法规排除其他法规,被排除的法规并不出现在有罪判决中;而想象竞合,则必须将所有同时被触犯的刑法法规一一列出。[3]"想象竞合之所谓'从一重处断',不应该是在判决主文中仅宣告以一罪名的意思,而是就其法定刑的部分以其中的重者为标准(单一刑罚)的意思。实务上对于想象竞合一行为触犯数罪名的情形,在主文中只宣告重罪的罪名,显然是对所谓'从一重处断'的意思的严重误解。"[4]由此说来,作为单纯一罪、非真正竞合的法条竞合,与作为处断一罪、真正竞合的想象竞合之间,不是不必区分,而是必须严格区分。

那么,如何区分二者?抑或法条竞合的认定标准为何?传统理论认为,区分(认定)标准在于"法条之间是否存在逻辑上的包容或者交叉关系"。可是,一方面,语言的模糊性、多义性以及语言表达的多样性,决定了法条文字表述之间逻辑关系难以确定。[5]另一方面,诚如黄荣坚教授所言:"对于法律单一(即法条竞合——引者注)的决定,通说事实上都求诸'法律单一'的分类概念,认为在特别关系、补充关系以及吸收关系等个别情况下,法条之间应有排斥作用。这种方式,是把法律单一当做一个集合概念来处理,换句话说,'特别关系''补充关系'或'吸收关系'等等,在此之所以被放在一起来思考,并不是这几种关系类型之间有什么共同的特征,而是因为偶然,因为它们基于各自不同的理由,而恰好都被赋予一个相同的法律效果,亦即法条之间的排斥作用,同时也只因为这个偶然的因素,所以这几种关系类型被取了一个共同的名称叫做'法律单一'。不过这种方式并没有解决'法律单一'的问题,因为如此一来,'法律单一'本身就成为一个空洞的概念。"如此看来,法条间包容或者交叉的逻辑关系,至多是法条竞合关系成立的必要条件、形式条件,"法条本身文字的明示或是犯罪构

---

[1] 黄荣坚:《基础刑法学(下)》(第四版),元照出版社2012年版,第898页。

[2] 黄荣坚:《基础刑法学(下)》(第四版),元照出版社2012年版,第943页;[日]山口厚:《刑法总论》(第二版),付立庆译,中国人民大学出版社2011年版,第368、382页。

[3] 参见[德]汉斯·海因里希·耶赛克、托马斯·魏根特:《德国刑法教科书》,徐久生译,中国法制出版社2001年版,第892、882页;[德]克劳斯·罗克辛:《德国刑法学总论》(第2卷),王世洲等译,法律出版社2013年版,第626、650页。

[4] 黄荣坚:《基础刑法学(下)》(第四版),元照出版社2012年版,第945、888页。

[5] 例如,在盗窃罪与盗窃枪支、弹药、爆炸物罪之间,似乎存在逻辑上的包容关系。倘若认为在盗窃枪支、弹药、爆炸物罪中,枪支、弹药、爆炸物乃是作为特殊财产予以保护,则二罪确有逻辑上的包容关系;倘若主张刑法在规定盗窃枪支、弹药、爆炸物罪时,没有将这些对象当作财物(抑或根本没有考虑过这些对象物的财产权益),那么,二罪之间则不存在包容关系。

成要件的结构关系,不过是认定法条竞合的一些技术上的便宜做法。"[1]"对特别性(即法条竞合特别关系——引者注)的确定也不总是一个纯粹的逻辑问题,而是并不罕见地必须通过对排除性的行为构成所具有的不法容量来进行目的论上的考虑而得到补充。"[2]法条竞合关系,必须依赖实质标准的充分确证。那么,这一实质标准为何呢?如前所述,既然法条竞合与想象竞合之间的区别集中在犯罪宣告上,而从刑法保护法益的目的来看,犯罪宣告就是把每件侵害法益的事情讲出来,那么,侵害法益的范围,就是法条竞合与想象竞合区分的实质标准:法条竞合是一行为侵害一法益而触犯数罪名,而想象竞合则是一行为侵害数法益而触犯数罪名;法益是否同一(是一法益还是数法益),就成为区分二者的界线所在。

以"法益是否同一"作为法条竞合与想象竞合区分的实质标准,亦得到"'异质竞合条款'想象竞合化"论者的认可。[3]何为"法益同一",黄荣坚教授认为:"主体不同与法益种类不同,二者居其一,就是此处所谓的多数法益(即法益不同一——引者注)。"[4]张明楷教授则指出:"我对这里的'一个法益'的理解就是,法条竞合所侵害的法益没有超出一个罪规定的法益范围;而想象竞合则超过了其中任何一个罪所保护的法益。"[5]本文看来,两种观点侧重点不同,前者侧重阐明判断标准,后者更重于判断方法。事实上,黄荣坚教授以"法益种类"作为"法益是否同一"判断基准的观点,正是论者主张"'异质竞合条款'想象竞合化"的理由——"一个保护公法益(国家法益、社会法益)的法条与一个保护个人法益的法条不可能形成法条竞合关系"。那么,这一命题是否成立?在中国刑法视域下,条文保护法益之种属关系,能否成为判断"法益同一"的决定性因素?

我国传统刑法理论,根据犯罪客体所包含的社会关系的范围不同,将犯罪客体分为一般客体、同类客体和直接客体(纵向分类);而根据犯罪侵害之具体客体的个数,又将直接客体分为单一客体与复合(复杂)客体(横向分类);复合客体又有主要客体、次要客体和附随(选择、随机、随意)客体之分。[6]如果用法益来替代客体称谓[7],即有纵向之整体法益、同类

---

[1] 黄荣坚:《基础刑法学(下)》(第四版),元照出版社2012年版,第895、915页。

[2] [德]克劳斯·罗克辛:《德国刑法学总论》(第2卷),王世洲等译,法律出版社2013年版,第640页。

[3] 参见 张明楷:《刑法的私塾》,北京大学出版社2014年版,第227页;吕英杰:《刑法法条竞合理论的比较研究》,载 陈兴良主编:《刑事法评论》(第23卷),北京大学出版社2008年版,第481页。

[4] 黄荣坚:《基础刑法学(下)》(第四版),元照出版社2012年版,第943页。

[5] 张明楷编著:《刑法的私塾》,北京大学出版社2014年版,第227页。

[6] 参见 马克昌主编:《犯罪通论》(第三版),武汉大学出版社1999年版,第113-119页;高铭暄、马克昌主编:《刑法学》(第五版),北京大学出版社、高等教育出版社2011年版,第55-57页;高铭暄、赵秉志主编:《犯罪总论比较研究》,北京大学出版社2008年版,第42-43页;薛瑞麟:《犯罪客体论》,中国政法大学出版社2008年版,第181-215页;等等。

[7] "犯罪客体实质上就是刑法上的法益"这一观点已基本形成理论共识。参见 张明楷:《法益初论》,中国政法大学出版社2000年版,第181页;丁后盾:《刑法法益原理》,中国方正出版社2000年版,第32页;薛瑞麟:《犯罪客体论》,中国政法大学出版社2008年版,第95页以下;劳东燕:《罪刑法定本土化的法治叙事》,北京大学出版社2010年版,第268页;魏东:《论作为犯罪客体的法益及其理论问题》,《政治与法律》2003年第4期;等等。

法益、直接法益（具体法益）；横向之单一法益、复合法益（复分为主要法益、次要法益、附随法益）等理论形态。其中，同类法益即是表征法益类型关系的基本概念，所谓同类法益，是指为某一类犯罪所共同侵害的而为刑法所保护的某一部分或某一方面的法益，其表示着某类犯罪侵害的刑法保护法益的类型性质。[1] 我国刑法分则章节安排的各类罪名，即是从内容上对同类法益的划分；而国家法益、社会法益与个人法益，超个人法益与个人法益的分类则是以主体为标准的划分。

两个具体犯罪所侵害的直接（具体）法益是否属于同类法益，能否成为"二者间是否具有法条竞合关系所要求的法益同一性"的判断标准？解决这一问题，确有必要区分具体法益是单一法益还是复合法益，分别论证。不过，单一法益毕竟是具体法益的基础形态，因此，"两个侵害单一法益的犯罪之间"应该成为判断法益同一性问题的标准模式（标本）。

倘若判断竞合关系的具体犯罪均系侵害单一法益的犯罪，可直接根据法益内容来判断具体犯罪所侵害的法益是否属同类法益。

（一）如果属于同类法益，仍需进一步判断各具体法益是否法益同一。这是因为，属同类法益的具体法益，其具体内容未必相同，同类法益毕竟是对诸多犯罪之具体法益的抽象概括，其抽象程度越高，所属之具体法益的内容就越可能不同。

例如，故意伤害罪与故意杀人罪之间，二者属同类法益自不待言，但就具体法益而言，如果认为故意伤害罪侵害是的个人的健康权，故意杀人罪侵害的是个人的生命权，那么，二者侵害之法益未必同一[2]；倘若主张，故意杀人罪和故意伤害罪都是保护身体法益（无须再细分），则二者侵害之具体法益具有同一性。由此可见，属同类法益的具体犯罪（罪名）之间，即便犯罪构成在形式上存在逻辑上的包容或交叉关系，也并不当然地具备"法益的同一性"，它们同样可能成立想象竞合。

再如，生产、销售伪劣商品类犯罪，旗下9个具体罪名，均以消费者合法权益作为保护法益。但9个罪名乃是立法者根据伪劣商品性能而设置，根据伪劣商品性质不同而配置的构

---

[1] 张小虎：《刑法学》，北京大学出版社2015年版，第104-105页。

[2] 正因如此，对于行为人基于杀人故意而造成重伤害结果的情形，德国学说主张，这种情形应该属于杀人未遂罪与故意重伤害罪的想象竞合（参见 黄荣坚：《基础刑法学（下）》（第四版），元照出版社2012年版，第943-944页）；根据德国的主流观点，这种认为加重行为构成的未遂与基础行为构成的既遂性实现同时发生时，不存在特别性（即特别关系法条竞合——引注者）的案件还有很多：（1）行为人闯入一幢住宅，但是并没有在那里拿走财物，而是利用这个机会从其他未上锁的房间中盗走了金钱，这个未遂的入室盗窃就与既遂的简单盗窃处于想象竞合之中；（2）在一个共同实行人错误地认为另一人携带了武器时，这个未遂的携带武器盗窃就与完成的简单盗窃同样处于想象竞合之中；（3）被告人向一名妇女的生殖器开了一枪，并且以有条件故意容忍了其失去生育能力的后果，当然这个结果并未出现。联邦最高法院认定，在未遂的严重身体伤害与完成的危险身体伤害（"以武器为手段"）之间存在想象竞合。在结合犯未遂与被结合之罪既遂同时发生时，德国学说亦否定特别关系法条竞合：当抢劫卡在未遂上，与此同时，盗窃又得以完成时，联邦最高法院将案件认定为想象竞合："拿走行为的完成，相对那种在抢劫未遂中仅仅是未遂的拿走，表现为……一种过剩，并且不能被它——不同于被一个完成的抢劫——所共同包括了。"参见 [德] 克劳斯·罗克辛：《德国刑法学总论》（第2卷），王世洲等译，法律出版社2013年版，第640-641页。

成要件内容决定了所侵害法益的差异,具体而言:① 生产、销售伪劣产品罪以"销售金额"作为构成条件,生产、销售伪劣农药、兽药、化肥、种子罪以"使生产遭受较大损失"作为构成条件,表明这两个罪名保护的是消费者的财产权益[1];② 生产、销售劣药罪,生产、销售不符合安全标准的食品罪,生产、销售不符合标准的医用器材罪,分别以"对人体健康造成严重危害""足以造成严重食物中毒事故或者其他严重食源性疾病""足以严重危害人体健康"作为构成条件,显然强调的是对消费者人身权益(健康权)的侵害;③ 生产、销售假药罪,生产销售有毒有害的食品罪,立法采行为犯(抽象危险犯)模式;生产、销售不符合卫生标准的化妆品罪,以"造成严重后果"为构成条件。三个罪名的构成要件表面上似乎并未明示权益内容,但行为对象——药品、食品、化妆品——即已表明其侵害的是消费者人身权益(健康权,前两罪还包括生命权),立法中法定刑升格条件的规定以及司法解释关于该罪立案追诉标准的规定亦可佐证。④ 生产、销售不符合安全标准的产品罪中"不符合保障人身、财产安全的国家标准、行业标准的产品"的规定以及"造成严重后果"既包括人员伤亡又包括经济损失的司法解释的规定,表明该罪侵害之消费者合法权益既包括财产权益,也包括人身权益。[2]

(二) 如果不属于同类法益,也并不能就此否认两条文之间的法益同一性。这是因为,超个人法益(国家、社会法益)与个人法益之间虽不属于同类法益,但超个人法益乃是多数个人法益的集合,可最终还原为个人法益。这种还原关系为不属同类法益的个人法益和超个人法益之间存在"法益同一性"提供了可能。

学理上,法益有国家法益、社会法益与个人法益(三分法),抑或超个人法益与个人法益(二分法)之分。不过,在民主法治国视野下,所谓"国家""社会",并非指一个可和个人对立而独自存在的概念主体。国家相较于个人而言并不具有较高的价值,或者更精确地说,国家和个人之间并不处于价值位阶关系。[3]正所谓"国者人之积也。"[4]"国家不过是为人服务的工具,使人为这一工具服务,是政治上的败坏现象。"[5]"国家是为了个人而存在,个人必须由于其自身的缘故而不是作为社会整个制度的部分而受到保护。"[6]因此,"'国家'或'公众',不可能脱离与'个人'的关系,而单独为法益的持有者。"[7]即使宪法对于国家制度和社会制度加以"制度保障",其目的亦不在承认"国家"或社会具有固有的价值,毋宁保护"国

---

[1] 当然,这里财产权益的具体内容也还存在差异,前者主要是指消费者购买伪劣产品所支付的财产损失;而后者主要是指使用伪劣产品给消费者造成的财产损失。

[2] 类似结论(但不完全相同)也见 陈洪兵:《生产、销售伪劣商品罪的法益及其展开》,《政治与法律》2011年第3期。以上论证也表明,刑法第149条未必是"法条竞合特别关系适用重法优于轻法原则的例外规定"。

[3] 参见 周漾沂:《从实质法概念重新定义法益:以法主体性论述为基础》,《台大法律论丛》2012年第3期,第1033页。

[4] 孙中山:《建国方略》,生活·读书·新知三联书店2014年版,第1页。

[5] [法]马里旦:《人和国家》,沈宗灵译,中国法制出版社2011年版,第11页。

[6] [德]克劳斯·罗克信:《刑法的任务不是法益保护吗?》,樊文译,载 陈兴良主编:《刑事法评论》(第19卷),北京大学出版社2007年版,第149页。

[7] 陈志龙:《法益与刑事立法》,作者发行1997年第3版,第62页。

家"或"社会"只是作为一种保障"基本权"的"方法";立法者创设保护所谓"超个人法益""社会法益"和"国家法益"的"构成要件",并不、也不可能赋予所谓"公共利益""社会"或"国家"任何根本的价值,而是借由对之的保护,而加深加广对"个人法益"的保护,"社会"和"国家"乃因其作为保护"个人法益"的"工具"而有价值。因此可以说,"个人法益"可谓"保护'法益'"的"目的",而所谓"超个人法益""社会法益""国家法益"的概念仅属于"保护'法益'"之"方法"概念。[1] "高扬以尊重国民主权与尊重人权为基本原理的民主法治国下,基于保护人性尊严的价值观,而以个人法益作为优先保护重点,从个人基础序列的生命、身体、自由、名誉与财产,作为刑法直接保护的法益,至于超个人法益(包括国家法益与社会法益),并不能超越个人法益而存在,而必须是与个人法益有关的间接保护,这可说是近代刑法所建立严格法益保护机能之论理。"[2] 这种强调"超个人法益与个人法益的直接关联性(还原关系),超个人法益具有'系导出来的机能'(eine abgeleitete Funktion)[3],亦即社会法益和国家法益只有可以从个人法益的角度推导出来,也就是其目的在于服务个人的时候,其刑法上的保护才具有正当性"的个人法益观,可谓是法治国的基本诫命,而得到广泛肯认。

那么,超个人法益(国家、社会法益)如何还原为个人法益?根据我国台湾学者的研究,"关于个人法益学说所强调的集体法益与个人法益之间的还原关系,也就是集体法益的个人关联性,在逻辑上存有两种可能。第一种可能性是,一个集体法益具有不可分性,然而其存在意义是服务于个人。例如国家的存在及其功能性,并不能直接理解为所有个人的集合,但其作用是实现个人自由。而基于不可分的性质,当侵害这种集体法益的时候,在行为的具体事实脉络之下同时被波及的个别之人不能被认为是被害人,例如伪证罪的直接被害人为国家,不是被伪证所影响的受审判者。第二种可能性是,一个集体法益具有可分性,能直接拆解成多数个人法益的集合。最典型的例子,是刑法公共危险罪章所设定的'公共安全'法益。譬如我国台湾地区'刑法'第 173 条放火罪,虽然其所确保者名为公共安全,但是其实放火行为会伤害者不外乎人的生命、身体完整性和财产等。又我国台湾地区'刑法'第 185—3 条不能安全驾驶罪,处罚的是涉及交通安全的酒醉驾车等行为,所谓交通安全,其实是所有交通参与者生命、身体完整性和财产之安全的集合。此外,有关刑法妨害秩序罪保护的'公共秩序'法益,我们很难想象,除了不按照刑法基本规范行事,否认他人生命、身体完整性、行为自由和财产等法益之外,还有什么状态叫做妨害秩序。另外一个较为特殊的例子,是毒品刑法所要保护的'国民健康'法益,吸食者是国民之一,所以他自己吸食有害国民健康,而使他人吸食毒品者,由于他人也是国民,所以也有害于国民健康,因此这里所谓的国民健康,除了一个个因毒品而受害的个别国民,很难想象还会损害到谁的健康。"对于第二种情状,论者认为

---

[1] 郑逸哲:《"法益刑法"概念下的"构成要件"和"构成要件适用"》,《军法专刊》2008 年第 6 期,第 103 - 104 页。

[2] 王正嘉:《风险社会下的刑法保护机能论》,《法学新论》2009 年第 6 期,第 78 页。

[3] Vgl. M. Marx, Zur Definition des Begriffs, Rechtsgut, 1972, S. 79 ff. 转引自 陈志龙:《法益与刑事立法》(第三版),作者发行 1997 年版,第 114 页。

其乃是"一种只是看起来具有普遍有效性的集体法益形态,其特色是和个人法益之间具有直接的还原关系",这类集体法益的特征被称为"表象的可普遍性",即这种所谓的"集体法益",其内涵实际上和所涉及的个人法益内涵重复,它只是用一个集体法益的形式外衣,将众多的个人法益包裹起来而已。[1]

如果第二种形态称为"直接的还原关系",那么,第一种形态即可谓"间接的还原关系"。间接还原关系形态,超个人法益的内容并非刑法所保护之个人法益的量聚集,而是另有独立概念;而直接还原关系形态,超个人法益的内容可能不变其态样地还原为刑法所保护之个人法益的量聚集。[2]

间接还原关系形态下的超个人法益(例如国家安全、司法和国家行政、投票制度、货币或文书制度、环境资源等),乃是"以个人自由发展、基本权实现的目的为基础的国家体系之正常运作所必要的事实情状或设定目标"。[3] 它是实现个人发展之"社会条件"[4]"必要基本前提所享有的利益"[5]"前提和条件的真实事实情状"[6]这种略带"外围""边缘"性质的法益,无法直接还原为生命、身体、自由、财产等具体的个人法益,二者之间也就不可能存在所谓"法益同一性"。

直接还原关系形态下的超个人法益(如公共安全、公共秩序、国民健康等),则因其可直接还原为具体的个人法益,表明此类超个人法益与个人法益在内容上的同质性(所谓"质同量差")。内容同质为法益同一提供了可能;当然,内容同质并不等于法益同一。这是因为法益内容是否同质,只是对具体刑法条文规范目的的抽象判断;而法益同一性判断,则是对行

---

[1] 参见 周漾沂:《从实质法概念重新定义法益:以法主体性论述为基础》,《台大法律论丛》2012年第3期,第1039-1040页。

[2] 参见 黄荣坚:《基础刑法学(上)》(第四版),元照出版社2012年版,第28页。对于间接还原关系形态,因为还原的间接性,多可能存在立法正当性检视之必要(关于法益之立法批判机能,参见[德]克劳斯·罗克辛:《对批判立法之法益概念的检视》,陈璇译,《法学评论》2015年第1期);而对于直接还原关系形态,则又因为还原的直接性,容易让人质疑其立法必要性(周漾沂博士就认为,透过额外设置刑法规范加以维持这种表象法益的做法根本就是多余的,参见 前引"周文",第1040-1042页)。不过,本文认为,额外立法还是有必要的:一方面,所谓"法益侵害发生于行为人着手攻击他人主体性面向的法益之时",可直接还原的超个人法益与个人法益之间的区别,正是在行为人行为时面向之法益主体的不确定,这种不确定性,使得不特定的公众皆处于行为危险笼罩之下,加之行为本身即具备辐射全不特定多数人的客观属性,而在实践中(经验上)行为导致的结果常常极其严重且难以预估,即具有针对极其重要法益的不能被控制的风险。故而为立法的额外关注甚至提前介入提供了依据;另一方面,倘若认为这些保护直接还原型超个人法益的罪刑规定都是多余的,必将导致刑法规范的全面萎缩,我们反对草率犯罪化导致的刑法肥大症,但同时也应当避免粗放立法、过度概括性立法而导致的刑法侏儒症。

[3] Roxin, Strafrecht Allgemeiner Teil, 4. Aufl., Bd. Ⅰ, 2006, § 2 Rn. 7;Claus Roxin:《法益讨论的新发展》,许丝捷译,《月旦法学杂志》2012年第211期。

[4] [德]克劳斯·罗克辛:《对批判立法之法益概念的检视》,陈璇译,《法学评论》2015年第1期。

[5] Wohlers, Rechtsgutstheorie und Deliktsstruktur, GA 2002, S. 16.

[6] Sternberg-Lieben, Rechtsgut, Verhältnismäßigkeit und die Freiheit des Strafgesetzgebers, in: Hefendehl/von Hirsch/Wohlers (Hrsg.), Die Rechtsgutstheorie. Legitimationsbasis des Strafrechts oder dogmatisches Glasperlenspiel, 2003, S. 67.

为事实所侵害的法益内容是否能为一个罪刑规定所包摄的具体判断。这一具体判断,除考虑(所涉罪名)法益内容是否同质外,还受制于所涉罪名之不法形态(危险犯抑或实害犯)、罪过形式(故意犯抑或过失犯)[规范层面]以及具体行为之客观现实与行为人之主观罪过等事实情状[事实层面]。以侵害公共安全之放火罪与侵害个人法益的故意杀人罪、故意伤害罪为例,正所谓"法益侵害发生在行为人着手攻击他人主体性面向的法益之时"[1],"不特定多数人之生命、健康或重大财产损失"的公共安全法益之所以"不特定",正是立足于行为时的考量。根据我国刑法对于放火罪等既处罚危险犯又处罚实害犯(结果加重犯)、既处罚未遂犯又处罚既遂犯的规定我国《刑法》第114、115条)[2],① 如果行为人并非为了侵害特定人而实施放火等行为:倘若行为仅止于"尚未造成严重后果"的危险状态,此时的公共安全法益并没有转化(还原)为具体的人员伤亡等个人法益侵害事实,也不存在故意杀人罪、伤害罪(未遂)对"特定人"身体法益的具体危险,因此,自无所谓法益同一性;倘若行为已经造成人员伤亡等实害后果,此时其侵害之公共安全法益就已经转化(还原)表征为具体的个人法益侵害后果,公共安全法益与个人法益同质且重合,因此,应当判定其法益的同一性,即就此认定放火罪成立,而不可再同时宣告故意杀人等罪。② 如果行为人为了杀害特定对象而实施放火等行为,这种情况下,由于故意杀人罪侵害之个人法益与放火罪侵害之公共安全法益的主体,分别是某特定对象和该特定对象以外的其他不特定多数人,因此,不论行为止于何种形态,二者间都不具备法益同一性,这属于"主体不同"导致的法益多数。

再如,交通肇事罪与过失致人死亡罪、过失致人重伤罪同样处于侵害公共安全法益的犯罪和侵害个人身体法益的犯罪之间。交通肇事罪中,公共安全之"不特定"显然也是基于实施交通违法行为之时而言的,但作为过失危害公共安全犯罪,其过失犯罪之成立必须依赖于危害公共安全实害结果的发生,而该实害结果只能表征为具体的人员伤亡等结果。简言之,具体的人员伤亡结果(个人身体法益的侵害),正是交通肇事等罪公共安全法益的表征,二者具有直接的还原关系,法益内容同质且重合,因此,具有法益的同一性。如果将该具体的伤亡结果,既作为个人身体法益又作为公共安全法益予以评价,无疑是对同一伤亡结果的重复评价,并不妥当。

综上所述,在同为侵害单一法益的犯罪之间,我们可以根据单一法益的具体内容来判断其是否属于同类法益。但属于同类法益,并不意味着法益同一;而不属于同类法益,也未必表明法益不同一。单一法益,当且仅当其法益的具体内容同质且相互重合时,方可判定为法益同一。因此,形成竞合关系的两个犯罪同为侵害单一法益的犯罪时,"一个保护公法益(国家法益、社会法益)的法条与一个保护个人法益的法条不可能形成法条竞合关系"这一命题恐怕不能成立。

---

[1] 周漾沂:《从实质法概念重新定义法益:以法主体性论述为基础》,《台大法律论丛》2012年第3期,第1029页。

[2] 这只是对刑法第114条与115条解释视角不同而已,参见 张明楷:《刑法学》(第四版),法律出版社2011年版,第606-607页。

四、次要法益与附随法益

单一法益如此，复合法益又如何呢？根据犯罪所侵害的法益个数，直接（具体）法益可分为单一法益与复合法益。单一法益，即某一具体犯罪所侵害的具体法益中只包含一种具体的保护法益；复合法益则是指某一具体犯罪所侵害的具体法益中包含了两种以上的具体的保护法益。[1]

倘若判断竞合关系的具体犯罪中存在侵害复合法益的犯罪（即两个侵害复合法益的犯罪之间，或者一个侵害复合法益的犯罪与一个侵害单一法益的犯罪之间），此时，判断"一个保护公法益（国家法益、社会法益）的法条与一个保护个人法益的法条不可能形成法条竞合关系"这一命题是否合理，前提条件是如何判断侵害复合法益的犯罪的法益类型归属，即据何判断侵害复合法益（"个人法益＋超个人法益"的复合类型）犯罪究竟属于侵害公法益（超个人法益，国家、社会法益）犯罪还是属于侵害个人法益犯罪。

如上所述，根据具体法益在决定犯罪性质中的作用，复合法益复分为主要法益、次要法益和附随法益。其中，主要法益，是指复合法益中，刑法所重点保护的而为某一具体犯罪较为严重侵害的法益。主要法益是相对于次要法益（非重点保护的、较轻程度侵害的法益）而言的，揭示了某一具体犯罪所侵害的而为刑法所保护的诸多复合法益中的主导方面，因而决定了该具体犯罪的性质，是刑法分则对该具体犯罪进行归类的重要依据。[2]可见，在侵害复合法益的犯罪中，犯罪性质是由主要法益决定的，即主要法益的性质决定了侵害复合法益之具体犯罪的归属——是侵犯个人法益犯罪还是侵犯超个人法益犯罪。

而复合法益中的数个法益，如何区分主次呢？判断依据应当是立法者关于具体罪名的分则体系安排，因为主次法益之分本身就是立法者选择侧重保护的结果。对于侵害复合法益的犯罪，立法者会根据自己的倾向性保护意见，安排其体例归属；而我们则可以根据罪名的体系安排，判断立法者倾向保护的对象，找到复合法益中的主要法益。简言之，应当以立法者所保护的社会关系为侧重点，即以刑法的规定为依据，划分主次法益。[3]

例如，一般认为，金融诈骗罪侵害"金融管理秩序与被害人财产权益"之复合法益，根据金融诈骗罪的体系安排判断，"金融管理秩序"系其主要法益，故而此类罪属于侵害社会法益犯罪。但就此得出"金融诈骗罪是侵害社会法益的犯罪，而诈骗罪是侵害个人法益的犯罪，二者不存在法益同一性，不是法条竞合而是想象竞合"的观点[4]，未免草率。因为这种观点明显忽略了金融诈骗罪次要法益的存在。"次要法益一个显著特点是，在实施具体犯罪时，

---

[1] 张小虎：《刑法学》，北京大学出版社2015年版，第105页。
[2] 张小虎：《刑法学》，北京大学出版社2015年版，第105页。
[3] 参见 马克昌主编：《犯罪通论》，武汉大学出版社1999年版，第119页。
[4] 参见 吕英杰：《刑法法条竞合理论的比较研究》，载 陈兴良主编：《刑事法评论》（第23卷），北京大学出版社2008年版，第483页。

它也不可避免地同时受到侵害。"[1]主次法益的划分,是由它们在分则体系中的地位所决定的,与法益的重要性、价值无关,在解释论上完全可能对价值位阶更高、更重要的次要法益给予优位保护。[2]因此,金融诈骗罪中必然侵害到的、甚至可予优位保护的次要法益——被害人财产权益,与诈骗罪保护之单一法益——被害人财产权益,完全相同,二者间具有法益同一性。这或许可以解释,为何同样是坚持"一个保护公法益(国家法益、社会法益)的法条与一个保护个人法益的法条不可能形成法条竞合关系"命题的张明楷教授,在论文中却没有提及"金融诈骗罪、合同诈骗罪与诈骗罪"这一典型范例,显然不是一时疏忽,而是刻意回避。[3]

可见,在涉及侵害复合法益的犯罪时,只要 A 罪的主要法益与 B 罪的主要法益、A 罪的主要法益与 B 罪的次要法益、A 罪的次要法益与 B 罪的主要法益、A 罪的次要法益与 B 罪的次要法益,或者 A 罪的主要法益与 B 罪的单一法益、A 罪的次要法益与 B 罪的单一法益,二者内容完全相同,那么,A、B 二罪就存在法益同一性,可据此认定法条竞合关系。

不过,值得注意的是,根据张明楷教授的观点,"金融诈骗罪、合同诈骗罪与诈骗罪"之间,并未依据上揭命题改以想象竞合处置,但在类似的"盗窃罪与盗伐林木罪"之间,却又一改法条竞合主张[4],而采想象竞合说。这是否意味着,张教授的观点前后不一、互相矛盾呢?本文的观点是:尽管"一个保护公法益(国家法益、社会法益)的法条与一个保护个人法益的法条不可能形成法条竞合关系"的命题笔者不能苟同,但区别对待"诈骗罪与金融诈骗罪、合同诈骗罪"和"盗窃罪与盗伐林木罪,盗窃枪支、弹药、爆炸物罪"之间竞合关系的结论,笔者却是赞同的。这是因为,在某些所谓侵害复合法益的犯罪中,我们将行为侵害之附随法益错当成次要法益,从而导致一些不应有的"异质法条竞合"现象。

学理上,对复合法益的分类,除主次法益外,还有附随法益。所谓附随法益(随意法益、选择法益),是指在复合法益中,刑法所保护的而为某一具体犯罪可能侵害的法益。它不是该犯罪成立的必备要素,揭示的是在该具体犯罪实施时,该法益遭受侵害的或然性。[5]更有学者进一步归纳了附随法益的两种表现形式:一种是刑法在其他条款中单独加以保护的,而在实施本条或本条第 1 款所规定的犯罪时不一定受到侵犯的法益。例如非法拘禁致被害人重伤、死亡,造成被害人重伤、死亡并不是非法拘禁罪之必然结果,但刑法对他人的生命、健康权给予了单独保护。因此,我国《刑法》第 238 条第 2 款对犯非法拘禁罪致人重伤、

---

[1] 薛瑞麟:《犯罪客体论》,中国政法大学出版社 2008 年版,第 212 页。

[2] 参见 时方:《生产、销售假药罪法益侵害的规范解释——主次法益价值冲突时的实质判断》,《政治与法律》2015 年第 5 期。

[3] 参见 张明楷:《自然犯与法定犯一体化立法体例下的实质解释》,《法商研究》2013 年第 4 期。在同期的著作中,张明楷教授依然坚持"金融诈骗罪与诈骗罪是法条竞合关系"的一贯立场(张明楷编著:《刑法的私塾》,北京大学出版社 2014 年版,第 227 页)。

[4] 参见 张明楷:《盗伐林木罪与盗窃罪的关系》,《人民检察》2009 年第 3 期。

[5] 参见 张小虎:《刑法学》,北京大学出版社 2015 年版,第 105 页;薛瑞麟:《犯罪客体论》,中国政法大学出版社 2008 年版,第 214 页。

死亡的,分别作了明确规定。第二种是刑法应当保护的,而在该条文中无明确规定的,遭受犯罪侵犯的某种法益。如寻衅滋事罪,对他人健康或财产造成损害,虽然刑法关于寻衅滋事罪的条文中未单独规定,但刑法仍要保护,则他人的健康权或财产权仍不失为随意法益。随意法益,对定罪没有影响,主要是对量刑产生作用:第一种形式,随意法益乃是法定刑加重条款的立法及适用依据;第二种形式,司法机关应将随意法益损害事实作为酌定从重情节。[1] 不过,这种归纳,值得商榷。

第一种形式,即将加重犯之加重结果(情节)承载的法益,称为附随法益。可是,加重犯是相对于基本犯的犯罪形态,加重犯亦有所谓加重犯罪构成,不能因为我国刑法中基本犯与加重犯适用同一罪名,而否定加重犯加重犯罪构成(较之于基本犯基本犯罪构成)的相对独立性。因此,从加重犯亦存在所谓加重构成的立场,所谓的"附随法益"实际上应当是加重犯犯罪构成必须保护之(次要)法益才是。第二种形式,即将其他条文保护之法益,作为本罪之酌定量刑情节,称该法益为本罪之附随法益。可是,既然本条文没有明确规定,那么,就应当判断所谓的"随意法益侵害事实"是否为本条文保护之法益所涵盖,如果不能涵盖,则应当宣告数罪(想象竞合抑或实质竞合),作为酌定从重量刑情节,未免有随意刑罚、乱用裁量权之虞;如果可以涵盖,那么,所谓的"随意法益侵害事实"实际上就是本条文保护之主要法益或次要法益的表征,例如前述寻衅滋事罪的例子,他人健康或者财产损害,难道不正是寻衅滋事罪侵害之超个人法益——公共秩序可能直接还原的个人法益吗?难怪有学者直言不讳:"所谓'随机客体'的概念完全违背了犯罪客体的实质要求,应予摒弃。"[2]

尽管传统的附随法益概念之表现形式经不起推敲,特别是它将部分次要法益误当作附随法益,但附随法益概念所描述的现象却是客观存在的,即的确存在"该当某一犯罪构成要件之行为,却偶然地侵害到了本罪保护范围以外的、属它罪保护范围的法益"这种现象,用附随法益概念指代这种现象并无大碍,没有必要完全摒弃。真正的问题不是附随法益概念的存废,而是合理区分是附随法益还是次要法益。次要法益是某一具体犯罪必然侵害之法益,是该罪成立的必备条件;而附随法益则仅具有被侵害的或然性,对该罪成立没有影响。倘若误将附随法益当作次要法益,无疑扩张了某一具体犯罪保护之法益范围,法益范围越大,就越容易与更多的罪名形成法益同一,法条竞合关系成立的可能性自然越大,想象竞合关系则相应缩小;相反,倘若误将次要法益当作附随法益,则人为地缩小了某罪保护法益的范围,法益范围越小,与之可能形成法益同一的罪名就越少,法条竞合现象自然越少,相应地,想象竞合成立的范围就越广。可见,某项法益对于某一具体犯罪而言是次要法益还是附随法益,将直接影响到法条竞合抑或想象竞合的成立范围,相较于域外刑法,我国刑法中过多的法条竞合,尤其是"异质法条竞合"现象,或许正是"错将附随法益当作次要法益"导致的后果。从这一意义上甚至可以说,法条竞合与想象竞合之界分,站在法益论的立场上就是准确认定次要

---

[1] 参见 马克昌主编:《犯罪通论》,武汉大学出版社1999年版,第117-118页。
[2] 桂亚胜:《复杂客体泛化现象之检讨——以我国刑法中的经济犯罪为例》,《法商研究》2009年第3期。

法益抑或附随法益。

那么,如何判断某项法益究竟是次要法益还是附随法益呢?就此,下文笔者主要以"盗窃"类犯罪群为例展开讨论。

强调法条竞合之实质标准——法益同一性,并不意味着舍弃法条逻辑关系之形式标准。正所谓"刑法是通过法条所确定的构成要件来保护法益的,抛开构成要件谈论法益,还能叫做法条竞合吗?是不是叫做法益竞合更加合适?"[1]犯罪竞合关系判断,尤以逻辑上呈现包容关系、交叉关系的条文(罪名)之间最易产生疑问,如果法条之间根本不存在逻辑上的交叉或包容关系,则很难认定法条竞合,只可能成立想象竞合。通过对行为方式——"盗窃、窃取"等的检索,大致可以发现我国《刑法》中最有可能与盗窃罪呈现逻辑上包容关系的条文(罪名):第111条为境外窃取国家秘密、情报罪;第127条盗窃枪支、弹药、爆炸物、危险物质罪;第177条之一窃取信用卡信息罪;第219条侵犯商业秘密罪;第253条之一非法获取公民个人信息罪;第280条盗窃国家机关公文、证件、印章罪;第282条非法获取国家秘密罪;第328条盗掘古文化遗址、古墓葬罪,盗掘古人类化石、古脊椎动物化石罪;第329条窃取国有档案罪;第345条盗伐林木罪;第375条盗窃武装部队公文、证件、印章罪;盗窃武装部队专用标志罪;第382条贪污罪;第431条非法获取军事秘密罪;为境外窃取军事秘密罪。[2]

"盗窃、窃取"之行为,皆有非法侵害他人对对象物之占有的基本属性,但作为财产罪之盗窃罪,其侵害之占有实际上乃是对象物之经济上的财产损害。上揭数罪名中,贪污罪具有明显的"经济上之财产侵害"之法益属性,可以认定贪污罪以经济上(金钱上)之财产法益作为保护之必要(次要)法益,因而,贪污罪与盗窃罪之间存在法益的同一性;盗掘古文化遗址、古墓葬罪、盗掘古人类化石、古脊椎动物化石罪,《刑法》第328条第一款规定:"有下列情形之一的,处十年以上有期徒刑或者无期徒刑,并处罚金或者没收财产:……;(四)盗掘古文化遗址、古墓葬,并盗窃珍贵文物或者造成珍贵文物严重破坏的。"可见,盗窃罪之财产法益(对象系文物)可谓作为加重犯的盗掘古文化遗址、古墓葬罪保护之必要(次要)法益(根据《刑法》第328条第二款,盗掘古人类化石、古脊椎动物化石罪,依照前款的规定处罚)。此可谓第一类。

第二类,国家秘密、情报,信用卡信息,商业秘密,公民个人信息,国家机关、武装部队公文、证件、印章,武装部队专用标志,国有档案,军事秘密等,乃以标识内容而具有特殊价值,并不关注其载体自身物的价值,它们与"公私财物"之间犹如书证与物证之关系;换言之,对此类对象之窃取行为能够单独立罪保护,不是因其载体自身财产利益受损,而是因其承载内容之于国家、社会、个人的特殊意义或价值(这一点,亦可从这些罪以"情节严重"作为罪量要素得到佐证)。因此,财产法益,唯有该当此类犯罪之具体行为侵害的对象物载体本身即具有较大经济价值时,才能"偶然"地被侵害,财产法益至多属于这些罪名可能侵害到的附随法益。

第三类,枪支、弹药、爆炸物、危险物质和林木,同样是基于对象物的特殊价值——公共

---

[1] 张明楷编著:《刑法的私塾》,北京大学出版社2014年版,第254页。
[2] 绑架罪、拐卖儿童罪中的"偷盗婴幼儿"和盗窃尸体、尸骨、骨灰罪,虽也表述为"偷盗、盗窃"行为,但因其明显的人身、人伦属性,与盗窃罪之财产属性之间自无发生法益同一的可能。

安全、生态功能，而为刑法特立罪名保护，但有所不同的是，此类对象物并不存在类似第二类那样明显的内容与载体的关系，此类对象物之特殊价值实为该物本身之属性特征使然，借用"书证物证"的比喻，它仅仅是一种"特殊的物证"。那么，对此类"特殊物"的盗窃行为，是否必然侵害该特殊物之财产法益呢？

在此，不能将"具体行为一旦发生就一定会侵犯到的法益"与"某一犯罪（罪名）保护之必然法益"划等号。例如，破坏电力设备的行为，必然侵害到以电力设备为载体的财产权益，但这并不代表破坏电力设备罪保护财产法益（刑法理论几乎无争议地认可破坏电力设备罪与财产犯罪之间的想象竞合关系）；同理，也不能因盗窃枪支的行为，必然侵犯到枪支所具有的财产法益，就认为盗窃枪支罪亦保护枪支等特殊物的经济财产权益。某一犯罪（罪名）保护之法益，必须且只能结合其构成要件内容来判定。就盗窃枪支、弹药、爆炸物、危险物质罪而言，从构成要件要素的描述上看，无法发现立法者对此类对象物之经济财产权益的保护，并且本罪法定刑升格条件"情节严重"及其司法解释的具体内容——"对象物的种类、数量和严重后果"也可以佐证，该罪所关注的只是枪支、弹药、爆炸物、危险物质等危及之公共安全的大小，与对象物的经济价值无关。因此，本文倾向认为，本罪不以枪支等特定物的经济财产权益作为必要（次要）法益。倘若盗窃枪支的行为，仅符合盗窃枪支罪的基本犯情节，但所盗枪支系限量版或材质特殊，价值不菲，已达到盗窃罪数额特别巨大的标准，此时，就成立盗窃枪支罪与盗窃罪的想象竞合，按盗窃罪的法定刑处置。

上段文字，似乎可以原封不动地适用于盗伐林木罪，即从盗伐林木罪的构成要件，尤其是其罪量要素使用"数量"而不是体现经济价值的"数额"，似乎可以得出"财产法益亦非盗伐林木罪保护之必要法益"的结论。但对某一罪名构成要件的解读，还必须关注它与相关罪名的体系性协调，除盗伐林木罪外，刑法同条另设滥伐林木罪，正是滥伐林木罪的规定，使上述判断产生疑义。比较两罪及其司法解释的规定，可以发现：① 盗伐林木罪，除"数量较大"的基本犯和"数量巨大"的法定刑升格条件外，还多出一个二级法定刑升格条件的规定，即"数量特别巨大的，处七年以上有期徒刑，并处罚金"；② 对于"数量较大"的基本犯和"数量巨大"的法定刑升格条件，立法为两罪配置的法定刑是相同的，但司法解释关于盗伐林木罪"数量较大""数量巨大"的标准，却明显低于滥伐林木罪。可见，盗伐林木罪比滥伐林木罪犯罪成立门槛更低、刑罚更重。为何如此？唯一合理的解释恐怕在盗伐之"盗"上，即盗伐行为在侵害生态法益的同时，对林木所有权之财产法益的侵害，这一点比较两罪司法解释所列举的行为方式亦可佐证。如此，财产法益就属于盗伐林木罪必要侵害之次要法益，它与盗窃罪之财产法益即具有法益同一性，想要通过"异质竞合的想象竞合化"方案来解决本文开篇提到的两难窘境，看来是极为困难的。

但本文认为，还有解释的空间。这是因为，除了侵害不同类型、不同性质的法益的犯罪之间可以成立想象竞合以外，即便是侵害相同类型、相同性质的法益的犯罪之间，也是有成立想象竞合可能的。例如，日本刑法中的特别公务员暴行凌虐罪与强制猥亵罪、强奸罪之间，倘若将猥亵、奸淫作为特别公务员凌虐行为而实施时，学理一般认为只能成立特别公务员暴行凌虐罪与强制猥亵罪、强奸罪的想象竞合。[1] 理由显然不是"前者系侵害国家法益犯罪,后者系侵害个人法益犯罪"那么简单,因为这不能解释为何在特别公务员暴行凌虐罪与同为侵害个人法益的暴行罪、胁迫罪之间,学者又认为"暴行罪、胁迫罪被本罪所吸收"[2]。合理的解释应当是,既然是"暴行凌虐",就一定包含对个人人身法益的侵害,但比较本罪与暴行罪、胁迫罪、强制猥亵罪、强奸罪的法定刑[3],可以发现,本罪对人身法益的保护程度是有限的,它可以覆盖暴行罪、胁迫罪的程度范围,但相对于强制猥亵罪、强奸罪而言却是不周延的。正因如此,特别公务员暴行凌虐罪被认为是暴行罪的加重犯,可以吸收暴行等罪;而尽管对女嫌疑人的猥亵或奸淫行为,也都是凌辱、虐待,但此时,若仅适用特别公务员暴行凌虐罪一罪,显然不能完整评价行为对人身法益的侵害全貌,故而有想象竞合之说。再比如,我国刑法中的暴力干涉婚姻自由罪与故意伤害罪,既是"暴力"干涉,当然是侵害他人人身法益,但"2年以下有期徒刑或者拘役"的法定刑配置表明,此处暴力仅限较低程度的暴力,其对人身法益的保护不可能全程度覆盖。因此,倘若以故意伤害(轻伤甚至重伤)的方式干涉他人婚姻自由时,应当成立两罪的想象竞合。[4] 如此可见,二个具体的犯罪(罪名),即便包含相同类型、相同性质的法益,但只要二者对该法益的保护程度有别,依然有想象竞合成立的空间。

这一结论,为我们尝试重新审视盗伐林木罪与盗窃罪之间的竞合关系提供了可能。盗伐林木罪也保护林木所有权之财产法益,但其最高"7年以上有期徒刑"的法定刑,与盗窃罪最高"无期徒刑"相比,的确表现出不周延(即盗伐数量特别巨大的林木,至多只能判处15年有期徒刑;而盗窃已经伐倒的同等数量的林木,却可能因数额特别巨大,以盗窃罪判处无期徒刑,罪刑不均可见一斑)。不过,我们却不能因此就像上揭特别公务员暴行凌虐罪、暴力干涉婚姻自由罪那样,仅仅依据法定刑配置,直接通过"对该罪保护法益的程度范围做最高限度的限制(缩小)"这一解释路径来解决问题。因为不论是日本刑法中的特别公务员暴行凌虐罪,还是我国刑法中的暴力干涉婚姻自由罪,其法定刑均采"只规定刑罚最高限度"的模式,这种限高的法定刑配置模式在日本刑法中属于常态,但在我国刑法中却是异类。在我国刑法分则条文普遍采取"罪状关于法益侵害程度的描述是递增的,法定刑配置(包括法定刑档和刑种刑度)也是递增的"模式的情况下,这种限高模式所确立的刑罚最高限度不仅低于总则规定的该刑种的最高期限,也明显低于保护相同法益的其他犯罪,这本身即表明立法者对该罪行为方式、法益侵害程度或范围的限制意图;而盗伐林木罪采用的是"双递增"的一般

---

[1] 参见[日]大谷实:《刑法各论》,黎宏译,法律出版社2003年版,第450页;[日]山口厚:《刑法各论》(第二版),王昭武译,中国人民大学出版社2011年版,第715页;[日]西田典之:《日本刑法各论》(第6版),王昭武、刘明祥译,法律出版社2013年版,第496页。

[2] [日]大谷实:《刑法各论》,黎宏译,法律出版社2003年版,第450页。

[3] "日本刑法"第195条特别公务员暴行凌虐罪的法定刑为"7年以下惩役或监禁(禁锢)";第208条暴行罪为"2年以下惩役、30万元以下罚金或者拘留或者科料";第222条胁迫罪为"2年以下惩役或30万元以下罚金";第176条强制猥亵罪为"6个月以上10年以下惩役";第177条强奸罪为"3年以上有期惩役"。

[4] 相同结论也见张明楷:《刑法学》(第四版),法律出版社2011年版,第817页;黎宏《刑法学》,法律出版社2012年版,第700页;陈兴良主编:《刑法学》(第二版),复旦大学出版社2009年版,第359页。

模式,这种模式很难体现立法者有将该罪的法益保护范围限定在较轻程度之内的规范意图。换言之,盗伐林木罪最高法定刑(7年以上有期徒刑)比盗窃罪"无期徒刑"要低,与其说是盗伐林木罪有意识地限定法益保护程度范围,不如说是盗伐林木罪遵照"典型(常态)立法方法"[1]所造成的差异。并且,在操作层面,盗窃罪可能判处无期徒刑的数额标准,也不可能在盗伐林木罪之"数量"罪量中找到确定的对应点作为限制解释的界限。

本文认为,盗伐林木罪与盗窃罪之间还存在另外一条解释路径,即:即便是保护相同法益的犯罪之间,其衡量行为对法益侵害程度的标准也可能不同,不同的衡量标准也可能导致二罪对相同法益的保护程度存在轻重之别,只不过这种轻重之别,其对比关系是动态的,甚至此时的轻罪可能变成彼时的重罪,而不像"暴力干涉婚姻自由罪与故意伤害罪"那样存在较明显的位阶,且轻重关系恒定。具体就盗伐林木罪与盗窃罪而言,尽管两罪都保护(林木)财产法益,但两罪的构成要件中,衡量行为对财产法益侵害程度的要素分别是"数量"[2]和"数额",前者指林木的体积,而后者则是财产(林木)的经济(金钱)价值。显然,对于同一财产损害结果,分别以数量(体积)和数额(价值)来衡量,结果当然可能是轻重有别的。具体而言:① 倘若盗伐之林木体积已达到"数量巨大甚至特别巨大"标准,而该林木系普通树种,价值廉价,仅达到甚至未及盗窃罪"数额较大"标准。此时,仅需宣告盗伐林木罪一罪即可——既体现了行为对生态法益的侵害,又充分保护了林木之财产法益(体积的衡量覆盖、包容了价值的衡量);② 倘若盗伐之林木体积仅达到"数量较大"标准,但该林木价值不菲,已经达到盗窃罪"数额巨大甚至特别巨大"的标准。此时,仅宣告盗伐林木罪一罪显然无法充分评价行为对财产法益的侵害全貌,故而应当成立盗伐林木罪与盗窃罪的想象竞合(与暴力干涉婚姻自由罪与故意伤害罪之想象竞合的情形完全相同);③ 倘若盗伐之林木体积未达"数量较大"标准,但林木价值已超出盗窃罪"数额较大"标准时,则仅单独成立盗窃罪。可见,尽管财产法益是盗伐林木罪必备之(次要)法益,但因为本罪不同的法益侵害评价指标,从而使得本罪与盗窃罪之间在财产法益保护程度(范围)上存在差别,这为二罪间成立想象竞合提供了可能。[3]

不过,饱受争议的另一组竞合关系——即诈骗罪与合同诈骗罪、金融诈骗罪之间,却无法遵循上述任何一条解释路径将其想象竞合化,不仅不可能在二罪对财产法益的保护程度、范围上划出界限、区分轻重,也没有两个不同的法益侵害评价指标存在。诈骗罪与合同诈骗罪、金融诈骗罪之间不仅保护法益(财产法益)的种类、性质相同,而且内容也是相同的、重合的,换言之,合同诈骗罪、金融诈骗罪中的财产法益与诈骗罪中的财产法益,存在法益的同一性,二者间系典型的法条竞合关系,应当选择对法益侵害内容评价最完整的特别条款定罪处刑,而不是比较两罪的法定刑轻重,本末倒置,选择不法评价明显不足的普通法条罪名予以宣告。

---

〔1〕 所谓典型(常态)立法方法,即根据罪种的典型(常态)特征,而非特例(非常态)特征,来设置罪种的法定刑罚幅度(参见 梁根林:《合理地组织对犯罪的反应》,北京大学出版社2008年版,第257-258页)。

〔2〕 当然,"数量"在此也同时承担着表征生态法益侵害大小的功能。

〔3〕 对于盗窃枪支、弹药、爆炸物、危险物质罪,如果认为立法也考虑了其财物性质,也保护其财产法益,那么,该罪以枪支等物的数量作为法益衡量标准的事实,表明该罪与盗窃罪的关系,也可适用这种解释路径,而不是简单地认定为法条竞合关系。

综上，当竞合关系的判断涉及侵害复合法益的犯罪时，同样不能适用"一个保护公法益的法条与一个保护个人法益的法条不可能形成法条竞合关系"这一命题，因为一个侵害复合法益的犯罪究竟属于侵害公法益的犯罪还是侵害个人法益的犯罪，取决于其中主要法益的性质，不能因为主要法益的公法益性质，而忽视同样受保护的次要法益，当次要法益以个人法益为内容时，即可能与保护个人法益的法条之间形成"法益同一"。复合法益中，次要法益与附随法益也是容易混淆的，误将附随法益当作次要法益，从而将想象竞合误作为法条竞合，乃是我国刑法中法条竞合（尤其是"异质法条竞合"）现象泛化的主要原因。并且，即便是某一犯罪保护之必要（次要）法益与另一犯罪保护之法益属于同一类型同一性质，也可能因为二罪在法益保护范围或程度上存在大小轻重之别而有成立想象竞合的可能，盗伐林木罪与盗窃罪之间即是适例。

五、小　　结

犯罪竞合问题，归根结底关系到刑罚法规的适用问题，适用结果是否公正合理，自然是检验竞合关系的重要指标。"以刑制罪"乃是一种后果主义论证的目的解释方法，对于法律解释具有重要的批判性审查和校准功能。[1] 从这个意义上看，"特别法惟轻"的法条竞合的确可谓是我国刑法中犯罪竞合关系的"异象"，而"特别法惟轻之法条竞合"的想象竞合化，乃是消解这一"异象"可尝试的解释论方案，可以说是"以刑制罪"指导下的路径选择。但"以刑制罪"的审查和校准功能毕竟是有限的，其最突出的功能恐怕是"问题的提出、解决方案的拟定"，而解决方案是否可行，必须依赖于刑法解释之基本原理，受限于刑法明文规定之构成要件。因此，"想象竞合化"的解决方案，必须接受"想象竞合与法条竞合的区分标准——法益同一性"的检验，唯有不具有法益同一性时，想象竞合方能成立。

法益是否同一，与两个法益是否属于同类法益，没有必然联系：同类法益中的具体法益内容可能是不同，而不同类法益之具体内容却可能是相同的。尤其是当犯罪竞合的判断涉及侵害复合法益的犯罪时，首先，不能忽视次要法益的存在。次要法益亦是犯罪保护之必要法益，完全可能与其他犯罪保护的法益之间形成法益的同一性；其次，也不能将次要法益与附随法益混淆。"某一犯罪（条文）保护之必要的次要法益"不同于"该当该犯罪构成要件之具体行为在现实中必然侵害到的某一法益"，应当根据具体犯罪的构成要件要素所承载的内容来判断该罪保护之必要（次要）法益。次要法益与附随法益的消长关系，直接决定了法条竞合与想象竞合成立范围的此消彼长。最后，要注意判断犯罪对次要法益保护程度或范围是否周延。分则条文通过采取"刑罚最高限度模式"或者选用"与其他保护相同法益的犯罪不同的法益侵害衡量标准"，表明与其他犯罪（条文）在保护相同法益的范围程度方面的大小轻重之别，而想象竞合也可能存在于这种"法益性质和类型相同，但具体内容呈现轻重程度范围区别"的两个犯罪之间。

---

[1] 王华伟：《误读与纠偏："以刑制罪"的合理存在空间》，《环球法律评论》2015年第4期。

第二议题　财产犯的『占有（持有）』概念

刑法上的持有概念

周漾沂[*]

一、问题提出

持有（Gewahrsam）概念对于刑法上个别财产犯罪的认定具有关键性的意义。一方面，窃盗罪的成立以破坏对动产的持有关系为要件[1]，倘若财产权人并未持有物品，拿取物品的行为人即无持有关系可以破坏，就没有触犯窃盗罪的问题。就此方面而言，持有概念具有建构作用。另一方面，持有概念也具有分界作用，决定窃盗罪、侵占罪与侵占脱离物罪等不同个别财产犯罪彼此间的适用界限。因为，同属侵害个别财产犯罪的侵占罪与侵占脱离物罪，皆以被害人未持有受侵害之动产为前提。被害人未持有受侵害的动产，却为行为人所持有时，行为人对该动产的侵害，即成立侵占罪而非窃盗罪；至于行为人将被害人未持有且同时未被他人所持有的动产据为己有，所成立者则为侵占脱离物罪。因此，持有概念影响到侵害个别财产时适用的具体法条。

刑法上的持有概念所涉及的核心问题有二：首先，为什么侵害个别财产法益须以破坏他人对物的持有而为之？这涉及刑法上正当性之持有概念的证立问题。其次，什么叫做"持有"某物？这涉及持有概念具体内容的问题。而这两个问题当然又相互关联。关于第一个问题，学说通常欠缺详细的论述，以致尽管知道破坏持有关系是侵害个别财产犯罪的构成要件要素，但不太清楚究竟为什么如此。这同时导致解决第二个问题之基准点的模糊。观察学说对持有概念的讨论，很快可以发现，主要的问题在于欠缺一个数量单一的、理论融贯的、普遍适用的标准。比较流行的方式，是游移在所谓"事实性"持有概念与"规范性"持有概念之间，根据事实特征区分各种具体案例类型，并基此恣意决定在何种案例类型应使用何种持有概念，或如何混合使用各种持有概念。所以在持有的讨论中常能看到一个特殊现象，即学说似乎并非基于一个规范性标准推演出个案中的结论，反而是预先设定结论，再回溯地从既有的各种标准中寻找理论支撑。这种"先射箭再画靶"的现象，充分反映出持有判断标准的不确定与个案判断结论的不稳定。当然，之所以会有上述情况，或许导因于建构持有概念是一个刑法学上的困难任务，这从我国台湾地区与德国学界有关文献相对稀少、讨论多集中于应用层面而非理论证立层面即可得知。

---

[*] 台湾大学法律学院副教授；德国波昂大学法学博士。本文仅为研讨会专用初稿，未臻完整，请勿引用。
[1] 除了窃盗罪之外，诸如抢夺罪、强盗罪、恐吓取财罪等也以破坏持有关系为要件，以下为求行文简便，皆仅就窃盗罪来说明。

一个有益的持有概念研究，应能有效地克服以上问题，在顾及单一性、融贯性、普遍性的前提下，提出一个可妥适说明所有具体案例的规范性标准。基于这个前导思想，本文以下按照学术研究惯例，首先检视学说上既有的持有概念，在指出其不足之处后，再根据作者对刑法上财产权保护的基本理解，尝试重新建构持有概念，最后以此讨论一些相关特殊问题，并适用于具体疑难案例之中。

二、检视既有学说见解

(一) 事实性持有概念

1. 持有作为纯粹事实上支配关系

关于刑法上的持有概念，学说上有一种比较单纯的想法，认为持有纯粹为人对于物的事实上支配关系(tatsächliches Herrschaftsverhältnis)[1]。一旦某人对某物具有事实上的支配，就是持有该物，而欠缺对该物的事实上支配，即未持有该物。在此理解下，所谓破坏持有关系意指破坏某人对某物的事实上支配关系。而此一关系并不仅仅是从一种"客观—物理性"的视角决定，还要求持有人必须具备自然的支配意志(natürlicher Herrschaftswillen)[2]，若欠缺此一"主观—精神性"的要素，仍不能成立持有。此一见解倾向否定以"社会—规范性"的视角来决定持有概念，主张作为持有概念内涵的人对物的支配关系是一种纯粹事实性概念，因而被称为事实性的持有概念(faktischer Gewahrsamsbegriff)[3]。不过持此一见解者也时常强调，是否有事实上的支配关系，仍必须参考日常生活的观点(Anschauung des täglichen Lebens)或日常生活的自然理解(natürliche Auffassung des täglichen Leben)来决定[4]。

2. 以作用可能性为其实质内涵

仔细分析事实性的持有概念，可以发现它的问题刚好出在其所强调的纯粹事实性。必须先澄清的问题是，所谓事实上支配关系中的"事实上支配"是什么意思？也就是说，当我们说某人支配某物的时候，实证上是什么样的状态？首先可以确定的是，所谓某人"事实上支配"某物，并不意指某人事实上正在使用某物。因为，事实上可被个人使用的物品为数众多，一来个人是按其需要来决定何时应该使用何物，然而当下的需要总不是全面性的，被选择使

---

[1] 在定义上强调持有纯为对物的事实上支配关系(力)者，参见 Sch/Sch/Eser/Bosch, 29. Aufl., 2014, § 242 Rn. 23; LK-Vogel, 12. Aufl., 2010, § 242 Rn. 54; Mitsch, BT/2, 2. Aufl., 2003, § 1 Rn. 40; Fischer, StGB, 61. Aufl., 2014, § 242 Rn. 11; 蔡墩铭:《刑法各论》(第六版)，三民书局2008年，第152页；蔡墩铭:《窃盗罪客体之持有与所有》，《军法专刊》1956年第11期，第9页；卢映洁:《刑法分则新论》(第十版)，新学林出版社2015年版，第628页；柯耀程:《窃盗罪与侵占罪之界限》，《月旦法学杂志》1999年第52期，第155页；谢庭晃:《使用窃盗之研究》，1996年，第115页。

[2] Sch/Sch/Eser/Bosch, 29. Aufl., 2014, § 242 Rn. 29.

[3] 用语参见 SK-Hoyer, 8. Aufl., 2012, § 242 Rn. 21.

[4] Sch/Sch/Eser/Bosch, 29. Aufl., 2014, § 242 Rn. 23; Fischer, StGB, 61. Aufl., 2014, § 242 Rn. 11; Otto, Jura 1989, S. 140.

用的物品也因而是有限的;二来由于个人受到其自身的物理性限制,在投入身体动静使用某物品时可能会排挤同时使用他物的可能,因此,通常大多数可被个人使用的物品,相对于个人而言是处于闲置状态,但我们却很难说当下闲置的物品就一定不属于个人所支配。所谓"支配"在观念上显然并不等于"使用",它的意涵毋宁指涉物品处于可为个人使用的状态,或者换句话说,它是指人对物的作用可能性(Einwirkungsmöglichkeit),其中概念的核心是"可能性"[1],当个人意欲使用某物品时就能使用到该物品,就可以说该物品受到个人所支配。既然此处所坚持的是事实性观点,那么势必是指事实上、物理上的作用可能性,而未掺入允许/不允许或应该/不应该的规范性观点,不谈某物品允不允许或者应不应该受到某人支配。

3. 以量差关系表示的概念

不过,如果深入思考作为作用可能性的事实上支配关系,可以发现用它来建构持有概念的困难所在。主要的原因在于,所谓人对物的作用可能性,在任何人与物之间永远是以量差的关系呈现,然而这种量差的关系,无力清楚说明规范上所关心的支配关系"有无"的问题。详细地说,原则上决定人对物之支配力的因素为时间、空间及其他物理性与心理性阻碍等,但除了某人正在使用某物外,该人对于该物的支配力既不可能是百分之百,也不可能是零。从当时当地移动身躯接近该物直到实际使用某物为止,无论如何都要在空间中移动并因而需要时间的进行,在此间仍可能偶然地发生一些阻碍接近使用的条件,使得人对于物的支配是以"可能性"的概念来表达。因此在观念上会认为距离物品越近、用以掌握物品的时间越短,或已知的使用阻碍越少,对物品的支配力就越大,对物的实际使用越可能会成功;相反地,距离物品越远、用以掌握物品的时间越长,或已知的使用阻碍越多,对物品的支配力就越小,对物的实际使用越可能会失败。某甲想要使用放在一米外书桌上的手机来打电话,由于时空阻碍极小,似乎没有不成功的理由,然而实际上不一定如此,因为某甲可能会在起身的时候跌倒不起,也可能在拿到手机之前就被他人先行取走。依照事实性的观点,某甲对手机确实有支配力,但只能说某甲对手机的支配力非常强,观念上并不到绝对的支配。相对地,身在台北出差的某甲,对放在高雄家中的手机,由于时空的阻隔较大,必须经受较多的变数,而仅具有相对较弱的支配力,但仍可以人力克服阻碍而提升支配力,比如通过搭乘高铁回家而逐渐缩短与手机的距离。同样的道理,即使物品已在他人的强力支配之下,充其量只是大幅削弱个人对该物品的支配力,但绝不会完全排除支配关系。某甲若要使用属于某乙所有、放在某乙身上的手机,将因为可能会遭遇某乙的抵抗,或他人基于对某甲支配权的否认而阻止某甲等,而仅对手机享有相对较弱的支配力,不过绝对不会是完全没有支配力,因为某甲仍可透过比如攻击某乙的方式降低阻碍而取得手机。在事实性的观点下,包括他人的存有在内的所有事实都将被转化为人与物之间作用可能性的估算基础。由上述可知,只要作为基础事实的人与物都存在于这个世界上,充其量只能说有较高/较低的事实上支配关系,而不能说有/无事实上支配关系。

---

[1] Welzel, Das Deutsche Strafrecht, 11. Aufl., 1969, S. 348; Wessels/Hillenkamp, BT/2, 37. Aufl., 2014, Rn. 85; SK-Hoyer, 8. Aufl., 2012, § 242 Rn. 23; Gössel, ZStW 85 (1973), S. 618.

4. 欠缺最低限度排他性的事实性观点

倘若如同上述，持有只是一种建立在人与物之间作用可能性上的事实性概念，即同时意味着无法从此概念中导出持有（原则上）的排他性。然而，持有概念的讨论实益无非落在持有关系的建立与破坏，而这种建立与破坏逻辑上正是以持有概念内含排他性为前提。简单地说，只有"我的"持有已排除"他的"持有的时候，才有"他来破坏我的持有并建立他的持有"可言。事实性持有理论的结果是，任何人只要事实上对于某物品具有作用可能性，就具有对该物品的支配，然而，某人已经对某物品具有作用可能性，逻辑上不能完全排除他人对该物品的作用可能性。举例言之，一个放在果摊上的苹果，任何一个站在伸手可及范围之内的路人，都有办法且有机会将它拿起来食用，从而都有反映为作用可能性的事实上支配关系。单纯从事实性的视角，并无法找到一个观点来让我们说，只有果摊的老板才有对苹果的支配关系，其他人欠缺对苹果的支配关系，以致路人取走苹果是破坏老板对苹果的事实上支配关系，而建立自己新的事实上支配关系。总而言之，以作用可能性为其内涵的事实性观点，无力证成人对物的排他性支配。每一个实存的个人对于每一个实存的物品都已有事实上支配关系[1]，其间只有强弱的差异而已，彼此充其量构成影响彼此支配力强弱的外部因素，形成此消彼长的情况。

上述持有概念欠缺排他性特质的情况，或有可能透过持有关系的主观要素（亦即主观的支配意志）来解决。也就是说，事实上对某物品有作用可能性的多数人中，只有那个主观上具有支配意志的人才能称之为持有该物品，从而得以排除其他人的持有。上述之例中，尽管所有靠近果摊的人都对苹果具有作用可能性，可以支配苹果，但论者或可主张，仅仅有果摊老板才具有支配苹果的意志而持有苹果，至于挑选水果的顾客、偶然经过的路人等都没有支配意志，所以无持有苹果可言。这种想法，在未对支配意志概念设下任何限制的情况下，仍然是徒劳无功。因为，如果所谓自然的支配意志，仅仅指行使对物之支配的认知与意欲，那么其产生与否完全取决于个人的心理状态，个人任意地产生与消除这种意志，而可以无视于客观事实关系。其结果是，偶然经过果摊的路人甲，在当下产生其对苹果之取用可能性的认知与意欲，就具有支配意志，即使他认知到苹果归属老板所有也是一样，而其任意产生的支配意志无法排除老板的支配意志。若是如此，仍然不免会无限制地产生持有关系竞合的问题，无法满足持有概念实益所在的排他性要求。甚至，如果路人甲意图偷窃苹果，他只要在客观上靠近苹果、具有高度取用苹果可能性的情况下，心理上一产生取用苹果的意欲，即立刻产生对苹果的持有关系，如此就没有更进一步的"窃取"可言，因为"窃取"意指破坏他人持有而建立自己持有，若自己早已持有，即欠缺窃取的逻辑上前提[2]。由上述可知，从事实性的角度，所添加的主观持有要素仅仅是心理学式的，从而没有任何来自于规范性的筛选作用。

---

[1] 此一洞见，参见 黄荣坚：《财产犯罪与持有关系》，《台湾本土法学杂志》1999 年第 5 期，第 141 页。
[2] Seelmann, JuS 1987, S. 199；Kargl, JuS 1996, S. 972 皆以此一说法批评事实性支配概念。

5. 规范性观点的不当渗入

正是由于上述以量差关系呈现以及欠缺排他性的概念特质,导致事实性持有概念凭借其自身的事实性并无法支撑持有概念被期待的作用,因而学说仍需引入诸如"日常生活观点"等非纯粹事实性的额外标准,用以修正持有判断的结论,在特定情况下肯定存有外部阻碍时的事实上支配关系,以及否定未存有作用可能性阻碍时的事实上支配关系[1]。然而,在持有判断上突兀地插进一个沾染规范性色彩的标准,不论是理论一贯性还是操作可能性都令人质疑[2]。以一些学说上常见的例子来说明以上疑虑。一个陷入深度昏迷、被宣告永远无法苏醒的病人,不仅事实上已不能支配他所有的物品,而且也欠缺所谓自然的支配意志,这时候是否可以认为,病人无法持有任何物品,所以看护拿取病人的物品,不会由于破坏其持有而成立窃盗罪?显然一般不可能接受这个答案,所以学说会以"日常生活观点"来强制修正结论,肯定病人的持有关系[3],然而肯定的理由却不是来自于纯粹的事实性持有概念,因为从事实性的角度无法提供任何理论支撑。除此之外,由于所谓日常生活观点欠缺实质内涵,所得出的答案也未必毫无疑问。不再苏醒的病人,究竟得以持有比较符合日常生活观点,还是不得持有比较符合日常生活观点?显然仍有犹疑的空间。又如一个到他国旅游的屋主,即使他事实上已无法支配客厅里的花瓶,但其对花瓶的持有关系仍基于日常生活观点而被肯定[4]。如果这样极端欠缺事实上支配力的情况,持有关系都还能被例外地肯定,那么真正主导持有判断的已非事实性标准,同时表示事实性持有概念必须借由容忍理论的不一致来到达结论的妥适性。

6. 支配关系意象?

持事实性持有概念者或许会主张,所谓事实上支配关系并非联结在作用可能性这个具有量差性质而无排他性的概念上,毋宁是联结在一种人与物之间的支配关系意象上,而建立支配关系意象的仍然是纯粹的事实,因此并不会错失其概念的事实性。例如一部脚踏车停在某甲独居的庭院里面,从这个事实所显现出的意象,就表示某甲单独地支配这部脚踏车,他人并未支配这部脚踏车;一个行李箱被放在正在航空公司柜台办理登机的旅客某甲脚旁,即意味着是某甲支配着这个行李箱,并排除其他人的支配。然而如果仔细思考,就可以发现这种支配关系意象的说法,已经从事实性的视角漂移到(未必是刑法的)规范性的视角了。当然,作为持有与否判断对象的仍然是事实,比如脚踏车停在某甲庭院以及行李箱放在某甲脚边的事实,不过,受判断是否符合刑法构成要件的永远都是事实,而事实性持有概念中的事实性,并非指判断对象的事实性,而是指判断标准的事实性。显然,切割某些社会事实片段,使其成为呈现某种意涵的特定意象,是基于某种来自于社会的规范性观点。人们认为,

---

[1] Sch/Sch/Eser/Bosch, 29. Aufl., 2014, § 242 Rn. 25.

[2] 批评参见 Kargl, JuS 1996, S. 972; Bittner, JuS 1974, S. 157f.; Seelmann, JuS 1987, S. 200 正确的质疑,所谓的修正是为了配合预先设定的合理答案。

[3] 批评参见 SK-Hoyer, 8. Aufl., 2012, § 242 Rn. 26.

[4] Sch/Sch/Eser/Bosch, 29. Aufl., 2014, § 242 Rn. 26.

放在某甲庭院中的脚踏车或者放在某甲脚边的行李即为某甲持有,这已经跳脱了纯粹事实性的观察,而进入了一种隐含某种应然成分的判断,即使第三人已经进入庭院坐在脚踏车上,或者将手搭在行李箱的手把上,实际上拥有比某甲更强的作用可能性,都不会取代这种物品"应该"归属于某甲持有的认定。由于这已逸脱事实性持有概念所能承载的范围,对此若要进一步讨论,则必须转向至社会性的持有概念。

以上的论述表明:事实上支配关系并非持有的充分条件,亦即并非某人对某物品一有事实上的支配关系即是持有该物品。然而往常学说却将持有直接定义为事实上的支配关系,不免会推导出,只要有事实上的支配关系即存在持有关系。以上的批判性论述在逻辑上并不排除,事实上支配关系是持有的必要条件,欠缺事实上支配关系者仍难称之为持有。这牵涉到持有概念作为刑法上财产权之具体化的问题。又持有既然是一个量差概念,那么如何能说"欠缺"持有关系?所谓有/无持有又是什么样的状态?这些问题都有待进一步的说明。

(二) 社会性持有概念

1. 持有作为物品之社会性归属

相对于事实性的持有概念,社会性持有概念基本上并不太关注个人对物品的事实上支配力,毋宁是以物对人的社会性归属(soziale Zuordnung der Sache zu einer Person)为其内涵[1]。尽管此说还是强调持有人必须具备支配意志,但客观上的持有范围则是透过社会交往观点(Verkehrsanschauung)决定[2]。详细地说,社会性持有概念认为人对于物品的处置力必须被社会所承认,按照社会性的标准某物品归属于某人支配,才能说某人持有该物品,此时该人处置物品在社会的眼光之下系属平常,不会引人侧目(sozial unauffällig),而无需特别的资格或正当化事由;反之,如果一个人按照社会性的标准必须具备特别的资格或正当化事由方能不引人侧目地处置某物品,就不能说他持有该物品[3]。此一持有概念显然具有某种程度上的规范性,其着眼的是人和物之间的规范性关系。持此说的 Welzel 即认为,当按照具体生活关系,一个人显示为(erscheint)物品事实上的主人之时,该人和物品之间的关系就是持有[4]。然而必须注意的是,按照具体生活关系显示为物主,不代表在法律上为所有权人,因为社会性持有判断和个人是否具有法律上的权利不一定有关,反而社会性归属的判断是先于法律性归属的判断[5]。

---

[1] 用语参见 Wessels/Hillenkamp, BT/2, 37. Aufl., 2014, Rn. 83; Bittner, JuS 1974, S. 158.

[2] NK-Kindhäuser, 4. Aufl., 2013, § 242 Rn. 28; Kindhäuser, LPK-StGB, 6. Aufl., 2015, § 242 Rn. 21; Wessels/Hillenkamp, BT/2, 37. Aufl., 2014, Rn. 83, 90; Schmitt, JZ 1968, S. 307f. 陈子平:《刑法上的"持有"概念》,《月旦法学教室》2010 年第 93 期,第 64 页,强调持有的社会性的、规范性的层面,亦即重要的是从"社会通念观点"的支配。

[3] NK-Kindhäuser, 4. Aufl., 2013, § 242 Rn. 28; Kindhäuser, LPK-StGB, 6. Aufl., 2015, § 242 Rn. 23.

[4] Welzel, Das Deutsche Strafrecht, 11. Aufl., 1969, S. 347.

[5] Wessels/Hillenkamp, BT/2, 37. Aufl., 2014, Rn. 85.

配合社会性的持有概念,学说发展出所谓持有领域(Gewahrsamssphären)理论,意指处于个人禁忌领域中的物品,无论该人是否具有事实上支配力,皆毫无疑问地属于个人持有,仅有该人才能以一种社会所承认、不引人侧目的方式加以支配[1]。诸如个人的住处、汽车、手提袋、口袋等,皆属于这种个人禁忌领域,无论旁人与位于上开禁忌领域中的物品处于什么样的时空相对关系,都无持有可言。

2. 难以确定的社会交往观点

社会性持有概念,克服了事实性持有概念由于量差关系而产生的排他性欠缺问题,因为它关注的不是谁对物品具有作用可能性,而是倾向于谁应该对物品有作用可能性,这种应然特质提供了持有关系之人际划分的逻辑前提。果摊上的苹果,由于位于老板所有的果摊之上,按照一般社会观点无疑应归属于老板持有,即使有意购买的顾客将苹果拿起观看,极端地升高其对苹果的实际作用可能性,也不影响老板的持有关系。不过,尽管社会性持有概念较易解决持有范围划定的问题,但不表示此概念没有操作上和理论基础上的疑虑。

首先,所谓物品的社会归属要如何认定?如果物品的归属关系最后要诉诸于社会交往观点,那么这里的社会交往观点所指的究竟是谁的观点?就此而言,学说指出,社会归属是由一个虚拟的、理性且公平之思考者的合宜感受(Astandsgefühl aller billig und gerecht Denkenden)来决定[2]。这个标准就如同刑法学上时常用来建立判准的"客观理性第三人"一样,实际上并未提出任何有助于精细操作的内涵。在对某物品同样具有事实上支配力的多数人中,当然要找出一个最适当的人作为持有者,而且自然也应该"客观理性地"来找出这个持有者,然而除此之外,社会交往观点并未告诉我们,形成这个结果时应该考量什么样的因素,导致结果必然是浮动的、因人而异的[3]。尤其是世界上从来没有出现过一个理性且公平的思考者,最后在实际的操作上也只能以更为空泛的"社会共识"加以取代。不过,共识的达成总不是一件容易的事情,否则就不会出现那么多人际认知与意见歧义。举例言之,一堆被整齐地放在一楼住家大门外的空纸箱,究竟仍为住户某甲所持有,还是已为某甲放弃持有?这关系到,以资源回收为业的某乙拿走纸箱是否破坏了某甲的持有。对此,自然会沦为各说各话。若从某乙的立场来说,既然某甲将纸箱放在门外,纸箱所处位置已脱离了某甲的个人禁忌领域,某乙拿取纸箱就不算是破坏某甲的持有关系。但从某甲的立场来说,某甲将纸箱整齐地放在门口,而不是放置在垃圾场或资源回收处,自然显现出另有他用的意涵,并不能认为是放弃持有。由此所产生的问题是,社会交往观点究竟是落在哪一方?很显然是莫衷一是的,无论是前者或后者均不无道理。因此,倘若仍应采纳社会性持有概念,就必须退一步试图透过某种方式得出较为"强势"的观点作为决定基准,但如此在理论上就必须说明,应该如何回应参与社会交往之人之定义落差与失望的问题。社会性的持有概念,对于共

---

[1] Welzel, GA 1960, S. 267; Gössel, ZStW 85 (1973), S. 619ff.; Wessels/Hillenkamp, BT/2, 37. Aufl., 2014, Rn. 83, 89.

[2] 用语参见 SK-Hoyer, 8. Aufl., 2012, §242 Rn. 31.

[3] 批评参见 SK-Hoyer, 8. Aufl., 2012, §242 Rn. 30.

识内容模糊的质疑、退而求其次寻求强势观点的必要,以及由此而生的定义落差与失望问题,均欠缺充分说理。

3. 社会规范性欠缺刑法关联性

更为核心的批判,则是针对社会性持有概念的规范性宣称。此一概念借以确立持有判断的并非社会事实,也不是法律规范,毋宁是某些(成文或不成文的)社会规范[1]。由于这些社会规范关于持有关系所提出的是应然的宣称,因而也可称之为规范性的持有概念。不过,这里的规范性显然是一种社会规范性(soziale Normativität)[2],因为,人与物之间的规范性关系是立基于社会规范,而刑法在从事自身规范判断的时候,则直接采纳社会规范判断的结果,亦即,刑法判断是否成立侵害个别财产权的窃盗罪,端视是否破坏从社会观点界定的持有关系。在如此的理解下,立即会产生的疑问在于:社会的规范性和刑法的规范性究竟有什么关系?为什么违反了社会的应然规范,即直接等于违反刑法的应然规范?

从逻辑上而言,一个人从社会的角度"看起来"是否为物主是一回事,而这个人是否确实为物主又是另外一回事。物主可以用一种让自己看起来不像物主的方式来呈现自己和物品的关系,非物主也可以用一种让自己看起来像是物主的方式来呈现自己和物品的关系。当然可以理解的是,人们在某物和某人呈现出某种关系的时候,会认为这个人是物主;而且会认为,只有当一个人是物主的时候,物品与个人才会呈现某种关系。可是,倘若刑法上窃盗罪的财产保护是要保护物主,那么为何非得要物主和物品的关系让物主"看起来是"物主的时候,他才受到窃盗罪保护?或者换个角度说,为什么行为人须以一种引人侧目、让物主"看起来不是"物主的方式来呈现自己与物主之物的关系,始能成立窃盗罪?社会性持有概念除了强调应从社会交往观点决定持有与否,但对于如此看法的理由则付之阙如。固然,以社会交往观点在个案中恣意地决定持有关系的有无,由于是立基于一种符合众人常识的观点,所以通常不会遭受太多质疑。不过,如果我们将思考的基点设置在刑法规范性自身,立刻就会产生桥接社会规范性与刑法规范性的论证要求[3]。毕竟刑法上犯罪规定的作用在实现刑法所预设的应然状态,因此如果像一般学说认为的窃盗罪规定的意旨仅在保护个别财产法益,那么显然这和社会对物品之归属关系的想象是两回事。从而物品的社会归属关系,也仅能从个别财产法益保护的基本设定中取得其意义。简言之,只能将物品的社会归属关系理解为个别财产法益的具体化;或者说,将禁止破坏物品的社会归属关系理解为禁止破坏个别财产法益的具体化。然而,这种具体化关系并非自明之理,而有待更详细地论证。

(三) 事实性暨法律性持有概念

1. 持有作为归入使用保留领域

德国刑法学者 Hoyer 认为,取得一个物品的持有,意指为了使用该物品而保留该物品,因此持有表示将物品归入个人使用保留领域(Gewahrsam als Eingliederung in ein Nutzung-

---

[1] SK-Hoyer, 8. Aufl., 2012, §242 Rn. 31.
[2] Joecks, StGB, 11. Aufl., 2014, §242 Rn. 19.
[3] 隐约从同一方向质疑社会性持有概念者,参见 Schmidhäuser, FS-Henkel, 1973, S. 234.

sreservat),理由在于：窃盗罪的窃取是取得他人之物的手段，而取得他人之物不外乎是为了使用该物，因此行为人必须以窃取的方式作为使用该物品的准备，以致行为人的使用意图不会被他人的使用意图所阻碍[1]。对Hoyer而言，建立使用保留领域的方式只有两种，一种是事实上的建立，另外一种是法律上的合意，只有事实情状和法律情状可以纳入考量，不涉及社会性持有概念所强调的社会交往观点。事实上建立使用保留领域，意指事实上占领某物(faktische Okkupation)，例如某甲将一件外套盖在身上，就将这件外套事实上保留给自己使用，并排除他人的使用，而这和社会承认与否无关[2]。至于透过法律上合意建立使用保留领域，例如佃农透过法律关系取得对农地的持有，即使公众事实上都可以自由出入这块农地也是一样[3]。而且法律情状也可以决定实际掌握某物是否会造成持有关系的变动，例如出卖人将物品交付给买受人，或出租人将物品交付给承租人，都可让后者取得持有，然而出卖人将想要出卖的衣服交给对方试穿，持有者仍然是出卖人，此时的关键因素是物品的交付是否基于一个独立的使用权利[4]。

2. 事实性观点缺乏概念实益

Hoyer的看法，并未在根本上解决事实性(Faktizität)与法规范性之间的拉锯问题。主张所谓透过"事实上占领某物"取得持有，仍然必须具体说明"事实上占领"是指称什么样的状态。然而，就如同事实性持有概念一样，如果不是以客观上对物品的作用可能性来理解事实上占领状态，还能以什么样的概念来理解？如前所述，以量差关系而呈现的作用可能性概念并无法满足持有概念的实益，亦即建立持有的排他性。尽管使用保留领域的说法与事实上持有概念有所不同，增添了"为了使用而保留"的特征，不过此一特征仅能扣连在个人的主观面，而不可能扣连在客观面，以致在逻辑上持有与否取决于个人的主观恣意，同样无法赋予持有概念排他特质。详言之，单凭个人与物品之间的时空关系，甚至撷取个人的特定动作片段，仍然无从断定物品是否被个人为了使用而保留，毋宁物品与个人的关系特性是取决于个人的主观认知。举例言之，到某乙家中作客的某甲，在某乙不知情的状况下，从收藏柜中拿出某乙的古董茶壶，尽管这个动作相当引人侧目，但是否为使用茶壶的准备动作，若未探知某甲的主观意图仍是无法确认的。倘若单以个人的主观意图作为决定因素，那么结果将是，不管客观上某甲与茶壶的距离远近以及其动作如何，当某甲一产生想要拿取茶壶回家收藏的念头，茶壶就立刻落入了某甲的使用保留领域。然而这个结果显然是荒谬的，因为任何一个产生将物品据为己有念头的人都将立刻建立对物品的持有关系，同时也可能与其他有使用物品念头者的持有关系产生竞合。其中的关键在于，对于持有关系的人际划分必须要有一个客观的、作为中介的定位点，而使用保留领域理论正是欠缺这个定位点，以致任由"作用可能性"以及"使用意图"这两个无划分功能的概念恣意地决定何谓"归入使用保留领域"。

---

[1] SK-Hoyer, 8. Aufl., 2012, § 242 Rn. 32.
[2] SK-Hoyer, 8. Aufl., 2012, § 242 Rn. 33.
[3] SK-Hoyer, 8. Aufl., 2012, § 242 Rn. 37.
[4] SK-Hoyer, 8. Aufl., 2012, § 242 Rn. 38.

3. 法律性观点无刑法规范性

至于以法律情状来决定持有关系,也不无疑问。当事人间的法律关系,主要是指民法上的法律关系,固然诸如买卖、租赁等法律关系的目的是要让相对人取得使用权利,不过这都是民法的观点,和刑法的持有概念又有什么关系?民法上透过交付使对方取得占有,是因为占有是产生法律关系之目的的前提,至于持有则是保护个别财产法益之窃盗罪的构成要件,若要确定持有的意涵,应从个别财产法益保护的意旨着手,而此未必会有相同于民法的理解。因此,在服饰店老板将衣服交给顾客试穿的例子中,以老板并非要让顾客取得衣服使用权利为由,认为老板仍保有对衣服的持有关系,其实也不是当然之理,因为我们仍可认为顾客已持有衣服,并将顾客试图带走衣服的行为解读为易持有为所有,从而以侵占罪来处理。

综上所述,尽管 Hoyer 正确地从财产保护的意旨出发,了解到持有势必为使用的前提,不过诸如"归入使用保留领域""为了使用而保留"等说法,充其量只是持有概念的文字上替换,相较于既有的事实性持有概念,并没有给出更多能满足持有概念实益的内涵。

三、重新证立刑法上持有概念

(一)以财产权保护意旨为起点

1. 财产权等同于个人现实存有

经过前面对学说的检讨,我们已可初步了解,若要厘清持有概念的内容,势必要以刑法上个别财产法益保护的意义为思考起点。为什么要以刑法保护财产权呢?这牵涉到个人为什么要享有财产权。简要地说,财产是个人现实存有的一部分,或者说和个人现实存有具有同一性。个人并非仅仅凭借其意志虚悬于这个世界上,而是具有其现实性,在现实世界中要求一席之地,亦即除了"意志"之外,还需要"归属于意志者";具体言之,一个现实存有的人,拥有生物性的生命、具有肉身而占有一定空间、需要活动以与环境相适应,并且需要外在物质来维持自己的存活。只要我们无条件承认个人在观念上是具有绝对性的主体,亦即具有人性尊严(Würde),那么也必须同时无条件承认个人的现实存有,因此法秩序必须普遍地、毫无例外地赋予所有个人同等的现实存有框架,也就是生命权、身体权、行动自由权、财产权等。权利(Recht)意味着自由,这表示只有个人才能决定自己的生命、身体、行动自由、财产等事项的状态,也只有这种自决的结果,才是每个人现实存有的独特呈现。而个人的权利也对应于他人的义务,他人必须承认个人自决后的状态,倘若任意更动这种状态,即为侵害个人权利,亦即所谓不法(Unrecht)。由上述可知,法秩序维持主体性(Subjektivität)的同时,也确立了交互主体性(Intersubjektivität):对个人现实存有的承认,取决于人际相互关系的正确建构;人际相互关系的正确建构,是透过对个人现实存有的承认[1]。

---

[1] 基础论述参见 周漾沂:《从实质法概念重新定义法益:以法主体性论述为基础》,《台大法律论丛》2012 年第 3 期,第 1023-1030 页。

借由以上所述，我们可以更进一步厘清财产权的意义。关联到身外之物的狭义财产权概念，其实不是理论演绎上的必然结果。由个人现实存有可以分析出来的，只有"意志"和"归属于意志者"二者，从而在法律中只能推导出个人与个人权利两个概念。换言之，个人权利概念仅仅表达出，个人若要现实存有于世界上，除了意志之外还必须有位于现实领域而归属于意志者。实际上，生命、身体、行动自由、财产等皆为归属于意志者，处于意志得以任意处置的状态，而被包含于广义的所有权（Eigentum）之中。此一广义的所有权自然是抽象的、尚未具体化的。至于生命权、身体权、行动自由权、财产权等具体权利的区分，并非从权利概念自身道出，毋宁是对应于事实形态的具体分化。当然，囿于事实现象，人们通常会倾向认为，所谓的"我"的范围，除了意识的我之外，还包括肉身的我；我与外在世界的界限在于我的皮肤，皮肤以内的东西都是内于我的，皮肤以外的东西都是外于我的。不过，如果我们进一步反思，就可以发现，那个正在思考着的我的意志，才是支撑我的存有的真正核心，只有我的意志才是完全主动的、不可变的；所有外于我的意志的，都是跟随着我的意志而为被动的、可变的。无论是我的器官、肌肉，还是我的食物、衣服，它们的本质都是相同的，都是外于我的意志而归属于我的意志者，都和我的现实存有具有同一性。因此可以说，身体是广义的财产，而财产也是广义的身体。

2. 财产权作为规范性归属关系

相对于广义的财产权对应在外于意志的身体与物品，狭义的财产权则只对应在外于意志与身体的物品之上。既然是权利，表示我可以主张，那些物品是我的，只有我可以处置，而不是属于你的，你不可以处置。关于此，Kant 在其法哲学理论中提出了"外在的'我的'和'你的'"（äußeres Mein und Dein）的概念。所谓"外在的'我的'"，是指那种若妨碍我对其任意使用即为侵害（Läsion），亦即不法（Unrecht）者[1]。"外在的'我的'和'你的'"，并不仅仅以物理性的占有[2]为前提，也包括非物理性的占有。物理性的占有，意味着物和人之间有在物理关系上的直接联结，比如一个苹果被我拿在手上、放在口袋，甚至吃下肚子。但我并不总是在拿到苹果的当下就吃下它，也并不总是想把苹果拿在手上或放在口袋，我可能会将苹果放在某处，解开我和苹果的物理性联结，但这并不表示，苹果因此就不是我的，或者我因此就不能再拿取及食用苹果。苹果和我之间仍然有非物理性的占有关系，按照 Kant 的用语，这是一种"智思的占有（intelligibler Besitz）"[3]。"智思的占有"，既然不是立基于物理性的关系，但又指称个人的占有，因而其所显现出的是一种"领域"的概念。外于我的东西，可以作为我的东西归属于我，并不以我的身体已经掌控它为前提，从而此一归属关系并非事实性关系，而是一种单纯的规范性关系：某种外于我的东西"应该"是属于我的。应该归属于我的东西，表示只有我才能决定如何处置这个东西，亦即我有处置这个东西的自由，或者

---

[1] Kant, Die Metaphysik der Sitten, Rechtslehre, 1971, A 62/B 61, 62.

[2] 此处的占有为 Kant 的用语 Besitz 的直译，尽管德语用字和中文译语都与民法上的占有相同，但有其法哲学脉络中的特定意涵。

[3] Kant, Die Metaphysik der Sitten, Rechtslehre, 1971, A 62/B 61, 62.

说如何处置这个东西是我的权利。相对应地，如果他人没有得到我的同意就来处置这个东西，即是破坏了我"智思的占有"，侵入了我的领域，同时也侵害了我的自由与权利。

必须思考的问题是，就人与物的归属关系上，为什么不只局限于物理性的占有，而认为非物理性的占有也是占有？我们是否可以设想一个财产制度，其中个人对物品的所有权，是以个人物理上占有某物为前提，一旦该人切断该物理性关系，立刻就失去了该物的所有权？具体言之，只有某甲至少是真实地拿着苹果的时候，才能说"苹果是某甲的"；当某甲放下苹果的时候，他不但失去了占有，同时也失去了苹果的所有权。这样的制度在逻辑上是可能的，不过在实践上是不适宜的。理由在于，支撑个人现实存有的外在物品为数甚多，不只局限于个人在当下所使用的物品，但由于生物性的限制，个人在某一时刻所能实际使用的物品是相当有限的，一旦使用了某一物品，时常会排除同时使用其他物品的可能性。我为了存活需要吃饭与喝水，但我只有一张嘴巴，在吃饭的同时无法喝水，喝水的同时无法吃饭，因此当我拿起饭盒吃饭的时候，尽管建立了和饭盒的物理性关系，而排挤了和水杯的物理性关系，然而这并不表示水杯当下不归属于我所有，他人得以视其为无主物任意取用。

当然，理论逻辑上不是一定不能主张和某人不具物理性占有关系之物即为无主物，亦即将所有权等同于物理性占有。不过，如此天真想法的后果却是严重的。其原因在于，肯定"智思的占有"意味着以法律保证个人对无物理性关系之物的使用可能性，然而法律若拒绝给予这种保证，个人也不会因此没有于将来取用他物的需要，由此会衍生出几种情况：首先，个人财产累积将是不可能的，因为无论如何累积，一旦未以身体实际占有，立刻不归属于自己所有。其次，由于不存在一个可即时取用的领域，为了满足自己下一刻的需要，个人将会耗费极大的心力在搜寻不为他人身体占有的无主物，使得生活无法顺畅地运行。最后，为了因应上述困境，个人事实上仍会透过实力建立一个物品存取领域以保护不能即时使用的物品，然而由于个人对此领域内之物品未享有法律上权利，仍然会引发他人的侵夺，这时候势必要以实力大小来决定物品归属，从而可以想象会引发无止境的人际纷争。基于上述，我们即可理解，为何 Kant 认为"智思的占有"并不是从经验中导出，而是从实践理性的公设（das Postulat der praktischen Vernunft）导出[1]。既然是实践理性的公设，即表示是实践上必然的、普遍有效的，而不需要更进一步的理由或证明[2]。这表示，在法律上赋予个人一个物品存取领域，不是基于什么实用上或效益上的考虑，纯粹因为这是无条件地承认个人的主体性、让个人自主地决定其现实存有的必然结果。

（二）持有概念的重构

1. 几无筛选力的使用可能性概念

（1）持有以使用可能性为必要条件

以上论述是财产权的简要证立过程。接下来即以此为基础，来澄清持有概念的意义。如前所述，对于持有概念，必须以其为个别财产权之具体化的角度来理解。财产权即为"智

---

[1] Kant, Die Metaphysik der Sitten, Rechtslehre, 1971, AB 70.
[2] Zaczyk, in: Fricke/König/Petersen (Hrsg.), Das Recht der Vernunft, 1995, S. 318.

思的占有"关系,表示一个为法秩序承认的物品存取领域,它不是一个在现实中被具体划定的空间领域,毋宁是一种从应然角度确定的规范性归属关系。承认这个物品存取领域、这个规范性归属关系,不外乎要使个人得以按其实际需要于其中任意取用物品。因此,若要实现对某物品的财产权,有一个现实的前提是,个人实际上有办法任意取用该物品;如果没办法任意取用某物品,那么这个权利就是空的、无可实现性的。浅白地说,一个人在他想使用一个东西的时候要可以用得到,如果用不到,那么再怎么强调这个东西是他的,也是枉然。基于上述,我们可以为持有概念初步地找出一些实质内涵。持有某物,首先表示个人有办法任意取用该物品,因此所谓持有,即包含"使用可能性"的概念于其中。当然这里所称的使用可能性,也可替换为"处置可能性""支配可能性(支配力)""控制可能性(控制力)""作用可能性"等,这几个概念只有用语上的歧义,并没有内容上的区别,所指的都是得以任意使用某物的状态。而所谓使用,不一定要以物品本身特质所预设的方式使用,按照个人所设想的使用方式使用亦无不可。

(2) 添加规范性观点的必要

基于以上所述,要说某人持有某物,是以该人对该物有使用可能性为必要条件,却不能反过来说,认为谁对某物有使用可能性,就一定是持有该物。不过,在讨论事实性持有概念的时候已经指出,使用可能性基本上是一种量差的概念,除了"人"与"物"两个持有关系的支点不存在会导致使用可能性为零之外,其通常随着时空条件与物理及心理阻碍而游移于零与一百之间。不管某物是否在天涯海角,其间有多少自然与人为阻碍,只要有心,就有使用到该物最起码的可能(几率)存在。如此一来,只要某物客观上确实存在,每个人对该物岂不是都有使用可能性,从而都有持有关系?这样的理解将使持有概念丧失其实益。因此最后的结果是,纯粹的使用可能性概念并无任何筛选作用。所谓持有以使用可能性为必要条件,指涉的也仅仅是可持有之人与可被持有之物的客观存在,亦即,必须要确有其人以及确有其物,才能谈该人与该物之间的持有关系存否。既然如此,就有必要在使用可能性概念上再添加一些观点,让我们可以知道,什么情况或条件下的使用可能性可称之为持有,而什么情况或条件下的使用可能性不可称之为持有。至于这里所谓的特定情况或条件,如同本文讨论过的,已经很难从纯粹事实性的视角与纯粹社会规范性的视角去撷取,可能的视角只剩下法律规范性,然而这并不排除采纳可整合在法律规范性中的社会规范性。

2. 直接导入法律性观点?

那么接下来的问题在于,究竟什么情况或条件下的使用可能性可以/不可以称之为持有?针对此一问题,仍可以透过逐一分析及排除所有可能见解的方式来处理。首先可以设想的是,刑法上的持有为有所有权人的持有。众多在果摊挑选水果的客人、随机路过果摊的路人,随着其距离某一个苹果的空间远近不同,均对这个苹果有大小不一的使用可能性,此时为何我们认为,只有果摊老板的使用可能性可建构持有关系?关于此,一个来自于直觉的答案可能是,果摊老板是苹果的所有权人,而只有所有权人的使用可能性,才是被认可的建构持有关系的使用可能性。这种想法,初步来看有其道理,因为果摊老板的使用可能性背后有所有权支撑,具备法律上的正当性,其他人的使用可能性背后则无所有权支撑,欠缺法律上的正当性。

(1) 所有权人始能持有？

如果我们仔细思考这个想法，可以发现其中有两个关键预设。第一个是所有权人的持有才是刑法上持有，第二个是有法律上正当性的持有才是刑法上的持有。不过，这两个想法都值得商榷。很显然，第一个看法显然不符合现在处理主题的背景预设。理由在于，这种看法会推论出最广泛的规范性持有关系，也就是说，只要所有权人与所有物俱在，无论物与人的相对关系如何，所有权人都不可能丧失持有，无论物品是否遗失、是否为他人取走，或者是否因租赁、借贷等法律关系而交由他人使用皆无不同。若是如此，侵占遗失物罪、窃盗罪、侵占罪的立法前提即不复存在，因为，侵占遗失物罪是以所有权人可丧失持有关系为前提；窃盗罪是以所有权人可被破坏持有关系为前提；侵占罪是以所有权人持有关系可移转给他人为前提。固然，以纯粹保护所有权的角度，不管所有物是否在所有权人持有中皆应受到保护，因此现行立法区分似无必要，理论上不理会持有关系存否亦无不可[1]。然而，既然现行刑法视持有关系存否区分三种不同保护罪名，则其中仍可能有若干有待澄清的考量。

(2) 有法律上正当性始能持有？

至于第二个想法，亦即有法律上正当性的持有才是刑法上的持有，仍有不符合问题预设的缺陷。所谓有法律上正当性，并不限于拥有所有权，拥有由所有权人借由形成法律关系而生的权利也包括在内。例如某甲将汽车一部租给某乙，并因此将汽车交付给某乙，某乙基于民法上租赁关系有权占有汽车，同时也是刑法上有正当性的持有。又或某甲将一支自己所有的手机借给某乙，某乙取得手机之后即为有正当性地持有手机。这种想法，可以有效地解释窃盗罪与侵占罪的区分。因为，在如此的理解之下，窃盗罪的意义即在保护未基于法律关系将所有物暂时移转予他人使用的所有权人，而侵占罪的意义则在保护已基于法律关系将所有物暂时移转予他人使用的所有权人。但是，这个见解的问题在无法解释为何窃盗者能借由窃取这个事实性动作建立自己对窃盗物的持有关系，以及为何拾获遗失物者能借由拾获这个事实性动作建立对遗失物的持有关系，因为窃盗者和拾获遗失物者都不具来自所有权的法律上正当性[2]。由此可知，逻辑上必须从另外一个观点切入，一方面可以相容于法律性观点，另一方面可以将事实性观点整合于其中。

3. 以社会交往观点决定持有关系

由上述可知，将刑法上持有概念与所有权或使用权直接接榫的做法无法令人满意，不过这不代表，从法律规范性出发的论述取径是错误的。接下来，本文尝试证成一个说法：社会交往观点所划定的使用可能性，始能称之为刑法上的持有。或者直接给持有一个定义：持有是社会交往观点下被肯认之人对物的使用可能性。到此已确定的是，为了满足持有概念排他性的实益，必须产生一个能够界定具有成立持有关系适格之使用可能性的观点。但核

---

[1] 这种想法见黄荣坚：《财产犯罪与持有关系》，《台湾本土法学杂志》1999年第5期，第142-143页。

[2] 无法律上权利者无疑亦可成为持有者，参见 Mitsch, BT/2, 2. Aufl., 2003, § 1 Rn. 49.

心问题在于,如何设定这个观点?为何是扣连在社会交往观点之上?

(1)社会交往观点的功能性

关于此,可能的看法是,社会交往观点提供了解读事实关系之意义的观点,建立了人们对个人与物品之间关系所允许拥有的期待(Erwartung);如果没有这个观点存在,一方面人们根本无法决定要如何对待其所遭遇的物品,另一方面人们也不知要如何处置自己所有或所用的物品,而其结果要不是令社会交往活动停滞,就是蕴含着一种当事人的失望风险(Enttäuschungsgefahr)[1]。举例言之,我看到一个放在果摊上的苹果,"苹果放在果摊上"这个事实,即显现出一种意义,传达出一个讯息,就是"这个苹果是归属于他人支配的",或更细节的"这个苹果是归属于果摊老板(某某)支配"的。借由此一认知,我即可适当地调整我的态度和举措,不会将这个苹果当成如同野生果树所掉落或被人所抛弃的无人支配之物或无主物一般来对待这个苹果,比如将这个苹果放到自己口袋里、直接拿起来吃等。相反,如果我看到的是苹果位于市场收集废弃果菜处,或者一个有瑕疵的苹果在收摊后被放置在地上,那么可以解读出来的讯息,就是这个苹果已经无人支配了、被抛弃了,我可以任意取用。然而,假如欠缺任何一个观点协助我认知事实关系所显现出来的意义,那么我要如何自处?如果我刚好肚子饿想吃苹果,在以上两种情形,我到底是要拿还是不要拿呢?倘若此时我恣意决定,将可能与果摊老板的主观认知产生落差,从而遭遇到不能想象与承受的负面结果,例如要经受法律风险,或耗费心力处理与果摊老板的纷争等。

就果摊老板的角度来说,也是一样的道理。由于他认知到"苹果放在果摊上"这个事实传达给人们"苹果是归属于果摊老板所支配"这个讯息,而且认知到他人会根据这个讯息来调整自己的态度和举措,不至于会任意取用苹果,因此他敢于将苹果放置于果摊上。同时他也认知到,苹果被放置于市场收集废弃果菜处,或苹果于收摊后被放置果摊旁的地上,整个事实情状显现出的意义,就是苹果已透过放弃支配而被抛弃,所以他根据这个认知,只有在他要抛弃苹果的时候,才会将苹果放置以上两处。在欠缺事实与意义间关联的认知下,老板同样不知道倘若自己要保留/抛弃苹果,或是不想他人采取以老板保留/抛弃苹果为前提的举措时,应该如何自处。而勉强为之的结果,仍然有事情的结果超乎自己想象与承受范围的问题,例如老板觉得苹果放在果摊上是保留苹果,他人认为同样的事实意味着抛弃苹果,因而两人之间产生纠纷等等。

总而言之,社会交往观点下对事实关系的意义解读,使社会交往参与者得以认知到某物是否为人所有及所用,或为何人所有及所用。在欠缺解读事实关系之意义的观点时,个人的社会交往进程即无可连接性(Anschlußfähigkeit),亦即欠缺透过选择(Selektion)从当下情境

---

[1] 规范性期待(normative Erwartung)与失望的概念参见 Luhmann, Soziale Systeme, 1984, S. 396ff., S. 436ff.; Luhmann, Rechtssoziologie, 4. Aufl., 2008, S. 41ff.

连接到下一个情境的前提,而呈现摆荡在要/不要、做/不做之间的犹疑状态[1]。强制地选择并往下连接的结果,将引致由于当事人认知落差所生的失望风险,以及作为失望风险实现结果的社会交往成本。就此一角度,社会交往观点深入了全社会复杂的事实情境,就物品归属事项上给定意义,并因此建构了全社会的期待结构(Erwartungsstruktur),提供所有社会交往参与者行动上的导引(Orientierung)[2]。

(2) 引入社会交往观点的刑法正当性

a. 社会交往观点表征高度实效性

本文以上论述,尽管阐明了社会交往观点的功能性(Funktionalität),但就其建构持有概念的正当性(Legitimität)上还不充分。理由在于,如果只是着眼于期待结构的建立与其发挥的导引作用,解读事实关系之意义的观点如何设定就不是重点,要这样设定或那样设定均无不可,重点是必须有一个观点存在,只要这个观点存在,即可进入个人的认知里而成为行动的前提,并使不同个人之间的认知与行动达到合致。若是如此,既然任何一种观点都可以发挥功能,那么为什么非得要设定在社会交往观点,而不是其他的"非"社会交往观点? 比如是否可以强硬地立法规定,只有物理性占有才是刑法上的持有? 或者更异想天开地主张,只有对距离个人周围五十米以内的物品才能建立持有关系?

实际上,假如强制贯彻非社会交往观点作为持有判断观点,首先会遭遇到的问题即是欠缺可实践性。就上段第一个例子来说,本文已经提到过,由于生物性的局限,人在某一时刻能够实际使用的物品是有限的,因此人们事实上根本不可能都以与身体接触的方式来安置自己所有的全部物品。至于第二个例子中所设定的要求,事实上也是人们做不到的,除非不离开存放家中的物品超过五十米以上,或者不将车子停放在超过自己五十米之处。这些相当具体的说明无非要强调,人们自然会按照个人需求与物品性质决定自己与物品时空上的关系,因而自然就有按照个人需求与物品性质而生的人与物之间"惯常"的联结模式。这种惯常的联结模式,由于事实上几乎为每一个人所采取并持续实践,可以说是一种为社会长久运行的模式,从而将其称之为"社会交往观点"下的模式亦无不可。

然而,物与人之间的联结模式,即使被社会长久采纳并实践而成为一种惯常模式,还不能支撑这个模式在刑法规范上的正当性。因为,在这样的情况下,充其量只能说这种模式具有高度实效性(Wirksamkeit),但实效性显然不能积极证成刑法规范的效力(Geltung)[3]。仅有刑法所预设效力理由所支撑的刑法规范始能要求具有效力。至于刑法的效力理由为何,则是另一个极为复杂的根本问题,在此不可能详尽地论述,只能从作者的基本立场,在持

---

[1] 形成意义(Sinnbildung)的作用是,在过多的经历与行动的可能性中显示出哪些可能性是可现实化的,因而将复杂性(Komplexität)降低到可接受的程度,使得经历与行动成为可能。观念参见 Luhmann, Soziale Systeme, 1984, S. 92ff.

[2] 结构意指可连接性的限制性条件,将经历与行动的可能性限制在可期待的范围内。参见 Luhmann, Soziale Systeme, 1984, S. 377ff.; Luhmann, Rechtssoziologie, 4. Aufl., 2008, S. 40.

[3] 效力与实效性的概念参见 Kelsen, Reine Rechtslehre, 2. Aufl., 1960, S. 10. 但本文对这两个概念间关系的理解与 Kelsen 有异。

有概念问题中进行演绎。

b. 自由作为人际不法界限之判准

作者所持的非实证主义式的、以个人为核心的基本立场,在前述财产权证立的部分已概略提及,这里再更完整扼要地加以叙述:刑法旨在维护个人作为法主体的现实存有,并以此决定法主体间的相互关系(interpersonales Verhältnis);所谓法主体间的相互关系即为法权关系(Rechtsverhältnis),亦即人与人之间的权利义务关系[1]。具体言之,诸如生命权、身体权、行动自由权、财产权等具体权利构成个人现实存有的抽象框架,此同时对应于他人对个人的承认义务,决定了在社会交往活动中彼此遭遇时的对待模式。权利则意味着自由,表示当事人得以自主地决定己身事务状态,不受他人的干预。在此理解下,可以无困难地推导出刑法上禁止/容许的决定理由:当事人所自愿同意的事务状态更动,即为其行使权利的结果,因而在刑法上是被容许的;当事人非自愿同意的事务状态更动,即为侵害其权利,因而在刑法上是被禁止的[2]。

上述命题,对于决定个人权利领域与他人权利领域于现实中的界限所在有关键性的意义。现在所讨论持有概念的问题,所涉及的其实就是个人财产权领域与他人权利领域于现实中界限所在的问题。具体地说,个人对某物有/无持有关系,意指他人从窃盗罪的角度被禁止/容许取用该物[3]。一旦从窃盗罪的角度被容许取用该物,那么不是掉入侵占罪、侵占遗失物罪的射程范围(行为人有不法所有意图时),就是未掉入任何犯罪规定的射程范围(所有权人已抛弃所有权,或行为人无不法所有意图时)。而由上段论述可知,只有当事人的自愿同意,始具有禁止/容许的决定适格。因此我们可以设想,是当事人自愿同意决定了窃盗罪的禁止/容许界限,亦即其自愿同意接受从社会交往观点决定的持有概念。而唯有当事人自愿同意接受时,持有概念才具有刑法上的正当性。

c. 人与物之间惯常联结模式的体制化

接下来的问题是,如何说当事人作为潜在被害人,自愿同意采取从社会交往观点决定的持有概念?或者更具体地说,要怎么说当事人自愿同意,窃盗罪对自己个别财产权保护范围,终止于从社会眼光"看起来"物品已不归属于自己支配之处?倘若将所谓自愿同意局限在针对持有概念内容的真实的、具体的同意,显然很难说每个人都已自愿同意,因为,逻辑上和事实上都不能排除,有人想用一种让物品看起来不归属于自己支配的方式来安置物品,比如将手机放置在距离自家一百米的大马路上,仍主张自己持有该手机,或者将手机借给友人带出国,仍主张不因此失去持有。因此,若要说自愿同意持有,势必要有与往常相异的理解。

---

[1] Zaczyk, Das Unrecht der versuchten Tat, 1989, S. 202; Chou(周漾沂), Zur Legitimität von Vorbereitungsdelikten, 2011, S. 97ff.

[2] 基本观念参见 周漾沂:《风险承担作为阻却不法事由——重构容许风险的实质理由》,《"中研院"法学期刊》2014年第14期,第195页以下。

[3] 洞悉窃盗罪的个别构成要件解释即是实质不法概念的具体化问题,并从行为容许性的角度切入来处理持有概念问题者,在学说上相当罕见,目前仅见于 Arzt/Weber, BT, 2000, § 13 Rn. 41,其提及物品持有归属的问题,涉及当事人之间的利益冲突,从而以利益衡量此一实质不法决定原则来判定持有关系。

如前所述,根据个人需求与物品性质,自然而然就会产生个人与物品之间的惯常联结模式,而此几乎为每个人所采取并实践。这种惯常联结模式,起初是个人作为物品使用者一方自然形成的。久而久之,个人即依此产生对他人与物品间关系的基本想象,并以此来决定个人在社会交往中对待他人物品的方式。而且,个人会更进一步认知到,他人也是如此想象自己与物品的关系,为了不与他人想象相左而产生失望风险,个人认知上与实践上会更加确认该惯常联结模式。用一个例子来浅显地说明以上道理:一般人作为手机的使用人,由于手机的特性就是要紧靠身体才能使用,所以都会尽量将手机放在方便取用之处,比如身边、口袋、家里等,不会随便将它放在远处的马路上。由于一般人都知道别人和自己一样是一般人,对物品的处置态度上不会有太大差异,基本上也是如此处置手机的。而且一般人也认知到,他人认知到大家都是一般人,大致都是依照手机使用特性来处置手机的。在个人实践认知、个人对于他人实践的认知、个人对于"他人对于个人实践的认知"的认知三者的交互彼此强化过程下,上述人与物之间的惯常联结模式,取得了事实上支配全社会交往活动运作的"(类)体制"地位[1]。

事实上支配全社会交往活动运作的体制,是透过全社会实践力量的巩固而持续地运作。其特征在于,个人难以凭借一己之意/力来变更其事实上运作模式。尤其在个人与其社会交往中遭遇之人无沟通机会的情况下,如果个人强硬地相左于体制化的事实上运作模式而行动,因而产生与社会交往对象的认知落差,导致社会交往失败,那么将是归咎于个人,由他自己承担失望的风险与损失,而不是归咎于对方。举例言之,计算时间的方式就是一种体制,而一天有二十四小时、一个小时有六十分钟、一分钟有六十秒,都是为绝大多数人认同并以之为行动依据的事实上运作模式。假如按照某甲自己标新立异订定的计时法,一天只有十个小时,那么当他和某乙约定于"五点"见面时,结果将是失信而无法与某乙相遇。这时候某甲主张应该以他的计时法为准是没有用的,最后的结果仍然要怪罪某甲,因为他偏离了一般人所认同的计时法。

d. 同意参与体制视为接受其事实上运作模式

既然体制化的事实上运作模式无可变更,那个人的自愿同意又有何用武之地?实际上,个人的自愿同意是关系到进入/不进入体制。一旦自愿同意进入体制,就必须概括接受使其存续成为可能的事实上运作模式;倘若不接受这个事实上运作模式,就只能选择不进入体制。当然,在这样的情况下,个人的自由的确无法完全地伸展,特别是作用扩及全社会的体制,个人根本没有选择不进入的可能。不过这也是无可奈何的事情,因为我们知道,个人自由于现实领域极度扩张的结果就是压抑他人的自由,使得多数人自由的合致成为不可能。简单地说,一个人的观点不能推翻全社会的运作;如果每个人都想以自己的观点推翻全社会的运作,要求全社会来配合自己,那么社会即不可能存在。而容许限缩并取代个人恣意选

---

[1] 体制意指以特定方式规制、引导,及稳定社会交往行动的规则系统,以致社会交往行动对于其他社会交往参与者而言是可期待的。参见 Hillmann, Wörterbuch der Soziologie, 4. Aufl., 1994, S. 373.

择、从而统合多数个人自由行使的体制性运作,正是使得社会性成为可能的必要条件[1]。至于因此造成个人自由的部分限缩,则是社会性的必要成本。

回到刑法上持有概念的问题。社会交往观点下物与人之间的惯常联结模式,正是一种作用扩及全社会的、体制化的事实上运作模式。相对于个人还有选择是否进入余地的交通领域(可以永远不出门)、医疗领域(可以永远不看病)等非全社会的体制,由于它是全社会的体制(不可能永远不使用物品),除非个人自外于社会,否则根本没有回避此一体制的可能。因此最后的结果是,每一个人作为社会人,均被视为自愿同意社会交往观点下物与人之间的惯常联结模式,这表示他自愿同意,窃盗罪对其个别财产权的保护,终止于在社会交往观点下物品已不归属于自己支配之时。此时他人取用物品,从窃盗罪的角度就是被容许的,而且是经过当事人自愿同意而被容许。

e. 与以往学说的同异之处

Welzel 早期关于持有概念的原创见解,决定了本文的基本思考取径。他早已强调,"法不是和社会无关的,毋宁法是关涉到既存的、非法所创造的社会结构之上,并且将社会结构包含在法的范围里面;社会生活不是一种无固定形态的构造物,毋宁它承载透过伦理、传统、风俗、习惯形成的结构与秩序于自身,而法律则包含且保护这些结构与秩序"[2]。依照其看法,持有就是这种社会结构,亦即一个被社会所承认的、个人得于其中支配物品的空间领域[3]。Welzel 清楚地指出法律规范性结合社会规范性的必要,也洞悉有关现实中个人权利领域界限的持有概念问题,不可能单纯从法律应然的角度解决,而势必要关联到具现实性的既存社会结构。不过他未曾论述明白的是,法律规范性究竟要如何和社会规范性结合?可以无需任何中介直接采纳?那么,为什么伦理、传统、风俗、习惯等社会规范可以成为窃盗罪构成要件的决定原则?尤其我们知道,窃盗罪设定的法益分明是个别财产权,而不是上述社会规范的稳定化。

透过桥接论述,将社会规范性融贯地整合于法律规范性下是必须的。德国刑法学者 Kahlo 近期关于持有概念的论述,就大致建立在这样的思路上面。他首先将讨论起点定位在个人,认为持有概念首先涉及的是个人对于物品的支配问题,亦即物品作为物理性对象与个人意志之间的归属关系[4]。其次将视角投射到社会层次,指出上述归属关系是在与他人共存的现实世界中产生的,因此仅有将物品归属于自己的主观意志是不足的,这种归属还必

---

[1] 观念来自于 Hegel 法哲学的伦理性(Sittlichkeit)环节,参见 Hegel, Grundlinien der Philosophie des Rechts, 1986, §142ff.

[2] Welzel, GA 1960, S. 265.

[3] Welzel, GA 1960, S. 265.

[4] Kahlo, in: Institut für Kriminalwissenschaften Frankfurt a. M. (Hrsg.), Vom unmöglichen Zustand des Strafrechts, 1995, S. 133f.

须获得社会承认,借此即可从主体际(intersubjektiv)的角度决定持有概念[1]。尽管 Kahlo 正确地认识到,持有概念涉及人际权利领域界限划定的问题,因而开启通向社会规范性的论述途径,这对本文有相当重要的启发;不过,他过于直接地由此认识跳跃到以"社会承认"作为决定原则,却未意识到,划定主体际界限的方式有无限多种,为何要以所谓社会承认为依归?简言之,Kahlo 并未说明社会承认的功能性与正当性,更未试图将社会规范性与其见解所植基的主体性论述加以桥接。

f. 社会交往观点的具体操作

透过本文以上论证可以知道,经由与财产权保护意旨以及刑法规范性的接轨,社会性的持有概念能获得充分证立。紧接着的问题是,在个案中究竟如何进行持有关系的判断?社会性持有概念除了强调所谓"社会交往观点"之外,是否能提供更为实质的、细致的有效判准?实际上是不能的,这是概念本质上的必然。物品的社会性归属判断,唯一的规范性判准就是社会交往观点,判断者抱持此一观点,观看事实层面上人与物之间的关系,直接得出有/无持有关系的结论。我们可以用"常识""共识""一般人""理性第三人"等字眼试图去充实社会交往观点的概念,不过也仅止于文字上的替换,并不会为它增添更实质的内涵。因为,这个概念原本就是无法实质化的,它来自于我们在日常生活所接收来自四面八方的资讯,以及无数成功与失败的社会交往的经验,是经过反复的尝试与修正而得到的可想象最为"适切"的判断结果。所谓最为"适切",是指以这个判断结果作为社会交往行动的预设前提,事情的发展会最为"正常"、最不会"引人侧目",也因此最不会让(包括自己、相对人以及第三人在内的)人失望。因此,如果一定要给出较为实质的判断标准,也只能看如何判断最能满足持有的功能性与正当性。具体言之,社会性持有判断,是在个案里面各种逻辑上可能的人与物之间的联结模式中,选择一个最"强势"、最能提供社会交往参与者行动导引,并因而引致最低失望风险的联结模式。而唯有此一联结模式,才是那个被体制化因而透过个人自愿同意而被赋予正当性的联结模式。

社会性持有概念的社会体制性意义,意味着社会交往观点是一个具历史性的浮动概念,是随着在历史进展中变化的文化与物质条件而变化的。这表示再怎么判断,都仅仅是依据"当下"的社会交往观点所得出的结论。我们也不是不能想象,哪一天会演变成大众普遍认为非得要用身体接触物品,才能称之为刑法上的持有;或者科技进步到即使丢失物品于千里之外也会自动回归,因而难以认为因此丧失持有。

至于建构事实层面上物与人之间关系的个别事实[2],诸如物品本身的性质、物品放置处所的情况、人与物品之间的时空关系、人对于物品的使用可能性(支配力、控制力等)的大

---

[1] Kahlo, in: Institut für Kriminalwissenschaften Frankfurt a. M. (Hrsg.), Vom unmöglichen Zustand des Strafrechts, 1995, S. 134. 国内学者引用 Kahlo 的想法者,见古承宗:《论窃盗罪之窃取》,《月旦法学杂志》2014 年第 228 期,第 237 页。

[2] 决定持有关系应考量的各个具体要素,参考 陈子平:《刑法各论(上)》(第二版),元照出版社 2015 年版,第 385 页。

小、人与物品之间的法律关系、人的主观意思,以及所有相关的事实情状等,都无法单独支撑持有关系,而必须全部成为判断物品之社会归属所必须综合考量的要素。人与物品的距离较为接近、人对物品的使用可能性较高,或人与物品之间有法律关系存在等等,尽管都让我们倾向于肯定持有关系,但并不一定总是导出肯定的答案。因为,在本文的理解下,这些具体事实永远是受判断的对象,而非判断标准本身。

在这个理解下,值得商榷的是通常伴随着社会性持有概念而被主张的领域理论(Sphärentheorie),其认为当物品位于一个个人具有排他性支配的物理空间之时,物品即当然属于该人持有,例如放在家中的花瓶、投入门口信箱里的邮件、停在自家车库的重型机车等。对于本文而言,在持有的判断上,以所处领域决定物品之社会归属的看法还不能成为一个具有普遍适用性的理论,它最多只能凸显物品是否位处私人所有物理空间,是一个高度影响物品之社会归属判断的重要事实情状。然而,既然它只是要综合考量的事实情状之一,就不排除在考量其他事实情状后会得出相异的判断。物品归属事项上的事实情境总是复杂的,各种差异与变化都可能会导致判断结论不同。持领域理论者同时也承认的"持有飞地"(Gewahrsamsenklave oder Gewahrsamsexklave)概念[1],就是最好的例子。所谓"持有飞地",是指在一个个人专属领域里面,另外存有一个他人专属领域,位在后一领域内的物品仅为该领域的主人所持有,而排除前一领域的主人的持有[2]。从这个定义可以知道,物品是同时落在两个领域中,例如某甲将手机放在裤子的口袋里,再踏入某乙家中作客,那么手机明明也在某乙的家中,究竟是凭借什么观点,让我们在某甲的口袋和某乙的家中两个选项中,选择了某甲的口袋?最后的答案还是诉诸于社会交往观点。因此,所谓的"私人领域"或"持有飞地",本身不是可以提供判准的规范性概念,毋宁只是陈述社会交往观点判断结论的事实性概念。

由以上论述同时可知,将持有判断类型化的尝试,基本上也是徒劳无功的。持有判断的规范性标准无法进一步类型化,已如上述。所谓类型化,顶多是关联到事实性层面,亦即区分不同事实形态的类型化。类型化是根据事实形态的差异而为之,所以重点在于如何撷取用以区分的差异,然而从事实性的角度,无论如何撷取用以区分的差异,对于规范性判断都没有意义,仍须从规范性标准径行给出结论,类型化充其量只能标示哪些事实形态容易引致人们思考上的混乱,而导致判断上的困难。

g. 自由变更体制化模式的可能

社会交往观点下的人与物间惯常联结模式,是一种体制,但这是否表示,个人永远必须绝对屈从于体制运作?答案是否定的。既然体制都必须透过其与个人自由的桥接论述才能

---

[1] 此一概念源自于 Welzel, GA 1960, S. 267.

[2] BGHst 16, 273ff.; Wimmer, NJW 1962, S. 612; NK-Kindhäuser, 4. Aufl., 2013, § 242 Rn. 39; Mitsch, BT/2, 2. Aufl., 2003, § 1 Rn. 63. 国内对飞(袋)地理论的介绍与批评,参见 古承宗:《论窃盗罪之窃取》,《月旦法学杂志》2014 年第 228 期,第 227 - 229 页。飞地的德文原字 Enklave 是指本国领土内的他国领土,而 Exklave 是指他国领土内的本国领土,两者的意思是一样的,只有陈述视角上的不同。

获得正当性,可见个人自由具有优越性地位,具体而言则落实在透过持有人同意而变更持有关系的机制上。一般认为,权利人同意行为人持有物品,行为人即建立对物品的持有关系,此时的同意为阻却窃盗罪构成要件的同意,因此行为人没有成立窃盗罪的问题[1]。关键问题在于,为什么权利人的同意可以决定持有关系的移转与建立?按照本文之前的叙述,持有关系是透过社会交往观点而决定,而社会交往观点下的物品社会归属关系,表示一种体制化的人与物间惯常联结模式,它建立了全社会的期待结构,提供市民社会交往上的导引,克服其失望风险。不过,这样的体制意义论述,并不会排除个人自由于其中的角色。在当事人有沟通机会或有沟通必要的社会情境下,仍可以透过个别当事人自由决定的运作模式,取代体制化的事实上运作模式。如此的看法,不但仍维持个人自由在人际权利领域界限决定上的主导地位,从而并无欠缺刑法正当性的疑虑,而且同样不会错失原先体制所能实现的功能,亦即仍能提供导引,不至于引发过度的失望风险。

举例言之,从社会视角来看,某甲伸手拿取某乙口袋中的钱包,一般情况下无疑破坏了某乙与钱包的体制化惯常联结模式,不过,若是某乙同意某甲自行伸手拿取,比如因为某乙两手皆提满重物,因而无法自行拿出钱包付账,那么某乙即依其个人自由变更了其与钱包之间的联结模式,而形成其个人所欲的联结模式,也就是将钱包持有关系移转给某甲,来实现支付账款的社会交往活动。不只某甲知道,他按照某乙的同意拿取钱包不会和某乙产生认知落差,某乙也同样知道,某甲按照自己的同意拿取钱包不会和自己产生认知落差,而且,社会也能清楚地解读出在某乙同意下某甲拿取某乙钱包的意义。

h. 主观持有意思?

以上所谈论的皆有关持有概念的客观决定标准。不过通常见解认为,持有关系的成立,除了须有客观层面的事实上支配关系之外,还要有主观层面的持有意思,亦即支配物品的意思;所谓支配物品的意思,并不以有现时的意思为必要,也不要求具有特定于个别物品的意思,因此失去意识者仍有潜在的持有意思,不知物品存在者仍有概括的持有意思[2]。然而究竟主观持有意思是否必要,本文则抱持质疑态度。如果所谓的主观持有意思,所强调的只是意思能力(Willensfähigkeit),而不是以意思能力为前提的心理状态,那么其实不会引起疑问,因为具有意思能力,表示至少须存有一个可运作的人类自然意志,这不外乎指持有人必须是一个活着的自然人,而活着的自然人才有资格成为物品之社会归属的主体[3]。但显然一般所称的持有意思,除了指涉意思能力之外,还包括"想要使用物品(所谓支配)"的心理状态,以其为持有要素的结果,将是让个人的主观恣意决定持有与否。具体言之,一个人上一秒才使用完手机并放入口袋,下一秒就可以产生不想继续使用手机的念头,此时是否即失去

---

[1] Frister, AT, 6. Aufl., 2013, 15/1.

[2] Lackner/Kühl, StGB, 28. Aufl., 2014, § 242 Rn. 10f.;陈子平:《刑法各论(上)》(第二版),元照出版社2015年版,第389页。

[3] 此为通说,仅参见 Lackner/Kühl, StGB, 28. Aufl., 2014, § 242 Rn. 10;陈子平:《刑法各论(上)》(第二版),元照出版社2015年,第389页。

对手机的持有？当然这里的前提是持有人"认真地"不想继续使用手机。不过即使再怎么强调持有人的想法必须认真，仍然无法阻挡想法产生的恣意性。关键在于，所谓主观持有意思的要求是心理学式的，其产生与否可以无视于客观事实情境，甚至无视于持有人主观所认知的事实背景。

然而依照本文的看法，包括持有在内的刑法上所有具评价作用的概念，都应该从刑法规范自身角度来设定其判准，而不应该听任个人的主观恣意。个人的主观恣意作为心理状态，没有资格成为评价判准，仅能成为受评价的对象[1]。但是，此一说法并不表示可以完全放弃概念的主观要素，毋宁只是在强调，即使是概念的主观要素，仍然是刑法规范自身给定成立判准。也就是说，个人的心理状态，必须符合刑法规范所预设的判准，始能满足主观要素。在主观持有要素的问题，其实客观的持有要素，亦即"社会交往观点"，正是刑法规范所预设的判准，一个可以限制持有人主观恣意的判准。持有人主观上必须认知到，他与物品之间的关系已经达到社会交往观点下认定他是持有人的程度，此时持有人的心理状态才能称之为主观持有意思。同样的道理，持有人主观上必须认知到，他与物品之间的关系已经到达社会交往观点下认定他不是持有人的程度，此时持有人的心理状态才能称之为放弃主观持有意思。其实，通说承认可以只关联到一般持有领域（genereller Gewahrsamsbereich）[2]的概括持有意思，而不要求持有意思必须关联到特定物，隐然已架空了持有人的现实持有意思，最后的结果将是，位于个人专属领域内的一切物品都归个人持有，再强调主观持有意思似无实益。

在上面的例子中，尽管手机所有人产生放弃支配的念头，但他认知到的事实却是手机在自己的口袋中，从社会交往观点来看无疑仍保有持有关系，因此持有人还不具备放弃手机持有意思。至于手机所有人将手机放在人来人往的大马路上后径自离去，即使他心中多认真地想继续持有手机，依据他所认知的事实，在社会交往观点下已可判定丧失手机的持有关系，因此可认为手机所有人主观上已放弃持有。总而言之，本文认为主观持有意思如同刑法上所有的主观要素一样，都有规范化的必要。

四、特殊问题讨论与疑难案例解决

经过总论式的叙述后，以下进一步讨论持有概念的特殊问题，同时将本文的持有概念理解运用到具体案例中，尤其是那些具有典型说理上困难的、对理论的一贯性构成挑战的案例。必须注意的是，涉及持有概念的特殊问题与困难案例颇多，本文碍于篇幅无法一网打尽，只能在作者有限视域内挑选具有重要性者。

（一）空间因素与持有判断

空间上距离物品的远近是否会影响持有判断？这个问题可以用两个极端来讨论，借此

---

[1] 观念参考 Jakobs, AT, 2. Aufl., 1991, 8/5a；徐育安：《概括故意与结果延后发生》，《政大法学评论》2010年第115期，第99-100页。

[2] Lackner/Kühl, StGB, 28. Aufl., 2014, § 242 Rn. 11.

展现社会性持有概念的优越性:第一个是距离很远但仍肯定持有关系,第二个是距离很近但仍否定持有关系。首先,将物品放在肉眼不可见,且难以立即接近使用的远处,是否因此丧失持有关系?比如车主是否持有停放在公有停车场的车子?屋主出国旅游后,是否持有存放在家中的所有物品?一般学说是以事实上支配力来理解持有概念,并认为在以上两例中,尽管所有人与物品之间距离遥远,但顶多导致持有关系的松弛,从社会日常生活观念来看,持有关系不会受到影响[1]。这种说法显然是先以事实性持有概念判断,发现不能如普通情况般符合我们的答案直觉,因此使用所谓持有关系"松弛"的修辞,再例外地引入社会性持有概念突兀地肯定持有关系。其中可以相当清楚地发现理论的不一贯。贯彻事实上支配力概念的结果,在上述情况要肯定持有关系并不容易,尤其在他人对物品的事实上支配力远大于财产权人的时候,比如有人发现车钥匙忘了拿走且车门忘了上锁,或者发现家门没有上锁等。既然需要例外地修正结论,那么在论证过程中,引入"事实上支配力"这个概念就是多余的,真正发挥决定力量的无疑是社会交往观点。车子这种物品的特性,就是可能被车主放置于相当距离之外;将物品储存在家中的屋主,出门或出国亦属常态,因此从社会交往观点来看,财产权人与车子或屋中之物之间仍属一种惯常的联结,仍维持持有关系并没有什么疑问。

其次,物品贴近身体,甚至已经被掌握使用,是否一定成立持有关系?例如旅客是否持有饭店提供的吹风机、棉被等?在餐厅中用餐的顾客,是否因正在使用餐具就持有餐具?这两种情况,要不是有极高度事实上支配力,就是已经实际支配物品,为何学说仍然不能欣然肯认持有关系,必须借由所谓社会习惯来强制修正答案[2]?其实,一般人都知道,饭店里面诸如吹风机、棉被等物品,与牙刷、肥皂等一次性使用的消耗品不同,在旅客住宿期间暂时使用之后,仍可接续提供给后来的顾客使用,因此依照社会交往观点,这些物品不因当下顾客的支配而改变其社会归属。至于餐厅所提供的非免洗餐具,也是一样的道理,几乎每个人都知道,只是用餐时暂时性使用,不会动摇餐厅老板为社会所承认的单独餐具支配关系[3]。当然,如果仔细地分析下去,旅客与饭店物品、顾客与餐厅餐具之间,也未必欠缺诸如使用借贷等正当法律关系。若是如此,为何饭店主人将原为营业用的吹风机借给朋友带出国使用时,同样都有借贷关系,旅客就未持有吹风机,而朋友就持有吹风机?这正好告诉我们,人与物之间是否有法律关系,并不是决定性的要素,毋宁只是决定物品之社会归属时的参考因素而已。"个案中法律关系隐而不明"这个因素,也会高度影响判断结果。

(二) 死人的持有关系

如上段所述,物品之社会归属主体必须是具有自然意志的、存活的自然人。一旦持有人死去,则欠缺持有关系的理由,即不是社会交往观点给出如何判断的问题,而是人与物之间

---

[1] Sch/Sch/Eser/Bosch, 29. Aufl., 2014, § 242 Rn. 26; Mitsch, BT/2, 2. Aufl., 2003, § 1 Rn. 46;林山田:《刑法各罪论(上册)》(第五版),北京大学出版社2012年版,第320页。

[2] 陈子平:《刑法各论(上)》(第二版),元照出版社2015年版,第385页。

[3] Welzel, Das Deutsche Strafrecht, 11. Aufl., 1969, S. 348.

关系的支点不存在。简言之,如果人或物其中之一不存在于世界上,何来物是否归属于人支配的问题?因此,死人是不能持有的。尽管如此,拿取死人之物是否构成犯罪?这里情形复杂,不可一概而论。基本上,财产权人死后,继承人自动取得其财产上一切权利,也包括个别物品所有权[1]。在无继承人的情况,行为人拿取死人之物,既无持有关系可破坏,也无所有权可侵害,属于单纯的无主物先占,不构成刑法上犯罪[2]。在有继承人的情况,至少物品的所有权即归属于继承人,但死人于死前的持有关系是否也移转给继承人,因而拿取者构成窃盗罪?在本文所持见解下,继承人有物品所有权固无疑问,但是否有持有关系,不是从民法上继承"权利移转"的法理来看的,而是从社会交往观点综合考量所有事实情境来看的,因此除非有支撑继承人物品之社会归属的事实,一般而言难以说继承人有持有关系。比如行为人发现所有权人死亡而取其物品时,继承人不在现场,就不能说破坏继承人的持有,顶多只能以侵占脱离物罪处理。但若继承人于所有权人死亡过程始终随侍于病榻之侧,探病者在其死亡后随即拿取所有权人放置于病床旁边的手机,即可能因破坏继承人对手机的持有关系而成立窃盗罪。

有一个值得思考的案例是:行为人故意杀害被害人之后,再拿取被害人的财物,这时候是成立杀人罪加上侵占脱离物罪,还是强盗杀人结合罪?学者有认为,应视行为人是否一开始即有杀人及取财的结合犯意,以及两行为是否有时空上的密接性,如果皆有,杀人与夺取行为即被视为一体,此一体行为侵害了被害人生前的持有,成立强盗杀人结合罪;如果没有,事后取财属于临时起意,就只是单纯取死人之物而已,成立侵占脱离物罪[3]。此一结论实质认同,但理由则是来自于本文的基本看法:透过"拿取"的事实性举措建立持有关系,尽管属于典型,但并非当然之理;若以社会一般观念为准,并不排除其他的事实性举措亦可建立持有关系,比如以"杀人"的动作彻底瓦解被害人对物品的实质控制力,这将造成社会产生物品归属已经移转的印象。因此,无需先认为只有取财动作才能破坏持有关系,从而也无需透过将杀人与取财视为一体,再从观念上将持有关系破坏时点回溯至杀人时点。直接以杀人动作进行或完成时,且被害人死亡前作为持有关系破坏时点即可。因此论以强盗杀人结合罪并无逻辑上的阻碍。

(三) 遗忘物的持有关系

相对于财产权人确定失去持有关系的、刑法上用侵占遗失物罪来处理的"遗失物",学说上还提及所谓"遗忘物"的概念[4]。两者都是丢失某物品,但不同的地方则在于,前者财产权人不知道物品丢失在何处,后者则财产权人知道物品丢失在何处。也因此,遗忘某物者找回的机会比遗失某物者大,因此前者对丢失物的事实上使用可能性(控制力)比后者为高。

---

[1] 参照 我国台湾地区"民法"第1148条。
[2] 陈子平:《刑法各论(上)》(第二版),元照出版社2015年版,第392页。
[3] 陈子平:《刑法各论(上)》(第二版),元照出版社2015年版,第390、391页;陈子平:《刑法上的"持有"概念》,《月旦法学教室》2010年第93期,第66、67页。
[4] 林山田:《刑法各罪论(上册)》(第五版),北京大学出版社2006年版,第325页;Sch/Sch/Eser/Bosch, 29. Aufl., 2014, § 242 Rn. 28.

例如去风景区游玩的旅客,将相机放置在凉亭的坐椅上忘记带走,事后想起回去找寻,但已被其他旅客取走。又例如旅客在饭店住宿一晚后,未带走放在洗手台边的手表就离开,回到家中才发现此事,但手表已被清洁人员取走。这两例中,旅客与清洁人员究竟成立窃盗罪、侵占罪,还是侵占脱离持有物罪,即取决于持有关系的认定。

按照本文见解,首先可以确定的是,遗忘物原则上不能等同于脱离持有的遗失物。侵占遗失物罪的法定刑为五百元以下罚金,其与处五年以下有期徒刑的窃盗罪、侵占罪一样都是禁止侵害所有权,但处罚却轻微许多,原因或许在于,所有人是因可归咎于己的事由而失落物品,让自己对物品的事实上使用可能性急剧降低[1],降低到已阻却物品之社会归属的程度,在这样的情况下,相较于具高度事实上使用可能性、从而仍有物品社会归属关系的窃盗被害人而言,他人取走遗失物所造成的侵害是相对较小的。就此一角度,忘记带走物品的人,尽管和物品在身边相比,对物品的事实上使用可能性降低了,但由于他知道物品在哪里,尚可透过相对简单的方式让物品回到身边,因此其事实上使用可能性的恶化,还不到不知所踪的遗失物一样的程度。因此,在上段第一个例子,遗忘相机的旅客不因此失去对相机的持有关系,其他旅客拿走相机是触犯窃盗罪。

其次,倘若遗忘物品的地方,是专属于他人所有的私人物理空间,或者因落入他人私人物理空间而产生法律关系,结果则可能和上述情形有所不同。原则上,对于落入私人物理空间的物品,无论是否为空间主人所有,社会交往观点均倾向于肯认空间主人的持有关系,尤其是物品主人不在现场,无从形成其为持有人之强势印象的情况。在上段第二个例子,旅客将手表遗落于饭店房间,由于落入专属饭店主人的私人物理空间,因此不会是欠缺任何持有关系的遗失物。纵使手表主人知道手表所在,从而有恢复物品的高度可能性,但一方面手表是遗落在饭店里面,另一方面在物主与饭店主人间,就物主遗忘的物品,在交易习惯上可能会形成诸如寄托或法定寄托等法律关系[2],由饭店主人暂负保管之责,这两方面因素加乘之后,或可变更手表的社会归属判断,认为在物主未取回之前,是由饭店主人持有手表,倘若形同饭店主人手足的清洁人员将手表取走,就是易持有为所有,所触犯者为侵占罪。

(四) 封缄物的持有关系

这个讨论主题所涉及的事实状况,是将物品放在包装物或容器之中,并加以封口或加锁。引起刑法争议的地方,则是包装物与内容物个别的持有关系归属[3]。例如,委托人将收藏的古董字画放在加锁的行李箱中,交给受托人保管,如果受托人撬开行李箱,取走其中一件古董字画变卖,是成立窃盗罪还是侵占罪?倘若受托人将整个行李箱卖予他人,结论是否有所不同?又假设卖家将西瓜一颗装入可极为轻易地开拆的透明塑胶袋,交给宅配业者

---

[1] 类此见解,参考 王效文:《论侵占罪之持有与侵占行为》,《月旦法学杂志》2012年第206期,第234页,但其特别提及减轻的理由是因"不法意识较低",与本文看法稍有差异。

[2] 参照 我国台湾地区"民法"第589条、第606条。

[3] 各种看法的陈列与讨论,参考 陈子平:《刑法各论(上)》(第二版),元照出版社2015年版,第396页。

送达至购买人处,宅配人员却打开塑胶袋取走西瓜,这时候成立什么犯罪?

关于以上问题,比较强势的看法是,对包装物或容器本身,受托人无疑取得持有关系,但对内容物则无持有关系,理由在于受托人尽管实际支配管领包装或容器,但并无权开启包装或容器,若要开启则必须以破坏方式为之[1]。按照本文的看法,受托人持有包装或容器是没有疑问的,因为,在事理上,受托人为了实现其任务,不论是委托还是运送等,都有实际管领包装或容器的必要;在法律上,委托人与受托人也存有诸如委托契约或运送契约等法律关系;在事实上,受托人也控制了包装或容器。而社会交往观点着眼于这些事理上、法律上与事实上的特点,可判定受托人享有受托物之包装或容器的社会归属。至于内容物,一般而言欠缺以上特点,一方面受托人无须直接接触使用内容物以完成其任务,另一方面透过封缄或上锁等设置使用阻碍的事实动作,委托人表示出建立一个专属自己的私人物理空间的意思,考量以上两个方面,社会承认透过封缄或上锁所隔出的空间是归属个人的物品存取领域,因而委托人仍持有存放其中的内容物,受托人任意取用之即破坏委托人的持有关系。就以上第一例而言,保管人撬开行李箱出卖古董字画,成立窃盗罪。至于如果受托人处置分属受托人与委托人持有的容器与内容物整体,例如上例中保管人将整个行李箱出卖,则成立一个行为触犯侵占罪与窃盗罪的想象竞合。

然而,如果从包装或容器材质、大小、封缄的状况,以及其与内容物的相对关系来看,可以解读出委托人并无建立一个专属自己的私人物理空间的意思,那么依照具体情况,可以认为委托人并未持有内容物,而由受托人持有该物。比如上述将西瓜装入透明塑胶袋交付运送之例,塑胶袋不但可以轻易被打开,而且在运送过程中也可能会自然磨损脱落,何况其透明轻薄,对西瓜并无任何阻隔保护作用,卖家以塑胶袋为包装物,在社会眼光来看形同虚设、聊胜于无,与无任何包装直接将西瓜交付运送没有太大差别,宅配人员为达成运送任务所实际管领者毋宁已经是西瓜本身,从而难以认定塑胶袋内的西瓜仍属卖家持有。因此,宅配人员如果任意取用西瓜,是成立侵占罪而非窃盗罪。

(五) 单独/共同持有关系

在某些形态的社会交往活动中,有时处于合作或交往关系的复数人都对物品有高度事实上支配力,甚至有时在法规范上也允许复数人均有支配物品权能,这时候就产生了单独持有还是共同持有的问题。涉及这个问题的事实类型为数甚多,例如夫妻或同居家人对于家中物品的持有关系、旅馆主人和旅客对于旅馆物品的持有关系、同样持有钥匙的银行和保险箱承租人对保险箱内物品的持有关系等等。碍于篇幅,此处无法一一讨论,以下只以一个最常举的例子,亦即店主和店员对于店里金钱和货品的持有关系为例。

关于此一问题,学说上的答案多是"视情况而定"[2]。有时候店主是单独持有,有时候店主和店员一起持有,有时候店主和店员是处于所谓多阶层(阶层化)的持有关系[mehrstu-

---

[1] 林山田:《刑法各罪论(上册)》(第五版),北京大学出版社2012年版,第323页。

[2] Wessels/Hillenkamp, BT/2, 37. Aufl., 2014, Rn. 88.

figer oder gestufter (Mit-)Gewahrsam],甚至有时候是店员单独持有[1]。看到如此多元的答案模式,更可清楚了解实际上影响持有判断的因素有多复杂,不单纯是店主与店员之间的法律关系,也不单纯是两者对金钱和货品的事实上支配力可以决定。必须再度强调的是,物品的社会归属判断,是一种综合所有事实上和法律上因素的整体考量,所涉及的因素越复杂,形成判断结论的过程就越难澄清,因而其中必有可质疑、可反驳之处。不过,按照本文所持引导持有概念解释的方针,只能在众多解释可能性中寻找一个较为强势的观点。

基本上,当店员完全只是机械性地按照店主指示,从事无自主判断空间以及无自我负责必要的工作,因而处于一种类似店主手足的地位时,社会交往观点即会本于这种店员居于完全社会从属地位(soziales Abhängigkeitsverhältnis)[2]的印象,否定店员的持有关系,由店主单独持有金钱及货品。比如店员既无自主进货、整货、移动货品的权限,也无收钱找钱的权限,仅仅单纯依照店主指示完成个别任务,例如拿货、打扫等。但如果店员的权限提升到一定程度,即可能会因产生其具独立性的印象,而肯定其对货品或金钱的持有关系,例如有自主进货、整货的权限,可以独立收找金钱,而且必须对亏损负责等[3]。在这种情况下,可能店员会和店主共同持有,也可能只有店员单独持有,端视与店主相关的事实情状如何。倘若店主固定隔几日会参与营业,或时常会来店里巡视,顺道实行营业所需行为,就比较可以认定和店员共同持有货品与金钱。反之,店主若是连锁营业商店的负责人,充分授权下属经营个别商店,自己只从统计报表加以管理,从未或几乎不参与商店实际经营,此时或可认为是店员单独持有货品与金钱。

以上单独/共同持有的判断,是扣连在店主参与经营形态与程度,以及店员的在营业事项的自主性之上,而这性质上是一种量差的关系,亦即店主从事的经营行为越具体、越频繁,或店员就营业事项的自主权限越高,社会的眼光下越容易肯定持有关系。既然是量差的关系,逻辑上也不妨碍在单独持有与共同持有两种形态之间再划分出一种阶层化持有关系的形态。阶层化的持有关系,区分上位者持有与下位者持有[4]。由于上位者持有是具有较强事实上与法律上因素支撑的持有,因此可以对抗仅受较弱事实上与法律上因素支撑的下位者持有[5],而下位者的持有只能对抗上位者以外的他人。例如店员平常可自由从事与货品与金钱相关的营业行为,但在店主到场时权限立刻限缩,基本上必须听从店主指挥。在本文的立场上,社会交往观点作为不确定概念的特质就是具有高度弹性,只要社会交往观点下区分得出来某种持有形态,就表示其已具有导引社会交往参与者的作用,承认这种持有形态其

---

[1] 各种对应事实情况的答案陈列与讨论,参见 Wessels/Hillenkamp, BT/2, 37. Aufl., 2014, Rn. 84ff.; SSW-StGB/Kudlich, 2. Aufl., 2014, § 242 Rn. 22ff.; 陈子平:《刑法各论(上)》(第二版), 元照出版社2015年版, 第394—395页。

[2] Sch/Sch/Eser/Bosch, 29. Aufl., 2014, § 242 Rn. 27.

[3] Joecks, StGB, 11. Aufl., 2014, § 242 Rn. 39.

[4] Mitsch, BT/2, 2. Aufl., 2003, § 1 Rn. 54.

[5] 反对见解参见 黄荣坚:《大亨小赚》,《月旦法学杂志》1997年第23期,第54页。

实并无不可[1]。

(六) 窃盗罪既未遂判断与持有关系

持有关系存否,直接关联到窃盗罪既未遂的判断。按照一般看法,所谓窃取就是破坏被害人旧的持有关系,而建立行为人新的持有关系[2]。"破坏持有关系(Gewahrsamsbruch)"和"建立持有关系(Gewahrsamsbegründung)"是两个不同的概念,破坏持有关系未必同时建立持有关系。因此通说认为,如果仅破坏被害人的持有关系但尚未建立行为人的持有关系,仍在窃盗未遂阶段,必须直到建立行为人稳固的持有关系,始成立窃盗既遂罪[3]。因此为了解决窃盗罪既未遂的判断问题,有必要厘清什么叫做破坏持有关系,以及什么叫做建立持有关系。

基本上,针对破坏持有关系的判断,是在判断物品与原持有人的关系因行为人之行为而变动后的状态,能否称之为原持有人具持有关系;而针对建立持有关系的判断,也是在判断物品与行为人的关系因行为人之行为而变动后的状态,能否称之为行为人具持有关系。因此,持有关系的破坏与建立的判断,与前述持有关系的判断没有差异,仍然适用相同的处理原则。正如同决定持有关系不能只参考事实因素或法律因素,而必须根据社会交往观点综合考量所有事实因素与法律因素一样,社会交往观点,仍是决定何谓破坏及建立持有关系的唯一规范性标准。而各种从事实性角度描述破坏及建立持有关系的说法,都是徒劳无功的,它们充其量表现出依社会交往观点的规范性评价所应考虑的事实因素。用比较正式的说法提出判断标准:行为人破坏被害人为社会交往观点所肯认的物品使用可能性,即是破坏持有关系;行为人建立自己为社会交往观点所肯认的物品使用可能性,即是建立持有关系。若用简单的说法:行为人让东西从社会眼光"看起来"不归属于持有人支配的,就是破坏持有关系;行为人让东西从社会眼光"看起来"是归属于行为人支配的,就是建立持有关系。需特别注意的是,本文说法完全异于以往纯粹立基于事实性的观点;后者主张让被害人失去对物品的控制(或支配),即为破坏持有关系,而行为人获得对物品的控制(或支配),即为建立持有关系[4]。

举一例来说明持有关系破坏与建立在概念上的分离。某甲想在学校图书馆偷窃一本书,由于图书馆门口有防盗装置,所以某甲先将要偷的书丢出窗外,掉落在公众皆可进出的停车场地面上。在社会交往观点下,该书并不归图书馆所持有,因为让书处于馆外停车场地面上,不属于图书馆和书的惯常联结方式。浅显地说,这本书看起来已经不归属于图书馆支配了。因此某甲丢出书籍的行为,是破坏图书馆对书的持有关系的窃盗未遂行为。不过,这

---

[1] 至于破坏共同持有,或下位者破坏上位者持有,究竟构成窃盗罪或侵占罪的高度争议问题,涉及窃盗罪与侵占罪的保护法益以及立法上区分两罪的必要,已超出本文主题范围,在此暂不处理。

[2] Lackner/Kühl, StGB, 28. Aufl., 2014, § 242 Rn. 8;林山田:《刑法各罪论(上册)》(第五版),北京大学出版社2012年版,第311页。

[3] Fischer, StGB, 61. Aufl., 2014, § 242 Rn. 17;林山田:《刑法各罪论(上册)》(第五版),北京大学出版社2012年版,第334页。

[4] Sch/Sch/Eser/Bosch, 29. Aufl., 2014, § 242 Rn. 35, 38.

时候某甲仍未建立他和书之间的持有关系。书掉在停车场这种公共场所,按照社会通常看法,意味着书不归属于任何人支配(这不代表书不归属于某人所有),自然也没有任何其他事实基础,让一般人可以辨识出这本书归属于某甲支配。某甲必须再走到停车场,透过将书捡起来的事实性动作,建立他和书之间的关系,让社会看起来此书归属于他所支配,此时才建立了持有关系,从而到达窃盗既遂的阶段。

窃盗既遂的判断,是一个学说上有高度争议的问题。在此不拟详尽处理此一问题,仅在本文基本立场上加以论述。实际上,有关窃盗既遂判断的各种理论,诸如接触物品理论、带离现场理论、藏匿物品理论、掌握物品理论、安心使用理论等[1],其实都没有作为具评判功能之理论的适格,它们不外乎表示,是否接触物品、是否将物品带离现场、是否藏匿物品、是否掌握物品、是否能安心使用物品等都是决定行为人是否建立稳固持有关系的重要事实因素。除此之外,很难说这些事实因素的影响判断的力量孰轻孰重。过于强调某一事实因素的重要性,就会忽略其他事实因素的作用。

接下来,将本文有关窃盗既未遂判定的看法适用于一些争议案例。某甲想在自助式大卖场偷窃口香糖一包,于是从货架上拿下口香糖后放入自己口袋,按照多数看法,由于被窃物品是体积重量较小的物品,一旦被放入口袋这种极为贴近身体的私人专属领域,即使行为人并未离开现场,仍会认定破坏卖场的持有关系,并建立行为人新的持有关系[2],因为口香糖是位在行为人的"持有飞地"之中。反对看法则认为,行为人将诸如口香糖的细小之物藏入口袋,还没有将口香糖带到一种行为人可以按照物品性质使用物品,亦即实际食用口香糖的境地,而只能行使口香糖之财产权内含所有支配形式中的部分形式,比如毁损包装、捏扁口香糖等,所以还未达到窃盗既遂阶段[3]。本文认为,反对看法关注行为人所掌握窃盗物可能使用方式的范围,仍过度执着于事实性观点。若是限于须掌握物品性质上所有可能的使用方式,可以想象的荒谬结果是,盗窃物假如为电器,将电器搬上货车并驶离现场,还不算窃盗既遂,必须达到设有插座处,始能依照电器典型使用方式使用电器,这时候才算窃盗既遂。适用本文所采的持有概念,结论会和多数看法相同。放在个人口袋的物品,社会眼光下会被认为无疑是归属于个人支配的物品。而且,退一步言,就算大卖场允许个人持有货品,也仅限于手持或放进购物车/篮/袋等,一方面不至于允许用放入口袋这种容易和个人物品

---

[1] 理论陈列与介绍参见 林山田:《刑法各罪论(上册)》(第五版),北京大学出版社2012年版,第333页。

[2] Mitsch, BT/2, 2. Aufl., 2003, § 1 Rn. 63; Schmitz, JA 1993, S. 351;林钰雄:《受监视之卖场窃盗》,《法学讲座》2002年第11期,第34页;林东茂:《刑法综览》(第七版),中国人民大学出版社2012年版,第2-122页;实务采此看法者,参见 我国台湾地区"最高法院"1998年度台非字第336号判决。

[3] Kahlo, in: Institut für Kriminalwissenschaften Frankfurt a. M. (Hrsg.), Vom unmöglichen Zustand des Strafrechts, 1995, S. 137.

混淆不清的方式持有,另一方面也很难说同意行为人基于主观窃盗意思而取得货品持有[1]。因此在结论上,某甲不但以行动让口香糖"看起来"不像归属于卖场所支配的,同时也让口香糖"看起来"像归属于自己支配的。因此某甲成立窃盗既遂罪无误。

在自助式卖场,窃盗物如果并非细小之物,而是依其体积难以放入口袋、私人手提袋的货品,判断结果是否有所不同?例如某甲基于窃盗的意思,将一个热水瓶从货架上拿到购物车中,是否破坏卖场对热水瓶的持有关系?甚或建立自己新的持有关系?答案应是否定的。现今流行的自助式卖场的营业模式,其称"自助"之处,是由顾客自行从货架上拿取货品,再持之到柜台结账,这和传统商店多由店家拿取货品结账,顾客于结账后才接触货品的模式不同。顾客自行拿取并搬运货品至柜台,之所以不被认为破坏卖场的持有,可能的说理模式有两种。其一是,原初仅有卖场主人持有卖场里的全部货品,但卖场主人同意进入卖场的顾客持有货品,这种同意是阻却窃盗罪构成要件的同意,所以顾客任意拿取、移动货品,不算破坏卖场主人的持有[2]。其二是,即使顾客在卖场中得任意拿取、移动货品,卖场主人仍不因此失去货品持有关系,必须直到顾客在未结账的情况下将货品带出结账柜台,才破坏卖场主人的货品持有关系,并建立自己的货品持有关系[3]。本文倾向于后一说法。固然,卖场主人为了实现顾客自助的经营形态,势必同意顾客在实现该经营形态所必要的范围内支配货品。不过,如此是否即让社会判定卖场中货品归属于顾客支配,恐怕不无疑问。尤其一般人都知道,在事实层面上,尽管顾客可以任意拿取、移动货品,但卖场工作人员拿取、移动货品的权限比顾客更大,不但可以将货品携出卖场之外,甚至也可以不允许顾客拿取、移动某些货品;也知道在法律层面上,顾客必须要持货品到柜台结完账后,货品始归顾客所有,顾客才能合法地将货品带出卖场。因此,社会交往观点下,不但倾向于肯定自助式卖场主人的货品持有关系,同时也难以肯定顾客的共同持有关系。依此,破坏持有关系的时点就不是从货架上拿取货品之时,而是在未结账的情况下将货品带出卖场之时。破坏持有关系的动作是将货品"带出"卖场,而不是人们以往所想象的行为典型,诸如抓取、移置、藏匿等,这也是持有关系规范化后自然导出的结果,并不足为奇。

在处理卖场窃盗问题时,学说时常会讨论到,如果行为人的动作已被店家察觉,是否会影响既未遂的认定?例如某甲进入卖场时行迹可疑,引起保全人员注意,透过卖场监视器观

---

[1] 相反看法参见 黄荣坚:《致命反光片》,《月旦法学教室》2005 年第 27 期,第 16 页;蔡圣伟:《窃盗罪之客观构成要件(下)》,《月旦法学教室》2009 年第 75 期,第 53 页;古承宗:《论窃盗罪之窃取》,《月旦法学杂志》2014 年第 228 期,第 234 页。自助式卖场是否同意顾客以将细小物品放入如口袋等个人专属领域的方式持有细小物品,前提问题有二:其一是,顾客和被放入口袋的细小物品的关系能否叫做"持有",倘若不是持有,就没有是否因卖场同意而取得持有的问题。其二是,即使观念上肯定叫做持有,仍可质疑卖场实际上是否同意有窃盗意思者将细小物品放入口袋,而这是一个事实认定的问题,按照目前我国台湾地区卖场实际运作情况,恐怕难以采取肯定看法。

[2] 黄荣坚:《致命反光片》,《月旦法学教室》2005 年第 27 期,第 16 页;蔡圣伟:《窃盗罪之客观构成要件(下)》,《月旦法学教室》2009 年第 75 期,第 53 页。

[3] Lackner/Kühl, StGB, 28. Aufl., 2014, § 242 Rn. 16;我国台湾地区南投地方法院 2003 年度简上字第 21 号判决。

察其举动,发现某甲从货架上将口香糖放入自己口袋,保全人员随即加以拦阻,这时候某甲是否已达窃盗既遂阶段?针对此一问题,多数学说和实务见解认为,由于窃盗罪并不是一种"秘密犯",不以其实行未被他人发觉为必要,因此卖场是否透过监视器监控窃盗过程,并不影响行为人的窃盗既遂责任[1]。本文认为,被人察觉此一事实,不论是一概不影响窃盗既遂,或是一概影响窃盗既遂,都值得商榷。尤其这里关注"被人察觉"此一事实,和窃盗罪性质上是否为"秘密犯"这个问题无关;窃盗罪不是"秘密犯"不代表被人察觉的事实永远不会影响持有关系的认定。关键点毋宁是,社会视角下,被人察觉的事实从何种角度产生持有判断上的重要性。这个重要性并非产生于察觉与否本身,而是察觉背后所代表对整体窃盗事件的影响力。有时候,被人察觉对窃盗事件是几乎没有什么影响的。例如手无缚鸡之力的拾荒老妇,半夜在杳无人迹的郊区铁工厂附近,看着有人一路从破坏大门、进入工厂窃取钢材,直到搬上货车之后扬长而去。然而有时候,察觉窃盗事件则意味着有办法阻止窃盗事件进行或完成。像卖场透过监视器发现某甲将口香糖放进口袋,则某甲几乎已注定不能偷窃成功了,因为卖场此时可启动各式保全措施,借由主张现行犯逮捕或正当防卫等来拦阻和逮捕某甲。然而,以上说法并不表示又落入事实性观点的窠臼中。Welzel曾经提及,被人察觉这个因素,要说它影响窃盗既遂成立的话,完全只能从物理性(事实性)持有概念的角度,绝不是从社会性持有概念的角度[2]。本文认为,此一说法反而未掌握社会性持有概念的特质。物品的社会归属判断,本来就是参考所有事实因素后而形成,是具有高度弹性的,任何一个事实因素的变动,都可能改变判断。因此,不能认为某种事实定型必会导出某种判断结论[3]。诸如伸手拿取物品等支配意象、物品与身体的接近程度、物品是否位于私人专属领域等,各自来看都不是持有的决定性因素。因此在上例中,依照社会交往观点,在某甲因为被卖场察觉而注定无法偷窃口香糖成功时,就很难说口香糖已脱离卖场的持有而归某甲所持有,即使口香糖位于某甲口袋里也没有不同。

五、结　　论

按照本文的定义,持有是社会交往观点下被肯认之人对物的使用可能性。其中使用可能性概念仅指涉系争人与物的现实存在,唯一的规范性判准是社会交往观点。此一定义是透过社会性持有概念与刑法规范性的桥接论述而得出,一方面克服了以往以量差概念呈现的事实性持有概念欠缺最低限度排他性,从而无法满足持有概念实益的问题;另一方面,相较于以往学说缺乏说理的情况,也充分厘清了社会性持有概念的功能性与正当性。

---

[1] Fischer, StGB, 61. Aufl., 2014, § 242 Rn. 21; BGHst, 16, 273f.; Hassemer, JuS 1990, S. 849f.; 蔡圣伟:《窃盗罪之客观构成要件(下)》,《月旦法学教室》2009年第75期,第51页;古承宗:《论窃盗罪之窃取》,《月旦法学杂志》2014年第228期,第228页。

[2] Welzel, GA 1960, S. 266.

[3] 正确的理解参见 Otto, JZ 1993, S. 561.

在法主体性论述下,财产权和个人现实存有具有同一性,其表现为物对人的规范性归属关系。而持有则为个别财产权的具体化,是一种体制化的人与物间惯常联结模式,透过社会交往观点对事实关系的解读而得出。其功能性在于提供个人选择自己与(自己或他人的)物品之间关系的导引,从而克服因与他人产生认知落差所导致的失望风险。至于其正当性基础则来自于个人自由。持有概念内容意味着窃盗罪角度下个别财产权保护的容许/禁止界限,而唯有个人自愿同意才能决定此一界限。由于社会性持有概念呈现出的是一种体制,因此个人自愿同意所关联到的是体制的参与与否,一旦参与体制即视为同意其事实上运作模式,亦即同意人与物之间的惯常联结模式。

具体操作上,社会交往观点是决定持有关系的唯一规范性判准,所有事实性因素都是此判准下必须被综合考量的对象,但没有任何一个事实性因素具有决定性的影响,从而诸如个人禁忌领域、"持有飞地"等立基于事实定型的理论都不具理论适格。持有判断的浮动性是概念本质所使然,因此判断标准的实质化与类型化尝试都是徒劳无功的。最后,只能在各种可能的答案中选取一个最为强势者,亦即最能提供社会交往导引而具体制性地位者,如此才最能满足持有概念的功能性与正当性要求。

论财产罪中的占有概念

梁云宝*

摘　要：财产罪中的占有主要是一个事实性的概念，描述性是占有的显性基因。事实性判断是占有的首要判断和基础性判断，无事实支配即无占有，但受物的性质、形态等实质影响，事实支配并不总是显性可见的。规范性判断在揭示隐性可见的事实支配和存在假象性的"事实支配"的场合，对占有的判断具有补充作用。事实性占有概念中的规范性内涵，已经扩展到社会学层面和刑事政策层面。规范性占有概念在借助规范性要素扩张占有范围的同时，基本掏空了占有的实体，造成了占有的过度观念化问题，也造成了对实际的占有问题进行解释时事实性和规范性的冲突，且难以协调。

关键词：占有　财产罪　规范　支配

一、问题的提出

占有是财产罪中不可或缺的概念，在定性和解释人与物之间的实际支配关系上，又称所持、持有、管有等。不可否认，占有在财产罪中的基础性地位使它成为了理论和实务持续关注的对象。但是，围绕着占有概念所展开的研究，很长一段时间内学界并未形成能够彼此激烈交锋的观点。究其原因，相较于借鉴德日刑法理论发展起来的事实性占有概念，早期对占有的诸多界定，似乎欠缺刑法教义学上的适应性。晚近以来，规范性占有概念在我国的出现和发展，根本性地打破了这一僵局。由此，我国占有概念的争论才整体性的由事实性占有概念下具体问题的内部探讨，转向了异质性观点下占有概念的学说之辩。于是，我国财产罪中占有概念的交锋不仅有了微观的"问题"之争，也有了宏观的"主义"之争。

由于传统通说的事实性占有概念并不缺乏规范要素，而规范性占有概念大体上对事实要素也不排斥，因此，二者的根本性分歧并不在于对规范要素或事实要素的全面排斥或清除。可以说，对规范要素在占有中的不同定位，才是两种占有概念根本性分歧所在。实际上，在实际支配的认定和解释上，事实性占有概念的持有者对于事实要素与规范要素之间的关系一直鲜有系统的阐释和清晰的界定。这样，在面对规范性占有概念发起的这场"主义"之争时，事实性占有概念显得被动而暗弱。这是否意味着事实性占有概念在刑法教义学上已经难以维持？于是，什么样的占有概念才是分析财产罪结构时所必需的，就构成了本文着重探讨的内容。对此，本文从两种占有概念对"实际支配"的不同定性和解释入手，详细剖析

---

* 法学博士，东南大学法学院讲师。

占有的内部结构,并在事实支配的精确解释和规范要素的层次化分析及补充性定位上,主张事实性占有概念并未丧失生命力,并提倡缓和的事实性占有概念。另外,指出规范性占有概念在提升规范要素地位的同时,也在掏空占有的实体,这造成了占有的过度观念化困境。最后,通过对死者的占有、存款的占有和复数主体的占有的应用分析,指出缓和的事实性占有概念与规范性占有概念之间的本质性区别,以及规范性占有概念在具体问题的解释上存在的事实性与规范性的冲突和矛盾。

二、从事实性到社会/规范性:占有概念的嬗变实质

占有是财产罪中的基础性概念,是人对物的实际支配状态。然而,对"实际支配状态"定性和解释的差异形成了内涵不尽一致的占有概念。可以认为,一部财产罪占有概念的发展史几乎就是一部对实际支配进行解释的历史,而迄今为止占有的事实性和社会/规范性基本是这一解释史中相对的两极。由于在出现的时间序列上事实性的占有概念在先,社会/规范性的占有概念在后,因此,从事实性占有到社会/规范性占有的嬗变,占有概念究竟实质性变动了什么,就成为厘清财产罪占有概念时不得不破解的命题。

一般认为,事实性的占有概念依据日常生活上的自然观点来判断实际支配,即"在没有任何阻碍下,持有人基于事实的可能性,可以直接实现对物的影响",则肯定实际支配的存在。[1]

也就是说,以"事实状况"来明确占有概念时,其要义在于事实上能否处理,而不在于法律上是否应当。相对地,社会/规范性的占有概念主张在社会规范观念下判断物是否属于人的实际支配范围,事实状况的判断"仅具有建构持有核心内涵的矫正功能"。[2] Welzel 通常被视为社会/规范性占有概念的典型代表人物[3],但如今 Bittner "社会分配关系"的占有概念等也被视为社会/规范性的占有概念。[4]

尽管如此,但事实性与社会/规范性的精确内涵分别是什么,迄今为止理论上似乎仍旧模糊。与此密切相关的是,就前者而言,纯粹事实性意义上的人对物的控制关系,会掏空占有的现实内容从而过度限缩占有的范围,导致财产罪犯罪圈的过分狭窄。尽管有学者认为俄罗斯财产罪的占有概念是一种"纯粹的事实支配"[5],但除非对规范性要素进行消解性"处理",否则"纯粹的事实支配"将难以维持。毕竟,即使在坚持"占有是一种事实"的罗马法时期,随着社会生活的发展,对物"事实上能支配或管理"的"管领"的解释,也不得不从最初

---

[1] 转引自 黄惠婷著:《刑法上的强盗罪》,台北三民书局2005年版,第32页。

[2] 转引自 黄惠婷著:《刑法上的强盗罪》,台北三民书局2005年版,第32页。

[3] [日]木村龟二主编:《刑法学词典》,顾肖荣等译,上海翻译出版公司1991年版,第687-688页。

[4] 马寅翔:《民法中辅助占有状态的刑法解读》,《政治与法律》2014年第5期;马寅翔:《占有概念的规范本质及其展开》,《中外法学》2015年第3期;等等。

[5] 周光权、李志强:《刑法上的财产占有概念》,《法律科学》2003年第2期。

只限于事实上的管领(可能性),逐步放宽到视物的性质、用途、价值和社会习惯等来决定。[1]这实际上是对占有的事实特点进行了"实质上的变通"。[2]另外,有学者在梳理占有的"事实性"内涵时指出:"经归纳后发现,在对占有存否进行判断的场合,人们依赖的主要是一些自然主义的、物理层面或生物性的标准,这些存在论上的因素综合起来,可以得出存在一种事实控制关系的结论。"[3]这与其说是对"事实性"下定义,毋宁说是对"事实性"作诠释。其实,域外的情形与此高度相似。可以认为,对财产罪的立法而言,纯粹的事实性占有概念是奢侈品而非必需品。即便事实性占有概念的提倡者也认为"应同时兼就社会日常生活的一般见解,作为判断标准"[4],或者说客观上有否支配或支配可能性之事实,除持有人之物理支配力所及之场所外,"应依一般社会观念或习惯"进行综合判断,[5]这使事实性占有概念的实际支配"不尽是单纯的物理的有形的支配"。相应地,"实务上对'事实上的支配'解释得相当广泛。"[6]

就后者而言,纯粹社会/规范性意义上的人对物的控制关系,会扩张占有的范围,导致财产罪犯罪圈出现膨胀的风险。毕竟,社会观念、社会规范等社会/规范性占有概念赖以存在的规范要素的边界十分模糊,且操作中欠缺一套量化性标准,由此引发了财产罪犯罪圈在膨胀化的同时其边界弹性十足的痼疾。例如,部分规范性占有概念的提倡者认为:"这里所说的规范,是从广义角度而言的,它囊括了一个社会通过历史形成的或者法律规定的所有行业标准、准则或者规则,法律规范只是其组成部分之一。"[7]显然,这种意义上的规范在边界上让人难以把握,以此为(主要)标准来确定占有的范围难免提升判断者的主观恣意性。类似地,Welzel的"社会规范"[8]、Bittner的"文化规范"等内涵的不确定性早已受到了批判。况且,社会观念、社会规范等是一个内涵时有变化的概念,这也会助长财产罪出入罪判断上的恣意。例如,把工具搁在路边的情况,依据罗马法时期的社会习惯只能作为遗失而不能作为占有,[9]但将汽车停放在自己所住房屋外大街的路边上,依据现代的社会观念基本能肯定占有的成立。再如,故意使怀孕的母牛堕胎的行为,依据早年的社会观念可能是流氓行为,而后来可能是故意毁坏财物或破坏生产经营的行为。正是在此意义上,理论与实务在规范性占有概念的态度上都相当警惕,在社会性标准的使用上也十分谨慎。对此,日本的山口厚教授指出:"一般的社会观念的判断标准未必明确,因此,需要将该标准具体化,即需要确定

---

[1] 周枏著:《罗马法原论(上册)》,商务印书馆1994年版,第412页。
[2] [英]巴里·尼古拉斯著:《罗马法概论》,黄风译,法律出版社2010年版,第109页。
[3] 车浩:《占有概念的二重性:事实与规范》,《中外法学》2014年第5期。
[4] 林山田著:《刑法各罪论(上册)》,北京大学出版社2012年版,第220页。
[5] 甘添贵著:《刑法各论(上)》,台北三民书局2009年版,第208页。
[6] [日]前田雅英著:《日本刑法各论》,董璠舆译,台北五南图书出版公司2001年版,第176页。
[7] 马寅翔:《占有概念的规范本质及其展开》,《中外法学》2015年第3期。
[8] [德]汉斯·韦尔策尔著:《目的行为论导论:刑法理论的新图景》,陈璇译,中国人民大学出版社2015年版,第6页以下。
[9] 周枏著:《罗马法原论(上册)》,商务印书馆1994年版,第412页。

所谓的下位标准。"[1]

此外,需要指出的是除纯粹的社会/规范性的占有概念完全以规范性标准判断实际支配外,社会/规范性的占有概念并不缺乏对占有事实属性的认可。Welzel表达得相当明确:"物理支配中所含有的社会成分是占有概念必不可少的组成部分。"[2]日本刑法学者在介绍社会/规范性占有概念时,对其事实性一面的叙明也是适例。"占有(持有)可以说是一种社会观念,必须考虑到物的性质、时间、地点和社会习惯等,按照社会上的一般观念来具体地决定其有无。这种观点把占有(所持)的概念称之为规范的社会的要素。"[3]不同点主要在于,事实属性不被视为占有的"本质属性"。但是,纯粹的社会/规范性的占有概念因会导致出现占有的观念化倾向,并衍生出一系列的难以解决的问题[4],所以,到目前为止其更多的只是理论上的噱头。

通过以上分析可见,只有纯粹的事实性占有概念与纯粹的社会/规范性占有概念才在占有的构成要素上分别采取单一的事实要素与规范要素的立场,除此之外财产罪的占有概念基本上并不缺乏事实要素和规范要素。若似此,则从事实性占有概念到社会/规范性占有概念的嬗变,其实质与其说是在实际支配的定性和解释中社会/规范性要素对事实性要素的替代,不如说是在规范要素出现后对事实要素和规范要素进行"勾兑"并对事实要素或规范要素进行的主体性"包装"。对此,不少学者并不讳言。如,"在构成要素包括事实要素与规范要素方面,事实性的占有概念与规范性的占有概念并不存在冲突,两者的分歧主要在于,对于占有概念而言,规范要素是否可以单独作为判断要素?可以说,是否承认不包含事实要素的占有,是事实性占有概念与规范性占有概念的分水岭"。[5]再如,日本的曾根威彦指出:"刑法上的占有概念虽然是现实的,但其重点反而是规范的、社会的一面。"[6]在此意义上,现代财产罪中的占有几乎都是一个混合折衷的概念。这恰恰是出发原则不同的事实性占有概念与社会/规范性占有概念"在个案中大致上皆能得出相同的结论"[7]的根源所在。

三、社会/规范性对事实性的补充:缓和的事实性占有概念

(一)描述性的事实内涵是占有概念的显性基因

在私有制框架下财产的法律保护是以所有权为核心进行架构的[8],占有对所有(权)表

---

[1] [日]山口厚著:《从新判例看刑法》,付立庆、刘隽译,中国人民大学出版社2009年版,第130页。
[2] 转引自 马寅翔:《民法中辅助占有状态的刑法解读》,《政治与法律》2014年第5期。
[3] [日]木村龟二主编:《刑法学词典》,顾肖荣等译,上海翻译出版公司1991年版,第687-688页。
[4] 关于纯粹的社会/规范性的占有概念的批判,可参见 车浩:《占有概念的二重性:事实与规范》,《中外法学》2014年第5期。
[5] 马寅翔:《占有概念的规范本质及其展开》,《中外法学》2015年第3期。
[6] [日]曾根威彦著:《刑法的重要问题》(各论),成文堂2007年版,第153页。
[7] 黄惠婷:《刑法上的强盗罪》,台北三民书局2005年版,第33页。
[8] [意]鲁道夫·萨科、拉法埃莱·卡泰丽娜著:《占有论》,贾婉婷译,中国政法大学出版社2014年版,第16页。

现出强烈的依附性,这种影响甚至沿革至今(如占有推定所有)。同时,由于所有(权)的权利属性鲜明,而占有在历史发展中随着内涵的变动(包括扩张和限缩),即在直接占有外出现了间接占有(扩张)、占有辅助(限缩)等,权利性质部分地介入到占有概念中。这使得占有与所有的界限开始"黏连",但严格维护占有的事实性以及它与所有的界限仍然是基本的立场。[1]

究其根源,占有发端于对实际握有事实的直观描述,所有只是占有在特定历史时期的产物,描述性的事实内涵是占有的起点。在历史上,人对物的利用在所有(权)观念产生之前就已经存在。毕竟,按照物的属性进行必要的生产、消费等,是人类维持自身生存和发展所必需的。"罗马法的占有概念来自于人们'对实际握有'事实的直观认识,基于实际握有物的人不一定是所有人这一事实,人们意识到,需要以一种有别于'所有'的概念和制度解决由此可能产生的法律问题,于是产生了占有概念。"[2]这样,占有是对"实际握有"事实的定性和解释。另外,私有制是人类社会发展到一定历史阶段的产物,伴随着私有制出现的最重要的观念之一是所有(权)观念,罗马法时代恰恰是私有制形成和发展的重要时期,以"实际握有"为基本属性的占有本来与所有(权)观念并无必然的内在联系,所有着重强调的是财产的归属关系,但受私有制的冲击占有开始与所有(权)挂钩,在私有制下财产归属的核心是确定某些主体在财产利用上的支配地位以及确保其相应的财产利用利益。[3]若事实果真如此,则所有是占有在一定历史阶段的特殊产物,而不是相反。显然,在"由风车、水磨、四轮马车等构成的时代"实际握有大体成为了事实支配的最初轮廓。对此,马克思曾一针见血地指出:"罗马人的主要兴趣是阐明并规定作为私有财产的抽象关系而产生的那些关系。私有财产的真正基础,即占有,是一个事实,是无可解释的事实,而不是权利"[4]。财产罪的占有概念基本继受了罗马法"维持社会平和"的事实占有概念的内核[5],因此,尽管由于物的形态以及其他具体情况的差别,作为财产罪占有的支配的具体方式不尽一致,但财产罪的占有概念首先是一个事实上的概念,且同包含了"法的支配关系"的民法占有区别开来。[6]这样的事实性"原则上可以客观认定"。[7]当然,物在性质、形态、用途等上的自然差异,的确会影响人对物事实层面的支配的形态。在形态上,如后文所述,事实性支配不仅包括显性可见的类型,也包括隐性可见的类型,而隐性可见的事实性支配不等于其不存在。譬如,对一块手表的占有远比对一片林木的占有在支配形态上显得紧凑,同样地,对几只羊的占有远比对一座水库的占有在支配形态上显得紧凑。但是,由此比较性地得出财产罪的占有概念在实际支配上

---

[1] [英]巴里·尼古拉斯著:《罗马法概论》,黄风译,法律出版社2010年版,第108-109页。
[2] 孟勤国著:《物权二元结构论》(第三版),人民法院出版社2009年版,第75页。
[3] 吕来明:《从归属到利用——兼论所有权理论结构的更新》,《法学研究》1991年第6期。
[4] 马克思:《马克思恩格斯全集》(第3卷),人民出版社2002年版,第136-137页。
[5] [意]鲁道夫·萨科、拉法埃莱·卡泰丽娜著:《占有论》,贾婉婷译,中国政法大学出版社2014年版,第13页。
[6] [日]木村龟二主编:《刑法学词典》,顾肖荣等译,上海翻译出版公司1991年版,第687页。
[7] [日]大谷实著:《刑法讲义各论》,黎宏译,中国人民大学出版社2008年版,第186页。

的"松弛"未免以偏概全。实际上,抽象于事实层面(主要依据物理学等自然科学)的客观描述性内涵始终在占有概念中居于不可动摇和替代的首要性、基础性地位,这也设置了财产罪占有判断的层次性。

既然如此,那么在实际支配上何为描述性的事实内涵?仔细检阅文献后不难发现,迄今为止对自然状态意义上的实际支配所进行的直接定义似乎并不成功。可是,据此否定占有的描述性的事实内涵的存在,是不切实际的论调。笔者认为,财产罪占有的描述性事实内涵是在揭示人与物之间存在的支配的客观状态,即占有作为一种实际支配是不以人的意志为转移的客观存在,而不是主观上的想象,它是财产罪占有概念无法剔除的显性基因,在一定意义上它能够形成人与物之间的社会关系(甚至以物为中心的人与人之间的社会关系),但这种社会关系不是财产罪占有的逻辑起点。在认知上,这种描述性的事实内涵在物理学层面最为直观,但鉴于物的性质、形态等对支配形态的客观影响,理论与实务在财产罪占有中实际支配的描述性的事实内涵上,几乎都采用了较为巧妙的表述方式。换言之,财产罪的占有必须是事实的、现实的占有,但它未必以单纯的物理上掌握财物为必要,是在肯定实际支配的描述性的事实内涵基础上所作的具有共性的表述。这无疑是在从正面直接界定自然状态意义上的占有存在困难的情况下[1],不得不进行的变通性说明。这样,它既肯定了占有的事实性,又避免了物理学层面的纯粹的事实性占有概念掏空财产罪占有内涵的弊端。据此,类似于在地震灾害发生时为暂时避难而搬出去放置在路边或其他空旷地带的物的场合下,一定条件下主人并不丧失对物的占有。客观上,这种变通式说明的占有概念得到了审判实践的支持。例如,日本的判决明确表示:"刑法中的占有,是人对物的一种实力支配关系,尽管这种支配状态会因物的形状以及其他具体情况而有所不同,但不必是实际地持有或者监视该物,只要该物处于占有人的支配力所及范围之内即可。"[2]

在揭示占有的客观支配状态时描述性的事实内涵抽象于客观上的诸多方面,其中动态上施加的物理力、时间等以及静态上的财物本身的特性、距离、场所等,是显性的关键要素。对此,审判实践的立场相当鲜明。德国的审判实践主张,在实体上靠近财物和能够施加物理上的力量,属于维持与财物关系的两个重要的参考性要素。[3] 日本的判例也显示:"在暂时地遗忘财物的案件中判断被害人占有的存在与否,财物与被害人之间的场所、时间的距离具有决定性意义。"[4]当然,场所、时间等因素在占有判断中的重要作用远不止遗忘物这一场合,交通事故现场发生的财产罪、麦收季节将麦子放置在公路上脱粒、晾晒等引发的财产犯罪等都会涉及该类要素。另外,我国有学者认为物理上的时空条件、占有主体的自然人属性、占有能力和占有意思的事实性特征、共同占有中的事实性因素等是占有的"事实性"表

---

[1] 不少学者对此并不忌讳,[意]鲁道夫·萨科、拉法埃莱·卡泰丽娜著:《占有论》,贾婉婷译,中国政法大学出版社2014年版,第17页。
[2] [日]山口厚:《刑法各论》,王昭武译,中国人民大学出版社2011年版,第205页。
[3] 转引自 马寅翔:《民法中辅助占有状态的刑法解读》,《政治与法律》2014年第5期。
[4] [日]山口厚著:《从新判例看刑法》,付立庆、刘隽译,中国人民大学出版社2009年版,第133页。

现。[1]尽管在占有的认定中占有意思起补充作用[2],但"占有意思的事实性特征"(如未成年人对财物的控制意思)依附于占有意思这一主观要素,或者说依附于主体的行为/责任能力这一主观要素,将其视为占有的"事实性"范畴似乎不无疑问。

不得不说,形式上对描述性事实内涵形成冲击的是"客观支配事实松弛"或占有观念化的论调。所谓"客观支配事实松弛",是指人与物之间的支配关系的成立不以二者之间具有紧密的肢体接触为必要,但为解决空间距离对事实支配力的不利影响,事实性的占有概念实质性地接受了观念化的占有,表面上却拒不承认。[3]笔者认为,这是一种夸大的以偏概全的论调。理由是:在民法上,除直接占有之外还存在间接占有、占有继承等扩大化的占有以及占有辅助等限缩化的占有,因此,占有人与物的关系业已观念化,并纳入了法律上的因素,松弛了事实上的联系。[4]与此不同,财产罪的占有概念具有民法占有概念难以包含的内容(如"黑吃黑"),刑法教科书常常强调:"与民法中的占有相比,刑法中的占有更具有现实的内容。"[5]这使得财产罪的占有原则上排除了占有继承,也不包括代理占有、占有改定等观念化的占有。[6]同时,尽管有学者对财产罪的间接占有进行了突破性的扩张[7],但学说和判例对间接占有、占有辅助的承认极其有限,且其所遭受的质疑声一直以来都不绝于耳。因此,财产罪的占有概念原则上抵制观念化的占有,例外性地出现了支配松弛的"过渡现象"[8],也只是占有的事实属性对社会/规范属性进行了许可性的纳入补充,其更多的侧重于"推定事实性支配"的存在与否。实际上,即使在判例"肯定"观念化占有的场合,避免占有概念过度主观化及主观化引发的"占有的本来含义变质的问题"[9],始终是理论与实务高度重视和着力解决的主要问题之一。另外,在占有的判断上即使在空间上人与物之间的支配不论"松弛"程度如何,占有描述性的事实判断始终是第一顺位的,社会/规范性因素并未颠覆这一事实位阶。据此,武断性地得出"客观上支配事实松弛"的普遍性结论或者财产罪占有观念化的一般性结论,无疑是夸大了的以偏概全的结论,描述性的事实性内涵早已成为占有概念的显性基因,并始终流淌在财产罪占有判定的血液里。

---

[1] 车浩:《占有概念的二重性:事实与规范》,《中外法学》2014年第5期。

[2] [日]西田典之著:《日本刑法各论》,刘明祥、王昭武译,武汉大学出版社2005年版,第99页;[日]大谷实著:《刑法讲义各论》,黎宏译,中国人民大学出版社2008年版,第189页;[日]山口厚著:《刑法各论》,王昭武译,中国人民大学出版社2011年版,第205页;等等。

[3] 马寅翔:《占有概念的规范本质及其展开》,《中外法学》2015年第3期。

[4] 王泽鉴著:《用益物权·占有》,中国政法大学出版社2001年版,第164-165页。

[5] [日]大塚仁:《刑法概说(各论)》,冯军译,中国人民大学出版社2003年版,第185页。

[6] 只有在继承人对遗产具有现实支配性时才肯定财产罪占有的成立,[日]大谷实著:《刑法讲义各论》,黎宏译,中国人民大学出版社2008年版,第186页;甘添贵著:《刑法各论(上)》,台北三民书局2009年版,第207页;等等。

[7] [日]铃木左斗志:《刑法中"占有"概念的再构造》,《学习院大学法学会杂志》第34卷第2号(1999)。

[8] 林山田:《刑法各罪论(上册)》,北京大学出版社2012年版,第221页。

[9] [日]山口厚著:《刑法各论》,王昭武译,中国人民大学出版社2011年版,第208页。

(二)"社会/规范"性内涵只是占有的选择性要素

承前分析,现有的财产罪占有概念基本上都是一种事实属性与社会/规范属性混合的占有概念,而"刑法学是最精确的法学"〔1〕,因而,在财产罪占有概念的分析中绕不开对社会/规范性进行定位。追溯渊源,占有概念对社会性因素的纳入,一开始与商品经济的发展以及占有的权利性质似乎没有实质性联系,但面对商品经济发展所带来的财产利用形式的多样化与权利性质的占有概念的发展,与占有有着密切联系的归属问题引发了财产罪占有边界模糊的问题,社会性因素(甚至规范性因素)的介入一定程度上缓解了矛盾。

前文业已提及,在罗马法时期,将工具搁在路边依据当时的社会习惯只视为遗失而不成立占有,这里的社会习惯是对一定时期反复出现的某种现象的概括或抽象,事实上它基本具有统计学意义上结论的相对恒定性。〔2〕因此,对实际支配的解释扩大到纳入了社会性因素的社会习惯时它与商品经济的发展似乎关系不大,物的性质等客观情况的差异所造成的支配样态的多元化才是占有概念扩张的关键。至于说社会性因素对占有概念的最初介入与权利性质的占有无关,是因为罗马法中没有以权利为基础的间接占有概念,间接占有是近代德国继受日耳曼法上关于出租人地位的规定所形成的概念。〔3〕但是,在扩大解释事实性占有概念的疑难问题过程中,完全否定 Welzel 的社会/规范性占有概念受到以权利为基础的占有观念的影响,似乎并不妥当。商品经济的迅猛发展促进了流通环节中对物的占有的进一步复杂化,Welzel 时代与此有关且引人注目的自助商店的财产犯罪问题,"要想坚持对财物单独的占有,就需要追加额外的条件:在法律、道德观念或交往习俗上(社会观念)承认对于财物具备某种排他性的'权利'。"〔4〕可见,社会/规范性占有概念一开始似乎就与权利发生了纠缠。

占有在经历上述扩张后介入的社会/规范性因素的准确内涵以及该因素在占有认定中的作用,就成为把握财产罪占有概念时无法回避的问题。具体而言:

1. 社会/规范性内涵向社会学层面及刑事政策学层面延伸

前文已经指出,迄今为止财产罪占有的社会/规范性内涵具有模糊性的弊病,但这不意味着社会/规范性是一个内涵恣意、变幻莫测的概念。相反的,从社会/规范性因素的发展轨迹来看,其轮廓清晰可辨,即社会性的内涵呈现出向社会学层面以及刑事政策学层面延伸的态势。

在扩张解释占有的范围上社会性因素的介入始于客观存在的"社会习惯""风俗""传统"等,尽管习惯、风俗、传统等往往不具有绝对的普适性,甚至存在实体内容变动的可能性,但

---

〔1〕 [德]克劳斯·罗克辛著:《德国刑法学 总论》(第1卷),王世洲译,法律出版社2005年版,译者序第1-2页。

〔2〕 尽管在个案判断中法官并不会对一定的社会习惯进行详细的调查,但社会习惯所具有的上述客观性是法官主观认知并判断的依据。

〔3〕 孟勤国:《占有概念的历史发展与中国占有制度》,《中国社会科学》1993年第4期;王泽鉴著:《用益物权·占有》,中国政法大学出版社2001年版,第184页;等等。

〔4〕 转引自 车浩:《占有概念的二重性:事实与规范》,《中外法学》2014年第5期。

在一定时期一定范围内它们具有相对的稳定性,而这种稳定性具有自然科学意义上结论的可证(辨)性,尤其是统计结论在统计学上具有相对恒定性。这使得占有概念的社会性具有了强烈的客观性,以此来解释占有的实际支配,支配事实具有了自然状态(存在论)意义上"隐性"的可见性,这也不会破坏初期奉行的"占有是一种事实"的信条。事实上,这一意义上的占有至今仍然存在,并发挥着重要作用。例如,在"社会习惯"等意义上散养的家禽(畜)、季节性放置在马路上脱粒、晾晒的谷物、事故发生现场散落的财物、自然灾害发生期间放置在安全地带的财物等,本身即暗示着物与特定主体之间的特殊关系。因此,单纯从占有的观念化视角来审视此时的占有问题,或者得出事实支配标准被弱化或取代的结论,[1]难免失之偏颇。日本的刑法学似乎已经注意到了这一问题,并在尽量维持事实性占有概念的意义上进行了解释。例如,针对具有回归所有人的支配领域习性的动物判例,大谷实认为:"这种情况,倒不如说,应该作为处于物理的支配力量之内而认可其占有。"[2]类似地,西田典之是在"推定事实性支配仍在继续的客观状况"意义上进行说明的。[3]令人遗憾的是,论者都未解释得出上述结论的原因。笔者认为,这种具有强烈客观属性的社会性因素,显示出支配事实在自然状态(存在论)意义上的"隐性"可见,一定程度上能有效地克服空间距离对事实支配的不利影响,这构成了维持事实性支配概念的理由。

应当说,财产罪占有概念的社会性内涵早已延伸到社会学层面。究其原因,由于"社会习惯"等的稳定性具有相对性,且随着社会的快速发展(尤其是科技的进步)为数众多的领域内出现了"社会习惯"的实体内容松散化现象(或者说变动频繁),在有些新兴的领域内甚至很难说业已形成了较为稳固的"习惯"等,因此,客观化的社会性因素在占有的解释上逐渐力不从心,这一困境促进了规范性内容的加入。这里所谓的"规范"以"约定俗成"为要义,围绕着一定的事实性权限展开,它在固化必要的日常生活经验的同时包含了社会情理的成分。由于"经验性的社会研究对社会群体的事实行为作出断定,并将结果称为'社会'规范。这样的规范首先只表明通常的或多数人的事实行为;它确定的是事实,而非应然,多数人的行为被看作是'通常的'。"[4]因此,社会学层面的规范并不会根本性地导致占有在自然科学可证(辨)性上的丧失,这也与社会学是科学却不是自然科学相吻合。需指出,相较于来源于法律的权利,一定的事实性权限具有某种外观上的相似性,但它本身不以合乎法律规定或道德标准为必要。

举例来说,旅馆中供旅客使用的非一次性消耗物品(电视机、床、被子、浴衣等),旅馆业主未丧失占有。很明显,旅客入住旅馆并使用这些非一次性消耗物品时并不欠缺事实支配的外衣,但社会学层面规范内容的介入,使此时财产罪占有的成立与否受作为规范内容实体的"权限"的实质性影响。也就是说,旅馆仅仅让渡了上述物品一定时限的使用权限,而不是

---

[1] 马寅翔:《占有概念的规范本质及其展开》,《中外法学》2015年第3期。
[2] [日]大谷实著:《刑法讲义各论》,黎宏译,中国人民大学出版社2008年版,第187页。
[3] [日]西田典之著:《日本刑法各论》,刘明祥、王昭武译,武汉大学出版社2005年版,第101页。
[4] [德]魏德士著:《法理学》,丁晓春、吴越译,法律出版社2005年版,第47页。

所有权限,这是社会的"约定俗成"(即使是"黑店"也不会对此产生影响),也通常是旅馆业主与旅客的"约定俗成",因而,占有与否的关键在于,上述事实支配的外衣是基于作为内核的使用权限还是所有权限。这也是单纯具有"实际支配"的外观,却无法判定占有成立的根源所在。至于在旅客将浴衣穿出旅馆并外出的场合所涉及的浴衣占有问题,则还要结合外出的时间、地点等占有的事实性要素进行具体分析。如果不加区分地得出武断的结论或质疑[1],那么其科学性不免令人疑惑。但是,立足于"夺取人与被害人是谁有更强的事实支配"来判断浴衣的占有归属问题[2],其合理性也值得怀疑。

同样,在有关容器占有的场合,也应以事实性的权限为标准来补充判断占有的归属问题。在早期,有认为以钥匙的占有人为该容器及其所装物的占有人,因该结论存在以偏概全的问题,故当前有影响力的观点认为,应根据容器是否可以随身携带或可轻易移动,来确定是钥匙的占有人还是对容器事实上的管领支配者是容器的占有人。[3] 严格地说,这是有问题的。容器是否可以随身携带或可轻易移动,并不是判定容器及其所装物占有归属的决定性影响因素。容器的所有人[4](如自动售票机、银行自动柜员机)、托运人(如集装箱货柜、封缄的包裹)等与容器的利用人(如客户)、承运人等之间围绕着事实性的权限这一规范性内容形成了厘清占有成立与否的决定性因素。换言之,在围绕容器形成的利用关系上,所有人让渡出容器的使用权限,是"约定俗成"的东西,对容器的使用(如买票、存取款)不构成对它的占有;在围绕容器形成的运输关系上,除托运人随行外托运人通常对承运人让渡出了将容器送达目的地的事实性权限,是"约定俗成"的东西(即使是违禁品对此也不会产生影响),但即使在对承运人全部让渡出将容器送达目的地的事实性权限的场合,也不当然意味着承运人取得了对容器及其所装物的占有(如托运人在交付托运时对容器上了锁)。

财产罪占有的社会性内涵扩展到了社会学层面,是否意味着社会学层面是社会性内涵扩张的最终边界?判例显示出的立场给了否定的答案。研究后不难发现,占有的社会性内涵已经延伸到刑事政策层面。对此,德国学者有力地揭示了这一答案的理由。体系性的一般概念和教义学上抽象化的结论虽然具有明确性和稳定性的特点,但往往却是无法保证合乎事实的结果,因此,必须要有对教义学上概念性方案进行修正的可能性,修正的手段便是那种不轻易使用的刑事政策评价(耶赛克)。[5] 同时,"规范环境的演变,会导致重新审查,乃至改变迄今的解释"[6]。在这一过程中对犯罪预防的重视难以阻止刑事政策内容的介入。毕竟,"自费尔巴哈时代以来,通过罪刑法定原则来实现的威吓性预防就是刑事政策的

---

[1] [日]山口厚著:《刑法各论》,王昭武译,中国人民大学出版社2011年版,第210页。
[2] [日]前田雅英著:《日本刑法各论》,董璠舆译,台北五南图书出版公司,2001年版,第184页。
[3] 林山田著:《刑法各罪论(上册)》,北京大学出版社2012年版,第222-223页。
[4] 此处为行文表述方便使用"所有人"称谓,实际中容器管理人、承租人等都能与容器利用人成立围绕容器的利用关系。
[5] 转引自[德]克劳斯·罗克辛著:《刑事政策与刑法体系》,蔡桂生译,中国人民大学出版社2010年版,第7-8页。
[6] [德]卡尔·拉伦茨著:《法学方法论》,陈爱娥译,商务印书馆2003年版,第225页。

基础原则",而"只有允许刑事政策的价值选择进入刑法体系中去,才是正确之道,因为只有这样,该价值选择的法律基础、明确性和可预见性、与体系之间的和谐、对细节的影响,才不会倒退到肇始于李斯特的形式——实证主义体系的结论那里"[1]。具体到财产罪的占有概念上,依据社会学层面的占有的社会性内涵进行占有的认定,得出的结论都具有相当的明确性和稳定性,但这样的结论往往无法满足现实的需求,这造成了审判实践立场的摇摆不定以及判例间的冲突,因此,借助着重预防的刑事政策内容进行修正,就成了财产罪占有概念重要的推进方向之一。

譬如,散落在事故发生现场的财物,如前所述本身即暗示着物与特定主体之间的特殊关系,通常应肯定特定主体对物的占有,因此,违背他人意志打破占有能够成立财产犯罪。然而,现实中,面对频频出现的事故现场的财物被蜂拥而至的人群席卷一空的案例[2],除少数论以聚众哄抢罪的情形外,非罪化的处理是实务的普遍性立场。此时,财产罪占有在成立范围上呈现出的限缩,与其说是对"法不责众"这一"陋习"的让步,不如说是刑事政策的价值内容对教义学上僵硬的有罪结论进行修正的结果,且修正的力度与一定时期的社会治安状况息息相关。再如,针对遗忘物的占有,到底确定何种程度的人与物之间的时空联系,判例的立场不尽相同[3],如果将这种不相同解释为法官判断上的失误似乎失之片面,一定时期财产罪的占有范围受刑事政策的修正,似乎具有解释论上的比较优势。其实,判例针对物所在的"场所"作出的排他性程度的认定[4],同样难掩刑事政策实质性影响的痕迹。

事实上,在占有的规范性内涵上近年来我国学者取得了不少有益的成果。例如,车浩认为占有的规范性具有两种含义:一是以社会一般观念为内容的"规范性视角",二是以法或道德秩序为内容的"规范性基准"。[5]这样的解读并不缺乏新颖性,但其问题相当明显。其中,尤为突出的是两种含义的规范性在占有的判断中究竟是何种关系。从论者对于两种含义不同功能的设定来看,即前者是"用于判断事实控制力有无",后者是"用于评价事实控制关系的重要性",它们似乎是一种兼容关系而非择一关系,否则逻辑上的矛盾随即出现。若似此,则会造成规范性内容在"社会一般观念"与"法或道德秩序"上应否重叠的问题,即"社会一般观念"应否包含"法或道德秩序"的内容。对此作肯定和否定的回答,都会引发逻辑上

---

[1] [德]克劳斯·罗克辛著:《刑事政策与刑法体系》,蔡桂生译,中国人民大学出版社2010年版,第54、15页。

[2] 王钊、张学江:《甘肃载橘子货车侧翻遭哄抢 车主损失10万元》,《兰州晨报》2012年12月28日;《大货车侧翻遭哄抢 大叔斥记者:你不抢是傻子》,http://news.163.com/14/0418/14/9Q4D3IU3000-14AEE.,2015年8月15日访问;陈杰:《荣乌高速禽类运输车侧翻 数万只小鸡散落遭村民捕抓》,载《新京报》2015年8月25日;《连云港一大货车侧翻 两吨苹果遭附近村民哄抢》,http://js.xhby.net/system/2015/0-5/02/024570440.shtml,2015年9月1日访问;等等。

[3] [日]山口厚著:《刑法各论》,王昭武译,中国人民大学出版社2011年版,第207页。

[4] [日]田中利幸:《刑法上的占有概念》,载 西田典之、山口厚主编:《刑法理论的现代展开(各论)》,日本评论社1996年版,第189页以下;白洁:《刑法中占有的认定》,《政治与法律》2014年第4期;等等。

[5] 车浩:《占有概念的二重性:事实与规范》,《中外法学》2014年第5期。

的问题。因此,论者未阐释社会一般观念的内容,似乎不是疏忽而是刻意回避。基于前文的观点,该难题将迎刃而解,即社会一般观念是不同层次规范性内容填充意义上的概念,它并不排斥"法或道德秩序"的内容,只是这样的内容基本不是占有判断中必须关注的重点。

2. 占有的社会/规范性判断是或然性的补充判断

前文一再指出,物在性质、形态、用途等上的差异会影响实际支配的形态。就此而言,事实性支配不仅包括显性可见的类型,也包括隐性可见的类型,隐性可见的事实性支配不等于事实性支配的不存在,显性与隐性的差异常常连接着有无占有以及占有归属判断的疑难问题,而与此密不可分的是占有的规范性判断对隐性的事实性支配所进行的显性化。也就是说,在事实性判断与社会/规范性判断的关系上,事实性判断是占有成立与否判断中的必然性判断,社会/规范性判断是一种补充性判断,且是一种或然性判断。

进一步说,在事实支配显性可见的场合,规范性判断几乎是不必要的,也没有存在的余地。类似于盗窃他人肩上背包之中的财物(钱包、手机等),这种人对物显性的事实支配即构成占有判断的全部内容,是较为典型的普遍情形,只有在外观上可能涉及多个主体,特别是涉及占有的归属判断这种例外的场合,如在机场或火车站接客时临时性帮其背包而被盗窃包中财物,规范性判断的补充才是必要的。[1] 在此,英美法系刑法的立场基本相当。[2] 同时,这种事实性支配显性可见时规范性判断的缺位,直接否定了在财产罪占有判断中规范性判断的必然性,由此规范性内涵只能是财产罪占有概念的选择性内容。在此意义上,认为占有的规范性"就是为了使一个占有概念完整而在事实因素不足时予以补强的因素"[3],并不缺乏合理性的一面,但在财产罪的占有具有事实与规范二重性的基础上主张"占有的归属以规范认同度为评判基准",未免人为地割裂了规范性判断与有无占有之间的联系,其片面性不言而喻。毕竟,在实际支配隐形可见的场合,否定规范性内涵在财产罪有无占有中的地位,无异于掩耳盗铃。与此不无关系,山口厚教授指出:"把自行车放置于公共道路旁、短时间内去附近商店买东西的场合,与喝得酩酊大醉后忘了究竟把自行车停在哪里的场合,对两种情形是不能进行同样判断的。"[4]

有学者认为,在财产罪的占有概念中,事实属性并非本质属性,规范属性才起着终极决

---

[1] 当然,对此的质疑并非没有。例如,日本有学者认为:"在对犯罪的成立没有疑问的情况下,刑法学上有时无需确定是谁的占有。"[日]佐伯仁志、道垣内宏人著:《刑法与民法的对话》,于改之、张小宁译,北京大学出版社2012年版,第198页。另外,我国台湾地区刑法学者黄荣坚教授也持类似观点。黄荣坚:《财产犯罪与持有关系》,《台湾本土法学杂志》1999年第5期。

[2] 这从相关的案例中可以得知:"假如P和D都看见人行道上有一个钱包,双方均有相同的将其占有的故意,但是在其中一人将其得到前,都没有占有事实。一旦P得到该钱包,他对其就既有占有又有控制事实。如果他仅是想让D看他所得到的东西,而将其交给D,一般可以认为,在D对其加以控制时,P仍然继续对其加以占有。"[英]J. C. 史密斯、B. 霍根著:《英国刑法》,马清生等译,法律出版社2000年版,第586页。

[3] 车浩:《占有概念的二重性:事实与规范》,《中外法学》2014年第5期。

[4] [日]山口厚著:《从新判例看刑法》,付立庆、刘隽译,中国人民大学出版社2009年版,第130页。

定作用。[1] 应当说,这是近年来较为引人注目的观点。笔者认为,该类观点错误的症结在于,不当地误解或曲解了规范属性的上述补充性地位。这突出表现在:其一,混淆了事实支配可能性与无事实支配之间的界限。严格地说,在财产罪的占有上,无事实性支配即无占有,单纯以规范性支配架构实际支配将造成占有概念的主观化。但是,事实性支配不等于物理性支配,二者在范围上是交叉关系,而非包含关系。事实性支配包括隐性可见的支配类型,通常所谓的"支配的事实可能性"就是这一意义上的概念,"支配的事实可能性"与无事实支配存在本质的区别。借助规范内涵的补充,"支配的事实可能性"在事实支配上能够显性化,而无事实支配在事实支配的显性化上只是一种主观臆断。

其二,忽视或无视了事实性支配在占有中的支配性地位。占有的规范性判断只是一种补充判断,不具有替代事实性判断的支配性地位,并且补充的内容涉及事实性支配的有无和事实性支配的真伪两个方面。其中,前者可形象地称为"显微镜"功能,后者可形象地称为"照妖镜"功能。但无论哪种判断,都是围绕事实性判断展开的,规范性判断本身并不能单独构成学理上的占有概念。在此意义上,承认不包含事实要素的占有,即规范性要素可以单独作为判断要素的规范性占有概念[2],基本上对事实性支配的真伪判断产生了误解。

在此,以出租车内财物的占有为例试加说明。(1)当出租车内的财物与遗忘物未建立联系时,无论乘客的财物是否置于自身显性的事实支配下,即便司机已经与财物建立起了物理性支配的假象联系(如司机帮乘客将包背在身上),乘客都不丧失对财物的占有。对司机而言属于规范上排他性支配场所的出租车内部空间,不但未打破乘客与财物之间的占有关系,反而维持了这一关系。其实,对乘客而言,在出租车临时性使用期间,出租车内部空间也是规范上排他性支配的场所。可见,出租车作为共同的排他性支配场所,对财物占有的认定没有实质影响,也不存在规范认同度高低的问题,具有实质影响是使用出租车产生的运输关系及附随的保护乘客人身财产安全关系("约定俗成"的事实性权限),这补强了乘客对财物的事实支配状态,揭开了司机对财物事实支配的假象。(2)当出租车内的财物是遗忘物时,事实性判断到规范性判断的位阶以及规范性内容的层次性,是解决问题的关键。具体来说:第一,当遗忘物的占有仅涉及(原)乘客和司机时,事实性判断是第一顺位的,即从占有的事实性角度来看,根据人与物在时空距离上的远近程度,考察是否有可能在迅速意识到遗忘物时通过排除他人的妨碍并在短时间内能确保对物的支配,从而决定占有的有无问题。[3] 第二,当遗忘物的占有涉及第三人(新乘客)时,若原乘客仍未丧失对财物的占有(如遗忘财物后立即给司机打电话并赶过来取财物),则规范性判断所起的同样是补强(原)乘客事实支配财物的作用,破除他人对财物事实支配的假象;若原乘客丧失了对财物的占有,则规范性判

---

[1] 陈子平:《刑法上的"持有"概念》,《月旦法学教室》2010年第93期;黑静洁:《论死者的占有》,《时代法学》2012年第2期;马寅翔:《占有概念的规范本质及其展开》,《中外法学》2015年第3期;等等。

[2] 马寅翔:《占有概念的规范本质及其展开》,《中外法学》2015年第3期。

[3] [日]山口厚著:《刑法各论》,王昭武译,中国人民大学出版社2011年版,第206页。当然,如前文所述,刑事政策也可能发挥一定的影响。

断所起的是补强司机事实支配财物的作用。由此可见,不同情况下可能存在的事实支配的假象,造成了规范性判断在占有认定中处于决定性地位的错觉,这是确定财产罪占有概念时应该重视和避免的。

其三,分配关系、排他性等并不足以说明占有的本质属性。一般认为,法律的调整对象是社会关系,刑法作为其中最基础的部门法之一在调整对象上无法例外。财产罪的占有概念是对人与物之间的占有状态的确认和定性,占有的事实状态确实能够体现人与物之间甚至人与人之间的某种关系,包括分配关系。事实上,对人类社会而言,分配关系的存在具有必然性。"人与人之间关系的规则必然是在一个限定了生活财富储量的世界中的人与物之间关系的规则,也就是物在人们之间分配的规则。"[1]但是,分配关系的存在并不必然意味着人与物之间存在占有,"先于所有法律经验"的所有权也能完整地体现人与物之间的分配关系。也就是说,分配关系是占有的结果之一,但它本身不是判定占有的标准,更不是占有区别于所有的本质属性。因此,认为分配关系是占有的本质属性,实属片面性的论调。至于将排他性视为占有的本质属性的观点,我国刑法学者刘明祥教授早已进行了批判。刘教授指出,占有的排他性并非占有的全部内容,因为占有的实质是对财物的支配或控制,行为人剥夺或排除他人对财物的占有乃至所有权,并不意味着他支配、控制了财物。[2]

综上,事实性因素是财产占有不可或缺的内容,处于占有判断中的首要位阶,规范性因素是占有的选择性内容,财产罪的占有判断始终围绕着事实性判断展开,规范性判断仅具有补充判断的意义。由此,在财产罪占有的内涵上事实性因素只能是主体,这使得混合的占有概念整体上应归入事实性占有概念的范畴。但是,由于在事实支配隐性可见的场合往往存在事实支配的假象,规范性要素的介入能够破除这一假象,但规范性要素本身并不能脱离事实性要素而独立成为占有判断的标准。同时,占有的规范性内涵业已延伸到社会学层面和刑事政策学层面。因此,在事实性占有概念的意义上,这是一种缓和的立场,是缓和的事实性占有概念,而缓和的部分为规范性内容的补充性介入。很明显,这一立场既不同于单纯的事实性占有概念对规范性标准完全否定的立场,即"认为没有必要将社会/规范观点的标准视为持有的要素"[3],也不同于"扩张的事实支配可能性"标准对极端情况下单纯规范性占有予以认可的立场[4],更不同于将规范因素局限于占有归属领域及在事实因素与规范因素之间仅有比例关系却主次不分的二重性占有概念的立场。[5]

---

[1] [德]G.拉德布鲁赫著:《法哲学》,王朴译,法律出版社2005年版,第137页。
[2] 刘明祥:《论刑法中的占有》,《法商研究》2000年第3期。
[3] 黄惠婷著:《刑法上的强盗罪》,台北三民书局2005年版,第33页。
[4] 马寅翔:《民法中辅助占有状态的刑法解读》,《政治与法律》2014年第5期。
[5] 车浩:《占有概念的二重性:事实与规范》,《中外法学》2014年第5期。

四、缓和的事实性占有概念的适用解析

(一) 死者的占有

由于自然人死亡后不可能与物建立物理学意义上的支配关系,因此,死者能否成为占有的主体是缓和的事实性占有概念无法回避的问题,而相关的答案能够划出缓和的事实性占有概念与规范性占有概念的界限。一般认为,死者的占有主要涉及三种类型:一是出于取财目的的杀人(以下简称越货杀人型占有);二是杀人或伤害他人致死后产生了取财的意思,取走死者财物(以下简称杀人顺货型占有);三是无关的第三人从死者身上(边)取走财物(以下简称顺手牵羊型占有)。对于越货杀人型占有,肯定抢劫罪的成立并不违背行为时理论,因而它为通说所采纳,我国的审判实践也肯定了这一立场。在域内外,争议较大的是杀人顺货型占有和顺手牵羊型占有。

就杀人顺货型占有而言,肯定盗窃罪成立的理论有死者占有的肯定说、死者的生前占有说、继承人占有说等的分歧。[1]其中,我国台湾地区有判例采纳了继承人占有说的立场[2],学理上也有学者对此持肯定的态度。[3]另外,在日本的判例上还存在一种"两分说",即认为在"死亡不久"仍应保护死者的生前占有,成立盗窃罪,其他情况下则成立侵占脱离占有物罪。[4]就顺手牵羊型占有而言,肯定盗窃罪成立的理论学说并没有太大差别。也就是说,加害人取走死者财物,与无关的第三人取走死者财物,在财产法益的侵害上并无本质性区别。如果一定要说区别,在杀人顺货型占有的场合,部分学者认为加害行为与取财行为之间存在"利用自己的行为"关系,但被害人死亡后产生的取财意图阻断了加害人利用被害人的死亡来排除被害人对财物占有的可能性,因此,"利用"一说被批判为欠缺恰当性。

应当说,第一,死者的占有说由于不符合死者客观上无法继续支配财物的现实,早已鲜有支持者。第二,死者的生前占有说因会造成同一性质的行为出现不同罪名的怪现象以及存在逻辑上的不周延问题[5],也已经丧失了有力学说的地位。第三,"两分说"将死者死亡时间的长短与其是否占有财物进行了直接挂钩,实际上是用单纯规范性的支配概念取代了客观上的支配事实,难免会陷入占有观念化的泥潭中。况且,"死亡不久"范围的模糊性无疑会削弱"两分说"的可操作性。因此,该说似乎一直处于被边缘化的位置。第四,继承人占有说因会误入占有观念化的歧途,而遭到了普遍的反对。

因此,在死者的占有问题上,当前的争议主要集中在侵占脱离占有物罪与侵占罪之间。其中,侵占脱离占有物罪说主张,侵占脱离占有物罪的对象包括"其他脱离占有的他人的财

---

[1] 周光权:《死者的占有与犯罪界限》,《法学杂志》2009年第4期。
[2] 卢映洁著:《刑法分则新论》,新学林出版社2009年版,第578页。
[3] 褚剑鸿著:《刑法分则释论(下)》,商务印书馆1998年版,第1086页。
[4] [日]前田雅英著:《日本刑法各论》,董璠舆译,台北五南图书公司2001年版,第181页。
[5] 刘明祥:《论刑法中的占有》,《法商研究》2000年第3期。

物",应论以侵占脱离占有物罪。[1] 侵占罪主张,在上述两种场合下取走财物的行为都值得科处刑罚,并对遗忘物作规范意义的解释(我国刑法中没有侵占脱离占有物罪),从而达到以侵占罪进行惩处的目的。[2] 类似地,将侵占罪中"代为保管的他人财物"解读为"囊括所有委托物和脱离占有物"的观点[3],似乎能得出相同的结论。值得注意的是,在顺手牵羊型占有的场合晚近以来出现了一种无罪说。该说主张,除死者的财物在继承人"可得管领之范围内"而承认继承人占有并成立盗窃罪外,因死者无法客观管领支配客观世界之物,当然不能遗弃任何物件,对于死者没有遗失物可言,否定侵占遗失物罪的成立。[4]

立足于缓和的事实性占有概念的立场,如果自然人死亡,那么客观上的事实支配就无从谈起,否则就动摇了无事实性支配即无占有的根基,而用规范的内容来填充占有的实际支配,基本属于误入歧途的财产罪占有的观念化,因此,肯定死者的占有不具有可取性。同时,在遗失物与遗忘物之外,我国刑法没有明确规定"脱离占有物"这一概念,将遗忘物在规范意义上解释为包括遗失物和脱离占有物等,是违背罪刑法定原则的类推解释。理由是:在文义上,遗忘和遗失分别指"忘记"和"由于疏忽而失掉(东西)"。[5] 自然人一旦死亡就不存在所谓的忘记和疏忽问题,自然不存在遗忘物和遗失物问题,对遗忘物作规范上的扩大解释,超出了文义的射程,属于危险的类推解释。这一问题并非无人意识到,如刘明祥教授就认为:"如果把刑法没有明文规定的侵占漂流物等脱离占有物的行为,也当侵占罪处理,那就违反了罪刑法定原则。"[6] 遗憾的是,它似乎并非引起足够的重视。实际上,将"代为保管的他人财物"解读为"囊括所有委托物和脱离占有物",犯了同样的错误。据此,笔者认为,受罪刑法定原则的限制,杀人顺货型占有中加害人取走死者财物的行为,一般不宜论以侵占罪;类似地,除依规范意义上的事实性权限特定的主体能取得占有外(如事故现场不具有继承关系的外甥和舅舅之间),对顺手牵羊型占有中无关的第三人取得财物的行为也宜作非罪化处理。至于由此产生的责任问题,应该交由其他部门法处理,况且民法等部门法并非没有能力妥善处理这一纠纷。此外,针对罪刑法定原则与上述两种占有中行为人取走财物而值得科处刑罚的行为之间的矛盾,以及由此可能产生的处罚漏洞,有效的解决方法不应当求助于解释论,而应当求助于立法(修法)论。

(二) 存款的占有

时至当下,存款的占有问题依旧能触动财产罪占有概念敏感的神经。之所以如此,是因为在储户占有说、银行占有说等争论的背后,真正角力的是存款的性质认定以及围绕这一认定所形成的占有问题,它深层次地折射出了关于财产罪占有概念认识的基本差异。

迄今为止,围绕着存款的占有问题而形成的学说观点,主要有:(1) 储户占有说主张,进

---

[1] [日]前田雅英著:《日本刑法各论》,董璠舆译,台北五南图书出版公司2001年版,第180页。
[2] 张明楷:《刑法学》(第四版),法律出版社2011年版,第875、876页。
[3] 陈璇:《论侵占罪处罚漏洞之填补》,《法商研究》2015年第1期。
[4] 林东茂:《刑法综览》,中国人民大学出版社2009年版,第287、288页。
[5] 中国社会科学院语言研究所词典编辑室编:《现代汉语词典》,商务印书馆1996年版,第1486页。
[6] 刘明祥:《论侵占遗忘物、埋藏物》,《国家检察官学院学报》2001年第1期。

入储户账户的存款,如果处于任何时候都能被储户取(转)出的状态,那么就属于储户占有,银行不具有超越储户的支配力。[1] 在我国,黎宏教授是该说的代表性人物。[2] (2)银行占有说主张,虽然储户可以自由存兑账户内的存款,但银行对存款具有决定性控制支配力,存款的占有属于银行而非储户。[3] (3)二分说主张,存款债权的占有属于储户,存款现金的占有属于银行。[4] (4)双重占有说认为,储户无论在事实上还是法律上都占有着存款债权,对于存款现金与银行形成重叠占有。[5]

显然,存款的性质是解决存款的占有这一难题的先决性问题。理由是:财产罪的占有注重现实性,而一定数额的存款意味着储户和银行之间存在相应数额的债权债务关系,于是,作为(储户)债权的存款能否成为占有的对象就成为了问题。并且,对这一问题的回答直接影响到财产罪占有概念的结构。

在文义上,作为名词的"存款",通常是指"存在银行里的钱"。在实物形态上,存款意义上的"钱"一般是指一定数额的库存在银行中可及时交付的货币。当实物的货币在流通中因储户的存储行为进入银行而转变为存款现金时(不论是在银行柜台上还是 ATM 机上),否认银行对存款现金的实际支配,是不切实际的。也就是说,当储户的存款现金转变为存款债权时,银行就获得了对该存款现金的实际支配——占有。况且,对储户来说,存款现金只是取得和实现存款债权的手段之一,一定数额的存款现金和等额的存款债权无法在同一主体那里并存,二者是互为消长的关系。同时,无论在事实上还是法律上,储户原则上都可以不受阻碍地通过存款债权的增减,来支配已经存入银行的存款现金。在此,存款作为一种债权有着不同于普通债权的特殊性,而这种特殊性恰恰与物权所具有的属性相吻合,因此,存款债权是准物权。

虽然日本刑法理论的主流学说一再强调:"银行存款不是物而是债权,存款者对于银行而言仅仅享有债权而已。"[6]但是,理论上在讨论存款的占有时不得不借助描述性的词语来准确表达其背后隐藏的含义。例如,"基于存款而对金钱的占有"(預金による金钱の占有),"基于存款的占有"(預金による占有)。即使偶尔使用"存款的占有"(預金の占有),其实际内涵也与"基于存款而对金钱的占有"以及"基于存款的占有"无异。同样,审判实践的做法并没有太大出入。事实上,隐藏在描述性词语背后的正是存款的准物权性。由于准物权性既有物权的属性,也有债权的属性,因此,不论是将存款视为单一的物权,还是单一的债权,都具有片面性。日本刑法理论与实务在存款性质上的纠结,原因恰恰在此。例如,有学者(藤木英雄)试图用"金额的所有权"来摆脱困境[7],另有学者(上嶌一高)试图用"脱离占有

---

[1] [日]林干人著:《刑法各论》,东京大学出版会2007年版,第282页。
[2] 黎宏:《论财产犯中的占有》,《中国法学》2009年第1期。
[3] [日]大谷实著:《刑法讲义各论》,黎宏译,中国人民大学出版社2008年版,第271页。
[4] 黑静洁:《存款的占有新论》,《中国刑事法杂志》2012年第1期。
[5] 陈洪兵:《中国语境下存款占有及错误汇款的刑法分析》,《当代法学》2013年第5期。
[6] [日]山口厚:《从新判例看刑法》,付立庆、刘隽译,中国人民大学出版社2009年版,第227页。
[7] [日]西田典之:《日本刑法各论》,刘明祥、王昭武译,武汉大学出版社2005年版,第161-162页。

之物"来解决矛盾。[1] 由此招致批判在所难免。松宫孝明就指出:"将实为债权的存款视为物,从债权和物的概念来看,是有疑问的。"[2] 审判实践中,立场相对的判例着实不少。[3]

既然存款债权是准物权,那么作为一种财产性利益的存款债权就能够成为(准)占有的对象。因为,准占有就是以财产权为客体的占有。[4] 据此,困扰存款的占有问题将迎刃而解。具体来说,前已述及一定数额的存款债权与等额的存款现金无法同时归于一人,存款现金是储户取得和实现存款债权的重要手段,一旦存款现金转化为存款债权而由银行占有后,储户即丧失了对存款现金的占有,只能通过存款债权的准物权属性实现对其的影响。进一步说,存款债权的准物权属性使得储户能够对它建立(准)占有。在此意义上,当储户能无障碍地事实支配存款账户并进行自由存兑时,其就获得了对存款的占有。如果利用技术手段将他人存款债权转移到行为人账户中,则成立盗窃罪。至于储户通过存款债权的增减来实现对存款现金的实质影响,立足于缓和的事实性占有概念强调事实性支配的一面和对间接占有的原则性排斥立场,不宜肯定储户对存款现金的占有,这也符合银行在外观上实际控制并支配着存款现金的实际,否则将导致占有概念的过度观念化。

由此来审视前文中所列的关于存款占有的学说,不难发现:(1)二分说的结论是正确的,但忽视存款债权不同于普通债权所具有的准物权属性,以及由此产生的存款债权与存款现金的实质性联系,在割裂存款债权和存款现金联系意义上阐释存款占有问题,既无法解释为何储户对存款现金存在法律上的支配却不构成对存款的占有(规范性占有概念),也无法解释为何存款债权能够成为占有的对象。其实,立足于规范性占有概念,即"对占有的认定均与所谓的事实上的支配这一要素无关,真正起作用的乃是日常生活习惯或者一般社会观念"[5]。由于储户对存款现金存在法律上支配,因而逻辑上应当肯定储户对存款现金的支配,但论者却主张存款现金的占有归属于银行。[6] 可见,论者的规范性占有概念并未得到实质性贯彻。此外,将不是基于准物权的债权纳入占有的对象,会瓦解占有本身。(2)双重占有说除存在二分说割裂存款债权和存款现金之间的实质联系外,会造成占有概念在事实性与规范性上的矛盾和冲突。因为储户对存款现金的占有更多的是建立在规范性占有概念上的结论,而银行对存款现金的占有则更多的是事实性占有概念上的结论,如果承认此时的重叠占有,则造成同一个物上存在两种不同的占有——间接占有,这与财产罪对间接占有的原则性排斥相违背。(3)储户占有说与银行占有说由于回避了存款的性质,因此,在存款债权与存款现金上会出现顾此失彼的尴尬局面。

在明确了基于缓和的事实性占有概念的二分说后,以下较为典型的涉及存款的占有问

---

[1] [日]上嶌一高:《基于存款的占有》,载 西田典之等编:《刑法的争论点》,有斐阁2007年版,第198页。
[2] [日]松宫孝明著:《刑法各论讲义》,成文堂2008年版,第263页。
[3] 李强:《日本刑法中的"存款的占有":现状、借鉴与启示》,《清华法学》2010年第4期。
[4] 王泽鉴著:《用益物权·占有》,中国政法大学出版社2001年版,第382页。
[5] 黑静洁:《论死者的占有》,《时代法学》2012年第2期。
[6] 黑静洁:《存款的占有新论》,《中国刑事法杂志》2012年第1期。

题将能得到妥善解决:(1)错误汇款的问题。由于储户占有存款债权,因此,储户因第三人的错误汇款导致存款账户款额增加时,意外增加的款额的性质并不影响储户对该部分钱款的占有,即只要钱款进入储户账户就属于储户占有。这也意味着,在错误汇款的场合储户至多成立侵占罪。(2)银行工作人员操作失误、机器故障等导致储户账户钱款增加的问题。与错误汇款的情形类似,在储户账户钱款因银行工作人员操作失误、机器故障等原因而增加的场合,从钱款进入储户账户时起储户就获得了对该款项的占有,因此,储户至多成立侵占罪。可知,何鹏案中何鹏应成立侵占罪,[1]而许霆案中许霆只能成立盗窃罪。[2] 毕竟,何鹏的银行账户确实存在钱款意外增加的情形,而许霆的银行账户不存在钱款意外增加的情形。许霆发现ATM机故障并可以获取银行款项时,因超额现金属于银行占有,故许霆提取超额现金的行为成立盗窃罪。至于ATM机故障而能够超额取款,只意味着银行对相应钱款在占有保护上存在瑕疵,并不等于银行对其丧失了占有。

(三) 复数主体的占有

一般认为,财产罪中的占有对事实性支配的强调会导致对间接占有的排斥,但这不意味着占有在主体上只能是单数。相反,复数主体的占有在现实中大量存在。在占有人为数人且占有人之间存在不同关系的场合,不同的财产罪占有概念对事实因素和规范因素的不同侧重,往往会实质性地影响占有的有无以及归属。

具体地说,理论上一般依据占有人之间是平级(等阶)关系还是层级(不等阶)关系,将复数主体的占有划分为平级占有和层级占有。就平级占有而言,它是指处于对等关系的数人共同占有物的情形。夫妻、合伙人、学生、合力打开保险箱的员工等之间的关系,通常被视为典型的平级关系。[3] 破坏平级共同占有关系,究竟成立盗窃罪还是侵占罪,理论上存在争议。传统通说主张成立盗窃罪,[4] 但侵占罪说的支持者也不乏其人(林山田),而视具体情况而论的具体分析说(林东茂)是相当有力的学说。笔者认为,破坏平级共同占有关系所成立的犯罪,应就不同情况进行判断,不宜一概而论。例如,同一办公室的甲、乙二人合资购买一台打印机后放在办公室共同使用,如果共用期间甲未经乙同意擅自将打印机搬回家,以图长久独自使用,且拒绝继续共用的,则在规范要素的补充判断下甲可能成立侵占罪。不同地,不同办公室的甲、乙二人合资购买一台打印机后放在办公室轮流使用,如果甲在乙使用期间未经乙同意擅自将打印机搬回家,以图长久独自使用,且谎称打印机被盗,则在规范要

---

〔1〕 何鹏案案情:2001年3月2日,何鹏拿着余额为10元的储蓄卡,到ATM机上查询存款余额时发现因机器发生故障,自己原本仅有10元钱的卡上却突然冒出了许多"0",何鹏随即按键取出100元,成功后,两天内分别从9台ATM机上取款221次,共取现金近43万元。法院认定何鹏构成盗窃罪,且数额特别巨大,判处无期徒刑,剥夺政治权利终身,并处没收个人全部财产。

〔2〕 许霆案案情:2006年4月21日,许霆与郭安山利用ATM机故障漏洞进行取款,即每取出1000元银行卡账户仅扣除1元,随后,许霆通过余额为176.97元的银行卡取出17.5万元,郭安山取出1.8万元。事发后,郭安山主动自首被判处有期徒刑一年,而许霆潜逃一年后落网。2007年12月一审,许霆被广州中院判处无期徒刑。2008年2月22日,案件发回广州中院重审改判5年有期徒刑。

〔3〕 林东茂:《窃盗与侵占》,《月旦法学教室》2003年第14期。

〔4〕 刘明祥:《论刑法中的占有》,《法商研究》2000年第3期。

素的补充判断下甲可能成立盗窃罪。

就层级占有而言,它是指处于不对等关系的数人共同占有物的情形。一般认为,这里的不对等关系主要为上下、主从关系。[1] 层级占有主要涉及所谓的占有辅助问题,并间接涉及封缄物的占有问题。

其一,占有辅助问题。传统通说认为:"在物的保管人之间存在上下、主从关系的情况下,占有属于上位者,下位者不过是占有的辅助者或者监视者。"[2] 但是,日本的判例在总体上似乎体现出了不同的立场,即以下位者是否具有某种程度的权限为标准来进行财产罪的占有判断。[3] 理论上,部分学者肯定了这一立场。[4] 不过,有学者质疑认为:"以是否具有处分权限来判断是否存在占有的思路并不妥当。"[5] 立足于缓和的事实性占有概念的立场,质疑的论调明显存在误解,即在规范意义上是否存在处分权限,仅发挥着使隐性可见的事实支配显性化的功效,是对事实判断的补充,它打破了占有在事实支配上存在的假象,且这不意味着事实性要素遭到了放弃,或者规范性要素已经独立成为了占有判断的标准。

应当说,随着社会的发展,尤其是管理水平的提高,占有辅助的适用有了缩小化的态势。与此同时,刑法占有的现实性包含了占有辅助难以容纳的内容,制约了占有辅助的适用。运输毒品时,"毒头"对驾驶携带毒品车辆的"马仔"近距离跟踪随行,就是适例。此外,对占有概念过分观念化的警惕和回避,进一步推动了解释论压缩占有辅助的存在空间。

比如,在员工具有雇佣关系的小超市或小商店,店主本身基本上全程经营,此时所雇员工在工作期间对超市货店中商品及所售款项的事实支配,是一种假象,员工是否具有一定的处分权限的规范判断,起着补充判断店主隐性可见的事实支配的作用。相对地,在员工具有雇佣关系的大型商场或大型超市,尤其是在导购、销售、结账、安保等分工明确,且处分权限层层分明的场合,否认雇员与业主之间的共同占有并不妥当,而通过规范的处分权限标准补充事实支配判断,能够得出合理的结论。

再如,在处于雇员地位的货车司机运送货物的场合,德国的判例支持了货主有无指定路线、有无随行[6]、路程的远近[7] 等作为判定货主有无丧失占有的标准。尽管这受到了批判,但将货主有无指定行车路线、有无随行、路程的远近等因素作为货主对货车司机是否给予了处分权限及其范围的判断标准,并作为规范性判断来补充占有的事实性判断,并非没有可取之处。

---

[1] 甘添贵著:《刑法各论(上)》,台北三民书局2009年版,第210页。
[2] [日]山口厚著:《刑法各论》,王昭武译,中国人民大学出版社2011年版,第209页。
[3] [日]佐伯仁志、道垣内宏人著:《刑法与民法的对话》,于改之、张小宁译,北京大学出版社2012年版,第188页。
[4] [日]大塚裕史著:《刑法各论的思考方法》,早稻田经营出版社2010年版,第47页。
[5] 马寅翔:《占有概念的规范本质及其展开》,《中外法学》2015年第3期。
[6] 黄荣坚:《侵占罪的基本概念》,《日新》2005年第4期。
[7] 林东茂:《窃盗与侵占》,《月旦法学教室》2003年第14期。

其二,封缄物的占有问题。由于通常意义上的封缄物由包装物和内容物两部分构成,因此,一直以来关于封缄物占有的学说都十分清晰。即:如果认为包装物和内容物在占有上不得分割,则封缄物要么由委托人占有,要么由承运受托人占有。其中,前者称为委托人占有说,其主张成立盗窃罪;后者称为受托人占有说,其主张成立侵占罪。如果认为包装物和内容物在占有上可以分割,并认为包装物由受托人占有,内容物由委托人占有,这被称为区别说或二分说。区别说是日本判例采纳的立场,但这受到了强烈的批判。[1]破坏了事实性的占有概念以及会造成罪刑失衡现象,是区别说两大公认的弊端。此外,在区别说基础上进行某种修正的"修正区别说"[2],但因其没有摆脱区别说的思维模式,故无法克服区别说具有的弊端,这使得该类学说至今都罕有支持者。

从缓和的事实性支配概念的角度看,事实性支配是基础,规范性判断的补充不得破坏事实性占有的实体,立足于包装物和内容物可同时分属于不同主体占有的区别说,恰恰在这一关键问题上误入歧途。林东茂教授在批判区别说时也指出:"事实上的持有者只有邮差一人,而不是众多寄件者与邮差共同持有。邮差既然已经持有邮袋以及包裹,就不可能入侵他人的持有。否则,语意上就成了'邮差持有邮袋,而且邮差未持有邮袋',这是逻辑上极其严重的矛盾。"[3]其实,封缄物不得分割占有,是事实性占有实体的基本立场。有趣的是,虽然有学者一再强调"实施控制力为零时不可能成立占有",但在封缄物的占有上却竭力证成区别说[4],这实际上抛弃了事实性支配的标准,在占有的认定上完全采取了规范性的标准。另外,区别说会导致潜在的罪刑失衡,有鼓励犯罪之嫌。在逻辑上,按照区别说的见解,当受托人整体性取走封缄物时成立较轻的侵占罪,但如果自己拆开封缄物取走内容物却成立较重的盗窃罪[5],对任何具有理性的人而言,这无疑都会成为鼓励犯罪的立法例。令人遗憾的是,我国的立法恰恰采取了这一立场。我国《刑法》第253条中规定:"犯前款罪(私自开拆、隐匿毁弃邮件、电报罪)而窃取财物的,依照本法第264条(盗窃罪)的规定定罪从重处罚。"但是,这一立法在原来的条文拟定中并非没有纠结。例如,在1996年8月31日稿中,"邮政工作人员窃取财物的,不再以贪污罪论处,而是规定依照侵占罪从重处罚。"[6]可是,这一较为合理的立场,仅昙花一现而已。可以说,我国刑法在封缄物占有上表明的立场,似乎显示出其未能充分考虑围绕着占有而构建的盗窃罪、侵占罪的教义学结构,并存在盗窃罪的泛化问题。

---

[1] [日]前田雅英著:《日本刑法各论》,董璠舆译,台北五南图书出版公司2001年版,第185页。
[2] 关于修正区别说的介绍,可参见 刘明祥:《论刑法中的占有》,《法商研究》2000年第3期。
[3] 林东茂:《窃盗与侵占》,《月旦法学教室》2003年第14期。
[4] 车浩:《占有概念的二重性:事实与规范》,《中外法学》2014年第5期。
[5] [日]大谷实著:《刑法讲义各论》,黎宏译,中国人民大学出版社2008年版,第193页。
[6] 高铭暄著:《中华人民共和国刑法的孕育诞生和发展完善》,北京大学出版社2012年版,第476页。

五、结 论

综上,针对财产罪的占有概念,本文可以得出如下结论:

1. 财产罪中的占有主要是一个事实性的概念,描述性是占有的显性基因。

2. 在揭示隐性可见的事实支配和存在假象性的"事实支配"的场合,规范性判断对占有的判断具有补充作用。

3. 现有的事实性占有概念是一种缓和的事实性占有概念。

4. 事实性占有概念中的规范性内涵,已经扩展到社会学层面和刑事政策层面。

5. 规范性占有概念基本掏空了占有的实体,造成了占有的过度观念化、事实性与规范性冲突的突出问题。

占有概念的事实性与规范性

梁根林*

占有是财产犯罪教义学的基础概念。占有不仅对财产犯罪具有建构性,而且对财产犯罪具有分界性。因此,占有一直是刑法教义学或刑法解释学关注的重要问题。近年来,我国大陆刑法学者对财产犯罪的占有进行了持续、深入的研究,取得了一批重要的学术成果。各路刑法同仁从不同的研究角度、基于不同的方法论或者立场预设,纷纷展开了各自对占有概念内涵、属性、要素的理论解读,表达了各自对占有的有无与占有归属、占有转移的理解,并据此对诸如金钱的占有、死者的占有、存款的占有、封缄物的占有、遗忘物的占有、共同占有、占有辅助等特定占有类型或疑难事例,进行了教义学分析与检验。占有的刑法教义学研究,逐渐摆脱"经验层面对各类事例的归纳,依靠个别性、类型化、案例组的研究方式,说明哪些占有案件是依据事实因素,哪些案件涉及规范因素",而欠缺对占有一般性规则的归纳和抽象的经验性研究的格局,转向致力于建构统一的占有概念、提炼占有的一般性规则,使占有概念与规则"不仅可以为已经出现的绝大多数事例提供令人满意的、逻辑一致而非依赖感觉妥当性的解释,而且能够作为具有相当程度的稳定性、确定性和可操作性的判断方法去应对未来可能出现的新型案件"[1]。其中,特别值得一提的是,仅北京大学和清华大学的刑法学博士论文就有四篇专门研究财产犯的占有,分别是清华大学李强博士的《论财产性利益的占有》(2011年)、北京大学黑静洁博士的《刑法上的占有论》(2013年)、北京大学马寅翔博士的《侵占罪的法教义学研究》(2013年)、北京大学徐凌波博士的《存款的解构与重建——以传统财产犯罪解释为中心》(2014年)。此外,《中外法学》2014年第5期发表的车浩教授的近8万字的长篇学术专论《占有概念的二重性:事实与规范》,以及《中外法学》2015年第3期发表的马寅翔博士的《占有概念的规范本质及其展开》,不仅对占有概念的事实要素、规范要素及其所决定的占有本质属性进行了缜密的论证,而且根据各自的占有概念提炼了认定占有的有无与占有的归属的一般性规则,并进一步运用这些规则对具体事例与特殊案件进行了具体检验,从而将我国刑法对财产犯的占有的教义学研究提升到了一个新的高度。

在这样的学术语境下,本次"海峡两岸暨内地中青年刑法学者高级论坛"在"财产犯的总论议题"下就"财产犯的占有(持有)概念"进行学术对话,必将进一步推动两岸同仁特别是大陆同仁对财产犯的占有的研究。根据会议的安排,笔者很荣幸地先行"占有"并研读了东南大学法学院梁云宝博士的《论财产罪中的占有概念》(以下简称"梁文")与台湾大学法律学院

---

* 北京大学法学院教授。

[1] 考虑到行文方便与简洁,本文对"梁文"与"周文"的引述不予一一引注,特此说明,并向作者特别致意!

车浩:《占有概念的二重性:事实与规范》,《中外法学》2014年第5期。

周漾沂教授的《刑法上的持有概念》(以下简称"周文")两篇佳作,真切地感受到来自于海峡两岸的两位青年才俊对这一财产犯教义学基础问题与核心概念的独特理解,获益匪浅。根据会议的安排,谈些自己对"梁文"与"周文"的理解,权当所谓"评论"。

一、关于"梁文"与"周文"对既往占有概念的评说

首先需要特别指出的是,"周文"立于我国台湾地区"刑法"的语境以"持有"指代"刑法"上的占有,以示与"民法"上占有的区别,而"梁文"则沿袭我国刑法的惯例,使用了与民法上的占有同其称谓的占有。这并不意味着我国刑法认为刑法上的占有与民法上的占有同其含义。我国刑法之所以使用"占有"这一概念,主要是基于以下几个方面的考虑:

其一,是立法上有根据。我国刑法条文对某些财产犯明确规定了"以非法占有为目的"这一超过的主观构成要件要素,即使是刑法条文未明确规定"以非法占有为目的"的大多数财产犯,刑法理论与实务亦认为,"以非法占有为目的"是这些财产犯不成文的构成要件要素。因此,非法占有目的支配下对财物的占有,自然而然就成为建构与分界财产犯的基础概念被接受。

其二,我国刑法理论对财产犯的占有的教义学研究受到了德国、日本刑法的深刻影响。以盗窃罪的既遂未遂的研究为突破口,我国刑法理论与实务接受了盗窃罪作为取得型犯罪,其教义学内涵为,以秘密或者平和的方式打破财物所有人或其他权利人对财物的旧的占有,建立行为人对他人财物的新的占有。推而广之,占有不仅被接受为建构盗窃罪不法构成要件,而且被认为是所有取得型财产犯罪不法构成要件共同的基础要素。

其三,尽管占有与持有均表示人对物的支配控制关系,但我国刑法舍弃持有概念而使用占有概念,也是鉴于我国刑法陆续规定了非法持有特定物品而构成的持有型犯罪,并且在理论上还存在着持有型犯罪的持有是否是独立于作为与不作为的第三行为形态的主张与争论。为避免概念的混淆,于是在财产犯客观不法构成要件中索性放弃使用持有概念。

在澄清了"梁文"所称占有与"周文"所称持有这两个不同术语指代的同一性(为表述方便,本文在不同场合交替使用占有与持有),我们将目光聚焦于迄今为止对占有的判断要素、判断标准与本质属性的解读,这是占有概念的核心问题。从占有概念学术史的角度观察,占有概念的教义学发展史,实际上就是占有概念是否承认事实要素与规范要素以及如何处理事实要素与规范要素的发展史。"梁文"与"周文"均基于占有的财产犯罪教义学原理,对占有概念的事实要素与规范要素有无及其关系所构成的占有概念学术史进行了回顾、梳理与检视。只不过"梁文"是在事实性的占有概念与社会/规范性的占有概念两个维度上展开,而"周文"则是在所谓事实性持有概念、社会性持有概念、事实性暨法律性持有概念三个维度上予以铺陈的。"梁文"尽管未对社会/规范性占有概念做进一步的区隔和展开,但在外延上其所称社会/规范性占有概念,其实涵盖了"周文"所称的社会性持有概念以及事实性暨法律性持有概念。

正如"梁文"与"周文"共同指出的,事实性的占有概念,作为自然、朴素的曾经或者仍然

在刑法教义与实务上通行的占有概念,从人对物的实力支配(使用可能、管理可能等同其含义)的存在论视角建构刑法上的占有。按照纯粹事实性的占有概念,客观上人对物进行物理性的实力支配(占有事实),主观上存在对物予以支配的意思(占有意思)的,则肯定人对物的占有。客观上人对物没有进行物理性的实力支配(占有事实),主观上欠缺人对物予以支配的意思(占有意思)的,或者仅有客观上人对物进行物理性的实力支配的事实,主观上欠缺人对物予以支配的意思的,或者仅有主观上人对物予以支配的意思,客观上欠缺人对物进行物理性的实力支配的事实的,均应当否定人对物的占有。早期的事实性占有概念就是这种纯粹的事实性占有概念。在这种纯粹事实性占有概念的视野中,社会性、规范性要素对占有的判断不具重要性,可有可无,不能决定占有的有无与归属。

与许多国家早期的刑法学说和判例一样,我国刑法理论与实务对占有的理解也曾经是这种纯粹事实性的占有概念(某些情况下,刑法理论与实务甚至仍然沿用着这种纯粹的事实性占有概念)。但是,如果将刑法上的占有严格限定在基于这种客观事实与主观意思的人对物的物理性的实力支配的狭隘范畴内,往往会与一般国民对占有的日常生活观念与现代生活方式背道而驰,必将过度限缩占有的范围,使得刑法对财产法益的保护明显缺位,因而并不可取并逐渐遭到唾弃。"梁文"与"周文"从不同的视角对纯粹事实性占有概念分别进行了清理与批判。"梁文"正确地指出,"纯粹事实性意义上的人对物的控制关系,会掏空占有的现实内容从而过度限缩占有的范围,导致财产犯罪圈的过分狭窄"。"周文"在分析事实性占有概念时,指出如果将事实支配关系的实质内涵界定为人对物的作用可能性,由于作用可能性存在着量差关系、欠缺最低限度的排他性,无法规范性地证成占有所要求的支配关系的有无。如果借助于日常生活观点等非纯粹事实性的额外标准,用以在特定情况下肯定存在外部障碍时的事实上支配关系,或者否定未存在作用可能性阻碍时的事实上支配关系,则意味着规范性观点渗入了事实性支配关系的判断,无形之中等于自我否定了事实性占有概念。而如果将事实支配关系降格理解为"连接在人与物之间的支配关系意象",表面看来建立支配意象关系的仍然是纯粹的事实,实际上观察视角已经从事实性飘移到了规范性。因此,"事实上支配关系并非持有的充分条件,亦即并非某人对某物品一有事实上的支配关系即是持有该物品"。纯粹事实性的占有概念将持有直接定义为事实上的支配关系,排除社会或者规范性观点对占有的定义功能,不免会得出只要有事实上的支配关系即存在持有关系的结论,而事实上并非只要存在人对物的事实支配即可肯定占有,也非没有通常所谓事实支配特别是物理性的对物的实力支配,即可否定占有。对纯粹事实性的占有概念的批判和否定,这是"梁文"与"周文"的共同点。

对纯粹事实性占有概念的批判和否定,必然意味着规范要素在占有概念中的登堂入室,所不同者只是规范要素对建构占有概念的僭越程度。如果规范要素完全僭越事实要素成为建构占有概念的唯一要素或基准,则意味着纯粹规范性占有概念的建构。当然,占有概念学术史上规范性占有并非一开始就以这种纯粹规范性占有概念的姿态面世,而是规范要素逐渐地以例外的占有判断要素、附加的占有判断要素、基本的占有判断要素、独立的占有判断要素甚至唯一的占有判断标准,逐渐蚕食事实要素曾经占据的绝对支配地位。按照"梁文"

的理解,所谓社会/规范性的占有概念主张在社会规范观念下判断物是否属于人的实际支配范围,事实状况的判断仅仅具有建构占有核心内涵的矫正功能。Welzel通常被认为是这种社会、规范性占有概念的开创者。不过,Welzel的占有概念并非纯粹的社会/规范性占有概念,亦与"周文"所称社会性持有概念存在重要差异。Welzel并不认为可以在事实要素之外单独根据规范要素判断占有,他只是反对将占有仅仅从事实上予以把握,而主张在事实支配之外追加一个额外条件,即在法律、道德观念或交往习俗上承认对于财物具备某种排他性的权利。[1]因此,Welzel只是在承认事实要素的基础上开启了承认规范要素的先河。真正将社会/规范性的占有概念予以推进甚至提升到纯粹的社会/规范性占有概念的,或许是"周文"所评析的以社会交往为内涵的社会性持有概念。

按照"周文"的界定,这种"社会性持有概念基本上并不太关注人对物品的事实上支配力,毋宁是以物对人的社会性归属为其内涵……社会性持有概念认为人对于物品的处置力必须被社会所承认,按照社会性的标准某物品归属于某人支配,才能说某人持有该物品"。"周文"正确地指出,社会性持有概念着眼的是人和物之间的规范性关系,因为在最一般的意义上,社会本身就是规范性地被建构的,社会性本身就意味着规范性,尽管未必是法律规范性。"周文"肯定了社会性持有对划定持有范围相对于纯粹事实性占有概念的优势,但也指出了这种社会性持有概念在操作和理论基础上的疑虑,即物品的社会归属标准的难以确定以及社会规范性欠缺刑法关联性。但"周文"并未对这种可得纳入纯粹规范性占有概念的以社会交往为其内涵的持有概念完全排斥事实要素提出批评,而是鉴于这种社会性持有观点对划定持有范围的功能自足,在此社会性持有概念的基础上,立足于克服该占有概念的操作标准的不确定性以及与刑法规范的欠缺关联两大缺陷,提出并论证了自己的以社会交往观点决定持有关系的规范性持有概念。

"周文"对既往占有概念还评析了所谓事实性暨法律性持有概念。"周文"以Hoyer为例,说明这种占有概念将占有界定为"将物品归入使用保留领域",而建立使用保留领域的方式则有事实上的建立与法律上的合意,只有事实情状与法律情状可以纳入占有概念的考量,不涉及社会性持有概念所强调的社会交往观点。"周文"肯定了Hoyer从财产保护的意旨出发界定持有,但又认为其所谓事实性观点缺乏概念实益、法律性观点无刑法规范性。尽管如此,Hoyer占有概念中的财产保护意旨却构成了"周文"重新证立刑法上占有概念的逻辑起点。

除Hoyer外,"周文"未对包容事实要素与规范要素的其他占有概念相关学说予以进一步的述评。"梁文"鉴于"传统通说的事实性占有概念并不缺乏事实要素,而规范性占有概念大体上对事实要素也不排斥",亦未对介于纯粹事实性占有概念与纯粹规范性概念之间的占有概念进行进一步的述评与检视。取而代之的是,"梁文"正面建构的缓和的事实性占有概念和"周文"的以社会交往观点决定持有关系的规范性占有概念。这或许是出于作者写作策略上的考虑。但是,在回顾、梳理与检视既往占有概念时,对其他包容事实要素与规范要

---

[1] 车浩:《占有概念的二重性:事实与规范》,《中外法学》2014年第5期。

的占有概念未能进一步地予以细分梳理,未免令人遗憾。事实上,在事实与规范所构成的占有概念中,事实要素与规范要素的不同定位与配置,完全可能使占有概念呈现出不同的构造,并因此发展出相应的占有概念学说。如上所述,Welzel的规范性占有概念更加接近于以事实要素为判断对象、以规范要素为判断基准、必要时可以脱离事实要素肯定占有的规范性占有概念,我国刑法理论与实务通说所秉持的事实性占有概念则更加贴近于以事实要素为判断基准、以规范要素为补强条件的事实性占有概念。而车浩教授所主张的统一的占有概念,显然对事实要素与规范要素在占有概念中的地位进行了相对平衡而非有所侧重的处理,因而在总体上属于介于事实性占有概念与规范性占有概念之间的事实与规范二重性占有概念,其基于事实与规范的协作,发展与提炼的占有判断的一般性规则,值得予以认真重视。[1]

二、关于"梁文"的缓和的事实性占有概念与"周文"的社会交往持有概念

"梁文"倡导建构一种缓和的事实性占有概念。其核心要义是,描述性的事实内涵是占有概念的显性基因,事实性判断是占有的首要判断和基础判断。社会/规范性内涵只是占有的选择性要素,据此进行的规范性判断仅仅在揭示隐性可见的事实支配和存在假象的"事实支配"的场合,对占有的判断具有补充作用。"梁文"在证立缓和的事实性占有概念的过程中,令人印象深刻之处在于:

其一,运用类型思维,将人对物的事实支配区分为显性可见的事实支配和隐性可见的事实支配,并对区分这两种事实支配的相关因素诸如动态施加的物理力、时间的流逝以及静态的财物特性、空间距离、场所特性等进行了说明。

其二,对规范性占有概念据以证否事实性占有概念的"客观支配事实松弛"导致的"占有观念化"论调进行了反击,强调例外情况下出现的支配事实松弛,仅仅是占有事实对社会/规范属性的许可性纳入补充,占有的事实性与描述性始终是占有的显性基因。

其三,揭示了缓和的事实性概念中社会/规范因素的内涵,指出占有的社会性内涵呈现出向社会学层面与刑事政策层面延伸的态势。客观存在的社会习惯、风俗、传统等具有强烈客观属性的社会因素,显示出支配事实在自然状态意义上的隐性可见。"梁文"的这一见解令人印象深刻。但是,"梁文"将占有的社会性内涵推及刑事政策层面,并据以说明对事故现场散落财物的聚众哄抢行为的出罪处理以及遗忘物的占有认定,则有待进一步商榷。

其四,明确定位了社会/规范判断作为在占有判断中作为或然性补充判断的定位。在"梁文"看来,事实性判断是占有成立与否判断中的必然性判断,社会/规范性判断仅是一种或然性的补充判断。

"周文"在检视既往占有概念学说特别是在汲取社会性持有概念的社会交往内涵以及Hoyer的事实性暨法律性持有概念所强调的财产保护意旨的基础上,试图重新证立刑法上

---

[1] 车浩:《占有概念的二重性:事实与规范》,《中外法学》2014年第5期。

的持有概念。"周文"强调,建构刑法上的持有概念必须以刑法上个别财产法益保护的意旨为逻辑起点。财产权既体现了法秩序对人的主体性存在的确认,也展现了交互主体性的确认。因此,财产权不仅等同于个人的现实存在,而且是一种规范性归属关系。这种规范性归属关系,不只局限人对物的物理性占有支配,还可包括 Kant 所称的从实践理性的公设中所导出的并非立基于物理性关系而以"领域"的形态表现的所谓"智思的占有"。基于这一理论预设,"周文"一方面认为持有以使用可能性为必要条件,另一方面又认为现实的人与物之间都存在具有量差关系的使用可能性,因而使用可能性并无筛选力与概念上的实益,实际上否认了持有概念的事实性,于是占有概念构造中只剩下法律规范性(包括整合在法律规范性中的社会规范性)。在否定持有与所有权或使用权直接接榫的同时,"周文"从法律规范性的立场出发,将持有界定为"社会交往观点下肯认之人对物的使用可能性"。"周文"根据 Luhmann 的社会系统论论证了社会交往观点的功能性,从社会交往观点表征的高度实效性、自由作为人际不法界限之判准、人与物之间惯常联结模式的体制化、同意参与体制视为接受其事实上运作模式四个方面,论证了持有概念引入社会交往观点的刑法正当性。"周文"承认自己的持有概念与 Welzel 的占有概念具有逻辑一致性,即均认为持有是一种被社会所承认的个人得于其中支配物品的空间领域,法律规范性有结合社会规范性的必要,但认为自己解决了 Welzel 没有展开的法律规范性如何与社会规范性结合的"桥接"。同时,"周文"指出德国学者 Kahlo 的社会承认持有概念与自己的论述具有逻辑一致性,承认对"周文"建构社会交往持有概念具有重要启发,但又认为 Kahlo 的社会承认持有概念没有说明其功能性和正当性、没有桥接社会规范性与作为其立论基础的主体性论述,因而实际上表明了自己的社会交往占有概念是对社会承认占有概念的超越。

以上是本人对"梁文"倡导的缓和的事实性占有概念与"周文"所建构的社会交往占有概念的简要归纳。按照本人的理解,"梁文"的缓和的事实性占有概念,既不同于纯粹的事实性占有概念对规范性标准完全否定的立场,也不同于车浩教授的事实与规范二重性占有概念,更与规范性占有概念抛弃事实要素独立地根据规范要素肯定占有或者完全根据规范标准判断占有的立场有着根本的对立。总体上,"梁文"的缓和的事实性占有概念或更能为我国刑法学说与司法实务所接受。而"周文"的社会交往观点占有概念不仅属于规范性的占有概念,而且可归入纯粹规范性的占有概念范畴。尽管"周文"的社会交往持有概念承认持有以人对物的使用可能性为必要条件,但根据"周文"的理解,这种使用可能性在现实的人与物的关系世界中普遍存在,充其量只存在所谓量差关系,根本不具有对肯定持有的筛选力。因此,这种事实范畴的使用可能性根本不是建构占有概念的要素,它既不是占有概念的判断基准,甚至也不是占有概念的判断对象。当然,"周文"的社会交往占有概念并不否定建构事实层面物与人之间关系的个别事实在占有判断中的存在,但这些个别事实"无法单独支撑持有关系,必须全部成为判断物品之社会归属所必须综合考量的要素",因而只是占有概念的判断对象,而非判断标准。而占有的判断标准只能是规范性的,社会交往观点则是决定持有关系的唯一规范性标准。

在这里,需要补充评述的是,与"周文"的社会交往观点的规范性持有概念相呼应,我国学者马寅翔博士在汲取德国刑法理论资源的基础上,提出了以社会分配关系为内涵的规范性占有概念。两者具有同质性,但也存在微妙而重要的异质性。

首先,两者具有同样的建构财产犯的占有的逻辑起点。前者基于财产权等同于个人现实存有和财产权作为规范性归属关系而将财产权保护意旨,作为建构规范性占有概念的逻辑起点,后者则将所谓财产罪的规范保护目的在于维护财物所处的平和状态,作为建构规范性占有概念的逻辑起点。

其次,两者都认为占有不是一种描述性的概念,而是规范性的概念,占有的本质是一种规范性的归属关系。前者将占有界定为基于社会交往观点的物对人的规范性归属关系,表示一种体制化的人与物间惯常联结模式。后者则将占有界定为根据社会规范所形成的禁忌空间范围内将某物分配至某人的支配领域,表现为一种基于社会观念而产生的空间支配关系。具体表述与视角或有不同,实质内涵却基本一致。

再次,两者都具有较之事实性占有概念更强的解释功能。占有概念的规范化的背后隐含着占有概念的观念化甚至某种程度的主观化,物理性、客观性的要素在占有判断中越来越丧失其曾经在事实性占有概念中占据的支配性地位,客观支配事实的松弛甚至客观支配事实的欠缺,不再构成肯定占有的障碍,日常生活观念、一般社会见解、风俗习惯、道德禁忌等社会观念性因素以及法律规范性因素,日益成为占有判断的基本依据甚至唯一标准,事实性因素由占有判断的基础和基准沦为根据规范性标准进行占有判断的对象,甚至是可有可无的判断对象。因而,前者主张,人与物之间的"具体事实永远只是受判断的对象,而非判断标准本身"。后者则宣称,"观念性的占有也可以顺理成章地成为刑法中的占有。这就意味着刑法中占有的存在范围并非仅止于那些对财物具有事实影响力的场合"[1]。由此,诸如保管物为金钱的占有、存款的占有、财产性利益的占有、虚拟财产的占有等根据事实性占有概念难以肯定占有的特殊占有类型,肯定占有就不再存在障碍。

但是,"周文"的规范性占有概念与马寅翔文的规范性占有概念亦存在需要进一步厘清之处:

其一,两者是否同出一源?"周文"基于 Kant 的主体性论述与 Luhmann 的社会系统论,汲取了 Welzel 的规范性占有概念的原创见解,超越 Kahlo 的社会承认的占有概念,建构了自己以社会交往观点为内涵的规范性占有概念。而马寅翔文则显然受到了 Bittner 的社会分配关系理论的影响[2],并进一步汲取 Wessels 和 Hillenkamp 的社会分配关系理论资源,另行引入空间禁忌概念,建构其以社会规范所支持的人对物的空间支配关系为内涵的规范性占有概念。令人好奇的是,"周文"与"马文"的规范性占有概念的理论源泉是否同一。如果同一,德国同行的规范性占有概念到底存在着什么样的内在逻辑,其发展脉络与走向又呈现出什么样的特点,相关信息并不翔实。笔者真诚地期待得到"周文"作者包括与会的两岸同行的指点。

---

[1] 马寅翔:《占有概念的规范本质及其展开》,《中外法学》2015 年第 3 期。
[2] 马寅翔:《民法中辅助占有状态的刑法解读》,《政治与法律》2014 年第 5 期。

其二，两者对于事实因素与规范因素在占有判断中的定位是否有别？"周文"将占有判断标准完全规范化，"社会交往观点又是决定持有关系的唯一规范性标准，所有事实性因素和法律性因素都是此判准下的必须被综合考量的对象"。可见，"周文"的规范性占有概念明确区分了占有判断的标准与占有判断的对象。而马寅翔文虽然亦将占有概念规范化，但没有区分占有判断的标准与占有判断的对象，只是强调"是否承认不包含事实要素的占有，是事实性占有概念与规范性占有概念的分水岭"[1]两者对事实因素与规范因素在占有判断的中的不同定位，是否会导致两者的规范性占有概念及其对具体问题特别是特殊占有事例的解决方案的实质性差异，也是笔者着意但未厘清的问题所在。

三、关于"梁文"与"周文"对特殊占有类型的检验与解决

为了检验与证明各自的占有概念在解决具体问题上的理论实效与解释能力，"梁文"与"周文"在提出并证立缓和的事实性占有概念与社会交往占有概念之后，均选择若干特殊占有类型或疑难事例进行了检验与例证。这是占有概念的教义学努力的常用研究范式。"梁文"选择了死者的占有、存款的占有以及复数主体的占有三种特殊占有类型，而"周文"则从空间因素与持有判断、死人的持有关系、遗忘物的持有关系、封缄物的持有关系、单独/共同持有关系、盗窃罪既未遂判断与持有关系等六个方面进行了检验。为了比较与说明的方便，这里仅对"梁文"与"周文"共同选择的死者的占有与共同占有两种特殊占有类型进行评说，兼及封缄物的占有类型。

首先，比较一下"梁文"和"周文"对死者的占有的判断。"梁文"与"周文"基于占有是人对物的关系，无论是人对物的事实性支配关系，还是物对人的社会归属关系，对死者的占有得出了相同的结论，即都否定死者的占有。"梁文"将死者的占有涉及的类型区分为杀人越货型占有、杀人顺货型占有和顺手牵羊型占有。"周文"虽然没有进行类似的明确类型区分，但实际上也关注到了死者的占有可能涉及的这三种类型。对于杀人越货型占有，"梁文"根据我国刑法的规定肯定抢劫罪的成立，"周文"根据我国台湾地区"刑法"的规定肯认成立强盗杀人结合罪。对于杀人顺货型占有，"梁文"批评了死者占有的肯定说、死者的生前占有、继承人占有说、两分说等主张，否定死者的占有。针对我国学者围绕杀人顺货型占有所展开的讨论，特别是针对我国学者根据对我国刑法中侵占罪犯罪对象"代为保管的他人财物"（车浩）、"遗忘物"（张明楷）的扩大解释，而将杀人顺货型占有认定为侵占罪的主张，"梁文"予以明确的否定，认为根据罪刑法定原则对杀人顺货型占有只能按无罪处理，尽管根据日本刑法和我国台湾地区"刑法"中对此类情形可以侵占脱离占有物罪论处。"周文"根据我国台湾地区"刑法"规定肯认此类情形成立侵占脱离物罪。对于顺手牵羊型占有，"梁文"根据同样的逻辑得出不宜论以侵占罪的结论，而"周文"则认为根据我国台湾地区"刑法"的规定可得论以侵占脱离物罪（在继承人不在占有现场时）或盗窃罪（在继承人在占有现场时）。可见，尽

---

[1] 马寅翔：《占有概念的规范本质及其展开》，《中外法学》2015年第3期。

管囿于我国刑法与我国台湾地区"刑法"具体内容的不同（我国刑法限定了侵占罪之侵占对象，又无侵占脱离物罪之规定），"梁文"与"周文"根据各自占有概念对死者的占有的具体检验结论或有不同，但其基本立场与结论却是一致的，所不同者则是证立各自结论的路径而已。

其次，分析一下"梁文"与"周文"对共同占有的认定。"梁文"将共同占有区分为复数主体的平级占有与层级占有。对于平级占有的认定，"梁文"主张以事实要素为基础、以规范要素为补充，根据不同情况，分别论以侵占罪和盗窃罪。对于层级占有所涉及的各种形态的占有辅助，"梁文"立足于缓和的事实性占有概念，肯认根据处于下位或从属关系者是否具有处分权限为标准进行占有判断，因为作为规范要素的处分权限打破了占有在事实支配上存在的假象，发挥使隐性可见的事实支配显性化的功效，是对事实判断的补充。根据这一分析路径，原则上，在占有辅助的情形中，如果处于下位、从属关系者具有对物的处分权限，应当肯定其对物的共同占有；如果处于下位、从属关系者不具有对物的处分权限，则应当否定其对物的共同占有。"周文"对共同持有的讨论则集中于层级占有，并且聚焦于店主与店员对店里的金钱与货品的持有。基于"物品的社会归属判断，是一种综合所有事实上和法律上因素的综合考量"，从社会交往的占有概念的立场出发，"周文"同样主要根据店员对于店里金钱和货品是否具有处分权限，判断店员是否占有或者是否与店主共同占有。比较而言，虽然"周文"根据店员与店主的关系的不同情况，对此等关系中的单独占有与共同占有进行了较之"梁文"更加细分的处理，但其基本结论也是趋同的。

"梁文"将封缄物的占有作为区别于占有辅助的一种复数主体的占有类型，而"周文"则将封缄物的占有作为独立的特殊占有类型予以检验。恰恰在此占有类型上，"梁文"与"周文"得出了完全不同的结论，似乎显现出事实性占有概念与规范性占有概念在解决具体问题特别是疑难事例上的不同的理论实效。

"梁文"从缓和的事实性占有概念出发，鉴于"事实性支配是基础，规范性判断的补充不得破坏事实性占有的实体""封缄物不得分割占有，是事实性占有实体的基本立场"，批评了主张包装物由受托人占有、内容物由委托人占有的占有区别说或二分说。"梁文"担心，如果采纳占有区别说或二分说，受托人整体性不法占有包括内容物在内的包装物的，则基于对包装物的占有而仅得成立侵占罪；使用外力打破封缄取得内容物的，则因打破委托人对内容物的占有、建立自己对内容物的占有而构成盗窃罪。这种占有区别与不同处理，或会导致潜在的罪刑失衡，甚至有鼓励犯罪之嫌。"梁文"也批评了车浩教授对封缄物的占有所持占有区别说，认为其实际上抛弃了事实性支配的标准，而完全采取了规范性标准。"梁文"虽然没有进一步具体展开自己对封缄物的占有的立场，但是可以推断出"梁文"对封缄物的占有采取的是受托人占有说，从其对《刑法》第253条的批评以及对1997年刑法草案相关规定的肯定，也可以推断，"梁文"对受托人整体性不法取得封缄物的立场应当只能是成立侵占罪。但是，"梁文"的上述立论可能值得商榷。

首先，封缄物中并非不存在委托人对内容物的事实性支配。封缄物之所以为封缄物，就是因为委托人在委托受托人保管、运输、寄送之前已经对内容物采取了封缄措施，从而在交付受托人封缄物的同时,保留了对内容物的事实性支配。受托人虽然受托占有了封缄物,但碍于委托人对内容物采取的封缄措施,受托人既没有完全获得对内容物的事实性支配,也没有取得委托人对内容物的委托处分权限,根据事实性占有概念特别是"梁文"主张的缓和的事实性占有概念,也不能否定委托人对内容物的占有而肯定受托人对内容物的占有。因此,对封缄物的占有采纳委托人占有内容物而受托人占有包装物的占有区别说或二分说,并不会破坏事实性的占有概念。

其次,封缄物占有的占有区别说或二分说并不会导致"梁文"所担心的罪刑失衡。根据占有区别说或二分说,如果受托人仅不法占有包装物的,仅得成立侵占罪;如果受托人打破封缄不法占有内容物的,可以成立盗窃罪;如果将封缄物整体不法占有的,则在不法占有包装物的同时,又不法占有内容物,从而成立侵占罪与盗窃罪的想象竞合,根据从一重处断的原理,当然应当以盗窃罪处断。如果基于封缄物不得分割占有的理论预设,而将封缄物的占有界定为受托人的占有,受托人整体不法占有包括包装物与内容物在内的封缄物,仅得成立侵占罪的,才会真正造成"梁文"所担忧的罪刑失衡。我国《刑法》第253条的规定具有法教义学的合逻辑性与刑事政策上的妥当性,应当予以肯定而不是批评。

比较而言,"周文"根据其社会交往持有概念,主张委托人通过对内容物采取封缄措施等事实动作,表达了建立一个专属自己的私人物理空间的主观持有意思,社会承认透过封缄所隔出的空间是归属于个人的物品存取领域,因而仍然应当肯定委托人对内容物的占有,受托人不法占有内容物的,则为打破委托人对内容物的占有,成立窃盗罪。受托人不仅不法占有内容物,而且连同包装物在内将封缄物整体不法占有的,则成立窃盗罪与侵占罪的想象竞合。其结论与本人的上述分析一致,应当予以肯定。

四、结　　语

根据"梁文"的缓和的事实性占有概念与"周文"的社会交往观点的规范性持有概念对死者的占有、复数主体的占有包括封缄物的占有进行检验的结果,多少有些出人意料,或者令人失望,原本期望的根本对立的检验结论并未出现,除封缄物外,"梁文"与"周文"对所死者的占有与复数主体的占有得出了大致相同的占有判断结论。即使是封缄物,"梁文"其实也本应得出与"周文"大致相同的占有判断结论。不仅如此,恰如"梁文"引述,刑法理论上也有人断言,事实性占有概念与规范性占有概念"在个案中大致上皆能得出相同结论"。这难免使人对财产犯的占有的教义学研究的理论实效产生疑虑。事实性占有概念与规范性占有概念之争,难道在根本上就是一个学术上的伪命题,中性地说也只是一个刑法学者自娱自乐的益智游戏,对于具体问题的解决并无任何实益？如果答案是否定的,应当如何回应与消除这一疑虑？

其实,占有概念的教义学努力原本就并非致力于解决"在个案中大致上能得出相同结论",而在于建构一个统一的占有概念与一般性认定规则,在适用于通常形态的占有的有无与归属的同时,也能对于诸如金钱的占有、死者的占有、存款的占有、封缄物的占有、遗忘物的占有、共同占有、占有辅助等特定占有类型或疑难事例,进行逻辑一致、体系一贯的具有充分解释力的界定,从而实现经验性或者类型化的占有研究通常所缺乏的逻辑自洽、功能自足。囿于篇幅与时间,笔者在本文中无法将"梁文"的缓和的事实性占有概念与"周文"的规范性占有概念对各种不同特殊占有事例一一予以具体检验,从而无法确证其各自不同的理论实效。但是,我国同行的诸多相关研究早已证明了不同的占有概念与认定规则对于具体占有问题特别是特殊占有事例的占有判断有着不同的理论实效与解释能力。因此,笔者坚信,事实性占有概念与规范性占有概念之争,既不是学术上的伪命题,也非刑法学者自娱自乐的益智游戏,对于具体占有问题的解决,具有重要的教义学解释功能。无论是事实性占有概念的教义学展开,还是规范性占有概念的体系性建构,抑或事实与规范二重性占有概念的证立,都是值得高度肯定的学术努力。

窃取之持有要素的法理准据

古承宗[*]

一、前　言

　　窃盗罪的适用在司法实务上往往占据相当分量的比例,而在法释义学上的分析亦已发展出多样性的构成要件分析,例如窃取、阻却构成要件同意、不法所有意图,以及窃盗与侵占、诈欺等罪的适用关系等。窃盗罪又作为所有权犯罪的核心类型,若能将相关不法构成要件的解释充分厘清,势必更能有效掌握其他所有权犯罪的解释方法与适用界限。两篇报告的主题均涉及窃盗罪之窃取行为的持有要素。不论在学术的或教学的场域中,这个要素本身看似已无特别争议之处,然而随着个案解释的不断累积,我们发现多数学说见解其实仍有众多矛盾之处,其中最为显著的莫过于对商店窃盗的既未遂评价。整体而言,这两篇报告的争点主要集中在,持有这项要素于窃盗罪之不法建构的意义,而此意义的掌握又如何推导出具体的评价方法,以作为窃盗罪之个案解释的准据。进一步观察,这两篇报告最后得出不同的结论,例如周漾沂教授认为"社会交往观点是决定持有关系的唯一规范性标准,所有事实性因素和法律性因素都是此判准下必须被综合考量的对象,但没有任何一个单一因素具有决定性的影响",以及梁云宝教授认为,"规范性占有概念在借助规范性要素扩张占有范围的同时,基本掏空了占有的实体,造成了占有的过度观念化问题,也造成了对实际的占有问题进行解释时事实性和规范性的冲突,且难以协调"。正是因为这两位作者采取了截然不同的论理取径,或许更能引发我们重新思考,支撑持有要素之核心的法理准据为何,而依此发展出的解释方法又为何。本文尝试从所有权法益与持有要素的关系、概念史的发展,以及承认理论等观点分别切入,提出另一条可能的思考方向作为这两篇报告的回应。

二、持有要素与所有权保护的二阶规范结构

(一) 所有权作为保护法益

　　就法益保护类型而言,窃盗罪作为一种所有权犯罪,而保护法益的范畴先是透过民法上的"所有权"概念予以确定,亦即所有人对特定物件的处分权利(Verfügungsrecht über das Gegenstand)。然而,改从民法与刑法分据不同之规范目的切入,刑事立法者在窃盗罪之不法要件所预设的行为规范,实际上却非直接指向物权法上的权利保护,因为即便所有物遭到

---

[*] 成功大学法律系副教授。

他人窃取，所有人于民事法上的所有权并不会因此即告丧失。换句话说，民法上的权利概念在刑法保护法益的理解脉络下，并非专指抽象的法律权利，而是侧重于所有权人得以任意处分其所有物的权力地位。基于此种地位，所有人事实上可以积极地任意利用、处分特定物；另一方面，亦可消极地排除他人对该物的干预、影响等。实质上，这样的权限地位正是彰显所有人与自己所有物互动的自由性（Freiheit des Umgangs mit eigenen Sachen）。简单地说，窃盗罪的保护法益是指所有人就其所有之特定物于事实上的支配关系，或是任意行使所有权能的事实地位。

（二）持有表征物之归属关系

基本上，所有人能否实现与特定物的互动自由取决于现实上持有该物，如果是在第三人持有的状态下，行为人未经该第三人同意而任意取走物件，原本存在于所有人与特定物之间于事实上的支配关系同样也会遭到破坏。换句话说，如果欲有效确认所有人对特定物于事实上的支配关系，或是行使所有权能的事实地位（法益）受有侵害，系诸于我们对于所有人与特定物（犯罪客体）之外部关系变动的观察。即便所有权人对特定物乃是透过第三人占有，然而，其对于该物所保有的所有权利益仍然可以因为窃取行为而受到侵害，因为无论如何行为人依法均有义务把窃得之物归还给所有权人。此外，不同于所有权法益侧重于个人对特定物的支配可能性或是所谓的互动自由性，学说一般皆认为持有是指个人基于支配意思而对特定物立于实际上的掌控状态（Sachherrschaft），又持有既然作为一种经验现象，这里的事实掌控状态即有必要更进一步理解为个人之于特定物具备优势地位（或称支配）。更精确地说，个人以（支配）意思为基础具体表现出特定物归属于自我的事实状态，而这里的个人意思乃是一项不可或缺的概念建构要素。理由在于，一旦缺少了这项要素，我们势必无法有效掌握特定物与特定人的归属关系（Zuordnungsverhältnis）是如何被建立的，特别是在个人与特定物处于空间上的远距隔离状态，以及行为人与被害人之间的持有状态如何转换等问题。整体而言，持有本质上乃是一种个人与特定物之间于空间现象上的结构状态，而所有权作为窃盗罪之保护法益，实质上系属一种"关系概念"（Beziehungsbegriff）。换句话说，唯有透过持有状态的变化，我们始得进一步掌握所有权法益是否受到侵害，但不表示持有本身代表所谓的持有利益，而被肯认为一项独立的法益。

三、持有作为社会承认与法主体相互性的实在

单纯借助个人意思建构物之归属关系仍有不足之虞，毕竟个人意思与归属关系之间是一种从个人角度出发的单向建构关系，而任何人都有可能依其主观上的支配意思而恣意主张对特定物保有一定的归属性。特定物归属于自我的个人主观意思无法完整说明个人对物于事实上的掌控关系，一个可能的修正观点为双向性的社会承认（soziale Anerkennung）。首先，单就承认的意义来说，我们在这里援引由 Fichte 所提出，且由 Hegel 进一步发展的思考：只有当主体将另一个意识主体看作是同样的主体之时，他才能达到对于自身的意识，亦

即自我意识[1]。这是一种理解程序,所有的主体从出生开始正是逐步透过自我理解,而进一步导入人际互动与认同的过程,或如萨特就互主体性之分析的总结,社会世界是由主体之间相互对象化的关系所构成的。再者,一旦个别主体的自我理解逐步地归入社会整体之时,原属自由主义理念之下所强调之个别的自由且理性主体势必转为相对化,这种相对化的过程,我们必须考虑到,主体之间的相互承认过程往往是从非对称的关系透过协调抗争手段达到对称状态,例如个人的社会地位,权力,价值等。简单地说,现实世界里,相互承认的过程势必包含排除的关系[2]。回到本文提及的社会承认,以及其与法系统之间的关系,当我们主张窃取行为以持有要素为必要,背后无非是立基于主体相互性的思考。详言之,从法规范的目的观点出发,法规范系统在于处理"社会成员之间从事(意思)行为的相互性关系",又考虑到所有人彼此之间于社会交往过程,不断经历冲突、沟通、组织、协调等社会性行为而逐渐形成一定的相互承认状态,也唯有透过人与人之间的承认关系,社会始有可能形成一定的信赖基础,依此和平且稳定地持续运作。所以,一旦法的框架秩序进一步确立了相互承认具有一定的规范意义,例如对于个人自由权利的担保,那么也就表示所有人不只是作为独立的法主体,同时亦属于参与形塑(法)社会之共同意志的一员。既然所有人在法的规范秩序下承认彼此为个别独立的主体,拥有同等的自由权利,所以个人于实现自我生活之时,即负有义务采取适当手段以避免侵害他人自由。所以,刑法作为法系统的一部分,形式上不只是作为个人之权力领域的实践界限,实质上也正是透过各罪之不法要件所预设的禁止或诫命要求将法益尊重予以实证化。而就窃盗罪的不法来说,窃取要件本身一方面宣示了所有权利益的保护需求性;另一方面,亦是预设了一定的禁止要求,规范相对人不得透过窃取方式(破坏持有与建立持有)造成他人所有权之不利益。

四、持有与占有为相异之概念

(一) 法制史上的分流

梁教授的报告提到了法制史上的概念发展。对此,我们可以将持有的概念初衷追溯至日耳曼法时代的"个人与特定物间的占有关系"(Gewere)。当时的占有并非纯粹的事实状态,而是行使某种被推定物权的一时性权利,也就是借由(和平的)占有推定权利之存在。依此来说,窃盗也就是指窃取他人之物,而该物乃是具合法所有权(和平占有)。又因为占有关系所涉及的保护客体包括物与权利两者,所以唯有将特定物从占有本身所划定的保护范畴完全排除,始能论为成立窃盗。最晚至1794年普鲁士法典(Allgemeines Landrecht für die Preußischen Staaten)出现了持有的规范定义,也就是位居持有地位之人乃是具有能力排除他人干预而处分物之人。整体而言,现在学理上所称的被害人之支配领域其实是类似于早

---

[1] [德]阿克塞尔·霍耐特:《为承认而斗争——萨特的互主体性理论》,王晓升译,载[德]阿克塞尔·霍耐特:《分裂的社会世界》,社会科学文献出版社2011年版,第155页。

[2] de Boer, Kampf oder Anerkennung, in: Anerkennung und Alterität, 2011, S. 175-176.

期日耳曼法的占有保护范围。延续占有与持有的区分脉络,我们可以结合持有的归属表征功能将窃取行为理解为,窃盗罪乃是行为人对于法益尊重要求的忽略,而具体表现则是透过对物之持有状态的破坏。也唯有透过此等状态的现象变动,我们始能掌握物之归属关系的改变(或是相互承认关系的否认),以及其间所表征的所有权利益侵害结果。依此而言,虽然梁教授的报告对于占有概念提出相当分量的分析,然而对于民法上的(辅助)占有与刑法上的持有两者差异性,恐怕在概念史及法规范目的相异的角度看来,有混淆之处。

(二) 持有表征实现所有权能之可能性

依所有权能的规范结构,所有人基本上可以任意地处置特定物,即积极地分配内容(Postiver Zuweisungsgehlat)以及排除他人对该物的影响,消极的分配内容(Negativer Zuweisungsgehalt)。透过占有对特定物进行事实上的权力支配,同时亦是表彰所有权(本权)。考虑到这种民法上所有权与占有之间所形成的归属制度,以及归属关系本身带有社会承认意义等条件,既然刑法欲透过窃盗罪保护所有权,同样亦有必要优先考虑到个人与物的归属关系。简单地说,尽管民法的占有与刑法的持有同属个人对物为事实上的支配力,只不过刑法借由持有概念强调了行为人介入干预个人之于特定物的事实地位,而此现象背后正是彰显出所有人得以任意实现所有权能的可能性遭到排除。总而言之,持有本质上应当是指,一种以一般支配意思作为基础之既实际的且具社会承认意义的可能性,于此,个人在法律所担保之自由的基础上,能够就特定物为事实上之处分。再者,考虑到窃取行为现实上不会造成所有权丧失的效果,因此持有移转之说明不法的实质意义也就在于:相对于所有权人,行为人正是透过窃取行为(持有移转),一方面否认他人的法主体地位;另一方面则是擅自扩张了自己与特定物互动的自由,而这种以牺牲他人自由为方法的自由扩张则是在对物建立新持有之时获得实现。就此,梁教授在讨论错误汇款的问题上,认为储户占有存款债权,所以储户因为的三人的错误汇款导致存款账户额增加时,意外增加款额的性质不影响储户对该部分的钱款的占有。不过容有疑虑的是,如果我们认为持有在于表征所有权实现的可能性,那么梁教授所言的占有存款债权是否在于强调持有表征债权的实现可能性,然而,存款至多只是存户对于银行可主张的债权,如何理解为储户对于汇入金额的占有。

五、重新确立持有移转的意义

概念上,窃盗罪作为一种"减缩的结果犯",其既遂与否仅取决于持有是否移转,至于行为人企图取得他人之物,亦即剥夺所有(Enteignung)与僭越所有权人地位之占为所有(Aneignung)等,并非作为判断既遂之标准。换句话说,行为人为自己或为第三人取得特定物非属于客观的不法要件,而是立法技术上刑事立法者已经将此种事实状态予以主观化,将其转化为所谓的"所有(取得)意图",因而作为一项主观的不法要件。一般而言,取得意图于刑事政策上的意义,本身即带有法规范对于行为人之利己动机予以特殊非难的思维,窃取要件则是在排除了取得此一组成要素之后,转向强调纯粹的持有移转状态。应注意的是,这段说明不过是从技术层次所获得的理解而已,当然,我们可以说实现窃取表示持有已经移转,只是辅以上述持有概念的法理建构,那么持有移转在规范上所欲彰显的不法性格也就不能单从行为人的角度切入理解而已,亦即从空间现象上观察特定物如何从被害人往行为人移动,反而更应当立基于个人对物的事实地位与自由扩张等原则,双向性地评价行为人与被害人之间如何排除对方与物的归属关系,以及形成新的归属关系。进一步地说,虽然构成持有的基本前提乃是个人于客观上对特定物具有事实上的处分权力,以及主观上具有支配意思,但实质上持有移转的意义却有必要再深化为:在旧的持有状态下,被害人对物保有积极的支配意思与消极的排除意思,同样在新的持有状态也涉及行为人具有积极的支配意思与消极的排除意思。行为人与被害人两者正是透过这些意思之间的相互对抗以促使持有状态产生变化,例如行为人之消极的排除意思乃是对被害人之积极支配意思的否认;相反地,行为人之积极的支配意思则是否认被害人之消极的排除意思。也唯有在行为人确定排除被害人对物的支配意思之时,亦即原持有人已经无法随时将持有的支配意思实在化,持有始能论为完全移转。依此,我们同样认为现时的多数学说见解,容有再检讨余地,兹分述如下:

(一)"袋地理论"的疑问

以商店窃盗为例,部分论者从身体权及一般人格权等基本权推导出来的个人身体隐私领域概念,或是称为"禁忌领域"(Tabusphäre)。若商家或其保全人员于规范上对于行为人的身体未能居于支配地位的话,那么对于那些与行为人身体保有(空间上)紧密关系的物件也就不具有任何的支配可能性。不过,这种社会及规范性的见解忽略了个人的身体隐私领域在规范上并非是完全不可侵犯,例如我国台湾地区"刑法"第23条所规定的正当防卫已经清楚表达出行为人(防卫者)为了避免现时不法侵害可以攻击他人(攻击者)的法益。如果商品进入个人的身体隐私或禁忌领域,而商家顶多可主张正当防卫将物取回的命题为真,那么也就表示商家对此采取防卫手段的时机不应只限于既遂(例如侵害发生),亦有可能是未遂(例如侵害即将发生)。依此看来,我们没有理由以身体隐私或禁忌领域不可受到侵犯的观点直接证立窃取已经实现。另外,一般学说上多所讨论的案例为行为人将小型商品放入口袋或背包内,或许在袋地理论的理解脉络下,身体隐私领域不可侵犯与窃盗既遂之间较容易让人想象到,这两者如何于规范上形成一定的意义关联。但是,我们也发现这些案例其实都带有相类似的现象特征,也就是商家现实上已经无法认识到商品所在或辨识商品的归属状态。而单就此种现象来说,袋地理论恐怕亦无法回避的质疑是,关于窃取小型商品的既遂到底是(1)纯粹规范上的问题,还是(2)事实上的空间认定,或被害人有无可能取回物品的问题。再者,进一步衍生的问题是,如果这套理论实际上乃是涉及后项提问之评价,那么在行窃过程受到商家或其保全人员之追踪监视的情形,行为人将商品放入自己口袋或背包内的行为是否还有论为窃盗既遂的空间。凡此等问题于现今学说上关于窃取要件的解释,始终未能获得一套明确且合理的说明。而一些不是把商品放入衣物或背包而是直接穿在身上的案例,似乎更能够凸显袋地理论所隐含的说理盲点。举例来说,行为人将卖场服饰商品携至试衣间,将服饰上的条码撕下并且穿在身上。若是依据德国实务及学说见解,在条码被撕下之时,店家既然已经无法有效辨识服饰的归属性,因此其就商品的支配力也就形同遭到排除。

整体而论，这套理论的缺失在于，持有概念对于窃盗罪而言，最核心的规范意义到底为何。如果无法精准掌握持有概念应有的内涵及法理准据的话，势必难以在具体个案中为窃取实现（持有移转）形成一套合理且稳定的评价方法。周教授的报告清楚点出这个核心问题，并且进行了相当丰富的论证与理论方法。

（二）关于日常生活观点的疑问

区分窃盗的既未遂取决于原持有关系遭到破坏与建立起新的持有关系，又从前述的分析中，我们大致掌握到目前学说上将袋地理论应用于解释窃取小型商品的既遂时点。若是细究理论的建构方法，袋地理论本质上属于日常生活观点的下位理论；另一方面，若从比较法的观点切入，德国多数实务与学说见解采取"日常生活观点"（Anschauung des täglichen Lebens），或称"社会认知观点"（Verkehrsauffassung），认为在一些特殊情形应当再辅以社会日常生活观点，就具体个案加以判断行为人是否建立新的持有关系。就商店或卖场窃盗的应用，大致上可区分为下述三种情形：一者，顾客（潜在的行为人）身着的衣物代表个人紧密的身体隐私领域，任何被放入衣物或背包的小型物件均属被纳入个人的持有袋地领域，因而论为持有已移转；二者，在商店一定的空间限制范围内，属于店家一般性的持有领域（generelle Gewahrsamsphäre），所以当行为人窃取体积较大的物件，尚未搬离商店空间的话，也就还没有对该物建立新的持有；三者，行为人把欲窃取的商品置放于购物推车，并且使用其他物品将其遮盖住，于行为人通过收银台时，或是在装有警报系统的卖场，于出口处警报响起而遭到查获时，形同建立起新的持有。就此，部分德国实务见解依日常生活观点，认为行为人将窃取之服饰装于袋子，而在其离开服饰部门走到百货公司门口之时，始属既遂。

无论如何，我们观察到不论是依日常生活还是社会认知观点，持有移转之变化的解释往往是取决于个人与特定物两者之间于空间上的物理状态，例如居住空间，或是个人身着的衣物等。换言之，关于新的持有关系之建立与否的认定，似乎都只是纯粹取决于形式上的，以及客观第三人于空间上的经验感受而已。整体而言，日常生活观点与袋地理论一样都有类似的说理盲点，亦即我们还是无法从这些案例说明之中归纳出一套实质且稳定的评价准据。

六、两篇报告之总结回应

周教授的报告从法主体论述出发，尝试在持有概念与体制参与之间建构起一套实质的法理准据，进而推导出"与具体操作上，社会交往观点是决定持有关系的唯一规范性标准，所有事实性因素和法律性因素都是此判准下必须被综合考量的对象，但没有任何一个单一因素具有决定性的影响，从而诸如个人禁忌领域、持有飞地等立基于事实定型的理论都不具理论适格。持有判断的浮动性是概念本质所使然，因此判断标准的实质化与类型化尝试都是徒劳无功的"。相较之下，梁教授的报告则是认为财产罪的占有乃是事实性的概念，而在特定的场合，规范性判断具有补充评价作用。另外较为特别的是，梁教授认为事实性占有概念的规范性内涵已经扩张到社会学层面与刑事政策学层面，并且呼吁规范性的占有概念将会掏空占有的实体，过度概念化将会引发事实性与规范性的评价冲突问题。总体而言，在后现代的法理论建构下,窃盗罪作为否认法主体之承认关系的行为,又持有乃是支撑窃取行为的核心要素,值得思考的是,我们对于此一要素之法理准据应否尝试再从社会承认的角度进行建构,当然,不可否认的是,这里提及的社会承认确实在具体内涵上有待进一步的充实,例如辅以社会学领域的承认理论。再者,两位报告人相当程度地点出了持有判断的浮动性问题,就像本文对袋地理论与日常生活观点同样多有批评,尽管我们在质疑既有理论的浮动之外,提出了另外一套相对稳定且不流于恣意的评价标准,恐怕是未来仍需继续观察及面对的课题。

占有概念的二重性：事实与规范

车 浩[*]

摘　要：占有概念具有事实与规范的二重性。事实性是指在认定占有的建立和存续时，作为必要条件的事实层面的控制力。规范性包括两层含义：一是指以社会一般观念为内容的规范性视角，是判断事实控制力有无时的观察工具。二是指以法律、道德或社会习俗等为内容的规范性秩序，是确认占有归属时评判控制力重要性的基准。占有的有无以事实控制力为必要条件，占有的归属以规范认同度为评判基准。上述规则基于存在论与规范论相调和的教义学内部立场，能够通过经济分析得到外部视角的支持，可以为占有领域的一系列争点提供统一、稳定的解释原理和可操作的适用规则。以"法律支配"或者"占有权利/利益"为表现形式的纯粹规范化的占有概念，在法学方法论和罪刑法定原则上均存在疑问。此外，从占有的事实因素与规范因素的角度，分别去挖掘被害人发觉/监视与贴身禁忌的教义学意蕴，对于解决盗窃罪既未遂中的疑难问题具有重要意义。

关键词：占有　二重性　事实与规范　被害人发觉　贴身禁忌

占有是刑法理论特别是财产犯罪理论中的一个重要概念。近年来，国内刑法学界关于占有的研究渐趋精细，许多著名学者对此问题发表了见解，而且出现了多篇专题性研究和博士论文，这些论著在不同程度上都论及占有中的事实因素和规范因素，极大提升了我国刑法学界在占有领域的研究水准。[1] 在某种意义上，占有问题已经成为我国刑法分论研究中炮火云集、不同年龄段学者共同关注各显身手的主战场之一。尽管如此，这一领域的教义学研究还远没有到达终点。无论是国内的相关论著，还是作为这些论著的重要理论资源的德日刑法理论，关于占有的现有研究仍然存在可以期待之处。

一方面，经验有余而抽象不足。多数研究仍然依靠个别性、类型化、案例组的研究方式，

---

[*] 北京大学法学院副教授。中国海洋大学法学院的桑本谦教授、北京大学法学院的邓峰教授和金雪儿同学曾与笔者讨论过文中的经济分析部分，北京大学法学院博士生徐然、邹兵建曾通读全文并给予细致的修改和校订意见，在此一并致谢。

[1] 陈兴良：《判例刑法学》（下），中国人民大学出版社2009年版，第306－371页；张明楷：《刑法学》，法律出版社2011年版，第873－877页；赵秉志、于志刚：《论侵占罪的犯罪对象》，《政治与法律》1999年第2期；刘明祥：《论刑法中的占有》，《法商研究》2000年第3期；周光权、李志强：《刑法上的占有概念》，《法律科学》2003年第2期；周光权：《死者的占有与犯罪界限》，《法学杂志》2009年第4期；黎宏：《论财产犯中的占有》，《中国法学》2009年第1期；童伟华：《财产罪基础理论研究》，法律出版社2012年版；王玉珏：《刑法中的财产性质及财产控制关系研究》，法律出版社2009年版；李强：《论财产性利益的占有》，清华大学法学院2011年博士论文；黑静洁：《刑法上的占有论》，北京大学法学院2013年博士论文；马寅翔：《侵占罪的刑法教义学研究》，北京大学法学院2013年博士论文；徐凌波：《论存款的占有》，北京大学法学院2014年博士论文。

基本上止步于经验层面的对各类事例的归纳,去说明哪些占有案件是依据事实因素,哪些占有案件涉及规范因素,其中多数论述是对已经得到公认的结论加以事后的背书,但是较为欠缺对占有一般性规则的归纳和抽象,在一些案件中表示起决定性作用的是事实因素,而在另一些案件中又认为是规范性因素起关键作用,这种不稳定性与不确定性,很难对新的或者未来可能出现的占有案件提出普遍性的判断根据。[1]另一方面,个性突出而共性模糊。占有领域中的一些重要分支,例如时空变化对占有的影响、上下级之间的占有关系、死者的占有、封缄物的占有、存款的占有、占有与盗窃罪既未遂的关系等等,常常被分散地、相互独立地讨论,呈现出"散兵游勇"的状态。[2]有时候在各个问题的论证理由中也难以发现统一的关联性,以至于给人的错觉是,在各个问题中所谈论的占有并不是同一个概念。由于理论上对这些问题采取了一种分而治之的态度,没有提出统一的概念和一般性的上位规则,导致司法实务也是"头痛医头、脚痛医脚"或者是"逢山开路、遇水搭桥"。整体而言,这样的研究进路和实践导向,使得占有成为一个问题越纷繁、讨论越细致,就越缺乏约束力和越任意的概念。

在笔者看来,经过前一阶段的个别化积累和铺垫之后,学界关于占有的研究模式,应当进入到提炼一般性规则的阶段。这些规则不仅可以为已经出现的绝大多数事例提供令人满意的逻辑一致而非依赖感觉的妥当性解释,而且能够作为具备相当程度的稳定性、确定性和可操作性的判断方法去应对未来出现的新型案件。本文尝试在这方面做一些努力。[3]文章的基本思路和结构如下:(1)概述刑法上占有的含义、地位及其与民法上占有之别;(2)分别以占有的事实性和规范性为主线,从那些被以往的理论研究和司法实践普遍承认但是失之于分散和零碎的事例中,归纳提炼经验上的规律性;(3)在此基础上,提出判断占

---

[1] 不仅我国学界,而且德国学界也存在此类问题。通说往往是设定了在事实性的占有概念与规范性的占有概念之间的对立,但并未提出明确的判断准则。(参见 Schoenke/Schroeder/Eser, Strafgesetzbuch, 2014, §242, Rn. 23.)但是,这种在两极之间持一种来回滑动的实用主义态度的理解方式,即使能够解释过去,也难以为未来的实践提供确定的教义学规则。特别是,在多个主体对财物的控制既有事实因素又有规范因素时,应当如何确立占有的归属,理论通说始终没有给出明确的说明,这就使得司法实践中的结论成为一种缺乏标准指引因而也难免恣意的判断。本文第七部分将会分析这种摇摆型的暧昧立场的问题。另外,也有少数德国学者试图进一步明确提供一般性的占有认定的标准,例如比特纳曾经提出"社会分配关系"的观点,参见 Bittner, Der Gewahrsamsbegriff und seine Bedeutung fuer die Systematik der Vermoegensdelikte, 1972。但是,按照"社会分配关系"得出的占有结论,在不借助这种观点之前也能认定;而对于未来的案件,这种标准本身的模糊性和判断的恣意却不会比之前明显降低,因此这种看法并未得到普遍的承认。关于比特纳的理论的进一步介绍,可参见 马寅翔:《民法中辅助占有状态的刑法解读》,《政治与法律》2014年第5期。

[2] 在这一点上,我国学者的研究,明显受到日本学界的影响。在占有问题的阐述上,张明楷、刘明祥、周光权、黎宏等学者的研究,与日本学界的西田典之、山口厚、大塚仁、大谷实、前田雅英等学者的研究,尽管可能在一些结论上存在差异,但是基本上都采取了一种具体问题分而论之的研究风格和体例。

[3] 已经有学者作出了探索。这一点尤其体现在一些年轻学者的博士论文中。例如,黑静洁博士提出了包括实力支配、媒介支配和权利支配在内的"排他性支配"是占有本质特征的观点。参见 黑静洁:《刑法上的占有论》,北京大学法学院2013年博士论文。又如,马寅翔博士提出以所谓"扩张的事实支配可能性"作为判断占有的总体依据的观点。参见 马寅翔:《侵占罪的刑法教义学研究》,北京大学出版社2013年博士论文。徐凌波博士提出要坚持事实支配性,同时在事实与规范的两极之间通过类型化方式确定占有的观点,参见 徐凌波:《论存款的占有》,北京大学法学院2014年博士论文。

有的有无与归属的一般性规则,并以此来——检验金钱的占有、死者的占有、遗忘物的占有、存款的占有、封缄物的占有、占有辅助人以及运送物的占有等诸多子问题;(4) 表明思考占有问题时所持的"调和存在论与规范论"的法教义学内部立场,并从法律经济学的外部视角对本文的一般性规则进行论证;(5) 全面批判"法律上的占有"以及"占有权利或利益"等纯粹规范化的占有概念;(6) 最后,运用判断占有的一般性规则,讨论盗窃罪的既遂与未遂中的疑难问题。当然,每个学者关于一般性规则的想象与创建各有不同是很正常的。本文提出的观点也是多种解决方案之一,一些批判也未必妥当,权作抛砖引玉,期待引起学界在这一方向上的更多争鸣和探索。

一、刑法上的占有

(一) 三种意义上的占有概念

在我国目前的刑法理论研究及司法实践中,"占有"一词常常出现在三种不同的语境下,其涵义以及相应的研究脉络也各不相同。第一种是非法占有目的中的"占有",第二种是作为盗窃罪等财物犯罪之保护法益的"占有",第三种则是用于解释盗窃罪等财物犯罪之客观构成要件的"占有"。本文主要讨论第三种意义上的占有。但是,由于理论和实践中经常出现将这三种不同涵义不加区分使用的情形,造成了理解上的混乱和困难。因此有必要首先对前两种占有概念略加辨析。

第一种意义上的占有,也就是非法占有目的中的"非法占有",与"侵占""非法领得"或"不法所有"的含义等同。侵占罪和盗窃罪的共同之处,是对本不属于自己所有的财物,行为人主观上都想要非法地取得类似所有人的地位并加以使用。不同的是,这种主观因素在侵占罪那里,属于故意内容,同时对应着客观构成要件中的侵占行为;而在盗窃罪那里,这种主观因素属于盗窃罪故意内容之外的侵占目的(所谓"超过的主观因素"),且并不要求有对应的客观层面的侵占行为(所谓"短缩的二行为犯")。由此可见,盗窃罪中的"非法占有目的",更精准的表述其实应该是侵占目的(或不法领得/所有目的)。因此,盗窃罪客观要件中的窃取行为,与主观要件中的非法占有目的并无直接关系;从客观的窃取行为中分解出来的所谓"占有"概念(第三种意义上的占有),与非法占有目的中的"占有"(第一种意义上的占有)也并非同一物。前者是从日本刑法理论中移植过来的概念,后者则是我国立法及司法解释中的惯常规定。因此,两者不过是由于各自约定俗成的用法而在文字形式上"撞衫"的两个不同的概念。[1]

---

[1] 我国《刑法》第264条盗窃罪并没有规定"非法占有目的",但是几十年来,相关的司法解释以及通说一直以来都将"非法占有目的"表述为盗窃罪的要件之一。至于将窃取行为表述成"打破旧的占有,建立新的占有",这是最近十年来,一些国内学者将日文中的表述直接引入到国内刑法理论中的结果,由于学者的影响力,这样一种说法也逐渐开始流行起来。为了节省沟通成本,本文暂且沿用这些关于"占有"的约定俗成的说法。

至于第二种意义上的占有,其实是以第三种意义上的占有为基础发展出来的概念。目前赞成占有是盗窃罪法益的学者认为,由于经济、社会发展,有必要单独地保护占有。[1] 这里所说的占有,其实是将客观构成要件中的"占有"概念(第三种意义上的占有)提升为一种法益,使之成为盗窃罪等财物犯罪的保护客体。由此,占有概念从客观构成要件领域进入到法益层面。而占有一旦被视作法益,就需要与通说一直坚持的所有权说进行对抗和论辩。在这种语境中被讨论的占有,就是第二种意义上的占有。

本文主要研究第三种意义上的占有。财产犯罪中的抢劫罪、抢夺罪、侵占罪与盗窃罪一样,均属于传统意义上的以"物"作为主要犯罪对象的财物犯罪,它们在客观构成要件层面,都需要处理围绕着"物"构建起来的关于人对物的控制和支配关系的问题(第三种意义上的占有)。因而经由对盗窃罪客观要件中的"占有"进行研究得出的各种结论,同样适用于抢劫罪、抢夺罪、侵占罪中的占有问题。在行为方式上,盗窃、抢夺和抢劫都属于取得财物型犯罪:盗窃是窃取,抢夺是夺取,抢劫是劫取。在这个意义上,第三种意义上的占有是为了构建"取得"(包括窃取、夺取和劫取)行为而被发展出来的下一级概念或者说次定义。

(二) 客观构成要件中的占有:针对"取得"行为的次定义

说一个构成盗窃罪、抢夺罪或抢劫罪的行为人客观上实施了盗窃、抢夺或抢劫的行为,这句话在认识上没有提供任何新的增量。因为需要去认定的,本来就是一个什么样的举止动作,才算是《刑法》第 264 条、第 265 条和第 263 条中的"盗窃""抢夺"和"抢劫"行为。因此,如果不想陷入语义重复、循环表述的泥潭,就必须进一步对盗窃、抢夺和抢劫的语言表述本身进行分解。以盗窃罪为例,国内通说认为,盗窃行为就是"秘密地窃取公私财物"或者"暗中将财物取走"。[2] 其中,"秘密"或"暗中"针对的是盗窃罪中的"窃",而盗窃罪中的"盗"则意味着一种取得财物的行为。除了盗窃罪的"窃取"之外,抢夺罪往往被解释为"夺取"财物的行为,抢劫罪往往被解释为"劫取"财物的行为。由此可见,就客观层面上的共同基础而言,盗窃罪、抢夺罪以及抢劫罪等财物犯罪,在本质上都是一种"取得"财物的行为。但是,作为一个过度融入生活而指涉对象广泛的日常用语,"取得"概念本身无法直接完成在财物犯罪中严格界定入罪范围的任务,因而需要对其进行法教义学的定义。

以往的国内通说已经做了对"取得"概念进行分解的工作。一般认为,所谓"窃取"或"取走",就是"将可移动的财物秘密转移到行为人控制之下,并且脱离财物所有人或持有人的控制范围"[3],或者"排除了先前的财物的控制支配关系,建立起新的控制支配关系"[4]。通

---

[1] 参见 周光权:《刑法各论》,中国人民大学出版社 2011 年版,第 76、77 页。

[2] 参见 高铭暄、马克昌:《刑法学》,北京大学出版社 2010 年版,第 565 页;陈兴良:《规范刑法学》,中国人民大学出版社 2008 年版,第 746 页;赵秉志主编:《刑法新教程》,中国人民大学出版社 2007 年版,第 670 页。

[3] 高铭暄、马克昌:《刑法学》,北京大学出版社 2010 年版,第 564 页。

[4] 王作富主编:《刑法分则实务研究》(中),中国方正出版社 2006 年版,第 1090 页。

说中所谓人对财物的控制或支配关系,在晚近的学术讨论中,越来越常见地被表述为"占有"。[1] 例如,"窃取是指使用非暴力胁迫手段,违反财物占有人的意志,将财物转移为自己或第三人占有"[2]。"窃取是指违反被害人的意志,将他人占有的财物转移为自己或者第三者占有。"[3] 其实,刑法理论在进一步解释占有概念的时候,终究还是要回到"人对财物的控制支配关系"这一表述上来;但考虑到"占有"似乎更具有某种"法言法语"的专业术语的色彩以及其在晚近学术市场中的畅销程度,本文在概念上统一使用"占有"的表述。[4] 这样一来,取得行为的定义或者说继续分解,就变成"打破旧的占有,建立新的占有"。取得行为本身代表着占有发生了移转:先前的占有关系取消了,紧接着(通常情况下是同步的)一个新的占有关系建立了。

破坏人与物之间的控制关系,一般有两种途径:一是对物施加影响;二是对人施加影响。不同于压制被害人反抗、直接对人施加影响而取财的抢劫罪,盗窃罪属于一种回避被害人反抗、不与被害人直接发生关系的财产犯罪(经验上主要表现为秘密窃取),所以,盗窃罪中的"取走"财物,是一种通过对物施加影响,从而将先前存在的旧的财物占有状态加以清除或排斥的行为。因此,将他人封锁在某个空间内或排除在某个空间外,从而使他人与物隔开,阻碍他人的对物的控制,这些行为由于仅仅是对人施加影响,因而都不能称得上是"打破占有"。一般情况下,打破占有常常意味着将财物从其原先所在地点移开(或挪开)。[5] 因此,在下面的例子中,不能认为是打破了占有:B 将自己的摩托车停靠在路边的电线杆旁后离开,行为人 A 用一把铁链锁将摩托车锁在电线杆上。虽然在这个案例中 A 的行为阻碍了 B 对摩托车的控制和支配,但是摩托车本身并未离开原处,因此,这里就欠缺一个"打破占有"。[6] 财物从它原先所在地被移至多远,以及移到哪里才算是被"取走",这个问题要根据

---

[1] 这种表述显然是受到日本刑法理论以及术语翻译的影响。日文中的"占有"与中文中的"占有"是同形字,国内一些学者所使用的"占有",系直接从日文中的"占有"移植而来。例如,日本刑法学者西田典之认为,"窃取是指违反占有人的意思,将他人所占有的财物移转至自己占有的行为"。[日]西田典之:《日本刑法各论》,中国人民大学出版社 2007 年版,第 116 页。日本学者大谷实指出,"窃取是违反占有人的意思,排除占有人对财物的占有,将目的物转移到自己或第三人占有之下"。[日]大谷实:《刑法讲义各论》,中国人民大学出版社 2008 年版,第 193 页。

[2] 张明楷:《刑法学》,法律出版社 2011 年版,第 877 页。

[3] 周光权:《刑法各论》,中国人民大学出版社 2011 年版,第 96 页。

[4] 当然,究竟是使用"占有"还是"持有"的表述,学界也有不同观点。有学者认为,民法上的占有与刑法上的持有,是两个不同的概念,因而应当区别使用这两个概念。参见 王利明:《物权法研究》,中国人民大学出版社 2007 年版,第 708 页。有学者则在讨论盗窃罪时直接使用"持有"的表述,参见 林山田:《刑法各罪论》(上),北京大学出版社 2012 年版,第 218 页。本文认为,如果考虑到我国刑法典中已经明文出现"持有"的规定(如非法持有枪支、弹药罪)这一点,那么,"持有"的表述显然更为本土化;不过,如果考虑到"占有"的使用在我国已经约定俗成,那么,在强调刑法与民法上的占有是两个不同概念的前提下,采用"占有"的说法也未尝不可。究竟是使用"占有"还是"持有"既不是本文的重点,也不会影响到本文所要重点讨论的内容,故此仍暂采用"占有"的表述。

[5] Mitsch, Strafrecht BT 2, 2003, §1, Rn. 57

[6] 假设 B 将摩托车停在河边的某个快艇上面然后离开,A 乘机将快艇开走,虽然摩托车相对于快艇没有任何位移,但是相对于河边已经是被移动了,因此也是"打破占有"。

先前的占有状态以及财物自身性质等因素加以综合判断,对此,后文会详细展开。总的来说,旧占有之上的控制力越强,打破旧占有的必要消耗就越大。

(三) 刑法上的占有与民法上的占有之别

客观构成要件中的占有概念,常常被用来与民法上的占有相对比。在德国法语境中,刑法上的占有使用的是"Gewahrsam"一词,而民法上的占有使用的是"Besitz"。各国刑法理论一直都承认两者之间存在差异。例如,意大利学者萨科就指出了这种差异:"(意大利)《刑法典》的制定者们不可能知晓1942年《民法典》中占有的定义,因为《刑法典》的制定早于该部《民法典》。事实上,刑法中的占有与任何一部《意大利民法典》中的占有都不完全一致,也与民法理论及实践中的情形不相重合。它有自己的特征。"[1]

无论是窃取、夺取还是劫取,刑法上的取得行为,都是一种在事实上侵害财物的行为类型,而在通常情况下,并不会改变财物在法律上的性质。财物在民法上的处分权限,并不会像财物本身那样被"取得",被盗、被抢的被害人对于财物仍存有法律上的外壳和面纱。相应地,对财物不具有民法上的处分权限的行为人,例如窃贼、窝藏者、走私犯以及携带各种违禁品或非法所得者,对所持之物都可以成立刑法上的占有。民法上一般要求占有人具有为了自己的利益而占有的意思,但刑法上的占有可以是为了他人的利益而占有。民法上的代理占有和间接占有,也不是刑法上的占有。[2]此外,动产交易中经常出现标的物的所有权转移,但是现实占有不转移,只是占有人的占有名义发生了变更,也就是所谓的"占有改定"的情形,这种观念交付的方式,也不属于刑法上的占有。民法上不承认占有辅助人的占有[3],但是如后所述,在某些条件下,占有辅助人能够成立刑法上的占有。刑法上占有的这种事实性特征[4],使刑法上的占有看起来与民法理论上的"直接占有"有些相似。但是尽管如此,二者在物的持有形式上并不完全相同。这一点突出地表现在,刑法不承认占有的继承。整体而言,完全从民事—法律的角度,根据法律或权利所产生的支配权变动去加以判断,在刑法这里是行不通的。

刑法与民法在占有概念上的区别,主要是由于民法与刑法设置概念的目的不同,或者是实现目的的方式不同。这里以一个曾经被美国学者波斯纳以经济分析的方式处理的有趣旧案 Haslem vs. Lokwood 为例说明。原告将掉在公共道路上的马粪耙成一堆,打算找马车第二天拉走,这也是他能够找到的必要的运输工作的最早时间。在他拉走前,被告路过并用自己的车拉走了这些马粪。原告起诉要求返还马粪,并胜诉。波斯纳认为,这一结果在经济上是正确的。这些马粪的原所有人抛弃了这些马粪,而原告发现了。他把马粪耙成堆,并取得

---

[1] [意]萨科、卡泰丽娜:《占有论》,贾婉婷译,中国政法大学出版社2014年版,第51页。

[2] 王泽鉴:《民法物权》,北京大学出版社2010年版,第423页;西田典之:《日本刑法各论》,中国人民大学出版社2007年版,第112页。

[3] [德]韦斯特曼:《德国民法基本概念》,张定军、葛平亮、唐晓琳译,中国人民大学出版社2013年版,第174页。

[4] 国内学界较早就有学者提出,"刑事占有是事实状态,不同于占有权且不必然产生占有权"。赵秉志:《侵犯财产罪研究》,中国法制出版社1998年版,第22页。

其占有。马粪堆足以构成对第三人（如被告）的公示：这些马粪不再是抛弃物。如果要求原告为了保护自己的利益，除了将马粪耙成堆外，还必须将它围起来，或者一直看着它，或在预先安排马车在马粪耙成堆后立即将其拉走，这些只是会增加交易成本，而不会产生任何补偿性的利益。[1]波斯纳通过这种分析方式想要表明，事实控制力或削弱的控制形式（控制可能性），并不是占有的建立或者维持所必需的。理由是这一要求将导致浪费性的支出和专业化的失败。

波斯纳的分析到此为止了，显然，他分析的对象是民法上的占有。但是，进一步思考马粪案，可以清楚地看出民法上的占有与刑法上的占有的区别。确立马粪在民法上归谁占有的目的，是为了明确马粪的所有权。如果确认马粪归被告所有，那么就无需启动刑法，如果确立了原告的所有权，接下来就需要通过判断马粪在刑法上归谁占有，进而审查被告是否符合某些包含"占有"特征的犯罪的构成要件，具体而言，被告取走马粪的行为是构成盗窃罪还是侵占罪。如果认为马粪归原告占有，那么被告构成盗窃罪；如果认为马粪归被告占有，那么被告拒不退还则构成侵占罪。这个思考的链条大致如下：判断民法上的占有→确定所有权[2]→判断刑法上的占有→成立侵占罪或盗窃罪。

从经济学的角度观察，民法上的占有是将所有权建立在发现、授予或者转让基础上的一个有效替代方式。在新发现财产的情形下，以占有作为取得所有权的条件将减少浪费性的竞争和交易成本。如下文所述，对刑法上的占有当然也可以展开经济分析，但是通过经济分析确认刑法上占有的目的，不是为了探讨所有权归属给谁能收到最佳效果（无论是认定为侵占罪还是盗窃罪，都不会改变已经被民法认定的所有权），而是在所有权已经明确的前提下，探讨以何种方式（哪一个构成要件）保护该所有权能收到最佳效果。

因此，波斯纳以民法上的占有为对象进行经济分析，得出不需要事实控制力的结论，但是，同样展开经济分析，如后文所论证的那样，事实上的控制力对于成立刑法上的占有而言却是必要基础。这种差异并不是由概念本身自然派生出来的，而是由不同法律领域中法的任务和目的所决定。正如学者指出的，"刑法上的占有和民法上的占有不同，民法上占有制度的功能，一方面在于确定占有人的地位，以明确占有人与真正权利人的权利义务界限，并对财产的现实支配状态予以法律化；另一方面在于保护该占有，以维护社会和平与秩序。而刑法上的占有本身不构成财产归属与支配秩序的一部分，只是对物的一种事实支配状态，其一方面在于保护该占有状态，另一方面在于根据该占有确定占有人或侵夺该占有的人的行

---

[1] [美]波斯纳：《萨维尼、霍姆斯和占有的法经济学分析》，于子亮译，载《中山大学法律评论》第11卷第1辑，广西师范大学出版社2013年版，第155页。

[2] 关于在民法上通过占有取得所有权的进一步分析，可参见[英]波洛克：《普通法上的占有》，于子亮译，中国政法大学出版社2013年版，第111页以下。

为性质"[1]。

就大陆法系的刑法学学术传统来说,占有概念是对以财物为对象的各种财产犯罪的客观要件进行法教义学建构的核心内容。一般认为,占有必须具备客观和主观两方面的因素。[2] 前者一般被称为"占有事实",后者被称为"占有意思"。这种主客观二分法的本体论阐述,尽管在民法上非常重要[3],但是,由于其并不能够在刑法上为有效地解决疑难案件中的一些具体问题提供方法,因此,一直以来,刑法理论传统上都把更多的精力放在从事实与规范的视角来展开对占有的解释。[4] 鉴于以往的论述往往失之于分散和零碎(例如在存款的占有、死者的占有等不同的主题下分别论及事实或规范因素),接下来本文分别以占有的事实性和规范性为主线,尝试从那些被以往的理论研究和司法实践普遍承认的事例中,提取经验上的规律性,对事实因素和规范因素在占有中的表现进行澄清、归纳和提炼。

二、占有的事实性

在刑法理论上提到占有时,最常见的定义就是人对物的控制支配关系。这种控制支配关系一般被认为具有强烈的事实性,"占有是个人基于主观的支配意思而在事实上控制特定物的状态"[5]。将占有描述为一种事实控制力,或至少在大多数场合下是一种事实控制力的说法已经成为通说。问题在于,这里的"事实"到底是什么意思?或者说,所谓事实控制力中的"事实性"究竟是如何表现出来的?经归纳后发现,在对占有存否进行判断的场合,人们依赖的主要是一些自然主义的、物理层面或生物性的标准,这些存在论上的因素综合起来,可得出存在一种事实控制关系的结论。接下来,本文就从时空条件、占有主体、占有能力和意思以及共同占有等几个方面,勾勒这种事实控制关系的轮廓。

(一) 物理上的时空条件对占有的影响

在经验层面,占有的事实性主要通过时空条件体现。时间与空间是理解物理世界的基本形式,是物质运动的舞台。因此,观察空间事实与时间事实的状况与变化,是从存在论的事实层面讨论占有问题的基本角度。一般而言,占有所要求的事实控制力,往往通过一种狭

---

[1] 周光权、李志强:《刑法上的占有概念》,《法律科学》2003年第2期。但是,这段论述也存在疑问,因为它一方面表示"刑法上的占有本身不构成财产归属与支配秩序的一部分",另一方面又表示要"保护该占有状态"。可是,为什么要在财产犯罪中保护一个"本身不构成财产归属与支配秩序的一部分"的东西?这是令人费解的。当然,这里涉及占有是否属于法益的争论,此处不再展开。

[2] 这种关于占有的体素——心素的主客观分析模式,首先并主要来自于萨维尼。参见[德]萨维尼:《论占有》,朱虎、刘智慧译,法律出版社2007年版。之后这种分析模式被各国学者普遍采用。参见[意]萨科、卡泰丽娜:《占有论》,贾婉婷译,中国政法大学出版社2014年版,第51页。

[3] "占有,除对于物有事实上管领力(体素)外,是否尚须以占有意思为要件,系占有理论上最有名的争议问题。"王泽鉴:《民法物权》,北京大学出版社2010年版,第418页。

[4] 超越了占有事实——占有意思的框架桎梏,从社会、规范的角度对占有概念展开分析的,开始于韦尔策尔。Welzel, Der Gewahrsamsbegriff und die Diebstaehle in Selbstbedienungslaeden, GA 1960, S. 257ff.

[5] MK-Schmitz, 2012, § 242, Rn. 43.

义上的人与物的空间联系来实现;同时,这种空间联系的时间长度,也会对占有的判断产生作用。

一方面,财物与人的身体的物理空间距离逐渐缩短,使得人最终可以接触到财物,这是占有从无到有地建立起来的必要条件(但不是充分条件)。通常情况下,财物是否处在人的身体周边,是在判断占有是否建立起来时必须要考虑的因素。[1] 例如,当被继承人在医院死亡时,远在海外的继承人不能直接占有遗产。再如,在没有转移交付前,出借人不能凭借所有权和到期的借用合同就主张已经占有了尚在借用人家中的财物。一个本来不占有财物的人,只有当他在空间距离上逐渐接近财物时,才有可能在事实上对该财物建立起从无到有的控制力。除此之外,无论他在法律上有何权利,都不能作为从无到有地建立占有的根据。

另一方面,在判断占有是否丧失时,时间条件往往起到重要作用。时间的消磨功能,可以将一个占有状态从有到无地取消。例如,顾客就餐离开时忘在座位上的皮包,离开两分钟后又回头去取,该皮包仍然归顾客占有;但是如果经过几天后想起再去取,则顾客已经丧失对皮包的占有。由此可见,当法律条件(同样的财物)与空间条件(处在同样的空间里)都保持不变时,时间的流逝会发挥重要的影响。

(二) 占有主体的自然人属性

占有人只能是自然人,这一点也突出地反映出占有的事实性特征。为自然人服务的看家狗,即使当主人不在家时起到了保卫财物的作用,但也不能被评价为占有人。在经济生活中,财物的所有者与占有人往往是分离的。法人、企业、社团和各种协会在法律上可能是财物的所有人,但是并不能成为对财物在事实上的控制者。实际占有财物的人,往往是社团的某个成员和公司企业里实际管理财物的人。因此,一个法人所有的财物,仍然可以成为盗窃罪中"打破占有"的对象。即使是个人所有的财物,也并不一定为物主本人占有。在这种情况下,取走行为打破的是第三人的占有,但是遭受财产损害的仍然是所有人。有观点认为,盗窃罪的对象必须是被他人占有的财物;同时又认为,盗窃罪的行为是窃取他人占有的财物。[2] 这种解释存在疑问。占有的问题是放在窃取这个行为因素中展开的,而不是放在财物这个因素中展开的。上述观点既在作为盗窃行为因素的"窃取"中界定占有,又在作为对象因素的"公私财物"中讨论占有,这种重复评价容易导致对盗窃罪构成要件结构理解的混乱。事实上,作为盗窃罪对象的"公私财物"指的就是公私所有的财物而非公私占有的财物。例如,A公司(法人)将汽车借给自然人B,C(基于非法占有目的)从B处将汽车取走。对C而言,这辆汽车是他人(A)所有的财物,因而满足了盗窃罪的对象因素。同时,这里也评价出一个窃取行为,因为C打破了他人(B)对摩托车的占有。简言之,C通过一种打破B对摩托车的占有状态的行为方式,取得了A所有的摩托车,因而成立盗窃罪。

(三) 占有能力和占有意思的事实性特征

关于占有的事实性的另一个显证就是占有能力。占有的成立,并不以占有人达到一定

---

[1] Wessels/Hillenkamp, Strafrecht BT 2, 2011, Rn. 85ff.
[2] 张明楷:《刑法学》,法律出版社2011年版,第873、877页。

的年龄为限制,也与民法上的民事行为能力与刑法上的刑事责任能力无关。这里所必备的,仅仅是一种自然意义上的、事实上能够对物控制和支配的资格和能力。[1] 因此,即使几岁的儿童也能成为财物的占有人。例如,6岁的A在草地上玩拼图,路过的12岁的B,趁A转身去拿其他玩具的时候,将拼图装进自己的口袋中取走。在这个事件中,A对于放在手边的拼图玩具在事实上处于一种控制状态,对此应该承认存在一种占有事实而不是从民事行为能力的规范性角度去否认占有。

当然,这里还需要考虑A是否有"占有意思"。占有意思指的是一种控制意愿。这种意愿表现为占有人必须知晓他对财物的控制力的存在,并且有控制财物的意思。这种占有意思表现为一种内心的态度即可,这种意思表示能力同样不以民事责任能力为必要,也没有具体的年龄要求。换言之,占有意思的成立,仅仅有一种自然意义上的、事实上的控制认识和意愿就足够了。[2] 因此,精神病人、醉汉和幼童同样可以成为占有人。例如,一个精神病人紧紧抓住钢笔不放,就可以认为这里存在着一种明显的占有意思。由于前述案例中的A具备占有能力,同时对玩具也有占有意思,因此,拼图玩具归A占有,B的行为,就是打破了一个既存的占有。在客观层面上,A的行为已经符合盗窃罪的客观构成要件。

(四) 共同占有中的事实性因素

占有人只能是自然人这一点,并不排斥多人共同占有财物。例如夫妻往往共同占有居室里的财物。共同占有意味着多人对财物均具有事实上的控制,这种事实性控制必须在个案中具体考察。例如,一个学生足球队集体出资购买了一个足球,在踢球时,所有的球员们都是同时、共同地使用这个足球,该足球归大家共同占有。相反,如果两个家庭为了节约资金或抽号限制而共同出资购买了一辆汽车,两家约定隔月轮流使用,既然事实上是分别控制的,也就是一家实际控制汽车时另一家则完全脱离了对汽车的控制,那么,即使因为共同出资而在规范上承认是共同所有,也不会认为成立共同占有。由此可见,在缺乏事实控制力的情况下,民法上的规范关系对于确认刑法上的共同占有没有帮助。

三、占有的规范性

(一) 以往理解占有之规范性的两种方式

在刑法理论上,尽管占有的事实控制力一直得到强调,但是,学界也早已经注意到占有的规范性问题并展开讨论。这其中,有两种较有代表性和区别度的解读方式。

一种是与事实性占有概念相对峙,提出一种"社会—规范"性的占有概念,根据"社会—

---

[1] Rengier, Strafrecht BT, 2003, §2, Rn. 21.
[2] Mitsch, Strafrecht BT 2, 2003, §1, Rn. 57. 至于说,熟睡中的人或者忘记财物放在房间中某处的人,对财物并没有现实的控制意思,这可以被认为是一个潜在、概括的占有意思,但也可以是关于占有意思对于成立刑法上的占有是否必要的问题。

规范"的占有概念,扩大解释一些在纯粹事实的占有概念之下难以解释的问题。[1] 关于占有的规范性问题的较早诠释是由威尔泽尔提出来。这种诠释是这样展开的:如果把占有当作一个仅仅从事实上来把握的概念,那么当原占有人带着财物进入到一个可以任由多人进出的公共空间,此时多人可能具备对财物近距离接触的可能性时,岂不是都成了占有人?此时要想坚持对财物单独的占有,就需要追加额外条件:在法律、道德观念或交往习俗上承认对于财物具备某种排他性的"权利"。这种社会观念的承认能够有效地阻止下面的结论:当人们带着财物进入到一个公共场所时,突然之间就丧失了对它的占有。[2] 可以明显看出,在上述的例子中,占有概念主要不是一个靠事实控制力定义的、纯粹物质性的、自然主义的概念,而是以"社会—规范"的因素为主,在财物与占有人之间建立了某种"精神性"的纽带。

规范性的占有概念的兴起,有适应经济与社会发展的必要性。例如,在过去,顾客与商品之间隔着柜台和售货员的障碍,因此顾客在事实上无法掌控商品,也不可能建立起对财物的占有。但是,随着商场的开放性增强,超市及类似开放式商铺的出现,顾客在其中可以直接抓取和把握商品,如果仅仅从事实性的角度去理解占有,就会承认顾客已经占有商品,但这个结论会令人感到不安。此时,如果从社会观念、交往秩序的层面考虑占有概念,认为商品仍然归超市或商铺占有,似乎是更为妥当的结论。

与上述对立起两种占有概念的进路不同,另一种解读占有规范性的思路,则是在一个占有概念之内考虑事实与规范的比例关系。在方法论上,这主要是从一个概念内部的要素关系出发,利用要素之间的互补关系来构建一个弹性的概念。具体到占有概念,规范因素的作用主要是用来补强和支持事实因素。一个加之于财物之上的占有状态,通常由事实上的控制力以及规范层面上对控制的认可共同组成,两者之间互相补强。[3] 笔者以前也一直认为,事实因素与规范因素都属于占有概念之内的因素,类似于太极图中的阴阳鱼结构,表现为此消彼长、互相支援和补强的关系。当事实控制力比较明显的时候,就不需要太多规范性的因素;而当事实控制力比较薄弱的时候,须得在规范层面的因素比较强大,才能补充事实因素的不足,从而满足占有成立的要求,最终形成一个占有。在这个意义上,占有的规范性,就是为了使一个占有概念完整而在事实因素不足时予以补强的因素。

具体而言,一方面,如果事实上的控制力很微弱的时候,往往需要规范因素很强,才可能形成占有。例如,停车于路旁之后出国数日的车主,对汽车的控制,就是一个事实因素弱但规范因素强的占有。同样的例子还有,停放在马路上的自行车(无论锁没锁),农民地里的农作物、他人果园里的果实、养鱼池里的鱼,离开主人一小段距离去小便的宠物狗等等,无论有没有围墙栏杆,也无论他人是否比所有人在事实上更加靠近和更能控制这些财物,但是都属于所有人占有。必须强调的是,在这些场合,所有人或者管理人在事实层面的控制关系是很

---

[1] Hillenkamp, 40 Probleme aus dem Strafrecht(BT), 2009, S. 93.

[2] Welzel, Der Gewahrsamsbegriff und die Diebstaehle in Selbstbedienungslaeden, GA 1960, S. 257ff.

[3] [德]Puppe:《法学思维小学堂》,蔡圣伟译,元照出版公司2010年版,第37页。

微弱,但并不等于没有。另一方面,当事实上的控制力很强大的时候,规范因素可以很微弱,两者结合起来,也可以形成占有。例如,拾得他人的遗失物后据为己有,就是一个事实因素强但规范因素很弱的占有。当然,当事实上的控制力和规范因素都非常强大的时候,此时就是一个没有任何争议的、最高级别的占有。在事实层面,人对财物有直接和即刻的现实控制力;在规范层面,又拥有强大的规范根据。例如,戴在腕上的归自己所有的手表,放在衣服兜里的自己的钱包等等。在这种情况下,其他人取走财物,都必须要打破一个既存的占有关系,因而可能构成盗窃罪、抢夺罪或抢劫罪。

但是,现在看来,笔者之前对占有规范性的理解,仍然是比较粗糙的,还没有澄清其本身的含义和功能。例如,甲将未锁的自行车停放在路边后,进到旁边小卖店内去买东西。甲尽管已经在物理空间上离开该自行车一段距离,但是按照对占有的"规范性"理解,甲仍然占有该车。甲从店内出来后遇见朋友乙,乙见甲手中拎着东西腾不开手,就帮助来推甲的自行车,两人边走边聊。尽管此时自行车被乙推在手中,但是按照"规范性"的理解,占有仍然归甲。这两种情形都涉及占有的"规范性",然而它们的含义可能并不相同。在占有问题上究竟应当如何理解规范性要素,还需要进一步的明确。

(二)本文的进一步厘清:占有之规范性的两种含义与功能

1. 以社会一般观念为内容的"规范性视角":用于判断事实控制力有无

在判断占有的有无时,根据时空条件确立的事实控制力起着至关重要的作用,但在很多场合下,往往不是通过纯粹客观的、"裸的"物理标准直接判断,而是戴上了社会一般观念的"规范眼镜",透过这副眼镜,再来确认时空条件的影响和事实控制力的有无。

首先,在占有建立起来之后,空间的物理距离不再是占有维持的决定因素。换言之,财物是否持续地处在占有人身体周边,属于在判断占有是否(从无到有地)被建立起来时通常考虑的因素,但这一点对于业已建立的占有的延续而言,并不是必需的条件。[1] 因此,人们并不需要一直坐在自己的财物上,才能维持对财物的占有;即使人们距离财物很远,占有也同样可以持续。距离的扩大最多导致占有的松弛,但不会导致占有的丧失。例如,当人们把自己的铅笔握在手中,咬在嘴里,别在耳朵上,这都是明显的占有;而当人们把铅笔放在自己的抽屉里,然后离开房间出差去外地,也同样占有在自己家中的这只铅笔;将汽车停放在自己所住房屋外的大街上,该汽车也属于车主占有;狗的主人在遛狗时,不会因为狗离开主人去附近小便而丧失对狗的占有。

上述结论被普遍承认也似乎是显而易见的,但在理论上应如何解释?这是否说明占有的维持不再需要事实控制力?答案是否定的。本文认为,占有的维持同样需要事实控制力,但是此时不再是单纯地依靠空间物理距离的拉近,而是事实控制力仍然存续(不为零)就可以了,至于控制力的大小、强弱方面的变化并不重要。但是,在对事实控制力是否存续进行判断时,不能通过纯粹客观的、人与物之间"裸的"物理空间距离来衡量,而是需要戴上社会一般观念的"规范眼镜"。从社会一般观念来看,只要能够承认维系在人与物之间的那根线

---

[1] Mitsch, Strafrecht BT 2, 2003, §1, Rn. 44.

始终未断，事实控制力就被视作存在。占有一旦建立之后，事实控制力的存续并非以紧密的空间距离为必要，更不需要持续的随身和掌握；只要在时空条件上有靠近和接触财物的可能性，这就意味着从社会一般观念来看，人与物之间的那根控制力之线始终未断，对控制力（即使减弱）以及占有的延续就已经足够了。这就犹如在将风筝放上天空之前，必然要有一个紧密接触风筝为其上线的过程，但是一旦系上了线将风筝放上天空之后，人与风筝之间的物理距离可以不断扩大。只要线未断，控制力就始终存续。

在生活经验上可以想象，人对财物的事实控制力一旦建立起来之后，这种控制力的维持通常表现为三种形式：第一，最强的控制形式是时空障碍较小，占有人与物在空间距离上接近，只用较短时间就可以直接接触甚至抓握物。例如，放在身体附近的行李。第二，最弱的控制形式是财物被放置在一个公共空间中，而且占有人接触财物的时空障碍较大，即人与物的空间距离比较远，或者需要耗费较长的时间才能接触到财物。例如，将汽车停在马路上出国数日。第三，处于中间状态的是，虽然存在较大的时空障碍，但是财物被放置在一个相对封闭的、占有人具有排他性支配根据的物理空间之内，该空间对其他人的进入存在重要的法律障碍。例如，放在自家车库里的汽车，放在自己房间里的电视，放在自家信箱里的报纸等等。上述三种情形，特别是后两种情形，均需要从社会一般观念出发，在戴上"规范眼镜"之后，才能得出财物的事实控制力（强弱程度不一）仍被视作存续的结论。

有的学者认为，在后两种情形下，不存在事实的控制力，因而只能根据一般的社会观念认可对财物的占有。[1] 但是，这种以社会观念之名直接决定占有存否的观点，显然那会导致占有判断的失控和恣意化。实际上，社会一般观念在这里只是一个观察工具，仅仅是提供一个带有规范色彩的"眼镜"的作用，透过这一规范视角，人们观察到的对象是事实控制力，而不是一个学理上的占有概念。占有是否建立和维持的结论，是在首先判断事实控制力的有无的基础上才可能得出。另外，上述观点对事实控制力做了过于狭窄的解释。这里不妨通过一点想象来类比：放在自家车库里的汽车或房间里的手表，与放在自己衣兜里的钱包（或者钱包里的现金）相比，其实它们在处于事实控制之下这一点上是一样的，区别仅仅在于控制力的强弱不同而已。在这些场合，占有人都没有直接地把握或接触财物，但是自家的车库、房间与自己的衣兜一样，都是一个在规范上具有排他性支配依据的物理空间，差异仅仅是空间的大小、形状以及接触到财物所耗费的时间长度而已。这些差异只能证明事实控制力的大小强弱之别，但是不能证明事实控制力的有无。因此，正如对放在自己衣兜里的钱包具有无可争议的事实控制力，从社会一般观念出发应当承认，即使不在身边，人们对放置在自己家车库里的汽车以及房间里的手表，同样具有事实控制力。

对于上述第一种程度最强的控制形式（财物可随时触及）和第三种程度较弱的控制形式（财物难以随时触及但处在封闭空间内）来说，时间因素几乎对事实控制力的存否不产生影响。与之相反，在第二种程度最弱的事实控制关系（财物难以随时触及但处在公共空间里）

---

[1] "对占有的认定均与所谓的事实上的支配这一要素无关，真正起作用的乃是日常生活习惯或者一般的社会观念。"参见 黑静洁：《论死者的占有》，《时代法学》2012年第2期。

中,事实控制力可能会随着时间流逝而消失。

例如,车主将自行车停放在自己家的院子里出国(第三种控制形式),即使院门未锁且离开5年之久,车子已经生锈,从社会一般观念出发,也不会认为车主已经丧失对该自行车的事实控制力。相反,如果是将自行车停放在马路边或校园内的某个角落后出国(第二种控制形式),短时间内不会影响社会一般观念对控制力的认定(如前述所举的甲放自行车于路边后离开去小卖店买东西的例子),但是如果经过了5年之久,通常就会认为这辆锈迹斑斑的自行车已经与车主之间失去了控制关系。概言之,当财物处在一个多数人可任意出入的公共空间时,随着时间推移,原占有人对财物的事实控制力将逐渐削弱,直至最终消失。因此,遗落在马路、公车、地铁、超市或大型商场中的财物,经过了一段时间之后,考虑到事实控制力已经不复存在,就不能再认定为归顾客占有。此时,其他人将财物取走,只能考虑侵占罪而不能成立盗窃罪。

至于说究竟需要多长时间,才能认定事实控制力已经不复存在,仍然需要在具体个案中结合财物的特点,透过社会一般观念的规范视角加以判断。例如,同样是放在马路边,一辆没有上锁的自行车需要停放很长时间才可能被认定为控制力已经消失,在此之前,骑走自行车的人构成盗窃罪。相反,如果放在马路边一块手表,几分钟不到,就会被认为是一件失控的财物,取走的人至多被认定为侵占罪而非盗窃罪。这里乍看起来是财物的价值或体积影响了消磨占有的时间长短,但实际上,一款名贵的手表并不比自行车便宜,而开走一辆没锁的自行车也不比取走一块手表更费力。关键的问题还是在于一般人的社会观念。同样是处在公共空间,社会观念上通常会认为,没有人会将手表故意放置在大街上然后过一段时间再回来取,一块放在地上的手表显然是处于一种非正常使用因而也失去控制的状态。相反,人们一般不会认为停放在大街上的自行车是被无意中遗落的,而是会认为车主还会再回来骑走,虽然没有在行驶中,但停在路边的自行车仍然是处在一种日常观念中的使用状态,也就是说,仍然处在车主控制之下。除非经过很长的时间,该自行车从未被移动以至于外表已经破旧生锈成为一辆"僵尸自行车"时,人们才会认为,这辆自行车与车主之间的"控制之线"已经切断,就此成为一件失控的、无人占有之物。由此可见,一件处在公共空间而又远离原占有人的财物,是否以及需要多久失去附着其上的事实控制力,需要透过社会一般观念的"眼镜"加以具体地判断。这就是本文所说的占有之规范性的第一重含义:用来判断事实控制力是否存在的规范性视角。

2. 以法或道德秩序为内容的"规范性基准":用于评价事实控制关系的重要性

一般来说,刑法上的占有的成立并不特别依赖于对财物控制的正当性。[1]或者说,刑法上的占有不限于"有权"或"符合美德"的占有,同样也包括"无权"和"缺德"的占有。否则,窃贼就永远不可能"占有"财物,而"取得"的概念也无法依靠窃贼"建立新的占有"来加以理解了。没有争议的是,即使缺乏正当性,窃贼无疑也可以成为财物的占有者。相反,先前有正当理由占有财物者在财物被窃取后,则失去了占有,只能依赖刑法或民法上的正当防卫或

---

[1] NK-Kindhaeuser, 2013, §242, Rn. 32.

自救行为等正当化根据,才能重新取回财物;而正当化行为的实现,往往就意味着要打破窃贼对于财物已经建立起来的占有。就此而言,是否对财物拥有所有权这种法律—规范上的评价,对于判断占有的成立,似乎并不是重要的因素。

但是,另一方面,从在理论和实践中得到普遍承认的案件结论来看,在涉及多个主体就占有归属出现竞争时,谁是占有人的判断结论,又不能完全脱离法律秩序或道德习俗的规范性标准。例如,在酒店住宿的客人,即使坐在酒店房间的椅子上或者睡在床上,人们也不会承认客人对椅子和床的占有;相反,公认的占有人只能是摆设这些家具的酒店经营者。再如,车站的搬运工帮助旅客搬运,将旅客的行李扛在自己肩头,尽管他对行李事实控制力比旅客更强大,但是人们仍然会认为行李归旅客占有。又如,学生甲带着书包进入到教室,将书包放在座位上然后离开教室去洗手间,此时,邻座的学生乙即使对该书包有控制意,客观上也有更加贴近书包的空间距离,但是结论上仍然会认为该书包仍然归学生甲占有。毫无疑问,在上述这些场合,多个主体具备了对财物的事实控制力,但是在最终认定谁是占有人时,法律或道德习俗等规范秩序的评价,起到了重要作用。在认定占有的归属时,我们经常会观察到这样的结论:虽然一些主体对财物有着更近的空间距离,触及财物所耗费的时间更短,也就是对财物有着更强大的事实控制力,但是理论和实践中也往往不会承认这些主体对财物的占有。在人们得出这些结论的过程中,往往会用一种规范性的标准来评价事实控制关系的重要性,而这种规范性因素的内容主要来自于法律或道德秩序。这就是本文所说的占有之规范性的第二重含义:用来评价事实控制关系之重要性的规范性基准。

四、事实与规范的协作:占有判断的一般性规则与具体问题

上文根据各种判例结论和理论共识,归纳出占有具有事实与规范的二重性。事实性是指事实层面的控制力。规范性有两种含义。其一是指在判断事实控制力的有无时,作为观察工具的、以社会一般观念为内容的规范视角。这里的社会一般观念,主要是判断事实控制力是否存在时的一个日常性、一般人的视角,是作为观察工具服务于确立事实控制力的目的。第二种规范因素,是指在已经确认存在事实控制力的情况下,在规范层面对这种事实控制力的认同度。例如,尽管从社会一般观念来看,出门的窃贼对放在家里的赃物仍有事实上的控制力,但是,对这种控制力的规范认同度,则几乎为零。

不过,提出占有的事实性与规范性,这只是对绝大多数事例进行分析提炼的结果,是对那些成立占有达成共识、各方均认为妥当的场合,进行一个事后的解释和说明而已。然而,对于占有的有无和归属的判断,仅仅有对已达成共识的事例的合理解释还是不够的,仍然需要一个面向新情况的、逻辑一致、稳定可靠而非仅仅依赖感觉妥当性的解释规则。换言之,这里亟需的是一个面向司法者的实务工作行之有效的、一般性的判断规则,而非仅仅是一个面向学习者进行解说介绍性质的、本体论式的概念解析。不过,一般性规则的提炼和设计,是从实然的经验层面凭借想象力跃向应然的理论层面,这种工作带有很大的风险,也不具有客观唯一性。本文接下来针对占有的有无和归属分别提出的两条规则,基本上能够合理有

效地解释以往出现的绝大多数关于占有有无和占有归属的案例,也有信心去针对未知的案件提供帮助,但是,它们仍然只是可能的解决方案之一。

(一)在判断单个主体的占有的有无时,常常需要透过社会一般观念的规范视角来确认是否存在事实控制力。事实控制力为零时不成立占有。至于在规范秩序上对控制力的认同度高低,并不影响占有的成立

以往的研究大多认为,刑法上的占有比民法上的占有更加注重事实控制的因素。[1]但是,究竟是怎样的更加注重,以及重视到什么程度,通常表述得较为含混。本文明确主张,在事实控制力为零时,不可能成立占有。这一条规则适用于占有主体清楚无疑时,确立一个静态的占有是否存在。只要事实控制力足够强大,即使规范因素为零,也能成立占有。相反,如果事实因素为零,那么即使规范因素再强大,也难以成立占有。简言之,规范因素不能独立于事实因素,而仅仅是对事实因素的承认。占有概念中规范因素的作用,归根结底是在补强和支持在事实层面上人对财物的支配和控制关系,如果事实上的支配关系为零的时候,规范关系再强,也无法独立支撑起一个占有的成立。[2]因此,占有是一个以事实控制力为必要条件和成立基础的概念。

如何判断事实控制力的有无?主要是通过时空条件来确认。第一,只有在物理空间距离上不断地靠近甚至接触财物,才可能从无到有地建立起事实控制力(进而建立起占有)。第二,财物处在人的身体周边,人对财物在物理空间上有现实、直接的控制力,此时,时间的流逝对事实控制力的存在(以及占有的维持)没有影响。第三,财物没有处在人的身体周边,但是处于一个在规范上具有排他性支配依据的物理空间范围之内(必须是物理空间!),这仍属于一种(减弱的)事实控制形式,此时,时间的流逝对事实控制力(以及占有的维持)也没有影响。第四,财物既没有处在身体周边也没有处在排他性空间之内,而是处在一个公共空间之内,此时,随着时间流逝,事实上的控制力将逐渐削弱直至最终丧失(占有也最终消失)。最后,判断上述时空条件时,常常需要借助社会一般观念。这种日常视角的观察,属于判断事实控制力有无的内部问题。

根据本文观点,对下述占有领域中的一系列争议问题的回答如下:

1. 关于保管物为金钱的问题

一般而言,将财物委托他人保管,原所有人仍然在规范层面上保留对特定物的所有权,但是在事实层面上已经丧失了对物的控制力(保管人建立新的占有同时也从反面解除了旧的占有)。在事实因素为零时,无论规范上如何补强也不起作用。此时,原占有状态消失,保管人也不可能再去"打破"原先的占有构成盗窃罪,而只可能就处在自己新的占有状态下的

---

[1] 例如,"占有为民法上的制度,持有(即刑法上的占有)为刑法上的概念,二者均指对物有事实上之管领力,但持有更着重对物的实力支配"。王泽鉴:《民法物权》,北京大学出版社2010年版,第422页。再如,"与民法上的占有观念相比,刑法上财产犯中的占有在对物具有更加现实的控制、支配的一点上具有特色"。黎宏:《论财产犯中的占有》,《中国法学》2009年第1期。

[2] 车浩:《盗窃罪中的被害人同意》,《法学研究》2012年第2期。

财物构成侵占罪。但是,当代管物为金钱时应如何处理?

按照民法理论普遍承认的"金钱的占有即所有"的命题,当现金的占有转移给保管人时,所有权也随之转移,这样一来,该笔现金就会因为不属于他人所有之物而不能成为侵占罪的对象。为了避免这种惩罚漏洞的出现,日本刑法理论提出,根据金钱是否被限定用途而作出区分:其一,在消费寄托的场合,金钱的所有权转移至保管人,保管人的处分行为不成立侵占委托物罪;其二,在受委托保管的现金被限定用途的场合,所有权与占有相分离,占有归受托人,但所有权仍属于委托人。[1] 这种限定用途,包括委托购物、代为收缴欠款、帮助贩卖而得到的货款等等。当受托人随意使用该限定用途的现金时,就构成侵占他人之物而成立侵占罪。[2] 不过,考虑到强调"寄托的金钱的特定性,并没有实际意义"[3],因而日本学者提出"金额所有权"的概念,"刑法肯定的并不是作为特定物的金钱的所有权,而是作为不特定物的金额所有权"。[4] 按照这种通说观点,"只要持有等额的金钱,即便暂时挪用了所寄托的金钱,也不会发生对'金额所有权'的侵害,因而不成立侵占委托物罪"。[5] 这就是日本学界在处理委托保管物为金钱时的思考逻辑。

那么,以存款形式保管金钱时又该如何认定?以日本热烈讨论的"村长案"为例,村长将自己所保管的村集体所有的现金以自己的名义存入银行,后来村长将存款取出用于自身的消费。判决认为构成侵占罪。日本刑法学界认为,该判例肯定了基于存款对现金的占有。山口厚教授提出,如果否定存款人基于存款的占有(笔者注:而认定存款归银行占有的话),那么在不取现而是转账的场合,由于存款人并未实际经手现金,就不能成立侵占委托物罪(笔者注:因为不符合侵占罪对象为他人之"物"的要求),而仅可能成立背信罪,但这样会有失均衡。[6](笔者注:因背信罪法定刑相对较低)综上可见,保管物为金钱的案件给刑法理论提出了挑战,日本学者想出的解决方案是:发明了"金额所有权"的概念,由此回答现金所有权归属的问题;发明了"基于存款的占有"的说法,由此回答以存款形式保管的金钱通过转账侵吞时如何认定的难题。

但是,笔者不赞成这种解决方案,不仅是由于"金额所有权"的概念走得太远了,以至于完全摆脱了以"物"为中心的所有权的概念,会与民法的理解发生过于严重的抵牾,而且"基于存款的占有"的说法将占有概念推向了纯粹规范化的歧途,对此后文将详细展开批评。按

---

[1] 日本学者提出的理由是:民法强调金钱的占有与所有权合一是为了保护金钱流通的动态安全,而刑法上允许分离则是考虑到通过侵占罪保护内部的静态的权利。参见[日]西田典之:《日本刑法各论》,中国人民大学出版社2007年版,第179页;[日]山口厚:《刑法各论》,王昭武译,中国人民大学出版社2011年版,第352页。

[2] 这是日本刑法学界理论和判例上的通说。参见[日]西田典之:《日本刑法各论》,中国人民大学出版社2007年版,第179页;[日]佐伯仁志、道垣内弘人:《刑法与民法的对话》,于改之、张小宁译,北京大学出版社2012年版,第4页。

[3] [日]山口厚:《刑法各论》,王昭武译,中国人民大学出版社2011年版,第352页。

[4] [日]西田典之:《日本刑法各论》,中国人民大学出版社2007年版,第179页。

[5] [日]山口厚:《刑法各论》,王昭武译,中国人民大学出版社2011年版,第352页。

[6] [日]山口厚:《刑法各论》,王昭武译,中国人民大学出版社2011年版,第344页。

照本文的观点,现金一旦进入银行成为存款,存款人就不再有事实控制力,存款只能归银行占有。因此,将现金存入银行的保管人,无论是取现还是转账,都不应当按照"储户基于存款占有现金"的理由来认定侵占罪。当然,笔者也赞成此类行为具有可罚性。那么,又该用什么样的解决方案才能避免惩罚漏洞呢?

在我国刑法没有背信罪,也暂时未对侵占罪进行立法修改的情况下,笔者提出如下的解决方案:(1) 将委托保管的"那一笔"现金理解为特定物(具有某些特征如序列号等等),该特定物的所有权不发生转移,因此在委托人要求返还时,只要受托人不能返还特定的"那一笔"现金,那么在构成要件该当性的检验阶段,就已经符合侵占罪的特征。(2) 当受托人向委托人交还等额的金钱(现金或转账都可以)时,在违法性阶层的检验,可以根据"假定的被害人同意",排除受托人的违法性。所谓假定的被害人同意,不同于现实的被害人同意或者推定的被害人同意,是指尽管被害人做出同意决定当时,行为人并没有履行完整陈述的义务,但是假设行为人事先做了如实的说明,被害人也会作出同意。[1] 换言之,行为人在说明义务上的瑕疵,对于被害人而言并不重要,也不会影响到被害人事先的决策,由此具有正当化的功能。按本文观点,代为保管之时并不是"消费寄托"而是被视作特定物的那一笔金钱,却被行为人当作"消费寄托"的种类物擅自消费了,这本来已经符合了侵占罪的构成要件。虽然这种行为事先没有征得被害人同意,但是考虑到即使事先向被害人说明了,被害人对于等额返还的做法也会同意,因此,这就可以视作一种"假定的被害人同意"。此外,在违法性阶段,也可以考虑委托保管合同作为正当化事由[2],排除受托人的违法性。(3) 当受托人既不能返还特定的"那一笔"现金,又不交还等额的金钱时,应当认定其具备侵占罪的不法。

本文提出的将焦点放置在违法性阶层解决的方案,其优点在于简洁清楚,能够一以贯之地合理理解释针对保管物为金钱的各种情形。而且,充分利用了我国《刑法》第270条规定的"拒不退还"的明文规定。按此观点,受托人是否把委托保管的现金存入银行,或者是否从银行划拨转账,或者究竟是从银行取款来返还,还是从身边的现金里取款来还钱,这些都不是重要的和有意义的问题。认定侵占罪的关键在于受托人是否返还等额的现金。这样一来,就解决了因金钱所有权随占有转移而难以认定"他人之物"的侵占罪对象的难题,又远离了现金存入银行后的关于存款占有归属的那些不必要的争论,也无需再制造出"金额所有权""基于存款对现金的占有"或"占有债权"这样的虽然能解一时之困但却后患无穷(下文再展开)的概念。只要受托人返还等额金钱(现金或转账都可以),就不成立侵占罪;不返还者,则构成侵占罪。这既与一般人朴素的法感情相契合,也使得理论保持了最大程度的简洁化和一致性。

---

[1] 不过德国学界一般是把这一理论用于医疗刑法和伤害罪的场合,来讨论医生的刑事责任。参见 Schoenke/Schroeder/Eser, Strafgesetzbuch, 2014, §223, Rn. 40g; MK-Joecks, 2012, §223, Rn. 106;以及[德]施特拉腾维特、库伦:《刑法总论》,杨萌译,法律出版社2006年版,第152页。

[2] 关于民事合同作为一种出罪事由的可能性,参见 MK-Schmitz, 2012, §242 Rn. 101. 另外,笔者认为,即使没有明确规定,一般也应根据民事交易习惯,视作委托人默认接受等额返还的金钱,除非有证据证明双方有相反的约定。

2. 关于遗忘物的占有问题

《刑法》第 270 条第 2 款规定的"遗忘物",在文字用语上与《物权法》第 109—114 条规定的"遗失物"存在差异。由此,引起了刑法理论上关于遗忘物与遗失物是否应当区分的争论。[1]

本文赞成区分遗失物与遗忘物。根据日常用语的可能文义来理解,遗忘物通常是指忘记把财物从离开地点带走,而遗失物一般则是指忘记了财物所处的地点。这两种"忘记"不仅仅是形式上的不同,而是意味着,原占有人对财物的事实控制力存在重大差异。[2] 在遗忘物的场合,原物主忘记的内容仅仅是没有将财物随身带走,但是正如本文所述,随身携带并不是维持占有的必要条件,原物主因忘记带走财物而导致与财物的空间距离越来越远这一点,并不会直接导致占有的脱离。只有在财物处于公共空间(例如马路、商场、地铁、公交车)而又经过时间的消磨之后,原物主才会逐渐丧失对该遗忘物的占有,此时,该遗忘物已经变为彻底失去控制力的遗失物。在此之前,取走该遗忘物的,客观上属于打破他人的占有,应构成盗窃罪。但是,根据《刑法》第 270 条第 2 款的规定,此种情形按侵占罪论处。对此应当如何理解?

依笔者之见,《刑法》第 270 条第 2 款规定的"将他人的遗忘物或者埋藏物非法占为己有,数额较大,拒不交出的,依照前款的规定处罚"属于法律拟制。换言之,若没有该款规定,则将他人的遗忘物或者埋藏物非法占为己有的,本应按盗窃罪论处。按照本文观点,该款中的"埋藏物"与"遗忘物"一样,都属于没有脱离占有的财物。[3] 因为在汉语语境中,没有人会把无意中遗落在地上并最终被泥沙埋没的东西称作"埋藏物";"埋藏物"应当是指被人因某种原因而故意埋藏于某处的财物;也不会有人认为故意埋藏财物就是为了要忘记财物埋藏于何处。因此,对于埋藏物而言,它完全符合本文界定占有时所说的故意被放置于某个物理空间之内的财物,埋藏人对于埋藏物的事实控制力客观存在,也能够得到社会一般观念认同。所以,埋藏物属于处在埋藏人占有之下的财物,尽管这种占有可能很弱。因此,对于这种本来没有脱离占有的遗忘物和埋藏物非法占为己有的,本均应构成盗窃罪。但是,在刑事政策上应当考虑到,从生活经验来看,行为人通常未必会认识到这在客观上是仍然处于他人占有之下的财物,而是会当作无人占有之物而占为己有。对于这种以主观上的侵占故意而

---

[1] 主张区分两者的,参见 周道鸾、张军主编:《刑法罪名精释(下)》,人民法院出版社 2013 年版,第 657 页。主张不区分两者的,参见 陈兴良、周光权:《刑法学的现代展开》,中国人民大学出版社 2006 年版,第 662 页。还有的观点主张区分"侵占遗忘物与盗窃遗忘物",参见 王作富:《刑法分则实务研究》(中),中国方正出版社 2006 年版,第 999 页。

[2] 因而不能简单地将此批评为根据原物主的记忆力好坏来甄别定罪。并且,如后所述,两者实际上最终都是定侵占罪,并不会影响定罪结论,只是法律适用依据不同而已。

[3] 与本文观点相反,有的学者认为,第 270 条第 2 款属于侵占"脱离占有物",参见 张明楷:《刑法学》,法律出版社 2011 年版,第 903 页。

客观上实现了盗窃罪构成要件的行为[1],一般也会依错误理论按照处罚较轻的侵占罪论处。因此,以法律拟制的方式,对于此类行为统一性地规定在第270条第2款中按照侵占罪论处,就是一种合理且效果良好的立法技术的展现。

不同于"遗忘物"是指忘记被带走的财物,"遗失物"则是指忘记了处于何地的财物。没有人能够在事实上控制一个根本不知处于何地的财物,因此,在这种情形下,原占有人已经在丧失了对财物的事实控制力,当事实因素为零时,占有亦随之消失。将这种无人占有的财物据为己有而拒不退还的,应当按照第270条第1款处理。[2] 这涉及如何理解第1款中"代为保管的他人财物"的含义。依笔者之见,不宜将"代为保管"缺乏根据地限制解释为受他人委托而归行为人占有的状态,而应当将其解释为对财物的法律性质的界定,即该财物对于行为人而言,只能是属于一种"代为保管"的状态而不能对其僭居所有人地位。无论是受委托存管的财物,还是无因管理的财物,也无论是死者的遗留物,还是他人的遗失物,就其在法律性质上对行为人而言只能属于"代为保管"而不能僭居所有人这一点而言,都是相同的。这样一来,侵占罪的对象既包括自己实际占有的财物,也包括无人占有的财物(遗失物和死者遗留物)。[3] 如果行为人对这些代为保管的财物以所有人僭居(非法据为己有),则构成侵占罪。

3. 关于死者的占有问题

有的观点认为,死者的财产在其死后就已经转移至其继承人占有,因此取走死者财物的行为,实际上是侵犯了继承人对死者财物的占有。[4] 但是,作为生物体的人死亡之后,对任何财物都不可能再享有事实上的控制力和支配力,由于事实因素为零,占有已经不复存在。按照上文已经论述的观点,死者遗留的财物属于第270条第1款中的"代为保管的财物",将死者遗留物非法据为己有的,依第270条第1款构成侵占罪。因此,在杀人取财的场合,只有在实施暴力当时就具有非法占有目的,且杀人后随即取走财物的,才能认定为是以暴力方

---

[1] 梁丽案就是一个典型的以侵占故意实施盗窃行为的例子。根据深圳市公安局起诉意见书(深公预诉字[2009]076),金龙珠宝公司的员工王某在深圳机场B号候机楼二楼19号值机口办理登记和托运手续时,安检人员以黄金属于贵重物品为由拒绝托运,王某遂跑到距离19号值机口22米远的10号值机主任处咨询。当时,装有金饰小纸箱的手推车仍放在19号值机台前黄线处。梁丽手推清洁车经过,将小纸箱搬到了自己的清洁车上,后与同事将箱内黄金私分。从案情看,该纸箱显然当时仍属于王某占有之下的财物,因此,梁丽最后被认定为侵占罪,较为合理的解释是由于构成要件事实错误,即以侵占的故意犯了盗窃之罪(当然前提是梁丽主观上认为是遗失物,这一点被查证属实),遂排除盗窃罪而按侵占罪处理。http://www.dahe.cn/xwzx/sz/t20091019_1673570.htm,最后访问时间2014年6月8日。

[2] 如果是有健忘症的车主A将汽车停在路边,数日后彻底忘记了汽车停在哪里,B将该汽车取走,应如何处理?按照前文观点,社会一般观念上不会轻易承认汽车属于失去占有的"遗失物",B的主观故意系盗窃应属无疑,但是该汽车客观上确实属于A已经失去控制力和占有的财物,因此,与梁丽案相反,B是以盗窃的故意犯了侵占之罪。

[3] 将死者之物解释到第270条第1款中,可能会比将其解释为第270条第2款的"遗忘物"或"埋藏物"更合理靠谱一些。

[4] 褚剑鸿:《刑法分则释论(下)》,商务印书馆1998年版,第1086页;黑静洁:《论死者的占有》,《时代法学》2012年第2期。

式打破他人占有关系的抢劫罪。相反,如果是杀人后才临时起意取财的,或者是杀人当时虽有非法占有目的,但杀人后又离开一段时间之后又回来取财的,由于死者已经不可能在事实上控制财物,原占有已经消失,不存在"打破占有"的问题,因此对行为人应认定为杀人罪与侵占罪的并罚。[1]

此外,死者的财物是处在公共空间还是自己的房间、车库等排他性支配的空间,也是重要的考虑因素。(1)如果死者死于任何人均无支配根据的空间之内(如死在荒郊野外或者大街小巷等公共空间),其随身财物的占有随即消失,取财者构成侵占罪。(2)如果死者死于自己没有支配根据但是其他人有支配根据的空间之内(如死在医院里),则其对财物的占有随即转移给医院管理者,取财者构成盗窃罪(打破医院的占有,侵犯了死者继承人的所有权)。(3)如果死者死于自己具有唯一的排他性支配根据的空间之内(如独居者死于家中),则其财物(无论是否处在该空间内)的占有随即消失,取财者构成侵占罪。(4)如果死者死于除了自己之外其他人(如其配偶)也享有支配根据的空间之内(如同居的房间内),则处在该空间内的财物的原占有状态(如果是共同占有)并没有消失,或者原占有状态(如果是单独占有)随即转移给其家庭成员,取财者均构成盗窃罪。

4. 关于存款的占有问题

有的学者认为,储户能够在实质上控制和支配存款,因而存款归储户占有。"存款的占有属于存款的名义人……就储户与在其账户之内现金的关系来看,一般来说,只要储户愿意,其随时都可以通过在银行的柜台或者通过自动柜员机,取出其账上存款额度之内的现金。特别是在通过自动柜员机取款的场合,银行方面几乎没有任何实质性的审查。这就意味着,储户对于其账户内的现金是具有实质上的支配和控制的。对储户而言,此时的银行不过是一个保险箱或者一种占有财物的手段而已,尽管在形式上看,银行在占有财物,但实际上,在储户的银行账户的范围之内,储户对其财物具有支配、控制权。"[2]

但是,这个观点存在疑问。实际上,即使"在储户的银行账户的范围之内",存放在银行或 ATM 机中的现金也是归银行而非储户占有和控制。首先,储户凭借银行卡可以便利地从银行处提取存款这一事实,仅仅说明了银行与储户之间存在债权债务关系。金钱一旦进入银行,存款人对这笔现金就在事实层面完全失去了控制和支配力,不仅如此,由于现金的占有转移也带动所有权的转移,因此,在将现金向银行交付之后,这笔现金的所有权也由存款人处转移到银行。取而代之的是存款人立即产生了对于银行的与现金等额的债权。但是

---

[1] 也有观点认为,在行为人几乎杀害被害人的同时就产生了取财意思的,也可以肯定盗窃罪的成立。周光权教授认为这是基于"死者的生前占有有限延续"的理由。参见 周光权:《刑法各论》,中国人民大学出版社 2011 年版,第 118 页。类似的观点参见 [日]大塚仁:《刑法概说(各论)》,冯军译,中国人民大学出版社 2003 年版,第 216 页。"被害人生前的占有,在和使被害人死亡的犯人的关系上,只要和被害人的死亡之间在时间、场所上接近,并且值得刑法保护,那么,对犯人利用被害人之死而夺取其财物的一连串行为就要进行整体评价,认为该夺取行为构成盗窃罪。"

[2] 黎宏:《论存款的占有》,《人民检察》2008 年第 15 期;黎宏:《论财产犯中的占有》,《中国法学》2009 年第 1 期。

债权债务关系建立之后,存款人却不能根据该债权,而向银行主张,要提取当时存在的特定的那一笔现金(比如特定连码的现金)。

其次,即使不着眼于存入的那一笔特定的现金,而是在存款范围之内提取相应款额的现金,是否就能够对存款主张占有?是否像学者描绘的那样,"只要储户愿意,其随时可以提款",因此由于这种随时提款可能性而认定储户占有存款?答案同样是否定的。这种说法给人的感觉似乎是,从ATM处取款完全是储户单方面的任意行为,"银行方面几乎没有任何实质性的审查"。这是令人费解的论述。没有任何储户可以不输对密码,就仅凭自己的意愿而从银行或ATM处提款。难道对输入密码的审核,还不是一种实质性的严格审查吗?在当代社会生活中,密码的设置和检验,几乎是各个领域中最常用也最有效的审查关卡了。这样一种对不知密码者行之有效的阻挡程序,为什么会被认为是无关紧要呢?不错,储户由于掌握了密码,因此可以顺利取款,但是这仅仅意味着储户输入的密码通过了银行和ATM机的检验,双方在债权债务合同的框架之内就特定款额的现金的占有转移达成了合意,因此储户才能取得现金。根据提款可能性高就认定存款归储户占有的观点,无意或有意地淡化了一个关键问题,那就是如果不经过银行方面的严格审查,储户取款的积极性再高,意愿再强烈,也取不出半分钱。

至于说,在ATM上通过密码检验的程序就可以取款比以往大大缩短了取款的程序,这只是说明检验技术的进步,却始终不能改变不经银行审核储户就不可能取款这一事实。在输错密码的情况下,银行完全可以而且必然会拒绝通过柜台或ATM向储户付款,恰恰是在这一点上,说明在储户实际拿到现金之前,存款始终是处在银行实际控制之下,归银行占有。也正是在这一点上,日本学者所谓"理论上之所以肯定存款的占有,其实质根据正在于银行具有作为存款人的保险柜的实质性机能"[1]的比喻完全是错误的,无论是面对自己家的保险柜输入密码取款,还是因为忘记密码而不得已砸坏自己的保险柜,其行为性质在法律上均没有重要意义,不存在克服法律障碍的问题。可是,储户在柜台或ATM机上输入密码,则是一个取得附条件的银行转移现金占有的同意的行为,是在履行与银行之间的合同,至于说,如果一个储户因为忘记密码而砸坏ATM机取款,这个行为的法律意义就更加重大了。

通常情况下,人们对下面的结论不会有太大的争议,即财物被放在一个物理空间之内,而规范上承认某人对该空间有排他性的支配地位时,财物归该人占有。例如,放在自己家车库里的汽车,放在自己房间里的手表,放在自家门前信箱里的信件等等。而在存款的场合,也经常见到"进入或处在储户账户内的现金"这样的说法,这给人的印象是,似乎该笔现金也处在了一个在规范上排他性支配的空间之内,因此与放在车库里的汽车与房间里的手表可以等量齐观。例如,"由于错误汇款而产生的与存款等额的金钱,就与被错误投递的邮件一

---

〔1〕 [日]青木阳介:《关于存款的占有的考察》,《上智法学论集》2012年第55卷第3、4号,第71页。转引自 陈洪兵:《中国语境下存款占有及错误汇款的刑法分析》,《当代法学》2013年第5期。

样,可被视作脱离占有之物。"[1]但是,问题恰恰在于,车库、房间或者信箱这样的空间是现实存在的物理空间,而所谓"账户空间"却是虚拟的存在。的确,储户可以随时向账户内存钱也可以随时从账户内取钱,可以在柜台取钱也可以在 ATM 机上取钱,但是,无论在技术和程序上发生怎样便捷的变化,这个过程中也始终不存在一个现实的物理空间。所谓"账户空间",本质上就是对于储户与银行之间的债权债务合同的履行方式的一个形象比喻而已。基于这种合同关系,储户把现金的占有转移给银行,同时,对于存放在银行处的现金,储户有权向银行要求提现。

综上,账户不是一个物理空间而是虚拟空间,而对于现金所处的物理空间(如 ATM 机内),储户也没有排他性支配的根据,必须克服重要的法律障碍(输对密码符合合同条件)才能取款,因此,储户对存款没有任何事实上的控制力,存款不归储户占有,而是归银行占有。按此观点,对与存款占有相关的几类最常见也富有争议的案件的结论分别是:(1) 在无权使用他人信用卡在 ATM 机取款的场合,行为人因为输对密码而得到银行"预设的同意",没有"打破"银行对现金的占有,因而不构成盗窃罪。[2] (2) 在他人错误汇款或者银行错误记账到储户账户,而储户对此明知并从柜台或者 ATM 机取款的场合,由于存款归银行占有,而储户从自己账户内取款系得到占有人的同意,因此不构成盗窃罪。由于存款并不处在储户占有之下,因此取款当时也不构成侵占罪。至于取出款之后,虽然该笔现金归储户占有,但是根据现金的占有即所有的观点,当银行同意转移现金的占有时,该笔现金的所有权也随之发生转移,不符合侵占对象是他人所有之物的要求,因此也难以构成针对该笔现金的侵占罪。[3] (3) 在 ATM 机出现机器故障而使得储户的账户余额不正常增加,储户对此明知而取款的场合,存款归银行占有,但是储户从 ATM 机取款的行为,却没有得到占有人的同意,因此构成盗窃罪。[4] (4) 在将他人款项存入自己的账户中,而后又通过银行挂失等方式办

---

[1] [日]上嶌一高:《存款的占有》,载 西田典之等编:《刑法的争点》,有斐阁 2007 年版,第 198 页。转引自 李强:《日本刑法中的"存款的占有":现状、借鉴与启示》,《清华法学》2010 年第 4 期。

[2] 是否构成信用卡诈骗罪,还需要在学理上充分阐释信用卡诈骗罪与诈骗罪的关系。这已经超出了本文主题范围,此处不展开讨论。笔者曾经主张,在盗窃罪和信用卡诈骗罪都无法认定的情况下,也可以考虑侵占罪。现在看来,尽管 ATM 机吐出来的现金既脱离银行占有也不属于储户占有,但如果在这里一律坚持"现金的占有即所有"的观点,那么该笔现金就属于占有现金的非法持卡人所有,这就不符合侵占罪是他人所有之物的要求。除非在此处不再坚持"现金的占有即所有"的观点,才有可能得出侵占罪的结论。

[3] 是否构成诈骗罪,取决于取款人是否存在保证人义务。这已经脱离本文主题范围,此处不再讨论。

[4] 银行作为 ATM 机的设置者,对于持卡人从 ATM 处取款存在一个预设的同意,得到该同意应当满足两个条件:一是持卡人必须按照规定插入真卡并输对密码;二是 ATM 本身必须按照规定功能正常地运转。因此,当机器出现技术故障时,银行同意他人取款的条件就已经不可能被满足了,此时行为人对机器操作,超出自己的存款额度而取现,属于未得到占有人同意而转移占有,构成盗窃罪。参见 车浩:《盗窃罪中的被害人同意》,《法学研究》2012 年第 2 期。值得注意的区分是,ATM 发生故障而使得存款数额增加,与银行错误记账而使得存款数额增加是不同的。前一种情形下从 ATM 处取款属于没有得到占有人预设在 ATM 上的关于现金占有转移的同意条件,后者则是满足了同意条件。

领新卡进而取得存款的场合,由于存款归银行占有,取款也得到占有人(银行)同意,因此既不构成盗窃罪也不构成侵占罪。[1]

(二) 在均具备事实控制力的多个主体之间判断占有的归属时,判断基准不在于事实控制力的大小,而在于规范认同度的高低。规范认同度高者为财物占有人,规范认同度相近则为共同占有人。

在现实生活中,财物可能处于被某个主体紧密控制和支配的状态,但是,若同时考虑到这种控制状态在法或道德秩序上的规范性,则实际控制者并不一定就被认为是占有人。特别是,当多个主体对同一财物同时具有不同程度的事实控制力时,究竟谁是财物的占有人,取决于规范秩序层面对不同主体的事实控制关系的认同度的高低。不管事实控制力多弱(但不能为零),只要规范认同度更高,该财物控制人就是财物的占有人。易言之,在判断占有归属时,各个竞争主体均存在事实控制力是基本前提,但事实控制力的大小强弱却并不重要,规范认同度的高低才是决定谁是占有人的标准。在规范认同度相近时,双方为共同占有人。按照本文提出的判断规则,可以对占有归属领域中的一系列争议问题得出清晰明确的结论。

1. 关于封缄物的占有归属问题

理论上讨论的封缄物,通常包括外部的采取一定封缄措施的包装物和包装物之内的内容物。有的观点认为,封缄物的包装物和内容物均归受托人占有。[2] 有的观点认为,包装物和内容物均归委托人占有。[3] 还有的观点认为应当区分,包装物归受托人占有,而内容物仍然归委托人占有。[4]

根据本文观点,包装物归受托人占有,内容物则归委托人占有。对包装物而言,已在事实上从委托人转由受托人控制,委托人对于包装物已经失去了事实控制力,事实因素为零因此不可能是占有人。但是,采取封缄措施的包装物对于内容物而言,却具有特殊的意义。包装物属于一个相对封闭的、委托人具有排他性支配根据的物理空间,而内容物正好处在这个物理空间之内。按照上文已经陈述过的观点,对物理空间有支配根据之人享有对空间之内

---

[1] 是否构成诈骗罪,与这里的占有问题无关,但是值得进一步研究。一方面,行为人在挂失领取新卡时的确向银行隐瞒了账户内存款实际上是为他人代存的事实。另一方面,作为储户,行为人拥有对银行的合法债权,银行提供挂失服务时,客观上审查的条件就是挂失者是否系储户本人而已。因此,这里是否存在诈骗罪意义上的欺诈行为,还有很大的争议空间。

[2] 我国学者刘明祥、王玉珏主张这种观点。参见 刘明祥:《论刑法中的占有》,《法商研究》2000年第3期;王玉珏:《刑法中的财产性质及财产控制关系研究》,法律出版社2009年版,第199页。

[3] 日本学者大塚仁、山口厚主张这种观点。参见 [日]大塚仁:《刑法概说(各论)》,冯军译,中国人民大学出版社2003年版,第218页;[日]山口厚:《刑法各论》,王昭武译,中国人民大学出版社2011年版,第210页。

[4] 张明楷:《刑法学》,法律出版社2011年版,第876页。

财物的事实控制力。因此,委托人对于内容物仍然具有事实控制力。[1] 至于受托人,一方面必须要承认,他对于包装物之中的内容物也有某种程度的事实控制力(封缄措施的松紧程度不是问题的关键),甚至比委托人的事实控制力更为强大,但是另一方面,按照本文观点,当两个主体均存在事实控制力,控制力的强弱就不再重要,关键是要比较对事实控制力的规范认同度的高低。受托人对内容物的现实控制,只有透过包装物才能最终达到(只有破除包装物才能接触到内容物),而这个外包装,不仅仅是一种物理阻碍,而是作为一种重要的法律障碍,表明了规范上对于其事实控制力进一步变强的不认同。因此,委托人的事实控制力的规范认同度显然要高于受托人。由此得出的结论是,内容物归委托人占有,受托人破除外包装取走内容物的,属于打破他人的占有,构成盗窃罪。这一点能够得到立法上的支持,《刑法》第253条规定,"邮政工作人员私自开拆或者隐匿、毁弃邮件、电报的,处二年以下有期徒刑或者拘役。犯前款罪而窃取财物的,依照本法第264条的规定定罪从重处罚"。邮政工作人员属于实际控制邮件的受托人,其开拆邮件而窃取财物,就是一种破除外包装物而取得内容物的行为。刑法将这种行为规定为盗窃(第264条),显然是以承认委托人(寄信人)的占有而否认受托人(邮政工作人员)的占有为前提的。这与本文的观点是一致的。

2. 关于占有辅助人的问题

就事实层面的控制力而言,一个人手提或者肩背的财物,显然处于这个人紧密的控制支配之下。但是,当下属与上司同行并帮助上司提着皮包时,尽管下属对皮包的控制力更强大,上司对皮包的控制力相对较弱,但是在规范秩序上,显然要更加认可上司基于所有权对皮包的控制关系,而下属只是帮助其实现控制的辅助者。因此,皮包的占有人仍然是上司而非下属。如果下属趁上司不注意或者暂时离开时,将皮包带走或者从包里面取走财物的,客观上就是打破他人占有的行为。同样的例子,还包括在车站内帮助乘客搬运行李的工人,以及协助店主看管店铺的店员等等。在这些场合,由于上下、雇佣或者主从关系的存在,虽然下位者与上位者都对财物拥有不同程度的控制力,甚至下位者的事实控制力更强,但是由于为上位者的控制力提供规范依据是财产所有权,而为下位者的控制力提供依据的主要是帮助所有人实现对财物控制的工作职责,在规范层面的认同度上,前者显然比后者更高,因此,占有通常情况下都属于上位者,而下位者只起到对上位者占有财物的辅助作用,并不是财物的占有人。[2]

经常被讨论的出租车内财物的占有归属问题也是如此。按照本文观点,当乘客乘坐出

---

[1] 这里需要一点想象和类比。包装物与房间、车库、信箱等一样,均属于具有排他性支配根据的物理空间。放在此类空间内的财物,属于对该空间有支配根据之人占有。或许会有疑问,房间、车库等是不动产,能否作此类比?其实,空间能否移动,这只是一种外部的表现形式。诸如房车、渔船等,皆属于可移动的物理空间,车主和船夫对车内或船内的财物当然有事实控制力。在这个意义上,包装物不过就是一个缩小版的房车和渔船而已,或者就像委托人用双臂围起来的空间一样,封缄于其中的内容物,始终处在委托人的事实控制之中(控制力可能很微弱)。

[2] 在结论上与本文相同的,参见 刘明祥:《论刑法中的占有》,《法商研究》2000年第3期;周光权:《侵占罪疑难问题研究》,《法学研究》2002年第3期。

租车时,出租车内部空间对司机而言属于一种规范上具有排他性支配的物理空间,因此司机对乘客放在车内或后备箱中的行李也有事实上的控制力,但是乘客对行李的事实控制力在规范秩序层面得以认同的依据是所有权,在规范认同度上要远高于司机根据车内空间的管控权而获得的乘客财物的控制力,因此,在两者都具有某种控制力的情况下,财物的占有归属于乘客,司机至多是辅助占有人,其乘乘客不备而取得财物的,构成盗窃罪。但是,当乘客将行李遗落在出租车内后,乘客在事实上已经完全失去了事实控制力因而不能成立占有,此时,财物转而归属于司机占有,司机将之侵吞的,构成侵占罪。进一步而言,若其他乘客上车后发现前乘客遗落的财物,此时,后乘客与司机对财物都有事实上的控制力,甚至后乘客的控制力可能更强(例如财物遗落在后乘客所坐的后排座位上),但是,由于司机对前乘客遗落财物的控制,在规范秩序上至少会被认为是一种暂时代为保管的肯定评价,而后乘客控制前乘客的财物,在规范秩序上却几乎不会得到任何认同,因此,司机控制的规范认同度比后乘客更高,所以财物归司机占有,后乘客取走财物的,属于以一种打破司机对财物的占有的方式侵犯了前乘客的财物所有权,构成盗窃罪。

值得讨论的问题是,如果上位者赋予了下位者很高程度的看管财物的权限时,应当如何认定占有归属?有的观点认为,这要视上位者与下位者之间的信赖关系的程度而定,若下位者被授予一定程度的处分权限时,就应承认下位者的占有,其侵吞财物的行为不构成盗窃罪而构成侵占罪。[1]应当说,这种见解有正确的成分,但是也有含糊其辞的地方,难以为此类案件提供清晰明确的处理标准。

首先有疑问的是,所谓一定程度的信赖关系和处分权限,到底是要达到何种程度?例如,下属帮助上司提包,搬运工帮助乘客搬运行李,店员协助店主看管店铺,都不可能说是一点信赖关系和处分权限也没有。相反,如果说信赖关系和处分权限需要达到代为保管的程度,那也根本不需要任何讨论,因为成立侵占罪是理所当然的结论。其次,这种看法还忽略了一个重要问题,那就是店主本人对店铺的占有情况。即使店主高度信赖店员并允许其独立看管店铺,也不能由此得出店员独立占有店内财物并可能成立侵占罪的结论。因为上位者信赖下位者并赋予其一定的处分权限,并不等于就取消了上位者的占有。店主既可能每天都到店铺里转转,也可能直到月底甚至年底才到店里来查账。在前一种情形下,店主仍然保有对店内财物的事实控制力(只是有所减弱);在后一种情形下,店主则是将事实控制力完全转交给店员。这种区别会直接影响到店主是否还占有财物的判断。

根据本文提出的一般性规则,可以得出以下结论:(1)如果店员对财物有事实控制力,且店主的事实控制力为零,此时,店主没有占有财物,店内财物归店员单独占有。店员基于非法占有目的而侵吞财物的,构成侵占罪。(2)如果店主与店员对店内财物都有某种程度的事实控制力(不为零即可),而店员又被赋予了很高的照管财物的地位和权限(例如,店内只有一个店员,可以在店主不在时直接处理商品交易事项),此时,店员的事实控制力在规范

---

[1] 张明楷:《刑法学》,法律出版社2011年版,第876页;黎宏:《论财产犯中的占有》,《中国法学》2009年第1期。

层面的认同度(代为管理),已经接近了店主控制财物所依据的所有权层面的程度。在两者的控制力的规范认同度相近时,店主和店员为共同占有人。按照"取消共同占有必须得到所有占有人同意"的原则[1],如果店员私自侵吞财物的,属于违反同意而打破(共同)占有,构成盗窃罪。[2] (3) 如果店主与店员对店内财物都有某种程度的事实控制力(不为零即可),但是店员照管财物的地位和权限很低(例如,店内有多个店员,有的负责向顾客推销,有的负责去仓库取货,有的负责收款等等,总之需要相互配合和衔接才能完成商品交易事项),此时,店员的事实控制力在规范层面的认同度(分工协助),要远远低于对于店主控制财物所依据的所有权的认同度。在两者的控制力的规范认同度相差较大时,规范认同度高者为占有人,因此,财物归店主占有,店员仅仅是辅助占有人,其侵吞财物的,构成盗窃罪。

3. 关于运送物的占有归属问题

运送物归谁占有,也是一个在理论和实践中经常出现争议的问题。德国联邦最高法院的判例认为,货主委托货物运送,如果货主并未随行,也未指定运送路线,则运送人对运送物的处分行为不属于打破占有,不构成盗窃罪而是构成侵占罪。相反,如果货主随行或者指定运送路线,那么运送人对于运送物的处分行为就是盗窃罪而不是侵占罪。我国台湾地区的黄荣坚教授对此提出批评,认为这两种情形下的不同结论反映了占有中的事实性与规范性的冲突和矛盾。[3] 在我看来,这种批评是在将占有中的事实因素与规范因素对立起来的分析模式中才会出现,后文将会对这种分析模式的弊端进一步展开讨论。

本文认为,德国联邦最高法院的判例结论基本上是正确的,但是还存在进一步区分的空间。依照本文的观点,在运送物的占有归属问题上,以德国法院的判决为例,可以得出以下结论:(1) 在货主没有随行的场合,货主对货物没有任何事实上的控制力,按照本文所说的事实因素为占有必要基础的观点,货主当然不占有货物,而是归事实上控制货物的运送人占有。运送人侵吞货物的,构成侵占罪。(2) 在货主随行或指定运送路线的场合[4],货主和运送人对货物都具有事实控制力,虽然大小强弱不同,但也都具备了成立占有的必要基础。接下来,关键的问题就在于,谁对货物的控制关系更能得到规范上的认同。这里可能会有争议,但是不会影响到最终成立盗窃罪的结论:a. 如果认为,所有权属于本权,基于财物的所有权的控制力,在规范认同度上要远远高于基于托运合同而产生的财物控制力,就会由此得出货物归货主占有,运送人构成盗窃罪的结论。b. 如果认为,基于所有权的控制力,在规范认同度上与基于托运合同而产生的财物控制力大致相近,就会得出货主与运送人为共同占有人的结论,此时,按照"取消共同占有必须得到所有占有人同意"的原则,运送人未得到货主同意而处分财物,属于打破占有,因而构成盗窃罪。

---

[1] 车浩:《盗窃罪中的被害人同意》,《法学研究》2012年第2期。

[2] 店主未经店员同意而取走财物,是否属于打破共同占有?答案是肯定的。但是,由于财物属于店主所有,因此不可能成为财产犯罪的对象。

[3] 黄荣坚:《侵占罪的基本概念》,《月旦》2005年第4期,第29页。

[4] 指定运送路线,意味着只要货主愿意,就可以按图索骥,没有事实障碍地追踪到运送中的货物,因而在社会一般观念中,也属于对货物有较弱程度的事实控制。

五、法教义学立场与经济分析

(一) 基于存在论与规范论调和的立场

关于本文主张的一般性判断规则,需要说明的是背后的基本的思考方法。上述规则是在一种存在论与规范论相互调和的立场上自然得出的结论,也是这种立场的具体切实的表现。基础性思考方法和立场的差异,会对占有问题的具体讨论有潜移默化的影响;而这一点,可能并没有在以往的研究中得到阐明和重视。

一方面,如果贯彻纯粹的存在论或物本逻辑的立场,可能就不会承认规范因素在占有归属问题上所发挥的决定性影响,而只是以事实层面的控制力大小来决定占有的归属,并由此得出控制力大的实际占有人构成侵占罪的结论。例如,在具体事例中会得出以下的结论:将上司皮包提在自己手中的下属、顾客离开后实际控制其遗落钱包的出租车司机或饭店管理者、将乘客行李扛在肩上的工人、协助店主实际看管店铺的店员等等,都因为对财物的事实控制力更强大而毫无疑义地成为占有人;相应的,这些人如果将财物非法侵吞,只能构成侵占罪而非盗窃罪。另一方面,如果坚持纯粹的规范论的立场,可能就不会承认事实因素在确立占有有无的问题上的基础性作用,而是认为社会观念、法律秩序等规范性因素才是判断占有的关键所在。按照这样的观点,就会在具体事例中得出以下结论:被继承人死亡时,继承人即使在千里之外,也能基于继承权而建立起对死者财物的占有;无论所饲养的宠物猫狗离开自己多远或多久,饲主都能基于所有权而永久性地维持对猫狗的占有;对于存入银行的现金,即使储户在事实上已经失去了实际的控制力,但是仍然能够基于存款的债权而继续占有;死者虽然已经不可能实际控制财物,但是基于规范上的考虑(例如继承人的权利或者对死者生前意愿的尊重),他人取走财物仍然构成盗窃罪。在遗忘物的场合也会得出类似的结论。

限于文章主题和篇幅的限制,这里显然不能对存在论与规范论之争展开详细讨论。如果要追问本文设计一般性规则背后的教义学立场,那也只能简单地回答说,在占有的问题上,笔者是在极端的存在论与极端的规范论之间持一种调和的看法。应然以可能为前提,而可能性的判断,只能从人类生活的实际经验而非法律秩序中求得。刑法的思考面对的是既有生物性又有社会性的人,行为规范的对象也只能是依据有限经验和有限理性而采取行动的人。因此,脱离开人与物的存在论特点进行纯粹观念性的义务要求和规范设计,只能适用于"来自星星的你"。考虑到人被生物性所决定的有限能力,本文首先将占有界定为一个以事实控制力为必要条件的概念。通常情况下,不具有"隔空取物"神功的普通人,要想从无到有地建立起对一件有体物的控制(不在修辞比喻意义上使用),必须要在实际的物理空间距离上不断接近该物。同样,由于时空条件变化而最终导致接近和接触一件有体物的可能性完全消失的时候,人也不会再被认为仍然控制着财物。但是,人毕竟是经过进化的高级生物,在群体的社会生活中,不能再奉行动物世界中弱肉强食的丛林法则,在多个对财物享有控制力的主体均主张占有时,不能再以力量大小作为决定性因素,而是必须考虑到这种控制力是否得到以及在多大程度上得到法律、道德或交往习俗等规范因素的认同与支持。因此，这种对于事实控制力的规范认同度高低，应当成为判定占有归属的标准。

（二）从法律经济学角度提出的理由

如上所述，占有的成立必须以事实控制力为必要条件，以规范上认同度的高低作为判断占有归属的标准。这种观点主要是基于存在论与规范论的调和立场，根据以往的各种判例和常识见解中归纳提炼出来的，它能够为过去杂乱、分散的占有研究提供统一性的解释原理。但是，除了哲学立场上的偏好，以及在逻辑性和体系性上的优点之外，还有什么实质性的、竞争性的理由吗？我们可以从反面出发，想象两种与本文主张相背离的观点。一种是不以事实上的控制力为必要条件，只要具备了规范上的依据就可以成立占有（A 观点）。另一种是判断占有的归属时，不考虑规范认同度的高低，而只以事实上控制力的大小作为决定标准（B 观点）。那么，本文的观点与这两种观点相比，有什么优越性呢？

接下来所进行的观点优越性比较的工作，是通过以下三个思考步骤展开的。（1）不同的占有概念会导致不同的案件处理结果（如果相同就没有比较的意义了）。刑法上的占有概念，主要是为了妥当地解释盗窃罪、侵占罪等财物犯罪的客观构成要件。盗窃罪的对象是处在他人占有之下的财物，而侵占罪的对象是已经处于自己占有状态之下的财物。因此，财物究竟是归他人占有，还是归行为人自己占有，是区分盗窃罪与侵占罪的重要特征。反过来说，占有的有无或归属的认定，直接关系到对行为人认定为盗窃罪还是侵占罪。（2）认定为盗窃罪还是侵占罪又会产生什么差异？这两类犯罪在实体法的认定和诉讼法的程序方面均有重要差异。在实体法上，侵占罪只有具备"拒不退还"的要件才能定罪。在诉讼程序上，侵占罪是自诉罪而盗窃罪是公诉罪。（3）最后也最重要的是，对于这种实体认定和诉讼程序上的差异，要根据什么样的标准进行评价，才能反过来影响到我们对于占有概念的比较和选择？本文在这里引入了经济学的效率视角。从事前的观点来看，需要考虑这些实体认定和诉讼程序上的差异，将会对潜在的被害人或行为人形成哪些激励，而哪一种激励下产生的效果才是最有效率的。

简言之，采用不同的占有概念，就会导致对于占有有无或占有归属的判断不同，进而必然导致成立不同的犯罪，随之带来的是实体认定或者诉讼程序方面的差异等等，此时，基于由不同定罪结论带来的差异对未来事件的激励效果不同，需要反过来考虑在一开始将占有归属给谁更为合理。接下来，本文就从经济分析的角度，对按照 A 观点、B 观点以及本文观点所导致的不同结论进行对比和评价，由此论证本文的观点在通向效率之路上的合理性。

1. 关于事实控制力的必要性问题（针对 A 观点的批驳）

在占有人已经对财物完全丧失事实控制关系的场合，还能否认为占有持续？例如，把书包遗落在公交车上几周后才想起来，或者任由饲养的宠物狗跑出去很远的地方数日不归，或者将未上锁的自行车随便停放在马路边然后出国数年，在类似的案例中，财物的主人尽管在规范层面还占据着所有权人的法律地位，但是由于时空条件的变化，他在事实层面的控制力已经降低为零。在这种情况下，按照 A 观点，会认为所有人仍然对财物维持着占有状态，则财物的拾得人就可能构成盗窃罪。相反，按照本文观点，由于事实因素为零，因此所有人的占有状态已经消失，承认拾得人建立起对财物的新的占有，当拾得人具备非法占有目的时，可能构成侵占罪。与本文的观点相比，根据A观点将上述案例认定为盗窃罪，会导致一系列高成本、低效率的结果的出现。

通常情况下，财物所有人通过保持对财物的事实控制力来防范其丢失的成本，要远远小于财物丢失后通过司法程序追诉的成本。一个人虽然重视他的权益，但是仅仅因为对财物有规范的、权利上的根据，因此就疏于对财物的实际管理，在他本能够付出轻微成本去尽到注意义务防止财物丢失的情况下任由财物在事实层面脱离控制，而等到权益被侵害时，则根据他的所有权，让整个社会（司法机关的办案经费来自于全体纳税人）动用盗窃罪的公诉程序为其支付巨大的追索成本，这显然是增加了无效率的成本浪费，并鼓励和放任了这种怠于履行注意义务的做法，不符合将责任分配给最小成本防范者的效率思想。相反，在认定为侵占罪的情况下，由于所有人只能通过自己直接向法院起诉的方式取回财物，对他而言，耗费的成本显然要高于交由检察机关经过公诉程序处理。这会对那些疏于财物管理、"躺在权利上睡觉"的所有人提出警告，激励他们采取适度措施来妥善看管财物，防止财物丢失。因此，让对财物完全失去事实控制力的被害人承担丧失占有的效果，进而对行为人认定为侵占罪，这会对财物所有人起到激励效果，督促其在事前支付较小的成本去预防财物丢失，以避免事后耗费较大的成本去追回财物。

但完整的经济分析尚不止如此。财物所有人之所以对财物疏于管理，以至于在事实层面上任由财物脱离其控制，也许不是由于过度依赖公权力的救济，而很可能是因为这些财物对于所有人而言并不那么重要，因此他并不愿意付出成本去采取措施防止财物丢失。在这种情况下，认定原占有已经消失而拾得人涉嫌侵占罪是最有效率的做法。一方面，如果所有人虽然对财物不太在意但是若失去也会想要追回，此时，以侵占罪论处，可以促使所有人在事前提高注意义务、采取预防措施的成本与事后提起自诉的成本之间作出比较，这会促使他在对待财物的态度上作出对他而言最合理也最有效率的决定。另一方面，如果财产所有人对这项财物的轻视，已经到了既不愿意付出预防丢失的控制成本也不愿意付出任何追诉成本的程度，按照侵占罪论处正好可以避免诉讼浪费，检察机关不必（像盗窃罪那样）为此再付出没有必要的公诉成本。

最后，可能会存在的疑问是，通常情况下，与盗窃罪相比，侵占罪的追诉率更低以及定罪上的高度不确定性（如下文所分析的那样），因此，按照A观点认定盗窃罪，难道不是比按照本文观点认定侵占罪，会对行为人形成更强烈的不去实施犯罪行为的激励吗？这难道不是更有利于降低发案率吗？笔者认为，虽然存在这种激励效果，但恰恰是在财物完全脱离所有人的控制从而处在一种遗失物（而非遗忘物）的状态时，降低发案率反而是一种不经济的、无效率的状态。从物尽其用的角度来说，此时激励他人去使用该财物，反而是有效率的结果。因为与其让财物完全脱离在人类社会中的日常使用和照管而最终毁灭（由于所有人已经完全忘记财物处在何地），或者让财物长期处在可有可无的、不被利用的状态（由于所有人不在意财物丢失因而放任财物失控），不如物尽其用。拾得人恰恰是因为重视那项财物才会拾取，财物落在了最能有效利用它的人手中，能够发挥出最大的价值。即使所有人最后可能仍然想寻回财物而找到了拾得人,但是在财物被拾得人保管的这段时间里,至少能够避免在无人照管状态下的毁灭,也至少在拾得人手中发挥了一段时间的实际效用,从整个结果来看,仍然是比之定盗窃罪而加大激励人们远离遗失物,更加有效率。

2. 关于能否以事实控制力大小决定占有归属的问题(针对B观点的批驳)

按照B观点,判断占有的归属时,不必考虑规范认同度的高低,而只以事实上控制力的大小强弱作为决定标准。由此就会得出下面的结论:在具备占有意思的情况下,在车站内帮助乘客搬运行李的工人是行李的占有人、穿着酒店浴袍的客人是浴袍的占有人、在商场里试穿衣服的顾客是衣服的占有人、在超市里取看商品的顾客是商品的占有人等等,因为在这些场合,尽管双方都对财物有某种控制力,但是搬运工、顾客等对财物的实际控制力要大于财物所有人。这样一来,当搬运工、顾客等基于非法占有目的而带着财物逃离时,就可能构成侵占罪。相反,按照本文的观点,在双方都具有某种事实控制关系的前提下,规范认同度高的一方为占有人,因此,上述场景中对财物拥有所有权或经营权的乘客、酒店管理者、商场和超市的经营者才是占有人。如果搬运工人、顾客等基于非法占有目的而带着财物逃离时,就可能构成盗窃罪。与本文的观点相比,根据B观点将上述案例认定为侵占罪而对潜在的行为人与被害人分别产生的激励作用,都会最终导向我们不希望看到的结果。

一方面,对于潜在的行为人而言,由于侵占罪比盗窃罪的追诉率更低,以及侵占罪在能否定罪上的高度不确定性,因此与盗窃罪相比,认定侵占罪的结论会加大激励,更加诱发潜在行为人怀着侥幸心理去实施犯罪。首先,被害人要想从行为人处追回财物,只能通过自诉的渠道解决。与在盗窃罪的场合由检察机关公诉相比,通过自诉追回财物对被害人而言显然会大大增加成本。因此,会有更多的被害人因为顾忌到侵占案的自诉成本太高而放弃追诉,相应地,行为人被定罪和抓获的风险也随之降低,这会刺激潜在的行为人采取行动。同时,成立侵占罪需要符合"拒不退还"的构成要件特征,这意味着只要将侵吞的财物返还,就不构成犯罪。因此对行为人而言,即使被财物所有人追上门,他也仍然有可进可退的空间——只要他在觉得形势不妙之前决定退还财物,就不会被定侵占罪。换言之,行为人即使带走了财物,也能够根据被害人的追索强度甚至与之谈判来决定是否返还财物,而掌握自己最终是否被定罪的命运。相反,在盗窃罪的场合,行为人一旦带走财物,即使事后返还,也不影响定罪。比较而言,认定为侵占罪会提高对潜在行为人存在侥幸心理实施犯罪的激励,增加发案率。

另一方面,对于潜在的被害人而言,根据B观点认定侵占罪的结论,会导致财物所有人在给予其他人对财物的控制力时增加多余的谨慎,不愿意轻易地将财物的事实控制力与他人分享,而是牢牢掌控在自己手中,这不仅会带来不必要的浪费,也会遏制社会分工,增加人际交往的成本。在一个陌生人社会中,与他人分享对财物的事实控制力,很多场合下能够促进相互协作,帮助人们更加顺畅地、效率更高地达到自己的目的。但是,在搬运工与乘客、商场与顾客等等这样的协作关系中,如果将占有归属于搬运工、顾客,进而得出侵占罪这种对财物所有人明显不利的(自诉成本高,要求行为人返还财物的谈判成本)同时又能激励潜在行为人(追诉率低,定罪充满不确定性)的结论[1],那么财物所有人从一开始就可能会排斥陌生人之间的分工协作,避免财物的控制力被分散出去。例如,为了避免(根据 B 观点)出现财物的占有转移,乘客不会再轻易相信搬运工人而将行李交付给他,商场的经营者不会再轻易相信顾客而让其试衣,超市可能也会改变开放的经营模式而恢复成传统的柜台模式来将顾客与商品隔开。人们要么独立完成任务,要么对附加了他人控制力的财物寸步不离。这些做法最终必然会抑制社会分工与人际交往的活力和流畅性,在管控财物上导致不必要的浪费,增加了社会成员之间的交易成本。这种促使整个社会朝着高成本、无效率方向运作的后果,无疑是没有人愿意看到的。

3. 关于边际分析与管理成本的问题

最后还有两点需要说明的是,针对 A 观点的分析部分,涉及边际分析与管理成本的问题。的确,不能说所有的被害人失去对财物的事实控制力,都是由于过度依赖公权力救济或者对财物完全不在意,也有一些被害人可能就是因为一时的、偶然的遗忘而丧失了控制,根据本文提出的一般性规则,对这部分人可能起不到上文所说的那些激励作用或者降低公诉成本或者物尽其用的效果。但是,任何一般性规则,不管是立法制定的法律还是学说上提供给司法者的裁判规则,均不可能奢望对所有人都产生影响或使所有人的行为都发生整体性的改变,只要能够对人类群体中的一部分边际成员发挥作用,这就足够了。它会刺激这部分人不再"躺在权利(规范)上睡大觉",而是寻找出替代行为,付出轻微的成本以维持事实上的控制力,不要闲置而是利用财物发挥其性能,这就会促进整体的财产秩序朝着物尽其用的高效方向去流动。这里也没有强制性地要求人们都必须实际控制或者利用自己的财物,而是让疏于管理和利用的人认识到这种行为导致后果的总体成本,然后自己去判断是否采取替代行为。至于最终是否替换和改变(是加强对财物的利用还是继续遗弃任由他人取走),那是财物所有人的自由,也是他经过理性权衡作出的决定,对整个社会的财产配置而言也是有效率的。

可能还是会有疑问,既然本文提出的一般性规则是针对人群中的边际成员发挥作用,那么,对于那些看重财物但确实是由于偶然原因而失去对财物控制力的人来说,认定其已经失去占有是否公平?的确,在司法实践中也可以不进行这种一般性规则的泛化,而是针对个案探究,去审查个案中的被害人对财物的态度和遗失财物的具体原因,以此来决定占有的归属,但是这样一来,会付出巨大的司法成本,而且必然会遭遇很多难以辨别真伪的陈述。在所有案件中彻底搞清楚这个问题的管理成本,可能会抵消我们希望通过努力让财物所有人保持适度谨慎而节省的成本。因此,设立这种关于占有判断的一般性规则可能是更优的选择。

---

[1] 通常情况下,由于盗窃罪主要表现为"秘密窃取",而侵占罪主要表现为"代为保管",因此在经验层面,盗窃罪大多发生在陌生人之间,而侵占罪主要发生在熟人之间——往往只有熟人才会基于信任关系而委托保管财物。此外,侵占罪也可能发生在对财物保管关系予以明确合同或制度保障的陌生人关系中,例如商场或者车站的寄存服务。但是,按照 B 观点,类似于搬运行李或者试穿衣服这样的关系,既不是熟人关系也没有明确的保管合同,也会被强行地带入到侵占罪的领域中。

六、纯粹规范化的占有概念之批判

上文已经从法律经济学的外部角度,对于"不以事实控制力为必要条件,只要具备了规范依据就可以成立占有"的观点进行了反驳。但是,鉴于这种与本文观点相悖的、纯粹规范化的占有概念,在目前国内学界的影响力越来越大,支持者越来越多,因此,有必要从法教义学的内部视角正面迎击。这种过度规范化和观念化的占有概念,目前集中体现于存款占有的问题(如后所述,也蔓延到盗窃财产性利益的观点)。对此,刑法理论上主要有两种表现形式。

占有规范化的第一种表现,是占有方式的规范化。典型说法是"储户基于债权而占有现金",理由是所谓"法律上的支配"。前文已经提到,从成立占有必须具备事实控制力的角度来看,银行中的现金只能归银行占有而不能归储户占有。但是,在日本以及我国刑法学界,有不少学者认为,根据储户与银行之间的合同关系,也可以产生一种存款名义人的"占有",也就是"把储蓄卡中的款项视为是持卡人占有的财物"。[1] 由此生发出一系列的概念:"存款名义人的占有""对存款的法律支配""基于存款的占有"等等。对于这种储户占有存款的观点,除了已经在前文予以反驳的那种"随时取款可能性"的论证角度之外,还有一种更加有影响力的论证路径。这种看法认为,之所以主张储户(存款名义人)占有存款是基于一种所谓法律上的支配而形成的占有,与事实控制力无关。由于存款人拥有对银行的存款债权,因而从法律上支配了与债权等额的现金,进而取得了对该现金的占有。于是,存款占有的判断,与事实上的支配无关而是取决于存款者具有正当的取款权限。这样一来,占有的成立不必然要求事实上的控制,具有"法律上的支配"也能成立占有。[2] 这种在内容上完全被规范物填充的"法律占有"的概念,属于占有本身要素的规范化。

占有规范化的第二种表现,是占有对象的规范化。典型说法是所谓"储户占有债权",理由是占有对象不限于物。例如,张明楷教授虽然承认"存款债权所指向的现金,由银行管理者占有,而不是存款人占有",但是却认为存款人对银行享有的债权,则归存款人占有。"无论是从事实上还是从法律上,存款人都占有了债权,因此,利用技术手段将他人存款债权转移于行为人存折中,当然成立对债权的盗窃罪。"[3] 黑静洁博士认为,存款债权是一种财产性利益,虽然与一般的物不同,但是也能成为盗窃罪中占有的对象。[4] 而陈洪兵教授更是

---

[1] 陈兴良:《判例刑法学》(下),中国人民大学出版社2009年版,第370页。
[2] 在将保管的金钱存入银行而后侵占的场合以及侵占错误汇款的场合,这一观点是日本刑法学界和实务界的主流学说。参见[日]大塚仁:《刑法概说(各论)》,冯军译,中国人民大学出版社2003年版,第274页;西田典之:《日本刑法各论》,中国人民大学出版社2007年版,第176页;[日]山口厚:《从新判例看刑法》,付立庆、刘隽译,中国人民大学出版社2009年版,第227页。对日本刑法学界在存款占有问题上的更详细介绍,参见 李强:《日本刑法中的"存款的占有":现状、借鉴与启示》,《清华法学》2010年第4期。
[3] 张明楷:《刑法学》,法律出版社2011年版,第876页。
[4] 黑静洁:《存款的占有新论》,《中国刑事法杂志》2012年第1期。

提出存款人既占有现金又占有债权的看法,"合法存款人无论事实上还是法律上都占有着存款债权,对于存款现金与银行形成重叠占有"。[1] 按此观点,占有的对象可以不限于物而包括权利或利益,这属于占有对象的规范化。

上面提到了两种纯粹规范化和观念化的占有概念,对此或许会遭遇进一步的追问:即使占有概念完全地规范化了,又有什么问题呢?这种可以完全放弃事实因素而仅凭着规范因素就能成立的占有概念,之所以不能被接受,不仅是因为它会与民法上的占有概念混淆,更大的麻烦在于,它违反了在罪刑法定原则下通过教义学工作对构成要件要素进行定义和解释的方法论原理和基本的价值观念,在方法论和价值论上陷入双重困扰。这种纯粹规范化的观点,最终会将占有送上变身为一个空泛无用和极度危险的概念的歧途。

(一)纯粹规范化的占有概念,是朝着越定义越抽象、越解释越脱离日常生活具象的方向出发的产物,违反了法学方法论关于解释工作的一般原理。

法教义学涉及的是法之发现,也就是应然命令的论证。在以立法者公布的法律作为基础的大陆法系,法之发现的运作方法是,透过对立法者采用的语词(专业用语)予以定义和次定义,来解释法律条文。换言之,通过不断渐进的法概念之去规范化而实现具体化,反过来说,就是用日常生活的语言概念来定义抽象化程度最高的纯粹技术法学概念。[2] 因此,在对一个抽象的规范概念不断地定义和次定义的过程中,是用越来越具体的日常生活语言替换原有的抽象表达,不断逼近个案中的生活事实,使得两者之间的理解障碍越来越少,才能达到通过法律解释易于适用法律的目的。如果一个法律概念的定义和次定义,比原解释对象的抽象化程度更高,需要更多的规范理念和专业术语才能把握,那这个解释工作的效果,就是让解释结论与具体案件中有待涵摄的具体生活事实越来越远,让涵摄与法律适用的难度不减反增。这种朝着相反方向的努力,完全背离了法教义学工作的基本航向。

在盗窃罪等财物犯罪中,客观构成要件中的盗窃行为被理解为一种取得财物的行为,又进一步被定义为"打破他人对财物的占有状态"。将这里的"对财物的占有",进一步解释为对有体物的事实控制力,是朝着更加贴近日常用语和生活事实的方向不断逼近。通过这种法教义学的工作,人们更容易理解占有概念和被占有所定义的那个取得行为,也更容易将盗窃罪的法律规定适用于具体个案中的情形。相反,基于堵截漏洞和惩罚必要性的需要,通过增加规范填充物的方式来扩大占有本体(所谓法律上的支配)或者是占有对象(所谓权利的占有)的范围,这以一种增加抽象度和要求更高理解力的方式,大大地增加了人们认识何谓占有以及盗窃行为的难度。因为如果没有任何解释,也没有使用占有概念去定义盗窃,就是直接说"盗窃行为",这可能还更容易理解些,至少一般人也能在脑海中勾勒出大致的行为形象。可是,说盗窃行为可以是"打破法律上的支配关系",或者说"破坏对权利的占有",恐怕不仔细研究这种主张的刑法专家,都不太明白个中真意,就更别指望普通人通过这种解释能

---

[1] 陈洪兵:《中国语境下存款占有及错误汇款的刑法分析》,《当代法学》2013年第5期。
[2] 参见[德]许乃曼:《不移不惑献身法与正义》(论文集),许玉秀、陈志辉编,新学林出版公司2006年版,第120、141页。

够搞清楚盗窃罪要惩罚的具体行为到底为何物了。在法学方法论上,这简直就是在制造一个在方向上与具体易懂的解释目的相反的、增加理解难度的"解释的敌人"。

(二) 纯粹规范化的占有概念,会导出占有(人)就是权利(人)的结论,由此陷入循环论证,属于一种无效的解释工作。

按照所谓"储户占有存款"的观点,根据民法上的债权债务关系,就能够在刑法上界定出一个基于"法律上的支配"的占有关系。这里的逻辑是:具备权利根据——对财物在法律上有支配关系——存在占有。按此,显然只有那个作为债权人的储户,才能对现金有"法律上的支配",也就是只有债权人才能占有现金。按照"债权人占有债权"的说法,同样也会得出只有债权人才是占有人结论。对此,徐凌波博士有一段精当的分析,"既然只有债权人才是债权的占有人,在概念上就没有在债权人之外另设债权的占有人的必要。民法上设立权利准占有制度是为了解决债务人向债权人以外的第三人清偿债务时的清偿效力问题,即只有债权的准占有人是债权人以外的第三人时,这个概念才有存在的意义,如果只有债权人才是债权的占有人,这个概念就变得多余。在刑法上引入债权的准占有概念,是否只是为了将侵害存款债权的行为解释为针对存款债权的盗窃行为的一种文字游戏"[1]?

由此可见,"法律上的支配"或者"债权的占有人"这类说法,都会导向同一个结论,就是把占有与债权等同,将占有人等同于债权人。于是,判断占有的工作,就变成了判断债权是否存在的工作。可是,如果被害人没有权利依据,从一开始压根就不会启动刑法上的认定,换言之,权利依据本来就是工作的起点,而不是需要去认定的对象。以储户对银行有债权这样的起点展开工作,通过刑法上的占有概念去进一步解释,然后又将占有概念解释为"法律上的支配",最后发现"法律上的支配"就是对银行有债权的意思,这个过程除了文字游戏和多余性之外,再无任何实益。

对占有的认定没有实益,就意味着对包括盗窃罪在内的占有型犯罪的认定没有任何实益。当债权人就是占有人的时候,打破他人的占有就只能被理解为侵害他人的权利,对盗窃罪的构成要件的解释大费周折之后,就得出侵犯他人财产权利的结论。这正如前所述,一个本来要"去规范化"地加以不断具体化的解释过程,又突然掉头重新规范化了。可是这样一来,我们除了反复说盗窃罪是侵害他人财产权利的犯罪之外,再也无力对此作出更多的说明了,所有的解释都成为循环论证。因为按照这种观点,当人们从"盗窃罪是一种侵犯他人财产权利的犯罪"的认识起点出发,进一步追问"盗窃行为是如何让或以什么样的方式侵犯他人财产权利"的时候,对此的回答只能是,"盗窃罪是一种以侵犯权利人的权利(债权或法律上的支配)的行为方式,侵犯了权利人的权利(债权或法律上的支配)"。于是,通过占有概念绕了一个大圈子,从起点出发,半路折返,又回到起点。这种循环论证的解释,没有提供任何帮助,是一种兜圈子的、无效的做法。

---

[1] 徐凌波:《论存款的占有》,北京大学法学院 2014 年博士论文。

(三) 纯粹规范化的占有概念,会破坏占有与物之间的动宾结构,导致占有的核心含义消失,模糊了法律解释与文学修辞的界限,使得占有型犯罪的认定成为一种任意操纵的、缺乏限制的文字游戏。

在一个国家的日常用语体系中,每一个动词的内涵和外延都有约定俗成的大致范围,而立法者就是在这个范围之内,挑选适当的动词来表达立法意图,解释工作也要受到这个范围的限制,这就是法学方法论上关于解释边界的"可能文义的射程"。在罪刑法定原则下,刑法解释论只能在以下的方向上获得正当性:正确的解释目标,是在立法文字不够明确的情况下,以文字内核为中心,澄清某些用语在可能文义范围之内的边缘部分的模糊含义,使之明确化并易于普通公民理解,为司法者提供统一的适用标准。[1] 这体现了罪刑法定原则蕴含的限制司法权以保障人权的价值观。相反,错误的解释工作,则是使经过解释的对象反而变得更加含糊或恣意。最离谱的解释,不仅会扩大概念的语意模糊不清的边缘范围,甚至干脆就冲破可能文义的边界,或者取消一个概念中原本具有较清楚含义的核心部分与含义模糊的边缘部分之间的区别。这样一来,司法者经由操纵文字把戏,就可以任意地出入罪。纯粹规范化的占有概念就可能会导致这样的结果。

当占有的对象由有体物扩大到权利或者利益时,占有的核心含义也随之消失了。对于一个客观构成要件中的动宾结构而言,动词的含义与动词所指向的宾语的含义是相互制约的,当人们对宾语的含义也就是行为对象的范围做出调整时,不能忘记这也必然会影响到在语法结构中表现为动词形式的行为的含义。在日常语言中,"吃饭""喝酒"属于固定的搭配形式,而不能被任意置换为"吃酒""喝饭"。在刑法上,也不会出现"杀财物"和"毁坏人"这样的用法;当行为对象由财物变为人时,相应的行为动词也必然由毁坏变成杀害。但是,一些观点在讨论将盗窃罪的对象由有体物扩展到财产性利益的时候,有意或无意地忽略了在盗窃对象大幅度扩张的同时,是否还能与占有相搭配。好像占有对象由有体物替换成无形的财产性利益,对于占有这个词的含义完全没有重要影响似的。例如,张明楷教授在论证财产性利益能否成为盗窃、诈骗等财产罪的对象时,提出了以下几点理由:"首先,刑法分则第五章规定的是侵犯财产罪,而财产性利益包括在财产中。其次,财产性利益与狭义的财物对人的需要的满足,没有实质的差异。况且,财产性利益具有财产价值,甚至可以转化为现金或其他财务,因而是值得保护的重要利益,将其作为盗窃、诈骗等罪的对象,具有现实的妥当性。"[2] 如果将财产性利益作为一个独立于各个构成要件之外的问题,考虑在刑法上是否值得保护,以及能否被纳入财产概念,那么这些理由都是成立的。但问题在于,脱离开具体的构成要件结构而独立讨论其中某一个要素的含义,是不可能得到真正有价值的答案的,这些理由也缺乏说服力。财产性利益是否值得保护,与在具体的构成要件结构中能否接纳财产性利益,是两个问题。只有后者才是纯正的解释论问题,才能

---

[1] 这里涉及法律用语的核心区域与边缘区域之分,以及法律文本的开放性结构的问题。对此参见[英]哈特:《法律的概念》,许家馨、李冠宜译,法律出版社2011年版,第113页以下。

[2] 张明楷:《刑法学》,法律出版社2011年版,第842页。

真正回答财产性利益能否成为盗窃罪对象,而前者已经带有立法论的色彩。要真正回答后一个问题,不可能脱离开与"公私财物"组成动宾结构的那个具体的行为的含义,而诈骗行为与盗窃行为的重要差异,却在"财产性利益能够成为盗窃、诈骗等财产罪的对象"这一句话中轻飘飘地等同了。在这个意义上,张明楷教授提出的几点理由,完全都是基于立法论上的刑事政策的理由,但这都是一些在刑事政策上"要不要"保护的理由,而非一些在解释技术上"能不能"保护的理由。[1]

实际上,在德日刑法教义学史上,占有这个概念的发展,一直是在占有有体物这样一种动宾关系中被讨论的。在这样的动宾结构中,是不可能脱离动词来单独谈宾语的。当占有对象的性质发生重要变化时,必须考虑到还能否与原来的占有概念相连接。

当占有对象限于有体物时,凭借一般人脑海中都自然浮现出来的掌握或抓取有体物的外部行为形象,占有概念至少建立起"在事实上控制有体物"的核心意涵。司法者在具体个案中解释和适用法律时,必须以这个内核为中心,最多是在此内核周边的语义模糊的边缘部分活动。具有这种向心力的占有概念,才能起到一种约束和限制司法权力、防止恣意解释和适用盗窃罪的作用。但是,当占有对象被延展到权利甚至财产性利益这些看不见摸不着的东西时,作为谓语动词的占有的"事实控制力"的核心含义就被消解了。因为人们无法想象,所谓在事实上控制无形的权利或利益,到底是一个什么样的行为举止。既然看得见摸得着的物体能够被"占有",看不见摸不着的利益也能被"占有",那么这世界上还有什么东西是不能被"占有"的吗?反过来说,这种在对象范围上无所不能的占有概念,自身再也难以找出一个稳定的核心含义,也因此丧失了向心力的功能,再也无力防止概念的含义任意扩散,最终必然会沦为一个"占有是个筐,什么都能往里装"的概念。围绕着占有概念构建起来的盗窃罪、抢劫罪、侵占罪的认定,也变得无边无沿,可以被司法者任意解释和适用。

或许有人认为这是危言耸听。因为在日常生活中,也会听到"在事实上控制某种利益"的说法,因此,即使将占有对象扩张到利益,似乎也不会出现上述所说的占有核心含义消失的局面。的确,这种说法是存在的,但是那就如同"窃钩者诛,窃国者侯"中的第二个"窃"字一样,已经不是一个法律上的解释,而是一种文学上的比喻和修辞了。而将这种文学修辞性的表述用在法律文字的解释上,是对罪刑法定原则更大的破坏和冲击。

(四)纯粹规范化的占有概念,最终会取消盗窃行为的定型化,在解释论上掏空盗窃罪的构成要件,或者将构成要件面目模糊化,使得盗窃罪缺乏根据地变为一个具有兜底和堵截性质的损害他人利益罪。

纯粹规范化的占有概念,最终都会导致盗窃罪的构成要件被虚置。按照理论上没有争

---

[1] 再如,黎宏教授在《论盗窃财产性利益》一文中,一方面表示"所谓盗窃罪,就是使用平和的手段,破坏他人对财物的占有,而将他人财物转为己有",但是,另一方面,在论证财物包括财产性利益的时候,文章并没有提及占有对象扩展之后,"破坏他人对财物的占有"要作出怎样的新的理解。参见 黎宏:《论盗窃财产性利益》,《清华法学》2013年第6期。当然,作者可能是认为占有概念可以放在其他文章中另论。但是窃以为,在讨论占有对象的扩张时,必须同步讨论占有的含义变化。将一个动宾结构中的动词和宾语脱离开来相互独立地解释,这种思路本身就存在很大的疑问。

议的共识,盗窃罪的构成要件是一种打破他人对财物的占有的行为,可是,按照将占有理解为是"法律上的支配",或者是"对权利的控制"的观点,打破占有就是打破他人"在法律上支配现金"的状态或者打破他人"对权利的控制"。这种说法会对一般人的想象力提出挑战,因为无法把握这里说的到底是一个什么样的行为举止;最后会发现,根本找不到一个具体的行为轮廓或类型,而只能看权益是否最终受到侵害来反向认定行为。换言之,这种说法完全取消了盗窃实行行为的定型化,而是通过一个权益损害的结果,反过来判断盗窃行为。这样一来,打破他人占有就被置换或者等同于损害他人的权益,除了一个权益损害的结果之外,盗窃罪的客观构成要件部分就再也没有什么实质性的内容了。因为无论犯罪对象是有体物,还是无形的财产性利益,只要造成了权利人权益损害的后果,就总是可以通过"事实上的控制"或者"法律上的支配",通过"对物的控制"或者"对财产性利益的控制"这样的说法,毫无遗漏和障碍地得到一个"打破占有"的结论,也因此得出构成盗窃罪的结论。这样一来,所有不能被其他财产犯罪的构成要件所涵摄的案件,几乎都可以认定为盗窃罪。

将占有概念纯粹规范化的动力,主要来自于堵截刑法漏洞和惩罚必要性。学者们的论证理由,充分说明了这一点。"将财产性利益认定为盗窃罪的对象,可以有效解决司法实务中的诸多困惑,使得刑事处罚上不再存在空隙。"[1]"如果说因为财产性利益不能成为盗窃罪的对象而将上述行为不作为犯罪处理,则会导致刑法处罚上的重大破绽。……从行为性质以及预防的必要性的角度来看,与利益诈骗行为相比,利益盗窃行为更有必要受到处罚。"[2]通过解释达到"天下无贼"的理想状态的愿望是良好的,但是,基于惩罚必要性而展开的这种堵截性解释,不能朝着与罪刑法定原则相反的方向以将构成要件面目模糊化为代价。类似于在盗窃罪场合这样,为了避免惩罚漏洞,不惜通过使占有概念空泛无用化的方式,完全架空盗窃罪的构成要件内容,使之成为一个只要出现物或利益的损害后果就可以无障碍定罪的工具,这种在理论上为司法实践冲开构成要件束缚、大开方便之门的做法,并不值得赞赏。

(五)纯粹规范性的占有概念,引出财产性利益成为占有对象的观点,这是在朝着"通过解释尽可能地排除法律中的不明确性"相反的方向前进,最终导致罪刑法定原则的明确性要求彻底落空。

按照纯粹规范化的占有概念,占有的方式不再限于事实上的支配,占有对象也不再限于有体物,于是,理论上就出现了"盗窃财产性利益"的观点。[3]从立法上来看,德国刑法对盗窃行为明确规定为"出于使自己或第三人违法侵占的意图而取走他人的物品",日本刑法典也将财产犯罪对象明确分为财物和财产性利益,规定盗窃罪的对象只能是物,相比之下,我

---

[1] 王骏:《抢劫、盗窃利益行为探究》,《中国刑事法杂志》2009年第12期。
[2] 黎宏:《论盗窃财产性利益》,《清华法学》2013年第6期。
[3] 参见 夏理森:《关于财产性利益能否成为盗窃罪犯罪对象的思考》,《学理论》2010年第36期;王骏:《抢劫、盗窃利益行为探究》,《中国刑事法杂志》2009年第12期;黎宏:《论盗窃财产性利益》,《清华法学》2013年第6期。

国刑法典分则第五章"侵犯财产罪"下对各种财产犯罪类型的犯罪对象一概规定为"财物"。因此,有的学者认为,由于我国刑法从头到尾都没有财产犯罪的对象只能是有体物的规定,所以财产性利益可以成为盗窃罪对象,并且针对违反罪刑法定原则的批评意见[1]提出反驳说,"(批评意见)完全套用了日本刑法中有关盗窃罪的规定以及相关学说,而完全没有考虑到我国刑法与日本刑法中有关财产犯罪规定上的重大差别,因此,其有关我国刑法中盗窃对象解释上的'罪刑法定'以及'明确性'的要求,到底是以日本刑法规定为标准还是以中国刑法规定为标准来衡量,让人无从理解"[2]。这里引出了一个重要的理论问题。对于像我国《刑法》第264条这样仅仅是以简单罪状的形式规定"盗窃公私财物"的条文,如何理解和贯彻罪刑法定原则的明确性要求?

一般来说,对罪刑法定原则的通俗理解是"法无明文规定不为罪,法无明文规定不处罚"。但是,明文规定并不意味着就符合明确性原则。明确是以明文为前提的,但是明文又不能等于明确。[3]"即使刑法对构成要件作出了明文规定,但这种规定若在含义上是模糊的,人们无法据此判断行为后果,同样应认为是不明确的。在这个意义上,明确无疑比明文具有更高的要求。"[4]那什么样的刑法规定才算是满足明确性要求呢?刑法理论上的多数意见认为,如果一个条文有可能被立法者通过立法技术制定得更加明确,那这个法律规定就不符合明确性要求。[5]按此标准,与德国刑法规定的"出于使自己或第三人违法侵占的意图而取走他人的物品"相比,我国刑法规定的"盗窃公私财物"显然有进一步明确化的空间。对此,有学者批评认为,"对某些犯罪特别是传统上隶属于自然犯范畴的重大犯罪,刑法不仅没有规定明确的构成要件,甚至以罪名代替了构成要件。……《刑法》第232条以及类似的明文规定显然难以给国民提供行为规范指引和行为法律后果的预测可能,亦不足以有效地规范和指引法规的裁判行为"[6]。显然,盗窃罪之"盗窃公私财物"的规定,就是一种"不仅没有规定明确的构成要件,甚至以罪名代替了构成要件"的立法,在明确性上是不能令人满意的。

以往的通说观点认为,明确性原则主要是对立法的要求,是对立法权的限制。[7]立法者必须通过法律准确确定可罚性,使得规范的接收者自己就可以从法律中了解到构成要件的射程和适用范围。但是,无论是在德国还是在中国,与立法的实际状况相比,这种明确性要求都只是一种理想主义的非现实追求。于是,一些学者提出了对明确性原则的

---

[1] 参见 童伟华:《论盗窃罪的对象》,《东南大学学报(哲学社会科学版)》2009年第4期。

[2] 黎宏:《论盗窃财产性利益》,《清华法学》2013年第6期。

[3] 陈兴良:《中国刑法中的明确性问题》,载 梁根林、希尔根多夫主编:《罪刑法定与刑法解释》,北京大学出版社2013年版,第12页。

[4] 杨剑波:《刑法明确性原则研究》,中国人民公安大学出版社2010年版,第31页。

[5] Roxin, Strafrecht AT, 2006, § 5, Rn. 71ff.

[6] 梁根林:《罪刑法定的立法解读》,载 梁根林、希尔根多夫主编:《罪刑法定与刑法解释》,北京大学出版社2013年版,第56页。

[7] 陈兴良:《罪刑法定主义》,中国法制出版社2010年版,第55页;张明楷:《刑法学》,法律出版社2011年版,第58页。

重新理解,即不能再将明确性原则理解为一种准确性要求,而是要理解为一种指导性要求,它只是要求立法者指导性地划定行为的可罚性范围,但是不用尽善尽美。按照德国联邦宪法法院的意见,立法者的义务在于制定足够的法律来确定犯罪行为的可罚性,而法官的义务在于通过准确的解释尽量降低法规中的不明确性。[1]"如果明确性原则只得到立法者的重视,而被一个漫无界限的司法判决视若无物,那么,明确性要求即使存在,也是没有意义的。"[2]因此,在当代语境下,明确化原则的实现,需要立法者和司法实践的分工协力和共同参与。

其实,还不仅仅是立法者和司法实践的义务。刑法学研究最重要的使命,就是为司法实践提供理论指导。在这个意义上,刑法解释和教义学工作也同样要受到明确性原则的指引和制约。"刑法理论通过学理解释,将不明确的刑法规定解释为明确的规定,对弥补刑法的不明确性起到了重要作用。"[3]特别是我国现阶段的刑事立法技术还不够完善,刑法中存在着大量像"盗窃公私财物""诈骗公私财物"这样的规定,只有罪名的明文性而无构成要件内容的明确性,这不仅为司法者也为学者留下了巨大的解释空间。在这种局面下,学术研究必须秉持着"通过解释尽可能地排除法律中的不明确性"的原则,而不能以立法上本来就不够明确为由排斥明确性原则对解释者的要求。事实上,我国刑法学界近年来大量引入德日刑法知识,以此为理论资源对我国刑法规定进行解释,取得了很多使得原本粗糙的法律规定更加明确化的成绩。其中较有代表性的例子就是将"盗窃公私财物"进一步解释为"打破他人对财物的占有",以及将"诈骗公私财物"进一步解释为"通过欺诈行为使他人陷入错误,基于错误而处分财产,遭受财产损失"。这些都是借鉴国外立法和理论,通过解释尽可能地排除法律规定的不明确性的成功例证。

尤其是在盗窃罪的场合,正是通过占有方式表现为事实控制和占有对象为有体物这两个基点,使得"打破他人对财物的占有"成为一个相对明确的、能够为规范接收者易于理解的构成要件结构。在这种情况下,如果将财产性利益纳入占有的对象范围,就必然如上文所述会导致占有概念的任意界定和空泛化。当占有既可以是事实上的控制又可以是法律上的支配时,当占有对象既可以是看得见的物也可以是看不见的利益时,人们将会比没有解释之前的"盗窃公私财物"更加难以理解解释之后的"打破占有",这相当于进了一步又退了两步。这种解释工作,是在朝着"通过解释尽可能地排除法律中的不明确性"相反的方向前进,于是,以占有转移为中心构建起来的盗窃罪的客观构成要件的教义学解释框架就此轰然倒塌,罪刑法定原则的明确性要求也随之彻底落空了。

---

[1] [德]库伦:《罪刑法定原则与德国司法实践》,载 梁根林、希尔根多夫主编:《罪刑法定与刑法解释》,北京大学出版社2013年版,第122-124页。

[2] [德]罗克辛:《德国刑法中的法律明确性原则》,载 梁根林、希尔根多夫主编:《罪刑法定与刑法解释》,北京大学出版社2013年版,第51页。

[3] 张明楷:《罪刑法定的中国实践》,载 梁根林、希尔根多夫主编:《罪刑法定与刑法解释》,北京大学出版社2013年版,第105页。

（六）强调将纯粹规范性的占有概念仅限定于个别情形的观点，实际上根本无法阻挡概念自然蔓延的态势。概念所固有的按其内在的逻辑形式稳定一致地演绎和推导适用的特性，一旦被缺乏说服力地人为删除，这种概念就会丧失学术性和理论的力量，而沦为根据惩罚必要性而选择性适用的权宜之计。

按照一些学者提出的"存款名义人的占有""基于存款对现金的占有""对存款的法律支配""存款人占有债权"这一类说法，那么在逻辑上就没有任何阻碍理由地滑向下面的结论：A虽然将汽车借用给B，但是仍然可以对汽车主张"出借人的占有"；C在已经向D支付对价后，虽然还没有收到货物，但是仍然可以对锁在D的仓库里的货物主张"基于合同对货物的占有"；作为F的唯一继承人，E在F死亡当时虽然远在国外，但是仍然可以对千里之外的遗产主张"对遗产的法律支配"；M从N处借走5 000元现金后，N能够主张"出借人占有5 000元的债权"。因为在这些法律关系中，与银行存款关系一样，权利人都对财物没有任何的事实控制力，但是都能够基于某种法律根据而可以从实际占有人处提取财物。有人或许会质疑说，这些情形与存款人能够直接快捷地从柜台或者ATM机处提款是不同的。但其实这种差异仅仅是表面和程度上的，储户能够在柜台取款或者通过ATM机输入密码就能取款这一点，与其他场合的法律关系相比，仅仅是一个技术层面的便捷性提升的问题，并不能影响上述法律关系的基本共性。而恰恰是这个"对财物没有事实控制力但存在法律根据"这个基本共性而非输入密码取款的便捷性，构成了"存款名义人的占有""基于存款对现金的占有""对存款的法律支配"等概念的核心内容。这样一来，刑法上的占有概念的范围，将难以抵挡地蔓延开来，滋生出一系列在占有纯粹规范化和观念化之路上纵横狂奔的结论。对于这种纯粹规范化占有概念的问题，上文已经从各个角度作了批判。

当然，肯定会有学者提出反驳意见认为，占有的规范化范围其实是有严格限制的，"法律上的占有"仅仅适用于一些特定类型的案件，如侵占存入银行的受托保管的金钱或者侵占错误汇款的场合，其他场合仍然坚持占有必须有事实控制力的要素，所以并不会引起太大的问题。例如，依照日本刑法理论的主流观点，"基于法律支配而形成的占有，只是在侵占罪中才会被承认"[1]。

但是，潘多拉魔盒一旦打开，就不再是当初释放出理论怪物的人所能控制的。从我国刑法学界的情况来看，不少学者都在朝着占有规范化的道路上一点点试探着前行，越走越远，已经大大超出了日本学界发明"法律上的支配"这种概念时仅限于侵占罪的设定。例如，黎宏教授从2008年在存款占有的场合主张法律上的支配[2]，到2013年时认为盗窃罪的对象包括财产性利益[3]。张明楷教授从2007年时主张"侵占罪的占有既包括事实上的占有也包括法律上的占有，故而与盗窃罪的占有不同"[4]，到2011年则主张"无论是从事实上还是

---

[1] 参见 李强：《日本刑法中的"存款的占有"：现状、借鉴与启示》，《清华法学》2010年第4期。
[2] 黎宏：《论存款的占有》，《人民检察》2008年第15期。
[3] 黎宏：《论盗窃财产性利益》，《清华法学》2013年第6期。
[4] 张明楷：《刑法学》，法律出版社2007年版，第742页。

法律上,存款人都占有了债权",因此利用技术手段转移债权的构成盗窃罪[1]。至于陈洪兵教授的占有概念,更是事实、法律、债权、现金,四管齐下,"存款人不仅在事实上和法律上占有着存款债权,而且事实上及法律上与银行共同占有着存款现金"[2]。由此可见,从占有本体的规范化(法律上的支配),到占有对象规范化(占有权利或利益),已经出现了占有规范化遍地开花、无所不能的态势。

对此,不能简单地说,这些学者超出了当初"法律支配仅仅是侵占罪的一种特殊占有类型"的理论限定,因此这不是观点的问题而是主张者过度使用的问题。这种看法是避重就轻了。实际上,这恰恰说明了,所谓法律上的支配仅限于侵占罪的说法的无力性。这种限制根本就是一种口号性的宣示,而缺乏任何实质性的约束能力。自从为了解决受托保管的金钱和错误汇款场合的惩罚必要性而设计出"法律上的占有"这一概念那天起,就已经埋下了占有必将从本体到对象全面规范化的种子。就概念自身的特性而言,除非是遇到不可逾越的障碍,例如立法上的限制或者适用对象有本质差异,否则,它就必然会按照内在的逻辑形式稳定一致地推导和演绎下去。这本来就是概念和理论的能量和优点所在。

但现在的情况是,像日本学界的通说这样,一方面塑造了"法律上的占有"这样的概念,另一方面在举不出不可逾越的障碍的情况下,又表示这个概念要严格限制在侵占罪的情形,这就使得这种概念丧失了学术性和理论的力量,而仅仅成为根据惩罚必要性而选择性适用的权宜之计。在逻辑相同的场合提不出不适用的明确说理,而仅仅是根据惩罚的必要性而强硬地选择性地适用,这是立法者基于民主立法才能勉强拥有的权力。对于学者而言,所使用的武器只有逻辑说理而已,如果制造出概念却又没办法在逻辑论理上控制其蔓延之势,转而用惩罚必要性或者刑事政策的说法来强行限制,这是一种非学术的惩罚态度的表达。这种任意决定概念适用场合的做法,最终会导致法教义学在刑事政策面前的崩溃。

(七)小结

由于法学方法论(朝着去规范化和更加贴近日常生活具象的方向去定义)和罪刑法定原则(朝着更加明确和具体的方向去解释)两方面的理由,本文不赞成将占有理解为包括"法律上的支配",也不赞成将占有的对象从物扩大到权利或利益。但是,这并不意味着本文就支

---

[1] 张明楷:《刑法学》,法律出版社2011年版,第876页。黎宏教授还在《论盗窃财产性利益》一文中批评张明楷教授为何不肯承认盗窃财产性利益的观点,其实,这真的是把队友错当成了对手。张明楷教授的确在2007年的时候表示过财产性利益不能成为盗窃罪对象(参见 张明楷:《外国刑法纲要》(第二版),清华大学出版社2007年版,第534页),但是,在其最新版的《刑法学》中,他已经承认了"占有债权"的说法。当然,也有部分学者受日本刑法理论影响但仍坚持占有的事实性的观点,例如,刘明祥教授认为,"由于盗窃等财产罪的性质决定了财产性利益不可能成为其侵害对象",参见 刘明祥:《论刑法中的占有》,《法商研究》2000年第3期;周光权教授认为,"财产上的权利等无体物不能成为盗窃罪的对象",参见 周光权:《刑法各论》,中国人民大学出版社2011年版,第78页。

[2] 陈洪兵:《中国语境下存款占有及错误汇款的刑法分析》,《当代法学》2013年第5期。

持那种一般性地反对利益或无体物是财产犯罪对象的观点。[1] 关键的问题在于具体的构成要件中的动宾结构。只要具体的构成要件行为与作为对象的财产性利益所组成的动宾关系,没有远离日常生活的具象并且明确,就可以接受财产性利益成为该具体犯罪中的对象;反之,就不能接纳。有些国家的刑法典已经明确具体地规定了这种动宾关系(例如"德国刑法"第242条),那么,上述结论就是罪刑法定原则的题中应有之义。而对于像我国刑法典这样,仅仅是规定了"盗窃公私财物""诈骗公私财物"的,尚需要通过教义学工作进一步使得法律内容明确化。通过借鉴国外经验而建立起来的教义学模型,例如盗窃罪中的"占有财物"以及诈骗罪中的"处分财物",在作为一般性规则指导司法实践这一点上,实质上发挥着准立法的效果。对这种动宾结构中的动词和宾语应当如何填充,同样需要用是否远离或脱离日常生活语言的习惯用法和理解,是否朝着更加具体和更加明确的方向来检验。否则,就是在方法论和价值观上的双重错误。

在方法论上,将财产性利益作为诈骗罪中的"处分财物"的处分行为的对象,由此形成的"处分利益"的动宾结构,没有脱离日常用语的习惯,也没有增加理解的难度。相反,将财产性利益作为盗窃罪中的"占有财物"的占有对象,由此形成的"占有利益"的动宾结构,就脱离了日常生活的习惯用法(在事实上控制某物易于理解,但控制某利益就需要借助比喻和想象了),反而需要更加抽象和规范化的反向解释(如占有也可以是如法律上的支配)才可能理解,这就是不能接受的。在价值观上,由于目前我国尚处于立法上的罪状过度简单的阶段,因此,司法实践只能透过"占有财物"等理论模型来把握具体的构成要件。这是法教义学发展大有可为的阶段。珍惜和重视这些理论模型的效用边界,就是从学者立场所能期待的最大程度的对罪刑法定原则的尊重和贡献。如果仅仅为了某些案件的惩罚必要性就任意地扩张理论模型的边界,使得其成为一种任意的面团,最终只能是自毁学术长城。显然,谈到任意的解释,法官比学者更有权力也更在行,如果不是依靠学术上提供逻辑严谨、边界清晰的理论模型,学者们还有什么自夸解释能力的地方?在这个意义上,并不是说要原则性地反对财产性利益成为财产罪对象,只是在目前这种得到普遍认可的"占有财物"的解释模型中是无法容纳的。如果未来的修法技术或者学术发展建立起新的动宾结构模型,财产性利益成为盗窃罪对象也并非不可能。所以,财产性利益能否成为财产犯罪的对象,这既不是一个保护必要性的问题,也不是一个解释技巧的问题,而是一个如何理解和运用法教义学原理和是否坚持构成要件观念的问题。

七、占有判断与盗窃罪既遂的认定

确立判断占有的一般性规则,不仅能够统一处理各种场合下占有的有无和归属,同时也

---

[1] 主张这种观点的学者认为,财产罪的对象是以有体物为原则,同时,法律明文规定哪些无体物以财物论,对法律无明文规定的无体物,不得任意解释为财产罪对象。参见 刘明祥:《财产罪比较研究》,中国政法大学出版社2001年版,第23-24页;童伟华:《财产罪基础理论研究》,法律出版社2012年版,第79-81页。

能够为盗窃罪等财物犯罪的既遂认定提供标准。前文已经提过,本文使用的"占有"概念与以往国内通说中所说的"控制"和"支配"具有基本相同的内涵。因此,一般所说的盗窃罪采用"失控说"或"控制说"的既遂标准,其实就是打破旧的占有(失控),建立新的占有(控制)之意。既然盗窃罪的取得行为被定义为一个对于占有的破与立的完整过程,那么,只有在行为人建立新的占有之后,才可能认定为盗窃罪之取得行为的既遂。在这个意义上,从占有概念出发来认定盗窃罪的既遂,与所谓"控制说"的结论是一样的。[1] 接下来,本文就分别以盗窃案中经常出现也争议较多的被害人发觉/监视和贴身藏赃的现象为例,挖掘和赋予其教义学内涵,进而展示和检验本文提出的判断占有的一般性规则在盗窃罪既遂认定中的应用。

(一) 作为占有之事实因素的被害人发觉/监视

盗窃罪的窃取行为是否需要"秘密性",近年来国内学界存在一些争论。[2] 不过,无论是否承认"秘密性",没有争议的是,在被害人(也可能是相关人,为简洁计,行文中一律称为"被害人")发觉甚至监视着行为人的窃取行为而行为人尚不自知时,并不影响盗窃罪的成立。[3] 但仍有疑问的是,被害人发觉/监视对占有的归属以及犯罪既遂或未遂的认定有何影响?这种影响又是通过什么角度进入教义学分析脉络之中?对此,以往的研究往往语焉不详。接下来,本文就以一个争议案件"傅某盗窃案"切入这个问题。2007年3月11日1时许,犯罪嫌疑人傅某骑收废品的三轮车来到北京市长安商场门前东南侧的内部职工存车处,盗窃由某停车管理公司管理、由长安商场使用的内部存车处的五片不锈钢围挡。因长安商场门前存车处围挡多次被盗,商场派保安员在附近蹲守,值班保安员发现傅某盗窃,立即报告了商场安全保卫部。当傅某骑着装有围挡的三轮车离开现场5米时,被值班保安员和赶来增援的保安抓获。被盗五片不锈钢围挡价值1270元。[4]

针对本案有两种意见。第一种观点认为,傅某的行为系盗窃既遂。傅某主观上有盗窃故意,客观上实施了盗窃行为,且盗窃行为已实施完毕,即已经实际占有和控制了财物,数额也达到了较大的标准,符合盗窃罪的构成要件。从一般意义上讲,虽然傅某的行为处于商场

---

[1] 目前国内学界持"控制说"者,参见 陈兴良:《规范刑法学》,中国人民大学出版社2008年版,第768页;王作富:《刑法分则实务研究》(中),中国方正出版社2006年版,第1100页;张明楷:《外国刑法纲要》(第二版),清华大学出版社2007年版,第734页。相反,持"失控说"者,参见 高铭暄、马克昌:《刑法学》,北京大学出版社2010年版,第568页。

[2] 我国刑法理论的通说认为,盗窃罪应该以"秘密"窃取为必要。这里的"秘密性",不限于客观上的秘密,也可以是主观上"自以为秘密"。"秘密窃取是指行为人采用自以为不使他人发觉的方法占有他人财物。只要行为人主观上是意图秘密窃取,即使客观上已被他人发觉或者注视,也不影响盗窃性质的认定。"高铭暄、马克昌:《刑法学》,北京大学出版社2010年版,第563页。观点相近的,参见 陈兴良:《规范刑法学》,中国人民大学出版社2008年版,第746页。但是,近年来一些学者对此提出异议,认为盗窃罪不必以"秘密性"为要件,"公开盗窃"也能成立盗窃罪。参见 张明楷:《外国刑法纲要》(第二版),清华大学出版社2007年版,第727页。

[3] 这也是国外刑法理论的通说。Kindhaeuser, Strafrecht BT, 2008, § 242 Rn. 53.

[4] 案情和裁判意见,参见 佟晓琳:《保安监视下的盗窃能否构成既遂》,载 顾军主编:《侵财犯罪的理论与司法实践》,法律出版社2008年版,第242页。

保安的监视之下,但由于被盗财物的所有权和管理权并不属于保安员所在的长安商场,其所有权属于北京市西城区市政管理委员会,管理权属于某停车管理公司,因此商场保安的控制不等于财产所有人的控制。按照双控说理论,财物所有人实际上失去了对财物的实际控制,傅某实际取得了对财物的控制,因此应当认定为既遂。第二种观点认为,傅某的行为属于刑法理论中的不能犯未遂。傅某的盗窃行为从一开始就置于商场保安员的布控监视下,因此傅某从未真正地控制被盗财物,即犯罪并没有得逞。从表面上看,傅某自认为秘密地将所盗财物装在自己的车上,并逃离现场5米,但是其行为在保安员的监控下是不可能实现犯罪结果的,傅某不具备实际控制财物的可能性。傅某已实施了其认为实现犯罪意图所必要的全部行为,但是由于意志以外的原因,没有发生其预期达到的危害结果,属于实施终了的未遂。

第一种观点本身或有值得探讨的空间,但这里给出的理由显然是偏离了主题。盗窃既遂还是未遂,这与监视行为人的保安是否属于财物所有人并无关系,而是取决于原有的占有关系是否被行为人打破并建立新的占有。盗窃罪当然是对所有人的财物进行侵害的犯罪,但它的行为方式则是打破占有人的占有状态,即使所有人与占有人不是同一人的时候也是如此。本案中,保安虽然不是财物所有人,但财物的确处在保安的控制和支配之下,这就满足了刑法上的"占有"。而且,这里的关键在于,注意到和监视到行为人的那个人(保安),并不是与事件毫无关系或袖手旁观的人,而的确是会对行为人采取阻拦和抓捕措施的人。换言之,行为人的行为,被一个将会阻拦和抓捕他的人发觉,这才是问题的要害。但,这还不是问题的终点,因为发现财物正在被窃,并不意味着就能在实际上维持对财物的占有,反过来,行为人被发觉也不等于就能被抓捕。一个简单的例子是,被害人在离家几千米的山坡上,用望远镜发现有人正在试图开走自己家院子里面的汽车。显然,被害人虽然看到了行为人作案的整个过程,但是在那种时空条件下,他也只能从望远镜里眼睁睁地看着行为人把车开走。至此,就可以看清楚,这个案例的争点在于,结合案发当时的特定时空和具体财物的特点,在保安已经发觉行为人的情况下,财物是否已经脱离了保安的占有空间或控制范围?

就此而言,第二种观点是正确的。一般情况下,打破占有常常意味着将财物从其原先所在地点移开(或挪开)。不过,财物从它原先所在地被移至多远,以及移到哪里才算是被"取走",这个问题要根据先前的占有状态、社会一般观念以及财物自身的性质加以综合判断。"行为人将财物盗离被害人控制范围,就标志着实际控制了财物,因此控制范围关系到财物是否失控以及是否被行为人所控制。在不同的环境及条件下,物主对其财物的控制范围有很大差别。"[1]在本案中,被盗财物是存车处用来圈围车辆的金属围挡,它的功能就是用来将围挡之内的车辆塑造成一个相对封闭的占有空间,因此可以说,它本身就是管理人的支配力比较强的内部存车的空间与不受占有人支配力控制的外部公共空间的边界。因此对围挡的盗窃不像对车辆的盗窃:车辆只要还没有开出围挡之外,还处在停车棚内,那么行为人就始终还是没有建立对车辆的新的占有;但是对围挡而言,只要行为人将围挡拆离原处,就应

---

[1] 佟晓琳:《保安监视下的盗窃能否构成既遂》,载 顾年编:《侵犯犯罪的理论与司法实践》,法律出版社2008年版,第242页。

该认为围挡已经脱离了原有的排他性的占有空间。这就意味着原占有人失去了对财物的事实控制力,原占有开始消失,行为人成立既遂。也就是说,如果没有人发现或监视到傅某的行迹,那么,傅某"骑着装有围挡的三轮车离开现场5米"就构成盗窃罪的既遂。

正是在这个地方,显示出"被害人(或其他相关人)发觉/监视"这一现象的教义学含义。"监视因为与物理性因素相关而具有重要性……监视的功能是在一个事实性的占有概念而非社会性的占有概念中得到实现。"[1]被害人的发觉或监视往往意味着作为事实因素的占有意思的增强,相应地,原占有人对财物的事实控制力(或控制可能性)随之增强。[2] 对作为原占有人的被害人来说,发觉或者监视到财物的占有状态正在被他人破坏,意味着一个由于事实控制力的削减而逐渐松弛甚至濒临消失的占有状态又重新得到巩固。在上面这个案例中,当傅某的行为被保安发觉后,负有职责的保安加强了对财物的控制愿望,与占有意思的加强相伴随的,是该保安立即通知其他保安一起出动来抓捕傅某。于是,一个本来由于财物脱离原占有空间而即将消失的事实上的控制力又重新得到加强。除非傅某摆脱了监视者的视线或者在距离上彻底甩开抓捕者,否则,这种事实控制力就会持续存在(即使可能时强时弱)。

按照本文提出的一般性规则,当多个主体对同一财物均持有事实层面的某种控制关系时,谁的控制关系在规范上的认同度高,财物的占有即归属于谁。保安(由于监视的原因)与傅某都对围挡存在某种事实控制力,但是就对这种事实控制关系的规范认同度而言,对财物负有看管职责的保安(无论是否属于所有人)显然要远远高于作为盗窃者的傅某,因此,围挡归保安而非傅某占有。在这种情况下,无论傅某带着围挡离开现场5米还是50米,只要他没有摆脱监视者的视线或者没有在距离上彻底甩开抓捕者,保安对财物的占有关系就仍然存在,傅某无法建立起一个新的占有,也就是始终处于未遂阶段。

上面的分析是如下假定为前提的:绝大多数场合下,被害人发觉不等于被害人同意,也就是说,发觉并不等于占有意思的放弃,而是往往意味着占有意思的加强。当然,生活中肯定也存在着相反的情况。被害人发现行为人正在盗窃自己的财物时,不是准备积极地阻拦或抓捕,而是感到害怕甚至恐惧,心里希望行为人赶紧得手后尽快离开。也就是说,被害人有可能因为害怕或担心行为人空手而归而引发其他激烈举动,因此在内心里面不是打算去制止行为人,反而是希望行为人取得财物,这就是所谓"舍财保命"的意思。此时,被害人虽然对打破占有持一种貌似同意的态度,但是从被害人的角度看,这是一种受到逼迫的、非自由状态下的无效同意。在这种情形下,不影响行为人构成盗窃罪。

---

[1] Welzel, Der Gewahrsamsbegriff und die Diebstaehle in Selbstbedienungslaeden, GA 1960, S. 257ff.

[2] 与本文观点相契合的另一个例子是,"处于不特定人通行的道路上的钱包,一般来说,属于脱离他人占有的财物;但如果A不慎从阳台上将钱包掉在该道路上后,一直在阳台上看守着这钱包时,该钱包仍然由A占有"。这个结论是正确的,但是主张者并没有说明理由。参见 张明楷:《外国刑法纲要》(第二版),清华大学出版社2007年版,第725页。

(二) 作为占有之规范因素的贴身禁忌

上述"围栏盗窃案"中有一个值得注意的地方,那就是所盗财物的体积、重量相对较大,行为人需要用三轮车将财物拉走,这一点也是行为人难以迅速建立新占有、成立盗窃罪既遂的原因之一。而在某些案件中,体积较小的财物常常被行窃者随身带走。例如,甲进入一家小超市,从一排货架中取下一个 MP3,以为没人注意便放到裤兜中。但是甲的行为一直被超市老板乙看在眼中,乙在门口截住了甲。甲不得已交出了 MP3。这类案例提出的问题是,行为人在商场、超市等相对封闭的空间内行窃,将体积较小的财物(如戒指、手机、现金等)藏之于贴身范围内,但同时其行为又为被害人发觉或监视,则该行为是盗窃既遂还是未遂?或者问,该盗窃行为的既遂时点是在行为人摆脱监视离开商场之后,还是在行为人将财物放进贴身衣物的时候?与上述"围栏盗窃案"一样,对这种"超市监控案"既遂还是未遂的回答,归根结底取决于对占有归属的判断。

1. 国外通说的分析模式:事实性占有概念与规范性占有概念的对立

在德国刑法理论中,由上述案例引出的问题,常常被放置在哪一种占有概念更妥当的争论之中加以讨论。分析这一问题的惯常思路是,行为人是否构成既遂,原则上取决于对占有概念的理解,是以事实性还是以社会性、规范性为主。这种解决方案首先树立起两种占有概念的对峙,一种是事实性的占有概念,另一种是社会—规范性的占有概念。然后将具体案例加工描述为事实性的力量和规范性的力量分别掌握在不同的主体手上,而不同的主体又试图对同一个财物建立或维持占有,于是,事实性的占有概念与社会—规范性的占有概念之间就出现了矛盾和冲突。由此一来,就首先需要在两种占有概念之间进行选择。[1]

在德国刑法学界,有部分学者强调从生活事实的视角来确立占有,认为占有主要是一个事实性的概念,应当从事实上能否控制和支配财物的角度去思考问题,此时,被害人的监视在这里就变得重要起来。正如本文之前指出的,被害人发觉/监视的场合,对物的实际控制力量往往会加强。既然盗窃行为已经被发觉并且事实上难以带离现场(往往是只有一个出口的封闭空间),依照一个事实性的占有概念,会认为财物仍然处在被害人占有之下,行为人尚未建立起对财物的占有关系,由此就会得出盗窃未遂的结论。[2] 只有在极其特殊的状况下,即使被发现也不可能阻止行为人对财物的支配的场合,才能考虑既遂。有的学者提出,行为人虽然掌握了财物,但在空间上,财物仍然停留在先前占有人的势力范围内,此时,窃取行为的既遂,还需要考虑无阻碍地将财物带离现场的可能性。也就是说,要考虑"掌握+转

---

[1] 德国学界常见以这种对立式的思路来分析总结类似案例中的争论,参见 Hillenkamp, 40 Probleme aus dem Strafrecht(BT), 2009, S. 93.

[2] Hauf, Strafrecht BT, 2002, S. 19f.

移的可能性"。[1] 与上述事实性的占有概念相反,更多学者更倾向于一种社会的、规范性意义上的占有概念。按照这种占有概念,窃取财物的行为是否被被害人或其他人发现,以及能否带离现场,对于一个规范性的占有范围的建立而言,就没有什么意义;关键的问题仍然在于财物已经被放进了在规范秩序上应予保护的贴身范围。此时,应当认为被害人的占有已经被打破,行为人已经建立了新的占有,就会得出既遂的结论。[2]

从上述争论的基本脉络来看,盗窃罪既遂还是未遂的问题,取决于论者持什么样的占有概念。在主流解决方案的分析框架中,发现/监视行为人偷窃的被害人被认为是握有对财物的事实控制力的一方,而将财物放进贴身范围的行为人则属于被规范观念所支持的一方,于是,问题被简化为事实与规范的角力。留给研究者的问题是,究竟应当赞成事实为主的占有概念,还是规范为主的占有概念?按照这样的事实性占有——规范性占有的二元对立思维,问题的解决似乎也变得容易起来,只要站定了立场就自然会有答案,甚至连对方有什么样的反驳理由也不必理会了。

然而,仔细思考的话,会发现问题并没有这么简单。一方面,被害人作为财物的所有人,他对财物的所有权难道不也是一种得到法秩序承认的规范性力量吗?而且,财物不正是处在由他整体性、概括性控制且得到规范认同的超市空间之内吗?另一方面,那个将财物放在衣服里的行为人,他对于财物在空间和力度上的事实控制关系,难道不是比仅仅是监视着财物但却没有实际接触的被害人更强大吗?这样看来,类似案例的真实状况是,无论被害人还是行为人,他们对财物都同时具有某种程度事实控制力和规范上的根据,或者说,这两种人与财物的关系中,都具备事实与规范的因素,而并非是只有其中一种因素独立发挥作用的单一结构。换言之,被害人对财物的占有并不纯粹是事实因素的占有,行为人对财物的占有也不单纯是规范因素的占有。在这种情况下,依靠事实性占有与规范性占有相对立的分析模式,就会陷入困境。

由此可见,以往研究往往只是强调占有概念中既有事实因素又有规范因素,但是没有准确揭示出事实因素与规范因素的不同功能,而只是将占有简单地理解为一个事实因素与规范因素相互糅杂的组合体,在分析思路上自觉或不自觉地滑入比较两种因素谁更重要的逻

---

[1] Eser, Strafrecht 4, 1983, Fall 2A 57ff. 主张事实性的占有概念进而将类似案例认定为盗窃未遂的观点,主要是基于以下几点理由:(1)已经被他人注意且拦住的窃贼,基本上都难以再将财物带离现场,甚至一般情况下都会立即主动地交出财物。这就表明,在这种情况下,事实上的控制和支配关系并没有建立起来,因为对物的作用力还处于一种往往是行之有效的反抗和阻碍中。(2)从人与人之间的社会交往的观念和感觉来看,仅仅是将物体放在衣袋中,对确立是否占有而言,还不足够。(3)只要权利人立刻就能够要回自己的财物,那么就不存在终局性的支配丧失,作为盗窃罪立法保护目的的法益没有实际遭受侵害。如果权利人由于特殊的情况,即使发现也无法实际阻止,才能成立终局性地打破占有,此时才应该按照盗窃既遂处理。参见 Hauf, Strafrecht BT, 2002, S. 19f.; Hobmann/Sander Strafrecht BT, 2000, §1 Rn. 52ff.

[2] 这也是德国刑法学界的通说,参见 Krey/Hellmann, Strafrecht BT 2, 2005, Rn. 44; Lackner/Kuehl, Strafgesetzbuch, 2004, §242 Rn. 16; LK-Russ, 1994, §242 Rn. 43; Maurach/Schroeder/Maiwald, Strafrecht BT1, 2003, §33 Rn. 26; Mitsch, Strafrecht BT 1, 2003, §1 Rn. 63f; Rengier, Strafrecht BT, 2003, §2 Rn. 25.

辑轨道上去，进而分立出侧重事实性的占有概念与侧重规范性的占有概念之争，并按照这种"理想类型"来强行改变案件事实，将一方主体与财物的关系中仅摘取出事实部分，将另一方主体与财物的关系中仅摘取出规范部分，杜撰出一个虚假的二元对立，从而人为地将问题简单化。而一旦全面地、符合实际地承认被害人或者行为人与财物的关系中都兼具事实因素和规范因素时，这种事实性占有概念与规范性占有概念相互对立的分析模式就失灵了，再也无法解释占有的归属问题。

2. 本文的分析模式：作为必要基础的事实因素与作为评判基准的规范因素

按照本文提炼的一般性规则，事实因素与规范因素在占有概念中具有不同的功能。事实层面的控制关系是判断占有有无的必要基础，在事实控制力为零时不可能成立占有，但有事实控制力未必就存在占有。规范层面上对于事实控制关系的认同度，则是判断占有归属的评判基准。在多个主体对财物均有事实控制关系的情况下，事实控制力的大小强弱不再是重要的因素，此时，占有归属的判断取决于规范认同度的高低。谁的规范认同度高，谁就是财物的占有人。根据这一规则来分析类似超市行窃被监视的案例，可以得出清晰明确的答案。

首先，对事实因素进行审查。如果有一方根本不具备事实上的控制力（或控制可能性），那就不可能建立或维持占有，也就无需再去考虑规范的问题。在超市行窃被监视的案例中，被害人与行为人对财物在事实层面都具有不同程度的控制关系。对被害人来说，财物处在被害人整体性控制和支配的店铺空间之内，被害人又通过监视器发觉并一直监视着行为人窃取财物的过程，进一步加强了对财物的控制意愿和控制能力，行为人要通过由被害人把守的出口离开现场非常困难，在这种情况下，被害人对财物的事实控制力无疑是非常强大的。但是另一方面，行为人对财物在事实层面同样有着不容忽视的控制力。财物不仅被行为人实际接触，并经由抓取而放置在自己贴身范围之内，其身体与财物的空间距离如此之近，以至于就实际把控的便利性和轻易性而言，还要超过仅仅是监视到财物但却并没有实际接触的被害人。而且，尽管其行窃行为为被害人所发觉和监视，但是行为人最终能否带着财物离开现场，还要看双方在事实上的力量对比，而行为人摆脱被害人阻拦而逃离现场的可能性是存在的。因此，被害人与行为人在事实上对财物都具有某种控制力，这就满足了成立或维持占有的必要基础。至于说，谁的事实控制力更强大，对于判断占有的归属（是被害人维持着旧的占有，还是行为人建立了新的占有）而言，并不具有重要意义。

其次，在双方均存在事实控制力的基础上，继续审查这些控制关系是否获得了规范上的认同。较为容易确立的是，作为财物所有人和原占有人的店主（被害人），其对财物的控制关系，得到法律秩序的承认和保护，在规范层面有着较高的认同度。因此，关键的问题在于，行窃者对财物的实际控制，是否存在某种规范性的依据？通常情况下，就像上文提到的"围挡盗窃案"一样，盗窃犯对于财物的占有没有任何法秩序或道德秩序层面的正当性，他往往是依靠着事实层面的控制力才建立起占有（规范因素为零时也能成立占有）。因此，只要被害人对财物的事实控制力（及其可能性）还没有完全丧失，那么，在接下来对规范认同度高低进行比较时，通常情况下，被害人控制财物的规范认同度都要完胜行窃者，占有仍然归属于被害人,行窃者只能成立盗窃未遂。

正是在这个地方,凸显出"财物被放置进贴身范围"这一情形的规范意义。按照一般的交往习惯,作为生物体和社会成员的个人,彼此之间有必要保持适当的距离;与他人身体接触的限制,只有在得到允许或存在法律根据的特殊情况下才能被解除。这就是笔者主张的"贴身禁忌":一个人的贴身范围是一种不容许他人进入的禁忌性区域;未经同意靠近或进入他人的贴身范围则意味着是在挑战和破坏这种禁忌。一方面,作为一种规范性观念,"贴身禁忌"能够在生物社会学和身体社会学领域得到思想支持。避免和禁止陌生人的身体接触是生物进化以及社会关系建立的一个基本准则。人的身体不是一具简单的肉身,而是个人履行社会约定、承担社会任务的工具,也是个人以特定的方式拒绝或亲近他人的工具。由于身体的沟通功能,使得贴近身体肌肤表面的那一层物理空间,生发出规范层面的意义,即"贴身禁忌":这个空间是作为一个生物体和社会体的个人,对自己身体进行保护、避免与他人接触的最低界限和最后防线。未经他人允许,进入到他人贴身空间,就会违反了作为人际交往底线的"贴身禁忌"。另一方面,在刑法乃至整个法秩序范围之内,"贴身禁忌"也得到承认和保护。例如,《刑法》第245条规定的非法搜查罪,禁止在未得到允许或缺乏法律根据的情况下搜索和检查他人的身体,就是在保护人的贴身安全以及建立在身体之上的隐私和尊严。《治安管理处罚法》第40条规定,非法搜查他人身体的,处10日以上15日以下拘留,并处500元以上1000元以下罚款。又如,贴身禁忌的观念与《宪法》第38条规定的"公民的人格尊严不受侵犯"相协调。当人们进入公共空间参与社会生活的时候,彼此身体之间应保持适度的距离,至少在其贴身范围之内,应留下不容随意侵入的空间,由此保证社会交往中最起码的安全感和作为独立主体的人格尊严。[1]

在这个意义上,财物被放置在贴身范围之内,就是被放置在一个他人未经允许不得侵入的空间,这个空间是作为一个生物体和社会体的个人,对自己身体进行保护、避免与他人接触的最低界限和最后防线。这种"贴身禁忌"的观念普遍地适用于所有人,当然也包括行窃者。当他将偷窃的财物放置在自己的贴身范围之内时,其他人在未经允许或缺乏法律根据的情况下,不得进入到其贴身范围内去取得财物,在这个贴身范围之内,行窃者对财物就拥有了一种排他性控制的规范性理由,换言之,他对财物的控制关系获得了一种规范层面的认同。

最后,在双方对财物均有事实控制力且都得到某种规范认同的情况下,就需要对规范认同度的高低进行比较。从法秩序层面来看,被害人控制财物的规范认同(所有权或者对整个商店空间的管理权)属于财产权利,而行为人控制财物的规范认同(贴身禁忌)则涉及人的尊严和隐私。在法律体系所保护的利益位阶中,人格利益一般要高于财产利益,人格权要高于财产权。因此,当行窃者将财物放在自己的贴身衣物之内时,其他人即使注意到其举止甚至在有监控录像为证的情况下,也不能伸手直接进入其贴身范围,未经允许强行对其搜身,否则就有侵犯人身权利之虞。只有公安机关或者检察院等执行国家刑事侦查权的机关才能依

---

[1] 关于贴身禁忌更详细的阐述,参见 车浩:《扒窃入刑:贴身禁忌与行为人刑法》,《中国法学》2013年第1期。

法进行搜查,其进入公民贴身范围之内搜查财物的行为,才能够排除《刑法》第 245 条或《治安管理处罚法》第 40 条所禁止的非法搜查的"非法性"。除此之外,任何单位或者个人,即使是财物所有人,都要受到贴身禁忌的禁令制约,甚至在明知或者看到自己所有的财物就藏在行窃者的衣服的情况下,通常情况下也不能对行窃者贴身搜查。就此而言,行窃者在贴身范围内控制财物的规范认同度,要高于那个监视到其行窃的财物所有人。[1] 按照本文提出的判断规则,在这种情况下,财物归行窃者占有。既然新的占有已经建立起来,就应当认定行窃者构成盗窃既遂。

此外,有必要针对可能出现的疑问再作一点回应。关于被害人控制财物的规范依据,除了财产权利之外,另有学者提出,被害人还可以根据民法或刑法上的正当防卫或自救行为的理由,使用强力再次取回财物。[2] 但是,这种观点混淆了两个不同阶段的问题。在一些行为人将财物放置贴身范围后又想要使用强力逃脱的场合,被害人的确能够因为正当防卫或者自救行为的理由而从行为人处取回财物,但是,这个理由不是在为被害人维持自己先前的旧的占有关系提供规范依据,而是在为一个新的打破他人占有的行为提供规范依据,或者说,为已经丧失的占有关系又重新加以建立提供根据。因此,这种观点跨越和忽略了事态发展的一波三折的过程。在行为人被抓获后被警察搜身将财物取出,或者主张正当防卫的被害人将打算逃跑的行为人身上的财物强行取出,这并不妨碍说行为人已经建立起了一个占有,只是说这种占有被警察或者被害人再度合法打破而已。特别是在被抓捕的情况下,最终的局面肯定是行为人无法继续占有财物,但是这并不等于说行为人从未建立起对财物的占有。建立占有后又被打破,与从未建立起占有,在法律意义上是完全不同的两件事情。虽然二者在最终的"无法控制和支配财物"这一点上是相同的,但正是这个中间的过程而不是最终的局面,恰恰涉及犯罪既遂还是未遂的认定,对此绝对不能忽略。总之,符合正当防卫条件的被害人将打算逃跑的行为人身上的财物取出,这与警察依法从行为人身上搜出财物的性质是一样的,后者是所有盗窃犯被抓获时都会有的遭遇,所有的盗窃犯被抓获后都不可能再继续占有赃物,但是并不能因此说所有被抓获的盗窃犯都是未遂。

八、结 论

占有是刑法理论特别是财产犯罪理论中一个非常重要的概念。国内学界对此已经有较多的研究成果,但是问题论域往往失之于零碎和分散,而且通常是对已经得到普遍承认的结论的事后背书,缺乏既能为以往结论提供不仅感觉上妥当而且逻辑一致的解释,又能面对未

---

[1] 即使再加上财物处于超市或者店铺的管理者管控的空间之内这一点,也不能改变结论。对此可套用一个国际法上的术语"飞地"。对超市或者店铺的管理者来说,处在自己控制空间之内的顾客的贴身范围,就属于"内飞地"(本国境内的他国领土);对处于商店中的顾客来说,自己的贴身范围,则属于"外飞地"(外国境内的本国领土)。

[2] Schoenke/Schroeder/Eser, Strafgesetzbuch, 2006,§ 242 Rn. 40.

来案件提供具有稳定性和可操作性标准的一般性判断规则。本文以此为目标展开了研究。

以往的研究虽然都承认事实控制的重要性,但是对于为何在一些案件中又肯定规范的影响力,一直含糊其辞;以往的研究虽然也都肯定规范要素的影响力,但是对于规范要素究竟在占有概念中扮演何种角色,具体发挥何种作用,始终语焉不详。本文在从各类事例中提炼经验性规律的基础上,试图驱散遮盖在占有的事实性与规范性之上的迷雾,彻底澄清两者的关系。按照本文观点,事实控制力是占有成立的必要基础,规范因素是占有归属的评判基准。在判断占有的有无时,事实控制力为零时不可能成立占有,当规范认同度为零时则可以成立占有,但是在判断控制力的有无时,往往需要以社会一般观念为内容的规范性视角作为观察工具。在多个主体均有事实控制力的情况下,占有归属的判断与控制力的强弱无关,而是取决于规范认同度的高低。这里的规范认同度,是指法律或道德层面的规范秩序是评判控制力之重要性的基准。按照上述观点,金钱的占有、死者的占有、遗忘物的占有、存款的占有、封缄物的占有、占有辅助人以及运送物的占有等诸多争点中令人迷惑不清、似乎完全依赖感觉妥当性的地方,就能够得到令人满意的、逻辑一致的澄清。在展开解释的过程中,笔者也对金钱所有权的转移、侵占罪第 1 款和第 2 款的解释等问题提出了一些新的个人见解。

本文提出的"以事实控制力为必要条件,以规范认同度为评判基准"的观点,是基于存在论和规范论相调和的立场,对事实因素和规范因素进行一定的结构安排和功能配置,形成指导各类涉及占有争议的案件的一般性规则。同时,这种规则的优越性,也能够从法律经济学的外部视角得到论证。"法律上的占有"以及"占有权利或利益"等纯粹规范化的占有概念,在法教义学的方法论原理和罪刑法定原则的价值观上存在重大疑问,本文对此提出了全面的商榷意见。占有的丧失与建立,与盗窃罪的既遂与否是同一个问题。因此,运用判断占有的一般性规则,可以有效解释盗窃罪的既遂与未遂中的疑难问题。

规范性的占有概念之提倡

马寅翔*

摘 要：刑法中的占有并非描述性的概念而是规范性的概念，它所揭示的并非单纯的占有事实本身，而是隐藏于占有事实背后的社会关系，以及与此相关的规范保护目的——刑法对于事实上的平和状态的保护。事实性的占有概念虽然可以解释占有事实本身，却无法体现相应的社会关系，也无法反映刑法针对占有所设定的规范保护目的，规范性的占有概念则可以克服这些不足。规范性的占有概念强调的是一种基于社会观念而产生的空间支配关系（分配领域），其理论基础为基于社会规范对财物所作的分配、空间禁忌理论以及刑法中的相对明确性原则。在规范性的占有概念中，分配领域属于判断占有存否的核心要素。规范性的占有概念能够为各种占有问题提供统一而强大的解释力，可以更为及时有效地回应社会现实中的新型案件。

关键词：支配事实 支配意思 社会观念 分配领域

就财产犯罪而言，占有概念具有十分重要的意义，对于相关犯罪构成要件的确定、盗窃罪与侵占罪的区分以及盗窃罪既未遂的判定等问题，它都发挥着至关重要的作用。[1]从这个意义上说，占有概念可谓财产犯罪的核心要素，它需要先于盗窃罪与侵占罪的区分等相关问题被解决。因此，如何确定占有的有无、界限及其归属，是人们在讨论财产犯罪时无法回避的话题。作为刑法理论特别是财产犯罪理论中的一个重要概念，占有问题已经成为我国刑法分论研究中的主战场之一。[2]尽管就我国刑法分则理论的研究而言，占有概念的确是一个罕有的可以引起老中青几代学者持续共同关注、各种著述层见叠出的话题，但就争论的具体内容来看，由于在根本问题上绝大多数论者意见相仿，因此这些讨论至多只是"问题"之辩，而非"主义"之争。具体而言，一方面，争论各方大多认为刑法意义上的占有不同于民法意义上的占有，两者在含义与构造上均不相同[3]；另一方面，各方也多认为刑法中的占有指

---

* 华东政法大学法律学院讲师。本文系司法部国家法治与法学理论研究项目（14SFB30014）、中国博士后科学基金资助项目（2014M551365）、上海高校青年教师培养资助计划（ZZHZ14010）的阶段性成果，并受上海市高校一流学科（华东政法大学刑法学）建设计划项目资助。

[1] Vgl. Bittner, Der Gewahrsamsbegriff und seine Bedeutung für die Systematik der Vermögensdelikte, 2008, S. 21.

[2] 车浩：《占有概念的二重性：事实与规范》，《中外法学》2014年第5期。对于这场争论的大致内容及所存不足的精炼论述，也请参见该文。

[3] 有少数观点认为两者并无本质区别，仅在具体类型上有所差异。详细论述，参见 沈志民：《论刑法上的占有及其认定》，《当代法学》2010年第3期；童伟华：《财产罪基础理论研究：财产罪的法益及其展开》，法律出版社2012年版，第227页。

的是一个人对于财物所具有的事实上的支配力,它承载着该人的自然支配意思。这种理解将占有划分为客观—物理要素(事实上的支配力)与主观—物理要素(支配意思)。由于突出强调占有的事实性(物理性)要素的基底作用,可将这种理解称之为事实性的占有概念,它属于包括我国在内的大陆法系国家和地区的主流观点。由于在这两个根本问题上,各方的意见趋同,因此围绕占有概念而争论的具体问题,虽然结论有殊异,却不存在根源性的差别。可以说,时下我国刑法学界关于占有的争论,更多地表现为事实性占有概念的内部混战。

受日本刑法理论的启发,同时也主要是受存款占有问题的刺激,我国有学者提出了纯粹规范性占有概念的主张。这种主张不再强调占有的事实性要素,而是竭力挖掘占有的规范内容,提出了以"法律支配"或者"占有权利/利益"为表现形式的纯粹规范化的占有概念,试图以此谋求问题的解决。[1]对于该主张,有学者明确提出了反对意见,认为其在法学方法论和罪刑法定原则上均存在疑问。[2]此外,由于法律上的支配必然强调占有的合法性,这将导出非法占有不属于刑法意义上的占有这种结论,由此混淆了占有与占有的合法性这两个不同的问题。鉴于此,本论文并不认同该主张。

但是,本论文更不赞同事实性的占有概念。通过下文分析可以发现,这一概念根本无法圆融自洽,其逻辑断裂程度之深,足以导致自身主张的崩溃。诚如我国学者所指出的那样,对于占有的研究应当进入一个新的阶段,从而能够提炼出一般性规则,达到既可以为现有的绝大多数事例提供逻辑一致的妥当解释,又可以作为具备稳定性、确定性和可操作性的判断方法去应对新型案件。[3]但是,欲达此目的,事实性的占有概念难堪重任,因为新型案件所涉及的对象,大多为不具实体的东西,一味固守事实要素的占有概念,根本无法对此作出回应。最大的可能,则是拒绝承认它们属于占有的对象。这固然可以维持事实性占有概念的稳定性,但却因为无法有效回应社会现实,而丧失了其本应具有的解释力。正是在对事实性占有概念的各种不足进行反思的基础上,本论文转而提倡规范性的占有概念,并对规范性占有概念的理论基础作了阐述,进而提出了占有判断的一般规则,并运用这些规则对相关问题展开了分析。

一、事实性的占有概念所面临的难题

(一) 客观支配事实的松弛

事实性的占有概念一贯认为,对于刑法中占有的成立而言,占有主体对财物必须存在事

---

[1] 李强:《论财产性利益的占有》,清华大学2011年博士学位论文。在存款占有问题上的类似主张(承认存款债权可以成为占有的对象),包括但不限于:黎宏:《论存款的占有》,《人民检察》2008年第15期;陈兴良:《判例刑法学》(下卷),中国人民大学出版社2009年版,第370页;张明楷:《刑法学》,法律出版社2011年版,第876页;黑静洁:《存款的占有新论》,《中国刑事法杂志》2012年第1期;陈洪兵:《中国语境下存款占有及错误汇款的刑法分析》,《当代法学》2013年第5期。当然,这并不代表上述学者均赞同纯粹规范性的占有概念。事实上,他们当中有不少学者仍是事实性占有概念的坚定主张者。

[2] 参见 车浩:《占有概念的二重性:事实与规范》,《中外法学》2014年第5期。

[3] 参见 车浩:《占有概念的二重性:事实与规范》,《中外法学》2014年第5期。

实上的支配力。但是,这一概念并没有将事实上的支配力限定为有形的、物理上的支配,而是认为当根据社会观念能够推知其存在时,或者说是存在较高的规范认同度时,也同样属于事实上的支配。[1] 这种理解实际上已经将事实上的支配扩张至支配的可能性,即随时不受障碍地掌握财物的可能性。至于是否存在这种可能性,则需要根据具体领域的经验法则以及日常生活所形成的自然观念,结合具体的情况加以判断。对事实支配可能性的认可使得占有人与财物之间并不需要存在紧密的肢体接触,即便占有人与财物之间存在一定的距离,也并不会导致占有的丧失,而仅属于占有的松弛。[2]

在事实性的占有概念看来,占有的松弛并不意味着实际支配的丧失,因为占有人对于财物的实际影响可能性依然存在。这种看法将实际支配与实际影响可能性等而视之,其理由为,虽然与实际支配的物理性因素相比实际影响可能性的物理性因素要明显减弱,但它可以通过社会观念得以补强。这种见解实际上体现了刑法中占有概念的观念化,即观念上的占有。[3] 但是,主张事实性占有概念的多数学者认为,刑法是通过处罚对财产的不法侵害行为来保护财产权利,因此对于侵害财物占有的财产罪来说,必须是行为人排除他人对财物的支配而将财物事实上置于自己的支配之下时,才能构成。这就意味着刑法上的占有是比民法上的占有更为现实的概念。[4] 基于这一理由,事实性的占有概念一般并不承认已被民法理论普遍接受的观念化的占有。不难看出,虽然为了解决空间距离对事实支配力的不利影响,事实性的占有概念实际上已经接受了观念化的占有,但在表面上却又拒不承认。[5] 产生这一矛盾的原因,在于没有区分占有的建立与占有的维持。

实际上,对于占有而言,并不要求必须永久性地在肢体上靠近财物。这种要求通常仅适用于占有的建立,而并不适用于占有的维持。就占有的维持而言,并不需要占有人持续地将财物掌握在手中,只要能够随时制造出紧密的物理关系,即随时能够掌握在手中,就足够

---

[1] 张明楷:《刑法学》,法律出版社 2011 年版,第 873 页;[日]大塚仁:《刑法概述(各论)》,冯军译,中国人民大学出版社 2003 年版,第 212 页;车浩:《占有概念的二重性:事实与规范》,《中外法学》2014 年第 5 期。

[2] Vgl. Mitsch, BT 2/1, 2. Aufl., 2003, § 1 Rn. 43; Maurach / Schroeder / Maiwald, BT I, 10. Aufl., 2009, § 33 Rn. 14.

[3] 所谓观念上的占有,是占有观念化的产物,最早为民法理论所承认。起初的民法理论认为,人必须对物存在事实上的支配力,才能够成立民法中的占有,但随着社会观念的变迁,民法理论一方面对占有加以扩张,认为在某些情况下,即便没有事实上的支配力,也可以存在占有,如间接占有与占有继承;另一方面又对占有加以限缩,认为在某些情况下,即便具有事实上的支配力,也不存在占有,如辅助占有(参见 王泽鉴:《民法物权》,北京大学出版社 2010 年版,第 421、422 页)。随着占有观念化的普遍承认,事实上支配关系的有无不再是判断民法中的占有是否存在的关键。

[4] 刘明祥:《财产罪比较研究》,中国政法大学出版社 2001 年版,第 40 页;[日]山口厚:《刑法各论》,王昭武译,中国人民大学出版社 2011 年版,第 204 页。

[5] 值得注意的是,已经有少数持事实性占有概念的学者有节制地部分承认了民法上的某些观念占用也属于刑法上的占有。(参见 张明楷:《刑法学》,法律出版社 2011 年版,第 874 页。)这种对社会观念所具有的决定性作用的明确承认,实际上已经逸出了事实性占有概念的范畴,是对事实性占有概念的颠覆。

了。〔1〕否认观念化占有的观点,是从财产犯罪的行为人角度对占有所作的理解,即行为人必须建立起直接的事实上的支配,才能确立起对他人财物的占有。从原占有人的角度来看,需要注意的则是,在行为人实施相应的犯罪行为时,原占有人对于财物的占有是否仍处于持续状态。这一角度的占有,即便是一定程度的观念上的占有,也同样是可以被承认的。

即便如此,事实性的占有概念仍坚持认为,是否存在占有,需要综合考虑支配事实与支配意思,根据日常生活观念加以判断。〔2〕但是,占有的观念化实际上切断了支配事实与支配意思的关联性,导致占有的认定不再要求两者必须同时具备。一方面,事实性的占有概念认为,在大多数情况下,仅凭支配事实就足以认定占有的存在。极端情况下,即便欠缺支配事实,也并不妨碍占有的认定。例如,对于上班前停放在地铁站天桥下的电动车,即便没有上锁,事实性的占有概念也仍然认为车主对其存在占有。此种情况下的事实上的支配,可以说已经松弛到了不存在的程度。另一方面,事实性的占有概念又认为,在特定情况下,即便一个人与财物发生着紧密的肢体接触,对于财物存在着直接的影响可能性,但如果存在社会依附关系(上下主从关系),也并不认为此人对财物存在占有。〔3〕结合这两个方面可见,在判断是否存在刑法意义上的占有时,起决定性作用的是在考虑公众观念基础上的自然观察方式,它从日常生活所形成的通行观念出发,弱化甚至取代了事实支配可能性标准的作用。〔4〕可以说,作为客观要素的事实上的支配力的削弱,动摇了事实性的占有概念的根基。对于这种副作用,该概念的主张者们显然始料未及,同时也反映出事实性的占有概念自身难以摆脱的局限性。

(二)主观支配意思的虚设

事实性的占有概念认为,作为主观—物理要素的支配意思,是成立占有的必备要件。客观支配事实只有在承载了主观支配意思的基础上,才属于刑法意义上的占有,如果欠缺支配意思,财物就可能成为无人占有之物。从表面上看,这种理解赋予了占有的主观要素与客观要素平等的地位。但是,为了防止得出令人无法接受的结论,事实性的占有概念又明确指出,刑法上的占有重在事实上的支配,支配意思至多仅对占有的认定起着补充作用,它并不要求必须是针对各个财物的具体的支配意思,只要至少存在一般的、潜在的甚至是预期的支配意思即可。〔5〕首先,就一般的支配意思而言,对于特定领域内的财物,占有人无需具备指向每件财物的特定的支配意思。当财物位于为支配意思所覆盖的支配领域内时,即便它被隐藏起来,也并不必然导致占有的丧失。其次,就潜在的支配意思而言,为了维系占有,占有

---

〔1〕 Vgl. Mitsch (Fn. 8), Rn. 44.
〔2〕 [日]山口厚:《刑法各论》,王昭武译,中国人民大学出版社 2011 年版,第 205 页。S/S-Eser / Bosch, 29. Aufl., 2014, § 242 Rn. 23.
〔3〕 张明楷:《刑法学》,法律出版社 2011 年版,第 876 页;[日]大塚仁:《刑法概述(各论)》,冯军译,中国人民大学出版社 2003 年版,第 217 页;MK-Schmitz, 2. Aufl., 2012, § 242 Rn. 52.
〔4〕 Vgl. Arzt / Weber / Heinrich / Hilgendorf, BT, 2. Aufl., 2009, § 13 Rn. 38 f.
〔5〕 黎宏:《刑法学》,法律出版社 2012 年版,第 738 页;[日]西田典之:《日本刑法各论》,王昭武、刘明祥译,法律出版社 2013 年版,第 142 页;Küper, BT, 7. Aufl., 2008, S. 446.

人并不需要将支配意思现实化。也就是说,占有人并不需要一直守在财物旁,即便他睡着了或者丧失了意识,也依然对财物存在占有。最后,就预期的支配意思而言,其指的是意图接受所有处于个人支配领域内的财物的支配意思,它涉及那些虽然尚未支配、但却能够期待获得支配的财物,例如顾客投入自动售货机中的货币。[1] 对于一般的、潜在的支配意思,尤其是预期的支配意思的承认,无异于是说,支配意思实际上不必已然存在。更为直白地说,支配意思事实上并不存在。那种以所谓一般的、潜在的或者预期的支配意思来认定存在占有的情况,实际上同样也是根据社会观念得出的结论。[2] 正是根据社会观念而非物理性的实际支配意思,人们才会认为,一个人并不会因为进入睡眠状态或者失去知觉而丧失对财物的占有。

在具体判断过程中,由于事实性的占有概念将支配意思置于辅助判断地位,因而并不会积极确认其是否存在。该概念之所以强调支配意思,一方面是为了将那些明确不具有支配意思的情况排除在外,这是从占有的取得角度而言的;另一方面,则是在占有人未明确表明放弃支配意思之前,承认占有持续存在,这是从占有的存续角度而言的。可见,无论是从哪个角度来看,支配意思的作用都是消极而反向的。这就不难理解,为何事实性的占有概念会认为,一旦财物处于一个人的事实上的支配力之下,只要根据具体状况看不出他存在积极放弃该财物的意思,就可以推定他对财物存在主观上的支配意思。[3] 事实性的占有概念试图借助一般的、潜在的以及预期的支配意思,来维系占有是属于主客观要素统一体的观念。问题在于,上述三种支配意思缘何而来?对此,事实性的占有概念认为,它们源自人们对财物所具备的事实上的支配力,也就是说,这三种主观支配意思附着于客观支配事实之上。如此一来,一旦抛开客观支配事实,这三种支配意思的内容就势必成为无源之水。因此,一般的、潜在的以及预期的支配意思这些术语,不过是精心的语言包装,看似华美,实则空洞无物。当一个人完全没有意识到他对财物存在事实上的支配力时,支配意思实际上是不存在的。在此情况下,事实性的占有概念认为占有依然存在的主张无异于承认只要存在特定的空间关系,使得主体在事实上对于财物存在直接的影响可能性,就足以肯定占有的存在。

如果我们换一个角度来看,当一个人在事实上具备对某物的直接影响可能性时,假设这违背了他明确的或推定的意思,例如,毒贩甲为了通过安检,趁路人乙不注意时,将一包毒品藏在了乙的行李箱内。显然,乙在主观上并不具备支配该毒品的意思。这就表明,主张一般的支配意思的做法,实际上无视了个人的具体支配意思。然而,即便在欠缺支配意思的情况下,人们也不愿意否认占有的存在,否则会使人无法理解,"为何对于装在我的衣服口袋内的财物,我却并不存在占有"?这促使我们不得不去反思,主观支配意思究竟是否属于成立占

---

[1] Vgl. Eser / Bosch (Fn. 13), Rn. 30; Mitsch (Fn. 8), Rn. 57 f.
[2] Vgl. Schmitz (Fn. 14), Rn. 66.
[3] 周光权:《刑法各论》,中国人民大学出版社 2011 年版,第 98 页;[日]大塚仁:《刑法概述(各论)》,冯军译,中国人民大学出版社,第 215 页。

有所必不可少的构成要素?[1]围绕这一问题,理论上存在着客观论与主观论两种主张。客观论认为,主观支配意思对于占有的认定无足轻重,只要主体与财物之间存在着客观的特定空间关系,就足以认定存在刑法意义上的占有;主观论则认为,主观支配意思是占有成立的必备要件。但是,为了解决睡梦中的人对于财物的占有问题,主观论发展出了一般的支配意思这种说法。在德国,客观论曾长期盛行于德意志帝国法院的判决中,并为少数学者所认同,但是刑法理论界的通说却始终坚持主观论。此后,主观论的主张逐渐为德国联邦最高法院的判例所接受,成为现在通行的事实性占有概念的主张。[2]但是,在处理具体案例时,如果彻底坚持主观论,就会得出不当的结论。例如,如果彻底坚持物理性的支配意思,就应当否认入睡者或意识丧失者对于财物的占有,但主观论者却并不这么认为。另一方面,同样出于结论妥当性的考虑,极端化的观点又认为,只要具有支配意思,就足以肯定占有的存在。例如,对于不慎掉落在供不特定人通行的道路上的 A 的钱包,主观论者认为,虽然从客观事实来看,钱包已经短暂脱离了 A 的支配,但只要 A 一直在阳台上看守着该钱包,因为看守行为表明了其具有明显、强烈的占有意思,所以钱包并未成为丧失占有之物。[3]这种论证逻辑不免让人费解:既然欠缺了支配事实这一成立占有所必需的客观构成要素,为何还存在占有?这种认为只要存在主观上的支配意思,占有就仍然可以继续存在的观点,与认定犯罪时"客观不足主观补"的做法如出一辙。这既没有严格遵守将构成要件要素作为判断起点的基本要求,也与主观论本身所坚持的"刑法上的占有必须是事实上占有,而不能只是观念上占有"的旨趣相悖。

(三) 法学方法论的失当

1. 将事实要素与规范要素加以绝对划分

虽然对于如何确立规范要素在占有概念中的地位与作用,事实性的占有概念主张者们持有不同意见,但越来越多的学者承认了刑法中的占有具备事实与规范的双重属性,并试图对二者作出区隔,认为事实要素是判断占有有无的必要基础,规范要素则对占有的归属判断发挥着作用,进而决定了占有的有无判断。但是,将事实与规范截然分开的做法并不妥当。这是因为,对于占有的认定而言,即便是那些在某些情况下作为判断基础加以考虑的事实要素,也是已经通过有关规范加以确认的,并非与规范要素毫无瓜葛。反之亦然。例如,就民法中的辅助占有而言,虽然辅助占有人在事实上占有着财物,但是根据民法规范,他并不享有民法意义上的对于财物的占有。不少持事实性占有概念的学者也认为,辅助占有人对于财物并不存在刑法意义上的占有。这显然同样是以规范要素否定了实际支配力这一事实要素。无论这种见解是否合理,都足以表明,事实与规范的关系并不像人们所设想的那样泾渭分明。这里需要区分话题的场域,即区分生活中的事实与法律中的事实。生活中的事实与

---

[1] Vgl. Bittner (Fn. 1), S. 71 f.

[2] Vgl. Zuckermann, Die Entwicklung des Gewahrsamsbegriffs im Strafrecht und seine Abgrenzung vom zivilistischen Besitzbegriff, 1931, S. 14, 21, 30.

[3] 参见 张明楷:《刑法学》,法律出版社 2011 年版,第 874 页。

法律中的事实并不是完全等同的,生活中的事实是一种与价值无涉的事实,而法律所确认的事实则是经过法律规范筛选、评价后的事实。就构成要件要素中的事实要素而言,不以规范为逻辑前提的理解是难以想象的,因为只有借助相应的社会规则,才能够对事实要素加以确定。也就是说,在理解构成要件中的描述性事实要素时,总是会受规范要素的影响。[1] 同样,作为占有概念客观构成要素的事实支配力,也并非纯粹的生活中的事实概念,对它所作的理解,也离不开对规范要素的考量。对此,借助事实性占有概念主张者所认可的事实支配可能性,可以获得更加清晰的理解。在事实性占有概念的主张者看来,事实支配可能性也属于占有的事实要素,但根据上述分析可知,所谓的事实支配可能性实际上是观念化的产物,体现着强烈的规范意蕴,将其完全视为占有的事实要素并不妥当。如果在判断占有的有无时,从所谓的事实要素开始就离不开对规范要素的考量,则对两者进行区分并进而试图维系事实要素基础地位的做法,从根基上就是站不住脚的。并且,如果认识到占有的归属判断在一定意义上也是占有有无的判断——占有归属判断的结果即为某些人是否存在占有——则规范要素对于占有有无的重要作用就更加显而易见。

2. 不符合定义的逻辑构造

部分事实性占有概念的主张者认为,在缺少支配事实或者支配意思时,刑法中的占有依然可以存在,因为根据社会观念,可以填补本来缺失的部分。问题在于,如果占有属于承载主观支配意思的事实上的支配,那么作为基本的构成要素,支配事实与支配意思就必须是客观存在的,哪怕是以一种非常微弱的形式存在。当某一构成要素在客观上缺失时,再怎么求助于社会观念,也不应当变无为有。因此,虽然事实性的占有概念通过社会观念这个跳板,实现了惊险的一跃,最终在结论上的达成了一定的妥当性,但却是以牺牲概念的本来面目为代价的,实际上成了事实性占有概念的扩张版。对此,有学者试图从概念形式的角度证成扩张后的事实性占有概念的合理性,认为刑法中的占有属于选言式定义下辖的类型概念。所谓选言式定义,指的是通过"或者"来连接选择性要素的定义形式。就占有的定义而言,事实上的支配力和社会观念对于该支配力的承认属于占有的选言式要素,也就是说,占有的产生与存续并不需要同时具备事实上的支配与观念上的承认,而是只要具备其中之一即可。这就意味着,就占有的实现而言,事实上对某物的支配力(拿取可能性)越强,"社会上对此支配的承认"这个要求就可以越弱;反之,社会上对于某人之于某物的支配承认度越高,事实上拿取该物的可能性就可以越弱。[2] 在这种观点看来,公众观念(Verkehrsauffassung)属于扩张后的事实性占有概念的选言式要素,也就是择一性要素,二者只具其一即可存在占有。但是,将事实性要素与观念性要素同等对待的做法,并不具有妥当性。这是因为,事实上的支配与观念上的承认在性质上迥异,它们是从不同角度对占有所作的解释。实际上,观念上的承认单独并不能作为要素来理解,因为它承认的恰恰是另一个所谓的选言式要素——事实上的支配。也就是说,它承认的直接效果是另一个选言式要素(事实上的支配)的存在,而非

---

[1] Vgl. S/S-Lenckner / Eisele, 29. Aufl., 2014, Vor §§ 13 ff Rn. 64.
[2] [德]英格博格·普珀:《法学思维小学堂》,蔡圣伟译,北京大学出版社2011年版,第22-27页。

上位概念(占有)的存在,这并不符合选言式定义的要求,即各个选言式要素应当具备相对独立存在的特征。正是由于这一缺陷,该观点在逻辑上无法说明的是,在事实上的支配并不存在的场合,为何单凭社会观念的承认仍可以认定占有的存在?既然社会观念承认,那么由于这种承认是对事实上的支配的承认,合理的推论就应当是存在事实上的支配,因而才存在占有,但这恰恰与事实上的支配并不存在这一前提相矛盾。为了弥补上述主张不符合定义形式的缺憾,有学者转而认为,在判断占有的有无时,事实上的控制力必须不能为零,哪怕这种支配力只是以极其微弱的状态存在,当事实控制力为零时,则不存在刑法上的占有。因为占有概念中规范要素的作用,在于补强和支持在事实层面上人对财物的支配和控制关系,当事实上的支配力为零时,规范关系再强,也无法独立支撑起一个占有的成立。论者认为,规范要素的作用在于两点:一是用于判断事实控制力的有无;二是用于评价事实控制关系的重要性。[1]这种主张用规范要素来判断事实控制力的有无及其重要性的观点,实际上体现的是规范要素的决定性作用,这正是本论文所理解和提倡的,只不过本论文认为这种理解体现的恰恰是占有概念的规范本质。

通过以上分析可见,如果将占有关系界定为人对于财物基于支配意思而存在的事实上的支配关系,则由于人对于物都具有或多或少的支配可能性,很难说谁在占有身外之物,因此用支配可能性作为判断占有的标准,注定是一个先天上的难题。[2]虽然事实性占有概念的主张者们认为,支配事实与支配意思是占有必不可少的构成要素,但在实际判断过程中,为了追求结论的妥当性,他们却将这两个要素任意揉捏成需要的模样,甚至在必要时,可以置其中的一个要素于不顾,根本没有也不可能将这两个构成要素贯彻到底。由此可见,支配事实与支配意思不过是虚置的要素,为的是使结论能够获得表面的合法性。这些结论虽然大都是正确的,但却是基于其他理由而得出。这就意味着,能够为这些结论提供合法性基础的,并非事实性的占有概念。[3]如此一来,此概念的合理性就大可质疑。既然概念是为了生活的缘故而存在,就必须要适合于生活所设下的诸多条件,以便能够获得运用。[4]随着人类社会的不断发展,流动性成为现代社会的重要特征,占有人与财物之间在时间与空间上经常发生分离,尤其是虚拟财产的出现,导致支配事实松弛甚至消失的情况成为常态,事实性的占有概念已经难以对此作出恰当的解释,占有理论应当如何回应这一现实状况,就成为值得思考的问题。

二、占有的概念之争与立场选择

(一) 相关理论争议概述

在刑法理论界,对于占有概念的理解,虽然大体上可以划分为事实性的占有概念与规范

---

[1] 参见 车浩:《占有概念的二重性:事实与规范》,《中外法学》2014年第5期。
[2] 参见 黄荣坚:《侵占罪的基本概念》,《日新》2005年第4期。
[3] Vgl. SK-Hoyer,2009, § 242 Rn. 26.
[4] 参见[德]鲁道夫·冯·耶林:《法学是一门科学吗?》,李君韬译,法律出版社2010年版,第76页。

性的占有概念这两大类,但对于占有的本质属性是什么的关键问题,各种代表性的具体主张却又存在着细微的差别。关于占有的本质,刑法理论中主要存在着事实支配关系理论、处置权理论、注意(尊重)关系理论、分配理论、利用性保管理论等主张。由于上文已对事实支配关系理论作了详细评价,此处仅讨论其他几种理论。

1. 处置权理论

该理论认为,刑法中的占有指的是事实上的支配,其在客观上表现为主体对于财物所具有的处置权(Verfügungsgewalt),即事实上的力量,凭借该力量,占有人可以按照其自由意愿处置财物。这种处置权通常通过与财物的紧密空间关系来获得。此外,占有人必须能够意识到其对财物具有处置权,并且必须愿意支配该财物。从这个角度而言,占有指的是为主观意思所涵摄的对于财物的事实上的处置权。该主张并未将占有理解为纯粹自然意义上的对物的物理管控力,而是加入了社会规范这一要素,用以判断多人对财物均具有掌握可能性时占有的认定问题。[1]

实际上,处置权理论与扩张的事实性的支配关系理论别无二致,它同样认为占有的本质是主体与财物所存在的事实上的支配关系,只不过较之于后者而言,其在所谓的占有的表现形式方面有所推进,提出了处置权的概念。但是,首先,既然这种处置权也非直接源于事实上的支配,而是同样需要借助社会规范要素来判断,那么事实性支配关系理论所存在的全部缺陷,它同样也无法避免。其次,事实上,占有与处分之间并不存在必然联系,即便某人并不具备处分财物的意思,也并不妨碍占有的存在。最后,将占有理解为对于财物的处置权,并进而认为毁损财物的行为也属于占有的表现,还可能将原本应当以故意毁坏财物罪论处的行为,错误地按照盗窃罪来处理。

2. 注意(尊重)关系理论

该理论认为,刑法中的占有反映的是一种注意(尊重)关系,其涉及事实上的管控力的践行,凭借这种注意(尊重)关系,某人对于财产的支配得以保障。该理论从物理性的管控力这一要素出发,认为其与尊重关系密切相关。其理由在于,根据经验可知,只有当某人践行了对于财产的物理管控力时,其才能以公开的方式被注意到是占有人。对于强调物理性的管控力这一要素,该理论同样认为,支配意思以及占有人对于财物所可能具备的影响,是建立占有的必备条件。但是,由于其强调的是注意(尊重)关系,因而,对于占有的维系而言,即便物理性的管控力不再存在,注意关系也仍然可以持续。就盗窃罪的行为人而言,其恰恰无视了这种注意关系。[2]

注意(尊重)关系理论跳出了主体与财物之间的关系这一占有始终关注的范畴,将重点放在了占有主体与其他人之间的关系上,这是一个极其重要的理论转折点。按照该理论,如果行为人没有注意到占有人的存在,则他取走他人财物的行为就不属于破坏占有。这种结论恐怕难以让人接受。因为无论他人有没有注意到占有人的身份,占有人对于财物的占有

---

[1] Vgl. Mitsch (Fn. 8), Rn. 42 ff.
[2] Vgl. Redslob, Der zivilrechtliche Besitz und der strafrechtliche Gewahrsam, ZStW 30, S. 213 ff.

都应当是客观存在的。此外,由于同样强调物理性的管控力以及与之相关的支配意思,该理论也存在着前述两种理论的相应缺陷。

3. 分配关系理论

分配关系理论认为,刑法中的占有指的是根据文化规范,在客观事实领域内产生的将某物归于某人的分配(Zuordnung)。该理论认为,占有作为一种社会现象,表明的是一种社会分配关系。对于这种关系,只能从与此相适应的人与人之间的交往与相互影响的角度加以考虑。唯有从这一角度出发,才有可能从客观上把握占有的概念,并摒弃传统的事实性的占有概念所包含的主观要素。根据社会生活情况,该理论进一步将占有划分为直接占有与一般占有。所谓一般占有,是指虽然占有人并未直接占有某财物,但根据规制人类共同生活的法律规范以及社会文化规范,仍视为占有人占有该财物。例如停放在街道上的轿车,占有人对该轿车虽不存在直接占有,但却存在一般占有。[1]

分配关系理论将社会观念搬至前台,彻底承认了其所具有的决定性作用,并试图将占有概念改造为纯粹的客观概念,不再要求支配意思的存在。从占有的本质是一种社会分配关系这一理解出发,分配关系理论对于占有的定义完全蜕变为社会性的占有概念。尽管该理论可以有效避免事实性的占有概念所存在的逻辑矛盾,但是在社会分配的理论基础方面,它却面临着如何加以解释的问题。此外,由于作为构成要件要素的不成文的社会规范难以被实定化,人们总是能够以其为基础,从中推导出所谓的社会分配。从具体判断过程来看,它时而强调"事实的"要素,时而又强调"规范的"要素,因而被指存在边界难以确定的弊端。[2]

4. 利用性保管理论

该理论从盗窃罪的构成要件切入,认为既然行为人在实施取走行为时,必须具备占为所有的目的,因此取走就属于实现该目的的手段。既然占为所有表现为对财物的利用,那么行为人在实施取走行为时,就势必做好了利用财物的准备,并且会确保不会有其他人妨碍这一利用意思的实现。基于这种理解,该理论认为,刑法中的占有是为了利用财物而予以保管,即对财物所存在的利用性保管,它既可以通过实际占据也可以通过法律协议来建立,当二者发生冲突时,则以前者为准。它指的是一种准备利用并同时排除他人利用的状态。这种状态的存否,完全不取决于社会是否承认。以房屋内财物的占有为例,该观点认为,屋主之所以能够获得对于屋内财物的占有,是因为他在事实上将这些财物放到了自己的利用空间之内,而不是源于社会的承认。对于利用空间内的财物,占有人并不需要全部知道它们的存放地点,因为他实施保管行为的目的,正是为了利用所有存在于该空间内的财物。一旦财物由于丢失等原因而不再位于利用空间之内,占有即告丧失。[3]

利用性保管理论将占有理解为个人为了将来的利用目的而对财物所作的保管,其不足之处在于:一方面,从取得罪的行为构造角度所作的理解,必然是以行为人为中心的,即其

---

[1] Vgl. Bittner (Fn. 1), S. 91 ff.
[2] Vgl. Hoyer (Fn. 27), Rn. 30 f; Küper (Fn. 16), S. 448.
[3] Vgl. Hoyer (Fn. 27), Rn. 32 ff.

根据在于行为人为未来利用财物所作的准备，但是，为了保持定义的一致性，从被害人角度而言，对占有也必须作相同理解。如此一来，只有对那些所有人或者民法意义上的占有人至少打算在某些情况下加以利用的财物，被害人才存在占有，这显然与实际情况相悖。这就表明，该主张无法合理地解释欠缺利用意思的占有。[1] 另一方面，即便从取得罪的理论体系出发，这种理解也无法合理地解释侵占罪的行为构造。例如，如果行为人一开始是怀着为他人保管财物的目的携带财物，由于欠缺将来为自己加以利用的准备，则根据利用性保管理论就不存在占有，只有当行为人意图将代为保管的财物非法据为己有时，他才开始在破坏他人占有的基础上建立起新的占有，这就可能构成盗窃罪而非侵占罪，这在相当程度上架空了侵占罪的规定，令人无法接受。

尽管上述理论主张的具体内容不尽相同，但从这些理论主张中，我们可以提取出关于占有的三类要素：事实要素、社会要素与规范要素。这三类要素的不同侧重与搭配，形成了不同的占有概念。对此，有观点认为，在实际判断占有的分配时，必须全盘考虑占有的全部要素，因为人们无法在事先就确立出一个抽象而一般的优先关系，像公式一样加以运用，而是必须在考虑个案的所有情况之后，找出一个最终的解决方案。[2] 诚然，从妥当处理问题的角度而言，三类要素均需兼顾的主张具有其合理性，但是，这并没有从正面回答占有的本质是什么的问题。因此我们需要确定，在三类要素中，究竟哪一个能够反映占有的本质，并对占有的认定发挥着决定性的作用。在上述各种理论主张中，社会观念属于可以提取出来的公约因素。之所以如此，是因为作为调控社会的手段，法律总是可以追溯至早已存在而非由其创设的社会结构，并为社会结构所包含。社会生活并无固定结构，而是通过风俗、传统、习惯、惯例等形成一定的结构与秩序，法律以各种形式将它们吸纳进来并加以保护。就占有而言，其映射出这样一种社会结构：受社会尊重的人可以行使对物的支配的空间领域。物理支配中所含有的社会成分是占有概念必不可少的组成部分。[3] 作为最能反映社会观念因素的主张，分配关系理论尽管存在某些缺陷，却指明了值得探索与完善的方向。即便是事实性占有概念的主张者也明确承认，刑法中的占有概念虽然属于现实性的，但是概念的重点仍是着眼于规范性与社会性的层面。[4] 基于上述原因，本论文原则上赞同分配关系理论的主张。至于该理论的缺陷，正是本论文试图加以克服的地方，也是本论文最大的写作价值所在。

（二）本文立场：规范性的占有概念

法律概念从来不是日常用语意义上的纯粹"观念性概念"。在法律中，诸如健康、自由等许多概念，需要从法律规范的保护目的与规范之间的联系中才能够获得其具体的含义。[5] 刑法中的占有作为独立的概念，其所表达的法律思维是，事实上的平和状态本身就值得刑法

---

[1] Vgl. Schmitz (Fn. 14), Rn. 63.
[2] Vgl. LK - Vogel, 12. Aufl., 2010, § 242 Rn. 54 f.
[3] Vgl. Welzel, Der Gewahrsamsbegriff und die Diebstähle in Selbstbedienungsläden, GA 1960, S. 264 f.
[4] 参见 陈子平：《刑法上的"持有"概念》，《月旦法学教室》第93期。
[5] 参见 [德]伯恩·魏德士：《法理学》，丁小春、吴越译，法律出版社2003年版，第94页。

加以保护,与侵占相比,盗窃行为除了侵害他人的所有权以外,还侵害了这种平和状态。较之于作为纯粹的法律关系的所有权,占有则属于为法律所吸纳的社会关系。[1] 根据这种理解,刑法中的占有并非描述性的概念而是规范性的概念,它所揭示的并非单纯的占有事实本身,而是应当能够反映出占有背后所隐藏的社会关系,以及与此相关的规范保护目的——刑法对于事实上的平和状态的保护。刑法中的占有概念必须能够满足上述要求,为此,它就应当是评价性的概念,而非描述性的概念。显然,事实性的占有概念虽然可以解释占有事实本身,却无法体现相应的社会关系,也无法反映刑法针对占有所设定的规范保护目的,而社会性的占有概念则能够较好地克服这些不足。但是,考虑到社会性的占有概念所暗藏的缺陷,尽管其能有效克服事实性占有概念的不足之处,但从概念命名的慎重性与科学性来说,仍有加以完善的必要。

基于以上考虑,本论文拟使用规范性的占有概念来替换社会性的占有概念的命名,同时保留其合理内核。这里所说的规范,是从广义角度而言的,它囊括了一个社会通过历史形成的或者法律规定的所有行为标准、准则或者规则,法律规范只是其组成部分之一。此外,占有作为评价性的概念,判断者难免会掺入自己的主观价值判断,从而导致结论的不确定性。这就需要尽可能地保持与概念密切相关的判断标准的客观性,从而将判断者的主观恣意性减少到最低。为此,本论文继承了社会性的占有概念所提及的"空间禁忌"这一概念。基于上述考虑,本论文所说的规范性的占有概念,指的是在根据社会规范所形成的禁忌空间内,将某物归于某人的分配。从这一概念出发,对占有而言最为重要的支配关系,是根据社会规范将某物分配至某人的支配领域内而建立的。[2]

规范性的占有概念强调的是一种空间支配关系,即所谓的分配领域或者占有空间,一旦财物处于该空间之内,除非他人对其存在更为紧密的空间支配关系,否则即归空间占有人占有,它不因占有人是否意识到财物的存在而发生变化。唯有如此,才能够摆脱由于过于强调主观支配意思而导致的难以自圆其说的局面。在规范性的占有概念看来,占有是根植于社会生活而建构起来的分配关系,就它而言,如果主体事实性地掌握着财物,则存在着最为紧密的空间领域关系,这理所当然地会被社会观念所承认。因此,规范性的占有概念并非完全排斥占有的事实属性,只是认为它并非占有的本质属性,起终极决定作用的只有占有的规范属性。

对于规范性的占有概念,可能的怀疑是,根据社会规范所确认的占有应当是合法有效的,对于通过悖逆规范的行为所获的占有,不应获得肯定性评价,如此一来,规范性的占有概念就无法将非法占有的情况包括在内,其解释力成为问题。这实际上混淆了占有是否存在与占有是否合法这两个不同阶段的评价。根据相关规范所作的评价,其结论涉及的是占有是否存在的事实问题,属于"有"或"无"的问题。至于占有是否合法,则是在得出占有存在的基础上进一步所作的法律评价,属于"对"或"错"的问题。因此,即便是非法占有,也是以占有的存在为前提的。从这个意义上来说,占有描绘的首先是一个"裸"的、中性的状态,它是

---

[1] Vgl. Welzel (Fn. 36), S. 264.
[2] Vgl. Wessels / Hillenkamp, BT 2, 11. Aufl., 2011, § 2 Rn. 82, Fn. 50.

一种事实性的存在。但是，这并不意味着刑法中的占有也是一种事实性的概念。尽管占有是对既存关系的描述，而社会规范不过是对这种既存关系的理解与领会，但这并不意味着，既存关系本身业已包含了刑法意义上的将某物归于某人的分配。[1] 从规范的保护目的来看，既然刑法中的占有意在维护财物的平和状态，其所指涉的必然是人与人之间的关系，因此除了占有的存在以外，占有的归属也必须是刑法中的占有概念能够妥善处理的问题。实际上，在绝大多数情况下，我们所关心的并非占有的有无问题（涉及事实支配力的存否），而是占有的归属问题（涉及分配领域的范围），合法性问题恰好体现了这一点。概言之，非法占有实际上是在占有已然存在的基础上，进一步讨论占有应当归属于谁的问题。正是在这一点上，规范性的占有概念比事实性的占有概念具有更强的理论说服力。

三、规范性占有概念的理论根基

（一）基于社会规范的物质分配

根据本论文所提倡的规范性的占有概念，刑法中的占有反映的是一种基于社会规范而确立的分配关系，即将某物分配给某人占有。正如尊重关系理论所试图引起人们关注的那样，占有所反映的绝非仅仅是主体与财物之间的支配关系，从社会规范层面来看，它实际上还反映着人与人之间的关系。为什么对于放在列车行李架上的财物，在它附近的许多人中，只有占有人才对其存在占有？单从主体与财物之间的关系看，是难以妥善回答该问题的，因为可以直接施加物理性影响力的人，并不仅仅只有占有人一个。该问题涉及占有的持续，即一旦建立起占有，只要不存在导致占有丧失的原因，例如丢失或者抛弃等，占有就一直会延续下去。那么，为什么在诸如列车等人员流动频繁的复杂环境中，占有依然可以延续下去？该问题的答案需要到隐藏在背后的社会规范中去寻找。

一般认为，社会规范通过提供一定的行为规则，调节着人们的社会行为，它确立了人与人之间关系的规则。从根本上来看，"人与人之间关系的规则必然是在一个限定了生活财富储量的世界中的人与物之间关系的规则，也就是物在人们之间分配的规则"[2]。这一论断深刻地揭示了在物质世界层面的人与人之间的关系实质，即根据一定的社会规范在不同人之间所做的物质财富的分配。这种分配由社会规范或者说人们的共同交往规则所决定。具体到财物的占有而言，一旦根据社会规范，财物已经分配给某人加以占有，其他人就应当自觉约束自己的行为，不得随意破坏他人的占有。由此，占有一旦存在，通常情况下就会持续下去，这是由人与人之间财物的分配规则所决定的。

从财产秩序的角度而言，考虑到物质财富的有限性，为了避免无序争夺可能引发的恶果，同时也为了促进对财物的有效利用，人们按照一定的规范对财产加以分配。这种分配所要考虑的因素，既有法律性质的，也有事实性质的，但总体而言脱逸不出社会规范的藩篱。

---

[1] Vgl. Schmitz (Fn. 14), Rn. 62.

[2] ［德］G. 拉德布鲁赫：《法哲学》，王朴译，法律出版社2005年版，第137页。

正是社会规范这一要素,在财物与占有人之间编织了一条精神纽带,借由这条精神纽带,占有人仍可以对那些存在一定时空距离的财物存在占有,分配由此得以固定下来。实例清楚地表明,占有是植根于社会生活而建构的分配关系,就它而言,实际支配并非至关重要的因素。[1] 通常的看法认为,较之于民法中的占有而言,刑法中的占有更注重事实性的一面,如果从规范性的占有概念这一主张出发,对于这里的事实性,就应当理解为分配依据即社会规范的事实性质。与民法中的占有必须要有法律性质的规范依据不同,刑法中的占有单从非法律性质的社会规范中也能够获得其存在依据。借助这些社会规范,观念性的占有也可以顺理成章地成为刑法中的占有。这就意味着,刑法中占有的存在范围并非仅止于那些对财物具有事实上的影响力的场合。

(二) 空间禁忌理论

禁忌是一种历史悠久且极其复杂的社会文化现象,尤其是当一些远古的宗教禁忌世俗化为生活习惯之后,更是渗入到人们生活的方方面面。[2] 正是由于禁忌的存在,人们才会对自己的人身、财产安全抱有积极而正面的预想,因为人们能够合理地预期,无论他走到哪里,碰到的绝大部分人都会按照一个几乎已成本能的禁忌体系来约束自己的行为[3],而不会随意对其人身或财产加以侵害。在所有的禁忌中,与刑法中的占有直接相关的,是社会学中所谓的空间禁忌,也称为禁忌领域。空间禁忌反映了一个社会的文化结构关系,因此可以说是一种文化空间。这种空间禁忌的存在与范围,是通过社会的风俗习惯逐渐形成并分配给社会各个成员的。对于社会成员而言,其针对财物所具有的占有范围,实际上是一种基于这种空间禁忌而存在的分配领域。

在一个社会中,禁忌空间具体表现为他人的住所、交通工具或者正在穿着的衣服口袋等。这些禁忌空间构建起所谓的占有范围,人们以为社会所承认的方式掌握着该占有范围内的财物。据此,如果一个人将财物带回家或者放入自己的口袋,哪怕只是暂时的,该财物也进入了该人的占有范围。由此出发,对于超市内的商品,一旦行为人将其藏入自己的口袋、购物袋等财物之内,他就建立起了对该商品的占有。[4] 因此,对于放置在购物车中的商品,在顾客至收银台结账之前,都属于经营者占有。但是,假如顾客商品放入了自己的衣服口袋等贴身容器内,则获得了对这些商品的占有。这是因为,尽管商品仍处于经营者的占有空间之内,但是顾客的衣服口袋等贴身容器所形成的领域,属于为法律所保护的禁忌空间,这就形成了所谓的"占有的飞地(Gewahrsamsenklave)",此时,商品被分配至顾客占有。[5] 由此可见,根据社会观念,禁忌空间也存在着级别差异。其中最高级别的禁忌,就是所谓的"贴身禁忌",即如果未经允许或者缺乏法律根据,则不得侵入他人的贴身范围,其强调的是

---

[1] Vgl. Wessels / Hillenkamp (Fn. 40), Rn. 92.
[2] 参见 万建中:《禁忌与中国文化》,人民出版社 2001 年版,第 3 页以下。
[3] 参见 [英] H. 霭理士:《禁忌的功能》,刘宏威、虞珺译,中国人民大学出版社 2009 年版,第 7 页。
[4] Vgl. Welzel (Fn. 36), S. 257; OLG Hamm, NJW 1961, S. 330.
[5] Vgl. Kindhäuser, LPK - StGB, 4. Aufl., 2010, § 242 Rn. 35 f.

人的身体的隐私和尊严。每个人的贴身范围都是一个禁忌空间。[1] 值得注意的是,顾客将商品放入自己的禁忌空间内的行为,虽然排除了经营者的占有,并建立起了归属于其个人的新的占有,因而与作为盗窃罪核心的取走行为相吻合,但并不必然构成盗窃。因为通过这个行为,尚无法确定顾客是否具有非法占为己有的目的,在经过收银台时,他完全有可能将这些商品从口袋里掏出来结账。此时,非法占有目的的有无,成为判断的关键。

运用空间禁忌理论,可以较好地为我国《刑法》第 264 条所规定的入户盗窃及扒窃提供理论支撑。就入户盗窃与扒窃而言,之所以并不需要像普通盗窃那样有数额方面的要求,就在于对房屋平和状态的破坏以及对于贴身空间的侵害,是比普通盗窃更加严重的侵害空间禁忌的行为。[2] 此外,空间禁忌理论对于盗窃罪与侵占罪的区分而言,也具有一定意义。是否存在破坏他人空间禁忌的情况,成为区分两罪的判断标准。[3] 由此可见,作为一个社会文化规范体现的空间禁忌,可以较好地为规范性的占有概念提供理论依据,它可以为刑法中占有的存否与归属,提供较为明确的判断标准,因而具备足够的解释力。

(三) 刑法中的相对明确性原则

就规范性的占有概念而言,由于其赖以存在的社会观念等判断标准的边界不清,如果从绝对的确定性要求出发,这一概念就应当被摒弃。但是,如果我们稍加注意就会发现,在判断占有的有无及归属时,事实性的占有概念也同样需求助于社会观念。例如,事实性占有概念的主张者认为,在判断某人对于财物的事实控制力是否消失为零时,只能委诸于社会观念,"需要在具体个案中结合财物的特点,透过社会一般观念的规范视角加以判断"。[4] 在这里,论者认为不能将社会观念作为"直接的"认定标准,否则就会"导致占有判断的失控与恣意化"。为此,论者认为,应当将事实支配力的有无作为判断媒介,从而形成根据社会观念判断事实支配力的有无,进而判断占有的存否的局面。但是,按照这一逻辑,如果将社会观念作为事实支配力是否存在的"直接的"认定标准,那么关于事实支配力的判断同样也会滑向所谓的"失控与恣意化"的深渊。因为引起所谓"失控与恣意化"的,并非作为判断对象的占有或者事实支配力,而是作为判断标准的社会观念。如此一来,最终的结局就是,所有直接或间接以社会观念作为判断标准的占有概念都应当被否定,这实际上无异于否认了占有概念本身的存在可能性。鉴于此,我们需要且能够做到的是寻求一种有效途径,以尽可能地在模糊与明确之间找到大致的区分点,从而确保占有概念能够具备相对的明确性。对此,有德国学者以盗窃罪的规定为例指出,为了实现概念的明确性,需要确定法条的规范保护目的,以确保法条不能被任意解释。[5] 据此,从规范的保护目的出发,当我们对是否存在刑法

---

[1] 参见 车浩:《"扒窃"入刑:贴身禁忌与行为人刑法》,《中国法学》2013 年第 1 期。
[2] 在这方面有益而详尽的探讨,参见 车浩:《"扒窃"入刑:贴身禁忌与行为人刑法》,《中国法学》2013 年第 1 期,第 114 页以下。
[3] Vgl. Haffke, Mitgewahrsam, Gewahrsamsgehilfenschaft und Unterschlagung, GA 1972, S. 226.
[4] 参见 车浩:《占有概念的二重性:事实与规范》,《中外法学》2014 年第 5 期。
[5] 参见 [德]克劳斯·罗克辛:《德国刑法中的法律明确性原则》,黄笑岩译,载 梁根林、[德]埃里克·希尔根多夫主编:《中德刑法学者的对话:罪刑法定与刑法解释》,北京大学出版社 2013 年版,第 48 页。

中的占有产生疑问时,应当首先考虑行为是否通过破坏空间禁忌侵害了财产所处的平和状态,如果得出肯定评价,则可以确定占有的存在。在这一判断过程中,作为判断标准的社会观念等规范性要素,虽然依旧呈开放状态,但是却以确证是否破坏了空间禁忌为归宿,如此一来,其不确定性就能够得到较好的控制。

可能的疑虑是,通过规范保护目的来反推占有是否存在的做法,是否会与存疑时有利于被告人的原则相抵触?应当说,这种担心是没有根据的,因为存疑时有利于被告人的原则仅适用于对犯罪事实的认定,而不适用于对法律规范的解释。当对法律规范的含义产生疑问时,解释者不是选择对被告人最为有利的解释,而是选择正确的解释,即便这种解释结论不利于被告人。[1] 选择有利还是不利的解释,实际上反映了一个利益衡量的过程,需要结合社会生活的实际情况作出取舍。"法律概念的形成,乃基于利益衡量和价值判断,赋予不同的法律效果,以满足社会生活的需要。"[2] 据此,刑法中的占有实际上是一个开放性的概念,它在一定情况下留白,由解释者通过利益权衡加以填充。有学者指出,刑法中的占有与事实上的支配力之间并不总是同一的,它的存在范围随着社会局势的动荡或者平和而摇摆变动。在和平时期,占有更加观念化、精神化,对于支配力的理解也不再是事实性的,而是社会性的。[3] 虽然这种理解是基于事实性的占有概念而展开的,但其所反映的利益衡量的特性,完全与规范性的占有概念所强调的社会规范中的价值评判特质相契合,因而同样可以用于对规范性的占有概念的理解。作为需要进行价值补充的概念,刑法中的占有只可能具备相对的明确性。但是,这种相对明确的概念,其作用并不是消极的,它可以用来担保一个体系所必要的开放性,从而至少能够配合社会与法律的发展。[4]

四、规范视域下单独占有判断的一般规则——分配领域标准的贯彻

一般认为,事实上的支配力是刑法中占有的存在根据,正是基于这一认识,事实性的占有概念才一直坚持占有的基底在于其事实要素。但是,人们对于事实支配力这一概念的理解,并非只是描述性的"物理性的掌握",而是随着社会局势的不同呈现着宽窄各异的变化。日本曾有判例认为,在关东大地震时,为了避难而暂时放置在公路上的行李,仍属于他人占有之物。该判决结果获得了众多学者的支持。[5] 该案的判决理由认为,财物所有人之所以

---

[1] 参见[德]汉斯·海因里希·耶赛克、托马斯·魏根特:《德国刑法教科书》,徐久生译,中国法制出版社2001年版,第190页。

[2] 王泽鉴:《民法物权》,北京大学出版社2010年版,第421页。

[3] Vgl. Soltmann, Der Gewahrsamsbegriff in § 242 StGB, 1977, S. 12 ff.

[4] 参见[德]贝恩德·许迺曼:《刑法体系思想导论》,徐玉秀译,载 许玉秀、陈志辉合编:《不移不惑献身法与正义——许迺曼教授刑事法论文选辑》,新学林出版社2006年版,第255页以下。

[5] 参见[日]大塚仁:《刑法概述(各论)》,冯军译,中国人民大学出版社2003年版,第215页;[日]山口厚:《刑法各论》,王昭武译,中国人民大学出版社2011年版,第208页;[日]大谷实:《刑法讲义各论》,黎宏译,中国人民大学出版社2008年版,第188页。

没有丧失对财物的占有,是因为他并没有放弃占有财物的意思。有学者对此提出了异议,认为从"存在某种可以推定事实性支配之持续的客观状况"这一点出发,是更为妥当的理解。[1] 就该案而言,认为财物所有人仍存在"推定的"事实性支配的主张,正鲜明地体现了在理解事实性支配这一概念时,社会局势发挥着重要的作用。更精确地说,这实际上体现了因社会局势变化而不断调整的社会观念的影响。从这一角度而言,对于事实支配力的理解,不仅是在和平时期,即便是在社会失序的动荡时期,也仍然摆脱不了社会观念投射的影子——在动荡无序的社会局势下,社会观念更偏向于承认物理意义上的事实性支配。这就意味着,对事实性支配的理解始终摆脱不了社会观念的影响,占有的判断过程必然有规范要素相伴始终。这一点,可以通过单独占有判断的一般规则加以说明。

(一) 单独占有判断的一般流程

对于个人单独占有的判断过程,可用下图来表示:

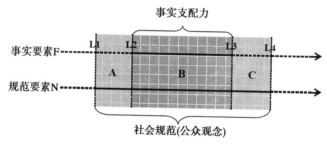

如图所示,A、B、C 三个区间均代表占有存在的区域(占有人的分配领域);直线 F 和 N 分别代表着事实要素与规范要素从无到有再到无的变化趋势;直线 L1—L4 分别代表着事实要素与规范要素的起止界线。[2] 其中,A、C 区间内占有的存在根据是作为规范要素的社会规范(公众观念),而 B 区间内占有的存在根据则兼有作为事实要素的事实支配力与作为规范要素的社会规范(公众观念)。

在 L1 与 L2 之间的 A 区间内,规范要素先于事实要素而存在,此时如果肯定占有的存在,需要一个前提,即财物处于占有人的分配领域之内。此种情形的典型例子是继承人对死者遗留物的占有。对于遗留物,由于主体资格的灭失,死者不可能再继续加以占有。但是,这并不必然意味着遗留物成为无人占有之物。如果死者的死亡地点位于他人的分配领域之内,例如家中或医院里,则由于他人对其分配领域内的所有物品都存在着观念上的支配,遗留物并不会成为丧失占有之物。这就意味着,即便死者家属因为出差、旅游等原因不在家中,且他们并不知晓死者去世的消息,但是根据公众观念,他们仍然可以通过对分配领域的观

---

[1] 参见[日]西田典之:《日本刑法各论》,刘明祥、王昭武译,中国人民大学出版社 2007 年版,第 145 页。对于这一见解,山口厚教授表示赞同,并重申以占有意思为依据的做法并不妥当(参见[日]山口厚:《从新判例看刑法》,付立庆、刘隽译,中国人民大学出版社 2009 年版,第 208 页)。

[2] 需要说明的是,就实际情况而言,F 和 N 这两条线应该是重叠的,但为了便于展示和理解,这里将两者分开表示。

念支配而获得对遗留物的占有。如果不承认这种占有,对他人登堂入室取走遗留物的行为,就只能作为侵占罪处理,这显然难以令人接受。当然,如果死亡地点位于公共分配领域或者非分配领域,例如公共街道或沙漠戈壁,遗留物就会因为欠缺支配可能性而沦为无人占有之物。

在L2与L3之间的B区间内,事实要素开始出现,与规范要素同时存在。此时,事实支配力之所以存在,是因为财物处于占有人的分配领域之内。由于事实支配力属于易于把握的显性物理因素,人们通常倾向于仅将其作为占有存在的依据。但是,这并不意味着规范要素在B区间内是缺位的。毋宁说,规范要素在此场合仍发挥着决定作用——正是经由规范要素认可的事实支配力,才成为认定占有的根据。在本论文的第三部分,对此已经阐明了理由,此处不赘。

在L3与L4之间的C区间内,事实要素转而消失,只剩下规范要素独存。在此区间内,占有人对于财物的事实支配力消失,仅依靠公众观念所形成的规范要素对财物继续加以占有。这一场合实际上体现的是占有的存续问题。此时如果肯定占有人对财物的占有可以继续存在,同样需要财物仍处于其分配领域之内这一前提,而并非如事实性的占有概念所认为的那样,仅凭占有人的支配意思就足以维持。

需要注意的是,既然刑法中的占有反映的是一种基于社会规范而确立的分配关系,因此即便是存在着强烈的事实支配力的场合,占有的判断仍无法摆脱规范要素的控制。因为出于对禁忌规范的考虑,人们不能根据其他规范上的理由而否认占有的存在。这体现了社会规范的效力等级问题。对此,不能简单援引法律规范的效力等级加以判断。在事实要素强烈存在时,如果以所谓规范认同度来否定占有的存在,就属于对规范本身所具有的等级性所作的不当解读,它忽视了空间禁忌规范对事实要素的强化作用,有将法律规范作为终极判断标准之嫌,最终导致"非法占有不是占有",从而将占有的存否与占有的合法性问题相混淆。

(二) 分配领域标准在单独占有判断中的贯彻

对于占有的存否,正如有学者所指出的那样,"虽说应根据社会一般观念来判断,但其标准未必明确,因此,有必要将该标准予以具体化,进一步确定下位标准。"[1]坦诚而言,由于社会观念庞杂无绪,社会规范效力等级的细致区分几无可能,但是在上面的判断流程分析中,分配领域的概念被反复提及并得到较好的适用,鉴于此,不妨转换视角,借助体现各种社会规范的分配领域观念来进行类型性的划分。在讨论单独占有时,有学者细致地将其划分为实际占有财物、财物位于他人的(封闭式)分配领域之内、暂时忘记财物置于何处、有意将财物置于离自己的所在地有一定距离的地方、因原占有者丧失占有,占有转归他人(支配该领域者)等几种情形分别展开讨论。[2]这些类型划分始终围绕着分配领域的范围展开。由此可见,对于单独占有的存否而言,分配领域属于核心的判断标准。由此出发,如何确定分配领域的存在范围,就成为需要进一步予以明确的问题。

在该问题上,分配关系理论所提供的解决方案值得关注。根据该方案,刑法中的占有分

---

[1] 参见[日]山口厚:《刑法各论》,王昭武译,中国人民大学出版社2011年版,第205页。
[2] 参见[日]山口厚:《刑法各论》,王昭武译,中国人民大学出版社2011年版,第206页以下。

为直接占有与一般占有。就直接占有而言,由于财物由占有人直接握持,其必然处于占有人的支配领域之内。较为复杂的是一般占有的情形,该类型的占有又被称之为潜在的占有或者间接占有。由于对一般占有的存否,是根据规制人类共同生活的法律规范以及社会文化规范来加以判断的,如何使其更为具体化,从而确保结论的客观性与确定性,就成为必须加以解决的问题。对此,分配关系理论将一般占有划分为分配领域内的一般占有与非分配领域内的一般占有,并进一步将分配领域划分为个人分配领域与公共分配领域。以遗留在某处的财物为例,如果遗留地点属于个人分配领域,如个人的住宅、私家车等,则遗留在这些地点的财物属于遗忘物,占有人为这些地方的所有人;如果遗留地点属于随时都可以进出的公共分配领域,如商场、餐厅等,则遗留在这些地点的财物属于遗失物,处于丧失占有的状态。此外,对于那些没有栅栏的开放性的私人花园,也以公共分配领域论;如果遗留地点属于非分配领域,如公共街道、公园等,对于遗留在这些地点的财物的性质,则需要进一步根据由社会文化观念所决定的社会分配关系加以判断。[1] 根据这一判断标准,在遗留物属于遗失物的情况下,由于其属于丧失占有之物,拾得人据为己有的行为具有构成侵占罪的可能性;在遗留物属于遗忘物的情况下,由于其仍属于他人占有之物,拾得人据为己有的行为就需要以破坏他人的占有为前提,因此可能构成盗窃罪。如果遗忘物的新占有人将该物据为己有,则可能构成侵占罪。

借鉴上述判断标准,根据财物所处空间领域性质的不同,可将占有判断的一般规则总结如下。

1. 如果财物处于某人的分配领域,即便该人由于工作、旅行等原因暂时离开,其对于财物也存在占有。2. 如果财物处于他人的分配领域,此时需要区分不同的情形:(1) 当财物由占有人随身携带,占有人基于某种原因而暂时将其置于身边时,例如去朋友家聚餐时将提包放置一旁,根据社会观念,即便该领域同时还存在其他人,占有人也仍然具有对财物的排他性占有;(2) 当财物因为意外而遗落在该领域之内时,例如占有人在聚餐完毕离开时忘记拿走提包或者提包内的物品不慎遗落在了朋友家里,此时原占有人丧失了对财物的占有,支配该领域的他人继而获得对财物的占有。3. 如果财物处于公共分配领域(例如商场、超市、餐厅、火车站、航站楼等)或非分配领域(例如森林、公共街道、公园等),当财物处于占有人身边时,与第 2(1) 种情况相同,占有人继续具备占有;当出现第 2(2) 种情形时,财物成为无人占有之物。4. 如果财物被某人直接握持于手中或者被置于贴身容器(如衣服口袋)之内,则根据基于空间禁忌规范而产生的"占有的飞地",不论该人是否位于自己的分配领域之内,也不论财物是否其非法获得的,其均对财物存在着刑法意义上的占有。

当然,上述判断规则仅是针对依据分配领域而设定的理想模型而言的,对于占有的实际认定过程而言,由于往往掺杂着多重因素,需要根据上述判断规则,结合具体情况加以判断。例如,同是作为供人食宿的地方,规模较大的饭店与家庭旅舍的性质就不能相提并论,饭店的走廊与饭店带锁的房间也不可等量齐观。[2] 总之,在规范性的占有概念看来,对于占有

---

[1] Vgl. Bittner (Fn. 1), S. 96 ff.
[2] Vgl. Bittner (Fn. 1), S. 103 f.

的认定而言,最为主要的并非事实支配力的有无判断问题,而是财物所处领域的性质问题。从上述分析可以看出,对于财物所处领域性质的判断,需要通过为社会规范所认可的分配领域的类型加以具体把握,并不存在单一的公式可以套用。虽然这些类型呈现着动态性与开放性的特点,但却凭借分配领域的客观属性而具有相对的稳定性与确定性,因而在判断占有的存否时,可以为我们提供较为可靠的客观标准。

五、规范性占有概念的实例运用

(一) 共同占有

一般认为,占有具有排他性的特征,一旦财物被分配给某人占有,就排除了其他人的占有可能性。但是,排他性并不意味着财物只能分配给一位占有人,数人共同占有同一件财物的情况也是客观存在的,这就涉及共同占有的问题。由于共同占有存在多个主体,涉及多重占有领域,当多重占有领域发生交叉,存在利益冲突时,占有的分配问题就变得棘手。例如,当物理性的影响力(如肢体性的靠近)与社会观念发生冲突时,如何解决占有的分配?对此,理论上根据各个共同占有人的地位不同,将共同占有划分为平级关系的共同占有与层级关系的共同占有。

就平级关系的共同占有而言,又可以划分为简单的共同占有与整体的共同占有。其中,简单的共同占有指的是每位共同占有人都能够单独支配财物,只是必须顾及其他共同占有人的使用。例如,多位好友为了共同使用而购买了一辆轿车。对简单的共同占有而言,财物被独立地分配给每位共同占有人,对此可将其称之为"针对多个人的多重分配"。此时,由于每位共同占有人对财物的占有均具有独立性,如果其中一位将财物占为己有,因为占有已然存在,并不符合先破坏占有继而建立新的占有这一成立盗窃罪的必备特征,因此只具有成立侵占罪的可能性。实践中还存在一种情况,例如甲和乙一起购买了一辆轿车,由于他们彼此不信任,甲拿着车门钥匙,乙拿着点火开关钥匙。在这种不常见的情况中,所有的共同占有人只能一起行使对于财物所具有的支配力,此即所谓的整体的共同占有。在整体的共同占有中,即便对多位共同占有人而言,也只存在一个分配,对此可将其称之为"针对多个人的单一分配"。在此种共同占有中,一旦某位共同占有人破坏了整体的共同占有,则可能构成盗窃罪。因为通过分离支配权,行为人就剥夺了其他共同占有人的占有。[1]

在获得德国主流刑法理论承认的层级关系的共同占有中,占有人之间存在着上下从属关系。一般认为,只有下位者能够破坏上位者的共同占有,反之则不成立。但有不少学者认为,层级关系的共同占有对占有所作的区分与规范性的占有概念相抵触。也就是说,当数人之间存在从属关系时,根据公众观念占有会被分配给上位者单独享有,下位者不存在占有。[2] 还有学者认为,关于层级关系的共同占有的争论并不具有什么实际意义。原因在

---

[1] Vgl. Haffke (Fn. 50), S. 229.
[2] Vgl. Mitsch (Fn. 8), Rn. 54 f.

于,既然只有下位者可以破坏上位者的占有,不如索性否认下位者存在占有,这也可以得出同样的结论。如此一来,只要承认上位者的单独占有就足够了。[1]

层级关系的共同占有主要涉及我们通常所说的辅助占有的问题。日本的刑法理论通说认为,根据社会从属关系,辅助占有人对于财物不存在占有。[2]这种结论是以民法中的辅助占有理论为根据的。但是,既然始终坚持刑法中的占有具有其相对的独立性,以民法中的辅助占有人对财物不存在占有为依据,来论证其在刑法上也同样不存在占有的做法,在逻辑上就无法自洽,难以令人信服。较之于日本刑法理论的通说,我国的有力主张例外地承认了具有民法上的处分权限的辅助占有人对财物的占有,认为在判断占有的归属时,委托人和受托人之间的信赖关系的程度是重要的判断标准,根据信赖关系的强弱,可以确定下位者是否对其所管理的财物具有一定的处分权限,不具有处分权限者的取得行为构成盗窃,具有处分权限者的取得行为构成侵占。[3]在日本,也同样有学者持此主张。[4]但是,下位者对其所管理的财物是否具有处分权限,并非判断取得行为是构成盗窃还是侵占的恰当标准。刑法中的占有所说的对财物所具备的事实上的处置权,指的是基于自然意义上的力量而产生的一种实力,与法律上是否存在处分权限并无必然联系。以是否具有处分权限来判断是否存在占有的思路并不妥当。[5]

从刑法角度而言,对于民法理论中所说的辅助占有的情况,实际上涉及如何处理直接占有与一般占有的关系。在辅助占有的情况中,同样需要根据支配领域的归属或者说是分配领域来判断谁属于占有人。根据具体情况,可能存在以下几种结论:

1. 当财物处于上位者的分配领域之内,且下位者并不存在直接占有时,财物归上位者占有。此时如果辅助占有人取走财物,则必然会破坏所有人的占有,因而构成盗窃。2. 虽然财物处于上位者的分配领域之内,但由下位者握持,则财物由下位者直接占有,由上位者一般占有,二者存在共同占有。此种情况下,如果下位者取走财物,则会破坏上位者的一般占有,并建立起新的完全属于自己的单独占有,因而构成盗窃。3. 财物由上位者交由下位者予以保管、运送。此时,需要考虑财物所处的位置。如果财物始终处于上位者的分配领域内,例如其所拥有的仓库、店铺等,在此领域内将财物交由下位者保管,则属于共同占有。如果财物所处位置发生变化,即由上位者的分配领域转为公共分配领域或者非分配领域内,则此时作为辅助占有人的下位者的占有即属于单独占有。此时,如果下位者将财物据为己有,

---

[1] Vgl. Küper (Fn. 16), S. 448.
[2] 参见 [日] 山口厚:《刑法各论》,王昭武译,中国人民大学出版社 2011 年版,第 209 页。
[3] 参见 黎宏:《论财产犯中的占有》,《中国法学》2009 年第 1 期;张明楷:《刑法学》,法律出版社 2011 年版,第 876 页;车浩:《占有概念的二重性:事实与规范》,《中外法学》2014 年第 5 期。
[4] 参见 [日] 大塚仁:《刑法概述(各论)》,冯军译,中国人民大学出版社 2003 年版,第 217、218 页;[日] 大谷实:《刑法讲义各论》,黎宏译,中国人民大学出版社 2008 年版,第 192 页;[日] 大塚裕史:《刑法各论的思考方法》,早稻田经营出版 2010 年版,第 47 页。
[5] 关于辅助占有问题的详细讨论,参见 马寅翔:《民法中辅助占有状态的刑法解读》,《政治与法律》2014 年第 5 期。

则只可能构成侵占。

可见,在辅助占有关系中,判断辅助占有人的占有状态时,需要考虑的标准除了上下级关系以外,还包括财物所处的分配领域。正是对分配领域的考虑,体现了规范性占有概念的作用。

(二)存款的占有

在存款占有的问题上,素有银行占有说与存款名义人占有说之争。隐藏于该争论内部的,是现金的事实占有与基于存款债权而生的对现金的占有这两组命题的角力。银行占有说仅承认银行管理者对现金的事实占有,而存款名义人占有说则认为存款名义人基于存款债权而对存放于银行的现金存在着占有。以行为人通过技术手段将他人账户内的存款非法转入自己账户的情形为例,如果坚持银行占有说,则由于该情形并不存在对现金占有的破坏,因而没有成立盗窃的可能;如果坚持存款名义人占有说,则由于非法转账行为破坏了存款名义人基于债权而生的对现金的占有,因而涉嫌盗窃。由于盗窃的成立以占有的破坏与设立为条件,转账行为并未改变现金仍存放于银行的事实,认为构成盗窃的观点,只能是认为此时侵害的是存款名义人对于银行所享有的债权,即破坏了存款名义人对于债权的占有。[1] 对此,银行占有说坚决予以反对,并不承认债权可以成为占有的对象。由此,争论的问题由存款的占有转向了占有对象的范围,即诸如债权等财产性利益能否成为占有的对象?进而,侵犯财产性利益的行为是否具有成立盗窃罪的可能?

对于该问题,我国有学者在讨论使用盗窃的问题时指出:

使用盗窃实质上是一种利益盗窃行为。这种利益就是被盗用行为消耗的财物本身的使用价值,可以用金钱等衡量,是一种财产性利益。由于财产性利益一旦被享有,就不能被挽回,可以说已经被行为人非法占有,因此,即便按照"成立盗窃等夺取型犯罪,行为人必须具有非法占有目的"的通常理解,该种行为也能够被作为盗窃罪处理。[2]

这种观点显然认为财产性利益可以成为占有的对象。但是论者并未对此加以明确,而是使用了"财产性利益可以成为盗窃罪的对象"这种表述,并为这一论断寻找了多个论据。[3] 其中,首要的论据在于,既然我国刑法中的财产包括财产性利益,就没有理由将盗窃利益的行为排除在盗窃罪的构成要件之外。这一看法将原本应当讨论的财产性利益是否属于占有对象,置换为财产性利益是否属于财产。如此一来,在讨论重心发生偏离的情况下,即便论点是正确的,也无助于原本问题的解决,因为它根本没有回答财产性利益何以能够被占有的问题。

对于财产性利益可以成为占有对象的主张,我国学者提出了批评,认为当占有对象被延

---

[1] 至于认为非法转账行为破坏的是存款名义人对于现金的法律上的支配的观点,其核心在于法律上的支配这一认识本身能否成立。对此,有学者指出,法律上的支配这种观点,将债权与占有等而视之,会导致一种无效的循环论证,并不可取。详细分析,参见 车浩:《占有概念的二重性:事实与规范》,《中外法学》2014年第5期;徐凌波:《存款占有的解构与重建——以传统财产犯罪解释为中心》,北京大学2014年博士学位论文。

[2] 黎宏:《论盗窃财产性利益》,《清华法学》2013年第6期。

[3] 黎宏:《论盗窃财产性利益》,《清华法学》2013年第6期。

伸至财产性利益时,就消解了占有的"事实控制力"的核心含义,导致任何东西都可以成为占有的对象,占有的概念由此可以被任意扩散,围绕占有概念构建起来的盗窃罪等罪名的认定,就有可能被司法者任意解释和适用。[1] 这种批评以占有的对象只能是有体物为前提,因为只有有体物才能与"事实控制力"的概念相勾连,从而使得盗窃罪的构成要件尽可能的明确且易于把握,以满足明确性原则对刑法规定的要求。由此,问题被引至实体法的规定,即根据我国刑法关于盗窃罪的规定,占有对象能否将无体物乃至财产性利益包括在内。虽然我国《刑法》第264条关于盗窃罪的规定采用的是简单罪状,但通过借鉴德日刑法理论加以解释,目前人们已经逐渐接受了盗窃罪的基本行为构造是"破坏他人占有并建立新的占有"。随之而来的问题是,由于德日刑法理论关于盗窃罪的行为构造是以其本国刑法规定为基础的,其在占有对象方面所作的物品必须具有实体性的要求,是否可以径行套用到我国的刑法解释上?

对此,有学者联系我国《刑法》第265条关于电信盗窃的规定认为,既然对于以牟利为目的盗接他人通信线路、复制他人电信码号或者明知是盗接、复制的电信设备、设施而使用的行为,应当依照第264条盗窃罪定罪处罚,由于电信服务属于一种财产性利益,表明我国刑法已经明确承认财产性利益可以独立成为盗窃罪的对象。[2] 这种看法似是而非,因为假如第264条盗窃罪可以涵盖第265条所涉及的财产性利益,则第265条的存在意义就大可质疑。实际上,从第265条的规定出发,难以推导出第264条可以囊括所有的财产性利益。诚如我国学者所指出的那样,第265条应当是一种例外规定,是立法者无法将盗窃利益的行为纳入盗窃罪典型构成时的一种法律拟制。[3] 作为刑法的特别规定,无法将规定之外的其他财产性利益纳入其中,对于取得其他财产性利益的行为,不能依照盗窃罪处理,否则就是违反罪刑法定原则的类推适用。[4] 由此可以认为,电信盗窃这一取得财产性利益的情况之所以能够作为盗窃论处,是以第265条的拟制规定为前提的。

反观《德国刑法》,由于第242条规定的盗窃罪的对象必须是他人的可移动之物,根据《德国基本法》第90条的规定,这里的物品仅指具有物质实体的东西,因此德国刑法理论通说认为,占有的对象仅包括具有物质实体之物。同时,《德国刑法》第248c条还专门规定了盗窃电力罪,德国刑法理论认为盗窃电力罪属于独立的罪名,它并非盗窃罪的特别条款。[5] 因此,就德国刑法盗窃罪的占有对象而言,是不包括电力的。但是根据我国的司法解释,盗

---

[1] 车浩:《占有概念的二重性:事实与规范》,《中外法学》2014年第5期。

[2] 肖松平:《刑法第265条探究——兼论我国财产犯罪的犯罪对象》,《政治与法律》2007年第5期。

[3] 参见 高巍:《盗窃罪基本问题研究》,中国人民公安大学出版社2011年版,第34页。值得注意的是,由于该条规定不同于立法者在拟制处理时常用的"……,以……论"表达方式,因此不应将该条解读为"财产性利益视为财产",而应理解为立法者仅是希望将非法取得此类利益的行为以盗窃论。这就意味着,根据该条规定,无法得出盗窃罪所涉及的财产原则上仅为有体物的结论。此外,还有学者认为该条属于注意规定(参见 张明楷:《刑法解释的一般原理》(第二版),中国人民大学出版社2011年版,第654页),但是这与论者所主张的事实性的占有概念相抵牾。

[4] 参见 徐岱:《论虚拟财产刑法保护的现状及其出路》,《法制与社会发展》2007年第5期,第121页。

[5] Vgl. Vogel (Fn. 35), § 248 c Rn. 1.

窃罪的对象是包括电力这一无体物在内的。可能有学者会认为,以我国的司法解释作为立论依据是不可行的。因为该司法解释将盗窃罪的财物扩大至电力、煤气、天然气的做法,缺乏正当性说明和刑法条文依据,属于变相的刑事立法,是对罪刑法定原则的违背和依法治国理念的抵触。[1]这种认识不能不说是偏颇的。这是因为,一方面,有体物的要求系从德日刑法理论习得而来,而德日刑法理论之所以如此认识,是因为本国的刑法有针对电力盗窃的专门规定,在我国刑法关于盗窃罪的简单罪状里,无法理所当然地推出其所指的财物仅指有体物;另一方面,自然科学发展至今,早已证明诸如电力、煤气、天然气之类的东西,实际上是具有物质实体的,对其可以通过相应设施加以事实上的控制支配,因此即便是按照事实性占有概念所强调的事实控制力的要求,这些东西也可以成为占有的适格对象。据此,上述司法解释并无不妥。由此可见,虽然关于盗窃罪的规范构造可以借鉴他国理论,但占有对象的范围却只能根据我国的法律规定来确立。就我国刑法目前的规定而言,即便普通盗窃罪中的财物可以包括电力等无体物,也不会对现有的占有理论造成什么冲击。因为电力等具有物质实体的物品,仍可以契合占有关于事实支配力的要求。

回到存款占有的问题,由于我国《刑法》仅在第265条电信盗窃中例外地承认了财产性利益可以成为占有的对象,根据这一规定并不能推导出存款债权这一财产性利益可以成为占有的对象。退一步来说,即便认为存款债权可以成为占有的对象,由于第265条并未将盗窃存款债权的行为犯罪化,因而破坏存款债权占有的行为仍然无法以盗窃罪论处。可见,从我国刑法规定的语境来看,由于欠缺实体法的支撑,现金的存款名义人占有说根本不具备适用空间。实际上,关于存款占有的讨论,在根本上离不开现金这一有体物,因此需要关注的重心在于现金所处的区域究竟属于谁的分配领域。当存款名义人出于安全、便捷或者赚取利息等考虑而将现金存到银行时,由于现金的存放地点位于银行管理者的分配领域之内,存款名义人是不可能对其存入银行的现金存在占有的。正如出借人不可能根据所有权而主张位于借用人房间内的物品仍归其占有一样,存款名义人也不可能根据债权主张位于银行分配领域之内的现金仍归其占有。至于我国司法实践将涉及存折、银行卡的案件以盗窃罪处理的做法,完全没有考虑围绕着占有而构建的盗窃罪的教义学结构,存在着泛盗窃罪的倾向,有类推适用之嫌。[2]

(三)虚拟财产的占有

虚拟财产是网络社会发展到一定程度的产物,学界对其含义并未形成一致见解,但一般均认为它是存在于网络中的具有财产性质的电磁记录,如网络账号、游戏装备、游戏币等。虚拟财产的出现对事实性的占有概念提出了重大挑战,如果继续坚守该概念,则只能将虚拟财产排除在盗窃罪的保护范围之外。阻止人们将虚拟财产纳入盗窃罪保护对象的根源,在于事实性占有概念对于有体性的要求。这就促使我们不得不去反思,这一发端于德日刑法

---

[1] 参见 高巍:《盗窃罪基本问题研究》,中国人民公安大学出版社2011年版,第34页。
[2] 参见 徐凌波:《存款占有的解构与重建——以传统财产犯罪解释为中心》,北京大学2014年博士学位论文。

理论的要求,究竟是否符合我国的实际情况？进而,事实性的占有概念是否值得我们坚持？在这里,虚拟财产的占有问题就成了检验各种占有概念的试金石。

从我国《刑法》规定来看,第92条第4项在界定私有财产的含义时采用了"其他财产"这一兜底性条款,第264条又仅采用了"盗窃公私财物"这种简单罪状,从逻辑上来讲,如果想从实体法角度证明虚拟财产不属于刑法规定的财产,要么从民法角度入手,通过分析否定虚拟财产的物权属性,从而基于法秩序统一性原理的要求（在财产的认定上刑法应当与民法保持一致）,借助《刑法》第365条的规定——唯有非物权的电信盗窃型财产性利益才可以成为盗窃的对象——否定其具有刑法保护的可能性。对于虚拟财产的财产属性,肯定性见解已经成为学界与实务界的通说,对其需要通过法律加以保护也因此成为无需赘言的话题。现在的分歧在于,虚拟财产的权利客体属性究竟应当如何定位？

对此,民法学界大致存在着物权客体说、债权客体说、知识产权客体说、新型财产权客体说和物权、债权二分说。其中,物权、债权二分说是在分析其他学说不足的基础上得出的结论,认为部分虚拟财产可以被认定为《物权法》意义上的物,具有物权属性;其他虚拟财产则应当被认定为网络运营商基于合同提供给用户的一种服务,具有债权属性。[1] 被该论者认定为具有债权属性的虚拟财产,恰恰是刑事司法案例所涉及的网络虚拟财产。对此,有学者认为,将网络虚拟财产作为一种服务定位为债权客体的观点是片面的,它并没有在根本上解决网络虚拟财产权的最终归属问题。它只关注到用户与运营商之间的关系,而回避了用户与第三人之间的关系,而后者之间的财产侵权才是现实生活中更为常见多发的案件。因此,应当认定网络虚拟财产具有物权和债权双重属性——在用户与第三人之间,体现着物权关系;在用户与服务商之间,体现着债权关系。[2] 认为虚拟财产在用户与运营商之间体现的是一种基于服务合同而产生的债权关系,因而虚拟财产不具备物权属性的看法,实际上偷换了概念,将虚拟财产本身与主体之间的法律关系相提并论。虽然虚拟财产系用户通过与运营商签订合同而得以使用,但它本身却并非一种服务。作为服务的,是运营商需要确保服务器能够正常运行,从而使用户能够正常使用虚拟财产。因此,二分说或者双重属性说看似全面,实则混淆概念,不足为信。

相较而言,将虚拟财产理解为一种数字化的新型财产,并将其作为受《物权法》所保护的物,是较为可取的做法。对此,我国民法学者提出了"物格"的概念,并将虚拟财产与货币、有价证券、航道、频道等一起归入了物格中的抽象格,从而把虚拟财产名正言顺地纳入了物的范畴,解决了无法用物权法保护虚拟财产的弊病,并可以避免因使用"无形财产"的概念而可能招致的内涵模糊、外延不确定的缺陷。[3] 既然我们完全可以在《物权法》中为虚拟财产找

---

[1] 参见 王竹:《"物权法"视野下的虚拟财产二分法及其法律规则》,《福建师范大学学报（哲学社会科学版）》2008年第5期。

[2] 参见 马瑛:《试论网络游戏虚拟财产的权利属性》,《消费导刊》2007年第12期。

[3] 参见 杨立新、王中合:《论网络虚拟财产的物权属性及其基本规则》,《国家检察官学院学报》2004年第6期。

到栖身之所,将其作为《刑法》第92条第4项所说的"其他财产"来理解,就不存在实体法上的障碍,其因此也具有了成为盗窃罪犯罪对象的可能性。但是如前所述,事实性的占有概念坚称占有对象必须具备物质实体,即所谓的占有对象必须具备有体性,以满足事实控制力的要求,如果按照该要求,虚拟财产因其虚拟属性就并非占有的适格对象,从而排除了成为盗窃罪犯罪对象的可能性。但是,认为对虚拟财产不能在事实上加以物理管控的观点,是不恰当的。这是因为,虽然虚拟财产本身是虚拟的,但却仍以物理性的电磁记录为载体,对于这些电磁记录,人们可以通过计算机技术进行删除、修改、增加的操作,从而改变虚拟财产的价值。此外,运营商可以限定对象、限定时间地开放网络,可以对网络行为进行管理,用户也可以通过特定程序具体操作虚拟财产,例如买卖、使用、消费等。[1] 所有这些行为,都会实实在在地对虚拟财产的价值增减或者归属产生影响。这表明,对于虚拟财产,是可以通过对电磁记录进行物理操作加以管控的。在这一点上,它和电能、煤气、天然气等相类似,即人们对其都无法直接加以支配,而必须借助相应的设备来实现。因此,有体性和事实控制力之间并不存在必然的对接关系。对于虚拟财产而言,完全可以成为占有的适格对象。

在厘清了虚拟财产可以被占有这一问题之后,接下来需要讨论的就是它被谁占有,即虚拟财产的占有归属问题。针对虚拟财产的占有归属问题,上引民法学者提出了虚拟财产占有的双重性说,认为虚拟财产存在于运营商搭建的平台中,运营商控制和管理这些财产的同时,用户也可以通过账号密码去实际操作和控制这些虚拟财产。[2] 这实际上认为,在民法意义上,虚拟财产由运营商和用户共同占有。从刑法角度来看,是否也可以得出相同的结论? 从本论文所主张的规范性的占有概念出发,此时的关键问题仍然是,虚拟财产存在的场所属于谁的分配领域? 在上引民法学者的主张中,提到了很重要的一点,即"虚拟财产存在于运营商搭建的平台中",从而表明虚拟财产存在于运营商的分配领域。那么,这是否意味着虚拟财产由运营商单独占有? 对此可以区分为两种情况:当用户通过账号密码进入网络使用虚拟财产后,可以认为用户直接占有虚拟财产,而运营商作为分配领域的拥有者,对虚拟财产存在着观念上的占有;当用户下线时,虚拟财产归运营商单独占有。但是,由于用户并不能像有体物那样将虚拟财产带离运营商的分配领域,上述区分的意义仅在于:在第一种情况中,假设运营商以某种方式破坏了用户的直接占有而建立起单独占有时,是否有成立盗窃罪的可能。

如果想解决该问题,需要明确的一个前提是:谁拥有虚拟财产的所有权? 应当说,从平衡用户和网络服务运营商之间的利益出发,认为虚拟财产归运营商所有,而用户仅对虚拟财产享有使用权,双方之间是一种合同关系的观点,更具有合理性。[3] 这就意味着,虽然运营

---

[1] 参见 杨立新、王中合:《论网络虚拟财产的物权属性及其基本规则》,《国家检察官学院学报》2004年第6期。

[2] 参见 杨立新、王中合:《论网络虚拟财产的物权属性及其基本规则》,《国家检察官学院学报》2004年第6期。

[3] 参见 杨立新、王中合:《论网络虚拟财产的物权属性及其基本规则》,《国家检察官学院学报》2004年第6期。

商的上述行为可能符合盗窃罪的构成要件,但由于其对虚拟财产拥有所有权,因此可以排除盗窃罪的违法性,从而不作为盗窃罪处理。如此一来,上述区分就不具有什么实益。因此,认为运营商单独占有虚拟财产的主张,也不是不可以接受。如果这样理解的话,司法实践中将盗窃用户的网络游戏装备等虚拟财产的行为以盗窃罪论处的做法,就是不妥当的。因为在这些案件中,虚拟财产自始至终都没有脱离运营商的占有,其实际侵犯的是用户针对运营商所享有的债权。由于除了电信盗窃以外,其他财产性利益并不受盗窃罪的保护,从而排除了盗窃虚拟财产的行为成立盗窃罪的可能。司法实践以盗窃罪论处的做法,是泛盗窃罪倾向的又一例证,自然难以摆脱类推适用的嫌疑。

虽然就盗窃用户所使用的虚拟财产的问题,规范性的占有概念与事实性的占有概念在结论上并无区别,均认为不应以盗窃罪论处,但是两者出罪的理由并不相同。正是由于两种不同的理由,就从运营商处盗窃虚拟财产的行为而言,由于承认虚拟财产可以成为占有的对象,规范性的占有概念就可以得出成立盗窃罪的结论,而事实性的占有概念则仍认为不应以盗窃罪处理。由此可见,规范性的占有概念可以为虚拟财产的占有提供理论依据,并且为盗窃虚拟财产的行为以盗窃罪论处预留了空间。正如我国学者所指出的那样,在处理虚拟财产盗窃案时,首要考虑的是能否通过解释方法将虚拟财产涵盖在盗窃罪的客体——财物这一概念之内。如果可以,则不能认为盗窃虚拟财产的行为是法无明文规定的。[1]确立了这一认识之后,剩下的,不过是如何在不破坏盗窃罪理论体系的前提下,将盗窃虚拟财产的行为纳入盗窃罪的规制范围之中的问题。我们没有必要也不应当固守德日刑法占有理论对于财物有体性的要求,只因为虚拟财产具有虚拟性、技术限制性、存在范围特定性、期限性等不同于普通财物的特点,就不为其提供盗窃罪上的保护。[2]

六、小　　结

对于刑法中的占有问题,尽管学者们多有着墨,但大多是在事实性的占有概念范围内循环往复,一方面视支配事实与支配意思为不可或缺的组成要素,另一方面又认为,即便在某些情况下支配事实或者支配意思不存在,占有也仍可能成立或者持续,并尽可能地运用社会观念这一规范要素为结论的妥当性背书,由此又间接承认了其一直否认的观念性占有的存

---

[1] 参见 陈兴良:《判例刑法学》(下卷),中国人民大学出版社2009年版,第274页。
[2] 以上关于虚拟财产占有问题的讨论,主要是围绕着学界的争论,从理论层面展开的分析,意在证明对于虚拟财产的占有问题,规范性的占有概念可以提供具有强大解释力的解决方案。值得注意的是,我国有学者认为,对于盗窃虚拟财产的行为,应当按照《刑法》第285条第2款非法获取计算机信息系统数据罪处罚。论者指出,该罪属于针对非法获取计算机信息系统数据的行为规定的特殊形态的盗窃罪。相对于第264条,本款属于特别规定。根据法条竞合的原理,本款应当优先适用。(参见 梁根林:《虚拟财产的刑法保护——以首例盗卖QQ号案的刑法适用为视角》,《人民检察》2014年第1期。)照此理解,关于盗窃虚拟财产的争论似乎可以就此止歇。即便如此,就本款规定的教义学体系建构而言,本文所倡导的规范性的占有概念或许更加具有用武之地。当然,对此仍值得进一步研究。

在，对由此造成的逻辑断裂却视而不见。规范性占有概念的提出，正是为了将在事实性的占有概念中无法安放的社会观念等规范要素提取出来，赋予其独立地位，并借由这些要素所反映的人与人之间的社会关系，来重新界定占有的本质属性，最终指出刑法中的占有在本质上属于一种分配关系，它围绕着维护财物所处的平和状态这一财产罪的规范保护目的而存在。从这个意义上来说，规范性的占有概念并非创制，它只是忠实地还原了原本就已存在、却为事实性的占有概念在无意中遮蔽的社会现实。

在构成要素包括事实要素与规范要素方面，事实性的占有概念与规范性的占有概念并不存在争论，两者的分歧主要在于，对于占有概念而言，规范要素是否可以单独作为判断要素？可以说，是否承认不包含事实要素的占有，是事实性占有概念与规范性占有概念的分水岭。在事实性的占有概念看来，可以单独支撑占有概念成立的只有事实要素，如果事实要素缺失，则刑法意义上的占有便无从谈起。但是，事实性的占有概念也认为，对于事实支配力这一事实要素而言，其是否存在需要凭借规范要素加以判断。由于经过规范确认后的事实要素已经无可避免地浸润了规范的色彩，因此严格意义上的事实性占有概念原本就是不存在的。对于观念上的占有，事实性的占有概念试图以事实支配的可能性加以说明，但这恰好表明实际的事实支配是根本不存在的。此时，支撑占有概念的只有社会观念这一规范要素。这些情形正是促使本论文对规范性占有概念加以研究的动因。

在规范性的占有概念中，分配领域属于核心要素，所有关于占有的判断，均围绕着分配领域而展开。规范性的占有概念将支配力的有无问题转化为分配领域的归属问题，占有与其说是对既有支配力的破坏，不如说是对分配领域的侵犯。分配领域的运用更能够确保判决结论的客观性，从而避免了像事实性的占有概念那样对事实支配力的有无问题过分执着。至于分配领域蕴含的社会观念所可能引发的模糊性，通过类型化的整理归纳，可以在相当程度上予以避免。就占有对象而言，对于电能、天然气、煤气以及虚拟财产的占有问题，规范性的占有概念可以提供更强劲的解释力。虽然从结论上看，两种占有概念在大多数情况下别无二致，但从逻辑自洽这一理论主张的基本要求而言，规范性的占有概念具有事实性的占有概念所无法比拟的优越性。

在信息网络时代，无论科技发展如何改变人们的生活方式，刑法的解释都始终应当能够体现出一种人文关怀，即以维护人的自由、尊严和社会安全为解释工作的终极目标。[1]而不断涌现的各种类型的财产，作为人类自由的保障，自然应当受到刑法的一贯保护。如何在不违背刑法教义学规则的前提下，通过占有理论的具体构建，为各类财产提供尽可能周密的刑法保护，是我们刑法学人责无旁贷的学术使命。

---

[1] 参见 徐岱：《刑法关怀与刑法解释》，《当代法学》2004年第1期。

选言式而非连言式
——财产犯中占有概念的界定路径

孙运梁*

摘　要： 由于占有对于财产犯成立的重要意义，我们需要清楚认定占有的构成要素以及要素间的关系，从而有效发挥其刑法教义学上理论分析工具的功能。一般情形下，根据事实支配因素判断占有的成立是足够的，但是刑法理论的作用更体现在疑难案件的处理上，一方面，有些财产犯罪中没有事实支配，却要承认占有的存在，如委托人对封缄物中内容物的占有；另一方面，有些财产犯罪中存在事实支配，却要否认占有的存在，如占有辅助人对财物没有占有。这些案件中，都体现了社会观念因素是独立于事实支配的单独因素。传统理论对于财产犯占有的连言式定义，试图统合事实因素与社会规范性因素来认定占有，但没有厘清二者的关系，导致占有判断的恣意化、主观化，有违罪刑法定原则。应当将选言式定义作为占有概念的界定路径，明确事实因素与规范因素的两极，二者无需同时具备，在此消彼长的过程中，根据何者居于优势地位来判断占有，许多疑难案件的处理就迎刃而解。

关键词： 财产犯　占有　连言式　选言式　事实　规范

一、引　言

占有是财产犯中的一个类型化概念，对于财产犯的教义学研究具有重要意义。财产犯一般划分为取得罪与毁弃罪。就取得罪而言，除侵占罪外，盗窃、诈骗、抢劫等罪在本质上都表现为二段行为过程，首先是破坏他人对财物的占有关系，其次是建立新的财物占有关系。用何种手段破坏原财物占有关系往往揭示行为的犯罪性质，而是否建立了新的财物占有关系通常反映行为的既遂与未遂问题。[1] 可见，就取得罪而言，占有理论在法律适用中具有重要的解释作用。无论该种财物取得罪是占有转移的夺取罪（如盗窃、诈骗、抢劫），还是占有不转移的非夺取罪（如侵占），都是如此。就占有转移的夺取罪而言，本身就是对财物占有的侵夺；就占有不转移的财物罪而言，虽然是取得自己占有之下的他人财物，但是否具有占有者的地位是首先需要明确的，否则就有可能成立占有转移的犯罪。[2]

最近几年，财产犯中占有的研究已然成为刑法学界的热点，已有几篇博士论文专门研究

---

* 孙运梁，北京航空航天大学法学院副教授，刑事法中心副主任，德国马普外国与国际刑法研究所访问学者，法学博士，硕士生导师。

[1] 参见 沈志民：《论刑法上的占有及其认定》，《当代法学》2010年第3期。
[2] 参见 童伟华：《论日本刑法中的占有》，《太平洋学报》2007年第1期。

占有的相关问题,论文更是不计其数。但对于财产犯占有概念的界定仍没有达成共识,有的认为与民法中的占有概念一致,有的认为不同于民法中的占有概念。笔者认为,由于学科性质、制度功能的不同,从民法占有制度角度考察刑法财产犯中的占有,不但难度大,可能效果也不甚理想。如果从概念定义的形式出发,可能会有新的发现。以连言式定义与选言式定义为视角,对于财产犯占有概念的界定可能更加清晰、有效。本文的结论是,占有的选言式定义更符合刑法理论与实务,在实用性、逻辑性方面更有优势。

二、连言式定义与选言式定义

法律概念,无论其具有描述性、论断性还是评价性的意义,都可以有不同的形式,要看这个概念的个别要素相互间是处于何种关系。其中最简单的概念形式,就是分类概念(Klassenbegriffe)。定义这种概念的方法,就是列出那些具体个案中对此概念之实现而言系属必要且充分的要素。个别的要素,可以是累积的必要,但也可以是选择式的必要。在前一种情形中,这些要素相互间是通过"及(并且)"来联结,人们将这称为"连(并)言式定义"(eine konjunktive Definition);在后一种情形中,则是通过"或"来联结,人们称之为"选言式定义"(eine disjunktive Definition)。[1]

在法学上,曾经有很长一段时间都不承认选言式定义是一种定义。这种定义的缺点在于:它并没有说明,实现某个选择要素的客体和实现另一个选择要素的客体二者是在何种观点下相同,以致它们可以被相同地对待。这里所谓的相同对待,是指都会引起相同的效果——无论是满足了哪一个选择要素,这个概念都会被实现。

一个连言式定义的概念越是一般,亦即其适用范围越大,这个概念所含有的要素就必须越少。选言式定义的概念就不是如此。我们可以通过选择要素的加入,而在不减少该概念之固有要素的情形下,对于所定义的概念增添进一步的适用范围。尽管选言式定义的个别要素有可能和连言式定义的要素一样模糊,但将选言式定义适用到个案中却可能会比较清楚。如果把一个额外的要素加进一个连言式的定义中,这个要素在每一个个案中都必须被实现,那么,如此界定的概念在具体个案中的适用绝不会变得更清楚,而是会变得更不明确。相反的,如果是将一个额外的选择要素加进一个选言式的定义中,这个概念整体看来或许并不会因此变得更精确,但它在特定个案中的适用则会因此变得更清楚。这里所指的情形,就是法律适用者虽然对于某个选择要素的实现还有所怀疑,但其他选择要素的实现已明确存在的情形。如在财产犯占有的认定中,事实支配控制是否存在往往容易明确判断,但是社会观念的、规范的因素是否存在则会因判断者的不同而产生疑问。如果在一个选言式定义的概念中,选择要素中的任一要素在个案中清楚地被实现,但对于其他选择要素是否实现则仍有所怀疑时,我们就不应该在存疑的选择要素这里耽搁太久。

占有是财产犯中的一个类型化概念。所谓的类型概念,就是从选言式的概念确定方式

---

[1] 参见[德]Ingeborg Puppe:《法学思维小学堂》,蔡圣伟译,元照出版社2010年版,第30页。

继续发展出来的。这是指在一个概念中,出现了至少一个可区分等级的要素。这个要素以外的其他要素,要不就同样也是可区分的,不然就是仅为选择性的必要。它们相互间具有如下的联结:一个可区分等级的概念要素在个案中越是高程度地被实现,其他可分级之要素所必须被实现的程度便可随之降低,或者就越不需要实现其他的选言式要素。[1]

三、占有的连言式定义与选言式定义

(一) 占有概念的组成要素

在德国刑法理论中,学者对占有概念内容要素的认识在不断变化,它直接体现为占有状态认定标准[2]的变化。就占有状态的认定标准而言,从最初的重视占有的事实要素的一面到后来逐渐重视规范要素的一面,最终形成了强调占有的事实要素与规范要素并重的局面。[3]

在刑法理论上提到占有时,最常见的定义就是人对物的控制关系。如德国刑法理论传统上将占有(Gewahrsam)定义为事实上的支配力(tatsächliche Sachherrschaft),这种控制支配关系一般被认为具有强烈的事实属性,"占有是个人基于主观的支配意思而在事实上控制特定物的状态"。[4] 将占有描述为一种对物的事实控制支配力的说法已成为通说。[5] 这里的事实上的支配力,又可以进一步区分为客观的事实支配关系,即占有人对于物所具有的不受阻碍的直接作用可能性,占有人可以随时地对物行使这种支配,以及主观的支配意思,即占有人在主观上对于这种支配关系的认识与意欲。

扩张的事实支配可能性标准是一种判断占有的综合性判断标准,其所对应的占有概念不仅涉及对某物所具有的事实上的支配力,同时也涉及社会观念对于该支配力的承认,即所谓的观念上的占有,这种占有在本质上属于规范上的占有。这表明占有实际上具有事实与规范的双重属性。

---

[1] 参见 [德]Ingeborg Puppe:《法学思维小学堂》,蔡圣伟译,元照出版社 2010 年版,第35页。
[2] 就占有的判断标准,我国学者作了分析梳理,指出了其发展的四个过程,即纯粹的事实支配可能性标准、公众观念标准、社会分配关系标准、扩张的事实支配可能性标准。参见 马寅翔:《民法中辅助占有状态的刑法解读》,《政治与法律》2014 年第 5 期。
[3] 参见 马寅翔:《民法中辅助占有状态的刑法解读》,《政治与法律》2014 年第 5 期。
[4] Vgl. Maurach, Strafrecht Besonderer Teil, 1953, S. 160; Roland Schmitz, in: Münchener Kommentar zum StGB, 2. Aufl., 2012, Bd. 4, § 242, Rn. 43.
[5] 参见 徐凌波:《盗窃罪中的占有——以德日比较为视角的考察》,载 陈兴良主编:《刑事法评论:规范论的犯罪论》,北京大学出版社 2015 年版,第 262 页。

在德国刑法理论关于占有概念的讨论中,Welzel 所主张的占有概念[1]极具代表性,且在整个理论的发展过程中具有重要的地位。在 Welzel 之前尽管理论上已经对事实占有概念展开了批判,但仍然没有完全脱离客观的支配事实与主观的支配意思这两个范畴所构建的框架,而 Welzel 则在对事实占有概念以及诸多个案的具体分析之中,结合其整体的哲学以及刑法学思想,发现了社会性因素的独立性意义,首开社会—规范的占有概念之先河。[2]据此,有无占有的存在,社会的、规范的因素实质上也是一个考量和评价的标准。

刑法上的占有,通常情形下是指人对物事实上的支配,但占有不限于物理事实上的支配,还包括在物理上的占有适度松弛,而经由社会一般观念认为是占有的情形。基于对社会公众观念的考量,我们需要承认刑法中占有的观念化。根据社会生活情况,比特纳将占有划分为直接占有与一般占有。[3] 所谓的一般占有,是指虽然占有人并未直接占有某财物,但根据规制人类共同生活的法律规范以及社会文化规范,仍视为占有人占有该物。例如停放在街道上的轿车,占有人对该轿车虽不存在直接占有,但却存在一般占有。[4]即使所有人不在车上,也认为是有人占有的财物,这种占有主要是基于观念上的占有。关于直接占有与一般占有的划分,对于规范要素在占有概念中的引入作了明确的说明,从而将人们的视线从先前的局限于直接占有的状况中解放出来,为更为明确地理解占有的规范属性奠定了基础。[5]一般占有概念的提出,为占有概念吸纳社会规范因素提供了渠道,由此刑法中的占有概念可以理直气壮地承认规范因素的地位。

刑法上占有的客观要素要求对财物具有客观上的管领支配,Welzel 认为占有的客观要素包括两个要素,第一个是现实要素,即对财物事实上的支配;第二个是规范和社会的要素,即事实上的支配应根据社会生活的原则判断。[6]根据 Welzel 的观点,刑法上的支配包括物理上的支配和观念上的支配。物理上的支配是指直接控制支配该财物,观念上的支配是指虽然财物没有在权利人的直接支配范围内,但是根据社会观念可以推定某人对物具有管

---

[1] 在对事实占有概念进行批判的基础上,Welzel 提出了自己对于占有的定义。他从刑法上的占有(Gewahrsam)与民法上的占有(Besitz)的共同词源——日耳曼语中的 Gewere 一词出发,认为占有指的是一种本身就具有保护价值的外部安宁状态,它并不是通过法律规定而创设的概念,而是在法律规定之前就已经存在的社会状态,这种状态本身因为值得保护而为法律所认可。Vgl. Hans Welzel, Der Gewahrsamsbegriff und die Diebstähle in Selbstbedienungsläden, GA 1960, S. 257ff.

[2] 参见 徐凌波:《盗窃罪中的占有——以德日比较为视角的考察》,载 陈兴良主编:《刑事法评论:规范论的犯罪论》,北京大学出版社 2015 年版,第 263 页。

[3] 在民法上,占有可以分为直接占有与间接占有。所谓直接占有,是不通过其他人而直接对物行使事实上的支配,相反地,间接占有是指自己不直接占有物,但本着一定法律关系,对于直接占有其物的人有返还请求权,因而对物具有间接支配权。如甲将某物出租给乙之后,乙作为承租人直接占有该物,成为直接占有人,但甲依照租赁关系仍可以请求乙在租赁期届满之后返还该物,因此,甲为该物的间接占有人。直接占有是现实性的,间接占有是观念性的。参见 童伟华:《论日本刑法中的占有》,《太平洋学报》2007 年第 1 期。

[4] Vgl. Bittner, Der Gewahrsamsbegriff und seine Bedeutung für die Systematik der Vermögensdelikte, Südwestdeutscher Verlag für Hochschulschriften 2008, S. 91ff.

[5] 参见 马寅翔:《民法中辅助占有状态的刑法解读》,《政治与法律》2014 年第 5 期。

[6] Vgl. Hans Welzel, Das Deutsche Strafrecht, 11. Aufl., 1969, S. 347f.

理支配,属于刑法观念上的占有。例如停放在门前的自行车即可以推定为他人占有。

除了事实占有概念中已经承认的事实支配关系与主观支配意思之外,Welzel 又发现了占有概念的第三个构成因素,即以社会习俗、日常观念为内容的社会因素。但是三个因素之间并不是一种平面性的耦合关系,社会日常观念毋宁是作为决定性的判断标准而存在的,客观上是否存在支配关系,主观上是否存在支配意思都必须根据社会因素与信念进行判断。[1] 就一般性的规则而言,Welzel 所主张的社会占有概念以及德国联邦最高法院所主张的事实—社会的占有概念仍然很有影响,即占有概念的本体包括了客观的支配事实与主观的支配意志两个部分,但这两方面是否存在需要结合社会日常的交往观念进行判断。由此社会因素便成为了独立于事实上的支配关系与支配意志而决定占有的有无及其归属的决定性因素。

刑法中占有的观念化现象显然逸出了事实支配关系的范畴,而后者一直为刑法中的占有所强调,因而,如何协调二者的关系,就成为值得进一步探讨的问题,这也牵涉出占有的连言式与选言式两种基本的定义形式。

(二) 占有的连言式定义

理论界对占有有影响的定义是:占有,是自然人出于支配意志,对于某个物件所具有的一种事实、社会上的(tatsächlichsozial)支配。[2] 上述的定义只是指出占有和事实上对某物的支配权力有关,并且也涉及社会上对于这个支配权力的承认,但是由于它们的联结形式(连言式),这个定义无法说出这两个概念要素相互间具有如何的关联性。根据这种定义,支配事实、规范因素这二者交互作用、互相纠缠,具体判断中侧重的要素不同,结论也许就不相同。

根据占有的连言式定义,判断某人对财物是否事实上占有,应该根据社会上一般人的观念并结合案件的具体情况而定。[3] 是否存在占有,可通过综合考虑对财物的支配这一客观要件(占有的事实)以及支配意思这一主观要件(占有的意思),按照社会一般观念来判断。日本判例认为,"刑法中的占有,是人对物的一种实力支配关系,尽管这种支配状态会因物的形状以及其他具体情况而有所不同,但不必实际地持有或者监视该物,只要该物处于占有人的支配力所及范围之内即可。而该物是否仍处于占有人的支配之内,则只能依据社会一般观念来决定,即,只要是社会一般人,无论是谁想必都会认同"。[4] 从理论上来说,刑法上的占有虽然侧重的是对物的实力支配关系,不过,这种支配关系并不以实际的控制为前提,而是在社会观念上能够被认为处于占有状态即可。规范的、社会的要素对于事实性支配的判断具有重要的指引作用。处于支配领域外场合的占有侧重结合社会的、规范的要素进行

---

[1] 参见 徐凌波:《盗窃罪中的占有——以德日比较为视角的考察》,载 陈兴良主编:《刑事法评论:规范论的犯罪论》,北京大学出版社 2015 年版,第 265 页。

[2] Vgl. Wilfried Küper, Strafrecht Besonderer Teil, 6. Aufl., 2005, S. 432.

[3] 参见 [日]法曹同人法学研究室编:《详说刑法(各论)》,法曹同人 1990 年版,第 169 页。

[4] 日本最判昭和三十二年(1957 年)11 月 8 日刑集第 11 卷第 12 号第 3061 页。参见 [日]山口厚:《从新判例看刑法》,付立庆译,中国人民大学出版社 2009 年版,第 129 页。

判断。处于支配领域内的场合的财物占有状态,也不能说与社会的、规范的要素判断没有关系,比如,仓库管理员对货物虽然存在物理的、有形的支配,财物处于其支配领域内,但从社会的、规范的角度考虑,仓库管理员也没有被承认占有人的地位。正因如此,有的学者提出:"占有可以说是一种社会观念,必须考虑到物的性质、时间、地点和社会习惯等,按照社会上的一般观念来具体地决定其有无。"[1]日本刑法对事实性支配的认定,不外乎是使之合乎人情事理以及一般人的法感觉,这是日本刑法理论和实务的一贯风格。[2]

鲍尔(Baur)在描述直接占有之构成要件时指出,占有一再强调对物的实际支配,但是何为占有的实际支配要依生活观念而定,其中占有人须对物有一定的空间关系。[3]换言之,占有的管领力需要物在占有人的控制力范围内,但即使是直接占有也不要求一定要手持该物方能成立。这一点很好理解。因为所有权人不能同时触及其所有财产,但是他却是其财产的占有人,而不能说——在没有占有媒介或占有辅助人的情况下——他对未触及的物没有占有。而就占有的控制理论而言,一般来说,对物有确定的支配关系或者已经可以排除他人对物的干涉,就构成了对该物的事实上的管领力。[4]该学者在对直接占有的分析中,显然指出了占有的两个要素,即事实支配与生活观念,并且要求二者同时具备,同时他更强调生活观念的因素。

也有占有的连言式定义将事实管领与虚拟的权利空间联系起来。在该种观点看来,自罗马法以来,原则上,一物之上就不能同时发生数个管领事实,占有是绝对、完全、排他的管领物件的事实。因此占有人对物的事实管领需形成一个虚拟的权利空间,在该空间内其他人的力量不能介入,因而占有人可就物实施占有和支配。[5]正如占有人将车停在花园中,而占有人在屋内,他与车之间尚有一定距离,但是仍为占有之存在[6],因为占有人的权利控制了该花园,他人不能随意出入。又如主人在家里滑落到沙发下面的戒指,即使暂时找不到,但是也在占有人自己家中,虽无直接支配,但是已经排除了他人的干涉。但如果当事人将房屋出卖并转移所有权给买受人,并且,在此之前都未找到这枚戒指,那么随着他对房屋的占有权限的丧失,他也丧失了对这枚戒指的控制力。

根据连言式定义判断占有的时候,容易把作为占有本体要素的占有意思与社会规范因素相混同。如有观点认为,占有意思不以对财物有明确的、积极的、不间断的支配意思为必要。一般只要对财物没有积极的放弃占有的意思,就认为有占有的意思。例如,专心于其他事务而未顾及财物,处于睡眠状态忘记了财物的存在,这都应该认为有占有的意思。刑法占

---

[1] [日]木村龟二主编:《刑法学词典》,顾肖荣等译,上海翻译出版公司1991年版,第687页。
[2] 参见 童伟华:《论日本刑法中的占有》,《太平洋学报》2007年第1期。
[3] Vgl. Baur/Stürner, Sachenrecht, 18. Aufl., 2009, S. 68.
[4] 参见 谢在全:《民法物权论》(下),中国政法大学出版社1999年版,第928页。
[5] 参见 曹雅晶:《物之遗失与丧失占有——兼论具体公共空间内的拾得人判定》,《比较法研究》2014年第2期。
[6] 再延伸一下,占有人将车停在其公寓附近的公共停车场,此时已超越了他能控制的他公寓本身的范围,但是他仍是该车的占有人。Vgl. Baur/Stürner, Sachenrecht, 18. Aufl., 2009, S. 68.

有中支配财物的意思,并不限于对特定财物的具体的、特定的支配意思。存在事实管领力以后,只需要当事人具备一般的、概括的、潜在的占有的意思,而无需对外明确作出意思表示,就成立了他对该物的占有。"只要具有以将存在于自己支配的场所内的一般财物为对象的包括的、抽象的意思,通常就够了。"[1]例如,在自己住宅内的财物,即便不知道其存在,甚至人也不在家中,还应该认为是在其占有之下。笔者认为,以上所谓主观上的支配意思,实际上是根据规范的、社会的意义来理解的。比如,对于外出不在家期间被人放入信箱中的物件之所以认为存在占有的意思,主要是基于一般社会观念上的推定。

还有观点认为,占有是对财物的事实上的支配,以具有直接的、事实上的支配的情形(例如,实际持有财物、财物处于封闭的支配领域内)为核心,业已扩大到具有支配的事实可能性的情形。[2] 就前者而言,要么是当然存在支配的意思,或者是对此可不予考虑而能直接肯定存在支配;就后者而言,则以存在支配意思为必要,即,具有排除他人取得,确保自己支配的意思。在此意义上,可以说主观要件对客观要件具有补充意义。笔者认为,"支配的事实可能性"已经逾越了事实范畴,须凭借规范因素判断,所谓"主观要件对客观要件具有补充意义"实际上是"规范因素对事实因素具有补充意义"。

在占有的连言式定义看来,社会—规范的占有概念发现了占有概念中的社会规范性要素,认为占有的认定取决于社会日常观念,因为占有的本体构成要素,支配事实与支配意志的有无都取决于社会日常生活经验,一个"裸"的、排除价值判断的占有事实并不存在。占有是社会事实,既不是纯粹的物理事实,也不是纯粹的观念。它代表的是前法律的社会秩序结构,而法律只是对这个既定事实予以承认和保护,社会风俗习惯在认定占有的过程中具有根本性的意义。然而,在认定占有时,一个现实世界中的存在论基础是绝对必要的,刑法上的占有并不能仅仅取决于抽象的思维观念。[3]

(三)占有的选言式定义

现在理论界一般认为,事实控制与社会观念的承认成为占有概念的两个可区分等级的要素。

一个人事实上对于某个物件的支配,强度上可能是或多或少的。当一个人把某物握在手中时,事实上的支配力是最强烈的;当这个人将该物放在他随手能够拿取的地方时,事实上的支配力就变得较弱些;当这个东西被置放在这个人能够自由进出的空间里,而在他并未处在该空间时,事实上的支配则又会更弱些;当这个人把该物(不管有没有加上防止他人拿取的措施)放在一个公共空间当中,并且知道放在哪里,即使他无法立刻取得该物,也还是存有事实上的支配力,只不过这个事实上的支配力是以最弱的程度存在。这显示了,事实上的支配力这个概念是一个可分级的概念。

---

[1] [日]大冢仁:《刑法概说(各论)》,冯军译,中国人民大学出版社2003年版,第188页。
[2] 参见 日本最判昭和三十二年(1957年)11月8日刑集第11卷第12号第3061页。
[3] 参见 徐凌波:《盗窃罪中的占有——以德日比较为视角的考察》,载 陈兴良主编:《刑事法评论:规范论的犯罪论》,北京大学出版社2015年版,第277页。

而社会上对于事实支配力的承认（认可）这个概念，严格说来也是有区分等级的。占有权享有最高度的承认，但即便是无权占有，刑法也还是在某种范围内予以承认，可对抗他人的侵夺——甚至包括对抗来自于有权要求占有人的侵夺，亦即所谓被禁止的擅自拿取。通过这些规定，即使是通过被禁止的方式所取得的占有，也还是享有刑法上的某种承认。

现在，我们可以通过下述关于占有的概念确定，将这两个可分级的概念联结起来：就占有概念的实现而言，一个人在事实上对于某物的支配力（拿取可能性）越强，社会上对于此支配的承认这个要求就可以越弱；反之，社会上对于某人之于某物的支配有着越高的承认，事实上拿取该物的可能性就可以越弱。当这两个可分级的占有要素其中之一强烈地显示时，即使另一个只有微弱地显现，占有概念仍然是清楚地实现。只有当这两个要素都是很微弱地显现时，才会不确定占有是否存在。[1]

根据占有的选言式定义，一般社会观念的判断可以颠覆对占有的事实支配要素的认定，从而在许多情况下否认实际控制财物的人对财物的占有，如辅助占有的情形，而在另一些场合中却肯定没有实际控制财物的人的占有，从而否定了"事实支配"要素在占有概念界定上的唯一地位。因此，刑法上的占有其实根本无法摆脱社会观念的影子，甚至可以说，离开了社会观念的支持，纯粹根据人与物之间的物理支配关系来界定占有的归属根本就无法做到。

四、事实支配较强的占有情形

实际支配或者控制是财产犯占有的首要的、最初的核心要素。从概念界定和判断要素来看，刑法理论对于占有的界定更看重它的客观要素，即对于财物的现实的支配可能性。即便是在普遍承认占有观念化的德国刑法理论中，也并未完全放弃占有的事实属性，当一个人对于财物存在直接的事实支配时，尤其是当他直接握有财物时，他对于财物就存在着刑法意义上的占有。

德国民法典上的占有所对应的术语是 Besitz，德国刑法典上的占有所对应的术语则是 Gewahrsam，又译为持有。二者虽然均指对物有事实上的管领，但是 Gewahrsam 更强调对物的事实支配。英美刑法理论认为，占有的成立应当在客观上存在一定程度的事实控制行为，主观上具有占有意思。[2] 刑法上的占有强调的是更为现实的占有，脱离物理占有的社会观念的占有仅仅在较小的范围之内得到承认，不少国家和地区对刑法上的占有使用持有这一概念。我国台湾地区"刑法"和财产犯罪理论中，一般使用"持有"一词代替占有，以免与"民法"中的占有相混同。我国台湾地区"刑法"中的持有与"民法"中的占有含义是不同的。[3] 主要表现为以下两点：第一，我国台湾地区"刑法"中的持有是纯粹的空间关系，因此，过于抽象的占有状态，如我国台湾地区"民法"上的间接占有等并不能构成我国台湾地区

---

[1] 参见 [德]Ingeborg Puppe：《法学思维小学堂》，蔡圣伟译，元照出版社2010年版，第34-37页。
[2] 参见 [英]史密斯·霍根：《英国刑法》，李贵方等译，法律出版社2000年版，第586页。
[3] 参见 郭晓红：《民、刑比较视野下的占有之"观念化"》，《法学杂志》2011年第11期。

"刑法"中的持有;第二,我国台湾地区"民法"上的占有可依继承而转移,但我国台湾地区"刑法"上的持有不得依继承而转移。[1] 我国台湾地区民法学者也认为,"刑事法上所称之持有,乃指行为人以支配之意思,将物品置于自己事实上得为实力支配之状态而言;故持有云者,必须持有人对该财产有持有之意思,并实际上已将之移入于自己事实上得为支配之状态,始足当之"。[2]

日本刑法学界认为占有是人对财物事实上支配、管理的状态,民法上的占有也是人对物实际上的管理支配。但是日本刑法学者又认为刑法中的占有比民法上的占有更为现实,为了避免混同,特地把刑法上的占有称为管理、所持,日本法院的判例也往往使用所持一语。[3] 即使民法上将占有规定为事实的国家,也认为刑法上的占有与民法上的占有有所不同。比如,德国民法学家沃尔夫就认为:"占有作为实际支配权与刑法的支配权概念很大程度上相重合。但是,刑法支配权概念更加注重实际情况。"[4]

手中握持或者随身携带的财物,主体的事实控制支配是最强烈、最明显的,主体对财物的占有易于判断。例如,被害人夹着一个皮包在马路上行走,行为人从背后夺取皮包后跑掉,被害人对皮包的占有显而易见,这是以抢夺的方式夺取被害人对财物占有的抢夺罪。

事实支配,另外的典型情况是,处于占有人的物理的支配力量所及的场所即排他的支配领域之内。当物处于私人房屋范围内时,该房屋占有人基于对该空间的控制力而排除了第三人对该空间内物的占有和支配,即具备了对于物的事实管领力。处于某人的事实性支配领域之内的财物,即便并未被持有或守护,也属于该人占有。如放在某人自己住宅里的财物,在其出门的时候,或即便其忘记了放在什么地方的时候,也还是属于其占有。住宅与外界有物理区隔,有门窗、锁等控制进出设施,占有人对其有较强的控制支配,因此住宅里忘记了放置地方的财物,家里没有人的时候邮政人员从信箱等设施所投送来的财物,只要是在自己家里面,其他人获取该财物的时候,也仍然构成盗窃罪。

五、社会观念承认较强的占有情形

(一) 占有的观念化

虽说占有一般从物理的实际支配或者控制的角度加以考虑,但并不仅限于此,有时候,也要从规范的角度即社会生活的一般常识和规则的角度加以考虑。换言之,财物在被人采用物理手段加以掌控的时候,固然属于被实际支配或者控制,但从社会生活的一般常识和规则来看,也能够推断某财物处于被他人所占有的状态。与刑法上的事实性占有相对立的概

---

[1] 参见 陈朴生:《论侵占罪之持有关系》,载 蔡墩铭主编:《刑法分则论文选辑(下)》,五南图书出版公司1973年版。

[2] 谢在全:《民法物权论》(下),中国政法大学出版社1999年版,第560页。

[3] 参见 [日]大冢仁:《刑法概说(各论)》,冯军译,中国人民大学出版社2003年版,第185页。

[4] [德]曼佛雷德·沃尔夫:《物权法》,吴越译,法律出版社2002年版,第76页。

念应当是观念性占有。尽管学者们再三强调占有的事实性,可是同时也在不断强调一般的社会观念对于占有界定的重要意义。根据人们生活习惯和社会观念,在有的情况下,即使行为人没有实际控制财物,也要承认其对财物的占有。相反,即使行为人事实上控制了财物,也要否认其对财物的占有。这就是占有概念的观念化,即对占有概念进行了扩张与限缩。[1] 在这些情形中,对占有的认定与所谓的"事实上的支配"这一要素无关,真正起作用的乃是日常生活习惯或者一般的社会观念。

现代社会自然科学技术的进步使得主体对于财物的控制方式发生了巨大的改变,鉴于这一社会现实,在占有的判断上并不应拘泥于传统上的事实支配方式。Welzel 认为,就占有而言,其映射出这样一种社会结构:受社会尊重的人可以行使对物的支配的空间领域。物理支配中所含有的社会成分是占有概念必不可少的组成部分。[2] 这种社会性的因素才是实践中真正判断占有的有无、归属的关键性因素,但这一社会因素在司法实践中从未被明示地肯定为独立于事实上支配之外的因素。只在极少的情况下人们才认为交往观念、日常生活观念对于认定占有关系具有决定力。在 Welzel 看来,成年人所具有的身体上的优势本身并不当然地使其获得对儿童的东西的占有。相反日常生活中的风俗习惯,也就是社会性的因素对于占有关系的确定而言才是问题的关键。占有概念中的社会性因素都对事实支配的松弛进行了补强从而使得占有继续存在。[3] 离开了社会性要素,根本就没有占有可言。

基于部分占有对象的特殊性,主体不可能随时地控制着财物,即使脱离占有主体,也认为是有人占有的财物。对于大件物品,如汽车、摩托车,当其处于人的实际控制之下时,认为是有人占有的财物。但此类物品不可能总是随身携带,因此,即使某人没有对其实际控制,也认为是有人占有的财物。

有意将财物置于离自己的所在地有一段距离的地方的情形。诸如将自行车停放在停车场等那样,在将财物置于保管场所的场合,财物仍然归属于所有人。按照社会一般观念,处于所有人的占有之下。鱼虾等水产品的养殖者放养在野外水域的鱼虾等,属于养殖者的占有。被驯养的禽兽,只要没有丧失回到饲养主那里的习惯,就属于饲养主的占有。在地震等灾害发生时避难者把家具、电器及其他东西搬到道路上离去,即使在异常事态下暂时有意识地脱离财物的事实性支配,处于该事态结束后能够立即恢复支配的状况中,在所有者认识到其财物的存在,同时没有作出放弃它的意思时,不失去其占有。这些物在具体的情况下,从

---

[1] 为了满足社会生活的现实需要,现代民法占有观念已通过人为的加工与拟制得到了扩大与限制,占有概念也随之观念化,并纳入了法律上的因素,松弛了时间和空间上的关联。参见 王泽鉴:《民法物权占有》,三民书局 1999 年版,第 278 页。占有观念上的拟制是指,虽然没有在空间上直接管领、支配该物,但是基于某种法律关系,也可成立占有,民法中有一系列制度承认观念上的占有,主要包括:间接占有、占有继承、占有改定、指示交付等。

[2] Vgl. Hans Welzel, Der Gewahrsambegriff und die Diebstähle in Selbstbedienungsläden, GA 1960, 264f.

[3] Vgl. Hans Welzel, Der Gewahrsamsbegriff und die Diebstähle in Selbstbedienungsläden, GA 1960, S. 257ff.

一般社会观念来看，可以推定属于某人的占有范围之内，因此，可以认定属于他人占有。随着财产流转关系的日益复杂化，人们对财物的占有在很大程度上并不需要物理上、客观上控制，如仓库提货单、船货提单这种物权性有价证券，因为在移交上存在物权的效力，所以，对它们的占有可以认为是对其寄托物本身的占有。

观念上的占有，用社会日常生活观念来判断财物是否处于有人占有的状态。但社会观念本身是发展变化的，随着人们财产权利意识的逐步提升，人们会更多地承认财产的有人占有性，从而尽可能地构建一个有序的财产秩序。在刑法领域，观念上的占有会在较大的范围内逐步得到承认。刑法对占有保护是基于对秩序的维持，虽然刑法上的占有更多地是强调现实上、客观上的占有，但刑法解释、司法实践中有将观念上的占有扩大化的趋势，逐步扩大地肯定虽然没有处于他人的实际控制之下，也仍属于有人占有的财物，这有利于构建良好的财产秩序。随着社会的文明程度逐步提高，会越来越多地肯定观念上的占有。[1]

（二）事实占有与观念占有的冲突

有一种存在双重事实支配关系的情形。在由两个以上主体对物存在控制支配关系时，社会观念的承认具有更强的判断功能。承认占有概念观念化的侧面具有双重属性，一方面满足了人们生活习惯和社会观念的需要，另一方面也弱化了原占有概念的界限，使物理占有与观念占有在具体判断占有状态时发生冲突，从而产生争议。如果某物具有物理占有与观念占有双重特征时，往往还需要进一步分析哪种占有更具影响力，从而最终判断占有的归属。

如旅馆将睡衣、浴衣借给旅客使用，尽管旅客贴身使用，该睡衣、浴衣的占有仍属于旅馆业主。住店的旅客所有物的占有，即使在旅馆之内，仍属于该旅客。因此，重要的是，这里也应看物究竟归属于谁，即谁享有所有权。所有权是一种法律关系，也属社会观念的范畴。即便暂时将他人的财物拿到手，但他人仍然占有该物，在商店内，即使顾客假装购物而拿到商品，店主也不失去其占有，因此，顾客乘机拿着该商品逃走的行为，构成盗窃罪。客人在餐厅里就餐时使用的餐具归餐厅占有，尽管其亲手握持着餐具，社会观念上仍然认可餐厅的占有。

（三）上下主从关系的占有

基于雇佣契约等处于上下主从关系的人，刑法上的占有通常属于其上位者，下位者即使现实地握持着财物或者说具有事实上的支配，也仅仅不过是单纯的监视者或者说占有辅助者。因而，下位者排斥上位者取得该财物的独占性支配的行为，成立盗窃罪。例如，商店职员不经店主同意，擅自拿走商店里的商品，仓库值班者夺取仓库里的物品等即是。上位者的占有是一种观念上的占有，观念占有是对事实占有的加工和变形，之所以如此是为满足人们社会生活的实际需要。在民法中设立辅助占有制度的根本目的就在于否定这种形式的占有，刑法同样亦应适用这一理论。

一般而言，占有辅助者，虽然实际管领物，但仍不取得占有。占有辅助是与自己占有相

---

[1] 参见 郭晓红：《民、刑比较视野下的占有之"观念化"》，《法学杂志》2011年第11期。

对应的概念,"自己占有,指占有人自己对物为事实上的管领。占有辅助,指基于特定的从属关系,受他人之指示,而对于物为事实上的管领"[1]。下位者只是按照上位者的占有意思及指示行事,是在上位者的监督之下管理财物而已,属于上位者占有财物的手段或工具。因此,在占有辅助关系中,指示占有辅助人进行占有的人才是占有人,占有辅助人仅是占有人的辅助者,其自身不能取得对物的占有。占有辅助关系常存在于雇佣、学徒等类似关系中[2],甚至由于专业分工的细化,"在现代工商社会,大多数之人系基于雇佣关系而管领他人之物,皆为占有辅助人。"[3]

例如,甲电视机坏了,雇三轮车工人乙拉到修理店去修理。乙在前面蹬车,甲骑自行车在后紧跟。中途甲遇一朋友丙,要与丙谈几句话,遂叫乙停下。在甲与丙谈话之时,乙趁甲不备,蹬起三轮车就跑掉了,将电视机非法据为己有。[4] 对于这种案件,甲雇佣乙运送物品且一路跟随,显然甲是占有人,乙只是接受甲的指示而对标的物进行控制管领,乙的地位仅是占有辅助人而不是占有人,其并没有取得对标的物的占有。[5] 既然乙自始就没有取得对标的物的占有,那么当乙突然将标的物带跑并据为己有后,乙才第一次取得对标的物的占有,不符合侵占罪的变占有为非法所有的行为特征,所以不能构成侵占罪。此外,由于乙第一次取得对标的物的占有就是通过秘密窃取的手段获得占有,因此其行为构成盗窃罪。

(四)封缄物的占有

关于封缄物的占有问题,理论界有以下几种观点,委托者占有说、受托者占有说、区别说、修正的区别说。判例及理论多数主张区别说。[6] 这些观点争论的背后实际上存在着封缄物整体及其内容物的占有到底是归委托者还是归受托者的对立。而造成这种分歧的根本原因在于封缄物自身的特殊性以及在判断占有时所重视的方面不同,亦言之,各个学说在重视占有的物理方面还是重视占有的社会、规范方面出现了分歧。

---

[1] 王泽鉴:《民法物权2·用益物权·占有》,中国政法大学出版社2001年版,第190页。

[2] 如何判断受雇佣的店员是否属于上下主从关系中的下位者即占有辅助人呢,对此,不能一概而论,必须综合考虑该店员在商店中的地位、权限等。具体来说,如同为店员,其中又有地位上的差别,有的是对包括商品在内的店内事务具有相当的管理权限的经理人员,而有的仅仅是一般临时工,这种地位的不同,使得他们之间和店主之间的信赖关系也不一致。有的情况下,上位者的占有当中,包含有对下位者的监督内容在内。即上位者对财物在控制、支配的同时,也对帮助其保管财物的下位者进行监督,防止其毁坏或者侵吞财物。下位者虽然也接触财物,但其只是按照上位者的占有意思以及指令行事,在上位者的监督之下辅助管理财物而已,其本人对财物没有处分权,属于上位者占有财物的手段,称不上是财物的占有者。这时候,如果下位者排除了上位者的占有,取得了财物,就要构成盗窃罪。相反地,有些情况下,上位者的占有是由下位者代为进行的,如商店分店的店长替老板管理财物就是这种情况。这种场合,由于下位者对于所管理的财物具有一定限度的处分权限,而且在其授权范围之内,对于所管理的财物具有处分意思,因此,可以说其属于受托管理财物的人。这种场合下,下位者擅自处分财物的话,就是将自己代为管理的财物据为己有,要构成侵占罪(职务侵占罪)。参见 黎宏:《论财产犯中的占有》,《中国法学》2009年第1期。

[3] 王泽鉴:《民法物权2·用益物权·占有》,中国政法大学出版社2001年版,第191页。

[4] 参见 王作富主编:《刑法分则实务研究(下)》,中国方正出版社2003年版,第1316页。

[5] 参见 孟强:《物权法占有制度与侵占罪的认定》,《法学》2011年第10期。

[6] 参见 [日]浅田和茂、井田良编:《刑法》,日本评论社2012年版,第522页。

受托者占有说重视对封缄物物理占有一面，强调既然封缄物已交给受托者，无论是封缄物整体还是内容物实际上都与委托者相分离，此时封缄物当然归受托者占有，因此无论取得封缄物整体还是内容物都应定侵占罪。委托者占有说重视观念占有一面，强调虽然封缄物交给受托者，但委托者对财物进行了封缄，这本身就表明是在排除受托者对内容物的任意支配，受托者只不过是委托者支配财物的一种手段，实际占有者仍为委托者，所以取得封缄物整体或内容物者定盗窃罪。区别说与修正的区别说试图对受托者占有说与委托者占有说加以调和，平衡物理占有与观念占有之间的矛盾。[1] 区别说面临着两点质疑：一是侵占整个封缄物的，成立法定最高刑仅为五年的侵占罪，而仅侵害其中的内容物却成立法定最高刑可达无期徒刑的盗窃罪；二是认为行为人仅占有着封缄物的外包装而不占有着其中的内容物，有观点认为似乎也不符合生活常识。

在区别说看来，占有封缄物的受托者，打开封口获取内容物的，由于侵犯的是委托者所保留的占有，成立盗窃罪；取得整个封缄物的，则成立侵占罪。既然受托人现实地支配了封缄物整体，那么，就封缄物整体而言，其占有属于受托人，但是，考虑到委托人又对封缄物实施了封口、上锁等禁止他人使用其中的内容物的措施，因此，可以说委托人和受托人之间并不具有作为成立侵占罪的基础的高度信任关系。换言之，对封缄物中的内容物的占有，依然保留在委托人手中。可见，区别说是将占有的物理性和社会性、规范性加以调和的见解。[2]

之所以在封缄物占有的问题上，区别说能成为国外刑法理论与判例的通说[3]，正是刑法也承认观念上的占有的体现。虽然受托者外观上对封缄物整体和内容物都有控制支配，但两者的控制支配是不同的。对于封缄物的整体而言，受托者可以自由支配，具有完全的控制力，此时属于物理占有状态，而对封缄物中的内容物而言，受托者的事实支配就大打折扣，不像支配封缄物整体那样完全自由，此时属于委托者观念占有状态。如果受托者要支配内容物，必然要破坏委托者对财物的封缄状态。而破坏他人对财物的占有，进而建立自己的占有，正是盗窃罪的特征。固然封缄物持有者在物理上占有着封缄物的全部，但这仅是就事实而言的。从规范意义上讲，委托者之所以对财物进行包装，甚至加锁，其目的就在于防止受托人支配处分其中的内容物，表明委托人无意将内容物的占有让渡给受托人。我国《刑法》第253条第2款关于邮政人员窃取内容物构成盗窃罪的注意规定，正是出于这种考虑。所以，刑法在一定范围内肯定观念上的占有，以有效保护公民的财产法益和维护邮政、快递、集装箱运输等特定行业的公信力。[4]

（五）不动产的占有

不动产的占有具有区别于动产的占有的特殊性。通常情况下，是以社会一般观念上的归属判断来划定占有的界限，因此，对于通过名义登记，而享有法律上的处分权的人来说，如

---

[1] 参见 沈志民：《从封缄物占有归属看非法获取封缄物行为的定性》，《河北法学》2011年第7期。
[2] 参见 黎宏：《论财产犯中的占有》，《中国法学》2009年第1期。
[3] 参见［日］前田雅英：《刑法各论讲义》，东京大学出版会2011年版，第257、258页。
[4] 参见 杜文俊：《财产犯刑民交错问题探究》，《政治与法律》2014年第6期。

果另有他人事实上支配着该不动产,尽管这种法律上的处分权会因该事实性支配而受到一定限制,仍能肯定该人对不动产的占有,这样理解其特殊性,要更为合适。[1] 对于已经登记的不动产,占有属于所有权的登记名义人。就已经登记的不动产而言,能够被侵犯所有权的,只有登记本上的名义人,诸如不动产的租赁者等,那些仅在事实上支配着不动产的人,不存在占有。不动产因登记而取得占有,是源于不动产本身的特性。因此,针对已经登记的不动产,即便所有人远在他方,无法对其实施实效性的支配,仍可肯定所有人对不动产的占有。即便所有人及其家属均隐蔽行踪,处于去向不明的状态,仍可认为,所有人并未丧失对不动产的占有。[2]

六、事实支配、社会观念承认均微弱的否定占有情形

在事实支配、社会观念承认均微弱的情形下,应否定占有的存在。例如钱包遗忘案,被害人把钱包遗忘在大型超市六楼的长凳上,下到地下一层,10分钟之后才意识到钱包丢失,而马上返回,对此,法院否定存在占有。本案判决理由是:"鉴于本案具体情况,尤其是,被害人将钱包遗忘在公众可以自由出入,且处于营业状态之下的超市的六楼,而离开该地去到超市的地下一层;周边并无手提行李之类的东西,在长达10分钟的时间内,仅仅只有钱包搁在本案长凳上,即便考虑到,被害人清楚地记得本案钱包的遗忘地点,而且,在本案长凳附近,正好有一小孩A意识到本案钱包的存在,预计失主会回来取钱包而一直注视着该钱包,但在社会一般观念看来,在被告人非法取得本案钱包的时点,从客观上看,不得不说,轻易难以断定被害人的支配力及于本案钱包。""如此,在被告人非法取得本案钱包的时点,难以肯定本案钱包仍处于被害人的占有之下,最终,本案钱包属于《刑法》第254条所谓遗失物,相当于'脱离占有的他人之物'。"[3] 本案就属于事实支配力丧失、社会观念的承认也很微弱的情形,法院认定被害人失去占有是正确的。

又如,某人将拎包遗忘在公园的长凳上,离开现场约200米之后才发现拎包丢失,而被告人目睹被害人遗忘拎包,在被害人离开现场约27米之时,拿走了拎包,对此,法院认为,"在本案的事实关系之下","被害人是暂时忘记了拎包而离开现场,即便考虑到这一点,仍可以说,被害人并未丧失对本案拎包的占有,因此,本案被告人的领得行为构成盗窃罪"。[4] 日本学者西田典之对此案判决深感疑问。[5] 应当说,在游客自由出入的公园内,在被害人

---

[1] 参见[日]山口厚:《刑法各论》,王昭武译,中国人民大学出版社2011年版,第240页。
[2] 参见 日本最决平成十一年(1999年)12月9日刑集第53卷第9号第1117页。
[3] 日本东京高判平成三年(1991年)4月1日判时第1400号第128页。日本刑法第254条规定了侵占遗失物等罪,即"侵占遗失物、漂流物或者其他脱离占有的他人的财物的,处一年以下惩役或者十万元以下罚金或者科料"。
[4] 日本最决平成十六年8月25日判时第1873号第167页。
[5] 参见[日]西田典之:《日本刑法各论》,刘明祥、王昭武译,中国人民大学出版社2007年版,第114页。

离去较远的距离时,其对拎包的事实控制已经非常微弱,社会观念上的承认亦微弱,被害人已丧失对拎包的占有。

列车内的遗忘物之类,由于乘客的上下车过于频繁,一般人可以自由出入,管理者的事实性支配难以充分延伸至此,这些遗忘物不在乘务人员的实际支配范围之内,就不能说具有事实支配,公众观念上也认为这些遗忘物处于无人占有状态,在行为人获取该物的时候,只能成立侵占罪,而不是盗窃罪。

关于死者的占有,刑法理论一般认为,"既然财物的占有者已经死亡,他就不可能在客观上继续支配财物,也不可能有支配财物的意思。而且,死者身边或者身上的财物,不管相对于先前的杀害者、还是相对于无关的第三者,性质应是相同的。所以,肯定死者的占有存在疑问"[1]。应当说,死者对于其生前的财物没有事实支配,而且社会观念上对其占有的承认也并不有力,承认死者对财物占有的观点并不恰当。夺取死者生前财物的行为,要看死者生前的财物是否已在他人的占有之下,若是在死者家中或旅馆等有特定人管理的场所拿走死者财物,而这种财物被认为是在他人占有之下的,那就构成盗窃罪。另外,若杀人地点在野外或者将被害者尸体移至野外之后,取走死者身上的财物,由于这种财物已不属于任何人占有,所以,在日本等设有脱离占有物侵占罪的国家,自然应该定此罪名。不过,在我国由于刑法没有规定这种罪名,对这种行为就不能单独定罪,而只能作为故意杀人罪的量刑情节之一,在量刑时酌情处理。[2] 第三者拿走这种财物,无法定罪处罚。

七、结　　语

由于占有对于财产犯成立的重要意义,我们需要清楚认定占有的构成要素以及要素间的关系,从而有效发挥其刑法教义学上理论分析工具的功能。一般情形下,根据事实支配因素判断占有的成立是足够的,但是刑法理论的作用更体现在疑难案件的处理上,一方面,有些财产犯罪中没有事实支配,却要承认占有的存在,如委托人对封缄物中内容物的占有;另一方面,有些财产犯罪中存在事实支配,却要否认占有的存在,如占有辅助人对财物没有占有。这些案件中,都体现了社会观念因素是独立于事实支配的单独因素。传统理论对于财产犯占有的连言式定义,试图统合事实因素与社会规范性因素来认定占有,但没有厘清二者的关系,导致占有判断的恣意化、主观化,有违罪刑法定原则。应当将选言式定义作为占有概念的界定路径,明确事实因素与规范因素的两极,二者无需同时具备,在此消彼长的过程中,根据何者居于优势地位来判断占有,许多疑难案件的处理就迎刃而解。

---

[1] 张明楷:《刑法学》,法律出版社 2011 年版,第 875 页。
[2] 参见 刘明祥:《论刑法中的占有》,《法商研究》2000 年第 3 期。

论占有型财产犯罪之"财物控制"

彭文华[*]

摘　要：占有型财产犯罪是指主观上具有以非法占有为目的财产犯罪。财物控制是占有型财产犯罪的既遂标志。财物控制是指行为人对财物的实际控制与支配，包括控制意思与控制事实。财物控制具有直接性与间接性、具体性与抽象性、时间性与地域性等特征。财物占有是指财物所有，财物占有意图决定行为性质和方向，是占有型财产犯罪区别于其他财产犯罪的关键。财物持有是指行为人对财物事实上的支配状态。财物控制与财物占有在性质、内容以及主体上均有不同。财物控制与财物持有在性质和内容上均有不同。

关键词：占有型财产犯罪　财物控制　财物占有　财物持有

一、行为人控制财物——占有型财产犯罪的既遂标志

学术界关于盗窃罪既遂与未遂的界限标准，有接触说、转移说、隐匿说、失控说、控制说、失控加控制说等。[1]此外，还有损失说与折衷说。[2]上述诸观点中，接触说、转移说、隐匿说、损失说、折衷说、失控加控制说都存在明显缺陷，为学者们所不苟同，主要还是失控说与控制说之争。控制说认为，应当以行为人是否已经实际控制所盗窃财物为标准判断盗窃罪的既遂与未遂，行为人已经实际控制盗窃所得财物为既遂，否则为未遂。理由在于，控制说能够较好地满足盗窃犯罪的构成要件，也反映了盗窃既遂的法律特征。[3]失控说认为，只要被害人丧失了对自己财物的控制，不管行为人是否控制了该财物，都应当认定为盗窃既遂。如有学者认为，盗窃罪的既遂标准原则上应是失控说。"因为盗窃行为是否侵害了他人财产，不是绝对取决于行为人是否控制了财产，而是取决于被害人是否丧失对自己的财产的控制。行为人是否控制了财产，不能改变被害人的财产实际上受侵害的事实。例如，行为人以不法所有为目的，从火车上将他人财物扔到偏僻的轨道旁，打算下车后再捡回该财物，不管行为人事后是否捡回了该财物，被害人的财物受到侵害的事实不会发生变化，理当认定为犯罪既遂。"[4]失控说认为甲的行为应当成立既遂，并指出根据控制说构成未遂有失公平。

---

[*] 彭文华，苏州大学王健法学院教授，法学博士，博士后。
[1] 高铭暄：《新中国刑法学研究综述》，河南人民出版社1986年版，第641-643页。
[2] 高铭暄、马克昌：《刑法学（下编）》，中国法制出版社1999年版，第903页。
[3] 赵秉志：《侵犯财产罪》，中国人民公安大学出版社2003年版，第186页。
[4] 张明楷：《刑法学》（第二版），法律出版社2003年版，第773页。

笔者认为,失控说值得商榷。理由在于:一方面,该说认为,"犯罪既遂,是指发生了行为人所追求的、行为性质所决定的犯罪结果,即发生了行为的逻辑结果时,就是犯罪既遂。"[1]据此,犯罪行为的逻辑结果是站在行为人的角度考量的,即行为人通过犯罪行为所追求的结果。在盗窃罪中,犯罪人通过盗窃行为所追求的逻辑结果,显然是控制财物,而不是使财物失控。另一方面,该说又认为盗窃行为是否侵害了他人财产,取决于被害人是否丧失对自己的财产的控制。换句话说,盗窃行为的逻辑结果是被害人丧失对财产的控制。前后自相矛盾历然。笔者赞成控制说。理由如下:首先,控制说与刑法关于犯罪未遂与既遂的规定以及财产犯罪的本质特征相吻合。根据我国《刑法》第23条规定,构成犯罪既遂必须是犯罪已经得逞。"得逞",显然是指行为人的犯罪得逞,而非被害人的利益损失。根据《刑法》第264条规定,盗窃行为人客观上完成了盗窃行为并控制了数额较大的公私财物,主观上具有非法占有目的及直接故意,其行为就齐备了盗窃罪的全部构成要件,犯罪即告得逞。因此,只有控制说才能同时满足盗窃罪既遂对主观和客观两方面的要求。其次,对于"控制"的理解不应片面。行为人具体支配财物为控制,在抽象的、观念上的支配财物也是控制。因此,将财物丢于无人之处或者自认为可以获取之处,也是一种控制。尽管之中可能因偶然因素被别人取走,并不能改变控制的事实。再次,失控说难以解决某些具体案例。当被盗对象为无形的智力成果时,根据失控说会造成有些犯罪不存在既遂,于法于理不合。如秘密窃取、复制计算机上的智力成果资料,即使该智力成果被盗,被害人能够对智力成果进行有效控制。如果按照失控说,则盗窃计算机上的智力成果不存在既遂,这是非常荒谬的。坚持控制说就能有效解决这一问题。最后,从国外的经验来看,控制说是许多国家的通说。俄罗斯刑法学界通说认为,实际非法获得他人财物,并且犯罪人按照自己的意志当作自己的财物进行实际处分或者使用的,为盗窃既遂。[2]在日本,盗窃罪的既遂起点,通说和判例均采取"取得说",即侵害他人的占有而将财物转移至自己的占有之下时构成既遂。[3]

失控说与控制说之所以存在争议,关键在于对"财物控制"理解的不同。因此,正确理解"财物控制"的涵义,对于认定占有型财产犯罪既遂与未遂的标准,具有重要意义。

二、财物控制的涵义

学术界通说认为,控制财物是行为人实际控制财物,但对"实际控制财物"应当包含何种含义,学者们鲜有论述。笔者认为,所谓实际控制财物,应当包含以下几层意思:

1. 财物控制主体是行为人

在占有型财产犯罪中,由于行为人的犯罪目的是占有财产,因而财物控制的主体自然是

---

[1] 张明楷:《刑法学》(第二版),法律出版社2003年版,第309页。

[2] [俄]斯库拉托夫等:《俄罗斯联邦刑法典释义(下册)》,黄道秀译,中国政法大学出版社2002年版,第406页。

[3] [日]西田典之:《日本刑法各论》,刘明祥、王昭武译,武汉大学出版社2005年版,第103页。

行为人。"从刑法理论上讲,盗窃罪既然是一种非法取得他人财物的取得罪,理应以行为人是否取得(或控制)意图取得财物作为认定既未遂的标准。"[1]失控说通常以刑法保护被害人合法利益为由,主张从被害人对财物失控的角度理解财物控制,是有失偏颇的。实现刑法保护被害人合法利益的目的,并非只以惩治犯罪既遂为诉求,惩治犯罪未遂也能实现这一目的。因为,对于犯罪未遂的处罚,刑法规定可以比照既遂犯从轻或者减轻处罚,这表明处罚未遂犯并不必然比处罚既遂犯轻。更何况,保障被告人的人权也是刑法的机能之一,为了保护被害人财产利益而损害被告人权益,有因噎废食、顾此失彼之感。

2. 财物控制的内容包括控制意思和控制事实

占有型财产犯罪的财物控制的内容,包括控制意思和控制事实。控制意思一般包含排除意思与支配意思。排除意思是指排除财物所有人或者占有人控制财物的意思。排除意思的主要功能是将不能科处刑罚或者不值得科处刑罚的行为排除在外,从而进一步明确犯罪既遂的范围。支配意思是指行为人控制财物的意思,可以分为积极支配意思和消极支配意思。积极支配意思是指行为人以积极或者作为的态度表示对财物行使支配权的意思。如侵占他人财物时,明确拒绝他人对自己持有的财物的支配权意思,就是一种积极支配意思。消极支配意思是指虽然没有明确的支配意思,但是以自己的消极或者不作为态度表明对财物进行事实控制的意思。如侵占罪,行为人没有明确表示不归还,但久拖不还的行为表明其具有支配意思。控制事实是指行为人实际控制财物的事实。

3. 财物控制具有直接性与间接性

从行为人是否直接支配财物划分,财物控制可以分为直接控制与间接控制。直接控制,是指行为人直接的、事实的持有并支配他人财物,即行为人通过犯罪行为亲自持有、支配他人财物,排除任何第三者对财物的持有和支配。例如,对家里、汽车中的财物或者对藏于野外无人知晓处的财物控制,都属于直接的财物控制。间接控制,是指行为人通过第三者控制他人财物。间接控制包括两种情形:一是指行为人通过意思表示,支配、控制第三者持有的他人财物。如甲将赃物藏于乙处,通过对乙的意思表示就能间接控制财物。二是指行为人通过特定形式,支配、控制第三者持有的他人财物。这种特定形式一般指提货单、仓储单、信用卡等具有法律效力的支取财物凭据。后一种间接控制有时会受到一定限制。例如,甲盗得他人记名有价证券,由于记名有价证券"认券且认人",验券时需要一并查验持有人的身份证明等相关凭据。如果持有人的相关凭据等出现问题将不能提取财物,行为人就不可能控制财物。所以,诸如盗窃记名有价证券的场合,行为人是否控制财物,应当以充足支取财物的条件并能够支取财物,作为实际控制财物的标志。

4. 财物控制具有具体性与抽象性

从行为人能否现实地控制财物划分,财物控制可以分为具体控制与抽象控制。具体控制是指行为人对财物的控制是现实的、具体的,只要行使控制权就能够明确地、肯定地控制财物。如甲将盗窃所得赃物交由好友乙保管,甲对赃物就是一种具体控制。因为他只要向

---

[1] 刘明祥:《财产罪比较研究》,中国政法大学出版社2001年版,第192、193页。

乙索要赃物，通常就能够现实地、具体地持有、支配赃物，拥有对赃物的控制力。抽象控制是指行为人对财物的控制是抽象的、概括的、观念上的。如对所盗的、丢在野外的列车上的财物，就是一种抽象的、观念上的控制。因为，一般情形下，行为人将财物扔出车外时，通常是在特定的时间、地点，并根据自己的经验、周围的环境等，自认为能够如愿取走盗窃的财物的。这是行为人实现控制的依靠和根据。只不过这种控制是抽象的、概括的，是一种观念上的控制。如果没有这种依靠和根据，行为人根本就不会实施盗窃行为。很难想象盗窃者会将所盗财物刻意丢在人群中或者大街上，任由他人取走。至于在抽象控制场合，货物被他人发觉并拿走，应理解为意外情形，不能成为否定行为人控制财物的原因。此外，具有返回能力或者习性的动物，即使在他人控制范围内，只要他人不阻止动物返回，通常视为主人抽象控制。

5. 财物控制具有时间性与地域性

一般情况下，财物所有人或者占有人对财物失控，就意味着行为人控制财物。从理论上讲，这种失控与控制，必须存在一个时间段，才能表明行为人实际控制了财物。至于该时间段的长短，不影响财物控制的事实与既遂的成立。例如，甲在大街上盗窃乙口袋里的钱包，拿到钱包走出几米远被乙发现。不管甲是否被抓住，其盗窃行为均构成既遂。如果犯罪时就被发现，失控与控制之间不存在时间间隔，财物始终在所有人或者占有人控制下或者说没有脱离所有人或者占有人的控制范围，行为人最终被抓获，则只能成立犯罪未遂。在民法上，存在短暂失控不构成占有的理论，即偶然的转瞬即逝的失去支配不能认为失去占有。民法理论认为，只有对物的支配是确定的，才能构成事实上的占有（控制）。[1] 据此，有人提出了失控非短暂性的命题。该观点认为，如果失主对其持有物的失控是如此短暂，使得没有足够的时间与空间实现失主永久失去对财物控制的现实可能，危害显著轻微，未达法定程度，那就认为，这种短暂的失控不成为事实上的失控。[2] 笔者对此不敢苟同。首先，"短暂"是一个相对概念，何谓短暂难以具体明确，以此作为界定犯罪既遂与未遂的界定带有很大的不确定性，违背罪刑法定原则，也助长法官滥用自由裁量权；其次，失主短暂失控通常也意味着行为人短暂控制，则行为人的犯罪行为已经得逞，犯罪宣告既遂，至于犯罪得逞时间长短，不影响既遂成立。

财物控制的地域性，是指财物只有脱离财物所有人或者占有人的控制地域范围，才能表明行为人控制财物。否则，不管财物如何移动，也不能成立既遂。如盗窃行为人进入他人庄园盗窃，因迷路无法逃出庄园就不能说其盗窃行为已经得逞。当然，如果被害人的控制力由于行为人的强力介入而丧失，则不能认为财物处于财物所有人或者占有人的控制范围之内。如甲在乙家用暴力将乙打昏在地，并抢走财物。只要甲将财物抢到手，就属于控制财物。不过，进入主人不在的住宅，情形就不同了。由于主人具有财物控制能力，所以只要没有脱离住宅有效范围，就不能认为是控制了财物。此外，在有特定管制、治安的区域，如学校、医院

---

[1] 彭万林：《民法学》，中国政法大学出版社1997年版，第158页。
[2] 蔡刚毅：《盗窃罪既遂未遂界定标准新探》，《人民检察》2000年第1期。

等单位,由于单位对处于其内的公共财产和私人财产均有保护责任,即使被害人丧失控制能力,只要单位的治安保卫能力存在,而行为人又没有脱离单位的治安防护范围,就不能认为是控制财物。必须注意,不能将财物所有人或者占有人的控制范围理解为财物所有人或者占有人控制范围内的一切地点、场所。如果财物虽然处于财物所有人或者占有人控制的地域范围内,但事实上财物所有人或者占有人不可能对财物行使控制权,此时与失控没有本质区别,应当视为财物所有人或者占有人对财物失控。如果这种失控状态是由行为人造成的,应当认为行为人控制财物。例如,甲将所盗乙的金项链埋在主人院角的泥土中,虽然主人对院落具有控制力,但他不可能知道项链的去处,项链对他而言等同于失控。由于甲对项链的地理位置十分清楚,即使该场所处于乙的控制范围内,甲毕竟具有伺机控制项链的可能性,故在观念上甲对项链具有控制力,应当认定为甲控制项链。

三、占有型财产犯罪财物控制与财物占有、财物持有的界限

(一) 占有型财产犯罪之财物占有与财物控制的界限

1. "以非法占有为目的"的涵义

何谓"以非法占有为目的"? 学术界存在分歧,主要有意图占有说、不法所有说、非法获利说以及事实控制说等。笔者认为,"以非法占有为目的"就是"意图所有"。理由在于:首先,认为"以非法占有为目的"就是"意图所有",不违背民法理论。在民法中,占有在学理上分为法定占有与自然占有。前者是指有所有人意思,有合法原因并受法律保护的占有;后者是指无所有人意思或者有所有人意思的占有,或者有所有人意思但没有合法原因并不受法律保护的占有。[1] 刑法上的"以非法占有为目的",显然是指自然占有中的"有所有人意思"之占有,即为"意图所有"之意。其次,认为"以非法占有为目的"乃"意图所有",符合刑法规定。按照《刑法》第270条规定,将代为保管的他人财物占为己有,数额较大拒不交还的,构成侵占罪。这里的"占为己有"显然指占为自己所有,而非单纯控制或持有。又如,最高法院在有关盗窃罪的司法解释中,明确偷开机动车实施其他犯罪后,又将机动车开回原地的行为,定性为所实施其他犯罪的从重处罚情节,不能以盗窃机动车论处。究其原因,偷开机动车实施其他犯罪后开回原地的行为,只表明行为人具有持有意思,不具有所有意思,不符合以非法占有为目的的本质特征,因而不构成盗窃罪。再次,将"以非法占有为目的"理解为"意图所有",作为犯罪构成要件要素,有利于区分占有型财产犯罪与其他财产犯罪。例如,抢夺罪与故意毁坏财物罪都可以是先占有或者持有他人财物,如果按照意图占有说或者事实控制说,则很难区分两者,唯有非法所有说能够对两者进行准确界定。当行为人出于非法所有目的取得他人财物时,成立盗窃罪;当行为人出于毁坏目的取得他人财物时,成立故意毁坏财物罪。

---

[1] 龙斯荣:《罗马法要论》,吉林大学出版社1991年版,第173页。

2. 刑法上的"财物占有"之含义

何谓刑法上的"财物占有"？日本学界通常认为，"盗窃罪中的占有，意味着对财物的实际支配。成立实际支配，客观上，必须具有排除他人支配的状态即排他性支配，主观上，必须具有排他性支配的意义即占有的意思。和民法中的概念不同，占有不要求具有'为了自己的利益的意思'，只要具有实际支配，即便是为了他人利益的占有也行。同时，代理占有或者改变占有之类的观念上的占有不包括在内，继承也并不马上就取得占有。"[1]我国学界一般认为，盗窃罪的对象必须是他人占有的财物，不能是自己占有的财物。从客观上讲，占有是指事实上的支配，不仅包括物理范围内的支配，还包括社会观念上可以推知财物的支配人状态。从主观上讲，占有只要求他人对其事实上支配的财物具有概括的、抽象的支配意识，既包括明确的支配意识，也包括潜在的支配意识。[2]可见，中日学界对于占有的理解基本相同，都是从主客观两个方面揭示其内涵，肯定刑法上的占有与民法上的占有不相同。令人遗憾的是，谁也没有明确占有的涵义。笔者认为，理解刑法上的财物占有，不必受到民法上占有之含义制约。[3]刑法上的财物占有与财物所有具有同等含义，这是"非法占有为目的"意为"以非法所有为目的"的当然结论。

3. 占有型财物犯罪之财物占有(所有)与财物控制的界限

占有型财产犯罪之财物控制与财物占有(所有)主要区别如下：(1)性质不同。财物占有(所有)是指将他人财物非法占为自己所有，影响占有型犯罪行为的性质，决定某一行为为什么构成占有型财产犯罪而非其他财产犯罪；财物控制是指将他人财物置于自己的实际控制之下，不影响占有型犯罪行为的性质，但决定占有型财产犯罪的未遂与既遂形态。可见，"以非法占有为目的"决定占有型财产犯罪的成立，是根据财物控制状态确定犯罪的既遂与未遂形态的前提。(2)内容不同。财物占有(所有)包括占有意思(所有意思)和占有事实(所有事实)。占有(所有)意思指将财物占为自己所有且永久排除他人所有，并根据财物的经济价值和用途利用财物的意思。占有(所有)事实则指将财物占为自己所有且永久排除他人所有的事实。占有(所有)事实是直接的、排他的，不包括第三人的占有(所有)事实，不存在直接占有(所有)与间接占有(所有)之分，也不存在抽象占有(所有)与具体占有(所有)之分。财物控制包括控制意思和控制事实。控制意思指排除财物所有人或者保管人实际控制财物，并将财物置于自己实际控制之下的意思，这种控制意思并不以永久排除他人控制财物为必要。控制事实指行为人实际的、事实的控制着财物。控制事实并非是直接的、排他的，可以包括第三人的控制事实，还可以分为直接控制与间接控制、抽象控制与具体控制。(3)主体不同。作为一种所有，财物占有的主体只能归属于一人或者由数人，归属于数人时

---

[1] [日]大谷实：《刑法各论》，黎宏译，法律出版社2003年版，第147页。
[2] 张明楷：《刑法学》，法律出版社2003年版，第766页。
[3] 某些概念在刑法上的法律性质不同于民法，乃众所周知的事。如婚姻在刑法上包括法定婚姻与事实婚姻，而在民法上仅指法定婚姻。又如，年满10周岁的人在民法上具有一定的民事责任能力，在刑法上则没有刑事责任能力。

只能共同行使所有权,不能同时分割行使所有权,这是由所有权的性质决定的。财物占有(所有)还能归属于死者。例如,日本刑法判例就认定,在相对于致被害人死亡的犯人关系中,在时间、场所上与被害人的死亡相接近的范围内,被害人生前具有的占有(所有)还值得刑法保护,要对犯人利用致被害人死亡、夺取了其财物的一系列行为进行整体的评价,其夺取行为构成盗窃罪。[1] 财物控制的主体可以归属于一人或者由数人,归属于数人时分割行使不同控制权,如直接控制权与间接控制权。此外,财物控制通常不能归属于死者,因为死者本身是没有控制力的。

(二)占有型财产犯罪之财物持有[2]与财物控制的界限

1. 侵占罪之财物持有的含义

学术界通常认为,《刑法》第270条规定的侵占罪,必须以行为人"合法持有他人财物"在先,否则不可能构成该罪。这就涉及财物持有(即侵占罪之持有)问题。对于侵占罪之财物持有,我国台湾地区学界存在管有说、事实及法律上的支配说、事实上支配说、处分可能状态说以及支配说等,我国台湾地区学者陈朴生先生赞同事实上支配说。[3] 我国学者对此无深入研究,综观各类教材,多采取事实及法律上的支配说,即只要对财物具有事实上或者法律上的支配力状态,就属于持有。事实上的支配,指行为人对物具有事实上的支配,不要求事实上握有该财物,法律上的支配指行为人虽然没有事实上占有财物,但在法律上对财物具有支配力。[4] 笔者赞成事实上的支配说。理由在于,如果将法律上的财物也理解成财物持有,会扩大打击面,不符合立法目的。如甲代为保管乙的财物,一日丙借走该财物。按照事实及法律上的支配说,甲、丙都持有财物。如果丙不愿意归还财物,则甲因为法律上持有该财物,而与事实持有该财物的丙一起构成侵占罪,这显然是不合理的。根据事实上的支配说,财物持有具有以下含义:其一,财物持有是一种对物的单纯的事实支配状态。其二,持有不要求行为人必须具有支配财物的意思,只要对支配财物有认识就足够了。例如,对于他人遗忘在自己家里的财物,行为人并没有要支配他人财物的意思。但是,在他人离开后,行为人认识到财物属于自己支配,就足以成立财物持有。其三,持有只能是直接的事实支配,不包括间接持有或者观念上的持有,持有还不能继承。其四,持有不受时间、场所限制,只要是直接、事实的支配,就足以成立持有。其五,持有的效果是使人和物发生关系,从而作为可能的归责根据,不涉及事实、权利推定,也不关系到使用、收益、返还请求权等。

2. 占有型财物犯罪之财物持有与财物控制的界限

占有型财产犯罪之财物持有与财物控制主要区别如下:(1)性质不同。财物持有只存

---

[1] [日]大塚仁:《刑法概说(各论)》,冯军译,中国人民大学出版社2003年版,第189页。

[2] 刑法上的持有有两种不同情形:一是持有型犯罪中的"持有";二是侵占罪之财物持有。两种"持有"具有不同的内涵和外延,不应当加以混淆。参见 邓斌著:《持有犯研究》,吉林人民出版社2004年版,第30页以下。本文讨论的"占有型财产犯罪之财物持有"仅指侵占罪中的财物持有,不涉及持有犯之"持有"。

[3] 陈朴生:《论侵占罪之持有关系》,载 蔡墩铭编:《刑法分则论文选辑》,台湾五南图书出版社1984年版,第755页。

[4] 张明楷:《刑法学》(第二版),法律出版社2003年版,第78页。

在于侵占罪之中,揭示的是单纯的、直接的、事实的财物支配状态,在于使人和物发生关系,从而作为可能的归责根据。财物持有既不决定行为的性质和方向,也不影响犯罪既遂与未遂的判断,却是成立侵占罪的前提条件。财物控制存在于所有占有型财产犯罪之中,体现的是将他人财物置于自己的实际控制之下,影响犯罪的未遂与既遂形态。(2)内容不同。财物持有通常仅指持有事实,不要求必须有持有意思,有时只要求行为人对支配财物有认识就可以了。持有事实通常是单一的、直接的、事实的,不包括法律上的间接持有或者观念上的持有,不能继承,也不受时间和地域的约束。财物控制包括控制意思和控制事实。控制意思指排除财物所有人或者占有人实际控制财物,并将财物置于自己实际控制之下的意思。控制事实指行为人实际的、事实的控制财物。控制事实并非唯一的、排他的,包括事实上的控制事实和法律上的间接控制或者观念上的控制,有时还受到时间和场所的制约。

论不作为的诈骗罪

王 刚[*]

摘 要：不作为的诈骗罪，是指行为人负有特定的告知真相之义务却隐瞒不告，致使被害人陷入或维持错误认识，因此处分财产并遭受财产损失的犯罪。保证人地位是不作为诈骗罪的核心问题，其界定应采取二元的法义务说，即形式的法义务说和实质的法义务说的统一。形式的法义务包括法律、职务或职业、合同、先前行为和诚实信用原则产生的告知真相的义务，实质的法义务是指隐瞒真相与虚构事实对于诈骗财物的发生具有等价性。司法实践中对不作为诈骗罪的认定应持慎重态度，防止不合理地扩大诈骗罪的惩罚范围。

关键词：不纯正不作为犯　不作为的诈骗罪　保证人地位　作为义务　等价性判断

诈骗罪是日常生活中常见的一种财产犯罪。随着科技的发展和诈术的提高，诈骗行为的方式日益翻新，使人防不胜防，并给诈骗罪的定罪量刑带来了很大挑战。其中，不作为的诈骗罪的认定比较困难，其与不当得利和侵占罪之间的区分也比较复杂。有鉴于此，本文将以两起案例为引子，对不作为的诈骗罪的基本问题作初步探讨，以期为诈骗罪的审判工作提供智力支持。

一、问题的缘起——从两起案例说起

案例一：A用一张千元日钞购买500日元的商品，卖方错认为收到的是一张万日元钞票而找付零钱9 500日元，行为人收到零钱后已经意识到却默不作声地拿走。

案例二：甲和朋友乙到一当铺，将自己典当的手表赎回。在赎回过程中，工作人员错将别人典当的名贵手表取出并打算交给甲。甲见状正想告诉工作人员实情时，乙却向甲使了个眼色，并佯装说道：还有要事待办，快点吧。甲会意后，即刻取过该名表离去。

关于这两个案例（下文简称"找零案"和"赎表案"）的争议问题是，A和甲、乙的行为是否构成犯罪？如果构成犯罪，成立何种罪名？根据我国《民法通则》和《刑法》的规定，这两个案件的定性判断可能存在不违法、不当得利、诈骗罪和侵占罪四种情形。下文将对不作为的诈骗罪的相关理论进行探讨，并在文中对这两起案例的性质作出判断。

---

[*] 作者简介：王刚（1984—），男，汉族，安徽肥东人，江苏大学文法学院讲师，法学博士，主要研究方向：刑法学、犯罪学。

二、不作为犯的一般理论

从规范结构来的角度来分析,刑法中的行为一般包括作为和不作为两种方式。[1] 作为,是指以积极的身体动作实施违反刑法禁止性规范的行为方式。不作为,是指行为人负有特定的作为义务,能够实行而不实行的行为方式。不作为可以分为纯正不作为和不纯正不作为两种类型。[2] 当刑法规定只能以不作为方式完成犯罪时,如我国刑法中的遗弃罪,这类犯罪中的实行行为就是纯正的不作为。当某些犯罪既可以通过作为来实施,也可以通过不作为来实施时,如我国刑法中的故意杀人罪,以不作为方式完成犯罪的,就是不纯正的不作为。刑法中许多通常以作为方式实现的犯罪,亦可以通过不作为的方式来完成。

与不作为相对应,不作为犯可以分为纯正的不作为犯和不纯正的不作为犯两种。纯正不作为犯是单纯违反法律的诫命规范,即不为法律所要求之特定作为的犯罪形态。亦即,法律规定行为人应为特定作为,但行为人却消极地不为该特定作为的犯罪类型。不纯正不作为犯是指,行为人以消极不作为的方式达到通常须以积极作为方式才能实现的犯罪构成要件,亦即,行为人基于其保证人地位而负有防止结果发生之义务,而行为人却以与积极作为等价的消极不作为方式,导致了不法构成要件结果的发生。[3] 大陆法系刑法理论的通说认为,纯正不作为犯及其处罚是由刑法明文规定的,作为义务的内容和主体基本上都是明确的,因而对其进行处罚不存在什么疑问。然而,对于刑法未作规定的不纯正不作为犯的处罚,则是刑法理论中一个争议很大的问题。处罚不纯正不作为犯的根据由来于法益保护的思想,刑法既然未规定不纯正不作为犯,对其进行处罚必然会面临一些理论上的责难。一般认为,不纯正不作为犯的处罚依据是行为人以不作为的方式实现了刑法中所规定的作为犯的构成要件,因而"处罚不纯正不作为犯与罪刑法定原则之间的紧张关系便成为不纯正不作为犯理论最主要的争点之一"[4]。正如德国学者奥斯卡·克劳斯(Oskar Kruns)指出的,因为法的作为义务(保证义务)没有规定在犯罪构成要件中,对不纯正不作为犯的处罚不是类

---

[1] 除作为和不作为以外,学界也有人提出第三种行为方式:持有。持有是指对于某些法律所禁止的物品之间存在支配关系的状态,在我国刑法中规定了某些以持有为行为方式的犯罪,参见 陈兴良:《陈兴良刑法教科书之规范刑法学》,中国政法大学出版社 2003 年版,第 69 页。有关持有的相关论述,还可参见 陈正云:《持有行为——一种新型的犯罪行为态样》,《法学》1993 年第 5 期;唐世月、谢家友:《论持有型犯罪》,《法律科学》1995 年第 4 期;韩轶:《论持有行为》,《人民检察》1997 年第 7 期;李立众:《论"持有"的行为形式》,《法学评论》2000 年第 4 期。

[2] 关于不作为的类型,也可表述为真正不作为和不真正不作为,这种表述与纯正不作为和不纯正不作为本质上并无区别。

[3] 参见 林钰雄:《新刑法总则》,元照出版社 2011 年版,第 531、532 页。

[4] 陈荣飞:《罪刑法定原则视域中的不纯正不作为犯——不纯正不作为犯的规范结构之维》,《社会科学家》2010 年第 5 期,第 78 页以下。

推适用作为犯的构成要件吗?[1]这的确是任何主张处罚不纯正不作为犯的学者必须面对和解决的问题。从当前的刑法理论来看,解决不纯正不作为犯的处罚与罪刑法定主义之间的冲突问题,主要有下述两条路径:

其一,通过对刑法规范的整体考量和对刑罚规范的解构,消解处罚不纯正不作为犯与罪刑法定原则之间的紧张关系。这一路径是以宾丁的规范及其违反说为理论基础的。宾丁指出,规范是作为刑法前提的一种禁令,是"纯粹的、无意的、特别是无意进行刑罚威慑的指令"。[2]由此,宾丁认为:"规范是对行为的命令或禁止,而刑罚法规则是规定犯罪行为及刑罚后果的法律条文,所以,犯罪并不是因为违反了刑罚法规而受罚,而恰好是与刑罚法规前句中的规定相一致才受到处罚,即认为犯罪是符合刑罚法规而违反刑法规范的行为。"[3]因此,刑罚规范由"犯某罪"和"处何刑"两部分组成,蕴含于其中的行为规范即是"不得实施某种犯罪",否则将招致相应的刑罚后果。在此意义上,任何刑罚规范都是禁止性规范。"故在刑法规范领域,无论是作为犯还是不作为犯、是纯正不作为犯抑或不纯正不作为犯,由于均系犯罪行为,故最终违反的都应是禁止性规范,这是从逻辑上推导出来的必然结论。"[4]日本学者大谷实教授在分析杀人罪的规范性质时指出:"真正不作为犯是违反命令规范的犯罪,不真正不作为犯,在违反'不准杀人'之类的禁止规范的同时,也违反了'防止杀人结果的出现'的命令规范,因而构成犯罪。"[5]如此解释刑罚规范,则处罚不真正不作为犯就具备了法理基础。

另一条路径是保证人地位之实质化运动。不纯正不作为犯之成立须具备以下要件:不作为之存在、作为可能性、不作为与结果间之因果关系、保证人地位、故意与过失之存在。[6]其中,保证人地位是不纯正不作为犯中的核心问题,也是理论和实践中争议最大的问题。对此作出合理解释之后,只要其他要件具备了,不纯正不作为犯的认定就比较容易了,对其进行处罚也会更加妥当。"在由不作为实现构成要件的场合,是以没有通过积极的行为回避构成要件的实现(法益侵害的引起)作为处罚理由的。"[7]但问题是,如果将所有没有实施避免危害结果发生之行为的人都加以处罚,无疑会极大地扩张了刑法的规制范围,侵害了国民的行动自由。基于这种考虑,大陆刑法理论中提出了"保证人"的概念,用以解释行为人所负之特定作为义务,并对刑法的规制范围进行限缩。"保证人说,以称具有特别作为义务者为保

---

[1] 参见[日]日高义博:《不作为犯的理论》,王树平译,中国人民公安大学出版社1992年版,第77页。

[2] [德]宾丁:《刑法手册》1885年版,第164页。转引自 马克昌主编:《近代西方刑法学说史》,中国人民公安大学出版社2008年版,第256页。

[3] 陈荣飞:《罪刑法定原则视域中的不纯正不作为犯——不纯正不作为犯的规范结构之维》,《社会科学家》2010年第5期,第78页以下。

[4] 陈荣飞:《罪刑法定原则视域中的不纯正不作为犯——不纯正不作为犯的规范结构之维》,《社会科学家》2010年第5期,第79页以下。

[5] [日]大谷实:《刑法讲义总论》(第二版),黎宏译,中国人民大学出版社2008年版,第127页。

[6] 参见 陈子平:《刑法总论》,元照出版社2008年版,第153-155页。

[7] 张明楷:《外国刑法纲要》(第二版),清华大学出版社2007年版,第92页。

证人而得名。"[1]保证人是指,"对于犯罪结果之发生,法律上有防止之义务,能防止而不防止者,与因积极行为发生结果者同。"[2]对保证人之特别义务的理解,理论上主要有形式的法义务说和实质的法义务说两种观点。但形式的法义务说和实质的法义务说都存在一些明显的缺陷,如前者将非刑法上的义务视为刑法上的义务不尽妥当,后者脱离规范的限制来解释作为义务有违罪刑法定原则。在此情况下,只有将二者结合起来,采取二元的法义务说才比较妥当。在二元的法义务说中,形式的法义务通常包括法律明文规定的作为义务、职业或职务要求产生的作为义务、法律行为产生的作为义务三类。实质的法义务应从行为人与因果流程的关系中去寻求,必须是不作为者具体地、现实地掌握了对结果的因果流程,且行为人所支配的因果流程必然是以刑法所保护的合法权益遭受到损害引起某种危险状态为内容。[3]实质的法义务概念强调不作为对法益侵害的发生与作为具有等价的作用力。也即,"不能将和结果之间具有因果关系的不作为都作为不作为犯的实行行为,只有和该作为犯的实行行为具有能够同视程度的不作为,才是实行行为。实行行为不仅要在形式上符合构成要件,而且在实质上也必须是具有该构成要件中所预定的法益侵害的现实危险的行为,因此,只有和作为犯的实行行为能够同等看待程度的侵害法益的不行为,才能视为实行行为"[4]。主张不作为与作为在侵害法益方面具有同等作用力的观点,即为不作为犯理论中的"等价性说"。"等价性"的判断对形式的法义务说起到了必要的限制作用,促成了保证人地位的实质化运动,从而实现保证人地位形式与实质的统一。这种实质化运动对于科学界定和合理处罚保证人是至关重要的:一方面,其克服了形式的法义务说失之空泛的缺陷,将具有保证人地位但对因果流程缺乏控制能力的人排除出惩罚范围;另一方面,其弥补了实质的法义务说标准模糊之不足,将控制因果流程但不具有防止结果发生义务的人亦排除出惩罚范围。保证人地位的实质化运动,兼采形式与实质的法义务说之合理成分,并通过二者相互限制以达到消弭各自缺陷之效果,为不纯正不作为犯的处罚提供了坚实的基础。因此,"盖自法典规定之形式以观,实无据以处罚不纯正不作为犯之凭据,无论系因果关系说、违法性说或构成要件说,目的皆在于突破法规之形式,以揭示不纯正不作为犯实质的可罚依据。尤其构成要件说之主要内涵,更在于突破形式构成要件合致性之概念,以实质之构成要件合致性解释不纯正不作为犯之可罚性。"[5]

三、不作为诈骗罪的成立基础

理论上对不纯正不作为犯的处罚有两种解释路径,但就处罚本身而言基本达成共识,刑

---

[1] 许玉秀:《当代刑法思潮》,中国民主法制出版社2005年版,第620页。
[2] 林钰雄:《新刑法总则》,元照出版社2011年版,第536页。
[3] 参见 刘璐:《论不真正不作为犯的作为义务来源》,《国家检察官学院学报》2005年第3期,第64页以下。
[4] [日]大谷实:《刑法讲义总论》(第二版),黎宏译,中国人民大学出版社2008年版,第131页。
[5] 许玉秀:《当代刑法思潮》,中国民主法制出版社2005年版,第618页。

事审判中也一直保留着处罚不纯正不作为犯的做法。那么,具体到诈骗罪,不作为能否构成本罪呢？需要指出的是,本文"所谓不作为能否成立欺骗,不是指诈骗罪本身能否由不作为构成,而是指诈骗罪中的欺骗行为能否表现为不作为"[1]。对此,德国刑法理论上曾经存在"全面否定说""部分否定说"和"肯定说"三种主张。"全面否认说"一般否认欺骗行为可以表现为不作为；"部分否认说"只承认特定的部分不作为可以成立欺骗；"肯定说"认为,诈骗罪中的欺骗行为完全可能由不作为构成。目前,德国刑法理论的通说与判例都采取"肯定说",日本刑法理论也承认不作为的欺骗。[2] 日本判例的立场是,当行为人具有告知事实的法律上的义务时,单纯对事实的沉默也成立欺骗。[3] 如日本学者西田典之指出,所谓不作为诈骗,是指明知对方已陷入错误却仍不告知真实情况。这就要求必须存在法律上的告知义务。如在订立生命保险合同时没有告知既往病史这一案例那样,除了有法定告知义务的情况("日本商法"第678条)外,判例对于准禁治产者隐瞒自己的这一特殊情况而借款、行为人隐瞒已经设立了抵押这一事实而销售不动产等场合,也基于诚实信用的原则,广泛认定存在告知义务。[4] 根据林山田教授的介绍,我国台湾地区的刑法通说也承认不作为的诈骗罪："行为人施用诈术除了积极的作为之外,通说上均认为消极的不作为,亦可能施诈。"[5] 我国台湾地区"刑法"理论将诈骗称为"诈术","所谓'诈术',即用欺罔之手段积极地施用重重方法以行诈者,固为诈术；而凡欺人使陷入错误或利用他人之错误,即使不作为,亦包含于所谓诈术中。"[6] 我国台湾地区在司法实务中也存在处罚不作为诈骗罪的判例,如在不动产买卖等重大交易中,"多认为卖方或中介负有对屋况及重要事项之据实相告义务,若有隐瞒则可成立不作为诈欺"[7]。

我国《刑法》第266条规定：诈骗公私财物,数额较大的,处三年以下有期徒刑、拘役或者管制,并处或者单处罚金。本条采用简单罪状的立法模式,对诈骗罪的实行行为未作明确规定。实践中,诈骗犯罪通常是以作为的方式实施的,那么,其实行行为是否也包括不作为呢？也即不作为能否成为诈骗罪中的欺骗行为呢？对此,"我国大陆过去对不作为诈骗讨论不多,因为诈骗罪的构成要件本身就存在简单化的倾向"[8]。张明楷教授认为诈骗罪中的欺骗行为可以由不作为构成,他指出："从欺骗行为的实质考察,如果相对方知道真相将不处分财产,而行为人具有告知义务却不告知,使相对方不能知道真相时,当然属于欺骗行为。

---

[1] 张明楷：《论诈骗罪的行为》，《甘肃政法学院学报》2005年第5期,第95页以下。
[2] [日]大谷实：《刑法讲义总论》(第二版),黎宏译,中国人民大学出版社2008年版,第237页；[日]西田典之：《日本刑法各论》,刘明祥、王昭武译,中国人民大学出版社2007年版,第150页；[日]山口厚：《刑法各论》(第二版),王昭武译,中国人民大学出版社2011年版,第294页。
[3] 张明楷：《论诈骗罪的行为》，《甘肃政法学院学报》2005年第5期,第96页以下。
[4] [日]西田典之：《日本刑法各论》,刘明祥、王昭武译,中国人民大学出版社2007年版,第150、151页。
[5] 林山田：《刑法各罪论》(上册),台大法律学院图书部2004年版,第448页。
[6] 黄仲夫：《刑法精义》(修订二十七版),元照出版社2011年版,第746页。
[7] 卢映洁：《刑法分则新论》,新学林出版社2008年版,第658页。
[8] 陈兴良、陈子平：《两岸刑法案例比较研究》,北京大学出版社2010年版,第273页。

从现实上考察,不告知真相的不作为的确能够使他人陷入或者继续维持认识错误。"[1]

笔者亦认为我国刑法中诈骗罪的实行行为可以表现为不作为,主要基于下述两点理由:

第一,从刑法理论上看,不作为的诈骗罪符合不纯正不作为犯的法理要求。

使用不纯正不作为犯理论来解释不作为的诈骗罪需要具备一个前提条件,即假定我国刑法中的诈骗罪是作为犯。这是不存在问题的。我国刑法并未规定诈骗罪是不作为犯,实践中大部分诈骗罪也是以作为的方式来实施的。在此意义上来说,不作为的诈骗罪是不纯正的不作为犯。日本学者也认为,欺骗他人的行为(诈骗行为),可以不作为方式来实施,这属于不纯正不作为犯。[2]《日本刑法典》第246条的规定是:"欺骗他人使之交付财物的,处十年以下惩役。"[3]可见,日本刑法对诈骗罪的设定也是采用了简单罪状的立法模式,这与我们刑法的规定是基本相同的。因此,日本学者的观点同样可以适用于我国刑法中的诈骗罪,也即不作为的诈骗罪属于不纯正不作为犯。既然如此,对于不作为诈骗罪的理解,同样可以遵从前文关于不纯正不作为犯的两条解释路径展开。

一方面,从整体上来理解诈骗罪的刑罚规范时,其蕴含的前刑法诫命是"不得诈骗他人财物"的禁止性规范,以保护公私财产免受诈骗行为的侵害。同时刑法并没有对诈骗行为的方式进行限制,在此情况下,无论采用何种欺骗方式,只要能使被害人产生错误认识或者维持原来的错误认识,从而作出财产处分行为并因此遭受财产损失的,都是对"不得诈骗他人财物"之禁止规范的违反,因而可能构成诈骗罪。另一方面,当行为人负有向被害人告知真相的义务以避免行为人陷入或者维持错误认识而作出不利于自己的财产处分行为,而且被害人对真相的认识主要依赖于行为人时,行为人隐瞒真相的行为不仅违反了相关的作为义务,也在实质上控制了法益侵害的因果流程。这时隐瞒真相的不作为与虚构事实的作为通常就具备了同等的法益侵害性,可以构成不作为的诈骗罪。

第二,从刑法规范来看,不作为的诈骗罪符合我国刑法关于诈骗罪的规定。

我国刑法对诈骗罪的规定采取的是简单罪状的立法形式,刑法学界对诈骗罪一般作这样的理解:"诈骗罪是指以非法占有为目的,采用虚构事实或者隐瞒真相的欺骗方法,使受害人陷入错误认识并'自愿'处分财产,从而骗取数额较大以上的公私财物的行为。"[4]由此可见,诈骗罪的实行行为一般包括虚构事实和隐瞒真相两种方式。其中,虚构事实是指行为人捏造客观上并不存在的事实或者夸大事实情况的行为,这显然是一种作为。"隐瞒真相,则是指掩盖客观存在的事实,使人产生错觉。……而隐瞒真相既可以是作为的形式,也可以是不作为的形式。"[5]虽然隐瞒真相包括作为和不作为两种方式,但从规范的角度来评价,隐瞒真相是指行为人负有告知真相的义务却故意不予告知的行为,这显然是一种不作为。

---

[1] 张明楷:《论诈骗罪的行为》,《甘肃政法学院学报》2005年第5期,第97页以下。
[2] 参见[日]山口厚:《刑法各论》(第二版),王昭武译,中国人民大学出版社2011年版,第294页。
[3] 《日本刑法典》(第二版),张明楷译,法律出版社2006年版,第91页。
[4] 王作富主编:《刑法分子实务研究》(第四版),中国方正出版社2010年版,第1107页。
[5] 王作富主编:《刑法分子实务研究》(第四版),中国方正出版社2010年版,第1113-1114页。

不作为同作为一样,是犯罪的两种基本行为方式,除亲身犯等少数特殊类型的犯罪外,一般的作为犯都可以由不作为来完成。我国刑法没有将诈骗罪限定为作为犯,因而否认不作为方式成立诈骗罪没有规范根据。此外,有些诈骗犯罪多数情况下都是采用不作为的方式实施的,其法益侵害性与作为方式实施的诈骗犯罪没有什么差异,因此有必要加以惩罚。例如,我国《保险法》第16条规定:"订立保险合同,保险人就保险标的或者被保险人的有关情况提出询问的,投保人应当如实告知。"在保险合同的订立过程中,如果投保人故意隐瞒应当告知保险人的事实,例如被保险人的年龄、健康状况等情形,在发生保险事故后提出索赔的,完全可以构成保险诈骗罪。在普通的商业活动中,行为人负有告知对方真相的义务却不予告知的,也可能构成诈骗罪。例如,"对于作为买卖对象的不动产,如果已经设定、登记了抵押权,就有告知义务"[1]。倘如行为人隐瞒此真相,造成对方财产损失的,也可构成诈骗罪。

通过上述分析可以看出,不作为的诈骗罪在理论上能够成立,在规范上与刑法条文也没有冲突,应予肯定。但为了防止诈骗罪处罚范围的过分扩张,不作为诈骗罪的认定必须从严把握,对其成立条件在理论应当作出妥当解释。

四、不作为诈骗罪的行为构造

不纯正不作为犯之成立,须具备以下要件:不作为之存在、作为可能性、不作为与结果间之因果关系、保证人地位、故意与过失之存在。[2] 其中的核心问题是保证人地位,这亦是司法实践中较难认定的问题,其他要件则比较容易判断。由于篇幅所限,本文无法对不作为诈骗罪的全部问题展开论述,仅就其中的保证人地位加以探讨,其他要件不再阐述。在实质化运动的背景下,对保证人地位的判断应从形式和实质两个侧面进行。形式侧面是指行为人负有的特定作为义务,实质侧面是指不作为与作为具有同等的法益侵害性。

(一) 形式侧面:作为义务

关于刑法中作为义务的来源,理论上存在争议。"根据我国刑法总论的理论以及民法原理,不作为的欺骗的作为义务来源,主要有法律明文规定的义务、职务或职业要求的义务、基于合同产生的义务、基于先前行为产生的义务以及基于诚实信用原则产生的义务。"[3]这些作为义务一般可以适用于大多数作为犯,但具体到诈骗罪相关义务来源是否妥当,还需具体分析。

就诈骗罪而言,笔者认为,法律、职务或职业、合同形成的告知义务比较明确且具有不同程度的强制性,作为诈骗罪的作为义务争议不大。但诚实信用原则和先前行为产生的义务能否作为诈骗罪的作为义务则比较复杂,需要结合案情慎重判断。这是因为不作为的诈骗

---

[1] [日]山口厚:《刑法各论》(第二版),王昭武译,中国人民大学出版社2011年版,第295页。
[2] 陈子平:《刑法总论》,元照出版社2008年版,第153-155页。
[3] 张明楷:《诈骗罪与金融诈骗罪研究》,清华大学出版社2006年版,第76、77页。

罪与其他不作为犯罪有一个重要区别：其他犯罪法益侵害的因果流程由行为人或其他外力控制，被害人通常处于难以有效维护自身法益的不利境地；而诈骗罪的因果流程在客观上由被害人控制——被害人基于错误认识而"自愿"处分自己的财产。相应地，与其他犯罪相比，这必然会对诈骗罪中的作为义务提出了更高的要求。特别是当被害人因自身原因而陷入错误认识时，行为人根本就没有实施危害行为，只是消极地接受一种意外收获，这种不作为的可谴责性是非常低的。而且，根据风险分担的法理要求，对于法益侵害之避免，在许多情况下被害人和行为人均负有一定的义务。在有些时候，根据交易习惯或一般社会观念，被害人比行为人需要承担更重的义务。例如，尽管诚实信用是民法的基本原则，但在经济交往中交易双方都应尽到合理保护自己财产的注意义务，不能将这种义务转嫁给对方，否则便加重了对方的负担，因而有失公平。当被害人存在重大过失而受益人又未实施违法行为时，要求受益人对被害人因自己的过错而遭受的财产损失承担刑事责任，显然是不妥当的。因此，诈骗罪中的作为义务一般应具备规范意义而能产生强制性要求。诚实信用原则的要求能否成为诈骗罪作为义务的来源，需要结合行为人的特定身份和行为表现具体判断。一方面，根据交易的性质和双方的特征，行为人的告知义务程度越高，这种义务上升为刑法义务的理由越充分；反之亦然。例如，传统观点认为古董行业不存在诈骗，因为古董行业风险很大，存在严重的信息不对称，参与人对此应有充分的心理准备，即使存在认识错误也只能自己承担后果。[1] 基于诚实信用原则而要求古董交易者也要尽到告知义务并将其上升为刑法义务，是不合理的。另一方面，行为人若实施了辅助行为以强化被害人错误认识的，就会提高商业习惯上升为刑法义务的可能性。此外，源于诚实信用原则的作为义务的判断还与一国的社会诚信状况相关。"有些国家的社会诚信程度比较高，相应的告知义务也会比较严格；我国的社会诚信程度相对较低，所以目前要求如此高的告知义务还不太可能。"[2] 西田典之教授也主张，对基于诚实信用原则产生之告知义务的认定，应持谨慎态度。他指出，在这种情况下（指基于诚实信用原则而认定存在告知义务——引者注），应该考察该实施是否是有关个别交易的重要事实，还应在考虑到对方的知识水平、经验、调查能力等诸多事项之后再来判断是否存在告知义务。与个别履约意思、履约能力不同，就一般的营业状况、信用状况则不应存在告知义务。[3] 就先前行为而言，当被害人处分财产的错误认识完全或者主要是由于先前行为引起的时候，行为人才负有告知真相的义务。除了先前行为，如果其他因素对被害人的错误认识也产生了重要作用的，则不宜认为行为人负有刑法上的告知义务。例如，行为人为了炫耀而吹嘘自己的房屋很值钱，被害人向业内人士打听也被告知房屋价值很高，于是被害人以远远高于房屋价值的价格购买房屋。行为人未告知真相而高价出售的，不宜认为构成诈骗罪。因为，"至于一般的经营状况、信用状况，毋宁说，属于交易对方应自行调查的事

---

[1] 陈兴良、陈子平：《两岸刑法案例比较研究》，北京大学出版社2010年版，第274页。

[2] 陈兴良、陈子平：《两岸刑法案例比较研究》，北京大学出版社2010年版，第275页。

[3] [日]西田典之：《日本刑法各论》，刘明祥、王昭武译，中国人民大学出版社2007年版，第150、151页。

项,没有必要认为,连这种情况也存在告知义务"[1]。

在上文分析的基础上,对几种形式的作为义务举例说明:(1)法律上的义务。例如,根据《消费者权益保护法》第19条的规定,经营者负有向消费者提供有关商品或服务真实信息的义务。(2)职务或职业上的义务。"例如,顾客以为摆在柜台上的一部无法使用的手提电脑是合格产品,便要求购买。此时售货员具有告知义务。如果不说明真相,将该手提电脑以合格产品的价格出售给顾客的,成立不作为的欺骗。"[2](3)合同上的义务。例如,作者与出版社签订出版合同,出版社实际出版了2万册书,但只按照1万册书印数向作者支付稿酬,属于不作为的诈骗。(4)先前行为产生的义务。甲因爱慕虚荣而向朋友乙吹嘘自己的仿造瓷器是明代古物,后乙提出以高价购买,甲表示同意并按高价出售。甲本无诈骗的目的,但其吹嘘行为致使乙陷入错误认识,而且并因此而高价购买,且此时甲负有告知真相的义务,否则成立不作为的诈骗罪。(5)诚实信用原则产生的义务。例如,"出卖不动产,隐秘不动产上抵押权设定之事实者,其事实之不告知,违反于交易上诚实信用之原则,相当要违反法律上告知义务之欺罔。不动产上抵押权之设定,若阅览土地登记簿即可查明,纵然买受人疏忽于此项调查,亦不碍于诈欺骗之成立"[3]。

在"找零案"中,关于A行为性质的界定,日本和我国台湾地区的刑法理论存在很大分歧。[4]笔者认为,卖方负有数清货款和准确找零的义务,此义务不应转嫁给A。"作为义务应该严格认定,如果不是因为自己的因素而制造了风险,则不承担责任,而顾客不告知多余款项的行为没有制造任何风险;义务的分配必须合理,店员负有数清款项的义务,但顾客没有促使店员数清款项的义务。"[5]A没有实施任何违法行为,卖方因为没有尽到自己的注意义务而遭受财产损失,不能归责于A。即使A的获利不具有合法性,也应该诉诸民法上的不当得利之债予以解决,而不能认为其构成诈骗罪。

(二)实质侧面:等价性判断

由于形式的法义务说不能圆满地解释不纯正不作为犯的处罚问题,现在的观点是在其中纳入实质性的判断而采二元的法义务说,即要求不作为与作为对法益侵害的发生具有同等的作用力。这是因为,不纯正不作为犯之根本问题,乃对于特定侵害法益之结果,消极地未予防止,是否以及在何种前提下,与以积极作为导致该等结果发生之情形,应受相同之评价,从而对未为防止结果发生之不作为人,视为积极之作为人加以处罚。根据德国现行刑法第13条的规定,不纯正不作为犯成立与否,原则上端视不作为之人,是否与一定犯罪结果之发生,居于保证人之地位,而有保证该一定结果不发生之义务而定保证人地位即成为决定不

---

[1] [日]山口厚:《刑法各论》(第二版),王昭武译,中国人民大学出版社2011年版,第295页。
[2] 张明楷:《论诈骗罪的行为》,《甘肃政法学院学报》2005年第5期,第98页以下。
[3] 吴正顺:《诉讼欺诈之诈术问题》,载 刁荣华主编:《刑事判决评释》,汉林出版社1983年版,第215页;张明楷:《诈骗罪与金融诈骗罪研究》,清华大学出版社2006年版,第78页。
[4] 张明楷:《论诈骗罪的行为》,《甘肃政法学院学报》2005年第5期,第98页以下。
[5] 蔡律师:《刑法分则》,高点文化事业有限公司2001年版,第362页;张明楷:《论诈骗罪的行为》,《甘肃政法学院学报》2005年第5期,第100页以下。

作为一定构成要件结果之发生,与作为具有相同之作用力之等价要素,而为不纯正不作为犯同具可罚性之前提条件。[1]

等价性判断对于不作为诈骗罪的界定同样具有重要意义。根据等价性理论,行为人隐瞒真相的不作为必须与虚构事实具有等价的作用力,亦即使被害人陷入错误认识或维持错误认识,因此处分财产并遭受财产损失。只有当被害人对真相的认识在客观上依赖于行为人履行告知义务时,才能说明行为人隐瞒真相的不作为在客观上控制了法益侵害的因果流程,与虚构事实的作为之间具有了等价性。因此,在有些情况下,尽管行为人负有特定的告知义务,但根据法律或惯例等要求,被害人负有不依赖于行为人的告知而自行查明真相的义务时,行为人未履行告知义务的,不宜认定构成诈骗罪。例如,根据古董市场的交易惯例,交易各方需具备鉴定文物属性的专业知识,应对文物的属性自行鉴定。当买方错误地认为某近代文物是古代文物而出高价购买时,尽管卖方负有普通契约所产生的告知义务,但根据古董市场的特殊交易惯例——自行鉴定文物属性,买方对文物属性的认识不是依赖于卖方的告知行为,因而卖方隐瞒真相的不作为并未掌控法益侵害的因果流程,与虚构事实不具有等价性,不构成不作为的诈骗罪。基于同样的理由,如果卖方错误地认为古代的文物是近代的文物,而买方认识到了文物是古代的,并基于卖方的错误认识低价买进该文物,也不应认为买方隐瞒真相的不作为构成诈骗罪。

对于不作为的欺诈之等价性的判断,需要注意的问题是,诈骗罪的因果流程与其他犯罪不同:其他犯罪的因果流程由行为人或其他外力控制,而诈骗罪的因果流程在客观上由被害人自己控制。因此,当行为人负有告知真相的义务却加以隐瞒时,被害人就无法认识事实真相,此时无须再附加其他条件,被害人就会因错误认识而处分财产。也就是说,对于法益侵害的发生来说,关键问题是被害人陷入或维持错误认识的心理状态,至于这种错误认识是行为人积极地虚构事实还是消极地隐瞒真相引起的并不重要。这意味着,当行为人的告知义务上升为刑法义务不存在争议时,只要行为人违反了该义务,就已经制造了不被法所允许的风险,开启了法益侵害的因果流程,与作为具有了等价性。当该告知义务能否上升为刑法义务存在争议时,则需要结合行为人的具体行为表现进行判断。这是由诈骗罪特殊的行为构造决定的。

不作为诈骗罪的行为构造有两种情形:不作为使他人陷入错误认识和维持(强化)错误认识,两种情形下等价性的判断有所不同。

第一,不作为使他人陷入错误认识。根据形式的法义务来源,当行为人负有告知真相义务,而且被害人对真相的认识依赖于行为人的告知时,如果行为人隐瞒不告的,被害人就无法获知真相,必然会陷入错误认识而处分财产;如果行为人告知真相,被害人就不会陷入错误认识,也就不会处分财产。这种隐瞒真相的不作为与虚构事实的作为在作用力上并无二致。例如,上文所说的投保人隐瞒年龄、病史和准禁治产者隐瞒这一特殊情况的,即是如此。

第二,不作为使他人维持(强化)错误认识。这种类型的不作为需分三种情况区别对待:

---

[1] 许玉秀:《当代刑法思潮》,中国民主法制出版社2005年版,第620、621页。

（1）当被害人因行为人以外的原因陷入错误认识，且行为人负有形式的告知义务时，如果行为人履行告知义务，被害人就会认识真相，不再维持错误认识和处分财产；如果行为人不履行告知义务，被害人就会维持错误认识并处分财产。这种隐瞒真相的不作为与虚构事实的作为具有同等的作用力，可以构成不作为的诈骗罪。上文所列举的职务上的告知义务的例子，即是如此。（2）当被害人因行为人以外的原因陷入错误认识，行为人不负有形式的告知义务时，如果行为人没有实施其他可能对被害人的错误认识产生影响的行为，仅仅是消极地接受财产的，不构成不作为的诈骗罪，"找零案"即是如此。（3）当被害人因行为人以外的原因陷入错误认识，行为人的告知义务是否具有刑法意义尚存在争议时，如果行为人实施了其他可能对被害人的错误认识产生维持或强化作用的行为时，将会对此告知义务性质的认定产生影响。这可以分为三种情况：其一，如果被害人的错误认识将无可挽回地继续下去，行为人实施了非虚构事实的辅助行为，维持了被害人的错误认识，加快了被害人处分财产的进度，一般不成立诈骗罪。因为行为人的辅助行为对于因果流程的发展不起作用或者作用甚微，不具有等价性。其二，如果被害人的错误认识尚未定型，还可能会采取其他举措来确认事实真相时，行为人实施了非虚构事实的辅助行为，强化了被害人的错误认识，导致被害人处分财产的，可以成立不作为的诈骗罪。因为行为人的辅助行为对因果流程的发展已经产生了实质的影响甚至起到决定作用，在被害人已经陷入错误认识的情况下，与虚构事实的作为具有等价的作用力。这反过来对告知义务的判断又会产生作用，促使其具有刑法上的意义。其三，在上面这种情形下，如果行为人实施了虚构事实的行为，致使被害人维持或强化错误认识的，则属于不作为和作为的结合体，构成诈骗罪没有疑问。

在"赎表案"中，工作人员因自己的原因对手表产生错误了认识，甲根据诚实信用原则具有告知义务，但此义务能否成为诈骗罪的作为义务尚有争议。此时，甲、乙实施的辅助行为使问题变得更加复杂，对告知义务性质的判断产生了影响：（1）如果工作人员的错误认识已经定型，不再准备通过其他举措来最终确认手表的归属时，乙说的话对工作人员处分手表的行为不会产生实质影响，因而不具有等价性，不成立诈骗罪；（2）如果工作人员的错误认识尚未定型，还准备通过其他举措——核对典当合同、向甲询问、请其他工作人员协助确认等——来最终确认手表归属的，乙说的话客观上强化了工作人员的错误认识，工作人员因此不再确认而直接交付手表的，可以构成不作为的诈骗罪。甲认可了乙的行为并隐瞒真相，基于诚实信用原则产生的告知义务在此情况下具备了刑法意义，甲与乙构成诈骗罪的共犯。

第三议题 财产犯的「不法所有意图」

一时使用他人之物与不法所有意图

黄士轩[*]

一、前　言

有关窃盗罪的基本规定,我国台湾地区"刑法"第320条第1项规定:"意图为自己或第三人不法之所有,而窃取他人之动产者,为窃盗罪,处五年以下有期徒刑、拘役或五百元以下罚金"。在这样的条文规定下,窃盗罪的成立上,在客观面与一般的故意犯罪无异,当行为人将他人持有的他人所有动产透过窃取行为移置自己支配下,即达既遂阶段。但在主观面,行为人在行为时除了须有窃盗故意以外,还必须要具备法定的不法所有意图,这个主观不法构成要件要素[1](或主观违法要素)的要求,可说是窃盗罪构造上的一大特色。

有关行为时[2]须具备的不法所有意图之内容,一般认为包含以下两个部分。第一部分是就他人之动产排除他人持有支配的消极意思(简称"排除意思"),第二部分则是就进入自己持有支配下的他人动产进行利用、处分的积极意思(简称"利用处分意思")[3]。透过"排除意思"可以区别一般被称为"使用窃盗"这种未经他人同意一时使用他人之物的不可罚行为与可罚的窃盗罪[4],发挥界定处罚界限的功能[5];透过"利用处分意思",则可于体系解释上与同样以个别财产为对象的毁损罪区别[6],发挥犯罪个别化的构成要件功能[7]。因为客观上即使是一时将他人之物的持有移入自己支配下窃盗行为也已达既遂,

---

[*]　中正大学法律学系,助理教授。

[1]　林山田:《刑法各罪论(上册)》(第五版),作者自刊2006年版,第325页;甘添贵:《刑法各论(上)》(第四版),三民书局2014年版,第222页。

[2]　蔡圣伟:《窃盗罪之主观构成要件(上)》,《月旦法学教室》2009年第78期,第66页。

[3]　吴俊毅:《窃盗罪不法所有意图之探讨》,《刑事法杂志》1999年第2期,第78、90页。黄惠婷:《"使用窃盗"或窃盗既遂》,《台湾本土法学杂志》2006年第85期,第154页;林山田:《刑法各罪论(上册)》(第五版),作者自刊2006年版,第328-330页;蔡圣伟:《窃盗罪之主观构成要件(下)》,《月旦法学教室》2009年第80期,第40页;陈子平:《刑法各论(上)》,作者自刊2013年版,第382页;曾淑瑜:《刑法分则实例研习——个人法益之保护》,三民书局2013年版,第208页。

[4]　林山田:《刑法各罪论(上册)》(第五版),作者自刊2006年版,第330页。

[5]　[日]西田典之:《自动车的一时使用和不法领得的意思》,收于[日]平野龙一等编:《刑法判例百选Ⅱ各论》(第二版),有斐阁1984年版,第68页。

[6]　林山田:《刑法各罪论(上册)》(第五版),作者自刊2006年版,第328-329页。

[7]　[日]西田典之:《自动车的一时使用和不法领得的意思》,收于[日]平野龙一等编:《刑法判例百选Ⅱ各论》(第二版),有斐阁1984年版,第68页。

所以在这种一时使用他人之物的情形，主观面的排除意思之认定，即成为影响窃盗罪是否成立的根本问题，向来是刑法理论的焦点[1]，同时也可认为是有关窃盗罪主观要素的核心问题[2]。因此，笔者拟以有关一时使用他人之物与不法所有意图的解释论上问题作为本文主题[3]。

如后所述，就①一时使用他人之物的情形，依据行为人取得他人之物后的使用情状，有可能使犯罪不成立；以及②在现代社会中为了较周全地保护所有权等财产法益，当行为人的行为损耗了物之本体或其所表彰的价值时，在一定限度内可以处罚等部分，现在的我国台湾地区学说与实务可谓有共识。然而，就①的部分，对学说与实务而言，不可罚的"使用窃盗"与可罚的窃盗行为的具体界限为何？就②的部分，由于学说的各说与实务的标准宽严不同，在保护法益的周全性的差异如何？同时，学说与实务中的各说与上述窃盗罪条文中的"动产"的文义限制是否能整合？等问题，应还有进一步检讨与分析的余地。

另一方面，与上述①的部分有关，在理论上也有意义的问题是，为何窃取行为既遂后的使用情状之考虑，能够影响窃盗罪之成立？这个问题涉及了窃盗罪的构造的理解，同时也与排除要素作为主观违法要素之一部是否有独立于故意以外的内涵有关，因此也有加以探讨的价值。

为能更具体而深入地掌握与探讨上述诸问题，有必要进一步对学说与实务的现况进行

---

[1] 一时使用他人之物是否成立窃盗罪的问题在相当早的时期即受到刑法学的注意。在外国法上，例如日本刑法学界，于19世纪的日本旧刑法时代，即可见到刑法文献中提及使用窃盗的问题。例如，主导起草日本旧刑法的法国学者布瓦索纳德，即曾于1886年的著作中指出，为一时使用而以恶意取他人之物者，例如过度急于赛马而以恶意夺人之马或为了参列于仪式而夺取有华丽装饰的他人服装的情形，因为仅是夺取他人之物而希望他人看来自己是所有人，因此不应作为窃盗行为人处罚（参照布瓦索纳德：《刑法草案注释（下）》，日本司法省1886年，第612页）。除此之外，日本旧刑法时代（1882—1908）乃至战前（1908—1945）在学说上论及使用窃盗者，例如龟山贞义：《刑法讲义卷之二》，明治法律学校讲法会1888年，第544页；大场茂马：《刑法各论（上卷）》，中央大学出版社1911年版，第555页；冈田庄作：《刑法原论·各论》，明治大学出版部1924年版，第556页以下；冈田朝太郎：《刑法论》，中外印刷株式会社出版1927年版；泷川幸辰：《刑法各论》，弘文堂1933年版，第128页；平井彦三郎：《刑法论纲各论》，松华堂书店1934年，第359页；泉二新熊：《日本刑法论（下卷）》，有斐阁1939年版，第695-697页；久礼田益喜：《刑法学概说》（第九版），严松堂书店1943年版，第612-613页等。

[2] ［日］大塚仁等编：《大コンメンタール刑法第12卷》，青林书院2003年版，第233页（佐藤道夫、麻生光洋执笔部分）。

[3] 在此意义下，外国法制度的介绍，与立法论的讨论，即非本文主题，合先说明。有关于外国法制度的介绍，可参照 齐藤信治：《不法所有意图（一）》，《法学新报》1972年第79卷，第77-101页；齐藤信治：《不法所有意图（二）》，《法学新报》1972年第79卷，第39-100页；木村光江：《关于不法所有意图》，《东京都立大学法学会杂志》1990年第31卷，第2-67页；谢庭晃：《使用窃盗之研究》，中兴大学法律学研究所硕士论文，1996年，第31-94页；洪玮嬬：《财产犯罪中之所有意图——以窃盗罪为中心》，政治大学法律研究所硕士论文，2010年，第83-86页。另外，有关我国台湾地区"刑法"的是否应就一时使用他人之物的行为（特别是动力交通工具）制订处罚规定与窃盗罪的不法所有意图用语是否应修正的立法论问题，例如谢庭晃：《使用窃盗之研究》，中兴大学法律学研究所硕士论文，2010年，第107页以下；林山田：《刑法各罪论（上册）》（第五版），作者自刊2006年版，第331-332页；洪玮嬬：《财产犯罪中之所有意图——以窃盗罪为中心》，政治大学法律研究所硕士论文，2010年，第88-95页等。

较详细分析与检讨。因此,在本文以下内容中,笔者将就学说的现况与课题(下述二的部分)、实务的现况与问题(下述三的部分)进行考察,再基于考察所得,尝试探求在一时使用他人之物的情形中,可能区别不可罚的"使用窃盗"与可罚的窃盗行为的解释方向。

二、学说现况与课题

(一) 概说

有关一时使用他人之物的情形,应如何区别不可罚的使用窃盗与可罚的窃盗行为,在目前我国台湾地区的刑法学界,大致可见到以下四种主要的见解。

(1)第一种见解是通说的见解,认为依据所谓"综合理论",行为人在不损及物之本体或经济价值的前提下,而且又具有使用后交还原所有权人或持有人的交还意思时,否定行为人的排除意思(以下称"综合理论")[1]。

(2)第二种见解则是相较于通说更为严格地限制对于经济价值的取得,认为经济价值的取得仅有在足以视为与物之本身的使用相当时,才能肯定窃盗罪的成立(以下称"修正的实体理论")[2]。

(3)第三种见解则是认为只要行为人使用窃取所得的他人之物得到利益,即可肯定窃盗罪的成立(以下称"利益取得说")[3]。

(4)第四种见解则是认为应该以综合判断的方法认定行为人有无排除意思(以下称"综合判断说")[4]。

如后所述,尽管上述四说在不以使用他人之物的时间长短作为唯一的判断标准之点有共通之处,不过从行为人取得的客体为何的观点来看,则有较为重视利益取得[(3)价值取得说]与较为重视物之本体取得或与物体取得同视之利益取得的[(2)修正的实体理论]不同倾向,其中也有较为中间的见解[(1)通说与(4)综合判断说]。本文以下内容,即就此四说考察其主张、具体可能处罚的范围,以及在理论上必须克服的课题。

---

[1] 林山田:《刑法各罪论(上册)》(第五版),作者自刊2006年版,第330页;黄惠婷:《"使用窃盗"或窃盗既遂》,《台湾本土法学杂志》2006年第85期,第153-154页;许泽天:《抢夺或强盗罪的"不法所有意图"——1964年台上字第四七五号刑事判例简评》,《月旦裁判时报》2011年第8期,第148页;蔡圣伟:《窃盗罪之主观构成要件(下)》,《月旦法学教室》2009年第80期,第41页。

[2] 许恒达:《盗用存折提款与不法所有意图——评我国台湾地区"最高法院"2011年度台上字第三二三二号刑事判决》,《月旦裁判时报》2012年第16期,第67页以下。

[3] 甘添贵:《刑法各论(上)》(第四版),三民书局2014年版,第223页。

[4] 陈子平:《刑法各论(上)》,作者自刊2013年版,第388页。

(二)各说的主张与课题

1. 综合理论(通说)的主张与课题

目前为学说上多数的综合理论[1]主张,当行为人在①不影响他人之物的性质或经济价值的前提下,只要②在主观上有将该物返还原所有人的返还意思时,是不可罚的使用窃盗行为[2]。在这样的定义下,通说是以行为态样与行为对象为两轴,进行可罚性的判断[3]。亦即,在行为态样上,是透过是否有"返还意思";在行为对象上,则是透过客观上对他人财物的本体状态或经济价值造成影响之程度,并用这两项标准进行判断。不过,通说认为,物的经济价值仅有补充、次要的地位,当行为人对于物之本体有不法所有意图时,即不需以"利益"进行补充,在这种情形中不能仅以"利益"取得肯定对无价值之物的所有意图[4]。

这样的判断构造特征是:一方面透过"返还意思"之要素否定"排除意思"[5],维持"使用窃盗不可罚"的空间;另一方面再透过将经济价值也纳入行为对象的扩张解释,使行为人的不法所有意图之对象由动产本体扩张至所表彰的经济价值(例如存折、电话卡等所表彰的财产上价值),试图在财产权对象逐渐变的多元化的现代,不僵硬地固守财物的本体[6],而较为周全地保护法益。

在通说的判断架构下,对于一时使用他人之物的行为是否成立窃盗罪的问题,具体而言可区分成以下几种情况处理:

第一,未得他人同意取走他人之物,并于使用该物后随意弃置的情形。这种情形中,应认为无返还意思,从而不论被使用的他人财物本体有无变化、经济价值有无减少,均成立窃盗罪。举例而言,例如(1)趁他人疏忽未将汽车车门上锁并留下钥匙之际,将该车开走,并于

---

[1] 吴俊毅:《窃盗罪不法所有意图之探讨》,《刑事法杂志》1999年第2期,第90页;黄荣坚:《财产犯罪与不法所有意图》,《台湾本土法学杂志》2001年第25期,第116页;黄惠婷:《"使用窃盗"或窃盗既遂》,《台湾本土法学杂志》2006年第85期,第153-154页;林山田:《刑法各罪论》(第五版),作者自刊2006年版,第328页;蔡圣伟:《窃盗罪之主观构成要件(上)》,《月旦法学教室》2009年第78期,第70页。有关综合理论与其他理论的介绍,另可参照 许恒达:《盗用存折提款与不法所有意图——评我国台湾地区"最高法院"二〇一一年度台上字第三二三二号刑事判决》,《月旦裁判时报》2012年第16期,第6页。有关综合理论内容的介绍,另可参照 [日]驹泽贞生:《窃盗罪和不法所有意图》,《法学研讨会》1971年第188号,第53-55页;[日]齐藤信治:《不法所有意图(三)》,《法学新报》1979年版,第319页;[日]林美月子:《关于窃盗罪中不法所有意图的考察(二)》,《警察研究》1982年第53卷,第72页;[日]团藤重光:《刑法纲要各论》,创文社1990年版,第563页;[日]穴泽大辅:《关于不法所有意图中利用处分意思的考察(2)》,《明治学院大学法学研究》2013年第94号,第47、48页。

[2] 林山田:《刑法各罪论(上册)》(第五版),作者自刊2006年版,第330页;许泽天:《抢夺罪或强盗罪的"不法所有意图"——1964年台上字第四七五号刑事判例简评》,《月旦裁判时报》2011年第8期,第148页;蔡圣伟:《窃盗罪之主观构成要件(上)》,《月旦法学教室》2009年第78期,第70页。

[3] 同旨趣者,可参照 吴俊毅:《窃盗罪不法所有意图之探讨》,《刑事法杂志》1999年第2期,第90页。

[4] 蔡圣伟:《窃盗罪之主观构成要件(上)》,《月旦法学教室》2009年第78期,第70页。

[5] 林山田:《刑法各罪论(上册)》(第五版),作者自刊2006年版,第330页。

[6] 黄惠婷:《"使用窃盗"或窃盗既遂》,《台湾本土法学杂志》2006年第85期,第154页;林山田:《刑法各罪论(上册)》(第五版),作者自刊2006年版,第153页;蔡圣伟:《窃盗罪之主观构成要件(上)》,《月旦法学教室》2009年第78期,第69页。

使用后随意弃置路边的情形,即使行为人并未持续地保有他人之物的持有状态,在通说的立场下,因为行为人并无返还的意思,应认为成立窃盗罪[1]。

第二,未得他人同意取走他人之物,并于使用后弃置于容易发现处的情形。在这种情形中,由于弃置地点容易使失物被发现,可认为行为人有返还意思,只要在满足物的本体状态或经济价值无重大变化的要求,即可认为是不处罚的使用窃盗。举例而言,例如(2)未得他人同意而开走路边停放的车辆,在使用后又弃置于警察派出所前的情形,在通说的立场下,可认为行为人有返还意思,属于不可罚的使用窃盗而不成立窃盗罪[2]。

第三,未得他人同意取走他人之物,短时间使用后就归还他人的情况中,则必须视物的经济价值有无重大减损,判断是否为成立窃盗罪。答案为肯定时,肯定窃盗罪之成立,反之则认为是不可罚的使用窃盗。

不可罚的使用窃盗的典型情况,例如(3)因为临时需要交通工具前往附近的商店购买香烟而取路边停放的脚踏车(或汽车、机车)使用,并于购得香烟后又将车停回原处的情形[3],或者(4)考试前一时使用他人的笔记复习后再返还他人的情况[4]。至于成立窃盗罪的典型例子,例如(5)一时取用他人的电话卡(或者大众交通工具的储值通行卡),用以通话后再行返还的情形[5],(6)将他人存折与印鉴取走,利用存折领取他人账户内的金钱之后,再将存折与印章放回原处的情形[6]等。

不过,值得注意的是,依照通说的主张,当财物的经济价值与其物体本身的结合程度不够紧密的时候,即使行为人归还前的一时使用行为造成了该物的经济价值减损,也仅是不可罚的使用窃盗。这种情形主要发生在以提、存款为主要功能的(7)提款卡(金融卡)上。其理由主要在于,提款卡本身的功能只是提供一定资料供持有人进入银行电脑系统操作其账户,并不表彰财产价值[7]。

然而,通说在以下各点,仍有需要克服的理论课题存在。

第一个课题,是有关行为人确实返还他人之物但借此取财的情况。

如果贯彻通说上述的主张,行为人纵然擅自取走他人财物,但是只要能在不损及物之本

---

[1] 林山田:《刑法各罪论(上册)》(第五版),作者自刊2006年版,第330页;蔡圣伟:《窃盗罪之主观构成要件(上)》,《月旦法学教室》2009年第78期,第11页。

[2] 林山田:《刑法各罪论(上册)》(第五版),作者自刊2006年版,第330页。

[3] 褚剑鸿:《刑法分则释论(下册)》,商务印书馆2006年版,第1136页;蔡墩铭:《刑法精义》,作者自刊2005年版,第595页;曾淑瑜:《刑法分则实例研习——个人法益之保护》(第三版),三民书局2013年版,第215页。

[4] 蔡圣伟:《窃盗罪之主观构成要件(下)》,《月旦法学教室》2009年第80期,第42页;林东茂:《刑法综览》(第八版),一品出版2015年版,第2-124页。

[5] 林山田:《刑法各罪论(上册)》(第五版),作者自刊2006年版,第328页;蔡圣伟:《窃盗罪之主观构成要件(下)》,《月旦法学教室》2009年第80期,第40页。

[6] 黄荣坚:《财产犯罪与不法所有意图》,《台湾本土法学杂志》2001年第25期,第116页;蔡圣伟:《窃盗罪之主观构成要件(上)》,《月旦法学教室》2009年第78期,第70页。

[7] 黄荣坚:《财产犯罪与不法所有意图》,《台湾本土法学杂志》2001年第25期,第116页。

体或经济价值的状态下以返还意思将其返还所有人,即应认为成立不可罚的使用窃盗。即使行为人的返还行为附有不利所有人的条件时,仍不成立窃盗罪。例如:(8)窃取他人之车,取得向车主勒索的款项后才还车的所谓"掳车勒赎"情形,在通说见解下,除成立恐吓取财等财产犯罪外,并不成立窃盗罪[1]。

问题在于,首先,在此情形中,即使行为人计划得款后返还汽车,但是这种返还行为的实质内涵,是一种"附条件"的返还意思,在其意思的确实性层面与前述通说认为不可罚的使用窃盗情形似乎难以相提并论。

其次,即使承认在上述例(8)的情形中,行为人在行为时具有返还意思,但在行为人在进行勒赎行为后,取款返还之前即被警察循线逮捕的情况,如依通说见解,行为人既因无不法所有意图不成立窃盗罪,则仅会成立我国台湾地区"刑法"第346条第3项的恐吓取财未遂罪。更进一步,在行为人仅擅取他人车辆,尚未进行恐吓行为前就被警察逮捕的情况,则将完全不成立犯罪。考虑到行为人已确实剥夺所有人对动产的持有,乃至基于持有能享有的其他权能,返还意思又附有条件而不够确实等要素,通说的主张倘若贯彻,在这种情形中是否能给与所有权或持有权妥当的保障,也值得检讨。

第二个课题,是有关取得他人财物经济价值的情形,通说所结合的"综合理论"如何"综合"物之本体与物之经济价值的部分。

依照通说的见解,在前述例(5)(6)中,当行为人取得他人电话卡或存折等财物后,造成该财物所体现的价值减损的情况,即使只是一时使用后立刻返还给所有人,仍应成立窃盗罪。不过较为仔细地观察通说的说明可以发现,在此情况中,因为形式上行为人确实有返还他人之物的本体,存折或卡片等物本身也无变化,所以在此意义下,就"物之本体"的"返还意思"的要素在界定窃盗罪成立界限的作用并不明显。从而,在这种情形中,在肯定行为人成立窃盗罪时,通说实质上的根据只有行为人因使用他人财物取得使用的"利益"而已。此时,如何与不处罚"利益窃盗",同时将客体规定为"动产"的刑法规定整合,即有检讨的必要[2]。

除此之外,理论上窃盗罪的性质是侵害个别财产的犯罪[3],因此倘若太强调透过利益取得要素肯定窃盗罪,除了可能使窃盗罪与(以被害人财产状态之损害或恶化为成立要件

---

[1] 黄惠婷:《窃盗罪之所有意图》,《台湾本土法学》2003年第45期,第135页;蔡圣伟:《窃盗罪之主观构成要件(下)》,《月旦法学教室》2009年第80期,第42页。

[2] [日]西田典之:《自动车的一时使用和不法领得的意思》,收于[日]平野龙一等编:《刑法判例百选Ⅱ各论》(第二版),有斐阁1984年版,第69页。

[3] 蔡圣伟:《概说:所有权犯罪与侵害整体财产之犯罪(上)》,《月旦法学教室》2008年第69期,第54页;陈子平:《刑法各论(上)》,作者自刊2013年版,第350页;许恒达:《盗用存折提款与不法所有意图——评我国台湾地区"最高法院"2011年度台上字第三二三二号刑事判决》,《月旦裁判时报》2012年第16期,第66页。另可参照[日]堀内捷三:《刑法各论》,有斐阁2003年版,第105页;[日]山口厚:《刑法各论》(第二版),有斐阁2010年版,第170页;[日]西田典之:《刑法各论》(第六版),弘文堂2012年版,第137页;[日]大谷实:《刑法讲义各论》(第四版),成文堂2013年版,第185页。

的)整体财产犯罪间的区别变得不明确[1],通说所采的"综合"理论该如何"综合",也将变得不清楚[2]。尽管通说如前所述,认为当行为人的意图主要针对物之本体时,不能以经济价值等利益之取得肯定窃盗之成立,但为何当行为人意图不是针对物之本体,而是针对物之经济价值时,就可以依据行为人取得"利益"肯定窃盗罪的成立,仍有更充分说明的必要。

2. 修正的实体理论的主张与课题

"修正的实体理论"主张,行为人之不法所有意图的对象,包括其所窃取的他人财物本体,以及"等同实体"的财产价值[3]。此说的解释论上特征在于,尽管与通说同样透过扩张解释的手法,将行为人的不法所有意图之对象,扩及动产以及与动产上的"价值"乃至"利益",但是其就利益与行为人窃取的物之本体间的结合关系有着更为严格的要求。这或许是因为此说的目标在于,想同时维持窃盗罪作为侵害个别财产之罪的性质,不过度扩张其处罚范围,但同时仍从较为实质的观点检讨窃盗罪的财产法益侵害有无的缘故[4]。依照此说的见解,在一时使用他人之物的情形,窃盗罪是否成立的具体界限大致如下:

第一,在短暂使用他人之物后即将他人之物丢弃的情况,应成立窃盗罪[前述例(1)][5]。

第二,在一时使用后即返还他人之物,而他人之物本身并无耗损的情况,则为使用窃盗,不成立窃盗罪[前述例(3)(4)][6]。

第三,在一时使用后即返还他人之物,但实质上取得了相当于该物体本身的价值时,则成立窃盗罪[上述例(5),或者将他人的高铁票取走后搭乘高铁,再返还他人的情况[7]。

不过,值得注意的是,在我国台湾地区受主张的修正实体理论,就上述(6)有关存折的

---

[1] 许恒达:《盗用存折提款与不法所有意图——评我国台湾地区"最高法院"2011年度台上字第三二三二号刑事判决》,《月旦裁判时报》2012年第16期,第66、67页;[日]林美月子:《关于窃盗罪中不法所有意图的考察(三)》,《警察研究》1982年第53卷,第44页。

许恒达教授指出,尽管在窃盗罪中过度重视"利益取得"作为肯定不法所有意图的要素,是有关不法所有意图客体的所谓"价值理论"的问题,但这个问题在以他人财物本体为不法所有意图客体的"实体理论"与"价值理论"的综合理论,亦即通说的理论中,同样存在。

[2] [日]齐藤信治:《非法所有意图(三)》,《法学新报》1979年版,第319页。

[3] 许恒达:《盗用存折提款与不法所有意图——评我国台湾地区"最高法院"2011年度台上字第三二三二号刑事判决》,《月旦裁判时报》2012年第16期,第67页。有关修正的实体理论的介绍,另可参照[日]林美月子:《窃盗罪中不法所有意图的考察(二)》,《警察研究》1982年第54卷,第73页。

[4] 许恒达:《盗用存折提款与不法所有意图——评我国台湾地区"最高法院"2011年度台上字第三二三二号刑事判决》,《月旦裁判时报》2012年第16期,第67页。

[5] 许恒达:《盗用存折提款与不法所有意图——评我国台湾地区"最高法院"2011年度台上字第三二三二号刑事判决》,《月旦裁判时报》2012年第16期,第62页注10。

[6] 许恒达:《盗用存折提款与不法所有意图——评我国台湾地区"最高法院"2011年度台上字第三二三二号刑事判决》,《月旦裁判时报》2012年第16期,第62页。

[7] 许恒达:《盗用存折提款与不法所有意图——评我国台湾地区"最高法院"2011年度台上字第三二三二号刑事判决》,《月旦裁判时报》2012年第16期,第69页。

案例,认为当行为人取走他人的存折与印鉴,用以领取他人账户内的存款后,将存折返还的情形,不成立窃盗罪。其主要的理由在于,物的价值可区分成使用价值与交换价值,而存折所表彰的价值在于其交换价值,但因(A)存折并无法直接且无条件地交换利益,(B)领取存折内的存款固然耗损其"既有金额"的返还请求权,但对于"确认金额"的利益,以及"再存款"的利益并无影响,因此不算耗尽了存折所表彰的利益,从而无法认为成立窃盗罪[1]。

从与刑法窃盗罪条文文义的整合性来看,修正的实体理论尽量将窃盗罪的行为客体范围作较为严格的限定,使其与条文所规定的"动产"接近,有其长处。不过,其所必须克服的课题也因此而生。

亦即,正因为此说就可能作为不法所有意图对象之"利益"较严格地限制于(A)可直接、无条件地交换者,或(B)领取后完全耗尽其内容者,所以在法益保护上是否足够周全,即有再思考的余地。以上述(6)一时使用他人存折盗领他人存款的情形为例,确实,以现在的金融制度而言,持有存折本身无法直接兑换金钱,须透过银行才能提款,并且在提款时银行也重视取款人别,并非毫无条件,因此可认为存折无直接交换价值[2]。但是,在此成为问题的是,当行为人已经突破了银行的管理机制,使用了窃取的存折领取他人存款时,是否仍然可以认为对存折的原所有人不成立窃盗罪?更具体来说,是否能如上述修正的实体理论的主张,透过存折仍保有"确认存款"的利益以及"再存款"的利益,认为其价值尚未被耗尽,否定窃盗罪成立?

首先,有关"再存款"的部分,因为这是窃盗行为终了后的经济活动,此部分的"价值"与行为人已经进行的窃取行为有如何的关系,并不清楚。

其次,有关"确认存款"的部分,实际上这是真正存款人与银行之间的(私法上)法律关系下所生的确认债权金额的利益,然而现在成为问题的则是窃取存折并盗领存款的行为人与真正存款人之间的财产侵害关系,从而在这样的情形下,为何能够认为存折具有一般性的"确认利益",亦不清楚。

再者,基于前述两点应可认为,窃取行为人与存折的所有人之间真正重要的还是只有"提领存款"部分的价值而已。在此意义下,当"提领存款"部分的价值受侵害时,即使依照修正实体理论,应也有成立窃盗罪的理论上空间。由此看来,认为不成立窃盗罪的修正的实体理论,在法益保护的周全性上,是否充足,也有再检讨的必要。

---

[1] 许恒达:《盗用存折提款与不法所有意图——评我国台湾地区"最高法院"2011年度台上字第三二三二号刑事判决》,《月旦裁判时报》2012年第16期,第67-70页。

[2] 许恒达:《盗用存折提款与不法所有意图——评我国台湾地区"最高法院"2011年度台上字第三二三二号刑事判决》,《月旦裁判时报》2012年第16期,第69页。

3. 利益取得说的主张与课题

利益取得说[1]的主张是,行为人是否有在短时间内返还所有物并非重点,只要行为人在持有窃得的他人财物期间内自居所有人的地位,就该物加以使用、收益,就足以认为行为人有不法所有意图而成立窃盗罪[2]。并且,只有在一时使用的情节轻微的时候,才认为不需处罚[3]。此说的特征是,比起物之实体的取得更进一步,以利益取得的要素肯定不法所有意图,扩大保护被其认为是窃盗罪保护法益之持有利益[4],其结果,自然会压缩不可罚的使用窃盗的成立空间。

依此说,则一时使用他人之物的情形中,窃盗罪的具体成立范围大致如下:

第一,对于他人之物使用后弃置的情况成立窃盗罪。

第二,短暂使用他人之物后却耗尽该物所表彰之价值(例如存折或电话卡的情况)的情况,也会成立窃盗罪。

第三,即使是一时使用他人之物,在财物价值较高,例如机车、汽车等动力交通工具的情形中,只要行为人使用该等工具取得代步的"利益",也都会被认为是僭居所有人地位进行用益,而成立窃盗罪。

如此一来,则在本文前述所举的例(1)至(8)中,仅有例(4)这种,在极短时间内使用他人笔记这种情况,会因为侵害他人的情状轻微,所以可以否定可罚性,从而认为窃盗罪不成立。

这样的利益取得说,在以下各点,仍然存在着需要检讨的课题。

第一,依照此说区别不可罚的使用窃盗与可罚窃盗行为之际,不法所有意图中的排除意思并无任何作用,只要他人对于物的持有状态被侵害,就立即成立窃盗罪[5]。在此意义下,

---

[1] 如果从以取得利益作为窃盗罪成立之根据的特征来看,确实也有可能认为以下的利益取得说的即是所谓的"价值理论"。然而,如果考虑到,价值理论事实上是在处理行为人的目的自始即非物之使用,而是透过物之使用能取得的经济乃至交换价值时,是否能成立窃盗罪的问题,而此处的利益取得说,则是将行为人取得物的经济乃至交换价值的情形,以及行为人使用他人之物取得了使用之便利的情形均认为成立窃盗罪,则两者似乎并不完全重合,也因此笔者并不将此说称为"价值理论"。

另外,有关价值理论的简要说明,可参照 蔡圣伟:《窃盗罪之主观构成要件(上)》,《月旦法学教室》2009年第78期,第70页;许恒达:《盗用存折提款与不法所有意图——评我国台湾地区"最高法院"2011年度台上字第二二三二号刑事判决》,《月旦裁判时报》2012年第16期,第64页;卢映洁:《刑法分则新论》(第十版),新学林出版社2015年版,第634页。较为详细的介绍,亦可参照[日]齐藤信治:《不法所有意图(三)》,《法学新报》1979年版,第318页;[日]林美月子:《关于窃盗罪中不法所有意图的考察(二)》,《警察研究》1982年第53卷,第70-71页;[日]穴泽大辅:《关于不法所有意图中利用处分意思的考察(1)》,《明治学院大学法学研究》2012年93号,第121-122页。

[2] 甘添贵:《刑法各论(上)》(第四版),三民书局2014年版,第223页。同旨趣的理论构成,可参照[日]江家义男:《增补刑法各论》,青林书院新社1963年版,第276页;[日]木村光江:《关于不法所有意图》,《东京都立大学法学会杂志》1990年第2卷,第97页以下;[日]前田雅英:《刑法各论讲义》(第五版),东京大学出版会2011年版,第243-248页。

[3] 甘添贵:《刑法各论(上)》(第四版),三民书局2014年版,第223页。

[4] 甘添贵:《刑法各论(上)》(第四版),三民书局2014年版,第209页。

[5] [日]大塚仁:《不法所有意图》,收于 日本刑法学会编:《刑法讲座》,有斐阁1964年,第41页;[日]山口厚:《不法所有意图》,收于 氏著:《问题探究刑法各论》,有斐阁1999年版,第117页。

此说的不法所有意图之内涵只有积极部分的利用处分意思而已。如此一来,当行为人以利用处分意思一时将他人之物纳入自己稳定的持有支配中进行使用收益时,犯罪即已经既遂,甚至终了,从而是否还有可能考虑终了后行为人迅速返还且财物价值轻微等情事而否定犯罪之成立,理论上并非没有疑问[1]。

第二,依照此说,客观上行为人使用之情节轻微的情况下,否定窃盗罪的可罚性(不是否定不法所有意图)而认为窃盗罪不成立,但是如此一来,理论上同在客观面的窃盗"既遂"也将被否定。然而,考虑到采取此说的论者本身就窃盗罪既遂时期也采取行为人窃取之动产是否"移入于行为人或第三人实力支配之下"[2]的标准,这种在既遂后的使用情状轻微性若能影响窃盗罪的既遂与否,则窃盗罪的既遂时期乃至处罚范围也将变得不稳定[3]。

第三,更根本的问题在于,一旦贯彻这种立场,窃盗罪的具体处罚范围将扩及所有一时取得使用他人之物的"利益"的情况,包括(向来被通说认为是不可罚的使用窃盗的)一时使用他人汽车后归还的情形。这与不处罚"利益窃盗"的我国台湾地区"刑法"第320条第1项文义能否整合,从罪刑法定原则的观点下,也有疑问[4]。

4. 综合判断说的主张与课题

综合判断说主张,只有较轻微的一时使用不可罚,但在使用程度较严重时,即使事后行为人有返还他人财物,原则上也要以窃盗罪之规定处罚。这样的旨趣与上述的利益取得说有类似之处。不过,此说并不认为只要取得利益就成立窃盗罪,而是认为,是否是对他人之物进行程度较严重的使用,必须依照(A)是否有返还的意思、(B)使用时间的长短、(C)财物的价值、(D)财物价值的消耗等要素进行综合判断[5]。

此说的特征在于,透过财物价值高低等要素,试图区分出一时使用他人之物的情形中,行为人的使用行为对所有人的所有权造成的妨害程度轻重,将程度轻者认为是不可罚的使用窃盗,程度重者则为可罚的普通窃盗。并且,因为考虑的是被他人夺取的动产本体所造成的价值减损,所以在此限度内,与窃盗罪的条文尚能整合。

---

[1] [日]中森喜彦:《不法所有意图》,收于 芝原邦尔等编:《现代刑法理论的展开各论》,日本评论社1996年版,第180页;[日]中山研一:《刑法各论》,成文堂1984年版,第222页;[日]山口厚:《不法所有意图》,收于 氏著:《问题探究刑法各论》,有斐阁1999年版,第117页;[日]西田典之:《自动车的一时使用和不法领得的意思》,收于[日]平野龙一等编:《刑法判例百选Ⅱ各论》(第二版),有斐阁1984年版,第160页。

[2] 甘添贵:《刑法各论(上)》(第四版),三民书局2014年版,第224页。

[3] [日]中森喜彦:《不法所有意图》,收于 芝原邦尔等编:《现代刑法理论的展开各论》,日本评论社1996年版,第180页;[日]山口厚:《不法所有意图》,收于 氏著:《问题探究刑法各论》,有斐阁1999年版,第117页;[日]佐伯仁志:《围绕窃盗罪的三个问题:财物用尽、占有继承、不法所有意图》,《研修》2002年第645号,第7页。

[4] 林山田:《刑法各罪论(上册)》(第五版),作者自刊2006年版,第331页;[日]西田典之:《自动车的一时使用和不法领得的意思》,收于[日]平野龙一等编:《刑法判例百选Ⅱ各论》(第二版),有斐阁1984年版,第69页;町野朔、中森喜彦编:《刑法2各论》(第二版),有斐阁2010年版,第104页(町野朔执笔部分)。

[5] 陈子平:《刑法各论(上)》,作者自刊2013年版,第388页。

依照此说的见解,在一时使用他人之物的情形,可认为窃盗罪成立的情形大致如下:① 使用完他人之物就弃置[例如前述例(1)]的情形、② 晨间将他人名贵轿车开走后至晚间才归还的情形、③ 晨间将他人名贵轿车开走后至晚间才归还,但给付汽油钱的情形[1]。

然而,此说在以下各点,仍然有理论上需检讨的课题存在。

第一,尽管此说为了判断行为人的一时使用行为造成的所有权妨害之轻重,举出上述(A)(B)(C)(D)的要素进行综合判断,但是,(1) 从其所举的事例中不论有(②③)或无(①)返还他人财物,都有可能成立窃盗罪观之,(A)的返还意思在判断上并无决定性的影响;(2) 从短时间使用即弃置他人汽车(①)也可成立窃盗罪观之,使用时间的长短也不具备决定性的影响;(3) 就汽车这种用途上预定供人长时间反复使用并且行走长距离的交通工具,即使一时使用(①②③)也成立窃盗罪观之,客观面(B)财物价值的实际消耗,也不足成为有高度影响力的判断要素。如此一来,实际上在这种见解中,最为重要的要素应是(C)财物价值高低。然而,为什么在不可罚的使用窃盗与窃盗行为的区别上必须特别重视这个要素,理由并不清楚。特别是考虑到在窃盗罪的理论上,一般均认为普通窃盗罪所保护的是得为所有权客体的各个动产,并不要求该客体必须具有客观的财产价值(像是情书这种只有主观的价值之物也可以是客体)[2],则这样的立场与对窃盗罪客体价值的一般理解能否整合,也有疑问。

第二,在窃盗罪构成上更重要的问题是,既然使用时间久暂、使用所造成的财物本身的耗损轻微与否等并非具有重要性的考量,则当贯彻此说见解时,行为人的不法所有意图中的行为态样,实际上就是移转有相当财产价值的他人动产之持于自己,并以此设定使用可能性乃至使用的行为。在此限度内,行为人的不法所有意图内容将与窃盗罪的故意(特别是对于窃取行为的认识)完全重合,从而不法所有意图将有失去其作为主观违法要素而独自存在之意义的可能[3]。

三、小　　结

在上述的考察与分析后,可将考察所见归纳如下:

第一,关于窃盗罪行为人的主观面的不法所有意图之对象,尽管程度上有所不同,但不

---

[1] 陈子平:《刑法各论(上)》,作者自刊 2013 年版,第 388 页。
[2] 褚剑鸿:《刑法分则释论(下册)》(第四版),商务印书馆 2006 年版,第 1125 页;林山田:《刑法各罪论(上册)》(第五版),作者自刊 2006 年版,第 310 页;蔡圣伟:《概说:所有权犯罪与侵害整体财产之犯罪(上)》,《月旦法学教室》2008 年第 69 期,第 58 页;蔡墩铭:《刑法各论》(第六版),三民书局 2009 年版,第 151 页;甘添贵:《刑法各论(上)》(第四版),三民书局 2014 年版,第 216、217 页;卢映洁:《刑法分则新论》(第十版),新学林 2015 年版,第 631 页;林东茂:《刑法综览》(第八版),一品出版 2015 年版,第 2-118 页。
[3] [日]林美月子:《关于窃盗罪中不法所有意图的考察(四·完)》,《警察研究》1982 年第 53 卷,第 37、42 页;[日]内田文昭:《围绕最近讨论的不法所有意图》,《法曹时报》1983 年第 35 卷,第 1709 页。

论是通说的综合理论、少数说的修正的实体理论、利益取得说、综合判断说,事实上均不固守物之本体,而扩张至能与物之实体同视的价值(修正的实体理论),或者使用物所得的经济价值(综合理论、综合判断说)乃至利益(利益取得说)。

第二,在这样的扩张解释下,物与经济价值的界限将相对化,因此在一时使用他人之物的情形,如何探求具体的解释上方针以区别不可罚的使用窃盗与可罚的窃盗行为,对于各说而言都是重要的解释上课题。

通说的处理是在行为态样上以行为人有无返还意思为标准,行为对象则以物的实体为主,经济价值作为补充。然而这样的解释手法,在行为人的返还附有条件时否定窃盗罪成立,对财产权的具体保护是否充分需要检讨;肯定在行为人只对附于他人之物的经济价值(例如存折)有取得意思时成立窃盗罪,在与窃盗罪条文文义能否整合之点,也有需要克服的课题存在。

修正的实体理论,将不法所有意图的对象扩及与实体同视的经济价值,但在否定窃取他人存折盗领他人存款后返还的情形成立窃盗之点,在所有权的保护上是否充分,也有再检讨的空间。

利益取得说的主张下,所有的利益取得都可成立窃盗罪。不过,此说并未贯彻此一立场,仍以客观上侵害程度的轻微性为基准,将一时使用情况轻微的情形排除于窃盗罪的成立范围之外。然而,一方面仅以利益取得为理由成立窃盗罪,与窃盗罪条文的文义是否能整合成为问题以外,也可能使个别财产与整体财产的犯罪之界限容易变得不明确。另一方面,以犯罪既遂以后的利用情况轻微作为否定窃盗罪成立的理由,除了构造上与自说对窃盗既遂的判断标准未必整合外,也可能使窃盗罪既遂的判断变得不安定。

至于综合判断说之下的判断,由于实际上是以前述(C)财物价值高低的要素占有高度重要性,所以若贯彻此说,则不法所有意图将以移转他人的财物于自己并建立利用可能性乃至利用为对象,如此一来将与窃盗故意几乎重合。因此,在窃盗罪的构造上,应如何使不法所有意图具有独自的内涵,也成为需要探讨的课题。

第三,从上述两点归纳起来,目前有关一时使用他人之物的情形,学理上的问题主要是集中在窃盗罪的成立构造与具体处罚范围的妥当性上。

有关窃盗罪成立构造的问题,首先是窃盗罪的不法所有意图的排除意思有无可与窃盗故意相区别的独自的内涵?其次,这样的内涵,在窃盗罪的构造下,有如何的意义?

至于有关处罚范围的问题,在法条文义的限制下,窃盗罪不法所有意图之对象,究竟在如何的限度内能将物体所表彰的利益纳入其范围,以相当程度地满足较周全保护法益的需求?

以上的课题,将在本文后述内容(四)中,再更进一步进行检讨。

四、实务现况与其问题

(一) 概观

区分不可罚的使用窃盗与可罚的窃盗行为,是实务上常见的问题。由于关系到有罪与无罪的判断,这个问题有其实益而受实务关心,并不难想象。然而,在一时使用他人之物的情形中,① 实务上以窃盗罪进行处罚的具体界限为何?包含哪些行为态样?② 实务用以判断的标准为何?③ 并且这样的判断与窃盗罪的理论究竟能否整合?等问题,即使在今日仍然需要更进一步地检讨[1]。

在本文以下内容中,笔者将以透过"司法院"法学资料检索系统,以"使用窃盗"为关键字查询所得的裁判中,是否为"使用窃盗"行为的问题成为争点,法院也就具体的事实关系表示法律上判断而得为参考者为对象,进行实务现状与问题的考察。不过,在考察范围设定上必须先说明的是,尽管我国台湾地区"最高法院"就使用窃盗问题并非没有表达意见,但考虑到使用窃盗行为所涉及的我国台湾地区"刑法"第320条第1项窃盗罪,依我国台湾地区"刑事诉讼法"第376条第2款规定,是不得上诉第三审法院的犯罪类型,因此在研究对象的设定上,以我国台湾地区高等法院的裁判为对象,应可较为完整地掌握实务的现况。基于此理由,笔者仍将以2000年至2015年7月为止我国台湾地区高等法院与同院各分院的裁判作为主要观察对象[2]。在此,于仔细地分析实务状况与理论之前,先进行实务动向的概观。

在上述笔者所搜集的范围内,涉及"是否为使用窃盗"之问题的我国台湾地区高等法院裁判,在其大致的趋势中呈现的现象,有以下几点值得注意:

第一,就结论而言,认为被告有不法所有意图而成立窃盗罪的判决,有91件,认为被告无不法所有意图而不成立窃盗罪的判决,则有61件。在这意义上,应可认为当被告仅主张自己在行为时的主观意思是"使用窃盗"意思而不应成立窃盗罪时,其主张在实务上未必容易被采纳[3]。

---

[1] 文献上,确实有就有关不法所有意图之对象,以及有关无故使用他人交通工具与盗用他人存折、提款卡、信用卡的问题介绍相关实务见解的论文(参照 洪玮嬬:《财产犯罪中之所有意图——以窃盗罪为中心》,政治大学法律研究所硕士论文,2010年,第61—65页)。不过,有关实务判断中各种考虑的要素在理论上的意义为何?这些要素是否有可能形成较为体系性的实务判断构造?这些对理解实务理论有必要探讨的问题,应有更深入分析的余地,因此笔者认为即使在今日,仍有更进一步研究掌握实务动向的必要与价值。

[2] 至于我国台湾地区"最高法院"的裁判,则将于有必要时在脚注中说明。

[3] 明确地指出被告空言主张使用窃盗无法采纳的裁判,例如:我国台湾地区高等法院高雄分院2000年度上易字第141号判决、我国台湾地区高等法院高雄分院1999年度上诉字第943号判决、我国台湾地区高等法院2000年度上易字第1365号判决、我国台湾地区高等法院2002年度上易字第2352号判决、我国台湾地区高等法院台中分院2003年度上易字第552号判决、我国台湾地区高等法院2003年度上诉字第3448号判决、我国台湾地区高等法院2006年度上易字第2050号判决、我国台湾地区高等法院台中分院2008年度上易字第131号判决等可供参照。

第二，从行为人无故一时取用的客体观之，在笔者所收集的裁判范围中，涉及的客体相当多样，大致有：汽车(35件)、机车(61件)、存折、印鉴章、金融卡或信用卡等行使财产上权利所需的物品(21件)、汽车或机车车牌(10件)、赛鸽(2件)、自行车(1件)、照片(1件)、违法持有之手枪、子弹(1件)、河砂(1件)、水果刀(1件)、千斤顶(1件)、链锯(1件)、出差请示单(1件)、木梯(1件)、电焊机(1件)、商店礼券(1件)、制作干燥机使用之白铁盖(1件)、机车电瓶(1件)、竹筏(1件)、电脑液晶荧幕(1件)、女用内衣裤(1件)[1]、汽车后车厢锁头(1件)、未安装SIM卡之手机与充电器(1件)。

其中，从(1)汽车、机车等动力交通工具相关裁判有96件，(2)存折、印鉴章、金融卡或信用卡等行使财产上权利所需之物相关裁判有21件，(3)汽车或机车车牌达10件，也窥知如何的客体经常成为实务上的关心所在。

第三，从判决所示的内容观之，尽管学说上有认为我国台湾地区实务在判断是否为"使用窃盗"之问题时，经常未交代明确的理由[2]，然而，至少以笔者所收集的范围而言，固然也有较简略地进行判断的判决，但是实际上，如后所述，于进行判断时先提出大前提，并就事实进行具体认定的裁判也有相当数量。

第四，另外值得注意的是，在有关一时使用他人之物的行为是否成立窃盗罪的问题上，最近的实务上经常可见认为需要进行"综合判断"的事例[3]。这样的现象暗示着，掌握实务状况时，似可以先从较为具体的判断指标(事实要素)出发，再分类进行检讨与分析。

(二) 具体的处罚范围

在上述的概观后，于以下内容中，笔者试图就有关不可罚的使用窃盗与可罚的窃盗行为之区别的实务现状进行较详细的考察。如前述，我国台湾地区实务上使用窃盗成为问题的裁判中，涉及相当多样的行为客体。然而，考虑到：(1) 在实务中最为频繁出现的是①有关动力交通工具的一时使用以及②盗用他人存折、信用卡、金融卡再返还该等财物的案件；(2) 在理论上，①②两种种类分别代表着以物的本体的使用为主要目的的类型，以及以物之本体所表彰的价值之取得为主要目的的类型，有其实际的意义；(3) 上述两种行为客体外的其他行为客体所涉及的，大多也是以使用物之本体为主要目的的情况，笔者认为以①②两种客体为代表进行检讨，应可相当程度掌握我国台湾地区实务的现况。因此以下将以此两种实务上经常成为问题的类型为中心，进行考察。

---

[1] 我国台湾地区高等法院高雄分院2000年度上易字第140号判决。
[2] 例如蔡圣伟：《窃盗罪之主观构成要件(下)》，《月旦法学教室》2009年第80期，第42页；曾淑瑜：《刑法分则实例研习——个人法益之保护》(第三版)，三民书局2013年版，第208页等参照。
[3] 在笔者所收集的范围内，这样的裁判至少可参照：我国台湾地区高等法院台南分院2005年度上易字第338号判决、我国台湾地区高等法院台南分院2008年度上重诉字第359号判决、我国台湾地区高等法院台中分院2014年度上易字第601号判决、我国台湾地区高等法院台中分院2014年度上易字第898号判决、我国台湾地区高等法院花莲分院2014年度上易字第101号判决、我国台湾地区高等法院台中分院2015年度上易字第453号判决。

1. 以物之本体使用为主要目的的类型——以动力交通工具的一时使用为中心

(1) 判断的指标要素

如前述,实务上一时使用他人动力交通工具的案件数量相当多,应是现在社会交通生活的反映。在这种情形中,考虑前述实务的综合判断的倾向,因此在掌握实务就行为人是否成立窃盗罪的判断时,笔者拟先就在学说上同受注意的行为客体价值高低、使用时间久暂,以及有无弃置行为或返还原处行为等要素[1],对实务的状况进行观察。

① 行为客体的价值高低?

从行为客体价值的要素观之,在最近的实务上,即使是价值较高的大客车(客运用游览车),就其一时使用,有成立不可罚的使用窃盗的余地,与此相对,即使是价值相对较低的机车,就其一时使用,也有可能成立窃盗罪。

前者的情形,可举①我国台湾地区高等法院2008年度上易字第1420号判决为例。此一判决的事实关系是:被告A于深夜将停放于(改制前)台北市某客运总站而无人看管的营业大客车(客运游览车)开走,行经(改制前)台北县三重市时与B车发生轻微擦撞,被告下车处理车祸后,再将所驾大客车驶回前开客运总站停放,前后历时约25分钟,后因B报警处理车祸,始得知被告将大客车驾走一事。

针对此一事实关系,法院认为考虑到(1) 被告使用车辆时间仅20多分钟、(2) 与B发生擦撞后下车处理,并未规避自己驾驶之事实、(3) 被告有将该车驶回客运总站等事实要素,被告对本件大客车之使用,应属于使用窃盗,而不成立窃盗罪[2][3]。

至于后者的情形,则可举②我国台湾地区高等法院2007年度上易字第162号判决为例。在此判决中,被害人B于某日晚间7时许,因受任职之工地老板委托,送被告A回A家,其后B让被告A同往B位于(改制前)桃园县八德市住处用餐后,A即趁B与B之妻C离席沐浴准备稍后送A回家而疏未注意之际,取C之机车钥匙启动停放门外之C所有机车驶离现场,得手后供代步用,又于同日晚间9时起,骑乘同机车前往卡拉OK店等娱乐场所饮酒,最后于行经(改制前)桃园县杨梅镇时,因酒醉驾车醉倒路旁,被警方查获。

---

[1] 如前述,这些要素不仅是前述学说中的综合判断说重视的要素,其中有关于弃置行为或返还行为,也是通说与修正的实体理论纳入考虑的要素。

[2] 我国台湾地区高等法院2008年度上易字第1420号判决。

[3] 除本件判决外,在笔者所收集的范围内,与此类似(一时使用他人汽车被法院认为无不法所有意图)的裁判,至少可举出:我国台湾地区高等法院2001年度上重更(二)字第48号判决、我国台湾地区高等法院2002年度上易字第1985号判决、我国台湾地区高等法院2003年度上易字第1870号判决、我国台湾地区高等法院2003年度上易字第1638号判决、我国台湾地区高等法院2005年度上易字第706号判决、我国台湾地区高等法院2005年度上易字第1646号判决、我国台湾地区高等法院2006年度上易字第2295号判决、我国台湾地区高等法院台中分院2010年度上易字第873号判决、我国台湾地区高等法院台中分院2012年度上易字第1180号判决、我国台湾地区高等法院台中分院2014年度上易字第986号判决、我国台湾地区高等法院2014年度上易字第1141号判决。

对于上述事实关系,被告虽主张自己仅系向B等借用机车而非窃盗,但法院认为[1],考虑到:(1)被告于趁被害人等离席沐浴之际并未取得其同意即将机车骑走;(2)未留下任何可供联络之方式,致使被害人等追索无门等要素,应认为本件被告具备不法所有意图,其行为成立窃盗罪。[2]

② 使用时间久暂?

有关于一时使用他人之物的时间,由于在理论上涉及"返还意思"的有无,因此向来为学说判断有无排除意思时考虑的要素。然而,如下所述,在一时使用他人动力交通工具的情形中,对于究竟使用多长时间才足以否定返还意思而可能成立窃盗罪的问题[3],实务上并没有一个很固定的标准。这样的情况表现在以下几点之中。

第一,就他人之动力交通工具使用时间较长,例如一日或超过一日的情况,不论客体为

---

[1] 我国台湾地区高等法院2007年度上易字第162号判决。

[2] 除本件判决外,在笔者所收集的范围内,与此类似的裁判(一时使用他人机车被法院认为有不法所有意图),至少可举出:我国台湾地区高等法院2000年度上易字第1993号判决、我国台湾地区高等法院2001年度上易字第2705号判决、我国台湾地区高等法院台中分院2001年度上诉字第1968号判决、我国台湾地区高等法院2002年度上易字第2352号判决、我国台湾地区高等法院高雄分院2003年度上易字第208号判决、我国台湾地区高等法院台南分院2005年度上易字第338号判决、我国台湾地区高等法院台中分院2005年度上诉字第2291号判决、我国台湾地区高等法院台南分院2006年度上易字第138号判决、我国台湾地区高等法院台南分院2006年度上诉字第1109号判决、我国台湾地区高等法院高雄分院2007年度上易字第291号判决、我国台湾地区高等法院台中分院2008年度上易字第131号判决、我国台湾地区高等法院花莲分院2008年度上诉字第97号判决、我国台湾地区高等法院台中分院2007年度上诉字第2594号判决、我国台湾地区高等法院台南分院2010年度上诉字第50号判决、我国台湾地区高等法院台南分院2010年度上易字第205号判决、我国台湾地区高等法院高雄分院2010年度上易字第1057号判决、我国台湾地区高等法院台中分院2010年度上诉字第2593号判决、我国台湾地区高等法院高雄分院2011年度上易字第141号判决、我国台湾地区高等法院台中分院2011年度上易字第587号判决、我国台湾地区高等法院台中分院2011年度上诉字第697号判决、我国台湾地区高等法院台南分院2011年度上诉字第923号判决、我国台湾地区高等法院高雄分院2012年度上易字第146号判决、我国台湾地区高等法院高雄分院2012年度上易字第307号判决、我国台湾地区高等法院台南分院2012年度上易字第127号判决、我国台湾地区高等法院台中分院2012年度上诉字第644号判决、我国台湾地区高等法院2012年度上易字第2564号判决、我国台湾地区高等法院2012年度上易字第2773号判决、我国台湾地区高等法院2013年度上诉字第1577号判决、我国台湾地区高等法院台中分院2013年度上诉字第1749号判决、我国台湾地区高等法院台南分院2013年度上诉字第1112号判决、我国台湾地区高等法院台中分院2014年度上易字第601号判决、我国台湾地区高等法院台中分院2014年度上易字第898号判决、我国台湾地区高等法院台中分院2014年度上易字第1189号判决、我国台湾地区高等法院台南分院2014年度上易字第517号判决、我国台湾地区高等法院花莲分院2014年度上易字第101号判决、我国台湾地区高等法院台中分院2014年度上易字第1238号判决、我国台湾地区高等法院2015年度上易字第82号判决、我国台湾地区高等法院台中分院2015年度上易字第453号判决、我国台湾地区高等法院台南分院2015年度上易字第300号判决。

[3] 这也是学说上受讨论的问题。例如蔡圣伟:《窃盗罪之主观构成要件(下)》,《月旦法学教室》2009年第80期,第43页;黄惠婷:《"使用窃盗"或窃盗既遂》,《台湾本土法学杂志》2006年第85期,第154页等。

机车或者汽车,法院在结论上认为构成窃盗罪的案件相当多见[1]。

第二,就他人之动力交通工具的使用时间不长的情况,如上述①的判决中,被告仅就他人所有的营业大客车使用20多分钟,结论上法院认为不构成窃盗罪[2];但在②的判决中,被告使用他人机车的时间亦仅有数小时,结论上法院则认为成立窃盗罪[3]。

---

[1] 在笔者所收集的裁判范围中,以机车为客体的较长时间使用被法院认为构成窃盗罪者,至少可举出:我国台湾地区高等法院2000年度上易字第1993号判决(约7日)、我国台湾地区高等法院2001年度上易字第2705号判决(约23小时=接近1日)、我国台湾地区高等法院高雄分院2003年度上易字第208号判决(约4个月)、我国台湾地区高等法院台中分院2005年度上诉字第2291号判决(约1日)、我国台湾地区高等法院台南分院2006年度上易字第138号判决(约2日)、我国台湾地区高等法院台中分院2008年度上易字第131号判决(数日)、我国台湾地区高等法院台南分院2010年度上诉字第50号判决(约2日)、我国台湾地区高等法院台南分院2010年度上易字第205号判决(约5日)、我国台湾地区高等法院高雄分院2010年度上易字第1057号判决(约5日)、我国台湾地区高等法院台中分院2011年度上易字第587号判决(约1日)、我国台湾地区高等法院高雄分院2012年度上易字第146号判决(约3个月)、我国台湾地区高等法院台南分院2012年度上易字第127号判决(约1日)、我国台湾地区高等法院2012年度上易字第2773号判决(约2日)、我国台湾地区高等法院台中分院2013年度上诉字第1749号判决(约5日)、我国台湾地区高等法院花莲分院2014年度上易字第101号判决(约4个多月)、我国台湾地区高等法院台中分院2015年度上易字第453号判决(约4个多月)、我国台湾地区高等法院台南分院2015年度上易字第300号判决(约3日)。

以汽车为客体的较长时间使用被法院认为构成窃盗罪者,则至少可举出:我国台湾地区高等法院台中分院2001年度上易字第211号判决(约4日)、我国台湾地区高等法院台中分院2002年度上易字第2292号判决(约3—4日)、我国台湾地区高等法院2009年度上诉字第4098号判决(约4日)、我国台湾地区高等法院台南分院2011年度上易字第80号判决(约1日)、我国台湾地区高等法院2012年度上易字第1148号判决(数辆车,从数日至1年不等)、我国台湾地区高等法院高雄分院2013年度上易字第263号判决(约3个月)。

[2] 在笔者所收集的裁判范围内,仅在数小时甚至更短的时间内使用他人汽车,而法院认为不构成窃盗罪的情况,另外至少可举出:我国台湾地区高等法院2002年度上易字第1985号判决(数小时)、我国台湾地区高等法院2003年度上易字第1870号判决(两次,每次1—2小时)、我国台湾地区高等法院2003年度上易字第1638号判决(数小时)、我国台湾地区高等法院2004年度上易字第706号判决(5小时)、我国台湾地区高等法院2005年度上易字第2295号判决(1小时以内)、我国台湾地区高等法院台中分院2014年度上易字第986号判决(3小时以内)、我国台湾地区高等法院2014年度上易字第1141号判决(约2小时)。

[3] 在笔者所收集的裁判范围中,仅在数小时甚至更短时间内使用他人机车,而法院认为构成窃盗罪的情况,另外至少可举出:我国台湾地区高等法院台中分院2001年度上诉字第1968号判决(数小时)、我国台湾地区高等法院台南分院2005年度上易字第338号判决(数小时)、我国台湾地区高等法院花莲分院2008年度上诉字第97号判决(约4小时)、我国台湾地区高等法院台中分院2007年度上诉字第2594号判决(20—30分钟)、我国台湾地区高等法院台中分院2009年度上诉字第2593号判决(数小时)、我国台湾地区高等法院台中分院2011年度上易字第697号判决(数小时)、我国台湾地区高等法院台南分院2011年度上诉字第923号判决(约2小时)、我国台湾地区高等法院高雄分院2012年度上易字第307号判决(约1小时)、我国台湾地区高等法院台中分院2012年度上易字第644号判决(数分钟)、我国台湾地区高等法院台南分院2013年度上诉字第1112号判决(1小时以内)、我国台湾地区高等法院台中分院2014年度上易字第601号判决(约2小时)、我国台湾地区高等法院台中分院2014年度上易字第898号判决(数小时)、我国台湾地区高等法院台中分院2014年度上易字第1189号判决(约1小时)、我国台湾地区高等法院台南分院2014年度上易字第517号判决(约4个多小时)。

第三，与前述第一的情况相对，尽管数量相对较少，不过在使用他人动力交通工具1日乃至1日以上的情形中，仍有法院认为结论上并不成立窃盗罪者[1]。

③ 有关返还行为的认定

从上述的考察可知，有关行为客体的价值高低与使用时间久暂的要素，在我国台湾地区的实务中，并没有很固定的判断标准。不过，与此相对，行为人是否有将所使用的他人财物归还，或者将其弃置的要素判断上，如下述，实务在判断上则较为一致。这样的实务状况，大致可以下几点观察。

(2) 使用后弃置的情形

当行为人将所取得的他人汽、机车于使用后弃置的情形，实务上几乎均认为成立窃盗罪。根据笔者的考察，在行为人一时使用他人的交通工具后未归还而弃置的情形中，认为被告成立窃盗罪的判决，各高等法院的裁判中至少有16件[2]。这应该可认为是最近实务较为确定之立场。

不过，值得注意的是，尽管都是针对用后弃置的事实，但是关于这种行为人有弃置行为的类型，法院在判断的时候看起来是采用了四种抽象的判断前提。亦即，依其大前提的不同，大致有(1)以被告是否就他人之物为攸关权义之处分为标准进行判断者(以下称第1类型)、(2)以行为人有无返还意思为判断标准，并以被告是否自居所有人之地位作为其内涵进行判断者(以下称第2类型)、(3)与前述学说的通说接近，先定义使用窃盗为暂时使用后在不使物之本体发生质变或减损经济价值的前提下，将财物返还所有权人或管领人后，就行为人所为是否符合此定义判断窃盗罪是否成立者(以下称第3类型)、(4)将上述第1、第2、第3

---

[1] 以机车为客体使用约1日仍不认为构成窃盗罪的法院判决，至少可举出：我国台湾地区高等法院台中分院2002年度上易字第1956号判决(1—2日)、我国台湾地区高等法院2010年度上易字第2568号判决、我国台湾地区高等法院2013年度上易字第1058号判决、我国台湾地区高等法院2014年度上易字第1553号判决。以汽车为客体使用1日之时间仍不认为构成窃盗罪的法院判决，至少可举出：我国台湾地区高等法院2001年度上重更(二)字第48号判决。

[2] 参照 我国台湾地区高等法院2003年度上诉字第3448号判决、我国台湾地区高等法院台中分院2004年度上诉字第2291号判决、我国台湾地区高等法院2009年度上易字第2519号判决、我国台湾地区高等法院台中分院2007年度上诉字第2594号判决、我国台湾地区高等法院台中分院2010年度上诉字第2593号判决、我国台湾地区高等法院2011年度上诉字第962号判决、我国台湾地区高等法院台中分院2011年度上诉字第697号判决、我国台湾地区高等法院高雄分院2011年度上易字第369号判决、我国台湾地区高等法院台中分院2011年度上诉字第449号判决、我国台湾地区高等法院2012年度上易字第1148号判决、我国台湾地区高等法院2012年度上诉字第2564号判决、我国台湾地区高等法院2013年度上诉字第1577号判决、我国台湾地区高等法院台中分院2013年度上诉字第1749号判决、我国台湾地区高等法院台南分院2013年度上诉字第1112号判决、我国台湾地区高等法院2014年度上诉字第578号判决、我国台湾地区高等法院台南分院2014年度上易字第300号判决。

类型的判断前提全部并列后进行判断的类型(以下称第 4 类型)[1]。

第 1 类型,可举③我国台湾地区高等法院台中分院 2011 年度上诉字第 697 号判决为例。此判决的事实关系是,被告 A 与 B 因欲进行抢夺犯行,决定以窃取之机车作为作案工具,乃共同于 2010 年 8 月 4 日下午 2 时 15 分至 3 时 20 分间,推由 A 在台中市甲区某医院附近以自备钥匙窃取被害人 C 之重型机车,其后再以该机车搭载共犯 B,会合其他共犯前往预定之犯案地点勘查地形,结束勘查后将机车弃置于台中市甲区丙里之活动中心前。就此事实关系,辩护人主张被告等人所为是使用窃盗,不构成窃盗罪。但法院以下述之判断,驳回辩护人之主张。

首先,法院引用我国台湾地区"最高法院"1997 年度台上字第 4976 号判决[2]意旨,指出"按无不法所有之意图,取得他人之物为一时之用,或得谓之使用窃盗,而认与刑法上之窃盗罪有别,惟如就物为攸关权义或处分之行为,纵事后物归原主,得否谓仅属使用窃盗而不构成窃盗罪,自非无疑。"其次,法院在此大前提下,认为本案件中,被告等窃车后即将车弃置于活动中心前,是就所窃得之财物所进行的"处分行为",因此被告等人具备不法所有意图,而成立窃盗罪[3]。

第 2 类型,可举④我国台湾地区高等法院 2013 年度上诉字第 1577 号判决为例。此判决的事实关系是,被告 A 行经位于新北市甲区乙路之被害人 B 任职工厂外,见 B 停放厂区

---

[1] 除上述四种以外,其实也有不少判决是未提出抽象的判断前提,直接针对所认定的具体事实关系进行判断。这种裁判,可举我国台湾地区高等法院 2011 年度上诉字第 962 号判决为例。此判决的事实关系是,被告 A 于 2010 年 9 月 3 日晚上 8 时 55 分许,行经 C 位于(改制前)桃园县八德市之住处前,见拜访友人 C 之被害人 B 未熄火即将所有之自用小客车停放路边,并且车门未上锁也未将汽车钥匙取去,被告 A 即擅自打开车门,坐上 B 车并关闭车门驾车离去,B 立即报警处理后,警察于同日晚上 11 时许,在桃园县中坜市寻获 B 车,再另外循线将被告 A 拘提到案。对于此事实关系,被告之辩护人主张被告所为是使用窃盗。但法院认为,考虑到(1) 被告未经被害人 B 同意即将 B 车驶离,(2) 被告将车驾驶至桃园县中坜市弃置的事实,可以认定(3) 若未报警处理,则 B"无法寻获该车而恢复其对系争车辆之使用权利",因此,被告具有不法所有意图,应成立窃盗罪。同类型的裁判,另可举出:我国台湾地区高等法院 2003 年度上诉字第 3448 号判决、我国台湾地区高等法院台中分院 2005 年度上诉字第 2291 号判决、我国台湾地区高等法院 2009 年度上易字第 2519 号判决、我国台湾地区高等法院台中分院 2007 年度上诉字第 2594 号判决、我国台湾地区高等法院 2012 年度上易字第 1148 号判决、我国台湾地区高等法院台南分院 2015 年度上易字第 300 号判决等判决。

[2] 本件的事实关系是:被告 A 盗取同居人即被害人 B 女之房地所有权状、印章、印鉴证明,伪造 B 女名义之不动产委托代办登记备忘录,交予不知情之代书 C,并利用 C 伪造土地登记申请书、抵押权设定契约书,向地政机关设定 B 所有房地之第三顺位抵押权予 D,向 D 诈取新台币六十万元。对此事实关系,原审依(旧)牵连犯之规定论处被告连续行使伪造私文书的罪刑,但我国台湾地区"最高法院"则认为,原审就被告盗取被害人之印鉴证明等物,送交地政机关办理抵押登记部分,否定被告有不法所有意图,是忽略了被告已经就印鉴证明、房地所有权状、印章为有关权义之处分,适用法则不当,因此将原判决撤销,并将案件发回高等法院更审。

[3] 根据笔者的考察,同样就弃置使用后的他人动力交通工具行为,采取这种判断形式认为成立窃盗罪的,至少还有 6 件判决,亦即:我国台湾地区高等法院台中分院 2011 年度上诉字第 697 号判决、我国台湾地区高等法院台中分院 2011 年度上诉字第 449 号判决、我国台湾地区高等法院 2012 年度上诉字第 2564 号判决、我国台湾地区高等法院 2012 年度上易字第 2647 号判决、我国台湾地区高等法院台中分院 2012 年度上诉字第 1724 号判决、我国台湾地区高等法院台中分院 2013 年度上诉字第 1847 号判决等。

内所使用之普通重型机车钥匙未经拔除,乃前往该车停放处转动钥匙发动机车后骑乘离去,之后将机车停放至新北市新庄区头前国小附近弃置[1]。对此事实关系,被告之辩护人主张被告行为属于使用窃盗,被告并无不法所有意图。但法院以下述判断,驳回辩护人之主张。

首先,作为判断之前提,法院指出:"按我国台湾地区'刑法'窃盗罪中之不法所有意图,其中不法所有意图概念,意指行为人就其建立个人持有之物,主观上应有积极将之纳为己有,并消极剥夺他人所有意思两种意涵,而究竟有无不法所有意图,自以行为人是否真具返还意思为断"。在本件中,考虑到(1)被告将B之机车骑走后,即随意放置不再闻问、(2)被告并无将机车骑回原处停放之行为等事实要素,可认为被告"显系以有权支配该车之人自居",再加上(3)被告对自己之行为将"使原有权使用人之支配地位遭致排除,甚且造成员警查找寻觅该车之困难"一事有明确认识之事实要素,法院认为被告所为并非使用窃盗,应成立窃盗罪。

在这样的判断形式下,应可认为,对法院而言,被告是否具备返还意思,是判断行为人所为是否为使用窃盗的重要指标,而被告的行为是否造成了"自居所有人"的状态,则是这个指标的实质内涵。本件中,客观上行为人在行为后不返还车辆又将其随意放置路边,满足了后者的要件,并且主观上对其行为所造成排除他人支配与导致所有人寻车困难的状态也有认识,使法院认为行为人所为并非不可罚的使用窃盗,而是具备不法所有意图的窃盗罪[2]。

第3类型,可举⑤我国台湾地区高等法院高雄分院2011年度上易字第369号判决为例。此判决的事实关系是,被告A、B分别与C、D、E及姓名不详之男子F等人共同窃取被害人G等人所有或管领之自用小客车,使用后又将窃得车辆弃置路边。就此事实关系,被告B之辩护人主张B等人所为是基于使用窃盗之意思,并不成立窃盗罪。相对于此,法院则基于以下的判断驳回辩护人之主张。

首先,法院认为"所谓'使用窃盗'系指行为人主观上并无欲据为己有而予取得之意图,而只有暂时使用之目的,故客观上虽仍有取走他人动产之行为,然在不使该财物发生变质或减低经济价值之条件下,加以使用并于使用后,尚须有将取得之财物交还原所有人或管领人之意思及行为之情形,始足当之;是若行为人就日常生活之通念已知悉所窃取之财物,为他人持有管领或所有时,自应认已具有不法所有意图之主观要素,而客观上又以乘人不知、和平方式,而破坏他人对其物之持有支配关系者,即应成立窃盗罪。"在这样的大前提下,法院引用我国台湾地区"最高法院"1975年台上字第651号判决[3]的要旨认为在本案中被告等

---

[1] 由于本件判决就事实部分的说明较为简单,因此笔者在此是引用前审即我国台湾地区新北地方法院2012年度诉字第2580号判决附表编号4所载的犯罪事实。

[2] 根据笔者的考察,同样就弃置使用后的他人动力交通工具行为,采取这种判断形式认为成立窃盗罪的,至少还可举出:我国台湾地区高等法院台中分院2013年度上诉字第1749号判决、我国台湾地区高等法院2015年度上诉字第578号判决。

[3] 此一判决要旨为:"被告等深夜结伙偷开他人汽车,驾往市郊各地游荡,其窃车时难谓无不法所有之意念,虽事后将车弃置路旁,不予出售或拆散变卖,然此仅为犯罪后处分赃物之问题,仍无解于结伙窃盗罪之成立"。

人虽仅将车弃置而未作其他处分,但既然"行为人以排斥他人所有、持有之认识,窃取财物后,最终纵或不占为己用,但若其将该物有毁损或丢弃等处分,实系已展现基于所有权人地位实行其所有权之权能行为,并享有其经济上之利益与目的",即非单纯使用窃盗,而应成立窃盗罪。

第4类型,可举出⑥我国台湾地区高等法院台南分院2013年度上诉字第1112号判决为例。此判决的事实关系是,被告A为云林县甲镇乙加油站员工,与共同被告B共谋对乙加油站进行强盗行为,为掩饰犯行,两人于行为当日凌晨2时10分许,在云林县丙火车站前之鱼池,由A以预备之钥匙窃取被害人C所有之重型机车,A与B再于同日凌晨2时28分至乙加油站进行强盗犯行后,将窃取之机车弃置于火车站附近街口。

在此,法院首先将并列了上述第1、第2、第3类型的判断前提置于具体判断前的大前提。亦即:(括弧中的说明、英文字母、阿拉伯数字与罗马数字为笔者所加)"按所谓'使用窃盗',系指以使用他人之物而于事后返还之意思,加以窃取者而言,若使用后不予返还,在主观上又将他人之物视为自己之物而以所有权人自居,将之随地弃置,即应认为具有不法所有之意图而以窃盗罪相绳(我国台湾地区'最高法院'1984年度台上字第4981号判决参照)(第2类型)。又无不法所有之意图,取得他人之物为一时之用,或得谓之使用窃盗,而认与刑法上之窃盗罪有别,惟如就物为攸关权义或处分之行为,纵事后物归原主,得否谓仅属使用窃盗而不构成窃盗罪,自非无疑(我国台湾地区'最高法院'1997年度台上字第4976号判决参照)(第1类型)。是主观上所谓'意图为自己不法所有'之意图,系行为人主观违法要素,即所谓之'取得意图'……但若行为人并无此取得意图,而只有暂时使用之意图,其拿取他人之物而为行使,在不(A)使该物发生质变或(B)降低经济价值之条件下,加以使用,于使用完毕后,即将该物返还,此种行为学者有谓欠缺主观犯意之'使用窃盗',为刑法所不罚(第3类型)。然取得意图与使用意图系行为人内心状态,有时很难区别,其关键点应在于行为人是否有(Ⅰ)'排斥所有或持有'及(Ⅱ)'占为己有'之行为表征。若行为人意图获取(A)物之本体及(B)其经济利益,而排斥所有人或持有人之经济地位,使自己具有类似所有人之地位,并将该物充当自己所有之财产,而利用该物之经济价值,则可认其有'取得意图'……"

本件中,法院考虑(1)被害人发现机车失窃而报案后,经过2日才经由警察寻获机车;(2)本件机车寻获地点,相距失窃地点约100乃至300米,已非停放于原失窃地点;(3)被告A认识其停放地点与原窃取地点有距离,被害人会找不到失车;(4)被害人确实遍寻不着其机车后向警察报案等事实要素,认为"显然被告二人系以所有权人身份自居(第2类型),并非将该机车物归原处,而是将该机车任意弃置,有排斥所有人之所有及持有行为表征。故就本件被告二人当时之情形以观,被告二人显系欲以其自有之钥匙取得被害人之机车供己使用,且系以不和平的手段剥夺、破坏B对于上开机车的(Ⅰ)管领占有使用的支配力,而其等所欲建立者系强盗时段对该物之实力支配的立场,该时段即系(Ⅱ)以所有人之身份占有使用该机车,完全排除所有人B对该物之管领控制权限",从而判决被告等之行为成立窃盗罪[1]。

上述的判断中,值得注意的是,尽管法院先并列了前述的第1至第3类型的抽象判断标准,但事实上在后面的判断中使用了第2类型的基准。此外,法院就是否具有不法所有意图又再补充了(Ⅰ)"排斥所有或持有"及(Ⅱ)"占为己有"两个要素,作为判断不法所有意图具体化时需要的标准,并认为在本案件的事实关系下被告行为已经符合此二标准而可肯定窃盗罪的成立。

2. 使用后未弃置但被警察查获的情形

目前的实务上,行为人于短时间无故使用他人之动力交通工具后,并未弃置而被警察查获的情况,被认为成立窃盗罪的实务裁判相当多。不过,值得注意的是,与前述弃置的情形类似,尽管事实关系相似度甚高,但看起来仍是存在着几种不同的判断形式。细就其作为判断之抽象前提的内容,事实上也与前述将他人之物弃置的情形中法院所使用的若干判断前提相对应,大致有(1)与前述第1类型相对应,以被告是否就他人之物为攸关权义之处分为标准进行判断者、(2)与前述的第3、第4类型相对应,亦即定义不法所有意图的积极与消极部分,并将消极部分内容设定为对物或其表彰之经济价值的长期夺取,再以"排除他人所有或持有""占为己有"为表征进行判断者[2]。

属于(1)的类型,可举⑦我国台湾地区高等法院台南分院2011年度上诉字第923号判决为例。此判决的事实关系是,被告A于行为当日凌晨1时许,在台南市区见被害人B所有之轻型机车无人看守,遂以自备机车钥匙将该机车取走供己骑用,其后,被告A又先后于同日凌晨3时11分、凌晨3时16分许骑乘B车在台南市区以玩具枪行抢两家超商,后因路人报警而被赶来之警员制服逮捕。对此事实关系,被告虽主张其使用被害人机车之目的仅为前往其妻娘家,并非窃盗,但法院以以下理由驳回被告之主张。

首先,在抽象的判断标准上,法院认为窃盗罪之成立,以行为人有将所窃取之物据为己有之意思为必要,而当行为人"就物为攸关权义或处分之行为,纵事后物归原主,得否谓仅属使用窃盗而不构成窃盗罪,自非无疑"。在这样的前提下,法院认为本件中,考虑到(1)本件被告确实无故擅骑他人之机车、(2)被告用擅骑之机车进行两次强盗犯行、(3)使用他人机

---

[1] 参照:我国台湾地区高等法院台南分院2013年度上诉字第1112号判决。

[2] 不过,可以补充的是,事实上在行为人将他人车辆擅自取走后并未弃置而被警察查获的情形中,尽管没有提出抽象的判断前提,但也有与前述弃置行为的裁判的第2类型相对应,实质上以行为人是否以所有人自居的标准判断是否成立窃盗罪的裁判。这种裁判,可举我国台湾地区高等法院台中分院2003年度上易字第552号判决为例。本判决的事实关系是,被告A趁被害人B未取下汽车钥匙将他人车辆驶离,约20分钟后被警察拦检查获。对于此事实关系,被告主张自己并无将他人之车据为己有的意思,仅是借用而已。然而,法院则认为,由于被告自承其为警察查获时是想将车开回自己住所停放,可见被告并无归还意思而"显已居于所有人之地位支配管理系争车辆",从而"与'使用窃盗'之概念不符而有不法所有意图"。当然,在这种类型中也有未举出抽象的判断前提而就认定的事实关系直接判断者。这种裁判,例如:我国台湾地区高等法院台中分院2012年度上易字第644号判决。

车时间达 2 小时之久等要素,认为被告具有不法所有意图,应成立窃盗罪[1]。

属于(2)之类型,可举⑧我国台湾地区高等法院台南分院 2005 年度上易字第 338 号判决为例。此判决的事实关系是,被告 A 于 2002 年 6 月 5 日晚间某时,在自己承租之住处前,趁被害人 B 所有之机车钥匙未取下之际,骑走 B 车后用以代步,嗣后于同日晚上 22 时 11 分许,在(改制前)台南市区因酒后驾车而为警查获。

对于此一事实关系,法院在判决中先提出相当详细的判断前提,认为(括弧内的阿拉伯数字、英文字母语罗马数字为笔者所加)"在通常情形下,行为人即有为自己或第三人不法所有之取得意图存在,而取得意图在(1)积极要素上系指行为人意图使自己或第三人长期或短暂地取得物之本体或其所体现之经济价值;在(2)消极要素方面则系指行为人意图(A)长期地排斥原所有权人或持有人对(B)物的本体或(C)其所体现之经济价值的支配地位(第 3 类型),由于此一消极要素之存在,使得窃盗罪与使用窃盗有所区别,所谓使用窃盗,系指行为人只有暂时使用之意图,而窃取他人之物而为行使,在不(B)使该物发生质变或(C)降低经济价值之条件下,加以使用,于(A)使用完毕后,即将该物返还,因欠缺取得意图,故为刑法所不罚。然取得意图与使用意图系行为人内心状态,有时很难区别,其关键点应在于行为人是否有(Ⅰ)'排斥所有或持有'及(Ⅱ)'占为己有'之行为表征(第 4 类型)",并认为行为人是否有这样的主观意图,必须基于行为人的行为模式与社会日常生活经验进行综合判断[2]。

在本案件中,法院认为,考虑到:(1) 本案件被告骑走被害人机车,将其置于自己实力支配下并享有骑乘该机车之利益,足以排斥被害人之所有利益;(2) 由被告于酒驾事件保释后透过其父将机车返还被害人一事观之,若非被告酒后驾车被警察查获,被告不会将机车返还被害人等事实要素,可认为被告并非基于单纯使用意图使用被害车辆,从而应成立窃盗罪。

从这样的判断看来,应可认为法院是以被告的行为仍处于持续排斥被害人的所有的状态[上述(Ⅰ)],同时也已经取得被害人之物与其使用利益[上述(B)与(C)],因此可认为被告在消极排除他人所有的意图上[上述(1)]并无问题,从而成立窃盗罪[3]。

3. 有归还行为的情形

相对于上述使用他人动力交通工具后弃置或者未返还而被警察查获的情形,一时使用他人动力交通工具后,行为人有将他人的车辆放回原窃取地点或其附近时,是否即可认为是使用窃盗而不成立窃盗罪,也是经常在实务上受考虑的争点。[4] 这些裁判中可见的主要特征如下:

---

[1] 参照:我国台湾地区高等法院台南分院 2011 年度上诉字第 923 号判决。同属于此类型的判决,例如:我国台湾地区高等法院台南分院 2011 年度上诉字第 923 号判决、我国台湾地区高等法院 2012 年度上易字第 2773 号判决等。

[2] 参照:我国台湾地区高等法院台南分院 2005 年度上易字第 338 号判决。

[3] 参照:我国台湾地区高等法院台南分院 2005 年度上易字第 338 号判决。

[4] 在笔者所收集的资料范围内,有关此一问题的裁判,以我国台湾地区高等法院台中分院 2002 年度上易字第 1956 号判决为首,至少有 23 件。

第一,确实有返还动力交通工具的情形中,除了前述的①我国台湾地区高等法院 2008 年度上易字第 1420 号判决以外,例如在⑨我国台湾地区高等法院台中分院 2010 年度上易字第 873 号判决中,被告 A 于凌晨驾驶所其不知情之雇主 B 之小货车前住位于(改制前)台中县东势镇之某工地,并用以载运窃取自该工地之钢板 2 块后,再将 B 之车停回原处。对此一事实关系,法院即认为,考虑到被告确实有将车返还,其雇主也于侦查中陈述车未失窃,因此被告行为属于使用窃盗而不成立犯罪〔1〕。除此之外,有相当多数的裁判与一般的理解一致,认为被告使用完他人车辆后有驶回原处停放时,不成立窃盗罪〔2〕。

第二,即使在窃取他人之车辆以后,告知被害人车辆藏放地点使其取回车辆,当行为人并非基于返还意思,而是基于便利其他犯行之意思时,就窃取车辆的行为仍会成立窃盗罪。这种情况具体而言表现于所谓"掳车勒赎"的事例中。

⑩我国台湾地区高等法院台南分院 2002 年度上诉字第 938 号判决即为一例。此判决的事实关系是,被告 A 与其他共同被告组成"掳车勒赎"集团,数次窃取被害人等之汽车后,以电话恐吓使车主因担心无法寻回汽车而心生恐惧,乃分别依被告等人要求,汇款至指定账户,被告等于收到汇款后即告知车主藏放车辆之处所。对此事实关系,法院认为,考虑到被告等人是基于恐吓车主之犯意行窃,因此必将车辆藏放于某处,使自己得以就该等车辆使用收益处分,并持续性地排除原权利人即车主对该车之支配管领力,以便进行恐吓车主交款后告知车辆所在,并非使用窃盗,应成立窃盗罪〔3〕。

第三,尽管行为人于一时使用他人动力交通工具后,有将车辆停放回原停放地点附近,实务上也未必立即认为是不可罚的使用窃盗。

这样的裁判,可举⑪我国台湾地区高等法院台南分院 2010 年度上诉字第 50 号判决为例。此判决的事实关系是,被告 A 于行为当日中午,骑乘自己所有重型机车行经位于(改制前)台南市之成功大学自强校区,见被害人 B 所有之重型机车钥匙未取走而无人看管,遂启

---

〔1〕 参照:我国台湾地区高等法院台中分院 2010 年度上易字第 873 号判决。

〔2〕 例如我国台湾地区高等法院花莲分院 2008 年度上易字第 77 号判决、我国台湾地区高等法院台南分院 2009 年度上易字第 779 号判决、我国台湾地区高等法院台中分院 2005 年度上更(一)字第 2291 号判决、我国台湾地区高等法院 2010 年度上易字第 2568 号判决、我国台湾地区高等法院台南分院 2012 年度上易字第 127 号判决、我国台湾地区高等法院台中分院 2012 年度上易字第 1168 号判决、我国台湾地区高等法院台中分院 2013 年度上诉字第 1781 号判决、我国台湾地区高等法院台中分院 2014 年度上诉字第 997 号判决、我国台湾地区高等法院台中分院 2014 年度上易字第 986 号判决、我国台湾地区高等法院 2014 年度上易字第 1141 号判决。另外,尽管行为客体并非动力交通工具,不过在最近的裁判动向中,也可见到当法院认为行为人正在进行返还行为并已经接近取走他人之物的地点时,即使被警察查获仍可认为是使用窃盗而不成立窃盗罪者。例如:我国台湾地区高等法院 2014 年度上易字第 2161 号判决参照(客体为手推车)。

〔3〕 参照:我国台湾地区高等法院台南分院 2002 年度上诉字第 938 号判决。值得一提的是,与此判决的事实关系与法院判断的结论均类似,只是行为态样是"掳鸽勒赎"的裁判,则可举出我国台湾地区高等法院高雄分院 2006 年度上易字第 442 号判决与我国台湾地区高等法院 2013 年度上易字第 1432 号判决。除此之外,我国台湾地区高等法院台中分院 2014 年度上易字第 898 号判决、我国台湾地区高等法院台中分院 2014 年度上易字第 601 号判决中,认为被告完全以掩饰犯行并混淆警察侦查之目的窃取他人机车用以作案,并于作案后将机车停回原处,并无归还意思,而应成立窃盗罪,也可认为属于此种类型的裁判。

动该车骑乘离开,其后又于翌日下午4时许,骑乘B之机车,于(改制前)台南县永康市对C行抢后将,机车骑回前日窃取地点即成功大学自强校区附近停放。

对于此一事实关系,法院举出前述弃置他人之物的情形中可见的第4类型抽象说明作为大前提后指出,考虑到:(1)被告于作案后将车停放之地点虽然与窃车地点同在成功大学自强校区附近,但两者事实上有所差距;(2)被告自己亦承认两处并非同一地点;(3)以现在大学学生交通状况而言,在大量停放机车的大学校区擅自将他人机车移置于不同地点,被害人"自行寻回失窃机车之几率微乎其微";(4)被告使用被害人机车时间达2日等要素,被告之行为应成立窃盗罪。[1]

在这样的判决中,应可窥知,对法院而言,在有关返还地点的考虑上,即使行为人擅自使用他人车辆后停放的地点与原停放地点在客观上的距离不远,只要被害人仍难以自行寻获车辆,仍无法否定被告擅用他人车辆的不法所有意图。

4. 汽油的消耗与窃盗罪的成立

至少从1980年代以来,检察实务向来的见解即认为,即使行为人仅一时使用他人车辆而返还,但至少就耗损该车辆内汽油的部分,应认为行为人对耗损的汽油具有不法所有意图而成立窃盗罪。[2] 这样的向来检察实务的影响力,从最近检察官的上诉理由中仍常以消耗汽油为理由认为被告应成立窃盗罪而对原判决上诉的现象即可见一斑[3]。学说上一般也认为,这是我国实务的立场。[4]

不过,值得注意的是,在最近的审判实务上,固然散见认为即使就车辆本身为不可罚的使用窃盗,但就汽油消耗则成立窃盗罪的裁判[5],自2002年起,也有不少裁判采取否定的立场,认为汽油的消耗是使用车辆的必然结果,既然行为人意图之对象为车辆的使用,自不

---

[1] 与此类似的裁判,至少可举出:我国台湾地区高等法院高雄分院2007年度上易字第291号判决。
[2] 例如:台湾地区司法行政机关"法务部"(1982年)法检(二)字第1472号函示参照。
[3] 在笔者所收集的范围内,可见到这样的上诉理由的裁判,例如:我国台湾地区高等法院2002年度上易字第1985号判决、我国台湾地区高等法院2002年度上易字第1985号判决、我国台湾地区高等法院花莲分院2008年度上易字第77号判决、我国台湾地区高等法院台南分院2009年度上易字第779号判决、我国台湾地区高等法院2010年度上易字第2568号判决、我国台湾地区高等法院2013年度上易字第1058号判决、我国台湾地区高等法院2013年度上易字第1243号判决、我国台湾地区高等法院台中分院2014年度上诉字第997号判决、我国台湾地区高等法院2014年度上易字第1141号判决、我国台湾地区高等法院2014年度上易字第1553号判决。
[4] 参照:林山田:《刑法各罪论(上册)》(第五版),作者自刊2006年版,第332页;陈子平:《刑法各论(上)》,作者自刊2013年版,第388页;卢映洁:《刑法分则新论》(第十版),新学林出版社2015年版,第634页。
[5] 例如:我国台湾地区高等法院高雄分院2006年度上诉字第1867号判决、我国台湾地区高等法院台中分院2010年度上诉字第1309号判决、我国台湾地区高等法院台中分院2012年度上诉字第1168号判决、我国台湾地区高等法院2012年度上诉字第2564号判决、我国台湾地区高等法院台中分院2013年度上诉字第1781号判决等参照。

能将汽油单独割裂观察认为行为人就油料消耗有不法所有意图而成立窃盗罪[1]。

如此一来,目前刑事审判实务上就一时使用他人动力交通工具的情形中,行为人对于车内的汽油是否有不法所有意图,存在着两个对立的立场。今后的发展中,审判实务是否仍会维持对消耗汽油成立窃盗罪的立场,值得继续观察。

5. 小结

以上是有关一时使用他人动力交通工具的最近我国台湾地区刑事实务的考察,就考察所得,可归纳出以下几个实务判断的特征:

第一,就判断使用窃盗与窃盗的界限而言,实务上,财物价值高低与使用时间的要素,应非决定性的考虑要素。由前述内容可知,即使是价值高的汽车,短时间使用后归还仍有可能被认为是使用窃盗不成立犯罪(如前述①的判决),并且纵然使用时间长达1日,实务上仍可见认为不成立窃盗罪者;[2]与此相对,价值较低的机车,即使使用时间仅有数小时,也可能成立窃盗罪。(如前述②的判决。)

第二,相较于财物价值与使用时间,关于有无归还行为的要素,实务上毋宁有着较为一致的判断。具体而言,从前述的考察可知,在实务上,当行为人使用他人之物以后不加以归还的情形,实务上可谓是较为一致地认为行为人的行为将构成窃盗罪。(如前述②③④⑤⑥⑦⑧的判决。)同时,当行为人有归还行为时,除了行为人不具有返还意思而是以便利勒赎犯行的意思为归还的情形(如前述⑩的判决)以外,实务原则上也认为不构成窃盗罪。(如前述①⑨的判决。)

第三,判断有无返还行为时,实务对返还地点的要求较为严格。亦即,行为人即使有将车辆放回原停放地点附近,只要从该地点附近之状况判断,被害人仍无法在该区域自行寻回所有车辆,仍无法认为行为人已经返还。(如前述①的判决。)

第四,最近的实务,就行为人一时使用他人车辆时对车体内的汽油消耗是否有不法所有意图,有着肯、否两种对立的倾向。

---

[1] 例如:我国台湾地区高等法院2002年度上易字第1985号判决、我国台湾地区高等法院高雄分院2006年度上诉字第1867号判决、我国台湾地区高等法院台南分院2009年度上易字第779号判决、我国台湾地区高等法院2010年度上易字第2568号判决、我国台湾地区高等法院2013年度上易字第1058号判决、我国台湾地区高等法院2013年度上易字第1243号判决、我国台湾地区高等法院台中分院2014年度上诉字第997号判决、我国台湾地区高等法院2014年度上易字第1141号判决、我国台湾地区高等法院2014年度上易字第1553号判决。其中,例如我国台湾地区高等法院台南分院2009年度上易字第779号判决与我国台湾地区高等法院台中分院2014年度上诉字第997号判决、我国台湾地区高等法院2014年度上易字第1141号判决、我国台湾地区高等法院2014年度上易字第1553号判决,在旁论中指出倘若要认定行为人对汽车或机车内的油料有不法所有意图,行为人在客观上应有抽出汽油等行为。

[2] 以机车为客体使用约1日仍不认为构成窃盗罪的法院判决,至少可举出:我国台湾地区高等法院台中分院2002年度上易字第1956号判决(1—2日)、我国台湾地区高等法院2010年度上易字第2568号判决、我国台湾地区高等法院2013年度上易字第1058号判决、我国台湾地区高等法院2014年度上易字第1553号判决。以汽车为客体使用1日之时间仍不认为构成窃盗罪的法院判决,至少可举出:我国台湾地区高等法院2001年度上重更(二)字第48号判决。

第五，实务在进行判断时，针对类似的事实关系，事实上采取了相当多样的抽象基准[如前述的三、二、(一)1.(3)A.与B.中举出的各判决]。有时实务甚至将各种基准并列（例如前述⑥的判决）。不过，究竟各种基准之间在理论上性质有无异同，彼此之间是否冲突，是否有必要对类似的事实关系采取这些不同的基准，等问题，在实务上未见详细的说明。更重要的是，从上述实务列出抽象的判断基准后，实际判断时仍是以各个事实要素的考虑为重点看来，这样的抽象标准与实务所考虑的事实要素间，有着相当程度的断绝。从而，若要掌握实务理论的内涵，从其所考虑的事实来推敲其重视的判断原则，应该会是较有实益的做法。

第六，如果要定性有关一时使用他人之物的情形的我国台湾地区实务裁判，应该可认为这是一种以他人财物的"返还"为中心而发展出来的一种综合判断。

（二）以取得物所表彰之价值为主要目的的类型——以存折等财物之盗用为中心

1. 两种对立的裁判动向

如前述，在以他人之物的使用为目的的类型之外，以他人之物所表彰的价值之取得为目的的类型也是最近实务的重点。其典型是取得存折（通常会一起取得印鉴章）或提款卡盗领他人存款后返还存折或卡片的情形，以及取得他人信用卡后盗刷再返还的情形。关于这种类型，学说上有认为实务上向来采取的立场与学理上的"实体理论"接近，只要有返还物之本体即否定窃盗罪的成立，仅就窃取后的使用行为可能构成的伪造文书罪、行使伪造文书罪及诈欺罪追究行为人的刑事责任。[1]

确实，至少在笔者所收集的裁判范围中，采取向来实务的见解认为行为人的行为属于使用窃盗而不构成窃盗罪的裁判不少[2]，但是如下所述，至少在最近的高等法院刑事审判实

---

[1] 最近这种立场的实务见解的代表之一，是我国台湾地区"最高法院"2011年度台上字第3232号判决。关于此判决的评释，可参照 许恒达：《盗用存折提款与不法所有意图——评我国台湾地区"最高法院"2011年度台上字第三二三二号刑事判决》，《月旦裁判时报》2012年第16期，第59页以下。另外，有关实体理论的简要说明，可参照 蔡圣伟：《窃盗罪之主观构成要件（上）》，《月旦法学教室》2009年第78期，第69页，许恒达：《盗用存折提款与不法所有意图——评我国台湾地区"最高法院"2011年度台上字第三二三二号刑事判决》，《月旦裁判时报》2012年第16期，第64页；卢映洁：《刑法分则新论》（第十版），新学林出版社2015年版，第634页。较为详细的介绍，亦可参照 [日]齐藤信治：《不法所有意图（三）》，《法学新报》1979年版，第318页；[日]林美月子：《关于窃盗罪中不法所有意图的考察（二）》，《警察研究》1982年第53卷，第70-71页；[日]穴泽大辅：《关于不法所有意图中利用处分意思的考察(1)》，《明治学院大学法学研究》2012年93号，第121-122页。

[2] 例如：我国台湾地区高等法院高雄分院1999年度上诉字第943号判决、我国台湾地区高等法院2003年度上易字第3211号判决、我国台湾地区高等法院台中分院2004年度上诉字第1049号判决、我国台湾地区高等法院2006年度年度上更(一)字第2050号判决、我国台湾地区高等法院台中分院2007年度上诉字第684号判决、我国台湾地区高等法院2007年度上诉字第2068号判决、我国台湾地区高等法院2007年度上诉字第4794号判决、我国台湾地区高等法院2008年度上易字第812号判决、我国台湾地区高等法院台中分院2010年度上诉字第1291号判决、我国台湾地区高等法院2014年度上易字第658号判决、我国台湾地区高等法院高雄分院2014年度上诉字第784号判决。

务中,已经可见到相当数量的裁判与向来的实务立场不同,认为行为人成立窃盗罪的动向[1]。以下即就这两种动向进行考察。

(1) 否定窃盗罪成立的向来实务的立场

首先,对一时使用他人的存折、金融卡(提款卡)领取他人存款,或以信用卡取得信用消费的利益后,再将存折或卡片放回原所有人处的行为,认为不成立窃盗罪的裁判,可举⑫我国台湾地区高等法院 2006 年度上诉字第 2068 号判决(存折)、⑬我国台湾地区高等法院 2003 年度上易字第 3211 号判决(提款卡)、⑭我国台湾地区高等法院 2009 年度上易字第 812 号判决(信用卡)为例。

在⑫我国台湾地区高等法院 2007 年度上诉字第 2068 号判决的事实关系中,被告 A 为被继承人 X 与其配偶 Y 之子,并与 B、C、D 为兄弟,于 X 死亡后,A 因不满遗产管理,乃先后于家族开设之杂志社办公室盗取 B 之女友 E 与 B、C、D 等人之印章以及银行存折,并在领取现款后将印章存折放回原处。就有关 A 取走 B、C、D、E 之印章与银行存折的行为是否构成窃盗罪的争点,法院认为,因为 A 取走前开印章与存折的目的,"系为将该等账户内存款盗领一空,而非为将该等账户之存折、印章据为己有",所以上述被告之行为仅为使用窃盗,从而在"本国现行法制并无处罚使用窃盗之规定"的前提下,并不成立窃盗罪。

在⑬我国台湾地区高等法院 2003 年度上易字第 3211 号判决的事实关系中,被告 A 于在其前女友 B 住处,趁 B 休息之际,取走 B 皮包内之提款卡,并先后于 5 次使用银行内提款机,冒用 B 名义提领现金,共计得款 5 万元,得手后又趁隙将提款卡置回 B 皮包内,数日后 B 始发现存款遭人盗领。就 A 取走 B 之提款卡盗领 B 之存款后放回 B 皮包的行为是否构成窃盗罪的争点,法院认为,因为被告使用提款卡提领款项后又将提款卡放回被害人 B 皮包内,所以其行为仅是一时使用的使用窃盗行为,不具备不法所有意图而不成立窃盗罪。

在⑭我国台湾地区高等法院 2009 年度上易字第 812 号判决的事实关系中,被告 A 与其妻 B 在被害人 C 住所内,窃取 C 所有之信用卡 1 张,其后再由 B 持该信用卡冒刷购物,使用后又放回被害人 C 处。就被告等将 C 的信用卡取走冒刷购物后放回的行为是否成立窃盗罪的争点,法院认为,考虑到被告等于使用 C 之信用卡冒刷购物后放回 C 处的事实,可认为被告等之目的仅在持以交易付款消费,即使享有信用消费的经济利益,也是暂时使用该信用卡,并无不法所有意图,因此不构成窃盗罪。

从这样的裁判动向看来,这一类型的裁判,是以卡片亦即物体本身是否有返还被害人作为唯一的判断标准。在这样的形式判断下,不论行为人的行为客体为存折、金融卡或者信用卡,只要行为人有放回被害人处,就认为是使用窃盗而不成立犯罪。

---

[1] 例如:我国台湾地区高等法院台南分院 2001 年度上易字第 862 号判决、我国台湾地区高等法院高雄分院 2003 年度上易字第 1252 号判决、我国台湾地区高等法院台中分院 2003 年度上诉字第 2242 号判决、我国台湾地区高等法院高雄分院 2004 年度上易字第 338 号判决、我国台湾地区高等法院台中分院 2006 年度上诉字第 1708 号判决、我国台湾地区高等法院 2009 年度上易字第 552 号判决、我国台湾地区高等法院台中分院 2010 年度上诉字第 902 号判决、我国台湾地区高等法院台中分院 2010 年度上易字第 1201 号判决。

(2) 肯定窃盗罪成立的最近实务动向

与上述的向来实务立场相对,最近的实务动向中值得注意的是,即使同样是一时使用他人的存折、提款卡或信用卡进行领款或消费后又放回原所有人处的行为,也开始有实务裁判认为被告的行为成立窃盗罪。这样的裁判,可举⑮我国台湾地区高等法院台中分院2006年度上诉字第1708号判决(存折)、⑯我国台湾地区高等法院台中分院2010年度上易字第1201号判决(信用卡)。

在⑮我国台湾地区高等法院台中分院2006年度上诉字第1708号判决的事实关系中,被告A与其友人即被害人B同居,2003年6月间,趁B去上班不在屋内之际,取走B放在该屋内之身份证、甲银行乙分行存折、印鉴章等物,旋于当日下午,持至同银行之分行,填写B欲提领6万5千元新台币(以下同)存款之取款凭条一张,并在取款凭条存户签章栏内伪造B签名,以所窃得之B印鉴章盗盖印文二枚伪造取款凭条后,即与存折一起交给该银行承办人员,取得6万5千元款项,复将所窃得之身份证、存折、印鉴章等物放回前揭房屋内,并即刻搬离该房屋。

对于被告A取走B之存折与印鉴章盗领B之存款,其后又放回B住处的行为是否构成窃盗罪的争点,法院认为,被告取走B存折与印鉴章盗领存款后又放回B住所的行为,看似无不法所有意图的使用窃盗行为,但是"被告以该存折等物诈提存款,已减损该存折所表彰之经济价值,亦即已使B之存款因之减少,是以被告即使是以用后返还之意思取用B之存折等物,亦应构成窃盗罪"[1]。

在⑯我国台湾地区高等法院台中分院2010年度上易字第1201号判决的事实关系中,被告A数次未经A同居男友B之胞兄即被害人C之同意,代C收受换发之新信用卡后取走该信用卡,并以该卡预借现金,其后又趁C发现前将信用卡放回C处。

对于A取走C之信用卡持以预借现金后又将其放回C处的行为是否成立窃盗罪的争点,法院先举出,当行为人取得他人之物以后"就物为攸关权义或处分之行为,纵事后物归原主,得否谓仅属使用窃盗而不构成窃盗罪,自非无疑"作为判断的前提,而本案件中,考虑到:(1)"信用卡在发卡银行所核定之最高消费金额内,具有代替现金支付费账款之经济价值,亦有在核定额度内向发卡银行预借现金之经济价值"[2];(2)被告擅自拿取C之信用卡,其目的亦系欲获得该信用卡所表彰之经济价值;(3)被告盗用告诉人之信用卡预借现金后,"确使该信用卡所表彰之经济价值即可用额度及预借现金之额度有所减少"[3]等事实要素,法院认为A之行为是立于所有人地位而攸关权义之行为,并非使用窃盗而应成立窃盗罪[4]。

2. 小结

从上述的考察可知,就一时使用他人存折、金融卡(提款卡)乃至信用卡盗领存款或取得

---

[1] 参照:我国台湾地区高等法院台中分院2006年度上诉字第1708号判决。
[2] 我国台湾地区高等法院台中分院2010年度上易字第1201号判决。
[3] 我国台湾地区高等法院台中分院2010年度上易字第1201号判决。
[4] 我国台湾地区高等法院台中分院2010年度上易字第1201号判决。

信用消费或预借现金利益后,再将该等财物返还原所有人处的行为,实务上有两个相反的裁判动向。其各自的特征如下:

第一,采取向来实务见解的裁判,是以"是否有返还物之本体"作为唯一标准的形式判断。这种判断的背后,有着以学说上所谓的"实体理论"亦即认为行为人的不法所有意图对象在于其所窃取的物体本身的思考为出发点,并且进一步贯彻到所有的财物窃取使用行为的想法。

第二,与向来实务见解不同,认为成立窃盗罪的见解,则是将存折、金融卡、信用卡所表彰的经济价值也纳入考虑,以行为人的行为是否减损该经济价值的标准,判断是否成立窃盗罪。从行为人因为减损"经济价值"(前述⑮⑯的判决),或者取得卡片等表彰的经济价值(前述⑯的判决)而成立窃盗罪看来,这种判断的背后,离开了上述的"实体理论"而往前述通说所采的"综合理论"乃至于所谓利益取得说(乃至所谓"价值理论")接近。

因为目前的实务上两种立场均有相当数量的裁判,因此今后的实务动向会如何发展也值得关注。

(三) 小结——实务理论的问题

透过上述有关实务的考察中可知,现在的实务就一时使用他人之物的情形,有三个相当明显的特征。

第一个特征是,在以一时使用他人之物(例如动力交通工具)为目的的类型中,就行为人有无不法所有意图的问题,基本上实务较为一致地以"返还行为"为中心,进行综合判断。然而在进行这样的判断时,实务也使用了很多不同的抽象论述作为前提。

第二个特征是,受到检察实务的影响,审判实务上也有认为在以一时使用他人动力交通工具为目的的类型中,透过对汽油的消耗的要素可以成立窃盗罪。

第三个特征是,在以取得他人之物(例如盗领存折、提款卡或信用卡等财物)所表彰的存款价值为目的的类型中,就行为人有无不法所有意图的问题,实务则有两种不同的对立见解。否定的立场接近学理上的实体理论,肯定的立场则接近通说的综合理论乃至较少被采取的价值理论。

这三个特征事实上包含着两个不同面向的问题。第一个特征的问题主要在于实务裁判中的抽象原则是否能发挥判断的功能,并且能否实务以"返还行为"为中心综合判断整合。第二与第三个特征的问题则主要在于为了较为周全保护法益所进行的扩张解释与窃盗罪条文文义能否整合。这两部分的问题,都还需要进一步检讨。

首先需要注意的,是有关实务上的抽象判断前提能否发挥区分不可罚的使用窃盗与可罚的窃盗行为的功能的问题。这部分的问题具体而言有以下的内容:

第一,以前述使用后弃置情形中可见的四种抽象前提类型(第1—4类型)为例:(1) 既然行为人不可能透过窃取行为在法律上取得处分他人财物的合法权限,则第1类型所提到的"被告是否就他人之物为攸关权义之处分"的标准(例如前述③的判决)中,"有关权义"的处分之内容究竟为何,即不清楚;(2) 以行为人是否自居所有人之地位作为有无返还意思之判断标准的第2类型所据为标准的"自居所有人"(例如前述④的判决),其实也仅是综合判断后的结论,其本身应难以发挥明确化处罚界限的功能;[1](3) 上述第 3 类型,是以行为人不减低物的本体或表彰之经济价值且有返还意思时,不成立窃盗罪,但重要的还是如何能肯定行为人有返还意思的判断标准为何,在此意义下,此一前提本身作为判断标准仍然有再明确化的空间。

第二,至于上述第 4 类型,除了因为并列前三个类型,所以作为判断标准而言也有一样的问题以外,其另外提到的"行为人是否有'排斥所有或持有'及'占为己有'之行为表征",作为判断标准,是否能与实务较为一致地重视的"返还行为"的综合判断整合,也有疑问。

亦即,有关于返还行为的判断,基本上是将犯罪既遂后的行为情状纳入考虑所进行的一种综合判断,在这种判断中,"弃置行为""未返还而被警察发现""返还时的场所"等要素,几乎都是犯罪"既遂后"的事实要素。然而,当实务将"排斥所有或持有"及"占为己有"这两个"行为表征"作为判断行为人有无不法所有意图的指标时,考虑到行为人透过窃取行为将他人的行为支配排除(排斥所有或持有)而把他人之物纳入自己的支配(占为己有)之下的过程事实上即是窃取行为的描述,则这样的判断标准,是否能与实务实际上所进行的综合判断本身整合,也并非没有疑问。

其次需要注意的,是有关使用汽油之窃盗与一时使用他人存折等财物盗领存款的情形的问题。这部分的问题具体而言有如下的内容:

第一,是有关于肯定行为人可以因窃取汽油成立犯罪的裁判动向的问题。这样的裁判动向,似乎忽略了:车体内的汽油事实上是常助汽车或机车的行走功能所必要之物,必须要在车体内消费汽油才能给予人代步的方便性。从而,当行为人为了代步(取得移动上的便利)而取用他人车辆时,车体与汽油在规范上应是无法分离而应该一体观察的单一财物。

因此,一旦依照前述检察实务以及受到检察实务影响的司法裁判实务的见解,将这种意义下的"汽车"或者"机车"的一时使用情形,认为就"财物"本体不成立犯罪,仅以使用汽油为由成立犯罪,则实质上是处罚了刑法所不处罚的"利益窃盗",如同前述学说所指出的,这种处罚在罪刑法定原则上也不无疑问[2]。

第二,在行为人一时使用他人存折盗领他人存款后返还存折的情形中,均认为行为人无不法所有意图而不成立窃盗罪的裁判(如前述⑫的判决),固然在将"利益"取得排除于窃盗罪成立范围外之点,与条文文义较能符合,但过度僵化的判断,事实上在财产权的行使与财物占有未必随时一致的现代难免导致对财产法益保护不周的问题。

并且,考虑到前述"掳车勒赎"(如前述⑩的判决)的情形中,实务也认为行为人仍然具有不法所有意图,则有关利用存折盗领他人存款的情形实务所采的(接近所谓"实体理论"的)

---

[1] 同时,一旦强调这种以所有人自居的标准,并且将弃置行为认为是处分行为,则当这种标准一贯时,即使是将窃得之物毁损的行为也将是"以所有人自居"的行为。在此意义下,窃盗罪不法所有意图中的积极部分,亦即使用处分意思区分窃盗罪与毁损罪的功能将无法发挥,两罪的界限也将变得模糊。

[2] 参照:林山田:《刑法各罪论(上册)》(第五版),作者自刊 2006 年版,第 331 页;[日]西田典之:《自动车的一时使用和不法领得的意思》,收于[日]平野龙一等编:《刑法判例百选Ⅱ各论》(第二版),有斐阁 1984 年版,第 69 页。

立场,似乎并未在实务上贯彻。

第三,在行为人一时使用他人存折盗领他人存款后返还存折的情形中,认为行为人减损(乃至于取得)了存折所表彰的经济价值而有不法所有意图,应成立窃盗罪的最近裁判动向(如前述⑮⑯的判决),似乎是专以存折等财物的"经济价值"这种利益的取得作为区分无不法所有意图的使用窃盗与窃盗罪的要素。倘若如此,如同前述学说已指出的,过度重视利益取得的要素将会模糊窃盗罪作为个别财产的犯罪之性质的问题即有可能发生。并且更根本的问题是,在不处罚"利益窃盗"的现行刑法规定下,这样的刑事处罚在罪刑法定原则的观点下也有疑虑。

五、可能的解释方向

(一) 目前为止的考察所呈现的主要解释论问题

透过本文前述二与三的考察,应可相当程度厘清目前学说与实务的现况,同时也可发现,有关于一时使用他人之物的情形中,行为人是否有不法所有意图(特别是排除意思)的判断,学说与实务的问题主要仍是集中在以下两方面。

第一是解释上具体的方针为何,以及这样的解释方针能否符合窃盗罪的成立构造的问题。亦即,在本文前述二的部分可见到学说中对于不法所有意图的客体,大多认为可以在一定限度内从物之本体扩及其所表彰的经济价值,在本文前述三的部分可见到实务对于存折等财物的盗用也肯定经济价值的消耗乃至取得可作为认定不法所有意图中的排除意思的根据。在此意义下,物的本体与经济价值即"利益"的界限将相对化,如何决定解释的方针,即有必要检讨。但是学说与实务的现状下,似乎还没有较为明确的解释方针。

第二则是财产法益保护的周全性与窃盗罪条文文义的整合之均衡的问题。

如前述,学说的多数与实务都在一定限度内将不法所有意图的客体从物之本体扩及物所表彰的经济价值,在此意义下,较为周全地保障所有权应是现代刑法学的任务之一。问题在于,既然现行刑法规定不处罚"利益窃盗",则这样的保护法益的需求应如何与法条文义整合,势必也需要进一步探讨。

在此可以注意的是,从前述的考察也可得知,不论是学说或实务,事实上在判断有无不法所有意图时,大多都是以取得他人财物后,亦即既遂后的使用情状(例如学说中的通说、修正的实体理论、利益取得说,以及肯定使用存折盗领存款成立窃盗罪的实务见解)作为主要的考虑要素,这样的事实似乎提示,就有关不法所有意图的排除意思之解释方针,可以从窃盗罪的构造,特别是既遂前后的差异来进行思考。因此,为了探求不可罚的使用窃盗与可罚的窃盗行为的区别上可能的具体解释方针,笔者将尝试先就窃盗罪的成立构造进行确认,探讨不法所有意图中的排除意思之内涵,最后再较为具体地展开解释上的结论。

(二) 窃盗罪成立构造的再确认

"窃取行为"是窃盗罪的客观面的特色所在[1],因此窃盗罪的构成上,在客观面即是以窃取行为作为核心。这应是对于窃盗罪成立的一般理解。亦即,一般认为,窃盗罪是透过窃取行为①侵害他人对其动产的支配,并且②建立行为人自己对于他人动产的支配,以此对他人的持有状态乃至所有权造成侵害而成立的犯罪类型。[2]

问题在于,上述窃取行为的①②两部分,究竟侵害了窃盗罪所保护的法益,亦即所有权的哪个部分?关于这个问题,可以从两方面作为思考的出发点。

首先,窃盗罪所保护的法益终局而言既然是所有权[3],则自然有必要掌握受刑法保护的所有权权能内容。关于此,我国台湾地区"民法"第765条规定:"所有人,于法令限制之范围内,得自由使用、收益、处分其所有物,并排除他人之干涉。"刑法学说上一般也将(A)使用、(B)收益、(C)处分、(D)排除干涉并列为刑法上受保护的所有权内容。[4]

另一方面,依照学理上的一般理解,在窃盗罪的情形中,尽管行为人的窃取行为并不导致民法上动产所有权的移转,但所有权人基于其所有权处分其所有物之自由,以及持有人就持有物进行使用的事实上地位却因此受到侵害。[5]

以上述的两方面理解为基础,应可认为,若依学说对窃取行为的一般理解,则事实上只要有①的剥夺持有行为,就足以排除动产所有人或持有人的持有状态,而妨害其(A)使用、(B)收益与(C)处分。在此意义下,不论窃取行为人将他人之物置于自己支配下的时间长短,或者就该物有如何的使用行为,理论上都不因此加重已透过①剥夺持有行为法益侵害。

---

[1] 参照:[日]小野清一郎:《新订刑法讲义各论》(第十版),有斐阁1953年版,第225页。

[2] 参照:黄惠婷:《"使用窃盗"或窃盗既遂》,《台湾本土法学杂志》2006年第85期,第152页;蔡墩铭:《刑法精义》,作者自刊2005年版,第593、594页;林山田:《刑法各罪论(上册)》(第五版),作者自刊2006年版,第303、311页;曾淑瑜:《刑法分则实例研习——个人法益之保护》,三民书局2013年版,第201页;陈子平:《刑法各论(上)》,作者自刊2013年版,第354页;甘添贵:《刑法各论(上)》(第四版),三民书局2014年版,第207页;卢映洁:《刑法分则新论》(第十版),新学林出版社2015年版,第627、641页。关于此部分的理论说明,另亦可参照:[日]中山研一:《刑法各论》,成文堂1984年版,第213页;[日]团藤重光:《刑法纲要各论》,创文社1990年版,第574页;[日]福田平:《全订刑法各论》(第三版),有斐阁2002年,第227-229页;[日]堀内捷三:《刑法各论》,有斐阁2003年版,第114页;[日]山口厚:《刑法各论》(第二版),有斐阁2010年版,第171页;[日]曾根威彦:《刑法各论》(第五版),弘文堂2012年版,第114页;[日]西田典之:《刑法各论》(第六版),弘文堂2012年版,第138页;[日]大谷实:《刑法讲义各论》(第四版),成文堂2013年版,第205页;[日]高桥则夫:《刑法各论》(第二版),成文堂2014年版,第229页。

[3] 参照:[日]大塚仁:《非法所有意图》,收于 日本刑法学会编:《刑法讲座》,有斐阁1964年,第51页。

[4] 参照:林山田:《刑法各罪论(上册)》(第五版),作者自刊2006年版,第303-304页。

[5] 参照:林山田:《刑法各罪论(上册)》(第五版),作者自刊2006年版,第303-305页;蔡圣伟:《概说:所有权犯罪与侵害整体财产之犯罪(上)》,《月旦法学教室》2008年第69期,第57页;许泽天:《抢夺罪或强盗罪的"不法所有意图"——1964年台上字第四七五号刑事判例简评》,《月旦裁判时报》2011年第8期,第148页;许恒达:《盗用存折提款与不法所有意图——评我国台湾地区"最高法院"2011年度台上字第三二三二号刑事判决》,《月旦裁判时报》2012年第16期,第59-70页;甘添贵:《刑法各论(上)》(第四版),三民书局2014年版,第222页。另可参照[日]园田寿:《不法所有意图》,《法学论集(关西大学)》1981年第31卷第2、3、4合并号,第109页。

如此一来,学理上一般也认为窃盗罪的行为人有必要透过窃取行为②建立自己对于他人动产的支配,在理论上有何意义,就成为必须检讨的下一个问题。

有关这个问题,笔者认为应可从动产所有权内容的各部分在行使上是否以物之持有为前提条件进行检讨。具体而言,在权利的行使上,上述(A)(B)(C)三种动产所有权权能的行使原则上需要透过对所有物的事实上持有关系,但是(D)的妨害排除乃至所有物返还权利之行使,则正是在所有物的事实上持有关系受到他人妨害乃至侵夺而无法自由行使时为之。如此一来,对照前述理论上对窃取行为态样的一般理解,从规范的意义而言,应可认为行为人是透过①的剥夺持有状态之行为,将他人之物从他人持有支配的屏障中移出,导致了(A)使用、(B)收益、(C)处分的三种所有权内容事实上无法行使,同时,再透过②建立自己的持有支配关系之行为,将他人之物置入行为人自己之支配的屏障下,导致所有人在行使(D)排除妨害之权能时发生事实上的障碍。在此意义下,②建立自己的持有支配关系之行为的意义,应在于其造成动产所有人恢复原持有支配状态之可能性的侵害〔1〕。

要言之,在本文的理解下,窃盗罪的成立构造上,①他人持有支配状态的侵害,主要是侵害——以(A)使用、(B)收益、(C)处分三种所有权内容的——财物的事实上利用可能性,②行为人持有的建立则是开启对(D)原持有支配状态之恢复可能性的侵害〔2〕。

这样的窃盗罪构造之理解,除了再次确认了窃盗罪的保护法益亦即所有权与持有外〔3〕,在窃盗罪成立的构造上补充学说上的一般理解,同时应该也符合窃盗罪作为状态犯的性质〔4〕,亦即在行为人的窃取行为既遂后,实际上所有权受侵害的状态因为所有人无法

---

〔1〕 参照:[日]深町晋也:《窃盗罪》,《法学教室》2004 年第 290 号,第 69 页。当然,考虑到窃盗罪与其他以所有权为保护对象的财产犯罪,特别是毁损罪的区别所需,在排除了他人的持有并且侵害他人财物的持有恢复可能性时,是否还需要再要求行为人对他人财物进行经济上的使用,亦即主观面行为人是否需要在"排除意思"之外另外具备"利用处分意思",也是值得检讨的问题,不过由于并非本文主题,只能留待日后研究再行补充。在理论上的详细检讨此一问题的检讨与分析,可参照穴泽大辅:《关于不法所有意图中利用处分意思的考察(3)》,《明治学院大学法学研究》2014 年第 96 号,第 94 - 106 页;[日]穴泽大辅:《关于不法所有意图中利用处分意思的考察(4·完)》,《明治学院大学法学研究》2015 年第 98 号,第 254 - 276 页。

〔2〕 若以这样的架构观察实务,即不难理解为何实务的综合判断会以返还行为为中心。

〔3〕 在这样的窃盗罪构造之理解下,由于不仅持有侵害或剥夺本身,包括新的持有关系的建立也成为窃盗罪成立的一部分,因此有关窃盗罪保护法益的所谓"持有说",即无法采取(参照[日]深町晋也:《窃盗罪》,《法学教室》2004 年第 290 号,第 69、70 页)。刑法学界采取持有说的见解,例如彭国能:《刑法分则释义精解》,翰芦出版社 2013 年版,第 410 页;甘添贵:《刑法各论(上)》(第四版),三民书局 2014 年版,第 208 页等参照。

〔4〕 参照:甘添贵:《刑法各论(上)》(第四版),三民书局 2014 年版,第 207 页。另亦可参照[日]泷川幸辰:《刑法各论》,弘文堂 1933 年版,第 128 页;[日]中山研一:《刑法各论》,成文堂 1984 年版,第 215 页;[日]福田平:《全订刑法各论》(第三版),有斐阁 2002 年,第 220 页;[日]林干人:《刑法各论》(第二版),东京大学出版会 2007 年版,第 199 页;[日]曾根威彦:《刑法各论》(第五版),弘文堂 2012 年版,第 119 页;[日]高桥则夫:《刑法各论》(第二版),成文堂 2014 年版,第 223 页。

顺利恢复所有物的持有支配状态而持续[1]。

(三)"排除意思"之内涵

透过上述有关窃盗罪构造的理解,应也可进一步确认能与窃盗故意相区别的(不法所有意图中的)排除意思之内涵。

笔者认为,既然在前述的一般理解中,窃盗故意的内容即是行为人认识自己透过窃取行为破坏他人对财物的持有,并建立自己对该财物的持有关系,则主观面的不法所有意图亦即排除意思的部分要与这样的窃盗故意相区别,考虑上述所有权法益侵害在窃取行为后发生[上述(D)的部分],即需将窃取完成后,亦即将行为人已建立自己的持有关系后的使用行为纳入不法所有意图的考虑中。

其理由在于:(1)窃盗罪的成立上,既遂界限应该保持安定,客观面不应以既遂后利用行为的情状轻微(例如本文前述贰、的利益取得说)反过来影响整个窃盗罪的既遂[2];(2)行为人建立自己之持有后,继续利用该财物的行为,客观上固然侵害他人恢复原持有支配状态的可能性,但前述②的持有之建立既然为既遂时点,则在犯罪成立的客观面也无法直接考虑既遂后的利用行为[3]。

从而,于行为人建立自己的持有关系的时点上[4],在主观面,可透过将不法所有意图中的"排除意思"理解为,此时行为人所具备之Ⓐ透过建立持有支配后的利用等行为,Ⓑ侵害他人恢复原持有支配状态之可能性的意思[5],将取得持有后的使用情状纳入是否成立窃盗罪的考虑中[6]。透过这样的解释,应可使不法所有意图中的排除意思与以窃取过程为对象的窃盗故意区别,同时也可使排除意思作为所谓主观违法要素之一部,发挥影响窃盗罪不法内涵的功能。

---

[1] 最近的学说上有见解认为窃盗罪的构造是一种危险犯。亦即,倘若将所有权侵害的程度最为严重的毁损罪作为侵害所有权犯罪的原型,则在窃盗罪既遂亦即物之持有移转的时点,尚未发生如毁损罪程度的所有物利用价值与交换价值侵害,这两种价值的实际上侵害,是在持有移转后才真正发生,在此意义下,窃盗这种移转持有的犯罪,在所有权的实质侵害之关系上,是一种将处罚提前的危险犯。在这种见解中,不法所有意图中的排除意思,则是以"持有移转后进行侵害所有物利用与交换价值"为内容加以掌握(参照[日]和田俊宪:《财物罪中的所有权保护和所有权侵害》,收于[日]山口厚编著:《クローズアップ刑法各论》,成文堂2007年版,第193页)。另外,将窃盗罪认为是对于次要法益即持有的实害犯加上主要法益即所有权的危险犯组合而成的犯罪类型之见解,则另可参照[日]齐藤礼治:《不法所有意图》,收于 中山研一等编:《现代刑法讲座第4卷刑法各论的诸问题》,成文堂1982年版,第244-245页;[日]正田满三郎:《领得罪和毁弃罪(二)——"不法领得意思"的刑法的意味解明的ために》,《判例时报》1989年第1320号,第18-19页;[日]今井猛嘉、小林宪太郎、岛田聪一郎、桥爪隆共著:《刑法各论》(第二版),有斐阁2013年版,第154页。

[2] 本文前述学说中的利益取得说,在理论上即会导致这种解释上结论。

[3] 参照:[日]深町晋也:《窃盗罪》,《法学教室》2004年第290号,第75页;[日]山口厚:《刑法各论》(第二版),有斐阁2010年版,第199页;[日]西田典之:《刑法各论》,弘文堂2012年版,第160页。

[4] 在此意义上,本文的理解仍是在不法所有意图需于行为时存在的基本原则下发展。

[5] 参照:[日]深町晋也:《窃盗罪》,《法学教室》2004年第290号,第75页。

[6] 将超出既遂行为(既遂行为后)的事实要素纳入犯罪成立的主观面考虑,应是窃盗罪的不法所有意图在学理上被称为"主观超过要素"的原因。

(四) 解释的开展

1. 可能的解释标准之提案——恢复原持有状态之物理上、心理上容易性

在对于排除意思之内涵作上述的理解后，本文的主题之一，亦即区别不可罚的使用窃盗与可罚的窃盗行为的解释方针，相当程度应该也变得清楚。

亦即，既然不法所有意图中的"排除意思"，是以侵害他人恢复原持有支配状态之可能性为内涵，那么，不可罚的使用窃盗与可罚的窃盗行为的区别标准，应在于所有权人恢复原持有支配状态的容易性。具体而言，当行为人就他人动产建立自己的持有关系并使用后，在可认为对于他人恢复原持有支配状态未发生困难之前，就将他人财物返还，即可认为是不可罚的使用窃盗；但所有人或持有人若已进入难以轻易自力恢复原持有支配状态的情形，则应认为是可罚的窃盗行为。

这样的解释方针，对于实务上事件的处理，应该也有相当程度明确化判断标准的意义。事实上，最近实务中，就有关他人动力交通工具的一时使用情形所作的判断，即已经隐含着这样的思考在内。

举例而言：(1) 在前述②我国台湾地区高等法院 2007 年度上易字第 162 号判决中，法院在判断是否成立窃盗罪时考虑被告骑走被害人机车并未留下任何联络方式，致被害人追索无门的事实要素；(2) 在前述⑧我国台湾地区高等法院台南分院 2005 年度上易字第 338 号判决中，法院考虑了若非被告因酒驾被警察查获，不会于保释后透过被告父亲表示欲将机车返回被害人的事实要素；(3) 在前述⑪我国台湾地区高等法院台南分院 2010 年度上诉字第 50 号判决中，法院在判断是否成立窃盗罪时考虑了即使被告有将机车停回原窃取地点的大学校区附近，但被害人在大量停放机车的大学校区从不同地点自行寻回失窃机车之几率微乎其微的事实要素。

在这些裁判中，值得注意的是，②的判决中，行为人并未有实际的归还行为，而是因醉倒路边被警察查获；⑧的判决中，行为人也是被警察查获后才表示返还意思，实际上并未返还；与此相对，⑪的判决中行为人则是把被害人的机车停回原窃取地点的附近区域。由这样的特征可知，行为人是否有将一时使用的他人物品"返还"予被害人的判断上，并不是形式地以有无"还"的动作来判断，重要的还是所有人能否容易地恢复原持有支配状态。因此，即使外观上看似有将所使用的他人财物放于原窃取地点附近，只要对所有人而言仍难以容易地恢复对该财物的支配管理权限，仍应认为是窃盗行为而非使用窃盗。

另一方面，上述恢复原持有支配状态之容易性，主要的考量要素是物理上的"空间"与所有人恢复其持有支配状态的容易性之间的关系，然而问题是，是否只要使被害人在空间上容易恢复持有支配关系即可认为行为人的行为是不可罚的使用窃盗行为？这个问题的具体表现，即是前述所谓"掳物勒赎"的情况。

有关于此一问题，尽管在前述内容中可见学说上有认为当行为人自始计划收到赎款后将财物返还被害人时，由于只是将他人财物作为另以恐吓等方式不法取得他人财物的手段，应认为无不法所有意图而不成立窃盗罪,而仅成立恐吓取财罪[1]。与此相对,实务上则采肯定窃盗罪成立的立场。(例如前述⑩的我国台湾地区高等法院台南分院2002年度上诉字第938号判决。)

结论上,笔者认为,考虑到所有权人恢复原持有支配状态的容易性,应认为在这种"掳物勒赎"的情况中,仍然成立窃盗罪。不过,前述⑩的判决中法院所采取的理由并不妥当。

亦即,在前述⑩的判决中,法院考虑的重点,是因为被告对车辆的持有是以便利恐吓犯行的意思为之,所以认为被告具有不法所有意图。不过,倘若认为窃盗罪与恐吓取财罪是不同的财产犯罪类型,则是否将他人财物作为恐吓取财罪之工具,与是否有窃盗罪成立上必要的排除意思,理论上似乎没有直接的关联[2]。从所有权法益受侵害的角度观之,重要的毋宁是在汽车所有人面临"掳车勒赎"时,即使在物理上可以透过交付赎金而容易地至受告知地点取回车辆,但在心理上,车辆的恢复请求仍是在"车在对方手掌心"的心理压力下为之,因此无法认为在心理上具有恢复的容易性。从而即使行为人于收受赎款后将财物交还被害人或告知财物藏放地,仍应认为具有排除意思,其对于物的一时持有应成立窃盗罪。

要言之,在上述的理解下,笔者认为,从窃盗罪的构造理解出发,关于不可罚的"使用窃盗"与窃盗罪的区分,其解释上的判断标准,应在于所有人(或持有人)恢复原持有支配状态的物理上及心理上的容易性。

2. 条文文义的整合与法益保护的周全之考虑

如前述,既然与窃盗罪条文文义的整合性以及保护法益的周全性在学说与实务上同为需要关注的问题,则本文尝试提出的上述判断标准下,应如何在这两个需求中取得均衡,也必须加以检讨。

如学说所指出的,由于对于所有权的客体亦即财物的财产价值,如果较详细地分析,还可以分成"使用价值"与"交换价值"[3]两方面。其中,因为"使用价值"基本上就是财物本体的使用与消耗,所以当行为人一时使用他人之物而无法将使用价值恢复时(例如学说上所举的一时使用他人的卫生纸擦拭脏污的情形[4]),依照本文的见解,既然已不可能恢复持有的原状态给所有人,则构成窃盗罪,较无问题。

问题在于,当行为人不消耗财物的使用价值,而仅消耗财物的"交换价值"时,依照本文的主张,是否能够成立窃盗罪? 如果可能,其成立的范围又是如何?

---

[1] 参照 本文前述之内容。

[2] 参照:[日]园田寿:《不法所有意图》,《法学论集(关西大学)》1981年31卷,第123页。

[3] 参照:蔡圣伟:《概说:所有权犯罪与侵害整体财产之犯罪(下)》,《月旦法学教室》2008年第70期,第58页;许恒达:《盗用存折提款与不法所有意图——评我国台湾地区"最高法院"2011年度台上字第三二三二号刑事判决》,《月旦裁判时报》2011年第8期,第67页;[日]和田俊宪:《财物罪中的所有权保护和所有权侵害》,收于[日]山口厚编著:《クローズアップ刑法各论》,成文堂2007年版,第192-193页。

[4] 参照:许恒达:《盗用存折提款与不法所有意图——评我国台湾地区"最高法院"2011年度台上字第三二三二号刑事判决》,《月旦裁判时报》2011年第8期,第68页。同样的,只能当日一次性使用的交通票券、演唱会门票,也可以用一样的方式处理。

这些问题的具体表现,即是前述使用他人存折(与印鉴章)或金融卡盗领存款,或者使用信用卡盗刷购物或预借现金的情形。

首先,以利用存折盗领存款的情形为例,如前所述,我国实务向来的见解,以及学说中的"修正的实体理论",认为在这个情况中,行为人并不构成窃盗罪。实务主要的根据是行为人有将存折本体返还原处("实体理论"),而后者的"修正的实体理论"则是认为行为人仅消耗①提领既有储金的功能,但并未消耗,②确认既有储金额度,③再储存其他金额的功能,因此行为人主观上只有侵害被盗领者的债权意思,不能认为是窃盗罪。与此相对,我国的通说与可见于最近实务的新动向,则认为在使用存折盗领存款后将存折返还原所有人的情形,因为消耗了存折所表彰的经济价值,行为人仍成立窃盗罪[1]。

然而,如前述,向来的实务见解过于固守僵化的形式判断(本文参、三、),对于所有权法益的保护较为不足。我国台湾地区受主张的修正实体理论在较为周全的保护财产法益的前提下,较为严格地将不法所有意图的对象限于财物与可与财物同视的利益,在与条文文义的关系上可说有较为整合的出发点,但其可能忽略了在行为人与被害人即所有人的关系上,存折所具有的各种价值中真正重要的还是在存款额度内提领存款的价值[本文二、二、(二)],因此同样可能有对法益保护不够充分的问题。

但是另一方面,通说[本文二、二、(一)]、或者最近的实务动向[本文三、二、(二)、(1)]的见解在理论上也有再思考的余地。理由在于,行为人冒以他人地位利用存折(与印鉴章)盗领存款的实质,仍是冒用他人地位行使他人的债权,则仅以此为由认为行为人具有不法所有意图而成立窃盗罪,仍然无法与不处罚"利益窃盗"行为的刑法基本立场整合。

从本文的立场出发,则在行为人使用他人存折盗领存款后又将存折放回原处的情形,仍应认为成立窃盗罪。理由在于,在恢复原持有支配状态的容易性的标准下,所谓"原持有支配状态"的规范上概念,不是单纯地以物体本身的返还即可。为了较为周全地保护所有人的财产法益,在判断上应要求行为人恢复窃取时该物具备的价值[2]。在此意义下,行为人使用他人存折盗领存款后,即使返还存折,其所返还的也已经不是原本所有人对其存折的持有支配状态,而是有缺陷的支配状态,从而仍应成立窃盗罪。

这样的思考方式,对于使用他人金融卡盗领他人存款的情况应该也有适用。尽管学说上多认为金融卡不像存折,并未表彰财产价值,只是提供交易时供机器判读的资料[3],即使在价值理论的观点下也不具备能作为不法所有意图对象的价值[4]。然而,即使提款卡外观上不显示存款金额,但考虑到只要知道密码,在现在提款机非常普遍的情况下,行为人可以轻易地知道卡片内的存款金额[5],在此意义下,在现代社会中,提款卡实质上应该也可认为

---

[1] 参照:黄荣坚:《财产犯罪与不法所有意图》,《台湾本土法学杂志》2001年第5期,第112-117页;蔡圣伟:《窃盗罪之主观构成要件(上)》,《月旦法学教室》2009年第78期,第70页。

[2] 参照:[日]深町晋也:《窃盗罪》,《法学教室》2004年第290号,第75页。

[3] 参照:黄荣坚:《财产犯罪与不法所有意图》,《台湾本土法学杂志》2001年第5期,第116页。

[4] 参照:蔡圣伟:《窃盗罪之主观构成要件(上)》,《月旦法学教室》2009年第78期,第72页。

[5] 相较于没有定期补登存折的情形,金融卡可以更正确地显示可提领的存款额度。

有表彰存款的功能。同时,考虑透过金融卡提领现金的过程,在操作上比起存折更为方便而直接(不需要印鉴章、不用透过行员),应该也可认为在财产管理上,其与存折有功能上的近似性,从而理论上应有将使用他人提款卡盗领存款的情形与使用存折的情形做相同处理的余地。

但是,至于是否应更进一步,如同实务上最近的动向(前述⑯的判决),对于盗用他人信用卡刷卡购物或者预借现金后返还信用卡的情况,也认为行为人成立窃盗罪,笔者则认为在此应采否定的立场。亦即,相较于存折与提款卡的操作将直接导致存款账户内的存款金额变动,使用信用卡购物或预借现金尽管会减少该张信用卡表彰的信用额度,但究其实质,应是增加持卡人的债务。在此意义下,对于信用卡的使用所得的利益,应无法如存折与提款卡一般,视为是对本体的使用直接可得的利益。从而,考虑窃盗罪条文文义的限制,应认为不成立窃盗罪。[1]

六、结　语

在此将本文的考察所得与所提出的解释论尝试归纳如下,作为本文之结束。

本文以有关一时使用他人之物的情形为对象,详细考察了相关的我国台湾地区学说与实务的现况。基于考察所得,应可认为学说与实务两者的课题集中在:① 窃盗罪成立的构造下,如何寻求不法所有意图中排除意思的具体内涵;② 在这样的理解下,能够作为不可罚的使用窃盗与可罚的窃盗行为之区别的具体解释方针为何;③ 这样的标准是否能在满足窃盗罪条文文义的规定下,尽量与所有权法益保护的周全性取得均衡等问题上。

就上述问题,本文认为:

第一,事实上窃盗罪的行为人在透过窃取行为建立自己对他人所有物的持有支配关系时,不是侵害已经被侵害的使用、处分、收益的事实地位,而是进一步侵害所有人恢复原持有支配状态的所有权权能。

---

[1] 比较法上,另外可附带一提的是,例如在所谓企业间谍这种情形,当行为人仅是将载有专属某企业使用的机密资料所载的资料纸本或其他储存设备携出,将资料影印或复制后再将原本放回原处的情形,日本刑法实务上一般认为成立窃盗罪。在一般的教科书与论著中经常被引用的著名裁判先例,例如:(1) 东京地判昭和五十五年(1980 年)2 月 14 日《刑事裁判月报》第 12 卷第 1、2 号第 47 页(为了将所任职公司之机密资料(购读公司刊物的会员名簿)影印交付转职后的新公司,而将该等资料携出公司影印后再返还原处的事例);(2) 东京地判昭和五十九年(1984 年)6 月 15 日《刑事裁判月报》第 16 卷第 5、6 号第 459 页(制药公司职员将公司的机密资料携出影印后再返还原处的事例)。最近的日本实务中,也可以看到法院更进一步,在(3)行为人将限区公所内阅览的区民登记簿以正规程序申请借阅后即未经许可将该登记簿携出影印后返还的情形,也认为成立窃盗罪的事例(参照:札幌地判平成五年 6 月 28 日判例タイムズ第 838 号第 268 页)。有关此部分裁判的介绍,可参照 [日]大塚仁等编:《大コンメンタール刑法第 12 卷》,青林书院 2003 年版,第 239－242 页;[日]佐伯仁志:《不法所有意图》,《法学教室》2011 年第 366 号,第 76 页。较为详细的中文文献,则可参照 洪玮嬬:《财产犯罪中之所有意图——以窃盗罪为中心》,政治大学法律研究所硕士论文,2010 年,第 83－87 页。

第二，行为时，主观面的不法所有意图中的排除意思，即是以既遂后对原所有人恢复原持有支配状态的所有权权能的妨害为内容。

第三，在此意义下，一时使用他人之物的情形中，不可罚的使用窃盗与可罚的窃盗罪之界限，应以所有人恢复原持有支配状态的物理上、心理上容易性，作为判断标准。

第四，有关具体的处罚范围，本文认为在所谓"掳物勒赎"的情况下，因为对所有人而言欠缺恢复原持有支配状态的心理上容易性，因此应认为成立窃盗罪。而在一时使用他人存折、提款卡盗领存款、或用他人信用卡消费或预借现金的情况中，存折与提款卡的部分，由于行为人无法返还窃取存折时的原持有支配状态予所有人，应成立窃盗罪，但在信用卡的部分，由于行为人的行为的实质仅为使真正持卡人增加债务，因此在现行刑法不处罚"利益窃盗"以及窃盗罪条文的"动产"的文义限制下，应不成立窃盗罪。

财产罪中非法占有目的要素之批判分析

陈 璇*

摘 要：非法占有的目的并非取得型财产犯罪的独立的构成要件要素。因为：首先，利用意思不是区分取得罪与毁弃罪的合理标准。即便行为人是出于毁损的意图而取得财物的占有，也应以取得犯罪论处。其次，用于划定取得犯罪与不可罚的使用行为之间界限的，不是排除意思，而是推定的被害人承诺的原理；也没有必要试图用排除意思来区分取得罪与挪用罪，因为两者并非相互排斥，而是处在法条竞合的关系之中。

关键词：非法占有 目的 财产犯罪 盗窃罪 主观的超过要素

一、学说梳理与问题聚焦

中国的刑法理论向来认为，盗窃罪、抢夺罪、抢劫罪、诈骗罪等取得型的财产犯罪，均以行为人主观上具有"非法占有的目的"为成立要件。至于"非法占有的目的"具体所指为何，它与犯罪故意究竟处于怎样的关系之中，却存在不同见解。学者们的观点看似繁多，但概括起来，大体可以划分为以下两个流派：

（1）犯罪故意内容说。上世纪 80 年代末出版的统编教科书《中国刑法学》明确指出："这类犯罪（指侵犯财产罪——引者注）故意的内容，主要表现为以非法占有为目的而侵犯公私财物的所有权或者以非法毁灭、损坏为目的而侵犯公私财物的所有权。所谓非法占有的目的，是指明知是公共的或他人的财物，而意图把它非法转归自己或第三者占有。"[1] 这一学说的特点主要有二：第一，由于该说认为，非法占有的目的就是行为人希望在无合法根据的情况下取得对他人财物之占有的意图，故它完全是从"占有"的本意来理解"非法占有目的"中的"占有"。第二，由于盗窃等取得罪的客观构成要件表现为行为人将本由他人占有的财物变为自己或者第三人占有，而根据客观构成要件的故意规制机能，犯罪故意的认识要素应当与犯罪客观构成要件的内容相一致，故相关犯罪的故意就表现为行为人明知自己的行为会将他人占有的财物转归自己或第三人占有，并且希望或者放任这种结果的发生。于是，非法占有的目的就没有任何超出盗窃等取得罪之犯罪故意的内容，它完全可以被包含在后者之中，如此一来，非法占有的目的实际上也就丧失了独立存在的意义。在随后刑法理论的发展过程中，这一观点一度趋于衰落。但随着有学者对下述主观的超过要素说展开批判和

---

* 中国人民大学法学院副教授。
[1] 高铭暄主编：《中国刑法学》，中国人民大学出版社 1989 年版，第 502‑503 页。

反思,犯罪故意内容说在晚近15年间又逐渐得以复兴。[1]

（2）主观的超过要素说。自上世纪90年代后期以来,不少学者在借鉴德国、日本刑法理论的基础上,提出应当将"非法占有的目的"解释为独立于盗窃等罪之犯罪故意以外的主观的超过要素。如果采取这一思路,那就不能从"占有"的本意上去理解"非法占有目的"中的"占有",而需要赋予它新的内涵。对于"非法占有目的"的含义,学界的代表性观点有三类：①"不法所有目的说"。例如,由高铭暄、马克昌教授主编的教科书提出："以非法占有为目的,即以将公私财物非法转为自己或者第三者不法所有为目的。"[2] ②"排除意思＋利用意思"说。张明楷教授主张,非法占有的目的是指排除权利人,将他人的财物作为自己的财物进行支配,并遵从财物的用途进行利用、处分的意思。[3] ③"排除意思"说。黎宏教授认为,非法占有的目的只包括排除意思,而不包括利用意思,其含义是"永远占有他人财物的意思"。[4] 事实上,如果从主观的超过要素的立场出发来界定非法占有目的的含义,那么严格来说,"非法占有的目的"这一用语本身就有引起误解之嫌,故日本刑法理论中"不法领得的意思"或者我国台湾地区"刑法"中"不法所有的意图",或许是更为适当和精准的表述。[5]

由于这两大流派争论的焦点在于,非法占有的目的在取得型财产罪的构成要件中,是否具有独立于犯罪故意以外的一席之地。若否,则非法占有的目的就可被犯罪故意所吸收,故没有存在的意义;若是,则非法占有的目的就享有与犯罪故意平起平坐的地位。因此,这两派的对峙也常被归纳为非法占有目的不要说与必要说之争。在对实质性的争议问题展开探讨之前,首先需要弄清三个问题：

1. 某些特别法条中载有"以非法占有为目的"的字样,这能否说明普通法条的犯罪亦要求以非法占有为目的？

我国《刑法》虽然在266条关于诈骗罪的规定中并未载明非法占有目的的要素,但第192条的集资诈骗罪、第193条的贷款诈骗罪、第196条的信用卡诈骗罪（仅针对恶意透支的类型）以及第224条的合同诈骗罪却明文规定了"以非法占有为目的"的内容。有的学者提出：

---

[1] 代表性的文献有：刘明祥：《财产罪比较研究》,中国政法大学出版社2001年,第79页以下；张红昌：《财产罪中规定非法占有目的的质疑》,《中南大学学报（社会科学版）》2009年第6期；尹晓静：《财产犯罪中的非法占有目的之否定》,《政治与法律》2011年第11期。在本文的注释中,凡涉及多个文献的,均按发表的时间先后排序,特此说明。

[2] 高铭暄、马克昌主编：《刑法学》,北京大学出版社、高等教育出版社2010年版,第496页。类似的观点,参见 孙国祥：《非法占有目的刍议》,《南京大学法律评论》2001年春季号,第69页。

[3] 参见 张明楷：《刑法学》,法律出版社2011年版,第847—848页。支持这一学说的文献,参见 周光权：《刑法各论》,中国人民大学出版社2011年版,第80—81页；陈洪兵：《财产犯的排除意思与利用意思》,《辽宁大学学报（哲学社会科学版）》2013年第3期。

[4] 参见 黎宏：《刑法学》,法律出版社2012年版,第718页。支持这一学说的文献,参见 蒋铃：《论刑法中"非法占有目的"理论的内容和机能》,《法律科学》2013年第4期；马克昌主编：《百罪通论》（下卷）,北京大学出版社2014年版,第762页。

[5] 我国已有学者注意到了这一点。参见 车浩：《占有概念的二重性：事实与规范》,《中外法学》2014年第5期,第1182页。

"规定金融诈骗罪、合同诈骗罪的法条与规定普通诈骗罪的法条是特别法与普通法的关系,换言之,金融诈骗罪、合同诈骗罪原本成立普通诈骗罪。但是,《刑法》明文将'非法占有为目的'规定为部分金融诈骗罪与合同诈骗罪的主观要件。这从一个角度说明了普通诈骗罪也需要'以非法占有为目的';盗窃罪、抢夺罪、抢劫罪与诈骗罪都是将他人占有的财产转移为自己占有的行为,所以,都要求具有非法占有目的。"[1]但笔者认为这一说法还值得推敲。因为,在法条竞合关系中,特别法条本来就是通过在普通法条的基础上添加若干新的要素的方式而形成的。换言之,特别法条的内容本来就多于普通法条。普通法条所具有的要素必然为特别法条所包含,但不能反过来说,特别法条的要素也必然为普通法条所拥有。所以,金融诈骗罪和合同诈骗罪中的"以非法占有为目的",完全可能是其特有的要素。仅因为特殊诈骗罪中具有"以非法占有为目的"的要素,就推而广之地认为普通诈骗罪,乃至所有取得型财产罪都要求具有非法占有的目的,这是缺乏说服力的。

2.《刑法》对非法占有的目的有明确规定,这是否是承认非法占有目的属于主观超过要素的先决条件?

鉴于我国《刑法》并未如德国《刑法》那样明确将非法占有的目的规定为取得型财产罪的主观要件,有的学者提出:"在刑法未把非法占有目的规定为取得罪的成立要件的国家,采用必要说是违反罪刑法定主义的。"[2]不过,非法占有的目的是否获得了《刑法》的明文规定,这似乎并非支持或者反对将非法占有的目的视为独立构成要件要素的理由。首先,罪刑法定主义原则的宗旨在于防止国家刑罚权的无限扩张,故它所反对的只是在法律规定之外扩大处罚范围。因此,为了合理限制刑罚的发动,或者为了使各罪之间的界限更为明晰,在法律明文规定的构成要件以外添加某些限缩性的要素,这并不违反罪刑法定原则。例如,尽管《刑法》第170条并未对伪造货币罪的目的作出规定,但我国许多学者主张,为了避免将那些仅仅为了练习、收藏而伪造货币的行为也作为犯罪来惩处,本罪的成立应以行为人具有使伪造的货币进入流通领域为目的。[3]又如,虽然《刑法》第262条没有关于拐骗儿童罪特殊目的的表述,但通说认为,为了将本罪与绑架罪、拐卖儿童罪等犯罪区分开来,应将本罪限定在行为人出于收养、役使的目的而拐骗儿童的行为之上。[4]这种通过添加主观超过要素的方式来限定构成要件涵盖范围的解释,从法益保护的有效性、犯罪界限与竞合的合理性方面来看或许还有可探讨的余地,但却不能背上"违反罪刑法定原则"的骂名。其次,即使刑法条文载明了"非法占有的目的",也未必意味着它属于独立的构成要件要素。由人所拟定的刑法条文不可能完全达至"添一字嫌繁、删一字嫌简"的境界,同时语言中也不可避免地存在为了

---

[1] 张明楷:《论财产罪的非法占有目的》,《法商研究》2005年第5期,第71页。

[2] 刘明祥:《刑法中的非法占有目的》,《法学研究》2000年第2期,第53页。

[3] 参见 陈兴良:《目的犯的法理探究》,《法学研究》2004年第3期;付立庆:《非法定目的犯的甄别与定位——以货币罪为中心》,《法学评论》2007年第1期,第141页;马克昌主编:《刑法》,高等教育出版社2010年版,第377页。

[4] 参见 周光权:《刑法各论》,中国人民大学出版社2011年版,第74页;黎宏:《刑法学》,法律出版社2012年版,第757页。

加以强调而同义反复的表达习惯,故罪状描述中对同一构成要件要素的赘余或者重复表述并不鲜见。[1]因此,纵使刑法明确规定了"非法占有目的",也完全可以将其理解为对盗窃、诈骗等犯罪之故意内容的重述,即只是意在强调盗窃、诈骗等犯罪的成立,以行为人明知自己并无合法的根据仍意图取得对他人财物的占有为必要,或者仅仅意在凸显通过积极取得占有的方式来侵犯他人所有权的行为,与不侵犯占有、只侵犯所有权的行为相比,其故意具有更多的内容。[2]

3. 德国刑法理论关于非法占有目的的学说与日本刑法理论是否一致?

我国关于非法占有目的的争论始终与比较研究紧密相连。迄今为止,不论是支持非法占有目的必要说还是不要说的学者,主要借鉴的都是日本刑法学的研究成果。因此,这里有必要对德国刑法理论的相关情况作一简要勾勒。与日本不同,由于德国刑法典明文将非法所有的目的(Zueignungsabsicht)规定为盗窃等取得财产罪的构成要件,故几乎没有学者明确主张非法占有目的不要说。但人们对于非法占有目的的具体内容却存在不同理解。

(1)通说认为:非法所有的目的是盗窃等罪犯罪故意以外的主观超过要素,非法所有目的中的"所有"也是独立于"占有"(Wegnahme)的另一行为。因此,盗窃罪实际上是一种断绝的结果犯。[3]具体来说,非法所有的目的包括两个要素[4]:其一为排除所有(Enteignung)的意思,即行为人意图长时间地使所有权人无法实现对其财物的支配与利用。单纯短暂和轻微使用他人财物的行为,因不具有排除所有的意思,故原则上不成立犯罪,该行为只有在符合了《德国刑法》特别规定的擅自使用机动车罪(第248b条)或者擅自使用质物罪(第290条)的情况下才例外地可罚。其二为取得所有(Aneignung)的意思,即行为人意图将他人财物并入自己或第三人的财产之中的意思。单纯毁弃他人财物的行为,因不具有取得所有的意思,故不成立取得财产罪。需要注意的是,从民法上来看,无论行为人如何占有和使用财物,他都不可能改变被害人对于该财物的所有权人地位,也不可能使自己或第三人真正获得所有权。因此,上述排除所有的意思与取得所有的意思中的"所有"其实只是一种对事实的

---

[1] 参见 张明楷:《论表面的构成要件要素》,《中国法学》2009年第2期,第94页。

[2] Vgl. Börner, Zum Stand der Zueignungsdogmatik in den §242, 246 StGB, Jura 2005, S. 393.

[3] 在持通说的学者中,相当多的人都将盗窃罪理解为断绝的结果犯。Vgl. Schönke/Schröder/Eser/Bosch, StGB, 28. Aufl., 2010, §242 Rn. 46; Schmitz, in: MK-StGB, 2003, §242 Rn. 102. 所谓断绝的结果犯,是指无需附加其他行为,构成要件行为本身就可能产生目的所追求之结果的行为。Vgl. Roxin, Strafrecht AT, Bd. I, 4. Aufl., 2006, §10 Rn. 84. 但按照通说的理解,非法所有并不能通过取得占有行为本身来获得,而只能在取得占有的基础上更进一步实施利用、处分的行为(实际上就是侵占行为)后,才能真正得以实现。因此,我国有学者认为应当将盗窃罪理解为短缩的二行为犯。参见 车浩:《占有概念的二重性:事实与规范》,《中外法学》2014年第5期,第1182页。按照我国有的学者的观点,如果将盗窃罪看成是断绝的结果犯,则非法占有的目的只属于故意的内容,但若将盗窃罪视为短缩的二行为犯,则应把非法占有的目的理解为主观的超过要素。参见 欧阳本祺:《论真正非法定目的犯的解释适用》,《法学论坛》2008年第1期,第59页。

[4] Vgl. Maurach/Schroeder/Maiwald, Strafrecht BT, Teilbd. 1, 10. Aufl., 2009, §33 Rn. 39ff; Schönke/Schröder/Eser/Bosch, StGB, 28. Aufl., 2010, §242 Rn. 52.

描述,它们意在表明,行为人具有以所有权人的身份自居来支配、使用财物的意图。[1]

(2)少数学者则主张:非法所有的目的并非主观的超过要素,一旦行为人实施了取得对他人财物之占有的行为,即可认定他具有非法所有的目的。换言之,非法所有目的中的"所有"并无超出盗窃罪中破坏和取得占有这一构成要件行为的内容;破坏和取得占有的行为本身就足以表明行为人具有非法占有的目的。[2]

经过比较,我们大体可以得出以下认识:(1)虽然德国刑法学的通说并未使用"利用意思"一词,但由于非法所有目的的第二个要素,即"取得所有的意思"是用于区分盗窃与单纯毁弃的标准,故关于是否存在取得所有之意思的判断,实际上不可能不考虑行为人是否具有从该物获得利益的意思。[3] 所以,大致可以认为,德国刑法学中的"排除所有的意思"和"取得所有的意思",与日本刑法学中"排除意思"和"利用意思"是基本一致的。(2)上述少数说虽然没有明言非法所有的目的不属于盗窃罪的构成要件要素,但既然该说认为取得占有(即窃取)行为本身已足以显示行为人具有非法占有的目的,而与取得占有之行为相对应的主观要素恰恰是盗窃罪的故意,那就意味着,非法占有目的的独立存在的意义已基本被掏空,它完全可以为故意所覆盖。[4] 这样一来,该说与非法占有目的不要说似乎就没有本质的差别。

在明确了上述三点之后,非法占有目的是否属于独立构成要件要素的关键就在于:是否存在某些涉及罪与非罪、此罪与彼罪的问题,是否必须借助作为主观超过要素的非法占有的目的方能获得解决的。在非法占有目的必要说的阵营中,"排除意思+利用意思"说的内容最为丰富。它提出,非法占有目的存在的意义有二[5]:(1)用于将盗窃、诈骗等犯罪与故意毁坏财物罪区分开来。因为,故意毁坏财物罪可以表现为行为人以毁坏的意思先占有他人的财物,而后将之毁损。对于这类行为,如果不借助利用意思的要素,则只能将其认定为盗窃罪、诈骗罪,但这不仅过于缩小了故意毁坏财物罪的成立范围,而且也无法说明盗窃罪的刑罚重于故意毁坏财物罪的实质根据。(2)用于将盗窃、诈骗等犯罪与不值得科处刑罚的盗用、骗用行为区别开来。因为,在日常生活中时常会出现行为人取走他人财物,短暂使用后又予以归还的行为。这类行为虽然也取得了对财物的占有,但对他人占有、所有造成的侵害十分轻微,故不应受到处罚。若不要求行为人在占有他人财物时必须具有排除意思,则此类行为也将纳入盗窃罪、诈骗罪的处罚范围,这是不合理的。

以下,笔者将分别从这两方面出发展开分析。

---

[1] Vgl. Hoyer, in: SK-StGB, 6. Aufl., 1999, § 242 Rn. 69ff.
[2] Vgl. Welzel, Das Deutsche Strafrecht, 11. Aufl., 1969, S. 350; Otto, Die Struktur des strafrechtlichen Vermögensschutzes, 1970, S. 350; Kindhäuser, in: NK-StGB, 3. Aufl., 2010, Vor § 242 Rn. 13ff.
[3] Vgl. BGH, NJW 1977, S. 1460.
[4] Vgl. Schmitz, in: MK-StGB, 2003, § 242 Rn. 102.
[5] 参见 张明楷:《论财产罪的非法占有目的》,《法商研究》2005年第5期,第76页。

二、非法占有目的之经济侧面:利用意思

我国已经有判例明确根据行为人是否具有利用意思来区分取得型财产犯罪与故意毁坏财物罪。最高人民法院发布的第310号指导案例即为典型:

[案例1]被告人孙某于2001年9月应聘到X乳品公司南京分公司担任业务员。出于为该公司经理孙某某创造经营业绩的动机,孙某于2002年10月8日起向该公司虚构了南京市A学院需要供奶的事实,并于2002年12月1日利用伪造的"南京市A学院"行政章和"石某某、陈某某、蔡某"三人印章,与该公司签订了"供货合同",从2002年10月8日起至2003年1月4日止,孙某将该公司钙铁锌奶321 500份(每份200毫升)送至其家中,并要求其母亲每天将牛奶全部销毁。经鉴定上述牛奶按0.95元/份计算,共价值人民币305 425元。2003年12月24日,孙某以A学院名义交给X乳品公司南京分公司奶款7 380元,其余奶款以假便条、假还款协议等借口和理由至案发一直未付给该公司。[1]

检察院指控被告人孙某构成职务侵占罪,但法院则认定孙某构成故意毁坏财物罪,判处其有期徒刑4年。判决的理由是:区别职务侵占罪与故意毁坏财物罪的标准在于行为人是否具有非法占有的目的。"所谓'非法占有'不应是仅对财物本身物理意义上的占有,而应理解为占有人遵从财物的经济用途,具有将自己作为财物所有人进行处分的意图,通常表现为取得相应的利益。……综观本案,被告人孙某作为业务员,明知鲜牛奶的保质期只有1天,却对牛奶持一种放任其毁坏变质的态度,其主观上并没有遵从牛奶的经济用途加以适当处分的意图,其行为完全符合故意毁坏财物罪的故意构成要件。"[2]

我认为,以利用意思来区别取得犯罪与故意毁坏财物罪的观点,是难以成立的。理由如下:

1. 利用意思与单纯毁坏的意思无法真正区分开来。

首先,利用意思必要说之所以试图为盗窃罪、诈骗罪添加利用意思的要素,是基于这样一种观念:在同样都有取财行为的情况下,取得型财产罪的行为人是为了借此从财物中获得积极的价值,而故意毁坏财物罪的行为人则是一心只想使财物上的一切积极价值毁于一旦。正如韦尔策尔(Welzel)所言,毁损"不是在行使所有权,而是在毁灭所有权"[3]。据此,盗窃、诈骗罪对于行为人来说应当具有带来经济利益上正效应的可能性,而这正是故意毁坏财物罪所缺少的。正因为如此,持利用意思必要说的学者往往认为利用意思是从"经济的侧面"出发对盗窃罪、诈骗罪所作的限制。[4]果真如此,那么似乎就应当像德国持物之效用说

---

[1] 参见 江苏省南京市雨花台人民法院刑事判决书,(2003)雨刑初字第60号。
[2] 江苏省南京市雨花台人民法院刑事判决书,(2003)雨刑初字第60号。
[3] Welzel, Das Deutsche Strafrecht, 11. Aufl., 1969, S. 341.
[4] 参见 张明楷:《论财产罪的非法占有目的》,《法商研究》2005年第5期,第76页。

(Sachnutzentheorie)的学者那样,将利用意思解释成对物"在经济上有意义的用途"[1]或者其典型的功能[2]加以利用的意思,抑或像日本的法院判例那样认为利用意思是指"按照该物之经济用途进行利用、处分的意思"。[3] 然而,这样一来,必将导致取得犯罪成立范围的过度萎缩,并在它与故意毁坏财物罪之间留下巨大的处罚空隙。以盗窃罪为例,撇开以毁坏财物为目的窃取财物的情形不说,行为人之所以盗窃财物,固然是为了从财物中获益,但财物对具体个人的价值和意义却完全可能大相径庭,法律何以非要将其限定在获得财物的正常经济价值这一点上呢?[4] 例如,甲盗窃妇女乙的衣服,并非为了出售、赠予或者穿着,而只是为了满足自己的恋物癖或者睹物思人的欲望,这种功效显然不是衣服所具有的典型功能或经济用途。又如,A将B家中的藏书和电脑偷出,打算在其亡父的葬礼上付之一炬,以期父亲在阴间也有书可读、有电脑可用,这也明显不属于书籍和电脑的正常用途。但恐怕没有任何人会认为,甲和A的行为不成立盗窃罪。

其次,正因为如此,我国持利用意思必要说的支持者普遍没有把利用意思界定为"遵循财物的经济用途加以利用、处分的意思",而是将之表述为"遵从财物可能具有的用途加以利用、处分的意思。"[5]于是,只要以单纯毁坏、隐匿意思以外的意思取得他人财物的,均可评价为具有利用意思。但这样一来,利用意思还能否与单纯毁坏财物的意思区分开来,就存在疑问。例如,张明楷教授认为:甲在杀害乙后,为了防止司法机关发现被害人的身份,而将乙随身携带的钱包、证件等取走后扔入海中,甲不具有利用意思;但丙取走与自己珍藏之高价邮票相同而属于丁所有之邮票,并加以毁弃,从而使自己所有之邮票成为世界上唯一之邮票,丙具有利用意思。理由在于:甲的毁坏行为虽然是出于防止司法机关发现被害人身份的意思,但该意思不能被评价为遵从财物可能具有的用法进行利用、处分的意思;丙在实施毁坏行为时,却具有利用他人邮票价值的意思,故应肯定利用意思的存在。[6] 可是,既然从"经济用途"到"可能的用途"的转变,就是对原先从经济价值角度去理解利用意思之观点的突破,既然利用意思能够容纳除单纯毁弃以外的所有其他取财目的,那么只要行为人能够从毁弃财物的过程中获得利益,即便该利益不能体现财物本身的经济效用,又何妨承认利用意思的存在呢? 甲不是为了毁弃财物而毁弃财物,他通过毁坏被害人乙的钱包、证件,能够达到湮灭犯罪踪迹、防止罪行败露的目的。当他人的钱包、证件可能成为导致自己被抓捕的物证时,毁灭它就有利于行为人逃跑;当他人的邮票可能成为自己的藏品获得升值空间的障碍时,毁灭它就有利于抬高行为人手中邮票的价格。甲在从中获得利益这一点上,与丙相比并无本质的差异。事实上,世间没有无缘无故的"单纯的"毁坏行为,如果用"财物可能的用途"来界定利用意思的话,那么由于"可能"一词能够延伸的范围几乎无可限定,故在所有的毁坏

---

[1] Samson, in: SK-StGB, 4. Aufl., 1990, § 242 Rn. 77.
[2] Vgl. Rudolphi, Der Begriff der Zueignung, GA 1965, S. 38f.
[3] [日]山口厚:《刑法各论》,王昭武译,中国人民大学出版社2011年版,第229页。
[4] Vgl. Kindhäuser, Strafrecht BT, 6. Aufl., 2011, § 2 Rn. 82.
[5] 张明楷:《论财产罪的非法占有目的》,《法商研究》2005年第5期,第78页。
[6] 参见 张明楷:《诈骗罪与金融诈骗罪研究》,清华大学出版社2006年版,第310页。

行为中都能挖掘出行为人对该物加以利用的意思来。即便拿最纯粹的毁坏行为来说，行为人实施毁损行为，也必然是为了达到一定的目的、满足一定的愿望，或是报复泄愤，或是取笑羞辱，或是逞能炫技。当利用意思必要说的支持者认为，通过焚烧他人家具以烤火取暖因可以满足行为人的物质需要，故以此目的窃取他人家具者具有利用意思时，那么行为人仿照《红楼梦》中"撕扇子作千金一笑"，为博红颜一乐而窃取他人名贵纸扇后撕毁的，也同样可以认为行为人从中满足了自己或他人的精神需要，故也属于遵循了扇子可能的用途。因此，将利用意思解作"遵从财物可能的用途加以利用、处分的意思"，实际上掏空了利用意思的界限功能，最终得出的判断结论与利用意思不要说并无二致。

2. 认为一旦舍弃利用意思，则无法说明取得罪与毁损罪在法定刑上之差距的说法，也难以成立。

世界各国刑法对盗窃罪的处罚普遍都比故意毁坏财物罪严厉。例如，根据我国《刑法》第264和275条的规定，盗窃罪的最高法定刑为无期徒刑，但故意毁坏财物罪的最高法定刑则仅为7年有期徒刑。有学者针对这一现象指出："事实上，在法益侵害这一点上，并无恢复可能性的损坏罪明明要更为严重，但对盗窃罪的处罚却要比损坏罪更为严厉，其理由就正在于，试图利用财物这一动机、目的更值得谴责，并且，从一般预防的角度来看，也更有必要予以抑制。"[1]但这一说法还存在疑问。其一，按照这一见解，在同样都侵犯了他人占有的情况下，盗窃罪之所以要受到更为严厉的处罚，就是因为行为人试图从中获利，属于"损人利己"，而故意毁坏财物罪之所以应受到相对较轻的处罚，是因为行为人并无从中渔利之念，属于"损人不利己"。可是，根据人们日常的观念，在"损人利己"和"损人不利己"之间，应当受到更重责难的恰恰是后者。[2]因为，当行为人有利用财物的意思时，至少表明他希望财物保持和发挥其积极的功能，不管财物在谁手上，它作为社会财富的一个组成部分毕竟还处于存续的状态之中。然而，当行为人一心只想毁坏财物时，他所追求的就是彻底断绝该物创造积极价值的可能，从而导致任何人都无法再从中受益。因此，说利用财物的目的比毁坏财物的目的更值得谴责，这恐怕是站不住脚的。其二，侵占罪也属于取得型财产罪，故在利用意思必要说看来，该罪也具有利用意思。根据利用意思应受到更重责难的观点，侵占罪的法定刑也应当高于故意毁坏财物罪才对。即使说由于侵占罪不侵害占有，以及侵占罪的对象对于行为人来说更具有"诱惑性"[3]，故其法益侵害危险和责任较盗窃罪弱，但也不至于导致侵占罪与故意毁坏财物罪相比，不仅法定刑明显较低，而且追诉条件还明显更严（侵占罪为"告诉才处理的犯罪"）。其三，即便抛弃利用意思，也能够说明取得罪与毁弃罪在法定刑上的差距。一方面，一旦没有了利用意思，那么凡是取走他人财物后将其毁损的行为就都成立盗窃罪，故意毁坏财物罪只包含在不取得占有的情况下毁损财物的行为。于是，刑法之所以对盗窃罪的处刑重于故意毁坏财物罪，就是因为盗窃罪的行为人通过将他人财物置于自己

---

[1] [日]西田典之：《日本刑法各论》，王昭武、刘明祥译，法律出版社2013年版，第160页。

[2] 鲁迅先生曾谓："只有损人而不利己的事，我是反对的。"

[3] 参见[日]山口厚：《刑法各论》，王昭武译，中国人民大学出版社2011年版，第237页。

控制、支配之下,以所有权人的姿态对财物进行了随意处置,而故意毁坏财物罪的行为人虽然导致了他人财物的毁损和灭失,但他并未通过侵犯占有的方式对他人的所有权地位提出挑战。另一方面,刑法对某一犯罪配以多高的法定刑,不仅取决于该犯罪行为的法益侵害性和责任的大小,也取决于预防犯罪之必要性的高低。盗窃罪、诈骗罪自古以来不仅属于最为常见、多发的犯罪,而且与大众的日常生活领域联系至为紧密,故其对于社会民众的普遍安全感所带来的威胁也最为直接和切肤。从这方面来说,故意毁坏财物罪难以望其项背。所以,采用较高的刑罚来惩处盗窃罪、诈骗罪,从刑事政策上来看,就不失为一种合乎理性的选择。

3. 取财后毁坏的意思与盗窃罪、诈骗罪的法益侵害实质并非水火不容。

盗窃罪、诈骗罪的本质是通过侵害占有的方式进一步侵害他人所有权,即通过将他人财物占为己有从而对物行使只有所有权人方能行使的权利。然而,既然所有权包含了对物任意加以使用、受益、处分的权能,那么所有权人对物可以行使的权利,当然就不限于按照正常的用途利用财物。"损坏或者毁灭同样也属于所有权人有权对财物施加的影响。因此,损坏财物与取得之间并不相互排斥;相反,在取得和破坏占有的其他要件均得到满足的情况下,损坏财物就是盗窃罪的一个组成部分。"[1]因此,只要是非法取得了对他人财物的占有,不论行为人是出于利用财物还是损毁财物的目的,都具有侵犯他人所有权的属性,故也都与盗窃罪、诈骗罪的法益侵害本质相符合。据此,我们来分析与之相关的三类情形:(1)行为人以毁坏的意思窃取了他人财物后,按计划将财物毁损。对于该行为应以盗窃罪论处。正如盗窃后又将财物转让处分的行为,虽然单独来看成立侵占罪,但在此却仅属于盗窃后不可罚的事后行为,同样的,盗窃后实施的毁损行为也仅成立盗窃罪的不可罚的事后行为。(2)行为人以毁坏的意思窃取了他人财物后,没有毁坏财物,而是单纯将其放置。对于该行为也应以盗窃罪论处。持利用意思必要说的学者主张,该行为成立故意毁坏财物罪,因为隐匿行为导致被害人丧失了财物的效用。[2]然而:首先,隐匿不等于毁坏。故意毁坏财物罪中的"毁坏"不仅包含导致财物的物质受到毁损,而且还包括虽不破坏物体本身,却使财物的效用遭受减损的情形。[3]但是,除非财物是无法保存的物品,否则将财物放置、隐匿起来的行为,既无损于物体的完整性,也不会降低财物的效用,故该行为是难以被解释成毁坏财物行为的。其次,既然放置行为本身不属于毁坏财物,那就意味着缺少故意毁坏财物罪的实行行为,至多只能将取得占有的行为评价为故意毁坏财物罪的预备犯。同时,由于行为人是自动放弃实行毁坏,故可以成立故意毁坏财物罪的犯罪中止,对行为人至少"应当减轻处罚"。[4]同样都是窃取他人财物而置于家中的行为,当行为人无毁坏的意思时,成立盗窃罪;当行为

---

[1] Kindhäuser, Gegenstand und Kriterien der Zueignung beim Diebstahl, FS-Geerds, 1995, S. 668.
[2] 参见 张明楷:《论财产罪的非法占有目的》,《法商研究》2005年第5期,第79页。
[3] Vgl. Schönke/ Schröder/ Stree/Hecker, StGB, 28. Aufl., 2010, § 303 Rn. 11.
[4] 当然,根据德国、日本刑法的规定,故意毁坏财物罪的预备犯本来就不可罚,自然也就没有认定为犯罪中止的必要。

人有毁坏的意思时,却不仅只成立较轻的故意毁坏财物罪,而且还能享受减轻处罚的待遇。这似乎并不合理。(3) 行为人以毁坏的意思窃取了他人的财物后,没有毁坏财物,而是转为利用之。该行为同样成立盗窃罪。依利用意思必要说的逻辑,由于行为人在窃取行为实施当时缺少利用意思,故无法成立盗窃罪,只能将窃取行为认定为故意毁坏财物罪的中止犯,同时将利用行为认定为侵占罪。[1]然而,尽管《刑法》第270条所规定的侵占罪能够涵盖所有侵占被害人脱离占有之财物的情形[2],故将利用行为解释为侵占罪并不存在理论上的障碍,但一个窃取了他人财物并加以利用的行为,本来是地地道道的一个盗窃罪,仅仅因为行为人在实施窃取行为时曾经有过毁损财物的一念之差,最终就只成立告诉才处理的轻罪,这是令人费解的。而且,这样的认定结论似乎也给盗窃犯指明了一条逃避或者减低刑罚处罚的路径:只要坚称自己在取得他人财物时本来只想毁掉该物,那么在没有与之相左的证据的情况下,法官就只能认定他成立侵占罪。

4. 避免故意毁坏财物罪的适用范围过窄,这并不是坚持利用意思必要说的有力理由。

如前所述,如果没有利用意思对盗窃罪加以限制,那么所有窃取财物后再毁坏该物的行为,就都成立盗窃罪。于是,故意毁坏财物罪的惩罚对象,就只剩下了在不取得财物占有的情况下毁坏该物的行为。有学者认为,这"不当地缩小了故意毁坏财物罪的范围"[3]。但该说法还存在疑问。其一,某个罪适用范围的宽窄究竟是适当还是不当,这在该罪与非罪行为及其他犯罪的界限和关系得以厘清之前,是根本无法预先确定的。在刑法当中,有的犯罪因为常见多发,或者因为更容易适应惩罚犯罪的需要,故适用面较宽,而有的犯罪则因为冷僻罕见,或者只起"查漏补缺"的替补作用,故适用面相对较窄,这都是很正常的现象。不能由此断言说适用面宽的犯罪"挤占了"适用面窄的犯罪的生存空间。例如,《刑法》第392条规定了介绍贿赂罪,但是向国家工作人员介绍贿赂的行为中,大多数都可以归为受贿罪或者行贿罪的共犯,这导致介绍贿赂罪条款的可适用范围实际上极为有限。[4]但我们恐怕不能以此为由,认为对受贿罪、行贿罪的解释不当地缩小了介绍贿赂罪的成立范围。关于"故意毁坏财物罪的成立范围被不当缩小"的说法,是以肯定"以毁坏的意思取得财物的行为应归属于故意毁坏财物罪之名下"这一"先见"(Vorverständnis)为基础的。来自于生活经验、既存观念的先见无疑可以成为刑法解释展开的先导。但这种对刑法规范的先行理解并非绝对正确,它还必须受到实践理性标准的检验。[5]根据前文的分析,以毁坏意思占有财物的行为以盗窃罪论处更为适当。因此,解释结论合理与否,只取决于它是否能恰当地廓清各罪之间以及罪与非罪之间的关系,而不取决于它是否收窄了某一犯罪的所辖领地。其二,退一步说,即便承认故意毁坏财物罪应当享有较为广泛的适用范围,但适用故意毁坏财物罪的法

---

[1] 参见 张明楷:《论财产罪的非法占有目的》,《法商研究》2005年第5期,第79页。
[2] 参见 陈璇:《论侵占罪处罚漏洞之填补》,《法商研究》2015年第1期。
[3] 张明楷:《论财产罪的非法占有目的》,《法商研究》2005年第5期,第71页。
[4] 参见 张明楷:《刑法学》,法律出版社2011年版,第1084页以下。
[5] 参见 冯军:《刑法教义学的立场和方法》,《中外法学》2014年第1期,第191页。

条,并不意味着最终非要以故意毁坏财物罪定罪。根据利用意思否定说的观点,对于以毁弃的意图取走他人财物后按计划毁坏该物的案件,对行为人最终确实是以盗窃罪,而非故意毁坏财物罪论处。但是,这一观点在判断的过程中,依然承认行为人的前后两个行为分别构成盗窃罪和故意毁坏财物罪,在此前提之下,只是在处理犯罪竞合阶段才得出了故意毁坏财物罪作为盗窃罪的事后不可罚行为,没有必要单独加以处罚的结论。可见,即便是舍弃利用意思,也丝毫没有剥夺故意毁坏财物罪法条的适用空间。

5. 将利用意思作为构成要件要素,将无谓地增加司法机关的证明负担。

按照利用意思必要说,在行为人窃取他人财物后对之加以放置或者利用的场合,由于行为人在实施窃取行为之时是否具有毁坏的意思,直接决定着其行为成立此罪还是彼罪,故司法机关必须查明该意思于转移占有当时究竟是否存在。然而,行为人起先有无毁损意思,实际上并不会对窃取行为的实质法益侵害性产生重大影响。在这种情况下,让司法机关在每一个相关案件中一一调查行为人的内心想法,这将导致对司法资源的极大浪费。

综上所述,可以得出结论,利用意思不应成为取得型财产犯罪的构成要件要素。据此,对前述案例 1 应当作如下分析:首先,被告人孙某通过使用伪造的印章与公司签订供货合同的方式骗取牛奶的行为同时成立诈骗罪与职务侵占罪,由于两罪为法条竞合关系,故根据"特别法优于普通法"的原则,应适用职务侵占罪的法条;其次,孙某后续销毁牛奶的行为成立故意毁坏财物罪;最后,毁坏牛奶的行为仅为骗取牛奶的不可罚的事后行为,故最终对孙某仅以职务侵占罪论处。

接下来,我们需要考虑的是:排除意思作为主观的超过要素,是否具有存在的正当性呢?

三、非法占有目的之法的侧面:排除意思

(一) 排除意思的具体展开

非法占有目的必要说认为,由于盗用、骗用行为一方面转移了他人财物的占有,另一方面行为人也具有利用该物的意图,所以要想区分盗窃罪、诈骗罪与不可罚的盗用、骗用行为,就必须借助于排除意思这一要素。其具体的判断思路主要沿着以下两步展开:

第一,判断行为人在实施窃取行为时是否具有利用后返还财物的意思。若否,则可一步到位直接确定行为人具有排除意思。从德国的判例来看,不具有返还意思的情形主要包括:(1) 利用后毁坏。[1] (2) 利用后丢弃。例如,囚犯为了顺利越狱,窃取了用于打开监狱牢门的钥匙,如果他是打算使用后将钥匙丢弃,即可认定行为人具有非法占有的目的,故成立盗窃罪。[2] 又如,若行为人在窃取他人的汽车时,计划在使用后将车辆弃置于某处,导致任意

---

[1] Vgl. Schönke/ Schröder/ Eser/ Bosch, StGB, 28. Aufl., 2010, § 242 Rn. 52.

[2] Vgl. BGH MDR 1960, S. 689.

第三人都可能将车开走,从而使车主无法确保能找回该车,则行为人成立盗窃罪。[1]

第二,如果查明行为人在实施窃取行为时具有用后返还的意思,则还需要进一步考察其利用行为是否对被害人行使所有权造成了严重的妨害。若是,则仍然可以认定行为人具有排除意思。具体来说,需要考虑以下因素:(1)利用的时间。若财物因其自然属性(如无法长时间保存的食品)而将在短期内变质、失去使用价值,或者因为技术的更新换代(如电子产品)而将在短期内被淘汰,那么即使行为人有意归还,但至物归原主之时,财物对于权利人的利用价值已所剩无几,故应认定行为人具有排除意思。[2] (2)利用的程度。如果行为人意图对财物的利用强度超过了权利人在无偿出借该物的情况下可能允许对方使用的范围,则应认定行为人具有排除意思。[3] 例如,行为人偷偷从书店中取走一本侦探小说,打算阅读完毕后归还原处。德国某州高级法院认定行为人构成盗窃罪,理由是他消耗了一本新书所具有的特别价值。[4] 但该判决受到了学者们的激烈批判。因为,无论是新书还是旧书,短暂地让顾客阅读,并不会损耗书所具有的价值。[5] 又如,行为人打算将他人电池中的电用尽后再归还,或者打算将他人的轮胎用至破损后再归还,无疑应认定行为人具有排除意思。[6]

我国也有判例明确采纳了排除意思必要说。例如:

[案例2] 2009年3月9日晚,被告人徐某某在某茶馆楼下欲盗窃车内财物。他用砖头砸碎车窗进入戴某某的汽车内后,发现汽车钥匙插在车上,即将汽车开走并摘下车牌号(汽车价值人民币65 100元),后将车开至象山县第一人民医院住院部后花坛处藏匿。同年3月11日,被告人徐某某电话联系车主戴某某,以帮戴找回汽车为由索要人民币20 000元。3月15日,被告人徐某某再次电话联系戴某某索要钱财时,被公安民警抓获。案发后,汽车及车内物品均被追回并归还被害人。

在法院审理中,被告人及其辩护人主张徐某某并无盗窃汽车的意图,故仅成立盗窃罪(针对车内财物)和敲诈勒索罪(未遂)。但法院认为,徐某某以非法占有为目的,采用秘密的手段窃取他人车辆,数额巨大,而后又假借帮助车主找回车辆,对车主实施敲诈勒索,数额巨大,分别构成盗窃罪和敲诈勒索罪,属于牵连犯,应择一重罪以盗窃罪论处,最终以盗窃罪判处徐某某有期徒刑4年6个月,并处罚金人民币5 000元。[7]

本案的争议焦点在于徐某某将戴某某的汽车开走的行为是否构成盗窃罪。主审法院认为:被告人开走汽车的行为是否成立盗窃罪,取决于他是否具有非法占有的目的。综合案

---

[1] Vgl. BGH NJW 1987, S. 266;BGH NStZ 1996, S. 38.
[2] Vgl. Kindhäuser, in: NK-StGB, 3. Aufl., 2010, § 242 Rn. 98.
[3] Vgl. Kindhäuser, in: NK-StGB, 3. Aufl., 2010, § 242 Rn. 95.
[4] Vgl. OLG Celle, NJW 1967, S. 1921.
[5] Vgl. Schönke/ Schröder/ Eser/ Bosch, StGB, 28. Aufl., 2010, § 242 Rn. 53;Kindhäuser, Strafrecht BT, 6. Aufl., 2011, § 2 Rn. 106.
[6] Vgl, Hamm JMB1NW 60, 230.
[7] 参见 浙江省宁波市中级人民法院刑事裁定书,(2010)甬刑二终字第9号。

件情况来看,回答是肯定的。理由在于:第一,"从被告人的行为来看,行为人将汽车开走,对权利人行使权利造成了客观障碍;行为人将车牌号摘下,更近一步增加了权利人找回车辆的难度。上述行为,从结果上看,排除了权利人的占有;从动机上看,远比偷开他人机动车练习卑劣;同时行为人对权利人的救济可能性也设置了障碍"。第二,"一般来说,只有权利人才能针对权利客体享有利益、行使权利。本案中,被告人虽然是以帮助车主找回汽车为由,向权利人索要钱财,但我们通过这种表象,就会发现,被告人实际上是利用自己对车辆的实际占有来兑换价值,其本质就是对车辆的处分"[1]。很明显,认定被告人具有排除意思,是法院得出其判决结论的核心依据。

(二) 取得犯罪与不可罚的使用行为之间的区分标准

对于轻微、短暂使用他人财物的行为不应作为犯罪处理,这无疑是理论界和实务界均可达成共识的结论。刑法教义学的任务就是为推导出这一结论找到一套缜密和有说服力的论证思路。在我看来,将不可罚的盗用行为排除在盗窃罪之外的关键,恐怕不在于排除意思,而在于推定的被害人承诺。

1. 排除意思必要说实际上是先确定判断结论,再确定其论据的内容,故在方法论上存在疑问。

持排除意思必要说的张明楷教授曾明确指出:"难以事先形式地确定排除意思的含义,然后据此区分盗窃罪、诈骗罪与盗用、骗用行为的界限,而应根据刑法目的、刑事政策等从实质上区分不值得科处刑罚的盗用、骗用行为的界限,再确定排除意思的含义。"[2]事实上,前文关于排除意思必要说之具体适用的叙述,也可以印证张明楷教授的这一说法。本来,只要行为人并非意欲持久地占有财物,而是打算使用后归还,就很难说他具有排除权利人支配该物的想法。如果像有的学者所主张的那样,将排除意思界定为"永远占有他人财物的意思"[3],就更难以认定行为人具有排除意思。可是,排除意思必要说的论者却几乎都不是从排除意思的本义出发,而是结合案件的具体情况,根据"以盗窃罪处罚是否适当"的标准去决定排除意思的存否。[4]这样一来,就不免让人产生疑惑:排除意思这一概念的提出,本来就是为了帮助我们弄清,哪些行为属于盗窃罪,哪些行为又应划归不可罚的盗用行为。既然如此,作为用于划定罪与非罪界限的标尺,排除意思的含义就必须事先能确定下来。然而,排除意思必要说却又提出,排除意思的内涵与外延是无法预先明确的,它取决于具体个案中盗窃罪与盗用行为的界限。这么说来,在排除意思标准发挥作用之前,我们其实就已经能够

---

[1] 王林:《徐某某盗窃案——盗窃罪中非法占有目的的推定》,《人民司法·案例》2011年第8期。

[2] 张明楷:《论财产罪的非法占有目的》,《法商研究》2005年第5期,第76页。

[3] 参见 黎宏:《刑法学》,法律出版社2012年版,第718页;蒋铃:《论刑法中"非法占有目的"理论的内容和机能》,《法律科学》2013年第4期,第94页。

[4] 正是因为如此,有学者针对日本刑法理论指出:日本的通说一方面承认排除意思是不法领得意思的内容,另一方面又广泛肯定使用盗窃具有不法领得意思,这是矛盾的,致使排除意思几乎丧失了限制使用盗窃可罚性的机能。参见 陈洪兵:《财产犯的排除意思与利用意思》,《辽宁大学学报(哲学社会科学版)》2013年第3期,第99页。

对盗窃罪和盗用行为作出区分了。那排除意思的存在还有什么意义呢？而且，既然我们在运用排除意思概念之前就能推导出可罚与否的结论，那么据以作出判断的根据就必然是排除意思以外的某个其他的标准，这个更具有实质内涵的标准又是什么呢？

2. 真正可用于区分取得罪与不可罚之使用行为的标准，实际上是推定的被害人承诺。

所谓推定的被害人承诺（mutmaßliche Einwilligung），是指在缺少被害人明确同意的情况下，如果能够推定被害人会对某一法益损害行为表示同意，则该行为可以得以正当化。推定被害人承诺的较为常见的类型，是行为人为保护被害人的法益而损害被害人的另一法益。例如，甲在邻居乙外出时，为了避免乙屋内突然出现的火势进一步扩大，破门而入将火扑灭；又如，医生A为了营救一名因重伤而昏迷不醒的B，就地对其实施了紧急的截肢手术。但除此之外，大陆法系刑法理论的通说也承认，即便行为人是为了自己的利益而损害被害人的法益，也存在成立推定被害人承诺的可能。例如，丙为了能及时赶到车站搭乘火车，在未征得其好友丁同意的情况下，动用了其自行车。[1]

采用推定的被害人承诺，而不是运用排除意思来区分取得罪和不可罚的使用行为，其优势在于：

（1）使盗窃罪构成要件的判断简洁明了，从而有助于减轻司法机关的证明负担。在舍弃了排除意思的情况下，只要以非法占有他人财物的故意取走财物的行为，均符合盗窃罪的构成要件。至于其实质上是否可罚，则留待违法性阶层的进一步检验和过滤。此外，排除意思必要说认为排除意思是盗窃罪的构成要件要素，那就意味着，对于每一个侵害了他人占有的案件，司法机关都必须积极地去证明行为人具备排除意思。但行为人意图使用财物的时间长短、程度高低等考量因素，却都是行为人个人的内心想法，故证明起来具有相当的难度。但如果运用推定的被害人承诺来解决罪与非罪的问题，那么由于构成要件符合性对于行为的违法性具有推定作用，故一旦确认行为人的行为与盗窃罪的构成要件相符，即可推定该行为具有盗窃罪所要求的实质法益侵害性。这时，若行为人及其辩护人要推翻该结论，就应当提出自己的行为成立推定被害人承诺的证据，例如自己与被害人事先具有友好亲密的关系、利用的时间和程度并不会超出被害人可容许的范围等等。于是，通过将出罪的根据从构成要件符合性阶段转移至违法阻却事由之中，就可以实现证明责任的合理分配。

（2）推定的被害人承诺能够顺理成章地涵盖影响盗用行为是否可罚的所有因素。因为，在判断能否推定被害人会予以同意时，需要考虑的要素包括：① 侵害法益的严重程度。一般而言，只有针对十分轻微的法益损害，我们才能指望被害人表示同意。② 行为人与被害人之间的关系。只有对于与自己有一定信任和友好关系的人，被害人才可能允许其利用自己的财物。[2] 如果我们再回过头去审视前述人们公认为不可罚的盗用行为，就会发现，其不可罚的实质依据其实就蕴藏在推定被害人承诺的考量因素之中。首先，无论是利用后

---

[1] Vgl. Hirsch, in: LK-StGB, 11. Aufl., 1994, vor § 32 Rn. 133; Roxin, Strafrecht AT, Bd. Ⅰ, 4. Aufl., 2006, § 18 Rn. 17; Kühl, Strafrecht AT, 7. Aufl., 2012, § 9 Rn. 46.

[2] Vgl. Roxin, Strafrecht AT, Bd. Ⅰ, 4. Aufl., 2006, § 18 Rn. 27f.

毁坏还是利用后丢弃的行为,由于将导致被害人永久失去占有和利用该财物的可能,故不能推定他会对此表示同意。其次,即便行为人只是打算暂时使用他人财物,但如果综合利用的时间和程度来看,使用行为可能导致财物的价值出现严重灭失或者降低,可能对被害人利用财物造成难以清除的妨碍,那么被害人也不可能表示同意。持排除意思必要说的德国学者曾经提出过一个用于判断行为人是否具有排除意思的方法:在保持其他案件事实不变的情况下,假设行为人向权利人提出使用的请求,权利人是否愿意无偿地将自己的财物借给对方使用?若是,则应否定排除意思的存在;若否,则应肯定行为人具有排除意思。[1] 该判断标准中的设问,实际上与推定被害人承诺中的核心问题——"假定被害人知情,会不会对利用行为表示同意呢?"是完全一致的。

需要特别说明的是,盗用行为所涉及的财产价值是判断能否推定被害人会给予同意时需要考虑的重要因素。在德、日刑法中,盗窃罪的构成要件原则上并不考虑罪量要素,故一般而言,从实体法的角度来看,所涉价值轻微的盗用行为就需要借助推定的被害人承诺这一违法阻却事由才能被排除可罚性。然而,与德、日刑法的规定不同,我国《刑法》所规定的盗窃罪的构成类型本来就包含了涉及实质可罚性程度的因素,即数额这一罪量要素。因此,在我国,大量在德、日刑法语境下通过推定被害人承诺出罪的案件,即行为人只盗用了他人价值极为低廉之财物的情形,其实均已被直接排除在盗窃罪的构成要件类型之外,而无需借助推定的被害人承诺。但这并不意味着,推定的被害人承诺对于区分盗窃罪和不可罚的盗用行为毫无用武之地。因为,能否成立推定被害人承诺的关键在于,是否存在合理的根据能推知被害人会予以同意,而利用行为所涉及的财产数额毕竟只是其中一个参考因素而已。例如,甲在未经男友乙同意的情况下,偷偷将其价值250万元的兰博基尼跑车开走并使用了一周。虽然一般而言,甲对他人财物的使用已经达到了数额较大的程度,但如果考虑到甲、乙之间非同一般的亲密关系,从二人日常的交往来看,乙对甲总是有求必应、百依百顺,不惜一掷千金,那么我们依然需要根据推定的被害人承诺来否定该行为的可罚性。

(3) 运用推定的被害人承诺的原理,能够在划定盗窃罪处罚范围的过程中最大限度地尊重被害人的自我决定权。主张排除意思否定说的学者为了区分盗窃罪与不可罚的盗用行为,也提出了不少标准。例如:在日本刑法学中,可罚的违法性说认为,应当考察盗用行为的违法性是否达到了值得适用刑罚的程度;占有转移的完整性说主张,应当根据行为是否造成了实质的占有侵害、具备了占有转移的完整性,来决定其可罚性;相当的利用可能性妨害说则提出,应当以使用行为是否对利用可能性造成了相当程度的妨害为标准。[2] 刘明祥教授提倡社会危害性说,他指出:"判断对某种使用盗窃行为有无必要动用刑罚处罚,关键是看其社会危害性程度是否严重。"[3] 以上学说均从行为的实质法益侵害性出发,为探寻盗窃罪与不可罚盗用行为的区分标准进行了有益的尝试。但在我看来,这些观点的共同缺陷在于,

---

[1] Vgl. Kindhäuser, Strafrecht BT, 6. Aufl., 2011, § 2 Rn. 106.
[2] 以上学说,参见 张红昌:《论可罚的使用盗窃》,《中国刑事法杂志》2009年第5期,第57页。
[3] 刘明祥:《刑法中的非法占有目的》,《法学研究》2000年第2期,第48页。

它们都只站在国家的立场上来评价行为的法益侵害程度,却忽视了被害人对其法益的决定自由。由于个人财产是公民能够自由处分的法益,盗用行为是否可罚,不可能不考虑被害人的意愿。即便按照社会的客观评价来看,盗用行为所涉及的财物价值不菲,但若根据行为人与被害人之间的关系、财物对于被害人个人的意义等事实,能够推断被害人将会放弃对该财产法益的保护,那么仍然可以将该盗用行为剔除出盗窃罪的处罚范围。反之,即便盗用行为涉及的数额在一般人看来微不足道,但若其对于特定的被害人来说具有极高的价值,该行为依然可能具备盗窃罪的不法。

根据这一原理,在前述案例 2 中,首先,徐某某将戴某某汽车开走并藏匿于医院住院部后的花坛,完成了对他人数额较大财物的非法占有,故盗窃罪的构成要件已经具备。其次,被告人于被害人非亲非故,他将车牌号摘下、以帮车主找回汽车为由向其索要钱财等行为表明,徐某某对该车的占有和使用根本不存在得到戴某某同意的可能,故不成立推定的被害人承诺。徐开走汽车的行为成立盗窃罪。

3. 合同诈骗罪和某些金融诈骗罪的罪状中明确规定的"以非法占有为目的",实际上只是对犯罪故意的重复和强调而已。

因为,集资诈骗罪、贷款诈骗罪以及合同诈骗罪均发生在瞬息万变的市场投融资领域之中,故这类犯罪极易与因正常的市场风险或者投资失误而无法兑现给付承诺的情形相混淆,司法者也存在着仅以行为人事后无法返还巨额集资款、贷款或者无法履行经济合同的结果为根据,认定其成立犯罪的可能。在行为人遭遇正常的市场风险的情形中,行为人主观上对于损害结果的发生没有任何预见可能性,故也就没有虚构事实、隐瞒真相。在行为人对市场行情发生了误判的情况下,他是因为过于自信而没有对实际的形势做出准确把握。诈骗罪的故意要求行为人明知自己对被害人所陈述的事实不符合真相,并且希望或者放任其导致对方产生错误认识,继而处分财产、遭受损失。但在上述两种情形中,行为人本身就欠缺对真实事实情况的正确认知,故根本谈不上有诈骗罪的故意。实际上,司法实践在认定这类犯罪的行为人是否以非法占有为目的时所提出的种种判断标准,也都指向犯罪故意的成立与否。例如,按照 2010 年 12 月 13 日最高人民法院《关于审理非法集资刑事案件具体应用法律若干问题的解释》第 4 条的意见,若具有下列情形之一的,可推定行为人是"以非法占有为目的":① 集资后不用于生产经营活动或者用于生产经营活动与筹集资金规模明显不成比例,致使集资款不能返还的;② 肆意挥霍集资款,致使集资款不能返还的;③ 携带集资款逃匿的;④ 将集资款用于违法犯罪活动的;⑤ 抽逃、转移自己、隐匿财产、逃避返还资金的;⑥ 隐匿、销毁账目,或者高价破产、假倒闭,逃避返还资金的;⑦ 拒不交代资金去向,逃避返还资金的;等。其实,通过上述在集资行为实施之后发生的事实,可以间接证明的是,行为人在集资时就知道自己最终将不能或者不会返还集资款,但却隐瞒这一事实向公众募集资金。因为,假如行为人先前并无欺骗对方并以此取得财物的故意,那么按照常理,他在筹集到资金之后,就应当尽一切可能使资金实际的运作情况与他之前告知公众的事实保持一致,而不是有意放任两者之间出现重大差距。换言之,司法解释所列举的这几种情形能够证明的内容,并未超出行为人在集资时具有诈骗的故意这一点。又如,法院在"王某集资诈骗案"判决书中认定被告人王某具有非法占有目的的理由包括：① 王某明知金园汽车公司不具备境外上市的条件，却指使有关人员伪造相关报表、做假账，为金园汽车公司虚构业绩、夸大实力，大力进行虚假宣传；② 王某采用了虚构事实、隐瞒真相的欺骗方法；③ 王某个人完全掌控并随意处置所收取的股权转让款；④ 王某没有通过正常渠道向所谓的境外上市团队支付上市费用；⑤ 以王某为法定代表人的明道启圣公司推荐金园汽车公司赴境外上市的所谓美国OTCBB市场，只是一个会员报价系统，基本上没有融资功能，难以保证股民的投资利益；⑥ 王某在得知共同犯罪嫌疑人董某被公安机关采取强制措施后，携巨款准备出境潜逃国外，企图逃避法律追究。[1] 在这几个理由中，①和②直接说明王某在明知自己的陈述与事实不符，但仍然实施该行为。③、④、⑤和⑥则根据集资后的种种表现，进一步证明他是有意造成集资对象所知悉的事实于实际情况不符，强化了关于他具有诈骗罪故意的判断。由此可见，即便认为"以非法占有为目的"是主观要素，关于它的种种判断标准最终确认的也不过是行为人具有诈骗他人财物的故意而已。

(三) 取得型财产罪与挪用型财产罪之间的关系

一般认为，我国《刑法》在分则第5章侵犯财产罪中，除规定了取得型财产罪和毁损型财产罪之外，还规定了挪用型财产罪，即第272条挪用资金罪和第273条的挪用特定款物罪。无论按照通说的观点，[2]还是按照司法机关的意见，[3]取得犯罪与挪用犯罪的主要区别就在于，前者的行为人抱有非法占有财物的目的，而后者的行为人则只有暂时使用他人财物的目的。如果说盗窃罪、职务侵占罪等取得犯罪并不要求行为人具有排除意思，那如何将之与挪用犯罪区别开来呢？

按照本文的看法，盗窃罪[4]中本来就包含了永久占有型的盗窃罪和(不符合推定被害人承诺要件的)暂时使用型的盗窃罪。因此，可以认为，挪用型犯罪其实原本就属于盗窃罪的一种。如果没有《刑法》第272、273条的规定，挪用资金、挪用特定款物的行为完全可以按照盗窃罪论处。[5] 事实上，在1988年1月21日全国人大常委会通过的《关于惩治贪污罪贿赂罪的补充规定》明确规定独立的挪用公款罪之前，情节严重的挪用公款行为也都是按照贪污罪来处理的。但是，立法者考虑到：一方面，挪用资金归个人使用对于经手、管理单位资金的人具有较高的诱惑力，而且挪用后行为人归还的可能较大；另一方面，挪用特定款物毕竟不是归私人使用，而只是违反专款专用的财经制度，将某一特定用途的专用款物挪作其他公务用途。故这两类盗窃行为的客观法益侵害性和主观可谴责性均明显低于永久占有型的盗窃罪。因此，有必要通过将这类盗窃犯罪以特别的法条加以规定，并配置相对较轻的法

---

[1] 参见 高伟、吴加亮：《集资诈骗犯罪的非法占有目的》，《人民司法·案例》2009年第10期，第15页。

[2] 参见 高铭暄、马克昌主编：《刑法学》，北京大学出版社、高等教育出版社2010年版，第520、628页。

[3] 参见 2003年11月13日最高人民法院《全国法院审理经济犯罪案件工作座谈会纪要》第(八)条。

[4] 由于职务侵占罪可以视为盗窃罪的特别法条，故为论述方便，以下均以盗窃罪为例。

[5] 参见 高铭暄主编：《中国刑法学》，中国人民大学出版社1989年版，第530页。

定刑,从而宣示刑法宽严有别的刑事政策立场。这样一来,取得犯罪与挪用犯罪之间就不再如非法占有目的必要说所认为的那样是相互排斥的关系,而是法条竞合的关系。其中,取得犯罪是普通法,挪用犯罪是特别法。而且,挪用犯罪作为一种特殊类型的取得罪,其所独有的特别构成要件并非非法占有的目的,而是来自于《刑法》第272、273、384条为行为人取得占有后对财物的用途、使用时间等客观行为要件所作的具体限定。

四、余 论

本文的基本结论可以总结为以下几点:(1)取得罪与毁弃罪的区分不应以行为人是否具有利用意思为标准,即便行为人是出于毁损的意图而取得财物的占有,也应以取得犯罪论处。(2)用于划定取得犯罪与不可罚的使用行为之间界限的,不是排除意思,而是推定的被害人承诺的原理;也没有必要试图用排除意思来区分取得罪与挪用罪,因为两者并非相互排斥,而是处在法条竞合的关系之中。(3)因此,没有必要将"非法占有的目的"作为取得型财产犯罪的独立的构成要件要素。

在本文得出该结论之际,笔者不禁进一步联想到主观超过要素的整体命运。遥想20世纪30至60年代,正是主观超过要素理论的鼎盛之期。当时,梅茨格尔(Mezger)将涉及主观超过要素的犯罪分为目的犯(Absichtsdelikte)、倾向犯(Tendenzdelikte)以及表现犯(Ausdrucksdelikte)这三类的做法,得到了学界甚至是判例的广泛认同。原本,倾向犯的概念在性犯罪中引入"满足性欲的倾向",一方面旨在将医生正常的治疗行为与猥亵犯罪区分开来,另一方面则是为了对两性关系中普遍存在的羞耻感和道德感给予保护。但是,人们随后逐渐认识到,将性的羞耻感作为刑法保护对象的做法,混淆了法律与道德,而且借助正当业务行为、被害人承诺等违法阻却事由即足以避免将合法治疗行为当作猥亵犯罪处理。表现犯的概念认为,对于伪证罪来说,只有当陈述的内容与陈述者的主观印象或认识不一致时,才能认定陈述为虚假。但从法益保护的思想来看,刑法惩处伪证犯罪的目的在于保护司法程序免受被虚假陈述误导的危险,而这种危险只可能来自于陈述与客观事实的不一致当中。因此,目前在德国,倾向犯与表现犯已经被主流理论和判例所抛弃。[1] 通过本文的分析,我们发现,在财产犯罪中,非法占有的目的似乎也并非区分罪与非罪、此罪与彼罪的恰当工具。这是否意味着,在刑法理论主观化与道德化色彩渐渐走向消退的大背景下,随着法益侵害思想和行为刑法原则日益深入人心,随着客观法益侵害危险逐渐成为认定犯罪的重心,随着主观要素认定的客观化与规范化趋势进一步加强,传统的主观超过要素理论从整体上最终也会面临走向萎缩的境地呢?这或许是一个值得关注的课题。

---

[1] 参见 陈璇:《德国刑法学中结果无价值与行为无价值的流变、现状与趋势》,《中外法学》2011年第2期,第388页以下。

财产犯罪与不法意图

徐育安[*]

一、序　言

　　本场次的两篇演讲,所关涉的皆是"不法意图"此种行为人主观上的目的设定在财产犯罪上的意义,人民大学法学院陈璇副教授"财产罪中非法占有目的要素之批判分析",以及中正大学法律学系黄士轩助理教授"一时使用他人之物与不法所有意图"。虽然,两位教授的大作的题目乍看之下,似乎存在不小的差异,但是,两篇论文所要处理的问题其实具有紧密的关联性:一方面,两者所要讨论的主要案例都与暂时性的使用他人之物有关;另一方面,而且也是在核心的议题上,陈教授从目的要素的必要性进行分析,提出了他对于此种主观要素的批判,甚而主张可以在窃盗罪中废除此种要素;而黄教授则是在进行考察之后,对于这种目的要素提出具体的适用标准,尝试以解释的方式使其更为明确。

　　细观两位教授的论述与主张,对于不法的目的要素提出相当丰富的分析,尤其是对于窃盗罪中的主观要素更有精彩的论证,以下试图从其论述的脉络,观察两篇论文的主旨,以及其中所潜藏的疑问。

二、陈璇"财产罪中非法占有目的要素之批判分析"

(一) 论述主旨

　　陈璇教授首先考察我国刑法学界对于目的要素在刑法中定位的论争,亦即犯罪故意内容说与主观的超过要素说,后者似乎受到德国学说影响。陈教授并指出我国在法律规定的层面上所出现的特殊问题,那就是刑法条文中并未如德国明确将目的要素规定为取得型财产罪的主观要件,因此,是否应将此种要素解释为所有取得犯罪之犯罪成立要件之一,成为重大疑义。至于德国与日本学说之间的差异,则似乎问题不大,所以问题即归结为,是否应将"非法占有"的目的意思理解为排除意思加上利用意思,陈教授从这一点出发,开展其进一步的见解,并提出其对于此种目的意思的批判,可以分成两个核心的部分:

　　首先,关于不法目的意思的第一个部分,亦即利用意思,陈教授主张,我们其实无法借由利用意思以划分取得犯罪与故意毁坏财物罪,其理由有三,一方面利用意思与单纯毁坏的意思两者之间是无法区分的。另一方面,陈教授则是认为,不会因为舍弃利用意思而造成取得

---

[*] 台北大学法律系副教授。

罪与毁损罪无法区分。除此之外,陈教授更进一步指出,毁损意思与窃盗罪、诈骗罪之间并非无法相容。

其次,陈教授主张,排除意思其实可以被取代,此一看法的理由在于,将不可罚的盗用行为排除在盗窃罪之外的关键,其实并不在于排除意思,而在于推定的被害人承诺,其最重要的理由在于,若我们审视人们公认为不可罚的盗用行为,就会发现一个共通点,就是不可罚的实质依据其实就蕴藏在推定被害人承诺的考量因素之中。就其所举的案例来说,例如行为人打算取得之后毁弃之,即不存在推测的承诺,因此行为人的行为是可罚的,又如利用将造成物之价值严重减损者,被害人理当不会同意,此种情形也可以说明为何其行为成立窃盗罪。

(二) 否定不法目的意思之商榷

对于推定承诺能否全面取代排除意思的作用,陈教授是肯定的,就其前述所举的案例来说,取得物之占有之后,予以毁弃或令之价值严重降低,确实可以猜想被害人应该不会同意,但是,此一推论能否说明排除意思可以被取代,仍有诸多有待商榷之处,因为,一时使用之案例非常繁多,举例言之,将他人放置在教室外或餐厅外的伞具取走,至对街购物后将伞归还原处,在此种情形之中,若要推测该伞具的主人是否会承诺借予需要的人,不但无法一概而论,得看他是否也有急用而定。

此外,更重要的是,推测的承诺在法理上必须以严格的标准进行检视,因为这是一种紧急状况下的客观推测,以保护法益持有人之利益。[1] 但是,学说上认为可以借由排除意思不具备而排除犯罪成立者,可能大多无法通过"推测承诺"之检验,因为,例如像上述取走雨伞的例子,多会因为仍可要求行为人先打一声招呼,或是此种拿走雨伞的行为谈不上是在保护法益持有人之利益。因此,两者之间是否具有替代性,答案恐怕是否定的。

三、黄士轩"一时使用他人之物与不法所有意图"

(一) 论述主旨

黄教授从我国台湾地区"刑法"第 320 条明文构成要件的用语"不法所有意图"出发,探讨对于一时使用他人之物的情形,应如何透过此一主观要素区分在刑法上不可罚的使用窃盗与可罚的普通窃盗罪,当然也涉及此一要素的解释,而其中的学说论争,则有四种之多。

而根据黄教授的研究,一时使用他人之物是否构成窃盗罪,此一问题在台湾的实务意见上,除了在认定上的问题——被告一时使用意思的抗辩不易被采纳,黄教授指出,我国台湾地区实务上对于单纯以物之本体的利用为目的之案例,是以归还行为之有无为考察的重点,以此判断行为人是否具有不法所有意图。而对于另外一种行为类型,亦即以取得物所表彰之价值为目的者,黄教授指出我国台湾地区实务上有正反对立的立场。

---

[1] 陈子平:《刑法总论》,元照出版社 2008 年版,第 284 页以下;林钰雄:《新刑法总则》(第三版),中国人民大学出版社 2011 年版,第 286 页以下。

最后，黄教授提出一个建议的解释方向，其出发点为窃盗罪的本质，对此他的理解是，既然本罪的保护法益是所有权，当从窃盗行为侵害所有权的各种权能切入。首先，窃盗行为侵害了物之所有人对于该物予以使用、处分与收益的可能性，而所谓建立自己持有之意义，也仅是在于破坏了原所有人恢复原有状态的可能性。接着，从上述对于窃盗罪构造的理解中，黄教授指出与此结构相应的主观层面，窃盗故意的内容即是行为人认识自己透过窃取行为破坏他人对财物的持有，并建立自己对该财物的持有关系，至于不法所有意图的排除意思既然与窃盗故意有别，所考虑的即为行为人建立自己的持有关系之后的使用关系，因此，黄教授主张，所谓不法所以意图中之排除意思，可以将其予以理解为，"此时行为人所具备之Ⓐ透过建立持有支配后的利用等行为，Ⓑ侵害他人恢复原持有支配状态之可能性的意思，将取得持有后的使用情状纳入是否成立窃盗罪的考虑中"。

（二）排除意思与利用意思

根据黄教授前述说明，是以行为人对于物之利用计划为考察对象，借以判断排除意思之有无，依此，似乎认为应将排除意思与利用意思进行联结，不过，随后在其应用的说明中，则是稍有不同，较为着重在所有权人恢复原持有支配状态在物理上、心理上的可能程度。依此，被黄教授认可不具备排除意思者，必须在建立自己的持有并使用后，而在他人恢复原持有支配状态尚未发生困难前，就将他人财物返还，即可认为是不可罚的使用窃盗；反之，若已进入难以轻易自力恢复原持有支配状态的情形，则应认为是可罚的窃盗行为。

黄教授对于返还意思的批判与思考相当具有说服力，但是，其解释建议将面临一个棘手的问题，由于使用窃盗与普通窃盗在行为的方式上相同，如果我们将返还意思的判断与恢复可能性相联结，将处于窃盗罪结构的吊诡之中，因为，既然窃取的定义是要建立稳固的持有关系，那么，这就意味着，原权力人难以自行恢复被破坏的持有关系，例如自行追踪被盗财物之去向并进而取回。此自行恢复的困难性，不仅是在一般的窃盗罪中是如此，在所谓的使用窃盗中亦复如此。或许正是由于这样的吊诡，所以在黄教授于文末所提到的例子，大多因为恢复上的困难而被认定为具有排除意思而成立普通窃盗罪。

再者，黄教授指出台湾实务上对于盗用存折、提款卡等问题上，法律意见有所改变，出现不少承认其具备不法所有意图的判决。但黄教授指出，盗用存折提款系冒用他人地位行使他人的债权，可能属于刑法上所不处罚的"利益窃盗"，不过考量行为人返还存折后，仍使原有之支配状态有所减损，所以仍可肯定利用意思，并主张此一思考，对于使用他人金融卡盗领他人存款的情况也同样有适用。此一见解虽然也相当具有说服力，但是，能否能用在其他案例仍值得检讨。

四、不法意图对于财产犯罪之意义

（一）德国刑法窃盗罪之不法意图

1. 意图概念之起源

德国刑法上意图（Absicht）概念在刑法典中的正式登场，乃是受到活跃于十九世纪初的刑法学者费尔巴哈(Paul Johann Anselm von Feuerbach 1775—1833)的直接影响,他对于故意(Vorsatz)的理解,是将故意作为一种心理现象,意味着行为人致力于侵害他人权利,换言之,权利侵害是故意犯罪行为人的目的,依此,故意、目的(Zweck)与意图三者即属同义词[1]。以此为理论基础,在1813年的《巴伐利亚邦刑法典》第39条,即清楚地呈现了这样的理解,该条文内容为:"若有人将其行为导致犯罪的后果,作为该行为之目的与意图,并且对于此决定之违法性及可罚性有所认识,则该犯罪系基于违法之故意而为之。"[2]

此一在刑法学者眼中等同视之的情形,随着十九世纪末认识论与意欲论之间的争辩,故意、意欲(Wille)与意图之间的关系不断成为讨论的焦点,意图与故意之间的不同之处逐渐成形,逐渐接近现今理解的结构。首先,我们可以看到在李斯特(Liszt)的教科书中,将故意区分为两大类,第一种是行为人意图使结果发生者,第二种则是对于结果之发生有所预见者,包含直接故意与未必故意两种下位类型[3]。依此分类,至少故意与意图之间不再是画上等号,意图故意只是故意的一种下位类型,并且是强度最高者。

其次,在贝林(Beling)的犯罪理论一书之中,意图虽然还是与故意同属罪责要素,但是,意图强调主观目的性的特质,形成一个学理上重要基本概念,不论是在分则具体犯罪类型的主观面,抑或是不能未遂的主观面,都具有极强的说服力。因为,对于前者来说,例如诈欺罪之行为人以不法取得财产利益为其目的,但是,取得不法利益并非客观构成要件要素,而即便这个目的并未达成,也并不妨碍意图要素的具备,因为它只是一个纯粹主观的概念,并无客观实现之必要,依此,意图有别于故意,其所针对的是构成要件之外的要素,其检验与客观构成要件的对应无关。而就后者来说,即便行为人由于手段或客体不能而无法达到犯罪既遂之目的,也不会因此在犯罪意图上有所欠缺[4]。

2. 意图要素在现行德国刑法中的意义

现今《德国刑法》第242条对于窃盗罪的主观不法目的,明文规定行为人须具备不法取得意图(Zueignungsabsicht)[5],学说与实务上对于此一意图要素之理解,普遍是以积极与消极的两个层面作为其构成要素。首先在消极方面,行为人须具备排除(Enteignung)权利人对于该物经济地位之意思,而且该意思应具有长期性,以此与使用窃盗相区别[6]。

其次,在积极的方面,行为人须具备获取(Aneignung)他人之物之意思,使之为己所用,否则,若剥夺他人之物后却并未予以利用,而是仅予以毁坏或丢弃,则其行为仅能成立毁损罪,值得一提的是,此一主观意思与前者不同,其具备与时间上持续之久暂无关。进一步言

---

[1] 相关之介绍,参见 徐育安:《费尔巴哈之故意理论及其影响》,《政大法学评论》2009年第109期,第1页以下。

[2] 本条文之原文参阅 Löffler, Die Schuldformen des Strafrechts, 1895, S. 242.

[3] v. Liszt, Lehrbuch des Deutschen Strafrechts, 21 u. 22. Aufl., 1919, S. 165 f.

[4] Beling, Die Lehre vom Verbrechen, 1906, S. 195 ff.

[5] 采此一翻译者,如林山田:《刑法通论(上)》(第五版),北京大学出版社2006年版,第327页。

[6] Wessels/Hillenkamp, Strafrecht Besonderer Teil 2. Teilband 1, 35. Aufl., 2012, 2/156; Mitsch, Strafrecht Besonderer Teil 2. Teilband 1, 2. Aufl., 2003, 1/105.

之,所谓对于他人之物的获取,根据德国学者多数意见的看法,包含享受物之本体(Substanz)上的利益或是该物所体现之价值(Sachwert)这两种下位类型,此种见解一般被称之为综合理论(Vereinigungstheorie)。[1]

(二) 我国台湾地区"刑法"窃盗罪之不法所有意图

1. 不法目的要素之滥觞

有别于我国《刑法》第264条[2]和《日本刑法》第235条[3]关于窃盗罪的规定,我国台湾地区"刑法"第320条对于窃盗罪的不法目的要素被明定在构成要件之中,行为人必须"意图为自己或第三人不法之所有",此一要素在文献上普遍被称为"不法所有意图",而此一规定由来已久,可以溯源至前清1907年之《刑律草案》第349条,"凡以自己或第三者之所有为宗旨,而窃取他人所有之财物者,为窃盗罪"[4];以及民初1918年之《暂行新刑律》第367条,"意图为自己或第三人之所有而窃取他人所有物者,为窃盗罪"[5]。

从《暂行新刑律》的立法理由中,我们可以进一步探究明文规定主观不法目的要素的原因与考量,其中首先指出刑法上的窃盗,即是一种夺取他人之物的行为,而夺取乃是将他人丧失持有之物移入自己持有,因此,若行为人仅使他人丧失财物,但并无将该物"移入自己所持有之意思",则该行为仅构成毁损罪,例如开笼放鸟、破网纵鱼,不成立窃盗罪[6]。

对于该立法理由之说明,必须提出来的一个初步的疑问是,其中所言"移入自己所持有之意思"是何意指?从其字面上来说,似乎是指与客观的窃取行为所相互呼应的主观故意,因为窃取行为正是破坏他人持有而建立自己持有之行为,因此,所谓对于"移入自己所持有"之主观意思,与窃取故意难以区分。甚且,若与立法理由书中所举之案例相结合,更可以证实此一理解,以开笼纵鸟的例子来说来说,行为人虽破坏他人持有,但尚未建立自己持有,理由书以此例说明行为人并未具备成立本罪所必要的主观意思。

依照上述说明,应可认为"移入自己所持有之意思"即属构成要件故意的一部,如此一来,成为疑义的问题是,此一要素是否即为本条构成要件之中所言的"意图为自己或第三人之所有"?从理由书更无其他关于主观要素之说明,若有人将两者等同视之,并不令人意外,只是这样的理解将使意图要素成为多余。若我们将"移入自己所持有之意思"理解为利用意思,可能是较为妥适的意见,可以说明为何立法者另行规定一个主观要素,不过,此种看法还是会将我们导向另一个疑惑之中,那就是立法者是否忽略了排除意思的面向。

2. 现行学说与使用窃盗

现今在我国台湾地区"刑法"学界对于窃盗罪不法所有意图之要件,应该是由于已有明

---

[1] Wessels/Hillenkamp, Strafrecht Besonderer Teil 2. Teilband 1, 35. Aufl., 2012, 2/151; Mitsch, Strafrecht Besonderer Teil 2. Teilband 1, 2. Aufl., 2003, 1/119.
[2] 周光权:《刑法各论》(第二版),中国人民大学出版社2011年版,第96、102页。
[3] [日]大塚仁:《刑法概说(各论)》,冯军译,中国人民大学出版社2003年版,第185页。
[4] 参照 黄源盛:《晚清民国刑法史料辑注(上)》,元照出版社2010年版,第182页。
[5] 参照 黄源盛:《晚清民国刑法史料辑注(上)》,元照出版社2010年版,第494页。
[6] 参照 黄源盛:《晚清民国刑法史料辑注(上)》,元照出版社2010年版,第494页。

文规定之故,所以普遍抱持积极之立场,即便是留日学者亦同,只是对于其细部之内涵与结构,存在着不同之见解,可以大致分为下列几种意见[1]。

1. 利用意思,部分我国台湾地区学者主张,所谓不法所有之内涵,系指非法据为己有之意,从而得以非法行使所有权之内容,进行使用、收益、处分。倘若未排除权利人而仅予以利用、收益或处分者,仍属不法所有,因此,所谓的使用窃盗之情形,既然行为人系将他人之物移入自己持有而利用之,即可成立窃盗罪,例如将他人之机车骑走,使用完毕予以归还[2]。

2. 利用与排除意思,本说为我国台湾地区学界与实务通行之见解,将不法所有意图称之为"取得意图",其意义包含两个层面,一方面行为人欲排除他人支配(消极面),而在另一方面,则是使自己或第三人得以长期或短期取得物之本体或其经济价值(积极面)之意图。依此,使用窃盗者虽具备积极之意图,亦即短期享用物之经济利益,但不具备消极之意图者,即属欠缺窃盗罪之不法所有意图而不成立窃盗罪[3]。

另有学者进行较为丰富的论证与分析,认为若属于较轻微之使用,应不具可罚性。但是,若属于较为严重的使用时,则应综合各种情况(有无返还意思、时间长短、财物价值及其耗损),借以判断行为人有无排除之意思,若已达可称"行为人已具拥有的意思",即可肯定排除意思,而得成立窃盗罪,肯定之案例如,将他人机车骑走之后,随意弃置郊外或街道路边;或是早上开走他人汽车,晚上始予以归还,即便给付车主油钱,仍属得肯定排除意思之情形[4]。

3. 实务对于使用窃盗之见解

我国台湾地区的司法实务上对于窃盗罪不法所有意图之看法,与学界意见大致上相同,如我国台湾地区"最高法院"1986台上第8号判决,除了指出行为人必须具有不法所有意图之外,并进一步说明,若行为人之目的仅供自己收益之用,仍不能谓其具有不法所有意图,从而不成立窃盗罪[5]。甚者,该院1989台上第2366号判决更认为,擅取他人存折与印章,于领取他人存款后归还,该盗用之行为尚不具有不法所有之意图,因此并不成立窃盗。至于如掳鸽勒赎之行为,该院则有2002台上2058号判决,认为行为人已具备不法所有之意图[6]。

然而,我国台湾地区"最高法院"也曾抱持与上述见解不同之意见,例如1975台上651号判决就曾认为,偷开汽车游荡后,将该车弃置路边,成立窃盗罪[7]。1982年我国台湾地区司法行政机关"法务部"问题汇编(2)第145页,则是另辟蹊径地指出,窃取他人汽车驾驶使用者,即便对于窃车的部分可能因为欠缺不法所有意图而不成立窃盗,但仍可对于因驾驶

---

[1] 完整之分析与说明,参见 陈子平:《刑法各论(上)》,元照出版社2015年版,第397页以下。
[2] 甘添贵:《刑法各论(上)》(第二版),中国政法大学出版社2010年版,第222页。
[3] 林山田:《刑法通论(上)》(第五版),北京大学出版社2006年版,第327页。
[4] 陈子平:《刑法各论(上)》,元照出版社2015年版,第404页以下。
[5] 其他相同意见者如2011年100台上3232号判决。
[6] 反对意见,参见 黄惠婷:《刑法案例研习(一)》,新学林出版社2006年版,第171页以下。
[7] 本判决参照 林山田:《刑法通论(上)》(第五版),北京大学出版社2006年版,第331页注36;支持意见,参见 廖正豪:《法治学刊》,1977年第4期,第126页。

而消耗汽油的部分成立窃盗罪。

五、思考与建议

对于利用意思在刑法上的意义与认定,以及盗用他人之物而暂时予以利用能否成立窃盗罪的问题,两位报告人都清楚地提出其主张,让我们重新思考不法意图的意涵,而在此一基础之上,本文仅提出以下问题,供与会贵宾共同继续思考:

(一) 利用意思

在利用意思方面,不论是德国通说见解,还是我国台湾地区"刑法"学界,皆肯定从物所表彰之价值,探讨其间的利用关系,而黄教授对于盗用存折、提款卡等问题,认为盗用后使原有之支配状态有所减损,所以仍可肯定利用意思,此一见解的思考角度应属相近。不过,对于提款卡的案例,则有学者认为,提款卡之意义如家宅或保险柜的钥匙,本身并不表彰财产价值,所以进而否定利用意思[1]。

从前述意见上的差异,我们似乎可以隐约地看到,不论是肯定抑或是否定见解,其实都在主张一种利用意思与排除意思之间的联动关系,因为两方皆从价值或支配可能性是否将会减少的观点立论。不过,这种论据可能会引发的疑义在于,既然利用意思具有其独立于排除意思的意义,那么,检验的标准应在于是否属于社会或经济意义上的利用,而不以价值或支配可能性是否将会减少为断,如此说来,以钥匙开启他人门户或保险柜,本即属于一种最常见而也是最合理的利用,而以提款卡操作支付设备、出示存折提款,皆为日常生活意义下的利用。当然,将会出现的反驳是,这种利用本身不涉及经济利益的享受,而仅是破除外在的限制而已,但是,接下来要问的问题就会是,如果我们并未将窃盗罪的客体局限于须具备经济价值者,那这样的反驳即失去基础。

(二) 排除意思

在排除意思方面,两位教授都特别强调返还意思(Rückgabewille)对此要素之核心地位,并且都对返还意思进行细致的讨论。本文对此问题的初步看法是,返还意思系排除意思的反面排除规则,亦即一种具有推翻作用之反证,因此,其所关涉的面向也就着眼于社会经验的判断,从行为人归还的打算或行动中,我们可否认为确实具有返还意思,而此一判断既然是以返还为焦点,其所要探讨的就是,根据其归还计划与行动,是否在经验上可以预期被害人能顺利取回被盗之物[2]。

---

[1] 黄荣坚:《财产犯罪与不法所有意图》,《台湾本土法学杂志》2001年第25期,第116页;蔡圣伟:《窃盗罪之主观构成要件(上)》,《月旦法学教室》2009年第78期,第72页。

[2] 类似意见已见:Wessels/Hillenkamp, Strafrecht Besonderer Teil 2. Teilband 1, 35. Aufl., 2012, 2/157.

关于财产犯的"非法占有目的"

周少华[*]

本单元两篇报告涉及的是财产犯之"不法所有目的"的讨论。陈璇教授的报告对于我国刑法中的盗窃罪、抢夺罪、抢劫罪、诈骗罪等取得型的财产犯罪,究竟是否应当将"非法占有目的"作为独立的构成要件要素,进行了批判性的分析,提出了很有见地的观点。而黄士轩教授的报告则讨论了一个更加微观的问题,从我国台湾地区"刑法"学说与司法实务的现状出发,细致地分析了"一时使用他人之物"行为当中,"不法所有意图"的判定问题,在梳理学说及司法实务裁判动向的基础上,提出了相当有价值的见解。

我们知道,在我国台湾地区的"刑法典"当中,窃盗罪、抢夺罪、强盗罪、诈欺罪等取得型财产犯罪均有"意图为自己或第三人不法之所有"的明文规定;而我国的《刑法》当中,盗窃罪、抢夺罪、抢劫罪、诈骗罪等取得型的财产犯罪的法条文字中,并无"以非法占有为目的"的明文规定。因此,这两篇报告也就为我们提供了一种非常有趣的对照:在我国台湾地区"刑法"上,"不法所有意图"作为法定的主观不法构成要件要素,应是没有疑问的一个问题;而在我国《刑法》中,"非法占有目的"在取得型财产犯罪构成要件当中的意义,则是一个值得讨论的问题,因而有理论上的争论。

我们由此可以看到,由于成立相关规定方式的不同,产生了理论解释上的差异,这或许可以让我们更透彻地理解"不法所有目的"在财产犯犯罪构成当中的意义。

我国刑法理论一般认为,盗窃罪、抢夺罪、抢劫罪、诈骗罪等取得型的财产犯罪,均以行为人主观上具有"非法占有的目的"为成立要件。而关于"非法占有的目的"与犯罪故意之间的关系,存在(1)犯罪故意内容说和(2)主观的超过要素说,两种基本观点。这两种观点争论的焦点在于,非法占有的目的在取得型财产罪的构成要件中,是否具有独立于犯罪故意以外的一席之地。对此问题,因存在肯定或否定两种态度,就产生了"非法占有目的不要说"与"非法占有目的必要说"之争。

陈璇教授在他的报告中认为,在财产犯当中,无论刑法条文对各罪是否载明了"非法占有的目的",都不足以说明"非法占有目的"属于独立的构成要件要素,因为即便刑法明确规定了"非法占有目的",也完全可以将其理解为对盗窃、诈骗等犯罪之故意内容的重述。所以,正像他所指出的那样,"非法占有目的"是否属于独立构成要件要素的关键问题可能在于:是否存在某些涉及罪与非罪、此罪与彼罪的问题,是必须借助作为主观超过要素的非法占有的目的方能获得解决的?

在非法占有目的必要说的阵营中,"排除意思+利用意思"说的内容最为丰富,也最具有

---

[*] 东南大学法学院教授、博士生导师。

影响。该学说从主要从两个方面论证"非法占有目的"存在的意义[1]：（1）用于将盗窃、诈骗等犯罪与故意毁坏财物罪区分开来。因为，故意毁坏财物罪可以表现为行为人以毁坏的意思先占有他人的财物，而后将之毁损。对于这类行为，如果不借助利用意思的要素，则只能将其认定为盗窃罪、诈骗罪，但这不仅过于缩小了故意毁坏财物罪的成立范围，而且也无法说明盗窃罪的刑罚重于故意毁坏财物罪的实质根据。（2）用于将盗窃、诈骗等犯罪与不值得科处刑罚的盗用、骗用行为区别开来。因为，在日常生活中时常会出现行为人取走他人财物，短暂使用后又予以归还的行为。这类行为虽然也取得了对财物的占有，但对他人占有、所有造成的侵害十分轻微，故不应受到处罚。若不要求行为人在占有他人财物时必须具有排除意思，则此类行为也将纳入盗窃罪、诈骗罪的处罚范围，这不是合理的。

　　针对上述观点，陈璇教授的报告试图从消解"排除意思"与"利用意思"的实践价值的角度，来证明"非法占有目的"在取得型财产犯中不具有独立构成要件要素的意义。其报告所得出的基本结论是：（1）取得罪与毁弃罪的区分不应以行为人是否具有利用意思为标准，即便行为人是出于毁损的意图而取得财物的占有，也应以取得犯罪论处。（2）用于划定取得犯罪与不可罚的使用行为之间界限的，不是排除意思，而是推定的被害人承诺的原理；也没有必要试图用排除意思来区分取得罪与挪用罪，因为两者并非相互排斥，而是处在法条竞合的关系之中。（3）因此，没有必要将"非法占有的目的"作为取得型财产犯罪的独立的构成要件要素。

　　首先，关于非法占有目的之经济侧面——"利用意思"的分析，陈璇教授认为：（1）利用意思与单纯毁坏的意思无法真正区分开来。因为即便是在某些抱有单纯毁坏意思的场合，"毁坏"行为本身也可能就是一种"利用"，利用意思和毁坏意思并非泾渭分明。（2）认为一旦舍弃利用意思，则无法说明取得罪与毁损罪在法定刑上之差距的说法，难以成立。尽管刑法对盗窃罪的处罚比故意毁坏财物罪严厉，但是从人们的日常观念看，"损人不利己"的毁坏行为可能比"损人利己"的盗窃利用行为更应该受到责难，而且，刑法对盗窃行为处罚比毁坏财物行为更严厉，固然有法益侵害性和责任大小方面的考虑，但也有预防必要性等刑事政策上的考虑，因而即使抛弃"利用意思"的判断标准，也仍然能够说明取得罪与毁弃罪在法定刑上的差距。（3）取财后毁坏的意思与盗窃罪、诈骗罪的法益侵害实质并非水火不容。只要是非法取得了对他人财物的占有，不论行为人是出于利用财物还是损毁财物的目的，都具有侵犯他人所有权的属性，故也都与盗窃罪、诈骗罪的法益侵害本质相符合。因此，利用意思与毁坏意思并不能用以区分盗窃罪、诈骗罪与毁坏财物罪，因为盗窃后实施的毁损行为应当属于盗窃罪的不可罚的事后行为。（4）避免故意毁坏财物罪的适用范围过窄，这并不是坚持利用意思必要说的有力理由。因为一个罪名的适用范围取决于社会生活事实，且需遵从实践理性，而不能认为划分。因此，解释结论合理与否，只取决于它是否能恰当地廓清各罪之间以及罪与非罪之间的关系，而不取决于它是否收窄了某一犯罪的所辖领地。何况，毁坏财物罪被收缩的部分，也并非得不到刑法的规制，因为适用故意毁坏财物罪的法条，并不意

---

[1] 参见 张明楷：《论财产罪的非法占有目的》，《法商研究》2005年第5期，第76页。

味着最终非要以故意毁坏财物罪定罪。根据利用意思否定说的观点,对于以毁弃的意图取走他人财物后按计划毁坏该物的案件,对行为人最终确实是以盗窃罪,而非故意毁坏财物罪论处。但是,这一观点在判断的过程中,依然承认行为人的前后两个行为分别构成盗窃罪和故意毁坏财物罪,在此前提之下,只是在处理犯罪竞合阶段才得出了故意毁坏财物罪作为盗窃罪的事后不可罚行为,没有必要单独加以处罚的结论。可见,即便是舍弃利用意思,也丝毫没有剥夺故意毁坏财物罪法条的适用空间。(5)将利用意思作为构成要件要素,将无谓地增加司法机关的证明负担。透过以上五点分析,陈璇教授得出结论:利用意思不应成为取得型财产犯罪的构成要件要素。

其次,关于非法占有目的之法的侧面——"排除意思"的分析,陈璇教授认为:排除意思能否成为"取得犯罪与不可罚的使用行为之间的区分标准",是存在疑问的。(1)排除意思这一概念的提出,本来就是为了帮助我们弄清,哪些行为属于盗窃罪,哪些行为又应划归不可罚的盗用行为。既然如此,作为用于划定罪与非罪界限的标尺,排除意思的含义就必须事先能确定下来。然而,排除意思必要说却又提出,排除意思的内涵与外延是无法预先明确的,它取决于具体个案中盗窃罪与盗用行为的界限。[1]由此看,排除意思必要说实际上是先确定判断结论,再确定其论据的内容,故在方法论上存在疑问。(2)真正可用于区分取得罪与不可罚之使用行为的标准,不是排除意思,实际上是推定的被害人承诺。采用推定的被害人承诺,而不是运用排除意思来区分取得罪和不可罚的使用行为,其优势在于:第一,使盗窃罪构成要件的判断简洁明了,从而有助于减轻司法机关的证明负担。第二,推定的被害人承诺能够顺理成章地涵盖影响盗用行为是否可罚的所有因素。第三,运用推定的被害人承诺的原理,能够在划定盗窃罪处罚范围的过程中最大限度地尊重被害人的自我决定权。(3)合同诈骗罪和某些金融诈骗罪的罪状中明确规定的"以非法占有为目的",实际上只是对犯罪故意的重复和强调而已,并不能说明"非法占有目的"在此具有独立的构成要件要素的性质。陈璇教授进行上述分析的目的显然在于说明,对排除意思的诸多判断标准只不过是在确认行为人具有不法取得他人财物的故意,而不能"非法占有目的"是独立的构成要件要素。

陈璇教授试图通过上述两个层面的分析,来否定非法占有目的必要说关于"非法占有目的"存在必要性的两个基本理由,进而得出"非法占有目的"不是财产犯独立的构成要件要素的结论。应当说,这样的论证方式是非常合乎逻辑的。尤其是关于"利用意思"无法作为区分取得罪与毁弃罪的标准的分析,不仅论证非常严密,而且提出了诸多颇有说服力的个人见解。比如关于毁弃行为比具有利用意思的盗窃行为更应该受到责难的观点,比如抛弃利用意思并不会实质性地剥夺故意毁坏财物罪法条的适用空间的论证理由,我个人是非常欣赏这些观点的。在阅读他的报告的过程中,每当我心里有疑问的时候,紧接着就在后面找到了答案。所以,我也就被他说服了,欣然接受了他所得出的结论和展示的观点,即:从盗窃罪、诈骗罪法益侵害本质,以及降低司法证明难度的角度来看,否弃"利用意思"的要求,只要行为人非法取得了对他人财物的占有,无论行为时基于利用意思还是毁坏意思,都成立取得

---

[1] 参见 张明楷:《论财产罪的非法占有目的》,《法商研究》2005 年第 5 期,第 76 页。

罪,其随后的毁弃行为属于不可罚的事后行为。

问题可能在于,按照这种判定标准,故意毁坏财物罪就只剩下了不取得占有而毁坏的情形。但是,在现实生活中,不进行占有而加以毁坏的情况可能是比较少见的,大多数的毁坏财物行为,都是先取得对财物的占有,才能够实施毁坏行为。如此一来,故意毁坏财物罪的适用范围就大大地被压缩。好在,陈璇教授提出了非常好的论证理由,指明了先取得占有、后加以毁弃的行为按照取得罪处理的合理性,我想他的观点仍然是可以接受的。而且,他的观点有一个较为明显的优势,那就是相对于"利用意思"这一主观要素的证明来说,"不法占有"属于客观要件,在实务上更加容易判定。

关于"排除意思"作为主观的超过要素是否具有存在的正当性的问题,尽管也进行了较为详尽的论证,但是,这部分的论证理由至少还没能完全说服我。我认为此处存在的疑问主要有:

第一,陈璇教授认为"排除意思必要说"存在方法论上的错误,这样的判断我还不能认同。因为无论"排除意思"的含义是否事先确定下来,在具体的案件中,对排除意思的判断都是一种事后判断;更为重要的是,对"排除意思"的判断所涉及的不是对规范的理解,而是对事实的判断,也就是只有通过对具体案件事实的分析,才能了解排除意思的有无,所以,这里并不需要一个先在的判断标准,即使"排除意思"的含义明确的情况下,仍然需要根据具体情况进行判断。而且,"排除意思"不能自己证明自己,"排除意思"的有无总是通过其他的一些因素来进行判断的,比如占有的时间长短、行为人是否以财物所有人自居、是否给财物所有人恢复所有权造成足够的障碍等等。在此判断过程中,并不存在"先确定判断结论,再确定其论据内容"的问题。

第二,陈璇教授认为,"真正可用于区分取得罪与不可罚之使用行为的标准,实际上是推定的被害人承诺",而不是排除意思。我承认,推定的被害人承诺作为不可罚的使用行为的排除犯罪事由,的确可以提供比较有力的说明;而且,它也能够比较清楚地区分出取得罪与不可罚之使用行为。但是,"通过将出罪的根据从构成要件符合性阶段转移至违法阻却事由之中",从而将举证责任转移给犯罪人,这种做法的合理性是很值得怀疑的,即使不是要求犯罪嫌疑人"自证其罪",至少这种证明负担的转移是没有足够理由的。为了降低司法证明的难度,我认为不是一个好的理由。

第三,陈璇教授认为,"行为人意图使用财物的时间长短、程度高低等考量因素,却都是行为人个人的内心想法,故证明起来具有相当的难度",以此来说明采用"推定的被害人承诺"的优越性。但,这种认识实际上是不准确的。因为排除意思的有无并不是根据行为人内心的想法来判定的,而是根据他不法占有他人财物之后的客观行为表现来判定的,所谓"使用财物的时间长短、程度高低等考量因素"不是他实施占有行为时的内心想法,而是其不法占有他人财物之后的客观行为表现,透过这些客观行为表现,排除意思的判断似乎并不存在陈璇教授所设想的证明难度。

第四,以推定的被害人承诺区分取得罪与不可罚的使用行为,相较于排除意思的判定标准而言,其证明难度并非更低。尽管前者的证明责任转移给了被告人,但是对于被告所提供的证据,法院依然需要判断;在此,数额仅是次要的参考因素,被告与被害人的关系成为最重要的判断因素。但是,此类判断因素与排除意思的判断因素相比,并不具有更高的客观性。尤其是,陈璇教授认为,"即便盗用行为涉及的数额在一般人看来微不足道,但若其对于特定的被害人来说具有极高的价值,该行为依然可能具备盗窃罪的不法",如此一来,被害人的主观认知就成了判断财物价值大小的决定性因素,也成为行为是否可罚的关键因素,这是非常值得质疑的。

第五,推定的被害人承诺在内涵上虽然是基于某种客观事实所进行的合理推定,但是在司法实践中,它的证明通常则有赖于被害人事后的追认。若客观事实可以做出"推定的被害人承诺",而被害人事后并不承认自己在当时情况下会做出承诺,究竟如何处理?或者,根据客观事实无法做出推定的被害人承诺,而被害人事后却予以追认,又如何处理?这不能不说是一个难题。此时,如果是"尊重被害人的自我决定权",则无疑摧毁了推定的被害人承诺作为区分取得罪与不可罚的使用行为的判定标准。

第六,在无法推定被害人承诺的情况下,是否就一概不存在不可罚的使用行为?比如临时使用、财物价值为减损而且及时归还的情形,是否也要处罚?这个问题,或许另一位报告人黄士轩教授会有不同的想法。

基于以上六点看法,我以为,作为区分取得罪与不可罚的使用行为的标准,推定的被害人承诺的原理还没有显示出比排除意思的理论更大的优势。

最后,从报告的整体来看,陈璇教授在得出"没有必要将非法占有的目的作为取得型财产犯罪的独立的构成要件要素"的总体性的结论之后,并没有对"非法占有目的"的归宿表明立场,在财产犯罪中,究竟是完全不需要考虑"非法占有目的"呢,还是将它理解为是犯罪故意的内容,似乎态度不明。这是否是说,这是一个不需要讨论的问题?

财产罪中非法占有目的要素之批判分析

徐凌波*

摘　要：理论上关于非法占有目的的研究有意或无意地割裂了这一构成要件的解释与我国财产犯罪保护法益之间的紧密联系。现有的理论既不能充分论证非法占有目的的存在必要性，也不能为非法占有目的作为盗窃、诈骗罪共同主观目的提供统一且合理的解释。作为不成文构成要件要素，非法占有目的的存在根据与解释标准应当从《刑法》第五章侵犯财产犯罪的保护法益之中加以寻找。根据《刑法》第91、92条对于刑法所保护的财产范围的界定，《刑法》第五章侵犯财产犯罪所保护的是作为整体的合法财产。而在此基础上，现行法下的非法占有目的宜解释为不法获利目的，而非德日刑法理论中的不法领得目的。

关键词：非法占有目的　不法领得目的　不法获利目的　财产保护法益

一、问题的提出

我国刑法学界对于财产犯罪的构成要件已经有了较为深入和全面的研究，盗窃罪、诈骗罪等侵犯财产犯罪的保护法益以及具体构成要件例如占有概念的解释等均有涉及。其中财产犯罪中的主观不法要素是理论讨论的热点话题。理论普遍承认非法占有目的是除了故意毁坏财物罪之外的其他侵犯财产犯罪的主观违法要素。根据目的犯的法理，这一目的也被认为是超出故意内容之外的主观要素。[1]受到日本刑法理论的影响，主流的理论通常将非法占有目的进一步区分为排除意思和按照物的经济用途进行利用的意思两个方面[2]，并根据这一基本定义来解决司法实践中遇到的非法占有目的认定难点问题。而随着德国刑法分则理论的部分引介，德国刑法中围绕非法占有目的对象所展开的讨论也开始受到关注。[3]

然而现有的关于非法占有目的的研究在以下两个方面存在根本性的研究盲点：

其一，刑法理论在引进借鉴德日刑法理论对于财产犯罪的研究时，未经检讨就已经假定我国刑法上的非法占有目的与《德国刑法》第242条盗窃罪的主观目的Zueignungsabsicht

---

* 南京大学法学院副研究员，法学博士。

〔1〕陈兴良：《目的犯的法理研究》，《法学研究》2004年第3期，第72-81页。

〔2〕张明楷：《论财产犯的非法占有目的》，《法商研究》2005年第5期，第69-81页；刘明祥：《刑法中的非法占有目的》，《法学研究》2002年第2期，第44-53页。

〔3〕例如车浩：《占有不是财产犯罪的法益》，《法律科学（西北政法大学学报）》2015年第3期，第122-132页；陈洪兵：《财产犯的排除意思与利用意思》，《辽宁大学学报（哲学社会科学版）》2013年第3期，第97-106页，该文对物的成分理论、价值理论和融合了二者的综合理论作了初步的介绍。

以及日本刑法中的"非法所有意图"的意思是相同的。[1]这种简单的等同虽然在最初方便了对德日理论的直接继受,但也给研究的深入造成了障碍。在这一假定的基础上,理论上直接援引德日刑法围绕这个概念所展开的讨论对非法占有目的的内容进行填充,而忽略了非法占有目的在中国语境下所可能具有的特殊性。一方面,非法占有目的作为不成文构成要件要素的存在根据缺少根本性的反思,理论上已经提出的论据根本不足以论证非法占有目的在我国刑法上的必要性。另一方面,德日理论对于财产犯罪主观目的的设置与解释存在极大的差异,德国对于盗窃罪与诈骗罪设置了不同的目的,前者为不法领得(rechtswidrige Zueignung),而后者为不法获利(rechtswidrige Bereicherung),而日本理论中则以不法领得为盗窃、诈骗罪的共同目的。即便同样是不法领得目的,德日两国的解释也存在差异。[2]由此产生的问题是,在引进德日理论时,究竟应当选择德国法意义上的还是日本法意义上的不法领得目的来解释非法占有目的?在德日理论之间进行选择的判断标准又何在呢?鉴于翻译差异所可能带来的讨论混乱,在下文中在涉及中国的规定时遵循中国刑法通行的术语使用非法占有目的的概念,但在涉及德日刑法理论时则使用不法领得目的来翻译相应的概念。

其二,对于非法占有目的的研究与财产保护法益之间的关系被有意无意地割裂。刑法解释方法论上通常认为,构成要件的保护法益具有指导构成要件解释的机能。[3]这一原则同样适用于对非法占有目的这一具体的构成要件要素的解释。然而理论上的基本局面却是,对非法占有目的和对财产保护法益各自的讨论虽然十分热烈,但鲜有研究将二者结合起来进行体系性的思考。在讨论非法占有目的的存在根据和解释标准时,往往只是诉诸于实践中的出入罪需要。缺少一以贯之的教义学解释使得实践中的非法占有目的的认定最终滑向个案主义,并最终会给财产罪教义学体系的建构带来不利的影响。

上述两个方面的问题互相扭结在一起共同构成了我国刑法在非法占有目的问题研究上的基本困境:在对国外理论的借鉴上缺少对德日尤其是德国财产犯罪教义学全方位的体系

──────────

[1] 较早的文献中往往将《德国刑法》第242条中盗窃罪中的领得目的(Zueignung)直接译为非法占有目的,但同时认为第263条诈骗罪中的获利目的也是立法上规定了非法占有目的的体现。参见 张明楷:《论财产罪的非法占有目的》,《法商研究》2005年第5期,第69页。这样一来非法占有目的究竟对应于不法领得还是不法获利目的还是二者兼而有之就成为疑问。而近期的文献中则主要是将非法占有目的与不法领得目的相对应。例如车浩:《占有概念的二重性:事实与规范》,《中外法学》2014年第5期,指出,非法占有目的中的"非法占有"与"侵占""非法领得"或"不法所有"的含义等同。再如王昭武教授在翻译山口厚教授的刑法教课书中曾在脚注中指出:"日本刑法中的不法领得意思大致相当于我国刑法中的非法占有的目的",参见[日]山口厚:《刑法各论》,王昭武译,中国人民大学出版社2011年版,第229页脚注1。

[2] 例如在德国刑法上擅开他人汽车又归还的行为由于缺少Zueignungsabsicht因而排除盗窃罪的构成要件,但仍然可以满足248条c无权使用机动车罪。但在日本刑法中为了将这类较为严重的使用盗窃行为纳入处罚范围,则在很大程度上放宽了不法领得意思的解释。在两国刑法中不法领得意思的内涵事实上也是不同的。对此参见 陈洪兵:《财产犯的排除意思与利用意思》,《辽宁大学学报(哲学社会科学版)》2013年第3期,该文正确地指出,日本刑法理论一方面要将使用盗窃纳入处罚范围,一方面仍然在不法领得意思中要求排除意思,这种做法是自相矛盾的。

[3] 张明楷:《法益初论》,中国政法大学出版社2003年版,第217页。

考察,造成了机械的拿来主义,对本国刑法上通常所使用的概念又缺少与本国具体语境的关照。由于非法占有目的与财产犯罪保护法益在讨论上被割裂,如何解释非法占有目的缺少一以贯之的标准,而判断德日理论究竟何种更适合中国的刑法语境时缺少判断的标准。虽然我国部分地引进了德日理论对于不法领得意思的解释,却忽略了两国在财产犯罪保护法益上的立场差异以及由此而产生的对不法领得意思解释的差异。使得德日理论各自的支持者在讨论时无法形成有效地沟通和探讨。

本文尝试对这一根本性的盲点进行一些探讨,下文中首先将从非法占有目的的必要性根据入手,揭示现有的研究在论证根据上的缺失(第二部分),其次将梳理德日两国财产犯罪保护法益及主观目的解释之间的关系(第三部分),随后从我国财产犯罪保护法益入手重新探讨我国财产犯罪中的主观目的应当如何解释(第四部分)。

二、作为不成文构成要件要素的非法占有目的

现行刑法条文中,非法占有目的仅明确地被规定在第192条集资诈骗罪、第193条贷款诈骗罪、第224条合同诈骗罪以及第196条第三项信用卡诈骗罪中的恶意透支行为之中。除此之外,理论和实务上普遍认为,非法占有目的作为不成文构成要件要素不仅存在于《中华人民共和国刑法分则》(简称《分则》)第五章侵犯财产罪的部分罪名(盗窃、诈骗罪)中,还存在于《分则》第三章第五节金融诈骗罪的所有罪名之中。诚然从立法技术上来看,"刑法未明文规定并不代表没有"[1],立法者的确可以出于一些"众所周知的因素,为了实现简短的价值,而有意不作规定"[2],将缺少法条明文规定"与其看作是一种疏漏,不如看作是立法者的一种自信"[3]。然而仅仅以这样的理由只能说明非法占有目的可能是财产犯罪的主观目的,却不能充分证明它在财产犯罪教义学构造上的存在必要性。

通常认为,不法领得意思或非法占有目的之所以必要,是要对可罚的盗窃罪与不可罚的使用盗窃、盗窃与故意毁坏财物罪进行区分。除此之外,上述明文规定了非法占有目的的四个特殊诈骗罪名也成为了支持非法占有目的作为财产犯罪共同主观要素的重要证据。下文将对这些论证所存在的问题进行逐条的剖析。

(一)非法占有目的、不法领得意思作为财产犯罪(毁弃类犯罪除外)的共同主观要素缺少论证

首先,区分使用盗窃与盗窃、盗窃罪与毁弃罪的功能仅仅在盗窃罪的构成要件范围内成立,而不能用来论证诈骗罪的成立同样也以非法占有为目的。使用盗窃不可罚并不等于使用诈骗也不可罚,甚至是在大部分排除使用盗窃行为可罚性的立法例上,使用诈骗都可能成

---

[1] 许其勇:《金融诈骗罪的立法重构》,《中国刑事法杂志》2004年第3期,第40页。
[2] 张明楷:《保险诈骗罪的基本问题探究》,《法学》2001年第1期,第35页。
[3] 赵秉志:《金融诈骗新论》,人民法院出版社2001年版,第138页。

立诈骗罪,例如在日本可以成立第二项财产性利益诈骗罪[1],在德国诈骗罪的目的以不法获利而非不法领得为目的,使用诈骗自然可以该当诈骗罪的构成要件。在使用诈骗也该当诈骗罪构成要件而被纳入处罚范围之内的情况下,再要求诈骗罪主观上具有非法定的不法领得意思或是非法占有目的就失去了最有力的根据。

其次,我国刑法中明文规定了非法占有目的的几个特殊诈骗罪名或可以成为非法占有目的必要的论点,但却不够充分。除了非法占有目的所具有的上述两项区分罪与非罪、此罪与彼罪的功能之外,非法占有目的的必要性在立法上的根据还在于我国《刑法》第192条集资诈骗罪、第193条贷款诈骗罪、第224条合同诈骗罪以及第196条第三项信用卡诈骗罪中的恶意透支行为条文中明文规定了非法占有目的作为成罪要件。理论上有相当一部分观点将这些法条规定视为是非法占有目的必要的重要根据。[2]然而,上述罪名仅仅是诈骗罪的特殊形式。从逻辑推理的一般规则来看,可以从一般推导出特殊,却无法当然地从特殊推导出一般。具体到诈骗罪而言,如果普通诈骗罪以非法占有目的为要件,那么可以推论所有的特殊诈骗罪都以非法占有目的为要件。但反过来,并不能因为某些特殊诈骗罪以非法占有目的为成立要件,就认为普通诈骗罪也以非法占有目的为要件。特殊诈骗罪中的非法占有目的更不能成为论证盗窃罪、抢劫罪等其他类型的财产犯罪主观目的的根据。

(二)在盗窃罪构成要件范围内,现有的非法占有目的的必要性论证也并不充分

通说认为,非法占有目的具有区分可罚的盗窃罪与不可罚的使用盗窃行为,因此是必要的。这一主张虽然得到了学理上的普遍认可,但却存在内在的逻辑谬误。

首先,以使用盗窃不可罚来论证非法占有目的或不法领得意思的必要性完全颠倒了论证根据与结论之间的逻辑关系,是典型的倒因为果。无论是横向的法律比较还是纵向的法制史观察,使用盗窃行为是否排除在盗窃罪的构成要件之外、是否具有可罚性并没有绝对的定论,而需要根据各国刑法对于盗窃罪构成要件具体设置来进行演绎推导。[3]古代日耳曼法中认为盗窃是对占有背后所代表的公共安宁秩序的侵害,因此即便行为人在拿走财物的故意之外并不需要额外的主观目的即可以成立盗窃罪。现行《德国刑法》第242条是在吸收了罗马法的观念之后才要求盗窃罪成立以主观上具有不法领得目的为要件,将对于所有权个别权能的侵害(包括对于使用权能的侵害)排除在刑事处罚范围之外。[4]在现行的各国

---

[1] 在日本刑法理论中,诈骗罪的主观目的是否与盗窃罪完全一致一直是存在疑问的。[日]团藤重光:《刑法纲要各论》(第三版),创文社1990年版,第610页指出,在财物诈骗罪中可以主张以不法领得意思作为主观不法要素,但在财产性利益诈骗罪中要求不法领得意思则是完全不可理解的。[日]松宫孝明:《欺诈罪中的非法领得意图的问题》,《立命馆法学》2003年6号(292号),该文则直接主张无论是财物诈骗罪还是财产性利益诈骗罪的主观目的均为不法获利而非不法领得,而且这一不法获利目的已经包含在了诈骗罪故意之中,而非超过的主观不法要素。

[2] 张明楷:《刑法学》,法律出版社2011年版,第846页。

[3] 在我国理论最近的讨论中已经有部分学者对使用盗窃行为的可罚性问题重新进行了探讨和反思。参见 张红昌:《论可罚的使用盗窃》,《中国刑事法杂志》2009年第5期,第54-61页;黎宏:《论盗窃财产性利益》,《清华法学》2013年第6期,第122-137页。

[4] Joachim Vogel, Leipziger Kommentar zum StGB, 12. Aufl., Vor §242, Rn. 13 f.

立法例中,将使用盗窃纳入到盗窃罪构成要件范围的做法也是存在的。例如根据《瑞士刑法典》第139条的规定,拿走他人财物的行为,只需要在主观上具有获利的意图就可以成立盗窃罪。

因此"使用盗窃行为不可罚"并不是刑法教义学论证的起点,而恰恰是通过构成要件、违法性、有责性三阶段检验之后的结论。我国的司法解释也遵循了同样的逻辑:1998年《最高人民法院关于审理盗窃案件具体应用法律若干问题的解释》第一条在对盗窃罪定义中加入了非法占有目的的要件,所以将以游乐、练习为目的的偷开机动车行为排除在盗窃罪的处罚范围之外(第十二条)。使用盗窃不可罚只是盗窃罪的成立以非法占有为目的这一命题中所推导出来的结论,而不能成为支撑这一观点的根据。至于司法解释为什么要在法条规定之外加入非法占有目的这一要件,必须从其他方面来寻找根据。

概言之,只有在立法者在设置盗窃罪的构成要件时规定了不法领得意思(例如《德国刑法》第242条盗窃罪),才能够当然地推论出使用盗窃不可罚,因为使用盗窃行为缺少盗窃罪成立的主观要件;而不是反过来,因为使用盗窃不可罚,所以不法领得意思或是非法占有目的是必要的。用使用盗窃不可罚来论证非法占有目的、不法领得意思必要是站不住脚的。

其次,与德国刑法不同的是,日本刑法中并没有对不法领得意思作出明文的规定,因此使用盗窃不可罚缺少明确的条文依据。但是日本刑法理论认为,之所以认为短时间的擅自使用他人财物行为不可罚,"是因为这种情况下的损害相对轻微,而没有必要动用刑罚,也就是因为出于可罚的违法性的考虑"[1]。然而这一主张并不是排除构成要件阶段而是在排除违法性阶段进行的。如果先以使用盗窃行为缺少可罚的违法性来排除其可罚性,在以这一结论反过来将不成文的不法领得意思解释进盗窃罪的构成要件之中,则存在混淆构成要件与违法性两阶段判断的问题。[2]

再次,使用盗窃不可罚的结论或可从日本刑法财产犯的二项犯罪规定之中推导出来:由于日本刑法中只规定了财物盗窃罪,而没有财产性利益盗窃罪,所以财产性利益盗窃是不可罚的。而对物的使用利益又属于财产性利益的一种,因此作为利益盗窃的特殊形式,使用盗窃不具有可罚性。然而这一论证是完全错误的:通常所理解的使用盗窃行为,是指以使用为目的而拿走有体物的行为,行为的对象仍然是有体物而非财产性利益。如果将使用盗窃归为利益盗窃,则意味着,将使用盗窃理解为以物的使用利益为客体的行为。这样一来,评价的对象就从"以使用为目的的拿走行为"(行为Ⅰ)转移到了"拿走之后的使用行为"(行为Ⅱ)上。因此,"使用盗窃属于利益盗窃"这一小前提本身存在概念的偷换。

---

[1] [日]西田典之:《日本刑法各论》,刘明祥、王昭武译,中国人民大学出版社2007年版,第125页。
[2] 可罚的违法性理论是从法益侵害程度进行的实质判断,这种实质判断如果只是停留在构成要件判断之后进行尚是可行的,一旦混淆入构成要件阶段就会带来混淆形式判断与实质判断的问题。具体到使用盗窃行为而言,可罚的违法性理论只是试图将轻微的使用盗窃排除在可罚性范围之外。然而原本通过不法领得目的并不能只将轻微的使用盗窃排除在处罚范围之外,而是将所有的使用盗窃行为一概排除。要在构成要件阶段对轻微的和严重的使用盗窃进行区分,只能对不法领得目的的概念进行曲解和变通,而这种变通最终会使得不法领得目的的认定流于恣意。

诚然,行为Ⅱ构成对财物使用利益的侵害,可以归为利益盗窃。因为利益盗窃不可罚,所可知行为Ⅱ缺少可罚性。但是行为Ⅰ与行为Ⅱ在刑法上如何评价是两个独立的问题。从行为Ⅱ不可罚无法推论出行为Ⅰ同样不可罚。反之亦然,从利益盗窃可罚推论出行为Ⅱ可罚,也同样不能当然地认为行为Ⅰ也是可罚的。[1]

不仅如此,从二项犯罪中推导出使用盗窃不可罚的结论也不能当然地推及于我国刑法的语境下。这是因为,虽然我国《刑法》第264条盗窃罪也以财物为行为对象,但理论和司法实践均认为,此财物非彼财物,盗窃罪的对象不仅是有体物,还可以是各种非有体物形式存在的财产性利益。[2]换言之,财产性利益盗窃是可罚的。以此为大前提,如何得出使用盗窃不可罚,进而肯定非法占有目的是必要的结论呢?[3]

最后除了区分罪与非罪之外,非法占有目的、不法领得意思还被认为具有能够区分盗窃罪与故意毁坏财物罪的功能。这一理由看似充分,实则同样存在倒因为果的论证错误。区分盗窃罪与毁弃罪的前提预设是,盗窃罪与故意毁坏财物罪之间存在互斥的关系。之所以互斥,则是因为盗窃罪主观上要求非法占有目的,故意毁坏财物罪主观上则只具有毁坏的目的。这是典型的循环论证,在缺少非法占有目的的情况下也就没有区分盗窃和故意毁坏财物罪的必要,在以毁坏的目的拿走他人财物而最终被发现和阻止的案件中,可以同时成立盗窃罪与毁坏财物罪的未遂,最后以想象竞合规则解决定罪问题即可。日本理论中主张不法领得意思不要说的观点甚至认为,要求存在盗窃罪具有不法领得意思还会带来处罚漏洞,例如在行为人现以毁弃目的拿走他人之物,随后改变了自己的决定没有毁坏财物而是将财物据为己有的情况下,行为人既无法成立盗窃罪也无法成立毁弃罪既遂。[4]

(三)小结

我国《刑法》中的非法占有目的对于第五章财产犯罪而言属于不成文构成要件要素,其存在本身无法从法条字面获取正当性,而必须采用其他的解释方法进行论证。正如前文所述,文献上现有的论证根据或多或少地存在倒因为果、偷换概念、以偏概全的逻辑错误。

---

[1] 近期的文献中已经有许多学者对使用盗窃不可罚的主张提出了质疑,认为在现代经济社会条件下,使用盗窃的可罚性应当参照具体案件中对于法益侵害的严重程度。然而这些学者将使用盗窃归为利益盗窃,并基于对于利益盗窃可罚性的不同立场来论证使用盗窃的可罚性,也存在偷换概念的问题。参见 张红昌:《论可罚的使用盗窃》,《中国刑事法杂志》2009年第5期,第54-61页;王骏:《抢劫、盗窃利益行为探究》,《刑事法杂志》2009年第12期,第9-14页;尹晓静:《财产犯罪中的非法占有目的之否定》,《政治与法律》2011年第11期,第36-46页;黎宏:《论盗窃财产性利益》,《清华法学》2013年第6期,第136页。

[2] 黎宏:《论盗窃财产性利益》,《清华法学》2013年第6期,第122-137页;张明楷:《非法获取虚拟财产的行为性质》,《法学》2015年第3期,第12-25页。

[3] 参见 尹晓静:《财产犯罪中的非法占有目的之否定》,《政治与法律》2011年第11期,第41页。

[4] 参见[日]大塚仁:《刑法概说(各论)》,冯军译,中国人民大学出版社2009年版,第231-232页。当然这类案件在明文规定了不法领得意思的德国刑法中事实上并不存在处罚漏洞,虽然这类行为不能成立盗窃罪或是毁坏财物罪,但是仍然可以根据第246条侵占罪受到处罚。参见 Urs Kindhäuser, Nomos Kommentar zum StGB, 4. Aufl., 2013, § 242, Rn. 88;司法实践中的处理参见 BGH NJW 1970, 1753, 1754 mit Anm. Schröder.(只是这种处理从中日的刑法文化角度来看,或许会受到有失量刑均衡的批评。)

本文以为,只有从财产犯罪的保护法益入手,才能从根本上确立非法占有目的的存在正当性,并在此基础上形成对非法占有目的的教义学解释。下文首先将对德日刑法中的财产犯罪保护法益与主观目的之间的关系进行分析,以冀对我国非法占有目的的概念的解释有所借鉴。

三、德日刑法中的财产犯罪保护法益及其主观目的

(一)德国模式:所有权说基础上的不法领得目的(Zueignungsabsicht)

在德国刑法中,具体财产犯罪的主观目的与该构成要件所保护的法益范围有着密切的联系。盗窃罪和诈骗罪虽然都属于广义的侵犯财产罪,但二者并没有统一的保护法益[1],也没有共同的主观目的:盗窃罪是侵犯所有权的犯罪,主观上要求的是不法领得目的(rechtswidrige Zueignungsabsicht)。诈骗罪被归为侵犯整体财产的犯罪,主观上要求的则是不法获利目的(rechtswidrige Bereicherungsabsicht)。[2]

以盗窃罪为代表的领得罪(Zueignungsdelikt)是侵害所有权犯罪(Eigentumsdelikt)的下位概念。领得罪包括了所有在构成要件中规定了领得(Zueignung)的罪名,包括以领得行为为客观构成要件的第246条侵占罪以及以主观的不法领得目的为主观构成要件的第242条盗窃罪和第249条抢劫罪。领得概念是这些罪名的不法核心,在侵占罪中表现为客观不

---

[1] 德国法上对于财产利益的保护区分了不同的层次,既有侵犯个别财产权利的犯罪,也有侵犯整体财产的犯罪。参见:Harro Otto, Die Struktur des Strafrechtlichen Vermögensschutzes, 1970; ders, Strafrechtliche Aspekte des Eigentumsschutzes, Jura, 1989, 137. 所谓财产权利,必然属于得到法律承认的财产上利益,因此对于侵犯个别财产权利的犯罪采取的是法律标准(juristische Maβstöbe),并不存在是否保护不法利益的问题。只有在侵犯整体财产犯罪的范围内才存在关于财产概念而产生的法律财产概念、经济财产概念的争论,采取的是经济性的标准(wirtschaftliche Maβstöbe)。其中,盗窃罪、侵占罪、抢劫罪作为侵犯所有权犯罪,属于侵犯个别财产权利犯罪的下位概念。只有在存在合法的所有权的情况下,才有成立这类犯罪的可能。因此毒品等违禁品因为自始不存在合法的所有权而不能成立这类犯罪。这种双轨制(Doppelspurigkeit)的立法模式有其固有缺陷,会导致认定上的价值悖论。例如按照德国刑法的规定,使用盗窃行为因为缺少不法领得目的而不可罚,但如果是使用诈骗行为,即骗取财物使用后归还的行为却可以因为具有不法获利目的而成立诈骗罪受到处罚。反过来,骗取无价值的财物因为缺少财产损失的要件而不成立盗窃罪,但窃取无价值的他人财物却可以该当盗窃罪的构成要件。但通说仍然认为,双轨制所导致的价值悖论是可以得到容忍的,因为双轨制背后对于所有权保护的强调与所有权在基本法上的突出地位相一致。参见Joachim Vogel, Leipziger Kommentar zum StGB, 12. Aufl., Vor §§242 ff, Rn. 32.

[2] 理论上将《德国刑法》第242条和第263条规定都视为是明文规定了非法占有目的的立法例的理解是错误的,参见 张明楷:《论财产罪的非法占有目的》,《法商研究》2005年第5期,第69页。反之,在使用同样的非法占有目的概念的前提下,在不同的构成要件中对非法占有目的采取不同的解释标准也是欠缺依据的。(例如车浩:《占有不是财产犯罪的法益》,《法律科学(西北政法大学学报)》2015年第3期,第131页,用德国式的不法领得概念解释盗窃罪中的非法占有目的,同时又用德国的不法获利目的解释诈骗罪中的非法占有目的,认为只需要存在非法使自己的财产总量增加的牟利目的即可。)

法而在盗窃和抢劫罪中则表现为主观不法。[1] 与侵犯所有权本质相对应,不法领得(Zueignung)指的是对所有权这一形式性的法律地位的全面侵夺。这构成了理解德国法上的盗窃罪教义学结构的基本背景,脱离这一点对盗窃罪各个构成要件尤其是不法领得目的的讨论是毫无意义的。

首先,正如前文已经详细论证的,使用盗窃不可罚是从不法领得目的(全面侵害所有权意义上的)这一要件出发所推出的当然结论。不法领得是对所有权的全面侵害,而在使用盗窃行为中行为人仅仅具有侵犯所有权个别权能的目的,因此不满足不法领得目的的要件,排除盗窃罪的主观构成要件。如果认为盗窃罪并不限于对所有权的全面侵害,而只需要侵害部分权能即可,不法领得概念也会相应地扩张,而扩张了的不法领得意思是无法发挥排除使用盗窃可罚性的功能的。[2]

其次,领得罪的侵犯所有权本质是真正理解德国法上关于不法领得概念讨论的基点。德国在不法领得概念解释上讨论的焦点是领得的对象范围。理论上的主张主要可以分为成分理论(Substanztheorie)、价值理论(Sachwerttheorie)和综合理论(Vereinigungstheorie)。[3] 只有与盗窃罪的侵犯所有权本质保持一致的前提下,上述三类理论的具体主张才能在教义学上获得正当性,能否在实践中得出符合法感情的结论则是次要的因素。[4] 成分理论固守物本身而非物的价值才是领得的对象,这一观点固然在实践中存在明显的局限性,

---

[1] 按照德国居于主流的所有权说,既然占有不是盗窃罪的保护法益,那么盗窃罪的客观构成要件,破坏并建立占有的拿走行为也就并不体现任何不法性。盗窃罪成立仅以主观上的侵害所有权目的为要件,在此意义上才被称为断绝的结果犯(kupiertes Erfolgsdelikt)。如果从领得这个概念出发,盗窃罪仅有领得目的没有领得行为,而侵占罪以领得为客观构成要件要素,这样一来盗窃罪就类似于侵占罪的未遂形态。为什么这种"未遂"形态(盗窃)的法定刑竟高于既遂形态(侵占),是德国理论一直试图解释的问题。德国刑法理论中的"占有说"(这里的占有说与日本刑法中的占有说有着根本上的不同)认为,盗窃罪的法定刑高于侵占罪恰恰印证了盗窃罪在保护所有权的同时保护占有的主张。侵占罪仅仅侵犯了所有权,而盗窃罪不仅侵犯所有权而且侵犯占有,法益侵害程度更高,因此法定刑设置也较重。不过,通说仍然认为,法定刑的高低并不说明问题,法定刑的设置并不仅仅与法益侵害相关,还可以与立法者的其他刑事政策考虑相关。(参见Joachim Vogel, Leipziger Kommentar zurn StGB, 12. Aufl., Vor § 242, Rn. 60.)

[2] 例如我国学界部分主张所有权说的观点认为,对所有权个别权能的侵害即可成立财产犯罪。(参见 高铭暄、马克昌主编:《刑法学》,中国法制出版社2007年版,第588页;齐文远主编:《刑法学》,北京大学出版社2007年版,第540页。)由此推论,侵害所有权的使用权能的使用盗窃行为也可以成立财产犯罪。这与理论上通常要求用非法占有目的来排除使用盗窃的可罚性的观点是相矛盾的。由此可见,即便都被称为"所有权说",德国理论与我国理论也存在较大的差异。

[3] 关于三种理论的介绍参见 Wolfgang Ruß, in: Leipziger Kommentar zurn StGB, 11. Aufl., Bd. 6, 2005, § 242, Rn. 47 ff; Joachim Vogel, Leipziger Kommentar zurn StGB, 12. Aufl., Vor § 242, Rn. 136 ff; Albin Eser, in: Schönke/Schröder Strafgesetzbuch, 27. Aufl., 2006, § 242, Rn. 48 ff.

[4] 成分理论与价值理论在对具体问题的处理上各有局限性,成分理论处理不了拿走电池耗尽电量后归还的行为的可罚性,而价值理论处理不了拿走无价值之物的可罚性。因此最高法院在判例中将二者结合起来形成了所谓综合理论,即领得的对象既可以是物本身也可以是物之价值。

却最接近盗窃罪的侵犯所有权本质。[1] 而价值理论与综合理论均将物的价值(Sachwert)作为领得对象(或其中之一),不法领得目的就存在滑向不法获利的目的的危险,不仅违背了立法者明确区分不法领得与不法获利的条文字面含义,存在违反罪刑法定的问题,而且也背离了盗窃罪的侵犯所有权本质。[2] 为了保证自己的主张在适应实践处罚需要的同时符合盗窃罪的体系定位,价值理论与综合理论就需要对物本身所体现的价值(lucrum ex re)与通过对物的处分所实现的财产价值(lucrum ex negotio crum re)进行区分,并将领得对象限制在前者的范围内[3]。

由此可见,德国盗窃罪保护法益与不法领得目的解释之间互为表里的关系,在借鉴德国理论对盗窃罪不法领得概念解释时尤其值得注意的是,关于不法领得对象的三类理论只有在盗窃罪保护法益是所有权的前提下才是有效的。三者能否用来解释我国的非法占有目的概念,取决于我国刑法中的侵犯财产罪是否也以物之所有权作为保护法益。如果侵犯财产罪的保护法益并不限于所有权,将领得的对象限于物的成分不仅在实践中存在明显的局限性,也缺少教义学上的正当性。而对于价值理论与综合理论而言,既然保护法益不限于所有权,那么它们也再无必要绞尽脑汁提出标准对物之价值进行限定。失去侵犯所有权立场的盗窃罪的主观目的,即便仍然使用"不法领得"这一语词,其具体内容实际上也与"不法获利"无异。因此,在讨论盗窃罪以及其他财产犯罪主观目的之前,财产犯罪的保护法益是必须首先进行检讨的问题。

(二) 日本模式:处于本权说与占有说之间的扩张的不法领得意思

相比于《德国刑法》在第 242 条盗窃罪中明文规定的不法领得意思而言,日本刑法语境下的不法领得意思不仅是一项不成文的构成要件要素,而且在内涵上也比德国意义上的不法领得概念要宽泛地多。最为显著的是对于排除意思的理解,德国法上的排除意思指的是排除所有权人(Enteignung),而日本通说所认为的排除意思,则是排除权利人。同样地,利用意思则从居于类所有权人的地位对财物进行积极利用(Aneignung)变成了按照

---

[1] 因而有许多学者宁可在成分理论内部寻找变通例如提出功能性的成分理论(funktionale Substanztheorie),而不愿意转而采取价值理论或综合理论。(参见 Kai Ensenbach, Reichweite und Grenzen der Sachwerttheorie in §242, 246 StGB, ZStW 124(2012), S. 343 - 373.)

[2] Urs Kindhäuser, Nomos Kommentar zum StGB, 4. Aufl., 2013, §242, Rn. 76 ff. 按照价值理论的观点,对物的使用价值也可以成为领得的对象,那么这样一来使用盗窃也就无法通过不法领得目的来排除在盗窃罪构成要件之外。这是背离立法者设置不法领得目的的初衷的。而综合理论只是价值理论与成分理论的拼接,在综合理论的内部,物的成分并不能对物的价值构成限制,因此价值理论有的问题,综合理论同样存在。

[3] Albin Eser, Zur Zueignungsabsicht beim Diebstahl, JuS 1964, S. 477, 481; Hans-Joachim Rudolphi, Der Begriff der Zueignung, GA 1965, S. 33, 38 ff; Karl Heinz Gössel, Über den Gengenstand der strafbaren Zueignung und die Beeinträchtigung von Forderungsrechtn, GA 140 Jahren, S. 39 ff.

物的经济用途进行利用或处分。[1]很显然,权利人可以是任何财产权利人,在外延上要广于所有权人。而按照物的经济用途进行利用的也比居于类似所有权人地位进行的利用要宽泛得多。

德日理论之所以在不法领得目的的问题上存在差异,是因为在日本刑法理论中,即便是偏于保守的通说也认为盗窃罪以及其他财产犯罪所保护的并不限于所有权,而及于其他本权(即本权说)。[2]因为盗窃罪不仅是侵犯所有权的犯罪还是侵犯其他财产权利的犯罪,所以不成文的不法领得意思的解释基点也就从侵犯所有权变成了侵犯财产权利。既然以盗窃罪为中心的财产犯罪保护法益从所有权扩张到本权的过程中,不法领得意思的解释已经受到了一定程度的影响。那么,在保护法益从本权扩张到占有的过程中,不法领得意思的理解又会发生何种变化呢?这一问题在日本理论中并没有得到系统的讨论。事实上日本关于本权说与占有说整个争论都没有全方位地落实到盗窃罪构成要件构造和解释之中,而是直接用保护法益来讨论具体案件中行为可罚性的结论,将讨论局限在了所有权人取回自己财物、盗窃违禁品和盗窃盗赃案件的结论上。正如我国学者所指出的那样,这种讨论将法益与构成要件检验相混淆因而是无效的。[3]

关于财产犯的法益是所有权还是占有的讨论只有经由构成要件的检验才能够最终在具体事例的结论上产生不同的影响。而占有说究竟对于盗窃罪构成要件的解释产生何种影响,日本理论中对此的讨论并不充分。从占有说认为只要侵害占有就可以成立盗窃罪为前提来进行推演,这一观点在构成要件层面至少会存在以下三点影响:

其一,他人之物包括了他人占有之下的自己之物,这为《日本刑法》第242条的特殊规定所明文认定的,他使所有权人取回自己之物的行为成立盗窃罪成为了可能。这是日本理论上用来支持占有说的最有力的法条依据,也是本权说与占有说之争唯一落实到构成要件层面的地方。从法条字面来看占有说居于更为有利的地位,而本权说则力图从通过保护法益对他人占有之物的范围进行目的性限缩,将《日本刑法》第242条的他人占有之物限于有权占有的情形。但是在法益论上主张占有说对于构成要件的影响并不限于这一点。

其二,既然侵害占有就可以成立盗窃罪,那么盗窃罪自行为人开始破坏占有之时其就已经实现了其不法内涵达到既遂,甚至无需等到行为人建立起新的占有之时。这样一来,盗窃罪的既遂时点也就大幅度前移,这不仅不符合人们对于盗窃罪的一般认知,在刑事政策上来

---

[1] 德国刑法上对于不法领得概念的一般理解参见 Joachim Vogel, Leipziger Kommentar zum StGB, 12. Aufl., vor § 242, Rn. 132 ff. 关于领得概念(Zueignung)与盗窃罪客观构成要件拿走(Wegnahme)之间的逻辑关系参见 Maiwald Manfred, Der Zueignungsbegriff im System des Eigentumsdelikt, 1970. 关于日本刑法判例和理论通说对于不法领得(非法取得)意思的理解,参见[日]山口厚:《刑法各论》,王昭武译,中国人民大学出版社2011年版,第229-230页。

[2] 参见[日]西田典之:《日本刑法各论》,刘明祥、王昭武译,中国人民大学出版社2007年版,第118页。

[3] 车浩:《占有不是财产犯罪的法益》,《法律科学(西北政法大学学报)》2015年第3期,第125页。

看也缺少正当性。

其三，与本文所讨论的主题相关，既然只要侵害占有就可以成立盗窃罪，不法领得意思对于盗窃罪的成立就是没有必要的。唯其如此，所有权人取回自己之物的行为才可能成立盗窃罪。否则，就会如车浩教授所指出的那样，就算取回自己之物的行为能够该当盗窃罪的客观构成要件，所有权人也会因为不具有主观的不法领得意思而排除盗窃罪的主观构成要件，最终取回自己之物成立盗窃罪的结论也仍然无法成立。[1]

综上所述，占有说除了在客观构成要件层面扩张"他人之物"的概念之外，还必须在主观构成要件层面放弃传统理论向来所坚持的不法领得意思必要说。例如在保护法益层面主张占有说的大塚仁教授在盗窃罪的构成要件层面主张不法领得意思不要说，他在盗窃罪保护法益和构成要件两个层面上的观点是一以贯之的，在逻辑上是可以自洽的。[2]与之相反，其他主张占有说同时又认为不法领得意思仍然有必要的观点存在自相矛盾的问题，这些观念中或是在法益层面偏离彻底的占有说而倒向本权说，或是在不法领得意思内容上存在扩张解释的倾向，从占有说的立场上试图去解释不法领得意思，最终会导致不法领得意思概念流于空泛甚至最终崩溃。

（三）小结

财产犯罪的主观目的设置及其解释与财产犯罪的保护法益之间存在密切的联系。德国理论在盗窃罪构成要件中所展开的对不法领得目的的讨论与盗窃罪的侵犯所有权本质是互为表里密切相连的。而日本理论虽然围绕盗窃罪的保护法益在本权说与占有说之间展开了激烈的争论，但这种争论却没能系统地落实到构成要件层面，影响了对盗窃罪的构成要件进行充分解释的发挥。日本刑法理论尤其没能注意到在扩张盗窃罪保护法益的同时，盗窃罪主观的不法领得意思所发生的改变。在分论中主要受到日本理论影响的我国学界，在讨论非法占有目的的解释时，同样也没能充分地与盗窃罪的保护法益相结合，导致非法占有目的在实践中缺少统一的判断标准。这对于建立一个符合我国刑法文本和实践语境的财产犯罪教义学而言是不利的。

---

[1] 车浩：《占有不是财产犯罪的法益》，《法律科学（西北政法大学学报）》2015年第3期，第125页。但文中在分析取回自己之物这一行为可罚性时却已经有意或是无意地采用了德国刑法理论中的盗窃罪教义学。如前所述，德国现行法下的盗窃罪是侵犯所有权的犯罪，不法领得是对所有权的全面侵犯，因此所有权人自身不可能存在对自己的所有权的不法侵害意思。但是如前所述，德国对于盗窃罪构成要件的解读是在盗窃罪保护的法益是所有权这一基本理解之上展开的：盗窃罪是侵犯所有权犯罪，所以不法领得意思才被解读为对所有权的全面侵犯。所有权人主观上具有不法地侵害自己所有权的意思在逻辑上是不能成立的，所以该行为也就不该当盗窃罪的构成要件。因此，虽然占有说确有混淆法益判断和构成要件检验的问题，但是用德国的盗窃罪教义学模型来反驳占有说在取回自己之物事例中的结论并没有命中占有说的要害，而仅仅是德国立法下的所有权说立场的自我重申。

[2] ［日］大塚仁：《刑法概说（各论）》，冯军译，中国人民大学出版社2009年版，第201页以下。但是他试图通过使用盗窃行为并没有侵害占有来解释这类行为不可罚的结论并不成功。在笔者看来，从大塚仁教授的观点出发，是无法在构成要件层面实现来排除使用盗窃行为该当盗窃罪构成要件的，而只能在违法性层面诉诸可罚的违法性理论来实现对处罚范围的限制。

四、我国财产犯罪保护法益与非法占有目的的解释

在缺少法条明文规定的情况下,侵犯财产罪是否需要主观目的以及只能根据财产犯罪所保护的法益来加以确定,但反过来,具体财产犯罪究竟保护何种法益,是公共或是个人的整体财产还是个别物的所有权,应当根据法条的规定才能进行判断。然而对于这一问题,我国刑法条文所给出的思考线索却十分有限。下文尝试从这些有限的条文线索中对我国刑法所保护的财产法益,以及在此基础上如何解释财产犯的主观目的进行一些推导。

(一) 从现行法规定出发,我国财产犯罪保护法益是一元的

首先,现行《刑法》对于第五章侵犯财产罪采取了简单罪状的设置方式,因此难以从个罪具体条文表述中推断出个罪的保护法益。[1] 但是从本章标题来看,第五章下罪名的保护法益应当是共同的,即财产。[2] 这种设置方式接近于《瑞士刑法典》的规定,而与德国的二元模式大相径庭。立法者在保护法益上采取了一元论的观点,因此在解释上认为不同的财产犯罪具有各自不同的保护法益,甚至具有范围不同的行为客体的观点是难以成立的。既不能认为我国刑法与德国刑法一样对财产犯罪区分了侵犯个别财产权利的犯罪与侵犯整体财产的犯罪,也不能认为,与日本刑法一样,我国刑法上的盗窃罪与诈骗罪的对象范围是不同的。[3] 因此理论上也应当从一元的财产法益出发来解释刑法第五章下的侵犯财产罪,以及其他分布在其他章节中的特殊罪名(例如金融诈骗罪)。[4]

(二) 财产犯罪的保护法益不是占有

本文认为,在财产犯罪的保护法益及其构成要件设置上,立法者拥有最终的决定权。这意味着,并不存在超越国界的、普遍的财产犯罪保护法益,也不存在超越国界的、普遍的财产犯罪主观目的。立法者有权力决定本国刑法中的财产犯罪以何种范围的财产性利益为保护目标。因此,德国刑法将盗窃罪的保护法益限定在所有权的做法有其自身的法律文化传统的、社会的、历史的根源,并不代表这种做法本身具有普适的正当性。对于中国刑法上的财产犯罪的保护法益,他国立法例只具有借鉴意义而没有正统性。《刑法分则》所具有的这种地方知识性似乎意味着,立法者也可以将占有作为财产犯罪的保护法益。然而这种观点也是错误的。尽管立法者可以出于不同的刑事政策考虑而对财产犯罪保护法益范围划定界限,但占有并不能被纳入考虑范围内。

---

[1] 例如《德国刑法》第242条盗窃罪中对不法领得目的的规定,可以推断出盗窃罪的保护法益是所有权。而第263条诈骗罪以财产损害为要件,则体现了诈骗罪的保护法益是整体财产。

[2] 参见 张明楷:《财产性利益是诈骗罪的犯罪对象》,《法律科学(西北政法大学学报)》2005年第3期,第72-82页。

[3] 同上文,文中认为,财产性利益是诈骗罪的对象,但不是盗窃罪的对象。因此二者的对象范围有所不同。

[4] 至于这种一元论本身是否具有合理性,已经不是解释论层面能够回答的问题,而必须在立法论层面进行探讨。牵强地从解释论对这种一元论进行改造从罪刑法定角度看是存在疑问的。

反对占有说的理由既不在于，从占有说的立场将会推导出对盗窃罪构成要件的颠覆性影响（例如放弃不法领得意思）。因为如何设置具体罪名的构成要件、如何决定具体构成要件的保护目的和范围是一个立法者的选择问题，并不能因为日本的占有说对盗窃罪构造的理解与作为原型的德国式盗窃罪构造存在冲突就认为日本学者的主张是错误的。反对占有说的理由也不在于，占有说混淆了法益与构成要件。[1] 对法益与构成要件的混淆是日本关于财产犯罪保护法益所展开的整个争论所共同存在的问题，不仅是占有说，本权说也同样存在这一问题，这并不能构成对占有说的有效批评。

　　反对占有说的真正理由在于，是因为占有即便被认为是应当受到法律保护的利益，这种利益也不具有财产的属性。占有不是一项财产性的利益，如果单纯的侵害占有就能成立盗窃罪，那么盗窃罪也就失去了作为财产犯罪（无论是它是侵害所有权的犯罪还是侵害财产性利益的犯罪）的本质属性。因此与车浩教授在《占有不是财产犯罪的法益》一文的论证不同，本文以为，占有是不是法益是立法者选择的问题，立法者当然可以设置一个专门用来保护占有这种事实状态的构成要件，只是占有并不具有财产属性的，保护占有的构成要件也难以归入财产犯罪的范畴。

　　从法制史的角度来看，单纯的侵害占有行为就可以成立盗窃罪而受到刑罚处罚的做法来自于古代日耳曼法传统。然而在日耳曼法传统中，盗窃罪并不是一项侵犯私法益犯罪，而被视为是侵害公共安宁秩序（Friedenbruch）的犯罪。占有，即便是无权占有，作为一种纯事实性的对有体物的控制支配状态，由于代表着安宁的公共秩序而被认为是值得法律保护的。[2] 现行《德国刑法》第 242 条所规定的盗窃罪构造是融合了罗马法与日耳曼法两方面传统的产物，客观面上拿走行为中存在对占有的破坏，是对日耳曼法的继承；主观面上的不法领得目的体现对所有权的侵害，则是罗马法传统的体现。[3] 在德国理论中，对于许多认为现行的盗窃罪构成要件在保护所有权的同时还保护占有[4]的学者而言，盗窃罪的这一日耳曼法传统仍然是支持其观点的重要历史根据。

　　时至今日，在构成要件解释层面上对于占有（Gewahrsam）的解释也往往要回溯到社会

---

[1] 车浩：《占有不是财产犯罪的法益》，《法律科学（西北政法大学学报）》2015 年第 3 期，第 125 页。

[2] 现代刑法上将占有视为独立法益的始于韦尔策尔。与其对占有概念的理解相应，韦尔策尔认为，占有本身意味着一种外部的安宁状态，这种事实上的、外部的安宁状态具有独立于所有权的要保护性。韦尔策尔在文章中指出，占有这个概念在词源上源于古德语上的 Gewere 一词，古日耳曼法上 Gewere 意味着外部的公共秩序，其本身就具有独立的保护价值。Hans Welzel, Der Gewahrsamsbegriff und die Diebstähle in Selbstbedienungsläden, GA 1960, 257, 264. 关于这一问题的具体阐述，参见 徐凌波：《存款占有概念的解构与重建——以传统财产犯罪解释为中心》，北京大学 2014 年博士论文第五章。

[3] Joachim Vogel, Leipziger Kommentar zum StGB, 12. Aufl., Vor § 242, Rn. 13 ff. 然则罗马法上对于盗窃罪的理解仍然是居于主导地位的，因此盗窃罪被视为是侵犯所有权的犯罪，不法的核心在于主观的不法领得意思，客观的侵害占有甚至并不体现任何不法内涵。即便是在主张占有也被视为法益受到保护的观点中，侵害占有的不法内涵在盗窃罪中仅居于次要的地位。

[4] Joachim Vogel, Leipziger Kommentar zum StGB, 12. Aufl., Vor § 242, Rn. 59 ff.

安宁秩序。[1] 德国理论和实践中通行的事实—社会性占有概念中,通常将占有理解为一种禁忌领域(Tabubereich)。在禁忌领域的划定中[2],社会秩序与社会日常交往观念具有决定性的意义。这一观念也部分地为我国学者所接受,例如车浩教授对扒窃进行解释时,引入了贴身禁忌的概念,认为这种贴身禁忌表明的是对他人身体隐私的尊重。[3] 因此人的身体作为一个独立的占有领域,正是这种贴身禁忌的外在表征。从他人的贴身衣物中拿走财物的扒窃行为当然是对他人的身体领域破坏,但这种破坏是对贴身禁忌的不尊重,而不能完全还原为对他人财产利益的侵害。由此可见,在占有的背后不仅仅是财产性利益,也包含了由各种社会交往观念所组成的内容广泛的社会秩序。占有即便作为法益得到承认,也并不是作为财产法益得到承认。单纯的侵犯占有仅仅是对公共安宁秩序的侵犯。如果单纯的侵犯占有就能构成盗窃罪,那么盗窃罪也就不再是财产犯罪而是公共秩序犯罪。同理,其他财产犯罪亦是如此,更何况在其他财产犯罪中甚至并不会出现占有这一要件。[4]

日本理论中,主张占有说的观点将禁止私力救济的考虑作为论证的根据,但是禁止私力救济只是一项出于维护公共秩序(司法秩序)的考虑而发布的禁令,如果财产所有权人只是违反了禁止私力救济禁令就能够成立盗窃罪,那么盗窃罪也就变成了实现公共利益的公共犯罪。将禁止私力救济作为占有说的根据也从侧面印证了占有即便是一项利益也不具有财产的属性。占有说的主张者认为,通过对于占有的保护能够更好地实现对所有权乃至其他财产权利的保护。[5] 但这并不能证明占有是一项具有财产属性的利益。事实上,占有与各种财产性利益之间的关系类似于超个人的公共法益与个人法益之间的关系,通过保护公法益(例如社会主义市场经济秩序)才能最终更好地保护各种私人法益(人民群众的生命财产安全等)。但这并不改变公法益本身的性质。同理,虽然通过保护占有能够有效地保护财产,但这并不能当然地认为占有本身是一种财产属性的利益。即便将占有理解为外部的事实上的财产秩序[6],财产秩序也并不能等同于财产本身而具有公共利益的性质。

盗窃罪既然被定位为财产犯罪,所保护的便是具有财产属性的利益。不同国家的立法者固然可以通过法条的规定进一步对所保护的财产性利益范围进行各种的限制,但是一旦将非财产性利益的占有作为了盗窃罪的保护法益,盗窃罪也就彻底偏离了财产犯罪的基本立场。所以在德国理论中,虽然也有承认占有是法益的主张,对占有的保护也只是对所有权

---

[1] Walter Kargl, Gewahrsamsbegriff und elektronische Warensicherung, Anmerkung zum BayObLG, NJW 1995, 3000, JuS 1996, S. 973 f.

[2] 国内关于占有的规范性解读,参见 车浩:《占有概念的二重性:事实与规范》,《中外法学》2014年第5期,第1180-1229页;马寅翔:《占有概念的规范本质及其展开》,《中外法学》2015年第3期,第739-766页。

[3] 车浩:《"扒窃"入刑:贴身禁忌与行为人刑法》,《中国法学》2013年第1期,第114-130页。

[4] 车浩:《占有不是财产犯罪的法益》,《法律科学(西北政法大学学报)》2015年第3期,第123页。

[5] [日]牧野英一:《日本刑法通义》(第一版),陈承泽译,中国政法大学出版社2003年,第216页。

[6] [日]西田典之:《日本刑法各论》,刘明祥、王昭武译,中国人民大学出版社2007年版,第118页。该文将本权说与占有说的对立理解为是维护私法上的正当权利关系还是保护事实上的财产秩序。

进行保护的附庸,德国语境下的占有说绝没有与所有权说相对峙的资格和能力。[1]《日本刑法》第242条的规定将他人之物扩展为他人占有之下的自己之物,且没有明文规定不法领得意思,都表现出了强烈的将占有视为财产犯罪保护法益的倾向,学理上占有说、平稳占有说也获得不少的支持。这些都表明,日本理论在继受的过程中不仅彻底误解了德国占有说的基本主张也并没能真正了解德国盗窃罪的教义学传统。甚至在笔者看来,日本刑法通说之所以要坚持不法领得意思作为盗窃罪的不成文构成要件要素,甚至是占有说的主张者也自相矛盾地认为不法领得意思是必要的,这其中的根本动因并不是表面上所提及的使用盗窃不可罚、区分盗窃与毁弃罪这样缺少说服力的理由,而是只要恢复盗窃罪作为财产犯罪的尊严。

(三) 我国现行刑法下的财产犯罪保护法益是公共财产与公民的个人合法财产

如前所述,按照我国《刑法》第五章标题的字面含义,盗窃罪、诈骗罪的共同保护法益是财产,但是如何界定财产的范围,第五章标题以及其下条文都因规定过于简单而难以提供可供推论的线索。我国立法者将受到刑法保护的财产范围规定在刑法总则第91、92条之中,这两条规定应当成为我国在讨论财产犯罪保护法益最为重要的法条基础。

理论上关于财产犯罪保护法益的争论主要是在所有权说与对所有权说的批判[2]之间展开的。在对两种观点进行选择之前,首先应当明确的是,所有权说中的所有权指的是什么。这个问题看似无意义,实际上却有助于厘清围绕财产犯罪保护法益所展开的争讼的焦点。仔细分析《刑法》92条的规定就会发现,我国刑法意义上的公民所有财产与物权法意义上的所有权在内涵和外延上存在不一致。按照《刑法》第92条的规定:公民合法所有的财产包括了(一) 公民的合法收入、储蓄、房屋和其他生活资料;(二) 依法归个人、家庭所有的生产资料;(三) 个体户和私营企业的合法财产;(四) 依法归个人所有的股份、股票、债券和其他财产。而《物权法》第64条对所有权的界定则是:"私人对其合法的收入、房屋、生活用品、生产工具、原材料等不动产和动产享有所有权。"两条规定的分歧是明显的,以公民的个人存款为例,《刑法》第92条将公民储蓄纳入受刑法保护的公民私人所有财产,而在民法上

---

[1] 占有说与所有权说的争论也仅仅只是在解释《德国刑法》第247条亲属相盗特殊规定中的"被害人"范围问题上存在现实的意义。参见 Urs Kindhäuser, Nomos Kommentar zum StGB, 4. Aufl., 2013, Vor § 242 ff, Rn. 3.

[2] 这里并没有采取本权说与占有说、所有权说与占有说这样的对立作为讨论的框架,尽管这为理论通常所采用。(参见 于志刚,郭旭强:《财产罪法益中所有权说与占有说之对抗与选择》,《法学》2010年第3期,第63-75页;陈洪兵:《财产罪法益上的所有权说批判》,《金陵法律评论》2008年春季卷,第136-142页。)批判所有权说与支持占有说是两个独立的命题并没有必然的关联,他们各自有独立的论证根据。对占有说的否定并不必然意味着支持所有权说。部分占有说的观点以所有权说保护范围过窄,刑法应当将股权、债权也应当纳入保护范围之内,错误地把上述两个命题混为一个命题,导致在论证上完全混淆了焦点。

公民储蓄则被理解为公民对银行的存款债权。[1]

如果所有权说是以《刑法》第92条的规定作为保护范围，那么对所有权说的批判是缺少针对性的。因为对所有权说的批判集中在，所有权说的保护范围过于狭窄，不保护其他的财产权利以及其他形式的财产性利益并不符合现代社会经济生活的现状和发展趋势，而这些批评是以物权法所定义的所有权概念为基础的。

如果所有权说是以物权法所定义的所有权为理解的基础，将侵犯财产犯罪仅仅理解为对物的占有、使用、收益和处分权能的侵犯，那么我国的侵犯财产罪的保护法益十分接近德国的领得罪（盗窃、抢劫、侵占），采取这种理解虽然的确便于对德国刑法盗窃罪教义学的继受，进而在解释非法占有目的时似乎也能直接采用德国对不法领得意思的理解。然而，将刑法保护的财产范围限定在物权法意义上的所有权，这不仅与《刑法》第92条对受刑法保护的财产犯罪不一致，而且也的确存在保护过窄的问题。对于德国刑法而言，由于不同的财产犯罪构成要件对于财产法益的保护范围是不同的，即便侵犯所有权犯罪确实存在保护狭窄的问题，也仅仅只是导致这些构成要件在实践中的意义显著萎缩。[2] 其他侵犯整体财产的构成要件（诈骗罪、计算机诈骗罪、勒索罪、背信罪等）仍然能够在保护范围上起到一定的补充作用。而我国财产犯罪的保护法益则是一元的，不仅是盗窃罪，而且诈骗罪的保护法益都被局限在了所有权上，这种限制是全局性的，确实会存在过大的处罚漏洞。

从尊重《物权法》对所有权的定义来看，《刑法》第92条的规定的确存在修改的必要，以该条规定作为财产犯罪保护法益范围的观点也并不能被称为"所有权说"，而更为接近德国刑法上的法律财产说，即以受到法律保护的经济利益作为保护的对象。司法实践中将不法利益（例如违禁品）也作为纳入到财产犯罪保护法益范围内的做法，与该条规定不符，因而存在违反罪刑法定的疑虑。公民个人所拥有的合法财产权利，既可以单独作为个别财产权利加以保护，也可以将其视为一个整体，作为整体财产加以保护。后一种理解更符合我国司法实践处理财产犯罪的基本逻辑，即重视实际发生的财产损害，在罪量的计算上并不考虑不同财产权利在形式上的不同，而更为关注财产价值的累积叠加。基于上述考虑，本文认为，我国刑法中财产犯罪的保护法益是以第92条为范围的整体财产。

（四）我国刑法下的非法占有目的

从以上对于我国刑法侵犯财产犯罪保护法益的分析出发，对于我国刑法中财产犯罪的

---

[1] 这种刑法和民法之间的脱节是历史原因造成的。早期的民事规定认为公民存款的所有权是归储户所有的。例如《民法通则》第75条规定："公民的财产，包括公民的合法收入、房屋、储蓄、生活用品、文物、图书资料、林木和法律允许公民所有的生活资料和其他合法财产。"而1993年中国人民银行《关于执行〈储蓄管理条例〉的若干规定》第1条规定："储蓄存款是指个人所有的存入中国境内储蓄机构的人民币或外币存款。"第3条强调："国家宪法保护个人合法储蓄存款的所有权不受侵犯。"然而随着民法物权理论的研究深入，存款的所有权被认为归属于银行，公民只享有对银行的债权。这一点最终在2007年的《物权法》上得到了认可。然而刑法的规定并没有做出相应的修改，而是延续了过去术语习惯。可以说，《刑法》第92条的规定只是早已过时的民法规定的残留，并不是刑法独立性的体现。

[2] 随着所有权在现代财产体系中的意义下降，以所有权为保护目标的相关构成要件的适用也发生了萎缩。参见 Joachim Vogel, Leipziger Kommentar zum StGB, 12. Aufl., Vor § 242, Rn. 2 ff.

主观目的应当采取如下观点：

其一，既然占有不是财产犯罪的保护法益，单纯侵害占有的行为不应作为侵犯财产犯罪进行处罚，所以盗窃罪在故意之外要求一定的主观目的是必要的。但这种主观目的是否是非法占有目的、非法占有目的是否是所有财产犯罪共同的目的、如何解释非法占有目的、能否按照德日理论上的不法领得意思来解释非法占有目的则存在疑问。

其二，诈骗罪与盗窃罪的保护法益是一元的，在缺少立法明文规定的情况下，宜认为二者也具有相同的主观目的，并采取相同的解释标准。若要对盗窃罪的成立范围进行限缩，最为妥善的方式仍然是改变现有的简单罪状的立法模式，对财产犯罪的主观目的和其他构成要件要素予以明确规定。对诈骗罪与盗窃罪的主观目的作不同的解释，则是缺少法条根据的。

其三，从现有的条文出发，尤其是《刑法》第92条对于公民合法财产的界定，我国刑法侵犯财产犯罪所保护的财产法益都不应限制在现代物权意义上的所有权，而应作为整体的合法财产。这种理解与现代社会经济生活的发展趋势，尤其与所有权在整个财产秩序中地位的下降相符合。因此，德国式的不法领得目的无法对应于我国刑法中的非法占有目的。

其四，从侵犯整体财产犯罪的立场出发，我国刑法中的非法占有目的在具体内容上也更为接近于明确规定在《德国刑法》第263条诈骗罪以及瑞士刑法的侵害财产罪中的不法获利目的，而非德国刑法第242条盗窃罪的不法领得目的。

将非法占有目的解释为不法获利目的最为贴近目前的司法实践，例如所有权人取回被公权力机关扣押的自己之物的事例，通说观点认为可罚性取决于行为人是否进行索赔[1]，这一观点实际上已经将非法占有目的理解为不法获利目的，即将行为人通过拿走的财物所实现的非法价值也作为非法占有目的的内容。反对观点则认为，通过索赔获取的利益并不是财物本身"内在的、先天固有的价值"，因此不属于非法占有目的的对象。[2] 这一观点虽然符合德国对于盗窃罪不法领得目的的理解，但正如前文对德国关于不法领得目的的对象的介绍，之所以要将领得对象限制在财产本身所体现的价值之内，是因为盗窃罪是所有权犯罪。既然在我国的语境下，盗窃罪的财产犯罪均不以保护所有权为限，那么对财物价值进行区分并限制也便失去了根据。[3]

---

[1] 参见 叶文言、叶文语等盗窃案，《刑事审判参考》2005年第2辑（总第43辑）[第339号]；陈兴良：《规范刑法学》，中国人民大学出版社2008年版，第755页；于志刚、郭旭强：《财产罪法益中所有权说与占有说之对抗与选择》，《法学》2010年第3期，第66页。

[2] 参见 车浩：《占有不是财产犯罪的法益》，《法律科学（西北政法大学学报）》2015年第3期，第131页。

[3] 应当注意的是，即便将非法占有目的解释为不法获利目的，行为人也只有在行为时就具有通过索赔获利的目的才能够成立盗窃罪。从罪疑从无原则的角度来看，在无法证明事前就已经存在获利目的的情况下，仍然可以否定盗窃罪的成立。在这种情况下，事后的索赔行为可以符合诈骗罪的主客观构成要件。

其五,非法占有目的的表述不仅容易与客观上作为事实支配状态意义上的占有相混淆[1],其字面意思也与不法获利意思相去甚远,因此最妥善的解决方法是在立法上放弃现有的非法占有目的的表述,转而采取更为清晰明确的术语。

五、结　　论

1. 在分则具体构成要件要素解释上的机械的拿来主义并不可取。财产犯罪的保护法益与主观目的设置并没有超越国家的、必然且普适的定论。立法者有权基于不同的刑事政策和立法技术考虑设置财产犯罪的保护法益及其具体构成要件。

2. 财产犯罪的主观不法要素设置及其解释与财产犯罪所保护的法益之间是互为表里的关系,在缺少法条明文规定的情况下,财产犯罪是否需要故意之外的主观目的、如何解释这一主观目的,这一问题需要与财产犯罪的保护法益联系起来进行论证。然而缺少坚实的条文基础始终会对解释构成障碍。简单罪状固然为学理上对他国理论的继受提供了广阔的空间,但过于广阔的解释空间是法律缺少明确性的体现,存在违背罪刑法定的危险。

3. 根据《刑法》第91、92条对于财产的界定应当认为我国刑法财产犯罪所保护的法益是作为整体而存在的公民合法财产,既不是所有权也不是占有。因此非法占有目的虽然是必要的,却不能用德日刑法中的不法领得目的概念加以解释,其在内涵上更接近于德国刑法、瑞士刑法中的不法获利目的。

---

[1] 在讨论占有概念时往往需要对刑法上占有概念的三重含义进行分析(例如车浩:《占有概念的二重性:事实与规范》,《中外法学》2014年第5期,第1182页;徐凌波:《论刑法上的占有》,陈兴良主编:《刑事法评论》2009年第25卷,第468-489页),这极大地增加了理论讨论的成本。

盗窃罪立法之比较[*]

夏 勇[**]

盗窃罪是最古老最普遍的财产犯罪。然而,盗窃罪的构成该如何把握?至今并不是一件很容易的事情。我国近年轰动一时的许霆案件,就曾在盗窃罪认定问题上引发极大争议,折射出学界对该罪认识的局限性。因此,对不同刑法盗窃罪的相关规定加以比较,有助于深化对该罪的理解。

一、盗窃罪与其他财产犯罪之间的立法布局关系

关于盗窃罪,各地刑法存在着共识:以永久占有(或剥夺)他人财产为目的而非法将他人控制下的物品转为己有的行为。也就是说,这样的行为在任何立法者制定的刑法中都是盗窃罪的基本部分。这种共识反映了人类关于盗窃罪的基本观念。然而,各地刑法规定的盗窃罪也存在着诸多不同内容,这些内容往往涉及盗窃罪与其他侵犯财产罪的界限,因此,考察这些内容,明确盗窃罪与其他财产犯罪之间的立法布局关系,便成为界定盗窃罪不可或缺的环节。

英国历史上,最早的侵犯财产罪是盗窃罪(theft)和抢劫罪(robbery),均为普通法上的重罪。theft 又称 larceny,即行为人以永久剥夺他人对财物的占有为目的,非法取得和拿走他人财物。(The unlawful taking and carrying away of someone else's personal property with the intent to deprive the possessor of it permanently.[1])这显然是符合上述共识的基本意义上的盗窃罪,如果借用狭义和广义的盗窃罪概念区分[2],应属狭义的盗窃罪。后来,为了适应保护财产权的实践需要,英国国会以制定法将过去只是民事违法行为的 embezzlement(侵占)和 false pretenses(欺骗)规定为犯罪。[3]"但是,由于这三个罪在某些基本要件方面的重叠交叉和细微差别而产生了不少界限难划的棘手问题,增加了司法困难。为了简化司法工作,在五十年代提出了把偷盗、盗用、诈骗三罪合并为一罪,仍用早先的术语'盗窃罪'(theft)的建议。1962 年《模范刑法典》就采用了三罪合一的所谓大盗窃罪概念。……

---

[*] 本文刊于《法治研究》2011 年第 3 期。
[**] 中南财经政法大学刑事司法学院教授、博士生导师。
[1] John M. Scheb & John M. Scheb Ⅱ:"Criminal Law", second edition, 1999, by Wadsworth Publishing Company, pp. 155.
[2] 刘明祥:《财产罪比较研究》,中国政法大学出版社 2001 年版,第 181 页。
[3] John M. Scheb & John M. Scheb Ⅱ:"Criminal Law", second edition, 1999, by Wadsworth Publishing Company, pp. 155.

英国1968年《盗窃罪法》也采取了这种做法。从学术上看，多数学者认为，偷盗、盗用和诈骗三者的区别主要在于民法方面，对刑法和刑事诉讼法并无多大意义。不过，目前多数司法区仍然是三个罪分立。"[1]无论如何，英国1968年《盗窃罪法》和美国一些州的刑法典都采用了相当广义的盗窃罪概念，这种"大盗窃罪"立法自然就包括了 larceny by bailee（对于受委托保管之财物的盗窃）、larceny by extortion 或 theft by extortion（以敲诈勒索方式实施的盗窃）、larceny by trick 或 theft by deception（以欺骗或诡计的方法实施的盗窃）、theft by false pretext（以虚假的借口实施的盗窃）等犯罪。[2]甚至在"不严格的"意义上，robbery（抢劫）"也可以被称为盗窃"。[3]英国1968年《盗窃罪法》给 theft（盗窃）下的定义是："以永久剥夺他人财产的意图不诚实地将他人财产据为己有。"在此，"据为己有"（appropriation）是客观行为，不限于过去的"取得"和"拿走"（taking and carrying away of）；以主观上的"不诚实"（dishonesty）取代了过去要求的"非法"（unlawful），只要行为人自己找不到行为的正当合法根据即可，即便占有财产具有一定的合法性，也可以构成盗窃。可见，上述定义同时适用于狭义和广义的盗窃罪概念。《加拿大刑法典》规定的"侵犯财产权的犯罪"列有盗窃、强盗、敲诈勒索、破门入户、欺诈等罪名，显然与上述"三合一"（偷、骗、占）的大盗窃罪概念有所不同，但该法规定了包括"违反信托罪"（侵占和背信）在内的若干"类似盗窃的行为"，故盗窃罪也不限于狭义概念。[4]《新西兰刑法典》中的盗窃罪也属于这种"二合一"（偷和占）的概念——"盗窃罪是指：（a）行为人没有请求权，意图永久剥夺财物所有人对该财物及其利益的所有权，不真诚地将该财物拿走的行为；（b）行为人没有请求权，在以任何方式持有、控制他人财物后，意图永久剥夺财物所有人对该财物及其利益的所有权，不真诚地使用或处理该财物的行为"[5]。在昆士兰和西澳大利亚两个州制定的现代刑法典的带动下，澳大利亚各州刑法中的盗窃罪早已不用 larceny 的传统表述了，而是用 stealing 来概括广义的各种盗窃罪行——包括诈骗、勒索、伪造账目等。[6]需要指出的是，虽然英美国家的盗窃罪范围很宽，但 theft 并不是侵犯财产罪的代名词，它仅仅涉及贪利占财行为，而不能包括损坏他人财产等破坏类的侵犯财产罪，也不包括抢劫。

相比之下，《德国刑法》规定的盗窃罪则明显倾向于狭义——"盗窃他人动产，非法占为己有或使第三人占有"的行为。并且在规定盗窃罪的同时，一方面，规定了独立的侵占罪，该罪的对象包括动产和不动产，后者是盗窃罪所无法包容的。另一方面，规定了独立的诈骗罪（包括特殊的计算机诈骗、诈骗救济金、诈骗投资、诈骗保险金、骗取货物或入场券、信贷诈骗

---

[1] 储槐植著：《美国刑法》（第二版），北京大学出版社1996年版，第228页。
[2] 参见 "Black's Law Dictionary", Abridged, seventh edition, 2000, by West Group, pp. 710, 1200.
[3] 参见（美）史蒂文·L·伊曼纽尔著：《刑法》（影印本），中信出版社2003年版，第C-77页。
[4] 参见《加拿大刑事法典》，卞建林等译，中国政法大学出版社1999年版，第207-215页。
[5] 参见《新西兰刑事法典》，于志刚，赵书鸿译，中国方正出版社2007年版，第98页。
[6] 参见 Geoffrey A. Flick: Outline of Law in Australia, The Law Book Company Limited, 1979, pp 230-232.

等）、背信罪、恐吓罪（敲诈勒索）。[1]《日本刑法典》和《韩国刑法典》对财产犯罪的规定在内容和形式上都基本类同，都在盗窃罪之外规定了各种诈骗罪、侵占罪、背信罪和勒索罪。[2]类似规定还见于《泰国刑法典》（第337、341、352条）、《奥地利联邦共和国刑法典》（第144、146、153条）、《意大利刑法典》（第629、631、641条）、《瑞士刑法典》（第138、145、146、156条）、《荷兰刑法典》（第317、323、326条）、《丹麦刑法典》（第278、279页）、《挪威一般公民法典》（第255、266、270、275条）、《阿根廷刑法典》（第168、172、181条）等。其中，泰国刑法典明文规定了抢夺罪（第336条），然而，其他刑法典虽然没有规定独立的抢夺罪，并不等于没有规定该罪行，需要具体分析。例如，《丹麦刑法典》所列举的抢劫罪行为中，就有"夺走属于他人之有形物品"[3]；《意大利刑法典》则明文规定了"从他人手中或身上夺走物品"的行为属于盗窃罪的加重情节[4]；《日本刑法典》没有任何这类规定，但从判例实践来看，"所谓'抢了就跑'的行为，虽然是以暴力为手段，但也只应构成盗窃罪。"[5]有学者指出，"由于德国、日本刑法没有单独规定抢夺罪，绝大多数抢夺行为被解释为包含在盗窃罪中。因此，这种包含抢夺行为的盗窃罪还不是最狭义的。而在俄罗斯、中国等国的刑法中，盗窃罪、抢劫罪之外还有一种以公然夺取为特征的抢夺罪，只有这种不包含抢夺行为的盗窃罪才是最狭义的"[6]。其实，《俄罗斯联邦刑法典》、中国《刑法》《泰国刑法典》《越南刑法典》规定的盗窃罪都还不是最狭义的。按照这些法规，破门入室（例如，通过一个不是用于进出的缺口入室；打破门窗或墙壁、地板、屋顶等入室；使用假钥匙或撬锁等破坏工具入室）窃取他人财物的行为仍然属于盗窃罪，但在《西班牙刑法典》和《菲律宾刑法典》中，它们却构成抢劫罪。这两部刑法典都把抢劫罪所要求的"实施强力"分成两种——对物品实施的强力和对他人人身实施的强力——在其他刑法典中，通常只有后者才是抢劫罪，而前者为盗窃罪，把这部分盗窃罪归为抢劫罪，其盗窃罪范围必然更为狭窄。[7]

无论如何，相对于英美法系的刑法，大陆法系的刑法多采用狭义的盗窃罪规定。不过，也不尽然。据介绍，《法国刑法典》所规定的"盗窃罪名的法文原词'vol'有盗窃、偷窃、抢劫之意。"[8]从其盗窃罪的具体规定看，也的确包含了抢劫，即"盗窃之前、同时或者之后，对他人实施暴力"的行为仍然属于盗窃罪，只不过，没有暴力情形的盗窃罪"处3年监禁并科30万法郎罚金"；"对他人实施暴力，未造成完全丧失劳动能力之情形"，"处5年监禁并科50万法郎罚金"；"对他人使用暴力，致其完全丧失劳动能力未超过8天的，处7年监禁并科70万

---

[1] 参见《德国刑法典》，徐久生、庄敬华译，中国法制出版社2000年版，第174-176页，第183-188页。
[2] 参见《日本刑法典》，张明楷译，法律出版社1998年版，第78-80页，《韩国刑法典》，[韩]金永哲译，中国人民大学出版社1996年版，第55-57页。
[3] 参见《丹麦刑法典与丹麦刑事制定法》，谢望原译，北京大学出版社2005年版，第72页。
[4] 参见《意大利刑法典》，黄风译，中国政法大学出版社1998年版，第184页。
[5] [日]西田典之著：《日本刑法各论》，刘明祥、王昭武译，武汉大学出版社2005年版，第118页。
[6] 刘明祥：《财产罪比较研究》，中国政法大学出版社2001年版，第181页。
[7] 参见《西班牙刑法典》，潘灯译，中国政法大学出版社2004年版，第90页；《菲律宾刑法典》，陈志军译，中国人民公安大学出版社2007年版，第106-107页。
[8] 参见《法国刑法典》，罗结珍译，中国人民公安大学出版社1995年版，第102页。

法郎罚金";"致其完全丧失劳动能力超过8天的,处10年监禁并科100万法郎罚金";"致其身体毁伤或永久性残疾的,处15年监禁并科100万法郎罚金";"引起他人死亡或者使用酷刑或野蛮行为的,处无期徒刑"。[1]显然,暴力抢劫只是盗窃罪的加重处罚情形。除了造成伤亡结果的抢劫之外,其他抢劫行为被置于勒索罪之中。"使用暴力、威胁使用暴力或者强制他人签字,以承担或放弃承担义务,或者泄露某项秘密,支付一笔资金,交付有价证券或任何财物之行为,是勒索罪。"[2]因此,《法国刑法典》在规定盗窃罪、敲诈勒索罪、诈骗罪、侵吞罪(法文原词具有侵占、侵吞、挪用、隐匿之意)等,却没有规定独立的抢劫罪,而是由盗窃罪与勒索罪分别包含。包含了抢劫罪的盗窃罪已经不是单纯的狭义概念。类似的规定还有曾主要被法国托管的喀麦隆的刑法典。该法的"侵犯财产罪"中,与侵占罪和诈骗罪等不同,抢劫罪在该法中无独立地位,仅为"加重的盗窃罪"中的"使用暴力的"情形。[3]

盗窃罪立法中,还有一些形式值得注意:(1)转化犯。我国《刑法》规定,犯盗窃罪,为窝藏赃物、抗拒抓捕或者毁灭罪证而当场使用暴力或者以暴力相威胁的,依照抢劫罪的规定定罪处罚。这就是所谓转化犯,即此罪(盗窃等)转化为彼罪(抢劫)。对于这种情况,《日本刑法典》叫做"事后强盗"(第238条),《韩国刑法典》称为"准强盗"(第335条),《德国刑法典》则是"窃后抢劫"(第252条)。转化犯规定还出现在意大利(第628条)、泰国(第339条)、罗马尼亚(第252条)、匈牙利(第321条)、瑞士(第140条)、尼日利亚(第401条)、保加利亚(第198条)、新加坡(第390条)、新西兰(第234条)的刑法典中。有的刑法典并没有规定此种转化犯,也没有将此种情况明文规定为盗窃罪的特殊(加重)情节或者抢劫罪的特殊情况,而是将其当然地包含在抢劫罪的规定中。例如,《阿根廷刑法典》的抢劫罪行有在行为之前实施暴力、行为之中实施暴力、行为之后实施暴力以确保抢劫成功三种情况[4],表明其定义的抢劫行为是以暴力强取,即暴力可以发生在强取之前、之中和之后,那么,一旦行为人在盗窃时被发现,面对被害人或其他人的阻止,要继续取得或拒不退还财物,其行为就变成了强取,为了保证强取财物成功而进一步使用暴力,当然符合抢劫罪的规定。(2)一罪名和多罪名。在侵犯财产的犯罪中,绝大多数刑法典只规定了一个统一的盗窃罪,而有的刑法典则规定了多个盗窃罪名。例如,《朝鲜民主主义人民共和国刑法典》规定了盗窃国家财产罪和盗窃个人财产罪。两罪规定于不同的罪章中,且前者的最高刑罚高于后者。[5]另外,有的刑法典把某种特殊的盗窃行为规定到侵犯财产犯罪之外的罪章,使其成为独立的犯罪——因为这样的罪行更主要的是侵害了其他法益。例如,《俄罗斯联邦刑法典》在危害公共安全的犯罪中规定了盗窃放射性材料罪,盗窃武器、弹药、爆炸物品和爆破装置罪。[6]我国《刑法》也

---

[1] 参见《法国刑法典》,罗结珍译,中国人民公安大学出版社1995年版,第102-104页。
[2] 参见《法国刑法典》,罗结珍译,中国人民公安大学出版社1995年版,第106页。
[3] 参见《喀麦隆刑法典》,于志刚、赵书鸿译,中国方正出版社2007年版,第169页。
[4] 参见《阿根廷刑法典》,于志刚译,中国方正出版社2007年版,第43页。
[5] 参见《朝鲜民主主义人民共和国刑法典》,陈志军译,中国人民公安大学出版社2008年版,第19页,第56页。
[6] 参见《俄罗斯联邦刑法典》,黄道秀等译,中国法制出版社1996年版,第113-114页。

有类似规定(第127)。(3)盗用。对于擅自非法使用而不占有他人财产的行为,有着不同规定。一般说来,盗窃罪并不包括盗用,但也有刑法典通过明文规定,将某种盗用行为包含在盗窃罪之中。例如,《罗马尼亚刑法典》规定"盗窃以远程通信手段或通过连接方式非法盗用电磁波的"和"为非法使用而……盗走交通工具的"行为也构成盗窃罪。[1]《喀麦隆刑法典》规定:"非法使用任何动力能源的""非法使用他人财物,但没有剥夺他人对该财物的所有权的"行为,属于"特别的盗窃",依照盗窃罪处理。[2]我国《刑法》规定:"以牟利为目的,盗接他人通信线路、复制他人电信码号或者明知是盗接、复制的电信设备、设施而使用的,依照本法第二百六十四条的规定(即盗窃罪)定罪处罚。"相关司法解释指出,"将电信卡非法充值后,造成电信资费损失数额较大的,依照刑法第二百六十四条的规定以盗窃罪定罪处罚"。"盗用他人公共信息网络上网账号、密码上网,造成他人电信资费损失数额较大的,依照《刑法》第二百六十四条的规定,以盗窃罪定罪处罚。"[3]《日本刑法典》(第245条)和《韩国刑法典》(第346条)都明文规定盗用电气构成盗窃罪。许多刑法典在盗窃罪之外规定了专门的盗用罪名,但有的刑法典将其归为诈骗罪,例如《菲律宾刑法典》(第315条),《西班牙刑法典》(第255条)则是将盗用电流、汽、水、电信信号、电信装置等犯罪与诈骗罪、非法侵占罪一起归为"欺诈罪"类别;但更多的盗用罪立法是单独存在,例如《奥地利联邦共和国刑法典》中的盗用电力罪(第132条),《德国刑法典》中的盗用电力罪(第248条c)、未经授权使用交通工具罪(248条b),《瑞士刑法典》中的盗用罪(第141条)、非法使用财产价值罪(第141条a)、非法盗用能源罪(第142条),《挪威一般公民刑法典》中的非法使用机动车罪(第260条),《越南刑法典》中的违法使用财产罪(第142条)。除了越南之外,上述盗用罪都是亲告罪。

二、盗窃罪与其他法律责任之间的立法衔接关系

我国《刑法》实行"定性加定量"的罪名立法模式[4]——犯罪必须是"危害社会的行为",却非"危害社会的行为"都是犯罪,"情节显著轻微危害不大的,不认为是犯罪"。盗窃罪也不例外。"盗窃公私财物,数额较大或者多次盗窃的",才能构成盗窃罪。根据司法解释,我国各地高级法院可参照当地经济发展和社会治安状况,在500元人民币至2 000元人民币之间确定"数额较大"的标准;1年内"入户"盗窃或者在公共场所扒窃3次以上的,可认定为"多次盗窃"。[5]盗窃财物而达不到数额较大或多次盗窃的,依照治安管理处罚法追究行政性法律责任。《越南刑法典》采取了类似的立法模式,其犯罪概念的条文规定:"行为虽然触犯了刑法,但社会危害性显著轻微,不认为是犯罪的,用刑罚以外的其他方法处理。"其盗窃

---

[1] 参见《罗马尼亚刑法典》,王秀梅、邱陵译,中国人民公安大学出版社2007年版,第75页。
[2] 参见《喀麦隆刑法典》,于志刚、赵书鸿译,中国方正出版社2007年版,第169页。
[3] 参见2000年5月12日最高人民法院《关于审理扰乱电信市场管理秩序案件具体应用法律若干问题的解释》。
[4] 参见 储槐植著:《刑事一体化》,北京大学出版社2007年版,第115-116页。
[5] 参见1997年11月4日最高人民法院《关于审理盗窃案件具体应用法律若干问题的解释》。

罪是指"盗窃他人财产价值在 50 万盾以上……或者价值虽在 50 万盾以下但引起严重后果,或者因盗窃被行政处罚或者刑事处罚未取消案籍又再犯的"行为。[1]有学者指出:"目前只有中国、俄罗斯等少数国家的刑法典采取这种模式。"[2]一般而言,的确如此,世界上采取"定性加定量"罪名立法模式的刑法典少之又少。具体体现在盗窃罪中,还应把俄罗斯换成越南,因为《俄罗斯刑法典》规定的盗窃罪就是"秘密窃取他人财产的"行为,并没有附加任何体现危害"量"的情节(包括数额、次数等),其规定的"多次实施""巨大损失""数额巨大""2 次以上……前科"等,都是加重处罚的情节,而非盗窃罪构成的因素。[3]中国的刑法和越南的刑法典所规定的盗窃罪范围显然比其他绝大多数刑法典更显狭窄,它们去除了盗窃中的最"轻量级"的部分。然而,把盗窃行为一分为二,却在削减盗窃罪范围及"标签"的同时,增加了一条罪与非罪的界限和相应的司法认定和执法运作成本。罪与非罪的界限尤其需要精准,而行为的危害量却往往是一个模糊的概念。500 元、499 元和 501 元的区别真能反映出盗窃行为危害量的大小吗?作为有权解释部门的最高法院也不得不在解释"数额较大"的含义时,指出"(一)盗窃公私财物接近'数额较大'的起点,具有下列情形之一的,可以追究刑事责任:1. 以破坏性手段盗窃造成公私财产损失的;2. 盗窃残疾人、孤寡老人或者丧失劳动能力人的财物的;3. 造成严重后果或者具有其他恶劣情节的。(二)盗窃公私财物虽已达到'数额较大'的起点,但情节轻微,并具有下列情形之一的,可不作为犯罪处理:1. 已满 16 周岁不满 18 周岁的未成年人作案的;2. 全部退赃、退赔的;3. 主动投案的;4. 被胁迫参加盗窃活动,没有分赃或者获赃较少的;5. 其他情节轻微、危害不大的"[4]。然而,要把握这些情节并不容易。况且,金钱数额指标会随着经济的发展而变化,这也会给司法带来许多难题。以"定性加定量"模式来规定盗窃罪,颇有值得商讨之处。《德国刑法典》的规定似乎更为可取——"所盗窃或侵占之物价值甚微的,告诉乃论"[5](奥地利刑法典亦有类似规定)——把数额界限交给被害人一方去把握,能够比较客观地反映法益侵害的程度。德国刑法典同时还规定:"但刑事追诉机关基于重大公益,认为有依职权进行追诉之必要的,不在此限。"[6]

如前所述,英美法系的刑法所采用的广义盗窃罪规定包含了侵占和诈骗,而在其他刑法典中,侵占和诈骗则是完全独立的罪名。但是,广义和狭义盗窃罪并不仅仅是反映了此罪与彼罪的界限安排,而且涉及罪与非罪、刑法与民法各自调整范围之间的关系,最典型的是关于不当得利行为的规定。英美刑法中的盗窃罪,除了侵占受委托管理的财产、他人遗失的财产之外,还包括侵占错放(mislaid)或错递(delivered by mistake)的财产的行为。[7]在这种情况下,行为人并没有主动地从财产管理人那里拿取财产,而是由于对方的错误获得了财

---

[1] 参见《越南刑法典》,米良译,中国人民公安大学出版社 2005 年版,第 59 页。
[2] 储槐植著:《刑事一体化》,北京大学出版社 2007 年版,第 115 页。
[3] 参见《俄罗斯联邦刑法典》,黄道秀等译,中国法制出版社 1996 年版,第 77—78 页。
[4] 参见 1997 年 11 月 4 日最高人民法院《关于审理盗窃案件具体应用法律若干问题的解释》。
[5] 参见《德国刑法典》,徐久生,庄敬华译,中国法制出版社 2000 年版,第 176 页。
[6] 参见《德国刑法典》,徐久生,庄敬华译,中国法制出版社 2000 年版,第 176 页。
[7] 参见 Black's Law Dictionary, Abridged, seventh edition, 2000, by West Group, pp. 710, 1200.

产,甚至在获得财产时并没有非法占有的意图——只是在事后才产生了这种意图而不予返还或拒绝返还。显然,这样的行为首先是民法上的不当得利,或者是对方在有重大误解情况下的财产交付,属于无效或可撤销的民事行为,行为人由此产生返还财产义务,拒不返还则是民事违法行为,产生民事法律责任,对方可以就此提起民事诉讼,以求恢复财产权利。也就是说,英美刑法中的盗窃罪往往包含了不当得利行为。但是,在不当得利行为犯罪化的问题上,还存在两种其他的不同做法。一种做法是,将不当得利行为犯罪化,但并不属于盗窃罪。例如,泰国刑法典将"因为他人发送错误……而取得其占有的"行为规定在侵占罪中。[1]类似的有《保加利亚刑法典》(第207条)、《越南刑法典》(第141条),但后者有数量标准——"受领错发的"财产的"价值在500万盾以上2亿盾以下"[2],即受领错发的500万盾以下财产的行为仅仅是民事问题。也有的刑法典虽然将不当得利规定为侵占性的罪名,例如,《意大利刑法典》中的"侵占因错误而得到的物品"(第647条)的犯罪和《西班牙刑法典》中的"不法侵占"犯罪(第254条),但它们又都被归于"欺诈"犯罪的类别。另一种做法是,不把不当得利行为犯罪化。例如,德国、法国、俄罗斯的刑法典,以及中国的刑法都没有这方面的规定。这类刑法典占了多数。

除了对盗窃罪进行正面的犯罪化规定之外,有的刑法典也从非犯罪化的角度对盗窃罪做了反面的排除性规定,最典型的是关于亲属之间发生盗窃不作为犯罪追究(即所谓"亲亲相隐")的情况。对此,不同刑法典对亲属的范围规定不一,但不外乎三种处理方式:其一,无条件地非犯罪化。例如《加拿大刑法典》明文规定:"夫妻同居期间不构成盗窃",但是,对于帮助夫妻一方盗窃对方或者接受夫妻一方盗窃对方得来的财物的第三人,应当以盗窃罪追究。[3]《法国刑法典》规定:"进行盗窃属下列情形的,不得引起刑事追究:1.盗窃尊、卑直系亲属之财物的;2.盗窃配偶之财物"。[4]在上述规定中,配偶财物都不包括配偶已经分居的情况。无条件地非犯罪化的规定还见于《喀麦隆刑法典》(第323条)。其二,有条件地非犯罪化。这就是以被盗窃的亲属不向法院告诉作为盗窃者不构成该罪的条件。例如,《德国刑法典》规定:"盗窃或侵占家属、监护人、照料人的财物,或被害人与行为人同居一室的,告诉乃论。"[5]瑞士(第139条)、挪威(第264条)、保加利亚(218条c)、罗马尼亚(第251条)等国的刑法典也取这种规定。《奥地利联邦共和国刑法典》将盗窃罪与较轻的"偷窃罪"予以区分,仅规定后者发生在亲属之间时"非经被害人授权,不得对行为人进行追诉"。[6]其三,兼有上述两种情况。例如,《意大利刑法典》第649条第1款规定,"有下列情况之一的,实施本章规定的行为不受处罚:1)针对未依法分居的配偶实施行为的;2)针对直系亲属、直系卑亲属、直系姻亲、收养人或者被收养人实施行为的;3)针对与行为人共同生活的兄弟或姐妹

---

[1] 参见《泰国刑法典》,吴光侠译,中国人民公安大学出版社2004年版,第79页。
[2] 参见《越南刑法典》,米良译,中国人民公安大学出版社2005年版,第61页。
[3] 参见《加拿大刑事法典》,卞建林等译,中国政法大学出版社1999年版,第209-210页。
[4] 参见《法国刑法典》,罗结珍译,中国人民公安大学出版社1995年版,第105页。
[5] 参见《德国刑法典》,徐久生,庄敬华译,中国法制出版社2000年版,第176页。
[6] 参见《奥地利联邦共和国刑法典》,徐久生译,中国方正出版社2004年版,第59页。

实施行为的。"该条第2款规定："如果本章所规定的行为是针对已经依法分居的配偶、不与行为人共同生活的兄弟姐妹、叔舅、侄甥或者与其共同生活的二亲等姻亲实施的，经被害人告诉才予处罚。"[1]《荷兰刑法典》也采取了这样的规定（第316条）。《日本刑法典》规定："配偶、直系血亲或者同居的亲属之间"犯盗窃罪的，"免除刑罚"；上述亲属"以外的亲属之间"犯盗窃罪的，"告诉的才能提起公诉"。[2] 如何理解"免除刑罚"？在日本刑法学界有不同意见，有的认为其意思是不构成犯罪，而有的认为是有罪判决基础上的不处罚，后者更为通行。[3] 但令笔者不解的是，如果这样理解，那么是否意味着越亲近的亲属之间发生的盗窃，越应当作为犯罪来对待？韩国这方面的规定与日本类似（韩国刑法第328条）。俄罗斯、西班牙、泰国、朝鲜、丹麦的刑法典以及中国的刑法都没有关于亲属之间盗窃的排除性规定，但还不能一概断言这些法规根本没有考虑这些问题，需要具体考察。例如，我国最高人民法院发布的《关于审理盗窃案件具体应用法律若干问题的解释》指出："偷拿自己家的财物或者近亲属的财物，一般可不按犯罪处理。"也有与上述截然相反的规定，例如，《新西兰刑法典》明文规定"夫妻在婚姻存续期间盗窃对方财物的，构成盗窃罪"。[4]

当然，对盗窃罪的排除性规定不仅仅是"亲亲相隐"，还有一些其他事由。例如，无条件地非犯罪化的情况还有正当行为——《加拿大刑法典》规定"如果某人为开发或科学调查的目的而在未划定范围和未占有或未被认定为矿区，可开采或可挖掘的土地上，进行开矿取样的，不认为构成盗窃罪"[5]。此外，一些刑法典以及判例和司法解释都没有明文涉及盗用行为，则根据罪刑法定原则，应当认为这些刑法并没有将其犯罪化。

三、盗窃罪与各种刑罚类别之间的立法搭配关系

盗窃罪的法定刑种类普遍以自由刑和财产刑为主。自由刑主要是有期徒刑或监禁；财产刑主要是罚金。两种刑罚通常分为不同的加重格次，依次递进，但各刑法典所设置的格次不等。例如，《挪威一般公民刑法典》包括基本刑在内共有两个格次（第257、258条）；《德国刑法典》则除了基本刑之外，还有3个加重格次（第243、244、244条a）；《奥地利联邦共和国刑法典》（第128、129、130、131、132条）、《荷兰刑法典》（第311、312条）都设有4个加重格次；而《法国刑法典》有7个加重格次。（第311—4～311—10条）在格次等级中，自由刑和财产刑呈对应关系，但有并处关系和选择关系的不同。例如，《意大利刑法典》盗窃罪的基本刑是"处以3年以下有期徒刑和6万至100万里拉罚金"，加重格次为"处以1年至6年有期徒刑和20万里拉至200万里拉罚金"。[6]《挪威一般公民刑法典》盗窃罪的基本刑是"处罚金或

---

[1] 参见《意大利刑法典》，黄风译，中国政法大学出版社1998年版，第195－196页。
[2] 参见《日本刑法典》，张明楷译，法律出版社1998年版，第78页。
[3] [日]西田典之著：《日本刑法各论》，刘明祥、王昭武译，武汉大学出版社2005年版，第116页。
[4] 参见《新西兰刑事法典》，于志刚、赵书鸿译，中国方正出版社2007年版，第99页。
[5] 参见《加拿大刑事法典》，卞建林等译，中国政法大学出版社1999年版，第211页。
[6] 参见《意大利刑法典》，黄风译，中国政法大学出版社1998年版，第184－185页。

者3年以下监禁",加重格次为"处罚金或者6年以下监禁"。[1]不过,《日本刑法典》中的盗窃罪法定刑只有"处10年以下惩役"1个刑种和1个格次。[2]还有刑法典规定了无期徒刑或者生命刑作为特别严重盗窃罪的最高刑。例如,《尼日利亚刑法典》规定,盗窃遗嘱、邮件或容纳在邮件中的财产,"应被判处终身监禁"。[3]我国《刑法》规定,盗窃金融机构,数额特别巨大的,或者盗窃珍贵文物,情节严重的,"处无期徒刑或者死刑"。《法国刑法典》中的盗窃罪也规定了无期徒刑的最高刑,但是其针对的是"盗窃之前、同时或者之后使用暴力,引起他人死亡或者使用酷刑或野蛮行为的"情况[4],如前所述,这相当于其他刑法典中的抢劫犯罪。从多数刑法典来看,对盗窃罪自由刑的设置多以10年有期徒刑或监禁为最高。此外,法国(第311—14条)、德国(第244、244条a)和我国《刑法》(第264条)还规定了没收财产的财产刑。

一些刑法典在自由刑和财产刑之外规定了更多的刑种。例如,《荷兰刑法典》规定了针对盗窃罪的资格刑——被剥夺担任公职或特定职务;不被允许加入武装部队;不被允许担任法庭顾问或官方行政人员。[5]《法国刑法典》也有禁止公权、民事权和亲权,禁止担任公职或参与特定职业性或社会性活动,禁止持有或携带经批准的武器,禁止居留,禁止永久性和最长10年进入法国领域等规定。[6]《俄罗斯联邦刑法典》规定了一定期间的强制性工作。[7]

盗窃罪加重格次对应的量刑情节一般有:入室盗窃,趁人之危或趁火打劫,携带武器盗窃,结伙盗窃,盗窃过程中对物实施了暴力,涉及公共场所或公共设施的盗窃,使用原配钥匙或假钥匙盗窃,盗窃财物的价值数额大,等等。在有些刑法典中,还存在下列加重情节:造成严重后果的盗窃,盗窃文物,盗窃农作物或农具、农用牲畜,盗窃雇主财物,冒充公务员盗窃,夜间盗窃,以盗窃为业,涉及宗教物品和场所的盗窃,带有欺诈或圈套的盗窃,利用职务盗窃,在金融机构或商业场所盗窃,盗窃交通工具,等等。此外,下列加重情节见于个别刑法典中:从封闭的容器或防盗系统中盗窃,盗窃贵重展品,盗窃国家博物馆或图书馆,盗窃成群牲畜,盗窃火器,盗窃时携带毒品,盗窃基本生活用品,建立专门盗窃通道,多次实施盗窃,盗墓,盗窃者具有人身危险性,盗窃身份证,盗窃遗嘱,盗窃邮件,等等。

---

[1] 参见《挪威一般公民刑法典》,马松建译,北京大学出版社2005年版,第51页。
[2] 参见《日本刑法典》,张明楷译,法律出版社1998年版,第76页。
[3] 参见《尼日利亚刑法典》,于志刚,孙万怀,龙丽蓉译,中国方正出版社2007年版,第136页。
[4] 参见《法国刑法典》,罗结珍译,中国人民公安大学出版社1995年版,第104页。
[5] 参见《荷兰刑法典》,于志刚,龚馨译,中国方正出版社2007年版,第143页。
[6] 参见《法国刑法典》,罗结珍译,中国人民公安大学出版社1995年版,第105页。
[7] 参见《俄罗斯联邦刑法典》,黄道秀等译,中国法制出版社1996年版,第77页。

财产罪的非法占有目的

张开骏[*]

摘　要： 财产罪中的取得罪要求行为人具有非法占有目的。非法占有目的之内涵是利用意思，排除意思没有必要。凡是具有享用财物可能产生的某种效用、利益的意思，或者说，凡是以单纯毁坏、隐匿意思以外的意思而取得他人财物的，都可以评价为利用意思。

关键词： 非法占有目的　排除意思　利用意思

财产罪大致可区分为取得罪和毁弃罪，取得罪存在是否要求行为人具有非法占有目的以及对非法占有目的如何理解的问题。我国对于财产罪的非法占有目的已有些研究，但对其内涵尚存在较大分歧。对非法占有目的开展比较分析，有利于推进刑法理论深入，确保刑事司法精确。本文以盗窃罪为中心，加以探讨。

一、国外非法占有目的学说和判例

在大陆法系的日本，对"不法领得的意思"（相当于我国的"非法占有目的"）研究得很精细，学说见解纷呈。日本刑法财产罪没有明文规定"不法领得的意思"，学界对此存在必要说与不要说（大塚仁、曾根威彦等）之争；在必要说内部，又存在着排除、利用意思说（两者需同时具备，平野龙一、大谷实、西田典之、山口厚等）、排除意思说（仅有排除意思即可，团藤重光、福田平等）、利用意思说（仅有利用意思即可，前田雅英等）的分歧。[1] 目前，必要说及其内部的排除、利用意思说是日本通说和判例见解。不法领得的意思，是指排除权利人，将他人的财物作为自己的财物进行支配（排除意思），并遵从财物的用途进行利用、处分的意思（利用意思）。排除意思将不值得处罚的盗用等行为排除在犯罪之外；利用意思将取得罪与故意毁坏财物罪区分开。一方面，财产罪可以分为取得罪和毁弃罪，盗窃罪等属于取得罪，是获取财物的利用可能性的犯罪，而毁弃罪是单纯导致对财物不能利用的犯罪，所以取得罪的实行行为必须是出于利用财物目的而实施的。这个意义上的不法领得意思，具有区分取得罪和毁弃罪的机能，而且能够说明二者的法定刑差异。另一方面，行为对法益的侵害达到了值得科处刑罚的程度时，才能成立犯罪。暂时使用他人财物的盗用行为对法益的侵害还没有达到值得科处刑罚的程度，所以不法领得意思具有限制处罚范围的机能。由于不法领得意思具有区分罪与非罪（限定处罚）、此罪与彼罪（犯罪个别化）的机能，因而成为盗窃罪的

---

[*] 张开骏，刑法学博士，上海财经大学法学院讲师，硕士生导师，日本中央大学客座研究员。
[1] 参见［日］曾根威彦、松原芳博编集：《重点问题刑法各论》，成文堂2008年版，第95页以下。

主观要件内容。[1] 话虽如此,关于排除意思和利用意思的理解存在差异。

一方面,关于排除意思,一直占有、永久使用的意思是毫无疑问的。日本判例最初的态度仅限与此,则使用盗窃都不可罚,但是后来出现缓和化的倾向。山口厚根据判例进行归纳,认为以下三种情形也具有排除意思:① 虽然只有一时使用的意思,但没有返还的意思,而是在使用后加以放置或毁弃。比如,盗用他人汽车开到目的地后抛弃的。② 虽有返还的意思,但侵害了他人的相当程度的利用可能性。需综合以下因素进行判断,被害人利用财物的可能性和必要性程度、预定的妨害利用的时间长短、财物本身的价值大小等。比如,在农忙季节盗窃他人耕牛,农忙结束后返还的。③ 虽然返还并对利用可能性的侵害轻微,但取得(消费、消耗)了财物中的价值。比如,为了退货取得现金而从超市窃取商品。[2] 据此,排除意思至少包括"一直排除和支配"(一直占有并使用)、"一直排除、一时支配"(使用后抛弃)、"一时排除和支配"(侵害相当程度利用可能性的使用后返还)、"短时排除和支配"(取得或消耗财物中价值的使用后返还)四种形式。由此可见,日本的理论通说和判例见解对排除意思的认定是比较宽泛的,不限于形式上的排除占有和建立占有的时间长短,而在于是否侵害了他人相当程度的利用可能性或者取得(消费、消耗)了财物中的价值。正是因为如此,日本判例在要求不法领得意思具有排除意思的前提下,将很多使用盗窃(盗用)行为也认定为盗窃罪。比如,为了搬运赃物多次于夜间使用他人的汽车,次日早晨返还的;深夜无照驾驶他人的汽车,四个小时后被扣押的等。事实上,只是将轻微的不具有可罚性的盗用行为排除在犯罪圈之外。就实际的认定结论而言,排除意思的肯定与否定的各说之间并无多大差异。只不过,肯定论者坚持主观的利用妨害意思不可或缺,而否定论者主张仅根据客观的利用妨害程度即可。另一方面,关于利用意思,日本判例最初认为是遵从财物的经济用途进行利用、处分,但是后来也经历了不断扩大解释的过程,即遵从物品可能具有的用途进行利用、处分,不限于遵从财物的经济用途和本来用途。比如,男性基于性癖窃取女性内衣;窃取家具烧火取暖;骗取钢材当废品出卖;为了捆木材而切割电线。甚至可以说,凡是具有享用财物可能产生的某种效用、利益的意思,或者说,凡是以单纯毁坏、隐匿意思以外的意思而取得他人财物的,都可能评价为利用意思。

《德国刑法》中盗窃罪明文规定"非法占为己有或使第三人占有"(第242条)[3],包括"排除占有"和"建立占有"两个要素。前者是指意图获取财物本身或其经济价值,而持续性地排斥或破坏他人对财物的支配关系(消极要素);后者是指意图使自己或第三者具有类似所有人的地位,而将所取得财物作为自己或第三者所有之财产(积极要素)。德国刑法理论认为:如果打算在使用后将财物抛弃的,具有排除占有意思;如果具有取得财物价值的意

---

[1] 参见[日]中森喜彦:《不法领得的意思》,[日]阿部纯二等编:《刑法基本讲座》(第5卷),法学书院1993年版,第87页。

[2] 参见[日]山口厚:《刑法各论》(第2版),有斐阁2010年版,第199页以下。

[3] 《德国刑法典》(2002年修订),徐久生、庄敬华译,中国方正出版社2004年版,第119页。

思,仍然认定为非法占有目的。[1] 除了刑法专门规定的盗用交通工具的犯罪(第 248 条 b),也不排斥其他对象盗用的可罚性。

英国《1968 年盗窃罪法》规定盗窃罪要求"永久剥夺他人财产的故意"(第 1 条第 1 款),它是指使他人永久性地丧失财产,把属于另一人的财产据为己有,像处置自己财产一样不顾他人的权利去处置该财产的意图(第 6 条第 1 款)。同时作了扩大解释的规定:"行为人不具有使他人永久性地丧失财产的意图而把属于另一人的财产据为己有的,如果行为人具有像处置自己财产一样不顾他人的权利去处置该财产的意图,那就应当被视为他具有永久性地剥夺他人财产的故意。假如,而且仅假如在一定时期和一定情况下财产的借入和借出等于完全地处置了财产,这种借入和借出就可以被看作是被告像处置自己财产一样不顾他人权利去处置该财产"(第 6 条第 1 款);"在不可能履行归还财产义务的情况下,如果出于他自己的意图而未经他人授权而放弃财产,就等于是像处置自己的财产一样不顾他人权利去处置该财产"(第 6 条第 2 款)。另外,专门规定了"未经授权占用机动车辆或者其他运输工具罪"(第 12 条)。[2] 英国判例认为以下情形成立盗窃罪:在伦敦的饭店为雨所困,窃取他人的伞以在去车站途中遮挡风雨,到达诺丁翰时将伞遗弃在火车上;窃取他人财产,意图使他人购买才能复得该财产;窃取他人的财产并将其质押,意图有一天能将其赎回并返回给他人;窃取他人戒指,除非收到了报酬才返回;从牛奶场盗走牛奶代价券,意图还给他们以换取牛奶;从一个游艺俱乐部所有人手中盗走游戏用的筹码,意图还给他们以换取游戏的权利。[3] 这些判例态度与日本判例具有相似性。英国不要求盗窃罪主观上具有利用意思,体现出财产罪的特殊性(其特殊性还比如侵占被规定在盗窃罪中)。比如,取走他人的信件扔到厕所,使他人的马匹掉进矿井,取走他人的钻石扔进池塘等,都构成盗窃罪,尽管行为人仅是意图使他人遭受损失,而不是为其本人或者任何其他人获得利益这一事实。[4]

德国、英国刑法强调排除意思,是由于刑法对盗窃罪主观要件做了明文规定,限制了学理解释的张力。尽管表面上强调永久性或持续性地排除占有,但制定法、理论和判例都作了扩大认定,无不承认使用后抛弃的可罚性,也认可严重盗用行为的可罚性。其中蕴含了对财物价值的利用这一成分。

二、我国非法占有目的见解

随着国外知识引进到本土刑法学中,我国刑法学界对非法占有目的展开热议。小部分学者主张盗窃罪的非法占有目的不要说[5],比如刘明祥教授认为,"从本义上理解,非法占

---

[1] 转引自 张明楷:《论财产罪的非法占有目的》,《法商研究》2005 年第 5 期。

[2] 《英国刑事制定法精要(1351—1997)》,谢望原主译,中国人民公安大学出版社 2003 年版,第 267 页以下。

[3] 参见 [英]J.C. 史密斯、B. 霍根:《英国刑法》,李贵方等译,法律出版社 2000 年版,第 611 页以下。

[4] 参见 [英]J.C. 史密斯、B. 霍根:《英国刑法》,李贵方等译,法律出版社 2000 年版,第 603 页。

[5] 参见 张红昌:《财产罪中规定非法占有目的的质疑》,《中南大学学报(社会科学版)》2009 年第 6 期。

有目的是指非法掌握控制财物的目的(意思),这是盗窃等取得罪的故意所包含的内容"[1]。必要说在我国是压倒性的通说,但对非法占有目的的含义的理解存在很大差异。大致有:

第一,统编类教科书一般将"非法占有目的"表述为,"将公私财物非法转为自己或者第三者不法所有"(不法所有说)[2],或者"是指明知是公共的或他人的财物而意图把它非法转归己有或归第三者占有"(意图占有说)[3],但对其内涵语焉不详。不法所有说的缺陷在于,没有完整地认识财产罪的保护法益。财产罪不仅保护所有,也保护合法占有以及需要通过法定程序改变现状(恢复应有状态)的占有。意图占有说与故意的内容无异,若如此,非法占有目的就无必要。黎宏教授主张非法占有目的只能从本来意义即"永远占有他人财物的意思"角度加以理解,没必要赋予排除意思和利用意思的额外内容。他只认可"一直排除和支配""一直排除、一时支配"时永远占有财物本身,返还了财物的不具有对财物本身的非法占有目的。使用盗窃不是对财物本身的盗窃,而是对财产本身的利用价值或者说是利用财物本身所产生的财产性利益的盗窃,行为人也具有永远占有他人财物的目的。[4] 我们将此称为"永远占有说","永远占有他人财物的意思"表述类似于英国制定法中盗窃罪的规定,突出了排除意思。从使用盗窃也可能成立盗窃罪的观点看,他不反对一时占有财物的盗窃罪,只不过对象作了不同理解,即财物的利用价值或财产性利益。同时也说明,他没有忽略非法占有目的中对财物价值的利用这方面内容。有学者完全认同黎宏教授的观点,并且主张将利用意思排除在非法占有目的的内容之外,辅以建立占有的理论,以实现非法占有目的的区分机能。[5]

第二,与上面这些观点和视角不同的是,有的独著类教科书有意识地借鉴国外学说阐述非法占有目的,张明楷教授赞同日本通说和判例见解,"非法占有目的,是指排除权利人,将他人的财物作为自己的财物进行支配,并遵从财物的用途进行利用、处分的意思。非法占有目的由'排除意思'与'利用意思'构成,前者重视的是法的侧面,后者重视的是经济的侧面,二者的机能不同"[6]。周光权教授将非法占有目的界定为,"永久而非暂时地排除他人的占有,将他人之物作为自己之物,并遵从财物的经济价值加以利用或者处分的意思"。同时认为,"遵从财物的经济价值对财物加以利用或者处分的意思,是指行为人有意享受该财物本身所具有的利益与效用。改变财物用途,但仍然对该财物的经济用途加以享用的,仍然认为有非法占有目的。例如,盗窃他人数量较多的木材,将其砍成小块,然后作为柴火取暖的,构成盗窃罪而非故意毁坏财物罪"[7]。可见,他采纳了排除、利用意思说。排除意思使用了

---

[1] 刘明祥:《刑法中的非法占有目的》,《法学研究》2000年第2期。
[2] 高铭暄、马克昌主编:《刑法学》(第五版),北京大学出版社、高等教育出版社2011年版,第496页。
[3] 赵秉志主编:《刑法新教程》(第四版),中国人民大学出版社2012年版,第486页。
[4] 参见 黎宏:《刑法学》,法律出版社2012年版,第718-719页。
[5] 参见 蒋铃:《论刑法中"非法占有目的"理论的内容和机能》,《法律科学》2013年第4期。
[6] 张明楷:《刑法学》(第四版),法律出版社2011年版,第847页。
[7] 周光权:《刑法各论》(第二版),中国人民大学出版社2011年版,第81页。

"永久而非暂时地排除"的表述,似乎比日本判例限制很多;尽管利用意思表述为遵从财物的"经济价值",但作了扩大解释,与日本判例差异不大。

第三,排除意思说。有学者认为,盗窃罪非法占有目的的内涵是指排除意思,意在永久性排除他人占有的意图,利用意思包含在排除意思之中。[1]

第四,利用意思说。有学者认为,"从机能的角度来说,盗窃罪中的非法占有目的是必要的。其必要性的根据主要在于我们期待其能够发挥犯罪个别化的机能,即能够划定盗窃罪与器物损坏罪的罪间界限的机能","排除意思未必是必须的,排除意思完全可以被包含在盗窃罪的故意之中,与盗窃罪客观上的窃取行为相对应"[2]。

三、利用意思说之提倡

我国刑法的财产罪没有明文规定非法占有目的,也没有规定使用盗窃的专门罪名,严重盗用行为值得刑罚处罚为我国刑法理论和实务所认可,同样,我国刑法中盗窃罪的刑罚重于故意毁坏财物罪,这些都类似于日本刑法。因此,日本"不法领得的意思"的学说和判例见解,对我国的刑法解释论具有借鉴意义,只是需要观照其学说与判例演变趋势,以发展眼光进行学术鉴别。本文的立场是,非法占有目的的内涵是利用意思,排除意思没有必要。

(一) 非法占有目的之必要

财产罪的非法占有目的不同于犯罪故意。盗窃罪的客观要件是盗窃公私财物,构成要件具有故意规制机能,盗窃故意是认识到窃取他人占有的财物,会发生危害他人财物的结果(他人占有的财物被转移给自己或者第三者占有),并且希望或放任该结果发生的心理态度。但盗窃的本质是对所有权及其他本权的侵害,仅有转移占有的意思还不够,还需要像所有人那样进行利用的意思。由此决定了,取得罪在犯罪故意之外,还需要包含了利用意思的非法占有目的。

强调非法占有目的,并非意味着只通过目的主观要件区分盗窃罪与故意毁坏财物罪,而是为了从主、客观两方面更好地进行区分。因为盗窃罪是状态犯,不能单纯根据行为后的状态判断行为性质,既然要根据行为时的情况判断,就需要考虑行为时的意思[3],利用意思即是如此。

(二) 非法占有目的需要利用意思

我们赞同日本通说和判例对利用意思的缓和理解,即享用财物可能产生的某种效用、利益的意思。其缓和理解可能给人们造成利用意思没有实际意义的印象,事实并非如此。缺少了利用意思,对于取得罪与毁弃罪即使在客观上可以区分,但结论也不妥当;而且对于两

---

[1] 参见 谭明、洪峰:《盗窃罪非法占有目的的内涵分析》,《石河子大学学报(哲学社会科学版)》2010年第4期。

[2] 王充:《论盗窃罪中的非法占有目的》,《当代法学》2012年第3期。

[3] 参见 张明楷:《论财产罪的非法占有目的》,《法商研究》2005年第5期。

罪界限模糊的特殊情形,确实无法区分;再则不能说明我国刑法中取得罪的刑罚重于故意毁坏财物罪的实质根据。

第一,在占有或毁坏财物的界限等客观事实明确的场合,强调利用意思会得出更妥当的结论。比如,"A取走与自己珍藏的高价邮票相同而属于B所有的邮票,并加以毁弃,而使自己所有的邮票成为世界上现存独一无二的邮票,以提高其交易价格"。外观上虽是毁损或丢弃他人之物,但实质上是实现自己经济目的的行为,成立盗窃罪[1],根据缓和的利用意思说,便容易解释和理解。再如,行为人窃取了他人的财物,一直藏着,自己也不享用,以免被找到或发现的行为。如果像我们认为的,非法占有目的需要利用意思,则因为行为人没有利用意思,而只能成立故意毁坏财物罪;反之,如果认为不需要利用意思,则成立盗窃罪。确实,排除意思说的学者会主张,只要有隐匿、毁坏的意思,就具有非法占有目的。[2]但这样的结论无法被接受,因为盗窃等取得罪是利欲犯,出于单纯隐匿、毁弃意思而取得财物的成立毁弃罪,是非常自然的结论;换句话说,取得财物而不享受可能的效用、利益的,难以称得上是取得罪。比如,"行为人窃取他人之物,可能无意自己使用,而只为了暂时破坏他人的持有,例如:考场外取走劲敌的书籍资料,考试后复归原位。这类故意的窃取,欠缺不法所有意图,不成立窃盗罪"[3];强奸犯为了防止被害人呼救而夺走其手机,或者杀人犯为了毁灭证据而夺走被害人身上的贵重手表,扔到别处的,不能认为具有利用意思,对财物不成立抢劫罪或盗窃罪,而是故意毁坏财物罪;行为人窃取他人位于六层房间内的彩电,在没有出现障碍会影响占有的情况下,将彩电从位于五、六层中间的楼梯窗户扔出的,应认定行为人不具有利用意思,成立故意毁坏财物罪。

有的学者主张非法占有目的不要说,认为用"侵害占有、建立占有"分析财产罪的客观方面,就可以区分取得罪与毁弃罪。盗窃罪是侵害占有、建立占有,故意毁坏财物罪是侵害占有但没有建立占有。[4]我们认为,以上对占有的侵害、建立的分析符合取得罪,毁弃罪在很多情况下也确实如此,因而能发挥很大区分作用,但不能绝对化。其一,行为人基于毁弃的意思,将窃取的财物搬离现场后再抛弃的,毫无疑问成立故意毁坏财物罪,此时行为人也建立了占有,尽管是暂时的。对于侵害了占有但一直隐匿、不使用的情况,根据该观点就是取得罪,但是,一直不使用并不能直接得出利用意思,还是要根据现实情况下主观上有无利用意思进行区分。一方面,如果是"单纯地"隐匿意思,虽然客观上建立了占有,也应认定为故意毁坏财物罪。比如,为了防止被害人找到被窃财物,行为人不使用也只是为了避免被发现罪证的情况。另一方面,客观上虽然隐匿,也没有按照财物的经济用途、本来用途进行使用,但主观上可以评价为具有利用意思的,应认定为盗窃罪。比如,男性基于性癖窃取女性内

---

[1] 参见 林山田:《刑法各罪论(上册)》(第五版),作者发行2005年版,第329页。
[2] 参见[日]团藤重光:《刑法纲要各论》(第三版),创文社1990年版,第563页;[日]福田平:《全订刑法各论》(第三版增补版),有斐阁2002年版,第231页。
[3] 林东茂:《刑法综览》(修订五版),中国人民大学出版社2009年版,第292-293页。
[4] 参见 尹晓静:《财产犯罪中的非法占有目的之否定——"侵害占有、建立占有"客观分析之提倡》,《政治与法律》2011年第11期。

衣,或者有盗窃手机癖好的人窃取他人手机后一直锁在柜中的情况。[1] 其二,故意毁坏财物罪也不一定侵害占有。比如,明知是他人的遗忘物而将其毁弃的,毫无疑问成立故意毁坏财物罪,但此时是对他人财产所有权的直接侵害,并未侵害占有。

第二,在短时空转移占有后抛弃、客观上占有与毁弃界限模糊的场合,主观上的利用意思具有至关重要的意义。此时,利用意思的判断规则是:① 如果查明具有利用意思,就属于占有,成立盗窃罪。在财物发生了转移最终被毁弃,行为人没有主动坦承利用或毁弃意思的场合,应根据案件事实进行刑事推定,如果能够肯定利用意思的,可以判定成立盗窃罪。[2] ② 如果查明不具有利用意思而是单纯的毁弃、隐匿意思,就属于毁弃,成立故意毁坏财物罪。③ 如果确实无法查明利用或毁弃意思的,"存疑时从轻",从有利于被告人的角度,认定不具有利用意思,仅成立故意毁坏财物罪。有的认为,"毁弃罪在侵犯财产罪的整个体系中只是处于补充的角色,也就是说,对财产所有权及其他本权的侵犯,刑法上应主要考虑取得罪的适用,只有在取得罪不能到达的领域,才考虑毁弃罪"[3]。我们不同意该看法,在取得罪与毁弃罪之间优先考虑取得罪,没有任何依据。成立何罪应由犯罪构成要件来判断,在主、客观存在模糊地带,无法查明的情况下,存疑有利于被告是合适的原则。

第三,利用意思提供了取得罪的刑罚重于毁弃罪的实质根据。正如西田典之所言,"在法益侵害这一点上,并无恢复可能性的损坏罪可以说更为严重,但盗窃罪的处罚却比损坏罪更为严厉,理由在于试图利用财物这一动机、目的更值得谴责,并且从一般预防的角度来看,也更有必要予以抑制"[4]。我国刑法中盗窃罪也明显重于故意毁坏财物罪,因此该见解对我国的刑法解释论也是有益的。

第四,从日本通说和判例的排除意思情形来看,侵害他人的相当程度的利用可能性的"一时排除和支配",以及虽然返还并对利用可能性的侵害轻微,但取得(消费、消耗)了财物中价值的"短时排除和支配",都无不把重点放在享受他人财物中的价值上,其实在更无争议的"一直排除和支配""一直排除、一时支配"排除意思情形中,也蕴含着享受财物本身这一整体价值的内容。可见,利用意思对非法占有目的的判断具有关键作用。完全可以说,脱离了利用意思,非法占有目的就没有存在余地。

(三) 非法占有目的不需要排除意思

第一,需要指出的是,有的观点认为排除意思属于故意的内容,不属于非法占有目的要

---

[1] 举例:甲有偷手机的癖好,见到别人的手机就想偷来据为己有。在短短几个月时间内,竟偷到了120部手机。每偷到一部,就将其扔到柜子中锁起来,并无使用或销赃之行为,直到案发。参见 左袖阳:《盗窃罪与故意毁坏财物罪的区分》,《中国检察官》2013 年第 2 期。

[2] 举例:被告人李某某原系被害人雇用的司机,后不再被雇用,心怀不满,伺机报复。于 2004 年 11 月 24 日晚来到停放被害人车辆的停车场,趁工作人员不备,持未归还的车钥匙将被害人的中巴车(价值人民币 12 433 元)开走。次日 20 时许,李某某驾车时与路边的电线杆相撞,导致车辆损坏,将车丢弃后逃逸。2004 年 12 月 1 日公安机关找回该车,车上价值 2 250 元的物品被盗。李某某归案后供述只是要报复被害人,并不想占有该车辆。参见 黄国盛:《盗窃罪与故意毁坏财物罪的区别研究》,《中国检察官》2010 年第 24 期。

[3] 谭明、洪峰:《盗窃罪非法占有目的的内涵分析》,《石河子大学学报(哲学社会科学版)》2010 年第 4 期。

[4] [日]西田典之:《刑法各论》(第四版补订版),弘文堂 2009 年版,第 147 页。

素,以此批判主张排除意思的学说。这可能只是批判者的个人理解,至少主张排除意思的学说并不这么认为。比如,我国张明楷教授主张排除、利用意思说,在他看来,"非法占有目的中的'占有'(与作为侵犯财产罪客体的'占有'不同)与民法上的占有不是等同的概念,也不是仅指事实上的支配或控制。因为如果将不法占有理解为单纯事实上的支配或者控制,那么盗用他人财物时,行为人事实上也支配或控制了该财物,于是盗用行为具有不法占有目的,因而成立盗窃罪,这便扩大了盗窃罪的处罚范围。……只有将非法占有目的理解为不法所有目的,才能使这一主观要件具有区分罪与非罪、此罪与彼罪的机能"[1]。同样强调排除意思的持"永远占有说"的黎宏教授认为,"非法占有目的,作为超出故意的主观要素,不可能仅仅是将他人财物转为自己占有的认识,其必须是永久性占有的认识"[2]。排除意思这一主观要素是学理和判例解释出来的结果,用于盗用行为是否成立盗窃罪的判断。按照日本的理解,排除意思是指排除权利人将他人的财物作为自己的财物进行支配,即排除占有和建立占有;而故意的认识内容是窃取他人占有的财物,或者说将他人占有的财物转移给行为人或者第三者占有。排除和建立占有的意思不同于转移占有的意思,前者的违法性重于后者。排除意思属于非法占有目的的要素,不同于故意。由此可见,批判观点的这一条理由误解了主张排除意思学说的本意,是难以成立的。

第二,日本刑法通说和判例承认排除意思是非法占有目的的要素,作为主观超过要素,它不要求与之对应的客观事实。这意味着,客观上没有排除占有和建立占有,也不影响盗窃罪的成立。因此,客观上转移了占有的盗用场合,如果具有盗窃故意的转移占有意思,同时具有排除意思,该盗用就是可罚的,成立盗窃罪;如果具有盗窃故意,而不具有排除意思,就是不可罚的盗用行为。根据该思路,比如,使用他人的自行车绕行广场三周后返还的,或者骑车从宿舍到图书馆还书然后返回的,虽然行为人主观上认识到自行车是他人占有下的财物,具有转移占有的意思,但不具有排除意思,因而不可罚。我们认为,举例的盗用行为不成立盗窃罪,毋宁说是由于客观上法益侵害不严重,没有达到可罚性的程度,从而在客观不法的阶段就排除出罪,而不应该借助主观的排除意思来限制处罚。持非法占有目的不要说的曾根威彦就认为,以没有被客观事实证明的单纯意思来决定犯罪的成立与否是存在问题的,使用盗窃的不可罚性应根据不存在排除权利者或其危险的客观事实,从客观违法性的见地来提供根据。[3]而主张利用意思说的前田雅英也认为,一时使用他人财物行为的可罚性,由对权利人利用的实际侵害程度来决定,轻微的占有侵害没有达到值得科处刑罚的程度,不应认为是该当构成要件的侵害行为。[4]反过来,如果盗用在客观上法益侵害严重,达到了可罚性的程度,只要主观上具有转移占有的意思等盗窃故意,就足以定罪,也没必要再附加

---

[1] 张明楷:《试析"以非法占有为目的"》,载 顾军主编:《侵财犯罪的理论与司法实践》,法律出版社2008年版,第8页。
[2] 黎宏:《"非法占有目的"辨析》,载 顾军主编:《侵财犯罪的理论与司法实践》,法律出版社2008年版,第66页。
[3] 参见 [日]曾根威彦:《刑法的重要问题(各论)》(第2版),成文堂2006年版,第143页。
[4] 参见 [日]前田雅英:《刑法各论讲义》(第五版),东京大学出版会2011年版,第243页。

主观的排除意思。

第三,固守排除意思的最大理由是,在使用盗窃的场合,它具有区分可罚盗用的盗窃罪与不可罚盗用的非罪行为的机能,但这一所谓的"限定处罚机能"完全可以通过客观要件来完成。事实上,日本通说和判例对排除意思的认定也完全依赖于客观要件,比如,被盗用财物本身的价值大小,被害人利用财物的可能性和必要性的程度高低,妨害被害人利用的时间长短、距离远近,是否使用财物进行其他犯罪等。至于排除意思这一主观要素本身并没有提供额外的判断内容。我国赞成排除、利用意思说的张明楷教授也指出,"不可能事先形式地确定排除意思的含义,然后据此区分盗窃罪与盗用行为,而应根据刑法目的、刑事政策等从实质上划定不值得科处刑罚的盗用行为的范围,再确定排除意思的含义"[1]。因此,排除意思完全是被客观事实说明的对象,而起不到任何说明其他事项的作用,实际沦为了纯粹形式性的东西。

第四,从日本通说和判例见解来看,除了早期对"一直排除和支配""一直排除、一时支配"肯定具有排除意思,后来为了满足对严重盗用行为进行刑事处罚的实践需求,连"一时排除和支配"乃至"短时排除和支配"都予以认可。比如,山口厚认为,骗取他人的手机,以便短时间内让被害人用钱款赎回的,存在排除意思。[2]"之所以出现这种情况,主要是因为擅自使用他人财物的行为类型发生了变化。早期的使用盗窃,对象基本上是自行车,财物自身的价值比较轻微,擅自骑走的时间不长,空间上距离原物主也不是很远,即便说存在使用损耗但也不至于过高,因此,对于这种使用盗窃类型,法院均以行为人没有非法占有意思为由,将其排除在盗窃罪的处罚范围之外。但是后来,情况则发生了根本性的变化。一方面,使用盗窃的对象往往是价值比较昂贵的汽车或者前期投入了大量成本的技术资料等,本身价值不菲;另一方面,随着人们观念的变化,对财产本身进行保护的意识进一步巩固之外,保护财物本身的利用价值的观念也逐渐被认识。即便是没有占有意思的盗用财物行为,只要该种盗用达到了通常不可能为权利人所允许的程度,就有必要作为盗窃罪加以处罚的观念,被法院所广泛接受。"[3]排除意思被逐渐缓和化,而丧失了实际意义。

第五,将排除意思逐出非法占有目的,根据上述所列的各种客观情形,结合转移占有的意思等盗窃故意和利用意思这一非法占有目的,足以完成将严重盗用行为入罪、不可罚盗用行为出罪的刑法使命。我国主张非法占有目的不要说的刘明祥教授就认为,"判断对某种使用盗窃行为有无必要动用刑罚处罚,关键要看其社会危害性程度是否严重。而决定这种行为的社会危害性程度的因素,主要来自于客观方面"[4]。就盗用的处罚范围的认定结论而言,日本坚持排除意思的学说与否定的各说之间并无多大差异,这说明排除意思本身并不能

---

[1] 张明楷:《外国刑法纲要》(第二版),清华大学出版社2007年版,第554页。
[2] 参见[日]山口厚:《问题探究 刑法各论》,有斐阁1999年版,第180页。
[3] 黎宏:《"非法占有目的"辨析》,载 顾军主编:《侵财犯罪的理论与司法实践》,法律出版社2008年版,第58-59页。
[4] 刘明祥:《刑法中的非法占有目的》,《法学研究》2000年第2期。

发挥特别的作用。

第六,日本通说和判例主张排除意思和利用意思,在两个要素的性质或体系地位上,一般认为排除意思是主观的违法要素,利用意思是责任要素。[1] 之所以如此,是认为排除意思的机能是区分可罚盗用的盗窃罪与不可罚盗用行为,它使得可罚盗用的违法性增加,而利用意思的机能在于区分取得罪与毁弃罪以及能够说明两者的刑罚差异,它证明了盗窃罪行为人的责任更重。但是,立足于结果无价值论,应该严格限制主观违法要素的范围(彻底的结果无价值论者完全否认主观违法要素)。川端博指出,"将非法占有目的作为主观的违法要素来理解的观点,因为其发挥着限定的机能,因此可以说是与物的不法观(结果无价值论)的基本立场不相符的思考"[2]。主观要素一般是责任要素,因此作为责任要素的利用意思的存在不成问题。确如前述,可罚盗用的盗窃罪与不可罚盗用行为完全可以通过客观要件和盗窃故意加以区分,没必要再承认排除意思这一主观违法要素。

第七,我们认可盗窃罪是状态犯,主观意思对于犯罪性质的认定具有重要意义。这对于利用意思在区分取得罪与毁弃罪时完全适用,却不能适用到排除意思在区分可罚盗用的盗窃罪与不可罚盗用行为的情形。原因在于,利用意思决定的是此罪与彼罪,两罪在客观上已经证明具有刑事可罚性时,完全有必要借助于主观意思承担罪行性质和界限的界分任务;而排除意思被认为是决定了罪与非罪,但是在判断一个行为是否成立犯罪时,理应是客观不法判断优先,主观责任判断靠后。在得出不法后,再考虑是否具有责任,如果没有不法,就毋需判断责任。因此,根据客观要件可以得出盗用不可罚时,根本不用考虑主观上是否具有排除意思;根据客观要件得出盗用可罚时,结合盗窃故意和非法占有目的的利用意思,即可完成盗窃罪的认定,此时也无需判断排除意思;如果根据客观要件难以判断客观不法程度时,应直接根据"疑罪从无"的原则(此时不涉及两罪的区分,而是可罚与不可罚的区分),不作为盗窃罪处罚,因为排除意思作为被说明的对象,此时行为人主观上是排除占有的意思还是转移占有的意思,本身也无法确定,便不能以具有所谓的排除意思而增加违法性使行为人入罪。

在可罚性盗用的场合,通过评价为盗窃财产性利益来认定盗窃罪,是富有创意的思路,但存在不足:其一,不能穷尽可罚性盗用的认定。尽管盗用房屋、汽车、耕牛等场合,可以通过房屋、汽车和耕牛的出租价格,房屋和汽车损耗所支付的维修费用,因汽车被盗用所导致的被害人打的费用,盗用汽车消耗的汽油费等方式,计算出盗用这些财物的经济价值[3],但在有的盗用情形中,如果评价为针对财产性利益的盗窃,将很难计算经济价值。比如,行为人临近考试时盗用他人的重要复习资料,考试结束后归还的(市场上租书对象基本是小说、漫画等类型)。其二,可能得出不合理的结论。比如盗用耕牛的场合,假如盗用的次数多,按照租牛价格计算财产性利益,最后得出的数额,可能还要高于耕牛本身的市场交易价格。盗

---

[1] 参见[日]大谷实:《刑法讲义各论》(新版第三版),成文堂2009年版,第191页。

[2] [日]川端博:《盗窃罪における不法领得の意思》,[日]西田典之等编:《刑法的争点》(第三版),有斐阁2000年版,第165页。

[3] 黎宏:《论盗窃财产性利益》,《清华法学》2013年第6期。

窃耕牛本身的违法性显然要重于盗用行为,这便导致了罪刑不均衡。因此我们认为,除非财物因其特殊性而不能被转移占有,才成立对财产性利益的盗窃。比如,侵入他人非现住的房屋居住,由于不动产的房屋只有变更房产登记才能侵害占有,否则不能成立对房屋本身的盗窃,但盗用行为使被害人房屋损耗折旧或者丧失出租可能性,此时只能评价为对财产性利益的盗窃。[1] 绝大多数情况下,对财物本身可以转移占有时,可以直接评价为对财物本身这一对象的盗窃罪。这可以弥补财产性利益盗窃观点的不足,并且与常识更加吻合。在成立盗窃罪的盗用场合,被盗用的财物是盗窃罪的行为对象,也是日本刑法学的通常观念。当财物可以被转移占有时,针对财物的盗窃罪数额以司法鉴定为准:其一,当财产价值体现为财物的物质载体时,主要以物质载体为鉴定基准,事实上是对财物这一整体价值的鉴定;其二,当物质载体本身价值低廉,财产价值体现为财物中蕴含的价值时,主要以其蕴含的价值为鉴定基准。比如银行卡本身价值低廉,财产价值以卡中存款数额为准。至于盗用评价为对财物本身的盗窃罪,行为人一时占有,事后返还了财物的,性质上可以评价为盗窃罪既遂后的返还赃物行为。也就是说,事后返还不否定非法占有目的,不影响盗窃罪既遂。

综上所述,取得罪根据客观要件结合主观故意以及非法占有目的的利用意思即可认定。对于盗窃罪,根据客观上的"窃取"或"转移占有"行为,结合盗窃故意的转移占有意思等,以及非法占有目的的利用意思,即可认定,并足以区分可罚盗用的盗窃罪与不可罚盗用的非罪行为,以及区分盗窃罪与故意毁坏财物罪,并且能够说明盗窃罪的刑罚重于故意毁坏财物罪的理由。

---

[1] 本人授课中一个学生描述的亲身遭遇:该生来自西宁,父母为其在西宁购置了一套房子,一直未装修处于闲置状态。该生某次回去看房子,意外发现房子被人装修并出租给了不知情的第三人居住以牟利。事后了解到,该人在小区内以同样方式装修并出租了好几套房子。本案行为人应该而且只能认定为对财产性利益的盗窃罪。

非法占有目的内涵之再界定[*]

王 俊[**]

摘　要：非法占有目的的认定，是民刑交叉案件中的一个重要问题，理论界也存在较大争议。我国及日本刑法理论通说认为，非法占有目的包括排除意思与利用意思。但是通说的观点明显不当。排除意思虽然具有存在的必要性，但是对其不应进行任何缓和理解，直接以返还意思作为判断标准，同时引入价值理论进行处理即可。而利用意思则没有必要存在，利用意思必要说对不要说的指责并不成立，反而强调利用意思，在理论与实践会陷入双重困境。因此非法占有目的仅包括排除意思，是违法的目的犯。对其作出这样的理解，使得财产犯罪与民事侵权行为的界限更为明确、清晰。

关键词：财产犯罪　非法占有目的　排除意思　利用意思　价值理论

财产犯罪中涉及大量民刑交叉问题，其中非法占有目的即是一例，例如如何区分诈骗罪与一般的民事债务纠纷，刑法理论提出了种种客观上的判断标准。[1] 但是，这些客观标准都是为了证明行为人是否具有非法占有的目的，属于诉讼法上的证明。刑法上首先考虑的只能是看是否具有非法占有的目的，然后才能判断客观行为的性质，"在不同目的的驱使下，实施的行为是各不相同。因此，区分诈骗罪与一般民事债务纠纷的界限，关键在于行为人在主观上是否具有非法占有公私财物的目的"。[2] 因此，非法占有目的的有无，直接划定了刑事犯罪和民事侵权行为的界限，研究非法占有目的，对处理相关民刑交叉案件具有重要意义。但是刑法理论界对此问题，争论相当激烈，结论莫衷一是。

围绕着非法占有目的的问题，日本学界大体存在着四种观点的争论，分别为非法占有目的不要说、排除意思说、利用意思说、折中说。[3] 其中折中说是日本理论与实务的通说观点，我国学界的通说也是如此。但是近年来有不少学者对这种通说提出了质疑，极端地采取

---

[*]　本文为江苏高校哲学社会科学重点研究基地基金资助成果。
[**]　作者系东南大学反腐败法治研究中心研究人员、东南大学法学院2014级博士研究生。
[1]　高铭暄、马克昌主编：《刑法学》（第五版），北京大学出版社、高等教育出版社2011年版，第509－510页。
[2]　陈立主编：《财产、经济犯罪专论》，厦门大学出版社2004年版，第519页。
[3]　可参见 张明楷：《外国刑法纲要》，清华大学出版社2007年版，第547－549页。

了非法占有目的不要说。[1]而这一问题的厘清,是进一步讨论目的与故意关系的前提,有必要再展开讨论,首先,表明笔者的观点,我赞成排除意思说,利用意思没有必要存在。

一、排除意思的必要性

先来看排除意思是否必要,如果认为不需要排除意思,则意味着非法占有的结果与盗窃罪的财产转移相同,从而将它融入了故意之中,但是,两者的含义还是不同的,非法占有目的是指永久性地剥夺他人财物,这种目的的实现与作为前提的占有转移存在差异。[2]"同样是客观上非法控制了他人财物,此客观表现既可以实现行为人永久性剥夺他人财物的目的,又可以实现非永久性剥夺他人财物的目的。因此客观实现形式的同一性并不妨碍非法占有目的作为故意之外的主观超过要素的可能性"。[3]

另外,如果坚持排除的意思不需要的话,无疑会将大量的使用盗窃作为盗窃罪处理,这并不妥当,于是学者一般采取了所谓的还原说,从客观上妨碍对财物的利用程度上,区别盗窃罪与使用盗窃的行为。[4]但是其一,如上所述,这种观点混淆了危险与实害的关系;其二,利用妨害程度是通过占有转移之后的行为加以判断。要在行为时判断的话,必须以指向这种妨害的意思作为主观超过要素确定。对此山口厚教授指出:"一旦取得占有即构成盗窃罪的既遂,要在盗窃罪的成立与否这一阶段,考虑既遂之后的利用妨害程度,这根本没有可能性;而且,认为只要利用妨碍程度没有达到可罚性程度,盗窃罪就不能达到既遂,这种观点还会使得既遂时点极不明确。"[5]

当然,反对观点的意见在有些方面还是很有说服力的,这值得日本的排除意思说的学者进行反思。因为如果严格按照永久剥夺的意图去解释非法占有目的,会导致使用盗窃行为一律不可罚,这又难以为人所接受。于是必要说的学者对此进行了修正,认为出于一时使用的意思,如果能够评价为具有可罚违法性的,也视为具有非法占有的目的。但是这种观点一方面模糊了两者之间的准确界限,使得最终结论与排除意思不要说的学者相同,这就成为他们批判的主要根据之一。另一方面,取消了永久剥夺的意图,便使得与作为盗窃结果的占有转移之间关系也变得模糊起来,此时能否称为主观超过要素值得质疑。我国学者对此指出,

---

[1] 例如刘明祥:《财产罪比较研究》,中国政法大学出版社2001年版,第77页以下;郑泽善:《刑法争议问题探索》,人民出版社2009年版,第343页以下;高巍:《盗窃罪基本问题研究》,中国人民公安大学出版社2011年版,第211页以下;尹晓静:《财产犯罪中的非法占有目的之否定——"侵害占有、建立占有"客观分析之提倡》,《政治与法律》2011年第11期;张红昌:《财产罪中规定非法占有目的的质疑》,《中南大学学报(社会科学版)》2009年第6期。

[2] 张明楷教授认为如果非法占有目的仅指永久性剥夺公私财产就意味着与盗窃故意混同的批判,笔者并不赞同。参见 张明楷:《刑法分则的解释原理》(第二版),中国人民大学出版社2011年版,第434-435页。

[3] 董玉庭:《主观超过因素新论》,《法学研究》2005年第3期。

[4] 参见[日]前田雅英:《日本刑法各论》,董璠舆译,五南图书出版公司2000年版,第167页。

[5] [日]山口厚:《刑法总论》(第二版),付立庆译,中国人民大学出版社2011年版,第232页。

"只有把非法占有目的理解为永久性[1]排除他人占有的意思,才能使非法占有目的具有区分罪与非罪的机能。如果承认非永久性排除他人占有的意思,在附加利用财物价值或权利的情况下也可以认为具有非法占有目的,则事实上使原本超出故意的非法占有目的向故意的内容收缩,甚至在一定意义上具有重合性,这也意味着非法占有目的作为超过的主观要素的根据产生了动摇"。[2]

正因为如此,"在德国讨论了是否必须是永远的、完全的领得这一问题,但是,在我国,判例、学说几乎都一致认为暂时地完全获得对财物的支配就构成了"。[3]我认为德国学者的讨论是有意义的,这值得日本学者进行相关反思。事实上,日本也有学者对此提出了质疑,对此高桥则夫教授指出,"如果不仅考虑返还意思的有无,而且考虑使用期间的长短、伴随使用而价值的减少、占有人的利用可能性等,那么,因为这些是盗窃既遂后的事情,而不是强化或变更占有侵害这一盗窃行为的意思,所以将其理解为(行为后)可罚性的要素是妥当的,排除意思本来就不被包含于领得的意思"。[4]

确实如果考虑这些额外的附加要素,就与不要说客观判断的思路相近,但是将这种不同的主张混杂了放在一个体系中,其合理性值得商榷,高桥教授的看法是有道理的。但是论者据此得出否定排除意思是不妥当的,因为如果我们能只考虑返还意思的话,并不会产生这种问题,接下去的疑问是,如此怎么能把具有可罚性的使用盗窃行为作为盗窃罪处理,我认为有两种思路。

其一,借鉴德国刑法理论的观点,众所周知,德国学界关于盗窃罪问题上存在着物体理论与价值理论的争论,现在通说主张综合理论。[5]因此盗用汽车的,并不是以汽车为对象成立盗窃罪,因为行为人存在返还意思,而是以消耗的汽油为对象成立盗窃罪,这并无疑问,同样盗用司法考试用书等行为也可以这样理解。

其二,如张明楷教授所主张的那样,将盗窃罪的对象扩张至财产性利益,从而将使用盗窃的一部分认定为利益盗窃。[6]但是将诈骗罪作为利益型犯罪没有疑问,我认为这并非对

---

[1] 我国学者指出,"这里的永久性不能狭窄地理解为正统解释的永久获取,而是永久使权利人无法实现其财产的所有权,这是一种法律上的特征"。参见 姜先良:《论刑法中的非法占有目的》,载 陈兴良主编:《刑事法评论》(第13卷),中国政法大学出版社2003年版,第564页。

[2] 高巍:《盗窃罪基本问题研究》,中国人民公安大学出版社2011年版,第216页以下。

[3] [日]大塚仁:《刑法概说(各论)》(第三版),冯军译,中国人民大学出版社2009年版,第230页。

[4] [日]高桥则夫:《规范论与刑法解释论》,戴波、李世阳译,中国人民大学出版社2011年版,第51页。

[5] 参见 林山田:《刑法各罪论(上册)》,作者自版2005年版,第328页。

[6] 张明楷:《刑法分则的解释原理》(第二版),中国人民大学出版社2011年版,第445页。赞同的观点还可以参见 徐凌波:《存款的占有问题研究》,载 陈兴良主编:《刑事法评论》第29卷,北京大学出版社2011年版,第434页。徐凌波博士据此认为应当引进债权的准占有概念,将盗窃信用卡的行为评价为盗窃财产性利益,我认为这种思路是比较新的,作者的创新精神值得称道,但是这种做法需要进一步讨论盗窃财物与盗窃利益的关系,是否容易造成相当部分的盗窃财物未遂乃至于预备都能以利益盗窃既遂处理,这可能不妥,但是这与本文无关,这里不再讨论。

象的问题,而是一个客观行为限制问题,打破占有的客观行为能否针对利益实施,这个问题不无思考空间。或许基于此,德国、日本等国家并未承认这种利益盗窃,因此笔者倾向于第一种思路,引进价值理论进行思考。

另外考虑使用期间的长短、伴随使用而价值的减少、占有人的利用可能性等因素的话,会在实际处理案件中得出不可思议的结论,以下结合两组案例展开讨论。

第一组案例:

1. 甲意图将他人汽车盗用 5 分钟,且 5 分钟之后将汽车返还原处。
2. 乙意图将他人汽车盗用 5 分钟,但是将车开出 2 分钟后发生事故造成汽车损毁。

根据缓和之后的排除意思说认为,综合各种因素考虑,甲不具有非法占有目的,乙具有非法占有目的,但这显然存在疑问。非法占有目的是行为时的主观目的判断,而上述案例中在盗用汽车时的心态并不存在差异,至于是返还原处还是意外造成损毁,只是事后的行为,这不应该改变先前的非法占有目的的评价,缓和说的结论只是基于一种实质的处罚感觉而采取的修正并不妥当。但是否定说者认为这属于一个客观侵害的问题,是可罚违法性需要考虑的观点[1],同样存在疑问。盗窃罪在转移占有之后已经既遂,不可能再根据事后的行为决定犯罪是否成立。因此,我认为从逻辑一致性角度出发,这里的结论是相同的,甲和乙都不具有非法占有的目的,如果承认价值说的话,则需要再具体判断甲、乙对于汽油的损耗是否存在盗窃,根据客观判断优先的原则,我认为这里关键还是在于对于这么短时间的汽油的损耗,能够认定为实质的构成要件该当性或可罚的违法性,也不是一个非法占有目的的问题。

第二组案例:

1. 甲将他人停放的自行车,擅自使用了 5 小时然后返还原处。
2. 乙将他人的高级轿车,擅自使用了 5 小时后返还原处。

根据缓和说的观点,这里需要重点考虑针对目标的价值,从而认为甲不具有非法占有目的,乙具有非法占有目的,但是行为人主观上的态度怎么可能会随着对象不同而作出不同评价呢,"如果认为其动用自行车时无非法占有目的,动用轿车时又有非法占有目的,显然是不合情理的"。[2] 因此这里的结论是上述案件必须等同看待,我的看法是无论甲和乙都不具有非法占有目的,引进价值说,似乎可以对此进行不同的评价,认为乙具有非法占有的目的,但那也是针对不同的对象,在理论上是可以成立的。

另外如果在财产犯罪保护法益上采本权说,则必须需要这种排除意思。虽然理论上有学者否定这种关联,认为占有的侵害也可以危害本权[3],但是单纯的占有转移不法能否达到这种侵害本权的程度不无疑问。对此我国学者的看法是有道理的:"本书认为,就非法占

---

[1] 参见 张红昌:《财产罪中规定非法占有目的的质疑》,《中南大学学报(社会科学版)》2009 年第 6 期。

[2] 刘明祥:《财产罪比较研究》,中国政法大学出版社 2001 年版,第 72 页。

[3] 参见 [日]西田典之:《日本刑法各论》(第三版),刘明祥、王昭武译,中国人民大学出版社 2007 年版,第 124 页。

有为目的而言,本权说与必要说之间存在着某种必然的联系。理由是,在取本权说的情况下,正是由于存在非法占有目的这一媒介,占有侵害作为本权侵害而获得法律上的意义。"[1]

也正是在这个意义上,排除意思是一种当然的主观违法要素,用来补充客观不法的程度,这一点在学界上并不存在太大的争议。

二、利用意思之否定

然后再来看所谓的利用意思,通说认为,利用意思是享受财物具有的某种功能的意思,它具有此罪与彼罪的区分机能,通过这个要件,才能区分所谓的盗窃罪与故意毁坏财物罪,也才能说明这里的法定刑的差异。但是这种通说的观点存在很多疑问。

其一,通说坚持认为,"利用处分的意思,作为加重获取型犯罪中的贪利性质的责任类型的事由,可以放入构成要件之中,因此,其法律性质是责任要素"。[2] 但是,首先,利用处分的意思仅仅表明了预防的必要性,倘若不采取实质的责任论,将预防要素导入责任中的话,不能认为它属于责任要素;其次,即便认为它属于责任要素,但是如果采取通说构成要件属于违法类型说的立场,就不能认为它具有区分犯罪类型的机能,在这个意义上,它只是一种行为人的动机因素,仅具有量刑的意义;最后,诚如我国台湾地区学者所指出的那样,"唯完全未斟酌客观事实,而仅仅以行为人内心之动机、目的来特定犯罪类型,似有将刑罚主观化之现象"。[3] 这恐怕就会背离客观主义的基本立场。

其二,必要说难以解释行为人以毁坏他人财物的意图取出财物后只是单纯的放弃、隐匿或者产生非法占有目的、利用处分该财物的行为。必要说认为此时前者构成故意毁坏财物罪、后者构成侵占罪(脱离占有物侵占),但是单纯的隐匿能否解释为毁坏是有疑问的。即便赞成实质解释论,单纯的隐匿也不等同于效用的侵害,因为实际生活中,大量的隐匿行为并没有侵害效用。例如甲从乙家取来一枚戒指,单纯的放在自己家中,显然不能评价为毁坏,此时如果对前面转移占有的行为,又具有排除意思的占有不作评价,并不合理。此外,姑且不论脱离占有物侵占能否被我国刑法中的侵占罪所包括,即便可以包括,对自己已经占有的财物也难以评价为"脱离占有",因此严格按照必要说,势必形成处罚漏洞。其原因在于,"毁坏目的,那只是推动行为人实施盗窃行为的内心起因,是一种犯罪动机,不能因为有这种动机就改变行为的盗窃性质"。[4]

其三,必要说对于不要说的指责并不存在,必要说认为不要说只将毁坏局限于不转移占

---

[1] 郑泽善:《刑法争议问题探索》,人民出版社2009年版,第338、339页。相同观点还可以参见 任海涛:《非法占有目的认定中的几个问题》,《长春工业大学学报(社会科学版)》2006年第1期。
[2] [日]大谷实:《日本刑法讲义各论》(第二版),黎宏译,中国人民大学出版社2008年版,第180页。
[3] 曾淑瑜:《刑法分则实例研习——个人法益之保护》,三民书局2004年版,第210页。
[4] 刘明祥:《财产罪比较研究》,中国政法大学出版社2001年版,第72页。

有的毁坏,明显缩小了故意毁坏罪的范围,但是这种限制是有道理的,"如果行为人在毁弃前排除他人对财物的占有,实现自己的占有再进行毁弃的,则事实上存在两个故意和两个行为"。[1]显然这种情况和没有转移占有的毁坏是不同的,这种利用处分的意思包含了占有转移的盗窃故意,前行为当然可以评价为盗窃罪。[2]曾淑瑜教授揭示了两者不法程度的差异:"毁损、隐匿他人财物在现实上仍有可能是剥夺利用可能状态之财物占有的行为,使财物所有人(或持有人)丧失对财物之利用可能性,此相较于未剥夺占有而毁损特定财物之行为,一般而言,破坏财物之利用可能性的程度自较为严重。"[3]

其实这里只是要求故意毁坏财物罪不得转移对财物的占有,但是这并不妨碍只是单纯的移动财物而没有转移占有的行为评价为故意毁坏财物罪,至于这里的单纯移动和转移占有如何区分,需要结合个案,综合财物体积、现场环境等因素讨论。

另外必要说认为不要说无法说明盗窃罪比故意毁坏财物罪法定刑要高的指责也没有道理,因为一方面从客观不法上来说,盗窃罪在占有转移的不法程度上比故意毁坏罪要高,而事后的恢复状态不能成为法益侵害的标准,另一方面,利用处分的意思表明了预防程度上存在差异,但这不是责任的一个要件。

其四,除了日本以外的国家,并没有将这种利用意思作为盗窃罪非法占有目的的一个成立要件。众所周知,英美国家都将盗窃罪中的非法占有目的理解为永久剥夺财物的意思。[4]姑且不论这里的永久剥夺如何理解,但是在排除利用意思上是不存在疑问的,德国刑法理论一般将不法意图理解为行为人对于所窃取之物或其中的价值欲以所有人自居的心理态度,其中包含了消极要素与积极要素,消极要素指持续性的破坏他人对物的支配的关系的故意,积极要素指以暂时性的或持续性的使自己或第三人居于类似所有人对该物支配关系为目的。[5]这里的消极要素等于日本理论上的排除意思大体没有疑问,有问题的是积极要素的理解。

我认为积极要素与消极要素指的大体是一个含义,只不过论述的角度存在差异,积极要素没有必要存在,因为只有物的所有权人才有权毁坏财物的权力,所以故意毁坏意图当然也包括于以类似所有权人的地位处分财物的意图。既然如此,所谓的积极要素并不具有区分此罪与彼罪的机能,联系日本刑法理论,更能说明这个道理。例如日本有学者采取德国的这种观点,认为不法意图指的是作为所有权人来对待财物的意思,但是其结论和排除意思说的学者并没有任何区别。[6]由此可见,积极要素并不是在利用意思层面上使用,德国理论依然与日本通说存在差异。

---

[1] 高巍:《盗窃罪基本问题研究》,中国人民公安大学出版社2011年版,第218页。
[2] 相同观点也可见 唐仲江:《故意毁坏财物罪研究》,载 陈兴良主编:《刑事法判解》(第10卷),北京大学出版社2009年版,第190、191页。
[3] 曾淑瑜:《刑法分则实例研习——个人法益之保护》,三民书局2004年版,第213页。
[4] 具体可以参见 赵秉志主编:《英美刑法学》(第二版),科学出版社2010年版,353-356页。
[5] 黄荣坚:《刑法问题与利益思考》,中国人民大学出版社2009年版,第46页。
[6] [日]大塚仁:《刑法概说(各论)》(第三版),冯军译,中国人民大学出版社2009年版,第227页。

其五,在财产犯罪中,利用意思的含义是不同的。既然如此,在体系整合上便显得先天不足。无疑这种利用意思相对于盗窃罪而言,是一种除了隐匿、毁弃意思之外的使用意图,只有这样才能区别于故意毁坏罪。但是在侵占罪中的利用意思显然发生了变化,这种变化即便是利用意思赞成说的学者也是不得不认可的:"侵占罪与夺取罪比较,在判例上其不法侵占意思之概念,有些微妙之差别。包含了隐匿的意思如此……这点正成为近年来不法侵占意思否定说的实质性的论据。的确,隐匿业已占用之财物的行为,几乎都应评断为实质上'已侵占',因此判例举出隐匿作为侵占罪实行行为之一是很自然的。"[1]

三、结　　语

综上,本文的结论是排除意思是必要的,而且这里的排除意思不能作任何缓和性的理解,以返还意思为标准既明快,在体系上又不至于存在冲突。至于使得使用盗窃一律不可罚的问题,可以引入物质说与价值说争论予以解决。在引进价值理论之后,传统上一些属于非法占有的判断,可以还原为客观构成要件判断或者可罚的违法性判断。这样的处理好处在于,将主观构成要件作为客观构成要件判断,在判断标准上更容易把握,从而有利于界分一些民刑交叉的疑难案件。

对于利用意思,则并没有必要存在于非法占有目的之中。这种观点虽然不是日本的通说,但是在英美国家、德国却是受到支持的。[2]作为责任的要素的利用意思,无法融入作为违法类型的构成要件之中,因而丧失了区分犯罪类型的功能。利用意思必要说不仅无法解释行为人以毁坏他人财物的意图取出财物后只是单纯的放弃、隐匿或者产生非法占有目的、利用处分该财物的行为,而且在财产犯罪中,由于利用意思具有不同含义,因此在体系整合性方面也存在疑问。因此非法占有目的,仅包括排除意思,是一种违法的目的犯罪。

---

[1] [日]前田雅英:《日本刑法各论》,董璠舆译,五南图书出版公司2000年版,第172页。
[2] 我国也有学者持这种看法,只不过应属于少数说,例如我国学者指出,"行为人非法占有的目的是指永久性地非法占有……根据立法的精神,盗窃罪主观目的所指的非法占有是永久性的非法占有,而暂时性非法占有并不是盗窃罪的犯罪目的"。参见 董玉庭:《盗窃罪研究》,中国检察出版社2002年版,第73页。只不过论者并未引入德国的价值理论,故会明显缩小盗窃罪的成立范围。

盗窃罪中"非法占有目的"刍议

李 婕[*]

摘　要： 盗用行为、盗窃所有权归自己的财物的行为是否成立盗窃罪，关键在于对非法占有目的的认定。刑法理论有非法占有目的肯定说与非法占有目的否定说之争议，从立足限缩处罚范围和划定犯罪边界的角度出发，应肯定非法占有目的是盗窃罪不成文的构成要件要素。盗窃罪的法益应扩展到本权和占有，非法占有目的可产生于占有状态的任何阶段，其内容应采取"排除意思＋利用意思"说。

关键词： 盗窃罪　非法占有目的　盗用行为　占有状态

一、问题的提出

案例一： 韦某发现一辆插有钥匙且无人的凌志轿车停在路边，遂将该车开走，停放于郊区停车场。后被害人发现自己的车报警，韦某被逮捕。[1]

案例二： 李某向陈某借款 3 万元，期限三周，利息为 3 000 元，同时将自己 5.6 万元价格购买的东南牌轿车质押给陈某。2 天后，李某用备用钥匙将该车开走并予以藏匿。李某以质押的轿车丢失为由要求陈某赔偿，双方达成赔偿协议，约定陈某免除李某 3.3 万元借款及利息的债务，并另行向李某支付 2 万元赔偿款（尚未支付）。案发后鉴定，该东南牌轿车价值 2.598 万元。[2]

案例三： 范某是公司出纳，因欠他人赌债，打算挪用公司现金还债。范某从存放工资的橱柜中的 39.1 万元中取走 174 329 元。返回宿舍后，范某写下留言，写明自己的身份和作案原因，会连本带利归还该现金。后经家人劝说，范某将行为电话告知公司老板并表示道歉，返还 15.9 万元。[3]

案例四： 被告人甲是保险业务员，协助乙办理理赔而熟悉。某日甲向乙借 70 万，乙因事忙且识字有限，将自己的存折、留存印鉴交给甲，并告知甲提款密码，让甲从自己账户取

---

[*] 李婕，女，法学博士，安徽大学法学院讲师，主要研究方向为中国刑法学。

[1] 《韦国权盗窃案——暗自开走他人忘记锁闭的汽车的行为如何定性》，载 法舟刑事辩护中心编：《刑事审判参考合集（二）》，第 737 页。

[2] 《出质人窃回质押财产并向质权人索赔行为的定性》，载 法舟刑事辩护中心编：《人民法院报案例汇编（2014 刑事版）》，第 88 页。

[3] 本案参照范军盗窃案改编。参见《范军盗窃案——偷配单位保险柜钥匙秘密取走柜内的资金后，留言表明日后归还的行为仍然构成犯罪》，载 法舟刑事辩护中心编：《刑事审判参考合集（三）》，第 32 页。

钱。甲提取70万后,发现乙账户还有200万。之后数日,甲利用随乙外出的机会,窃取乙放在包里的存折与印章,先后从乙的账户提出110万与70万,并电汇给第三人丙。然后,甲趁乙不注意,将印章放回原处。[1]

上述案例中,行为人窃取自己的财产或依职权占有的财产行为,是否具有非法占有目的;行为人以使用盗窃作为抗辩能否定非法占有目的,非常值得研究。

二、司法实践对"非法占有目的"的态度

(一) 非法占有的对象

1. 遗忘物的分析

在陕西省高级人民法院对韦某偷开他人车辆案件的判决书中,法院认为,韦某提出的上诉理由"其没有非法占有的主观故意,只是对他人遗忘物的非法侵占,不构成盗窃罪"不予支持,理由是"车辆为具有特殊属性的登记物,不能因为车辆所有人忘记关闭车窗和未拔出车钥匙就认为遗忘了汽车,就推定为他认得遗忘物;韦某更换车牌照,长期占有使用,不予归还,说明其具有非法占有该车的主观故意"。分析这一案件的法官认为,"遗忘物指本应携带因遗忘而没有带走的财物。所有人主观上应该认识到自己将财物遗忘,并失去了对该财物的控制。本案中被害人因醉酒将车停放在住处附近的公路上,并且未关闭车窗、车门和钥匙,不等于被害人遗忘了该车。因为汽车具有特殊属性,驾驶人在离开时通常要将其保留在停放处,与驾驶人分离。如果不考虑这一点,将权利人忘记关闭车窗、拔掉钥匙的汽车认定为遗忘物,有悖常理"[2]。

2. 民法上有请求权之物能否成为盗窃对象

案例二中,法院认为,李某窃取质押车辆的行为,实际上非法占有了存在于质押车辆上陈某所享有的质权。因此,李某窃取质押车辆的行为,反映其主观上具有非法占有目的。盗窃金额应以质押车辆价值,即2.598万元为准,不以债权损失金额为准。[3]

案例三中,法院认为,范某留纸条表明日后归还金钱的行为,不能成立与公司之间的借贷关系。根据1999年2月13日发布的《最高人民法院关于如何确认公民与企业之间借贷行为效力问题的批复》的规定,公民与企业之间的借贷属于民间借贷,必须双方当事人意思表示真实方可认定有效。即在借贷合同订立过程中,双方当事人对借款事项有准确的认识,对借款的后果有清醒的预期,并在此基础上形成借款的合意,出借方对款项行使处分权,自愿将款项借给借款方。本案中,范某未征得公司的同意,采取秘密手段取走公司的现金,并

---

[1] 案件一审是台湾桃园地方法院2009年度第854号判决,二审是我国台湾地区高等法院2010年度上诉字第200号判决。

[2] 《韦国权盗窃案——暗自开走他人忘记锁闭的汽车的行为如何定性》,载 法舟刑事辩护中心编:《刑事审判参考合集(二)》,第741页。

[3] 《出质人窃回质押财产并向质权人索赔行为的定性》,载 法舟刑事辩护中心编:《人民法院报案例汇编(2014刑事版)》,第89、90页。

不符合民间借贷合同的特征。

(二) 实务界对"非法占有目的"的分歧

在明确认识到某物属他人占有、支配之下时,行为人擅自取走该物并置于自己支配、控制下的行为,明显具有非法占有目的。但在案例四中,甲在认识到存折中有200万元后,私自取走乙的印章、存折,使用后归还的行为,是否成立盗窃罪?

法院在一、二审都认为,甲先后两次盗用存折、印鉴,持之提款再归还的行为,构成盗窃罪、伪造文书罪及使用伪造的文书罪,先后提款110万和70万的行为构成诈欺罪。因伪造文书罪被使用伪造的文书罪吸收,最终构成盗窃罪、行使伪造的文书罪、诈欺罪的牵连犯,从一重罪按照行使伪造的文书罪处罚。案件上诉到最高法院,最高法院认针对盗用存折后归还行为的评价中,"刑法之盗窃罪,以行为人具有为自己或第三人不法所有的意图,而窃取他人动产,作为构成要件,行为人欠缺此不法所有意图要件,例如只单纯地擅自使用,无据为己有的犯罪,是使用盗窃,并非刑法非难的对象。原判决认定甲以不详的方法盗取乙的存折、印章,使用后归还,属于使用盗窃。并非刑法上的盗窃罪"。

前三个案例中,司法判决有的从事后行为说明(如韦某窃取汽车后更换车牌照、长期使用不予归还)行为人具有"非法占有意图",有的从排除原占有人权利的角度说明"非法占有意图",并未明确指出行为时的非法占有目的如何认定、为何出质人对车辆所有权无法对抗质押权、挪用自己职务范围内有权处分的金钱,并随即归还的行为,为何仍具有"非法占有目的"? 案例四中,我国台湾地区"最高法院"对"使用盗窃"的分析似乎难以推广到其他使用盗窃的情形,例如甲窃取乙的汽车票,乘车归来后将汽车票返还给乙的行为,也符合"单纯使用、无据为己有意图,且事后归还"的要求,这种行为是否具有可罚性呢?

三、"非法占有目的"的学理检讨

我国《刑法》第264条规定了"盗窃公私财物,数额较大的,或者多次盗窃、入户盗窃、携带凶器盗窃、扒窃"的行为,并未规定"非法占有目的"。从字面上来说,"非法占有目的"是非法控制财物的目的,在司法实践中,非法占有目的不但影响盗窃罪成立范围,而且关系盗窃罪与其他财产犯罪的区分。为解决这一问题,有必要了解我国学界对这一问题的看法。

(一) 我国学界对"非法占有目的"的讨论

1. 否定说

否定说主张,盗窃罪成立不需要非法占有目的。刘明祥教授认为,非法占有目的是故意之外的主观构成要件,实质上是一种犯罪动机,而盗窃罪的性质是由其主观方面的故意内容和客观方面的侵害财产的行为方式所决定的,犯罪动机对于说明这类行为的性质及社会危害程度并不起决定作用。[1]

---

[1] 刘明祥:《刑法中的非法占有目的》,《法学研究》2000年第2期。

2. 肯定说

肯定说主张,盗窃罪要求"非法占有目的",这是我国刑法学界的通说。张明楷教授认为,"非法占有目的"是盗窃罪中不成文的构成要件要素。"非法占有目的"是指排除原权利人占有,将他人之物置于自己支配、控制之下,并按照原权利人那样使用、处分。[1] 排除意思的主要机能是将不值得科处刑罚的盗用、骗用行为排除在犯罪之外,利用意思是指遵从财物可能具有的用途进行利用、处分的意思。这里对非法的理解是,只要是侵害财产罪所保护的法益,就可以认定为非法,进而认定行为人的占有目的具有非法性。[2]

"非法占有目的"是否是盗窃罪的成立要件,实质影响盗窃罪的成立范围。肯定说和否定说对"非法占有目的"各执一词,对部分实践问题的解决提出了指导。但在占有遗忘物、行为人对占有物享有抗辩权的场合,盗窃罪是否成立、行为人是否具有"非法占有目的",仍然值得研究。

(二)"非法占有目的"的重新检视

财产犯罪中,仅凭客观方面"获取他人财物"的行为无法准确定罪。例如,盗窃罪与故意毁坏财物罪的区分,就在于行为人的主观意图;案例一中韦某开走路边无人的轿车这一客观行为,也很难判断成立盗窃罪还是侵占罪。因此,"非法占有目的"是盗窃罪犯罪成立的构成要件要素,理由如下:

(1) 日本的理论并不适宜中国司法现实

"否定说"是日本刑法理论的有力学说。该说认为,从日本的司法实践看,整体上已经呈现出接近"非法占有目的不要说"的趋势,传统的必要说已经不适应司法实践的需要。[3] 但笔者认为,日本存在对非法占有目的作宽泛化解释、盗窃罪的目的范围不断扩张的趋势,且否定说也并没有成为日本的通说。此外,日本刑法理论与实践与中国有很大不同,用日本的事例说明中国的问题似乎并不合适。

(2) 仅从文义角度解读盗窃罪无法准确指导司法实践

犯罪构成要件要素分为成文的构成要件要素和不成文的构成要件要素。有的要素明显属于必须具备的要素,刑法可能省略规定;有的要素通过对部分要素的描述或相关条文的规定即可明确,刑法无需规定。例如,刑法分则的多数条文都没有规定犯罪主观要件,难道这些犯罪成立都不需要罪过吗?同理,《刑法》第264条没有规定"非法占有目的",但并不意味着盗窃罪成立不需要这一目的。恰恰相反,"非法占有目的"是区分盗窃罪和不可罚的盗用行为、盗窃罪和侵占罪、故意毁坏财物罪的重要依据。

四、"非法占有目的"再认识

"非法占有目的"是盗窃罪不成文的构成要件要素,旨在限制处罚范围。但是像案例二

---

[1] 张明楷:《刑法学(第三版)》,法律出版社2007年版,第708页。
[2] 张明楷:《论财产罪的非法占有目的》,《法商研究》2005年第5期。
[3] 刘明祥:《刑法中的非法占有目的》,《法学研究》2000年第2期。

中,盗窃所有权归自己的财物,或者像案例一中事后产生非法占有目的的情况,是否影响盗窃罪成立?

(一) 盗窃罪的法益

刑法理论通说认为,"财产犯罪侵犯的客体是公私财产所有权,即所有人依法对自己的财产享有占有、使用、收益、处分的权利,包括占有、使用、收益和处分四项权能"[1]。按照这一理论,案例二中私自取回自己质押车辆的行为,显然难以解释为盗窃罪,还有委托他人行贿,被委托人将贿赂物据为己有的行为如何评价,都对传统财产犯罪的法益提出了挑战。

张明楷教授提出,财产犯罪的法益首先是财产所有权及其他本权,其次是需要通过法定程序改变现状的占有;但在非法占有的情况下,相对于本权者恢复权利的行为而言,该占有不是财产犯罪的法益。[2] 这一观点能够解决现实中盗窃罪的很多问题,例如私下取回自己质押给他人财物的行为,侵犯了他人对该质押物的合法占有;第三人从盗窃犯手中非法取走财物的行为,也成立盗窃罪。《刑法》第 91 条第 2 款规定:"在国家机关、国有公司、企业、集体企业和人民团体管理、使用或者运输中的私人财产,以公共财产论。"这一规定虽然有优先保护公共财产的倾向,但从另一方面也说明了,事实上的占有本身就是财产犯罪的保护法益。

(二) 非法占有目的的认定

使用盗窃是常见多发的违法行为,案例一中韦某辩称"自己仅是使用他人轿车,否定自己有非法占有目的",对于"藏匿他人宠物狗,待主人贴出悬赏通知后将狗归还,并领取赏金"的行为,如何认定行为人具有非法占有目的,也值得研究。

1. 非法占有目的内容

日本学界关于"非法占有"的理解,有排除意思说、利用意思说、"排除+利用意思"说等观点,英国普通法则将"永久性剥夺他人财产的意图"作为盗窃罪的主观构成要件。[3] 德国刑法盗窃罪中的"领得"由 Enteignung 和 Aneignung 组成,前者是领得的消极要素,即排除意思,后者是积极要素,即利用意思。[4] 笔者认为,排除意思将不值得处罚的盗用行为与盗窃罪相区分,利用意思将盗窃罪与故意毁坏财物罪相区别,二者都是"非法占有目的"的必备要素。

因此,非法占有目的,指排除权利人,将他人财物作为自己所有物进行支配,并遵从财物的用途进行利用、处分的意思。案例一中,韦某开走他人轿车,排除了车主对该车的支配,并遵从车的性能进行利用,构成盗窃罪。某些情况下,行为人虽具有返还意思,但具有侵害相当程度的利用可能性、能够肯定排除意思存在,也应认定为盗窃罪。例如,甲将乙本月 31 号的车票取走,下月 1 号乘车归来,将该车票又放回原处的行为,就存在排除意思。利用意思

---

[1] 高铭暄、马克昌:《刑法学》,高等教育出版社 2011 年版,第 496 页。
[2] 张明楷:《刑法学》,法律出版社 2011 年版,第 840、838 页。
[3] 张明楷:《论财产犯罪的非法占有目的》,《法商研究》2005 年第 3 期。
[4] 陈洪兵:《财产犯罪之间的界限与竞合研究》,中国政法大学出版社 2014 年版,第 33 页。

不限于遵从经济用途进行利用、处分的意思,也不限于遵从财物的本来用途进行利用、处分的意思,例如男性基于癖好窃取女性内衣的行为,仍然成立盗窃罪,为了烧柴取暖而窃取他人家具的,也具有利用意思。案例四中,甲多次盗用乙的存折、印章,但该盗用行为并没有达到排除原权利人对该物支配的程度,故盗用存折、印章的行为不成立盗窃罪。

2. 非法占有目的产生的时间

一般来说,非法占有目的产生在窃取财物之前。但实施非法行为获取财物后,进而产生非法占有目的行为的认定,则有待明确。例如,流浪汉甲窃取他人破棉被一床,回家后发现棉被里有5 000元钱,遂据为己有。[1]

笔者认为,占有是一种状态,只要行为人在占有财物的状态下产生了非法占有目的,就能够肯定盗窃罪成立。例如,合同诈骗罪规定"以非法占有目的,在签订、履行合同的过程中,骗取对方当事人财物的",那么行为人原本没有非法占有目的,在收取对方的预付款后产生非法占有目的,进而逃之夭夭的,当然构成合同诈骗罪。既然肯定盗窃罪的法益包括占有,那么在占有整个状态的存续期间,就应当将"事前"获取财物的行为和"事后"据为己有的行为进行总体评价,既然"非法占有目的"终究是通过盗窃方式实现的,那么就没有理由不以盗窃罪论处。[2] 这一观点也是构成要件理论的应有要求,"构成要件中所包含的实质违法内容主要是由两个因素组成的:一是行为侵害法益的性质,二是行为侵害法益的方式、方法。某一行为如果在这两方面与构成要件的规定相同,就应当认为它符合犯罪构成要件的特征"[3]。

案例三中,范某是公司出纳,具有支配现金的职权,其出于"挪用"的意思取走公司现金并留下纸条表明归还,虽然排除了公司对该现金的占有、支配,但范某还未来得及对该现金进行"利用"即返还,理论上不符合盗窃罪的犯罪构成,也不符合挪用资金罪的犯罪构成。《最高人民法院关于审理挪用公款案件具体应用法律问题的解释》第5条规定:"'挪用公款数额巨大不退还的',是指挪用公款数额巨大因客观原因在一审前不能退还"。据此可知,挪用公款后主观上没有非法占有目的但客观上无法归还的,推定行为人具有"非法占有目的",表明"事前行为"和"事后目的"能够作为一体判断。范某经家人教育后及时归还了公司的现金,表明其并没有非法占有目的,故笔者认为,范某的行为不成立犯罪。

---

[1] 桂亚胜:《论事后的非法占有目的》,《法商研究》2012年第3期。
[2] 桂亚胜:《论事后的非法占有目的》,《法商研究》2012年第3期。
[3] 刘士心:《论刑法中的事后危害行为》,《北华大学学报(社科版)》2004年第3期。

租赁汽车质押借款型诈骗案件的"非法占有目的"问题

杨 扬 姜 涛*

摘　要：刑法中"非法占有目的"就是意图实现自己对该财物的"据为己有"或"据为己用",行使了剥夺或妨害权利人对财产"控制、占有、使用、收益"等权能的非法行为,并达到可罚性程度的一种主观违法心理。这种心理并不一定要有(永久性的)排除目的,与财物本身民事法律关系上的所有权变动和质权意义上的善意取得亦无关系。租赁汽车质押借款案件中,租车行为和质押借款行为均侵犯了刑法所保护的财产所有权,具有非法占有目的,应当构成财产型犯罪。

关键词：租赁汽车质押　诈骗　非法占有目的

一、问题的提出

随着我国经济的不断发展和人民生活水平的日益提高,汽车已成为人们日常出行必备的交通工具,汽车租赁行业也随之悄然发展。由于缺乏有效的监管,针对租赁汽车的质押借款诈骗案件呈逐年高发态势。以江苏省扬州市公安机关查处的案件为例,5年来,此类案件的发案率以每年约40%的增速逐年递增,破案率仅约3.5%,远低于侵财类案件的平均破案率。2014年,扬州市公安局接报租赁汽车诈骗警情高达256起,有165起警情作民事纠纷调解处理。受理初查的46件案件中仅12件立案侦查(7起立为诈骗、5起立合同诈骗),9件被移送起诉,3件撤案。2015年上半年,共接报此类警情187起,有20起立案侦查(3起立为诈骗、17起立为合同诈骗),截至目前有11件被移送起诉,2件撤案,7件在侦。再以笔者的工作地仪征市(扬州市辖县)为例,近5年来,共接报131起涉及租车诈骗警情中,以普通纠纷调解的高达122件,受理初查的仅6件,立案侦查的4件中也存在立案后撤案、同案不同判的情形。

此类案件虽然作案手法相近,但表现形式却多样,不同角度考察呈现不同的特征。从租赁主体看,既有正规经营的租赁公司,也有私家车主或从事非法租赁的个体业主;从租赁和质押的形式上看,既有口头达成协议的,也有书面签订合同的;从非法目的产生时间看,既有在租车前或签订租赁合同过程中产生非法占有目的的,也有在租车后因客观原因变化而另

---

* 杨扬,仪征市公安局干部,法学硕士;姜涛,南京师范大学法学院教授。
本文系杨扬完成,姜涛教授提出了修改、完善意见。

起犯意的;从作案手法上看,既有以真实身份骗租骗质的,也有用伪造的身份租车骗质的;从第三人(质权人)角度看,既有明知车辆来路不正而收赃质押的,也有形式上符合善意第三人的,等等。不同情形的客观存在给及时界定案件性质、正确适用法律带来了诸多影响。突出表现在对财产罪"非法占有目的"以及刑法与民法关系的理解,这在以下三个现实案例中得以集中体现。

1. 案例一

2010年12月中旬,被告人邰某因急于用资金归还高利贷,从A汽车租赁公司租赁了一辆汽车,价值15万元。租赁合同明确约定了不得转租、抵押、质押。当年12月下旬,邰某伪造该车登记证、车主身份证,在骗得刘某信任后,将车以8万元质押给刘某正规经营的典当行,并签订了质押合同。次年1月,邰某以同样的手段,从B汽车租赁公司租了一辆现代牌汽车,价值7万余元。后又伪造相关证件,以同样手段从高某正规经营的典当行处骗得人民币3万余元。邰某将骗得的钱款用于挥霍。3个月后案发。被害人刘某和高某因碍于社会影响,将车无偿地返还给车主,未提出相应的权利主张。一审法院审理后认定,被告人邰某将租赁的车质押,而非变卖,主观目的不符合"以非法占有为目的",其实施的质押行为也在客观上没有侵犯到涉案车辆的所有权,A和B公司仍对涉案车辆享有所有权。但邰某为了归还高利贷,"以非法占有为目的",隐瞒了真相,在与典当行签订和履行合同过程中骗取被害人刘某和高某人民币11万元,构成合同诈骗罪。一审判决后,检察院认为一审判决没有认定邰某对两家汽车租赁公司的诈骗行为错误,提出抗诉。二审法院坚持认为,被告人邰某的质押行为不同于变卖,并没有导致车辆被处置及车辆所有权变动的法律后果,伪造相关证件、手续质押只是表面上占用了租赁公司的车辆,原审被告人邰某诈骗的对象系被害人刘某、高某的典当行而非租赁公司,故驳回抗诉,维护原判。

2. 案例二

2013年12月,被告人王某因举债无法度日,以真实身份从C汽车租赁公司租赁了一辆马自达轿车,价值12万元,旋即伪造相关手续,口头约定将车以7万元质押给咸某正规经营的典当行,双方未签订书面的质押合同。租赁合同到期后,C汽车租赁公司一直联系不上被告人王某并报案。公安机关依法从咸某处将车扣押返还车主,并查明赃款已被王某全部挥霍。一审法院认为,王某以非法占有为目的,采用签订虚假合同的手段,隐瞒租车质押的真相,骗取他人财物,分别对汽车租赁公司以及典当行构成普通诈骗罪,因两个行为具有牵连关系,应择一重定罪处断,涉案的案值以车辆价值12万元认定。被告人王某以一审判刑过重上诉,二审法院认为,一审法院认定诈骗犯罪对象错误,上诉人王某主观上的"非法质押的目的"不符合"非法占有目的",其行为在客观上也没有导致车主所有权的丧失,只是暂时性的使用。其行为只构成对咸某典当行的诈骗,本案的被害人并非租赁公司,而是咸某的典当行,故改判。此外,本案被害人咸某提出对车辆质权的善意取得,未被认可。

3. 案例三

2015年2月10日,被害人曹某某与犯罪嫌疑人邢某通过"PP租车"APP软件达成租车意向,后邢某通过电话与曹联系,双方在上海市杨浦区翔殷路见面,邢某以租车出差为名租用了曹名下的丰田轿车,价值 20 万元,后邢某到期不归还车辆失去联系。2015 年 2 月 16 日,被害人在仪征市真州西路发现该车并报警。车辆持有人李某称 2015 年 2 月 11 日上午(租车第二天)其朋友的朋友邢某即将车质押给他,并称此车系抵债而来,还未过户。李某在明知该车并非邢某本人所有,亦未查验相关手续和证件,与其签订了 8 万元的质押借款合同。公安机关在立案后,依法将车扣押时,遭到了质权人李某的强烈抵制,后被害人曹某与李某私下协商,由曹补偿 5 万元给李,才将车赎回。邢某归案后,如实供述了其租车是为了质押筹钱还债的犯罪事实。目前,当地检察院以邢某的行为未侵犯车辆的所有权,系合同上的无权处分,属民事违约,不构成刑事犯罪为由,不予批捕,刑某被释放转取保候审。

上述案例的处理结果及存在的分歧是司法机关对财产犯罪中非法占有目的及刑法、民法相关理论的不同理解和选择造成的。在司法实践中,有观点(如,案例一中法院和案例二中的二审法院)认为,主观上的"非法占有目的",指的是主观上将他人财物非法占为己有或第三人所有。将车质押的行为不同于出卖,主观上是在明知不侵犯车辆所有权的情况下,将车质押,车辆随时可能被赎回,其主观目的只能评价为"以占用的目的",不具有永久排除权利人对车辆占有的意思,不符合取得型财产犯罪中"非法占有目的",其行为只能构成合同上的违约或侵权。也有观点坚持,当行为人对自己实施的非法占有行为会严重侵犯到车辆所有权人相关权益的正常行使有所认识,并希望或放任此种结果发生的,其主观符合"以非法占有为目的"。本文认为,上述分歧的实质在于,"非法质押主观目的"是否属于"非法占有目的",而要解决这一问题,需要附带明确"租车"和"质押借款"行为的属性,以及质权人能否主张车辆"质权"的善意取得等民事法律问题。笔者拟对此进行研究。

二、非法质押目的属于"非法占有目的"

如何在具体案件中准确认定行为人具有"非法占有目的",一直困扰着司法实务界。本部分对"非法占有目的"相关学说及概念内涵展开分析阐述,以合理界定刑法意义上的非法占有目的是什么,进而讨论非法质押目的是否属于非法占有目的。

(一)对"非法占有目的"相关学说的评述

无论是诈骗罪、合同诈骗罪,其与普通民事纠纷的核心区别在于"非法占有目的"的有无。不同国家、不同学者,针对"非法占有目的"的具体内容都有过深入的研究,并形成诸多学派和观点,从理论上梳理和评述这些学说,乃是我们正确定位非法占有目的的理论前提。

1. 对大陆法系国家理论中"排除意思"的评述

绝大部分大陆法系国家,都要求取得型财产犯罪需要具备非法占有为目的。这以日本和德国最为典型。

在日本,虽然刑法条文中没有明确规定,但日本刑法理论和判例通说均承认,非法占有目的[1],是不成文构成要件要素。对其大致有三种不同理解[2]:一是排除权利者意思说。认为非法占有目的,是将自己作为财物的所有人进行支配的目的。二是利用处分意思说。指遵从财物的经济用途进行利用的意思。三是折衷说,系通说。认为非法占有目的是指排除权利人,将他人财物作为自己的所有物,并遵从财物的经济用途,对之进行利用或处分的意思,即由排除意思与利用意思构成。对排除意思,则要求行为人具有永久性剥夺权利人财产的意图。暂时性的使用或具有返还意思的使用、骗用,都不构成永久性的排除意思,不具备非法占有目的。对于利用意思,则突出要求必须按照财物本来所具有的经济效用进行利用,实施夺取占有的行为时没有这种利用意思,就不成立盗窃、诈骗等取得财产罪。单纯将财物放置或隐藏处理的,成立毁弃罪,转移占有后又另起犯意,加以利用的,成立脱离占有物的侵占罪。[3]

在德国,其《刑法》第242条盗窃罪中明文规定了非法占有目的。该条规定:行为人以使自己或者第三者违法地占有的意图拿走他人可移动的物品的,处五年以下自由刑或金钱刑。该规定内容被区分为消极和积极两个方面[4]:一是消极方面即排除权利人对财物的支配,如果行为人具有返还意思,则不认为构成排除占有;二是积极方面即要求对财物确立类似于行使所有权的支配关系。此学说大体类似于日本的折衷说。

笔者认为,上述内容的界定,能较好的发挥非法占有目的区分罪与非罪(盗窃与使用盗窃)、此罪与彼罪(盗窃罪与毁弃罪)的机能,但也存在许多不足。这突出表现在"排除意思"和"利用意思"内容的理解上。

一是排除意思上。"非法占有目的"属个人的主观违法意图、动机,系主观的超过要素,与犯罪故意不能等同视之。而排除意思,一般认为又属犯罪故意中认识或意志的内容[5],虽说犯罪故意与犯罪目的的区分并非泾渭分明,有时两者还交织在一起,但用故意来解释目的时,就必须要对故意的内涵进行符合刑法规范评价主观目的的要求,否则容易导致对"目的"适用的僵化和不适应,甚至抛弃此种学说,另作他图。

此外,排除意思是指行为人具有实施剥夺财产权利人对财物控制的意图,这本属于犯罪故意的内容。为了使其具有主观目的性,学者在其前面添加了"永久性",形成了"永久性排除说",即以永久性的心态实施的排除意思,具有了刑法考量的主观恶性和可责性,从而可认定行为人具有非法占有的目的。司法实践中,往往也是据此机械的,仅凭是否具备"永久性"的排除意思进行犯罪认定,并将"暂时性的使用""骗用",以及"基于使用意思而连续消耗财物价值的行为"一律以没有永久性排除意思而排除在犯罪之外,从而出现了处罚的漏洞。因

---

[1] 在日本,非法占有目的,通常称为"不法领得意思"。王昭武先生指出:日本的不法领得意思基本相当于我国的非法占有目的。为了避免概念上的混乱,本文统称为"非法占有目的"。

[2] 参见 张明楷:《刑法学》,法律出版社2011年版,第846页。

[3] 参见 陈洪兵:《财产犯的排除意思与利用意思》,《辽宁大学学报(哲学社会科学版)》2013年第3期。

[4] 参见 [日]大塚仁:《刑法概说(各论)》,冯军译,中国人民大学出版社2003年版,第230页。

[5] 笔者认为,刑法上剥夺财产的意图属于转移财产占有,是取得型财产犯罪中犯罪故意的内容,而目的区别于故意,完全用故意来解释目的,会使目的失去独立存在的价值,有叠床架屋之嫌,甚至会陷入循环论证。

为何为"永久性",一个月算永久,还是十年才算永久,僵化地适用会导致对犯罪的放纵。如,甲系驴友,为了长途旅游,将乙刚购买高档摩托车偷骑走,旅游半年后,才将车返还。行为人虽然没有永久性的排除权利人占有财物的意思,但其有对高档摩托车价值的认识,有对长时间剥夺乙对摩托车享有的使用、收益、处分权的认识,却依然实施偷用的行为。难道能以没有永久性排除意思,而否定甲的行为不构成犯罪吗。此外,世间万物,有其特定的存在时间和空间,简单地以"时间维度"去认定主观上的法益侵害性,往往会出现疏漏,无法得到正确的评价。如:在东北的一个冰雕艺术家在冰窖里刚刚制作了一件价值不菲的冰雕作品,行为人以暂时性的欣赏为目的,将其偷出冰窖把玩拍照,致其融化,能否以时间很短而否定行为人没有实施侵犯权利人财产权利的行为。

二是利用意思上。非法占有目的,必须要具备利用意思,其初衷是让其承担起夺取型财产犯罪与毁弃型犯罪的界分作用,且能够说明盗窃罪、诈骗等取得罪比毁弃罪法定刑更重的原因。但何为利用,实践中存在严重的分歧。如,盗窃女性内衣进行闻嗅,用于满足自身畸形的心理需要的,是盗窃还是毁财;偷他人的书用于烧火的算不算利用;再如,基于毁弃的意思将他人财物窃取后,没有毁弃,而是加以利用的,又如何定罪。是否没有利用意思,不成立盗窃罪;没有毁弃意思,也不成立毁弃罪。加之财物本身又没有委托占有关系,也不符合遗忘物的特征,亦不构成侵占罪,这便出现了严重的处罚漏洞,这也给现实生活中,实施盗窃、诈骗的犯罪嫌疑人被抓获后,以没有利用意思,逃避刑罚提供理论上的借口。所以说,利用意思只是一种积极的纯主观的要素,对这种心理要素,还是要依赖客观上呈现出来的法益侵害性来评价。

为了克服上述缺陷。在司法界和学术界,出现为了适应刑事实务的需要,既坚持主张认定"非法占有目的"必须具备永久性的排除意思和利用意思,又有意淡化排除意思永久性以及单纯的利用意思对目的认定的影响[1],有的甚至刻意抹去排除意思中的永久性。如,日本,关于排除意思,原先要求具有永久性排除意思,并以行为人在事后是否具有返还或表现出返还意思进行判断,将基于暂时的使用目的不作为犯罪处理。但后来,司法实践的倒逼,又将暂时使用后抛弃、毁弃,认定为具有排除意思。之后,又逐步地将多次基于使用意思而非法占用他人财物的行为,也认定具有非法占有目的。在我国,司法解释也将没有永久性排除意思的严重盗用汽车的行为,规定为盗窃罪。对于利用意思,只要不是毁弃意思的,一律都认定为符合利用意思[2]。

在解释任何一个刑法上的构成要件的词语时,一定要存在某种导向,没有任何导向去解释,就只能是单纯的字面解释了。只要做到对其解释时不超过构成要件本身的文字含义,且符合该罪名设立时保护相关法益的目的,就可以。[3]仔细研究上述观点的演化过程,不难

---

[1] 参见 蒋铃:《论刑法中"非法占有目的"理论的内容和机能》,《法律科学(西北政法大学学报)》2013年第4期。

[2] 囿于本文案例的分歧主要集中在对排除意思的理解上,利用意思的讨论在此不再多展开。

[3] 参见 张明楷:《刑法的私塾》,北京大学出版社2014年版,第5页。

发现,要正确发挥非法占有目的在本文案例适用中的个罪区分的机能,就不能一味地以"永久性"解释排除意思作为界分的标准,必须站在目的犯自身的功能、作用的角度导向,对排除意思作符合刑法目的以及刑事政策的解释。毕竟,刑法之所以规定目的犯,就是体现对行为人主观恶性的可罚性。

财产是以其所具有的价值、功能满足权利人使用目的的工具。而刑法通过对严重剥夺权利人行使财产权益具有主观恶性的行为人进行非难,达到对财物所有权之保护。这种处罚的必要性来源于法条本身的目的,与国民对此行为评价的预测可能性亦有很大关系,而这一切远非"永久性"两个字所能涵盖。在用"排除意思"作为认定行为人的"非法占有目的"时,不仅要求行为人具有实施排除权利人财产的意图,更要突出体现行为人对客观法益侵害性的认知上,而认知的程度,主要来源于对客观法益侵害的规范性评价。此外,这种违法性认知的客体不仅是物体本身,还包括物体的效用即价值。[1] 所以,对排除意思中主观内容的界定,除了"永久性排除"的主观意图外,还应包含行为人虽不具有永久性的排除意图,但基于剥夺他人财产,并建立自己或第三人对财产的利用处分,达到可罚程度的妨害他人利用财产的意思。

基于上述分析,笔者认为,以下两种情形,仍应认定行为人具有可罚的排除意思。一是行为人虽然是基于使用为目的,但没有返还意思的,应认定为具有排除意思。如,使用的毁弃、抛弃,或对财物使用后的归属持一种放任态度的。二是行为人基于使用为目的,也有返还意思,但如果其行为在客观上具有严重的财产法益的侵害性,且行为人对此有认知的,仍应认定为具有排除意思。

2. 对我国"非法占有目的"相关学说的评述

围绕"非法占有目的",我国有"意图改变所有权说""非法占有说""非法占用说""非法得利说""不法所有说"等诸多学说。

(1)"意图改变所有权说"认为,行为人的主观意图必须是基于改变他人财物之所有权,即,基于自己的主观意志实施的非法行为,使自己"合法"拥有对他人财物的占有、使用和收益、处分权。[2]

(2)"非法占有说"认为,刑法上的占有是对他人财物事实上的控制和支配,犯罪的本质是侵害刑法所保护的对象。所以,行为人主观上只需有将他人财物不法控制和非法支配的主观意图即可。[3]

(3)"非法占用说"认为,行为人的意图是非法占用权利人的财物。[4]

(4)"非法得利说"认为,非法占有目的是以非法获取利益为主观目的,并实施非法据为

---

[1] 关于非法占有的客体,在德国,存在物质说与价值说的对立。前者认为被领得的是财物的物质本身,后者认为被领得的是财物的价值,但是,帝国裁判所的判例并用这两说以来,统合说已成为通说。上述转引自[日]大塚仁:《刑法概说(各论)》,冯军译,中国人民大学出版社2003年版,第229页。

[2] 参见 何秉松主编:《刑法学教科书》,中国法制出版社1995年版,第710页。

[3] 参见 刘明祥:《财产罪比较研究》,中国政法大学出版社2001年版,第67页。

[4] 参见 刘明祥:《财产罪比较研究》,中国政法大学出版社2001年版,第68页。

己有的主观心理状态。[1]

（5）"不法所有说"认为，"非法占有目的"是以需要"据为己有"的目的，排除权利人对财产占有、使用、收益和处分，并以自己或为第三人所有的心态对财物建立占有。[2] 这是我国刑法学通说。

不难看出，"意图改变所有权说"已严重与实践相脱节，与刑法的目的、功能相违背，实不足取。行为人实施违反刑法分则规定的违法行为，意图是由自己享有他人财物的所有权，但其违法行为本身是对刑法所保护的财产所有权的侵犯，而非在法律层面上引起所有权的变动。实践中，在认定一个行为是否侵犯财产的所有权时，司法工作人员一般是不会引用"意图改变所有权说"来认定所有权有无被侵害，行为人有无非法占有目的。但当遇到涉及不动产或者需要登记的动产的案件时，如，本文案例中的法官，则自觉或不自觉地受到民法上物权登记变动的影响，情不自禁的以行为人的行为是否引起物权登记上的变动来判断是否构成刑事违法，这需要引起我们的注意。"非法占有说"的问题是，这种理解，是从字面上将非法占有目的等同于不法支配的"排除意思"，即只要有将他人财产排除的意思并进行非法的支配就构成"非法占有目的"。此种不考虑客观法益侵害程度的做法，混淆了主观的目的与侵财犯罪的故意，失去了目的犯的实质意义，不当扩大了处罚的范围。"非法占用说"将不具有非法占有目的，未造成可罚的法益侵害行为的暂时使用，纳入到刑法打击范围。在实践中容易将民事纠纷中的占用他人财物之使用权的行为划归到刑事范畴，模糊了刑法与民法的界限，也不当地扩大处罚范围。"非法得利说"将非法占有等同于非法获得，将刑法中以营利为目的犯罪与非法占有为目的犯罪相混淆，与立法初衷相背。比较而言，通说"不法所有说"类似于大陆法系的折衷说，但更突出对主观违法性和有责性的认定。[3] 而这其中对"据为己有"的理解成为关键。

我国的相关学说不同于大陆法系国家对"非法占有目的"概念"工具性质"的界定，而是立足于对整体概念的把握，突出从行为人的主观来解释"非法占有目的"的概念，这不符合我国犯罪构成体系的要求。"非法占有目的"是一个内涵非常丰富、外延不断扩展的概念。我国不同学说产生争论的主要症结还是在于没有完全从刑法保护法益，保护被害人财产权益的角度，界定"非法占有目的"在刑法规范上的理论内涵，有的亦混淆了刑法上"非法占有"与民法上的"合法所有"、"据为己有"与"合法的所有权"之关系。对"非法占有目的"概念中主观要素内容的不明确以及规范性评价的定位不清，才使得学说呈现出多元化纷争，你方唱罢我登场的格局。

笔者认为，要正确认定"非法占有目的"理论内涵，就需对"非法占有目的"的概念进行廓清，否则，会因概念本身的不周严或语言的多义性，产生不同的人对同一概念因不同理解而

---

[1] 参见 张瑞幸主编：《经济犯罪新论》，陕西人民教育出版社1991年版，第225-256页。

[2] 参见 高铭暄主编：《新编中国刑法学》，中国人民大学出版社1998年版，第760页。

[3] 主观目的违法性与有责性之关系，我国刑法理论采用了主观的违法性说。本文认为主观目的既是违法要素，亦是责任要素。

不同适用的问题。如,本文中行为人主观上的"非法质押目的",用我国相关学说,完全可从字面上将行为人的主观心态解释成只是暂时性骗用,将行为人一开始就没有侵犯车主所有权的主观违法意图[1],解释成主观上不具备"据为己有"的意思,不构成"非法占有的目的"。本文案例中的一些法官正是依此理由认定行为人没有主观"非法占有目的"。事实上,只有透析了概念本身的理论内涵,才能依据一定标准,引导具体案件精确适用,得出让人内心确认、自洽自如的结论。

其一:非法的含义。"非法占有目的"中的"非法"指的是对刑法的相关条文(规范)的违反,而非民法或其他相关法律规范。刑法作为保障法,虽然有一定的从属性和补充性,但亦具有自身独立的价值,是规范社会行为的秩序法和强制法,其所保护的财产及财产性利益与民商法中财产及财产性权利并不一一严格对应。其"非法"指的是行为人的行为意欲违反刑法(所保护法益)规范,而非民商法意义上的非法。一般认为,行为人没有占有他人财产的合法根据,却具有占有他人财产的目的,就属于非法。如,张三盗窃李四摩托车的行为,在并没有改变民法上财物法律归属[2]的同时,却明显违反了刑法所保护的李四对摩托车的财产所有权,就是这个意思。再如,王五因违章,摩托车被公安机关扣押,王五私自将车从停车场开走的行为,其行为即是对公安机关对该车享有所有权的一种非法。

其二:占有的含义。在明晰了"非法"的内涵之后,还需要对"非法占有目的"中"占有"进行阐述。刑法上的"占有"不完全等同于民法上的"占有"。刑法"占有"的立基点并非民事主体间"占有"与"所有权"之关系,而是基于社会整体秩序所形成的人对物事实上的支配、控制关系,即对物的客观实在的持有、把持,就会形成刑法上的占有。详而言之,刑法上的"占有",既包括占有"体素",亦包括占有"心素"。体素指的是占有本身的事实状态,不必多谈;对"心素"的理解可谓核心。通常认为,心素指的是以"据为己有"为目的实施的占有他人财物的心态。而"据为己有"是指将他人的财产作为自己所拥有的财物的一种心态,并在此支配下,实施了排除权利人对财物占有、支配、控制的一种主观意图。这种意图是人对物形成的一种事实状态主观认知,与财物本身所有权的合法变动没有关系。

要说明的是,以"据为己有"作为占有的全部心素,是有意将占有的所指向的对象限定在了财产物体性的层面,这不完全准确。在当下这个市场要素高速流转,对所有权与相关权能充分分离的经济型社会中,人与物之间的关系也发生着变化。人们不再仅仅关注一定要拥有某种财物,并形成对财物自身排他性的归属,还包含对财物所具有的功能和价值的利用。对所有权的使用收益机能扩大刑法保护,是时代的客观要求。[3] 非法占有中占有的客体,应既包括有形的财物本身,更包含财物的财产性的价值、效用。以非法获取某物的财产性价值,并形成对所有权人财产权益严重妨碍的主观心态,则具有了刑法的可罚性。所以,在占有的心素上,还应包涵以"据为己用"的心态,即以获得如同所有权人一样的可对所得物进行

---

[1] 行为人明知车辆即使被质押,车辆的所有权也仍登记在车主名下。
[2] 摩托车的所有权仍然归乙所有。
[3] 参见 刘明祥,《财产罪比较研究》,中国政法大学出版社2001年版,第81页。

使用、支配这么一种心态。当行为人基于这种心态违反刑法规定，非法取得对某物的实际持有并得以支配，就形成了刑法上的"非法占有"，侵犯了刑法保护的财物"所有权"。此时，行为人实施的行为只要客观上可能或现实地达到了可罚的程度时，行为人的主观心态也就符合刑法要规制的内容。如：甲借调到某单位上班，在借调最后三个月，因其系特殊工种，日常使用的某种价值不菲的进口专业工具损坏，其便将另一同事的工具偷过来使用了三个月，在临走时归还。这种没有据为己有，但却长时间据为己用的心态，当然是具有刑罚可罚性的。再如，张三每晚都将李四的车偷开出去运货，一大早归还，连续半年，后因交通事故致案发。行为人这种不具有据为己有，但连续性据为己用的，且对权利人的财产形成严重妨碍有心理认知的，当然属于非法占有的目的。

其三：对"目的"解释。这里的目的区别于直接故意犯罪中对某种结果积极追求的目的。而是超过犯罪构成要件之外的，行为人主观上想要达到或追求的一种结果或违法状态。充分体现了行为人在实施某种犯罪行为时的意志性和主观恶性。对非法占有目的中"目的"的理解，要结合"非法"与"占有"整体性进行把握，规范性的认定和评价。

通过对大陆法系以及我国刑法中"非法占有目的"相关内容的阐析，笔者认为，刑法中"非法占有目的"就是指的意图实现自己对该财物的"据为己有"或"据为己用"，行使了剥夺或妨害权利人对财产"控制、占有、使用、收益"等权能的非法行为，并达到可罚性程度的一种主观违法心理。这种心理并不一定要有（永久性的）排除目的，与财物本身民事法律关系上的所有权变动，亦无关系。

（二）对"非法质押"主观目的的分析

对"非法质押主观目的"的刑法评价，既涉及对"非法占有目的"本身内容的理解，也有对"质押目的"是否符合"非法占有目的"的规范性评价。通过对"非法占有目的"争议问题的阐析，我们再对"非法质押的主观目的"进行评述，就较容易得出结论。之前有观点认为，租车后将车质押不同于以往销赃变卖，其没有以"据为己用"的心态实施"永久"剥夺车主对车辆所有权的主观意图，只能评价为"非法占用的目的"，否定"非法占有目的"观点是错误的。理由如下：

其一，非法质押的目的符合非法占有的主观目的。行为人基于质押车辆的目的，通过签订租赁合同的形式，将租赁公司的车辆骗到手。首先，其主观上并没有基于合同项下的要求而合法使用车辆，而是将车转手质押，使车主完全丧失了对车辆的控制。其次，在质押的过程中，又通过伪造相关手续，欺骗质权人的方式，取得质押款，对车辆可能的归属完全处于一种放任不管的状态。行为人的租车质押的行为就是对他人财产非法剥夺，并处置、套现的过程。其主观上对自己行为所造成的危害后果亦有足够的心理认知。这充分说明行为人就是将他人之物当成自己之物，以据为己有的心态建立自己对车辆的控制、使用，并行使了剥夺或排除车主对车辆的占有、使用、收益、处分，达到了刑法可罚的程度，其主观目的完全符合"非法占有目的"。

其二，基于"据为己用"为目的的暂时性使用、骗用，达到刑法可罚程度的，同样构成非法占有目的。退一步，即使将行为人质押的主观目的理解为暂时性的骗用目的。在对骗用目的进行刑法上的评价时,仍应站在法益侵害的角度进行考量。行为人以质押的方式骗用车辆,行为本身已对车辆的所有权构成了严重的妨碍,其后又采取"失踪"、下落不明的方式,逃避权利人的查找,这更加体现出了行为人其拒不返还的主观恶性。整个行为过程,充分说明了行为人有以据为己用的心态实施的骗用行为,且对自身行为造成的严重危害后果有所认知,客观上也达到了刑法可罚的程度,同样符合"非法占有目的"。

其三,刑法上所有权被侵害的认定不需要以民法上所有权变动为依据。以行为人明知车辆登记的所有权没有发生变动为由,否认其具有非法占有目的中的"据为己有"的主观意图,这种理解是受到了我国"意图改变所有权说"的影响,或者说是未正确理解"不法所有说"中"据为己有"的内涵,是错误的。刑法是保护权利人对财产正常行使的权能。将车质押,表面上看仅利用了车辆质权,但只要行为人认识到其行为会在客观事实层面上形成对财物归属的一种控制,这就符合了"据为己有"的心态,不需要再去探究行为人是否认识到民事法律关系层面上的所有权的变动。刑法上非法占有财物的结果及对这种结果的主观认知的评价与民法上所有权合法的变动、转移不是一回事。如,赵四盗窃了丁五的一部手机,如果,赵四明知即使其将手机偷归自己使用,手机的所有权仍然归属于丁五。我们不能据此就认为,赵四因为知道所有权没有变动,所以其主观上没有非法据为己有的目的,其行为不构成犯罪。

总之,我们评价一个行为是否触犯刑法,要站在刑法的角度,以刑法规范为指导归纳、抽象出案件的事实[1],否则就不能得出正确的结论。如:甲将乙承包的养龙虾的鱼塘挖一缺口,使龙虾跑掉,如果不以刑法分则中故意毁坏财物罪的规范为指导,将"甲使龙虾跑掉"的案件事实归纳为对被害人财物的毁坏,那么甲是无论如何也不能构成故意毁坏财物罪的。简言之,若不用刑法规范抽象归纳案件事实,并进行一种合刑法目的性的解释,任何一些非常见性的行为都不可能评价为犯罪。

三、民事法律关系与行为人非法占有目的

租车和质押借款两个行为客观违法性认定的分歧,主要集中在适用具体刑法规范时,自觉或不自觉的受到了民事合同行为、无权处分行为、合同有效性,以及民法上"所有权"概念等社会生活中传统民法理念和思维的干扰,只有合理界定刑民交叉案件中相关法律概念之间的关系,厘清民事法律关系对刑事违法性认定的影响,才能准确地对租车和质押借款行为的性质作出正确评价,进而准确认定此类案件中行为人的"非法占有目的"。

(一)民事合同对行为性质认定的影响

作为前提,之所以超过80%的租赁汽车质押诈骗的警情,接报单位草率的认定为民事纠纷,作调解处理的重要原因之一,就是民事合同对租赁汽车和质押借款行为性质产生的影响。刑法分则之所以针对合同诈骗或某些金融诈骗罪明确写明"非法占有目的",而在以"非法占有为目的"为构成要件的普通侵财类案件中,并没有明确写明"非法占有目的"的一个重要原

---

[1] 参见 张明楷:《无权处分与财产犯罪》,《人民检察》2012年第7期。

因,即是民事合同对行为人违法行为的性质认定产生了干扰。这种影响在租车质押借款案件中亦为明显。这就涉及"目的犯"的目的与主观故意和违法行为之间的关系问题。

一般认为,诈骗类犯罪属刑法中的直接目的犯,又称"断绝的结果犯"。[1] 目的犯的目的实现,通过行为人实施符合刑法分则构成要件的违法行为本身或其附随的结果,自然被实现。[2] 如,盗窃罪属目的犯,行为人入室盗窃手机,只要能够证明行为人实施了入室和拿走室内手机的行为,就能推出其具有"非法占有的目的";又如,拾物平分诈骗案件中,只要能证明行为人虚构了事实,骗取被害人信任,并实施了拾物平分的行为,取得了被害人钱财,就可认定行为人具有"非法占有的目的",即只要能收集证据证明客观违法行为及行为故意的内容就能证明其有"非法占有的目的",而不需要司法机关再另举证证明其主观上具有"非法占有目的"。但当遇到民刑交叉的案件,行为人实施的违法行为有着社会上普遍认可的合法表现形式和意义时,连行为本身的违法性和主观故意都无法认定,更无法证明主观上的违法目的。如,本文中行为人租车签订的合同以及质押借款签订的质押合同从表面上看完全合法有效,行为人是基于合同而取得对车主车辆以及质权人钱款的控制、占有,形成了对被害人财产看似合法的"排除"和"利用"。

从表面看,事后将车质押以及借款不还的行为,只能认定为合同上的违约或侵占,不具有取得型侵财类犯罪的刑事"非法性"。这便导致了通过证明实施行为的违法性来认定行为人具有主观非法目的的途径遇到阻碍。反过来,唯有通过对行为人主观"非法占有目的"的判断,才能搞清行为人的行为是普通民事违约还是构成犯罪。这时就需要司法机关运用司法推定的认定规则,充分收集主客观方面的证据来证明行为人是基于"非法占有目的"和主观违法故意,实施了租车和质押行为,从而再推导出其以租车为名将车据为己有、以质押为名占有钱款的行为具有刑事违法性。

(二) 无权处分及合同有效性对行为性质认定的影响

无权处分是指没有依法取得法律上的处分权,却以自己的名义实施了对他人财产法律上的处分行为。行为人将车租到手后,再质押给第三人(质权人),其行为相对于汽车租赁方来说是实施了超过合同约定使用范围的行为,属民法上的无权处分行为。其与第三人(质权人)签订的质押合同也因无权处分而产生了合同是否有效的问题。根据我国《合同法》第51条之规定,无处分权的人处分他人财产,经权利人追认或者无处分权的人订立合同后取得处分权的,该合同有效。这是传统意义上无权处分合同"效力待定说";但是,2012年《最高人民法院关于审理买卖合同纠纷案件适用法律问题的解释》第3条规定,当事人一方以出卖人在缔约时对标的物没有所有权或者处分权为由主张合同无效的,人民法院不予支持。无疑,该司法解释是对以往"效力待定说"理论的极大颠覆,赋予了在此种情形下订立的买卖合同是有效的。这随之带来了无权处分行为、合同效力与行为本身是否构成犯罪之间错综复杂的关系问题。

---

[1] 参见 陈兴良:《目的犯法理研究》,《法学研究》2004年第3期。
[2] 参见 张明楷:《论财产罪的非法占有目的》,《法商研究》2005年第5期。

如按照有的观点（如案例三中的检察院），对某个行为是否构成犯罪，要依照民法上合同的有效性来推导认定，那么会推导出以下的结论[1]：根据完全有效说，意味着质押合同是有效的，质权人取得了质权，其没有遭受财产损失，那么行为人的无权处分行为仅可能对车主成立财产犯罪，而不可能对质权人成立财产犯罪。如按无效说，那么质权合同因无权处分而无效，质权人没有取得质权，那质权人遭受到了财产的损失，则行为人的行为对车主和质权人都构成犯罪；但倘若合同的效力是待定的，那么质权人能否取得质权，则完全取决于车主事后是否追认，或者行为人事后是否取得处分权，如果车主追认了，那么合同有效，行为人则不构成对质权人的犯罪，如果没有取得处分权，则构成对质权人的犯罪。

笔者认为，这种结论明显不妥。所谓合同的有效性及无权处分行为与行为本身是否构成财产犯罪是两码事，有的行为符合刑法上的财产犯罪，也符合民法上的无权处分。有的合同即使有效也可能构成财产犯罪，有的合同纵然无效也不一定符合财产犯罪。刑法自身有区别于民法的立法目的和逻辑思维，刑事公法领域不要求运用民事私法领域中对无权处分、合同的成立生效的标准来衡量合同诈骗罪的犯罪构成。能否构成对车主或质权人的相关犯罪，关键要看行为人是否基于非法占有的目的，实施了使被害人（车主、质权人）发生错误认识的违法行为，并因此而交付相应财产（车辆、钱款）；跟行为人是否有权处分或无权处分、合同是否有效没有必然的联系。有权处分，其基于非法占有的目的，也可能构成犯罪。如一房多卖，行为人基于非法占有的目的，跟多人签订售房协议，由于房屋没有登记过户，房屋的产权仍在行为人名下，其利用对房屋具有处分权的便利条件，多次签订买卖房产协议，骗取他人购房款的，即是有权处分、合同有效亦构成犯罪的情形；而无权处分，其没有非法占有的目的，也可能不构成犯罪。如，将代为保管的古董，在未征得委托人的同意，却为了委托人的利益，以远高于市场的价格卖掉，并将钱款交给委托人的，即是无权处分不构成诈骗犯罪。所以，一个案件事实可同时在不同的法律部门间引发不同的法律关系和法律后果，应在相互区分的基础上进行独立的评价，做出各自的处断。[2]

在法律规制中，刑法的介入表明行为已危及刑法所保护的法益，且符合相关犯罪的构成要件，必须加以刑罚评价，刑法的强制性不受制于合同行为的效力；而民事评价一般亦不受刑事评价的干涉，不因犯罪行为被认定而归于湮灭。[3] 日常社会生活中发生的事实，总是具有多重属性，常常会涉及诸如民法、刑法、行政法等多项法律，以不同的法律规范在各自的规则体系内对案件（事实）内容进行评价，就会得出不同的法律结论。[4] 调整和处理财产关系，是民法的重要内容，也是刑法义不容辞的责任，但刑法仅将侵害刑法法益的行为，类型化为刑法分则的犯罪行为，这种行为并不因为民法允许，或者禁止，刑法就不再评价，也不因被

---

[1] 参见 张明楷：《无权处分与财产犯罪》，《人民检察》2012年第7期。

[2] 参见 李洪欣：《汽车租赁连环诈骗，刑民交叠如何处理——马某某合同诈骗案分析》，《中国检察官》2013年第3期。

[3] 参见 张明楷：《不当得利与财产犯罪》，《人民检察》2008年第13期。

[4] 参见 张明楷：《无权处分与财产犯罪》，《人民检察》2012年第7期。

刑法所禁止,而不再成为民事违约或侵权行为。就本文关注的汽车租赁质押借款来说,无论质押借款的合同是否有效、行为人是否有处分权,与其行为本身是否构成犯罪没有必然的关系。只要符合犯罪构成要件,就成立相关犯罪,无需深究追问此行为在民法上的评价。

(三)对民法和刑法中"所有权"关系的评析

诈骗罪(合同诈骗罪)保护的法益是公私财物,这里的公私财物是公私所有的财物,还是公私占有的财物,亦是两者兼之,刑法学内部仍存在很多争议和分歧。这主要是源于对财产罪保护的对象及其范围有不同的观点。为此,刑法理论有"本权说"(类似"法律财产说")、"占有说"(类似经济的"财产说")和"折衷说"(类似法律经济的"财产说")等学说。其中,"本权说"认为,刑法上的财产就是民法上的权利,民法所有权含义适用于刑法;"占有说"认为,作为整体的具有经济价值的利益就是刑法上的财产,不要求刑法中的财产所有权与民法中的所有权内容一致。"折衷说"认为,所谓财产,是指刑法秩序所保护的、作为整体的具有经济价值的利益。[1] 尽管相关学说从不同角度、不同侧面对刑法所保护的财产及其所有权进行概括,但都没有明确完整地揭示出本文所要重点论述的刑法中财产所有权的内容。

"所有权说"(又称"限制的本权说")一直是我国的通说,认为诈骗罪是对公私财产所有权全部权能的侵犯,是对所有权整体的侵犯。该说是受民法所有权绝对性思想的影响,认为只有民事法律关系中的所有权才是刑法保护的内容。本文中的案例一和案例二中法院都是依据"自己"理解的所谓的"所有权说",以车辆被质押后,其登记的所有权仍然归属于车主为由[2],认为质押没有侵犯车辆的所有权,故,行为人的行为不构成对车主的财产性犯罪。

近年来,"所有权说"与相关学说争论性的文章可谓连篇累牍。但必须承认,在民法所有权的语境下,受传统思维影响,"所有权说"在解决实际问题时开始遇到前所未有的困难,其通说地位也因其自身的缺陷受到了诸如"占有说""区别说"等学说的强烈冲击。囿于篇幅所限,本文无意对"所有权说"与"占有说""本权说""区别说"等相关学说展开分析评判,重点放在刑法的功能价值和目标定位[3],基于认真对待法学通说的立场,对通说中,刑法所保护的财产所有权本身进行阐释,厘清刑法所有权的内涵及与民法所有权之间的区别,尽量使通说能达成学术共识,并具有可重复可验证性,以期最大限度地开展司法适用,减少分歧。

要实现理论和实践的统一,必须首先对传统的"所有权说"的适用的背景进行阐述。计划经济时代,社会财富流动性较小,相对静止,所有权和基于所有权而产生的占有、使用、收益等权能几乎不曾分离,财产的使用也是以所有权人自己为中心,在此背景下,基于传统民法所有权中民事权利来解释适用的"所有权说"在司法实践中一般不会发生太大的矛盾。随着经济发展,财富流动性和利用性的不断增强,所有权和具体权能开始分离。比如,在租赁汽车行为中,租赁公司对车辆享有所有权,而承租人在租赁期限内享有对车辆的占有、控制、使用以及收益等权利。权能的分离并不等于所有权的丧失,相反,正是这种分离才能体现财

---

[1] 参见 童伟华:《所有权与占有的刑、民关系》,《河南省政法管理干部学院学报》2009年第4期。
[2] 受民法机动车所有权登记变动的影响。
[3] 参见 姜涛:《认真对待法学通说》,《中外法学》2011年第5期。

产所有者行使所有权。而刑法调整保护的就是保障所有权权能的正常行使。如果权能的行使受到了侵犯,并达到刑法可罚的程度,那违法行为就侵犯了刑法上的财产所有权。刑法就是以保护相关权能的顺利行使来保护人对物所享有的所有权,而这突出表现在对财产占有权的保护。虽然占有本身并不是终极目的,但它是刑法所要保护的,所有权人顺利行使所有权,维护整个社会秩序稳定的一个前提,没有这个前提,所有权不过是一个无所谓使用、收益和处分的名份而已。简言之,刑法上所谓的所有权和占有其实就是一个问题的不同侧面。

不难看出,现在国内很多学术文章都将争论的焦点停留在所有权字面概念的讨论,因对概念理解的不一,又自然引发了对财产罪保护法益范围的分歧。对具体刑法财产所有权的实质是什么,却鲜有论述。笔者认为,围绕着刑法上的财产所有权,我们不能完全用民法所有权的概念和思维寻找刑法上所有权。刑法保护的所有权不以民法的认同为前提。民法是以合法的法律上的权利为前提来讨论物权,而刑法是以占有秩序的事实为基础来讨论保护的范围,往往是以财产被非法控制、占有而认定所有权被侵犯,和民法基于民事事实行为或民事法律行为来认定物权变动不尽相同。刑法财产罪中的所有权被侵犯标准同民法中的所有权合法取得、转移、变动的法律标准亦不是一回事。刑法所有权是客观被侵犯的事实判断的依据,民法所有权是财产合法所有的认定归属,两者不是一个法律分析维度的问题,不能混淆。

如此论述,与本文第二部分中对"非法占有主观目的"的理解遥相呼应,异曲同工。刑法中"所有权"中的"权"更多的是一种人对物相关权能的实实在在的控制、持有或占有,而不是一种名义上的法律权利。如,《刑法》第91条第2款规定,在国家机关、企业、集体企业和人民团体管理、使用或者运输中的私人财产,以公共财产论。如从民法角度而言,其所有权并没有转移,仍属于私人财产,但其又以公共财产论,好像一物两权,而一物两权是明显违背民法一物一权的物权基本原则的。其实,刑法的上述规定并不意味着规定了一物两权,国家虽然依此具有了对此财产刑法上的所有权,但这种"权"和民法上的"权"是不同的内涵和标准,刑法上的"权"是一种被刑法所保护的对财产的占有、控制的权能。虽然在民法层面上的所有权仍是私人财产,但如果行为人侵犯了该财产,那也就侵犯了刑法上国家对财产的所有权。

再如,将邮件交给邮局后,邮件在运输管理过程中,民法上的所有权仍归属于投递人,但此时,受到公法的调整,邮局也当然的具有了对邮件的所有权。邮政工作人员,出于非法占有为目的,窃取邮件内财物的,以盗窃罪定罪。其盗窃的对象即是邮局对邮件在刑法上的所有权。刑法的目的就是通过保护法益来保护社会秩序,只要秩序承认的利益,都应该得到保护,投射到具体的财产对象上,就是一种基于秩序利益而不得被侵犯的刑法上的所有权。所以,我们要充分发挥刑法中财产所有权在解释法益被侵犯中的作用,民法上的所有权因受到公法的限制和调整而不再绝对化。因此,刑法中的财产所有权是一种基于事实属性更抽象的观念,所保护的法益应该包括权利人能够实际行使的权能而绝非仅仅是民法法律意义上所拥有的民事权利,其具体体现在占有、使用、收益和处分这样一些特定的权能当中,对上述任何一种权能的侵害,都得到所有权刑法保护的回应。

回到本文的具体案例,案例二中二审法院认为,质押不同于出卖,其车辆仍然登记在车主名下,只有行为人将车辆出卖才能侵犯到车辆的所有权。如依此逻辑,笔者认为,即使将车出卖仍然没有侵犯车辆的所有权,因为行为人通过非法手段取得该车后,即使以非法手段上了牌,办理了所有权登记或者转移手续,名义上看取得了所有权,但这种登记在法律上也是无效被撤销的。更况且盗赃车一般是无法变更过户的。所以,可得出出卖车辆也没有侵犯所有权的结论。再推而广之,所有侵财类犯罪的行为都不会侵害被害人对财产的民法上的所有权,从而得出都不构成犯罪的结论。这是很荒谬的。我们不能以民法上机动车是否变更登记、民法上所有权是否依法变动作为刑法上所有权有无被侵犯的依据,从而认定有无法益侵害的事实。[1]

刑法中"非法占有目的"的实现(法益侵害)并不以民法上权利归属的确认为条件,民法上某物所有权是否变动,并不能对事实上该物被非法占有行为的认定构成障碍。作为特殊动产的机动车,登记只是具有行政法上管理以及民法上物权变动公示对抗之作用,其和刑法意义上财产被侵犯的认定没有必然关系。要站在刑法保护法益角度来理解行为人的行为对车主所享有的相关权利的行使是否构成严重的妨碍,从而认定有无侵犯了车主对车辆的所有权。实践中,在研究一个行为是否构成侵犯财产犯罪,应当以行为人是否基于非法占有目的而实施了实际占有权利人财产的违法行为作为认定的依据,而不能以没有办理所有权变更登记为由来否定行为侵犯了所有人的所有权。租车质押中的质押物汽车,虽然只是作为借款债权的一种担保物,区别于直接的变卖,但行为人在租车前主观上隐瞒了租车用于质押借款的真相,对车辆财物的归属持有一种放任态度,客观上也没有能力归还车辆,置车辆能否收回于不顾,其对车辆质押后的被占有以及可能被变卖处于一种希望或放任的状态,已明显阻碍了车主对车辆正常使用,其行为具有了刑事犯罪意义上的非法占有目的,客观上也侵犯了车主对车辆的所有权,完全符合诈骗罪(或合同诈骗罪)的犯罪构成,理应受到刑法处罚。

民法所有权着眼于财产在民事主体间的法律归属,刑法的所有权立足于对权益的保护。"所有权"之所以在刑法、民法领域的内涵不同,与刑法、民法在价值定位、调整关系等方面的差异有关。在价值定位方面,刑法突出其作为保障法而存在的独立的法律地位,其价值主要体现在以维护社会秩序来保护公共利益和公私财产,而民法则突出其作为私法而存在的法律地位,其价值则主要体现在营造出平等有序的市场经济环境上。在法律所调整的关系方面:刑法调整的是国家与公民、法人及其他社会主体之间的关系,二者处于不对等、不平等的地位;而民法调整的却是市场主体间人身和财产的关系,彼此之间是相互平等的。正是由于刑法与民法之间的差异,才导致了对财产所有权以及其功能定位在这两大法律体系上的差别。只有正确的理解刑法所有权的内涵,才能在最大范围内对"所有权说"的通说展开法律适用。

诈骗类犯罪是一种以"非法占有为目的"的犯罪,要对行为人实施行为的法益侵害性和社会危害性的大小进行准确的认定[2],其直接的标准应是行为实际取得或者占有的被害人财物的数额或价值。1996 年 12 月 24 日《最高人民法院关于审理诈骗案件具体应用法律若

---

[1] 参见 章建军:《初析刑法、民法领域内的所有权理念》,《检察实践》2003 年第 6 期。
[2] 参见 殷玉谈等:《合同诈骗罪的司法认定》,《中国刑事法杂志》2009 年第 1 期。

干问题的解释》第2条第2款也有类似规定：利用经济合同进行诈骗的，诈骗数额应当以行为人实际骗取的数额认定，合同标的数额可以作为量刑情节予以考虑。[1]但在犯罪未完成的形态中，犯罪数额应是行为人签订合同时，主观上意图骗取对方当事人财物的数额，而不一定是合同上注明的标的物的数额。如，标的额相当大的合同，行为人只是希望骗取预付款、定金等担保财物的。故，在租赁汽车质押借款诈骗案件中，行为人的犯罪数额应为租赁汽车时取得对车辆控制时的汽车价值以及签订质押借款合同时取得钱款时的数额来认定。但是，由于受牵连关系的影响，行为人实施的骗取汽车和质押借款的两个行为中取得财物（汽车、借款）的价值或数额往往不同，有的甚至相差较大，以哪个数额作为犯罪所得。

实践中，也有两种认定的方法，即要么以汽车被行为人取得控制时的价值认定，要么以行为人将汽车质押后取得的借款数额认定。笔者认为，行为人在实施了第一个租车行为后，其已非法控制、占有了车辆，诈骗行为已得逞；第二个行为是直接销赃的一种变现，是对赃物的处置，只不过这种处置也是以一种欺骗第三人的方式实施。因此，一般情况下，如两个行为符合牵连犯的相关规定，则行为人的犯罪数额就是指所骗租车辆的价值，而不是行为人质押的变现款。当然，也存在特殊的情况，即行为人不是基于一个最终的犯罪意图，一开始仅是以骗租汽车为目的，后来，在使用了一段较长时间后，又另起犯意，通过欺诈方式，将车质押变现，其两个行为构成数罪并罚，犯罪数额则要叠加计算。

四、车辆善意取得与行为人非法占有目的

善意取得于非法占有目的是一种互斥关系，主张善意取得也就意味着不再具有非法占有目的，因此，质权人能否主张车辆质权的善意取得，也是此类犯罪中行为人非法占有目的认定中不可忽视的内容，又有给予特别研究的必要。

从笔者统计分析的39起租赁汽车质押借款的案件中，质权人主张自己符合善意第三人的就有27件。其中，签订书面质押合同的仅14件；质权人依法到车辆管理部门进行车辆信息登记核实查询的仅3件。实践中，车辆质权最终均未被司法机关认定为善意取得（如案例二中质权人咸某）。究其原因，主要有三个层次的问题不同程度的阻碍了车辆质权的善意取得：一是双方达成的质权协议形式不符合质权设立的相关规定；二是第三人（质权人）未尽到善意第三人合理的注意和审查义务；三是对赃物能否适用善意取得存在认识不一的情况。下文将对此分别展开论述。

（一）机动车"质权"的设立

动产质权是以动产为标的物的质权，是指出质人以动产作为债权的担保，将其移交给质权人占有，当出质人（债务人）到期不履行债务时，质权人有权依法以该动产优先受偿。[2]动产质权的设立的要件须具备合同行为和处分行为。其中，合同行为是指双方签订书面的

---

[1] 参见 张成法：《论合同诈骗罪的犯罪数额》，《法学》2005年第5期。
[2] 参见 黄军锋：《简析动产质权的几个实践问题》，《西藏民族学院学报（哲学）》2007年第9期。

有约定主债权、违约金、损害赔偿金,以及实现质权的程序及费用等内容的质押合同;其处分行为是指出质人将质物交付给质权人占有的行为。质权的设立一般有如下特点:一是动产质权以动产为客体;二是移转标的物的占有;三是质权依附于主债务合同,具有从属性;四是质权具有物上代位性和优先受偿性。

首先,动产质权的设立是否需要签订书面的质押合同。对此,司法实务界有肯定说和否定说两种做法。否定说认为,由于质权属担保物权,其设立的前提是合同关系的存在,没有质押合同,其质权不可能成立。我国《担保法》第64条第一款规定,出质人和质权人应当以书面形式订立质押合同。这说明了动产质押合同是要式法律行为。如案例二中咸某的典当行没有和行为人签订质押合同,行为人只交付了质物,按照否定说,则质权未设立。肯定说则认为,机动车质权的设立不仅需要订立书面的质押合同,还必须要交付机动车。但法律并没有明确规定不采用书面形式的合同必然不成立,如果双方达成的是符合当事人真实意思表示的口头协议,且质物已交付的,从维护市场交易秩序的角度考虑,质押合同也应该成立。法律之所以规定质押合同采用书面形式,其目的在于提醒当事人订立合同时谨慎,以减少不必要的纠纷。如双方对口头的约定没有异议,认定其有效是具有重要的积极意义。

笔者原则上赞同肯定说,因为《担保法》第64条规定的应当以书面形式订立质押合同中的"应当",是劝导性、提倡性、鼓励性的,不具有强制性。不能以双方未签订质押合同而认定质押合同不成立,否定质押的设立。质押合同虽有书面要式的形式要求,但只要质权人是基于意思自治与行为人达成的一致协议,且双方已实际履行了合同中的约定,即使形式不符合规定,基于"促进市场交易"之规范目的,质押合同的瑕疵也因实际的履行而治愈。但在实务中,为了防止行为人和第三人(质权人)恶意串通,侵害他人(车主)利益。此时,仅有双方一致的口头协议,不能据此认为质权已经设立,还必须要提供其他证据(如,有至少2名以上的无利害关系人)佐证,才能认可质押合同成立,从而肯定质权设立。

其次,机动车能否设立质权。这在实践中也有不同意见,有观点引用日本《担保物权法》的相关规定,为了化解机动车登记与占有间的公示效力的冲突,避免同一辆机动车上存在两种公示方式,明确规定机动车在登记后,不得成为质权的标的。[1]在我国,为了管理需要,将机动车、船舶等大型动产视为不动产进行登记管理。既然是不动产,那么,在机动车上就不能成立以交付为要件的动产质权,只能设立以登记为成立要件的抵押权。

应当承认,上述简便易行的理解,有一定的合理性,但依此观点执行,则严重抑制机动车物权所具备的担保机能,牺牲掉日常生活中机动车具有的一定交换价值的物权形态为代价,有种噎废食之感,也会与实际生活中人们的交易习惯不相符合,最终可能得不偿失。我国机动车的登记有两层含义:一是在《物权法》颁布以前,机动车的登记是基于《道路交通安全法实施条例》《机动车登记规定》等规定,此种登记不是机动车物权设立、转移、变更或消灭的生效要件或对抗要件,是一种行政管理的登记。《物权法》的出台赋予了车辆管理部门的机动

---

[1] 参见[日]近江幸治:《担保物权法》,祝娅等译,法律出版社2000年版,第220页。

车行政管理的登记以物权公示的作用。[1]但这不能否定机动车系动产的本质属性。[2]从物理属性来看,其具有可移动、易损耗的特点,仍应属于动产。近年来,我国的机动车保有量逐年上升,其作为融通资金的一个担保手段,在现实生活中,也很容易被质权人所接受,既然我国法律没有明确禁止机动车不能设质,那就应当认为是可行的。所以,其应可以作为质权设立的标的物。

(二) 特殊动产机动车质权"善意取得"的条件及对抗效力

善意取得是现代民法所确定的一项财产物权原始取得制度。它能较好的保护交易安全,维护社会正常的经济秩序和财产关系。《物权法》第106条规定了动产和不动产善意取得的一般构成条件,及他物权(质权)善意取得参照适用的规定。一般认为,动产质权即只要符合质权人受让动产质权是善意,且质物已经交付,质权的善意取得就有可能发生。但在实际生活中,尚存在如本案中涉及的,动产和不动产之间的模糊地带,即特殊动产机动车,对该当需涉及登记的动产,其质权善意取得如何适用,则是需要认真思考的问题。

笔者认为,善意取得是肯定第三人(质权人)合理信赖特定权利外观的正当性,于无权处分的场合,第三人(质权人)可基于对权利外观的合理信赖而受让物权,且不受权利人之追夺。[3]故,权利外观是适用善意取得的基本前提。一般的动产,其权利的外观是占有[4],即普通人在日常生活中可通过察看占有的状况了解物权的存在,权属关系相对简单明了。不动产的权利外观则是登记,这也无争议。但涉及机动车,"占有"与"登记"两种完全不同的物权公示方法往往会同时出现在同一辆机动车之上,由于两种公示方式都具有对抗效力,是以"占有"为准、"登记"为准还是以"占有"和"登记"兼具为准呢。这在实践中引起了很大的分歧,也直接影响着机动车质权的善意取得。

笔者认为,要准确定位机动车质权的权利外观,要参照机动车所有权善意取得权利外观。我国相关法律虽未明确规定机动车所有权的权利外观,但可以通过机动车所有权变更、转让的模式反推其权利外观。《物权法》第24条规定,机动车等物权的设立、变更、转让和消灭,未经登记,不得对抗善意第三人。换言之,机动车所有权的转让要能够有对抗善意第三人的效力,必须进行物权登记,进一步推言,登记是在机动车所有权变动生效的基础上赋予了其对抗善意第三人的效力。而机动车所有权的生效是基于交付主义,即"交付生效+登记对抗"的模式。这样,以占有和交付作为机动车实际权属的权利外观,则能具备公信原则信赖基础的实质正当性。因为善意取得属原始取得,权利外观与实际权属大体一致是善意取得发生正当性的基础。[5]例如,机动车的占有人同时也是登记人,第三人(质权人)可基于对此占有和登记的双重合理信赖,而受让机动车的所有权(或质权),从而主张善意取得。所

---

[1] 机动车登记乃物权的登记对抗,非物权的登记生效。
[2] 机动车物权变动的模式仍采用交付生效主义,所以,其仍应属动产。
[3] 参见 叶金强:《动产他物权的善意取得探析》,《现代法学》2004年第4期。
[4] 参见 温世扬:《浅议机动车的物权登记制度》,《法学评论》2006年第5期。
[5] 参见 姚明斌:《机动车所有权转让与善意取得》,《私法研究》2013年第1期。

以,机动车单纯的"占有"不能作为机动车唯一的权利外观。即单纯"占有"机动车的人将车质押给质权人时,质权人不能仅以出质人占有机动车,而不查验其他相关车辆权属的证明,就能作为主张善意的充分必要条件,还要必须查验"占有"人持有的车辆登记证明,并到车辆登记部门进行核实,才算履行了必要的符合当下人们对机动车权属社会认知应具备的注意义务。换言之,善意第三人(质权人)只有基于对车辆"占有"和"登记"双重权利外观的合理信赖,才能受让机动车相关权益。这里的"登记"既包括车辆行驶证上的权属证明,还应包括车辆管理部门登记的车辆归属信息。也就是说,如果在车辆交易时,一个并非机动车所有权的人,在"占有"机动车的情况下又以自己的名义伪造权属证明,这时,第三人只尽了审查伪造车辆权属证明的注意义务,未到车辆管理部门核实登记信息,往往构成非善意,是不能主张善意取得的。

此外,实践中,有的行为人只与质权人签订了质押合同,质权人交付了钱款,但还未来得及将车交付而案发的,这时质权人主张善意取得质权的,这既不符合质权设立的条件,也不符合善意取得的条件。因为签订质押合同,但未交付车辆的,基于物权交付生效的变动模式,机动车的质权并未转移,行为人和质权人之间只存在普通合同的债权债务关系,无所谓无权处分而善意取得的问题,第三人也只是普通的债权人,不属于善意第三人。纵使他们彼此之间到车辆部门办理的质权设立的登记,只要质物未交付,也无法主张机动车质权的善意取得。

最后,质权的设立符合了善意取得的条件后,是否就具有了对抗原权利人的效力呢?本文认为,第三人履行了质权善意取得相关注意义务,并取得了交付的车辆,就可以善意取得车辆的质权。但这种质权还不完整、不坚挺,不具备对抗原车主的效力。理由如下:

一是《物权法》规定,善意取得的物权未经登记不得对抗其他善意相对人,按照体系解释和目的解释,既然不能对抗其他善意相对人,肯定也不能取得对抗原权利人的效力。

二是权利外观的提出是突出其剥夺原权利人权利的正当性,第三人在什么条件下能对抗原权利人,也应结合特定的权利外观加以认定。[1]所以,登记是第三人(质权人)受让机动车交付之后对抗原权利人及其他善意相对人的必要条件。故,机动车质权设立后,质权人只有再到相关部门进行质权设立的登记,才能取得对抗原权利人及其他善意相对人的效力。但在实践中,绝大部分质权人是不会到相关部门登记质权的,即使去登记,也因该车系涉案车辆而无法登记,从而阻碍了第三人善意。所以,实践中,质权人善意取得要么不能成立,要么成立了却没有取得对抗原车主的效力。

(三) 赃物的善意取得

在解决了机动车质权善意取得的认定后,那作为赃物能否适用善意取得呢。在实践中有不少争议,主要有三种不同观点:

一是主张赃物适用善意取得。认为只要第三人出于善意,且在主观上相信出卖人对财物具有所有权,则不论对方财物的来源是否合法,纵使为赃物,第三人都可取得所有权。此

---

[1] 参见 姚明斌:《机动车所有权转让与善意取得》,《私法研究》2013年第1期。

观点引用诸如意大利、美国[1]和英国等国的规定作为善意取得制度的依据。

二是限制赃物适用善意取得。原则上赃物适用善意取得，但也有例外，即赋予原权利人在一定期限内可行使对赃物的恢复请求权，超过法定期限的，第三人即可取得赃物的所有权。另外，善意第三人经特定场所或经由特定方式取得赃物，原权利人非向其支付对等的价金，不得主张恢复权利。此观点引用诸如法国、日本[2]、瑞士以及我国台湾地区的相关规定作为依据。

三是不支持赃物的善意取得。我国《物权法》虽然规定了善意取得制度，但也明确了遗失物不得适用的例外情形。对于赃物能否适用，法律选择了刻意的回避。通常的观点是将赃物与遗失物相同看待，也不应适用善意取得。此观点引用德国[3]和俄罗斯[4]的相关规定作为依据。

笔者认为，三种不同的主张体现了一定社会环境、背景下法律对所有权的绝对性与市场交易秩序维护和善意第三人合法权益保护间作出的价值取舍。在我国，计划经济时代，法律对市场交易的保护缺乏足够的关注。我国《民法通则》在很长一段时间内都否定善意取得制度，赃物的善意取得更是无从谈起。随着经济社会的发展，社会分工不断细化，社会财富的极速流动，市场主体间的交易秩序和安全日益受到人们的重视，赃物的善意第三人理应受到应有的保护。明确统一的赃物善意取得的呼声已越来越高，跃然纸上。

本文从以下三个方面，主张赃物是可以适用善意取得的。

一是社会形势的发展，民主法治进程的不断进步，要求确立赃物的善意取得。在我国，对于被盗、抢、骗的财物，所有权人主要是通过司法机关追赃后退回所有物。第三人一般容忍、服从公权力部门对赃物所采取的诸如扣押、冻结等强制性的措施。但近年来，民主法治的进步，人民群众维权意识的不断增强，一个出于善意且支付了合理的对价的第三人怎会心甘情愿地将赃物无偿的退交。实践中发生的第三人阻挠司法人员扣押赃物并引发的矛盾不在少数（如本案例三中的质权人李某）。如果立法者、司法者再不考察善意第三人利益并设计相关善意取得的制度，在现行的执法环境中，公权力打着保护所有权人的名义，"肆意"介入第三人对赃物的控制，会严重影响司法公信力和权威性，还将有损市场经济的健康有序发展。

---

[1] 《美国统一商法典》第2-403条的后半段规定，具有可撤销的所有权人向按价购货的善意第三人转让所有权。当货物是以买卖交易的形式交付时，购买人取得其所有权。

[2] 《日本民法典》第193条规定：占有物系赃或遗失物，受害人或遗失人自被盗或遗失之日起二年内，可以向占有人请求恢复其物。第194条规定：盗赃及遗失物，如系由拍卖处、公开市场或出卖同种类物的商人处买受者的，受害人或遗失人除非向占有人清偿其支付的代价，不得恢复其物。

我国台湾地区"民法"第950条规定，盗赃遗失物之恢复请求之限制：盗赃或遗失物，如占有人由拍卖或公共市场或由贩卖与其物同种之物之商人，以善意取得者，非偿还其支出之价金，不得恢复其物。

[3] 《德国民法典》第935条规定，物从所有人那里被盗、遗失或者由其他原因丧失的，以第932条至第934条为依据的所有权取得即不发生。所有人只是间接占有人，并且物从直接占有人那里丧失的，亦同。前款的规定，不适用金钱或者无记名证券以及通过公开拍卖方式让与的物。

[4] 《俄罗斯联邦民法典》第302条第2项规定，如果财产系从无权转让的人那儿无偿取得的，则所有人在任何情况下均有权要求返还该财产。

二是从经济成本角度分析,也应该承认对赃物的善意取得。从有利于市场交易的角度考量,明确善意取得制度将有利于交易成本的可控与节约。如果赃物不适用善意取得,第三人往往为了确保自身的利益和交易的成功,投入相当多的精力去调查让与人是否有处分权,取得的物是否安全,这显然不利于市场经济的发展。诚惶诚恐、心怀忐忑,也难以发挥物尽其用的效用。实践中,很多第三人在取得赃物后,已将其投入到生产、经营中,若允许原所有权人毫不费力的追回,将严重妨碍生产经营活动的正常进行,不符合社会经济效益原则。所以,承认善意取得制度,将有利于促进交易安全和经济效率。

三是现行的司法解释等相关规定,已部分规定了对赃物(机动车所有权)的善意取得。如,1998年5月8日两院等部门联合颁布的《关于依法查处盗窃、抢劫机动车案件的规定》第12条规定,对不明知是赃车而购买的,结案后予以退还买主;1996年12月《最高人民法院关于审理诈骗案件具体应用法律的若干问题的解释》规定,行为人将财物已用于归还个人欠款、货款或其他经济活动的,如果对方明知是诈骗财物而收取属恶意取得,应当一律予以追缴,如确属善意取得,则不再追缴;《公安机关办理行政案件程序规定》中,公安机关对收缴和追缴的财物,经原决定机关负责人批准,按照下列规定分别处理:一是属于被害人或善意第三人的合法财物,应当及时返还。虽然《物权法》没有明确规定赃物的善意取得,但基于对涉案机动车善意第三人的合理保护,维护正常的市场交易秩序,既然司法解释及相关规定已明确了机动车所有权可适用善意取得,根据体系解释,被骗质的机动车,当然也应适用质权的善意取得。

(四)对"质押借款"中"质权"人善意取得的认定

从上述机动车质权善意取得的相关条件中可得知,租赁的汽车质押的,质权人善意取得在理论上是可行的,但实践中可能性微乎其微。有如下几个方面的原因。一是质权的设立没有签订书面的质押合同。很多案件中,典当行或其他第三人并未跟行为人签订书面的质押合同,案发后,又无其他证据证明双方达成了口头的协议的。二是质权人没有尽到合理的审查(注意)义务。首先是未认真核实车辆的权属及与行为人之关系,其次是在质权设立的环节,未到车辆管理部门对车辆登记信息进行有效查验,导致其审查义务履行不足,不符合善意取得条件。三是质权对抗环节,未对设立的质权到相关部门进行了质权设立的登记,使得质权的取得不坚挺,未获得对抗原车主的效力。

综上,租赁汽车质押借款案件中,租车行为和质押借款行为均侵犯了刑法所保护的财产所有权,具有非法占有目的。司法机关在审查办理此类案件时,应对案件涉及的不同法律关系及时厘清界限,并作出清晰判断。本文针对租赁汽车质押借款案件争议较多的理论和实务问题进行研究、分析,并得出如下结论:一是行为人"非法质押的主观目的"具有主观上的刑事违法性和有责性,符合"非法占有的目的";二是民法上的无权处分和合同有效性与行为是否构成犯罪没有必然之关系,需要在不同的法律部门之间进行各自评价;三是租车后将车质押的行为,侵犯了机动车"所有权",具有非法占有目的,构成侵犯财产类犯罪。

第四议题 不法原因给付与侵占罪、诈骗罪

不法利益与刑法中的财产概念

王效文[*]

一、前　　言

刑罚系国家对人民自由、权利最严重之干预,因而在实现国家刑罚权时特别需要合理的正当性。借由刑法所保护之法益通常可区分为包含国家法益与社会法益的集体法益以及个人法益,而个人法益中又可以区分生命、身体、自由、名誉、秘密等个人专属法益以及财产此个人非专属法益。虽然财产法益在法益重要性位阶中似乎居于最低之位阶,但保护财产法益之财产犯罪在刑法中的重要性并不亚于其他位阶较高之法益。首先,观诸刑法规定,财产犯罪之处罚并不见得轻于个人专属法益犯罪,例如窃盗、诈欺罪等财产犯罪之法定刑高于故意伤害罪、过失致死罪等个人专属法益犯罪之法定刑,故而此等处罚较重之财产犯罪的处罚正当性要求理应要较高。其次,相较于生命、身体此等法益之保护范围较为明确(死亡、伤害之认定相对较为明确),财产法益之保护范围与侵害形式随着现代交易模式渐趋多样化,各种新兴财产类型的产生,对于他人财产是否有加以侵害并不容易判断,故而对于此等构成要件射程范围相对不确定之财产犯罪构成要件要如何建构或解释,便需要更坚强的正当性理由。

本文之主要探讨重点系刑法中的财产概念,此问题之重要性在于财产犯罪的体系中,可区分为侵害个别财产(所有权)之犯罪与侵害整体财产之犯罪,而在侵害整体财产犯罪中系以被害人受有财产损害为要件,而财产损害之确定系以厘清财产概念为何当作前提,故刑法中财产之概念为何,实系财产犯罪讨论中极为重要之课题。以我国台湾地区"刑法"第339条诈欺罪为例,学界多数认为系侵害整体财产利益之犯罪,故须以财产损害为要件。[1]然

---

[*] 成功大学法律学系副教授。

[1] 王效文:《职棒比赛放水诈赌的刑事责任》,《月旦法学教室》2010年第88期,第91页;林山田:《刑法各罪论》(第五版),北京大学出版社2005年,第447页、第458页以下;林东茂:《刑法综览》(第六版),中国人民大学出版社2009年,第2-177页以下;陈志龙:《人性尊严与刑法体系入门》(第五版),薪火杂志社1998年,第371页以下;黄荣坚:《刑法解题——关于诈欺等财产犯罪》,收于《刑法问题与利益思考》,中国人民大学出版社1999年,第91页以下;林钰雄:《论诈欺罪之施用诈术》,收于《刑法与刑诉之交错适用》,中国人民大学出版社2008年,第381页以下;卢映洁:《刑法分则新论》(第十版),新学林出版社2015年,第720页以下;蔡圣伟:《财产犯罪:第一讲——概说:所有权犯罪与侵害整体财产之犯罪(下)》,《月旦法学教室》2008年第70期,第50页以下。关于我国台湾地区"刑法"第339条诈欺罪并无必要,或应该说不应分别以第1项与第2项分别规范诈欺取财罪与诈欺得利罪之见解,参阅 林山田:《刑法各罪论(上册)》(第五版),北京大学出版社2005年,第468页;详细理由见王效文:《诈欺取财及得利罪之关系与内容相等性》,《台湾法学》2012年第196期,第152页以下。

即便认为,我国台湾地区"刑法"第339条第1项诈欺取财罪为侵害个别财产之犯罪,而我国台湾地区"刑法"第339条第2项诈欺得利罪方为侵害整体财产之犯罪[1],由于诈欺得利罪系以"得财产上不法之利益"为要件,故而厘清何为财产利益仍具有实益。

本文以下将先就财产犯罪体系中侵害个别财产(所有权)之犯罪与侵害整体财产之犯罪两者间的区别为讨论,然后再就侵害整体财产犯罪中财产之概念为探讨。笔者将针对学说中的法律的财产概念、经济的财产概念、法律与经济的财产概念、人的财产概念、功能的财产概念以及整合的财产概念先为探讨,再以所谓的不法利益为例,分别讨论"不法取得之占有""为违反善良风俗或强行规定之目的而处分之财产利益",以及"违反善良风俗或强行规定而为之劳务给付"是否属于刑法中所保护的财产。

二、财产犯罪的体系

财产犯罪(Vermögensdelikt)可以区分为广义与狭义两种类型。所有权犯罪属于广义的财产犯罪,其成立不以被害人是否实际受有经济上损害为必要;至于狭义的财产犯罪保护的是整体的财产价值,其以被害人财产实际受有损害为要件。[2] 财产(Vermögen)此概念常常被当作包含所有权之上位概念,但事实上狭义的财产犯罪与所有权犯罪系属不同之范畴。在刑法中,财产并非所有权之上位概念,刑法中的所有权系指民法中的法律所有权概念,所有权之有无纯粹依照法律观点判断;而财产则是刑法特有的概念,其系依照经济的观点被建构出来,包含所有客观经济上的价值,而此等客观价值通常系以市场为判断标准。[3] 举例而言,民法上的给付请求通常具有财产价值,例外方在经济上无价值,例如债务人完全无支付能力。

刑法上特有的财产概念一方面不限于法律上的财产权利,另一方面又不包含经济上无价值的权利。物的所有权通常具有经济上的价值,故而所有权除了少数例外情形亦具有财产利益。[4] 举例而言,在一张使用过的废纸上存在着没有经济价值的所有权,因此其可以成为属于所有权犯罪之窃盗罪的行为客体,但相对地在诈欺罪的判断中,这张纸的失去并不构成被害人的财产损失。

财产利益的概念影响了财产利益犯罪的建构,其中包含了财产利益犯罪的侵害方式,相对于所有权,财产利益并不享有全面性的保护,因此对财产利益之侵害方式系其犯罪建构之

---

[1] 例如甘添贵:《刑法各论(上)》(第三版),三民书局2013年版,第327页;陈子平:《刑法各论(上)》(第二版),元照出版社2015年版,第558页,皆认为财物之交付或权利之移转本身即为财产损害,无须再确定被害人全体财产是否有减少。

[2] Arzt/Weber/Heinrich/Hilgendorf, Strafrecht BT, 2. Aufl., 2009, §11 Rn. 5;Wessels/Hillenkamp, Strafrecht BT 2, 37. Aufl., 2014, Rn. 1.

[3] Arzt/Weber/Heinrich/Hilgendorf, Strafrecht BT, 2. Aufl., 2009, §11 Rn. 5.

[4] Arzt/Weber/Heinrich/Hilgendorf, Strafrecht BT, 2. Aufl., 2009, §11 Rn. 5;Wessels/Hillenkamp, Strafrecht BT 2, 37. Aufl., 2014, Rn. 1.

重点。为保护财产利益,最明显需要防止的侵害方式为强暴或胁迫,例如恐吓取财。其次,破坏信赖以侵害他人之财产利益亦为财产利益犯罪中重要的侵害方式。此外,对于非属个人、而是一般性的信赖加以破坏,例如损坏债权罪,此种对财产利益加以侵害之方式是否应该处罚,渐渐即进入模糊地带。与特别信赖之破坏相差更多的系施以诈术,例如诈欺罪。基于财产利益的特性,对于诈欺罪构成要件范围之界定常常有很大的困难,盖因在市场中交换财产利益,利用自己资讯的优势并非绝对违法,狡猾且阴险地从事市场活动也不一定不合法。[1]

此外尚有处分自由与财产利益之区分,借由市场价值此种客观经济上的考察方式,处分自由被排除于财产利益之概念以外。由于财产利益系根据经济的观点加以判断,因此系属收支平衡概念(Saldobegriff),亦即被害人所损失的财产利益必须与来自于行为人的财产增加相平衡,至于此种财产增加是否符合被害人之期待,则与财产利益是否受有损害之判断无关,而是涉及处分自由是否受到侵害。[2]

所有权犯罪与财产利益犯罪在功能上最大的区别在于,所有权犯罪系保护对于所有权的支配自由(Verfügungsfreiheit),基于此种支配权限,即便在经济上对自己有利,所有权人也可以自由决定是否要做出特定处分。相对地,财产利益犯罪之功能在于避免造成经济上的不利益,至于自由决定财产规划的权限,亦即所谓的支配权限(Dispositionsbefugnis)则并非财产利益犯罪所要保护的对象。将支配权限排除于财产利益犯罪保护范围之外并非无据,盖因财产处分自由系属于一般意思决定与活动自由的下位类型,而正如关于保护一般性意思决定与活动自由之强制罪的讨论中所显示,在人与人之间自由领域的冲突中,要如何划定彼此的自由界限,并非一个简单的任务,据此,并无坚强的理由要对于财产提供较一般意思决定与活动自由更为周密的保护。[3]

举例而言,以诈术使人签约购买其实际上不愿购买但具有符合其价金之价值的商品,虽然侵害了其处分自由,但并未造成其财产损害。[4]将处分自由与财产利益加以严格区分的做法,导致即便在双方当事人原应地位对等的双务契约中,商品出卖人或劳务的提供者虽非在"法律上",但"事实上"几乎必然扮演行为人的角色,而支付对价的顾客在"事实上"仅会成为被害人。此现象之成因在于市场中之角色分配,盖因商品或劳务提供者可以自由决定其商品或劳务之价格,故而遭诈术欺骗之顾客所取得之商品或劳务会是他不想取得或依他的观点过于昂贵者,但由于其所取得之商品或劳务之价值系根据商品或劳务提供者所定之市价为判断,故而其财产利益并未受到损害,而成为非法律上但事实上的被害人,故而严格区分财产利益与处分自由可能会导致不合理之结果。诸如诈欺罪中个别的损害特性,或者背

---

[1] Arzt/Weber/Heinrich/Hilgendorf, Strafrecht BT, 2. Aufl., 2009, §11 Rn. 13.

[2] Arzt/Weber/Heinrich/Hilgendorf, Strafrecht BT, 2. Aufl., 2009, §11 Rn. 14; Wessels/Hillenkamp, Strafrecht BT 2, 37. Aufl., 2014, Rn. 547.

[3] Arzt/Weber/Heinrich/Hilgendorf, Strafrecht BT, 2. Aufl., 2009, §11 Rn. 7; Wessels/Hillenkamp, Strafrecht BT 2, 37. Aufl., 2014, Rn. 5, 544.

[4] Arzt/Weber/Heinrich/Hilgendorf, Strafrecht BT, 2. Aufl., 2009, §11 Rn. 14.

信罪中承诺为风险交易,是否应该当作财产损害的判断标准,在学说中都有极高的争议。[1]

三、刑法中的财产概念

财产利益犯罪之成立系以被害人之整体财产受有损害为要件,故而财产损害以及以之为基础的财产概念实为财产利益犯罪构成要件之核心,本文以下将针对学说中不同的财产概念,亦即(一)法律的财产概念、(二)经济的财产概念、(三)法律与经济的财产概念、(四)人的财产概念、(五)功能的财产概念,以及(六)整合的财产概念加以探讨,以作为不法利益是否属于刑法中财产之判断基础。

(一) 法律的财产概念

依照法律的财产概念(juristischer Vermögensbegriff),财产系一个人财产权利与义务之总和,至于财产损害则是此等权利之丧失或者受有相应之负担。[2] 提出法律的财产理论系为了避免规范冲突,亦即刑法的财产概念不应该独立于做利益分配之法规范,特别是民法以外。

倘若主张极端的法律的财产概念,那么实际上具有经济价值之利益,例如期待利益(Exspektanz)、占有、劳动力或营业秘密都将被排除于刑法上的财产之外;反之,经济上毫无价值之财产权利反而属于刑法上的财产。[3] 除此之外,主张法律的财产概念的Binding认为,单纯对财产利益之危险并非财产损害。然而,在处理借贷诈欺之案例时,Binding自我矛盾地认为,债权人"嗣后"并未获得其得以主张者,因此受有财产损害。[4] 事实上,被骗之债权人已经获得其法律上应得之债权作为对价,故仅就法律之观点来看,其在实际上并未受有损害。[5]

从上述例子来看,与民法主观权利相联结之法律的财产概念过度强调刑法对民法的从属性,忽视了刑法相对于其他法领域的独立性,其忽视了在经济生活中交换的客体远远超出民法上的权利,而也应该受到刑法的保护。[6]

(二) 经济的财产概念

根据经济的财产概念(wirtschaftlicher Vermögensbegriff),刑法中的财产包含所有在经

---

[1] Arzt/Weber/Heinrich/Hilgendorf, Strafrecht BT, 2. Aufl., 2009, § 11 Rn. 15.

[2] Binding, Lehrbuch des Gemeinen Deutschen Strafrechts BT, Bd. 1, 2. Aufl., 1902, S. 238, 341;Gerland, Deutsches Reichsstrafrecht, 2. Aufl., 1932, ND 1997, S. 560, 637;RGSt 3, 332, 333;RGSt 11, 72. 中文文献请参阅 林山田:《刑法各罪论(上册)》(第五版),北京大学出版社2005年版,第459页;林东茂:《刑法综览》(第六版),中国人民大学出版社2009年版,第2-177页以下;卢映洁:《刑法分则新论》(第十版),新学林出版社2015年版,第720页;陈子平:《财产罪的保护法益》,《月旦法学教室》2010年第88期,第55页以下。

[3] Vgl. Nelles, Untreue zum Nachteil von Gesellschaften, 1991, S. 349.

[4] Binding, Lehrbuch des Gemeinen Deutschen Strafrechts BT, Bd. 1, 2. Aufl., 1902, S. 360 f.

[5] MK-Hefendehl, 2. Aufl., 2014, § 263 Rn. 338.

[6] MK-Hefendehl, 2. Aufl., 2014, § 263 Rn. 339.

济交易中具有经济价值的经济地位,不论其是否已经或有可能具体化为权利。[1]经济的财产概念在放宽财产的范围之后,另一方面在计算财产时,承认若按照客观、经济的标准,直接获得利益之补偿须算进财产总额之中。[2]经济的财产概念欲摆脱民法的主观权利概念之限制,而另寻财产主体与其经济利益间关系的实质核心。[3]因此诸如单纯仅是事实上的取得期望(rein tatsächliche Erwerbsaussichten)、无效或效力未定的请求主张,或劳动力,只要事实上具有经济价值,便属于受刑法保护之财产。[4]

由于经济的财产概念排除了所有法律上的判断标准,仅仅考量实际的经济因素,因此可能产生规范的矛盾。德国实务虽然原则上主张经济的财产概念,但基于法秩序的一致性,事实上也考量了民法与公法的分配秩序,因此并非主张极端的经济的财产概念。[5]

经济的财产概念之提出,系为了将财产概念予以去规范化(entnormativieren),但所使用之经济的概念,其实并不明确。无论在民法、公法或是刑法,在众多法领域中都有主张经济的考察方式(wirtschaftliche Betrachtungsweise),但究竟在法律中所使用之经济概念为何,并没有一个确切的答案。[6]以最早提出经济的考察方式的税法为例,经济的考察方式系为了将民法概念转换成为了科税计算经济上支付能力所使用之税法概念的转换工具(Transformationsinstrument)。民法的概念仅仅提供给税法一个概念核心,环绕着这个概念核心则是概念外围,其包含了所有与核心事实在经济上等价的事实。然而,经济的考察方式仍然无法解决跟法律的财产概念所面临的类似问题,亦即对于在概念外围中经济上等价之事实,并没有其他的区分标准再将其划分为税法或非税法概念。[7]

对于经济的财产概念,学说中不乏批评的声音。Otto认为,经济的考察方式只是庶民对于经济的想象而已。[8]Nelles认为经济的财产概念对于将财产归属于特定主体所提供的唯一标准便是"较佳的实际掌握"(des besseren faktischen Zugriffs),亦即权力(Macht)。[9]经济的财产概念对于财产系根据个案依照不同的标准判断,其主要的特征便是矛盾性。[10]

---

[1] RGSt 44, 230, 233; RGSt 66, 281, 285; BGHSt 1, 265, 266; BGHSt 3, 99, 102; BGHSt 16, 220, 221; BGHSt 16, 321, 325; BGHSt 26, 346, 347; BGHSt 34, 199, 203; Blei, Strafrecht II BT, 12. Aufl., 1983, S. 231; Fischer, StGB, 59. Aufl., 2012, § 263 Rn. 91. 中文文献请参阅 林山田:《刑法各罪论(上册)》(第五版),北京大学出版社2005年版,第459页;林东茂:《刑法综览》(第六版),中国人民大学出版社2009年版,第2-178页;卢映洁:《刑法分则新论》(第十版),新学林出版社2015年版,第720页;陈子平:《财产罪的保护法益》,《月旦法学教室》2010年第88期,第56页。

[2] LK-Lackner, 10. Aufl., 1988, § 263 Rn. 122.

[3] Schönke/Schröder-Cramer/Perron, StGB, 28. Aufl., 2010, § 263 Rn. 85.

[4] Nelles, Untreue zum Nachteil von Gesellschaften, 1991, S. 360.

[5] BGHSt 31, 178; BGH NStZ 1987, 407; BGHSt 20, 136; BGHSt 7, 371, 373; LK-Lackner, 10. Aufl., 1988, § 263 Rn. 122.

[6] MK-Hefendehl, 2. Aufl., 2014, § 263 Rn. 343.

[7] MK-Hefendehl, 2. Aufl., 2014, § 263 Rn. 345.

[8] Otto, Strafrecht BT, § 51 Rn. 59.

[9] Nelles, Untreue zum Nachteil von Gesellschaften, 1991, S. 362.

[10] Nelles, Untreue zum Nachteil von Gesellschaften, 1991, S. 370.

由于法律无法在社会现实中提供标准以区分财产客体与非财产客体,因此经济便被当作替代物来达成此功能。[1] 在一个高度发展的市场中,以下特征对于财产概念之建构是重要的:市场中的互动取决于给付及交换价值之间非人格性的平衡;社会、个人的因素在交换过程中不须被重视;个人的地位对于价格而言不重要;货币的功能为交换的媒介,其可以作为计算所有具有价值之地位的工具。[2] 据此,Nelles 认为,要建构财产概念,必须融合法律与经济这两个社会次系统。以系统论的观点来说,法律的各种制度系经济的社会现实,而经济的制度对于法律来说则是环境。由于法律借由在社会创设具有拘束力之规范并定义社会关系,故而也被当作操控经济的工具,因此不考量具体的法秩序并无法正确地描述具体的经济。[3]

Schünemann 也认为,经济系统极大程度受到法秩序的影响,故而经济价值虽然无法仅根据民法的主观权利加以判断,但是否有法律行动的可能性却是最大的影响因素。[4]

(三) 法律与经济的财产概念

法律与经济的财产概念(juristisch—ökonomischer Vermögensbegriff)与经济的财产概念类似,原则上经济上有价值但并未成为权利的地位可被认定为财产,但倘若其不受法秩序保护、不被承认甚至受蔑视,则例外地不被承认为财产。[5] 在德国实务中,法律与经济的财产概念主要处理的案件类型大多是依照经济的财产概念,虽属财产,但却涉及违反善良风俗或强行规定的法律行为。[6] 法律与经济的财产概念之提出系为了维持法秩序的一致性,为了避免整体法秩序的评价矛盾,倘若经济上可利用的地位被刑法承认为财产,法秩序的其他领域就不应该在任何社会关系中对其禁止或蔑视。[7]

法律与经济的财产概念从字面上来看,似乎承认法律与经济之间的关联性,但事实上系将两者当作不同的系统,而其个别的评价标准可能会导致相反的结论。[8] 换言之,此说原则上依"由民法思维解放的刑法"此理念,亦即"独立"于法律之外来定义财产,但倘若结果与法秩序冲突时,又例外认为刑法必须具有"从属性"。由于究竟在何种情况应该要认定为

---

[1] Nelles, Untreue zum Nachteil von Gesellschaften, 1991, S. 377.

[2] Nelles, Untreue zum Nachteil von Gesellschaften, 1991, S. 378 ff.

[3] Nelles, Untreue zum Nachteil von Gesellschaften, 1991, S. 387.

[4] LK-Schünemann, 12. Aufl., 2012, § 266 Rn. 165.

[5] Mitsch, Strafrecht BT II/1, 2. Aufl., 2003, § 7 Rn. 84;Wessels/Hillenkamp, Strafrecht BT 2, 37. Aufl., 2014, Rn. 535;SK-Hoyer, 8. Aufl., 2013, § 263 Rn. 92 ff.;Hohmann/Sander, Strafrecht BT 1, 2. Aufl., 2000, § 11 Rn. 72. 中文文献请参阅 林东茂:《刑法综览》(第六版),中国人民大学出版社 2009 年版,第 2-178 页;卢映洁:《刑法分则新论》(第十版),新学林出版社 2015 年版,第 720 页以下;陈子平:《财产罪的保护法益》,《月旦法学教室》2010 年第 88 期,第 56 页以下;林山田:《刑法各罪论(上册)》(第五版),北京大学出版社 2005 年版,第 459 页,亦采此说。

[6] LK-Lackner, 10. Aufl., 1988, § 263 Rn. 123.

[7] Schönke/Schröder—Cramer/Perron, StGB, 28. Aufl., 2010, § 263 Rn. 83.

[8] LK-Schünemann, 12. Aufl., 2012, § 266 Rn. 165;Pawlik, Das unerlaubte Verhalten beim Betrug, 1999, S. 258.

例外,并没有一个明确的标准,故而法律与经济的财产概念最后也只能依照刑事政策的考量为个案判断。[1]

(四) 人的财产概念

依照人的财产理论(personaler Vermögensbegriff),法益乃人与物之间透过法规范所保护的事实关系,财产并非特定之客体,而是此种关系。[2] 据此,财产乃财产拥有者经济上的潜能,或者其事实上的经济影响力。[3] 相应地,财产损害也并非在计算个别财产项目增加与减少后所得出的价值总额减少,而是财产拥有者因为财产之变动而导致的经济潜能减损。[4] 人的财产理论认为要扬弃静态的财产概念,亦即将财产视为客观上可计算的货币价值总额;财产应该是动态的单元,亦即主体基于对外部工具的支配权力所生的经济潜能。基于此主张,人的财产概念认为财产拥有者的支出倘若偏离了经济目的也属于财产损害。[5] 此处所谓的经济目的不仅是为了保存或增加财产的动机,而是所有在物质领域为了人格发展所设定之目标,但仅仅理念上的利益(ideelle Interessen)未实现则非财产损害。[6]

人的财产概念使通说对于财产损害计算本来就不明确的"客观与个别化损害计算方法"(Methode der objektiv-individuellen Schadensberechnung)更加不确定,而且使得损害概念借由目的思维有过于主观化的危险。[7] 对其之质疑主要有以下三点:1. 单纯的目的偏离被过度强调使用;2. 财产损害此构成要件要素之独立意义被忽略,因此违反宪法中明确性原则的构成要件要素忽略禁止原则(Verschleifungsverbot von Tatbestandsmerkmalen);3. 透过经济目的偏离此标准,财产损害此要件成为异物且亦无法操作。[8]

对于财产损害此构成要件要素,人的财产概念并未赋予独立的限制刑罚功能;行为是否该当构成要件,单纯系由被害人之目的是否偏离,亦即倘若未陷于错误即不会为该交易加以判断。[9] 因此,人的财产概念隐含着刑罚扩张的危险。

立基于经济目的此概念之人的财产概念,事实上较经济的财产概念更为不明确,经济目的与理念目的两者之间常常有很大的模糊地带。[10] 在判断是否属于经济目的偏差时,人的财产概念事实上常常是援用经济的财产概念或法律与经济的财产概念来判断是否发生财产损害。换言之,人的财产概念认为重要的中间目的之设定已经预设了财产损害概念,因此实

---

[1] Nelles, Untreue zum Nachteil von Gesellschaften, 1991, S. 412.
[2] Otto, Die Struktur des strafrechtlichen Vermögensschutzes, 1970, S. 33, 35 f.; Schmidhöuser, Strafrecht BT, 2. Aufl., 1983, 11/1 ff.
[3] Otto, Die Struktur des strafrechtlichen Vermögensschutzes, 1970, S. 36, 70.
[4] Vgl. MK-Hefendehl, 2. Aufl., 2014, § 263 Rn. 357.
[5] Otto, Die Struktur des strafrechtlichen Vermögensschutzes, 1970, S. 64 f.
[6] Vgl. MK-Hefendehl, 2. Aufl., 2014, § 263 Rn. 357.
[7] LK-Lackner, 10. Aufl., 1988, § 263 Rn. 124.
[8] MK-Hefendehl, 2. Aufl., 2014, § 263 Rn. 358.
[9] SK-Hoyer, 8. Aufl., 2013, § 263 Rn. 113.
[10] NK-Kindhäuser, 4. Aufl., 2013, § 263 Rn. 273.

为循环论证。[1]

人的财产概念相较于上述学说，似乎特别能够解决目的偏离（Zweckverfehlung）以及个别化损害特性（individueller Schadenseinschlag）此等困难的问题。[2] 但其能一致化地解决此等问题，事实上是因为其适用原则的含糊，其所谓与财产相关的影响力究竟为何，并无法明确地加以定义。[3]

（五）功能的财产概念

根据 Kindhäuser 所主张的功能的财产概念（funktionaler Vermögensbegriff），跟诈欺罪相关的财产概念之解释必须能够实现诈欺罪构成要件的功能。财产概念必须实现以下三种功能：首先是"融贯功能"（Kohärenzfunktion），所有权犯罪与财产利益犯罪之适用必须无评价矛盾，所有的所有权都必须是财产利益。其次为"损害功能"（Schadensfunktion），受保护之法律地位的内容与范围是否受到减损，必须要能够确定。最后乃"获利功能"（Bereicherungsfunktion），行为人透过损害他人而在主观意图中欲使自己或第三人直接所得之利益必须要与损害具有同质性。[4] 持此主张的 Kindhäuser 对于财产概念即定义为一个人对于所有法律上归属于他且能够移转（具有抽象金钱价值）之利益（整体）的处分权力（die Verfügungsmacht einer Person über die〈Gesamtheit der〉ihr rechtlich zugeordneten übertragbaren〈abstrakt geldwerten〉Güter）。[5] 功能的财产概念核心为"法律上的归属"（rechtliche Zuordnung），利益或使用可能性只有在法律上得有效地移转于他人，并相应地在法律上不利于有权者而得有效地获得时，方属于财产。在此，仅有法律的观点具有重要性，包含民法上不当得利法之标准可用以确定财产之范围。[6]

正如 Kindhäuser 所指出，经济的财产理论不能一方面采用收支平衡原则（Saldierungsprinzip）来计算损害，但另一方面又例外地透过个别化的损害特性推翻原则，此种内在的不融贯系经济的财产概念之致命伤。[7] Kindhäuser 认为，财产计算的补偿标准只有借由处分所设定之客观目的实现而已，而只有根据当事人协议或者在无协议时依照交易习惯属于赋予处分意义内容的目的方为重要。[8] 依照此种间主观的（intersubjektiv）评价标准，若因为处分所导致与财产相关之处分权力减损不能完全借由可以合理化且为行为人所承认之目的加以补偿，即发生一损害。在市场上通常而言，按照此种间主观的标准判断财产损害与经济的财产理论不会有不同结论，重大的区别仅存在于交易在经济上虽然对等，但所达到的结果

---

[1] MK-Hefendehl, 2. Aufl., 2014, § 263 Rn. 360.
[2] LK-Tiedemann, 12. Aufl., 2012, vor § 263 Rn. 30.
[3] MK-Hefendehl, 2. Aufl., 2014, § 263 Rn. 361.
[4] NK-Kindhäuser, 4. Aufl., 2013, § 263 Rn. 35; Kindhäuser, StGB, 5. Aufl., 2013, § 263 Rn. 108 ff.
[5] NK-Kindhäuser, 4. Aufl., 2013, § 263 Rn. 35; Kindhäuser, StGB, 5. Aufl., 2013, § 263 Rn. 122.
[6] NK-Kindhäuser, 4. Aufl., 2013, § 263 Rn. 36.
[7] NK-Kindhäuser, 4. Aufl., 2013, § 263 Rn. 256 ff.; 262.
[8] NK-Kindhäuser, 4. Aufl., 2013, § 263 Rn. 279 f.

与所设定之目的不符的情形。[1]

(六) 整合的财产概念

依照所谓的整合的财产概念(integrierter Vermögensbegriff)或称规范与经济的财产概念(normativ-ökonomischer Vermögensbegriff),刑法中财产概念的界定,必须依赖其他法规范,特别是民法规范为之。盖因民法创设了财产秩序,其形成了对于个人依其意志所为的活动所必要的客观框架。[2] 采取相同观点的 Hefendehl 另外又称为规范与经济的财产概念(normativ-ökonomischer Vermögensbegriff),依照 Hefendehl 的定义,财产系属一种支配(Herrschaft),亦即一个人可借由法律(通常为民法)所承认的实现可能性,对于跟法秩序一致的经济活动的潜能,可依其自由意思加以支配,并对外在干扰因素可有效加以对抗。[3] Schünemann 对财产亦采取上述的观点,其明确称自己之理论为法律与经济"整合的财产概念"。[4] 以整合名之,系为了明确表示,法律与经济并非两个互相对立的次系统,而是具有相同的出发点。[5]

整合的财产概念强调经济与法律的整合(Integration von Wirtschaft und Recht),两者并非以法律与经济的财产概念为基础被视为互不相关而并列的要素,而是一个整体。此理论的重点在于,首先,经济交易的规则系属重要,而规范性要素的强调则是要避免将财产误解为实际的、或甚至可以强暴手段实现的权力地位(Machtposition)。其次,整合的财产概念之提出,系为了针对被认为不够精确的法律与经济的财产概念。第三,认为对于财产的形塑,民法上的权利居于主导的地位,是一种误解。事实上,法律规定的程序,或者其他可以形塑财产的规范性基础方为重要。[6]

规范与经济的财产概念屡遭批评概念外沿过于不确定,然而 Hefendehl 认为,对于财产借由法律(特别是民法)加以形塑,再以会计法以具体化,可对于经济活动的潜能以及重要的外在干扰因素具有单一标准地加以确定,因此不会过于天真地倾向法律,也不至于过于原始地偏向权力。对于不同案型中是否肯定系财产,其理论亦如同其他理论一般,必须做更细致的考虑,不能一概而论。[7]

(七) 小结

本文认为,欲界定何为刑法中保护的财产,不得偏废经济与法律两个面向,亦即经济与法律必须整合。其中特别是民法中的相关规范目的与程序,对于财产之界定特别重要,因此应以整合的财产概念为可采。

---

[1] NK-Kindhäuser, 4. Aufl., 2013, § 263 Rn. 284.
[2] MK-Hefendehl, 2. Aufl., 2014, § 263 Rn. 374; LK-Schünemann, 12. Aufl., 2012, § 266 Rn. 166.
[3] MK-Hefendehl, 2. Aufl., 2014, § 263 Rn. 374 f.
[4] LK-Schünemann, 12. Aufl., 2012, § 266 Rn. 166.
[5] MK-Hefendehl, 2. Aufl., 2014, § 263 Rn. 378.
[6] MK-Hefendehl, 2. Aufl., 2014, § 263 Rn. 381.
[7] MK-Hefendehl, 2. Aufl., 2014, § 263 Rn. 376.

四、不法利益之案例类型

(一) 不法取得之占有

案例：A 的朋友偷了一辆车，A 欲将这辆车卖给甲，甲佯装欲以 500 欧元购买这辆市价约 20 000 欧元的车，但实际上却计划不想付款而只想取得这辆车。A 将车子交给甲之后，甲果然未付款而逃逸无踪。[1]

德国联邦最高法院认为，甲欺骗 A 具有支付意愿，而使 A 将对车子的占有移转给自己，因此构成《德国刑法》第 263 条第 1 项的诈欺罪。本案中，汽车的占有虽系由 A 的朋友以窃盗之方式取得，但违法之占有仍属《德国刑法》第 263 条所保护之财产。[2]

依照 Binding 的法律的财产概念，占有在法律上并不属于财产。[3] 对于物的占有系透过对物的支配意志行为，而此种事实上和对物的支配与占有的法律上原因无关，故而占有并非财产权，占有之侵害本身并非财产犯罪，占有之侵夺本身并非财产损害，占有之取得本身并非获利。[4] 只有对于事实上之物的支配加以正当化的主观财产权方属财产。[5] 据此，将窃贼偷来的赃物骗走并不会构成诈欺罪。[6]

按照经济的财产概念，所有具有金钱价值之利益都属于财产。[7] 即便是基于违反善良风俗、违法，甚或是犯罪行为所取得之利益，亦被认为系属财产。[8] 对于财产犯罪而言，并不存在绝对不值得保护之财产。[9] 据此，不仅是占有本身，即便是不法取得之占有亦属财产。对于窃盗犯之赃物加以行骗仍得成立诈欺罪。[10]

主张法律与经济的财产概念的学者之间对于占有是否得成为刑法所保护的财产，呈现意见不一的状态。有学者认为，即便是不法取得之占有亦属于财产。由于占有系一种事实上之地位，无论占有属合法或不法，占有人系善意或恶意，倘有第三人侵夺或妨害其占有，占有人都可依据《德国民法》第 858 条以下之规定（参照 我国台湾地区"民法"第 960 条以下规

---

[1] 改编自 BGH NStZ 2008, 627, 本文仅节录有关诈欺罪部分的事实，其他关于强盗得利罪、强制罪、无照驾驶罪与其他共犯的事实部分均予省略。

[2] BGH NStZ 2008, 627.

[3] Binding, Lehrbuch des Gemeinen Deutschen Strafrechts BT, Bd. 1, 2. Aufl., 1902, S. 240.

[4] Binding, Lehrbuch des Gemeinen Deutschen Strafrechts BT, Bd. 1, 2. Aufl., 1902, S. 240.

[5] Binding, Lehrbuch des Gemeinen Deutschen Strafrechts BT, Bd. 1, 2. Aufl., 1902, S. 244.

[6] Binding, Lehrbuch des Gemeinen Deutschen Strafrechts BT, Bd. 1, 2. Aufl., 1902, S. 343.

[7] RGSt 44, 230, 233.

[8] BGHSt 2, 364, 365.

[9] BGHSt 8, 254, 256.

[10] Krey/Hellmann, Strafrecht BT 2, 14. Aufl., 2005, Rn. 429, 436; RGSt 44, 230, 248.

定)主张返还、除去或防止,因此亦处于诈欺罪之保护范围内。[1] 换言之,从民法也保护不法占有人对于侵夺物的支配关系来看,我们可推知存在着以下的基本观念:一旦产生出占有状态,即便是不法的占有状态,对于其他人而言,也并非完全无影响的状态,而是在直到真正的权利状态恢复之前,必须被所有人尊重的暂时性地位,而即便非善意之占有人亦得为自己之利益而防卫此地位。[2]

另外,亦有学者主张,仅有善意取得之占有方属财产。[3] 恶意取得之占有并不受刑法之保护。对于诈欺加以处罚并非为了维护法律和平,而是对于法秩序赋予给个人之物加以保护免于诈骗之侵害。[4] 善意取得占有人对于真正权利人虽然系不法占有,但例如善意取得盗赃物之占有者,仍受到《德国民法》第823条第1项规定(相当于我国台湾地区"刑法"第184条侵权行为之规定)之保护,故而仍属诈欺罪所规定之财产,至于以犯罪取得之占有,则不受刑法诈欺罪之保护。[5]

在主张法律与经济的财产概念的学者中,亦有主张仅有合法占有受到刑法之保护,不法取得的占有并非刑法所保护的财产。[6] 德国民法学者中有认为,《德国民法》第823条侵权行为损害赔偿请求权之规定仅适用于合法占有人丧失对占有物利用之情形。在此,合法之占有方为《德国民法》第823条第1项所称之其他权利(sonstiges Recht);而《德国民法》第858条侵夺与妨害占有之规定(Verbotene Eigenmacht)可结合《德国民法》第823条第2项被当作保护他人之法律(相当于我国台湾地区"民法"第184条第2项前段规定)。[7] 据此,《德国民法》第858条以下之保护占有规定,只是为了保护法律和平,其本身并不能赋予财产之意义。窃盗犯对于其窃取之赃物系基于不法而占有,对于窃盗犯诈取此赃物,不能谓其系处分自己之财产。[8]

除了上述论证之外,尚有以刑法没收之规定推导出不法之占有不受刑法诈欺罪保护之结论者。依照《德国刑法》第73条第1项第1句之规定,正犯或共犯为违法行为时,基于该犯行或由此犯行而得有某物,法院得命令"对犯罪所得之没收"(Verfall)。由此规范可以得知,以犯罪行为所取得之占有系法律上不希望看到且应排除的状态。倘若认为不法之占有可受到刑法诈欺罪之保护,将与刑法中借由对犯罪所得没收所作出之评价产生严重的冲突。

---

[1] Fischer, StGB, 59. Aufl., 2012, § 263 Rn. 91, 102; LK-Tiedemann, 12. Aufl., 2012, § 263 Rn. 140; Arzt/Weber/Heinrich/Hilgendorf, Strafrecht BT, 2. Aufl., 2009, § 20 Rn. 115a; Bockelmann, Strafrecht BT 1, 2. Aufl., 1982, S. 77; Wessels/Hillenkamp, Strafrecht BT 2, 37. Aufl., 2014, Rn. 535; Rengier, Strafrecht BT 1, 14. Aufl., 2012, § 13 Rn. 141.

[2] LK-Lackner, 10. Aufl., 1988, § 263 Rn. 133.

[3] Schönke/Schröder-Cramer/Perron, StGB, 28. Aufl., 2010, § 263 Rn. 94.

[4] Gallas, Der Betrug als Vermögensdelikt, FS Eberhard Schmidt, 1961, S. 426.

[5] Schönke/Schröder-Cramer/Perron, StGB, 28. Aufl., 2010, § 263 Rn. 94 f.

[6] Mitsch, Strafrecht BT II/1, 2. Aufl., 2003, § 7 Rn. 93; Maurach/Schroeder/Maiwald, Strafrecht BT 1, 10. Aufl., 2009, § 41 Rn. 99.

[7] MünchKomm BGB-Joost, 6. Aufl., 2013, vor § 854 Rn. 14.

[8] Maurach/Schroeder/Maiwald, Strafrecht BT 1, 10. Aufl., 2009, § 41 Rn. 99.

虽然对于窃盗罪之赃物基于对被害人所有权之尊重不得没收而需发还,但由对犯罪所得没收此规定仍可推知刑法秩序对于不法取得之占有所作出的负面评价。[1]

依照人的财产概念,占有本身可以扩张占有人在经济领域在物质上的潜能,因此属于财产。[2]一个法律主体的实际支配力倘若受到法秩序的保护,那么其与占有物之间亦存在一种财产关系,而不论此占有系合法占有抑或不法占有。虽然占有并非严格意义下的主观权利,但《德国民法》第858条以下规定之保护,恶意占有人亦得享有,虽然此等规定之目的系在于法律和平之维护。占有是否属于财产此问题,并非取决于借由占有所形成之秩序是否系终局的,盖因法律主体即便在一个暂时的支配关系中,亦可在物质领域发展自我。因此,对于物之占有系属经济上的权力,且亦为法秩序所承认,至于是否合法占有,在此并不重要。[3]即便占有人系透过犯罪行为取得占有,第三人亦无权以违法之手段侵夺其占有。对于窃盗犯或诈欺犯之赃物而言,亦得构成诈欺罪。[4]

上述以占有不论合法、不法皆受民法保护,因此系属财产之见解,Kindhäuser根据功能主义的财产概念认为应予驳斥,盖倘若占有被评价为不法,基于法秩序的一致性,此占有在法律上即应受蔑视。其认为,《德国民法》第858条以下保护占有规定之规范目的并非为了财产保护,而只是为了保障法律和平而将终局财产的状态交由法律程序澄清,形式的占有保护并不能推导出财产的赋予。对于财产概念之判断只有财产价值法律上的归属此标准方具决定性,至于其他为了平衡其他利益之规范,对于诈欺罪之适用而言并不重要。据此,无权占有并非财产客体。[5]

Hefendehl主张,即便占有保护规定之主要目的系维护法律和平,但此等规定仍赋予了不法取得占有人对于侵夺物的"支配关系"(Herrschaftsbeziehung),占有人基于此种暂时稳固之地位,相对于其他非占有人而言,对于占有物具有较优势的地位。换言之,此种支配地位虽然仅系暂时性的,但若其具备法律所保障的保护机制(rechtlich abgesicherte Schutzmechanismen)以及暂时性的具有财产价值的利用机会(vorübergehende vermögenswerte Nutzungschancen),那么即属财产。[6]

由于民法保护占有之规范对于不法且恶意占有之情形系为了维护法律和平,而非赋予占有人何等实质之权能,至于善意取得占有者,因有可能取得物之所有权,故而具有法律所保护之实质利益。据此,本文认为不法占有中仅有善意取得占有之物系属刑法中的财产。至于为自己不法所有意图,诈取此等恶意占有之物者,本文认为可认为侵害原所有人,而以侵占罪加以处理。

---

[1] Mitsch, Strafrecht BT II/1, 2. Aufl., 2003, § 7 Rn. 93.
[2] Otto, Die Struktur des strafrechtlichen Vermögensschutzes, 1970, S. 296; Schmidhäuser, Strafrecht BT, 2. Aufl., 1983, 11/27.
[3] Otto, Die Struktur des strafrechtlichen Vermögensschutzes, 1970, S. 55 f.
[4] Otto, Die Struktur des strafrechtlichen Vermögensschutzes, 1970, S. 55 f.
[5] NK-Kindhäuser, 4. Aufl., 2013, § 263 Rn. 239, 447.
[6] MK-Hefendehl, 2. Aufl., 2014, § 263 Rn. 472.

(二) 为违反善良风俗或强行规定之目的而处分之财产利益

案例：A寻找职业杀手甲约定以35 000德国马克为代价以杀害A的妻子B,甲虽口头答应,但实际上根本不欲履行任务。A支付甲5 000德国马克之后,甲不但未去杀B,反而去告发甲犯有未遂教唆谋杀。[1]

依照经济的财产概念,财产系一个人所有具有金钱价值之财物利益的总和。[2] 在遭诈术欺骗者的财产流出,与相对而言获得之财产间为价值之比较,价值总合有减损者即具有财产之损害。[3] KG Berlin在本案中系采取经济的财产概念,认为甲对A造成财产损害,触犯诈欺罪。A的财产损害在于损失5000德国马克,而却未得到对待给付。虽然《德国民法》第817条第2句规定(对照我国台湾地区"民法"第180条第4款规定),给付若系为了实现违反强行规定与善良风俗之目的,且此违反之事由存在于双方,则不得请求返还不当得利;但不能否认仍存在有财产之损害。《德国民法》第817条第2句规定之立法目的在于,让不当得利之给付者无法取得返还请求权,对于被禁止之法律行为不予履行不给予法律救济,而此并不能影响财产受到损害此事实。受欺骗者为了实现被法律禁止之目的这件事,不能被当作造成他人财产损害者的特许证,使其得以将被欺骗者为了实现被法律禁止之目的而冒险投入之财产归为己用。不然,我们就是对犯罪人彼此之间为诈欺或恐吓得利加以鼓励。[4]

根据法律的财产概念,对于违反善良风俗或强行规定之契约的履行给付,并非刑法中的财产。Binding认为若所有权人为了获得或满足已知为无效之请求而放弃其所有权,则其系自我损害且此损害勿庸获得填补。据此,倘若系利用诈术佯称无效请求已产生或得主张,则被骗者并未受有诈欺。[5]

在主张法律与经济的财产概念的学者中,有部分认为倘若遭诈骗者系为了履行违反善良风俗或强行规定之法律行为而处分财产利益时,则并不存在财产损害。[6] 由于遭诈骗者清楚认识到其法律行为在法律上系无效,故而乃有意识地损害自己。基于无效之契约,遭诈骗者乃自冒风险而为给付,故而其财产利益并不属于刑法所保护之财产。[7]

在主张法律与经济的财产概念的阵营中,另有部分学者主张,只要是合法取得之财产,

---

[1] KG Berlin NJW 2001, 86 案件的简化事实。

[2] RGSt 44, 230, 233；KG Berlin NJW 2001, 86.

[3] RGSt 44, 230, 235；KG Berlin NJW 2001, 86.

[4] KG Berlin NJW 2001, 86 f.

[5] Binding, Lehrbuch des Gemeinen Deutschen Strafrechts BT, Bd. 1, 2. Aufl., 1902, S. 343 Anm. 5.

[6] Schönke/Schröder-Cramer/Perron, StGB, 28. Aufl., 2010, § 263 Rn. 150；LK-Lackner, 10. Aufl., 1988, § 263 Rn. 242.

[7] Schönke/Schröder-Cramer/Perron, StGB, 28. Aufl., 2010, § 263 Rn. 150；LK-Lackner, 10. Aufl., 1988, § 263 Rn. 242.

即便系为了违反善良风俗或犯罪之目的而使用,仍应受到保护。[1] 受诈骗者虽然系为了追求违反善良风俗或犯罪之目的,但也并不表示诈骗者得任意地将被诈骗者为了不被容许之目的而投入之财产利益取为私用,盖因不法系存在于双方。[2]

关于《德国民法》第 817 条第 2 句因违反强行规定与善良风俗不须返还不当得利之规定,Lackner 与 KG Berlin 的意见相同,亦认为此规定之目的仅系对被禁止之法律行为拒绝提供恢复原状之法律救济,而与是否存在财产损害之问题无关。[3] 此外,《德国民法》第 817 条第 2 句之规定仅涉及不当得利法之请求权,故而只具有例外之性质。倘若依据《德国民法》第 985 条(所有人之返还请求权)、第 826 条(故意以背于善良风俗之方法加以损害)或者第 823 条第 2 项(违反保护他人之法律致生损害)结合《德国刑法》第 263 条诈欺罪之规定,仍得请求返还其所支出。[4]

关于此等不法利益之类型,我们须注意,先为给付者之损害并非相对人不为法令所禁止或违反善良风俗之对待给付;而是其受诈骗因而做出减损财产之处分,且此处分基于目的偏离因而属于经济上无意义之支出,且因其所为之给付而导致财产减少。相对地,诈骗者并无义务履行违法之给付,其所以被处罚,并非因为未为约定之给付,而是因为其对先为给付者以诈欺之方式加以损害,而且基于获利之意图取得被诈骗者合法取得之金钱。[5]

为了实现违反善良风俗或强行规定之目的,受诈骗者支出金钱所先为之给付,不应被视为"有意识的自我损害"(bewusste Selbstschädigung)。[6] 将为了实现不被允许之目的有意识地支出财产利益等同于不具目的但有意识地自行转让利益,并不合理,盖因合法取得之利益不论其使用目的是否为法律所蔑视,其减损都被法律评价为损害。被诈骗者的目的偏离并不意味着其给付不具目的,即便此目的不为法律所承认。基于行为人对被诈骗者隐瞒其目的,被诈骗者之财产减损即系经济上无意义且有损害之支出。[7]

依照人的财产概念,基于法令禁止或违反善良风俗之法律行为而将自己之物或金钱移转给他人,但却未获得约定之对待给付者,系受有财产损害。盖因被害人未能达到其所欲实

---

[1] LK-Tiedemann, 12. Aufl., 2012, § 263 Rn. 138;LK-Lackner, 10. Aufl., 1988, § 263 Rn. 242;Wessels/Hillenkamp, Strafrecht BT 2, 37. Aufl., 2014, Rn. 564.

[2] LK-Lackner, 10. Aufl., 1988, § 263 Rn. 242. 陈子平:《刑法各论(上)》(第二版),元照出版社 2015 年版,第 569 页,认为无论是采经济的财产概念,抑或法律与经济的财产概念(中间说之合理持有说、扩张本权说),皆可成立诈欺罪。

[3] LK-Lackner, 10. Aufl., 1988, § 263 Rn. 242. 陈子平:《不法原因给付与侵占罪、诈欺罪(下)》,《月旦法学教室》2014 年第 137 期,第 52 页。认为在此种情形,不法原因仅存在于诈骗者一方,故可适用民法第 180 条第四款但书,仍得请求返还不法原因之给付,给付之财物仍属财产,诈骗者构成诈欺罪。

[4] Wessels/Hillenkamp, Strafrecht BT 2, 37. Aufl., 2014, Rn. 562, 564. 德国联邦最高法院 BGH NJW 1992, 310, 311 亦持相同见解。

[5] Wessels/Hillenkamp, Strafrecht BT 2, 37. Aufl., 2014, Rn. 562, 565.

[6] Wessels/Hillenkamp, Strafrecht BT 2, 37. Aufl., 2014, Rn. 564.

[7] LK-Lackner, 10. Aufl., 1988, § 263 Rn. 242.

现之经济上的目的,其财产即有减少。[1]据此,在本案中,A受有财产上之损害,甲构成诈欺罪。

根据Kindhäuser的功能的财产概念,依照法律的归属标准,违反强行规定或善良风俗因而无效的请求权并不具有诈欺罪所要求的财产价值。盖因此等请求权无法循法律途径加以实现,故而通常也不具有市场价值。据此,在本案中并不存在刑法所保护之财产。[2]Kindhäser认为,在此案认为不成立诈欺罪,并不会为诈骗者创造一个任意谋利的自由空间。首先,由刑法所禁止之法律行为(杀人)所获得的利益可因属犯罪所得被没收(Verfall)。此外,由于法律行为违反强行规定因而无效,故而所有权无法以物权行为移转,对诈骗者而言,支付金钱仍属他人之物,且因被诈骗者有意思瑕疵,其承诺无效,取得所系属违法,故而诈取金钱者可成立侵占罪。[3]

Hefendehl对于此案例是否存在财产损害的看法,采取与支持法律与经济的财产概念之阵营中主张存在有财产损害者相同的论证,其认为嗣后完全无可能对其损失可加以填补者,当然系受有损害。倘若已经为给付者,即便依照《德国民法》第817条第2句不得行使不当得利返还请求权,但其所受之损害确实已经存在。[4]然而,Hefendehl否定本案可成立诈欺罪,盖因对于契约相对人将会履行无效法律行为之期待乃一种无法收支平衡之地位(eine nicht bilanzierungsfähige Position),故而受诈骗而为处分者当时已认知到自己在减损财产,亦即自己造成财产损害。据此,基于被害人自己负责之行为(aufgrund des eigenverantwortlichen Handelns des Opfers),对于行为人的客观归责被视为中断。换言之,在构成要件要素之间的必要的归责关联(Zurechnungszusammenhang)有所中断,故而不构成诈欺罪。[5]

本文认为,金钱当然属于刑法中的财产,但本案中被害人基于自己负责之行为而处分财产,且认知到法律上并不保障其对待给付请求权,故而因为被害人自我损害不具有客观归责,因此不构成诈欺罪。

(三) 违反善良风俗或强行规定而为之劳务给付

劳动给付一般被认为可成为具有抽象金钱价值的给付,故而倘若受诈骗而为无偿的劳动给付,则即受有财产损害。[6]但倘若劳务给付违反善良风俗或强行规定,则在学说中即有争议。

案例:甲男跟性工作者乙女约定为性交易,但其实根本不想给付性交易之代价,乙女与

---

[1] Otto, Die Struktur des strafrechtlichen Vermögensschutzes, 1970, S. 292.
[2] NK-Kindhäuser, 4. Aufl., 2013, § 263 Rn. 234.
[3] NK-Kindhäuser, 4. Aufl., 2013, § 263 Rn. 347.
[4] MK-Hefendehl, 2. Aufl., 2014, § 263 Rn. 486.
[5] MK-Hefendehl, 2. Aufl., 2014, § 263 Rn. 487.
[6] NK-Kindhäuser, 4. Aufl., 2013, § 263 Rn. 236.

甲男为性交后,甲男果然不为给付。[1]

对于此种诈取以违反善良风俗或强行规定之契约所约定之劳务给付的案件,德国联邦最高法院在 BGHSt 4, 373 中认为,性交行为对于法律而言并不具备可以金钱计算之价值,妓女的委身并非财产处分,对于嫖客而言也非财产获利。因此,欺骗妓女为性交易而不给付并不构成诈欺。[2] 在 BGH Beschluβ vom 28.04.1987, NStZ 1987, 407 中,德国联邦最高法院则是认为,通常需要支付代价之劳动力虽然属于诈欺罪所保护之财产,但倘若给付系为了实现法令禁止或违反善良风俗之目的时,则即非属财产。盖倘若基于违反善良风俗或强行规定之契约所产生的无效请求权也受到诈欺罪之保护,则刑法将跟其他的法秩序发生矛盾。按照当时的观点,性交易系违反善良风俗,故而妓女借由性给付而能得到代价之期待并不属于刑法所保护之财产。不过,若妓女已经获得对价,则此对价则可受到刑法之保护。[3] 综合上述两个判决之内容,可知其对于性交易之代价系采法律与经济的财产概念。

德国在 2002 年 1 月 1 日施行了所谓的"性交易法"(Prostitutionsgesetz,正式名称为规制性工作者法律关系法,Gesetz zur Regelung der Rechtsverhβltnisse der Prostituierten),从此性工作者对于性服务约定之代价具有请求权,《德国民法》第 138 条第 1 项违反善良风俗之法律行为无效之规定不应再适用于性交易之情形。不过鉴于在台湾性交易仍属违法,亦被认为违反善良风俗,故而对于德国旧法之讨论对中国台湾而言,仍具有重大之意义。以下即特别针对德国旧法时代之相关学说加以讨论。

根据德国过去的实务见解[4],性交易被视为该当《德国民法》第 138 条第 1 项规定之违反善良风俗,因此性交易契约系属无效,性工作者亦不具对于其性服务之代价的请求权。

根据法律的财产概念,在上述案例中并不存在对他人财产权之侵害。[5] 根据 Binding 的看法,无效之权利不论其系因何等原因无效,即非诈欺罪适格之客体。利用妓女之性服务,但却意图不支付约定之报酬,因此不属于诈欺。[6]

根据纯粹的经济的财产概念,上述案例有可能存在着财产损害。只要劳动力可供利用,且通常具有金钱之效用,则即属诈欺罪中的财产利益。据此,即便是为了违反善良风俗或强

---

[1] 改编自 BGH Beschluβvom 28.04.1987, NStZ 1987, 407 以及 BGHSt 4, 373(此案系以伪造货币支付性交易之代价)。

[2] BGHSt 4, 373.

[3] BGH Beschluβ vom 28.04.1987, NStZ 1987, 407. 林山田:《刑法各罪论(上册)》(第五版),北京大学出版社 2005 年版,第 459 页以下,亦认为不存在财产损害。陈子平:《不法原因给付与侵占罪、诈欺罪(下)》,《月旦法学教室》2014 年第 137 期,第 55 页以下,认为若采取法律与经济的财产概念,应认为理论上不应构成诈欺罪,但其又纠结于社会现状之考量,认为应该要肯定诈欺罪之成立。

[4] BGH Beschluβ vom 28.04.1987, NStZ 1987, 407.

[5] Binding, Lehrbuch des Gemeinen Deutschen Strafrechts BT, Bd. 1, 2. Aufl., 1902, S. 343.

[6] Binding, Lehrbuch des Gemeinen Deutschen Strafrechts BT, Bd. 1, 2. Aufl., 1902, S. 343.

行规定之目的而使用劳动力,亦属财产处分。[1] 将因为法律行为违反善良风俗或强行规定因而无效的请求排除于诈欺罪之财产范围之外,在刑事政策上是错误的,这并无助于法律和平之维护。虽然性工作者之请求在法律上无法贯彻,但只要在实际上得以贯彻,即属财产。除此之外,只要一特定行为该当税法之构成要件即须被科税,即便此行为违反善良风俗或强行规定亦无影响。因此,需要被科税的性服务应亦属于刑法中的财产。[2] 在本案中,倘若性工作者对于性服务代价无效之请求权,虽然法律上无法贯彻,但只要至少实际上得以贯彻,例如嫖客与妓女间存有友谊关系,即属财产。但倘若此无效之请求权在事实上亦无法贯彻,则即非刑法上的财产。[3]

主张法律与经济的财产概念者,对于本案有不同的看法,否定造成财产损害的论点,除了上述 BGH Beschluβ vom 28.04.1987, NStZ 1987, 407 以及 BGHSt 4, 373 两则判决中所引用者之外,Neumann 认为,在违反善良风俗或强行规定之契约的情形中,对于金钱给付与劳动给付的法律评价并不一致。举例而言,职业杀手可以欺骗委托人佯称自己有意愿履行杀人之任务,但委托他人杀人者不得对自己不具支付意愿加以欺瞒。金钱仅具有交换价值,其并不会因为系为了实现违反善良风俗或强行规定之目的,而失去经济利益之性质;反之,劳动给付是否属于经济利益,则须依照规范性之标准加以判断。依照社会通念,犯罪行为之提供不具有市场流通性,因此职业杀手未获得约定之对待给付,并不构成财产损害。不同于金钱给付,此处涉及之问题并非为了达到违反善良风俗或强行规定之目的可否例外地使用特定之经济利益,而是要追问,此处是否真的存在经济利益。[4] 据此,对于委托杀人者之财产加以保护,并无评价上之矛盾,盖因金钱之占有系受法秩序之保护,但谋杀的实行则否。[5]

综而言之,在诈骗性工作者不支付代价的情形中,可基于以下两点否定财产损害之发生。首先,性服务不具有对法律而言可以金钱计算之价值。其次,性工作者对于代价之请求权由于违反善良风俗因而无效。[6]

法律与经济的财产理论支持者中,亦有主张在上述案例成立财产损害者。Mitsch 认为,倘若以劳动力作为给付系属法秩序所允许,亦即未违反强行规定之有偿的双务法律行为之一,则其即具有财产价值。[7] 综而言之,单纯违反善良风俗之法律行为与违反强行规定之

---

[1] Krey/Hellmann, Strafrecht BT 2, 14. Aufl., 2005, Rn. 439. 甘添贵:《刑法各论(上)》(第三版),三民书局 2013 年版,第 317 页,亦认为性交易行为虽属不法,但身体劳动仍有价值,故属于财产利益。林东茂:《刑法综览》(第六版),中国人民大学出版社 2009 年版,第 2-178 页以下,亦采此见解。

[2] Krey/Hellmann, Strafrecht BT 2, 14. Aufl., 2005, Rn. 441, 435.

[3] Rinne, Vermögensbegriff im Strafrecht-Vermögensgegenstand in der Handelsbilanz-Wirtschaftsgut in der Steuerbilanz, 2008, S. 78 f.

[4] Neumann, Der praktische Fall-Strafrecht: Neue Wege im Kunsthandel, JuS 1993, 746, 749.

[5] Wessels/Hillenkamp, Strafrecht BT 2, 37. Aufl., 2014, Rn. 566.

[6] LK-Tiedemann, 12. Aufl., 2012, § 263 Rn. 138.

[7] Mitsch, Strafrecht BT II/1, 2. Aufl., 2003, § 7 Rn. 89. 陈子平:《刑法各论(上)》(第二版),元照出版社 2015 年版,第 570 页,认为卖淫费虽系依不法原因而给付之物,但不得谓已被法秩序所否定。

法律行为必须加以区别。[1] 据此,依据德国法,性工作者所提供之服务仅违反善良风俗,但未为法律所禁止,因此诈骗妓女性服务的嫖客可构成诈欺。至于买凶杀人的委托人若本即不欲支付报酬,则并不会构成诈欺罪。[2]

依照人的财产概念,人的劳动力系属财产。利用客观化的劳动力并在经济上获利,乃经济交易中独立的利益,因此可被当作刑法中的财产。[3] 但若劳动力之使用乃犯罪行为之实行时,则即不得被承认为具有财产价值之给付,盖因此种给付并不被法律社群承认为经济交易中独立的客体。[4] 但在本案中,妓女之性服务在德国并非犯罪行为,在通常情况且依照双方协议,妓女之劳力付出系以金钱给付为对待给付,故而系属具有金钱价值之给付。据此,在本案中,妓女以其劳务给付系属造成财产损害之财产处分,而嫖客则该当诈欺罪。[5]

采取功能的财产概念的 Kindhäuser,对于此问题原则上赞同法律与经济理论的结论,盖因在一个法秩序中被禁止之行为并无法获得保护,而《德国民法》第817条不得请求返还不当得利之规定乃民法中对于财产归属重要的不当得利法规范,故而违反强行规定或善良风俗之给付应被排除于财产概念之外。[6]

Hefendehl 认为,在嫖客无支付意愿而诈取妓女性服务的案例是否构成诈欺罪,关键在于妓女是否具有法律上生效的报酬支付请求权。根据德国新法,答案是肯定的,故而嫖客将构成诈欺罪;但依照旧法,妓女并无有效的请求权,故而未生财产损害,嫖客并不构成诈欺罪。[7]

本文认为,本案中妓女的报酬支付请求权因违反强行规定及善良风俗因而无效,且由于性服务不具有市场交换价值,故而不属于刑法中的财产。

五、结　　语

刑法中所保护的财产具有极为复杂的内涵,其不仅限于法律的财产概念所主张的法律上的财产权,至于忽视民法财产权秩序规范的经济的财产概念并无法赋予财产概念一个明确的轮廓。本文认为,在界定财产概念时,不能对于法律与经济两个层面加以偏废。特别是对于民法的相关规定与规范目的,倘若刑法学者无法掌握,将无法正确地界定财产之概念与范围。

---

[1] Mitsch, Strafrecht BT II/1, 2. Aufl., 2003, § 7 Rn. 89, 43. 林山田:《刑法各罪论(上册)》(第五版),北京大学出版社2005年版,第460页,亦主张公娼之性交易虽违反公序良俗,但因为政府所核准并非违法,故嫖客以诈术不付夜度资仍有造成财产损害。

[2] Mitsch, Strafrecht BT II/1, 2. Aufl., 2003, § 7 Rn. 89.

[3] Otto, Die Struktur des strafrechtlichen Vermögensschutzes, 1970, S. 43 f.; Schmidhäuser, Strafrecht BT, 2. Aufl., 1983, 11/27.

[4] Schmidhäuser, Strafrecht BT, 2. Aufl., 1983, 11/27, 32.

[5] Otto, Die Struktur des strafrechtlichen Vermögensschutzes, 1970, S. 293 f.; Schmidhäuser, Strafrecht BT, 2. Aufl., 1983, 11/27, 31.

[6] NK-Kindhäuser, 4. Aufl., 2013, § 263 Rn. 237.

[7] MK-Hefendehl, 2. Aufl., 2014, § 263 Rn. 479.

不法原因给付与侵占罪、诈骗罪

王 钢[*]

摘 要：民法中的不法原因给付制度，旨在对不法给付行为进行一般预防。不法原因给付要求给付者有意识、有目的地将财产终局性地给予受领人，这种给予必须是出于不法原因，而且给付人必须对不法原因有所认知。不法原因给付导致给付者不得基于不当得利或所有物请求权要求受领人返还所受财产，但并不排除其侵权损害赔偿请求权。若不法原因仅存在于受领人一方或排除返还请求权反而不利于实现法律规范之目的，则应当对不法原因给付制度进行目的性限缩。在考察不法原因给付与侵占罪成立之关系时，须区分不法原因给付与不法原因委托，并根据民事权利的归属认定行为人是否将"他人"财物"非法"占为己有。侵吞不法原因委托物的，构成侵占罪。将不法原因给付物据为己有的，原则上不构成侵占罪。但在不法原因给付仅限于用益物权以及须对不法原因给付制度加以目的性限缩的场合，仍有肯定侵占罪成立的余地。在涉及货币侵占以及赃物侵占的案件中，同样应当依据民事法律规范考察行为人是否构成侵占罪。就不法原因给付与诈骗罪的关系而言，则应当立足于民事法律认定行为人所骗取之利益是否属于诈骗罪意义上的"财产"以及其对此是否具有"非法"占有目的。

关键词：不法原因给付 不法原因委托 侵占罪 诈骗罪 非法占有

不法原因给付对于认定侵占罪的影响，历来是我国刑法学界关注的难点问题。其不仅涉及侵占罪中诸如"他人"财物、代为保管和"非法"占有等规范性构成要件要素的理解，更是与民事法律中的不法原因给付制度紧密相关。令人遗憾的是，多年以来，我国刑法学者对该问题的著述始终局限于对日本司法判例和学说的梳理介绍。[1]这种刑法研究的困境，很大程度上又源自于我国民法学界对不法原因给付缺乏关注。我国民事立法目前尚未对不法原因给付予以规定，《合同法》第58条仅确立了合同无效相互返还的基本原则，《民法通则》第92条关于不当得利应予返还的立法也并未将不法原因给付视为例外。虽然我国诸多民事

---

[*] 清华大学法学院讲师，法学博士。本文写作得益于与清华大学法学院张明楷教授、耿林副教授以及龙俊博士的多次讨论，在此谨向各位老师致以诚挚的谢意。本文文责自负。

[1] 例如刘明祥：《论侵吞不法原因给付物》，《法商研究》2001年第2期；童伟华：《日本刑法中"不法原因给付与侵占"述评》，《环球法律评论》2009年第6期；王昭武：《日本刑法中侵占盗窃赃物或销赃所获价款的行为与侵占罪》，《山东警察学院学报》2005年第4期；王骏：《不法原因给付问题的刑民实像——以日本法为中心》，《法学论坛》2013年第3期；李齐广、谢雨：《论刑法中的不法原因给付与侵占罪》，《政治与法律》2010年第5期；陈灿平：《谈侵占罪中刑民交错的两个疑难问题》，《法学》2008年第4期。

司法判例[1]和民法学者均主张,不法原因给付应当排除给付者的返还请求权,但却对此鲜有系统论证。[2] 实际上,不法原因给付本身也确实是民法中极为疑惑难解的问题。德国民法学者梅迪库斯(Medicus)即坦承,德国《民法》第817条有关不法原因给付的规定,"是民法典最具争议的规定之一"。[3] 尽管存在着种种困难,基于法秩序统一性原则,却也只有在全面理解不法原因给付制度的基础上,才可能系统解决相关的财产犯罪问题。因此,下文将首先探讨民事法律中不法原因给付制度的规范目的,而后确定不法原因给付的构成要件并进而探寻其民事法律后果与适用范围,最后再考察不法原因给付对于认定侵占罪与诈骗罪的影响。

一、不法原因给付制度的规范目的

所谓"不法原因给付",是指基于违反强制性法律法规或公序良俗的原因而为之给付。[4] 纵观世界各国民事立法,诸多国家和地区的民事法律中均存在对不法原因给付的明文规定。例如,德国《民法》第817条规定:"一笔给付之目的如是约定,致受领人之受领违反法律之禁止规定或善良风俗者,受领人负返还义务。给付者同样有如是之违反者,不得请求返还,但该给付以负担一笔债务为内容者,不在此限;为履行一笔这种债务而为之给付不得请求返还。"类似地,日本《民法》第708条规定:"因不法原因给付者,不得请求返还。但是,不法原因仅存在于受领人一方时,不在此限。"我国台湾地区"民法"第180条第4项亦与之如出一辙。从这些法律规定来看,不法原因给付原则上会致使给付者不得行使本当享有的返还请求权,无法要求受领人返还所受之利益。那么,这种民事立法的理由或者说不法原因给付制度的规范目的何在? 民法学界对此主要有以下几种不同见解。

(一) 刑罚说(惩罚说)

德国帝国法院曾在其诸多判决中主张,不法原因给付制度本质上是对不法给付者的惩罚与制裁。由于给付者出于不法原因实施给付行为,法秩序遂剥夺其返还请求权以示惩戒。[5] 时至今日,该说已经由于其自身的诸多理论缺陷而过时。

首先,不法原因给付制度在民事法律中属于对不当得利返还请求权的排除规则,而不当

---

[1] 近年来的相关判例有中山市中院(2014)民二终字第598号判决(非法经营);南京市中院(2014)民终字第2305号判决(出借信用卡);无锡市中院(2014)民终字第0464号判决(干扰招生秩序);余姚市法院(2014)商初字第497号判决(赌博债务);泰兴市法院(2014)民初字第0596号判决(包养关系);徐州市铜山区法院(2013)民初字第02368号判决(非法建筑)等。

[2] 我国民法学者近年来对不法原因给付相对系统的论述,参见 刘言浩:《不当得利法的形成与展开》,法律出版社2013年版,第373 - 384页;陈华彬:《债法各论》,中国法制出版社2014年版,第298 - 304页。

[3] 参见 [德]迪特尔·梅迪库斯:《德国债法分论》,杜景林、卢谌译,法律出版社2007年版,第537页。

[4] 参见 谭启平:《不法原因给付及其制度构建》,《现代法学》2004年第3期,第131页。

[5] Vgl. RGZ 99, 161, 167; RGZ 105, 270; RGZ 161, 52, 58.

得利返还请求权的本质在于利益衡平。既然利益衡平原本就无关乎惩罚,便难以认定作为利益衡平之例外的不法原因给付制度具有制裁的性质。其次,不法原因给付并不必然符合刑法构成要件,而不法原因给付制度也没有根据不法程度的轻重区分不同的法律后果,只是单纯对给付者的返还请求权予以否定。若视其为刑事处罚,显然背离刑法中的罪刑法定、责任主义与罪刑相适应等基本原则。[1] 最后,在不法原因给付的场合,给付者和受领人往往均意图造成不法的财产状态,个案中究竟由哪一方先实施给付,经常纯属偶然。既然如此,为何法秩序只是剥夺给付者的返还请求权,单方面地对给付者予以"惩戒"却对受领人网开一面,也难以从刑罚说的视角予以圆满解释。[2]

(二) 司法保护说

兴起于 20 世纪 40 年代末的司法保护说则试图从对司法机关与司法资源予以保护的角度解释民法中的不法原因给付制度。[3] 该说认为,如若允许不法给付者取回所给付之利益,则在很多案件中(例如:判决受领人返还违禁品)无异于是司法机关自己违反法律创设不法状态,有损其正义形象与司法尊严。此外,司法机关协助不法给付者恢复利益也会造成司法资源的浪费。正是为了避免这些情形发生,法秩序才特别决定,基于不法原因所为之给付不得请求返还。[4]

在本文看来,这种司法保护说也存在问题。首先,所谓司法机关自己违法的论据不能令人信服。因为,如果法秩序中不存在不法原因给付制度,法院便可以根据不当得利的基本原则判决受领人返还所受之不法利益,此时法院的判决并不违反民事法律规范,自然也就难有违法性可言。换言之,正是由于不法原因给付制度排除了给付者的返还请求权,法院判决受领人向其返还非法利益的,才具有违法性,如果此时又以判决的违法性论证不法原因给付制度的必要性,则显然是循环论证。其次,虽然不法原因给付制度向不法给付者表明,其返还请求不会获得司法机关支持,从而在一定程度上迫使其放弃诉讼、减少了案件数量,客观上确实有节约司法资源的效果。但是,不法原因给付的认定本身就颇为复杂,在许多案件中,法院也只有通过细致的审理才能确定是否存在着不法原因给付。对于这些案件而言,不法原因给付制度的存在其实并不能减轻法院的工作。因此,司法保护说亦不周全。

(三) 拒绝保护说

从 20 世纪 50 年代开始,"拒绝保护说"逐渐成为了司法判例和民法学界诠释不法原因给付制度的多数说。该说的基本立场是,既然给付者基于不法原因实施给付行为,将自己置

---

[1] Vgl. Heck, Die Ausdehnung des § 817 S. 2 auf alle Bereicherungsansprüche, AcP 124 (1925), 1, 57.

[2] Vgl. Honsell, Die Rückabwicklung sittenwidriger oder verbotener Geschäfte, 1974, S. 58 f.

[3] Vgl. OGHZ 4, 57, 60.

[4] Vgl. Klöhn, Die Kondiktionssperre gem. § 817 S. 2 BGB beim beidseitigen Gesetzes—und Sittenverstoß, AcP 210 (2010), 804, 818 f.

于法秩序之外,法秩序就不应当再对之予以保护。此时不法原因给付者应当自担风险。[1]

尽管获得了普遍赞同,但拒绝保护说也并非没有缺陷。仔细考量就会发现,该说实际上只是强调了不法原因给付的法律后果,却并未解释造成这种法律后果的原因。为了弥补这一缺陷,诸多学者试图借助所谓"自陷禁区(versari in re illicita)""禁止主张自己之不法"或"清白原则(clean hands)"等法律准则为拒绝保护说寻求正当依据。这些论者主张,实施不法行为的行为人应当对不法行为导致的一切不利后果负责,背弃法秩序实施给付行为的给付者也不得再求助法秩序保全自己的利益。[2] 然而,这种论证同样不无疑问。首先,上述法律原则过于笼统和抽象,若将之视为不法原因给付制度的基础,显然不利于对不法原因给付制度进行目的性解释,从而也不利于在个案中明确界定其适用范围。其次,为了避免出现难以容忍的法外空间,法秩序其实也并非在行为人实施不法行为时就一概拒绝对之提供保护。例如,将巧克力谎称为毒品卖给被害人的,虽然被害人企图实施购买毒品的不法行为,但其财产仍然受到法律保护,故应认定行为人成立诈骗罪。[3] 刑事法律尚且如此,以公平衡量为主旨的民事法律当然更无法单纯因当事人实施不法行为便置其利益于不顾。最后,在不法原因给付中,不仅给付者将自己置身于法秩序之外,受领人其实也同样违背了法秩序。然而,若在个案中否定给付者享有返还请求权,同时所给付的利益又不符合国家机关没收的条件,便意味着法秩序承认由受领人最终取得所受之利益。由此,拒绝保护说便难免陷于自相矛盾之中:同样是违背法秩序,给付者不能获得法律保护,受领人却独受法律"青睐"。对此,持拒绝保护说的论者往往认为,受领人事实上获利,是拒绝予以给付者法律保护的不可避免的附随后果,只能对之加以容忍。[4] 这种"只好如此"的辩解显然并不具有说服力。

(四)一般预防说

鉴于上述几种见解都存有缺陷,自20世纪90年代以来,"一般预防说"在民法学界获得了越来越多的支持。该说认为,不法原因给付制度的旨趣在于对不法给付行为进行一般预防。析言之,民事法律在给付者违背法律与社会伦理、将自己置于法秩序之外时,例外地否定其返还请求权,从而彰显法秩序对其给付行为的否定性价值评价,并由此强化国民对公共秩序的关注和善良风俗的观念,增强公民法律意识与道德意识。同时,通过否定请求返还的可能性,法秩序也刻意增加了不法给付者的经济风险,以达到喝阻(大声阻止的意思)潜在的不法给付行为之效果。[5] 这种旨在进行一般预防的规定在民事法律中也是必要和妥当的。因为违反强制性规定或公序良俗的给付行为往往不具有刑事可罚性,即便认定其违反行政法规,行政处罚对不法给付者而言经常也只不过是可以接受的"交易成本":即使其被迫缴

---

[1] Vgl. nur BGH NJW 1953, 1020, 1021; BGH NJW 1962, 955, 958; Würdinger, Über Radarwarngeräte und die Zukunft des Europäischen Privatrechts, JuS 2012, 234, 238.

[2] Vgl. Raiser, Anmerkung zu BGH, Urteil vom 14.6.1951, JZ 1951, 718, 719.

[3] Vgl. BGH NJW 2002, 2117.

[4] Vgl. Dauner, Der Kondiktionsausschluss gemäß § 817 Satz 2 BGB, JZ 1980, 495, 499.

[5] Vgl. Schwab, in: Münchener Kommentar BGB, Band 5, 6. Aufl., 2013, § 817 Rn. 9.

纳行政罚款,也仍然可能从不法交易中获取暴利。若此时还适用民事法律有关无效法律行为的一般规定,肯定不法给付者原则上享有返还请求权,则无异于是对其基本利益予以法律保障,更不可能遏制不法给付行为。因此,唯有在民事法律中设置不法原因给付制度,使得不法给付者在受领人违背约定不为对待给付时也无法要求对方返还所受之利益,才能让不法给付者有所忌惮,促使其基于对风险与收益的权衡最终放弃实施不法给付。[1] 据此,民事法律中的不法原因给付制度也具备了行为引导功能,成为对刑事法律和行政法规的有益补充。[2]

虽然学界也不乏反对见解,但是一般预防说相较刑罚说、司法保护说与拒绝保护说确实更为优越。相比刑罚说将不法原因给付制度视为事后对给付者的惩罚而言,一般预防说认为不法原因给付制度的规范目的在于从事前对不法给付行为加以遏制,从而大体上避免了与刑法基本原则的冲突。相比司法保护说而言,一般预防说摆脱了循环论证的责难,并且可以较为全面地覆盖各类不法原因给付案件,具有普遍适用性。相比拒绝保护说而言,一般预防说则进一步诠释了法秩序在不法原因给付的场合拒绝对给付者加以保护的内在原因,这不仅使不法原因给付制度具有了立法政策上的正当理由,更使得基于这种实质的规范目的对不法原因给付制度进行解释和适用成为了可能。因此,本文也从该说出发理解、构建民法中的不法原因给付制度。

二、不法原因给付的构成要件

在明确了不法原因给付制度的规范目的之后,就需要进一步探讨不法原因给付的构成要件。本文认为,认定民法意义上的不法原因给付存在着三方面的要求:首先,给付者必须向受领人给付利益;其次,这种给付必须是出于不法原因;最后,给付者还必须对不法原因有所认识。

(一) 给付的界定

民事司法实务与民法学者对于"给付"的定义存在着不同看法。德国联邦最高法院历来主张,"给付"是指"有意识、有目的地增加他人财产"。[3] 尽管学者们的表述在细节上不尽相同,但是绝大多数见解所界定的"给付"概念却有着与此大致相近的内涵。[4] 据此,认定民法中的"给付"必须具备三个要件:给付人必须给予受领人财产,这种给予还必须是有意识的并且具有特定目的。[5] 下文将详述之。

---

[1] Vgl. Canaris, Gesamtunwirksamkeit und Teilgültigkeit rechtsgeschäftlicher Regelungen, in: Baur u. a. (Hrsg.), Festschrift für Ernst Steindorff zum 70. Geburtstag, 1990, S. 524.

[2] Vgl. Wagner, Prävention und Verhaltenssteuerung durch Privatrecht, AcP 206 (2006), 352, 364 ff.

[3] Vgl. BGH NJW 1972, 864, 865; BGH NJW 1999, 1393, 1394.

[4] 参见 王泽鉴:《民法学说与判例研究(第二册)》,北京大学出版社 2009 年版,第 95 页。

[5] 参见[德]迪特尔·梅迪库斯:《德国债法分论》,杜景林,卢谌译,法律出版社 2007 年版,第 523 页。

1. 给予财产

"给付"首先意味着给付人给予受领人财产。对于这里的财产应当进行广义的理解,其包括任何具有经济价值的利益在内,而不限于有体财物的移转。[1] 所有权、用益物权、担保物权、债权以及知识产权等财产性权利均属其列。纯粹事实性的占有以及劳动、服务等也可以因其具有经济价值而被评价为财产。[2] 即使相应的经济价值难以用金钱进行评估,也不影响对财产的认定。例如,对于私人照片、书信等物品,虽然经常无法精确界定其经济价值,但对之的各种物上或债权请求权以及占有也仍然属于财产。[3] 至于给付人是通过作为还是不作为[4],是通过法律行为还是事实行为[5],是通过积极增加受领人的财产还是减少其消极财产(例如:替受领人清偿债务)的方式实现了财产给予,则非所问。但是,单纯的意思表示以及有因债权的创设(例如:买卖合同的订立)尚不足以被认定为给付。这些行为毋宁仍处于"给付"的前阶段,此时对方当事人尚未受有利益,故不能认其为给付行为。[6]

在认定给付时需要特别注意所谓的"终局性标准",也即只有在使受领人终局性地获得财产时,才能构成给付。[7] 相反,如果给付者只是意图使受领人暂时性地获取财产利益或者使之在特定时间范围内支配或利用相应财物,则其并未将相应财产给予受领人,从而也并未为民法意义上之"给付"。[8] 因此,将自己的财产用于提供担保的,并未将自己的财产给付给担保权人。因为担保权人只享有定限物权,其只能支配标的物的交换价值以及(在质押等场合)临时占有标的物。[9] 同样,在借贷关系中,出借人也只是将本金在一定时间范围内交由借款人使用,而非"给付"予借款人[10];在租赁关系中,出租人亦只是将租赁物在约定时间内交付承租人使用和收益,并未将租赁物本身给予后者。与此相应,在将财产交付给他人,委托他人从事特定活动的场合,也需要谨慎地界定是否构成给付。虽然德国联邦最高法院曾经在早先的判决中主张,将现金交付给受托人让后者以此从事黑市交易的,属于(基于不法原因的)给付。[11] 但其后来却改变了这种立场,转而强调认定给付的终局性标准,认为只有在将相应财产终局性地交予受托人时,才能成立给付。据此,交付资金委托对方非法购

---

[1] Vgl. Stadler, in: Jauernig Kommentar BGB, 15. Aufl., 2014, § 812 Rn. 3.

[2] Vgl. BGH NJW 1953, 58; BGH NJW 1996, 921, 922.

[3] Vgl. Canaris, Anmerkung zu BGH, Urteil vom 7. 1. 1971, JZ 1971, 560, 561.

[4] Vgl. Köhler, Vertragliche Unterlassungspflichten, AcP 90 (1990), 496, 500 ff. 对于以不作为方式实施的给付,亦可参见 杨立新:《合同法》,北京大学出版社2013年版,第159页以下。

[5] 参见 胡长清:《中国民法债篇总论》,商务印书馆1935年版,第110页。

[6] Vgl. Wendehorst, in: Beck'scher Online-Kommentar BGB, Stand 1. 2. 2015, § 812 Rn. 41, 43 m. w. N.

[7] Vgl. BGH NJW-RR 1994, 291, 293; BGH NJW 1995, 1152, 1153.

[8] Vgl. Schulze, in: Handkommentar BGB, 8. Aufl., 2014, § 817 Rn. 7.

[9] Vgl. BGH NJW 1956, 177.

[10] Vgl. BGH NJW 1995, 1152, 1153.

[11] Vgl. BGH WM 1957, 1190, 1191.

买外汇的,由于并非旨在增加受托人的财产,不构成给付[1];成年委托人企图通过非法途径被贵族收养从而获得贵族头衔,遂向介绍人支付中介费并委托其将收养酬金转交给收养人的,也仅向介绍人给付了中介费,而并未给予其收养酬金。[2] 同样,为非法谋取荣誉领事头衔而向斡旋人支付酬金的,就酬金构成给付[3];但委托中介人将价金支付给"卖家"购买学术头衔的,却并未将价金给予中介人。[4] 正是基于这种终局性标准的限制,委托并不等同于给付,不法原因委托和不法原因给付所导致的法律后果也有所差异。对此,下文还将详述。

2. 有意性

构成给付还要求给付人是有意识地增加受领人的财产,其必须对于财产的给予具有认知与意欲。换言之,对受领人的财产给予必须承载着给付人的意思,是其有意为之的结果。虽然一般情况下,给付人在将财产交付给受领人时总是能够认识到财产的移转,但是,在特殊场合中,给付人还是可能错误地没有认识到自己的行为实际上增加了他人财产的性质。例如,甲将乙的自行车误认为是自己的自行车,并对之进行修复。此时甲虽然客观上增加了乙的财产,但其对此却并无认识,故而不能被认定为给付。即便是恶意占有他人财物并对之加工改良使之增值的,也同样可能由于欠缺有意性不能构成给付。例如,甲恶意侵占乙的土地并投入劳力财力开垦改良,以期提高土地价值为自己谋取利益。对此情形,王泽鉴先生正确地指出,甲对土地的投入仅仅"旨在图谋自己的利益,根本欠缺增益他人财产的意思,不能解为系属'给付'"[5]。

3. 目的性

除了有意性的要求之外,给付者还必须是遵循特定目的而为给付。最典型的给付目的当属清偿债务,但是给付目的却并不以此为限。认定给付目的亦不要求给付人(事后)能够获得对价,因此,单纯的赠予也可以构成给付目的。对于给付的目的性要求,民法学界也存在一定的争议。但是今天绝大部分论者还是认为,目的性是给付概念必不可少的组成部分,该要件的意义主要存在于三个方面:首先,在不当得利的场合,给付者究竟出于何种目的进行给付,往往决定着其是否能够要求受领人返还所给付的财产。例如,给付者明知违反法律或违反公序良俗而为给付的,可能由于构成不法原因给付不得行使返还请求权。其次,在债务履行的场合,如果债务人由于一项以上的债务关系而有义务向债权人履行同种给付,但债务人所为之给付不足以清偿全部债务的,债务人的给付目的可以单方面地决定其所清偿的

---

[1] Vgl. BGH NJW 1959, 143, 144.
[2] Vgl. BGH NJW 1997, 47, 48 f.; OLG Oldenburg NJW 1991, 2216, 2217 f.
[3] Vgl. BGH NJW 1994, 187.
[4] Vgl. OLG Stuttgart NJW 1996, 665, 666.
[5] 参见 王泽鉴:《不当得利》,北京大学出版社2009年版,第103页以下。

是哪部分债务。最后,在多方债权债务关系中,也经常需要借助给付目的来确定给付关系。[1]

(二) 不法原因

与一般的给付行为不同,不法原因给付的特殊性在于,给付人正是基于不法原因或者说出于不法目的给予受领人财产。这里的不法原因必须存在于给付行为发生之时[2],对此学界并无疑义。但是,在认定"不法原因"时,需要注意另外两点。其一为此处"原因"的含义究竟为何,其二为这里"不法"之范围的界定。

1. 不法"原因"与给付目的

关于不法原因给付之"原因"的含义,民法学界也有不同见解。依大部分论者之见,所谓不法原因之"原因",其实与给付之"目的"无异。据此,不法原因给付,是指给付目的主观的不法,其实质应为动机不法。[3] 当然,虽然这种见解主张应当从主观目的或者说动机的角度来把握不法"原因"的内容,但其却并不认为任何内心的不法动机都足以构成不法原因给付。相反,在其看来,单纯的不法动机,若未成为法律行为之内容或条件,并不足以被认定为不法原因。[4] 据此,此处的动机其实只包括经表意人表示而成为意思表示之内容的动机,所谓的动机不法,也只是指"经表示之动机不法"。[5] 正是由于这种见解强调只有成为意思表示之内容的目的与动机才可能成为不法"原因",故其又被称为"债务本体论"或"给付本体论"。

本文认为,从给付目的与动机的角度来理解不法"原因"是妥当的。德国《民法》第817条有关不法原因给付的规定明文将不法原因与给付目的相联系("一笔给付之目的如是约定……"),日本民法学者也大致持相同见解。[6] "债务本体论"就其强调目的或动机不法的理论出发点而言,应当获得赞同。然而,该说认为只有成为法律行为之内容或条件的不法目的与动机才能构成不法原因,这种限制恐失之过严。诚然,未表示于外的内心动机,即便其属不法,也不足以造成不法原因给付。但是,这并不意味着只有成为意思表示之内容的不法动机和目的才应当被认定为不法原因。毕竟在许多情形中,双方当事人虽然均对对方不法目的心知肚明,并且心照不宣地从事不法活动,但却未必将不法情事作为意思表示之内容加以确认。此时如果严格遵照"债务本体论"的立场,就难免得出不合适的结论。因此,本文认为,所谓的不法"原因",只需是表意人表示于外,可以为一般善意第三人所理解的目的与动机即可,不要求其成为意思表示的内容。[7]

---

[1] Vgl. Stadler, in: Jauernig Kommenentar BGB, 15. Aufl., 2014, §812 Rn. 4. 对于三角给付中给付关系的认定,参见 冯洁语:《论原因理论在给付关系中的功能》,《华东政法大学学报》2014年第3期,第125-130页。

[2] Vgl. BGH NJW 2000, 1560, 1562.

[3] 参见 洪学军:《论不法原因给付》,《河北法学》2003年第3期,第40页。

[4] 参见 胡长清:《中国民法债篇总论》,商务印书馆1935年版,第111页。

[5] 参见 林诚二:《民法理论与问题研究》,中国政法大学出版社2000年版,第198页。

[6] 参见 [日]我妻荣:《债权各论(下卷一)》,冷罗生等译,中国法制出版社2008年版,第252页。

[7] 类似见解,参见 谭启平:《不法原因给付及其制度构建》,《现代法学》2004年第3期,第133页。

最后需要加以说明的是,不法"原因"并不限于当事人所欲直接达成的目的或效果。这里的"原因"不仅应当包括近因(即当事人所欲实现的直接目的),也应当包括远因(即当事人所欲实现的最终目的)。例如,甲租用乙的房屋开设妓院,虽然双方追求的直接目的即房屋租赁本身并无不法性质,但双方欲实现的最终目的却违反法律与公序良俗,故而此时仍应肯定就房屋的用益物权构成不法原因给付。

2. "不法"原因的范围

(1) 基本标准

对于不法原因中"不法"之范围的界定,民法学界可谓众说纷纭。现今民法学界的多数见解在广义上理解"不法"原因的范围,肯定违反强行法律规范、公共秩序以及善良风俗的情形均可构成"不法"原因给付。[1] 具体而言,这里"不法"原因的范围应当与因违反法律法规或公序良俗而导致法律行为无效的情形保持一致。[2] 换言之,只有当某种情事根据民事法律规范能够导致相应的法律行为由于违反法律或公序良俗而无效时,以实现这种情事为内容的给付目的才足以被认定为不法原因给付中的"不法"原因。我国民事法律规范并未明确规定公序良俗原则,但是,《民法通则》第7条与《合同法》第7条均规定,民事活动,包括当事人订立、履行合同,应当"尊重社会公德""不得损害社会公共利益"。根据《民法通则》第58条第1款和《合同法》第52条的规定,在以欺诈、胁迫等手段致使对方意思表示不自由,"恶意串通,损害国家、集体或者第三人利益""以合法形式掩盖非法目的""损害社会公共利益"以及"违反法律、行政法规的强制性规定"等几种情形中,相应的法律行为或合同无效。因此,出于这些目的实施的给付行为,也同样构成不法原因给付。

(2) 认定原则

然而,民法学界对于何时才能认定法律行为由于违反强制性法律规定或公序良俗而无效的问题却存在着巨大争议。这种争议也导致在认定不法原因给付时难以清晰明确地界定"不法"原因的范围。不过,尽管如此,民事司法实务和民法学界对于"不法"原因的认定也还是形成了一些大致的基本原则。

首先,所谓强制性法律法规规定,是指直接规定人们的意思表示或事实行为,不允许人们依其意思加以变更或排除其适用,否则将受到法律制裁的法律规定和行政法规。民法学者普遍认为,这里的强制性规定仅限于全国人大及其常委会颁布的法律与国务院颁布的行政法规中的强制性规定。[3] 强制性规定种类繁多,又可以分为效力性强制规定和管理性强制规定:前者影响法律行为的效力,与之相悖的法律行为无效;后者则经常只是出于行政管理的需要所设置的规定,与之相悖的法律行为不一定无效。虽然在具体划分上还存在着许多争议,但是,若违反法律、行政法规之强制性规定的同时也必然违反社会公共利益或社会公德的,相应的强制性规定当属效力性强制规定。此外,禁止某物的流转、禁止当事人实施特定

---

[1] 参见 王泽鉴:《不当得利》,北京大学出版社2009年版,第101页以下。
[2] Vgl. Schwab, in: Münchener Kommentar BGB, Band 5, 6. Aufl., 2013, § 817 Rn. 2.
[3] 杨立新:《合同法》,北京大学出版社2013年版,第152页。

行为的强制性规定,也应当属于效力性强制规定。[1] 违反这些强制规定的法律行为无效,相应地,旨在实现这些强制规定所禁止之情事的给付行为也应当被认定为"不法"原因给付。

根据这一基本原则,给付目的违反刑法禁止规范的,往往构成"不法"原因给付。这种类型的不法原因有例如贩卖人口、贩卖毒品、贩卖枪支、弹药、爆炸物、收受赃物、行贿受贿、敲诈勒索、雇凶杀人等。此外,违反行政管理法规的,也有被认定为不法原因给付的可能。例如,我国《治安管理处罚法》第66条禁止卖淫、嫖娼行为,第70条禁止以营利为目的为赌博提供条件以及参与赌博,因此,出于卖淫或嫖娼目的提供性服务或者支付嫖资的,以及出租房屋开设赌场或支付赌资的,也均构成不法原因给付。

其次,相比违反强制性法律法规而言,违反公序良俗的范围更加难以确定。虽然公序良俗原则被普遍认为是现代民法的重要基本原则,在民法体系中占有重要地位,但其内涵与外延却均极为模糊。依我国民法学者梁慧星教授的总结,构成违反公序良俗之行为大致有危害国家公共秩序、危害家庭关系、违反性道德、射幸行为、违反人权和人格尊严、限制经济自由、违反公正竞争、违反消费者保护、违反劳动者保护以及追求暴利等类型。[2] 违反公序良俗的行为,即便未有强制性法律法规对之加以禁止,也应当导致相应法律行为无效。因此,为维持与姘妇的不正当关系向其赠予财产[3],为隐瞒自己是私生子的父亲这一事实向私生子的母亲支付封口费[4],或者向新娘的父亲支付价金买婚的[5],均因违反公序良俗构成不法原因给付。

(三) 对不法原因的认识

认定不法原因给付在主观上要求给付者认识到了给付原因的不法性质,也即其应当具有违法性认识。对于这种违法性认识的必要性及其内容,民法学界也存在着争议。

1. 违法性认识的必要性

德国司法判例和大多数民法学者均认为,认定不法原因给付要求给付者必须认识到或者至少能够认识到所为之给付违反强制性规定或公序良俗的性质。[6] 我国台湾地区"民法"学者史尚宽先生与王泽鉴先生亦采此解。[7] 当然,对此也存在着反对意见。[8] 在本文看来,是否应当将违法性认识作为不法原因给付的成立要件,还是要结合不法原因给付制度的规范目的予以考虑。如前文所述,不法原因给付制度旨在对不法给付行为进行一般预防,实现对国民行为的指引。从这种立场出发,违法性认识就应当是不法原因给付的构成要件。

---

[1] 参见 崔建远:《合同法》,北京大学出版社2012年版,第87-89页。
[2] 参见 梁慧星:《民法总论》(第四版),法律出版社2011年,第200-203页。
[3] 参见 泸州市中院(2001)民一终字第621号判决。
[4] Vgl. LG Koblenz FF 2007, 156.
[5] Vgl. OLG Hamm NJW-RR 2011, 1197, 1200 f.
[6] Vgl. BGH NJW 2000, 1560, 1562;Stadler, in: Jauernig Kommentar BGB, 15. Aufl., 2014, § 817 Rn. 11.
[7] 参见 史尚宽:《债法总论》,中国政法大学出版社2000年版,第87页以下;王泽鉴:《不当得利》,北京大学出版社2009年版,第103页以下。
[8] 参见 黄茂荣:《无因管理与不当得利》,厦门大学出版社2014年版,第246页。

因为只有在给付者有意识地将自己置于法秩序之外、故意地违背法律与社会伦理,或者至少当其能够认识到给付的违法性时,法秩序才可能通过不法原因给付制度向其警示相应的不利后果(即不得请求返还所给付之利益),促使其放弃不法给付行为。相反,若给付者根本没有认识到给付的不法性质,而且也没有认识到这种不法性质的可能性,不法原因给付制度自然也就无从达到行为指引的效果。换言之,只有针对有意违反法律与伦理秩序的给付者才能发挥民事法律赋予不法原因给付制度的特殊功能。与此相应,认定不法原因给付以给付者具有违法性认识为前提,才是妥当的立场。[1]

2. 违法性认识的内容

如果肯定违法性认识是不法原因给付的构成要件,就需要进一步探讨,何时可以认定给付者具有这种违法性认识。这里主要涉及两个问题:其一,违法性认识是否限于现实的认识;其二,是否在给付者认识到了与违反法律或公序良俗相关的事实时,就可以认定其具有违法性认识。

首先应当肯定,作为不法原因给付成立条件的违法性认识并不仅指现实的认识,而是也包括潜在的违法性认识在内。换言之,如果给付者明确认识到所为之给付违反强制性规定或公序良俗,自然可以肯定其具有违法性认识。即便其没有现实、明确地认识到这一点,只要其具有认识到相应给付违反法律或公序良俗的可能性,也同样应当肯定其具有违法性认识。这种扩张地理解违法性认识的立场是妥当的。如若仅从现实认识的角度来把握这里的违法性认识,就会导致那些厚颜无耻、与法秩序为敌的给付者经常由于欠缺违法性认识而无法构成不法原因给付。正是为了避免这种难以接受的结果,德国司法判例也历来都强调,当给付者轻率地致使自己没有认识到相应给付违反强制性规定或公序良俗的性质时,也应当认定其具有违法性认识,满足了不法原因给付的主观要件。[2]

其次,在违法性认识与对事实认知的关系这一问题上,应当区分违反强制法规和违反公序良俗两种情形进行讨论。就违反公序良俗的给付而言,给付者只需认识到了足以使给付行为被评价为违反公序良俗的客观事实,原则上就可以推定其具备违法性认识。因为公序良俗体现为在社会共同体中占据统治地位的道德准则,当社会共同体成员认识到与违反公序良俗相关的事实时,也就可以由此认识到相应给付违反公序良俗的性质。相反,在给付由于违反强制性规定而违法的场合,对于违法性认识的判断就有所不同。由于强制性法律法规规定并不必然反映社会共同体的基本价值观念,也经常并不为社会成员所熟知,因此,原则上只有在给付者认识到或者能够轻易认识到所为之给付为强制性法律法规禁止的性质时,才能肯定其违法性认识。[3]

(四) 小结

综上所述,民事法律中的不法原因给付其实有着较为严格的认定标准:给付者必须是

─────────
[1] Vgl. Schwab, in: Münchener Kommentar BGB, Band 5, 6. Aufl., 2013, § 817 Rn. 68.
[2] Vgl. BGH NJW 1993, 2108, 2109.
[3] Vgl. BGH NJW 1968, 1329.

有意识、有目的地给予受领人财产,这种给予必须是出于不法原因,而且给付者还必须对不法原因有所认知。只有符合了这些要件的给付行为,才能构成民法中的不法原因给付。

三、不法原因给付的法律后果

不法原因给付究竟会在民事法律中造成何种法律后果,也是需要深入探讨的问题。鉴于法秩序统一性原则,这一问题的结论也会影响对相关刑事案件的判断。

(一) 排除给付不当得利返还请求权

在民法体系中,不法原因给付被认为是对给付不当得利返还请求权的例外排除。析言之,虽然民事法律一般认为,没有法律依据取得不当利益,造成他人损失的,应当将取得的不当利益返还受损失的人(我国《民法通则》第92条),但是,若给付者是通过不法原因给付使得受领人无法律根据地获取利益,那么,即便这种给付行为造成了给付者自身的财产减损,法秩序也通过不法原因给付制度排除给付者的不当得利返还请求权,认为其不得以不当得利为由要求受领人返还所给付之利益。例如,甲出于行贿意图将自己珍藏的古董给予国家工作人员乙,但乙却未按约定为甲谋取利益的,甲也不得以不当得利为由要求乙返还古董。当然,在许多案件中,必须谨慎判断给付者所给付的和受领人所受领的利益究竟为何,从而确定不法原因给付所能排除的返还请求权的范围。例如,甲向乙放高利贷,此时甲并未意图将本金终局性地转让给乙,故就本金而言并不构成不法原因给付,其在双方约定的借贷期限届满之后,仍然可以请求乙返还本金。但是,就乙在借贷期限内对本金的支配和使用而言,甲构成不法原因给付,因此,其在借贷期限内不得要求乙返还本金,也不得要求乙在借贷期满之后支付约定的高额利息。[1]

这种对给付不当得利返还请求权的否定可谓是不法原因给付制度所导致的最为直接的法律后果。这种法律后果也具有强制性,即便双方当事人自愿约定应当返还所得利益,其约定亦属无效。[2] 但是,不法原因给付是否能够在所有类型的案件中都排除给付不当得利返还请求权,以及其是否只能排除不当得利返还请求权,却都在民法中存在较大争议。下文将从不法原因给付制度的类推适用和目的性限缩两个方面对此予以考察。

(二) 不法原因给付制度的类推适用

对于是否能将不法原因给付制度类推适用到其他场合排除其他类型请求权的问题,主要需要考虑两种情形:其一,为所有物返还请求权,其二,为侵权责任。

1. 所有物返还请求权

民法中的所有物返还请求权使得所有人可以要求无权占有或侵夺其所有物者返还相应的所有物。德国司法判例和部分德国学者认为,不法原因给付制度不应当被类推适用于排

---

[1] Vgl. BGH NJW 1983, 2692, 2693; BGH NJW-RR 1994, 291, 293.
[2] Vgl. BGH NJW 1958, 2111.

除所有物返还请求权。[1]本文对此持不同见解。既然民事法律设置不法原因给付制度的初衷在于增加不法给付人的经济风险,从而促使其放弃实施不法给付行为,就应当将这种思想也贯彻在所有物返还请求权的场合,如此才能充分发挥不法原因给付制度的一般预防功能。否则就会在给付有体财物和给付无体财产性利益的案件中造成难以协调的结果:同样是不法原因给付,后者场合中给付者无法要求返还所给付之利益,而前者情形下,给付者却仍然可能基于所有物返还请求权要求返还给付标的物。[2]

这种缺陷在我国民法体系中体现得尤为明显。由于我国民法对基于法律行为的物权变动采用债权形式主义,不承认独立的物权行为,因此,在不法原因给付的场合,当事人之间的债权行为因违反强制规定或公序良俗无效,由此造成所有权关系也不能发生变动。这就意味着,如果认为不能类推适用不法原因给付制度排除不法给付者的所有物返还请求权,那么在几乎所有给付有体财物的场合,不法给付者都可以依据所有物返还请求权请求返还给付标的物,从而使得不法原因给付制度形同虚设。例如,嫖客甲将自己的汽车作为嫖资交付给妓女乙,依我国民事法律,甲乙之间的嫖娼协议无效,汽车的所有权也未能有效转移,甲依然享有对汽车的所有权。如果认为甲可以根据所有物返还请求权取回汽车,不法原因给付制度的一般预防功能自然也就完全无从发挥。因此,认为不法原因给付制度可以被类推适用于排除所有物返还请求权,认定此时甲同样因构成不法原因给付无法基于所有权请求返还汽车,才是合适的立场。

2. 侵权责任

当发生侵权行为时,被侵权人也有可能请求侵权人返还财产,故而同样存在是否能够类推适用不法原因给付制度的疑问。这里所涉及的首要问题是,当给付者是由于受到受领人的欺骗而实施不法原因给付时,其是否能够依据损害赔偿请求权要求受领人返还所受之利益(恢复原状)? 例如,甲对乙谎称自己最近从事走私活动,希望乙提供资金支持,获利后双方均分。乙信以为真,将10万元交给甲"入伙",实际上甲却将钱挥霍殆尽。此时乙是否可以行使侵权损害赔偿请求权要求甲返还10万元,就是需要讨论的问题。

我国台湾地区诸多较早的判例表明,受欺骗而实施不法原因给付(例如:因受骗而行贿)的,不得请求损害赔偿[3],部分民法学者也持相同见解。[4]本文对此持相反立场。当给付者是由于受到欺骗而实施不法原因给付时,其本身也是被害人。此时不法原因给付的诱因在于实施欺骗行为的受领人而非给付者,正是受领人的欺骗行为使得给付者陷入认识错误并且在这种错误的影响下实施了给付行为。虽然给付者确实具有促成不法情事的意图,但若考察双方行为的不法程度,显然是受领人欺骗行为的不法程度更高,此时的预防必要性与其说在于给付者,毋宁应当认为更在于受领人。如果认为不法原因给付制度也可以

---

[1] Vgl. Spau, in: Palandt Kommentar BGB, 73. Aufl., 2014, § 817 Rn. 12.
[2] Vgl. Honsell, Die Rückabwicklung sittenwidriger oder verbotener Geschäfte, 1974, S. 56 f.
[3] 参见 王泽鉴:《不当得利》,北京大学出版社2009年版,第105页。
[4] 参见 林诚二:《民法债篇总论——体系化解说》,中国人民大学出版社2003年版,第134页。

类推适用在侵权责任的场合并排除被侵权人(给付者)的损害赔偿请求,反而可能导致行为不法程度更高的受领人基于自己的不法行为获益,殊不妥当。相比之下,此时肯定给付者仍然可以请求受领人返还所受利益才能更加契合不法原因给付制度的意义与目的。[1] 因此,德国司法判例也经常肯定不法原因给付并不阻碍侵权损害赔偿请求权。例如,行为人将偷来的汽车谎称为是自己所购买的车辆并转卖给被害人,被害人虽然可以轻易地发现汽车是赃物,但却轻率地相信了行为人并支付货款的,仍然可以要求行为人返还货款。[2] 类似地,谎称可以帮助被害人通过非正当途径在德国大学取得博士学位并收取其酬金的行为人,也应当向被害人返还所受之报酬。[3]

(三)不法原因给付制度的目的性限缩

在有些案件中,虽然存在不法原因给付,但是如果一概否定给付者的返还请求权,反而难以实现不法原因给付制度所欲达成的预防效果,或者会背离给付行为所违反之法律规范的规范目的。在这些案件中,就应当对不法原因给付制度的适用进行目的性限缩,以求获得合适的处理结果。

1. 不法原因仅在于受领人一方

当不法原因仅于受领人一方存在,给付者自身难有过错可言时,给付者自然可以要求受领人返还所受之利益。德国《民法》第 817 条第 1 句、日本《民法》第 708 条第 2 句以及我国台湾地区"民法"第 180 条第 4 项均对此予以明文规定。虽然在民法理论上对于这些条文的性质仍然存在着不同见解,但是就结论而言,民法学界几无争议。本文亦赞同这种结果。如前所述,不法原因给付制度的目的在于对不法给付进行一般预防,当不法原因仅存在于受领人一方,给付人只是出于可以谅解的原因实施了给付行为时,即便给付人能够认识到给付行为促成不法状态的性质,也并无对之进行一般预防的必要。在这种场合下,制造了不法原因的受领人才是法秩序应当制裁和预防的对象,因此,此时允许给付者请求返还所给付之利益才是妥当的立场。例如,因受国家工作人员勒索给予其财物,而又没有获得不正当利益的,根据《刑法》第 389 条第 3 款不构成行贿,此时不法原因仅存在于受领的国家工作人员一方,应当肯定给付者可以要求国家工作人员返还财物。类似地,因受行为人敲诈勒索向其给付财物,或者为解救被绑架的人质向行为人支付赎金的,也都可以要求行为人返还所受利益。

有争议的问题是,若虽然是受领人制造了不法原因,但给付人自身却也存在一定不法性,是否仍然可以肯定不法原因"仅在于受领人一方"?日本民法判例和学界的多数见解认为,此时应当比较给付者与受领人之间的不法性,若受领人的不法性较大,仍然可以肯定"不法原因仅在于受领人一方",从而例外地对给付者的返还请求予以支持。[4] 我国台湾地区

---

[1] 同样结论,参见 林更盛:《基于不法原因给付之不当得利》,《月旦法学教室》2012 年第 115 期,第 17 页。
[2] Vgl. BGH NJW 1992, 310, 311.
[3] Vgl. OLG Koblenz NJW 1996, 665.
[4] [日]我妻荣:《债权各论(下卷一)》,冷罗生等译,中国法制出版社 2008 年版,第 253 页、第 267 页以下。

较新的民事判决也采用了相同立场。[1] 因此,给付者因受受领人欺骗向其为不法给付的,可以请求返还所给付之利益。本文原则上认同这一结论。然而,此时给付者自身毕竟难辞其咎,不宜认定不法原因仅在受领人一方。相比之下,肯定受领人对给付者构成侵权,使给付者依据侵权损害赔偿请求权请求返还更为妥当。

2. 规范目的的实现

部分场合中,否认给付者的返还请求权反而可能会促成法秩序所欲避免的不法状态。此时也应当限制不法原因给付制度的适用。当然,个案中必须仔细考察,适用不法原因给付制度是否能实现预防目的,是否会促进不法行为,从而得出合适的结论。篇幅所限,本文仅对以下几类案件加以探讨。

(1) 租借工具

在所租借的工具或财物被用于违法或违反公序良俗的活动时,若受领人对租赁物或其他财产的占有和使用会造成进一步的不法,应当肯定给付者的返还请求权。例如,出租人将房屋租给承租人开设妓院或者将交通工具租给承租人进行走私或偷越国边境等违法活动的,虽然就房屋和交通工具的支配与使用构成不法原因给付,但却可以在约定的租期届满之前便请求承租人立刻返还房屋与交通工具。此时若严格适用不法原因给付制度,认为出租人只有在约定租期届满时才能请求返还,反而使得承租人在租期内能够有效使用租赁物实施不法行为,难言妥当。[2] 类似地,如果出借人是为了使借款人使用本金从事非法活动而向其提供资金,同样应当对不法原因给付制度进行目的性限缩,肯定出借人随时可以要求借款人返还本金。[3] 在这些场合中,给付者只是将相应工具或财产在特定期限内的使用权给予受领人,其原本就可以在约定期限届满之后要求受领人返还相应财产,其所承担的经济风险也主要是无法获取约定的租金或利息。因此,允许其提前请求返还,既有利于阻止受领人造成更为严重的不法,也不会过度削弱不法原因给付制度的预防功能。

(2) 雇佣黑工

未获工作许可打黑工的外国雇员,可以要求雇主支付与劳务价值相当的薪酬。虽然我国《外国人入境出境管理条例》以及《外国人在中国就业管理规定》等法规规定,只有获得工作签证、就业许可或其他工作许可的外国人才能在国内就业工作,故而欠缺工作许可的外国雇员向雇主所为之劳务实为不法原因给付。但是,这些法律规定的目的却主要是为了维护公共利益(例如,保护本国公民就业、保障税收等),而非禁止雇员获得报酬。如果适用不法原因给付制度认定雇员不得请求雇主支付薪酬,反而会鼓励雇主雇佣未取得工作许可的外国员工,并无一般预防的效果。[4]

---

[1] 参见 2007 年台上字第 2362 号民事判决。
[2] Vgl. BGH NJW 1964, 1791 f.
[3] Vgl. BGH WM 1990, 799, 801 f.
[4] Vgl. BGH NJW 1990, 2542, 2543.

（3）传销活动

在涉及传销的案件中，下线人员违反《禁止传销条例》参与传销活动，其向上线成员缴纳"资格费"等名义的费用构成不法原因给付，但此时也应当对不法原因给付制度进行目的性限缩，肯定下线成员可以要求上线成员返还所受费用。虽然表面上来看，此时严格适用不法原因给付制度排除下线成员的返还请求权可以增加其经济风险、遏制其参与传销行为，但实际上却并非如此。因为如若下线成员无法要求上线成员返还费用，则下线成员所发展的新成员也无法请求返还其向下线成员所给付的费用，如此便会促使下线成员继续发展其他新成员，并通过向这些新成员收取费用弥补自身损失。这反而会促成传销组织的壮大。相反，肯定下线成员可以要求上线成员返还费用，才更有利于瓦解传销组织。[1]

（4）债务负担

以负担债务为内容的不法原因给付（例如，债务承诺、签发票据），可以请求返还。德国《民法》第817条第2句也明确规定，当不法给付以负担一笔债务为内容时，不能适用不法原因给付制度。其原因在于，单纯负担债务或者使受领人取得有价票证的，还只是允诺将来增加受领人的财产，尚未现实地使受领人获得财产利益。若此时适用不法原因给付制度，认定给付者不得取回债权凭证或有价票证，则无异于是法秩序帮助受领人实质性地获取不法利益，从而以法律手段促成了不法状态。因此，出于不法原因将支票、本票、汇票等有价票证交付给受领人的，只要相应票证尚未兑付或背书转让，给付者仍然可以请求拒绝支付并要求受领人返还相应票证。[2] 同样，基于不法原因订立欠条等债权凭证交付给受领人的，也可以请求返还。相反，如果相应债务已经得以履行，则给付行为最终完成，给付者不得再要求受领人返还所受利益。例如，支票已经兑付的，给付者原则上不得请求受领人返还支票兑付所得金额。

（四）不法原因给付与没收制度

我国《行政处罚法》第8条、《治安管理处罚法》第11条以及《刑法》第59条、第64条等诸多公法条文都规定，对于违禁品以及违法所得或供犯罪所用的财物应当予以没收。在司法实务中，不法原因给付的标的物往往也属于被依法没收的对象，因此有见解认为，鉴于公法上的没收制度，在民事法律中探讨不法原因给付的法律后果并无必要。[3] 本文对此持相反见解。笼统地否定不法原因给付制度相对没收制度的独立价值，并不妥当：

首先，在学理上，没收制度与不法原因给付制度泾渭分明，二者所处理的问题并不相同。没收制度是通过行政措施或者刑罚手段实现对社会的保护和对行为人的处罚，其涉及的是国家与公民之间的关系；而不法原因给付制度所欲解决的首要问题却是，在发生不法原因给付时，如何分配给付者与受领人之间的财产利益，其涉及的是公民与公民的关系。虽然如前文所述，不法原因给付制度的意旨在于预防不法给付行为，但这种预防也仍然是通过调整给

---

[1] Vgl. Möller, Leistungskondiktion trotz beiderseitiger Sittenwidrigkeit? NJW 2006, 268
[2] Vgl. BGH NJW 1994, 187.
[3] 参见 杜文俊：《财产犯刑民交错问题探究》，《政治与法律》2014年第6期，第53页以下。

付者与受领人的财产权益来实现的,与公法中的没收制度存在显著差别。因此,在具体案件中,给付者是否由于构成不法原因给付不得请求受领人返还所受之利益,与国家机关能否依据没收制度对给付标的物予以没收,是需要分开探讨的两个不同问题。

其次,就没收违法所得而言,公法规范往往承认,被害人合法的民事权利应当优先于国家没收措施获得保障。[1] 我国《治安处罚法》第11条第2款和《刑法》第64条均明文规定,对被害人的合法财产,应当返还。因此,国家机关是否能够没收违法所得,没收之后是否应当上缴国库,往往还是需要先考虑民事法律中的财产关系。在涉及不法原因给付时也同样如此。例如,行贿人因受国家工作人员勒索而给予其财物且未获不正当利益的,虽然构成不法原因给付,但因不法原因仅在国家工作人员一方,仍然可以请求返还所交付的财物。此时行贿人对相应财物享有合法的民事请求权,国家机关不应认其为受贿违法所得而直接收归国有。

再次,在涉及违禁品或供犯罪所用的财物时,国家没收措施往往并不受制于民事财产权利的归属。然而,即便是应当收归国库的违禁品、犯罪工具以及组成犯罪行为之物,对其的所有权与其他民事法律权利也并非自始归于国家。相反,只有当国家合法有效地将其没收或者至少做出了有效的没收决定时,才能认为由国家取得了对这些财物的所有权和其他民事权利。[2] 因此,在这些场合中,也仍然有必要借助不法原因给付等民事法律制度厘清对相关财物的民事权利关系,如此才能妥善解决在国家介入之前就相关财物产生的民事纠纷与刑事案件。例如,将毒品卖给他人,收取毒资之后又使用暴力将毒品强行取回,或者将自己的船只出借给他人用于走私,收取租金后,在租期届满之前又擅自将船只偷回的,虽然毒品和船只作为违禁品与犯罪工具事后无疑应当由国家没收,但行为人是否构成抢劫罪与盗窃罪,却仍然取决于行为时民事法律对财产权利关系的判断,这就又必须考虑不法原因给付的法律后果如何。由此可见,此时仍然无法以没收制度代替对不法原因给付的考察。

最后,不法原因给付中的"不法"范围较为宽泛,并不必然以违反行政法律法规或者刑法规范为前提。因此,很多不法原因给付案件其实并不涉及没收的问题。当不法原因仅在于违反善良风俗时尤其如此。[3] 例如,有妇之夫甲为维持与情妇乙的不正当性关系将自己的房产赠与乙,并登记过户,虽然甲的房产赠予属于不法原因给付,但若认为此时国家机关可以没收房产,恐怕是难以接受的结论。

(五) 小结

综上所述,不法原因给付原则上导致给付者不得基于不当得利返还请求权或所有物返还请求权要求受领人返还所受之财产,但并不排除给付者的侵权损害赔偿请求权。部分情形中,应当对不法原因给付制度进行目的性限缩,例外地允许给付者请求返还所给付之利

---

[1] Vgl. BGH NStZ 2006, 621.

[2] Vgl. Eser, in: Schönke/Schröder Kommentar StGB, 29. Aufl., 2014, § 73e Rn. 2, § 74e Rn. 4.

[3] Vgl. Schwab, in: Münchener Kommentar BGB, Band 5, 6. Aufl., 2013, § 817 Rn. 20.

益。在不法原因仅存于受领人一方以及排除给付者的返还请求权反而不利于实现法律规范之目的时，尤其如此。不法原因给付的这种民事法律后果并不受公法没收制度的影响。

四、不法原因给付与侵占罪

在上文确定了民法中不法原因给付的成立条件及其法律后果之后，就可以进而探讨不法原因给付对于刑法中认定财产犯罪的影响。鉴于刑法学界对不法原因给付的讨论集中在侵占罪，本文也首先考察不法原因给付与侵占罪的关系。

（一）不法原因给付与不法原因委托

刑法理论在考察不法原因给付是否以及如何影响侵占罪的成立时，首先遇到的问题是，是否应当区分不法原因给付与不法原因委托。本文对此予以肯定回答。前文对于给付概念的探讨已经表明，不法原因"给付"要求给付者有意识、有目的地增加受领人财产，只有在给付者意图使受领人终局性地获得财产时，才能构成给付。由于对给付的认定受到这种终局性标准的限制，"给付"与"委托"是应当彼此区分开来的概念。德国诸多民事司法判例也都表明，不法原因委托并非不法原因给付，不能导致排除委托人返还请求权的法律后果。基于法秩序统一性原则，民事法律对于不法原因给付与不法原因委托的这种区别对待也应当被贯彻在刑事法律中，因此，不法原因给付与不法原因委托完全可能对财产犯罪的认定造成不同的影响。

相反，部分日本学者却否定不法原因给付与不法原因委托的区分。日本民法学者往往在认定"给付"时对其中的终局性标准进行较为宽松的理解，认为只要受领人无需借助对方当事人或法院的进一步协助即可确定地获取利益时，便应当肯定给付者已经赋予受领人以事实上的终局性利益，并进而承认给付行为。据此，在委托或寄托财物的场合，由于委托人使得受托人事实上享有了支配委托物的可能性，同样应该认为委托人已经将委托物给予了受托人。因此，委托与给付并无差别，不法原因委托与不法原因给付的区分也没有存在的余地。例如，道垣内弘人教授即率直地指出，认为委托不是给付的思考方法不可能成为日本民法学的主流见解。佐伯仁志教授也认为，区分不法原因给付与不法原因委托欠缺实质的理由。[1]

在本文看来，即便日本民法学界不对不法原因给付与不法原因委托加以区分，也并不意味着在我国亦必须如此。事实上，不法原因给付与不法原因委托对于不法状态的形成有着不同影响，民事法律完全有理由对之区别对待。在不法原因给付的场合，给付行为已经现实地造成了不法状态，此时民事法律为了预防将来可能发生的不法给付才特别认定，即便受领人违背约定不为对待给付，原则上也不允许给付者请求返还所给付的利益。然而，在不法原因委托的场合（例如，给付者出于不法原因请求受托人将财物转交给受领人），当前的给付行

---

[1] 参见[日]佐伯仁志、道垣内弘人：《刑法与民法的对话》，于改之、张小宁译，北京大学出版社2012年版，第57页以下。

为尚未完成,此时认可给付者对受托人的返还请求权有助于抑制进一步的不法,防止不法状态的形成。如若此时也和不法原因给付时一样否定给付者的返还请求权,则意味着即便受托人将委托物交予受领人,给付者也不得加以阻止。这未免是法秩序自己促成了给付行为的实施与不法状态的出现。由此可见,区分不法原因给付与不法原因委托,在前者场合原则上否定给付者的返还请求权而在后者场合对之予以肯定,其实都是为了有效实现民事法律预防不法状态形成的规范目的,并无内在矛盾。

据此,即便从民事法律的角度来看,区分对待不法原因给付与不法原因委托也确有其合理性。在认定刑事犯罪时重视二者间的区别,更是坚持法秩序统一性的必然结果。当然,部分刑法学者认为,即便民法中不区分不法原因给付与不法原因委托,刑法中也应当对之加以区分,从而实现对委托人财产权利的保护。[1] 这种见解就其结论而言无疑是正确的,但是,如果正确理解不法原因给付制度,其实刑法与民法在这一问题上并无难以协调之处。

(二) 侵占罪的认定

与不法原因给付和不法原因委托相关的侵占案件大多体现为,给付者基于不法原因将财物交予受领人或受托人,后者在取得对财物的占有后,违背给付者的意志对之加以支配和处分。由于此时受领人或受托人总是基于给付者的意思取得财产,因此,这里原则上并不涉及遗忘物与埋藏物等脱离占有物的问题,一般只需依据《刑法》第270条第1款的规定认定受领人或受托人是否能够构成委托物侵占。

1. 法益与"财物"

如前文所述,认定不法原因给付虽然要求给付者给予受领人财产,但其中"财产"的范围却非常宽泛,不仅涵盖有体财物,也可以包括无体的财产性利益在内。由此便产生了受领人或受托人在将给付者所给付或托付的无体财产性利益非法据为己有时,是否可能构成侵占罪的问题。刑法学界传统上认为,侵占罪是侵犯所有权的犯罪。由于所有权在民法上属于物权,原则上只能针对有体物创设或取得,因此,我国学界与司法实务经常也将侵占罪的行为对象限定于有体物(及部分无体物),而将财产性利益排除在外。[2] 德国《刑法》第246条甚至明文将侵占罪的对象规定为他人"可移动的物"。如若坚持这种立场,但凡在给付或托付无体财产性利益的场合,均无成立侵占罪的可能。

本文对此持不同见解。德国刑法中将侵占罪的对象限定为有体物并不会造成严重的刑罚漏洞,然而,考虑到两国刑事立法的区别,如果认为我国刑法中的侵占罪也只能针对有体物成立,便会在许多案件中导致难以接受的结论。例如,甲欲出资入股有限责任公司,但又不愿出面担任股东,于是与乙约定,由甲出资并享有投资收益,但以乙的名义持股。乙在持股一段时间之后,心起犯意,擅自与丙串通将股份低价出卖给丙。该案只涉及对股权的转

---

[1] 参见 童伟华:《我国法律规定下的不法原因给付与侵占罪》,载 赵秉志主编:《刑法论丛》(第一卷),法律出版社2009年版,第250页以下。

[2] 例如高铭暄、马克昌主编:《刑法学》(第四版),北京大学出版社、高等教育出版社2010年,第575页;郭立新、黄明儒主编:《刑法分则典型疑难问题适用与指导》,中国法制出版社2012年版,第363页。

让,并不关乎有体财物。如若依据德国法律,乙虽不能构成侵占罪,但却可以构成德国《刑法》第266条背信罪。因为其违背对甲的财产照管义务造成了甲的财产损失。然而,我国刑法中却并不存在类似的构成要件。同时,乙作为显名股东,相应股份处于其实际支配与控制之下,其出卖股份的行为难以构成盗窃罪,又由于其在出卖股份时并未对甲或丙进行欺骗,也不可能成立诈骗罪。如若再认为乙不能构成侵占罪,恐怕就只能得出其无罪的结论。这显然难以接受。事实上,本案中甲作为实际出资的隐名股东才是真正的股份所有人,显名股东乙将自己支配下的股份出卖,正是将自己占有的他人股份据为己有(使第三人所有),从而符合侵占罪"将代为保管的他人财物非法占为己有"的基本结构。因此,认定侵占罪构成要件中的"财物"也包括无体财产性利益,并进而肯定乙就甲的股权成立侵占罪才是妥当的结论。

如此理解侵占罪中的"财物"概念不仅有利于解决实际案件,也并不违反现行法律规定与刑法原则。首先,我国刑事立法和司法实务其实并未将无体财产性利益排除在财产犯罪的对象范围之外。我国刑法分则第五章所规制的是侵犯"财产"罪,而《刑法》第92条明文规定,"财产"也可以包括"股份、股票"等无体的财产性利益在内。虽然侵犯财产罪的构成要件大多采用"财物"一词来描述行为对象,但是,刑法学界与司法判例却均认可诈骗罪中的"财物"可以包含有体财物和无体财产性利益在内。既然如此,就没有理由认为侵占罪(以及其他财产犯罪)中的"财物"仅限于有体物。其次,从语义解释上来看,也完全可以肯定"财物"一词包含了无体财产性利益在内。因为,"财物"一词中的"财"并非形容词,而是"财产(包括无体的财产性利益)"之意,而"物"才是指有体物。最后,将无体的财产性利益解释为财物,进而将其评价为侵占罪的行为对象,也并不违反罪刑法定原则。因为普通公民无疑都能认识到将他人股权、债权等财产权利非法占为己有是有损他人财产利益的不法行为,依据侵占罪对之加以处罚完全在国民的预见范围之内。相反,如果认为这些行为不构成犯罪,反倒有出乎国民预料、违反国民正义观念的嫌疑。[1]

因此,本文认为,侵占罪的行为对象不限于有体物,无体财产性利益也属于侵占罪意义上的财物。与此相应,侵占罪的法益也并不限于所有权,而是还包括其他物权和股权、债权等财产性权利。当然,由于侵占罪的成立以行为人占有了相关财物为前提,实际上也仍然只有那些能够在事实上或法律上予以实力支配、控制的无体财产性利益才能成为侵占罪的行为对象。特别是当相应的财产利益附着于外在有形的物质载体,或者须依据权利凭证或身份证件才能加以支配和处分时,应当将其视为侵占罪的保护法益与可能的行为对象。其中较为典型的有例如股权、银行存款、有价票证等。基于这种立场,在给付人基于不法原因交予受领人或受托人无体财产性利益,而受领人或受托人却将其非法占为己有时,不能当然地否定构成侵占罪的可能性。

2."他人"财物

不论是有体财物还是无体财产性利益,侵占罪都只能针对"他人"财物成立。本文认为,这里的"他人"财物是指他人所有或者他人享有正当民事权利的财物。

---

[1] 参见 王钢:《盗窃与诈骗的区分》,《政治与法律》2015年第4期,第41页。

（1）他人所有的财物

"他人"财物首先是指他人所有，也即他人对之享有所有权的财物。司法判例和刑法学界对此鲜有异议。对于侵占案件中相关财物所有权之归属的判断，本文认为应当以民事法律为准。如此才能贯彻法秩序统一性原则，坚持刑法财产犯罪对民事法律规范的从属性。由此出发，在不法原因委托的场合，委托人并无向受托人转移委托物所有权的意思，故受托人不能取得委托物所有权。在不法原因给付的情形中，依我国民事法律，给付标的物的所有权也不能发生变动：首先，如若给付者只是将标的物的用益物权给予受领人（例如，租借犯罪工具的情形），后者自然不能取得标的物的所有权。其次，即便给付者意图将给付标的物的所有权转移给受领人，由于我国民法不采物权无因性原则，二者间债权行为的无效也同样致使给付标的物的所有权无法有效转移。因此，不论是在不法原因委托还是不法原因给付的场合，受托人和受领人都不能成为标的物的所有权人，若其将标的物据为己有，则均有成立侵占罪的可能。虽然我国论者经常基于国家所有权说得出相同结论[1]，但本文不采此说。因为如前文所述，即便不法原因委托或给付物事后应当由国家机关没收，这也并不意味着国家自始对这些财物享有所有权。

有疑问的是，在基于不法原因委托或给付现金时，是否仍然应当在与民法相同的意义上理解对现金的所有权。部分论者主张，在涉及现金侵占时，刑法对所有权的判断与民法并不一致。因为民法对于货币所有权的认定采取"占有即所有"原则，如果严格依据民法的判断，就会导致将他人委托保管或遗失之现金非法占为己有的行为人原则上无法构成侵占罪。此时只有脱离民法对于货币所有权的界定，在刑法上认为原所有权人依然享有对现金的所有权，并进而认定行为人成立侵占罪，才是妥当的方案。[2] 对于这种"刑法所有权说"，本文难以认同。该说力求妥善处理现金侵占案件的努力固然值得赞许，但其对民事法律如何认定货币所有权这一问题却存在误解。实际上，"占有即所有"作为认定货币所有权的基本原则，只能适用于当事人将货币价值置于流通领域的场合，因为唯有如此才能实现货币的流通机能并确保交易便捷与安全。相反，若货币未被置于流通领域，而仅仅是出于限定用途被寄托于保管人，则并无保障货币流通与交易安全的必要，保管人不能取得相应货币的所有权。[3] 如果能够依此正确把握民事法律对货币所有权的认定，完全可以在坚持民法所有权概念的前提下妥善解决侵占现金的案件。对此，可以从以下几点加以说明：

首先，"占有即所有"原则并不适用于以特定形态存在的货币，例如纪念币、作为收藏品的货币、特定号码的货币，以及封装的货币（封金）等。这些特殊货币的价值并不在于其流通性，因此其实际上与特定物无异。委托人将这些特殊货币托付给受托人保管或转交他人时，

---

[1] 参见 赵秉志主编：《中国刑法案例与学理研究·分则篇（四）》，法律出版社2001年版，第336页。

[2] 王骏文：《不法原因给付问题的刑民实像——以日本法为中心》，《法学论坛》2013年第3期，第142页。

[3] ［日］佐伯仁志，道垣内弘人：《刑法与民法的对话》，于改之，张小宁译，北京大学出版社2012年版，第4页。

受托人不能取得对其所有权。与此相应,受托人将这些特殊形态的货币非法据为己有的,构成侵占罪。[1]

其次,"占有即所有"原则中的"占有",仅指民法意义上的直接或间接占有,而非刑法意义上的占有。但凡在受托人基于雇佣、家务、营业等从属关系依他人指示对现金行使事实上之管领与支配的场合,都应当认定其只是占有辅助者,并未在民法意义上占有现金,也不能获得现金的所有权。至于这种从属关系的产生是基于私法还是公法,是基于契约还是法律,其存续是长期还是临时,则在所不问。[2] 例如,雇主委托雇员将现金转交给客户,即便其并未对相应现金以特殊方式加以封装,也不能认为雇员占有现金并取得了对现金的所有权。因为此时雇员只是雇主的占有辅助者,雇主才是现金的占有者。如若雇员将应当转交的现金非法据为己有,自当构成侵占罪。同理,公司会计、银行柜员、商店收银员、国家机关职员等也并未在民法意义上占有或所有其依业务或职务经手的单位现金。[3] 不仅如此,即便受托人在民法意义上占有了现金,也未必可以依据"占有即所有"原则肯定其对现金的所有权。当相应的现金有特定用途,受托人不得擅自处分时,民法学说也同样可能否定"占有即所有"原则的适用。因为此时委托人并非意图使受托人取得现金的流通价值。据此,监护人、法人代表、合伙执行人、信托财产受托人、破产清算人等为他人利益占有的、不直接用于流通交换的现金,也并不归其所有。[4] 当这些受托人将相应现金非法据为己有时,亦应以侵占罪对之予以处罚。

再次,即使受托人将特定用途的现金与自己所有的现金进行混合,委托人也并不因此丧失对现金的所有权。鉴于现金的高度可替代性,民法中通过区分主物与从物确定混合物所有权的基本原则此时并无意义。[5] 故而应当认为,混合之后的现金由委托人与受托人按混合时的价值比例共同所有。[6] 若受托人此时超出自己的份额违反委托人意志对现金加以处分,同样是将自己占有的他人财物非法据为己有,构成侵占罪。[7]

最后,如果委托人允许受托人自由支配所托付的现金,只要求受托人日后返还或者向他人给付相同金额的现金即可,民法认为委托人使受托人获得了相应现金的流通价值,向其转移了所有权。同理,在借贷关系中,即便借款合同约定借款人不得随意处分所借钱款,只能将之用于特定目的,借款人也由于可以支配和使用借款而获得对借款的所有权。[8] 此时受

---

[1] 参见 [日]山口厚:《刑法各论(第2版)》,王昭武译,中国人民大学出版社2011年版,第351页。

[2] 参见 [德]鲍尔、施蒂尔纳:《德国物权法(上册)》,张双根译,法律出版社2004年版,第135页。

[3] Vgl. Maurach/Schroeder/Maiwald, Strafrecht Besonderer Teil, Teilband 1, 9. Aufl., 2003, § 34 Rn. 17 f.

[4] 参见 其木提:《货币所有权归属及其流转规则》,《法学》2009年第11期,第61页。

[5] 参见 [日]佐伯仁志,道垣内弘人:《刑法与民法的对话》,于改之,张小宁译,北京大学出版社2012年版,第25页。

[6] 参见 [德]曼弗雷德·沃尔夫:《物权法》,吴越,李大雪译,法律出版社2004年版,第272页。

[7] Vgl. Roxin, Geld als Objekt von Eigentums-und Vermögensdelikten, in: Geerds/Naucke (Hrsg.), Festschrift für Hellmuth Mayer zum 70. Geburtstag, 1966, S. 477.

[8] 参见 崔建远主编:《合同法(第五版)》,法律出版社2010年版,第419页。

托人或借款人再处分现金的,由于并不涉及他人财物,不能构成侵占罪。例如,储户在向银行存款时,也将存入货币的所有权转移给了银行,银行对相应货币加以使用的,自然不存在侵占的问题。[1]

由此可见,民事法律对于货币所有权的认定并非毫无保留地贯彻"占有即所有"原则,因此,即便在现金侵占案件中,也不必偏离民法对所有权的认定。在基于不法原因委托或给付现金的场合,同样应该依据上述几点判断现金所有权是否转移。例如,甲将封装的10万元现金托付给乙,让乙转交给国家工作人员行贿的,乙并不取得对现金的所有权。若其将此10万元非法据为己有,可以构成侵占罪。又如,丙借给丁50万资助其从事毒品交易,丁获得对资金的所有权。即便其将此资金挪作他用,也不能成立侵占罪。

(2) 他人享有权利的财物

如前文所述,在我国刑法中,无体财产性利益也可以成为侵占罪的行为对象。由于民法中的所有权原则上只能针对有体物成立,对无体财产性利益并无严格意义上的所有权可言,故而侵占罪中所谓的"他人"财物,也不能局限于他人享有所有权的财物,而是应当包括他人享有正当民事权利的财产性利益在内。例如,私营企业主甲为隐瞒营业收入少缴所得税,将100万营业所得汇入朋友乙在银行开设的专用资金账户,请乙代为保管。若乙随后持银行卡和密码将100万取出用于自己消费,应当认其构成侵占罪。虽然甲出于逃避缴税义务的不法目的将营业所得汇入乙的账户,从而使乙取得了对价值100万财产的事实性支配,但是,甲只是委托乙对这些财产加以保管,并未终局性地将其转移给乙,故不构成不法原因给付。此时甲在民法上仍然享有对这些财产的返还请求权。[2] 乙擅自将这些财产用于个人消费,同样是将自己占有的他人财物非法据为己有,符合侵占罪的构成要件。

3. 代为保管

认定委托物侵占要求行为人必须是将"代为保管"的他人财物非法占为己有。我国学者指出,侵占罪意义上的"代为保管"是指受委托而占有,即基于委托关系对相应财物具有事实上或法律上的支配力。[3] 对此,刑法学界与司法实务多采较为宽松的理解。这里的委托关系并不要求行为人与被害人之间存在对于财物的保管协议,也不要求委托人必须是出于寄托、保管财物的目的使行为人取得了对相关财物的支配和控制。[4] 相反,只要委托人相信行为人会依据其意思或者为维护其利益而管理或处分财物,而且也正是基于这种信赖使行为人取得了对财物的占有,就可以认定相应财物是由行为人代为保管。[5] 在行为人表示将按照符合委托人意志的特定用途对财物加以使用或者事后将返还财物,并因此获准占有财物的场合,即是如此。据此,行为人所租借的、为他人管理或储存的、或者通过保留所有权所

---

[1] 参见 [日]西田典之:《日本刑法各论》,刘明祥、王昭武译,武汉大学出版社2005年版,第161页。
[2] Vgl. Schwab, in: Münchener Kommentar BGB, Band 5, 6. Aufl., 2013, § 817 Rn. 49.
[3] 参见 张明楷:《刑法学》(第四版),法律出版社2011年版,第901页。
[4] 参见 [日]大谷实:《刑法各论》,黎宏译,法律出版社2003年版,第213页以下。
[5] Vgl. Eser/Bosch, in: Schönke/Schröder Kommentar StGB, 29. Aufl., 2014, § 246 Rn. 29.

购得的财物均属于代为保管的财物。[1] 至于这种委托关系存续时间的长短,[2] 其是明示还是默示地成立,委托保管的是权利人本人还是依其利益行事的第三人,则均非所问。[3]

然而,争议恰恰在于,基于不法原因给付或委托的财物,是否也能被认定为是行为人代为保管的财物?我国有论者认为,侵占罪旨在保护合法的财产所有权和合法的委托信任关系,由于在不法原因给付或委托的场合,给付者与受领人或受托人之间的委托信任关系并不合法,因此,基于不法原因而给付或委托的财物不能成为侵占罪的对象。[4] 本文对此持不同见解。

首先,我国刑法中的侵占罪被规定在刑法分则第五章财产犯罪中,其本质在于损害权利人的财产,而不在于违背委托信任关系。[5] 侵占行为的基本结构是行为人将自己占有的他人财物非法据为己有,至于这里的财物究竟是出于何种原因处于行为人的占有之下,对于侵占行为的不法程度并无影响。所谓"代为保管"毋宁只是行为人获得对财物占有的一种情形而已,该构成要件要素的主要目的在于将委托物与遗忘物、埋藏物相区分,并不具有奠定不法内涵的实质意义。事实上,我国《刑法》第 270 条也并未像德国《刑法》第 246 条一样,将侵占委托物规定为侵占罪的加重构成要件。换言之,依据我国刑法,当行为人侵占遗忘物等并非基于委托信任关系获取的财物时,其行为的不法程度与侵占委托物毫无差别。这也表明,委托信任关系并不是我国侵占罪所保护的对象。

其次,退而言之,即便认定侵占罪同时兼顾对委托信任关系的保护,将不法原因委托或给付物非法据为己有的,也同样可能成立侵占罪。例如,德国《刑法》第 246 条第 2 款将侵占委托物规定为侵占罪的加重情形从而实现对委托信任关系的保障,但德国司法判例和学界多数见解均认为,侵占不法原因委托物的,亦构成委托物侵占。[6] 在不法原因委托(以及部分不法原因给付)的场合,当事人之间的委托关系固然因违反法律或公序良俗而无效,但这种委托关系的无效也只是意味着行为人应当将据此占有的财物返还给委托人,而并不意味着其理所当然地获取了对相应财物加以处分的权利。据此,在被害人委托行为人购买赃物并向其交付现金,而行为人却将现金据为己有的场合,德国联邦最高法院正确地认定行为人构成侵占委托物。[7] 这种结论与民事法律之间并无冲突,也不应被理解为侵占罪迫使行为人完成受托的非法事务。因为此时行为人之所以构成侵占罪,并不是由于其没有完成非法的受托事项,而是由于其虽不办理委托事务,但却将应当返还给委托人的财物非法占为己有。[8]

---

[1] Vgl. BGHSt 9, 90, 91;BGHSt 16, 280, 282.
[2] Vgl. BGHSt 38, 381.
[3] Vgl. Vogel, in: Leipziger Kommentar StGB, Band 8, 12. Aufl., 2010, § 246 Rn. 61 ff.
[4] 参见 刘明祥:《论侵吞不法原因给付》,《法商研究》2001 年第 2 期,第 80 页。
[5] 参见 周光权:《侵占罪疑难问题研究》,《法学研究》2002 年第 3 期,第 127 页。
[6] Vgl. Hohmann, in: Münchener Kommentar StGB, Band 4, 2. Aufl., 2012, § 246 Rn. 52.
[7] Vgl. BGH NJW 1954, 889.
[8] 参见 [日]西田典之:《日本刑法各论》,王昭武、刘明祥译,武汉大学出版社 2005 年版,第 165 页。

4. "非法"占为己有

根据我国《刑法》第270条的规定,只有当行为人实施了侵占行为即将他人财物"非法占为己有"时,才能构成侵占罪。在应当如何认定"占为己有"的问题上,侵占不法原因委托或给付物与侵占普通财物并无不同,本文不再赘述。与本文主旨直接相关的问题是,当行为人将基于不法原因委托或给付而占有的他人财物据为己有时,能否认定其是将相应财物"非法"占为己有。这里主要需要考虑两个问题,其一为民事请求权的意义,其二为对高度流通之种类物的保护。

(1) 民事请求权

基于法秩序统一性原则,对于非法占为己有中的"非法"这一构成要件要素,也应当依据民事法律规范进行客观的判断。若行为人对于相应财物享有从民事法律上看来正当的、无障碍的请求权,自然不能认定其"非法"将他人财物据为己有。[1] 相反,如果被害人对相应财物享有请求权,原则上就可以认定行为人属于"非法"占为己有,若同时还满足侵占罪的其他成立要件(例如他人财物),即应肯定侵占罪的成立。这种结论也应当贯彻在侵占不法原因委托或给付物的场合。至于相应财物事后是否应当被国家机关没收,则并不影响此处的认定。因为如前文所述,公法没收规范与民事法律对于财产权益的归属是不同的问题。

出于这种基本立场,在不法原因委托的场合,如前文所述,委托人并无向受托人转移委托物所有权的意思,委托物所有权不发生转移。又由于不法原因委托不同于不法原因给付,委托人仍然对委托物享有返还请求权,故而,若受托人擅自将委托物据为己有,应当肯定其是非法占有他人财物,构成侵占罪。例如,丙需要船只用于走私毒品,甲遂托付乙将自己的船只转交给丙,然而乙却擅自将甲的船只出售的,应认定乙就船只构成侵占罪。同理,意图行贿的甲请求中介人乙将自己的古董转交给国家工作人员,乙却将古董据为己有的,也同样应当认定乙就古董构成侵占罪。

在不法原因给付的场合,问题就较为复杂。鉴于我国民事法律不采物权无因性原则,即便给付者意图将标的物所有权转移给受领人,后者也由于双方之间的债权行为无效而无法成为标的物的所有人。换言之,此时标的物的所有权仍然属于给付者(或原所有权人)。然而,与不法原因委托不同的是,基于民事法律中的不法原因给付制度,给付者原则上不得再依据所有物返还请求权或不当得利返还请求权请求受领人返还所给付之利益。据此,给付者虽然名义上仍然对给付标的物享有所有权,但在民法上却无法再实现相应的财产权益。问题是,若受领人擅自将给付标的物据为己有,是否还能构成侵占罪?部分日本司法判例和日本学者对此加以肯定[2],我国台湾以及大陆地区亦均有论者持相同立场。[3] 依此见解,

---

[1] Vgl. Rengier, Strafrecht Besonderer Teil I, 15. Aufl., 2013, § 5 Rn. 50, § 2 Rn. 86.

[2] 参见[日]佐伯仁志,道垣内弘人:《刑法与民法的对话》,于改之、张小宁译,北京大学出版社2012年版,第48页。

[3] 参见 林山田:《刑法各罪论(上册)》(第五版),北京大学出版社2012年版,第294页;王骏:《不法原因给付问题的刑民实像——以日本法为中心》,《法学论坛》2013年第3期,第143页。

尽管给付者并无返还请求权,但其具有所有权,因此,受领人毕竟是将"他人"财物占为己有,应当依侵占罪对之予以处罚。

本文对此持相反观点。在给付者由于不法原因给付而丧失对财物返还请求权的场合,即便应当认为其仍是所有权人,其所给付的财物也不应再受刑法保护。首先,民事法律通过排除不法给付者的返还请求权,已经实质性地否定了对其财产权益的保障。此时不法给付者空有所有权人之名,却无法再享受所有权之实益。由民事法律观之,无论受领人如何处置相应财物,给付者均已无从干涉。既然如此,刑法也就没有必要再对这种仅具有形式意义的"所有权"加以救济。否则未免造成侵占罪保护法益的形式化、空洞化,从而违背侵占罪侵犯财产法益的本质。[1] 其次,不法原因给付之所以会造成上述民事法律后果,并非法秩序疏漏所致,也并非民法规范力有不逮,而是民事法律为了实现对不法给付行为的一般预防有意为之。换言之,民事法律正是刻意通过不法原因给付制度例外地否定不法给付者的返还请求权,致使其无法再享有相应财产权益,从而增加不法给付的经济风险,以期尽可能地遏制不法给付行为。倘若此时刑法却"挺身而出"对不法给付者的财产利益予以保护,就无异于帮助其规避民事法律所欲强加的风险,显然与不法原因给付制度的规范目的背道而驰。因此,在受领人擅自将不法给付的财物据为己有时,应当认定其行为与民事法律规范并无冲突,不能构成对他人财物的"非法"占有,从而否定侵占罪的成立。例如,甲将自己的汽车赠予情妇乙以便维持二人间的不正当关系,乙收受汽车后断绝与甲的往来并将汽车转卖的,不能认其构成侵占罪。

然而,需要注意的是,如若认为在不法原因给付的场合受领人一概不能构成侵占罪,却又过于笼统。前文对不法原因给付之民事法律后果的分析表明,不法原因给付虽然原则上导致给付者无法行使所有物返还请求权或不当得利返还请求权,但在部分场合下,给付者却并不丧失对所给付之财物的民事权利。这里主要涉及三种情形:

首先,若给付者并未将财物本身,而只是将其用益物权给予受领人(例如租借的场合),则给付者并无转移所有权的意思,标的物所有权仍然属于给付者。由于此时的不法原因给付仅及于用益物权,给付者仍然可以在约定期限届满之后或者(在租借犯罪工具时)甚至随时要求受领人返还标的物,因此,若受领人将标的物据为己有,同样是将他人财物非法占为己有,构成侵占罪。这种情形与上述不法原因委托的场合并无本质差异。例如,甲将自己的船只出租给乙用于走私毒品,乙却将船只变卖的,应当认定乙成立侵占罪。

其次,如前文所述,不法原因给付虽然原则上排除给付者的所有物返还请求权和不当得利返还请求权,但却并不妨碍其侵权损害赔偿请求权。因此,在给付者因受受领人欺骗而为不法原因给付时,仍然可以基于侵权责任要求受领人返还所给付之财物。正是由于给付者享有民事上的返还请求权,受领人若将骗取的财物占为己有,仍然有成立侵占罪的余地。当然,此时受领人往往已经因欺骗行为构成诈骗罪,即便认定其再成立侵占罪,也应当评价为

---

[1] 参见 陈子平:《不法原因给付与侵占罪、欺诈罪(上)》,《月旦法学教室》2014 年第 137 期,第 63 页。

不可罚的事后行为,最终对其仅以诈骗罪论处。[1] 例如,国家工作人员甲谎称可以利用职务上的便利为乙谋取非法利益,乙信以为真将自己的汽车作为贿赂赠予甲,甲随后将汽车出售。依我国民法,汽车所有权并不发生移转,同时,乙虽构成不法原因给付,但却可以依据侵权责任要求甲返还汽车,故而甲将汽车出售的行为仍然是将自己占有的他人财物非法据为己有,应当构成侵占罪。只是甲骗取汽车就已经构成诈骗罪(与受贿罪),随后的侵占属于不可罚的事后行为,不再单独作为犯罪处理。

最后,前文已经论及,在部分场合中,应当对不法原因给付制度进行目的性限缩,例外地肯定不法给付者仍然享有所有物返还请求权或不当得利返还请求权。例如,在传销活动与债务负担等情形即是如此。因此,在这些情形下,若受领人擅自将所受之财物据为己有,也同样可能因为非法占有了他人财物而构成侵占罪。例如,传销组织的下线成员将自己的私家车交付给上线成员作为加入组织的"资格费",上线成员将汽车贩卖的,如若不存在犯罪故意或违法性认识方面的问题,也应当肯定上线成员构成侵占罪。

需要指出的是,本文此处对于"非法"占为己有的认定虽然均以有体财物为例,但其基本原则也同样适用于涉及无体财产性利益的场合。尽管对于无体财产性利益并无严格意义上的所有权可言,但民事法律对于其移转是否有效、给付者是否可以请求返还等问题也有着与有体财物类似的判断,这种判断也会影响对刑事犯罪的认定。例如,将巨款汇入国家工作人员账户用于行贿的,由于构成不法原因给付不得请求返还,即便国家工作人员将这些汇款用于个人消费也不成立侵占罪。篇幅所限,这里不再对各种情形逐一展开论述。

(2)高度流通性的种类物

在认定行为人是否将他人财物"非法"占为己有时,还应当注意特定物与种类物的差别。对于特定物,按照上文所述原则处理即可。然而,在种类物的场合,对于"非法"占有的认定便有所不同。因为种类物就其性质而言,能够被认为与同种类的任何其他物相等同,故可以被同种类的任何其他物所替代。正是基于种类物的这种可替代性,民事法律并不强调对其个性的保障,即便是在权利人请求义务人返还的场合,民法学界也经常认为并无返还原物之必要。[2] 在涉及(不以特定形态存在的)货币等高度流通性的特殊种类物时,尤其如此。例如,甲乙订立买卖合同,甲向乙交付商品,乙向甲支付100张百元现钞作为货款。后来双方撤销合同,乙虽然可以要求甲返还1万元货款,但却无权要求甲返还当初的100张百元现钞。由此可见,此时民法所保障的并不是作为有体物的货币本身,而是相应货币所承载的、与其面值相应的经济价值。

认定对现金等具有高度流通性之种类物的侵占时,刑法必须顾及民事法律的这种立场。如前文所述,即使货币不以特定形态存在,受托人在特定场合下也并不享有所委托之货币的所有权。然而,这并不意味着只要受托人擅自处分这些货币就应当构成侵占罪。相反,鉴于

---

[1] Vgl. Eser/Bosch, in: Schönke/Schröder Kommentar StGB, 29. Aufl., 2014, § 246 Rn. 19.

[2] 参见 石春玲主编:《物权法原理》,中国政法大学出版社2008年版,第57页;隋彭生:《"特定的物"是"特定物"吗?》,《比较法研究》2008年第4期,第109页。

货币的高度可替代性,只要此时受托人具有随时偿还的能力与意愿,维持了委托人应得的货币价值,就难以认为其造成了委托人实质性的财产损失。由于委托人原本就无法要求受托人返还所委托的货币本身,受托人对于货币的这种处分也并未损害委托人的民事权利。因此,不宜认定受托人是将他人财物"非法"占为己有。[1] 只有当受托人欠缺偿还能力或意愿时,才能认为其对所保管之货币的处分有损委托人的权益,从而构成侵占罪。[2] 在涉及不法原因委托的案件中也同样如此。

(三) 赃物处分与侵占罪

日本刑法学者经常将赃物处分作为侵占罪的特殊问题加以讨论,由于该问题同时也与不法原因给付和不法原因委托相关,我国刑法学者往往也视其为不法原因给付的特殊情形。在本文看来,对赃物处分应当区分为两种情形予以探讨:行为人侵吞受托赃物的场合以及行为人侵吞销赃款物的场合。前文所确立的有关不法原因给付以及侵占罪认定的基本原则也同样适用于赃物处分的案件。

1. 侵吞赃物

所谓侵吞赃物的情形是指,受委托窝藏或代为销售赃物的行为人将赃物占为己有。例如,盗窃犯甲(本犯)将从被害人(原所有权人)处窃得的笔记本电脑委托给乙(行为人)窝藏或代为销售,知晓全部情况的乙在取得对笔记本电脑的占有之后心起犯意,将其据为己有。此时本犯与行为人之间的委托关系显然系基于不法原因,然而,本犯在委托行为人窝藏或代为销售赃物时,却并无将赃物终局性地转移给行为人的意思,故只能认其为不法原因委托而非不法原因给付。此时行为人是否能就赃物构成侵占罪,就是学界所争议的问题。本文对此予以肯定回答。

从行为对象来看,受委托窝藏或代为销售之赃物的所有权仍然属于原所有权人,因此其相对于行为人而言属于"他人"财物。由于行为人是基于本犯的意思取得对赃物的占有,也可以认定相应赃物是由行为人"代为保管"。虽然行为人与原所有权人之间并无委托信任关系,但这并不影响此处的认定。因为认定侵占罪中的"委托物"原本也并不以所有权人或其他权利人本人进行委托为前提。[3] 本犯与行为人之间的委托关系自属非法,但如前文所述,在我国刑法中,侵占委托物不具有奠定或提升不法内涵的意义,故委托信任关系的合法与否并不妨碍侵占罪的成立。同时,行为人将赃物据为己有的,也构成"非法"占为己有。因为此时本犯仍然对行为人享有返还赃物的民事权利:占有本身也是法秩序所承认的利益,行为人对赃物之占有的取得欠缺法律上的理由并且也造成了本犯的利益损失(使其丧失了对赃物的占有),因此,本犯可以依占有不当得利请求权要求行为人返还对赃物的占有。而且,此时本犯与行为人之间仅构成不法原因委托,也不能依据不法原因给付制度排除本犯的这种返还请求权。由此可见,行为人将本犯委托窝藏或代为销售的赃物据为己有的,也是将

---

[1] Vgl. Eser/Bosch, in: Schönke/Schröder Kommentar StGB, 29. Aufl., 2014, § 246 Rn. 22.
[2] 类似见解,参见[日]大谷实:《刑法各论》,黎宏译,法律出版社2003年版,第222页。
[3] Vgl. Vogel, in: Leipziger Kommentar StGB, Band 8, 12. Aufl., 2010, § 246 Rn. 63 ff.

代为保管的他人财物非法占为己有,同样符合侵占罪的构成要件。

实际上,即便不从委托物侵占的角度,也应当得出相同结论。因为此时原所有权人仍然对赃物享有所有权,而且也能够基于所有物返还请求权要求行为人返还赃物。当然,行为人取得对赃物的占有并不符合所有权人意志,二者间并无委托信任关系。但是,根据我国《刑法》第270条第2款的规定,对遗忘物予以侵占的,同样构成侵占罪。对于"遗忘物"的范围,我国学界目前多采扩张解释,认为任何非出于占有人或所有人之本意,偶然失去占有的财物,均属于遗忘物。[1] 据此,行为人所占有的赃物相对于原所有权人而言正是后者享有所有权的遗忘物。行为人将其据为己有,也可以被认定为侵占遗忘物从而构成侵占罪。

当然,肯定行为人构成侵占罪并不意味着其不能再成立其他犯罪。根据我国《刑法》第312条的规定,行为人明知是犯罪所得之赃物而予以窝藏、转移或代为销售的,应当构成掩饰隐瞒犯罪所得罪。由于该罪在刑法体系中属于妨害司法罪,其所保护之法益不局限于被害人的财产利益,而是也包括正常的司法活动在内,此外,行为人在实施侵占行为之前就已经因窝藏赃物符合了该罪构成要件,因此,行为人事后又侵占赃物的,应当对之以第312条赃物犯罪与第270条侵占罪数罪并罚。[2]

2. 侵吞销赃款物

所谓侵吞销赃款物的情形是指,受本犯委托代为销售赃物的行为人在将赃物销售之后,又将销赃所得货款或作为对价取得的财物全部或部分地据为己有。例如,盗窃犯甲(本犯)将从被害人(原所有权人)处窃得的笔记本电脑委托给乙(行为人)代为销售,知晓全部情况的乙在将笔记本电脑卖给丙(买受人)之后心起犯意,将销售所得1万元占为己有。在本文看来,此时行为人不论是在与原所有权人还是在与本犯的关系上,都无法成立侵占罪。对于销赃所得款物,赃物原所有权人并不取得所有权,其只能基于侵权责任或不当得利请求权要求行为人赔偿损失或返还销赃所获利益。同时,本犯也不对销赃款物享有任何民事权利。其既不能基于所有权,也不能基于委托合同或侵权责任请求行为人向自己交付销赃所得款物。因为其并非销赃款物的所有权人,其与行为人之间的委托合同依民事法律无效,而且其对赃物本身也并无权利可言。本犯虽然损失了对赃物的无权占有,但却无法以不当得利为由请求行为人返还销赃款物。因为依据不当得利的构成要件,只有当一方当事人的损失是因另一方当事人获得利益所造成时,才能肯定前者可以要求后者返还所受利益。[3] 然而,销赃款物却是赃物交换价值的体现,并非无权占有的对价利益,故而行为人的获利(销赃款物)与本犯损失(无权占有)之间并无因果关联。由此可见,对于销赃所得款物,原所有权人和本犯均不取得所有权,本犯对销赃款物亦不享有其他任何民事法律上的请求权。既然如

---

[1] 参见 黎宏:《刑法学》,法律出版社2012年版,第761页。

[2] 德国司法判例与刑法学界亦采此解。参见 Walter, in: Leipziger Kommentar StGB, Band 8, 12. Aufl., 2010, § 259 Rn. 110; Stree/Hecker, in: Schönke/Schröder Kommentar StGB, 29. Aufl., 2014, § 259 Rn. 54.

[3] 参见 王利明等:《民法学(第二版)》,法律出版社2008年版,第465页。

此,行为人将销赃款物据为己有的,也就不能相对原所有权人或本犯构成侵占罪。当然,在特定情况下,行为人仍然可能在与买受人的关系上构成侵占罪(例如:买受人委托行为人将货款转交给本犯,行为人却将之据为己有)。此时的判断标准与前述不法原因委托或给付的场合相同,这里不再赘述。此外,行为人若构成《刑法》第312条赃物犯罪或对善意买受人构成诈骗罪,也应当受到相应处罚。

(四)小结

综上所述,在考察不法原因给付与侵占罪成立之关系时,应当区分不法原因给付与不法原因委托,并根据民事法律有关所有权和其他财产权利的认定来界定行为人是否将"他人"财物"非法"占为己有。鉴于我国民法不采物权无因性原则,在不法原因给付与委托的场合,给付物与委托物的所有权原则上均不发生转移,其相对行为人而言仍属"他人"财物。又由于侵占罪中的"代为保管"不必基于合法的委托信赖关系,且不法原因委托并不排除委托人或原权利人的返还请求权,因此,行为人将不法原因委托物据为己有的,正是将自己"代为保管"的他人财物"非法"占为己有,从而构成侵占罪。相反,由于不法原因给付制度原则上排除不法给付者的返还请求权,行为人将所给付财物据为己有的,并不违反民事法律规范,不能成立侵占罪。当然,在不法原因给付仅限于用益物权以及应当对不法原因给付制度加以目的性限缩,例外地肯定给付者的返还请求权时,仍有认定行为人构成侵占罪的余地。在涉及货币侵占以及赃物侵占的案件中,也同样应当依据民事法律规范考察行为人是否构成侵占罪。受委托窝藏或代为销售赃物的行为人将赃物占为己有的,构成侵占罪。但是,若其将销赃所得款物占为己有,则不能相对于本犯或原所有权人构成侵占罪,只在与买受人的关系上存在成立侵占罪的可能。

五、不法原因给付与诈骗罪

相比侵占罪的情形而言,不法原因给付或委托与诈骗罪的问题相对简单。不法原因给付或委托对于构成诈骗罪的影响主要体现在两个方面:其一为诈骗罪意义上之"财产"的范围,其二为对诈骗罪中"非法"占有目的的认定。

(一)诈骗罪中的财产概念

1. 法律—经济的财产说

我国刑法学者张明楷教授在其著作《诈骗罪与金融诈骗罪研究》一书中将诈骗罪的客观构成要件总结为"行为人实施欺骗行为——对方陷入或者继续维持认识错误——对方基于认识错误处分财产——行为人取得或者使第三者取得财产——被害人遭受财产损失"。[1]这一诈骗罪的客观基本构造也在我国学界获得了普遍认可。[2]据此,只有当被害人遭受了财产损失,也即其财产整体上发生减损时,才能认定行为人实现了诈骗罪的构成要件,成立

---

[1] 参见 张明楷:《诈骗罪与金融诈骗罪研究》,清华大学出版社2006年版,第5页、第7页以下。

[2] 例如 周光权:《刑法各论》(第二版),中国人民大学出版社2011年版,第103页。

诈骗既遂。要认定被害人的财产是否受到了损失,首先必须确定财产的概念。

众所周知,关于财产的定义,德国学界历来存在着多种不同学说。其中,"法律的财产说"认为,所谓财产就是财产性权利的总和。不为法律所承认的主张或利益,不能被认定为财产。这种见解较为古老,常见于德国帝国法院早期的判决[1],但今天已经基本无人主张。与这种法律财产说对立的是"纯粹的经济财产说"。该说认为,所谓财产,是指所有具有经济价值的物或者利益。即便是通过非法或者违反公序良俗的行为所获取的财物或财产利益,只要具有一定的经济价值,也同样是财产。这种经济财产说首先为德国帝国法院所承认[2],战后也为联邦最高法院所采纳[3]。该说从刑事政策上看来有其优越性,能够在财产犯罪领域有效杜绝法外空间的出现。在这两种极端的立场之间,还存在着作为折衷说的"法律—经济的财产说"。该说虽然原则上认为,有经济价值的物或者利益都是财产,但是同时又要求相应的物或利益必须为法秩序所承认。[4] 此外,还有部分学者主张"人的财产说",认为财产是人格发展的基础,是人所具有的经济潜能或者说对作为社会共同体经济交往之客体的支配性。[5]

不同的见解在个案中对于财产的认定会有所差别。当前德国司法判例的立场总体而言比较接近"法律—经济的财产说",我国刑法学者在对财产的定义上大体也采该说。基于这种立场,有经济价值的物或利益原则上都是财产。[6]因此,金钱、合法的请求权、所有权以及其他民法所承认的权利(如抵押权等)均属于财产[7];一般只有当存在相应报酬时才会提供的劳动或服务也同样是财产[8]。对物的占有本身,只要具有一定的经济价值,也属于财产。即便只是对物的暂时的占有,也可能具有经济价值,在权利人只有获得对价(例如租金等)才会允许对方暂时占有相应物品的场合尤其如此。例如,对汽车的暂时占有原则上具有经济价值,属于财产。[9]但是,另一方面,为了维护法秩序的统一性、避免与民事法律规范的冲突,在一些场合中又应当基于法律规定限缩财产的范围。特别是在涉及不法原因给付与委托的案件中,需要谨慎判断被害人因受行为人欺骗而损失的利益是否能够被认定为诈骗罪意义上的财产。只有能得出肯定结论时,才有认定行为人成立诈骗罪的余地。

2. 具体案件的处理

基于这种"法律—经济的财产说",在具体案件中认定财产的范围以及诈骗罪的成立时,主要需要注意以下几点:

---

[1] Vgl. RGSt 3, 332, 333; RGSt 11, 72, 76.
[2] Vgl. RGSt 44, 230.
[3] Vgl. BGHSt 2, 364.
[4] Vgl. Rengier, Strafrecht Besonderer Teil I, 15. Aufl., 2013, § 5 Rn. 50, § 13 Rn. 119.
[5] Vgl. Alwart, Über die Hypertrophie eines Unikums (§ 265a StGB), JZ 1986, 563, 564 f.
[6] Vgl. BGHSt 34, 199, 203; BGHSt 38, 186, 190.
[7] Vgl. BGHSt 32, 88, 91.
[8] Vgl. BGH NJW 2001, 981.
[9] Vgl. BGHSt 14, 386, 388 f.

首先，被害人用于非法活动或违反公序良俗之目的的财物，仍然受到法律保护，属于财产。尽管此时被害人将自己的财物用于非法活动或者违反公序良俗的目的，但是至少其对财物的占有本身仍属合法。[1] 若行为人就事实进行欺骗导致被害人转移对财物的占有，同样造成了后者的财产损失，应当构成诈骗罪。如若认为出于不法目的加以使用的财物就不再处于法秩序的保护之下，必然会造成无法容忍的法外空间，以至于财产秩序难以维持。[2] 前文已经表明，被害人在因受欺骗而为不法原因给付时，仍然可以基于侵权责任要求行为人返还所给付之财物。这也从侧面印证了法秩序此时并非不对被害人的财物加以保护，从而确证了此处的结论。与此相应，谎称会帮助被害人杀人让其事先支付部分报酬[3]，谎称向被害人出售 35 公斤毒品并收取相应对价，但实际上只交付 4 公斤毒品（其他 31 公斤为巧克力）[4]，谎称帮助被害人向国家工作人员行贿而骗取其贿赂金，谎称帮被害人购买违禁品而骗取货款，谎称从事非法活动而骗取被害人"投资"，谎称会向被害人提供性服务或会与之发生或维持不正当关系而骗取其财物的，均应构成诈骗罪。鉴于法秩序对无权占有亦予以保护，欺骗无权占有人让与财物的，也损害了其财产。因此，谎称帮助本犯销售窃得的汽车，从而骗取对汽车的占有的，同样成立诈骗罪。[5]

其次，违反公序良俗、非法的、尤其是应当受到刑事处罚的劳动或服务，即便是有偿提供的，也不能被认定为财产。例如，谎称自己将提供酬金，欺骗职业杀手去实施杀人行为的，并不成立诈骗罪。因为杀人行为为法秩序所禁止，不能被认定为财产。同样，如前文所述，卖淫在我国因违反《治安管理处罚法》属于违法行为，尽管其一般仅基于对价实施，客观上具有经济价值，但根据"法律—经济的财产说"仍然不能被认定为诈骗罪意义上的财产。因此，欺骗妓女说事后会向其支付嫖资，从而骗取其性服务的，也不能构成诈骗罪。[6]

最后，基于法秩序统一性的考虑，民事法律上无效的"请求权"也不能被认定为财产。即便这些无效的"请求权"在特定情况下可能得以实现（例如，双方之间具有亲友关系或密切的生意往来等），因而从纯粹的经济视角看来并非完全没有价值[7]，但其并无法律依据，不为民事法律所承认，也不应当受到刑法保护。例如，行为人帮助本犯销赃，两人约定平分销赃所得。若其实际销赃获得 10 万元，但却对本犯谎称只卖得 4 万元并仅分给后者 2 万元，也不成立诈骗罪。因为如前文所述，委托销赃的本犯对于销赃所得款物并无民事权利，其无权要求行为人向其交付剩余的 3 万元销赃款。换言之，其对剩余 3 万元的返还"请求权"不为

---

[1] Vgl. BGHSt 48, 322, 329 f.
[2] Vgl. BGHSt 8, 254, 256; BGH NStZ-RR 1999, 185 f.
[3] Vgl. KG NJW 2001, 86.
[4] Vgl. BGH NJW 2002, 2117; BGH NStZ 2002, 33.
[5] Vgl. BGH NStZ 2008, 627.
[6] Vgl. BGH JR 1988, 125. 为了保护妓女的权益，德国立法者于 2001 年颁布了《卖淫法》，承认嫖客和妓女之间有关嫖资的自愿约定有效，从而排除了性服务违反公序良俗的性质。从此之后，妓女所提供的性服务也属于法秩序所认可的财产。因此，行为人谎称支付嫖资骗取性服务的，现在在德国同样构成诈骗罪。
[7] Vgl. BGHSt 2, 364, 366 f.

民事法律所承认,不属于诈骗罪意义上的财产。行为人通过欺骗手段使其放弃这种"请求权"的,并未造成其财产损失,自然也就不符合诈骗罪的构成要件。[1] 类似地,由于卖淫属于违法行为,妓女与嫖客关于嫖资的约定在民法上亦属无效,妓女并无要求嫖客支付嫖资的"请求权"。因此,嫖客欺骗妓女放弃索取嫖资的,也不能构成诈骗罪。

(二)"非法"占有目的

与其他财产犯罪一样,成立诈骗罪也要求行为人主观上对所骗取的财物具有非法占有目的。对于这里"非法"占有的认定,适用前述就侵占罪所阐释的原则,即此处同样应当立足于民事法律规范判断行为人是否意图将骗取的财物"非法"占为己有。对此可以从正反两方面予以说明:

首先,当行为人采用欺骗方式取回自己享有民事请求权的财物时,即便认定其因此造成了被害人的财产损失,也因为欠缺"非法"占有目的不能成立诈骗罪。例如,甲将自己的汽车租借给乙运送毒品,后来心生悔意,又对乙进行欺骗取回汽车的,虽然导致乙丧失了对汽车的占有,但不能成立诈骗罪。因为如前文所述,甲虽然就汽车的用益物权构成不法原因给付,但此时应当对不法原因给付制度进行目的性限缩,例外地允许甲请求乙返还所租借的汽车。换言之,甲在民事法律上享有对汽车的返还请求权,其通过欺骗方式取回汽车,并不具备非法占有目的。同理,在不法原因委托的场合,由于委托人对委托物的返还请求权原则上不为民事法律所否定,委托人以欺骗手段取回委托物的,往往也难以构成诈骗罪。例如,甲为向国家工作人员行贿,委托乙将自己的古董花瓶转交给国家工作人员,后甲又对乙进行欺骗取回花瓶的,同样因欠缺非法占有目的不能构成诈骗罪。

其次,当行为人对于所骗取的财物不具有民事请求权时,原则上应当肯定"非法"占有目的的成立。在不法原因给付的案件中需要特别对此予以注意。例如,甲将自己收藏的国画赠予国家工作人员乙以向其行贿,事后又对乙加以欺骗取回国画的,应当构成诈骗罪。虽然依据我国民法,出于行贿目的的赠予合同无效,相应的物权变动也不能发生,此时甲仍然是国画的所有权人。然而,甲的欺骗行为导致乙丧失了对国画的占有,依然造成了后者的财产损失,同时,甲由于构成不法原因给付,对国画不再享有返还请求权,同样应当认其对国画具有非法占有目的。因此,甲的行为符合诈骗罪的构成要件。

---

[1] Vgl. Corell, Eine Brandstiftung kommt selten alleine, Jura 2010, 627, 634.

不法原因给付的刑法意义

冯 军[*]

根据"第六届海峡两岸刑法论坛"组织者陈兴良教授和陈子平教授的安排,由我和林钰雄教授对本次论坛第四场两位报告人王效文博士和王钢博士的报告进行评论。对两位报告人的报告进行深入、恰当的学术评论,是我对林钰雄教授的期待。我本人力所能做的,仅仅是说明两位报告人报告的主要内容及其特点,并在此基础之上简单阐述自己关于不法原因给付具有何种刑法意义的浅见。

一、王效文博士报告的主要内容及其特点

王效文博士报告的题目是"不法利益与刑法中的财产概念",全文由"前言""财产犯罪的体系""刑法中的财产概念""不法利益之案例类型"和"结语"等四部分组成,共约15 000字。

在第一部分"前言"中,王效文博士认为,侵犯财产罪在刑法中的重要性并不亚于其他侵犯位阶较高法益(例如,生命、身体、自由、名誉、秘密等)的犯罪,并且,随着现代交易模式渐趋多样化,各种新财产类型的产生,并不容易判断是否侵害了他人财产,因此,财产犯罪的构成要件射程范围相对不确定,需要用更坚实的正当性理由来建构或者解释财产犯罪的构成要件。究竟什么是刑法中的财产,实乃关于财产犯罪的极重要课题。据此,王效文博士指出其报告的论述路径。

在第二部分"财产犯罪的体系"中,王效文博士指出,可以把财产犯罪区分为广义与狭义两种类型。侵犯所有权的犯罪属于广义的财产犯罪,其成立不以被害人是否实际遭受经济上的损害为要件;狭义的财产犯罪保护的是整体的财产价值,其成立以被害人的财产实际遭受损害为要件。在侵犯财产利益的犯罪中,对财产利益的侵害方式是犯罪建构的重点。为保护财产利益,最明显需要防止的侵害方式是强暴或者胁迫,破坏信赖也是需要防止的侵害方式。所有权犯罪与财产利益犯罪在功能上最大的区别在于,所有权犯罪保护的是对所有权的支配自由,基于此种支配权限,即便在经济上对自己有利,所有权人也可以自由决定是否要做出特定处分。相对地,财产利益犯罪的功能在于避免造成经济上的不利益,至于自由决定财产处置的权限,亦即所谓的支配权限,则并非财产利益犯罪所要保护的对象。虽然处分自由被排除在财产利益的范围之外,但是,严格区分财产利益与处分自由并非没有疑问,例如,诈欺罪中个别财产的损害是否属于财产损害,在学说中都有极大的争议。

在第三部分"刑法中的财产概念"中,王效文博士指出,财产概念实为财产利益犯罪构成

---

[*] 中国人民大学法学院教授。

要件的核心。为了说明什么是确定刑法中财产的标准,王效文博士细致地剖析了德国学者提出的以下六种学说。

第一种是法律的财产说,该说以法律的权利规定为标准,认为刑法中的财产是个人财产权利和财产义务的总和,财产损害就是财产权利的丧失或者财产义务的承担。但是,法律的财产说具有漏洞,根据该说,实际上具有经济价值的利益,例如期待利益、占有、劳动力或者营业秘密,都将被排除在刑法上的财产范围之外,相反,经济上毫无价值的财产权利却会被归于刑法上的财产范围之内。

第二种是经济的财产说,该说以主体的经济利益为标准,认为刑法中的财产包含所有在经济交易中具有经济价值的利益,不论其是否已经或者可能具体化为财产权利。但是,由于经济的财产说排除了所有法律上的判断标准,仅仅考量实际的经济因素,因此,可能产生规范上的矛盾。

第三种是法律与经济的财产说,该说以法律规定与经济利益的双重复合为标准,认为经济上具有价值的利益原则上都是刑法上的财产,但是,如果具有经济价值的利益不受法秩序保护、不被法秩序承认,甚至受到法秩序的蔑视,则例外地不是刑法上的财产。但是,法律与经济的财产说表面上似乎承认了法律与经济之间的关联性,事实上却将两者当作不同的系统来对待,而其个别的评价标准可能会导致相反的结论。

第四种是人的财产说,该说以主体与客体之间的目的关联为标准,认为财产是财产拥有者在经济上具有的潜能,或者其事实上的经济影响力,因此,如果财产拥有者的支出偏离了其经济目的,就是产生了财产损害。但是,人的财产说使通说在财产损害计算上本来就不明确的"客观与个别化损害计算方法"更加不确定,而且使得财产损害概念借由目的思维具有过于主观化的危险。

第五种是功能的财产说,该说以法律上的权能归属为标准,认为财产是一个人对于所有法律上归属于他且能够移转(具有抽象金钱价值)之利益(整体)的处分权力。功能的财产说的核心是"法律上的归属",根据该说,如果某一处分行为导致与财产相关之处分权力减损,却不能完全借由可以合理化且为行为人所承认之目的加以补偿,就发生了财产损害。

第六种是整合的财产说,又称规范与经济的财产说,该说以法律与经济的整合为标准,认为财产是 个人能够有效排除外在干扰因素而依其自由意思加以支配的从事被法律(通常为民法)所承认的、与法秩序相一致的经济活动的潜能。在整合的财产说看来,法律与经济并非两个互相对立的次系统,而是具有相同的出发点。

王效文博士认为,在界定刑法中的财产时,不得偏废经济与法律两个面向,必须整合经济与法律,因此,主张采用整合的财产说。

在第四部分"不法利益之案例类型"中,王效文博士结合德国的判例,区分以下三种不同类型,详细论述了不法原因给付的刑法意义。

第一种类型是"不法取得之占有",即行为人占有了他人不法取得的财产,例如,A的朋友偷了一辆车,A欲将这辆车卖给甲,甲佯装欲以500欧元购买这辆市价约20 000欧元的车,但实际上却只想取得这辆车而不想付款。A将车子交给甲之后,甲果然未付款而逃逸无踪。关于如何处理甲以欺骗的方式取得他人盗窃的物品,德国联邦最高法院认为甲构成诈骗罪,王效文博士分析了上述六种界定财产的学说针对"不法取得之占有"提出的各种解决方案之后,认为仅有善意占有不法取得之物者才应该受到刑法保护,而以欺骗手段恶意占有不法取得之物者则不仅不应该受到刑法保护,而且因为侵害了原所有人,应以侵占罪加以处罚。

第二种类型是"为违反善良风俗或强行规定之目的而处分之财产利益",即行为人占有了他人违反善良风俗或者法律规定而给付的财产,例如,A 找到职业杀手甲,并与他约定,A 以给甲 35 000 德国马克为代价,由甲去杀害 A 的妻子 B,甲虽然口头答应,但是实际上根本不欲履行约定。A 支付甲 35 000 德国马克之后,甲不但未去杀 B,反而去告发甲犯有未遂的教唆谋杀。关于如何处理甲以欺骗的方式取得他人违反法律规定而给付的财产,柏林高等法院认为甲构成诈骗罪,王效文博士在分析了各种学说提出的解决方案之后,认为虽然金钱无疑属于刑法中的财产,但是,在本案中,A 基于自己负责之行为而处分了财产,并且认知到法律上并不保障其对待给付请求权,针对 A 的自我损害结果,甲不具有客观归责性,因此,甲不构成诈骗罪。

第三种类型是"违反善良风俗或强行规定而为之劳务给付",即行为人获得了他人违反善良风俗或者法律规定而提供的劳务却不为对待给付,例如,甲男跟性工作者乙女约定为性交易,但其实根本不想给付性交易之代价,乙女与甲男为性交后,甲男果然不为给付。关于如何处理这类案件,德国联邦最高法院认为,需要支付代价的劳动力通常属于刑法所保护的财产,但是,如果劳动力的提供被法律所禁止或者违反善良风俗时,则不受刑法保护,行为人获得了他人违反善良风俗或者法律规定而提供的劳务却不为对待给付的,不构成诈骗罪。王效文博士在分析了各种学说提出的解决方案之后,认为他人违反善良风俗或者法律规定而提供的劳务并不具有报酬支付请求权,不属于刑法中的财产。

在第五部分"结语"中,王效文博士强调了刑法中所保护的财产具有极为复杂的内涵,在界定刑法中的财产概念时,不能偏废法律与经济中的任何一面。特别是民法的相关规定与规范目的,对正确地界定刑法中财产的范围具有重要意义。

认真地阅读王效文博士的报告之后,我认为需要指出王博士报告的以下特点:

第一,表现了深厚的德国刑法学修养。王效文先生在德国获得博士学位,具有深厚的德国刑法学知识背景,他的报告奠基于德国的刑法学理论和司法实务之上,他对德国刑法学理论的如鱼得水、对德国刑事判例的如数家珍,使他的报告总是散发出令人如饥似渴地阅读的魅力。但是,如何处理倾心学习德国刑法知识与谨慎构建本国刑法理论之间的关系,是回答"什么是你的贡献"时必须考虑的问题。在王博士报告的 122 个脚注中仅有 11 个中文脚注,这多少让我感到,王效文博士的这篇报告稍微逊色于学术论文的主体性创造。

第二,显现了娴熟的选择性吸纳能力。王效文先生在他的报告中极其重视已有的学术见解,尽可能地全面剖析各种学说的异同和得失,这种不厌其烦地梳理各种学说的研究耐力令我感佩至极,只有坐在椅子上忘我工作的人才会具有这种耐力吧。更令我惊异的是,王效文先生能够在各种繁复的学说之中娴熟地选择自己所欲吸纳的成分(看看王效文先生采纳

"整合的财产说"的过程吧),这种娴熟的学术选择力并非短时间所能养成,只有经久历练的鉴赏家才能从众多的赝品中一眼就找出宝贝。

第三,体现了精致的简明化表达技巧。冗长而晦涩的文字往往难以成就美丽的学术论文,精致而简明的表达大多是上乘学术论文的特色。在不足五行的"结语"部分,王效文先生不仅指出了解决财产犯罪问题的关键所在,而且指明刑法学者在解决财产犯罪问题之前必须具备怎样的知识储备,这个例子或许能够说明王效文博士具有精致的简明化表达技巧。

二、王钢博士报告的主要内容及其特点

王钢博士报告的题目是"不法原因给付与侵占罪、诈骗罪",全文由"引言""不法原因给付制度的规范目的""不法原因给付的构成要件""不法原因给付的法律后果""不法原因给付与侵占罪"和"不法原因给付与诈骗罪"等六部分组成,共约35 000字。

在第一部分"引言"中,王钢博士指出,不法原因给付对于认定侵占罪的影响,历来是我国刑法学界关注的难点问题,但是,我国刑法学者对该问题的著述始终局限于对日本司法判例和学说的梳理介绍。虽然我国民事立法目前尚未对不法原因给付予以规定,但是,我国诸多民事司法判例和民法学者均主张,不法原因给付应当排除给付者的返还请求权。基于法秩序统一性原则,只有在全面理解不法原因给付制度的基础上,才可能系统解决相关的财产犯罪问题。因此,王钢博士决定在其报告中首先探讨不法原因给付制度在民事法律中的问题点,然后考察不法原因给付对于认定财产犯罪的影响。

在第二部分"不法原因给付制度的规范目的"中,王钢博士指出,所谓"不法原因给付",是指基于违反强制性法律法规或者公序良俗的原因而为之给付。在介绍、分析了关于民事立法设立不法原因给付制度的规范目的刑罚说(惩罚说)、司法保护说、拒绝保护说和一般预防说等四种学说的利弊之后,王钢博士认为,应该根据一般预防说来理解、构建民法中的不法原因给付制度,即不法原因给付制度的旨趣在于对不法给付行为进行一般预防。民事立法之所以设立不法原因给付制度,一方面是为了彰显法秩序对不法给付行为的否定性价值评价,并由此增强公民法律意识与道德意识,另一方面是为了通过否定请求返还的可能性,来增加不法给付者的经济风险,遏阻潜在的不法给付行为的实施。

在第三部分"不法原因给付的构成要件"中,王钢博士认为,不法原因给付的成立需要具备三个要件。第一个要件是给付人必须实施了给付,即给付人有意识地并且基于特定目的使受领人终局性地获得财产;第二个要件是,给付必须是出于不法原因,即给付人表示于外的、可为一般善意第三人所理解的目的与动机具有违反法律与公序良俗的不法性质;第三个要件是,给付者必须对不法原因有所认识,即给付者必须认识到给付原因的不法性质,具有违法性认识。

在第四部分"不法原因给付的法律后果"中,王钢博士指出,不法原因给付制度最直接的法律后果是否定给付人享有不当得利返还请求权,不法原因给付人不得以不当得利为由要求受领人返还所给付的利益;根据一般预防说,王钢博士认为,不法原因给付制度可以被类

推适用于排除所有物返还请求权,但是,不法原因给付制度不可以类推适用于侵权损害赔偿请求权(在侵权责任的场合,不能根据不法原因给付制度来排除给付人的损害赔偿请求权)。例如,甲对乙谎称自己最近从事走私活动,希望乙提供资金支持,获利后双方均分。乙信以为真,将10万元交给甲"入伙",实际上甲却将钱挥霍殆尽。这种场合,因为甲以谎言实施了侵权行为,所以,乙可以行使损害赔偿请求权要求甲返还10万元;当不法原因仅仅存在于受领人一方,给付人自身难有过错可言时,给付人可以要求受领人返还所受领之利益;在租借工具、雇佣黑工、传销活动和债务负担等场合,即使明知受领人具有实施违法或者违反公序良俗的活动的目的,也应当限制不法原因给付制度的适用,否则,反而会促成法秩序所欲避免的不法状态;不应笼统地否定不法原因给付制度相对于没收制度的独立价值,不法原因给付的民事法律后果并不受公法没收制度的影响。

在第五部分"不法原因给付与侵占罪"中,首先,王钢博士区分了不法原因给付与不法原因委托,认为不法原因给付是给付人使受领人终局性地获得财产,而在不法原因委托的场合,给付人仅仅是出于不法原因使受托人暂时占有财产,受托人不是受领人;在不法原因委托的场合,委托物所有权不发生转移,委托人仍然对委托物享有返还请求权,若受托人擅自将委托物据为己有,应当肯定其是非法占有他人财物,构成侵占罪,例如,意图行贿的甲请求中介人乙将自己的古董转交给国家工作人员,乙却将古董据为己有的,应当认定乙构成侵占罪;在不法原因给付的场合,给付人由于不法原因给付而丧失了对财物的返还请求权,受领人擅自将不法给付的财物据为己有的,不构成对他人财物的"非法"占有,也就不成立侵占罪,但是,存在两种例外情形,一是不法原因给付仅及于用益物权,例如,甲将自己的船只出租给乙用于走私毒品,乙却将船只变卖的,这种情形与不法原因委托并无本质差异,应当认定乙成立侵占罪,二是应当对不法原因给付制度进行目的性限缩,例如,传销组织的下线成员将自己的私家车交付给上线成员作为加入组织的"资格费",上线成员将汽车贩卖的,如若不存在犯罪故意或违法性认识方面的问题,也应当肯定上线成员构成侵占罪。

其次,王钢博士特别论及赃物处分的问题。在将赃物处分区分为侵吞受托赃物和侵吞销赃款物两种情形之后,王钢博士认为,在侵吞受托赃物的场合,受委托窝藏或者代为销售赃物的行为人将赃物占为己有,例如,盗窃犯甲(本犯)将从被害人(原所有权人)处窃得的笔记本电脑委托给乙(行为人)窝藏或者代为销售,知晓全部情况的乙在取得对笔记本电脑的占有之后心起犯意,将其据为己有的,由于本犯的占有本身也是法秩序所承认的利益,本犯仍然对行为人享有要求返还赃物的民事权利,行为人对赃物之占有的取得欠缺法律上的理由并且也造成了本犯的利益损失(使其丧失了对赃物的占有),因此,本犯可以依占有不当得利请求权要求行为人返还对赃物的占有,行为人将本犯委托窝藏或者代为销售的赃物据为己有的,成立侵占罪(但是,针对这种情形,王钢博士也提出并非其理论必然结论的第二种处理方案:行为人所占有的赃物相对于原所有权人而言正是后者享有所有权的遗忘物,行为人将其据为己有的,也可以被认定为侵占遗忘物,从而构成针对原所有权人的侵占罪);在侵吞销赃款物的场合,受本犯委托代为销售赃物的行为人在将赃物销售之后,又将销赃所得货款或者作为对价取得的财物全部或者部分地据为己有,例如,盗窃犯甲(本犯)将从被害人

（原所有权人）处窃得的笔记本电脑委托给乙（行为人）代为销售，知晓全部情况的乙在将笔记本电脑卖给丙（买受人）之后心起犯意，将销售所得1万元占为己有的，行为人不能相对原所有权人或者本犯构成侵占罪，仅在特定情况下，行为人可能在与买受人的关系上构成侵占罪（例如，买受人委托行为人将货款转交给本犯，行为人却将之据为己有），行为人或者构成《刑法》第312条规定的赃物犯罪，或者构成对善意买受人的诈骗罪。

在第六部分"不法原因给付与诈骗罪"中，王钢博士从诈骗罪意义上的"财产"的范围和诈骗罪中"非法"占有目的两个方面展开了论述。被害人用于非法活动或者违反公序良俗之目的的财物，仍然受到法律保护，属于财产。关于诈骗罪意义上的"财产"的范围，王钢博士认为，被害人将自己的财物用于非法活动或者违反公序良俗的目的时，其对财物的占有本身仍属合法，行为人就事实进行欺骗导致被害人转移对财物的占有的，同样造成了被害人的财产损失，应当构成诈骗罪。诸如谎称帮助被害人向国家工作人员行贿而骗取其贿赂金，谎称帮被害人购买违禁品而骗取货款，谎称从事非法活动而骗取被害人"投资"，谎称会向被害人提供性服务或会与之发生或维持不正当关系而骗取其财物的，均应构成诈骗罪。但是，违反公序良俗、非法的，尤其是应当受到刑事处罚的劳动或服务，即便是有偿提供的，也不能被认定为财产。例如，谎称自己将提供酬金，欺骗职业杀手去实施杀人行为的，并不成立诈骗罪。此外，民事法律上无效的"请求权"也不能被认定为财产，例如，行为人帮助本犯销赃，两人约定平分销赃所得。若其实际销赃获得10万元，但却对本犯谎称只卖得4万元并仅分给后者2万元，也不成立诈骗罪。关于诈骗罪中"非法"占有目的，王钢博士认为，当行为人采用欺骗方式取回自己享有民事请求权的财物时，即便认定其因此造成了被害人的财产损失，也因为欠缺"非法"占有目的而不能成立诈骗罪。例如，甲为向国家工作人员行贿，委托乙将自己的古董花瓶转交给国家工作人员，后甲又对乙进行欺骗取回花瓶的，因欠缺非法占有目的不能构成诈骗罪。但是，当行为人对于所骗取的财物不具有民事请求权时，原则上应当肯定"非法"占有目的的成立。例如，甲将自己收藏的国画赠予国家工作人员乙以向其行贿，事后又对乙加以欺骗取回国画的，应当构成诈骗罪。

王钢先生也是在德国获得博士学位的，他的报告除了与王效文博士的报告一样表现了深厚的德国刑法学修养之外，还具有以下特点：

第一，具有浓厚的刨根意识。追根溯源地展开研究，是王钢博士的学问特点。他总是努力寻找问题的原点，把握问题的核心，把基础夯实之后，再条分缕析地层层解决问题，在这个过程中，他不会放弃任何细微之处，企图通过精耕细作而收获全部成熟的庄稼。通过探寻"不法原因给付制度的规范目的"，王钢博士似乎获得了解决"不法原因给付与侵占罪、诈骗罪"这个主题所涉及的各种问题的钥匙。

第二，重视独立的自我表达。王钢博士不是一个盲从的学者，他具有充分的学术自信，在他的报告中，不乏对德日刑法理论和判例的批评。当德国的司法判例和部分学者认为，不法原因给付制度不应当被类推适用于排除所有物返还请求权时，王钢博士却明确提出那是不合适的，因为只要不能类推适用不法原因给付制度排除不法给付者的所有物返还请求权，就会在几乎给付有体财物的场合，不法给付者都可以依据所有物返还请求权请求返还给付标的物，从而使得不法原因给付制度形同虚设。

第三，强调体系的协调一致。王钢博士既具有明确的问题意识，又追求解决问题的方案达到理论体系上的统一，使各个具体结论之间不会出现自己理论解说上的矛盾，为此，王钢博士采用了原则和限缩模式。王钢博士认为，在有些案件中，尽管存在不法原因给付，也不能一概否定给付者的返还请求权，为了实现不法原因给付制度所欲达成的规范目的，就应当对不法原因给付制度的适用进行目的性限缩，以求获得合适的处理结果。例如，因受国家工作人员勒索给予其财物，而又没有获得不正当利益的，根据《刑法》第389条第3款不构成行贿，此时不法原因仅存在于受领的国家工作人员一方，应当肯定给付者可以要求国家工作人员返还财物。再如，下线人员违反《禁止传销条例》参与传销活动，向上线成员缴纳"资格费"等费用，虽然构成不法原因给付，但是，为了不致促成传销组织的壮大，就应当对不法原因给付制度进行目的性限缩，肯定下线成员可以要求上线成员返还所接受的费用。

三、私　　见

王效文博士与王钢博士的报告，尽管题目不同，论述的问题不尽一致，例如，王效文博士并未像王钢博士一样，花费大量篇幅论述不法原因给付的规范目的及其成立要件，也未区分不法原因给付与不法原因委托，但是，两位王博士所涉及的主要问题是大致相同的，都是力图确定不法原因给付的刑法意义。

在研究风格上，王效文博士与王钢博士具有很多的共同点，都以德国刑法学的知识为基础，都以具体的实例为解说手段。但是，两位王博士的研究结论，似乎并不完全一致。

仅仅在王效文博士所言"违反善良风俗或强行规定而为之劳务给付"，即行为人获得了他人违反善良风俗或者法律规定而提供的劳务却不为对待给付的情形中，两位王博士的结论才趋一致。在性交易案中，甲男跟性工作者乙女约定为性交易，但其实根本不想给付性交易之代价，乙女与甲男为性交后，甲男果然不为给付。王效文博士认为，他人违反善良风俗或者法律规定而提供的劳务并不具有报酬支付请求权，不属于刑法中的财产；王钢博士也认为，违反公序良俗、非法的、尤其是应当受到刑事处罚的劳动或服务，即便是有偿提供的，也不能被认定为财产。

而在王效文博士所言"不法取得之占有"和"为违反善良风俗或强行规定之目的而处分之财产利益"的情形中，两位王博士的结论似乎并不相同。在属于"不法取得之占有"的骗得被盗车辆案中，A的朋友偷了一辆车，A欲将这辆车卖给甲，甲佯装欲以500欧元购买这辆市价约20 000欧元的车，但实际上却只想取得这辆车而不想付款。A将车子交给甲之后，甲果然未付款而逃逸无踪。关于该案，王效文博士认为，甲侵害了原所有人，应以侵占罪加以处罚；王钢博士则认为，在给付人因受领人欺骗而为不法原因给付时，仍然可以基于侵权责任要求受领人返还所给付之财物，受领人将骗取的财物占为己有的，仍然有成立侵占罪的余地，只是由于受领人往往已经因欺骗行为而构成诈骗罪，即便认定其再成立侵占罪，也应当评价为不可罚的事后行为，最终对其仅以诈骗罪论处，所以，甲构成对A(或者A的朋友)的侵占罪和对A(或者A的朋友)的诈骗罪,仅以对A(或者A的朋友)的诈骗罪论处。在属于"为违反善良风俗或强行规定之目的而处分之财产利益"的职业杀手案中,A找到职业杀手甲,并与他约定,A以给甲35 000德国马克为代价,由甲去杀害A的妻子B,甲虽然口头答应,但是实际上根本不欲履行约定。A支付甲35 000德国马克之后,甲不但未去杀B,反而去告发甲犯有未遂的教唆谋杀。关于该案,王效文博士认为,A基于自己负责之行为而处分了财产,并且认知到法律上并不保障其对待给付请求权,针对A的自我损害结果,甲不具有客观归责性,因此,甲不构成诈骗罪;王钢博士则认为,行为人谎称会帮助被害人杀人而让其事先支付报酬的,应构成诈骗罪,因此,甲构成针对A的诈骗罪。

在我看来,为了正确处理不法原因给付与侵占罪、诈骗罪的关系问题,需要注意以下几点:

第一,需要认识到民法与刑法的规范目的并不完全相同,难以从民法效果必然地推导出刑法效果。

无论民法设立不法原因给付制度的规范目的是什么,也不能推导出刑法必须具有与民法的规范目的相同的规范目的。在不法原因委托的场合,即使按照民法理论,委托物所有权不发生转移,委托人仍然对委托物享有返还请求权,也不能认为受托人擅自将委托物据为己有的,受托人就应当成立针对委托人财物的侵占罪。例如,在古董中介行贿案中,甲意图行贿,请求乙将自己的古董转交给国家工作人员,乙却将古董据为己有的,不应当认为乙就其获得的古董成立针对甲的侵占罪。在这种情形中,让刑法规范强制乙把古董返还给甲,如果乙拒不将古董返还给甲,就追究乙侵占罪的刑事责任,就会使刑法规范丧失预防行贿罪的功能。在这类案件中,刑法规范既不能使甲具有从乙那里取回古董的正当理由,也不能使乙具有取得古董的正当理由,只能把甲用于行贿的古董收归国有,在国家责令乙交出古董而乙拒不交出时,就追究乙针对已经在法律上属于国家财产的古董的侵占罪的刑事责任。

第二,要根据刑法规范的功能解决刑事责任问题。

具体的刑法规范都具有特定的功能,例如,规定侵占罪的规范保护着合法财产的所有权,规定诈骗罪的规范保护着合法财产所有人的处分权,尽管关于规定诈骗罪的规范是否也保护着合法财产所有人的所有权或者公信力,或者关于规定侵占罪的规范是否也保护着委托信赖关系,人们还可以争论,但是,如果认为刑法也可以保护对他人合法财产的非法占有,则是不可思议的,尽管被盗物也可能对盗窃者具有经济价值,但是,不应该由经济支配法律,而应该由法律支配经济,法律必然把一切经济活动整合到符合法律的轨道之中。在骗得被盗车辆案中,因为车辆仍然在法律上属于原所有人,在原所有人要求甲归还甲却拒不归还时,甲就成立针对原所有人的侵占罪,或者公安机关侦破本案却无法找到原所有人时,甲就成立针对遗忘物的侵占罪。但是,无论如何,不可认为,甲成立针对A(或者A的朋友)的侵占罪或者针对A(或者A的朋友)的诈骗罪,因为A(或者A的朋友)根本不具有任何法律上的根据获得关于车辆的半点权利,倒是因为先行行为而负有妥善保管车辆的义务,必须对车辆的损坏承担赔偿责任。

第三,在处理不法原因给付问题时,也应当适用客观归责原理。

在解决刑法分则问题,特别是解决诈骗罪的成立与否问题时,完全应当适用客观归责原理。如果一个人因为他人的诈骗而失去财产,而这种诈骗完全是财产拥有者自己造成的,"被诈骗"可以归责于财产拥有者自己,那么,通过诈骗获取财物者的诈骗行为就不成立诈骗罪,仅仅可能成立其他犯罪。在职业杀人案中,正如王效文博士所指出的,A基于自己负责的行为而处分了自己的财产,并且认知到法律上并不保障其处分财产的行为获得对价,A就是在自我损害,并不能把A自我损害的结果归责于甲,因此,甲不构成诈骗罪。但是,甲获得的是为了犯罪的报酬,应予没收,因此,甲完全可能构成针对国家财产的侵占罪。

法律保护"黑吃黑"吗?
——从不法原因给付论民、刑法律效果之交错适用

林钰雄[*]

一、缘起与案例[**]：黑吃黑?

"法律"保护或鼓励"黑吃黑"吗?

这句话要从"出于不法原因给付"（condictio ob turpem vel iniustam causam）的不当得利原则说起[1]。我国台湾地区"民法"债编通则章，将"不当得利"（ungerechtfertigte Bereicherung）规定为债之发生的事由之一，其请求权基础规定为："无法律上之原因而受利益，致他人受损害者，应返还其利益……"（我国台湾地区"民法"§179）。民法于上开一般不当得利请求权基础（我国台湾地区"民法"§179；返还原则）之后，紧接着规定："给付，有下列情形之一者，不得请求返还：……四、因不法之原因而为给付者（按：例外不返还）。但不法之原因仅于受领人一方存在时，不在此限（按：例外之例外，又回归返还原则）。"（我国台湾地区"民法"§180）。就此，德国民法结论雷同，但其不法原因给付系从反向规定：出于不法原因之给付，受领人负返还义务（§817 S. 1 BGB；返还原则），但若不法原因亦存在于给付者，给付者不得请求返还（§817 S. 2 BGB；例外不返还）[2]。

出于不法原因给付之典型案例如：

---

[*] 台湾大学法律学院教授。

[**] 以下引用之法典及裁判，若未特别标示者，皆指台湾现行法典及实务裁判而言。此外，引文强调部分，皆为本文所加。

[1] 民法基础文献，请参阅 王泽鉴：《不当得利》（第二版），北京大学出版社 2015 年版，第 128-154 页。Vgl. Emmerich, BGB-Schuldrecht BT, 12. Aufl., 2009, § 16 Rn. 1 ff., 32 ff.; Hirsch, Schuldrecht BT, 2. Aufl., 2011, Rn. 1352 ff., 1378 ff.; Larenz/Canaris, Lehrbuch des Schuldrechts, BT, Bd. II/2, 13. Aufl., 1994, S. 162 ff.; Loewenheim, Bereicherungsrecht, 3. Aufl., 2007, S. 65 ff., 70 ff.; Looschelders, Schuldrecht BT, 9. Aufl., 2014, Rn. 1010 ff., 1048 ff., 1051 (Beispiel für Bestechlichkeit); Medicus/Lorenz, Schuldrecht II BT, 16. Aufl., 2012, Rn. 276 ff., 1124 ff., 1151 ff.

[2] Vgl. Emmerich, a. a. O., § 16 Rn. 32 ff.; Looschelders, a. a. O., Rn. 1048 ff.; Medicus/Lorenz, a. a. O., Rn. 1151 ff.

主要差别在于，德国民法的不法原因给付之返还请求权，本身就是一个独立的不当得利请求权，并不以构成一般不当得利请求权为前提（§812 I S. 1 BGB），也就是不以"无法律上原因"（ohne rechtlichen Grund）为必要。反之，我国台湾地区"民法"之不法原因给付（我国台湾地区"民法"§180；文字及体例同《日本民法》§708），依附于一般不当得利请求权（我国台湾地区"民法"§179），而被规定成我国台湾地区"民法"§179 的例外形态；因此，援引不法原因给付者，无论是我国台湾地区"民法"§180 前段的本文（不得请求返还）或后段的但书（得请求返还）情形，都以已经成立我国台湾地区"民法"§179 的不当得利请求权为前提（尤指"无法律上原因"之要件），与德国民法有别。（请参阅 王泽鉴：《不当得利》（第二版），北京大学出版社 2015 年版，第 154 页。）

【例1：行贿收贿案】

公务员甲主管乙承包工程之验收业务，乙为使工程顺利验收，与甲约定150万元（新台币，下同）贿款，并已交付前金100万元。岂料工程尚未完工时，甲职务调动，该工程随后改由其他公务员验收且未通过。设若甲早已将100万元贿款赌光，乙可否请求甲返还？

本案交错民、刑法领域，且刑法上除（行贿、收贿）犯罪成立要件外，因甲有犯罪所得，故亦生"利得没收"（Verfall）[1]问题。先就民法效果言，向公务员行贿作为其职务行为之对价，固然是出于不法原因之给付且不法原因存在于"双方"[2]（我国台湾地区"民法"§180前），故不得请求返还，但这就是100万元贿款的"终局法律效果"了吗？这个行贿收贿案例，表面上看起来简单明了，实际上则是蕴含了民、刑法律效果交错的重大法理。因为"如果只考虑民法的话"，显而易见的质疑是：为何恶性较大的收贿公务员（受领人），比起行贿者（给付人）[3]更有保留贿款的正当理由？

我国台湾地区"民法"上关于不法原因给付之案例，尤其是不法原因正是违反刑法强行规定而构成犯罪时，率皆存在类似的问题。除行贿收贿外，雇凶杀人、租船走私、付钱买毒（或买枪、弹等违禁品）、故买赃物等，都有为何系争不法利益的受领人比起给付者更值得民法保护的根本质疑。再举一例说明：

---

[1] 请参阅 林钰雄：《利得没收之法律性质与审查体系——兼论立法之展望》，《月旦法学杂志》2015年第238期，第53-84页。
Vgl. Burghart, in: SSW-StGB, 2. Aufl., 2014, §73 Rn. 1 ff.；Eser, in: Sch/Sch-StGB, 29. Aufl., 2014, §73 Rn. 1 ff.；Hellmann/Beckemper, Wirtschaftsstrafrecht, 3. Aufl., 2010, Rn. 984 ff.；Joecks, in: MK-StGB, 2. Aufl., 2012, §73 Rn. 1 ff.；Keusch, Probleme des Verfalls im Strafrecht, 2005, S. 1 ff.；Lackner/Kühl, StGB, 26. Aufl., 2007, §73 Rn. 1 ff.；Podolsky/Brenner, Vermögensabschöpfung im Straf-und Ordnungswidrigkeitenverfahren, 5. Aufl., 2012, S. 21 ff.；Theile, Grundprobleme der strafrechtlichen Verfallsvorschriften nach den §§73 ff. StGB, ZJS 2011, 333 ff.；Wittig, Wirtschaftsstrafrecht, 2010, §9 Rn. 1 ff.

[2] 这点，目前已是共识，但于德国法制史上曾有争论。关于一般职务贿赂案例（亦即，非以违背职务行为作为不法约定标的），早期（vgl. RGZ 96, 343, 345）曾有"不法原因仅存于受领人（收贿者）"的主张，甚且认为此时原因行为仍属"有效"者；既然是"有法律上原因"，这种不法原因给付案例，根本就不符合一般不当得利请求权的前提（§812 I S. 1 BGB）。为了避免漏网之鱼，解决不法原因仅存于受领人且原因仍属有效之问题，德国立法者遂将民法不法原因给付规定为一个截堵的、独立的不当得利请求权（§817 BGB）。Vgl. Emmerich, a. a. O. (Fn. 1), §16 Rn. 32；Looschelders, a. a. O. (Fn. 1), Rn. 1048.

但上开贿赂案的争论，在德国法已经画下句点。一来所谓行贿者无不法原因的说法已经存疑，二来因德国刑法后来也将行贿者纳入处罚（§333 StGB），因此行贿者（给付者）亦有不法原因已是民法定论；据此，于贿赂案例，不法原因给付是否为独立请求权也已经无关紧要。

于我国台湾地区相关规定上开贿赂案件，由于皆被认为原因行为无效（符合我国台湾地区"民法"§179）且行贿者亦有不法原因（符合我国台湾地区"民法"§180前段且无但书情形），故不生此问题，更何况我国台湾地区立法者随后也在附属刑法中将关于职务行贿者纳入处罚，故行贿者亦有不法原因之结论，更不成问题。

[3] 以普通刑法为例，违背职务"收贿"罪之最高法定刑为10年有期徒刑（我国台湾地区"刑法"§122 Ⅰ），明显高于违背职务"行贿"罪最高才3年的法定刑（我国台湾地区"刑法"§122 Ⅲ）。至于一般职务收贿罪（我国台湾地区"刑法"§121；又称为不违背职务收贿罪），普通刑法根本不处罚行贿者；关于此，贪污治罪条例§11另有特别规定，行贿者一律处罚，但刑度亦是远低于收贿者。

【例2：雇凶杀人案】

职业杀手甲受乙女之委托，约定以150万元为酬金杀害乙之夫丙，乙已交付甲前金100万元。甲、乙合拟杀人计划，甲于预定行凶当夜携带枪弹欲至丙值夜之公司杀丙，岂料途中乙临时打电话给甲，告知丙当天下午车祸送医后死亡。试问乙可否请求返还该100万元酬金？

以上两则基础案例，事实稍加变化就可成为典型的"黑吃黑"侵吞案例，令人进一步质疑：难道法律鼓励"黑吃黑"吗？

【例1a：行贿收贿案—变体】

承包商乙与公务员甲不法约定后，乙托居间人丁转交甲前金100万元，但丁见钱后却起意私下侵吞之。（或【例1b】转交标的改为古董）。

【例2a：雇凶杀人案—变体】

乙妇与杀手甲以100万元不法约定杀丙后，甲再以50万元转委托其同伙丁杀丙，但丁却见钱起意，私下侵吞后逃之夭夭。（或【例2b】乙交付甲两件古董，甲将其中一件转交丁作为转委托之酬劳）。

以上案例，无论是贿赂或买凶，也无论是基础或变体版本，"如果只考虑民法的话"，由于率皆出于不法原因之给付，因此结论都是——假设双方不法约定并非出于一方虚伪意思表示的话[1]——给付者不得请求受领人返还其给付的100万元（【例1b】【例2b】之古董，亦同），但反过来问：

为何同样出于不法原因而受领（贿款、酬金）之人，依法却能保有不法利益？给付者固然咎由自取，但受领人更值得法律保护吗？尤其是"黑吃黑"的案例，难道法律保护的是"比较黑"的一方吗？

这种结果怎么听就怎么奇怪，到底问题的症结何在[2]？笔者从大学时期奋力学习民法开始，上开疑惑就始终未解，当时不知道是自己看错了，或是债总教科书写错了，和同学也讨论不出个所以然，遂捧着书本请教留德归国的民法教授，得到的答案是：

"同学，别担心！黑道自有黑道解决的办法！"

五雷轰顶！当时信奉法律就是且必须是公平正义化身的笔者，心情仅能如此形容。笔者并不擅长博学强记，看书也常常过目即忘，但作为法律人，能够像这样让我终生萦绕脑际、辗转反侧的铭言，可以说是绝无仅有！

大惑还是无解！难道民法管的只是Law in books、黑道才是Law in action？或者，这是

---

[1] 若一方为虚伪意思表示，宣称不实事项使人陷于错误而为给付者，则需讨论是否构成诈欺罪（刑法§339）之问题。例如，将【例1b】改编如下：

【例1c】（诈欺罪变体）承包商乙希望工程顺利验收而欲行贿主管公务员甲，却苦无管道，江湖老千丁知情后，佯称其与甲熟识可代为"打点"，乙受骗后托丁居间转交甲市价100万元的名画一幅。实则丁根本不认识甲且自始无意代为行贿，丁取得该画后便逃之夭夭。此例本文仅点到为止。类此，【例2】也可改编为诈欺罪之变体【例2c】：杀手甲自始无履行之意，反而骗走酬金。Vgl. KG Urteil vom 28. 9. 2000（1 Ss 44/00）= KG Berlin NJW 2001, 86.

[2] 同此质疑及更多举例：Hirsch, a. a. O. (Fn. 1), Rn. 1379, 1385 ff. m. w. N.

一个直指法(Recht)与法律(Gesetz)本质区别的深奥问题？"生也有涯、学也无涯"，直到笔者后来钻研刑法的利得没收制度（及行政法的罚锾/追缴制度）时，才恍然大悟！"法律保护黑吃黑"的长期困惑，原来问题症结在于命题本身："如果只考虑民法的话"！实则，"法律"本来就不是只有"民法"一种规范而已，案例中贿款和酬金之终局法律效果的判断，既不是也不能只考虑民（私）法！

以上是本文之缘起，写作用意在于分享笔者的心得，指出民法（其实，任何一种个别法规范皆然）于法规范体系之局限性、不完整性，类此交错民、刑法（及行政法[1]）领域之不法原因给付案例，本来就不能且不应"只"考虑民法而已；若将刑法上公权力直接介入并剥夺不法利益的利得没收制度考虑在内，系争案例中的贿款及酬金皆会被悉数没收到国库，结论上，法律根本不会让受领人保有不法利益（下文三、二及三）！追根究底，在这些案例中，令人坐立不安的"法律（比较）保护'黑吃黑'"的质疑，本来就是一个"伪命题"！换言之：

"看官，别担心！白道也有白道解决的办法！"

二、犯罪成立要件观点之不法原因给付

一、"黑吃黑"论证于刑法财产犯罪之运用

以上是本文的缘起及"远因"。本文写作的"近因"，乃刑法学界近来关于不法原因给付与财产犯罪的关系之讨论[2]。从相关文献的论证可知，关于不法原因给付，别说是上述跨

---

[1] 民法上关于不法原因给付讨论之案例，除上述常见的出于刑事不法原因之给付外，还有许多"出于行政不法原因之给付"的案例，因此也有民法与行政法之交错问题。如出于打黑工之给付、雇请滥垦禁止开发的山坡地之给付、基于经营应召站之租赁契约所为之给付（请参阅 王泽鉴：《不当得利》（第二版），北京大学出版社2015年版，第134页），或同此目的之买卖房屋契约所为之给付，或出于非法性交易之给付等。Vgl. RGZ 71, 432; BGHZ 111, 308, 312 ff.; Emmerich, a. a. O. (Fn. 1), § 16 Rn. 37; Hirsch, a. a. O. (Fn. 1), Rn. 1378 f., 1385; Looschelders, a. a. O. (Fn. 1), Rn. 1057; Medicus/Lorenz, a. a. O. (Fn. 1), Rn. 1154.

关于此，亦皆须考虑行政法上对不法利得之追缴（及并入罚锾）的制裁效果，如我国台湾地区"行政罚法"§§18 Ⅰ, Ⅱ, 20 Ⅱ, 或如《德国秩序违反法》§§1 Ⅱ, 17 Ⅳ, 29a, 30 OWiG，但因本文限于民、刑法交错案例之讨论，下文不再赘述行政罚法问题。Vgl. Hellmann/Beckemper, a. a. O. (Fn. 3), Rn. 984 ff., 1013 ff.; Mitsch, in: KK—OWiG, 4. Aufl., 2014, § 17 Rn. 112 ff., § 29a Rn. 1 ff.; Wittig, a. a. O. (Fn. 3), § 9 Rn. 5 ff, § 11 Rn. 5.

[2] 中文文献代表作：陈子平：《不法原因给付与侵占罪、诈欺罪（上）（下）》，《月旦法学教室》2014年第138期，第60 - 71页、第49 - 56页。

同样于刑法"财产犯罪成立要件"脉络提及此问题之中文文献，请参阅 王效文：《不法利益与刑法中的财产概念》及王钢：《不法原因给付与侵占罪、诈骗罪》，以上二文皆发表于："第六届两岸刑法论坛——财产犯罪总论问题研讨会"论文，2015年10月24/25日，中国：南京（按：王效文一文因送达于笔者时已经是10月初，故本文无法详究并评释其论点）。

耐人寻味的是，陈文所举的事例，财产标的全部都是"特定物"（类似【例1b】【例2b】的古董或以下【例3】的名画）；但若是金钱该如何处理（如【例1a】【例2a】）？其对侵占等财产犯罪成立之影响为何？则未见说明。就此，王钢（上文，第20 - 22页、第26页）显然注意到金钱特性且详予区别论述。Vgl. dazu Roxin, Geld als Objekt von Eigentums-und Vermögensdelikten, in: FS-Mayer, 1966, S. 476 ff.

越民法与刑法(或行政法)领域之案例讨论,纵使单就刑法而言,仍是难以完全摆脱"伪命题"的深远影响。如果讨论相关刑法案例,忽略附随于犯罪的没收法律效果,同样会有"以偏概全"的缺憾,也同样会误蹈"法律鼓励黑吃黑"的陷阱。

简言之,刑法上关于不法原因给付与财产犯罪(如窃盗、侵占、诈欺等)的讨论,也常见"黑吃黑"质疑或类似论证的运用。例如,【例1a】【例1b】受托去行贿公务员之居间人丁却自己侵吞贿款、古董,或如【例2】职业杀手甲卷款潜逃(或【例2a】【例2b】丁侵吞酬金、古董),是否构成侵占等财产犯罪之问题。

关于上开问题,仅以陈子平教授的代表作为例说明。陈文重点是刑法"犯罪成立"要件脉络,探讨出于不法原因给付之财产利益,得否作为侵占、诈欺等财产犯罪的适格客体,大体分为肯定说、否定说与折衷说;但陈文未处理本文关注的刑法"利得没收"脉络(及利得没收与民法不当得利之关系)[1]。陈文除梳理台湾学说及实务外,也旁征博引对此问题探讨较为详尽的日本刑法学界及实务见解。值得注意的是,其所援引的国内外见解,尤其是各种肯定说(例如,肯认侵吞不法原因给付者,仍应构成侵占罪),尽管讨论的是财产犯罪的构成要件该当性问题,但主要说理却都掺杂了"法律不应保护黑吃黑"的刑事政策考量,也因此陷入了前述"给付者v.受领人"到底谁比较应该受保护的民法格局与两难困境。更重要的是,由于没有考量不法原因给付的利得没收效果,因此这些刑事政策说理的"假设前提"(侵吞者竟可保有不法利益……)都有待商榷。以下分别说明肯定、否定说(及折衷说)之问题。

二、刑法独立性说:黑吃黑者可保有不法利得乎?

先从黑吃黑是否构成侵占罪的问题说起,举例如下:

【例3:侵吞赃物案】

甲窃取丙某名画后寄托于丁处,丁侵吞该名画赃物据为己有。(或【例3a】丁将名画变卖侵吞价款;或【例3b】第三人乙出面主张其才是该名画所有人,且提出于拍卖会买受证明)。

上例持肯定说者(丁构成侵占罪)认为,民、刑法立场有别,纵使民法不保护出于不法原因之给付者(甲),刑法上亦应加以保护(故称为刑法独立性说),否则,"若系由于不法原因的受托物,因此不成立侵占罪的话,受托人……却因而得到便宜,如此将违反健全国民的法感"[2]。

然而,姑且不论"国民法感"作为论证理由,何其薄弱,所称"受托(领)人将会因而得到便宜"的推论前提,根本就不存在,因为系争不法原因的受托物,依照刑法利得没收制度,或者应发还给原始的被害人(如【例3】【例3a】赃物名画本应发还给原所有人丙),或者应没收到国库(如【例1a】【例1b】委托居间人向公务员行贿之贿款或古董),结论或者发还、或者没收,

---

[1] 于刑法"利得没收"脉络提及出于不法原因给付者,如吴耀宗:《德国刑法追征(Verfall)制度之研究——兼论台湾现行刑事法制之"追征"相关规定》,《刑事法杂志》2001年第3期,第1-43页、第22-24页;林钰雄:《发还优先原则及贿款之没收——评"最高法院"相关刑事判决》,《月旦裁判时报》2015年第31期,第40-51页、第49-50页。

[2] 请参阅陈子平:《不法原因给付与侵占罪、诈欺罪(上)(下)》,《月旦法学教室》2014年第138期,第60-71页、第49-56页。(日本学者藤木英雄之见解)

两者择一运用(下文三、二、(五)及(六)),无论如何,受领人根本都不得保有不法利益,也占不到便宜,反而还会赔了夫人又折兵(纵所受利益已不存在,还要被追征替代价额!下文三、二、(四))。抽丝剥茧即可得知,肯定说所持主要理由[1],其实是并不存在的"伪命题"!

三、民法从属性说:整体法秩序统一性?

相反的观点,称为否定说。但否定说不但没有指出上开肯定说论证的根本瑕疵,自身反而陷入另外一个逻辑跳跃的谬误:出于不法原因之给付,刑法应从属于民法效果,刑法若去强制制裁民法上没有义务返还者(丁),将会破坏"整体法秩序的统一性",因此又称为民法从属(性)说[2]。

上开说法的基本缺失在于,将"不法原因给付不得请求返还"的民法效果,直接套用到刑法,得出"故不成立某某犯罪"的突兀结果。但这一来忽略民、刑法各自不同的规范目的,二来架空刑法各该构成要件的检验(就此而论,不法原因给付与侵占罪、诈欺罪的关系就无法相提并论,毕竟两者的客观构成要件要素截然不同,更遑论非关"给付"的窃盗罪了[3]),三来也同样忽略利得没收制度的作用。假使"整体法秩序统一性"可以这样概括推论和运用,那么,刑法上(及行政处罚法上)利得没收制度也可以宣告寿终正寝了!难道"只因为"民法上不得请求返还,"所以"刑法上也不得宣告没收利得吗?

事实正好相反:"正是因为"民法上出于不法原因给付者不得请求返还,"所以才更"需要借由刑法来制裁同具不法原因之受领人,以利得没收制度彻底剥夺其不当受领的不法利益!民、刑法相互搭配运用才能弥补各自规范领域的局限性、不完整性,才会构成"整体法秩序"的完整拼图。

四、小结

简言之,上开讨论不但同样都有 Q1:民、刑法交错适用的"显在"争点(例如,应否基于整体法秩序一致性原则,认为民法上不负返还责任者,刑法上即不构成财产犯罪或不受其他制裁?),也都有 Q2:利得没收制度究竟扮演何种角色的"潜在"问题(例如,若认侵吞者不成立财产犯罪,是否就等于承认了黑吃黑应受法律保护?)。厘清这些基本出发点后,才能继续处理 Q3:各种不法原因给付之案例,到底各自是否构成犯罪及构成何罪?

本文基于篇幅限制,自是无法穷尽以上所有争点,重点在于指出目前研究取径(approach)的问题(主要是 Q1 及 Q2)。其实,民法与刑法交错适用,必须更为精致及精确的论述,民法不当得利法理对于刑法,的确有深远影响,但若以不法原因给付之返还问题为例,

---

[1] 此外,继受肯定说此项说理的折衷说(请参阅 陈子平:《不法原因给付与侵占罪、诈欺罪(上)(下)》,《月旦法学教室》2014 年第 138 期,第 66 页),在此范围内亦有相同问题。

[2] 请参阅 陈子平:《不法原因给付与侵占罪、诈欺罪(上)(下)》,《月旦法学教室》2014 年第 138 期,第 64 页。(日本学者团藤重光等人之见解。)其实,折衷说恐怕比否定说还更具民法从属性,因为折衷说正是从"民法的给付以终局性移转为必要"观点,区别了不法原因之"给付"和"委托",得出前者同否定说、后者同肯定说之结论。但其纯以民法能否返还来论断刑法是否成立犯罪的基本思维,和否定说的缺失如出一辙。

[3] 例如,将【例1】改为如下的【例1d】:甲将贿款藏在家中,却被案外第三人丙窃走;或【例1e】乙交付贿款后又潜入甲家中,把100万元窃回,甲误以为遭他人窃走。

主要是表现在利得没收制度,尤其是"不法利得应否优先发还被害人"的判断。上文已经提出案例并描述问题,下文便从刑法利得没收之审查体系,以【行贿收贿案】的利得没收为例,略述民法不当得利及不法原因给付的各项原则,如何具体映射在刑法利得没收之审查体系,以及两者同中有异的区别何在。

三、没收法律效果观点之不法原因给付

(一) 利得没收之本质:刑法上之不当得利制度

刑法的利得没收(犯罪所得没收)制度,一言以蔽之,就是一种刑法上的不当得利,学说上称为"类似"或"准"不当得利的衡平措施(quasi-kondiktionelle Ausgleichsmaβnahme)[1]。其制度出发点在于达成"透过不法之利得,必须被排除"的规范目的,亦即,任何人皆不得保有因不法行为而来的获利,此乃整体法秩序的基本立场,私法(民法)、公法(如刑法、行政法)皆然。是以,民法上有不当得利制度以规范欠缺法律上原因的不当财产变动,也有不法原因给付制度来衡平不法变动之财产利益的归属。同理,违反行政法义务之不法利得,行政罚法上亦有追缴及并入罚锾的剥夺制度[2]。

刑法亦然。犯罪所得,就是因犯罪行为所产生的不法财产变动。借由刑法上之不当得利制度,即利得没收之衡平措施,因为犯罪而不法变动的利得(实然面:已有不法利得变动),才能回归到未实施犯罪前本来应有的财产状态(应然面:不应存在不法利得),也就是重新恢复到合法的财产秩序,进而宣示法秩序之不容破坏及正义,强化人民对法秩序的忠诚。由于犯罪利得将被悉数剥夺,因此,利得没收制度具有一般预防功能,能够吓阻以经济利润为导向的犯罪并自始消除其犯罪诱因。简言之,利得没收就是要向社会大众昭告:"犯罪(一点也)不值得"("Crime doesn't pay")[3]!

对照可知,民法上不当得利的不法原因给付制度,其亦具一般预防之规范目的:借由

---

[1] 请参阅 林钰雄:《利得没收之法律性质与审查体系——兼论立法之展望》,《月旦法学杂志》2015年第238期,第55、56页。Vgl. Burghart, a. a. O. (Fn. 3), §73 Rn. 3 f. ;Eser, a. a. O. (Fn. 3), Vor §73 Rn. 18 ff. u. §73 Rn. 1 ff. ;Joecks, a. a. O. (Fn. 3), §73 Rn. 4 ff. ;Lackner/Kühl, a. a. O. (Fn. 3), §73 Rn. 4b;Theile, ZJS 2011, 333;Wittig, a. a. O. (Fn. 3), §9 Rn. 1.

[2] 我国台湾地区"行政罚法"§18 Ⅰ,Ⅱ:"裁处罚锾,应审酌违反行政法上义务行为应受责难程度、所生影响及因违反行政法上义务所得之利益,并得考量受处罚者之资力。""前项所得之利益超过法定罚锾最高额者,得于所得利益之范围内酌量加重,不受法定罚锾最高额之限制。"

我国台湾地区"行政罚法"§20 Ⅰ,Ⅱ:"为他人利益而实施行为,致使他人违反行政法上义务应受处罚者,该行为人因其行为受有财产上利益而未受处罚时,得于其所受财产上利益价值范围内,酌予追缴。""行为人违反行政法上义务应受处罚,他人因该行为受有财产上利益而未受处罚时,得于其所受财产上利益价值范围内,酌予追缴。"

[3] 关于"不允许犯罪值得"之原则(Der Grundsatz "Verbrechen darf sich nicht lohnen"):Theile, ZJS 2011, 333;vgl. auch Eser, a. a. O. (Fn. 3), Vor §73 Rn. 18 f. ;Hellmann/Beckemper, a. a. O. (Fn. 3), Rn. 984 ff.

否定其返还请求权,增加不法给付者的经济风险并彰显遵守法秩序的正面价值[1]。由此可知,民、刑法在此部分有共同法理且须相辅相成,因为民法只能做到增加"给付者"的经济风险,但刑法却连"受领者"的不法利得也予剥夺,民、刑法双管齐下后,无论给付者或受领者都要承担从事不法犯行的经济损失,更能收一般预防的效果。但也正是因为两者规范面向并非完全重叠,因此刑法上的利得没收制度,并不等于民法上的不当得利,学说上将利得没收称为"准"或"类似"不当得利的衡平措施,就是要表达其既与民法不当得利制度有共同法理,但又同中有异的特殊性格,说得简单些,利得没收就是"刑法上的不当得利"!

(二)民、刑法如何交错适用?以不法原因给付之没收为例

既然刑法上也有不当得利制度,下文从刑法利得没收之审查体系[2],逐项检验【例1:行贿收贿案】,以具体说明民、刑法的不当得利及不法原因给付如何交错适用;其中,发还被害人之审查项目,尤其重要。

(一)前提审查:存在一个刑事不法行为?

刑法上的利得没收,以存在一个故意或过失的刑事不法行为为前提,与民法不当得利制度有别[3]。亦即,个案具备构成要件该当性(含可罚的未遂犯、预备犯)及违法性,但不以具有责性为必要。据此,行为人纵使无责任能力(如儿童)或出于不可避免之禁止错误者,理论上亦无碍没收其利得。

【例1】公务员甲先期约150万元贿款,后收受100万元前金,作为其职务行为的对价,甲

---

[1] 关于民法不法原因给付制度之规范目的,早期多采刑罚理论(Vgl. BGHZ 39, 87, 91; 63, 365, 369),随后德国实务及通说改采"拒绝权利保护"(Rechtsschutzverweigerung)之理论(so z. B. BGHZ 44, 1, 6; 118, 182, 193);但近来"一般预防"(Generalprävention)观点渐受重视(Canaris, Gesamtunwirksamkeit und Teilgültigkeit rechtsgeschäftlicher Regelungen, , in: FS-Steindorff, 1990, S. 519 ff.),本文采之。同说如王钢:《不法原因给付与侵占罪、诈骗罪》,发表于"第六届两岸刑法论坛——财产犯罪总论问题研讨会"论文,2015年10月,第4、5页;兼采者如王泽鉴:《不当得利》(第二版),北京大学出版社2015年版,第130 - 132页、第146页。(对本身不清白者拒予保护,并具预防不法的一般作用。)

Vgl. auch Emmerich, a. a. O. (Fn. 1), § 16 Rn. 34; Hirsch, a. a. O. (Fn. 1), Rn. 1384, Larenz/Canaris, a. a. O. (Fn. 1), S. 162 f.; Loewenheim, a. a. O. (Fn. 1), S. 70; Looschelders, a. a. O. (Fn. 1), Rn. 1052; Medicus/Lorenz, a. a. O. (Fn. 1), Rn. 1156 ff.; Schwab, in: MK-BGB, Bd. 5, 6. Aufl., 2013, 817 Rn. 9.

[2] 请参阅 林钰雄:《利得没收之法律性质与审查体系——兼论立法之展望》,《月旦法学杂志》2015年第238期,第65 - 79页。Vgl. Theile, ZJS 2011, 333 ff.; Wittig, a. a. O. (Fn. 3), § 9 Rn. 4, 10 ff.

[3] 我国台湾地区"民法"不当得利请求权成立只要"无法律上之原因而受利益,致他人受损害者"(我国台湾地区"民法"§179前),不以受领人具备故意或过失的主观要件为前提,这点,至多就是影响请求权范围,请参阅 我国台湾地区"民法"§182 I,II:"不当得利之受领人,不知无法律上之原因,而其所受之利益已不存在者,免负返还或偿还价额之责任。""受领人于受领时,知无法律上之原因或其后知之者,应将受领时所得之利益,或知无法律上之原因时所现存之利益,附加利息,一并偿还;如有损害,并应赔偿。"

构成职务收贿罪、乙构成职务行贿罪[1]，本罪重在不法约定，虽甲实际上因职务调动而未履行合致的职务行为，但此无关犯罪成立判断，本案符合利得没收前提。审查通过。

（二）有无利得审查：因犯罪而有利得？

行为人直接因犯罪（含上述刑事不法，下同）而来的所有财产之增值形态，无论取得原因是"为了犯罪"（für die Tat）而获取的报酬/对价（如【例2】职业杀手之酬金），抑或"产自犯罪"（aus der Tat）而获得的利润/利益（如【例3】甲从丙处偷来的名画赃物[2]），皆属犯罪所得[3]。此外，犯罪利得仅取决于事实上对利得标的之支配、处分权，无关民法的合法有效判断[4]。

据此，【例1】原期约金额虽为150万元，但甲实际受有利益乃前金100万元，故本案有100万元之犯罪利得。审查通过。

（三）何人利得审查：何人因犯罪而有利得？

通常情形犯罪利得由犯罪行为人自己取得，故刑法亦以其为没收对象；但若行为人系为第三人而犯罪致第三人直接受领利得者，则以该第三人为没收对象，称为"第三人没收"[5]。第三人亦为返还或没收对象，是民、刑法不当得利的共同法理[6]。但【例1】行为人甲乃实际受有前金100万元的利得人，无涉第三人争点。审查通过。

（四）利得范围审查：直接、间接利得及替代价额？

广义的利得范围，包含三大类：1. 直接利得："为了犯罪"或"产自犯罪"而直接获取的利

---

[1] 我国台湾地区"贪污治罪条例"§5 I："有下列行为之一者，处七年以上有期徒刑，得并科新台币六千万元以下罚金：……三、对于职务上之行为，要求、期约或收受贿赂或其他不正利益者。"此乃刑法§121 I之特别规定："公务员或仲裁人对于职务上之行为，要求、期约或收受贿赂或其他不正利益者，处七年以下有期徒刑，得并科五千元以下罚金。"

我国台湾地区"贪污治罪条例"§11 II："对于第二条人员，关于不违背职务之行为，要求、期约或交付贿赂或其他不正利益者，处三年以下有期徒刑、拘役或科或并科新台币五十万元以下罚金。"普通刑法并不处罚此种行贿罪。

附带一提，因案例并无关于违背职务行为之提示，因此不讨论违背职务之行贿或收贿罪。

[2] 【例3】后来侵吞该画的丁若构成侵占罪，于该侵占罪脉络，名画赃物亦是犯罪所得。至于名画因应发还丙而排除没收，则于下文（五）审查。

[3] 请参阅 林钰雄：《利得没收之法律性质与审查体系——兼论立法之展望》，《月旦法学杂志》2015年第238期，第66-67页。Vgl. Joecks, a. a. O. (Fn. 3), §73 Rn. 41 f.; Wittig, a. a. O. (Fn. 3), §9 Rn. 12 ff.

[4] Vgl. Podolsky/Brenner, a. a. O. (Fn. 3), S. 29 f.; Wittig, a. a. O. (Fn. 3), §9 Rn. 15.

[5] 请参阅 林钰雄：《利得没收之法律性质与审查体系——兼论立法之展望》，《月旦法学杂志》2015年第238期，第68-70页；陈重言：《第三人利得没收之立法必要及其基础轮廓——源自德国法规范与实务之启发》，《月旦法学杂志》2015年第238期，第85-101页。Vgl. Hellmann/Beckemper, a. a. O. (Fn. 3), Rn. 984 ff.; Wittig, a. a. O. (Fn. 3), §9 Rn. 29 ff.

[6] 我国台湾地区"民法"上的不当得利请求权，只要"无法律上之原因而受利益，致他人受损害者"（我国台湾地区"民法"§179前）即可，负返还义务之受领人并不以导致财产利益不当变动之人为限。行政法的准不当得利（追缴对象及于第三人）亦然，如我国台湾地区"行政罚法"§20 II及《德国秩序违反法》§29a II。Vgl. Mitsch, a. a. O. (Fn. 8), §29a Rn. 32 ff.

得(上文(二));2. 间接利得:因直接利得之利用(Nutzungen),如贿款存入银行所生的利息,或交换而来的替代品(Surrogate),如变卖古董赃物而来的现金;以及 3. 从前述利得转换而来的替代价额(Wertersatz),亦即,无论直接或间接利得,皆有可能因其取得形态本身,或嗣后灭失、处分、消费、混同等原因而无法没收原利得客体,此时则改为没收相当于利得的替代价额,作为没收之补充形态/替代手段,此即我国台湾地区"刑法"所称之追征(或抵偿)[1]。

对照我国台湾地区"民法"不当得利,以上 2、3 两类皆有总则性规定:"不当得利之受领人,除返还其所受之利益外,如本于该利益更有所取得者,并应返还。但依其利益之性质或其他情形不能返还者,应偿还其价额。"(我国台湾地区"民法"§181),上开前段规定即是间接利得,但书即是替代价额。由此可知,关于利得范围,民、刑法亦有共同法理,但民法规定更为完备。

【例 1】甲犯收贿罪而取得 100 万元直接利得,无间接利得,虽原利得客体已因赌光而不存在,但可改为追征其相当于 100 万元的替代价额。审查通过。

(五)排除审查:存在应优先发还之被害人而排除没收?

1. 优先发还被害人之原则:民法求偿权之快速实现

通过以上前四项审查后,原则上就要进入宣告没收之法律效果,但例外时优先发还被害人而排除没收,故称为发还排除没收审查,简称排除审查。利得没收采取优先发还原则之法理基础,正是在于其乃刑法上不当得利之本质,且与民法上不当得利相互呼应。简言之,刑法借由剥夺不法利得的"拨乱反正"措施,使因犯罪而来的不法财产变动,重新恢复到原来的合法财产秩序。是以,犯罪利得若取自于被害人,例如犯财产罪的赃物,直接发还给被害人便可恢复到财产法秩序的应然状态(如【例 3】直接将名画发还给丙),并且也同时达成了民法所定的返还结果(还节省了民事求偿的程序),一举两得[2],故刑法上排除没收径予发还。反之,若不排除没收,或者反而侵害被害人权利(【例 3】丙的名画竟然被国家没收了),或者重复剥夺行为人不法利得(除被没收外,还要再依民法返还或赔偿被害人),一条牛剥两层皮,从立法政策言,显非得宜[3]。

2. 不法原因给付之例外

除返还/发还的基本原则相同外,关于不法原因给付之例外情形,民、刑法不当得利亦有共同法理,但规范对象及法律效果则有些微差异。如前所述,受领不当得利之人依民法虽原

---

[1] 如我国台湾地区"刑法"§121 Ⅱ:"……所收受之贿赂没收之。如全部或一部不能没收时,追征其价额。"但附属刑法亦有称追征或抵偿者,如我国台湾地区贪污治罪条例§10 Ⅲ:"……全部或一部无法追缴时,应追征其价额,或以其财产抵偿之。"

[2] 我国台湾地区"刑事诉讼法"§142 Ⅰ:"扣押物若无留存之必要者,不待案件终结,应以法院之裁定或检察官命令发还之;其系赃物而无第三人主张权利者,应发还被害人。"《德国刑事诉讼法》(§111k Ⅰ StGB)亦规定,扣押物若为动产且不妨碍第三人请求权者,得直接发还被害人。Vgl. Spillecke, in: KK—StPO, 7. Aufl., 2013, §111k Rn. 1 ff., 6.

[3] 审查体系位置请参阅 林钰雄:《利得没收之法律性质与审查体系——兼论立法之展望》,《月旦法学杂志》2015 年第 238 期,第 75-78 页;法理基础请参阅 林钰雄:《发还优先原则及贿款之没收——评"最高法院"相关刑事判决》,《月旦裁判时报》2015 年第 31 期,第 40-51 页。

则上有返还义务,但出于不法之原因而为给付,且不法原因存在于给付、受领双方者,给付者不得请求受领人返还(我国台湾地区"民法"§180)。不法原因仅存在于给付者一方之情形,依我国台湾地区"民法"由于文义上并非系争但书所称"不法之原因仅于受领人一方存在时"(我国台湾地区"民法"§180),因此解释上回归条文同款前段,结论仍不得请求返还(我国台湾地区"民法"§180前),并无争论[1]。反映到刑法上之不当得利,就结论言,犯罪利得性质上若是"产自犯罪"的利润或利益(上文(二)),即应考虑前述发还被害人问题;例如掳人勒赎所得之赎金,即是产自犯罪的利益,于民法上构成无法律上原因受有利益,致他人受损害之不当得利(我国台湾地区"民法"§179),给付赎金虽是出于不法原因之给付,但不法原因仅存在于受领之一方,故民法上仍得请求返还(我国台湾地区"民法"§180)[2],于刑法上亦应优先发还被害人。

反之,若是"为了犯罪"的支付对价或酬金(上文(二)),则不生发还问题,一旦通过前四项审查者,即应进入没收效果。其道理正是在于,后者(为了犯罪的利得)率皆出于不法原因之给付,且其不法原因不仅存在于受领人一方。无论是【例1】的贿款或【例2】的酬金,都是出自给付者与受领人双方合致的不法给付,无论给付者自身已否构成犯罪(如【例1】不问刑法上是否特别处罚行贿者),于民法上给付者不得请求返还,于刑法上亦不生发还排除没收的问题,民、刑法相互呼应[3]。

事实上,利得没收的发还被害人审查阶段,正是民法不当得利于刑法运用的最重要事例,因为刑法此时要处理的就是系争利得客体"有无依法(主要是民事法)应受返还之人"的民事财产归属问题。是以,在此范围之内,才称得上"整体法秩序统一性原则":依民法有返

---

[1] 德国民法规范方式有别,法条文义看起来仅适用于"双方"皆有不法原因之情形(§817 S. 2 BGB:"gleichfalls"),但学说实务向来将其扩张运用到"仅给付者有不法原因"之情形。常举事例如贷予重利,这也是德国学说用以说明"虽出于不法原因给付但原因行为仍可能有效"之事例,此外本例也和"给付"(Leistung)概念有关,民法上也因此衍生借贷人能否终局保有本金及利息返还范围的相关争议(vgl. RGZ 161, 52;BGH NJW 1983, 2692 f.;BGH NJW-RR 1994, 291 ff.;Emmerich, a. a. O. (Fn. 1), §16 Rn. 35, 40;Hirsch, a. a. O. (Fn. 1), Rn. 1391;Larenz/Canaris, a. a. O. (Fn. 1), 1994, S. 163 f.;Looschelders, a. a. O. (Fn. 1), Rn. 1054;Medicus/Lorenz, a. a. O. (Fn. 1), Rn. 1153, 1155)。由于本文案例皆与此无关,不再深究。

[2] 如前所述,基于立法体例之故,台湾学者主张民法之不法原因给付制度(我国台湾地区"民法"§180),乃一般不当得利请求权之例外形态,以已经构成一般不当得利请求权(我国台湾地区"民法"§179:无法律上原因)为前提。反之,德国民法之不法原因给付制度(§817 BGB),则是独立的不当得利请求权,并不以"无法律上原因"为必要。

这两种立法例,在赎金案的判断上有何说理差别?关于此,王泽鉴教授(王泽鉴:《不当得利》(第二版),北京大学出版社2015年版,第154页)整理相关见解时提到:"德国通说认为在不法原因仅存在于受领人一方之情形,其原因行为有效者,仍属有之,例如……为阻止犯罪而给与金钱。此等情形,虽不符合我国台湾地区"民法"第179条规定,为给付之人仍得依《德国民法》第817条第1项规定,……请求返还。"简言之,因德国民法将不法原因给付列为一种独立的不当得利请求权,因此纵使认为给付金钱阻止犯罪(给赎金避免撕票)仍属"有效"原因(有争论),亦无碍请求返还;说理有别,但结论与我国台湾地区"民法"相同。前例所举的贷予重利,亦有相同问题。

[3] 请参阅 林钰雄:《发还优先原则及贿款之没收——评"最高法院"相关刑事判决》,《月旦裁判时报》2015年第31期,第49-50页。

还请求权者（如不法原因仅存在于受领人），依刑法即应优先发还而排除没收；依民法不得请求返还者（如出于双方合致的不法原因给付），依刑法即不予发还且不排除没收，民、刑法就返还与否的基本立场一致[1]。但在后者情形，也可看出民、刑法的任务仍然有别：民法上只处理"给付者"不能请求返还，但未规范"受领人"如何处置；反之，刑法上不但否定"给付者"的发还权利，还进一步以公权力直接剥夺"受领人"的不法利得！借由民、刑法不当得利法理之交错适用，才真正实现了整体法秩序的统一性、完整性[2]！

据此，【例1】甲收受的100万元贿款，乃出于犯罪不法原因的给付，甲虽无法律上原因受有利益，但给付者乙依民法不得请求返还，依刑法亦不得主张优先发还而排除没收。

（六）【例1】法律效果：义务没收/追征

若通过前五项审查，刑法效果即是依法没收，或者得没收（裁量没收），或者应没收（义务没收），端视立法而定。我国台湾地区"普通刑法"及"附属刑法"两者皆有，贪污案件就直接利得及替代价额则皆采义务没收原则[3]，【例1】因甲所受利得已不存在（赌光了），应改为追征其替代价额，结论仍应对甲没收相当于100万元的金钱价额。

【例1】纵使100万元前金改为古董，结论亦是相同，由此可知相关文献的两个论证瑕疵：一是误以为"出于不法原因之受领人可以占到便宜"，事实上无论受领人甲或给付者乙都占不到便宜，也都不得保有该贿款（或古董）。二是误从"给付者乙依民法不得请求返还"反面导出"受领者甲可合法保有不法原因给付"，甚而据此错误前提而推论"受领人也不会构成财产犯罪"的结论，谬以千里。总言之，民法返还义务主要是运用在立法本旨相同的刑法优先发还问题，从"整体法秩序"而言，【例1】完整及正确结论是：行贿之给付者乙不能主张优先发还而排除没收，收贿之受领人甲亦应受没收其贿款或追征其替代价额，甲、乙皆无法保有不法利得。

三、变体案例之运用

（一）【例1a】及【例1b】之审查结果

在加入居间第三人的【例1a】及【例1b】情形，应予没收贿款或古董的结论亦同。给付者仍是乙，差别仅在于实际利得人是居间人丁，而非公务员甲，故刑法没收对象亦是丁；至于民法上丁是否取得贿款或古董的所有权，以及乙是否"终局性移转利益"给丁（据此区别贿款和

---

[1] 王钢：《不法原因给付与侵占罪、诈骗罪》，发表于"第六届两岸刑法论坛——财产犯罪总论问题研讨会"论文，2015年10月，第15—16页。似采不同见解，认为没收制度与不法原因给付制度泾渭分明，并以被公务员勒索而为给付者为例。

但此说过于概括，不但无法解释刑法没收制度之发还优先原则，且所举之例，正是不法原因仅存在于受领一方（公务员），而可请求返还之事例，与行贿情形有别。

[2] 关于此，德国民法学说亦指出，出于双方不法原因之给付，如果单从不得请求返还的民法效果，其实不可能有效遏止当事人从事不法行为。Vgl. Medicus/Lorenz, a. a. O. (Fn. 1), Rn. 1157.

[3] 我国台湾地区"贪污治罪条例"§10Ⅰ,Ⅲ："……其所得财物，应予追缴，并依其情节分别没收或发还被害人。""……全部或一部无法追缴时，应追征其价额，或以其财产抵偿之。"

古董是否构成"给付"[1]),都不改变案例中贿赂客体应予没收的判断结果:原给付者乙依民法仍不得请求返还贿款或古董,依刑法亦不得主张优先发还而排除没收。

由【例1a】及【例1b】这两则变体案例亦可得知,民、刑法的不当得利及不法原因给付,仍非完全相同。民法不当得利固然本于其私法规范目的考量,而将"给付"概念限缩解释在"终局性移转利益"[2];然而,对于刑法利得没收制度而言,不论贿赂客体是【例1a】的贿款或【例1b】的古董,也无论依民法评价是"终局"或"非终局"的移转,是"不法原因之给付"或"不法原因之委托",同样都是"为了犯罪"的利得,结论都是应予没收。此外,两案中由于甲、乙都已经构成收贿、行贿罪,丁是否另外再成立侵占罪,亦不改变贿款、古董的没收结论。

(二)【例1c】(诈欺罪变体)之审查结果

前例所示【例1】【例1a】及【例1b】,由于甲、乙已有不法约定在先,故皆已分别构成收贿罪、行贿罪无疑(至少是期约阶段)。但【例1c】甲不构成收贿罪,乙是否构成行贿罪则有待讨论,关键在于其转交丁名画时是否已至可罚的行求阶段。此一问题对利得没收与否之影响在于,是否具备"刑事不法"的审查前提,以及若具备的话,于发还排除没收审查阶段乙可否主张优先发还(上文二、(一)及(五))。但应注意,前一问题还要同时考虑另一犯罪,即丁可能构成的诈欺罪,后一问题则需考量出于不法原因给付的判断标准问题。当然,若认乙已构成行求贿赂罪,名画就应没收且不得主张发还,结论无疑。

反之,若认乙不构成行求贿赂罪,则要讨论丁是否成立诈欺罪,始能判断没收问题。【例1c】虽然同样涉及乙的不法原因给付,但与前述【例1a】及【例1b】丁是否构成侵占罪的问题面向不同。诈欺罪的客观成立要件依序是:1、行为人施用诈术;2、使被害人陷于错误;3、被害人为财产上之处分;4、被害人受有财产上之损失;5、具有贯穿的因果关系[3]。换言之,若欲以不法原因给付作为丁是否构成诈欺罪的论证理由,首先必须在上开五个客观构成要件要素中找到解释论的"支点",否则,"不法原因给付"根本就无从和诈欺罪成立与否发生关联!以德国刑法曾热烈讨论的"被害者学"为例[4],其于具有高度射幸性的投机行为,从"使

---

[1] 于刑法财产犯罪构成要件脉络,援引民法不当得利之终局性利益移转标准者,请参阅 陈子平:《不法原因给付与侵占罪、诈欺罪(上)(下)》,《月旦法学教室》2014年第138期,第64-66页;王钢:《不法原因给付与侵占罪、诈骗罪》,发表于"第六届两岸刑法论坛——财产犯罪总论问题研讨会"论文,2015年10月,第6页。

[2] Vgl. BGH NJW 1995, 1152, 1153; Hirsch, a. a. O. (Fn. 1), Rn. 1379, 1387; Larenz/Canaris, a. a. O. (Fn. 1), 1994, S. 163 f.; Looschelders, a. a. O. (Fn. 1), Rn. 1056; Medicus/Lorenz, a. a. O. (Fn. 1), Rn. 1153. 请参阅 王泽鉴:《不当得利》(第二版),北京大学出版社2015年版,第133页。

[3] 请参阅 林钰雄:《论诈欺罪之施用诈术》,收录于 林钰雄:《刑法与刑诉之交错适用》,中国人民大学出版社2008年版,第379-408页。

[4] 例如【处女妓女案】(林钰雄:《新刑法总则》(第四版),中国人民大学出版社2014年版,第3页):"妓女T从事该业多年,为求更高利润,与马夫S共谋,由S向男子O宣称,其认识'处女'T,因需款甚急,可中介与O从事性交易,代价为新台币10万元,O颇感怀疑:何以此行业中有众多处女,尽管如此,仍抱着姑且一试之想法,与T从事性交易,并交付10万元于T。问T是否构成诈欺罪?"被害者学观点之案例解析,请参阅 王梅英、林钰雄:《从被害者学谈刑法诈欺罪》,《月旦法学杂志》1998年第35期,第96-103页(收录于 林钰雄:《刑事法理论与实践》,中国人民大学出版社2001年版,第159-173页)。

人陷于错误"的支点着手,据此才能开展出诈欺罪的法释义学。但如【例1c】所示不法原因给付之案例,到底其于诈欺罪成立要件的支点何在? 这正是问题之所在! 就解释论言,比较可能的支点在于否定其"财产损失"(亦即将出于不法原因给付之利益,排除于应受诈欺罪保护的财产范围)〔1〕,但笔者认为如此一来,只会治丝益棼〔2〕;若欲排除不法财产利益之保护,其实不用在构成要件处理,只要从利得没收制度着手即可达到目的。就结论言,乙虽出于行贿目的而给付名画,但这无碍丁成立诈欺罪〔3〕。

本文重点在于讨论:【例1c】的利得没收问题该如何处理? 若乙不构成行贿罪,仅丁构成诈欺罪,则虽亦具备刑事不法之前提,但系争犯罪已不是贿赂罪而是诈欺罪(此与【例1】【例1a】及【例1b】皆有别,且乙、丁的不法原因也不具同一性),利得人丁取得的也是"产自(诈欺)犯罪"(而非"为了犯罪")的直接利得,因此有必要进行"发还排除没收"的审查。争点在于:乙是否为应受优先发还之被害人? 此时,便可援引不法原因给付之法理,因为如前所述,刑法利得没收就发还问题,和民法不当得利的基本立场一致。由于所称不法原因并不限于构成犯罪的情形,因此,出于行贿目的之给付(乙交付名画给丁时,就行贿目的已具有知与欲的主观归责要件,且已表示在外)〔4〕,无论不法给付者是否另构成犯罪,也无论丁是否另

---

〔1〕 详见王效文:《不法利益与刑法中的财产概念》,发表于"第六届两岸刑法论坛——财产犯罪总论问题研讨会"论文,2015年10月,第1-17页(第12-14页)。

〔2〕 一方之不法,不得成为他方再为不法之特许证;民法拒绝提供返还之保障,也不能直接作为刑法可任意侵犯他人财产的理由! 否则,若将不法财产利益概括排除于刑法保护范围之外,推到极致,连窃取贿款的【例1d】是否构成窃盗罪,都有质疑余地。

〔3〕 就此,自早期实务见解以来,结论亦皆采肯定说(评释请参阅 陈子平:《不法原因给付与侵占罪、诈欺罪(上)(下)》,《月旦法学教室》2014年第138期,第49-56页),如民国1933年上字第4106号判例:"贩卖鸦片,以假土掺和图取他人之真土售价,除贩卖鸦片罪外,其诈欺行为,兼触犯'刑法'第三百六十三条第一项之罪,应依同法第七十四条,从一重处断。"

民国"司法院"1943年院字第2513号解释:"甲乙为同一机关有审判职务之公务员,丙因案托丁,向甲行贿,甲以该案系乙主办,允代向乙请托,丁交款后,甲收为己有,并未交乙,亦未向乙关说,此种情形,尚非于其主管或监督之事务图利,与惩治贪污暂行条例第三条第一项第二款之规定不符,唯甲如系伪允向乙请托,为其诈得该款之方法,自应成立'刑法'第三百三十九条第一项之诈欺罪,设甲之允为请托,并非虚伪,仅于丁交款后起意据为己有,即属侵占行为,应依'刑法'第三百三十五条第一项处断。"

德国实务亦采肯定说。Vgl. auch RGSt 44, 23;BGHSt 14, 388;29, 300;BGH NStZ 2008, 627;KG Berlin NJW 2001, 86;Otto, Betrug bei rechts-und sittenwidrigen Rechtsgeschöften, Jura 1993, 424 ff. ;Perron, in: Sch/Sch-StGB, 29. Aufl. , 2014, § 263 Rn. 95 f. , 150.

〔4〕 不法原因给付之主观要件:王泽鉴:《不当得利》(第二版),北京大学出版社2015年版,第140-141页;Emmerich, a. a. O. (Fn. 1), § 16 Rn. 38;Looschelders, a. a. O. (Fn. 1), Rn. 1052.

但陈子平:《不法原因给付与侵占罪、诈欺罪(上)(下)》,《月旦法学教室》2014年第138期,第52页认为,此时不法原因仅存在于欺罔者(丁),故给付者(乙)可依民法请求返还。此说似乎完全忽略了乙自身行贿目的之不法原因。

有不法原因而受领,民法上应认并无返还请求权(有争论[1]),果尔,刑法上更没必要直接以公权力介入而发还予给付者。【例1c】结论亦是无碍没收该名画。

总言之,即便是【例1c】的诈欺情形,出于不法原因之给付应直接没收,既不得发还给出于不法原因之给付者,也不能让自身构成诈欺罪的受领人保有不法利得。如此一来,给付者与受领者双方都必须承担不法原因给付之经济损失风险,始能达到民、刑法不当得利及不法原因给付制度的一般预防作用。

四、结　语

文末,总结本文论点如下:

"透过不法之利得,必须被排除",此乃整体法规范秩序的共同立场。民法因此有不当得利及不法原因给付制度,而利得没收制度即是刑法上的不当得利,其中的优先发还原则及不法原因给付的例外,与民法的规范目的及基本立场一致。

民、刑法的不当得利有"共同法理",除前述民法返还及刑法发还之事例外,例如排除第三人不法利得之必要性,再如利得客体除直接利得外,亦包含间接利得与替代价额,以达彻底排除不法利得之目的。但应注意,由于民、刑法各有其任务及规范目的,故两种不当得利仍"同中有异",例如民法上不当得利不以故意过失为必要,但刑法上利得没收必以存在一个故意或过失的刑事不法为前提。更明显的事例是,民法不法原因给付制度只否定给付者的返还请求权,但刑法利得没收制度不但同样否定不法给付者的优先发还权,还进一步以公权力直接剥夺受领人的不法利得;据此,给付者与受领人双方皆需承担不法原因给付的经济风险,以达彻底消除出于经济或财产动机之犯罪的诱因,这正是不法原因给付及利得没收制度之一般预防作用的体现。

总言之,民法、刑法的不当得利制度相辅相成,但又各有其任务领域。由此可知,讨论相关问题时不能忽略法规范的完整性:从不法原因给付者依民法不得请求返还,还不能直接道出受领人可合法保有不法利得的结论,更不能据此推论受领人之相关刑法罪责,否则难免歧路亡羊。回到上文缘起,事实上,如果并看民法不当得利及刑法利得没收之交错适用,即不难得知,整体法秩序并没有比较保护"黑吃黑"的受领人!最后,再说一次:"看官,别担心!白道也有白道解决的办法!"

---

[1] 民法上亦可能从否定"给付"概念(乙交付名画于丁时,并无终局移转该画所有权或占有利益于丁之意思)之观点,进而否定不法原因给付之运用。但纵认此说于民法上不无道理,刑法上亦不宜贸然发还,因为此属民事法律关系存有高度争议性而不宜径行发还情形,宜由乙自行向丁请求,并由民事法院定夺其民事法律关系,犹如【例3b】情形。附带一提,台湾实务见解并非从给付概念,而是直接从"衡平观点"而否定不法原因给付不得请求返还之运用。如2007年度台上字第2362号民事判决:"不当得利制度乃基于'衡平原则'而创设之具调节财产变动的特殊规范,故法律应公平衡量当事人之利益,予以适当必要之保护,不能因请求救济者本身不清白,即一概拒绝保护,使权益之衡量失其公平,故如已具备不当得利之构成要件,应从严认定不能请求返还之要件,避免生不公平之结果。"

"截贿"行为的刑法性质辨析

孙国祥*

摘　要："截贿"行为的刑法性质之争,完全囿于现有关于占有不法原因给付财物性质的各种理论都难于得出妥当的结论。可以通过刑法规范本身,分析委托人向受托人交付财物以及受托人是否向"受贿人"转送财物的刑法规范评价,进而对财物的性质(是否属于犯罪工具性财物)作出评判,在此基础上,根据"截贿"的手段的不同,分别界定为诈骗、侵占以及事后不可罚的行为。

关键词： 截贿　介绍贿赂　行贿　不法给付

一、问题的提出

"截(劫)贿"并非规范的法律用语,而是泛指贿赂案件中被日常生活所提炼的一种"吃黑"现象,即在介绍贿赂案件中,行为人受托向受贿人转交贿赂的过程中,出于非法占有目的,截取贿赂的全部或者一部归己所有的情况。近年来,腐败案件的查处中,不时牵连出"截贿"案件。与刑法理论中有关占有不法原因给付财物性质的争议一样,"截贿"行为的刑法定性也历来是颇有争议的理论与实践问题。

笔者随机梳理了近两年来全国法院数十个涉及"截贿"案件的最新判决,除了行为人谎称可以有关系帮助介绍贿赂而实际上没有能力或者根本就没有联系,其占有请托人款项的行为大都以诈骗罪定罪外,行为人在介绍贿赂过程中,截留部分款项的,如何处理,司法机关仍未形成统一的裁判规则。多数裁判一旦认定行为人的行为构成介绍贿赂,对行为人的"截贿"行为也就不再作单独评价,而只是将"截贿"所占有的财物作为非法所得予以没收。

[案例1]2009年下半年,被告人孙某得知司某在运作某经济适用房项目时,向司某提议可以找房地产管理局局长王某帮忙,司某先后拿30万元给孙某,转交给王某,孙某将其中18万元转交给王某,余款被其占为己有。法院审理后认为,孙某在行贿人司某和受贿人王某之间实施沟通、传递贿赂财物,在未经行贿人司某同意的情况下,将用于行贿的款项据为己有,所得财物属于非法所得。根据《刑法》第64条的规定,予以没收。[1]可以说,作为非法所得没收是"截贿"行为通常的司法处理。

不过,也有少数裁判,认定行为人"截贿"占有的款项仍属于委托人的,委托人是被害人,

---

* 孙国祥,南京大学法学院教授、博士生导师。

[1] 参见"贵州省霍山县人民法院(2014)霍刑初字第82号刑事判决书"。

明确案发后行为人将"截贿"款项主动退还给委托人的,可以作为从宽处罚的情节。[1]或者认定,行为人收到请托人让其转送的款项后,只将其中部分转送,其余的谎称已经转送而占为己有的情况下,应构成诈骗罪,追缴后直接发还被害人(委托人)。[2]

值得关注的是,刑法上不予保护的财物在一些民事判决中却有不同的评价。委托人就行为人的"截贿"行为提起民事诉讼后,法院裁判认定介绍贿赂人取得的财物属于不当得利,应当返还给委托人。

[案例2]2006年4月,委托人袁某向受托人刘某提出愿意花钱为其父母办理假退休手续,以骗取退休金和为袁某找工作。为此,袁某先后交给刘某155 000元,刘某用其中29 000元用于行贿某劳保管理所的微机室主任张某。由于最后未能办成,2007年6月,委托人袁某向检察机关举报张某和刘某的犯罪。张某以受贿罪被定罪量刑。刘某以介绍贿赂罪被检察机关决定不起诉。后袁某以刘某未为其介绍工作,也未为其父母办理好退休手续,遂向法院起诉,向刘某追要事前给付的款项。刘某则辩称,诉争的款项属于行贿款,应当予以没收。法院审理后认为,袁某和刘某之间的行为,违反了法律和社会公共利益,以合法的形式掩盖非法目的。根据《民法通则》第58条的规定,应确认为无效民事行为。根据《民法通则》第61条的规定,民事行为被确认无效后,当事人因该行为取得的财产,应当返还给受损失的一方。遂判决刘某除用于行贿的29 000元以外,余款126 000元应当返还给袁某。[3]该判决实际上说,由于检察机关只认定了刘某行贿款是29 000元,其占有的126 000元款项并未用于行贿,因此不属于行贿款,不应当没收,袁某仍有要求返还的权利。

理论界对此类案件的处理也观点不一。观点一认为,甲欲向国家工作人员乙行贿,委托丙去拉关系并将大量贿赂款给丙由其转交,结果丙予以侵吞。这种接受犯罪之委托的行为本身就是一种共犯行为,可能与委托者构成共同犯罪。因为刑法原则规定,对所有犯罪的预备犯、中止犯都要追究刑事责任。委托者与受托者之间共谋策划犯罪的行为,是一种犯罪的预备行为,情节严重的,即使后来未着手实行,也应该定罪并追究刑事责任。[4]观点二分析认为,此种情况属于委托支付,即贿赂款是需要转付的犯罪工具性财物,此等款项由委托人交给受托人时,并没有终局性转移财产所有权的意思,因此予以侵吞的,构成侵占罪。[5]观点三认为,"在截留的情形下,对其截留财物的行为一般不应认定构成侵占罪,当然,并不是说对这一部分财物不作评价,其仍然具有刑法上的定罪量刑意义:(1)其截留财物的数额应当和其他财物一起计算来核定介绍行贿的数额;(2)截留财物的情形可以作为本罪的一个犯罪情节。"[6]观点四认为,因为甲毕竟没有财物返还的请求权,不能认定乙侵犯了甲的财

---

[1] 参见"山西省临汾市尧都区人民法院(2014)尧刑初字第37号刑事判决书"。
[2] 参见"安徽省安庆市中级人民法院(2014)宜重终字第00001号刑事判决书"。
[3] 参见"河南省驻马店市中级人民法院(2014)驻民四终字第485号《民事判决书》"。
[4] 刘明祥:《财产罪比较研究》,中国政法大学出版社2001年版,第280页。
[5] 李齐广,谢雨:《论不法原因给付与侵占罪》,《甘肃政法学院学报》2010年第4期。
[6] 林亚刚主编:《贪污贿赂罪疑难问题研究》,中国人民公安大学出版社2005年版,第229页。

物;另一方面,由于财物由乙占有也不能认为该财产已经属于国家财产。因此,乙不构成犯罪。[1]

归纳起来,无论是实务还是理论界,对介绍贿赂者"截贿"行为的不同评判,源于以下问题上没有形成共识:(1)受托人("截贿"者)收到委托人用于行贿的财物后,该财物的性质是否为贿赂款(犯罪工具性财物)?(2)委托人将财物给予受托人是不法给付还是不法委托?(3)在介绍贿赂案件中,仅仅将"截贿"所得作为非法所得予以没收是否存在评价不足?(4)"截贿"如果构成犯罪,是构成诈骗罪还是侵占罪?笔者对上述问题结合相关案例作进一步的探讨。

二、不同观点生成的理论基础

如前所述,实务界不同处理的表象背后,是理论界对基于不法原因给付的性质仍未形成共识。一般认为,日本刑法学界对此有比较深入的讨论。但在日本,委托他人(介绍贿赂者)向第三人行贿的情况下,受托人(介绍贿赂者)取得财物的性质,理论研讨中也存在着否定、肯定和折中的观点聚讼。

否定说认为,基于法秩序统一性的一元主义立场,认为既然民法上因不法原因给付者,不得请求返还权,则给付者不存在刑法保护的所有权。因此,受托人没有成立侵占罪的余地。换句话说,受托向第三人行贿的合同因违反公序良俗而显然无效。受委托实施行贿并领受金钱的受托人既不负有向第三人行贿的义务,也不负有对委托人的返还义务。受托人随意使用受托金钱的行为,不构成犯罪。由于在民法上,不法给付是不受保护的,因此"不法原因给付物不再是'他人之物',接受给付者即便处分了该物,也不成立侵占委托物罪。"[2]

肯定说认为,民法仅仅否定的是给付者的返还请求权,而所有权依然属于给付者。换句话说,有关刑法之财产保护,并不限于被害人具体所有权之保护,基于法秩序的多元性,民法上之效果与刑法上之效果有所不同;若由于不法原因给付之受托物而不成立侵占罪,乃有违健全国民之法感。[3] 日本著名民法学家谷口知平教授认为,在寄托金钱的情形中,由于受托人的所有权已经发生了转移,故而在以所有权的所在为基准解决问题时是不会得出妥当的结论的,此时,不应当以所有权的所在为基准,而是作为整体性判断,在考虑当事人之间的公平以及从预防犯罪的目的即抑制进一步违法行为的基础上,得出在为行贿而将金钱寄托给中介人时,应肯定为他人的返还请求。[4]

肯定说脱离规范以国民"法感"等潜意识作为论证依据难免受到强力的质疑,况且民事

---

[1] 参见 张明楷:《刑法学》,法律出版社2011年第4版,第902页。
[2] [日]山口厚:《刑法各论(第2版)》,王昭武译,中国人民大学出版社2011年版,第353页。
[3] [日]大塚仁:《刑法概说各论(第2版)》,冯军译,中国人民大学出版社2003年版,第280页。
[4] 参见[日]谷口知平:《不法原因给付研究》,转引自[日]佐伯仁志,道垣内弘人:《刑法与民法的对话》,于改之,张小宁译,北京大学出版社2012年版,第52—53页。

立法中,不法原因给付时,给付者就已经丧失了请求返还权,无法在私法上得到救济,"民法上不予保护而刑法上却居然保护",国家法秩序形成了矛盾。折中的观点另辟蹊径,在肯定受托人能够构成侵占罪的同时,对构成犯罪的原因做了不同的解释。一方面认为,"立足于法律、经济财产说的立场的时候,不允许得出明显与民法相矛盾的结论,因此,将不法原因给付物作为侵占罪的对象明显是不妥当的。在此意义上讲,肯定说是不能支持的。"[1]另一方面,应将"不法给付"与"不法委托"区别开来。所谓给付,应该是终局性地转移利益,出于不法目的而"寄托"的,则不属于给付,因此,寄托物的所有权仍为寄托者所有,受托人非法处分寄托物的,应成立侵占罪。[2]换句话说,不法原因给付物不能成为侵占的对象,但不法原因寄托物却有请求返还的余地。虽然寄托本身是不法的,但财物的寄托关系即委托信任关系自身是值得保护的,这一点,和没有寄托信任关系的不法原因给付是完全不同的。另外,对于不法原因寄托物,认可寄托人具有请求返还的权利,不仅对在未然之中防止实现犯罪目的(行贿)有好处,而且对于防止受托人从不法原因中得利来说,也有必要。[3]换言之,折衷说,既维护了法秩序的统一性,又将不法原因寄托物纳入侵占罪的对象范围。该说关于"给付"与"寄托"的区分理论虽然得到了许多刑法学者的认同,但遗憾的是,民法学界对此不以为然,认为这种区分是否真的具有意义,也是一个问题。[4]

在德国,依据占有通说地位的经济的财产说观点,作为整体的具有经济价值的利益即是财产,也是财产罪所侵害的法益。对于不法原因给付的财物,不法取得的财产,都可以成为财产罪的对象。换句话说,判断财产罪的法益应该以经济价值作为标准,具有经济价值的利益,无论民事上是否具有民法权利,都可以成为盗窃罪的对象。这种观点是建立在刑法具有一定独立性基础上的。如德国学者认为,民法秩序并不等于法秩序,刑法是具有固有的目的与使命的独立的法律,不能根据民法概念理解刑法上的法益。对于刑法的解释必须从民法思想中解放出来。因此,即使是对同一概念,在刑法上也完全可能作出与民法不同的解释。刑法的概念必须在考虑其刑罚法规的基础上,直接根据生活事实而形成。[5]

美国判例和理论基本上体现的是折中说的观点。典型的观点是,"基于一个特定的目的把钱给他人并没有转移所有权,直到目的的达到了。例如,在 Graham v. United States 案中,G(一个律师)向 V(他的客户)要钱,说是要贿赂 X(一个警察官员)。然而,G 为了他自己的私人利益转移了现金。法院认为 G 犯了偷盗罪,直到这笔钱作为贿赂给了 X 之前,V 都没有转移这笔钱所有权的意思。"[6]我国我国台湾地区"刑法"学者也多持折中说的观点,"基于不法原因而寄托物的情况,确实因委托关系本身的不法而有不受法所保护之可能,但是无

---

[1] [日]大谷实:《刑法讲义各论(新版第2版)》,黎宏译,中国人民大学出版社2008年版,第279页。
[2] [日]山口厚:《刑法各论(第2版)》,王昭武译,中国人民大学出版社2011年版,第353页。
[3] [日]大谷实:《刑法讲义各论(新版第2版)》,黎宏译,中国人民大学出版社2008年版,第279页。
[4] [日]佐伯仁志,道垣内弘人:《刑法与民法的对话》,于改之,张小宁译,北京大学出版社2012年版,第54页。
[5] 参见 张明楷:《法益初论》,中国政法大学出版社2000年版,第559页。
[6] [美]约书亚·德雷斯勒:《美国刑法精解》,王秀梅译,北京大学出版社2009年版,第527页。

论是否基于不法原因,财物的委托信赖关系本身乃有保护之必要,此与不具有委托信赖关系之'不法原因给付物'大异其趣,因此以折衷说为妥。"[1]

国内刑法学界,对"截贿"的讨论大都在日本刑法理论和判例的基础上展开。虽然不乏持否定说立场的学者和观点,但肯定说基本上占据通说的地位。否定说立足于法秩序统一性的立场,认为个人之间的财产关系首先应由民事法律来规制,财产罪是通过更严厉的制裁补强民事法的规制。此种情况构成侵占罪,无异于直接以刑事手段强行保护民法上不予保护的利益,既有悖于刑法的谦抑性与补充性,更不无鼓励受托人按照委托人要求完成行贿之虞,而这与法的精神是背道而驰的。因此,立足于法秩序统一性的视角,就应该采取侵占罪否定说。[2] 或者说,"在行贿方交出财物以后,财物的所有权归谁呢?因为,对于违法犯罪的资金一般要予以没收,而这显然不符合侵占罪中他人财物的特征。"[3]肯定说则从多元主义的刑民不同规制目的立场出发,认为"刑法的保护并不以某种利益在民法上得到认同作为前提。财产犯罪的法益不是民法确立的财产性权利,而是事实上的财产利益。"[4]不过,具体罪名,仍存在着不同的分析,一种观点认为,行为人的行为应该以侵占罪定罪量刑。"在所有人不是因受行为人欺骗而自愿将财物委托给行为人之后,即使行为人为了将其非法占为己有而编造虚假借口欺骗所有人,例如,谎称代为保管的财物被盗,拒不退还,仍构成侵占罪,而不是诈骗罪。"[5]换句话说,行为人虽然有欺骗行为,但不能构成诈骗罪,因为通说,诈骗罪"是以诈骗行为导致财富向嫌疑人的转移为前提的"[6],行为人接受行贿款时并没有导致财产向嫌疑人转移的欺骗行为,其后的欺骗行为实际上是行为人实施侵占的一种手段。另一种观点认为,在基于不法原因委托的场合,受托人既可能构成诈骗罪,也可能构成侵占罪。[7] 至于刑事司法实务,则肯定诈骗罪的成立,但大都否定侵占罪的构成。

笔者赞成肯定说的立场。虽然民法上对不法委托与不法给付能否作区分存疑,但在刑法上,这种区别还是有现实意义的。由于不法交付与不法委托的不同,不法交付的财物一般不受民法的保护,而不法委托应受到法律一定程度的保护。不过,鉴于民法学界的质疑和否定说坚守法秩序统一性的理念,肯定说完全可以通过另外的解释路径得到证成。

首先,在财物用于行贿的场合,否定说的观点大都以该财物系行贿犯罪的组成物或者犯罪工具为依据,这一依据并不充分。财物本身无所谓合法与不法,只有与人的行为结合起来才能做出评价。在贿赂犯罪中,财物的行贿犯罪组成物或犯罪工具性质只有与行贿的实行行为联系起来才能得以认定。行为人基于诈骗财物的故意,骗取委托人财物的交付或者委托,取得财物后进而占为己有的,其中,根本没有行贿行为的介入,充其量只是表现出委托人

---

[1] 陈子平:《刑法各论(上)》,元照出版公司2013年版,第513页。
[2] 王昭武:《法秩序统一性视野下违法判断的相对性》,《中外法学》2015年第1期。
[3] 参见 林亚刚主编:《贪污贿赂罪疑难问题研究》,中国人民大学出版社2005年版,第229页。
[4] 刘凤科:《刑法在现代法律体系中的地位与特征》,人民法院出版社2007年版,第175页。
[5] 王作富主编:《刑法分则实务研究》(中),中国方正出版社2013年第5版,第1000-1001页。
[6] [美]乔治·弗莱彻(George P. Fletcher):《反思刑法》,邓子滨译,华夏出版社2008年版,第3页。
[7] 王骏:《不法原因给付问题的刑法实像——以日本法为中心》,《法学论坛》2013年第3期。

有行贿的故意而已,但委托人基于行贿的主观故意交付财物给受托人,在受托人没有转移支付给行贿对象时,还不能认定该行为是行贿行为的实行行为(在主动行贿的情况下,行贿罪客观方面的表现为非法给付国家工作人员财物并要求为其谋取不正当利益的行为),进而也就不能认定该委托的财物已经成为贿赂。因此,行为人骗取并占有委托款物的行为应成立普通诈骗罪。

其次,行为人取得财物后,由于种种原因而没有用于行贿,委托人要求退还而不归还的情况能否构成侵占罪,同样可以从该财物的性质得到分析结论。一些学者一方面认为直接占有委托款物能够构成诈骗罪,另一方面又否定侵占罪的成立。否定该行为构成侵占罪的理由是,该罪以被害人要求行为人退还而"拒不退还"为要素,行贿人向介绍贿赂者交付贿赂,决定了该财物的性质已经成为贿赂犯罪的组成物。行贿人也就失去了向介绍贿赂者主张的权利,"因为对方侵吞了受托转交的贿赂款,行为人也不可能提起民事诉讼请求返还。"[1]既然不能要求退还,也就不存在"拒不退还",难以成立侵占罪。看似有些道理,如果我们换一个思路,就可以得出不同的结论。设想,行为人决意向国家工作人员行贿,在家中已经准备好了行贿款,在该行贿行为没有实施前,该财物并不能认定为贿赂,也不会因为行为人有行贿的故意就将该款予以没收,只有财物在交付时才能被界定为贿赂。由此,行贿人向介绍贿赂人交付财物,只是借他人之手准备行贿而已,在受托人向国家工作人员交付前,该财物不能认定为贿赂款,而是处在受托人的持有下,受托人的持有只是暂时持有,也没有自行处分权,在没有用于行贿的情况下,委托人并没有丧失所有权,他有权要求受托人归还该财物,拒不退还的,受托人可以成立侵占罪。与此同时,由于该款实际上没有成为贿赂,司法机关在处理这类案件时,也不应该将介绍贿赂者自行侵吞的款项作为贿赂款予以没收,而应该返还给行贿人。类似的处理也可以从单位行贿案件的处理中得到佐证。行为人代表单位行贿于国家工作人员,其取得用于行贿的单位款项后,谎称已经交给了国家工作人员而实际上私吞的,或者没有用于行贿而经单位要求拒不退还的,应该直接认定为贪污罪或者职务侵占罪。因为,该款没有送出之前,仍然属于单位的款项,行为人只是经手该财物而已。情同此理,非单位行贿的情况下,受托人将行贿占有的行为也应该评价为诈骗罪或者侵占罪。

三、"截贿"行为的类型和处理

在肯定"截贿"行为存在着法益侵害的情况下,"截贿"行为的性质如何确定?有学者认为,行为人仅假借介绍贿赂的名义,将行贿人交予自己用于行贿的财物占为己有,或者介绍贿赂过程中,由于国家工作人员拒收贿赂,行为人谎称已经收受而据为己有的,或者对行贿人隐瞒真相,隐瞒部分行贿财物的,均应以诈骗罪定罪量刑。[2]笔者认为,这种一概而论的定罪并不妥当。存在着财产犯罪的法益的情况下,法益侵害的手段决定犯罪的性质。通常,

---

[1] 杜文俊:《财产犯刑民交错问题探究》,《政治与法律》2014年第6期。
[2] 李文峰:《贪污贿赂犯罪认定实务与案例解析》,中国检察出版社2011年版,第560页。

在行为人用欺骗手段直接占有他人财物（贿赂）的情况下，应构成诈骗罪，反之，行为人对"合法持有"的财物占为己有的，则应构成侵占罪。基于上述具有教义学意义的分类，对"截贿"行为的性质，可以作进一步分析。

（一）诈骗型的"截贿"行为

1. 无能力介绍贿赂

行为人并无介绍贿赂的能力，却谎称可以帮助行贿人行贿以谋取不正当利益，或者假借国家工作人员的名义向他人索要财物。形式上，委托人自愿将财物交予受托人用于行贿，但该自愿是被欺骗的结果，符合诈骗罪的一般逻辑结构，应构成诈骗罪。

[案例3]被告人周某，在2012年至2013年间，以帮助某公司办理项目建设用地审批手续为由，多次向公司负责人陈某索要人民币共计275万元。法院判决认为，被告人周某并没有为公司办理用地审批手续的能力或条件，多次以此为由向被害人索要钱财，并将钱款用于个人消费或者投资，其行为应构成诈骗罪。[1]

在买官卖官的腐败案件中，行为人谎称认识组织部门的某高官，可以为委托人调动提拔提供帮助。委托人信以为真，将款项交行为人用于行贿。"在这种情形下，由于其客观上只是实施了骗取他人财物的行为，而并没有实施介绍贿赂的行为，主观上其接受他人财物的目的是出于非法占有，而并不是按照送其财物者的意愿——疏通关系，所以其不构成介绍贿赂罪，其行为特征完全符合诈骗罪。"[2]

2. 不打算也没有实施介绍贿赂

行为人虽然客观上有介绍贿赂的能力（如熟悉可能的行贿对象），但并不打算也没有实施相关的请托行为，对委托人谎称行贿而占有请托人财物的行为，其骗取的性质也不难认定。

[案例4]汪某因聚众斗殴被公安局依法拘留。汪某的妻子找到当过局领导驾驶员的姜某，请姜某帮忙打点关系，以达到汪某被判缓刑或者免刑的目的。姜某提出要20万元打点关系，最差的结果是缓刑。汪某妻子给姜某20万元。但姜某并没有为王某一事进行"打点"关系，后汪某被判3年零6个月。案发后，检察机关以诈骗罪起诉，姜某的辩护律师辩称收钱是为了跑关系，应构成介绍贿赂罪。法院审理后认为，由于姜某收受20万元钱后并没有为王某之事行送过财物，其行为不构成介绍贿赂罪，其侵吞他人"打点"款的行为，构成诈骗罪，遂以诈骗罪判处有期徒刑4年6个月。[3] 行为人出于非法占有的目的，蒙骗行为人，将财物托付给自己予以转交，在行为人并不打算为介绍"打点"关系的情况下，说明行为人主观上一开始就有通过欺骗手段占有他人财物的故意。正如有学者分析指出的，"在诈骗不法原因给付物的情况下，由于诈骗行为在前，被害人的不法原因给付在后，没有行为人的诈骗行为被害人就不会处分财产，故被害人的财产损害是由行为人的诈骗行为造成，这就说明行为

---

[1] 参见"昆明市西山区人民法院(2014)西法初字第11号刑事判决书"。
[2] 林亚刚主编：《贪污贿赂罪疑难问题研究》，中国人民公安大学出版社2005年版，第237页。
[3] 参见"浙江省衢州市中级人民法院(2013)浙衢刑终字第204号刑事裁定书"。

人侵犯了他人财产,当然成立诈骗罪。"[1]

3. 没有转交财物谎称已经转交

行为人取得了请托人财物后,为请托人的利益进行了联系,但并没有向"受贿人"转交行贿款。有两种情况,一是未能找到"受贿人",委托人所谋取的利益没有实现,财物没有转交却谎称已经用于行贿。

[案例5]某甲的弟弟因犯罪而被检察机关起诉至法院,某甲打听到一个远房亲戚某丙关系多,便托某丙为其弟弟找人,并给其1万元用于给法官送礼。某丙未能找到熟人,某甲的弟弟被依法定罪量刑。某甲认为某丙没有办成事,向其索回用于送礼的1万元,但某丙谎称已经送礼用掉了而拒绝返还。某甲以侵占罪将某丙告上法院。法院审理过程中,存在着两种意见,一种意见认为,某甲是不法给付,某丙没有返还义务,该1万元属于犯罪之物,应当予以没收;另一种意见认为,某丙将某甲委托转交的财物非法占为己有,拒不退还,应构成侵占罪。法院采纳了第一种意见,作出了某甲交予某丙用于行贿的1万元,不负有返还的义务。[2]也就是说,受托人此时既不构成犯罪,也不具有财产的返还义务。

二是受托人利用关系实现了请托人的利益,但该款项并没有按照约定转交给国家工作人员,却对委托人谎称已经转交。

例如,有观点以律师要求当事人支付"打点费"为例作分析,某律师以案件处理需要"打点",向承办法官转送财物为名,收受委托人财物的,但实际上并没有转送财物,案件的处理结果也获得了当事人的认同,该行为的性质如何确定,对此有观点认为,如果行贿人把财物交给"介绍贿赂人",介绍人并没有把财物送给"受贿人",而是自己私自占有,并凭自己与"受贿人"的私人关系帮行贿人办成事。这种情况下,行为人并无介绍贿赂的故意,而是出于占有"贿赂"之目的,但行为人也并无诈骗之意,而是帮行贿人达到了目的,行为人不构成介绍贿赂罪,而是构成侵占罪。[3]也就是说此种情况下,受托人具有返还财产的义务。

笔者认为,上述判决和分析都是不可取的。形式上,委托人将财物交付给受托人是主动的、"自愿"的,受托人取得财物后也按照委托人意愿进行了联系,甚至实现了委托人所谋取的利益,但委托人并不是简单地将财物交给行为人保管,而是需要将该财物转交(处分)给"受贿人",而不是处分给受托人自己。虽然在转交之前,行为人似乎"合法持有"该财物,但如果行为人在没有将财物转交"受贿人"时,该财物的如何处分仍应由委托人决定,受托人只能根据委托人意志,受托人虚构财物已经转交给"受贿人"的事实,委托人失去了相应的处分权,行为人"合法持有"也就随之转化为"非法占有",应属于诈骗行为的一种手段。

4. "多收少送"占有部分款项

行为人从委托人处取得款物后,只将其中一部分用于行贿,另一部分占为己有。对此,虚报部分能否构成诈骗罪,司法处理不一。通常在认定为介绍贿赂后,不再作另外评价。

---

[1] 张明楷:《刑法分则的解释原理》(上)(第二版),中国人民大学出版社2011年第2版,第302页。
[2] 参见 姚万勤:《不法原因委托物能否成为侵占罪的对象》,《中国检察官》2011年第12期。
[3] 赵秉志主编:《疑难刑事问题司法对策》(第二集),吉林人民出版社1999年版,第349页。

[案例6]2012年11月初，被告人单某接到刘某的电话，称李某等因虚开增值税专用发票被某公安局经侦大队立案侦查，能否找人商量予以从宽处理。单某找到该经侦大队的大队长邢某，要求对李某等从宽处理。并许诺邢某，可以给予20~30万元的好处费。邢某答应帮忙。单某告诉刘某，"搭人情"需要40~50万元，刘某两次给单某47万元，单某给邢某20万元，自己留下27万元。后因案件重新审查，刘某要求单某返还47万元，单某称30万元给了邢某，剩下的17万元作了费用用掉了。案发后，单某退出赃款17万元。[1] 此案中，法院认定被告人单某构成介绍贿赂罪，但对其占有17万元没有作评价。

不过，实务中也有将"多收少送"的差额部分作为诈骗罪认定的。

[案例7]计某因贩毒被拘捕，计某亲属找到被告人茅某疏通关系，茅某称认识办案民警，送钱能够解决，先后从计某亲属处取得154 300元，其中，14 300用于行贿，15万元则虚构钱已经送出，实则占为己有。法院审理后认定，行为人以非法占有目的，谎称钱已经送出，其行为已经构成诈骗罪，此外，送出的14 300元构成行贿罪，数罪并罚决定执行7年6个月。[2] 此案中，法院对于其中占为己有的部分，判决认定成立诈骗罪。

笔者认为，后一种处理应该得到肯定。理由与前文分析一致，因为行为人占有的财物并没有用于行贿，所以该部分款物不属于贿赂的范围，而行为人对该财物也没有处分权，可以成为诈骗罪的对象。同时，受托人占有部分款物的行为与介绍贿赂的行为性质不同，无法为介绍贿赂所吸收。换句话说，"因为行为人获得财物的手段，属于虚构事实的诈骗手段，行贿者因为行为人的诈骗而多支出的'贿赂'，遭受了财产损失，受贿者因为行为人的诈骗而少收受'贿赂'，同样遭受了财产损失。尽管贿赂的财物属于赃物，但并不表明赃物在被追缴前其事实占有状态或所有权不受法律保护。"[3]

应当指出，虽然委托者基于不法原因，但这一原因不能削减行为人的不法，行为人不但客观上实施了欺诈行为，而且主观上的罪责一点都不比普通的欺诈轻。正如学者所指出，"从主观恶性的角度来讲，诈骗不法原因给付的行为人主观恶性表现为不劳而获、空手套白狼地骗取并占有他人财物，这种恶性并不能因其与被诈骗者所处的民事关系的不法得到宽宥；相反，利用非法的关系进行诈骗，其手段甚至比一般的诈骗在恶性程度上有过之而无不及，所以刑法不将其认定为犯罪是难以让人接受的。"[4]

（二）侵占型的截贿

介绍贿赂的案件中，受托人能否成立侵占罪，持否定观点的学者认为，"对于需要转付的犯罪工具，给付人将其交给受付人，目的不是让受付人保管，而是让其尽快转送出去，以达到犯罪目的（如谋取贿赂带来的利益、买到毒品），因此，此类财物难以被解释成'代为保管的他人财物'，而将其定性为犯罪过程中的工具性财物更为合适。当受付人恶意侵占此类财物

---

[1] 参见"辽宁省东港市人民法院(2015)东刑初字第00163号刑事判决书"。
[2] 参见"安徽省安庆市中级人民法院(2014)宜刑重终字第00001号刑事判决书"。
[3] 肖中华：《贪污贿赂罪疑难解析》，上海人民出版社2006年版，第244页。
[4] 周威坤：《不法原因给付与诈骗罪》，《福建警察学院学报》2011年第3期。

时,可以认为是侵害了原初的占有(持有),应定更严重的罪而不宜定较轻的侵占罪"[1]。还有观点认为,根据非法占有目的产生接受财物前还是接受财物后,分别认定为诈骗罪和侵占罪。这固然有些道理,但"行为人的非法占有目的是产生于接受给付时还是之后,往往很难证明,而难以查明结果,不应导致罪与非罪截然不同的结论。"[2]肯定的观点认为,刑法上的所谓"合法持有","仅仅是指手段上排除非法取得,而不包括对财物性质的评价,要求财物本身也要排除合法性。"因此,"介绍贿赂人在转送贿赂过程中经手的贿赂财物,应视为行贿者合法委托保管的财物,介绍人将之据为己有,应成立侵占罪。"[3]

笔者认为,受托人的"截贿"行为往往与欺骗行为相联系,因此,一般不构成侵占罪,但也不能完全排除侵占罪的成立。行为人取得为委托人的财物,本用于特定的用途,在按照委托人意图转交之前,该款并不是贿赂,而是由行为人经手保管的财物,在没有使用欺骗的手段占有该款物的情况下,仍有可能成立侵占罪。

实务中,构成侵占行为的"截贿"主要是行为人出于介绍贿赂的故意接受了财物,但后来因为种种原因,并没有实施介绍贿赂的行为,在委托人要求归还的情况下,拒不归还。如行为人一开始并没有明确的行贿对象,接受请托人请托予以寻找对象,在没有找到行贿对象的情况下,该交付的款项并没有成为贿赂,应该予以返还委托人,行为人拒不归还的,应构成侵占罪。又如,行为人接受了请托人的财物,为其进行财物的转交,但还没有转交,所请托的事项已经有了结果,已经不需要行贿,请托人要求返还,行为人不予归还的,同样可以构成侵占罪。

(三) 事后不可罚的"截贿"行为

行贿人为谋取不正当利益,委托行为人向行贿对象转交财物,但遭到拒绝,行为人乘机将全部贿赂"截留",占为己有,对行贿人谎称贿赂已经转交。对此,有观点认为,"在该情况中,行为人实施介绍贿赂最初并无'截留'贿赂物的故意,是在替行贿人保管贿赂物后才产生'截留'故意的,因此完全符合侵占罪的主客观要件。"[4]

笔者不能认同这种观点,受托人已经按照委托人意图实施了行贿行为,无论国家工作人员是否接受,在国家工作人员没有收受或者退还的情况下,受托人是将返还给委托人抑或受托人自己私吞,都不能改变该款项已经成为贿赂的性质,即都属于应该没收的赃款赃物,无论是委托人还是受托人,都是赃物犯罪的本犯,受托人也没有返还该财产的义务,因此,其私吞行为不单独构成财产犯罪。可以在介绍贿赂罪或者行贿罪中得到评价,该贿款则应予没收。

(四) 不构罪的"截贿"行为

1. 随意使用委托交付的款项后归还的

行为人获得委托款以后,并没有转交,而是私自随意使用。我国学者指出,"在规定用途

---

[1] 陈灿平:《谈侵占罪中刑民交错的两个疑难问题》,《法学》2008年第4期。
[2] 杜文俊:《财产犯刑民交错问题研究》,《政治与法律》2014年第6期。
[3] 肖中华:《贪污贿赂罪疑难解析》,上海人民出版社2006年版,第244页。
[4] 李希慧主编:《贪污贿赂犯罪研究》,知识产权出版社2004年版,第280页;赵煜:《惩治贪污贿赂犯罪实务指南》,法律出版社2012年版,第588页。

而委托金钱的场合,受托人随意使用金钱的行为难以被认定为侵占,这是由金钱的特殊性决定的。只有当受托人拒不归还或无等额金钱归还时才能论之以侵占。"[1]由于转交贿赂并非行为人的义务,不转交行为不成立犯罪。又因为该款没有用于行贿,所以也就没有成为赃款,行为人违背款物的既定用途随意使用行为,尚无法进行刑法评价。只有行为人随意使用后,拒不归还的情况下,才有可能构成侵占犯罪。

2. 委托人没有指定款项用途的

委托人为谋取不正当利益,请托行为人帮助联系国家工作人员,并给予所谓"活动经费",该费用并没有指定用途。对于委托人而言,往往关注的是不正当利益的最终取得,至于交付的款物行为人如何处理,在利益实现的情况下,行为人有无用于行贿,用多少钱行贿,并不特别关心,甚至交付的款项中也心照不宣地包含了所谓"介绍费"或"辛苦费"。如果行为人利用与国家工作人员的特定关系,没有通过行贿就为请托人谋取了不正当利益,事后将所谓"活动经费"占为己有的,应当据此认定为利用影响力受贿罪。而如果行为人将其中一部分款项占为己有的,应当认定为行为人介绍贿赂所得,作为非法所得没收。

本文的结论

分析至此,一开始所涉及的几个问题大致可以得出如下结论性的答案:(1)受托人("截贿"者)收到委托人用于行贿的财物后实施行贿前,该财物尚未成为贿赂款(犯罪工具性财物),可以成为诈骗罪或者侵占罪的对象。(2)委托人将财物给予受托人不属于不法给付,也没有处分给受托人,而是委托转付。没有实施行贿的情况下,委托人有权要求归还。(3)"截贿"行为是否需要刑法作单独评价,不能一概而论,视受托者有无实施行贿行为而定:将全部款项用于行贿后有"截贿"行为的,不需要单独评价;反之,没有实施行贿或者只将部分款项用于行贿的,则应当单独评价。(4)"截贿"行为视取财的手段,既可能构成诈骗罪,也可能成立侵占罪,在单位行贿的情况下,受托人甚至不排除贪污罪的可能。

---

[1] 王骏:《不法原因给付问题的刑法实像——以日本法为中心》,《法学论坛》2013年第3期。

对不断出现"许霆案"的反思：
急需修订侵占罪

李晓明

摘　要： 自 2001 年以来尤其是 2006 年以来，"许霆案"不断发生，特别是于德水案及其判决的出现进一步提示人们：此类案件屡办屡犯且案件又如此难办，是否应当反思是不是我们的立法出了问题。本文对何鹏、许霆、于德水等案件进行了深入分析和反思，认为此类案件的性质是侵占不是盗窃，不仅在量刑上存在极大困难，而且存在以量刑"绑架"定罪的嫌疑，甚至办案程序包括在法定刑以下判处的"核准程序"也存在问题。特别强调提出，许霆案的处理过程过于功利，只关注个案，没能及时修订"侵占罪"的立法，而且在社会上尤其是在法律诚信和严格依法办事上造成了很坏影响，种种教训值得反思。本文主张，应坚持定罪与量刑两分离，严格遵守"罪刑法定"和"无罪推定"，重视公民个人权利的保护。

关键词： 许霆案　盗窃罪　侵占罪　罪刑法定　司法程序　定罪与量刑分离

2006 年 4 月 21—22 日因广州市商业银行[1]天河区黄埔大道西平云路 ATM 机的故障，许霆和郭安山分 171 次取款 17.5 万元。事发后公安机关网上追逃许霆，被抓获后的许霆也表示愿意退赔银行的损失。2007 年 12 月 17 日〔2007〕穗中法刑二初字第 196 号刑事判决书以"盗窃罪""判处许霆无期徒刑，剥夺政治权利终身，并处没收个人全部财产"，许霆上诉后广东省高级人民法院（简称"省高院"）于 2008 年 1 月 9 日〔2008〕粤高法刑一终字第 5 号刑事裁定"撤销原判，发回重审"，2008 年 3 月 31 日〔2008〕穗中法刑二重字第 2 号刑事判决以"盗窃罪""判处许霆五年有期徒刑，并处罚金 2 万元"，许霆再次上诉后广东省高级人民法院于 2008 年 5 月 23 日〔2008〕粤高法刑一终字第 170 号"维持原判"，最高人民法院（简称"最高院"）于 2008 年 8 月 20 日〔2008〕刑核字第 18 号刑事裁定书"核准"。至此，许霆"盗窃案"画上句号，但学界对此案一直争论不休。

其实，早在 2001 年 3 月 2 日云南省公安专科学校大一学生何鹏发现自己仅有 10 元的银行卡多了好几个"0"，于当天晚上和第二天在建行、中行、工行的取款机上分 224 次取款 42.97 万元，2002 年 7 月 12 日曲靖市中级人民法院以盗窃罪判处何鹏无期徒刑，何鹏上诉后于同年 10 月 17 日云南省高院二审驳回上诉、维持原判。许霆案件发生后，2010 年 11 月 24 日云南省高级人民法院对何鹏案进行了改判，判处何鹏有期徒刑 8 年 6 个月，并处罚金 3 万元。十多天后，此判决经最高人民法院核准后生效。

---

〔1〕广州市商业银行是由市政府控股的股份制商业银行，成立于 1996 年 9 月 17 日。

"许霆案"发生后,山东、南京等全国各地多处发生类似"许霆案"的情况,以致引起社会与法学界的持续思考。尤其是去年广东又出现了一个"二许霆案"——惠州"于德水案",2013年10月30日德水用其邮政储蓄银行卡到惠阳区某邮政储蓄银行ATM柜员机存款,几次存入300元均遇现金被退回,后在柜员机上查询发现账户余额在增加。于是于德水先后如此17次操作存款,并恶意取走9万元,案发后退还9.28万元。2014年3月12日惠州市惠阳区检察院向法院指控于德水犯诈骗罪,2014年10月16日惠阳区法院〔2014〕惠阳法刑二初字第83号刑事判决以"盗窃罪""判处于德水有期徒刑三年,缓刑三年,并处罚金1万元"。宣判后惠阳区检察院提出抗诉,惠州中院在审理过程中,惠州市检察院认为抗诉不当,向惠州中院撤回抗诉。惠州中院认为,依法裁定准许惠州市检察院撤回抗诉;惠阳区法院原判决自本裁定送达之日起发生法律效力。案件了结,但再次引起对此类案件争议。

近十年了,不仅法律界和学界,包括社会和网民们一直以来对不断出现的"许霆案"议论纷纷,甚至有许多激烈讨论和反对的声音。广东律协曾召开"网络计算机刑事犯罪研讨会",专题研讨许霆案,国内十余名知名专家参加,超过80%的与会者认为许霆的行为不构成犯罪,超过90%的与会者认为许霆案将推动立法走向完善。[1] 也有业内人士称,"对于许霆的案子,一百个人有五十个观点。"[2] 难道类似"许霆案"就如此夸张和难判吗?本文想就此问题做些反思,并从法律规定和法理上做些分析,以求教于各位同仁。

一、定性错误的反思:究竟是盗窃罪还是侵占罪?

对"许霆案",包括何鹏案,乃至去年的于德水案等,在事实上是没有什么争议的,可以说主要争议是在对于案件的定性上。当初,对许霆案的性质分析与认定罪名主要包括盗窃、诈骗、信用卡诈骗、侵占等,但最终集中在盗窃、诈骗和侵占上。这里,我们就这三个罪名进行深入讨论。

(一) 盗窃罪及其认定:"许霆案"并不构成盗窃罪

我国《刑法》第264条对"盗窃罪"的规定是:"盗窃公私财物,数额较大的,或者多次盗窃、入户盗窃、携带凶器盗窃、扒窃的,处三年以下有期徒刑、拘役或者管制,并处或者单处罚金;数额巨大或者有其他严重情节的,处三年以上十年以下有期徒刑,并处罚金;数额特别巨大或者有其他特别严重情节的,处十年以上有期徒刑或者无期徒刑,并处罚金或者没收财产。"[3] 所谓盗窃罪是指以不法所有为目的,窃取他人占有的数额较大的公私财物,或者多

---

[1] 黄顺宁:《广东律协研讨许霆案8成与会者认为许霆没罪》,http://www.ycwb.com/ycwb/2008-03/04/content_1813537.htm. 阅读网站时间:2015年8月26日。

[2] 黄尔梅:《许霆案100人有50个观点 应尊重判决》,http://news.qq.com/a/20080307/003101.htm.

[3] 2011年2月25日全国人大常委会《中华人民共和国刑法修正案(八)》第39条修订增加了"入户盗窃、携带凶器盗窃、扒窃"成立盗窃罪的规定,并删除了1997年原刑法条文中"盗窃金融机构,数额特别巨大"或者"盗窃珍贵文物,情节严重"的"处无期徒刑或者死刑,并处没收财产"的规定,废除了盗窃罪死刑。

次盗窃、入户盗窃、扒窃公私财物的行为。[1]当然,在《刑法修正案(八)》之前关于盗窃罪的表述:是指以不法占有为目的,窃取他人占有的数额较大的财物,或者多次窃取的行为。[2]而且,有学者专门解释了"窃取"一词的含义。"窃取是指违反被害人的意志,将他人占有的财物转移为自己或第三者(包括单位)占有。"并认为,"盗窃行为并不限于秘密窃取。"但我国刑法学主流观点认为"盗窃"就是"秘密窃取"。如有学者指出:"盗窃罪,是指以非法占有为目的,秘密窃取数额较大的公财物的行为。""所谓秘密窃取,是指犯罪分子采取自认为不使财物的所有者、保管者发觉的方法,暗中窃取其财物。这是盗窃罪不同于抢劫、抢夺、诈骗罪的主要特点。当然,在进行盗窃时,也可能事先施展某种骗术,借以转移被害人的注意力,但只要是在被害人不知道的情况下取得其财物,就仍然属于盗窃,而不是诈骗。"[3]由此展开了许霆的行为是否属于"盗窃"的争论,争论的核心有两个:(1)盗窃是否必须是以"秘密窃取"为充要要件;(2)许霆等的行为是否属于"秘密窃取"。

首先我们来看第一个问题,盗窃是否必须以"秘密窃取"为充要要件。根据《新华字典》,"窃"的本义是"偷"。它是一个会意字,意思从米,以米为穴,意为虫在穴中偷米吃。又如窃窥(偷看)、失窃(财物被人偷走)、偷窃(盗窃,用不合法的手段秘密取得)、窃药(偷药)、窃食(偷吃)、窃听(偷偷地听)、窃笑(偷偷地笑)、窃取(偷偷地拿走)等。而"盗"的本义是指"盗窃,偷东西"。在《辞海》中,"盗窃"二字就是指"偷盗,偷窃,盗窃犯,盗窃公物"等。由此可见,无论"盗"和"窃"抑或"盗窃"都离不开偷偷、私下和秘密之意。因此,我国主流刑法学的观点,"盗窃"就是"秘密窃取"十分准确,并没有什么不妥。相反,"窃取是指违反被害人的意志,将他人占有的财物转移为自己或第三者(包括单位)占有"的解释,如果将抢劫和抢夺都以此为解释,会不会有什么矛盾之处。假如这样,又如何区分盗窃罪与抢劫罪和抢夺罪呢?显然,"盗窃行为并不限于秘密窃取"的观点是有待于商榷的,通常情况下也是难以成立的。由此可见,"盗窃"是"秘密窃取"这一主流刑法学的观点是严密的、可靠的,尤其是它将"秘密窃取"描述为"不使财物的所有者、保管者发觉的方法,暗中窃取其财物"更是准确无误。因此,盗窃罪是"秘密窃取"无疑。

接下来我们看第二个问题,许霆等的行为是否属于"秘密窃取"。众所周知,在许霆案件中,许霆是用银行给予的账号和密码进入的ATM机,这本身是一种正当的合法行为,更没有偷偷进入的任何行为,因此并不符合"秘密窃取"的情况。再者说了,许霆的行为在ATM机里都是有记录的,哪是在"秘密窃取"呀?完全是在符合银行与储户成立"合同"的要求下进行的一切正常业务活动,再者说了银行与储户的"合同"里并没有禁止客户拿走"多给、错给"等多余的钱,许霆拿走这些钱又违背了哪一条法律和合同了?反过来讲,假如ATM机在许霆存钱的过程中输错了钱,将许霆存入的1 000元计算成了100元,如此是否ATM机或是银行也构成"盗窃罪"了呢?显然不能。再举一个例子,假如不是在ATM机上,许霆是

---

[1] 李晓明主编:《中国刑法分则》,清华大学出版社2013年版,第252页。
[2] 张明楷:《刑法学》(第三版),法律出版社2007年版,第724页。
[3] 高铭暄:《刑法学》,法律出版社1982年版,第486、487页。

在银行的柜台上取钱,营业员错把1 000元的取款数成了1万元交给许霆,许霆也存有贪欲或没有贪欲拿起钱来没看就走了,那么许霆难道也构成盗窃罪吗?类似的情况还有,仓库里的保管员把100件货物错当1 000件发货了,取货的人也存有贪欲或没有贪欲把货拉走了,那么取货的人难道也构成了盗窃罪?这不是岂有此理吗?因此我们认为,许霆的行为根本不符合"秘密窃取"的基本要件,更不属于盗窃罪。否则,像我国主流刑法学所认为的,"秘密窃取"是"盗窃罪不同于抢劫、抢夺、诈骗罪的主要特点",也是盗窃罪和侵占罪的主要区别。同样的情况,像何鹏发现自己卡上多了钱取走,以及于德水利用ATM机的损坏情况多次存钱没能存进而导致机子卡内的钱数增多,从而取走更多的钱等,均不属于"秘密窃取",更不属于"盗窃"行为,因为他们的操作都不是在秘密情况下进行的,是符合双方"合同"的一种有效行为,就取钱存钱行为本身而言,起码不是一种违法行为,更不属于一种犯罪行为。当然,他们取了本不属于自己的多余的钱,或许构成不当得利,那只能先按照"债务纠纷"或民事行为予以处理;假如许霆等人不予返还,银行首先能进行的也只是到法院起诉,追要属于自己的财产。诚然,假如躲避债务构成侵占,也必须以司法机关出面追要为前提,这是我国侵占罪构罪的基本标准。在许霆等案件中,所谓的被害人根本没有进行这些"民事诉讼"和"司法机关代为追要",而是直接报案,甚至许霆提出向银行还钱银行都不肯收,非要追究许霆等人刑事责任。反过来讲,又有谁追究银行方面"不提供高质量服务"的"违约"责任呢?所以,在类似"许霆案"等案件处理上,是极其错误的,不符合法律规定的。

(二) 诈骗罪及其认定:"许霆案"也不构成诈骗罪

在许霆案案件的讨论中,有人认为许霆构成诈骗罪。包括在于德水案件中,检察机关就是以"诈骗罪"提起的诉讼。由此可见,在"许霆案"的性质认定中诈骗罪还是有一定市场的,因此我们先来看看诈骗罪的刑法规定。我国《刑法》第266条:"诈骗公私财物,数额较大的,处三年以下有期徒刑、拘役或者管制,并处或者单处罚金;数额巨大或者有其他严重情节的,处三年以上十年以下有期徒刑,并处罚金;数额特别巨大或者有其他特别严重情节的,处十年以上有期徒刑或者无期徒刑,并处罚金或者没收财产。本法另有规定的,依照规定。"通常认为,所谓诈骗罪是指以不法所有为目的,使用虚构事实或隐瞒真相的方法,骗取数额较大公私财物的行为。[1] 由此可见,诈骗罪的基本行为特征和构造是:行为人以不法所有为目的实施欺诈行为;从而使对方产生认识错误,进而基于错误认识去自愿处分自己的财产;最终行为人取得他人财产,致使他人遭受财产上的损失。显然,诈骗罪中的核心行为特征是"欺诈行为",既包含虚构事实的欺诈也包含隐瞒真相的欺诈,这二者既可以是虚构、隐瞒过去的事实、真相也可以是虚构、隐瞒现在或将来的事实、真相。总之,"欺诈行为"的实质就是致使对方陷入处分财产的错误认识,最终自愿处分自己财产的行为。

然而,在"许霆案"中一方面行为人有欺诈行为吗?另外一个方面,是谁被骗而主动自愿地处分自己的财产呢?是银行还是ATM机?只要许霆等人或被害人具备了这些条件,许霆等人也就构成"诈骗罪"了。如上所述,许霆等人都是用银行给予的账号和密码进入的

---

[1] 李晓明主编:《中国刑法分则》,清华大学出版社2013年版,第259页。

ATM机的,这一行为并没有违反任何"合同"条款和国家法律,可以说没有任何"欺诈行为"。正如黎宏教授所言:"行为人在整个行为操作过程中,都是按照银行的要求进行的,使用的是自己名义的真实的银行卡,输入的是自己事先所设定的密码,在整个取款过程中都没有任何的造假或者隐瞒行为。"[1]或许有人会说,许霆等人明明知道自己卡里没有那么多钱,而是通过存钱或取钱的方式虚构了那么多钱,从而取走并占为己有。我们认为,一方面这些多出来的钱并非虚构,而是银行或ATM机"错给、多给"的钱,如上所述ATM机并非活体人,也不可能完成所谓"自愿处分"自己的财产,再者,产生这种"错误"(并非"认识错误")也不是许霆等人导致的,而是其自身损坏导致,这与许霆等人的行为根本没有任何关系;另一方面许霆等人在ATM机上操作的任何行为都是符合双方"合同"约定的,也并不违背任何法律,即便是有贪欲或占有他人财产之目的,但并没有实施任何违约或违法行为。难道说有贪欲或占有他人财产之目的就一定是诈骗吗?难道恶意占有他人财产就不能是民事上的"债务纠纷"或"不当得利"及"侵占行为"吗?显然,许霆等人没有实施任何"欺诈行为",更没有任何违法或者违反"合同"约定的行为,根本不构成"诈骗罪"。

而且,在司法实践中,包括在许霆案件中、何鹏案件中,尤其是在于德水案件的司法处理中,法院都没有认同"诈骗罪"的观点,均认定为"盗窃罪"。虽然认定"盗窃罪"也未必正确,但不认定"诈骗罪",尤其是由起诉的"诈骗罪"纠为"盗窃罪",本身也是对我们不主张认定"诈骗罪"观点的有力支持!

(三) 侵占罪及其认定:"许霆案"法理上应定侵占罪

我国《刑法》第270条关于"侵占罪"的规定是:"将代为保管的他人财物非法占为己有,数额较大,拒不退还的,处二年以下有期徒刑、拘役或者罚金;数额巨大或者有其他严重情节的,处二年以上五年以下有期徒刑,并处罚金。""将他人的遗忘物或者埋藏物非法占为己有,数额较大,拒不交出的,依照前款的规定处罚。""本条罪,告诉的才处理。"而且在刑法教科书中,侵占罪是指将代为保管的他人财物非法占为己有,数额较大,拒不退还的;或将他人的遗忘物或者埋藏物非法占为己有,数额较大,拒不交出的行为。[2] 按照我国《刑法》第270条的规定,侵占罪目前有两种类型,一是《刑法》第270条第1款的普通侵占,即代为保管物;二是第2款的侵占脱离占有物,即遗忘物和埋藏物。此两种类型的侵占在构成特征与成立条件上明显不同,司法解释将这两种情形归入一个罪名,有失妥当,足见立法的粗疏。

由上述可知,根据《刑法》第270条第1款认定侵占罪有两个核心点:(1) 将代为保管的他人财物非法占为己有;(2) 拒不退还的。两个条件应同时具备,缺一不可。当然,《刑法》第270条第2款作了补充规定,"将他人的遗忘物或者埋藏物非法占为己有",也应认定为侵占罪。但是,《刑法》第270条第2款并没有规定"错给多给的财物,而且拒不交出的"的第三种情况。因此严格讲,从法理上说,"错给多给的财物,而且拒不交出的"可以认定为侵占罪,但如果按照"罪刑法定"的基本原则来要求,既然法律没有明确规定,也只有修改、完善之

---

[1] 黎宏:《也谈在取款机上恶意取款的行为定性》,《检察日报》2008年1月18日。
[2] 李晓明:《中国刑法分则》,清华大学出版社2013年版,第264页。

后才能定罪,也即有了"明文规定"之后才能追究其刑事责任。所以,许霆、何鹏和于德水等人,尽管其行为的确具有"社会危害性",但由于刑法没有明文规定,再加上许霆、何鹏和于德水等人也都表示过要归还不属于自己的多出来的"银行的钱",也即不符合《刑法》第270条"拒不退还"的规定,故完全没有追究其刑事责任的必要。包括这些案件中银行的过错,以及ATM机制造商的过错等,又有谁去追究了呢?

因此,作为一个法治的社会,处理一切法律事务、问题案件,一定要一切从法律规定出发,而不是从所谓"道理""感情"更不能只从"社会危害性"出发,否则就严重违背《刑法》第3条所规定的"罪刑法定原则",这样不仅没有维护法治,甚至破坏了法治。这从许霆、何鹏出狱的情况,以及一家因该案的处理过程、经历和遭遇均可有所启示。

先说许霆出狱后的生活及家庭,其父许彩亮坦言:"国家法制进步比小家庭重要。""许霆欠缺正义感,总觉得能假释就行。他没想到为国家能有最好的法律,我们付出什么都是应该的。""当然了,这个事情从开始到现在我一直要的就是一个说法。结果到现在还没有说法。我是一直不同意认罪的,他现在出来,早出来一段,没有什么意义。"[1]而许霆却认为:"法律不可能没有欠缺。但是我认为我对法律能说的能做的都说了做了,剩下的事情是研究法律的人去做,我哪里能做那些事情。是那些法律专家去考虑的问题。我对法律都不懂得,这不是我考虑的问题。""诚实,但是我也撒过谎。特别是对这个案子。我一直没说过我撒谎,第一次我承认我撒谎。这里面有撒谎,但这个谎言有苦衷,不方便说,就让它成为永远的谎言吧。"[2]就连采访许霆和许霆父亲的记者也坦言:"他的案件在2008年广受关注,引起了一个全国性的讨论。在出错的ATM机上取出了不属于自己的巨款,到底应该承担什么样的责任?""从无期到五年,到假释,许霆案的进展备受关注。许霆案也成为一个标志性的词汇,其他的类似案件往往被冠以某某许霆案的标记。""许霆虽然提前获释,但如何修缮有关'取款机出错'的法律,仍毫无动静。如何理清银行与公民的权、责;如何保护公民的'无恶意行为',如何不产生'司法恐慌',这一切并未因许霆出狱,而获得答案。"众所周知,当事人及其家属是最知道其中的"酸甜苦辣"的,记者也是最贴近百姓生活,揭露社会时弊的。因此,从他们的对话,以及社会百姓的感受和议论等,作为法律的研究者我们应该做些什么?

我们再来看看何鹏出狱后的生活与家庭,何鹏对记者说:"家里的状况接近崩溃了,负债累累。""(父母)他们卖了房子,为了我这个事情欠了好多债。我妈天天去上访,还被人打。我这次见到他们,觉得他们老了很多。"在谈到"认罪"问题上何鹏说:"我没有罪。我一直这么认为,我犯了一个大错误,但是应该不至于牵涉到刑法。""2009年7月的时候,我有一次减刑机会,要减两年零六个月。结果报上去,法院说我不认罪,这个减刑就没有批。"从"无罪申诉"到"有罪申诉"是"法院要这样写的。为了让我出来,所以就按照法院的要求写。我父母从来没有认为我有罪。"[3]

---

[1] 张寒:《许霆父亲:国家法制进步比小家庭重要》,《新京报》2010年08月03日。
[2] 张寒:《许霆:我在案件中撒过谎 不想再去碰ATM机》,《新京报》2010年08月03日。
[3] 张寒:《"云南许霆"何鹏出狱 计划申请国家赔偿》,《新京报》2010年1月17日。

当然，也有人认为，"何鹏案与许霆案'同'也'不同'。同的是都是由于银行柜员机出现故障而'飞来横财'，不同的是，许霆案是通过许霆自己的'主动行为'将银行的钱变成自己的钱。而何鹏案的100余万是在他没有采取任何行为之前，就已经转移到了他的账户中，这属于典型的'不当得利'"[1]。其实，何鹏案与许霆案还有六点相同的是：(1) 二者都是用的是银行给与的账号和密码；(2) 二者都没有改变银行的存款数字；(3) 二者之所以能够取款都是银行方面没有很好"履约"——提供高质量的服务；(4) 二者在司法定性上都没有充足明确的法律根据；(5) 二者都没有坚定地执行"罪刑法定原则"；(6) 二者都执行了《刑法》第63条第2款的规定，并得到最高法院的核准。尤其是何鹏案，从他家人全额返还该款项来看，并没有造成任何实际的社会危害，但却在2001年被判处了"无期徒刑"。而根据当时认定一个犯罪的理论标准是"社会危害性"，也即社会危害是犯罪能否成立的主要考量标准。包括在我国的民事法律体系中，"不当得利"之债是民事债务的主要形式之一。而在何鹏案与许霆案的处理过程中，尤其是中级法院、高级法院和最高法院的司法文书中，包括在动用《刑法》第63条第2款"在法定刑以下判处"的"减轻处罚"规定中，均未提及银行"责任"和"过错"，更没有人尝试启动民事中"违约责任"的诉讼，而是一味地、牵强地、硬性地将其认定为"盗窃罪"，而又不能充分地说出认定盗窃罪的"判决书说理"。包括最高人民法院2008年8月20日〔2008〕刑核字第18号刑事裁定书中通篇还是叙述的案件事实，而真正到关键的说理段落却是"草草而过"，其中使用的"非法取款"很没有说服力。什么叫"非法取款"？试问用银行给我的账号密码取款，违反了哪部法律？在一定程度上，中国的法律给广大公民的印象是怎么会这样不讲道理！接下来"并携款潜逃的行为，已构成盗窃罪"的表述更是没有任何说理性，完全不能"以理服人"，难怪该案发生法律效力后遭到学界和百姓的"群起而攻之"。网民们就讲，我们不懂法律，但许霆案件却告诉我们一个简单的道理，"中国的法律简直没有正经事，生从一个'无期徒刑'降为'5年有期徒刑'"。看看，一个不懂法律的人都能切实地感觉到这样操作和适用法律其中的问题，而我们的司法机关还一再为自己认定"盗窃罪"而"狡辩""找理由"。最终导致无数个"许霆案"出来没法收拾，甚至屡次动用《刑法》第63条第2款。要知道，我国规定《刑法》第63条第2款的立法目的并不是为类似"许霆案"这类问题而设置的，主要是针对涉及国家利益的"间谍、情报案件"及"外交利益"而设置的，倒是一味地被用在了国内的普通案件，而且对此使用一发而不可收。从逻辑上讲，如此情况的出现，不是"立法出了问题"就是"司法出了问题"，因为这是一个极为不正常的现象，然而至今没能引起立法机关的重视和注意，甚至使司法屡遭"尴尬"。这不能不引起我们的深度反思！

从法理上讲，何鹏案与许霆案本身就是一个"侵占"问题，由于非要认定"盗窃罪"，就搞得如此"鸡犬不宁"，尤其是以"损害法治"和"不执行'罪刑法定原则'"为代价，只是为了一个所谓的"个案公正"或为了"威慑"人们"不要再动银行的念头"，甚至根本不考虑银行与客户的"合同"效力或银行及ATM机制造商的过错等等，这些"非法治"思维给我国司法机关和整个社会带来的"不信任法律"的严重后果，实在是得不偿失。

---

〔1〕 洪扬：《云南版许霆案当事人获释 父母订30桌酒席接风》，《都市时报》2010年1月16日。

二、量刑困难的反思：从无期直接减至五年有期？

在量刑问题上，许霆案与何鹏案均从"无期徒刑"转变为"5年有期徒刑"或"8年有期徒刑"，甚至于德水案件从实刑到判处缓刑等，都是围绕该类案件的量刑进行的"精心策划"。如上所述，由于定罪性质的争论或定罪性质的错误，最终导致了量刑上的极度困难，竟然出现了从无期徒刑到实刑、由实刑到缓刑的不正常情况。

关于定罪与量刑的关系，我国在刑法执行之初更加重视的是定罪，而相对轻视量刑。一方面这是刑事法治进程中必然经历的阶段，也是司法建设过程或进程的一般规律；另一方面也是因为定罪的标准是由全国人大通过制定刑法典的方式确定的，而量刑属于司法实践，是由各地法院确定的，毕竟需要一个司法实践的积累，以及司法运行中"量刑指南"的司法解释与规则的规制与指导，需要一个司法认知与进步的过程。其实，定罪与量刑不仅是个实体问题，更是一个程序问题。尤其是在一个国家法治的初级阶段，不仅表现为"重定罪轻量刑"，甚至表现为"定罪量刑合一"。根据我国现行刑法和刑诉法的规定，这种"定罪量刑合一"的程序基本表现在：(1) 公诉人宣布起诉书，被告人或辩护人对被指控的罪名进行辩解；(2) 控辩双方举证和质证；(3) 由控辩双方及被告人就审理查明的案件事实进行归纳，法庭对双方均无异议的定罪情节予以采纳；(4) 控辩双方就量刑情节举证、质证与辩论，被告人或者辩护人归纳自己所具备的从轻、减轻处罚量刑情节，并就量刑问题提出建议和陈述；(5) 法庭合议后作出判决，并说明量刑理由。甚至在执行1996年刑诉法期间，刑事辩护的基本上是以"定罪"辩护的内容为主，用传统观念来表述就是"定罪性质搞准了，量刑也就八九不离十了"，因此很少对"量刑"辩护进行"精细化"操作。显然，"许霆案"却使我们在同一个案件中看到了"从定罪极端"直接走向了另一个极端——"量刑极端"的"残酷例证"。即从一开始定"盗窃罪"的"无期徒刑"，经历了民众包括网民不认可的"阵痛过程"，最终走向"用量刑绑架定罪"的"五年有期徒刑"，从而使民众包括网民更加"不信任法律"，如此既破坏了"法治"，又使我们的司法失去了"威信"。

我们知道，在普通法系中尤其是美国在定罪程序和量刑程序上是相互分离的，即只有在陪审团确定被告人有罪的情况下，法官才能启动量刑听证程序。"定罪程序"主要包括：(1) 罪状认否程序，被告人，可以做出有罪答辩、无罪答辩和不予争辩的答辩，法庭、控方和辩护律师将分别作出准备；(2) 挑选陪审员程序，具体包括随机初选和严格的"庭选"；(3) 开场陈述程序，是指在法庭审理中控辩双方向法庭所作的第一次陈述，检察官先陈述辩护律师后陈述；(4) 起诉方举证程序，起诉方应当向法庭提供证据以支持控诉，包括出示物证和传唤证人出庭作证；(5) 辩方举证程序，对辩护方传唤作证的证人，同样由辩护方和起诉方进行直接询问和交叉询问，但不要求被告人在法庭上提供证言；(6) 总结辩论程序，证据调查之后，由控辩双方作总结辩论；(7) 法官指示陪审团程序，内容包括陪审团的职责和义务，与案件有关的法律，由证据引起的争议，解释有关法律术语的确切含义等；(8) 陪审团评议程序，由法官指定陪审团长或告知陪审团选出一名陪审团长和一名副团长，然后全体陪审员进入评议室进行评议,最终告诉法官评议结果。量刑程序主要包括:(1)公诉人发表量刑意见及其理由,并提供有关的量刑信息;(2)被害人到庭叙述犯罪行为对其造成的伤害后果(不能继续工作、不能继续参加夜校学习等);(3)被告人的律师发表量刑建议及其理由,并提供相关的量刑信息(律师向法庭递交被告人的家庭成员、前雇主递交的书面材料);(4)法官询问被告人有无量刑意见;(5)法官向监视官(也译为缓刑官)了解其掌握的有关被告人的情况(包括前科等);(6)法官参考(马塞诸塞)州量刑指导意见,遵循以下量刑步骤,第一步是确定犯罪行为严重程度,第二步是确定犯罪前科类别,第三步是找到该犯罪行为在量刑指导网格中的合适位置,第四步是确定量刑结果;(7)法官宣布量刑结果,并详细说明量刑理由。[1] 显然,这是典型的定罪量刑分离模式。

由上述对比可以看出,无论我国的"重定罪轻量刑"或是"定罪量刑合一"或是"用量刑绑架定罪",都必然造成或者定罪成为整个刑事案件审判的中心,或者定罪被量刑绑架的局面。无论哪一个模式,被告人、辩护人、被害人和社会公众及缓刑官[2]对刑事审判的量刑决策过程参与不足。正如有学者正对"定罪量刑合一"模式指出的那样,"现行的定罪与量刑一体化的诉讼模式,造成定罪问题成为审判的中心问题,被告人、辩护人对于法院的量刑决策过程参与不足、影响力不充分。只有将定罪与量刑程序完全分离开来,才能解决刑事辩护不充分的问题。只有构建专门的量刑听证程序,控辩双方才可以真正有效地参与量刑的决策过程,并通过行使诉权来制约裁判权,也可以适度提升被害人的诉讼地位"[3]。也就是说,只有将定罪与量刑程序完全分开,才能解决刑事辩护不充分的问题,并通过建构量刑听证程序,使控辩双方真正有效地参与具体量刑的决策过程,从而不仅可以制约裁判权,甚至还可以适度提升被害人的诉讼地位,也才能够最终为规范量刑奠定基础和创造条件。

有学者在总结美国量刑程序特点时就曾指出:(1)美国的定罪与量刑程序是分开的。在美国,陪审团负责定罪,法官负责量刑,这在客观上将定罪与量刑分开。但是,也应看到,即使没有陪审团,美国的定罪与量刑也是分开进行的。(2)美国的定罪与量刑程序的分开是由量刑因素的特殊性所决定的。量刑中需要考虑的因素很多,而获取这些信息需要时间,因此有必要将定罪与量刑程序分开进行。(3)美国的定罪与量刑程序的分开是由无罪推定原则所决定的。根据无罪推定原则,在未确定被告人有罪前,不能调查有关犯罪前科等事实,而前科显然与量刑有关,因此需要专门的程序进行调查,这是因为隐私权是宪法权利,只有在确定被告人有罪后,才能查明与定罪无关的事实。(4)量刑程序与定罪程序的规则目的与任务不同。(5)量刑程序中应当允许所有与量刑有关的人参与,包括被告人、公诉人、被害人、社区等等,量刑要实现所有人的正义,以减少、避免各方对量刑的不满。(6)由缓刑

---

[1] 李玉萍:《规范和公正:量刑改革的不懈目标——中美量刑改革国际研讨会综述》,《人民法院报》2008年10月29日,第5版。

[2] 缓刑官也译为监视官,英文是 Probation Officer。我国目前尚未这种制度,但随着我们社区矫正制度的逐步完善,相信这种缓刑官制度应当会在我们的司法制度中出现。

[3] 陈瑞华:《定罪与量刑的程序性分离》,《法学》2008年第6期。

官员提出量刑建议有助于保持法官的中立性,实现量刑的公正性。[1]

在讨论定罪与量刑的关系时有学者指出:"定罪所需要的事实和信息不同于量刑,这是量刑程序独立的逻辑前提。前者只需要犯罪构成要件,后者需要三种额外信息:一是被告人个人情况如家庭背景、平时表现等,二是被害人受伤害的情况,三是关于犯罪的社会反映、社区反映以及有关被告人的风险评估等,上述三方面与定罪毫无关系,但于量刑而言至关重要。""在辩护人作无罪辩护的情况下,定罪量刑合一进行导致量刑问题在庭审中没有足够空间,使得量刑辩护不充分。"[2]这位学者在谈到如何设计我国量刑程序时进一步指出:(1)量刑程序的改革必须考虑我国的现状,完全独立的量刑程序在中国目前的情况下只能有限度地进行,即在被告人不认罪的案件中,在确定被告人有罪后,再启动量刑听证程序;(2)独立、有效的社会调查报告是量刑程序真正独立的必要条件。不管采用哪一种调查模式,报告的制作者必须有资格、有调查的能力且必须中立、超然;(3)量刑问题与民事赔偿问题必须结合起来。民事赔偿问题在刑事案件中占有相当比例,通过一定的量刑机制促使被告人有效赔偿不仅是中国的经验,也是美国的实践。刑事和解、先民后刑等都是有益的探索,关键是整个过程应当透明;(4)量刑程序应适用特殊的证据规则,可以考虑适用自由证明方式。

我们并不追求照搬国外的制度规定,但那些对规范量刑有益的制度的确值得我们去学习、借鉴和思考。因为这种定罪和量刑分离程序虽然使得一个案件可能要经历两次司法裁判,给诉讼效率和诉讼成本带来一定影响,但将二者区分对待可以使得控辩双方及其被害人充分参与到量刑程序中,使量刑程序更加透明、规范和公开,进一步促进量刑的合理性与公正性。正如有学者指出的:"定罪是一个'是'与'非'的问题,量刑则是一个'多'与'少'的问题。前者往往更容易引起关注,后者则被忽略,我们的改革就是要试图兼顾两者,对量刑程序进行足够的关注,以实现全面的正义。"[3]因此,定罪程序和量刑程序分离,先走定罪程序后行量刑程序,是规范量刑的重要前提和基础。

然而,要确保定罪量刑过程及其结果的正当性,必须用一定的程序保障定罪量刑过程中各类诉讼主体的有效参与,从而共同致力于定罪量刑的规范和司法公正的顺利实现。像有学者指出的那样:"就目前而言,健全和完善量刑程序急需配套而且可以配套的主要有两个制度,一个是实体上的配套制度,即制定量刑指南,另一是程序上的配套制度,即区分认罪程序和不认罪程序。"[4]显然,前者最高人民法院已有了"量刑规范",而后者则是一个非常复

---

[1] 这里介绍的是最高人民法院司改办法官方金刚博士的观点,详见李玉萍:《规范和公正:量刑改革的不懈目标——中美量刑改革国际研讨会综述》,《人民法院报》2008年10月29日,第5版。

[2] 这里介绍的是北京大学法学院陈瑞华教授的观点,详见李玉萍:《规范和公正:量刑改革的不懈目标——中美量刑改革国际研讨会综述》,《人民法院报》2008年10月29日,第5版。

[3] 最高人民法院中国应用法学研究所副所长蒋惠岭在中美量刑改革国际研讨会上的发言,详见李玉萍:《规范和公正:量刑改革的不懈目标——中美量刑改革国际研讨会综述》,《人民法院报》2008年10月29日,第5版。

[4] 胡云腾:《构建我国量刑程序的几个争议问题》,《法制日报》2008年12月7日。

杂的问题。[1] 在被告认罪的案件中,由于犯罪已是不争的事实,定罪程序完全可以大大简化,剩下的诉讼任务主要是如何公正和规范量刑。而在被告不认罪的情况下,便无法开启量刑程序,而此时庭审的主要任务是能否认定犯罪？然而,我国现行《刑事诉讼法》规定的主要是定罪程序,对量刑程序规定得非常模糊和简单,显然这是由我国长期以来重定罪轻量刑的传统观念所决定的。尤其在不能严格遵循"罪刑法定"和"无罪推定"以及司法功利或不能真正独立的情况下,也就必然出现像"许霆案"这样定罪不准和量刑困难的尴尬。

三、程序混乱的反思：省院为什么不直接改判？

"许霆案"不仅实体上存在问题,而且程序上也存在问题。主要表现在：

一是公诉机关由于功利追究犯罪或对罪名的误判,导致"许霆案"在"中级法院"审理。如上所述,按照刑法的"罪刑法定原则",以及对照我国《刑法》第264条"盗窃罪"的规定、第266条"诈骗罪"的规定和第270条"侵占罪"的规定等,许霆案件根本不构成任何犯罪,因此根本不应该起诉。如上所述,虽然从法理上讲,许霆等人假如拒绝交还多拿不属于自己的钱的话,亦即"错给多给拒不返还",其行为有可能构成"侵占罪"。但在没有修改我国《刑法》第270条"侵占罪"之前,根据我国《刑法》第3条的"罪刑法定原则",根本不应该认定许霆构成"侵占罪"。所以,我们说公诉机关把本不应该追究刑事责任的案件起诉到法院,完全是一种功利追求或误判,尤其是起诉到中院更不应该。

二是"省高院"完全可以对"许霆案"直接改判,但其利用上级法院的"职权"把本不应该"发回重审"的案件"发回重审"。因为《刑诉法》第225条第1款明确规定："第二审人民法院对不服第一审判决的上诉、抗诉案件,经过审理后,应当按照下列情形分别处理：(一)原判决认定事实和适用法律正确、量刑适当的,应当裁定驳回上诉或者抗诉,维持原判；(二)原判决认定事实没有错误,但适用法律有错误,或者量刑不当的,应当改判；(三)原判决事实不清楚或者证据不足的,可以在查清事实后改判；也可以裁定撤销原判,发回原审人民法院重新审判。"也就是说,在广州市中级人民法院一审判处许霆"无期徒刑"之后,许霆提出了上诉,该案本来在事实上没有什么问题,只是适用法律问题。假如省高级人民法院认为一审量刑过重或根本不构成犯罪,完全可以直接改判,根据《刑诉法》第225条第1款的规定也应当改判。但由于当时"许霆案"正处于舆论的焦点,广东省高级人民法院利用上级法院的"职权"把本不应该"发回重审"的案件"发回重审",如此广州市中级人民法院只有另行组成合议庭重新审判。显然,这不仅浪费了司法资源,而且严重破坏了刑事程序法,造成了玩弄司法程序的不良影响。

---

[1] 我们知道,我国刑诉法关于诉讼程序的分类,主要是按照案情的简单、复杂、重大或轻微划分作为标准的。这种规定应当改革,即应当按照行为人是否认罪对刑事诉讼程序进行分类。因为量刑程序的运行尤其需要控辩双方的参与与配合,如果控辩双方不愿参与、不予配合,则很难运行,即使勉强运行,也难以收到好的效果。见胡云腾：《构建我国量刑程序的几个争议问题》,《法制日报》2008年12月7日。

三是对于"发回重审"后许霆案件的上诉,"省高院"是应该在维持宣判前请示"最高院"审核还是"维持原判"后(即生效后)再向"最高院"报请审核,始终是一个纠结的难题。众所周知,我国《刑法》第63条规定:"犯罪分子具有本法规定的减轻处罚情节的,应当在法定刑以下判处刑罚;本法规定有数个量刑幅度的,应当在法定量刑幅度的下一个量刑幅度内判处刑罚。""犯罪分子虽然不具有本法规定的减轻处罚情节,但是根据案件的特殊情况,经最高人民法院核准,也可以在法定刑以下判处刑罚。"从这些在法定刑以下"减轻处罚"的规定来看,一方面有数个量刑幅度的,"减轻处罚"只能在下一个量刑幅度内判处刑罚;另一方面不具有法定"减轻处罚"情节的案件可根据案件的特殊情况,经最高人民法院核准也可以在法定刑以下判处刑罚(注意:也必须遵循"只能在下一个量刑幅度内判处刑罚"的规则)。而"许霆案"当时适用的是未经《中华人民共和国刑法修正案(八)》修改过的"盗窃罪",当时的《刑法》第264条是这样规定的:"盗窃公私财物,数额较大或者多次盗窃的,处三年以下有期徒刑、拘役或者管制,并处或者单处罚金;数额巨大或者有其他严重情节的,处三年以上十年以下有期徒刑,并处罚金;数额特别巨大或者有其他特别严重情节的,处十年以上有期徒刑或者无期徒刑,并处罚金或者没收财产;有下列情形之一的,处无期徒刑或者死刑,并处没收财产:(一)盗窃金融机构,数额特别巨大的;(二)盗窃珍贵文物,情节严重的。"由此可见,如果认定许霆等人盗窃的是"金融机构",那么如上所述"减轻处罚"只能在下一个量刑幅度内判处刑罚,也即必须在10年以上进行量刑。由此可见,对于"许霆案"的量刑几乎突破了刑法刑诉法的多项规定,完全是一种"肆意量刑",甚至让量刑"绑架"罪名,根本不从"无罪推定"和"罪刑法定"以及罪名的基本构成要件出发,而是带着主观意志胡乱寻找罪名和适用法律。这种做法不仅是一个如何对待"许霆案"的问题,甚至是一个"污染水源"和"破坏法治"的问题,的确值得人们反思。另外如上所述,即便是对于"发回重审"后许霆案件的上诉,"省高院"究竟是应该在维持宣判前请示"最高院"审核还是"维持原判"后(即生效后)再向"最高院"报请审核? 似乎法律并没有明确规定,那么按照已经发生的广东省高级人民法院的做法,在许霆上诉后不长时间省法院已经维持了原判,也即判决已经发生了法律效力,紧接下来最高法院几个月之后再次发布"核准"的裁定,就使得该案件在程序处理上极度的"不严肃性"。我们处理一个案件的最大价值追求不是非要把一个具有社会危害性行为的人送进监狱,而是伸张法律的正义,通过司法让人们相信法律,以维护法律的尊严,树立司法权威。相反,在"许霆案"的处理上,我们只是想着追求所谓的"个案公正",而对于我们的司法程序及司法公信力一概不顾,是不能够真正"以理服人"的。难怪网民们一再强调:我们是不懂法律,但我们就知道中国的法律"没有正经事",生从一个"无期徒刑"一下子降到"有期徒刑五年",如此做法不是法律规定有问题,就是司法有问题。这样的话语虽然很难听,但应该引起我们的高度警觉。网民们说的没有错而且在理,甚至比我们的专业人员还"通情达理",的确很值得我们反思。

四是"最高院"针对广东省高级人民法院已经维持原判(即已经生效)的"许霆案",是否还有核准的意义。如上所述,"发回重审"后许霆案件的上诉,"省高院"已经对"许霆案"做出了维持原判的"裁定",此时的"许霆案"已经是生效判决,还怎么能再请示最高法院"请求核准"? 幸亏目前法院系统的"工作惯例"（这种惯例既不严肃而且严重违法,因为法院之间应该有严格的审级制度）大都是事前"通气",否则一旦不"核准"不就出现了广东省高级人民的生效判决"难以收回"的问题。此外如上所述,《刑法》第63条"只能在下一个量刑幅度内判处刑罚"的规定,以及当时《刑法》第264条盗窃"金融机构"应该在"无期徒刑或者死刑"的规定,最高人民法院也不应当核准超越两个量刑"位阶"这种严重违法的"核准"请求,因为这种量刑严重违法。当然,从另一个法律程序上也许会解决得更好,即应该在广东省高级人民法院维持宣判前请示最高院,之后经最高院审核后再宣判,如此起码不会出现现在的尴尬。然而,如果那样,也会混淆法院的"审级",从而导致新的问题。总之,通过许霆案件,这个程序上的问题的确值得研究。

四、立法滞后的反思：侵占罪为何不及时修订？

如上所述,自2001年何鹏案件以来,尤其是2006年许霆案件以来,类似"许霆案"的情况不断出现。尽管2013年的于德水案件在处理上法院与法官更加理性,9万余元的案值没有再判实刑,甚至找足了轻判的理由,包括在判决书说理性上下了极大功夫,并获得社会的一致好评。但仔细分析这些案件的性质与发生背景,都不约而同地反映出银行方的"过错"或ATM机发生的"错误指令"与质量问题。那么是什么原因导致类似的案件会对这些法律的适用如此尴尬呢？实事求是地讲,其根本原因是我们的法律出了问题。"许霆案"的发生本来是一次修改我国《刑法》第270条关于"侵占罪"的绝好机会,并不需要非要追究何鹏、许霆等人的刑事责任,因为一方面许霆等人的行为最接近的就是侵占,整个案件的性质是"错给、多给",假如拒不返还,有可能涉嫌侵占罪;另一方面,根据我国《刑法》第三条"罪刑法定原则"的规定,法律没有明文规定的显然不能定罪,因为我国从1997年起不再适用"类推"。更何况,许霆本人还给银行打电话想把钱还回去,银行在电话里当场回绝许霆的要求,"我们不要钱了,等着吃官司",哪有这样的被害人？似乎银行有的是钱,但不能允许"采用这种方式拿钱",而对自身ATM机损坏没能给许霆提供"高质量服务"或者银行的"违约行为"等毫无考虑和反思,似乎全是许霆的问题,银行不存在丝毫问题。真的是这样吗？

众所周知,犯罪成立必须要具有犯罪行为,许霆的"恶意取款"是否构成犯罪值得思考。客户到银行办理储蓄业务并取得相应的用于存取款的存折或银行卡,而银行卡所有人在银行柜台或者ATM机上输入自己在银行设置的密码进行相应的存取款活动应当是双方订立的合同中确定的客户的权利之一。故许霆依照自己银行卡上已有的数额,输入银行认可的密码进而取款,一切都是许霆与银行订立的合同所允许的,同时也是被银行所知晓的。那么许霆的取款行为就是在行使自己的合同当事人的权利而已,怎么能构成犯罪呢？正像有学者指出的,"行为人的行为具有客观性,是合法行为还是非法行为,并不以行为人行为时是否有恶意而改变"[1]。由此可见,许霆的取款行为是一种符合双方合同约定的合法行为,至于得到的不属于自己的款项实质上是一种"错给多给"的性质,至少是不触犯我国刑法的,又根据什么追究其刑事责任呢?另外,关于ATM机出现异常导致银行的钱款损失,并不是许霆的取款行为导致的;况且,ATM机周围都有相关的摄像设备包括许霆使用自己在银行办理的能记录自己真实身份的银行卡进行的一系列活动,根本不具有"秘密窃取"的特征与内涵。贪欲违反道德,最多属于"不当得利",但并不构成犯罪。因为我国《刑法》第270条"侵占罪"中并没有"错给多给拒不返还构成侵占罪"的规定,更何况"许霆案"中许霆并不是"拒不返还",而是给银行打电话还钱银行不要,并告诉许霆"等着坐牢吧",也即"罪刑法定"是我国刑法的一项基本原则,其中一个主要内容就是"禁止类推"和"法无明文不为罪"。如上所述,许霆的取款行为并不违反合同约定,且其行为也不属于"秘密窃取",与我们熟知的盗窃罪有着质的区别。仅仅因为许霆有贪欲,并利用ATM机的故障夺取了银行的钱就要定盗窃罪,实为十足的"类推思维",严重违反了"罪刑法定"的基本原则。作为合同的双方,在讨论了许霆的行为之后,我们再来看看银行的合同履行状况。按照客户和银行办理的存取款业务合同而言,银行需要提供高质量的服务,具体是及时准确地办理客户的存取款业务,并提供高质量的24小时自助服务,即要保障ATM机的正常使用。许霆的"恶意取款"行为单凭其个人能完成的吗?那么ATM机的故障是否就是银行在履行合同过程中的瑕疵和违约行为呢?此外,该机器的行为代表银行吗?正如邓子滨研究员指出的:"机器会犯错吗?这个问题是一个悖论:如果回答机器不会犯错,那它的交付是真的,许霆没有不接受的义务,绝无犯罪可言;如果回答机器会犯错,那它就不能免除错误交付的责任,况且它的背后站着它的设计者和主人。老板要为雇员承担责任,怎可不为他的机器承担责任?"[2]

现在我们来讨论许霆案,并不只是讨论许霆案的定罪和量刑的对与错,而是分析为什么此类案件屡次发生,而且一次次发生都会带来定罪难和量刑难,甚至面临被社会舆论否定的尴尬,是我们的立法出了问题还是我们的司法出了问题?非常值得我们进行深入反思。关于盗窃罪,根据理论界通说观点:"盗窃罪的客观方面一般表现为以秘密窃取的方法,将公私财物转移到自己的控制之下,并非法占有的行为。秘密窃取是指行为人采用自认为不使他人发觉的方法占有他人财物。"[3]在"许霆案"中,许霆十分清楚自己的行为会被ATM机记录,而且在取款后的50个小时以内一直期待着银行主动找自己,然而银行却一直未找自己。对于侵占罪,刑法却采取了较为宽松的规定。首先,对待侵占的对象是有严格限定的,即保管物、遗忘物和埋藏物,并没有规定"错给多给"。我们知道,"侵占罪是指以非法占有为目的,将代为保管的他人财物,或者合法持有的他人遗忘物、埋藏物非法据为己有,数额较大,

---

[1] 马长生,李莎莎:《从定性之错到量刑之难——许霆案判决核准生效后的思考》,《湖南师范大学社会科学学报》2009年第1期,第77页。

[2] 谢望原,付立庆主编:《许霆案深层解读:无情的法律与理性的诠释》,中国人民公安大学出版社2008年版,第263页。

[3] 高铭暄,马克昌主编:《刑法学(第三版)》,北京大学出版社2007年版,第567页。

拒不返还的行为"[1]。此外,关于侵占罪的完成也需要一个索要程序且侵占人拒不返还为标准。"侵占罪的完成有其特殊性,即应当以行为人表示拒绝退还为标准。《刑法》第270条把'拒不退还''拒不交出'规定为侵占罪的一个要件,因此它既是罪与非罪的界限,又是犯罪成立的标准。"[2]可见,这样的规定是对民法上的不当得利行为在刑法上的一种对应,但是又由于其适用对象的限制,使得其并没有发挥应有的价值。

如上所述,我国《刑法》第270条对"侵占罪"的规定:"将代为保管的他人财物非法占为己有,数额较大,拒不退还的,处二年以下有期徒刑、拘役或者罚金;数额巨大或者有其他严重情节的,处二年以上五年以下有期徒刑,并处罚金。将他人的遗忘物或者埋藏物非法占为己有,数额较大,拒不交出的,依照前款的规定处罚。本条罪,告诉的才处理。"但是随着社会上诸如许霆案件层出不穷,原本可以适用侵占罪的行为却因该罪没有相应的规定而被放弃适用,从而导致一系列社会问题和法律问题的出现。故我们认为,应该将270条增加一款作为第3款,原第3款作为第4款,即"将多给、错给的财物非法占为己有,数额较大,拒不返还的,依照前款的规定处罚。"

接下来我们可否设想一下如下情景:许霆连续取款十七万余元之后并没有携款逃逸,而是主动联系银行退回多取款项并告知ATM机的异常或者在银行没有报警之前退还。那么,他还会被因为盗窃罪而追究刑事责任吗?从盗窃罪的构成来看,此时他应该属于盗窃罪既遂。若许霆等人的行为真的存在"拒不返还",那么将其行为定为侵占罪,就无需牵强地定盗窃罪,甚至不需要动用63条来解决量刑问题,而且与银行工作人员可能因此类行为构成的职务侵占罪形成比照,有利于实现罪刑适应和罪刑平等理念。

诚然,张明楷教授曾经指出:"刑法理论应当将重心置于刑法的解释,而不是批判刑法。换言之,刑法学的重心是解释论,而不是立法论。"[3]在如何进行刑法解释以及看待一般正义与个案正义时,张教授认为"即使解释者单纯根据法条文字得出的结论具有正义性,也只是一般正义;而刑法的适用除了实现一般正义外,还必须在个案中实现个别正义"[4]。诚然,我们赞成张教授所期待的我国刑法学理论特别是解释论的发展。但是,这一切都是要建立在刑事法治的大背景下,若在整体立法比较落后、法条规定存在漏洞的背景下,单单利用刑法解释是远远不够的。或许可以这么说,科学的解释可以抹平刑法规定的褶皱,但决不能填平原有的漏洞。类似"许霆案"这类定性困难量刑尴尬的案件,而且是经常发生,此时我们就不能仅仅想到司法适用的问题,紧紧盯着个案的处理,而是要重新审视我们的立法了。确实存在漏洞就要通过立法程序进行修改,而不是机械、硬性地一味通过的法律解释或者满足个案正义而牺牲整个司法的权威。许霆案件最大的遗憾是,在最需要立法进行修改时,我们却一直紧紧盯着一个个案的所谓"公平",不是通过调整立法,使该类案件进入顺畅的"司法

---

[1] 高铭暄,马克昌主编:《刑法学(第三版)》,北京大学出版社2007年版,第578页。
[2] 高铭暄,马克昌主编:《刑法学(第三版)》,北京大学出版社2007年版,第580页。
[3] 张明楷著:《刑法学(第四版)》,北京大学出版社2011年版,第2页。
[4] 张明楷著:《刑法学(第四版)》,北京大学出版社2011年版,第15页。

通道",而是牵强地一味地非要追究"许霆的刑事责任",在法律根据上违背"罪刑法定原则",甚至牵强地适用《刑法》第63条而不顾,不仅贻误立法之机,而且败坏了司法声誉,最终不仅落得许多骂名,甚至破坏了司法权威,使公众与百姓失去了对法律的信仰,这是最可悲的。可谓"教训之深刻,损失之重大",永远值得我们深刻反思。

五、余论:未修订"侵占罪"之前不应定罪

如上所述,在我国"侵占罪"没有修改之前,即没有规定"错给、多给拒不返还构成犯罪"的情况下,许霆等人应当是无罪。作为一个国家,信守"罪刑法定"原则的底线,要比只追究一个个案的公正更具有法治意义。另外,作为一个国家要同公民讲诚信,否则大家将不再信任国家与法律,这种污染"水源"的危害,要远远大于追究一个个人的刑事责任。

被害人怀疑对诈骗罪认定影响研究

黎　宏　刘军强[*]

摘　要：欺骗的内容包括过去、现在和将来的事实以及价值判断等，采取同类一般人的标准，对十分简单、拙劣的虚假表示行为可以认定为欺骗行为。传统理论和司法实践认为被害人怀疑不影响对诈骗罪的认定，但被害人信条学认为，被害人已经对诈骗事项产生了"具体怀疑"，可以轻易实现自我保护却任意处分财产，就丧失了刑法保护的必要性。本文从自我决定权出发，运用被害人自我答责来解决被害人怀疑对诈骗罪认定的影响。被害人有"具体怀疑"时，运用危险接受法理对诈骗罪成立范围进行限缩；再根据谨慎注意义务的有无，将诈骗发生领域划分为无需谨慎注意义务的一般生活领域和应当具有谨慎注意义务的市场、投资、投机和违法领域，对前者实行无差别的、严格的保护，对后者适用被害人自我答责，从而在限缩的基础上适当扩大诈骗罪的处罚范围。

关键词：认识错误　被害人怀疑　自我答责　谨慎注意义务

在当今我国社会中，各种诈骗类犯罪不仅多发易发，而且诈骗手段不断翻新，广泛涉及社会生活、市场、投资、投机等各个领域，几乎是无孔不入。因此，从刑事政策上讲，必须要严厉打击各种诈骗类犯罪。但是，严厉打击诈骗犯罪并不是松弛诈骗罪的认定条件，任意扩大诈骗罪的处罚范围，而是要在严格遵循诈骗罪犯罪构成的基础上，加大对诈骗犯罪的预防和对行为人的处罚。

一、问题的提出

各国和地区的刑法条文中虽然没有明确规定诈骗罪的构成要件，但都认为被害人陷入或者维持认识错误是一个独立的构成要件要素，是连接欺骗行为和财产处分行为的桥梁。[1] 在诈骗罪中，如果被害人识破了行为人的诈骗事项，但是基于各种原因最终还是处分财产的，不认为是诈骗既遂，因为被害人没有陷入认识错误。[2] 但是，当被害人对行为人

---

[*] 黎宏，清华大学法学院教授；刘军强，湖北省荆门市东宝区检察院副检察长。

[1] 参见 张明楷：《刑法学》，法律出版社 2011 年版，第 889－891 页；周光权：《刑法各论》，中国人民大学出版社 2011 年版，第 103 页；[日]大谷实：《刑法讲义各论》（第二版），黎宏译，中国人民大学出版社 2008 年，第 236 页；林钰雄、王梅英：《从被害者学谈刑法诈欺罪》，载 林钰雄：《刑事法理论与实践》，中国人民大学出版社 2008 年版，第 116 页。

[2] 参见 张明楷：《刑法学》，法律出版社 2011 年版，第 891 页；黎宏：《刑法学》，法律出版社 2012 年版，第 755 页；周光权：《刑法各论》，中国人民大学出版社 2011 年版，第 104 页。

声称的诈骗事项有所怀疑,继续进行财产处分的,能否认定为被害人陷入认识错误,即被害人怀疑能否阻却被害人陷入认识错误的认定?这个问题在司法实践中并没有引起重视。如在吴英集资诈骗案中[1],那些被骗的职业借贷人有很强的风险防范意识,对吴英虚构的盈利能力、偿本付息能力表示了很大的怀疑,最初并不敢投资,但后来基于获取高额利润的投机心理而冒险投资,最终导致被骗,法院一审、二审均未涉及被害人怀疑对犯罪认定的影响。类似的还有陕西华南虎照案[2],以及一些集资诈骗、合同诈骗案件等,这些案件的被害人都对诈骗事项产生了很大的怀疑,但为了获取高额利润而冒险处分财产,这能否成立诈骗类犯罪既遂?[3] 乍看之下,上述案例均能成立诈骗罪(或诈骗类犯罪)既遂,因为行为人实施了诈骗行为,被害人由于诈骗行为而遭受了财产损失,但这种看法并没有对诈骗罪的各个构成要件要素进行完整的分析,尤其是忽略了被害人怀疑对认定认识错误的影响,并不妥当。

二、欺骗行为的认定

诈骗罪的基本构造如下:行为人实施欺骗行为,被害人陷入错误认识,被害人基于错误认识而处分财物,他人取得财物,这既是诈骗罪的发展阶段,也是构成要素之间的因果流程。欺骗行为开启了诈骗罪的因果流程,并致使被害人陷入或维持认识错误,所以,认清欺骗行为的本质是研究被害人认识错误的前提和基础。

1. 欺骗的内容

欺骗行为是对事实进行欺骗,"事实"不仅包括客观的外在事实,还包括主观的内在想法、意愿。内在事实的欺骗,最常见的是顾客在餐馆白吃白喝的情形,顾客欺骗老板其根本就不打算付钱的内心想法,就是主观的内在事实,而顾客身无分文、没有支付能力则属于客观的外在事实。对事实的欺骗不仅包括过去、现在的事实,还包括将来的事实,因为对将来的事实的欺骗也可以使人发生错误认识并交付财产,所以,只要符合诈骗罪的犯罪构成的,没有必要区分是过去、现在的事实还是将来的事实;也没有必要区分是事实的描述和价值的判断,因为价值判断也可以接近事实描述,对价值判断进行欺骗的,也可以成立欺骗行为。而且,刑法并没有将虚构的"事实"限定为过去的或现在的事实,如《刑法》第300条规定了利

---

[1] 吴英虚构公司的盈利能力、隐瞒真实的财务状况,以100%至400%不等的高额利息向他人集资7亿多元,用于偿还本金、利息、购买房产、珠宝、公司运营及个人挥霍等,至案发时尚有3.8亿多元无法归还。参见 浙江省金华市中级人民法院(2009)浙金刑二初字第1号刑事判决书,浙江省高级人民法院(2010)浙刑二终字第27号刑事裁定书。

[2] 陕西华南虎照案的真相至今仍扑朔迷离,"被骗"的陕西省林业厅的官员们可能相信虎照为真,也可能对虎照真假有所怀疑,假如"被骗"的官员们本身对虎照半信半疑,但基于虎照若为真则可以申请自然保护区,并带来巨大投资和经济利益的心理,积极"被骗"并发放2万元奖励给周正龙,是否成立诈骗罪既遂则有很大争议。参见 车浩:《从华南虎照案看诈骗罪中的受害者责任》,载《法学》2008年第9期,第54-58页。

[3] 本文以诈骗罪为研究对象,但具体论述中涵摄了合同诈骗罪、集资诈骗罪、贷款诈骗罪等诈骗类犯罪,在此予以说明。

用迷信诈骗财物的,按照诈骗罪处理,这种犯罪的主要内容就是对将来事实的欺骗[1],这也说明了将来的事实可以成为欺骗的内容。

2. 欺骗的程度

欺骗行为必须达到使对方产生认识错误的程度,达不到一定程度的不属于欺骗行为,如商店老板吹嘘商品的疗效,假称"亏本甩卖"或者将专门养殖的甲鱼假称为野生甲鱼售卖等,是日常生活中常见的、带有欺诈性质的行为,但一般不被认为是刑法上的欺骗行为。类似这种吹嘘商品疗效或者亏本甩卖的行为毕竟有欺骗的成分,有的甚至能够致使人们陷入错误认识,但为什么一般不被认为是欺骗行为呢?

诈骗罪的本质是对财产法益的侵害,要构成诈骗罪中的欺骗行为,其行为程度必须达到一定的法益侵害的危险。法益侵害行为不止于刑法,民法上也存在着欺骗行为导致的财产法益侵害,但不是所有欺骗导致的法益侵害都要用刑法来规制,只有达到科处刑罚程度的法益侵害才能动用刑法。如果某种虚假表示行为根本不可能使人陷入认识错误并处分财产,则不属于欺骗行为;某种虚假表示行为产生上述效果的可能性很小,一般也不属于刑法上的欺骗行为,如吹嘘商品疗效的行为。[2] 对不属于欺骗行为的虚假表示行为可以分两种情形进行讨论:一是虚假程度不够,或称为"不够假",以至于不会让人陷入错误认识,如行为人假称"厂价直销"而劝人购买产品的行为就没有达到诈骗罪中的欺骗程度。如果不管虚假程度如何,全部予以禁止,便会对市场规制太多,不利于市场经济发展和社会交往。二是虚假程度太高了,或称为"太假了",欺骗手段相当拙劣、荒唐,以至于基本上不会受骗,这也是争议较大的地方。这分两种情况:一种是简单、能够轻易验证的虚假表示行为,具有一定迷惑性但很少有人受骗的,如短信电话诈骗等,一般人不会受骗,但不排除有极少数粗心、社会经验较少的人受骗。另一种是特别拙劣、荒诞的虚假表示行为,没有迷惑性但在极端的情形下会有人受骗。如行为人声称自己是孙中山,已经130多岁了,为了祖国大业没有真死,现在需要投资来开发宝藏,骗取三位老人24万元。对于这种特别拙劣的欺骗行为,一般人会认为行为人要么"神经病",要么"智障",几乎没有任何迷惑性,根本就不会有人受骗,有点类似于手段"不能犯",但实践中确实有极个别的人受骗并处分财产,那么对这种"特别拙劣、荒诞"的虚假表示行为能否认定为欺骗行为呢?

3. 欺骗行为的认定标准

德国学者瑙克认为,并非任何欺骗行为都应当纳入诈骗罪的惩罚范围,而仅仅是那些具有一定强度、狡猾的欺骗行为,能够轻易被察觉的欺骗行为不应该诉诸刑法;判断是否属于被害人难以识破的欺骗行为,应当有一个客观的标准,即根据一个假设的、理想的人,并非愚钝和社会经验缺乏的人,作为被害人在具体情境下是否可能以及必须识破其被骗的标

---

[1] 参见 张明楷:《论诈骗罪的欺骗行为》,《甘肃政法学院学报》2005年5月,第4-5页。

[2] 参见 张明楷:《论诈骗罪的欺骗行为》,《甘肃政法学院学报》2005年5月,第11页。

准。[1] 对瑙克的批评主要集中在对社会上的弱者、缺乏社会经验的人不予刑法保护,并使不信任、怀疑和谨小慎微成为社会共同生活的准则。[2] 不过,如果依照特定被骗者本身情况的主观标准,被害人的年龄、性格、不谨慎的态度、社会生活和辨别能力是否低下等都是要考虑的因素,只要发生了欺骗的事实,行为人的虚假表示行为都可以认定为欺骗行为,这使得同样的虚假表示行为仅因为表示的对象不同,导致行为性质截然不同,势必造成欺骗行为认定的混乱。

所以,严格依照客观或主观标准都存在一定的障碍,但是如果能够将主客观标准相统一,将个别与一般相结合,以被害人所在具体情境的同类一般人作为判断标准则可以较好解决这些问题。张明楷教授认为对欺骗行为应当客观地判断,即虚假表示行为在具体的情境下足以使社会一般人产生或者维持认识错误进而处分财产的,就是欺骗行为,这里的"一般人"不是抽象的一般人,而是与受骗者情形类似的具体的一般人。[3] 如在孙中山诈骗案中,就是要以行为人的虚假表示行为是否能够使与受骗的三位老人的年龄、知识、社会经验、心智等具有相似情形的一类人受骗,如果可以,那就是欺骗行为。所以,以被害人所在具体情境中的同类一般人作为判断是否成立欺骗行为的标准,既可以最大限度保护被害人,又可以对被识破诈骗未遂进行处罚,实现诈骗罪最大范围的规制效果。

三、被害人的"认识错误"

1. "认识错误"的独立地位

错误是指引起或维持相对人与事实不符的主观认知,是相对人主观上的想法与客观的真实情形不一致的现象。诈骗罪中的认识错误是欺骗行为所引起的被骗者对事实或价值的不正确观念、看法,错误并不以对全部事实或意见的不一致认识为必要,对部分事实或意见的不一致认识,也属于错误认识,"错误的范围极广,只要在实施处分行为的动机上存在误解即可"。[4] 被害人陷入或维持认识错误是诈骗罪的一个独立要素,它是联结欺骗行为和财产处分行为的中介因素,该要素不成立则因果流程中断,即使相对人由于行为人的欺骗行为而处分了财产,仍然不可能成立诈骗罪既遂。这个不成文的构成要件要素,具有不可取代的限缩功能,能够防止诈骗罪刑罚范围泛滥。[5] 我们来看下面的两个案例。

案例1:身体健康的青年甲,假装残疾在闹市乞讨。行人乙经过天桥时,一眼就看出甲是假装残疾乞讨,但是为了摆脱甲的纠缠,丢下50元钱后匆匆离去。

---

[1] 参见 申柳华:《德国刑法被害人信条学研究》,中国人民公安大学出版社2011年版,第336-337页。

[2] 参见[德]克劳斯·罗克辛:《德国刑法学总论》(第一卷),王世洲译,法律出版社2005年版,第394页。

[3] 参见 张明楷:《论诈骗罪的欺骗行为》,《甘肃政法学院学报》2005年5月,第12页。

[4] 黎宏:《刑法学》,法律出版社2012年版,第755页。

[5] 参见 林钰雄:《刑法与刑诉之交错适用》,中国人民大学出版社2009年版,第283页。

案例 2：乙平常有收集茗壶的爱好，某日，乙见甲茶庄内的某茶壶标示"顾景舟真品，售价一万元"，乙仔细鉴赏该壶后，虽然不信其为顾景舟作品，但认为该壶乃手工作品，遂杀价6 000元后成交。实际上，该壶既不是顾景舟作品，也不是手工制品，而是机器大量生产、约值500元的廉价茶壶。

如果不考虑认识错误在诈骗罪中的独立地位，只要由于欺骗行为导致了财产损失，就构成诈骗罪既遂。如在案例1、2中，由于甲的欺骗行为导致了乙的损失，那么甲均构成诈骗罪既遂。[1] 但是两个案例中的乙并没有基于甲的欺骗行为而陷入认识错误，案例1中的乙并没有发生认识错误，只是为了摆脱纠缠而处分财产；案例2中的乙虽然发生了误认的心理事实，但乙陷于错误认识的事项与甲的欺骗行为所指向的事项，却并不是同一个事实，乙陷入错误事实并不是甲的欺骗行为所致，欺骗行为与错误认识之间欠缺必要的因果关联，财产损害的结果不应该归责于行为人，即甲不构成诈骗罪既遂，但可以成立诈骗罪未遂。

(1) 从欺骗行为到认识错误的流出

引起相对人认识错误的原因，在于行为人的欺骗行为，这是开启各个构成要素之间因果流程的首要环节。行为人的欺骗行为不需要是相对人陷入认识错误的唯一原因，也不需要是主要原因，只要是形成认识错误的一个原因即可，这使得行为与认识错误之间就具有了因果关系。当发生认识错误的事实并非由于行为人的欺骗行为引起时，即欺骗行为落了空，但相对人又发生其他错误认识的，不具有因果关联。如案例2的甲不相信茗壶是行为人假称的顾景舟作品，但认为是手工作品，甲的错误认识并非行为人欺骗行为所致，也不存在因果关系。

(2) 从认识错误到财产处分行为的流出

相对人由于认识错误而处分财产，是因果流程的第二个环节。如果行为人处分财产不是由于认识错误，而是基于怜悯或出于其他动机，则不存在认识错误，该环节的因果关联断裂。如在案例1中，乙根本没有发生认识错误，而是识破了骗局，但为了尽快摆脱纠缠而进行财产处分，此环节的因果关系不存在。前一环节的因果关系是后一环节因果关系的前提，如果前环节的因果关系中断，后环节自然就不存在因果关系。如案例2中的乙的财产处分行为虽然是认识错误导致的，但是认识错误不是由于欺骗行为引起的，第一环节的因果关系中断，后面就不存在因果关系了。

2. 被害人怀疑

(1) 何为"被害人怀疑"

"被害人怀疑"是相对人对欺骗事项可能为真，也可能为假的不确定的内心感觉，是主观上的一种心理状态。相对人对行为人的欺骗事项的真实性处于"半信半疑"状态时，仍然做了财产上的处分，是否属于"认识错误"呢？再来看两个案例。

案例3：甲在某商场附近看见路人刚刚丢弃了一张购物卡（可在商场直接折抵现金使用），知道卡内没有钱，但捡起了这张卡。甲随后来到了某商场，虚构该卡是别人送的，卡内

[1] 本文是作定性分析，不考虑数额对诈骗罪成立的影响。

金额为2万元,要以8000元的价格向"倒卡人"乙出售。乙想应该不可能以如此低价出售购物卡,怀疑卡是假的,要求验证卡内余额。甲担心被揭穿,说自己还有其他事情要办,如果乙不购买就算了。乙心想如果是真的就大赚一笔,便向甲交付8000元钱。付钱后,甲立刻让同伴去收银台查验卡内余额,自己则盯着甲离开的方向,以便卡内真没钱就可以追上甲。五分钟后,乙得知卡内余额为零,但甲已经不知去向。

案例4:某画廊老板甲向乙假称,其珍藏张大千的名画一幅,欲移民澳大利亚结束画廊营业,急于将该画脱手,只开价50万元。因该价格远低于市价,乙十分怀疑该画为赝品,但估算若真为张大千名画,则可以获取暴利,因此花50万元将其买下。事后鉴定该画为赝品。

上述两个案例的被害人均对行为人所声称的事项有所怀疑,但都基于高风险有高回报的心理而处分了财产,尤其是案例3中的乙都已经做好了补救措施,但最终还是被自己的冒险行为打败了。当被害人已经对行为人声称的虚假事项有所怀疑时,是否属于认识错误?是不管多大的怀疑也不影响认识错误的认定,还是需要达到很高的程度才不存在认识错误,抑或只要有一点怀疑的感觉就可以说是不存在认识错误?毕竟怀疑的程度还有大小之分,怀疑程度越大,离认识错误越远,怀疑程度越小,越靠近认识错误。

(2)"模糊怀疑"和"具体怀疑"

德国学者哈赛默将被害人对行为人诈称事项的主观认知分为"主观确信""模糊怀疑""具体怀疑"三种情形。[1]"模糊怀疑"是指被害人已经意识到不安全,有一点怀疑的感觉,但欠缺现实的可选择的行为,没有具体理由而不得不决定继续行为过程。"具体怀疑"是指被害人对特定相关事实的真实性产生了特定的、有依据的怀疑,但经过计算后,决定继续财产处分行为。"具体怀疑"的情形包括交易行为明显不符合常理或交易规则、价格明显低于市价等,如被骗者以明显低于市场价格购买机动车的,就不能说被骗者对可能为赃车的事实完全没有怀疑,除非确实有证据证实被骗者确信是正当渠道的机动车。最高人民法院、最高检察院等部门联合发布的《关于依法查处盗窃、抢劫机动车案件的规定》第十七条就规定"以明显低于市场价格购买机动车的"等情形可视为应当知道是盗抢的机动车,确认了"不合常理的交易行为"一般可以排除相对人的"认识错误",也就是说,司法解释对行为人有"具体怀疑"时还进行财产处分行为作出了对其不利的评价。

3. "怀疑"的效果

(1)传统理论和司法实务的选择

德国传统理论认为,受骗者对行为人的欺骗事项有怀疑时,原则上并不影响陷入认识错误的认定,通说主张,在构成要件层面没有必要考虑被害人是否有共同过错。[2]当受骗者已经对行为人陈述的虚假事实有了怀疑,但出于各种动机或目的,继续交付财产的,也属于诈骗罪中的认识错误。我国通说观点也认为,当受骗者对行为人的欺骗事项有所怀疑,仍然

---

[1] 参见 申柳华:《德国刑法被害人信条学研究》,中国人民公安大学出版社2011年版,第360页。
[2] 参见 [德]克劳斯·罗克辛:《德国刑法学总论》(第一卷),王世洲译,法律出版社2005年版,第392、393页。

处分财产的,不影响诈骗罪的成立。[1] 虽然诈骗罪的构成要件必须包括被害人的认识错误,但并不是说只要被害人对行为人的欺骗事项有所怀疑,就不构成诈骗罪;而是要考虑行为人的虚假行为是否构成诈骗罪中的欺骗行为、欺骗行为是否导致被害人认识错误、认识错误是否导致了财产处分行为等。[2] 不管受骗者是出于投机、侥幸或者其他目的,只要财产法益侵害结果是由欺骗行为引起的,受骗者的怀疑都不影响诈骗罪既遂的成立。

在司法实务界,即使受骗者已经对欺骗事项有所怀疑,基本上都是认定为认识错误,判定诈骗罪既遂成立。被害人怀疑的事实基本上不会进入实务中的诉讼视野,其原因包括被害人刻意回避内心怀疑、侦查人员取证方法偏差以及司法人员不会考虑被害人怀疑对诈骗罪成立的影响等方面。司法实务重视的是被害人财物被侵害的结果,不考虑被害人怀疑、过失或重大过错对诈骗罪成立的影响,只是将诈骗数额作为定罪量刑的依据。

(2) 基于被害人信条学的"怀疑"效果

传统犯罪论体系只从行为人的行为方面认定是否构成犯罪,无法全面揭示对于因被害人行为介入所产生的犯罪行为。所以,被害人信条学提出要以"被害人共同负责"的思想来限缩诈骗罪的构成要件。正如冯·亨蒂希所指出的,欺诈犯罪中的被害人往往对犯罪的产生负有很大责任,如果没有被害人的密切配合,行为人的欺诈行为就不可能实现,[3] 这类被害人在一定程度上不值得被法律保护。

德国阿梅隆教授首次提出以"认识错误"要件为中心,对诈骗罪进行限缩解释:从语义上讲,"怀疑"与"认识错误"毕竟是有差别的,将有"怀疑"者纳入"认识错误"概念的解释方法与刑法法益保护的辅助性原则相冲突,因为有怀疑者可以运用比刑法更轻缓的方式来保护自己的财产免受损害,可以期待其尽到谨慎注意义务并实现自我保护。[4] 许内曼教授对"被害人怀疑"与"错误"进行了区分:个人的怀疑是指,个人不是因为错误的认识,而是有意地在不确定的情况下去冒险,从而不受那些引起财产处分行为的诈术的影响;被骗的人对虚假表示事项不是不在乎,而是在他内心对这种事实已经有所主见,决定去冒险一搏,获取高额投机利益。[5] 被害人信条学限缩解释犯罪构成要件,主要运用于对诈骗罪的解释,很大程度上限缩了诈骗罪的成立范围。

(3) 传统理论与被害人信条学之间的争论

被害人信条学的上述观点遭到了传统理论的猛烈批评。如罗克辛教授指出,立法者并不想使值得刑事惩罚性或者需要刑事惩罚性一般地取决于可以对受害者要求的自我保护措

---

[1] 参见 张明楷:《刑法学》,法律出版社 2011 年版,第 891 页。
[2] 参见 张明楷:《诈骗罪与金融诈骗罪研究》,清华大学出版社 2006 年版,第 116、117 页。
[3] 参见 徐久生:《德语国家的犯罪学研究》,中国法制出版社 1999 年版,第 181 页。
[4] 参见 申柳华:《德国刑法被害人信条学研究》,中国人民公安大学出版社 2011 年版,第 345、349 页。
[5] 参见 [德] 许内曼:《刑事不法之体系:以法益概念与被害者学作为总则体系与分则体系间的桥梁》,王玉全等译,载 许玉秀、陈志辉合编:《不移不惑献身法与正义——许内曼教授刑事论文选辑》,新学林出版股份有限公司 2006 年版,第 222 页。需要说明的是,我国台湾地区学者将许内曼翻译成许迺曼、许乃曼,本文中统一使用许内曼。

施,即使是受害人最粗心大意地把事情搞砸了,盗窃也还是盗窃;被害人信条学限制了守法人的自由,却扩张了那些想要违法犯罪的人的自由。[1] 当然,传统理论也并不是没有缺陷,其最大缺陷在于,否定受骗者的怀疑对认识错误的影响,实质上是否定了认识错误的独立构成要件地位,它将被害人认识错误的判断等同于欺骗行为与财产处分行为之间的因果关系的认定,从而使诈骗罪的基本构造变成了"行为人实施欺诈行为,被害人处分财产",就与诈骗罪的基本构造相矛盾。

被害人信条学的理论渊源是自由主义思想,自由主义在刑法中的体现就是自我决定权,自我决定意味着对自身法益的自由处置和自我负责,由此引申出被害人同意、被害人自陷风险等自我负责领域。[2] 在诈骗罪中,被害人怀疑下的财产处分就类似于被害人自陷风险的行为,既然被害人自陷风险的行为可以出罪,那被害人怀疑也可以出罪,只是"怀疑"要达到一定的程度。被害人信条学对"怀疑"进行了延伸,将被害人怀疑下的对财产侵害的漠视、容忍等同于对自身法益的放弃,这过于专断。因为被害人对财产的漠视、容忍,并不代表是要放弃财产法益,反而是想通过投机、冒险行为获取更大的经济利益。但被害人信条学带给我们的启发是:并不是有了刑法的保护,当事人就可以随意、轻率地处分自己的财产,刑法不是万能的,要求人们在社会交往中谨慎行事,提高风险防范能力,能更好地防止法益损害,尤其对于诈骗等互动式犯罪而言,在特定情形下赋予被害人自我保护义务,更能贯彻法益保护原则。

四、被害人自我答责原则及其在诈骗罪中的应用

自我答责原则要解决的是当被害人有意介入一个行为人所创造的因果流程时,应该如何判断行为人对结果的责任关系的问题。"自我答责"的实质是"自我决定",一个有能力进行有价值的行为决定的主体,却不选择有价值的行为决定,在自己管辖领域内追求、放任法益侵害结果的发生,就应该对损害后果自我答责。

被害人行为对犯罪的成立有较大影响,在有些案件中,被害人的行为甚至直接导致犯罪不成立。如在交通肇事中,只有当行为人对事故的发生具有同等或以上责任时,才可能成立交通肇事罪,如果被害人对事故的发生具有主要责任,就由被害人自我答责。所以,必须考虑被害人的行为对犯罪成立的影响。如前所述,诈骗罪中的被害人怀疑,大体上可以分为"模糊怀疑"和"具体怀疑"。在"模糊怀疑"的情形下,被害人只是对风险有个模糊的感觉,但很难验证虚假表示事项的真实性,对法益损害的风险并不明知,主观上的确信程度较深,一般认为属于"认识错误"领域,不影响诈骗罪的成立。在"具体怀疑"的情形下,被害人有具体的依据可以认识到法益损害的风险,如行为人前后说法明显矛盾、交易属于违法行为或者明显不符合交易习惯等,被害人很容易验证却并不采取预防措施,对自我损害持一种放任、容

---

[1] 参见 [德]克劳斯·罗克辛:《德国刑法学总论》(第一卷),王世洲译,法律出版社2005年版,第393、394页。

[2] 参见 车浩:《自我决定权与刑法家长主义》,《中国法学》2012年第1期,第94、95页。

忍的态度。所以,当被害人明确认识到存在损害自身法益的很大风险,却任意进行了甘冒风险的自我损害行为,被害人要进行自我答责。因此,接下来主要讨论的被害人有"具体怀疑"时的情形。

1. 被害人"具体怀疑"下的自我答责

行为人通过欺骗行为使被害人对自己的财产损害形成了一种过失,当被害人已经怀疑行为人所描述的事实是否真实时,正好可以推断过失的存在。[1] 也就是说,被害人对财产损害结果并没有肯定、明确的认识,也不愿意追求法益侵害结果,只是接受了自我损害的危险,他不是为了放弃法益,而是为了追求更多的利益,所以,被害人存在对自我损害的过失,不能适用被害人承诺来排除归责,只能是对自我损害的危险接受。

危险接受并非都由被害人自我答责,如果是自己危险化的参与,被害人实际支配了结果的发生,由被害人对损害结果自我答责;如果是基于合意的他者危险化,被告人的行为支配了结果的发生,由行为人对损害结果负责。当被害人对诈骗事项有了"具体怀疑"时,就对危险有了十分明确的认识,且轻易地能采取措施来证伪,却轻率、疏忽地处分财产,容忍危险的发生,实际上是被害人完全控制、支配了财产处分。与完全陷入认识错误时行为人控制、支配财产处分不同,此时的被害人是有意在高度怀疑情形下作了危险的决定,他有很充足的理由来放弃危险行为却执意不为,犯罪的进程不在行为人手中,而是掌握在被害人手中。此时,行为人虽有优越的认知和地位,但并不能掌控、支配事件的进展,并不能控制被害人何时交付或是否交付财产,只能靠被害人的主动配合。当然,行为人可以选择告诉真相来阻止犯罪,但仅限于此,他并不能真正掌控被害人的行为,决定权仍然在被害人手中,被害人的怀疑越具体,决定权就越大,就越能支配犯罪的进程。所以,"在具体怀疑的情况下,被害人打断了由犯罪产生的整个因果流程"[2],此时是被害人控制、支配了事件进程,即被告人的行为属于自己危险化的参与,由被害人对财产损害结果自我答责。

2. 对被害人自我答责的限制

按照危险接受的法理,只要被害人对诈骗事项有了具体怀疑后仍执意处分财产的,由被害人自我答责,诈骗罪的处罚范围将大大缩小,很多犯罪分子将逃脱法律制裁,这样也难言公平。因此,要对被害人具体怀疑适用自我答责的条件进行再限制,即在尊重自我决定的同时,对发生在一般生活领域的被骗者或社会上弱者、能力低下者实行家长式的保护,通过被害人是否具有或应当具有谨慎注意义务来限定自我答责的范围。即,如果被害人具有谨慎注意义务的,不构成既遂的诈骗;如果被害人不具有谨慎注意义务的,构成诈骗罪。

(1) 谨慎注意义务的含义

这里的谨慎注意义务,不同于过失犯中的注意义务,不是刑法意义上的注意义务,而是类似于民法上的谨慎注意义务,但又与民法上的注意义务有所区别。民法上的注意义务,是

---

[1] 参见[德]伯恩特·许内曼:《刑事制度中之被害人角色研究》,王秀梅、杜澎译,《中国刑事法杂志》2001年第2期,第121、122页。

[2] 申柳华:《德国刑法被害人信条学研究》,中国人民公安大学出版社2011年版,第368页。

指义务主体谨慎、小心地行为而不给他人造成损害的义务,是防止损害他人的义务。[1] 本文中的谨慎注意义务,是对防止损害自己法益的义务,是一种自我保护的义务,也不是针对所有类型的犯罪,一般只存在于关系型犯罪中。如果违反了该注意义务,刑法并不对被害人进行刑事制裁,只是要求自己承担不利损害后果。

(2) 谨慎注意义务的产生

刑法的目的是保护法益,如果法益主体愿意放弃法益或者漠视、容忍对自身法益的损害,法律也要尊重法益主体的自我决定自由,即被害人需保护性和值得保护性就丧失或者降低。对于财产法益类犯罪而言,法益主体应当保留不受阻碍的、可期待的自我保护领域,只有在个人力量不足时才容许刑法干预。[2] 公民个人有权对法益进行自我保护,并且在特定情形下还有义务进行自我保护,只是这种自我保护不是刑法上必须承担的义务,即使违反了该义务也不承担刑罚责任。对诈骗罪而言,这种义务的产生以被害人不愿放弃其法益,但又明知自己的行为可能会给自身法益带来损害为前提。被害人已经预见到了损害结果,他对法益损害是有过失的,这种过失必须达到"具体怀疑"的严重程度,若是一般性的过失,如"模糊怀疑"或一般性的疏忽,则不能认为违反了谨慎注意义务。被害人影响归责并不只是在于漠视可能导致的社会损害,而在于特定情形的被害人没有像守法者那样理性地对待自己的法益,因而不再值得保护。[3] 但是,如果被害人完全陷入认识错误或者仅对危险有模糊怀疑,不明知财产处分行为的后果,则不应要求被害人负担此义务;在干预型犯罪中,被害人处于被动的地位,无法控制、支配犯罪的进程,即使明知危险存在也不应要求自我保护义务。

(3) 谨慎注意义务的范围

当然,并不是要求对所有诈骗罪中的被害人都加担谨慎注意义务,一般针对本身就存在一定风险的领域,如市场交易、金融、风险投资、违法领域等。处在这些领域的相对人一般都是熟悉行业规则的平等主体,或者是处于优势地位的人,或者本身就具有谨慎注意、防范风险职责的被害人,如签订、履行合同中失职被骗的国家机关工作人员,他们虽然是诈骗罪中的被害人,但由于没有尽到合理的谨慎注意义务,仍然要对本人追究其责任。也就是说,刑法对于已经明确认识到风险却漠视、容忍法益损害、能够尽到谨慎注意义务而任意不为的被害人仍然要进行一定的否定评价,这也从另一方面反映了被害人应当具有谨慎注意义务。所以,对于在风险领域已经明确认识到法益损害风险,却不尽到谨慎注意义务、漠视自身法益的被害人进行自我答责也不会有太大障碍。

3. 不同领域的判断标准与应用

不同领域的人的风险认识能力不同,对风险判断、防范能力以及自我保护能力不同,可以根据刑法的保护目的和是否要求具有谨慎注意的保护义务将其划分为不具有谨慎注意义务的

---

[1] 参见 屈茂辉:《论民法上的注意义务》,《北方法学》2007年第1期,第25、26页。

[2] 参见 劳东燕:《被害人视角与刑法理论的重构》,《政法论坛》2006年第5期,第131页。

[3] 参见 何庆仁:《犯罪人、被害人与守法者——兼论刑法归属原理中的人类形象》,《当代法学》2010年第6期,第51页。

一般生活领域和要求具有谨慎注意义务的市场交易领域、投资和投机领域以及违法领域。

(1) 不同领域的判断标准

市场交易、投资、投机领域与一般生活等领域之间的界限非常模糊,有时又是相互交融在一起,确实难以区分。本文认为,可以大致遵循这样的标准:越是基本生活所需,越是靠近生活领域;越是与基本生活无关,越是靠近市场和投资等领域,再综合考虑行为对象、产品性质、需求程度、涉案金额、发生地点等因素进行个别的判断。[1] 基本生活涉及人的基本生存权、尊严和自由,离这些越远就越靠近市场、投资等领域。如行为人购买自己居住用的商品房属于生活领域,但购买用于投资的商品房多属于市场交易领域。当然,这并非绝对,最终还是要对所有因素进行综合分析后个别地判断。如在社区内将价值200元的玉镯假称为上等和田玉,以1万元价格卖给老年人,就属于生活领域的诈骗;如果发生在玉器商店内,则属于市场领域的行为,如果被害人已有具体怀疑却执意冒险,则刑法不予干涉。

(2) 无需谨慎注意义务的一般生活领域

在财产犯罪体系中,刑法也区分了不同程度的可罚性,如从普通盗窃到入室盗窃,再到盗窃金融机构,刑法不断加大刑罚力度,其中的重要区别在于被害人逐步地、更努力地保护自己的财产,行为人也是逐步侵入受到被害人更加周全保护的领域。[2] 所以,刑法对同一财产犯罪在不同领域给予区别保护也不存在障碍。由于一般生活领域涉及个人的基本生存权、安全感和尊严,要对这些基本权利给予绝对的保护。正如罗尔斯的正义论所表达的,人的基本权利和自由绝对平等,基本权利平等之外才考虑实行差异、不平等的原则。[3] 在一般生活领域,如果将所有人的保护可能性和需保护性按照理性的、平均的社会一般人来看待,就必然将社会上的弱势群体、轻信的人排除出刑法保护范围。从刑法家长主义来看,这些人反而是刑法要着重保护的对象,这也符合人们对刑法的期待,因为有时人们的自我决定自由也需要家长式的限制,如对生命、重大身体伤害的承诺并不足以阻却行为人刑事责任。要求那些生活领域中的社会经验少、精神、智力耗弱等弱势群体尽到合理谨慎注意义务,是对他们过高的要求,会加重他们的负担,导致不得不放弃对他们的刑法保护,这样会造成更大的不公平,所以,该领域的被害人无需尽到谨慎注意义务。即使该领域的被害人对诈骗事项有了具体怀疑后处分财产的,由于不具有谨慎注意义务,所以被害人无需进行自我答责,行为人构成诈骗罪既遂。如甲假称祖传秘方圣水包治百病,各种癌症药到病除,乙、丙等人虽然根本不相信所谓圣水能包治百病,但抱着姑且一试的心态购买,后经查证,其圣水不过是蒸馏水加锅灰混合而成。虽然乙、丙已有具体怀疑,但其目的是为了治病救人,不是为了获取更多的利润,即使这是个荒唐的骗局,也应当认定甲构成诈骗罪。

---

[1] 参见 高艳东:《诈骗罪与集资诈骗罪的规范超越:吴英案的罪与罚》,《中外法学》2012年第2期,第421-424页。

[2] 参见 [德]许内曼:《刑事不法之体系:以法益概念与被害者学作为总则体系与分则体系间的桥梁》,王玉全等译,载 许玉秀,陈志辉合编:《不移不惑献身法与正义——许内曼教授刑事论文选辑》,新学林出版股份有限公司2006年版,第214页。

[3] 参见 [美]罗尔斯:《正义论》,何怀宏等译,中国社会科学出版社1988年版,第12页。

(3) 应当具有谨慎注意义务的市场、投机、违法等领域

应当尽到合理谨慎注意义务的其他领域,包括市场交易领域、投资、投机领域以及违法领域。在风险社会,市场、投资、投机、违法等领域一般都存在较大的风险,在此领域的相对人既然都具有追求经济利益的目的,就应当天然地具有一定的风险防范意识和谨慎注意义务,这不是义务加担,而是保护法益的有效手段,也是与相对人追求利益的目的相一致的。

① 市场交易领域

市场交易领域需要自由和宽松,为了保持经济活力,甚至可以允许一定程度的欺诈和吹嘘。假如一旦涉及虚假或者夸大宣传就直接由刑法介入,就不能保持刑法保护的补充性和适当性原则,也会使市场经济的活力和效率大打折扣。刑法应该承担起教育、引导功能,即引导人们在充满风险的市场、投资、投机以及违法领域有意识地防范风险,尽到合理注意义务,而不是在有具体怀疑时还幻想着正常交易。如果法益个体执意无视自己法益而轻率地将自己置于不合理的危险之中,此时的注意义务分配并不是均等的,被害人对自身法益应该负有更高的注意义务;刑法要防止这种甘愿冒险的被害人的自我损害,最理性的方法莫过于否定对其保护,因为法益主体一方面想要追求更多的利益,另一方面却对明显的危险置之不理,其冒险行为表明了法益不值得保护。[1] 诈骗罪的保护法益是财产,至于诚信和市场经济秩序只不过是诈骗罪保护法益的折射效果,诚信交易基本上是个道德层面的要求,刑法并不做过多的道德关注,它要教会人们具有自我防范风险的意识,这比只进行事后的刑法制裁更有价值。市场交易的双方应该知晓交易中的一般性风险,尤其是当诈骗罪中的被害人已经有了具体怀疑时,就对具体的风险有了明确的认识,更应该采取措施去防止损害结果的发生,尽到自我保护义务。有的行业规则中规定了风险防范的具体要求,如贷款诈骗中被骗的金融机构就要求尽到谨慎注意的审核义务,否则,诈骗虽然还是诈骗,但被骗者一般也还要受到刑法之外的处罚。市场交易的双方都是为了追求经济利益,如果被害人背离了自己真实目的自陷风险,则由被害人自我答责,如集资诈骗的被害人在有具体怀疑的情形下,还是冒险将资金处分给他人以获取高额利息,诈骗就不是诈骗了,而是法外投机。

② 投资和投机领域

在投资和投机领域,风险程度更高,相对人往往不是被欺骗,而是有意在十分怀疑的、不确定的情形下作了危险的决定。由于投资者和投机者对该领域的风险有较为清楚的认识,他们一般都会对行为人声称的诈骗事项有所怀疑甚至是不相信,在可以采取措施实现自我保护时,却仍然基于各种动机去处分财产,则应当由被害人自我答责。如古玩字画市场考验的是被害人的眼力、鉴别能力和运气等。如果在古玩市场受骗花高价买回一个假古董,一般也不以诈骗罪处理。这样的专门市场已经形成了独特的交易规则,行为人说是真古董,不一定就是真古董,这种潜在的风险双方都心知肚明。被害人自我答责只是说刑法不予保护,并不排斥民法、行政法规等其他形式的保护,被害人可以采取民法等形式来进行追偿。

---

[1] 参见 劳东燕:《被害人视角与刑法理论的重构》,《政法论坛》2006 年第 5 期,第 132、133 页。

③ 违法领域

在违法领域,被害人明知行为人所诈称事项违法,且对诈骗事项已经有了具体怀疑,却仍然配合行为人进行财产处分行为,实际上是帮助行为人完成违法行为。由于公民具有不得侵害他人法益的义务,但违法领域中的诈骗罪被害人总是配合着行为人完成法益侵害,被害人往往也伴随着一定违法性,所以该领域的被害人更应当具有谨慎注意义务。同时,由于具有一定的违法性,被害人也失去了刑法保护的正当性。虽然在诈骗不法原因给付物时,可以成立诈骗罪,如将白纸冒充假币出售给他人的,成立诈骗罪,但是当被害人对是否为假币有了具体怀疑且明知属于违法事项时仍然处分财产的,则由被害人自我答责。再如对设置圈套诱骗他人赌博的行为,虽然有学者认为应当成立诈骗罪[1],但最高法司法解释明确规定了对行为人要以赌博罪定罪处罚[2],而不是定性为诈骗罪,这也说明了在违法领域中发生的诈骗行为一般由被害人自我答责。

当诈骗罪的被害人有了"具体怀疑"时,要求其在特定领域内尽到谨慎注意义务能够更好地保护法益,事前自我保护比事后惩罚和补救有效的多。现在,诈骗犯罪越打击越多,不是因为刑法不够严厉,不是由于诈骗罪的范围不够宽泛,而是很多人确实很好骗,很"傻"很"天真",即使有了具体怀疑后也疏于自我保护。因此,发挥好刑法预防犯罪的功能,教育、引导人们在一定范围和程度内实现自我保护也符合刑法的目的,符合被害人内心的决定。刑法不仅是犯罪人的刑法,也是被害人的刑法,它要教会人们在有期待可能性的、极易实施的情况下实现自我保护。

---

[1] 参见 张明楷:《诈骗罪与金融诈骗罪研究》,清华大学出版社 2006 年版,第 225、226 页。
[2] 最高人民法院 1995 年 11 月 6 日《关于对设置圈套诱骗他人参赌又向索还钱财的受骗者施以暴力或暴力威胁的行为应如何定罪问题的批复》中规定,"行为人设置圈套诱骗他人参赌获取钱财,属于赌博行为,构成犯罪的,应该以赌博罪定罪处罚"。

不法原因给付与侵占罪的认定

胡东飞*

摘　要：关于不法原因给付物可否成为侵占罪的行为对象的争论，既涉及对财产罪的保护法益的认识，也关系到对法秩序统一性原理的理解。不可否认，刑法和民法完全可能基于自己的具体价值理念和逻辑脉络，而形成各自不同的规则系统，但是，法秩序的统一性要求刑法与民法在最终法效果的评价上保持一致。民法的目的在于确认和保护财产权，刑法设置财产罪的根本目的也是为了更有力地保护财产权，故只要在民法上能够确定或还原权属关系的财产，就可以成为财产罪的保护对象。根据我国现行法的规定，基于不法原因给付的财物，要么应当返还原权利人，要么应当收归国家所有，所以，侵占不法原因给付物的，可以成立侵占罪。

关键词：不法原因给付　侵占罪　法秩序统一性　财产罪　法益

一、学说概况与问题所在

"所谓不法原因给付，是指被害人基于不法原因给予受托者财物或者利益，如被害人委托他人购买毒品给予资金，即是不法原因给付。又如，委托他人行贿给予受托者资金，也是不法原因给付。"[1]在刑法上，成为问题的是，受托者侵占基于不法原因给付的财物或利益的，是否成立（代为保管物）侵占罪？例如，乙欲通过甲向国家工作人员丙行贿，遂将50万元贿赂款交于甲，让甲转交给丙，但甲收到50万元后，既未转交于丙，也未退还给乙，而是将之据为己有。又如，B携带10万元现金前往某地购买毒品，因"风声紧"未果，遂将该款交给朋友A暂为保管，事后B向A索要该款，但A拒绝归还。两个案例中，甲与A是否构成侵占罪？

"没有任何一种社会科学理论能够被独立地有效评价。通过把一种解释和另外一种解释加以比较和对照，我们不断地取得理论的进步。"[2]如后所述，对于侵占不法原因给付物是否成立侵占罪的问题，我国学者大多是在借鉴日本有关学说及判例的基础上而展开讨论的。所以，这里有必要先行简要介绍日本刑法学的相关理论。

---

* 胡东飞（1978—），男，江西吉安人，四川大学法学院副教授、法学博士。

[1] 童伟华：《我国法律规定下的不法原因给付与侵占罪》，《刑法论丛》2009年第1卷，第235、236页。

[2] [英]帕特里克·邓利维、布伦登·奥利里：《国家理论：自由民主的政治学》，欧阳景根等译，浙江人民出版社2007年版，第1页。

在日本,关于不法原因给付物可否成为侵占罪的对象,主要存在着肯定说、否定说和二分说三种代表性观点。

顾名思义,肯定说主张侵占不法原因给付物的行为构成侵占罪,理由是:首先,根据日本民法相关规定,委托者的确丧失了对给付物的返还请求权,但并不因此失去所有权,而刑法只要求侵占的对象是自己占有的他人财物,受托者将其据为己有的,理当成立委托物侵占罪。其次,从违法多元论的立场出发,刑法上是否构成犯罪与民法上是否值得保护,并无必然联系。换言之,委托关系在民法上不受保护,并不当然意味着在刑法上不成立侵占罪。最后,如果否认侵占罪的成立,则受托者就成了坐收渔翁之利者,这有违健全的国民感情,故即使被害人不具有具体的所有权,但刑法也应当禁止在形式上侵害所有权的行为,以保护所有权的一般情形。[1]

不言自明,否定说认为侵占不法原因给付物的不构成侵占罪。理由是:第一,侵占罪的保护法益是财产所有权,在不法原因给付的场合,委托人不能请求受托人返还其物,受托人也对委托人不负担任何义务,故受托人的行为不构成委托物侵占罪。第二,除财产所有权外,委托物侵占罪还要保护委托信赖关系,而基于不法原因的委托关系,显然不值得刑法保护。[2] 第三,刑法具有谦抑性,只能以比较重要的侵害行为作为其规制对象,不应该介入细微的利益问题。民法不予直接保护的不法原因给付物,倘若刑法对其所有者给予侵占罪的保护,在法秩序上难言协调。[3] 换言之,"用刑罚制裁强制在民法上没有返还义务的人进行返还,就破坏了法秩序整体的统一,因此,应该否定其成立横领罪"[4]。

二分说将不法原因占有的财物区分为不法原因给付与不法原因委托,其中,侵占不法原因给付物的不成立侵占罪,而侵占不法原因委托物的构成侵占罪。理由是:日本《民法》第708条中的"给付"应当是指受领者"获得了事实上的终局的利益",受领者没有获得事实上的终局的利益的属于委托而非给付。例如,某人向某公务员行贿100万元,该公务员将钱款挥霍,此即属于不法原因给付。相反,倘若某人为了向公务员行贿,委托第三人代为转交100万元,但第三人在行贿被拒绝后拒绝返还委托人该笔钱款,由于交付财物的一方没有向受托人移转财物所有权的意思,仅仅只是占有的转移,因此,属于不法原因委托而非不法原因给付。委托物侵占罪的保护法益是他人的财产所有权,在不法原因给付的场合,从民法上来看,由于所有权已经属于受托人,故其不构成侵占罪,而在不法原因委托的场合,由于委托人没有移转所有权的意思而只具有移转占有的意思,也就是说,所有权仍然属于委托人,故受托人的行为有成立侵占罪的余地。[5]

关于侵占不法原因给付物可否成立侵占罪的问题,我国学者在借鉴日本学说的基础上,

---

[1] 参见 [日]曾根威彦:《刑法学基础》,黎宏译,法律出版社2005年版,第261页。
[2] 参见 [日]大塚仁:《刑法概说(各论)》,冯军译,中国人民大学出版社2003年版,第322页。
[3] 参见 [日]团藤重光编:《注释刑法6》,有斐阁1966年版,第429页。
[4] [日]大塚仁:《刑法概说(各论)》,冯军译,中国人民大学出版社2003年版,第322页。
[5] 参见 [日]佐伯仁志,道垣内弘人:《刑法与民法的对话》,于改之,张小宁译,北京大学出版社2012年版,第51、52页。

大体上也存在肯定说[1]、否定说[2]和二分说[3]三种不同看法;而且,所持论据也与日本刑法理论基本无异。

由上可见,关于不法原因给付物可否成为侵占罪的对象的争论,从微观上说,源于人们对(刑法)财产犯罪的保护法益与民法财产权原理关系的认识差异;从宏观上讲,涉及对法秩序统一性原理的理解问题。

二、(民法)财产权原理对(刑法)财产罪的制约

"财产犯的保护法益理应考虑民法的权利关系以作出界定,仅从刑法独立性的立场出发进行考虑的见解是不妥当的"。[4] 不可否认的是,刑法的"二次法"性质并不意味着刑法只是民法、行政法等部门法的从属法,相反其具有自身的独特性。但必须看到,民法(广义)乃调整财产关系的"第一次法"。就此而言,对于财产犯罪的基础性问题,刑法规范本身是无法自足的,必须借助于民法财产权原理。换言之,民法上的财产权原理,对于刑法中的财产犯罪的认定具有重要的制约意义。

民法以平等主体的人身关系和财产关系为调整对象。其中,财产关系包括物权关系和债权关系。物权关系以物权为内容,物权是对物的排他支配权利,包括自物权和他物权;债权关系以债权为内容,债权是对他人的特定行为的权利。一方面,民法需要厘定各社会成员的财产权利关系,另一方面,厘定权利进一步是为了保护权利,"因而社会生活中如发生了与真正的财产权利关系不一致的情形时,便应将这种状态除去"[5]。易言之,民法以保护实体的财产权为己任,故民事责任主要是赔偿责任。即当发生财产侵害时,其强调的是权利恢复或赔偿——使其恢复到未受损害之前的同等状态,所以,民法更关注最终的侵损状态,而对于可能存在的复杂侵权过程往往并不特别在意,因为通常情况下权利人从最终侵权者处主张权利即可。

但是,"刑法是制裁犯罪行为的法律,刑罚的目的是预防犯罪,故刑事责任是惩罚的承担,而不是损失的赔偿。在将财产犯罪作为民法上的不当得利处理时,虽然也能使被害人的财产得到救济,但既不能防止行为人再次实施类似行为,也不足以预防其他人实施类似行为"[6]。为了实现特殊预防与一般预防之目的,刑法必然紧盯侵害财产关系的每一环节,力

---

[1] 参见 周光权:《侵占罪疑难问题研究》,《法学研究》2002年第3期。

[2] 参见 张明楷:《刑法学》,法律出版社2011年版,第902页;刘明祥:《论侵吞不法原因给付物》,《法商研究》2001年第2期;付立庆:《论刑法介入财产权保护时的考量要点》,《中国法学》2011年第6期。

[3] 参见 李齐广,谢雨:《论刑法中的不法原因给付与侵占罪》,《政治与法律》2010年第5期;陈子平:《不法原因给付与侵占罪、诈欺罪(上)》,《月旦法学教室》2014年第137期。

[4] [日]佐伯仁志,道垣内弘人:《刑法与民法的对话》,于改之,张小宁译,北京大学出版社2012年版,第59页。

[5] 梁慧星、陈华彬:《物权法》,法律出版社2007年版,第140页。

[6] 张明楷:《不当得利与财产犯罪的关系》,《人民检察》2008年第13期。

图切断侵害财产权链条的任一节点,即侵害财产权的任一行为环节都可能成立犯罪。正因为如此,同一行为人针对同一财物而实施多个侵害行为的,完全可能成立多个具体的财产罪。例如,刘某骗得被害人的摩托车一辆。数日后,刘某在驾驶该摩托车过程中违章,致使该车被交警扣押。因无正当手续,无法取回该车,刘某遂于次日将该车盗回。显然,刘某的行为构成诈骗和盗窃两罪,应数罪并罚。

不难看出,刑法介入财产侵权行为的特点决定了,在认定财产犯罪时必须采取"片断式"思维,即对于复杂的链条式侵害财产权的行为,在刑法的处理上需要"化整为零",将其分割为一个个具体的行为予以单独评价。

众所周知,法律在纵向关系上,是以宪法为顶点的阶层构造,而在同一阶层的横向关系上,形成各自不同的法领域构造。而且,"整个法律秩序,也就是大量有效的具体规范与所有法律部门的法律的总和,形成一个统一体、一个'体系'"[1]。即,"一国的法秩序,在其内部,根据民法、刑法等不同,按照各自不同的原理而形成独立的法领域。这些不同领域之间,应当相互之间没有矛盾,并最终作为法秩序的整体,具有统一性。不能出现以下事态,即:同一社会状况之下的完全相同的行为,为民法所允许,不成立不法行为,不成为损害赔偿的对象,但在刑法上则是被禁止的违法犯罪行为,是刑罚的对象"[2]。也就是说,"系统思维不允许出现明显的评价矛盾。换言之,如果基于相同的事实得出了不同的法律后果,那就违背了追求合理性的立法"[3]。为了维持社会秩序,国家制定民法、刑法等法律,从而"形成整体的法秩序以保护法益,所有的法律都以保护法益为其任务。"[4]

"虽然公法和民法可以相互区别,但绝不能因此而把他们看作完全孤立的、毫不相干的领域。相反这两个互有区别的规范部门应该构成一个统一、协调的法律制度。"[5]既然民法的目的在于确认并保护财产权,那么,可以肯定,刑法设置财产罪的目的终究也是为了(更有力地)保护财产权。倘若因为强调刑法目的的独立性,认为民法财产权原理对刑法财产罪的认定并无影响,其实质是意味着刑法的效力位阶高于民法,这恐怕不可思议。毕竟,"一个有秩序的法律社会的前提是,各项行为规范之间不能相互冲突并且彼此协调。此外它们还应彼此衔接共同构成一个能够发挥作用的社会秩序。如果人们把个别元素之间的有序组合称为系统的话,则法律应构成一个行为规范系统。……为了法律能够实现我们对其所期望的保障秩序与和平的功能,仅有各行为规则之间的协调是不够的。必须还得有这样的手段,使得法律社会中的成员能够真正地按照这些行为规则来行事"[6]。但是,如果认为刑法的目的根本不同于民法,因而可能得出民法上合法的行为在刑法上却可能成立犯罪的结论,果真如此,则必然导致国民无所适从。

---

[1] [德]伯恩·魏德士:《法理学》,丁晓春,吴越译,法律出版社2003年版,第328页。
[2] [日]曾根威彦:《刑法学基础》,黎宏译,法律出版社2005年版,第212页。
[3] [德]伯恩·魏德士:《法理学》,丁晓春,吴越译,法律出版社2003年版,第68页。
[4] [日]大谷实:《刑法讲义总论》,黎宏译,中国人民大学出版社2008年版,第7页。
[5] [德]迪特尔·施瓦布:《民法导论》,郑冲译,法律出版社2006年,第67页。
[6] [德]莱因荷德·齐柏里乌斯:《法学导论》,金振豹译,中国政法大学出版社2007年版,第16页。

诚然，刑法将侵害财产权的每一行为环节均规定为犯罪，表面上似乎要保护行为人的占有状态，但其实质是以刑罚手段实现对财产权的彻底保护。因为侵害财产权的环节越多，则意味着权利恢复愈加困难。若非如此，则必然割裂刑法和民法的深层次关联，进而出现刑法和民法对相同行为却不同评价之局面。例如，根据物权法相关规定，当占有人无正当权源占有权利人之财物时，该权利人有权要求占有人返还该占有物。尽管按照现代法制要求，为了确保社会和平秩序，权利人一般需要通过法定程序予以救济，但这一程序要求并不因此改变实体法上的权利关系。换言之，即使权利人自力救济的，也只是说其行为违反了程序上的要求，而并不因此侵犯占有人的财产权。对此，《刑法》第238条第3款和相关司法解释为其提供了直接的依据。[1]

以上表明，就其根底而言，财产罪的法益必须具有民法上的权源（但不限于所有权），或者说在民法上能够确定或还原权属关系的财产，方可成为刑法财产罪的保护对象。唯其如此，在财产关系领域，刑法和民法所建构的法秩序才是统一的。当然，特别需要说明的是，由于刑法与民法介入财产关系的着眼点不同，故这里所谓在民法上能够确定或者还原权属关系，是指就法律体系的最终定位而言，而并非指民法上获得财产权的具体制度规定（如交付为取得财物的主要方式等）；换言之，取得财产权的具体制度安排是作为后续问题由民法加以解决的（少数情况下也可能根据公法予以处理，如没收、征收）。也就是说，被侵害的财物（包括财产性利益）最终应当归属于谁（返还被害人或者追缴、没收），不是刑法要解决的问题，而应根据民法或者行政法加以认定和处理。

所以，在司法实践中，即使因各种原因致使无法查清财物的真实权利人，但从社会的日常经验及民法所建构的财产权利体系来看，一般也并不意味着该财物为无主物（在我国民法、行政法所确立的财产权利体系之下，难以想象存在财产权利真空现象）。所以，实务上通常并无查明财物真实权利人之必要，原则上，只要行为人以非法占有为目的而取得他人之财物的，即可肯定其行为构成相应的财产罪。例如，行为人兰某在某影剧院门前闲逛时，见一对夫妻骑着一辆摩托车停下来吵架，气怒之下，夫妻俩弃车各奔东西。兰某见状在车旁转悠了约一刻钟，见摩托车无人来骑，便将该车骑走。事后车主既未寻找该车，也没有报案记录，同时，由于该摩托车没有悬挂车牌照，致使公安机关无法查明车主究竟为谁。对于本案，显然不能因为无法查明车主而否认兰某的行为构成盗窃罪。

刑法理论公认，（委托物）侵占罪的保护法益是他人的财产所有权。既然如此，基于不法原因给付物可否成为侵占罪的对象这一问题的关键，在于在民法上（特定情形下还包括行政法等公法）对该不法原因给付物可否确认财产权利归属。因此，接下来需要讨论的是，不法

---

[1] 根据《刑法》第238条第3款的规定：为索取债务非法扣押、拘禁他人的，不成立绑架罪，而构成非法拘禁罪；2005年6月8日最高人民法院《关于审理抢劫、抢夺刑事案件适用法律若干问题的意见》第9条第5项规定："行为人为索取债务，使用暴力、暴力威胁等手段的，一般不以抢劫罪定罪处罚。构成故意伤害等其他犯罪的，依照刑法第二百三十四条等规定处罚。"显然，之所以不构成绑架罪和抢劫罪，是因为两种情形下，行为人的行为并未侵犯被害人的实体财产权。

原因给付物的种类及其权利归属。

三、不法原因给付物的种类及其权利归属

刑法中的不法原因给付物大体上可以分为四类：(1)犯罪行为的对价物，例如，让他人犯故意杀人、故意伤害等罪而预付的酬金；(2)需要转移交付的财物，例如，让他人代送的贿赂款、代购毒品款等；(3)单纯寄存性的犯罪工具性财物，比如暂时寄存购买淫秽物品款、购买伪劣商品款等；(4)寄存的赃物或委托处理的赃物。[1] 从我国《民法》《刑法》第64条及《治安管理处罚法》等行政法律法规的规定来看，基于不法原因给付物的权利归属表现为两种情形：一是应当返还于原权利人，二是应当收归于国家所有。

（一）应当返还于原权利人的情形

我国《民法通则》第92条规定了不当得利制度，即，没有合法根据，取得不当利益，造成他人损失的，应当将取得的不当利益返还受损失的人。《合同法》第58条前段规定："合同无效或者被撤销后，因该合同取得的财产，应当予以返还；不能返还或者没有必要返还的，应当折价补偿。"就此而言，当委托人基于不法原因给付给受托人的财物，根据民法通则和合同法的上述规定，就可能属于应当返还给委托人的情形。

例如，甲明知乙非法存有未经灭活的罂粟种子10克，便找到乙并交给其5000元，请求乙将其持有的10克罂粟种子卖给自己，乙收下5000元后对甲说："最近风声紧，过段时间再把罂粟种子交给你。"甲答应并离开，半个月后，甲向乙索要罂粟种子，但数天前罂粟种子被不知情的乙的妻子当作饲料拿去喂鱼了，甲便要求乙退还自己的5000元"购货款"，但乙拒不退还。一年后，此事被公安机关发现并介入调查。对于此案，需要讨论的是，乙的行为是否构成侵占罪？

本来，根据《治安管理处罚法》第71条的规定：非法买卖、持有少量未经灭活的罂粟等毒品原植物种子的，处10日以上15日以下拘留，可以并处3000元以下罚款；情节较轻的，处5日以下拘留或者500元以下罚款。同时，《治安管理处罚法》第11条第2款规定：违反治安管理所得的财物，追缴退还被侵害人；没有被侵害人的，登记造册，公开拍卖或者按照国家有关规定处理，所得款项上缴国库。据此，乙收取的5000元"购货款"属于违反治安管理所得的财物，且甲不属于被害人，原本应当收缴归国有(上缴国库)。但是，一方面，违反治安管理的行为在6个月内没有被公安机关发现的，不再处罚(参见《治安管理处罚法》第22条第1款)，因此，公安机关不得收缴该5000元"购货款"。另一方面，甲、乙二人关于买卖罂粟种子的合同，属于《合同法》第52条第5项所规定的"违反法律、行政法规的强制性规定"因而无效的情形。如上所述，根据《合同法》第58条的规定，在合同无效的场合，因该合同取得的财产，应当予以返还。据此可知，根据治安管理处罚法和合同法的规定，甲并不因此而丧失对购买罂粟种子的5000元的返还请求权，具体而言，甲享有对乙的不当得利返还请求权。

---

[1] 参见 李齐广，谢雨：《论刑法中的不法原因给付与侵占罪》，《政治与法律》2010年第5期。

乙既然拒绝退还,理当构成侵占罪。

由此看来,在基于不法原因给付的场合,以委托人没有不当得利返还请求权为由,进而得出受托人并没有侵犯"他人财产"的结论是难以成立的。

(二) 应当收归于国家所有的情形

在不法原因给付的场合,除了可以适用不当得利的情形之外,其余的几乎都属于应当收归国家所有的情形。这一点至少有四方面的法律根据:其一,《合同法》第59条"当事人恶意串通,损害国家、集体或者第三人利益的,因此取得的财产收归国家所有或者返还集体、第三人。"其二,《民法通则》第134条第3项"人民法院审理民事案件,除适用上述规定外,还可以予以训诫、责令具结悔过、收缴进行非法活动的财物和非法所得,并可以依照法律规定处以罚款、拘留。"其三,《刑法》第64条"犯罪分子违法所得的一切财物,应当予以追缴或者责令退赔;对被害人的合法财产,应当及时返还;违禁品和供犯罪所用的本人财物,应当予以没收。没收的财物和罚金,一律上缴国库,不得挪用和自行处理。"其四,《治安管理处罚法》第11条"办理治安案件所查获的毒品、淫秽物品等违禁品,赌具、赌资,吸食、注射毒品的用具以及直接用于实施违反治安管理行为的本人所有的工具,应当收缴,按照规定处理。违反治安管理所得的财物,追缴退还被侵害人;没有被侵害人的,登记造册,公开拍卖或者按照国家有关规定处理,所得款项上缴国库。"

从逻辑关系上说,不法原因给付物中的"不法"只能是违反刑法、行政法等公法,而不可能是违反民法等私法。道理很简单,违反民法等私法的行为,不会因此而导致委托人丧失对该给付物的返还请求权;而违反刑法、行政法等公法的行为,基本上都可以认为是侵害了公共利益的行为,因而才可能使得委托人丧失对该给付物的返还请求权。而我国刑法、行政法等公法对于不需要返还给被害人的基于不法原因给付物的基本态度是:收归国家所有。例如,对于因雇凶杀人、伤人而预付的作为犯罪行为对价物的酬金,便属于《刑法》第64条的"犯罪分子违法所得的一切财物",依法应当予以追缴;让他人代送的贿赂款、代购毒品款等属于《刑法》第64条的"供犯罪所用的本人财物",依法应当予以没收;暂时寄存用于购买违禁物品的款项等财物,或者属于《刑法》第64条的"违禁品和供犯罪所用的本人财物",因而应当予以没收,或者属于《治安管理处罚法》第11条所规定之物,因而应当收缴;至于所谓寄存或委托处理的赃物,要么构成《刑法》第312条所规定的掩饰隐瞒犯罪所得、犯罪所得收益罪,要么违反了《治安管理处罚法》第60条第3项,因而属于《刑法》第64条的"犯罪分子违法所得的一切财物"或者《治安管理处罚法》第11条的"违反治安管理所得的财物",依法应当追缴。

不言而喻,在不法原因给付物属于应当没收归国有的场合,委托人丧失了对该财物的返还请求权。于此,需要回答的问题便是:受托人侵占应当没收归国有的不法原因给付物的,可否成立侵占罪。在这种场合下,我国持否定说的学者所依凭的理由似乎顺理成章:首先,既然委托人丧失了返还请求权,因此,受托人将财物据为己有的行为并没有侵犯委托人的所有权。其次,在民法上,交付系转移动产所有权的标志,在国家采取法定程序没收之前,不能认为国家取得了对该财物的所有权,进而不能认为委托人据为己有的行为侵犯了国家所有权。最后,值得委托物侵占罪保护的信赖关系只能是合法的委托信赖关系,既然是不法原因给付的财物,当然是不值得保护的信赖关系。[1]

其实,说委托物侵占罪除了要保护他人的财产所有权,还要保护委托信赖关系,这本身恐怕就没有根据。需要指出的是,我国学者的这一看法来源于日本,但是,我国刑法对侵占罪的规定与日本刑法存在重大差异。日本《刑法》第252条第1款对委托物侵占罪的规定是:"侵占自己占有的他人的财物的,处五年以下惩役。"其第254条对侵占脱离占有物罪的规定是:"侵占遗失物、漂流物或者其他脱离占有的他人的财物的,处一年以下惩役或者十万元以下罚金或者科料。"不难看出,日本刑法中的委托物侵占罪与侵占脱离占有物罪的法定刑相差甚巨。在二者都侵犯了他人财产所有权这一共同前提下,对于法定刑相差如此之大的唯一合理解释便是:侵占脱离占有物罪只是侵犯了他人的财产所有权,而委托物侵占罪不仅侵犯了他人的财产所有权,而且还侵犯了(合法的)委托信赖关系。但是,我国《刑法》第270条对于侵占代为保管的他人财物(即委托物)和侵占遗忘物、埋藏物(即脱离占有物)规定了相同的法定刑,既然如此,就不能认为我国刑法中的侵占代为保管的他人财物还要保护所谓的(合法的)委托信赖关系。这表明,否定说的第三个理由是不能成立的。

至此可见,在肯定侵占罪的保护法益是财产所有权的前提下,对于侵占应当没收归国有的不法原因给付物是否构成侵占罪的问题,实际上就在于如何认识民法(或行政法)上取得财产权的具体制度安排与财产罪所侵犯法益的关系。

四、应当没收归国有的不法原因给付物与侵占罪

根据《中华人民共和国物权法》(简称《物权法》)第23条、第28条的规定,原则上,动产物权的设立和转让,自交付时发生效力;但因人民法院、仲裁委员会的法律文书或者人民政府的征收决定等,导致物权设立、变更、转让或者消灭的,自法律文书或者人民政府的征收决定等生效时发生效力。然而,需要注意的是,这只是民法对动产物权的设立和转让的具体规则安排。

如上所述,在民法规定了财产侵权的前提下,刑法之所以还要设置财产犯罪,其根本目的是意图通过刑罚的手段以实现对财产权的最为彻底和有力的保护。这便是所谓在财产关系领域,刑法和民法所建构的法秩序应当保持统一的基本原理。但是,"整体法秩序的一致性,不是'形式上'的一致,而是'实质上、评价上'的一致,即要达到整体法秩序的一致性,就必须先承认不同法领域在形式上会有不一致。整体法秩序的考量系追求不同法领域间的平衡,不同法领域本来各有其违法内涵,因此各种规范的目的及立法旨趣必须重点考虑"[2]。就刑法而言,其介入财产侵害行为的实质理由是:行为人的行为在结果上阻碍了(民法上)

---

[1] 参见 张明楷:《刑法学》,法律出版社2011年版,第902页;刘明祥:《论侵吞不法原因给付物》,《法商研究》2001年第2期;付立庆:《论刑法介入财产权保护时的考量要点》,《中国法学》2011年第6期。

[2] 王骏:《违法性判断必须一元吗?——以刑民实体关系为视角》,《法学家》2013年第5期。

财产权利的行使、恢复;至于通过何种手段以及如何恢复原有的财产权利,其具体规则则由民法(或公法)加以设定,而并非刑法所应关注之事项。

例如,甲窃取了乙私人所有的价值6 000元的手机一部,尽管甲在事实上直接占有了该手机,但是,从民法上说,这种占有并非因交付而取得了对手机的所有权。因为,民法上的交付,是指基于法律行为而产生的动产物权变动以交付为生效要件,也就是说,基于法律行为而生的动产物权变动,其构成要件包括法律行为和交付。其中的法律行为,在中国现行法上指的是买卖、赠予、互易等法律所认可的合法行为。[1] 既然甲以盗窃的手段而取得了对手机的占有,在民法上自然并不享有对该手机的所有权。但是,在刑法上,人们毫无争议地认为甲的行为侵犯了乙对手机的财产所有权(即使对财产罪的保护法益采取占有说,也不能否认侵犯了所有权),因而构成盗窃罪。显然,刑法上之所以认为甲侵犯了乙的财产所有权,并非因为在民法上甲取得而乙失去了对手机的所有权,相反,是因为甲将乙的手机窃走的行为,事实上妨害了乙对手机的财产权利的行使。

基于相同道理,根据《物权法》第9条和第14条的规定,原则上,不动产物权的设立、变更、转让和消灭,经依法登记的才发生效力;依照法律规定应当登记的,自记载于不动产登记簿时才发生效力。需要说明的是,不动产物权变动的主要方式之一也必须基于法律行为而生[2],而所谓的法律行为,同样是指买卖、赠予、互易等法律所认可的合法行为。[3] 因此,对于行为人诈骗他人房产并获得房管部门转让登记的,在民法上是无效的,即民法上行为人并未真正取得对该房产的所有权。但是,在刑法上,由于该行为严重妨害了他人对房产权利的行使,故而理当构成诈骗罪。

以此观之,则不难发现,维护法秩序的统一性,并不是说刑法对于财产犯罪的认定要亦步亦趋地紧跟民法的具体制度规定。换言之,在财产关系领域,所谓法秩序的统一性,是就不同部门法的最终规范目的(或者说法效果上)而言的,即对于同一行为,只要刑法和民法在最终的法效果评价上保持一致即可。在此前提下,刑法和民法完全可能基于自己的具体价值理念和逻辑脉络,而形成各自不同的技术性规则系统。否则,就难以想象,在现代法治国家,为何完整的法律体系下需要划分为不同的具体法领域。

对于侵占应当没收归国有的不法原因给付物的情形,虽然行为人在民法上并未取得对该不法原因给付物的所有权,而且也没有侵犯委托人对该财物的财产权,但可以肯定的是,其侵占行为妨害了国家(通过法定程序以取得该财物)的所有权。就此而言,毋庸置疑地可

---

[1] 参见 崔建远:《物权法》,中国人民大学出版社2009年版,第93、94页。

[2] 当然,《物权法》第28条至第30条还规定了非基于法律行为而生的不动产物权的变动,明确了因人民法院、仲裁委员会的法律文书或者人民政府的征收决定、继承、合法建造房屋等法律事实而引发的不动产物权变动,不以登记即发生法律效力。

[3] 参见 崔建远:《物权法》,中国人民大学出版社2009年版,第58、59页。

以构成侵占罪。[1]

由此看来,否定说的不当之处在于,一方面意识到对刑法上的财产犯罪的解释不能完全脱离民法,另一方面又以民法上(关于财产权)的具体规范制度直接替换了刑法关于财产犯罪的构成要件要素(广义)。而所谓的二分说其实是以刑法思维"生硬地"解读民法上的"给付"概念,其在方法论上可谓已"误入歧途"。具体而言,本来在民法上,不法原因给付的关键之处在于"不法原因",而非"给付",即,在民法看来,无论具有转移所有权的意思抑或仅具有转移占有的意思,只要是委托人的给付系出于不法意图,原则上就应剥夺其不当得利返还请求权。但刑法上持二分说的学者却基于"刑法的需要",将原本就来自于民法上的不法原因给付之"重心"从"不法原因"转移至"给付"。

---

[1] 根据《刑法》第270条第3款的规定,侵占罪在我国属于亲告罪。因此,在司法实践中,对于侵占应当没收归国有的不法原因给付物的行为,究竟由谁行使告诉便成为问题。联系(埋藏物)侵占罪的司法处理来看,可以由人民检察院告诉。

事后抢劫罪法条性质二分说的提倡与应用

周啸天[*]

摘　要：我国《刑法》第269条规定了事后抢劫罪，当下，我国学界在对事后抢劫罪的主体刑事责任年龄、"当场"的认定上，以及对该罪的既遂标准、共犯问题的认定上，尚存在很大分歧。对这些问题的解决应当建立在厘清第269条的法条性质的基础上。遗憾的是，我国学界都片面化地视第269条的法条性质为拟制规定，而忽视了其尚存在注意规定的一面。经探讨可知，在前行为取得财物的场合，第269条是注意规定，在前行为未取得财物的场合，第269条才是拟制规定。这一"二分说"能够合理解决上述理论争议，有利于为司法实践提供明确的理论指导。

关键词：事后抢劫罪　第269条　法律拟制　注意规定

一、问题的提出

我国《刑法》第269条规定，"犯盗窃、诈骗、抢夺罪，为窝藏赃物、抗拒抓捕或者毁灭罪证而当场使用暴力或者以暴力相威胁的"，以抢劫罪论处。与普通抢劫罪暴力在先取财在后的行为顺序不同，第269条所规定的犯罪是取财在先暴力在后，因此该条所定之罪被学界称为事后抢劫罪。

虽然第269条有力保障了人身与财产权利，但是，该条规定亦带来了理论聚讼。理论聚讼主要针对两个层面：首先，在事后抢劫罪成立条件上，我国学界对事后抢劫罪的主体年龄的认定，以及对"当场"的解释上，观点不一。就前者而言，有学者认为，"已满14周岁不满16周岁的人应对事后抢劫罪负刑事责任"[1]，亦有学者认为，"已满14周岁不满16周岁的人不能成为事后抢劫罪的主体"[2]。对此问题，司法解释的态度也存在矛盾[3]；就后者而言，虽然通说认为，"'当场'是指实施盗窃、诈骗、抢夺罪的现场，或者刚一逃离现

---

[*] 周啸天，男，山东大学法学院讲师，法学博士。
　　本文系中国法学会2014年度部级法学研究课题自选课题"身份犯共犯教义学原理的再构建"（课题编号：CLS(2014)D034）的阶段性研究成果。
〔1〕张明楷：《刑法学》（第四版），法律出版社2011年版，第855页。
〔2〕黎宏：《刑法学》，法律出版社2012年版，第725页。
〔3〕在此问题上，我国出现了两个立场截然相反的司法解释。最高人民法院在2003年4月18日颁布的《关于审理未成年人刑事案件具体应用法律若干问题的解释》认为事后抢劫罪的主体必须是年满16周岁的人，但是最高人民检察院研究室在2003年4月18日颁布的《关于相对刑事责任年龄的人承担刑事责任范围有关问题的答复》却认为已满14周岁不满16周岁的人应对事后抢劫罪负刑事责任。

场即被人发现和追捕的过程中"[1],但是另有观点认为,"当场"就是实施盗窃、诈骗、抢夺行为的现场[2],还有观点认为,当场仅指与窝藏赃物、抗拒抓捕、毁灭罪证有关的地方,从时间上看,可以是盗窃行为实施完数天、数月后,从地点上看,可以是盗窃行为实施地,也可以是回家途中或者行为人住所等地。[3]其次,在满足事后抢劫罪的成立条件之后,如何确立事后抢劫罪的既遂标准,以及如何认定共犯的刑事责任问题,在理论上尚存很大争议。就前者而言,有观点认为,应当以前行为既遂与否作为事后抢劫罪既遂与否的标准[4],另有观点认为,应以最终有无取得财物为标准[5];就后者而言,我国学者大多是在论述转化犯的共犯认定时予以探讨[6],但是,如何认定中途参与进来,帮助、教唆或者与前行为人一起实施暴力、胁迫行为之人的刑事责任问题,才是事后抢劫罪共犯问题的核心所在,以现有探讨来看,这一问题并未凭借转化犯概念得到令人满意的解决。况且,转化犯概念本身就有欠清晰,因为秉承转化犯概念的学者们都没有回答"转化的根据何在"[7]这一问题。

上述诸多问题都是对第 269 条的规范解释与规范适用问题,因此,解决上述问题,必须立基于对第 269 条规范(法条)性质的界定之上。就第 269 条的法条性质而言,我国学者们都认为是法律拟制,但是,这一观点难言全面。因为在行为人已经盗窃到手财物而又对被害人当场实施暴力之际,只要行为人对暴力行为有所认识,其所成立的难道不是针对财产利益(财产返还请求权)的普通抢劫罪么?如此看来,现有观点很可能忽略了第 269 条的法条性质还具备注意规定的一面,而这种理论的忽略正是造成上述众多困扰的根源。以下,本文将沿着这一新思路进行理论探索,继而构建出第 269 条法条性质的"二分说",并在此基础上,通过对上述两个层面四个具体问题的解决来阐明该说的应用功能。

---

[1] 高铭暄、马克昌:《刑法学》(第 5 版),北京大学出版社、高等教育出版社 2011 年版,第 500 页。
[2] 参见 赵秉志主编:《侵犯财产罪疑难问题司法对策》,吉林人民出版社 2000 年版,第 98 页。
[3] 王礼仁:《如何理解刑法第一百五十三条中的"当场"》,《西北政法学院学报》1984 年第 1 期,第 69-70 页。
[4] 参见 陆金东:《转化型抢劫罪的几个争议问题》,《人民法院报》2002 年 9 月 16 日;陈凌:《论事后抢劫罪的既遂与未遂》,《人民检察》2005 年第 11 期(上),第 45 页。
[5] 参见 郑泽善:《转化型抢劫罪新探》,《当代法学》2013 年第 2 期,第 38 页;刘明祥:《事后抢劫罪比较问题研究》,《中国刑事法杂志》2001 年第 3 期,第 61 页;武化吉,柏浪涛:《转化型抢劫罪共犯及其既未遂的认定》,《中国检察官》2007 年第 1 期,第 58 页。
[6] 参见 周少华:《现行刑法中的转化犯之立法检讨》,《法律科学》2000 年第 5 期,第 109-111 页;薛进展:《转化犯基本问题新论》,《法学》2004 年第 10 期,第 66 页;谢望原:《共同犯罪成立范围与共犯转化犯之共犯认定》,《国家检察官学院学报》2010 年第 4 期,第 86-88 页。
[7] 张明楷:《事后抢劫罪的成立条件》,《法学家》2013 年第 5 期,第 112 页。

二、事后抢劫罪法条性质"二分说"的构建

长久以来,我国学者在探讨事后抢劫罪的法条性质之际,都认为该条是一个法律拟制规定。[1]但是,我国学者都忽视了事后抢劫罪所包含的两个不同类型,而事后抢劫罪的两个不同类型,恰恰决定着事后抢劫罪的两个不同法条性质,即其法条性质除具有拟制规定的一面之外,还具有注意规定的一面。因此,本部分先从事实层面出发,正确划分事后抢劫罪的不同类型,继而在规范论的视野下正确评价其法条性质,从而导出全面的结论。

(一)两种类型的提出:前行为取得财物型与未取得财物型

其一,事后抢劫罪的成立需要主客观要件的统一。一般认为,成立事后抢劫罪需要满足三个条件,即犯盗窃、诈骗、抢夺罪(事后抢劫的前提性要件),当场使用暴力或者以暴力相威胁,以窝藏赃物、抗拒抓捕、毁灭罪证为目的。[2]在这三个条件之中,前两个条件都是客观条件,而最后一个条件则是主观条件。

根据主客观相统一原则,所有犯罪的成立都要求主客观要件的齐备以及对应。我国刑法中的主客观相统一原则是指,一个犯罪的成立必须满足主客观两个方面的要件,而主观要件与客观要件又是对应关系,即"没有犯罪行为,罪过就只能完全停留在主观活动的状态,不会产生任何犯罪现象;没有罪过,主体对犯罪结果将失去一切心理上的联系"[3]。总而言之,主客观相统一原则的内涵在于,客观要件是主观要件的外化,而主观要件又是对客观要件的认识。

其二,结合事后抢劫罪的主客观要件,我们能够找出区分事后抢劫罪不同类型的线索,即前行为是否已经取得到手了财物。因为就客观方面而言,"犯盗窃、诈骗、抢夺罪"的表述并未对数额做出限制,而"犯……罪"具有多重含义,其完全可以单纯指代犯罪行为。例如,我国《刑法》第17条第2款规定,相对刑事责任年龄人"犯故意杀人、故意伤害致人重伤或者死亡、强奸、抢劫、贩卖毒品、放火、爆炸、投毒罪的,应当负刑事责任"。针对这里的"罪",全国人大常委会法制工作委员会在2002年7月24日颁布的《关于已满14周岁不满16周岁的人承担刑事责任范围问题的答复意见》就规定,这"八种犯罪,是指具体犯罪行为而不是具体罪名。"如此看来,即便是实施了三种犯罪行为而未取得财物的,也理当包含在该规定的文义之内。那么,在客观要件上,前行为取得财物与未取得财物,就是两种不同的行为类型。就主观要件而言,"窝藏赃物,是指为保护已经到手的赃物不被追回;抗拒抓捕,是指抗拒公安机关的拘捕和公民的扭送;毁灭罪证,是指销毁自己遗留在犯罪现场的痕迹、物品和其他

---

[1] 参见 张明楷:《刑法学》(第四版),法律出版社2011年版,第588页;吴学斌:《我国刑法分则中的注意规定与法律拟制》,《法商研究》2004年第5期,第53页;陈洪兵:《刑法分则中注意规定与法律拟制的区分》,《南京农业大学学报(社会科学版)》2010年第3期,第77页;苏彩霞:《刑法拟制的功能评价与运用规则》,《法学家》2011年第6期,第30页。
[2] 参见 张明楷:《刑法学》(第四版),法律出版社2011年版,第853-856页。
[3] 张志愿:《论我国刑法的主客观相统一原则》,《中国社会科学》1982年第6期,第131页。

证据。"[1]显然,窝藏赃物的前提是前行为在客观上取得了财物,其对应取得财物的情形,而抗拒抓捕与毁灭罪证则对应前行为未取得财物的情形。

如此一来,根据前行为有无取得财物,我们完全可以将事后抢劫罪分为前行为取得财物型与前行为未取得财物型。这两种类型,在事实上都被第269条的法条规定所包含。

(二) 第269条法条性质"二分说"的证成

1. 前行为取得财物型的法条性质是注意规定

首先,从我国和域外的立法变迁之比较可知,之所以将盗窃、诈骗、抢夺后的暴力、胁迫行为作为抢劫罪看待,是因为在前行为取得财物的前提下两者在本质属性上具有相同的一面。

我国的立法过程可以证明上述论断。在我国第一部刑法典起草过程中,于1957年《中华人民共和国刑法草案(初稿)》即第22次稿中的第170条规定:"犯偷窃、抢夺罪,为防护赃物、抗拒逮捕或者毁灭罪证而当场使用暴力或者以暴力相威胁的,依照第167条罪处罚。"而并未在事后抢劫罪的前行为中规定诈骗罪。当时并未规定诈骗罪的原因是考虑到诈骗是骗取他人信任而获得财物,转化为抢劫罪的可能性不大,后来又想到不能完全排除先行诈骗、尔后向抢劫转化的情况,因而增加了诈骗。[2]其后在1963年的《中华人民共和国刑法草案(修正稿)》即第33次稿中,加上了诈骗罪的规定。这一规定,最终被纳入我国1979年《刑法典》第153条的规定之中。我国刑法之所以在盗窃、抢夺的规定之后,又加入了诈骗罪,从立法论上看,是因为在诈骗罪实施过程中,完全可能转化为抢劫罪。但是除了立法论上的原因之外,尚有解释论上的深层原因,即不仅在盗窃、抢夺既遂之后,在诈骗既遂之后,又通过暴力、胁迫行为防止返还他人财物的,其后行为的性质都既有确保财产的一面,也有侵害人身权利的一面,其行为的性质与抢劫罪的性质一样,从而完全没有理由将诈骗罪排除在前行为之外。

就域外而言,日本的立法过程更能够证明上述论断。在日本的立法过程中,1880年所颁布的旧《刑法》第382条对事后抢劫罪的规定是:"盗窃财物的,为了防止返还而临时实施暴行或者胁迫者,论以强盗罪。"也就是说,日本旧刑法将成立事后抢劫罪的前提限定为盗窃罪既遂,那么盗窃未遂的,无法成立事后抢劫罪。根据1907年新刑法的修订,新《刑法》在第238条中加入了免于逮捕、窝藏罪迹的行为,其修正理由书中写道:"稍加修止但与旧《刑法》第382条的宗旨相同。"因此,也可以认为事后抢劫罪的成立以盗窃既遂为前提。[3]为了贯彻法条用语的通俗化,1995年日本刑法用语被修订。"盗窃财物之后,为了抗拒返还,或者为了避免逮捕,或者为了隐灭罪迹"被改为"盗窃财物之后为了抗拒返还,或者为避免逮捕或者隐灭罪迹,"这样,由于标点符号的位置不同,根据修订后的描述,就很难再将前行为(盗窃行为)理解为既遂。但是,仍有日本学者认为事后抢劫罪的成立,以盗窃罪既遂为前提。例

---

[1] 高铭暄、马克昌:《刑法学》(第五版),北京大学出版社、高等教育出版社2011年版,第500页。
[2] 参见 高铭暄:《中华人民共和国刑法的孕育和诞生》,法律出版社1981年版,第206-297页。
[3] 参见[日]西田典之:《新版共犯和身份》,成文堂2003年版,第292页。

如，西村克彦认为，"盗窃犯人没有得到财物，实施暴行的场合，便不成立事后抢劫罪，因为他欠缺构成事后抢劫罪的前提"[1]。西田典之认为，刑法之所以规定事后抢劫罪，是因为"为了确保已盗得的财物而实施暴力、胁迫行为的情况，如作实质性评价，则可以视为通过实施暴力、胁迫行为而获得财物，其应与抢劫罪作同样处断"[2]。无独有偶，我国台湾地区也有学者作相同理解，例如黄惠婷教授认为，抢劫的本质在于行为人以强制方法取财，抢劫罪的手段行为（暴力、胁迫行为）与目的行为（取财行为）所具有的方法——目的的关联性是抢劫罪的不法内涵，以抢劫罪论的事后抢劫罪也应具备此特征。倘若前行为是未遂，则后行为便不是为了取财而实施，从而不具有财产侵害的属性，那么前行为与后行为之间就少了目的——方法之间的关联，从而不能论以事后抢劫罪，即事后抢劫罪的成立以前行为既遂为前提。[3]

上述这些认为事后抢劫罪的成立以前行为既遂为前提的观点正好表明，在前行为取得财物的场合，事后抢劫罪本身就与抢劫罪具有相同的构造。

其次，盗窃、诈骗、抢夺到手财物之后，对被害人或其他追捕的人实施暴力、胁迫的行为实质上就是一个抢劫财产利益的行为。这里的财产利益是财物的返还请求权。

财物的返还请求权属于我国刑法中所保护的财产利益。我国并未将财物与财产利益分开规定，而是将财产利益也作为分则第四章所规定的"财产"加以保护。一般认为，只有当某种利益属于财产权，具备管理可能性与转移可能性，客观上具有经济价值，被害人丧失该利益必然同时导致财产损害时，才能将该利益作为刑法上所保护的财产利益。[4] 财物的返还请求权，也即物上请求权，是"指当物权的圆满状态受到妨害或有被妨害之虞时，物权人为了排除或预防妨害，请求对方为一定行为或不为一定行为的权利"[5]。其当然是一项财产性权利。另外，其也具备管理可能性和转移可能性。我国《物权法》第34条规定："无权占有不动产或者动产的，权利人可以请求返还原物。"例如，原所有权人张三的笔记本电脑被李四所盗窃，李四将该电脑租赁给王五三个月。当张三明确向李四表示其不会再要回电脑，放弃返还请求权时，该电脑的所有权便与返还请求权一并转移给李四。张三当然也可以在租期之内或之外的任何时间向王五（直接占有人）或者李四（间接占有人）主张请求权，也可以通过指定交付让王五将电脑还给他人。显然，财物的返还请求权具备管理可能性与转移可能性。并且，张三对财产返还请求权的放弃会给其带来经济损失，这里的损失便是对物之支配的圆满状态的恢复不能。可见，财产返还请求权完全能够成为受刑法保护的财产利益。

在我国台湾地区，学界一般认为财产返还请求权能够成为刑法上受保护的所有权内容。台湾地区"民法"第765条规定："所有人，于法令限制之范围内，得自由使用、收益、处分其所

---

[1] [日]西村克彦：《强盗罪考述》，一粒社1983年版，第126页。
[2] [日]西田典之：《日本刑法各论》，刘明祥、王昭武译，中国人民大学出版社2007年版，第139页。
[3] 参见 黄惠婷：《准强盗罪之强盗本质》，《台湾本土法学》第99期（2007年），第267页。
[4] 参见 张明楷：《财产利益是诈骗罪的对象》，《法律科学》2005年第3期，第78、79页。
[5] [日]久保木康晴：《最新物权法论》，有斐阁1992年版，第33页。

有物,并排除他人之干涉。"这里的"排除他人之干涉"不仅仅包含占有受到妨碍之际(占有并未丧失),所有权人所行使的排除妨碍请求权,也当然包含所有权人丧失对物的占有之际所能够行使的返还原物请求权。因为,被害人对行为人排除干涉的请求权,是保护财产的最后一道防线,所以,在刑法学说上,学者们一般将使用、收益、处分、排除干涉并列为刑法上受保护的所有权内容。[1]

值得注意的是,我国学者张明楷教授认为,刑法上所保护的财产利益并不包含财物的返还请求权。因为,"财物的返还请求权是被害人的所有权的一种效果,包含在财物的所有权之中"[2]。并举例道:乙无偿将名画借给甲后,当以要求返还名画时,甲使用欺骗手段使乙免除名画的返还。甲的行为是就名画成立侵占罪,而不就财产返还请求权成立诈骗罪。[3]但是,这种观点值得商榷。因为财产返还请求权固然由物权所派生,可这只是一种事实,而法律规范对事实的评价才是决定财产返还请求权是否为一种独立权利的关键。实际上,财产返还请求权是独立于物权的一种财产性权利。因为,财产返还请求权属于"救济权"而物权却是"原权",救济权以排除对物支配上的他人的不法侵害为其利益所在,而物权则通过静态的"圆满支配状态"获取物上效益为其利益所在,两者具有根本的不同。[4]说到底,财产法益是服务于人,以满足人的各种需求的利益。[5]既然要满足于人的需求,就应当在所有人失去财物时,将其救济权作为独立的保护法益,毕竟,"无救济则无权利"。并且,"在被请求人破产的场合,物上请求权具有不同于普通债权的强力地位"[6]。例如,如在破产程序中,所有人对其物享有取回权,此种取回权实际上是由所有物返还请求权而派生的,当然应优先于一般债权而受到保护。而破产取回的基础,便是原物返还请求权。[7]在这个意义上,物权请求权的效力优先于债权请求权。[8]既然我们认为债权请求权是刑法所保护的最典型的财产利益,就没有理由认为比债权请求权效力上高的物权请求权不是刑法所保护的财产利益。

另外,张明楷教授所举的上述例子并不恰当。以上所举例子中的乙应当成立侵占罪与诈骗罪的想象竞合犯,对其应当论以诈骗罪。因为,乙以诈骗手段防止财产返还的行为,就是侵占罪中的"拒不归还"行为,乙属于一个行为触犯了两个罪名,应当成立想象竞合犯。另外,张明楷教授论述到:"数个行为触犯数个不同罪名,但数个行为之间具有紧密的关联性,最终仅侵害一个法益的,从一重罪论处。例如,以借为名骗取了被害人的财物,在被害人要

---

[1] 林山田:《刑法各罪论(上册)》(第五版),著者发行2006年版,第303、304页。
[2] 张明楷:《财产利益是诈骗罪的对象》,《法律科学》2005年第3期,第80页。
[3] 参见 张明楷:《财产利益是诈骗罪的对象》,《法律科学》2005年第3期,第80页。
[4] 参见 马俊驹、陈本寒主编:《物权法》,复旦大学出版社2007年版,第96页。
[5] 参见 Kindhaeuser, Strafrecht BT, 2003, §1, Rn. 2.
[6] 马俊驹、陈本寒主编:《物权法》,复旦大学出版社2007年版,第92页。
[7] 参见 陈本寒:《商法新论》,武汉大学出版社2009年版,第366页。
[8] 参见 尹田:《论物权请求权的制度价值——兼评〈中国物权法草案建议稿〉的有关规定》,《法律科学》2001年第4期,第25、26页。

求返还财物时,以暴力手段迫使被害人免除返还债务的,诈骗罪与抢劫罪(对象为财产性利益)属于狭义的包括一罪,以抢劫罪论处即可。"[1]该论述将"返还财物"换成了"免除返还债务",混淆了债权请求权与物权请求权,似乎是在维持其不认为财物的返还请求权属于财产利益的以往观点。但是,此例中的被害人只有财物的返还请求权,而无债权请求权,倘若认为财物的返还请求权不属于保护法益,被害人以暴力免除财物返还的行为便只能构成暴行罪,但我国并无暴行罪的规定,只能对其论以诈骗罪,这显然轻纵了犯罪人,且不符合刑法理论。

实质上,张明楷教授最终还是承认财产返还请求权能够成为受刑法保护的财产利益这一点的。在其教科书分则部分对侵占罪的论述中,张教授说道:"行为人接受委托代为保管他人财物,非法将财物占为己有后,在被害人请求返还时,行为人使用暴力、胁迫等足以压制他人反抗的手段,迫使他人免除返还义务的,触犯了抢劫罪(抢劫对象为财产性利益),应当认定为狭义的包括一罪,从一重罪(抢劫罪)论处。"[2]这里的行为人所免除的"返还义务",正是与财产返还请求权这一权利相对应的义务,既然如此,行为人对返还义务的免除,就恰恰是对被害人财产返还请求权的侵害。据此可知,财物的返还请求权理当是受刑法保护的独立财产法益。

综上,我们可以得出结论,在前行为已经取得财物的前提下,针对被害人的暴力行为就因为侵犯了新的财产法益(财产返还请求权)与另行侵犯了人身权利从而本来就满足普通抢劫罪的构成要件。另外,行为人在主观上所具有的"窝藏赃物"的目的,也可以还原为非法占有目的。因为"窝"表明其具有排除意思,而"藏"表明其有利用意思,且行为人认识到其行为会造成他人行使财物的返还请求权不能的后果,所以,行为人具备抢劫的故意。

最后,在前行为取得到手财物之后,其后所实施的暴力、胁迫行为构成的抢劫罪(对象为财产利益)吸收了盗窃、诈骗、抢夺罪,对全行为只定抢劫罪一罪,因此,第269条在前行为取得财物的场合就只是注意规定。吸收犯是指"事实上的数个不同行为,其一行为吸收其他行为,仅成立吸收行为一个罪名的犯罪"[3]。之所以在行为之间会产生吸收,是因为"这些犯罪行为通常属于实施某种犯罪的同一过程,彼此之间存在着密切的联系:前一犯罪行为可能是后一犯罪行为发展的所经阶段,后一犯罪行为可能是前一犯罪行为发展的自然结果,或者在实施犯罪过程中具有其他密切关系"[4]。可见,吸收犯中的吸收关系是基于行为与法益侵害之间所存在的密切关联性而产生,而这种关联性在于,前行为所触犯的盗窃罪与后行为所触犯的抢劫罪在时空关系上具有密接性。正是为了确保这种密接性,第269条规定暴力、胁迫行为必须在"当场"实施,在前行为与后行为都是"当场"实施的场合,后一个抢劫行为(重行为)当然吸收了之前的盗窃行为(轻行为),从而对全部行为只以抢劫罪论处。这

---

[1] 张明楷:《刑法学》(第四版),法律出版社2011年版,第433页。
[2] 张明楷:《刑法学》(第四版),法律出版社2011年版,第906页。
[3] 黎宏:《刑法学》,法律出版社2012年版,第322页。
[4] 高铭暄、马克昌:《刑法学》(第五版),北京大学出版社、高等教育出版社2011年版,第195页。

便是第269条注意规定的由来。

2. 前行为未取得财物型的法条性质是拟制规定

首先,法条拟制源于立法者对一定的立法目的的贯彻。"所谓拟制者,即基于公益上之需要,对于某种事实之存在或不存在,依据法的政策,而为之拟定也。盖拟制乃达成立法目的所采之法制技术。"[1]也就是说,法律拟制是为了贯彻立法者的目的而将本来事实上并不相同的行为赋予相同的法律效果,而正是由于法律拟制对某种立法政策或意图的实现,方使得其在客观事实之外获得了对不同事实同等对待的形式合法性和实质合理性。[2]例如,我国《刑法》第238条非法拘禁罪、第247条刑讯逼供罪与暴力取证罪、第248条虐待被监管人罪,都存在"致人伤残、死亡的"按照故意伤害罪、故意杀人罪论处的规定,这被公认为是典型的法律拟制。而之所以做出这样的拟制,即将主观方面的过失拟制为故意,并且按照故意犯罪论处,无疑是因为这三个犯罪中的"暴力"本身就具有侵犯人身,致人伤残、死亡的极大风险,那么在结果发生之际,立法者就力图通过赋予过失犯罪以故意犯罪的法律效果,加重其处罚,从而达到规制这种风险并且保卫人身安全的政策性目的。当然,法律拟制所具有的一般预防的效果,势必会十分有助于该立法目的的实现。

其次,鉴于在实践中实施盗窃、诈骗、抢夺的人往往会伴随暴力的现状,立法者将前行为未取得财物的情形拟制为抢劫罪。如前所述,在前行为取得财物的场合,后行为本身就是针对财产利益的抢劫行为,因为后行为是"当场"实施,所以后行为吸收前行为。因此,在这种场合,第269条就是立法者旨在提醒司法工作人员对于这一情形应当只论以一个抢劫罪的注意规定。然而,在前行为并未取得财物的场合,后行为就仅仅是针对人身的侵犯,从而并不符合抢劫罪的构成要件,在这种场合,对前行为与后行为理应分别定罪才是。但是,立法者考虑到,当前社会正处于转型时期,社会失序和行为失范等现象较为严重,其中侵害财产权的盗窃、诈骗、抢夺等犯罪行为犯罪率高,并且行为人一旦遭到抓捕或者追缴,往往会实施暴力以求脱逃,因此,这一行为的社会危害性很大。为了严厉打击这类行为,周延保护公民的人身安全与财产安全,立法者利用拟制的立法技术,将这一情况拟制为抢劫罪。[3]总之,做出如此拟制的实质理由只能是一种政策性的考虑,即立法者基于一般预防的考虑,旨在传递一个信息——"穷寇不可妄动"。[4]当然,在立法者做出如此拟制的前提下,我们就可以说,立法者"将前后两个行为一体评价为抢劫行为,按照抢劫罪处断"[5]。应当说,在法律拟制里,立法者所欲达到的目的无非是加大法益保护的力度这一政策性目的,这一政策性目的的达成又有赖于一般预防效果的实现,因此,取得一般预防效果是达到政策性目的的手段,要达到政策性目的必须依照法律拟制的一般预防效果,两者是手段与目的的关系,因此是相

---

[1] 胡开诚:《民法上之视为》,《法令月刊》1998年第1期,第9页。
[2] 参见 苏彩霞:《刑法拟制的功能评价与运用规制》,《法学家》2011年第6期,第33页。
[3] 参见 李振林:《盗窃罪中的法律拟制问题研究——以〈刑法修正案(八)〉第39条的规定为视角》,《西南政法大学学报》2011年第3期,第40、41页。
[4] 林东茂:《刑法综览》(第五版),中国人民大学出版社2009年版,第304页。
[5] 参见 张明楷:《事后抢劫罪的成立条件》,《法学家》2013年第5期,第114页。

最后，我们应当限缩上述法律拟制的适用范围。法律拟制本身就会导致重刑化结局，且不具备刑法教义学体系内的正当性基础，为了实现刑法保障人权的机能，我们应当限制对法律拟制的适用。例如，张三盗窃他人价值 3 500 元的手机而未遂，但是为了脱逃将被害人打成重伤，如果分开来定罪，根据司法解释的规定，张三的盗窃未遂行为不可罚，其量刑幅度在故意伤害罪的三到十年之间，然而，根据抢劫罪论处，因为张三引起了他人重伤后果，所以量刑幅度在十年以上有期徒刑、无期徒刑或者死刑之间。我们可以看出，事后抢劫罪的法律拟制具有导致重刑化的内在危险。

如上所述，立法者是为了达到一般预防的目的而做出第 269 条的法律拟制，即该法律拟制的理论基础来自于教义学体系外的政策性需要从而并不存在教义学体系内的正当性基础。对于刑法与刑事政策的区别，李斯特有句名言——"刑法是刑事政策不可逾越的藩篱"。李斯特之所以提出这一命题，是为了将以追求正当性为宗旨的刑法与立基于目的性的刑事政策区隔开来。这一区分，在今天仍然有着重大意义，因为我们"不得为了公共利益而无原则地牺牲个人自由"[1]，更不能一味地以重刑追求一般预防的效果，否则不仅仅会将人视为赖以建立秩序的手段，从而违背了人应当作为目的而不是手段的实践理性，还会导致一般预防仅仅停留在消极的威吓层面上，从而无法建立起公众对刑法规范的积极信赖。正因为如此，陈兴良教授也才指出："刑事政策对惩治犯罪与预防犯罪的功利性价值应当受到罪刑法定原则和罪刑均衡原则的限制：只有在刑法框架之内，刑事政策的目的性与功利性的价值追求才具有合理性。超出刑法范围对刑事政策的目的性与功利性的价值追求，都是破坏刑事法治，因而是不可取的。"[2]罪刑法定原则的一个重要机能便是保障人权，为了实现该机能，我们在罪刑法定原则的指导下可以对法条进行限制解释，甚至可以做有利于被告人的类推解释。例如，《刑法》第 301 条规定了聚众淫乱罪，刑法学者们在解释"聚众淫乱"之际，无不是将其限制解释为具有一定公然性的聚众淫乱，"否则就会导致刑法介入国民的道德生活领域，使伦理秩序成为刑法所保护的法益，也不利于保障国民的自由"[3]。既然如此，在第 269 条属于法律拟制的场合，我们完全能够通过限制解释来限缩第 269 条的适用范围，以此达到保障人权、保障国民自由的目的。

三、"二分说"应用功能的展开

在确定了第 269 条的法条性质之后，还应当阐述其应用功能。应当说，法条性质"二分说"（以下简称"二分说"）不仅能够合理界定第 269 条的主体年龄问题、"当场"的内在含义问题，还能够合理确定事后抢劫罪的既遂标准，以及解决事后抢劫罪的共犯问题。

---

[1] [德]李斯特：《德国刑法教科书》（修订译本），徐久生译，法律出版社 2006 年版，第 23 页。
[2] 陈兴良：《刑法的刑事政策化及其限度》，《华东政法大学学报》2013 年第 4 期，第 15 页。
[3] 张明楷：《刑法学》（第五版），法律出版社 2011 年版，第 45 页。

(一)"二分说"对第 269 条主体责任年龄的界定

对于"犯盗窃、诈骗、抢夺罪"是否必须是 16 岁以上的人的问题,我国出现了两个截然相反的司法解释。最高人民检察院法律政策研究室在 2003 年 4 月 18 日发布了《关于相对刑事责任年龄的人承担刑事责任范围有关问题的答复》,其中的第 2 条规定:"相对刑事责任年龄的人实施了《刑法》第二百六十九条规定的行为的,应当依照刑法第二百六十三条的规定,以抢劫罪追究刑事责任。"这表明,最高检对上述问题持否定立场。但是,在 2006 年 1 月 11 日颁布的《最高人民法院关于审理未成年人刑事案件具体应用法律若干问题的解释》第 10 条中规定:"已满 14 周岁不满 16 周岁的人盗窃、诈骗、抢夺他人财物,为窝藏赃物、抗拒抓捕或者毁灭罪证,当场使用暴力,故意伤害致人重伤或者死亡,或者故意杀人的,应当分别以故意伤害罪或者故意杀人罪定罪处罚。"这显然是持肯定立场。

由"二分说"可知,上述看似矛盾的司法解释实质上并不矛盾,而是根据第 269 条所具有的不同法条性质所做的不同规定。如前所述,在前行为取得财物的场合,第 269 条是注意规定,如此一来,因为《刑法》第 17 条第 2 款规定了相对刑事责任年龄人要对抢劫罪承担刑事责任,所以最高人民检察院的规定就是对这一点的重申,从而也是针对第 269 条的注意规定的一面所做出的司法解释。与此不同,最高人民法院的司法解释是针对该条的拟制规定的一面所做出。原因如上所述,法律拟制是基于政策性的理由而做出,本身就不具备教义学上的正当性基础,既然如此最高人民法院出于保障人权、保障自由,以及保护未成年人的目的,对法律拟制场合下的犯罪主体进行了必须是 16 岁以上的限定。毕竟,在事后抢劫致人轻伤、重伤的场合,如果按照故意伤害罪来处罚,其刑期只是在三年以下与三到十年之间,而根据抢劫罪来处罚,其刑期便是三到十年与十年以上有期徒刑、无期徒刑以及死刑,其间的刑罚幅度的差异不可谓不大。总之,运用本文所提出的"二分说",不仅能够使得司法解释与学者所持观点之间的矛盾迎刃而解,还能够起到合理保护未成年人权益,避免重刑化结局,从而体现刑法的谦抑性。

(二)"二分说"对"当场"的内涵界定

在第 269 条属于注意规定的场合,"当场"是指实施盗窃、诈骗、抢夺罪的现场,也包含被人发现与追捕的过程。因为在该场合中,前行为取得到手了的财物,后行为本身就构成对财产利益的抢劫罪,"当场"所起到的作用,就是确保后行为所触犯的抢劫罪能够吸收前行为所触犯的盗窃、诈骗、抢夺罪,从而对两个行为只论以抢劫罪一罪论处。那么,"当场"的内在要求便是前行为与后行为具备时空上的密接性。我国通说对"当场"的界定实际上就是在说明这一点。

在第 269 条属于拟制规定的场合,我们应当对"当场"做出严格意义上的字面解释。原因仍然在于,拟制规定是出于一般预防的需要从而欠缺教义学体系内的正当性基础,为了保障人权、保障自由,对法律拟制的适用范围应当得到限缩。既然如此,将"当场"严格解释为实施盗窃、诈骗、抢夺行为的现场的观点就是正确的。因为,"当场"的字面含义,本身就是"现场",结合第 269 条的表述,"当场使用暴力或者以暴力相威胁"中的"当场",应当是"犯盗窃、诈骗、抢夺罪"的"现场"。如此一来,将"当场"扩大解释为"追捕的现场",

就并不符合对法律拟制应当做出限制解释的原理,从而具备扩大第 269 条适用范围以致重刑化之虞。

(三)"二分说"对事后抢劫罪既遂标准的确定

根据"二分说"的立场,既然在前行为取得财物的基础上所实施的暴力、胁迫行为是针对财物的返还请求权的抢劫利益行为,那么,在最终未能达到保住财物(窝藏赃物)的目的的场合,当然成立抢劫罪未遂。如此一来,在第 269 条属于注意规定的场合,事后抢劫罪的既遂标准,就应当以最终有无取得财物为标准。那么,在盗窃、诈骗、抢夺到手了财物,之后又丧失对财物占有的场合,就不能论以事后抢劫罪的既遂。这一理解也符合司法解释的规定。最高人民法院在 2005 年颁布的《关于审理抢劫、抢夺刑事案件适用法律若干问题的意见》中规定:"具备劫取财物或者造成他人轻伤以上后果两者之一的,均属抢劫既遂。"显然,"劫取"含有侵犯财产的性质,而只有在前行为既遂的情况下,为了确保财物而实施的暴力、胁迫行为才能够被评价为"劫取",那么,虽然前行为既遂,但最终并未获得财物的,显然仍应当被论以未遂,只有最终保住财物的场合才是既遂。

然而,该司法解释将"造成他人轻伤以上后果"并列为事后抢劫罪的既遂标准之一,为我们正确理解该司法解释设置了难题。有学者对该规定批评认为,刑法将抢劫罪规定在第五章中,说明它主要的本质是侵犯财产法益,以勒索财物为目的绑架他人的绑架罪被规定在第四章中,表明立法者认为其本质是侵犯人身法益的犯罪。两类外观情形相似的行为,却规定在不同章节并设置了不同刑罚幅度,表明立法者认为抢劫罪是与绑架罪有本质区别的侵财性犯罪,侵犯人权只是取财之手段。既然如此,抢劫罪基本犯的既遂标准就应当是以取财为标准,而对人身权利的侵犯只是能够作为加重情节予以考虑而已。[1] 应当说,这一批判在第 269 条属于注意规定的场合是正确的,因为,此时的第 269 条本身就符合第 263 条的构成要件,而第 263 条所规定的抢劫罪所保护的基本法益是财产,而非人身权利。如果我们再将致人轻伤添加为抢劫罪的一个既遂标准,无疑是将人身权利与财产权利并列为抢劫罪所保护的基本法益,从而忽视了抢劫罪所呈现出的以对人身权利的侵犯为手段,以对财产权利的侵犯为最终目的的"手段—目的"结构。但是,上述批判对于第 269 条属于拟制规定的场合却不适用,因为,立法者将并未取得财物,而其后实施暴力、胁迫的行为拟制为抢劫罪加以处罚,是出于一般预防的需要而传递"穷寇不可妄动"的信息,那么,立法者处罚的重点就势必从财物转移到"妄动"行为之上,而"妄动"行为只能是侵犯人身权利的行为。这样一来,以对侵犯人身权利的侵犯结果作为事后抢劫罪的既遂标准,就符合立法者做出拟制规定的初衷。鉴于我们应当对属于拟制规定的第 269 条做出限制解释,司法解释并未将任何对人身权利的侵犯后果都作为既遂标准,而是要求必须"造成他人轻伤以上后果",才是既遂。

需要补充的是,自说将前行为取得财物之后,最终又失去的场合解释为未遂,相较于前

---

[1] 娄永涛:《事后抢劫罪的未遂研究——兼及对"着手是实行行为的开始"的修正》,《政治与法律》2014 年第 1 期,第 46 页。

行为一旦既遂事后抢劫罪就马上既遂的观点,显然扩大了未遂的适用范围。这给司法裁判中法官对行为人从轻、减轻处罚留下了自由裁判的余地,从而更有利于裁判人员对千变万化的案件情形进行灵活的应对与裁量。

(四)"二分说"对事后抢劫罪共犯问题的解决

"二分说"还能够解决事后抢劫罪的共犯问题。在事后抢劫罪的共犯问题中,被集中讨论的是行为人实施前行为(盗窃、抢夺、诈骗行为)后,第三人中途参与进来,帮助、教唆或者与前行为人一起对被害人实施暴力、胁迫行为的情形。先要予以说明的是,一则每个人只能就与其存在因果关系的行为和结果负责是基本的客观归责原理。共犯的处罚根据,也在于其通过正犯符合构成要件的违法行为引起了法益侵害。那么,根据因果关系的发展顺序,共犯显然只能与其参与后的行为和结果存在因果关系。既然因果关系只能存在于共犯参与之后,那么,共犯就不可能对参与前的正犯行为与结果负责。二则,共同犯罪的本质是行为的"共同"。共同犯罪只不过是行为人利用了和他人一起实施特定行为的契机,将他人的行为作为自己行为的延长线,从而"共同"引起一定结果的犯罪类型而已。[1]根据行为共同说,中途参与到他人犯罪过程中的人,只能就其参与后的行为与他人的行为形成一个"共同"行为,从而将该"共同"行为作为自己的行为加以利用。我们无论如何无法想象,后行为人能够与其还尚未参与其中的他人行为形成"共同"行为。总之,根据以上两点,应当说,不管怎样,后行为人只能利用其参与后的行为,而不可能对参与前的行为进行利用。

那么,对中途参与进来的共犯如何处罚,就必须看其在参与进来之后,参与的是什么样的行为以及引起了什么样的结果。在前行为人取得财物之际,参与人所参与的行为本身就是抢劫行为,其引起的也是抢劫罪的法益侵害结果(被害人财产返还请求权的丧失与人身权利受损),因此,对参与人应当论以抢劫罪的共同犯罪加以处罚。但是,在前行为人未取得财物之际,因为参与人加功的并非是一个抢劫行为,而是一个单纯侵犯人身权利的行为,所以对于参与人而言,只能够论以故意伤害罪(造成他人轻伤以上的场合),或者窝藏罪,掩饰、隐瞒犯罪所得罪,帮助毁灭证据罪。

四、结　　语

本文的核心基本结论是,就第269条而言,在前行为取得财物的场合,后行为本身就符合普通抢劫罪的构成要件,且后行为系"当场"实施从而吸收前行为,全部犯罪行为本身就应当论以抢劫罪一罪,因此,此种情形下的第269条就只是一个注意规定;在前行为没有取得财物的场合,因为当场实施暴力以求脱逃的案件频发,立法者为了加大对人身、财产法益的保护力度,将本不符合抢劫罪构成要件的两个行为合起来拟制成为抢劫罪,此种情形下的第269条就是拟制规定。笔者将其总结为第269条的法条性质"二分说"。

---

[1]　参见 黎宏:《刑法学》,法律出版社2012年版,第262页。

根据本文所提出的"二分说",不仅能够合理说明司法解释对"犯盗窃、诈骗、抢夺罪"的主体年龄上看似"矛盾"的解释,还能够明确划定事后抢劫罪的未遂标准,以及合理解决事后抢劫罪的共犯问题。从本说能够一以贯之地解决事后抢劫罪的适用之际的诸多问题这一点来看,本说不仅逻辑一贯,而且具有很大的应用优势。

最后值得注意的是,虽然抢劫罪的成立没有数额要求,但是,鉴于我国《刑法》第13条"但书"的规定,抽人几巴掌、拿人一两根烟或者两三张信纸的行为因其社会危害性显著轻微从而难以成立抢劫罪。因此,在前行为取得财物的价值十分微小之际,即便行为人当场实施了暴力、胁迫行为,也不得按照抢劫罪论处。

不法原因给付之于诈骗罪问题探讨

时 方 郭 研[*]

摘 要： 诈骗不法原因给付的行为能否构成诈骗罪，关键看不法原因给付财物是否为诈骗罪所保护的法益。传统观点基于法秩序统一性角度出发认为刑法上保护的财产应是民法上的合法财产，对相关问题的探讨实质上是刑法之于民法独立性与从属性的判断，一方面要对诈骗罪保护的财产属性作出准确定性，另一方面要在法秩序统一性原理下对违法一元论进行正确理解。就诈骗罪保护的法益，应采取经济的财产说，主张财物价值的认定应根据客观经济价值判断无需具备民事上的合法性，由此得出的结论与缓和的违法一元论所主张的总体法秩序统一、各部门法领域有相对独立的判断的观点相契合，有利于财产犯罪法益的保护。

关键词： 不法原因给付 诈骗罪 经济的财产说 法秩序统一

不法原因给付作为一项民事法律制度，涉及不当得利、债权、侵权等民法原理，大多数情况下是在民法领域内部进行探讨[1]，但基于此类民事行为对于财产犯罪如诈骗罪的认定会产生重大影响，属于民刑交叉问题，因此同样成为刑法学者关心的重要理论课题。通说认为，不法原因给付制度源于罗马法，"是指基于违反强行法规或公序良俗的原因而为的给付"。[2] 涉及刑事法领域的情形通常是被害人基于不法原因或目的给予行为人以财物或者财产性利益，如为升迁或升学给予贿赂，为接受卖淫服务而支付嫖资，或者为购买毒品而给付他人资金，等。基于通过贿赂手段谋取利益、接受卖淫服务或者购买毒品属于民法上的不法原因，给予金钱是一种给付行为，如果接受给付的一方本无履行对价义务的意思，只是为骗取对方的钱款或者财物，就会发生不法原因给付与诈骗的问题。

一、不法原因给付制度概述

（一）不法原因给付境内外立法例考察

在民法领域，从罗马法开始就有"不道德原因不生诉权"及"双方不道德时，占有人占优势"的说法。随后该法则在欧洲各国得以流传：法国法学家将之演绎为"任何人不得以其恶行主张权利"的自然正义观念，德国法学家也认为拒绝不法原因给付物的返还是"对不体面

---

[*] 时方：南京大学法学院刑法学博士研究生；郭研：吉林大学法学院刑法学博士研究生。
本文系江苏省法学会课题"经济犯罪中的被害人研究"（项目编号：SFH2014C14）的阶段性成果。
[1] 参见 王泽鉴：《不当得利》，北京大学出版社2009年版，第272-280页。
[2] 谭启平：《不法原因给付及其制度构建》，《现代法学》2004年第3期。

意图的诉讼的处罚",或驳回请求"以保护国家的管辖权免受故意的犯罪分子的滥用"[1],在英国,也有法谚表述"入衡平法庭者,须自身清白"。[2] 基于财物给付人本身存在违法,是一种具有过错的行为,传统民法观念对给付人受损财产不予保护体现了民事规则中蕴含着惩罚被害人过错行为的精神理念。

《法国民法典》最早继承罗马法的精神,首次在法典中体现不法原因给付的规定。在《法国民法典》第1108条中规定,契约的有效成立除需要主体具有缔约能力、当事人同意以及构成权利义务客体的标的确定之外,还必须有"债的合法原因"。这一规定确定了合法原因在契约成立中的作用,体现了立法对意思自治的限制,被认为是将原因作为合同成立要件最早的立法。此后,在大陆法系其他国家与地区的民法典中都相继确定了不法原因给付制度,并明确规定在民法典中。如《德国民法典》第817条规定,给付目的之订立,如使受领人因受领给付而违反法律之禁止规定或善良风俗者,受领人负返还义务。给付人就此项违反亦负责者,不得请求返还……《日本民法典》第708条规定,因不法原因而为给付者,不得请求所给付物之返还,但不法原因仅受益人一方存在时,不在此限。我国台湾地区"民法典"第180条规定,因不法之原因而为给付者不得请求返还,但不法之原因仅于受领人一方存在时,不在此限。此外,英美法上虽然没有不法原因给付的概念,但其不法约定制度却与不法原因给付制度异曲同工。不管是大陆法系的不法原因给付制度,还是英美法系的不法约定制度,二者处理模式都基本一致,即基于不法原因的给付或基于不法约定而移转的金钱、动产与不动产均不得要求返还,除非不法原因仅存在于受领人一方。[3]

我国《民法通则》第55条、第58条对民事行为违反法律、公共利益的效力做了规定,第61条对相应民事行为法律后果做了具体规定:民事行为被确认为无效或者被撤销后,当事人因该行为取得的财产,应当返还给受损失的一方。有过错的一方应当赔偿对方因此所受的损失,双方都有过错的,应当各自承担相应的责任。双方恶意串通,实施民事行为损害国家的、集体的或者第三人的利益的,应当追缴双方取得的财产,收归国家、集体所有或者返还第三人。在我国《合同法》第52条、第58条合同无效的规定,以及第59条关于合同被撤销后的法律效果的规定与《民法通则》的规定基本相同,对因给付人与受领人恶意串通,损害国家、集体或者第三人利益而导致合同无效,由此取得的财产收归国家所有或者返还集体、第三人。从上述我国民事立法可以看出,我国现行法律并没有规定不法原因给付制度,相关概念本身也无法从法律条文中获得,但其所体现的精神与原理可以间接通过无效行为制度来实现,对因无效行为给付或受领的财产由国家追缴或收归国有,法律并不保护。

(二) 对不法原因"不法"的理解

不法原因给付作为一项民事法律制度,各国民法对"不法"范围界定存在不同规定,包括

---

[1] 参见 [德] 海因·克茨:《欧洲合同法》(上卷),周海忠、李居迁、宫立云译,法律出版社2001年版,第240-241页。
[2] 郑玉波:《民商法问题研究》(一),自版1991年版,第103页。
[3] 参见 杨桢:《英美契约法论》(第四版),北京大学出版社2007年版,第315页。

违背善良风俗、公共秩序以及强行法规范等不同范围的立法例;学界对此问题的讨论也没有达成完全一致,通常是从民事法律关系角度着眼,讨论最多的是违背民法上的公序良俗或行政处罚上禁止性规定的情形[1],基于此种不法原因给付的行为不受民事法律保护。但是从刑法角度思考不法原因给付与诈骗罪的关系时,还会出现一些不法性程度更高、更为极端的情形,即实施的"不法"已上升为刑法禁止性规定的行为,如雇凶杀人、雇佣他人实施走私或通过他人进行贿赂等国家强制性禁止的犯罪行为,此种契约关系已超出民事主体私人间的权利义务关系,更主要的是对他人或社会整体利益造成的侵害。那么,是否还有必要讨论基于此种不法原因交付财产,行为人收受财物后故意不履行约定内容是否构成诈骗罪的情形呢?我国有学者在论述骗取他人杀人酬金以及骗取为实施其他犯罪而支付的财物时,认为此种行为构成诈骗罪。[2] 从不法的程度上看,民法上的不法程度肯定低于刑法上的不法程度,刑法中讨论不法原因给付还应该包含刑事法上的不法原因,当行为人基于的不法原因本身就是犯罪目的,如杀人、伤害或是抢劫等严重暴力性犯罪,在其交付财产后相对方并没有实施相应犯罪行为,其似乎也符合被骗交付财物的诈骗罪构成。但是,个人认为,此种行为中并不存在财产犯罪中的被害人,交付财物者实质上是共同犯罪的教唆者或是帮助者,是相关犯罪的行为主体,只是由于犯罪实行阶段出现给付者计划之外的状况而没有实现犯罪目的;而交付的财物在其中所起到的作用实质上是实施犯罪行为的工具,因此此类情形中并不存在财产犯罪保护的法益。根据我国《刑法》第六十四条规定:"犯罪分子违法所得的一切财物,应当予以追缴或者责令退赔;对被害人的合法财产,应当及时返还;违禁品和供犯罪所用的本人财物,应当予以没收。没收的财物和罚金,一律上缴国库,不得挪用和自行处理。"由此可看出,上述为实施犯罪行为而给付的财产财物,属于犯罪所得、所用之物,立法者对于此类刑事涉案的赃款赃物一贯持以打击态度,并不具有刑事上的需保护性。

此外,在诈骗不法原因给付物的情况下,往往需具备诈骗行为在前,被害人不法给付在后的时间顺序要求,而给付人雇凶实施犯罪的不法动机产生及财物交付时间往往在行为人许诺实施不法行为之前,尽管最后同样是财物被骗、没有实现预先交付财物的犯罪目的,但已不符合诈骗犯罪行为构成先后的逻辑顺序,因而也不应认定行为人成立诈骗罪。[3] 与此相应,帮助他人实现犯罪目的(如杀人、抢劫、贿赂)后,相对方产生不支付费用的意思或以欺骗手段免除此种不法债务的,同样不单独成立诈骗罪。

综上,对于不法原因给付"不法"的理解,应根据"不法"的性质与严重程度区分为民事(公序良俗或公共秩序)上的不法与刑事上的不法。基于民事上的不法违法程度较弱,只是

---

[1] 因为民法主要强调平等主体间的意思自治,一般并不干预契约约定内容,而在双方契约内容违反了善良风俗或国家禁止性的规定如行政管理法中的禁止赌博、吸毒、卖淫嫖娼等规定时,此种违反社会管理法规定的给付行为成为民法不予保护的内容,仍属于通常意义上的不法原因。

[2] 参见 陈洪兵:《不法交易与诈骗罪》,《中国刑事法杂志》2013年第8期。

[3] 当然,也可能会存在行为人先谎称替他人杀人引起他人雇凶杀人犯意进而骗取酬金的情形,但受骗者此时已主动加入到实施杀人犯罪的进程中,成为犯罪实施者,虽然由于意志以外的原因未能实施杀人行为,但已不值得作为被害人对其财产损失进行刑法上的保护。

单纯影响民事主体权利的取得与否,给付者本身并非刑法不法评价的对象,当其利益受损时值得刑法保护;而当给付人基于刑法上不法原因给付财产,其本质是在着手实施犯罪行为,与财物取得者构成共同犯罪的统一体,不仅民法不予保护,在刑法层面同样应受到否定性非难评价。在此种犯罪关系中,不存在被害人也没有需保护的财产法益,给付财物起着犯罪工具的赃物角色,对于接受财物者自然不再作为诈骗罪认定。基于此,下文所论述的不法原因给付与诈骗罪的相关问题都是围绕除刑事不法(犯罪目的)以外的不法原因具体展开。

二、诈骗罪保护法益理论争议及司法实践

就不法原因给付与诈骗罪关系的判定方式,民法上的观点是:不法原因给付的财产,因为给付行为本身的违法性致使财产也不合法,进而得不到法律的保护,被害人无权主张财产返还请求权。逻辑思维表述为:不法原因给付行为→民事上不合法→财产不具有民事上保护必要性→不成立诈骗罪。对于诈骗罪的基本构造,通说认为是:行为人实施欺骗手段→被害人产生错误认识→被害人基于错误认识处分财产→行为人或第三人取得财产→被害人遭受财产损失。刑法的任务在于保护法益,在诈骗罪中即是保护被害人受损失的财产,而在不法原因给付受骗中,被害人同样遭到财产损失却并不为民法所保护,因此在诈骗行为与不法原因给付两种法律事实交叉时易出现不同法律规范保护上的断层,对于民法不保护的财产,刑法能否对此进行保护呢?

(一)诈骗罪保护法益辨析

对于不法原因给付中的诈骗罪认定,当前论争的首要问题在于给付财产的属性辨析,也即诈骗罪的法益确定,由此形成了法律的财产说、经济的财产说,以及法律的·经济的财产说为代表的折中说等诸多学说。上述学说运用到不法原因给付领域首先需要判断的是给付的财产是否为民法上保护的财产:如果给付财物必须是民法保护的财产,则基于民法上否定了不法原因给付受害人的返还财物请求权,变相否定了对这一财产的民事保护,则不成立诈骗罪;反之认为给付财物只要具有经济上的价值,无需民法上的肯认,刑法同样可以对行为人定罪入刑。基于当前国内已有很多学者在论述中对财产属性各种学说加以阐述[1],文中就不占用篇幅进行理论上的重复介绍,本文主张经济的财产说,下文将展开具体论述。

需要肯定的是,诈骗罪作为结果犯,必须发生了财产上的损害,才能具备构成要件该当。法律的财产说以及基于法律财产说产生的折中说认为刑法规定财产罪的目的是为了保护民事法上的权利,如果没有侵害民事法上的权利,即使造成了重大的经济损坏,也不成立财产犯罪。该学说将关注重点纠结在给付财物法律属性的认定上,认为交付行为原因上的违法

---

[1] 学说具体介绍可参见 马克昌主编:《百罪通论》(下卷),北京大学出版社 2014 年版,第 722、723 页;童伟华:《财产罪基础理论研究:财产罪的法益及其理论展开》,法律出版社 2012 年版,第 14-32 页;陈洪兵:《经济的财产说之主张》,《华东政法大学学报》2008 年第 1 期;刘明祥:《财产罪比较研究》,中国政法大学出版社 2001 年版,第 243 页。

导致财物本身不值得法律保护,受骗人无民法上返还请求权,因此不存在财产损失,进而不应作为犯罪认定不成立诈骗罪。可以看出,法律的财产说的理论支柱是刑法从属于民法的思想,其认为刑法是对第一次规范(民法)所保护的利益进行的强有力的第二次保护,如果某种利益不受民法保护,刑法也不能进行保护,此种仅在形式上认为刑法只保护民事法上权利的分析思路并不具有合理性。就法益概念本身来看,其强调的是利益的受保护性,并非强调权益主体享有或持有该权益的合法性,民法上不保护的财产仍可成为刑法保护的法益。正如学者所言,"在民法上属于非法占有,而刑法却予以保护。然而,首先,在民法上,非法占有的确是不受到保护,但这只是说明,当占有非法从所有权中分离出去以后,应当通过法律程序恢复应有状态,而不是说因为行为人非法占有他人财物,所以该占有本身不受法律保护。也就是说,所谓民法不保护非法占有,意味着应当根据民法将财物返还给所有权人;而刑法保护这种占有,意味着他人不得随意侵害该占有。其次,刑法并不只是民法的保障法,而是其他一切法律的保障法,严重违反其他法律的行为,也可能成为刑法的规制对象;况且,刑法是根据自身的目的与任务选择规制对象的,在某些情况下,并不违反其他法律的行为也可能被规定为犯罪行为"[1]。从20世纪30年代起,人们不再认为刑法从属于民法,法律的财产说也就丧失了理论根据,该说已经退出历史舞台。[2] 同样,依据法律的财产说而产生的法律的·经济的财产说的折中观点同样没有克服法律的财产说的缺陷,强调刑法上的法益不应是民法上不保护的违法利益,在面对不法原因给付和窃取、骗取违禁品的问题上认为不成立相应财产犯罪,仍显保护范围过于狭小。然而,经济的财产说将具有经济价值的财物或利益作为财产,认定是财产罪保护的法益,有效克服了上述法律的财产说所存在的弊端,即使被害人基于不法原因给付的场合,同样不影响刑法对其财产损失的认定,该说已广泛受到理论界的支持,成为目前最有力的学说。台湾地区学者林东茂教授也指出,"纯经济的财产概念"作为当前德国的通说,凡是一个人所应得的财货总数就是财产,这和财产权是否被法律承认、是否有正当来源没有关系,都是诈欺罪所保护的财产。并且,林东茂教授从刑法秩序的一致性(即诈欺罪作为财产犯罪的类型之一,应与其他财产犯罪的财产概念做相同的解释,而盗窃、抢夺他人赃物的行为刑法都进行保护)和防止私力救济考虑(刑法保护不正当来源的财产,可以相当程度避免私力救济),支持经济的财产说。[3]

值得一提的是,张明楷教授提倡以经济的财产说为基础的折中说,并明确表明排除法律财产说的观点,指出刑法的目的是保护法益,但刑法保护的法益并不要求从属于民法上所保护的利益,违法一元论的观点并不成立。刑法上的违法性与其他法上的违法性存在区别,没有必要原封不动地以民法为基础确定其构成要件。基于当前财产关系的复杂性,法律的财

---

[1] 张明楷:《骗取自己所有但由他人合法占有的财物构成诈骗罪——对〈伪造公章取走暂扣车辆是否构成诈骗罪〉一文结论的肯定》,《人民检察》2004年第10期。
[2] 参见 张明楷:《论诈骗罪中的财产损失》,《中国法学》2005年第5期。
[3] 参见 林东茂:《一个知识论上的刑法学思考》(增订三版),中国人民大学出版社2009年版,第148-149页。

产说已经不能适应纷繁多元的财产流转、运行状态,不能有效保护财产及财产秩序。[1] 对于刑法上"财产"的认定,虽然不需要民法上的保护也可作为刑法的保护对象,但对于某些可以进行经济上衡量的财产损失,如欺骗妓女提供性服务而原本就不打算支付嫖资或提供性服务后使用欺骗手段免除嫖宿费用的,张明楷教授基于国民感情,又不认为其属于财产性利益,不是刑法保护的法益,因而没有造成财产损失。张明楷教授将经济上的财产理解为狭义的金钱上的现实收益或减损,将金钱上的得失作为判断有无损害的标准:一方面认可只要造成他人经济损失,就可以认定为财产上的损失,无需民法对该财产合法性的承认;另一方面又对经济的财产进行个别化的实质理解,将提供性服务本身或欺骗免除的嫖资不认为是经济利益,妓女没有遭受财产损失。[2] 但客观上妓女提供性服务后本应会获得相应经济上的收入,具有将服务(劳务)转化为金钱的现实可能性[3],应当获得而没有获得理应是一种财产上的损失。因而张明楷教授的解释结论有一定的矛盾性,不具有逻辑上的连贯性,存有不妥当之处。

此外,有学者通过分析不同学说背后所体现的刑事基本立场与价值,试图从刑法价值根基上否定经济的财产说的正当性,指出经济的财产说倾向于行为无价值的立场,而法律的财产说和法律的-经济的财产说倾向于结果无价值的立场。根据行为无价值观点,只要行为违反了社会伦理规范就是违法的,是以"行为"为中心考虑违法性问题;根据结果无价值,只有行为侵害或威胁了法益才是违法的,是以"结果"为中心进行的思考。当前刑法学界的主流观点普遍认为刑法的任务是保护法益,结果无价值的立场可谓是多数派,单纯依托规范违反说的行为无价值理论已很少有人支持,将经济的财产说归为行为无价值立场等于直接将这一学说观点在性质上扣上欠缺理论正当性的大帽子,实则变相指责其与刑法时代潮流相悖。个人认为,此种学术立场的划分并不确切。经济的财产说客观上同样需要造成财产损失的实害结果,并非单纯对行为作出评价,而财产的客观损害应以事实状态为基础,刑法基于其独立的保护对象及任务无需先得到民法形式上的肯定。因此,对财产认定采经济的财产说同样是站在结果无价值的立场上,对财产法益进行保护,两者内在逻辑相通,不存在矛盾。

(二)国内外判例的审视

在司法实践中,对于不法原因给付与诈骗罪关系的认定,既会出现不法原因给付在先也会出现不法原因给付在后的情形,如嫖客在预付嫖资后并没有得到卖淫女相应服务属于前者情况,而嫖客在卖淫女提供性服务之后不支付相应服务费用则属于后者情况;同样,既会出现直接骗取金钱财物等实际财产,也会存在骗免债务、劳务等财产性利益的情况。从经济的财产说角度考量,上述情形都给被害人造成经济上的一定数量的金钱损害,对于现实的财产损害并没有本质差别,并且该理论观点运用到司法审判中在国内外相关判例中也都得到

---

[1] 参见 张明楷:《刑法学》(第四版),法律出版社2011年版,第840页。
[2] 参见 张明楷:《刑法学》(第四版),法律出版社2011年版,第840、841页。
[3] 不论法律是否将其合法化,提供性服务都会在客观上给提供者带来经济上的收益。在欧洲很多国家,如德国已经将提供性服务作为一种正当职业,国家承认性工作者的劳务性及收入合法性。

体现。

1. 国外相关判例

经济的财产说首先是由德国的判例以不法原因给付与诈骗罪的成立与否问题为契机展开的。在德国著名的假堕胎药案中,行为人将没有效能的、原价为30—40芬尼的堕胎药诈称是具有效能的堕胎药,以10马克的价格卖给孕妇。由于堕胎在德国是犯罪,故孕妇购买堕胎药品而支付金钱的行为,属于不法原因给付。德国帝国法院对这类案件以前曾采取法律的财产说而否定成立诈骗罪,但1910年的判决采取经济的财产说,承认民法上没有权利的东西也是刑法上的财产,认定本案被告人的行为成立诈骗罪。[1] 至此,德国司法所实务界对财产概念采取经济的财产说,认同财产概念应是一种经济生活的概念,判断有无损害的标准就是金钱上是否产生得失。对于诈骗不法原因给付的财产,即使民法上不承认被害人有返还请求权,但刑法不是单纯维护私法秩序本身,对于客观造成的财产损害刑法没有理由否认其存在。这一判决对以后的判例及学说理论产生了重大的影响,具有划时代的意义。

虽然日本民法对于不法原因给付的财产不予保护,但日本判例在作为伪造纸币的资金而骗取金钱的场合,为购买黑市大米而骗取预付金的场合,以及谎称卖淫而先收取费用的场合,都认定为诈骗罪,理由是"只要是使用欺骗手段侵害了对方对财物的支配权,即便对方交付财物是基于不法原因,属于民法上的不能请求返还或不能请求损害赔偿的情况,也成立诈骗罪"[2]。因此,在日本,判例自大审院以来对于不法原因给付是否成立诈骗罪一直持积极肯定态度。如在黑市交易中,欺骗他人说是付钱而让他人交付管制物品的案件中,之所以处罚诈骗之类的以侵害他人财产权为本质的犯罪,不仅仅在于保护被害人的财产权,还因为违法手段所进行的交易行为,有扰乱社会秩序的危险。黑市交易是经济管制法规所处罚的行为,判例从维护社会秩序的角度出发,采用一种独到的思考方式,将行为自身的违法性作为重点,认定成立诈骗犯罪。[3] 关于采用欺骗手段使人卖淫而后不付钱行为的判例:名古屋高等法院1955年12月13日判决认为,即便合同中包括有卖淫内容,违反公序良俗,构成不法原因给付,按照《民法》第90条的规定无效,但是,合同在民事上是否无效和刑事上是否有责任,在本质上并不相同;在扰乱社会秩序一点上,即使是签订卖淫合同之际所实施的欺骗行为,其与通常的交易中所实施的行为,并没有任何不同。该判决最终判定采用欺骗手段使人卖淫,而后不付钱的行为构成利益诈骗罪。[4] 同样,也有判例承认使用欺诈手段免除嫖资行为构成诈骗罪,并在裁判中指出:民事上的契约是否有效与刑事责任上有无责任,是本质不同的问题,二者没有任何联系。像诈骗罪这样的以侵害他人财产权为本质的犯罪之所以要受到处罚,并不只是为了单纯地保护被害人的财产权,还因为以这种违法手段所实施的

---

[1] 参见[日]林干人:《财产犯的保护法益》,东京大学出版会1984年版,第118页。转引自 张明楷:《诈骗罪与金融诈骗罪研究》,清华大学出版社2006年版,第210、221页。

[2] [日]西田典之:《日本刑法各论》(第六版),王昭武,刘明祥译,法律出版社2013年版,第221页。

[3] 参见[日]曾根威彦:《刑法学基础》,黎宏译,法律出版社2005年版,第162页。

[4] 参见[日]大谷实:《刑法讲义各论》(新版第二版),黎宏译,中国人民大学出版社2008年版,第256页。

行为有扰乱社会秩序的危险。而且在扰乱社会秩序这一点上,签订卖淫契约时采取欺骗手段与在通常交易时采取欺骗手段,没有任何差异。……嫖资也可能成为诈骗罪的对象。这一判决肯定了欺骗妇女使其免受嫖资的行为侵害了卖淫妇女的财产性利益,即使是非法的财产性利益也应当受到刑法的保护,故嫖客的行为构成诈骗罪。[1]

此外,在韩国曾发生如下案件:被告人甲本来不想给酒吧小姐任何费用,但表面上和酒吧小姐约定支付卖淫费用而与之发生性交。甲用窃取的信用卡刷卡的方式,摆脱了支付嫖宿费用。原审法院认为不能成立诈骗罪,而韩国大法院的判决指出:"原审对上述公诉事实,以贞操不能成为财产罪的对象,而且其卖淫费用是违背善良的风俗而不是法律上受保护的经济利益为根据,判决被告人甲以欺诈的手段摆脱卖淫费用的行为不构成诈骗罪。一般来说,之所以不能从经济上评价男人与妇女之间的性行为以及妇女和相对方之间达成的以取得钱财或者财产上利益等为对价实施性行为的约定行为,是因为该契约本身是以违背善良风俗以及其他社会秩序为内容的无效的法律行为。但是,由于诈骗罪对象上的财产上利益,不一定意味着私法上保护的经济上的利益。因此,妇女以收到钱财为前提而卖淫时,该行为的费用相当于诈骗罪对象的财产上利益,而且欺诈妇女进而脱离性行为的费用时,成立诈骗罪。"[2]可以看出,韩国大法院根据经济上利益的得失,对于欺诈卖淫女提供性行为而不提供费用的行为认定是诈骗罪。

上述国外司法判例采取经济的财产说立场,体现了不法原因给付中对于骗取财产或财产性利益、服务成立诈骗罪的肯定。

2. 国内司法解释及相关案例

我国当前对于不法原因给付与诈骗罪认定的司法解释主要体现在以下文件中,1991年4月2日《最高人民检察院关于贩卖假毒品案件如何定性问题的批复》指出:"贩卖假毒品的犯罪案件,应根据不同情况区别处理:明知是假毒品而以毒品进行贩卖的,应当以诈骗罪追究被告人的刑事责任。"最高人民法院1994年12月20日《关于执行〈全国人民代表大会常务委员会关于禁毒的决定〉的若干问题的解释》第17条规定:"明知是假毒品而冒充毒品贩卖的,以诈骗罪定罪处罚。"由于购买毒品具有不法性,行为人为购买毒品而支付的行为就是典型的不法原因给付行为,按照上述司法解释,贩卖者应构成诈骗罪。从上述相关解释中可以看出,我国最高司法机关对于诈骗不法原因给付物成立诈骗罪持肯定而鲜明的观点。

相较于国外判例中的激烈讨论,我国对于不法原因给付涉及诈骗罪的案例并不多见,最高人民法院主办刊物《刑事审判参考》曾刊登一起关于不法原因给付的诈骗罪指导案例,大致案情如下:程某询问被告人王某是否有赌局,表示愿意参赌。王某联系其他同伙在自动麻将器上做手脚以控制赌局输赢,设置赌局圈套共骗取程某19 000余元。法院最终判定被告人王某、黄某犯诈骗罪。此案例为典型的行为人参与赌博,被告人通过诈骗赌博行为骗取他人不法原因给付物,法院最终判决行为人构成诈骗罪,并且此判决经过最高法院刑事审判

---

[1] 参见 张明楷:《法益初论》,中国政法大学出版社2000年版,第521页。
[2] [韩]吴昌植编译:《韩国侵犯财产罪判例》,清华大学出版社2004年版,第13页。

庭确认并刊登在机关刊物上,具有一定的权威性,对下级法院判决将起到指导作用。于此不得不提到最高人民法院之前作出的两条关于"设置圈套诱骗他人参赌"行为定性的司法解释或准司法解释,1991年《最高人民法院研究室关于设置圈套诱骗他人参赌获取钱财的案件应如何定罪问题的电话答复》指出:"对于行为人以营利为目的,设置圈套,诱骗他人参赌的行为,需要追究刑事责任的,应以赌博罪论处。"1995年《最高人民法院关于对设置圈套诱骗他人参赌又向索还钱财的受骗者施以暴力或暴力威胁的行为应如何定罪问题的批复》指出:"行为人设置圈套诱骗他人参赌获取钱财,属赌博行为,构成犯罪的,应当以赌博罪定罪处罚。"该判决结果看起来与上述两条司法解释(准司法解释)规定相矛盾,张明楷教授也曾在文章中指出上述最高人民法院的解释结论具有不合理之处,相应行为应构成诈骗罪。但判决书中也提到,上述司法解释的产生背景是针对当时此类行为发生在公共汽车站、火车站等公共场所,犯罪分子设局诱骗的对象为不特定被害人,主要侵害的是社会管理秩序,且犯罪分子多采取赌博形式赢钱,虽存在一定欺诈手段,但十赌九骗,赌博中采取一定的欺骗手段也很正常,因此定性为赌博罪。当前最高司法部门已拟对上述文件规定进行修正,即对控制输赢的方式诱骗他人参赌的,均以诈骗罪定性。[1]

三、诈骗罪不法原因给付中的法秩序统一性探讨

基于诈骗不法原因给付的财产或财产性利益构成诈骗罪已成为理论界的多数观点及司法审判中的通行做法,但不能回避的一个问题是作为民法不予保护的行为在刑法上得到了保护,对于刑法与民法不同部门法间违法性认定上是否出现不协调,这一矛盾冲突已引起理论界的关注,其核心问题涉及对法秩序统一性的理解以及对违法的一元论的判断。

(一)对法秩序统一性的理解

法秩序应当具有统一性已成为法解释学的当然前提,但如何理解法秩序统一性,理论上还存在很大的分歧。严格的违法一元论者认为,违法性在整个法秩序中是"单一"的,不同门类的法律违法性在"质"和"量"上都是相同的,没有违法相对性的存在余地,此种观点忽视了不同法律领域的特定机能以及法律责任上的差异,将无法区分民法、行政法以及刑法上的违法行为,弊端显而易见,因此已为学界所摒弃。[2]对于当前的违法性理论,我国有学者将其归纳为缓和的违法一元论、违法相对论以及违法多元论三种学说,并指出前两种学说基于体系——目的的统一性,理论基础最为合理。[3]也有学者采取违法一元论与违法多元论(违法相对论)的两分法。但对于违法一元论都采取缓和的违法一元论,与之对立的违法相对论

---

[1] 参见 最高人民法院刑事审判一至五庭:《刑事审判参考》(总第90集),法律出版社2013年版,第75-78页。

[2] 尽管德国主流观点倾向于严格的违法一元论,但罗克辛教授也强调应对其适度缓和,提出"简单地否定一种不同的违法性是不正确的",参见[德]克劳斯·罗克辛:《德国刑法学总论》(第一卷),王世洲译,法律出版社2005年版,第397-398页。

[3] 参见 王昭武:《法秩序统一性视野下的违法判断的相对性》,《中外法学》2015年第1期。

或违法多元论学说则是根据日本学者前田雅英的观点得出。[1] 违法多元论认为,违法的判断是相对的,不同领域的违法性是"质"的不同而非"量"的不同,此观点很容易导致不同法领域行为规范的冲突,是赤裸裸的对法秩序统一性原则的否认,无法起到法律行为规范的指引作用,易造成人们行动上的无所适从,弊端同样明显。因此,当前主张在法秩序统一前提下的违法性一元判断其实是一种缓和的违法一元论。

关于法秩序统一性的通说,是指由宪法、刑法、民法等多个法领域的法秩序之间应当互不矛盾,更为准确地说,这些个别的法领域之间不应作出相互矛盾、冲突的解释。例如,在某一法领域被认为是合法的行为,在其他法领域就不能认定为违法而加以禁止,或者不能出现与之相反的情形。否则出现在民法中被允许的行为在刑法中却要受到处罚,这样一来国民将不知所措。所以,"法秩序的统一性"意味着违法的统一性或者违法的一元性。[2] 佐伯千仞教授倡导缓和的违法一元论。他一方面主张违法性判断应就全体法秩序进行统一评价,另一方面认为违法在不同的法领域有不同的表现形式或者处于不同的阶段,不同法领域有不同的目的,所要求的违法性的质和量也有所不同。[3] 也即在法的各个领域中,具有其他领域所不具备的独到之处,各个法领域即便是在对同一对象进行整合的场合,也具有独自的作用,需要相对地、多元地进行把握。[4]

综上,对于法秩序统一性的理解:一方面,应保证各个部门法领域在对同一行为违法性判断时不产生矛盾冲突,做到整体法秩序的统一协调;另一方面,基于各个法规范的目的与法律效果各不相同,对违法性要求的程度也不一样,使得各部门法的违法性判断具有相对性、独立性,这就要求协调好整体法秩序统一性与部门法之间违法判断相对性之间的关系,找到最佳"契合点"。

(二)法秩序统一性原则下诈骗不法原因给付行为的具体论证

有观点指出:"刑法作为第二次规范是对作为第一次规范的民法的补充,只有对民法不能有效保护的财产法益,才有必要由刑法来保护。民法明确规定不法甚至予以制裁的行为,看不出刑法有保护的必要。就不法原因给付与诈骗罪来说,如果民法上给付者的财产利益

---

[1] 两分法的学者即没有严格对违法相对论与违法多元论加以区分。我国学者产生的划分标准分歧主要基于对违法相对论范畴大小的不同理解,即对前田雅英教授的观点是违法多元论还是可以将多元论涵盖到违法相对论的理解上产生不同看法,但不论是违法相对论抑或是违法多元论都认为刑法所处罚的对象应在自身法领域内部进行单独的实质判断,只是在承认法秩序统一性原则上两者体现出不同的立场。具体论述参见 童伟华:《日本刑法中违法性判断的一元论与相对论述评》,《河北法学》2009年第11期;郑泽善:《法秩序的统一性与违法的相对性》,《甘肃政法学院学报》2011年第4期;王骏:《违法性必须一元吗?——以刑民实体关系为视角》,《法学家》2013年第5期。

[2] [日]松宫孝明:《刑法总论讲义》(第四版补正版),钱叶六译,中国人民大学出版社2013年版,第81页。

[3] 参见 童伟华:《日本刑法中违法性判断的一元论与相对论述评》,《河北法学》2009年第11期。

[4] 参见 [日]曾根威彦:《刑法学基础》,黎宏译,法律出版社2005年版,第212页。

确实是不法利益,在刑法上也不应该保护。"[1]具体到诈骗不法原因给付行为,以财产罪来直接保护那些民法不予保护的不法原因给付者,采取的是"经济的财产说",会招致整体法秩序内的自我矛盾。[2]"鉴于在民法的领域不受保护的不法原因给付物,却在刑法上作为犯罪保护的客体,存在法秩序不统一之嫌。"[3]

首先,从刑民立法旨趣上看,民法以调整平等主体的人身关系与财产关系为对象,确认主体间权利义务分配及责任分担为主要任务;而刑法是制裁犯罪行为的法律,关注的对象是行为人的犯罪行为,刑事责任的承担即刑罚的目的在于惩罚犯罪与预防犯罪。因此,刑法与民法的任务存在本质上的差异,"刑法的目的并不在于确认产权,不在于对权利义务进行分配,而在于禁止以非法的方式取得财产,在于追究以非法方式取得财产的人的刑事责任"[4]。既然刑法与民法在功能及规制视角上具有本质不同,刑法因而无需将民法上的各项制度作为犯罪构成要件的基础,根据法律的财产说提出的民法上不保护的利益刑法上同样不能保护的观点就存在逻辑上的问题。换句话说,刑法民法本应各行其道、各尽其责,刑法从属于民法的结论并非法秩序统一性的必然要求,既然不要求刑法必须服从民法,就无法得出刑法概念必须与民法概念保持一致的结论。

其次,从财产秩序维护角度看,民法是授权法,侧重调整平等主体之间的关系,私权的保护放在第一位,民事法律关系的认定是通过民事主体行为来确认其效力状态及权利救济的方式;而刑法作为控权法,第一位的着眼点在于整个国家和社会的良好秩序,更注重整体而非个体,即使民事法律否认行为的有效性进而不予保护,但刑法对于私主体间行为并非放任不管,当行为人行为本身破坏了某种关系,刑法基于自身体系判断不论民事救济如何,同样不允许行为人造成此种损害。

正如刑法保护所谓"需要通过法定程序恢复应有状态的占有",这种占有同样包括"非法"占有,以一种不法方式破坏已有的财产非法占有状态,民法上虽然不承认财产不法占有的合法性,但刑法同样不允许财产所有人以外的第三人随意侵犯这种占有状态。如行为人甲窃取窃贼乙盗窃来的财物,尽管乙对于盗赃物的占有民法上不予保护,但刑法对于甲实施的针对该赃物的窃取行为同样认为是盗窃犯罪。"因为在相对于第三者的关系上说,盗窃犯的占有也值得法秩序保护。"[5]同样,故意毁坏他人非法占有的财物的,成立故意毁坏财物罪。如果只保护民法上享有的合法权源,那么针对赃物、违禁品等其他民事不合法财物实施的骗取、窃取或抢劫行为将不作为犯罪认定,这将限缩了刑法对于财产犯罪的处罚范围。同

---

[1] 童伟华:《诈欺不法原因给付财物与利益之刑法分析》,《汕头大学学报》(人文社会科学版)2009年第1期。

[2] 王昭武:《法秩序统一性视野下的违法判断的相对性》,《中外法学》2015年第1期。

[3] [日]大塚仁:《刑法概说(各论)》(第三版),冯军译,中国人民大学出版社2003年版,第281、282页。

[4] 王政勋:《违法的一元论和刑事违法的独特性——基于语境理论的考察》,载贾宇主编:《刑事违法性理论研究》,北京大学出版社2008年版,第134页。

[5] 张明楷:《刑法学》(第四版),法律出版社2011年版,第840页。

样，不能以民法上不保护毒品等违禁品而将相关行为不作为犯罪处理。如盗窃或抢劫他人非法持有的毒品，仍可以构成盗窃罪或抢劫罪。上述刑法对于财产非法占有状态的保护同样蕴含刑法维系秩序稳定的价值理念，即对于违禁品等非法状态的恢复只能通过法定的正当程序，刑法禁止公民个人对此种占有状态的随意改变，"这虽然造成了民法和刑法在评价上的不同，却是为了保护法益所必须接受的"。[1] 因此，也有观点指出："无论公民所有的财产是合法的还是非法的，都应该受刑法保护，但这并不意味着保护犯罪人的非法取财行为或者非法使用行为，而在于保护所有社会财富都免受非法侵犯，维护社会关系和社会秩序的稳定。"[2]

再次，从刑法与民法概念内涵来看，基于不同法领域的目的考量以及独立的法律使命，刑法概念没有必要完全依附于民法上的概念，刑法概念在认定上应体现其独立性一面：如刑法中对金钱的占有概念与民法并不一致。民法从交易安全的角度出发，通常将金钱的占有认定为所有，占有者推定为所有者。因此"占有人享有所有权，占有的所在与所有权的所在不分离"[3]，这是为了保护有关金钱流通的动态安全。民法上对于金钱"占有即所有"的观念，在刑法上并没有相应的体现，对于金钱所有权并不随着占有而一并转移。如挪用公款罪需行为人将单位财产转移自己控制占有，但此时金钱所有人仍为单位，并非所有权同时转移。否则挪用公款罪将与贪污罪无法区分，因为两罪客观方面的表现都是将单位钱款转移为自己实际控制占有，两罪的区分点主要在于主观上是否具有将财物据为所有的不法目的，而这些都是民法上对占有概念无法涵盖的。又如，民法上的财物一般指的是有体物，特殊情况下也包括光、热、电力、蒸汽、燃气等可进行管理的无体物，但刑法上作为财产犯罪保护对象的财物，其范围要广的多，除传统民法概念上的有体物、无体物之外，还包括体现债权关系的债券、存折、有价证券等债权凭证，以及具有经济价值、可支配并能够用于实际买卖、交易的游戏道具、虚拟货币等虚拟财产。当前讨论热烈的财产性利益也正逐步纳入刑法上财物的解释范畴，可见刑法上的财物概念较之民法而言内涵及外延都要丰富很多。正如有学者所言："刑法的保护并不以某种利益在民法上得到认同作为前提。财产犯罪的法益不是民法确立的财产性权利，而是事实上的财产利益。尽管在多数情况下，这一事实上的利益内容也可以表述为财产权利，因为刑法与民法指涉的社会生活具有相同性，因此对同一对象的指称存在互相借用的情况，毕竟同一生活情景拥有多种叙述方式，但后者不足以涵括前者，即作为刑罚制度出发点的法益较之民法中的权利具有更为广泛的生活内容。"[4] 正是因为民法和刑法的评价存在不同，刑法介入财产权的保护与否无需完全依赖于民法的判断，"不能借口刑法的最后手段性和补充性而矮化刑法在财产保护中的定位和功能"[5]。因此，对于财

---

[1] 付立庆：《论刑法介入财产权保护时的考量要点》，《中国法学》2011年第6期。
[2] 刘明祥：《论侵吞不法原因给付物》，《法商研究》2001年第2期。
[3] ［日］佐伯仁志，道垣内弘人：《刑法与民法的对话》，于改之、张小宁译，北京大学出版社2012年版，第4、5页。
[4] 刘凤科：《刑法在现代法律体系中的地位与特征》，人民法院出版社2007年版，第175、176页。
[5] 付立庆：《论刑法介入财产权保护时的考量要点》，《中国法学》2011年第6期。

产犯罪保护的法益，法律的财产说将刑法上的不法概念完全依托民法上对不法认定，是一种僵化的违法一元论立场，未能注意到刑事违法的独特性，并不可取。

最后，缓和的违法一元论并不排斥在不同的法律领域针对同一不法行为可以规定不同的法律效果。刑法学视野是研究犯罪人的行为是否符合犯罪的构成要件，并不以民法上的责任分担与法律效果为判断前提，即使民法上不保护的法律关系，刑法基于其自身的目的与规制对象，在行为符合构成要件时，同样可作为犯罪处理追究刑事责任。基于被害人过错的行为剥夺其民事上的返还请求权，但被害人遭受损失是客观存在的，对财产法益造成的损害同样现实存在，刑法对法益保护所设定的行为规范并非为被害人制定，其关注并评价的对象是行为人本身行为是否符合犯罪构成要件的规定。这也就是刑法与民法针对同一事件而关注的视角及处理的方式却存在根本差异之处。民法上的没有返还请求权≠被害人没有损失≠刑法无需对行为人行为进行犯罪评价，这也体现卢梭所言的"刑法在根本上与其说是一种特别法，还不如说是其他一切法律的制裁力量"[1]。

就诈骗不法原因给付行为而言，民法不保护不法原因给付人的财产利益，是因为被害人行为本身具有过错，民法出于"惩罚"对其受骗财产不予保护，但这不等于肯定相对方通过欺诈行为取得财产的正当性与合法性。行为人利用被害人某种心理通过诈骗手段骗取财物，在民事上同样具有取财手段不合法性，是一种侵权行为，获得财产属于不当得利；各国行政法对欺诈行为同样进行规制，在欺诈行为危害公共利益时对所获得财产予以没收或收归国有。可见民事、行政法律对于欺骗行为都持否定性评价，对于整体法秩序而言都具有违法性，只是由于不法程度的评价存在差异从而导致具体责任承担方式存在处理上的不同。[2]延伸到刑法领域进行更深层的危害性的考察，如果欺骗数额较大、达到侵害刑法秩序的程度，同样有必要对其进行刑事违法性的评判，以最终得出是否符合诈骗罪犯罪构成要件。从这一角度分析，在处理诈骗不法原因给付问题上，刑法与民法的结论并不存在矛盾冲突之处，并不违反法秩序统一原则，完全符合法秩序统一性的原理与要求。所以，不能因为被害人所处民事关系的不法而否定行为人诈骗行为的刑事违法性，也不能以"民法不保护的刑法就不能加以调整"这样的理由来否定骗取不法原因给付可以构成诈骗罪的可能性，即"虽然民法不保护这种关系，但是刑法可以惩罚这种行为"[3]。

结　　语

在民事法律制度中，不法原因给付行为基于目的的不正当性及手段的不合法性而不具备财产保护的有效性，体现了民法对于被害人自身过错不予保护的理念；刑法关注的重点是

---

[1]　[法]卢梭：《社会契约论》，何兆武译，商务印书馆1997年版，第63页。
[2]　关于"违法性"与"不法"两者概念上使用的差别，可参见[德]汉斯·韦尔策尔：《目的行为论导论：刑法理论的新图景》（增补第四版），陈璇译，中国人民大学出版社2015年版，第23、25页。
[3]　周威坤：《不法原因给付与诈骗罪》，《福建警察学院学报》2011年第3期。

行为人的行为是否符合犯罪构成要件,对于诈骗不法原因给付物的刑事责任认定,采取经济的财产说将其作为财产犯罪认定能够最大限度地保护法益。基于不同法领域的目的与规制方式不同,对于法秩序统一性的认识不能机械的理解为形式上或逻辑演绎上的一致,而应该是评价上、实质上的一致。由此应坚持缓和的违法一元论,强调法秩序统一性下的违法性相对判断,既应做到整体法秩序上的协调统一,不同领域部门法在违法性判断上所得出的最终结论不应矛盾冲突;又必须承认不同法领域的违法性判断有其独立性,同一不法行为在不同法律领域的法律效果未必完全相同,此种部门法内部思维判断上的差异并不悖离法秩序统一性原则,而是违法一元论前提下的合理缓和。

对诈骗罪中"处分"的理解
——以唐某某诈骗一案为援引

贾文宇　甘鸿翔[*]

【基本案情】

2009年5月25日，被告人唐某某谎称自己是某公司老板，在劳动力市场联系了应聘者黄某某，以准备购车并需要让黄某某帮忙开车为由，通过黄某某认识了南宁市某汽车销售公司的销售人员林某某。同年5月27日15时许，唐某某以试车为由让林某某将一辆哈飞牌HFJ7161E型小汽车（经评估，价值人民币71 800元）开至南宁市兴宁区秀厢大道橘子郡小区门口后，要求独自驾驶该车开往西乡塘方向试车，后将车开走没有归还，直至公安机关于同年5月30日将其抓获归案并查获该涉案小汽车。

【分歧意见】

1. 唐某某谎称自己是公司老板要购买小汽车，并要聘请黄某某做司机，利用黄某某和林某某相熟悉骗取了林某某的信任后，以试驾为名，骗取了南宁市某汽车销售公司的小汽车一辆。其行为构成诈骗罪。

2. 南宁市某汽车销售公司销售人员林某某不具有将汽车所有权转移给唐某某的权限，也没有将小汽车所有权转移给唐某某的意思表示和行为，林某某把小汽车交给被告人唐某某试开的行为不属于诈骗罪中的处分行为，所以唐某某的行为构成盗窃罪而不是诈骗罪。

法院一审判决被告人唐某某行为构成诈骗罪，判处有期徒刑五年。二审裁定维持原判。

【评析意见】

尽管关于盗窃罪与诈骗罪的区分问题已经有过很多的讨论，但是至今在司法实践中，两罪的区分问题一直都是疑难所在。诈骗罪和盗窃罪的最主要的区别就在于被害人（受骗者）是否具有处分财物的行为，这几乎是没有任何的争议。但是为何在司法实践中对于二罪区分仍存在诸多争议呢？在笔者看来，诸多区分两罪对处分行为的认定，主要还是通过对具体案件情节的分析去判断，仅就个案论个案。本文试图借唐某某案的分析，对诈骗罪中受骗者的"处分"进行一些分析和探讨，以求能解开在司法实践中办理该类案件中对"处分"认定的困惑。本文对"处分"的分析"基于本案而高于本案"，略陈管见，力求找到一个易于区别、可操作性强的认定"处分"的方法。

本案两种意见的主要分歧在于对诈骗罪中处分主体、处分意识、处分行为的认识不一致。

---

[*] 贾文宇，男，法学博士，广西壮族自治区人民检察院公诉三处副处长；甘鸿翔，男，法律硕士，广西南宁市兴宁区人民检察院公诉科科长。

一、诈骗罪中处分的主体

诈骗罪中受骗者是否属于处分财物的主体,应该从两方面考察,即是否具备处分的能力和处分的资格。所谓处分的能力是指能够独立地完成处分行为并能认识或者预见到这种处分行为的后果,主要受处分行为人的理智、认知能力等主观因素制约;而处分的资格是指按照一般社会的认识可以认为具有对财产处分的地位和权限。这里我们应当要明确的是,诈骗罪的基本构造是行为人实施欺骗行为,使受骗者产生认识错误并基于该认识错误处分财产。所以,财物处分者必须是和受骗者为同一,才可能构成诈骗罪。明确这一问题后,以下分析财产处分的主体实际上就是指受骗者是否为财产处分主体的问题。认定受骗者是否属于财产处分的主体,应当区分不同的情形。

(一) 被害人与受骗者是同一

被害人与受骗者为同一人时,被害人自己处分自己的财产,不需要考虑处分资格的问题。此时只需考虑被害人的处分能力,即可按照民事行为能力理论去衡量。就自然人而言,民事行为能力包括认识能力与控制能力,民事行为能力的划分主要以年龄与智力状况为依据。不具备认识能力,也就是不可能产生"认识错误",即不具备"受骗的条件",所以其把财产转移给另一方的行为不应当认定为诈骗罪中的处分行为。同样,在无行为能力的精神病人、自动售货机、ATM机等作为犯罪对象的案件中都可以据此得出相同的结论。如果受骗者为限制行为能力人时,就要看其被骗后的处分行为是否与他的年龄或者精神状况、辨识能力的程度相符,亦即看其有没有该处分能力(认识能力和控制能力),是否具备产生"认识错误"的前提,若没有,则仍属于盗窃而非诈骗。

(二) 被害人和受骗者不同一

被害人与受骗者不一致时,受骗者除了应该具备处分能力以外,还应当具备处分财产的资格,具体来说就是须具备处分被害人财产的权限和地位,其处分被害人财产的行为才能认定为诈骗罪中的处分行为。通常的诈骗罪中,只有被害人与行为人两个主体,但在"三角诈骗"的情况中就有三个当事人,即被害人、受骗者与行为人。判断"三角诈骗"案件中受骗者处分被害人财产的行为是否属于处分行为的关键在于认定受骗者是否占有或者实际支配、管理、控制了被害人的财物。所谓具有处分被害人财产的权限或地位,不仅包括法律上的权限或地位,也包括事实上的权限或地位。[1]

可以肯定的是,当受骗者具有法律上的代理权时,当然地应当认为是具有处分被害人财产的权限或地位。基于同样的理由,本案中销售员林某某的职责就是按照汽车销售公司授权管理、销售汽车,显然在法律上是认可其具有处分汽车销售公司用于销售的汽车的权限或地位,也就是说本案作为受骗人的林某某可以成为诈骗罪中处分主体。

另外,只要受骗者事实上具有处分被害人财产的权限或地位,也可以认定为诈骗罪。在

---

[1] 张明楷:《诈骗罪与金融诈骗罪研究》,清华大学出版社2006年版。

"三角诈骗"中,受骗者之所以客观上能够处分被害人的财产,是因为根据社会的一般观念,在事实上得到了被害人的概括性授权。或者说,在当时的情况下,如果排除诈骗的因素,社会一般观念认为,受骗者可以为被害人处分财产。例如保姆可以把雇主的衣服拿去干洗,即根据一般社会观念保姆具有雇主的概括性授权,事实上处于可以处分雇主衣服的权限或地位。而这种社会一般观念则是通过考量受骗者处分财产的立场是否与被害人一致来认定受骗者是否获得概括性授权或事实上具有处分被害人财产的权限或地位。显然,上述的例子中,保姆的立场与雇主应当是一致。另外,受骗者对被害人财物的占有或辅助占有的情况下,都属于事实上支配、管理、控制着被害人的财物。这种情况下受骗者也可以成为诈骗罪中处分财物的主体。而不需要考量这种占有或辅助占有是否具有法律依据。例如行为人盗窃他人财物后,实际上占有财物,仍然认为具有处分财物的地位,而不问其对财物占有的原因。

二、处分者的处分意识

(一) 处分意识是财产处分必需的组成部分

第一,处分意识是诈骗罪区别于其他财产犯罪的重要特征,尤其是与盗窃罪。在财产犯罪中,诈骗罪和敲诈勒索罪两者的财产转移都出于被害人的交付,但处分意识的自愿与否是两者的本质区别。盗窃罪是违背意志的占有转移,而诈骗罪则是基于认识错误的自愿财产处分,表现为因欺骗陷入认识错误之后的自愿性和主动性。处分意识正是以此种自愿主动性为内容。是否具有自愿的处分意识,也是盗窃罪和诈骗罪的重要区别。所以说,诈骗罪的成立在财产移转上必须包含被害者的意思决定。

第二,处分意识是将财产损失归于欺骗行为的关键。诈骗罪使用欺骗手段使受骗者作出财产处分的错误,此种财产处分的错误即是处分意识。如果被骗者因欺骗陷入的错误并非是使其处分财产的错误,而是实施其他行为的错误,即便所致的认识错误和财产损害之间具有一定的因果关系,也不成立诈骗。认识如果不以实施财产处分为内容,则并非处分意识。[1]

(二) 处分意识的内容

(1) 处分意识是占有转移的意识而非所有权转移的意识

在受骗者占有财产的情况下,受骗者转移财产的占有,就意味着其丧失了财产的占有。换而言之,如果受骗者仍然占有着财产,就不存在处分财产的行为。因此,受骗者由于对方的欺骗行为造成对财产占有的"弛缓"时,则还不存在处分行为。

受骗者的处分行为,只要是使财物或者财产性利益转移给行为人或第三者占有即可,不要求有转移财产的所有权或其他本权的意思。因为即使受骗者没有转移财产所有权的意思,但是只要行为人取得了财物的占有,就完全能够进一步永久或者长期取得财产的占有,

---

[1] 张鸿昌:《论诈骗罪中的处分意识》,《湖北警官学院学报》2010年第1期。

在这种情况下,被害人的财产受到了侵害。另外,不管受骗者是否具有转移财产所有权的意思,其客观上转移占有的行为,是由行为人的欺骗行为所致,并且导致行为人取得财产。[1]所以,行为人客观上是否取得了财产,并不取决于受骗者是否具有转移所有权的意思。从法律性质上说,在诈骗罪的情况下,行为人只能取得财物的占有,而不可能真正取得民法认可的财产所有权。所以,受骗者是否具有转移财产所有权的意思,在诈骗罪的认定中并没有实际意义。

从法益保护的角度看,即使认为诈骗罪的法益是财产的所有权及其他本权,在受骗者不具有转移所有权意思的情况下,通过受骗者的处分而取得财产的行为,也侵害了被害人的财产所有权及其他本权。反之,即使认为诈骗罪的法益是财产的占有,不管受骗者是否具有转移所有权的意思,通过受骗者的处分行为而取得财产的行为,也侵害了被害人对财产的占有。所以,如果将处分意思仅仅限于所有权的转移,会导致保护范围狭隘,造成刑法处罚的漏洞。

(2) 占有的转移的意识而非占有的弛缓的意识

占有转移的意识必须表现为对财物支配控制关系的改变,否则不存在财产法益的侵害。换句话说就是,欺骗者(行为人)必须排除他人对财产的控制支配关系,建立自己的控制支配关系,该支配控制关系的变更即是占有移转。处分意识即是这种占有移转的意识,而非占有弛缓的意识。[2] 占有弛缓虽然也表现为物理上的财物移转,但并没有打破原有的控制支配关系,不能形成新的财产占有。以在商店试穿衣服逃跑为例,虽然店主把衣服交给顾客试穿,衣服从店主手里转移到顾客身上,但顾客的试穿并不能建立自己对衣服的新的控制支配关系,而店主仍然对衣服具有控制支配力。店主把衣服递给顾客试穿只是占有弛缓的意识,不是占有处分的意识,不存在处分意识。顾客在试穿衣服时逃跑的,成立盗窃罪而非诈骗罪。

(3) 处分意识的认识内容

处分行为除了客观上的处分行为之外,还要求主观上的处分意识。我国刑法理论与司法实践对诈骗与盗窃的通常理解,认为对处分意识作缓和理解,即不要求对处分的结果有明确的、具体的认识。具体存在以下几种情形:第一,在受骗者没有认识到财产的真实价值(价格)但认识到处分了该财产时,应认为具有处分意识;第二,在受骗者没有认识到财产(或财物)的数量,但认识到处分了一定的财产时,也应认定为具有处分意识;第三,在受骗者没有意识到财产的种类而将财产转移给行为人时,不应认定具有处分意识。

根据上述的分析,我们再来分析本案的汽车销售员林某某是否具有处分意识。作为汽车销售公司聘请的销售员的林某某将处于自己管理和控制之下的公司财产小汽车交给行为人唐某某时,林某某是明确具有转移占有的意识,因为唐某某要求独自驾车开往西乡塘区去进行试车,从一般的社会观念看,林某某将小汽车交由唐某某自行驾车在公共交通道路上试

---

[1] 王长河,应敏骏:《民法与刑法上财产占有概念之比较》,《湖北警官学院学报》2011年第1期。
[2] 张鸿昌:《论诈骗罪中的处分意识》,《湖北警官学院学报》2010年第1期。

车,林某某应能意识到很难有效占有和控制小汽车,也意识到已经将对小汽车的占有转移给了唐某某。如果我们改变一下案情,林某某是将小汽车交给唐某某在汽车销售公司的试车场里试车,则不应当认为具有处分的意思。因为按照一般社会观念,在试车场里的汽车尽管占有人没有直接控制占有,但仍然属于汽车销售公司或者林某某占有。例如宾馆提供给旅客的浴巾,虽然由旅客使用和持有,但是在宾馆的环境中,一般认为宾馆还是占有着浴巾。

三、受骗者的处分行为

本案中,还有一个争议点就是受骗者销售员林某某将车交给行为人唐某某的行为是否可以认定为处分行为。

首先,受骗者处分财产,是指将受骗者基于认识错误将财产转移给行为人或第三者占有。就财产而言,处分行为指转移财物的占有。但是,对于"转移财产的占有"又如何去理解呢?转移财产的占有在客观上转移给行为人或第三者永久性占有、长时期占有、暂时占有、即时消费,或者使行为人或第三者当场处分财物的,都属于转移财产的占有。

其次,财产处分行为只要求处分行为的成立,而不要求处分行为的有效。处分行为在民法上是否有效或者是否可以撤销,均不影响诈骗罪的成立。只要将财物置于行为人可以自由处分的状态,就应视为完成处分。实际上在刑法当中很多行为都不可能要求有效,因为在诸多刑事犯罪中,行为一开始的主观目的就是恶意的违法的,必然导致行为的自始无效。如果要求处分行为的有效性,会大大缩小刑法处罚的范围,不符合刑法立法的本意也不利于刑法目的的实现。

第三,受骗者的处分行为,只要是使财物转移给行为人或第三者占有即可,不要求有转移财产的所有权或其他本权。因为处分行为的客观表现是转移财产的占有,所以,如果财产的占有仍属受骗者,就不能认定受骗者已经实施了财产处分行为;如果财产的占有已属于行为人,那么,就需要进一步判断受骗者是否基于认识错误并在具有处分意识的前提下处分了财产。处分行为的判断,首先是占有的判断(是否转移占有的判断),其次是占有的转移是否基于认识错误的判断。

最后,刑法上的占有是指事实上的支配,不仅包括物理支配范围内的支配,而且包括社会观念上可以推知财物的支配人的状态。占有转移的判断,不是以物理的、有形的接触握持为必要,应该根据财物的性质、形状,财物存在的时间、空间以及一般对具体财物惯常占有方式、社会习惯综合来判断。例如汽车停放在路边,一般社会观念不会认为车主或使用人对汽车是去占有、控制,但是如果是将一枚金戒指或者一部手机放在马路边,则很难让人信服所有人还能进行有效的占有控制。

回到我们的案例中,销售员林某某将车交给行为人唐某某独自开往视线以外的公共城市道路上进行试车,林某某本身认识到(至少应该认识到)从汽车作为交通工具的性质和所处的空间上看,不可能还可以对汽车进行有效的占有和控制、管理,所以我们认为林某某已经完成了将汽车的占有转移给了行为人唐某某。同样进行一个假设,如果林某某仅仅是将车交给唐某某在规定的试车场进行试车,由于试车场相对独立的空间特性使一般社会观念认为处于试车场中的汽车仍在原占有人的控制之中,所以认为在这种情况下林某某还是可以对汽车进行控制和管理,而这时唐某某仅仅是汽车的辅助占有,汽车并没有脱离林某某的占有,占有的转移并没有实现。

综上分析,对于本案,本人认为销售员林某某基于受聘于汽车销售公司负责汽车销售工作这一法律上的授权关系,具备处分公司用于出售的小汽车的权限和地位;其将小汽车交给行为人唐某某开到视线以外的公共道路上试车,主观上应当具有将占有、控制权转移给唐某某的意识,客观上也实际失去对小汽车的占有和控制,而唐某某也通过欺骗行为致使自己占有、控制了小汽车,应当认为受骗人销售员林某某具有处分的意识和行为。所以,行为人唐某某的行为构成诈骗罪。

当前经济犯罪面临的新情况新问题
——以西部 G 省为例

陈立毅[*]

当前,我国经济犯罪处于高发态势,在办案实务中也面临着不少的新情况新问题。为准确打击各种经济犯罪,维护社会主义市场经济秩序和人民群众的合法权益,笔者针对 2013 年至 2014 年 6 月西部 G 省检察机关公诉部门经济犯罪案件办理情况开展了专题调研。

一、2013 年以来全省办理经济犯罪案件基本情况

2013 年 1 月至 2014 年 6 月,全省受理危害食品安全犯罪、侵犯知识产权犯罪、非法经营犯罪、职务侵占、挪用资金、非国家工作人员受贿犯罪、金融票据犯罪、证券犯罪等经济犯罪案件共 881 件 1 477 人,起诉 682 件 1 064 人。主要集中于非法经营、侵犯知识产权、危害食品安全犯罪三类案件。该三类案件占全省上述六大类经济犯罪案件受理总数的比例高达 59.25%。其中,受理非法经营案 309 件,占受理总数的 35.07%;受理侵犯知识产权案件 94 件,占受理总数的 10.67%;受理危害食品安全案件 119 件,占受理总数的 13.51%。

由于非法经营、侵犯知识产权、危害食品安全等三类案件是目前我国刑法领域重点打击的经济犯罪案件,同时在 G 省亦处于多发态势,因此,G 省此次专题调研主要围绕上述三类案件在审查起诉过程中遇到的法律适用及影响审查起诉的突出问题进行。

二、经济犯罪案件法律适用方面的突出问题及原因

(一)对相关法律或司法解释的理解不同,导致对案件定性分歧较大,造成一些社会影响较大的经济犯罪案件不敢不诉,诉了又怕判不下来的两难情况

如关于"地沟油"的认定问题。根据最高人民法院、最高人民检察院、公安部《关于依法严惩"地沟油"犯罪活动的通知》(公通字〔2012〕1 号)第一条的规定:"地沟油"犯罪,是指用餐厨垃圾、废弃油脂、各类肉及肉制品加工废弃物等非食品原料,生产、加工"食用油",以及明知是利用"地沟油"生产、加工的油脂而作为食用油销售的行为。那么,认定涉案的油制品是否是地沟油是罪与非罪的前提条件。如某县检察院受理的梁某生产、销售有毒、有害食品案,犯罪嫌疑人梁某向屠夫收购卖剩或废弃的肥猪肉、猪下水、猪皮等,提炼出成品油后进行销售。而梁某用于提炼成品油的原料是否属于上述"地沟油"犯罪定义中的"非食品性原料",是定案的关键。一种意见认为:梁某炼油的原料虽然是屠夫卖剩的、废弃的、变质的生

---

[*] 陈立毅,男,法律硕士,广西壮族自治区人民检察院助理检察员。

猪下脚料,但其并未经加工过,不属于"地沟油"犯罪定义中的"肉及肉制品加工废弃物",本质上还是食品原料,只不过可能因为变质、废弃、污染而对人体产生不可预知的损害,不能因此而否定其是食品原料,它和非食品原料还是有本质区别的,因此不能定罪。另一种意见认为:废弃的、变质的生猪下脚料从常识来判断是不能食用的,因此就是属于非食品原料,可以定罪。目前,为统一在司法实践中对地沟油的理解与认定,当地检察院正与法院积极进行沟通,以确保对地沟油犯罪的有力打击。

(二)法律规定或者司法解释不甚明确,导致对案件能否定罪把握不准,造成对该类犯罪打击不力的局面

如关于非法经营柴油类案件。G省F市由于临边靠海的特殊地理位置,走私柴油案件多发。走私柴油一旦入境,即进入运输外销的环节,因此此类案件多在运输柴油的过程中被抓获。但是由于负责运输柴油的犯罪嫌疑人通常只是走私者在当地雇佣的人,且在我国境内案发时,往往无法抓获上家即真正的走私者,所以认定运输者走私的证据不充分。对这类案件,侦查机关在无法认定走私罪的情况下,一般以非法经营罪移送检察机关审查起诉。而认定这些运输走私柴油的行为构成非法经营罪,必须同时具备以下两个条件:一是这类运输行为也是经营行为的一部分。由于现场抓获的往往是处于单纯运输状态的柴油,与为了要正常销售而进行的关联性运输有着本质区别,因此认定非法经营的证据不充分。二是要认定这类运输行为的非法性。非法经营罪必须是要"违反国家规定",即违反全国人大及其常委会制定的法律和决定,国务院制定的行政法规、规定的行政措施、发布的决定和命令。而目前对在交通道路上偷运柴油的行为进行规范与管理的依据是国家交通运输部关于危险化学品的运输规定。这一规定严格而言并不属于"国家规定",而且国家安全生产监督管理局公布的《危险化学品名录》中也没有包括柴油。基于上述原因,认定这类运输行为"违反国家规定"也存在困难。

因此,由于没有明确的法律依据,该市检察机关对运输走私柴油的行为不敢轻易入罪,一般建议公安机关撤案或是作不起诉处理。而这样的折中处理方式,显然使打击走私行为进入了打击不力的局面。

(三)关于合同诈骗罪"数额较大""数额巨大""数额特别巨大"的认定问题

目前,现行法律及司法解释对合同诈骗罪中何为"数额较大""数额巨大""数额特别巨大"没有明确规定,因此,在调研中发现,G省各地多参照2011年《最高人民法院、最高人民检察院关于办理诈骗刑事案件具体应用法律若干问题的解释》(以下简称《诈骗案件解释》)中关于诈骗罪数额的规定,即诈骗公私财物价值三千元至一万元以上、三万元至十万元以上、五十万元以上的,应当分别认定为《刑法》第二百六十六条规定的"数额较大""数额巨大""数额特别巨大"。如B市检察院受理的邱某合同诈骗案,被告人邱某以非法占有为目的,在签订、履行合同过程中,骗取被害人钟某某、钟某某向其购买石油预付款人民币133.5万元后逃离B市。公诉人参照《诈骗案件解释》认定邱某合同诈骗数额达到了"数额特别巨大"的幅度。这样的参照认定,不但缺乏明确的法律依据,而且与2010年《最高人民检察院、公安部关于公安机关管辖的刑事案件立案追诉标准的规定(二)》(以下简称《立案追诉标准规定

(二)》第七十七条有根本性的冲突。《立案追诉标准规定(二)》第七十七条规定:"以非法占有为目的,在签订、履行合同过程中,骗取对方当事人财物,数额在二万元以上的,应予立案追诉。"即合同诈骗罪的构罪数额有明确规定,为二万元。而如果参照《诈骗案件解释》中关于"数额较大"的规定,三千元以上一万元以下就能成立合同诈骗罪,这势必造成合同诈骗罪的构罪标准大大降低。

(四) 非法经营行为与生产、销售伪劣产品行为的想象竞合,使非法经营罪与生产销售伪劣产品罪的适用在司法实践中不易区别

如某县检察院受理的杨某某非法经营案。被告人杨某某在没有香烟经营许可证和明知是假冒伪劣香烟的情况下,向广东汕头市的李某大量购进假烟后分装并进行销售。公安机关以杨某某涉嫌生产、销售伪劣产品罪移送审查起诉。公诉部门经审查认为杨某某无证销售假烟的行为,既触犯了非法经营罪,也触犯了销售伪劣产品罪,属于刑法意义上的想象竞合,此时应当按所触犯的罪名中的重罪论处,故认定杨某某的行为构成非法经营罪。这样的情况在司法实践中比较常见。公安机关查获销售假冒伪劣香烟的,通常直接以销售伪劣品罪移送审查起诉,而忽略了想象竞合等问题,导致在罪名的认定上与检察机关出现分歧。这在一定程度上影响了打击经济犯罪合力的发挥。

(五) 部分经济犯罪适用罚金刑的标准不明确,致使无法在司法实践中对法院的自由裁量权进行有效监督

如生产销售有毒有害食品罪,《中华人民共和国刑法修正案(八)》为解决在适用罚金刑中,有的犯罪的销售金额难以认定的问题,将具体罚金数额,即销售金额百分之五十以上二倍以下罚金的规定改为不再具体规定罚金数额。此修改虽考虑了司法实践的复杂性,但是由于没有规定罚金的数额或者比例,使检察机关对这类案件的量刑建议缺少了明确的法律依据,也不利于检察机关对法院在运用罚金刑时的自由裁量权进行有效监督。

三、经济犯罪案件侦查阶段及审查起诉阶段存在的突出问题及原因

(一) 经济犯罪的特殊性,决定了案件调查取证难,追诉难度大

一是经济犯罪案件作案手段隐蔽且多样,关键性证据取证困难,从而影响对犯罪嫌疑人的顺利追诉。

如N市某区检察院办理的梁某某非法经营案,梁某某为了获取违法所得,利用N市缘情床上用品店等多家经营实体店虚构交易,用该店向银行申办的POS机为他人套取现金共约5322万元人民币。为了准确认定梁某某利用POS机帮人套现的金额,必须区分所有实体店的银行交易流水中哪些是正常经营流水,哪些是虚假交易刷卡流水。而区分真假交易的侦查工作需要找到每一个套现人,但是找到该案所有套现人的难度和工作量都非常大,导致目前认定犯罪嫌疑人梁某某构成非法经营罪仍存在困难。

二是经济犯罪案件涉及地域多,导致跨省、跨市追缴赃款的难度非常大。

如H市某区院办理的陈某某、陈水某等8人非法经营案,该团伙在H市共虚假申办42

家个体工商户并申办了43台POS机寄到福建进行非法套现活动,其中在H市市建行申领28台POS机套现金额482 393 530.36元,在H市市工行申领15台POS机共套现118 815 908.73元,总共涉案金额为601 209 439.08元。该团伙利用在G省多个地市开办的虚假工商户的账号及外省个人账户转移赃款,涉案金额巨大,且犯罪地涉及福建省厦门市、宁德市等地,致使跨省及跨市取证工作强度和难度都非常大。

三是经济犯罪专业性强,审查处理难。经济犯罪涉及的各个领域都有其专业性,案情较普通刑事案件更为复杂。由于缺乏相应的专业知识,侦查机关与公诉部门均难以对专业性强的证据材料进行快速、科学的分析,从而影响案件办理的速度和审查的质量。

较为典型的例子是L市某县检察院办理的新安公司、钟某、林某某(直接责任人)涉嫌销售伪劣产品案。被告单位L市某县新安公司向全县各液化气用户供应瓶装液化气。经有关部门检测发现,新安公司以不合格液化气冒充合格液化气进行销售。由于抽检前已销售液化气数量及质量均已无法查清,因此要对该行为入罪,则必须准确认定检测时不合格液化气的数量。但是,经工商行政管理局执法人员和气体质量检测部门证实,他们出具的检测时的书证中认定的9吨液化气记录竟然仅是抽检时被告人林某某的自述。而上述部门因不会看专业仪器也未再核实。然而被告人林某某也表示自己不知道该仪器表是什么仪表。只是凭经验,该刻度下到什么数字的时候就可以联系进货了,其供述的9吨的量是估计的。案件承办人继续联系该县内的计量单位、质监局、安监局等单位,均表示不知道该表是什么表,亦不知道该表相关刻度对应的量是什么。最后,侦查机关和公诉部门的案件承办人只好根据被告公司提供的贮罐说明书和L市燃气管理处某专业人员提供的容积储罐液位与气体重量的对照表自己进行计算。办案人员乃至相关部门专业知识的缺乏,不仅严重影响了案件的侦办速度,而且可能为案件审查质量留下隐患。

(二)行政执法机关与侦查机关在调查取证中存在的突出问题

1. 行政执法部门在执法检查时,未意识到行政违法行为有可能已经涉嫌刑事犯罪,而没有及时向公安机关通报,或者公安机关及行政执法机关在收集到证据之后未能妥善保管证据或委托鉴定延迟,导致关键证据遗失或损毁,影响案件涉案物品的数额认定。

如C市某县检察院受理的王某某生产有毒、有害食品案。在本案中,行政机关查获货值巨大的硫磺笋,明显有可能涉嫌犯罪,但是并没有及时向公安机关通报,没有及时的收集证据以及对收集到的证据没有很好的保存。公安机关在接手调查本案时,距离案发时间已将近有两年,很多重要的证据已经灭失,难以收集或保存,对案件的办理造成了极大的阻碍。虽然行政执法机关在执法时有拍摄相关的视频资料,但是该视频资料没有能够全面客观的反映案件现场的情况。而且,该案虽然联合执法队中有公安人员参与,但只是形式上的参与,并没有实质参与到检查工作中。公安人员基本没有发挥引导收集证据的作用。此外,在该案的侦查阶段,公安机关在收集案件证据时较为被动,过分依赖行政机关执法时的所收集到的证据,没有按照刑事诉讼法及相关法律的规定全面客观的收集证据,同时对于行政执法机关收集到的证据,也未能按照刑事诉讼法的要求将其及时转化为刑事证据。

2. 侦查机关在案件事实尚未查清、证据收集并未充分的情况下,急于将案件移送检察机关审查起诉。实践中,这类案件大多需要退回补充侦查。这使得经济犯罪案件的退查率居高不下,而证据不足使得罪与非罪的问题在审查起诉阶段越来越突显,导致公安机关撤案现象严重。

又如前述的C市某县检察院受理的王某某生产有毒、有害食品案,公安机关将该案移送到检察院进行审查起诉时,该案证据十分薄弱,很多关键证据都是在审查起诉阶段经退回补充侦查才收集提取。如作为证明犯罪重要证据的行政执法机关现场执法视频,公安机关没有进行提取,而是在审查起诉阶段经公诉人要求补充后才去提取。

3. 侦查机关对证据收集不及时,涉案财物不及时扣押,致使案件无法进行价格鉴定或评估,导致非法经营数额认定难。如C市某县检察院受理的石某某非法经营一案,侦查机关移送审查起诉认定犯罪嫌疑人石某某自2006年6月份以来,违法开设平果县海城加油站经营成品油(汽油、柴油),每月营业额达约2万,非法经营额总营业额在80万左右。但侦查机关在立案侦查后,对加油站2006年以来的日常销售台账没有及时收集、扣押。虽经退回补充侦查,但已无法补充到相关证据,致使能够证实经营数额的关键证据不完整,亦无法进行司法会计鉴定,最终认定该非法经营数额的仅有被告人的供述,没有其他证据予以佐证。平果县院只能以"被告人石某某违反国家规定,进行非法经营活动,扰乱市场秩序,两年内因同种非法经营行为受过二次以上行政处罚,又进行同种非法经营行为"这一事实认定其构成非法经营罪。

(三) 公诉部门影响经济犯罪案件办理的突出问题

1. 公诉人员知识结构单一。近年来,在大力发展社会主义市场经济的新形势下,经济犯罪案件呈现出日益突出的发展态势,不仅涉及税务、工商、银行、海关、外汇等专业领域,而且犯罪手段层出不穷,不断更新,案情通常较为复杂。因此办理经济犯罪案件对公诉人在相关领域的知识和办案经验都提出了非常高的要求。然而,在办案实践中,公诉人员往往只注重法律知识的提高,普遍缺乏对税务、证券、银行、海关、外汇等方面知识的学习主动性,因此在办理经济犯罪案件时往往处于被动的局面。这不仅影响了经济犯罪案件的审查进展,甚至是造成了审查困难。如B市某区检察院受理的孟某某等10人串通投标案,案件涉及很多招投标方面的专业知识。公诉人要正确审查案件,就必须要通晓招投标方面的知识。而很多公诉人是不具备这些知识的,所以都是在受理案件后才去了解和学习相关的专业知识,也因此影响了案件的快速、顺利审查。

2. 现有办案模式不能适应新形势下打击经济犯罪的要求。目前,公诉部门多采取轮流办案的模式,即不论案件难易繁简,轮到谁就由谁办理。一个公诉人既要办理复杂案件也要办理简单的案件,势必造成办案时间与办案精力的相互牵扯,这样导致的结果就是公诉人员成了杂家,即什么案件都办,但是什么案件都不太精通,尤其是对一些司法解释的变化,很难做到了如指掌。而经济犯罪案件涉及领域广,案情复杂,相关法律及司法解释更是类目繁多,只有具备丰富的专业知识和办案经验的公诉人员,才能确保经济犯罪案件的审查效率和审查质量。因此,现有的办案模式并不利于公诉专家的培养,而公诉人员的专业性不足必将影响经济犯罪案件的办理,影响对经济犯罪的有力打击。

四、建议与对策

(一) 法律适用方面的有关建议

1. 对现行法律规定不明的情况出台司法解释或者工作指导意见。

如前述关于合同诈骗罪"数额较大""数额巨大""数额特别巨大"的认定问题及部分经济犯罪适用罚金刑的标准不明确,致使无法在司法实践中对法院的自由裁量权进行有效监督的问题,只有出台了司法解释或者指导性工作意见对其进行明确的规定,才能解决司法实践中适用不统一、不规范的问题。

2. 对已有司法解释但在实践中仍存在适用分歧的案件,出台更明确的补充性司法解释。如"地沟油"的认定问题。《最高人民法院 最高人民检察院 公安部关于依法严惩"地沟油"犯罪活动的通知》虽对"地沟油"进行了定义,但是其定义中的"非食品原料"又引起了适用中的分歧,因此,建议对此出台补充性的司法解释予以明确。

3. 对具有地域性或者行业特殊性的典型案件出台指导性工作意见。如前述的运输走私柴油类案件,虽案情特殊,但是在一定的地域内又具有普遍性意义,如果不加以认真研究并从法律适用方面解决,就有可能放纵犯罪,对国家社会主义经济秩序造成严重危害。因此,各地应当加强特殊案件的逐层请示汇报,便于上级机关掌握情况,同时,也建议最高人民检察院出台相应的工作意见,指导案件的法律适用及证据标准问题。

(二) 工作中突出问题的解决对策

1. 进一步加强与公安机关以及工商、税务等行政执法机关的工作协作配合机制。协作各方在各自工作管辖范围内查办案件时涉及经济犯罪的信息情报应及时向公安机关通报。公安机关、检察机关在办案件过程中涉及专业性较强的事项,相关行政单位应积极配合协助查证。充分发挥公安、检察机关与各行政执法机关的职能作用和专业优势,从而形成对经济犯罪的打击合力。

2. 加强与公安机关、人民法院的业务交流。采取培训班、联席会、研讨会、讨论会等多种形式,交流在办理经济犯罪案件中发现的突出问题和遇到的法律适用方面的疑难问题,达到业务沟通与统一认识的目的。

3. 进一步拓展公诉人员知识结构,提高公诉人员的综合素质。犯罪涉及领域的不断扩张以及犯罪形式和犯罪手段的不断更新,对公诉人员单一的法律知识结构提出了挑战。拓展公诉人员知识结构,一是公诉人员要对办案形势有敏锐的洞察力,主动、自觉地更新和补充自己的知识储备;二是各级检察机关应邀请有关经济领域的专家对公诉人员进行相关知识的培训,尤其是建筑、保险、银行和工商等相关领域的专项培训;三是在全国范围内组织具有办理某类经济犯罪案件丰富经验的公诉人员,结合办案实践,进行实务性授课。

4. 积极探索分类分组审查案件机制,推行专家公诉模式。即案件按性质、繁简等分类,办案人员按能力水平、专业特长等分组,不同案件由专门办案小组办理。这种分类分组的办案模式,不仅有利于办案人员对该类案件在法律适用、证据标准、司法解释等方面的熟练掌握,也有利于办案人员对该类案件形成经验的积累,从而进行总结研究分析,最终使公诉人员从杂家转变为专家。因此,探索实行分类分组审查案件机制,推行专家公诉模式,可以形成机制创新与能力建设之间的良性互动,对新形势下打击经济犯罪等复杂案件具有重大的现实意义。

参考文献:

[1] 麻锐:《论我国经济犯罪法律责任制度体系的构建》,《法学杂志》2014年第11期。

[2] 彼得·亚迪科拉、车同侠:《经济犯罪:监管与控制面临的挑战》,《经济论坛》2014年第10期。

[3] 杨晓培:《聚讼与规范:经济犯罪概念的认定与特征的"限制"性释义》,《江西科技师范大学学报》2014年第5期。

[4] 孟卫红、刘航:《办理新型经济犯罪案件的有效对策》,《中国检察官》2014年第19期。

[5] 齐美、赵兰君、刘文斐:《关于涉众型经济犯罪情况的调研报告》,《法制与社会》2014年第26期。

会 议 概 述

2015年10月24至25日,第十届"海峡两岸暨内地中青年刑法学者高级论坛"在东南大学法学院隆重举行。本次论坛由两岸各高校共同主办,东南大学法学院承办,围绕着"财产犯研究"这一主题而展开。在为期两天的日程里,该主题细分为"财产犯的保护法益""财产犯的'占有(持有)'概念""财产犯的'不法所有意图'"以及"不法原因给付与侵占罪、诈骗罪"四个单元分别进行。

本次参与论坛的有台湾政治大学、高雄大学、东吴大学等九位台湾地区学者以及北京大学、中国人民大学、武汉大学、华东政法大学以及西北政法大学等内地院校的六十多位学者。此外,东南大学的众多师生以及来自实务界的人员也参与了此次论坛。

论坛的开幕式于24日上午8:30举行,由东南大学法学院院长刘艳红教授主持。刘艳红教授对本次讨论的主题进行了介绍,并对参与论坛的两岸学者表示热烈的欢迎与衷心的感谢。北京大学法学院学术委员会主任、北京大学刑事法理论研究所所长、北京大学社会科学部学术委员会副主任、中国刑法学研究会副会长、中国犯罪学研究会副会长、中国审判理论研究会副会长陈兴良教授代表大陆一方对与会的学者表示欢迎,陈兴良教授认为两岸刑法学论坛是促进两岸刑法学学术交流与提升学术水平的重要途径。随后,高雄大学法学院陈子平教授代表台湾学者发言,他认为"海峡两岸暨内地中青年刑法学者高级论坛"是高水平的学术交锋,也企盼此次论坛中与会的学者能够带着真问题开展真正的学术教学,陈教授也表示将会积极推动海峡两岸学术交流。开幕式结束之后,与会学者将开展分单元的学术报告。

第一单元的主题是关于"财产犯的保护法益",开始于24日上午9:00,由北京大学法学院陈兴良教授主持。台湾大学法学院谢煜伟助理教授与北京大学法学院江溯副教授分别就财产犯的保护法益作了发言。谢教授的发言题目是"从财产犯罪的构成要件结果类型重新检视财产法益概念",从构成要件结果类型的角度对德日关于财产犯的理论进行了解读,分析了当前关于财产犯罪保护法益诸学说之不足,并提出了从人的财产角度审视财产犯的法益,引起了与会学者的积极回应。江教授的发言题目为"财产犯的保护法益",从当前关于财产犯争议的经济财产说、法律财产说以及法律—经济财产说的争论出发,以司法实践中出现的难题为切入点进行论证和分析,最终得出了偏向于法律—经济的财产概念的观点。随后,由武汉大学法学院陈家林教授与台湾政治大学法学院陈志辉副教授对上述两位教授的观点进行了点评。随后,论坛进入了自由讨论环节,与会的专家学者向报告人提出了许多建设性问题,两位报告人也积极地予以回应。在休息了十分钟之后,11:10进入了本单元的第二部分。首先,扬州大学法学院马荣春教授与南京师范大学法学院王彦强副教授分别作了题为

"财产犯保护法益新探"与"财产罪法益的解释机理：刑民关系解释论的归结"的报告,马教授的观点朴素而富有真知灼见,王教授的视角新颖独特,极大地调动了与会人员的积极性。随后,西北政法大学刑事法学院王政勋教授与南开大学法学院刘士心教授分别对两位教授的报告进行了精彩的点评。最后,进入到自由讨论环节,与会专家学者对"财产犯的保护法益"进行了充分的学术交锋,经过陈兴良教授的总结,第一单元也宣告结束。

第二单元的主题是"财产犯的'占有(持有)'概念",由高雄大学法学院陈子平教授主持。首先,由来自台湾大学法学院的周漾沂副教授与东南大学法学院梁云宝讲师围绕着本主题作报告。周教授的报告题目是"刑法上的持有概念",从法律的规范目的角度引出刑法上的持有概念与民法上的持有概念之不同,指出刑法上的持有概念应当注重事实面,并围绕着这一观点展开详细的说明和论证。梁老师则从占有概念的起源、规范占有概念的拟制性以及不足的角度说明刑法上的占有概念应当以事实性占有为主,指出在特定情况下规范性确实能够修正事实性占有概念的不足,提出刑法上的占有概念应当以事实性占有为基础、以规范性占有为补充。随后,北京大学法学院梁根林教授与成功大学法学院古承宗副教授分别对两位发言人的报告进行了精彩的点评,与会人员与两位报告人也进行了深入的交流。十分钟休息时间过后,在24日下午16:10本单元进入了第二部分,由华东政法大学法律学院马寅翔助理研究员与江苏大学文法学院王刚讲师分别作题为"占有概念的规范本质及其展开"与"论不作为的诈骗罪"的报告。报告内容精彩独特,引起了与会专家学者的共鸣。黑龙江大学法学院董玉庭教授、苏州大学法学院彭文华教授分别对两位报告人报告的内容作了精彩的点评,并在与会人员与报告人激烈的交锋中本单元也逐渐进入了尾声。

第三单元的主题是关于"财产犯的'不法所有意图'",开始于25日上午9:00,由中国青年政治学院林维教授主持。中正大学法学院黄士轩助理教授与人民大学法学院陈璇副教授分别就财产犯的"不法所有意图"作了专题发言。黄教授的发言题目是"一时使用他人之物与不法所有意图",黄教授以一时使用他人之物的情形为对象,从我国台湾地区"刑法"学说与司法实务的现实状况出发,细致地分析了该问题的"不法所有意图"的判定,在梳理学说及司法实务裁判动向的基础上提出了自身见解,引起了在场学者的积极回应。陈教授的发言题目是"财产罪中非法占有目的要素之批判分析",首先提出利用意思不是区分取得罪与毁弃罪的合理标准,其次表示划定取得犯罪与不可罚的使用行为之间的界限不是排除意思,而是推定的被害承诺原理。再次指出没有必要用试图用排除意思区分取得罪与挪用罪,因为其处于法条竞合关系之中。进而表明观点——非法占有的目的并非取得型财产犯罪的独立构成要件要素。随后,由东南大学法学院李川副教授代替东南大学法学院周少华教授发表其对两位报告人的评议意见,南京大学法学院徐凌波助理研究员同时对上述两位教授的观点进行了点评。之后进入自由讨论环节,与会的专家学者向报告人提出了自己的意见并与之交流,两位报告人也予以了积极的回应。休息十分钟后,于11:10进入了本单元的第二部分,由南京师范大学法学院的姜涛教授与上海财经大学法学院的张开骏教授分别作了题为"租赁汽车质押借款型诈骗案件的'非法占有目的'问题"与"财产罪的非法占有目的"的主题发言。姜教授指出租赁汽车质押借款案件中,租车行为和质押借款行为均侵犯了刑法所保护的财产所有权,具有非法占有目的,应当构成财产型犯罪。张教授在发言中提出非法占有目的之内涵是利用意思,排除意思没有必要。凡是具有享用财物可能产生的某种效用、利益的意思,或者说凡是以单纯损坏、隐匿意思以外的意思而取得他人财物的,都可以评价为利用意思。随后,由苏州大学法学院钱叶六教授与云南大学法学院高巍教授两位点评人分别针对两位主题报告人的内容进行了精彩发言。之后进入自由讨论环节,与会专家学者对"财产犯的'不法所有意图'"这一议题展开了热烈的交流,最后在林维教授的总结后,第三单元就此宣告结束。

第四单元的主题是"不法原因给付与侵占罪、诈骗罪",于下午14:00开始,由南京大学法学院孙国祥教授主持。第一部分的主题报告人分别由成功大学法学院王效文副教授与清华大学法学院王钢讲师担任,两位围绕该主题作了题为"不法利益与刑法中的财产概念"与"不法原因给付与侵占罪、诈骗罪"的精彩发言。王教授分别针对学说中的法律的财产概念、经济的财产概念、法律与经济的财产概念、人的财产概念、功能的财产概念以及整合的财产概念进行分析,再以所谓的不法利益为例,分别对"不法取得之占有""为违反善良风俗或强行规定之目的而过分之财产利益",以及"违反善良风俗或强行规定而为之劳务给付"是否属于刑法中所保护的财产进行分析。随后,由中国人民大学法学院冯军教授与台湾大学法学院林钰雄教授分别对两位报告人作了深刻且幽默的点评。之后进入自由讨论阶段,与会学者们进一步围绕主题进行学术碰撞,气氛相当活跃。十分钟短暂的休息之后,下午16:10进入本单元的第二阶段,由苏州大学法学院李晓明教授与湖北省荆门市东宝区检察院刘军强副检察长做主题报告,两位专家学者的报告题目为"对不断出现'许霆案'的反思:急需修订侵占罪"与"被害人怀疑对诈骗认定影响研究",两位结合司法实务提出了自己的真知灼见,观点质朴且具有深意。南京师范大学法学院蔡道通教授与南京大学法学院杨辉忠教授分别就两位报告人的发言做了精彩的点评。随后进入自由讨论阶段,与会人员与报告人做了深入而愉快的交流。在主持人孙国祥教授对本单元主题与各位专家学者的发言进行总结之后,本单元就此结束。

最后,由东南大学法学院刘艳红教授主持闭幕式,高雄大学法学院陈子平教授以及北京大学法学院梁根林教授分别致闭幕词。陈子平教授对本次论坛进行了总结,他表示本次论坛的主题报告人主要是中青年学者,对两岸能有如此多的年轻且富有学术水平的学者感到非常的欣慰,同时也对此次论坛中见证了两岸真正的学术交流感到高兴。梁根林教授对本次论坛的情况、所取得的收获等进行了总结,对东南大学法学院能够承办如此高水平、高效率、高强度的学术论坛表示认可和祝贺。

本次论坛的成功举办,进一步提升了两岸学术交流的密切度,对于两岸学术界深化财产犯问题的研究具有十分重要的推动意义。特别是,对于东南大学法学院而言,此次论坛的举办进一步推动了其学术进步与学术建设,对于促进东南大学法学院与两岸高等院校未来开展高水平的学术交流与合作具有深远的意义。